Tanya Braun, Eyke Hüllermeier, Ute Schmid, Günther Görz (Hrsg.)

Handbuch der Künstlichen Intelligenz

7. Auflage

Weitere empfehlenswerte Titel

Künstliche Intelligenz und menschliche Gesellschaft
Herausgegeben von László Kovács, 2023
ISBN 978-3-11-103449-2, e-ISBN 978-3-11-103470-6

Data Mining
Datenanalyse für Künstliche Intelligenz
Jürgen Cleve, Uwe Lämmel, 2024
ISBN 978-3-11-138726-0, e-ISBN 978-3-11-138770-3

IT-Sicherheit
Konzepte – Verfahren – Protokolle
Claudia Eckert, 2023
ISBN 978-3-11-099689-0, e-ISBN 978-3-11-098511-5

Demystifying Artificial Intelligence
Symbolic, Data-Driven, Statistical and Ethical AI
Herausgegeben von Emmanuel Gillain, 2024
ISBN 978-3-11-142567-2, e-ISBN 978-3-11-142614-3

Artificial Intelligence
Machine Learning, Convolutional Neural Networks and Large Language Models
Herausgegeben von Leonidas Deligiannidis, George Dimitoglou, Hamid R. Arabnia, 2024
ISBN 978-3-11-134400-3, e-ISBN 978-3-11-134417-1

Math Optimization for Artificial Intelligence
Heuristic and Metaheuristic Methods for Robotics and Machine Learning
Herausgegeben von Umesh Kumar Lilhore, Vishal Dutt, T. Ananth Kumar, Martin Margala, Kaamran Raahemifar, 2025
ISBN 978-3-11-143605-0, e-ISBN 978-3-11-143618-0

Handbuch der Künstlichen Intelligenz

Herausgegeben von
Tanya Braun, Eyke Hüllermeier, Ute Schmid, Günther Görz

7. Auflage

DE GRUYTER
OLDENBOURG

Herausgebende
Jun.-Prof. Dr. Tanya Braun
Universität Münster
Institut für Informatik
Einsteinstr. 62
48149 Münster
tanya.braun@uni-muenster.de

Prof. Dr. Eyke Hüllermeier
Ludwig-Maximilian-Universität München
Institut für Informatik
Oettingenstr. 67
80538 München
eyke@ifi.lmu.de

Prof. Dr. Ute Schmid
Otto-Friedrich-Universität Bamberg
Fakultät Wirtschaftsinformatik und Angewandte Informatik
An der Weberei 5
96045 Bamberg
ute.schmid@uni-bamberg.de

Prof. Dr.-Ing. Günther Görz
Friedrich-Alexander-Universität Erlangen-Nürnberg
Department Informatik
Arbeitsgruppe Digital Humanities
Konrad-Zuse-Str. 3-5
91052 Erlangen
guenther.goerz@fau.de

ISBN 978-3-11-138649-2
e-ISBN (PDF) 978-3-11-138669-0
e-ISBN (EPUB) 978-3-11-138687-4

Library of Congress Control Number: 2025943152

Bibliografische Information der Deutschen Nationalbibliothek
Die Deutsche Nationalbibliothek verzeichnet diese Publikation in der Deutschen Nationalbibliografie; detaillierte bibliografische Daten sind im Internet über http://dnb.dnb.de abrufbar.

Coverabbildung: maginima / iStock / Getty Images Plus
Satz: VTeX UAB, Lithuania

www.degruyterbrill.com
Fragen zur allgemeinen Produktsicherheit:
productsafety@degruyterbrill.com

Vorwort

Die vorliegende Ausgabe des „Handbuchs der Künstlichen Intelligenz“ ist die siebte, wesentlich überarbeitete und erweiterte Auflage eines Werks, das zuerst 1993 als „Einführung in die Künstliche Intelligenz“[1] erschienen war.

Mit diesem Handbuch wird eine repräsentative Übersicht über die wissenschaftliche Disziplin der „Künstlichen Intelligenz“ (KI) vorgelegt, deren Autor*innen ausschließlich dem deutschsprachigen Raum entstammen. Nicht zuletzt aufgrund enormer Fortschritte im Maschinellen Lernen – die dazu geführt haben, dass KI oft uninformierterweise mit Maschinellem Lernen gleichgesetzt wird –, ist der Diskurs über KI inzwischen in der Mitte der Gesellschaft angekommen, was auch anhand der vielen Medienbeiträge der letzten Jahre, insbesondere durch bemerkenswerte Neuerscheinungen auf dem Buchmarkt offensichtlich wird. Die Entwicklung von sogenannten *Large Language Models* hat noch einmal für einen Quantensprung gesorgt, mit dem Auswirkungen auf fast jeden Bereich des Lebens einhergehen. Angetrieben durch diese Entwicklungen ergab sich der Wunsch und die Notwendigkeit, bereits vier Jahre nach dem Erscheinen der sechsten Auflage eine Überarbeitung des Handbuchs anzugehen und die neuesten Entwicklungen, vor allem solche, die sich unter dem Schlagwort „Generative KI“ zusammenfassen lassen, in die Kapitel aufzunehmen. Hierbei verdanken wir wichtige Impulse dem neuen Mitherausgeber Eyke Hüllermeier, der uns im Herausgeberkreis kompetent ergänzt, während Günther Görz, der Urheber des Handbuchs, im wohlverdienten Ruhestand in eine beratende Rolle geschlüpft ist. Nach wie vor trägt die Fachgruppe 1 „Künstliche Intelligenz“ der Gesellschaft für Informatik (GI) e. V. die Herausgabe dieses Werks mit. Der Verlag de Gruyter, Berlin (früher Oldenbourg-Verlag, München), hat die gesamten Vorbereitungsarbeiten konstruktiv begleitet, wofür ihm ein herzlicher Dank gebührt.

Das Vorwort zur ersten Auflage charakterisierte das Werk folgendermaßen:

> Seine Herausgeber und Autoren haben sich das Ziel gesetzt, damit eine weithin als schmerzlich empfundene Lücke auf dem Lehrbuchsektor zu schließen. (...) Dass ein solches Lehrbuch ein dringendes Desiderat ist, ist unbestritten, denn zum einen ist die KI inzwischen an vielen unserer Universitäten – zumeist als Teilgebiet der Informatik – vertreten, andererseits decken die zum Teil hervorragenden Lehrbücher aus dem angelsächsischen Sprachraum das Gebiet nicht in allen Aspekten umfassend ab. Angesichts des raschen Fortschritts der Forschung lassen manche dieser Werke in ihrer Aktualität Wünsche offen. Zudem hat die KI in Deutschland und Europa durchaus eigenständige Sichtweisen und Ansätze entwickelt, die auch den vorliegenden Band geprägt haben.

Dieses Buch verdankt sein Entstehen einer Serie von Frühjahrsschulen zum Thema Künstliche Intelligenz (KIFS), die seit 1982 jährlich – von einer Ausnahme abgesehen – bis 1996 von der Fachgruppe „Künstliche Intelligenz“ der Gesellschaft für Informatik

1 ursprünglich im Addison-Wesley Verlag, Bonn.

https://doi.org/10.1515/9783111386690-202

(GI) e. V. durchgeführt wurden. Ziel der Frühjahrsschulen war es, in der Form von Kursen, die jeweils in etwa einer zweistündigen Vorlesung entsprachen, eine breit angelegte moderne Einführung in das Fach sowie einen Überblick über aktuelle Forschungsgebiete zu bieten. Zu einigen der Frühjahrsschulen wurden Tagungsbände vorgelegt, die die dort gehaltenen Kurse dokumentieren.[2] Durch den Ausbau der KI an den deutschen Universitäten und Fachhochschulen hatte die Nachfrage nach der zentralen Bildungsaufgabe, die die KIFS erfüllt hatte, spürbar nachgelassen. Ihre Nachfolge hat seitdem ein von mehreren wissenschaftlichen Gesellschaften am selben Ort durchgeführtes „Interdisziplinäres Kolleg Kognitionswissenschaft" angetreten.

Die Erfahrung mit den ersten Auflagen zeigte, dass viele der Kapitel in der Lehre eingesetzt wurden, sei es als Hauptreferenz oder als ergänzende Lektüre, selten aber das Werk in seiner Gesamtheit als Lehrbuch. Dies lag zum einen an seinem Umfang, zum anderen aber auch an der Vielfalt der eher einführenden und eher vertiefenden Kapitel, die es doch von der Geschlossenheit eines klassischen Lehrbuchs unterscheidet, das von einem einzigen Autor oder einem kleinen Autorenteam verfasst wurde. Zudem wurde vielfach angeregt, die thematische Breite des Werks zu vergrößern. Mit der sechsten Auflage haben die Herausgeber*innen begonnen, mit der Überarbeitung und der Weiterentwicklung in Richtung eines „Handbuchs" dem veränderten Anforderungsprofil weitestgehend gerecht zu werden. Mit dieser Auflage geht eine Vereinheitlichung der Kapitel hinsichtlich Struktur und Länge einher, was die Entwicklung weiter voranbringen soll.

Für alle Beiträge dieses Werks war maßgeblich, dass sie eine straffe und qualitativ hochwertige Darstellung des jeweiligen Themengebiets geben und Hinweise auf notwendige und sinnvolle Vertiefungsmöglichkeiten, u. a. auch in der Form einer Auswahlbibliographie, bieten. Es ist offensichtlich, dass bei einem angestrebten Umfang von ca. 30 Seiten pro Beitrag nicht alles, was thematisch wichtig ist, behandelt werden kann.

Gegenüber der letzten Auflage sind folgende Änderungen erwähnenswert: Das Handbuch ist nun in fünf Teile gegliedert, Teil I: Algorithmisches Problemlösen, Teil II: Wissensbasierte Ansätze, Teil III: Maschinelles Lernen, Teil IV: Anwendungsbereiche und Teil V: Interdisziplinäre Bezüge. Komplett neu sind die Kapitel „Generative Ansätze" und „Geschichte der KI". Wieder aufgenommen ist das Kapitel „Robotik" mit einem der früheren Autoren. Die restlichen Kapitel wurden überarbeitet. Darüber hinaus haben sich bei einigen Kapiteln Veränderungen in der Zusammensetzung der Autorengruppe ergeben. Die Kapitel „Suche", „Wissensrepräsentation und -verarbeitung", „Nicht-monotones Schließen", „Grundlagen des maschinellen Lernens" und „Sprachverarbeitung" sind von neuen Autor*innen bzw. Teams übernommen worden.

---

2 Dassel 1984: IFB Nr. 93, Dassel 1985: IFB Nr. 159, Günne 1987: IFB Nr. 202, Günne 1989: IFB Nr. 203. Erschienen in der Reihe Informatik-Fachberichte (IFB) im Springer-Verlag, Berlin: Teisendorf 1982: IFB Nr. 59.

Wir danken ganz herzlich allen Autor*innen, dass sie so engagiert an dieser nicht einfachen Aufgabe mitgewirkt haben. Neben den hohen qualitativen Anforderungen dieses ambitionierten Buchprojekts stellten die vielen notwendigen inhaltlichen Absprachen bis hin zu einer einheitlichen Layoutgestaltung und die – im Großen und Ganzen vorbildlich eingehaltene – terminliche Disziplin eine nicht alltägliche Herausforderung dar. Leider konnten einige wenige geplante Artikel und Überarbeitungen nicht realisiert werden, womit bei einem derart komplexen Unternehmen zu rechnen ist, was wir dennoch bedauern.

Zur Qualitätssicherung wurde ein Begutachtungsprozess durchlaufen: Jeder Beitrag wurde von externen Gutachter*innen und anderen Kapitelautor*innen gelesen und die kritischen Anmerkungen wurden den Autor*innen zur endgültigen Überarbeitung zugesandt. Wir danken unseren Kolleg*innen für die Begutachtung, die alle namentlich im Anhang aufgeführt sind. Ein großes Dankeschön geht zudem an Konstantin Kotsakis für seine äußerst hilfreiche Unterstützung bei der technischen Umsetzung des Manuskripts in LaTeX. Zu guter Letzt möchten wir dem Verlag danken, allen voran Ute Skambraks, die uns bei diesem Projekt mit Rat und Tat zur Seite stand.

Münster, München, Bamberg und Erlangen-Nürnberg,
im Januar 2026

Tanya Braun
Eyke Hüllermeier
Ute Schmid
Günther Görz

Inhalt

Teil V: **Interdisziplinäre Bezüge**

Ute Schmid, Eyke Hüllermeier, Tanya Braun und Günther Görz

1 Einleitung

Künstliche Intelligenz (KI) wird als eine der wichtigsten Zukunftstechnologien angesehen. Es gibt kaum eine Anwendungs-Software, die keine KI-Komponenten enthält, soziale Medien basieren auf KI-gestützten Auswahl-Algorithmen, Suchmaschinen binden Sprachmodelle ein, um Inhalte zusammenzufassen. KI-Methoden werden in immer mehr Anwendungsbereichen eingesetzt – in der Medizin, in der Produktion, im Marketing, beim autonomen Fahren, in der Bildung. In der bildbasierten medizinischen Diagnostik ist die Identifikation von Krankheiten in bestimmten Bereichen, etwa in der Hautkrebserkennung, inzwischen genauer als von durchschnittlichen Ärztinnen und Ärzten [7]. Aktuell wird die Bezeichnung KI in den Medien oft synonym zu generativer KI, speziell Chatbots, die auf großen Sprachmodellen basieren, verwendet [54]. Aber auch schon vor der Veröffentlichung von ChatGPT Ende 2022 war das Thema KI präsent.

Auslöser waren neue Ansätze im Bereich des maschinellen Lernens, sogenannte Deep-Learning-Architekturen. Im Jahr 2012 gewann das Alex-Net – ein sogenanntes Faltungsnetz (*Convolutional Neural Network*, CNN) – die ImageNet Challenge [28]. Die Aufgabe des Wettbewerbs ist, Fotos aus 1000 verschiedenen Kategorien wie Tiere, Pflanzen, Gebäude und Alltagsgegenstände, korrekt zu klassifizieren. Im Gegensatz zu klassischen neuronalen Netzen ist bei CNNs keine vorherige Extraktion von Merkmalen aus Bildern notwendig, das Netz lernt direkt aus den Rohdaten sowohl die relevanten Merkmale als auch die Klassifikation. Ähnlich erfolgreich war eine andere Deep Learning Architektur, Deep Reinforcement Learning, im Bereich Spiele: Das System AlphaGo hat 2015 den mehrfachen Europameister Fan Hui geschlagen [55]. Der Durchbruch im Schach gelang bereits 1997 mit dem Sieg von Deep Blue gegen den damaligen Weltmeister Kasparov. Go galt aufgrund seines sehr großen Suchraums – deutlich größer als der Suchraum von Schach – als nicht mit KI-Methoden lösbar. Während Deep Blue auf einem intelligenten Suchverfahren, das durch eine geschickt gewählte heuristische Funktion gesteuert wurde, basierte, basiert der Erfolg von AlphaGo auf einer Kombination von intelligenter Suche mit maschinellem Lernen.

Neben Methoden des maschinellen Lernens bilden wissensbasierte Methoden die zweite große Familie von Ansätzen in der KI. So wie im letzten Jahrzehnt der Fokus fast ausschließlich auf maschinellem Lernen lag, war in den 1970er und 1980er Jahren der Fokus auf wissensbasierten Methoden. Ausdrucksstarke Ansätze der Wissensrepräsentation und effiziente Inferenzalgorithmen lieferten die Grundlage für die Entwicklung von Expertensystemen [2, 32]. Die ersten Erfolge im Bereich Deep Learning haben zunächst zu einer Abkehr von wissensbasierten Methoden geführt. Selbst für Bereiche, in denen explizites Wissen vorliegt, wurde in praktischen Anwendungen teilweise versucht wurde, dieses Wissen aus Daten (wieder) zu lernen [24]. Aktuell erleben wissensbasierte Ansätze eine Renaissance. Beispielsweise werden im Kontext von Ansätzen der generativen KI Wissensgraphen genutzt, um die Erzeugung von Texten zu augmentieren

https://doi.org/10.1515/9783111386690-001

[42]. Neuro-symbolische Architekturen ermöglichen die Kombination von explizitem Wissen und maschinellem Lernen [18, 36].

Verfahren aus allen Teilgebieten der KI können zur Lösung gesellschaftlich relevanter komplexer Probleme beitragen (*AI for the public good*[1]) – sei es Gesundheit [45, 9], Nachhaltigkeit und Ökologie [60] oder Erhalt von Kulturgütern [53]. Zugleich nimmt jedoch die Sensibilität für die gesellschaftliche, sozio-technische Einbettung von KI-Systemen und damit verbunden für mögliche Gefahren in bestimmten Anwendungsbereichen zu. Dies betrifft auf der persönlichen Ebene Einschätzungen und Prognosen von gesundheitlichen und anderen Risiken, von Leistungsprofilen oder gar, wie in China, des sozialen Wohlverhaltens. Dies betrifft auch Geschäftsmodelle, die darauf basieren, dass Menschen möglichst lange in sozialen Medien gehalten werden und entsprechende Werbung konsumieren – *engagement business models* [50].

Entsprechend wachsen Befürchtungen der gesellschaftlichen Kontrolle nicht nur durch staatliche Instanzen, sondern auch durch privatwirtschaftlich organisierte internationale Konzerne, die sich gleichzeitig selbst jeder Kontrolle entziehen. Zum ersten Mal in der Geschichte steht KI auf der politischen Agenda: Ihre Erfolge wecken Erwartungen nicht nur gigantischer Rationalisierungsgewinne, sondern auch in Verschiebungen globaler Herrschaftsverhältnisse. Die meisten Staaten haben schon KI-Strategien veröffentlicht. Die Europäische Union hat 2024 das KI Gesetz *EU AI Act* verabschiedet,[2] das nun in den Mitgliedsländern umgesetzt wird. Wesentliches Anliegen des KI Gesetzes ist, dass KI-Systeme zum Wohle der Menschen eingesetzt und KI-Anwendungen kontrolliert werden. Spezielle Anwendungen, insbesondere Gesichtserkennung und *social scoring*, sind untersagt [35]. Im Kontext des KI Gesetzes wurden von der Europäischen Kommission sieben Anforderungen an vertrauenswürdige KI-Systeme formuliert.[3] Hierzu gehören der Vorrang menschlichen Handelns und menschlicher Aufsicht, die technische Robustheit und Sicherheit, Transparenz sowie Nichtdiskriminierung [52].

Im Folgenden wird das Forschungsgebiet KI definiert und von anderen Bereichen der Informatik abgegrenzt. Zudem wird aufgezeigt, dass KI in vielen Bereichen eng mit anderen Disziplinen verzahnt ist. Danach werden die verschiedenen Teilgebiete der KI präsentiert, denen in diesem Handbuch die einzelnen Kapitel gewidmet sind.

1.1 Künstliche Intelligenz aus Sicht der Informatik

Das Forschungsgebiet Künstliche Intelligenz wurde im Jahr 1956 unter dem Namen „*Artificial Intelligence*“ begründet. Die Bezeichnung hat der Informatik-Pionier John McCar-

1 https://digital-strategy.ec.europa.eu/en/factpages/ai-public-good

2 https://artificialintelligenceact.eu/

3 https://digital-strategy.ec.europa.eu/en/library/ethics-guidelines-trustworthy-ai

thy, der zu dieser Zeit am MIT und später in Stanford forschte und lehrte, geprägt. Der Begriff wird teilweise kritisch gesehen, da er eine Vorstellung von KI-Systemen suggeriert, die über eine menschenähnliche allgemeine Intelligenz verfügen, wie wir sie aus Science Fiction Literatur und Filmen kennen. Die deutsche Bezeichnung „Künstliche Intelligenz“ besitzt diese Konnotation sogar noch stärker. Der Gründervater der deutschen KI, Wolfgang Bibel, hat deshalb dafür plädiert, das Forschungsgebiet als „Intellektik“ zu bezeichnen [3].

Obwohl die KI Verbindungen zu diversen wissenschaftlichen Disziplinen besitzt, und auf Grundlagen aus Mathematik, Statistik, Philosophie, Psychologie, Ökonomie, Biologie, und Neurowissenschaften zurückgreift, wird sie typischerweise als Teilgebiet der Informatik gesehen, weil sie sich im Kern mit der Entwicklung von Algorithmen und Computerprogrammen zur Lösung spezieller Probleme befasst. Konkret geht es um Probleme, deren Lösung beim Menschen als intelligente Leistungen betrachtet werden [37]. Dazu gehören Bereiche wie Wahrnehmung, Problemlösen und Planen, Schlussfolgern, Entscheiden, Sprache verstehen und produzieren, Spielen und Lernen. Diese Begriffe wurden teilweise direkt für die entsprechenden Bereiche der KI übernommen und bergen, wie auch die Bezeichnung „Künstliche Intelligenz“ selbst, die Gefahr der Anthropomorphisierung, also der unzulässigen Zuschreibung menschlicher Eigenschaften an KI-Systeme.

Im Kern basiert KI auf denselben grundlegenden Methoden wie die Informatik – im Zentrum steht die Formalisierung von Problemen, die Definition von Algorithmen zur Lösung dieser Probleme, die Implementierung dieser Algorithmen, sowie die Bewertung der Performanz von Algorithmen und Programmen. Beim Teilgebiet des maschinellen Lernens kommen Methoden aus diversen „Datenwissenschaften“ hinzu, vor allem der Statistik, der explorativen Datenanalyse, der Signalverarbeitung und der Mustererkennung [4]. Heute hat sich der Begriff „Maschinelles Lernen“, der seine Wurzeln in der KI hat [10], allgemein durchgesetzt.

Die Methoden und Algorithmen, die seit den 1960er Jahren im Gebiet KI entwickelt wurden, unterscheiden sich von Standardalgorithmen der Informatik. Klassische Algorithmen sind so definiert, dass Eingaben über definierte Schritte zu Ausgaben verrechnet werden. Während bei Standard-Software zumindest theoretisch gewährleistet werden kann, dass die zugrunde liegenden Programme korrekt und vollständig sind, ist dies bei KI-Systemen nicht der Fall. Ein Programm ist korrekt, wenn es ausschließlich richtige Ausgaben liefert, und es ist vollständig, wenn es für alle zulässigen Eingaben eine Ausgabe liefert. KI-Methoden sind jedoch trotz dieser Einschränkung sehr nützlich, da sie ermöglichen, Probleme mittels Computern zu bearbeiten, die durch Standardalgorithmen nicht lösbar sind. Insbesondere gilt das für die folgenden drei Fälle [52]:

– Ein Problem ist so komplex, dass seine Lösung nicht effizient berechenbar ist. Dies gilt beispielsweise für viele Spiele, etwa Schach oder Go, sowie für Konfigurations- und Planungsprobleme. In diesem Fall werden **heuristische Suchverfahren** genutzt, die erlauben abzuschätzen, welche Lösungswege vielversprechend sind und welche nicht. Allerdings kann dann nicht garantiert werden, dass das Programm die beste Lösung (oder sogar überhaupt eine Lösung) findet.

- Ein Problembereich basiert auf komplexem Domänenwissen und allgemeinem Wissen (*common sense*) sowie der Notwendigkeit, Schlussfolgerungen aus diesem Wissen zu ziehen. Hier sind Datenstrukturen und Algorithmen notwendig, die über Standardmethoden der Informatik hinausgehen. Dies ist das Einsatzgebiet **wissensbasierter Systeme**, deren zentrale Grundlage Formalismen der Logik sind.
- Schließlich gibt es Probleme und Lösungsstrategien, die nicht vollständig oder gar nicht beschrieben werden können. Hierzu gehören Problembereiche wie automatisierte Entscheidungsroutinen oder Perzeption, bei denen Menschen implizites Wissen und Fertigkeiten besitzen, die sie aber kaum explizit beschreiben und schon gar nicht systematisch formalisieren können [23]. Ein weiteres wichtiges Beispiel sind kreative Fähigkeiten wie das Schreiben von Texten, das Malen von Bildern oder das Komponieren von Musik. Hier kommen Methoden des **maschinellen Lernens** zur Anwendung, die das Wissen, das implizit in einer Menge von Beispieldaten steckt, generalisiert und in Form von Modellen expliziert. Von Menschen erstellte Programme, die für gegebene Eingaben die passenden Ausgaben berechnen, werden durch meist intransparente (*black box*) Modelle ersetzt. Neben prädiktiven Modellen, die ein bestimmtes Ein-/Ausgabeverhalten nachbilden sollen und für eine gegebene Eingabe die korrekte Ausgabe „erraten“, sind in den letzten Jahren generative Modelle hinzugekommen, die automatisch Artefakte wie Text, Bilder oder Videos erzeugen.

Viele Lehrbücher der Künstlichen Intelligenz sind in die drei oben eingeführten Themenbereiche – Suchverfahren, wissensbasierte Methoden und Maschinelles Lernen gegliedert, etwa das aktuelle Standard-Lehrbuch von Russell und Norvig [49]. Auch das vorliegende Handbuch folgt dieser Gliederung.

KI nutzt Methoden der theoretischen Informatik, um Eigenschaften von Algorithmen formal zu beschreiben und zu beweisen. Für heuristische Suchstrategien können beispielsweise Berechnungsaufwand und Zulässigkeit der generierten Lösungswege bestimmt werden [19]. Allerdings kann im Allgemeinen nicht garantiert werden, dass eine global optimale Lösung für ein Problem gefunden wird.

Wissensbasierte Methoden zeichnen sich dadurch aus, dass im Gegensatz zu Standardalgorithmen die Repräsentation des jeweiligen Inhaltsbereichs – die Wissensbasis – und die Inferenzalgorithmen zum Ziehen von Schlüssen getrennt behandelt werden. Dadurch wird es möglich, Inferenzalgorithmen allgemein zu definieren und auf verschiedene Inhaltsbereiche anzuwenden. Wissensbasierte Methoden basieren auf ausdrucksstarken Logiken, meist Prädikatenlogik erster Stufe [2]. Für wissensbasierte Methoden können häufig Vollständigkeits- und Korrektheitsgarantien gegeben werden. Hier besteht das Problem darin, dass die zugrunde liegende Wissensbasis unvollständig oder fehlerhaft sein kann. Die Bereitstellung einer Wissensbasis und deren Modellierung stellt insbesondere in komplexen Wissensbereichen, etwa der Medizin, eine große Herausforderung dar. Das sogenannte *knowledge acquisition bottleneck* [14] hat in den 1980er Jahren zu einem der sogenannten KI-Winter geführt.

Maschinelles Lernen erlaubt es, das *knowledge acquisition bottleneck* zu umgehen, indem implizit vorhandenes Wissen – insbesondere perzeptuelles Wissen oder Erfahrungswissen – durch Generalisierung über gemeinsame Muster in Trainingsdaten gelernt wird. Beispielsweise können Menschen nicht explizit beschreiben, aufgrund welcher Informationen sie ein Objekt als zu einer bestimmten Kategorie gehörig identifizieren, aber sie sind in der Lage, für konkrete Beispiele zu benennen, was die korrekte Klasse für dieses Beispiel ist. Maschinelles Lernen basiert auf induktiven Schlüssen, die generell keine Korrektheitsgarantie haben können. Beispielsweise ist es unmöglich, vollständig zu beschreiben, welche Regeln wir verwenden, um auf einem Bild zu erkennen, ob eine Katze darauf abgebildet ist, oder ob es sich bei einer Hautveränderung um Hautkrebs handelt.

Um die Güte gelernter Modelle zu bewerten, werden verschiedene Metriken genutzt, die die prädiktive Performanz der Modelle sowie die Unsicherheit einer Modellausgabe abschätzen [21] – häufig unter Verwendung von Benchmark-Datensätzen, um eine breite Vergleichbarkeit zu gewährleisten. Im Vergleich zu prädiktiven Modellen, für die es häufig eine objektive „ground truth" gibt, ist die Evaluation und Bewertung von generativen Modellen zur Erzeugung von Inhalten wie Text, Bildern, Musik oder Computercode schwieriger; hier haben sich noch keine einheitlichen Standards etabliert.

Für die Umsetzung von (klassischen) Ansätzen des maschinellen Lernens stehen umfangreiche, typischerweise in Python programmierte, Bibliotheken zur Verfügung [46]. Für generative Methoden wurde zuletzt eine Vielzahl von neuen Tools entwickelt, von denen viele auf Transformerarchitekturen [63] basieren. Wissensbasierte Ansätze werden dagegen meist mit deklarativen Programmiersprachen implementiert. Grundlegend ist hier die logische Programmiersprache Prolog, deren Interpreter auf Resolutionsbeweisen basiert [56]. Answer Set Programming [6] ermöglicht die effiziente Lösung von kombinatorischen Suchproblemen [25]. Zu Beginn der KI-Forschung wurden Systeme überwiegend in der Programmiersprache Lisp implementiert, die auf dem Lambda-Kalkül basiert und auf Basis des Prinzips der Homoikonizität (Selbstrepräsentierbarkeit) ermöglicht, dass Code zur Laufzeit geändert werden kann.

1.2 Künstliche und menschliche Intelligenz

Da im Forschungsgebiet KI Themen adressiert werden, die üblicherweise mit menschlichen Intelligenzleistungen verbunden werden, ergeben sich vielfältige Beziehungen zu Psychologie, Kognitionswissenschaft und Neurowissenschaft. KI-Systeme haben typischerweise allerdings nicht den Anspruch, bestimmte Fähigkeiten auf eine vergleichbare Art umzusetzen, wie dies Menschen tun. Bestenfalls geht es darum, bestimmte Probleme ähnlich gut zu lösen – also um vergleichbares Verhalten, nicht um vergleichbare

Berechnungsprozesse. Der Turing-Test [61] basiert genau auf dieser Vergleichbarkeit des Verhaltens eines KI-Systems mit beobachtbarem menschlichen Verhalten. Im sogenannten *imitation game* hat ein menschlicher Beurteiler die Aufgabe, zu entscheiden, ob eine Antwort auf eine Frage von einem Menschen oder einem KI-System gegeben wurde. In diesem Prüfszenario wäre es beispielsweise möglich, dass ein Intelligenztest, der verschiedene kognitive Leistungen erhebt, durch ein KI-System überdurchschnittlich gut gelöst wird, das aus einer Sammlung von verschiedenen Programmen besteht, die jeweils nur genau eine Art von Aufgaben lösen können [17].

Es gibt jedoch auch Forschung, die sich speziell damit befasst, KI-Systeme nach dem Vorbild menschlicher Intelligenz zu entwickeln [29]. In diesem „Kognitive Systeme“ [30] oder Kognitive KI genannten Forschungsbereich werden beispielsweise Modelle entwickelt, die menschliches analoges Schließen simulieren [13]. Ansätze der Kognitiven KI liefern einen Beitrag zur Kognitionsforschung, da sie helfen, psychologische Theorien durch die Umsetzung in lauffähige Modelle zu präzisieren.

Aktuell propagieren die großen US-amerikanischen KI-Unternehmen als Ziel, eine *Artificial General Intelligence* (AGI) zu entwickeln, also KI-Systeme, die vollumfänglich menschliche Fähigkeiten aufweisen oder diese übertreffen.[4] Generative Ansätze, die auf vielfältigen, inzwischen auch multimodalen Datensätzen, trainiert werden, werden auch als *foundation models* bezeichnet. Der Begriff wurde 2021 vom Center for Research on Foundation Models (CRFM)[5] eingeführt. Als Foundation Model wird jedes Modell bezeichnet, das für eine Vielzahl von *downstream tasks* (durch *fine-tuning*) adaptiert werden kann.

Die Entwicklung von AGI-Systemen entspricht einem bereits zu Beginn der KI-Forschung von einigen Wissenschaftlern vertretenen Ziel, eine sogenannte starke KI zu schaffen [41]. In dieser Zeit haben Herbert Simon und Allen Newell die sogenannte *Physical Symbol System Hypothesis* formuliert, nach der Symbolverarbeitung eine notwendige sowie hinreichende Voraussetzung für natürliche wie künstliche intelligente Systeme liefert. Wenn Symbolverarbeitung hinreichend dafür ist, dass ein System intelligent ist, so können auch KI-Systeme intelligent sein. Diese Behauptung löste allerdings sehr viel Kritik aus. Unter anderem stellt sich die Frage, wie Symbole ihre Bedeutung erhalten (*symbol grounding problem*) [16]. Der Kognitionswissenschaftler Philip Johnson-Laird adressiert die Frage nach der Möglichkeit, menschliche Intelligenz auf Computer nachzubauen, folgendermaßen [22]: *Is the mind a computational phenomenon? No one knows. It may be; or it may depend on operations that cannot be captured by any sort of computer.* Er führt weiter aus, dass man Theorien über den menschlichen Geist nicht mit dem Geist selbst verwechseln sollte, genauso, wie man Modelle zu Wettervorhersage nicht mit Regen oder Sonnenschein gleichsetzt.

---

4 z. B. https://openai.com/charter/

5 https://crfm.stanford.edu/

In Philosophie, Psychologie und Neurowissenschaften wird allgemein davon ausgegangen, dass eine allgemeine, menschliche Intelligenz auf Bewusstsein gründet [38]. Die Definition von Bewusstsein ist allerdings ähnlich komplex wie die Definition von Intelligenz. Häufig werden als zentrale Aspekte von Bewusstsein das Wissen über die eigene Identität (Selbstbewusstsein), die Fähigkeit, absichtsvoll zu handeln (Intentionalität), das innere Erleben von Wahrnehmungen (Qualia) sowie das Wissen um eigene Wissenszustände (Metakognition) genannt. Der amerikanische Neurowissenschaftler Christof Koch zitiert in seinem 2013 erschienenen Buch „Bewusstsein – Bekenntnisse eines Hirnforschers“ [26] den Schriftsteller Oscar Wilde: „Erst im Gehirn ist der Klatschmohn rot, duftet der Apfel und trillert die Lerche.“ Und formuliert dann die entscheidende Frage: Wie kann etwas Physisches – also das menschliche Gehirn – etwas Nichtphysisches wie subjektive Zustände erzeugen? Später im Buch spekuliert Koch, ob auch ein Computer als komplexe physische Entität in der Lage sein könnte, bewusst zu erleben. Er hält es nicht für unmöglich, dass mittels mathematischer Modellierung ein Bauplan für Bewusstsein entwickelt werden könne. Mittlerweile schließt er dies aber aus. Sein neuestes Buch (2020) trägt den Titel „Bewusstsein: Warum es weit verbreitet ist, aber nicht digitalisiert werden kann“ [27].

1.3 Teilbereiche und Anwendungsgebiete der KI

In den folgenden Kapiteln werden zentrale Themengebiete, Konzepte und Methoden der KI eingeführt. Dabei folgen wir der oben gegebenen Gliederung von KI-Methoden in die drei Teilgebiete Suchverfahren (algorithmisches Problemlösen), Wissensbasierte Ansätze und Maschinelles Lernen. Danach werden zentrale Anwendungsbereiche eingeführt. Im letzten Teil des Buches werden interdisziplinäre Bezüge aufgezeigt.

1.3.1 Algorithmisches Problemlösen

Algorithmisches Problemlösen umfasst verschiedene Methoden, die dazu dienen, in hochkomplexen Suchräumen mit möglichst geringem Aufwand kostengünstige Lösungswege zu finden. Solche intelligenten Suchverfahren werden in fast allen Teilgebieten der KI eingesetzt. Inferenzmethoden der wissensbasierten KI nutzen verschiedene Suchmethoden zur Ableitung von Schlussfolgerungen. Im Maschinellen Lernen basieren die Methoden zum Training von Modellen üblicherweise auf lokalen Suchverfahren.

Grundlegende heuristische Suchverfahren wurden seit den 1970er Jahren zur Simulation von Problemlöseprozessen als **Suche** im Problemraum eingesetzt. Diese Suchverfahren erlauben die effiziente Berechnung einer Abfolge von Handlungsschritten, um einen gegebenen Problemzustand in einen Zielzustand zu überführen. Klassische Anwendungsbereiche sind Navigationsprobleme und Konfigurationsprobleme. Im Bereich

Planen werden Algorithmen entwickelt, die unabhängig von einem konkreten Anwendungsbereich ermöglichen, Handlungspläne zu erzeugen. Ein Modell der Welt und mögliche Aktionen und Ziele sind die Eingabe in einen Planungsalgorithmus, der als Ausgabe einen Plan generiert. **Constraints** definieren Bedingungen für die Belegung von Variablen und Beziehungen zwischen Variablen. Mit Constraint-Methoden können komplexe kombinatorische Probleme effizient modelliert und gelöst werden. Es wurden zahlreiche effiziente Suchverfahren entwickelt, um konsistente Lösungen für Constraint-Probleme zu finden. Ansätze zur Lösung von Spielen werden im Bereich **Universelle Spielprogramme** entwickelt. Für Spiele werden spezielle Suchverfahren genutzt, die die Auswahl von Spielzügen bei Mehrpersonenspielen ermöglichen. Für Planungsprobleme sowie Spiele werden spezielle Beschreibungssprachen (PDDL für den Bereich Planung und GDL für Spiele) genutzt. Methoden für die Lösung von Constraint-Problemen und Planungsproblemen sowie für Spiele werden meist in speziellen deklarativen Sprachen umgesetzt, die für die jeweilige Beschreibungssprache definiert sind.

1.3.2 Wissensbasierte Ansätze

Die zentrale Grundlage für das Forschungsgebiet der **Wissensrepräsentation und -verarbeitung** ist die formale Logik. Fundamental ist hierbei die Trennung von Syntax (Symbolen und Symbolstrukturen) und Semantik (Bedeutung). Wissen und das korrekte Ziehen von Schlüssen basieren bei Menschen auf semantischen Inhalten. Um Schlussfolgerungen zu automatisieren, werden syntaktische Methoden benötigt, die es erlauben, Schlüsse über Symbolstrukturen zu ziehen. Methoden der **Automatischen Inferenz** ermöglichen es, Schlussfolgerungsprozesse zu mechanisieren. Grundlegend sind hier Kalküle – formale Systeme von Regeln, mit denen sich aus gegebenen Aussagen (Axiomen) weitere Aussagen ableiten lassen.

Vielfältige Ansätze zur Repräsentation von Wissen und zur Formalisierung von Schlussfolgerungen ermöglichen es, Methoden zur Behandlung unterschiedlichster Aspekte der Wissensverarbeitung zu automatisieren, die über das klassische Schließen in zweiwertigen monotonen Logiken hinausgehen. Ansätze für **Nichtmonotones Schließen** ermöglichen es, bereits gezogene Schlüsse aufgrund neuer Informationen zu revidieren. Wissen ist häufig nicht präzise und sicher. Methoden zum Schließen über **Unsicheres und unscharfes Wissen** ermöglichen die Berücksichtigung von Wahrscheinlichkeiten (probabilistisches Schließen) und unscharfen semantischen Konzepten. **Wissen über Raum und Zeit** spielt eine zentrale Rolle im Alltag, und Menschen ziehen komplexe Schlussfolgerungen über zeitliche und räumliche Beziehungen. Mit speziellen zeitlichen und räumlichen Logiken wird es möglich, das Ziehen qualitativer Schlüsse über zeitliche Beziehungen von Ereignissen und räumliche Beziehungen zwischen Objekten zu automatisieren. Während logikbasierte Kalküle das automatische Ziehen von Schlüssen mittels allgemeiner Inferenzalgorithmen umsetzen, modellieren

Methoden des **Fallbasierten Schließens** das Ziehen von Schlüssen auf Basis von Erfahrungen. Schlussfolgerungen und Problemlösungen werden durch bereits vorhandenem Wissen auf neue Probleme übertragen. Zentral ist hier die Identifikation ähnlicher, passender Beispiele, die für den Wissenstransfer auf ein aktuelles Problem genutzt werden können.

1.3.3 Maschinelles Lernen

Maschinelles Lernen umfasst eine Vielzahl an datengetriebenen Methoden, die seit den 1950er Jahren im Kontext der KI-Forschung sowie in der Statistik entwickelt wurden. Symbolische Methoden, künstliche neuronale Netze und weitere statistische Methoden liefern zusammen mit Ansätzen zur Evaluation der Güte gelernter Modelle die **Grundlagen des maschinellen Lernens**. Die im letzten Jahrzehnt entstandenen neuen Architekturen der **Tiefen neuronalen Netze** bauen auf diesen Grundlagen auf. Faltungsnetzwerke (CNNs) ermöglichen es, dass direkt aus Rohdaten, wie beispielsweise Bildern, gelernt wird (*end-to-end learning*). Im Gegensatz zu klassischen neuronalen Netzen, wie sie seit Ende der 1980er Jahre genutzt werden, entfällt damit die aufwendige und verlustreiche Vorverarbeitung zur Extraktion von Merkmalen. Rekurrente Netze ermöglichen die Generalisierung über sequentielle Daten wie Zeitreihen. Encoder/Decoder-Architekturen ermöglichen die Repräsentation von komplexen statischen wie sequentiellen Eingaben in einer Form, die die Generierung von Inhalten ermöglicht. Sie sind Bestandteil von Transformer-Architekturen, die die Grundlage für **Generative Ansätze** liefern.

Die Nutzung des maschinellen Lernens in immer weiteren, teils sicherheitskritischen Anwendungsbereichen macht es notwendig, dass gelernte Modelle von Menschen nachvollziehbar sind und die Ausgaben von Systemen von Menschen beaufsichtigt und kontrolliert werden können. Gelernte Modelle, insbesondere tiefe neuronale Netze, sind jedoch intransparent (*black box*). Entsprechend entstand parallel zur Forschung und Entwicklung von Methoden des maschinellen Lernens das Forschungsgebiet der **Interpretierbaren und erklärbaren KI** (*eXplainable AI*, XAI). Zunächst wurden insbesondere Methoden entwickelt, die aufzeigen, aufgrund welcher Information einer Eingabe das Modell eine bestimmte Ausgabe geliefert hat (Merkmalsrelevanz) – bekannt wurden vor allem LIME [47] und SHAP [34, 40]. Diese Methoden sind insbesondere hilfreich für die Modellentwickler selbst, um beispielsweise zu prüfen, ob das Modell irrelevante Informationen nutzt (*overfitting*) [31]. Inzwischen existiert eine Vielzahl weiterer Methoden, die sich an Domänen-Expertinnen und -Experten sowie Endnutzende richten.

1.3.4 Anwendungsbereiche

Die grundlegenden Methoden für algorithmisches Problemlösen, wissensbasierte Ansätze und maschinelles Lernen kommen in vielen speziellen Anwendungsbereichen zum Einsatz und werden dort um anwendungsspezifische Methoden ergänzt. Im Bereich **Sprachverarbeitung** werden Methoden entwickelt, um natürliche Sprache zu verstehen, zu generieren und Dialoge zu führen. Das Gebiet ist sehr interdisziplinär und bringt Konzepte und Methoden aus Linguistik und KI zusammen. Aktuell liegt der Fokus auf generativen Methoden. Aber klassische symbolische Methoden sowie statistische Ansätze werden ebenfalls weiter genutzt und mit Sprachmodellen kombiniert. Die Identifikation von Objekten und Szenen ist Gegenstand der **Bildanalyse**. In diesem Bereich fand durch die Entwicklung von Methoden des Deep Learning ein starker methodischer Umbruch statt. Zusätzlich zu Aufgaben der Klassifikation und Segmentierung von Bildern werden aktuell das Beantworten von Fragen zu Bildinhalten (*visual question answering*) sowie das Generieren von Bildern aus sprachlichen Vorgaben sowie textueller Beschreibungen für Bilder adressiert.

Die meisten KI-Methoden werden rein digital als virtuelle Agenten umgesetzt. In der **Robotik** werden dagegen physische Agenten entwickelt, die Information ihrer Umgebung über Sensorik aufnehmen und die mittels Aktorik direkt mit der Umgebung interagieren. KI-Robotik fand in den 2000er Jahren unter dem Stichwort *Embodied AI* große Beachtung. Die Interaktion von Agent und Umgebung anstelle körperloser und rein mentaler Problemlösung wurde als grundsätzliche Voraussetzung für intelligentes Verhalten gesehen [8]. Intelligente Robotik kann in vielen Bereichen hilfreich sein, von der Medizin [64] bis zum Haushaltsroboter [5]. Als Testfeld wird seit 1997 ein jährlich stattfindender Wettbewerb im Roboterfußball durchgeführt [15].[6] **Multiagentensysteme** erweitern die Perspektive vom intelligenten Verhalten eines einzelnen künstlichen Agenten hin zur Lösung von Aufgaben durch Kooperation und Koordination von mehreren Agenten. Zur Realisierung von verteilten Ansätzen zur Lösung von Problemen werden Methoden der Spieltheorie [43] sowie Modallogiken [33] genutzt. Des Weiteren ist Verstärkungslernen eine zentrale Methode zur Realisierung flexibler Interaktionsstrategien von Agenten [48].

Im World Wide Web zugängliche Informationen können mit Methoden des **Semantic Web** bedeutungsbezogen in Form von Wissensgraphen [20] kombiniert werden. Hierzu werden spezielle deklarative Sprachen, insbesondere RDF (*Resource Description Framework*) und OWL (*Web Ontology Language*) genutzt. Damit wird es möglich, Inhalte aus verschiedenen Quellen konsistent zusammenzuführen und Schlussfolgerungen über im Web verteiltes Wissen zu ziehen. Neben logikbasierten Methoden werden spezielle Ansätze des maschinellen Lernens wie Graph Neural Networks (GNNs) [12] eingesetzt.

6 https://robocup.de/

In vielen Anwendungsbereichen ist es sinnvoll oder notwendig, dass KI-Systeme nicht autonom arbeiten, sondern dass Mensch und KI-System zusammenarbeiten, um Entscheidungen in komplexen Situationen zu treffen und Probleme zu lösen. Forschung zu **Mensch-KI-Teams** erfährt aktuell im Kontext der Anforderungen an menschliche Kontrolle und Aufsicht von KI-Systemen viel Beachtung. Methoden der erklärbaren KI sowie interaktives (*human-in-the-loop*) Lernen [59] werden als wichtige Bausteine zur Gestaltung einer effizienten und sicheren Zusammenarbeit von Mensch und KI angesehen [44]. Allerdings ist die Gestaltung geeigneter Schnittstellen eine große Herausforderung. Eine Meta-Analyse zeigt, dass aktuell in vielen Bereichen Mensch-KI-Teams weniger gute Ergebnisse erzielen als die jeweils besten Menschen oder KI-Systeme [62].

1.3.5 Interdisziplinäre Bezüge

Um KI-Methoden verantwortungsvoll in der Anwendung einzusetzen, sind neben technischen Anforderungen an deren Performanz, Robustheit und Sicherheit weitere Aspekte, insbesondere die Gestaltung von Schnittstellen, die der menschlichen Informationsverarbeitung angemessenen sind, sowie die Beachtung ethischer Kriterien entscheidend.

Eine grundlegende Kenntnis von Theorien und empirischen Befunden zur menschlichen **Kognition** liefert die Basis zur Gestaltung interaktiver KI-Systeme und zur Entwicklung von hilfreichen Methoden der erklärbaren KI [39]. Umgekehrt können KI-Methoden dazu beitragen, Theorien über kognitive Prozesse zu präzisieren [11, 57]. Seit den 1980er Jahren hat sich Kognitionswissenschaft als eigenständiges interdisziplinäres Forschungsgebiet entwickelt, in dem komputationale Ansätze zur Simulation kognitiver Prozesse entwickelt und empirisch untersucht werden. Zu den einflussreichsten Ansätzen gehört die kognitive Architektur ACT-R [1] sowie bayessche Modelle des menschlichen Lernens [58].

Ethische Aspekte künstlicher Intelligenz sind eine zentrale Voraussetzung für die Gestaltung aktueller und zukünftiger Anwendungen von KI-Methoden. Die praktische Philosophie liefert hier wesentliche theoretische Grundlagen, etwa in den Bereichen der Technik- und Maschinenethik. Auch wenn dem Thema kein eigenes Kapitel gewidmet ist, sollten ethische Überlegungen grundsätzlicher Bestandteil der KI-Forschung sein. Eine Abschätzung von unerwünschten Auswirkungen des Einsatzes von KI-Systemen ist jedoch häufig nicht umfassend möglich. In einigen Bereichen wie der Vermeidung oder Reduzierung von Diskriminierung bestimmter gesellschaftlicher Gruppen durch gelernte Modelle (FairAI) wurden in den letzten Jahren zahlreiche Methoden entwickelt, in anderen Bereichen wie der Vermeidung von Täuschung und Desinformation durch generative KI gibt es dagegen bisher keine praxistauglichen methodischen Zugänge.

Die Kenntnis der **Geschichte der KI** ist hilfreich, um aktuelle Entwicklungen einzuordnen. Entsprechend wird zum Abschluss des Buches ein Überblick über die Entwicklung von Methoden der Wissensrepräsentation, Expertensysteme, Sprachverstehen, Bildverarbeitung und Maschinelles Lernen gegeben. Die Geschichte der KI zeigt, dass erste Erfolge in einem Bereich häufig zu überzogenen Erwartungen führten. Traten die erwarteten Erfolge nicht schnell genug ein, wurde KI-Forschung als Ganzes als wenig vielversprechend eingestuft und es kam zu einem sogenannten KI-Winter, bei dem nur ein harter Kern von Forschenden das Feld weiter vorantrieb.

1.4 Ausblick und Schlussbetrachtung

Künstliche Intelligenz ist ein äußerst dynamisches Gebiet, bei dem in den letzten Jahren parallel Innovation in Grundlagenforschung, Technologieentwicklung und neuen Anwendungen stattfand. Viele Personen sind zuletzt in Forschung wie Anwendung neu in den Bereich KI eingestiegen. Die Zahl der Einreichungen bei den wichtigen Tagungen im Bereich KI (wie IJCAI, ECAI, AAAI) und Maschinelles Lernen (wie ICML, NeurIPS) haben sich vervielfacht. Eine gründliche Kenntnis der Konzepte und Methoden, die in der KI-Forschung seit vielen Jahren entwickelt wurden, ist relevant dafür, neue Entwicklungen auf einer soliden methodischen Basis voranzutreiben, aktuelle Ansätze bezogen auf ihre Leistungsfähigkeit sinnvoll zu bewerten und Potentiale wie Grenzen für Anwendungen einschätzen zu können.

Viele Problemstellungen, die aktuell mit Methoden der generativen KI und neuen Architekturen für neuronale Netze adressiert werden, begleiten die KI-Forschung als Herausforderungen seit vielen Jahrzehnten und wurden mit verschiedenen methodischen Zugängen behandelt. In welchen Bereichen es sich lohnt, die neu entstandenen, häufig sehr rechenaufwendigen, Methoden einzusetzen und in welchen Bereichen bewährte klassische Methoden anwendbar sind, kann nur auf Basis eines Überblickswissens über den Methodenkanon der KI fundiert erfolgen. In diesem Handbuch werden die zentralen Methoden der KI sowie die Methoden zur Bewertung der Leistungsfähigkeit dieser Methoden vertiefend eingeführt. Viele der Autorinnen und Autoren forschen seit vielen Jahren im jeweiligen Gebiet und haben hohe internationale Sichtbarkeit.

KI war lange Zeit vor allem ein Thema der Grundlagenforschung. Der Koautor des meistverwendeten KI-Buchs, Stuart Russell, hat auf einem Workshop 2019 formuliert: *Wir [die KI-Forschenden] haben uns nie gefragt: Was, wenn es wirklich funktioniert?* [51]. Mit dem Einzug von KI-Methoden in immer mehr Anwendungsbereiche sind die KI-Forschenden in der Pflicht, die Öffentlichkeit, die Politik sowie Anwenderinnen und Anwender über die Chancen, aber auch die Grenzen von KI-Methoden in der Anwendung seriös zu informieren und sich bei der Gestaltung eines verantwortlichen und für Mensch und Umwelt wohltätigen KI einzubringen.

Literaturverzeichnis

[1] J. R. Anderson, M. Matessa, and C. Lebiere. ACT-R: A theory of higher level cognition and its relation to visual attention. *Human-Computer Interaction*, 12(4):439–462, 1997.

[2] C. Beierle and G. Kern-Isberner. *Methoden wissensbasierter Systeme*. Springer, 2003.

[3] W. Bibel and U. Furbach. Logik, KI und Intellektik. *KI*, 6(3):91–94, 1992.

[4] C. M. Bishop and N. M. Nasrabadi. *Pattern Recognition and Machine Learning*. Springer, 2006.

[5] N. Blodow, L. C. Goron, Z.-C. Marton, D. Pangercic, T. Rühr, M. Tenorth, and M. Beetz. Autonomous semantic mapping for robots performing everyday manipulation tasks in kitchen environments. In *2011 IEEE/RSJ International Conference on Intelligent Robots and Systems*, pages 4263–4270. IEEE, 2011.

[6] G. Brewka, T. Eiter, and M. Truszczyński. Answer set programming at a glance. *Communications of the ACM*, 54(12):92–103, 2011.

[7] T. J. Brinker, A. Hekler, A. H. Enk, J. Klode, A. Hauschild, C. Berking, B. Schilling, S. Haferkamp, D. Schadendorf, T. Holland-Letz, et al. Deep learning outperformed 136 of 157 dermatologists in a head-to-head dermoscopic melanoma image classification task. *European Journal of Cancer*, 113:47–54, 2019.

[8] R. A. Brooks. Intelligence without reason. In *The Artificial Life Route to Artificial Intelligence*, pages 25–81. Routledge, 2018.

[9] S. Bruckert, B. Finzel, and U. Schmid. The next generation of medical decision support: A roadmap toward transparent expert companions. *Frontiers in Artificial Intelligence*, 3:507973, 2020.

[10] J. G. Carbonell, R. S. Michalski, and T. M. Mitchell. An overview of machine learning. *Machine Learning*, 3–23, 1983.

[11] A. Collins and E. E. Smith. A perspective on cognitive science. In A. Collins and E. E. Smith, editors, *Readings in Cognitive Science – A Perspective from Psychology and Artificial Intelligence*, pages 1–4. Morgan Kaufmann, 1988.

[12] G. Corso, H. Stark, S. Jegelka, T. Jaakkola, and R. Barzilay. Graph neural networks. *Nature Reviews Methods Primers*, 4(1):17, 2024.

[13] B. Falkenhainer, K. D. Forbus, and D. Gentner. The structure-mapping engine: Algorithm and examples. *Artificial Intelligence*, 41(1):1–63, 1989.

[14] E. A. Feigenbaum. Knowledge engineering. *Annals of the New York Academy of Sciences*, 426(1):91–107, 1984.

[15] R. Gerndt, D. Seifert, J. H. Baltes, S. Sadeghnejad, and S. Behnke. Humanoid robots in soccer: Robots versus humans in RoboCup 2050. *IEEE Robotics & Automation Magazine*, 22(3):147–154, 2015.

[16] S. Harnad. The symbol grounding problem. *Physica D: Nonlinear Phenomena*, 42(1–3):335–346, 1990.

[17] J. Hernández-Orallo, F. Martínez-Plumed, U. Schmid, M. Siebers, and D. L. Dowe. Computer models solving intelligence test problems: Progress and implications. *Artificial Intelligence*, 230:74–107, 2016.

[18] P. Hitzler and M. K. Sarker. *Neuro-Symbolic Artificial Intelligence: The State of the Art*. IOS press, 2022.

[19] J. Hoffmann and B. Nebel. The FF planning system: Fast plan generation through heuristic search. *Journal of Artificial Intelligence Research*, 14:253–302, 2001.

[20] A. Hogan, E. Blomqvist, M. Cochez, C. d'Amato, G. De Melo, C. Gutierrez, S. Kirrane, J. E. L. Gayo, R. Navigli, S. Neumaier, et al. Knowledge graphs. *ACM Computing Surveys (CSUR)*, 54(4):1–37, 2021.

[21] E. Hüllermeier and W. Waegeman. Aleatoric and epistemic uncertainty in machine learning: An introduction to concepts and methods. *Machine Learning*, 110(3):457–506, 2021.

[22] P. N. Johnson-Laird. *The Computer and the Mind: An Introduction to Cognitive Science*. Harvard University Press, 1988.

[23] D. Kahneman. *Thinking, Fast and Slow*. Farrar, Straus and Giroux, 2011.

[24] S. Kambhampati. Polanyi's revenge and ai's new romance with tacit knowledge. *Communications of the ACM*, 64(2):31–32, 2021.

[25] R. Kaminski, T. Schaub, and P. Wanko. A tutorial on hybrid answer set solving with Clingo. In *Reasoning Web, Semantic Interoperability on the Web: 13th International Summer School, Tutorial Lectures 13*, pages 167–203. Springer, 2017.

[26] C. Koch. *Bewusstsein: Bekenntnisse eines Hirnforschers*. Springer, 2013.

[27] C. Koch. *Bewusstsein: Warum es weit verbreitet ist, aber nicht digitalisiert werden kann*. Springer, 2020.

[28] A. Krizhevsky, I. Sutskever, and G. E. Hinton. Imagenet classification with deep convolutional neural networks. In *Advances in Neural Information Processing Systems*, volume 25, 2012.

[29] B. M. Lake, T. D. Ullman, J. B. Tenenbaum, and S. J. Gershman. Building machines that learn and think like people. *Behavioral and Brain Sciences*, 40:e253, 2017.

[30] P. Langley. The cognitive systems paradigm. *Advances in Cognitive Systems*, 1(1):3–13, 2012.

[31] S. Lapuschkin, S. Wäldchen, A. Binder, G. Montavon, W. Samek, and K.-R. Müller. Unmasking Clever Hans predictors and assessing what machines really learn. *Nature Communications*, 10(1):1096, 2019.

[32] S.-H. Liao. Expert system methodologies and applications – a decade review from 1995 to 2004. *Expert Systems with Applications*, 28(1):93–103, 2005.

[33] C.-J. Liau. Belief, information acquisition, and trust in multi-agent systems—a modal logic formulation. *Artificial Intelligence*, 149(1):31–60, 2003.

[34] S. M. Lundberg and S.-I. Lee. A unified approach to interpreting model predictions. In *Advances in Neural Information Processing Systems*, volume 30, 2017.

[35] T. Mahler. Between risk management and proportionality: The risk-based approach in the EU's Artificial Intelligence Act Proposal. In *Nordic Yearbook of Law and Informatics*, 2021.

[36] G. Marra, S. Dumančić, R. Manhaeve, and L. De Raedt. From statistical relational to neurosymbolic artificial intelligence: A survey. *Artificial Intelligence*, 328:104062, 2024.

[37] J. McCarthy, M. L. Minsky, N. Rochester, and C. E. Shannon. A proposal for the Dartmouth summer research project on artificial intelligence, August 31, 1955. *AI Magazine*, 27(4):12, 2006.

[38] D. McDermott. Artificial intelligence and consciousness. In *The Cambridge Handbook of Consciousness*, pages 117–150, 2007.

[39] T. Miller. Explanation in artificial intelligence: Insights from the social sciences. *Artificial Intelligence*, 267:1–38, 2019.

[40] M. Muschalik, H. Baniecki, F. Fumagalli, P. Kolpaczki, B. Hammer, and E. Hüllermeier. shapiq: Shapley interactions for machine learning. In *Advances in Neural Information Processing Systems*, volume 37, pages 130324–130357, 2024.

[41] A. Newell. Remarks on the relationship between artificial intelligence and cognitive psychology. In *Theoretical Approaches to Non-Numerical Problem Solving: Proceedings of the IV Systems Symposium at Case Western Reserve University*, pages 363–400. Springer, 1970.

[42] S. Pan, L. Luo, Y. Wang, C. Chen, J. Wang, and X. Wu. Unifying large language models and knowledge graphs: A roadmap. *IEEE Transactions on Knowledge and Data Engineering*, 36(7):3580–3599, 2024.

[43] S. Parsons and M. Wooldridge. Game theory and decision theory in multi-agent systems. *Autonomous Agents and Multi-Agent Systems*, 5:243–254, 2002.

[44] M. Raees, I. Meijerink, I. Lykourentzou, V.-J. Khan, and K. Papangelis. From explainable to interactive ai: A literature review on current trends in human-ai interaction. *International Journal of Human-Computer Studies*, 103301, 2024.

[45] P. Rajpurkar, E. Chen, O. Banerjee, and E. J. Topol. Ai in health and medicine. *Nature Medicine*, 28(1):31–38, 2022.

[46] S. Raschka, J. Patterson, and C. Nolet. Machine learning in Python: Main developments and technology trends in data science, machine learning, and artificial intelligence. *Information*, 11(4):193, 2020.

[47] M. T. Ribeiro, S. Singh, and C. Guestrin. "why should I trust you?" Explaining the predictions of any classifier. In *Proceedings of the 22nd ACM SIGKDD International Conference on Knowledge Discovery and Data Mining (KDDM 2016)*, pages 1135–1144, 2016.

[48] D. Rother, T. H. Weisswange, and J. Peters. Disentangling interaction using maximum entropy reinforcement learning in multi-agent systems. In *Proceedings of the 26th European Conference on Artificial Intelligence (ECAI 2023)*, pages 1994–2001. IOS Press, 2023.

[49] S. Russell and P. Norvig. *Artificial Intelligence: A Modern Approach*. 4th edition, Pearson, 2020.

[50] J. R. Saura, A. Reyes-Menendez, N. Matos, M. B. Correia, and P. Palos-Sanchez. Consumer behavior in the digital age. *Journal of Spatial and Organizational Dynamics*, 8(3):190–196, 2020.

[51] U. Schmid. Interactive learning with mutual explanations in relational domains. In S. Muggleton and N. Chater, editors, *Human-Like Machine Intelligence*, pages 339–351. Oxford University Press, 2022.

[52] U. Schmid. Trustworthy artificial intelligence: Comprehensible, transparent and correctable. In H. Werthner, C. Ghezzi, J. Kramer, J. Nida-Rümelin, B. Nuseibeh and E. Prem, editors, *Introduction to Digital Humanism*, pages 151–164. Springer, 2024.

[53] M. Scholz and G. Goerz. Wisski: A virtual research environment for cultural heritage. In *Proceedings of the 20th European Conference on AI (ECAI 2012)*, pages 1017–1018. IOS Press, 2012.

[54] M. Shanahan. Talking about large language models. *Communications of the ACM*, 67(2):68–79, 2024.

[55] D. Silver, T. Hubert, J. Schrittwieser, I. Antonoglou, M. Lai, A. Guez, M. Lanctot, L. Sifre, D. Kumaran, T. Graepel, et al. A general reinforcement learning algorithm that masters chess, shogi, and Go through self-play. *Science*, 362(6419):1140–1144, 2018.

[56] L. Sterling and E. Y. Shapiro. *The Art of Prolog: Advanced Programming Techniques*. MIT Press, 1994.

[57] R. Sun. *The Cambridge Handbook of Computational Psychology*. Cambridge University Press, 2008.

[58] J. B. Tenenbaum, C. Kemp, T. L. Griffiths, and N. D. Goodman. How to grow a mind: Statistics, structure, and abstraction. *Science*, 331(6022):1279–1285, 2011.

[59] S. Teso and K. Kersting. Explanatory interactive machine learning. In *Proceedings of the 2019 AAAI/ACM Conference on AI, Ethics, and Society*, pages 239–245, 2019.

[60] J. Troles, U. Schmid, W. Fan, and J. Tian. Bamforests: Bamberg benchmark forest dataset of individual tree crowns in very-high-resolution UAV images. *Remote Sensing*, 16(11):1935, 2024.

[61] A. M. Turing. Computing machinery and intelligence. *Mind*, 59(236):433–460, 1950.

[62] M. Vaccaro, A. Almaatouq, and T. Malone. When combinations of humans and AI are useful: A systematic review and meta-analysis. *Nature Human Behaviour*, 1–11, 2024.

[63] A. Vaswani, N. Shazeer, N. Parmar, J. Uszkoreit, L. Jones, A. N. Gomez, Ł. Kaiser, and I. Polosukhin. Attention is all you need. In *Advances in Neural Information Processing Systems*, volume 30, 2017.

[64] M. Yip, S. Salcudean, K. Goldberg, K. Althoefer, A. Menciassi, J. D. Opfermann, A. Krieger, K. Swaminathan, C. J. Walsh, H. Huang, et al. Artificial intelligence meets medical robotics. *Science*, 381(6654):141–146, 2023.

Teil I: **Algorithmisches Problemlösen**

Stefan Edelkamp

2 Suche

2.1 Einleitung und Motivation

Ob materiell oder ideell, wir alle suchen. Der eine sucht ein Kleidungsstück im Schrank, die andere ein geeignetes Fernsehprogramm. Vergessliche Menschen suchen noch ein wenig mehr. Ein Fußballspieler sucht den Weg in das Tor und viele Menschen suchen Geborgenheit und Ruhe. Forschung ist die Suche nach unbewältigten Problemenstellungen bzw. der Lösung selbiger, und die große Unrast menschlichen Seins ist die Suche nach dem Sinn des Lebens. Kurzum, dieses Grundverständnis des Wortes Suche lässt sich zur Begriffsbildung nutzen, denn so allgemein, wie der Begriff Suche im menschlichen Umgang erscheint, ist er auch in der Informatik: Jeder Handlungsablauf oder Algorithmus sucht nach Lösungen für ein gestelltes Problem. Suchprobleme sind eingebettet in einer Umgebung, in der die Suche stattfindet. Um diese Domäne für den Suchprozess greifbar zu gestalten, muss eine eindeutige Beschreibung aller legalen Problemzustände erfolgen. Innerhalb dieser Menge werden ein Startzustand und mitunter mehrere Zielzustände ausgezeichnet.

Der Suchraum wird oft inkrementell aufgebaut. Die Erzeugung aller Nachfolger zu einem gegebenen Zustand wird als Expansion bezeichnet. Diese entspricht einer Orientierung über die zur Verfügung stehenden Möglichkeiten. Die Menge der erreichten (generierten), aber noch nicht betretenen (expandierten) Zustände in einem Problemlöseprozess heißt Horizont. Von dem Startzustand ausgehend wird durch wiederholte Expansion eines Zustandes am Horizont die Menge der tatsächlich erreichbaren Zustände beschrieben, die eine Teilmenge aller möglichen Problemzustände darstellt.

Eine Heuristik ist eine Schätzung der Weglänge und damit der einzukalkulierenden Zeit. Für eine effiziente Problemlösung ist es günstig, wenn die Heuristik die minimale Weglänge zum Ziel stets unterschätzt, also einer unteren Schranke entspricht. In einer graphischen Repräsentation der Suche nutzt man Knoten für die einzelnen Zustände und Kanten für die jeweiligen Übergänge. Eine Knotenfolge innerhalb des sich aus diesen Elementen zusammensetzenden Problemgraphen (vgl. Abbildung 2.1) bildet einen Pfad. Die Übergänge können gewichtet sein, um die unterschiedlichen Schwierigkeiten verschiedener Operatoren zu betonen.

Nun kann es sein, dass ein Zustand über zwei (oder mehrere) unterschiedliche Wege erreicht werden kann. Die möglichst speicherplatzsparende Aufdeckung dieser Duplikate ist somit zu einem Kernproblem der Zustandsraumsuche geworden, da der Problemgraph so groß werden kann, dass sich gleiche Zustände im Löseprozess nicht immer aufspüren lassen.

Durch die wiederholte Expansion von Knoten wird eine Vorgängerbeziehung der Zustände untereinander beschrieben und ein Suchbaum (vgl. Abbildung 2.2) aufgebaut,

https://doi.org/10.1515/9783111386690-003

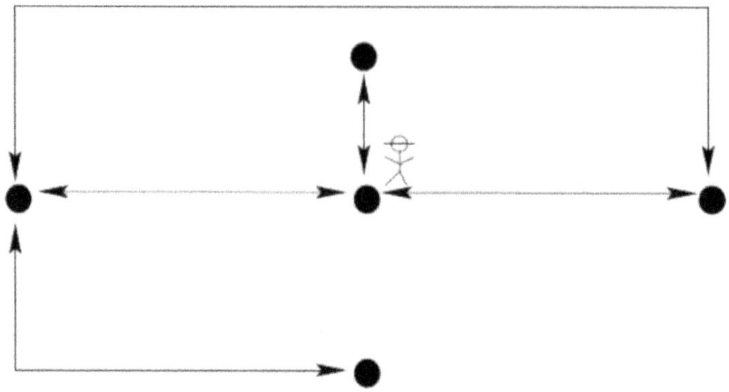

Abb. 2.1: Der Problemgraph.

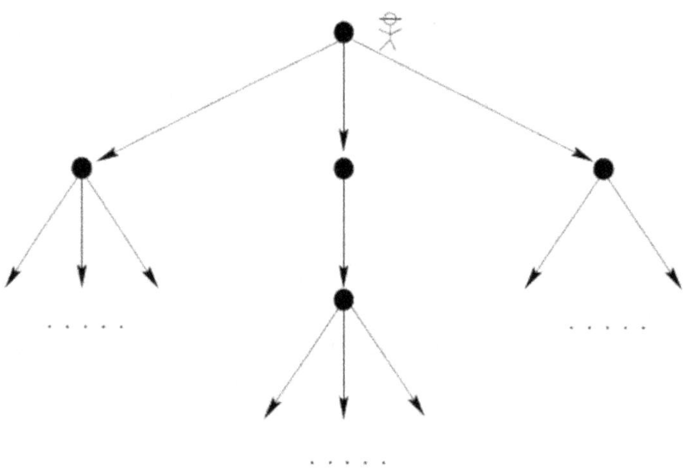

Abb. 2.2: Der aufgespannte Suchbaum.

der die Menge aller Wege (Generierungspfade) beschreibt. Die Größe des Suchbaums hängt von der Suchtiefe und dem Verzweigungsgrad der einzelnen Knoten ab, wobei letzterer durch die Anzahl von Nachfolgern festgelegt ist. Die Berechnung des durchschnittlichen Verzweigungsgrads innerhalb des Suchbaums von Problemräumen, deren Zustände eine unterschiedliche Anzahl von Nachfolgerpositionen (Kinder) besitzen, sowie die Reduktion des Verzweigungsgrads durch die verschiedenen Abschneidestrategien kann für reguläre Probleme gelingen.

Es gibt eine Vielzahl von Anwendungen der Zustandsraumsuche, sodass wir uns die Frage stellen, ob jede Berechnungsaufgabe als Zustandsraumproblem aufgefasst werden kann. Dazu möchten wir die Mächtigkeit des Zustandsraummodells untersuchen. Das in der theoretischen Informatik anerkannte Berechenbarkeitsmodell sequentieller Rechenmaschinen ist das der Turingmaschine. Die Turingmaschine (vgl. Abbildung 2.3)

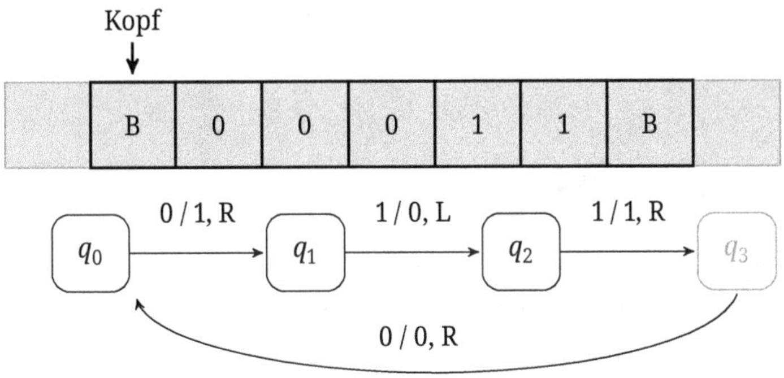

Abb. 2.3: Eine Turingmaschine.

hat (zumindest zu einer Seite hin) ein unendlich langes Band, auf der dem Eingabe steht. Traditionell wird sie als 7-Tupel formalisiert: Endliche Kontrolle Q, Eingabealphabet $\Sigma = \{0, 1\}$, Bandalphabet $\Gamma = \{0, 1, B\}$, Anfangszustand q_0, Blankbuchstabe B, Zielzustandsmenge F und Übergangsfunktion $\Delta : Q \times \Gamma \rightarrow Q \times \Gamma \times \{L, R, N\}$ (L steht für eine Links-, R für eine Rechts- und N für eine Nichtbewegung des Kopfes). In jedem Schritt liest die Maschine ein Zeichen an der Kopfposition auf dem Band ein. Je nach Fund und Verfassung (derzeitiger Zustand) wird der Bandbuchstabe manipuliert und ein Zustands- wie auch ein Positionswechsel durchgeführt.

Über die Church'sche These stimmt die Klasse der intuitiv berechenbaren Funktionen mit der Klasse der mithilfe einer Turingmaschine berechenbaren Funktionen überein. Die ebensowenig beweisbare erweiterte Church'sche These geht davon aus, dass die Rechenzeiten von allen sequentiellen Rechenmaschinen polynomiell mit der Laufzeit einer Turingmaschine verknüpft sind, d. h. sich gegenseitig höchstens durch die Anwendung eines Polynoms (im Gegensatz zu einer exponentiellen Funktion) voneinander unterscheiden.

Das Halteproblem der Turingmaschine ist im Grunde schon als Zustandsraumproblem formalisiert: Den Zuständen entsprechen Konfigurationen der Turingmaschine, die Startkonfiguration und die Zielkonfigurationen sind gegeben und die Zustandsübergänge werden durch die Übergangsfunktion beschrieben. Damit ist das Modell des Zustandsraumproblems universell, d. h. es kann jedes berechenbare Problem beschreiben. Durch die somit gefundene Äquivalenz zum unentscheidbaren Halteproblem einer Turingmaschine ergeben sich allerdings auch Klassen von Zustandsraumproblemen, für die kein allgemeiner Algorithmus existiert, der angibt, ob die Suche ein Ziel finden wird oder nicht.

Doch haben wir mit allgemeinen Turingmaschinen das adäquate Modell für die Zustandsraumsuche gefunden? Wenn wir sagen, ein Zustandsraumproblem gehört einer speziellen Komplexitätsklasse an, so meinen wir im Grunde eine Folge von immer größer skalierten Zustandsraumproblemen. Uns interessiert zumeist jedoch nur die Lösung einer einzelnen Probleminstanz. Damit gelangen wir nahezu unweigerlich in das Gebiet von Automaten, Graphen bzw. Transitionssystemen.

2.2 Grundlegende Konzepte

Wir führen grundlegende Konzepte (Modellierung, Problemkomplexität, untere Schranken oder Makros) der Zustandsraumsuche anhand von Beispielen ein.

2.2.1 Das $(n^2 - 1)$-Puzzle

Das $(n^2 - 1)$–Puzzle (siehe Abbildung 2.4) wurde durch Amerikas berühmten Spieleerfinder und Rätselspezialisten Samuel Loyd (1841–1911) bekannt und ist so populär, dass nahezu jedes Kind es in irgendeiner Form in den Händen gehalten hat. Ein Zug besteht darin, die Quadrate in das einzig vorhandene Leerfeld zu schieben, mit der Aufgabe, eine ausgezeichnete Zielstellung zu erreichen. Eine andere, von uns bevorzugte Möglichkeit ist es, einen Zug eindeutig durch die Bewegung des Leerfeldes nach links, rechts, oben oder unten zu beschreiben.

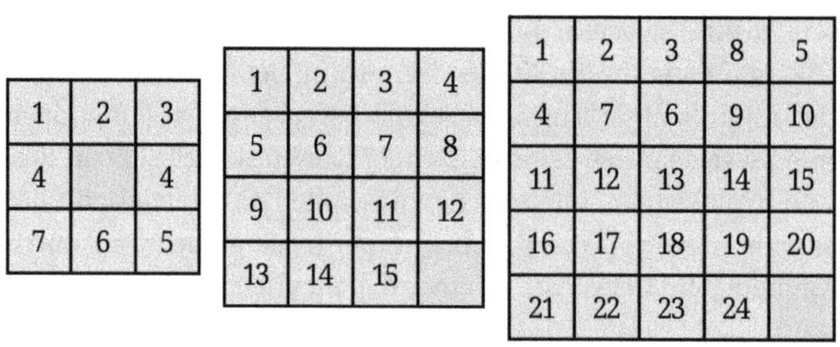

Abb. 2.4: Das Acht-, das Fünfzehn- und das Vierundzwanzig-Puzzle.

Erste wissenschaftliche Arbeiten zum $(n^2 - 1)$-Puzzle reichen zurück bis ins vorletzte Jahrhundert [30, 16]. Genau die Hälfte der $(n^2)! = 1 \cdot 2 \cdot \dots \cdot n^2$ verschiedenen Permutationen der Spielsteine und des Leerfeldes sind von einer gegebenen Stellung aus erreichbar (dies sind grob ca. 10^5 Zustände für das Acht-, ca. 10^{13} Zustände für das Fünfzehn- und ca. 10^{25} Zustände für das Vierundzwanzig-Puzzle). Vertauscht man zwei Spielsteine, so wird das Puzzle unlösbar [14]. Wir begeben uns sozusagen auf die andere Seite eines Spiegels. Die volle Permutationsgruppe wird genau dann erreicht, wenn ein Kreis ungerader Länge in dem durch das Schiebepuzzle beschriebenen Graphen existiert. Andernfalls erreicht man durch den Tausch zweier Spielsteine die sogenannte alternierende Gruppe. Das (n^2-1)-Puzzle ist NP-hart und somit ist mit keinem effizienten

Algorithmus zur optimalen Lösung des Problems zu rechnen [27]. Eine nicht optimale Lösung kann allerdings in polynomieller Zeit berechnet werden [25].

Für das $(n^2 - 1)$-Puzzle lassen sich schnell einfache untere Schranken finden, z. B. die Anzahl der falsch platzierten Spielsteine oder die sogenannte Manhattendistanz, die für zwei Spielsituationen $S = ((x_1, y_1), (x_2, y_2), \dots, (x_{n^2-1}, y_{n^2-1}))$, $S' = ((x'_1, y'_1), (x'_2, y'_2), \dots, (x'_{n^2-1}, y'_{n^2-1}))$ durch $\sum_{i=1}^{n^2-1} |x_i - x'_i| + |y_i - y'_i|$ definiert ist. In Abbildung 2.5 ist die Anzahl falsch platzierter Spielsteine 4 (die Steine 5, 6, 7 und 8 liegen nicht an ihrem Platz) und die Manhattan-Distanz 7.

1	2	3
	5	4
6	7	8

1	2	3
8		4
7	6	5

Abb. 2.5: Beispiel für die Anzahl der falsch platzierten Spielsteine und die Manhattendistanz (links: Start-, rechts: Zielposition).

2.2.2 Sokoban

Die Startposition in Sokoban (siehe Abbildung 2.6) besteht aus *b* Bällen, die innerhalb eines gegebenen Labyrinths auf *b* Zielfelder gebracht werden sollen. Ein Männchen wird innerhalb des Spielbrettes bewegt, um die Bälle auf anliegende Leerfelder zu schieben. Wir definieren drei Probleme, DECIDE, PUSH und MOVE: DECIDE ist das Entscheidungsproblem, das Puzzle zu lösen. PUSH fragt zusätzlich nach der minimalen Anzahl von Ballbewegungen, während MOVE eine optimale Anzahl der Männchenbewegungen erfordert. Eine Lösung für MOVE oder für PUSH impliziert eine Lösung für DECIDE, aber optimale Lösungen der beiden erstgenannten Probleme bedingen sich gegenseitig nicht. Dennoch ist MOVE wegen der deutlich längeren Lösungen die schwerere Variante.

Sokoban ist in allen Varianten PSPACE-vollständig [6]. Sei *B* die Größe des Spielbrettes, dann bleibt jedoch für eine feste Anzahl von Bällen *b* die Anzahl der Spielstellungen mit $\leq B^b$ polynomial.

Bei der Lösung von MOVE empfiehlt es sich, den Suchraum als einen gewichteten Graphen darzustellen, in dem jede Kante einer Ballbewegung entspricht. Das Gewicht der Kante ergibt sich aus dem durch eine Breitensuche (BFS) aufgespürten kürzesten Pfad von der derzeitigen Position des Männchens zu dem zu bewegenden Ball [5]. Manchmal lässt sich die Suche an Artikulationsknoten des Labyrinths (Felder, die bei der Belegung durch eine Mauer das Labyrinth in zwei oder mehrere Leerfeldbereiche aufteilen) in voneinander unabhängige Teilsuchen gliedern, deren Lösungen letztendlich nur noch zusammengefügt werden müssen. Hierzu führen wir Löcher innerhalb des Labyrinths ein, an denen Bälle hinterlegt bzw. entnommen werden können. In Abbildung 2.6 ist *K*8 ein Artikulationsknoten und eine geeignete Koordinate, um den

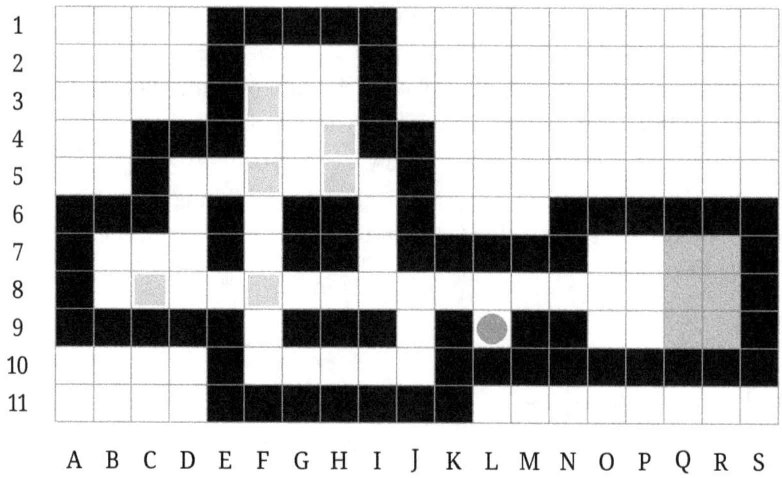

Abb. 2.6: Das Sokoban Puzzle.

Suchraum in eine Einbring- und eine Einsortierungsphase zu unterteilen. Des Weiteren führen wir Tunnelmakros ein. Makros fassen mehrere Züge zu einem einzelnen zusammen und führen zu einer weiteren drastischen Reduktion des Suchraumes [19]. Dabei ergeben sich Tunnel aus der Überlegung, dass in einer optimalen Lösung das Männchen keinen Ball in einen Korridor hineinschieben und selbigen Flur wieder zurücklaufen muss, um erst später den Ball im Flur weiterzuschieben. Dabei gibt es zwei mögliche Tunnelausgänge: Der Tunnel endet an einer Kreuzung oder an einer Abzweigung. Im ersten Fall wird das Ende des Makrozuges auf die Kreuzung selbst gelegt (wie z. B. *F*6-*F*8), während im zweiten Fall das Ende des Zuges bis hinter die Abzweigung vorverlegt werden kann (wie z. B. *G*8-*J*8). An Artikulationsknoten können Makros verlängert werden (z. B. auf *G*8-*P*8), da das Männchen den Ball sowieso von der anderen Seite nicht zu greifen bekommt. Ein nicht an den Zielbereich grenzendes Feld ist verboten, wenn es keine Ecke darstellt oder an einer U-förmig eingefassten Wand steht, an der kein weiteres Zielfeld angrenzt. Ein hier abgelegter Ball ist von der Wand nicht mehr loszulösen. So sind z. B. *F*2, *G*2 oder *H*2 genauso wie *D*5, *O*7 und *O*9 verboten, während *P*7, *Q*7 und *R*7 wiederum erlaubt sind.

Die untere Schranke für PUSH wird durch ein kostenminimal bewertetes Matching in denjenigen bipartiten Graphen bestimmt, dessen Knoten auf der einen Seite durch die Kugeln und auf der anderen Seite durch die Zielfelder gegeben sind. Die Kanten entsprechen den Wegen aller Bälle von ihren jetzigen Positionen auf die unterschiedlichen Zielfelder. Die Bewertungen werden durch die kürzesten Lösungen dieser Einballprobleme bestimmt. Sei b die Anzahl der Bälle, dann hat der bipartite Graph $2b$ Knoten und b^2 Kanten.

Junghanns und Schaeffer [17] schlagen einen kostenminimierenden Netzwerkflussalgorithmus vor. Dazu wird ein initial leeres Matching wieder und wieder vergrößert [22]. In einer Erweiterung dieser Heuristik können wir die relative Position des Männchens zum Ball berücksichtigen. Versperrt ein Ball nämlich einen Eingang, so ist es von entscheidender Bedeutung, ob das Männchen auf der einen oder anderen Seite des Raumes steht.

Die Heuristik kann weiter verbessert werden, indem diejenigen Konflikte betrachtet werden, die sich durch eng aneinanderliegende Bälle ergeben. Angenommen, der Ball auf *C*8 in Abbildung 2.6 läge auf *D*8. Dann läge er im linearen Konflikt zu dem Ball auf *F*8, denn dieser müsste sich entgegen seines kürzesten Lösungsweges bewegen, um Ball *D*8 das Gleiche zu ermöglichen.

Als besondere Schwierigkeit erweist sich die Unabhängigkeit dieser Erweiterung zum ermittelten Matching, das die Abhängigkeit der Bälle untereinander nicht berücksichtigen kann. Wir erkennen einen Konflikt in den erweiterten horizontalen und vertikalen Nachbarschaften der Bälle, die sich in ihrer Zugausführung gegenseitig behindern. So verhindern die Bälle auf D8 und F8 gegenseitig eine horizontale Zugausführung, die für die kürzesten Wege beider Bälle zum Ziel erforderlich ist.

In einem gierigen Ansatz (engl. *greedy*) entnehmen wir zur Berechnung der Gesamtzahl linearer Konflikte der Stellung jeweils denjenigen Ball, der die meisten Konflikte auflöst und demnach die größte Anzahl der von ihm abhängigen Bälle besitzt und bewerten ihn mit zwei Zügen (Hin- und Rückzug). Dann berechnen wir wieder die Menge der sich bedingenden Bälle usw. Eine einzelne Konfliktauflösung ist mithilfe einer Datenstruktur namens *Schlange* in linearer Zeit möglich, sodass die Berechnung der Zugabe zur unteren Schranke insgesamt in quadratischer Zeit möglich ist. Bei der Heuristik in MOVE können wir zu der Heuristik einen Wert addieren, der sich durch die Bewegung des Männchens von den Zielfeldern zu den jeweils als Nächstes einzusammelnden Bällen ergibt. Dieser Wert kann mithilfe einer ähnlichen Matching-Heuristik wie bei der Einbringung der Bälle gefunden werden. Die Kantenbewertungen ergeben sich aus den möglichen Männchenwegen zwischen den Zielfeldern und den Bällen. Dabei muss die Distanz des Männchens einmal abgezogen werden, denn bei b Bällen muss das Männchen $(b - 1)$ mal zurück. Sokoban liegt ein gerichteter Problemgraph zugrunde, da ein Ziehen der Bälle ausdrücklich nicht gestattet ist. Somit ergeben sich Stellungen, die zu keiner Lösung im Spiel mehr führen können. Diese bezeichnen wir als Sackgassen.

2.2.3 Der Zauberwürfel

Eine andere Herausforderung im Einpersonenspiel ist der Zauberwürfel (engl. *Rubik's Cube*), erdacht von dem ungarischen Spieleerfinder Ernő Rubik. Jede Seite des Zauberwürfels (vgl. Abbildung 2.7) ist in neun Einzelwürfelchen (sogenannte Cubis) aufgeteilt. Jede Drehung einer Seite um 90, 180 oder 270 Grad ist ein Zug. Somit ergeben sich durch die sechs Ansichten insgesamt 18 verschiedene Zugmöglichkeiten. Das Ziel in diesem

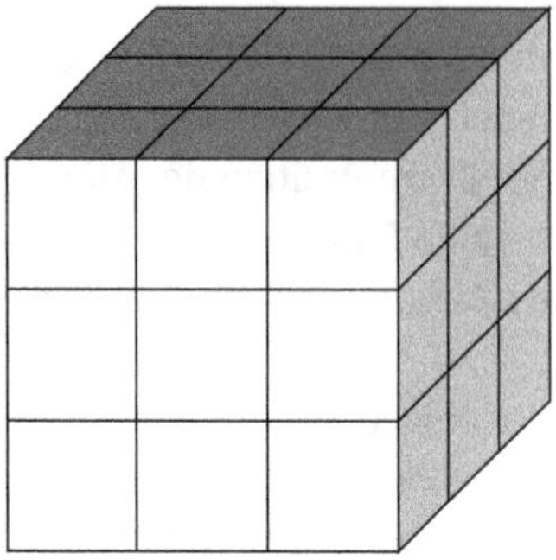

Abb. 2.7: Der Zauberwürfel.

Problem ist es, durch Drehen der einzelnen Seiten die Gleichfarbigkeit der neun Cubis auf allen Würfelseiten zu erreichen.

Jeder der acht Eckwürfel hat drei mögliche Verdrehungen an seinem Platz, jeder der zwölf Kantenwürfel hat zwei davon, die anderen sogenannten Mittelwürfel sind fest (sie bilden das Drehkreuz, an dem die Steine aufgehängt sind). Somit ergeben sich durch ein Auseinanderbauen und erneutes Zusammensetzen insgesamt $12! \cdot 2^{12} \cdot 8! \cdot 3^8 \approx 5{,}1903 \cdot 10^{20}$ verschiedene Stellungen. Genau ein Zwölftel davon, also ca. $4{,}3252 \cdot 10^{19}$ Stellungen, sind aus einer gegebenen Stellung heraus erreichbar [2]. Da es viel Literatur über den Zauberwürfel gibt [29, 11], beschränken wir uns auf die Lösungsfindung mittels heuristischer Suche.

Der Verzweigungsgrad des durch die wiederholte Expansion der Knoten aufgespannten Suchbaums für den Zauberwürfel ist mit $6 \cdot 3 = 18$ verhältnismäßig groß. Korf zeigt durch die Lösung von 10 zufällig generierten Instanzen des Zauberwürfels auf, dass die durchschnittliche Lösungslänge wahrscheinlich bei 18 liegt [21]. Der Durchmesser des Problems (die Lösungslänge der schwersten Instanz) liegt bei 26. Korf verwendet zur Beschneidung des Suchraumes zwei einfache Beschneidungsregeln: Drehe keine Seite zweimal hintereinander und: Drehe gegenüberliegende Seiten in genau einer Reihenfolge. Damit lässt sich der mittlere Verzweigungsgrad auf $13{,}348$ senken.

Die naheliegende Wahl einer unteren Schranke ist eine dreidimensionale Version der Manhattan-Distanz. Dabei wird für jeden Würfel die minimale Anzahl der Züge berechnet, um ihn sowohl in eine richtige Position als auch in eine richtige Orientierung zu bringen. Dann werden diese Zahlen aufsummiert. Leider muss die Summe durch acht dividiert werden, da sie der Anzahl der bewegten Würfel in einem Zug entspricht. Dies können wir dadurch verbessern, dass wir die Eck- und die Kantenwürfel getrennt voneinander untersuchen und die jeweiligen Werte durch vier teilen. Der Erwartungswert der so ermittelten heuristischen Funktion für die Kantenwürfel liegt bei ca. $5{,}5$, während der Erwartungswert der Eckwürfel bei ca. 3 liegt. Damit erweist sich die Kantenwürfelheuristik mit $5{,}5$ Zügen als die zu erwartende untere Schranke einer Stellung.

Korf schlägt vor, nicht das Einwürfelproblem zu betrachten, sondern den Suchraum in zwei relaxierte Probleme aufzuteilen, in denen alle Kanten bzw. alle Ecken als unwichtig erklärt (weiß gefärbt) werden. Im ersten Fall verbleiben uns $8! \cdot 3^7$ also ≈ 88

Millionen verschiedene Stellungen (die letzte Orientierung ist durch die anderen festgelegt). All diese Stellungen werden durch eine Breitensuche gelöst und in einer schnell zu adressierenden Tabelle zusammen mit ihrer Lösungslänge abgelegt. Im zweiten Fall generieren wir zwei Tabellen mit $12! \cdot 26/6!$ bzw. 42 Millionen Stellungen. Diese Tabellen werden Musterdatenbanken genannt. Eine Möglichkeit, die Teilergebnisse zu einer unteren Schranke zu kombinieren, ist, für eine Stellung das Maximum der Lösungslängen innerhalb dieser Tabellen zu bestimmen. So erhalten wir einen mittleren heuristischen Wert von 8.878 Zügen.

2.2.4 Das Problem des Handlungsreisenden

Als Beispiel für ein Problem mit nichtuniformen Kosten betrachten wir das Problem des Handlungsreisenden (engl. *traveling salesman problem, TSP*, siehe Abbildung 2.8), der eine kreuzungsfreie Rundreise mit minimalen Kosten innerhalb eines gewichteten Graphen mit n Knoten und e Kanten sucht. Das Problem ist NP-vollständig und gehört zu den schwersten Problemen in dieser Klasse von Problemen.

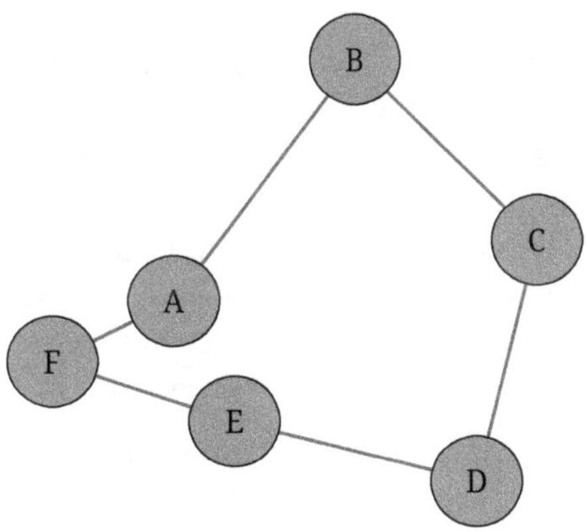

Abb. 2.8: Das Handlungsreisendenproblem.

Eine effizient berechenbare untere Schranke L für die gesuchte Rundreise ist die des minimalen Spannbaums, der wiederum ein zusammenhängender, alle Knoten umfassender Baum mit minimaler Kantenbewertung ist [5].

2.3 Methoden und Algorithmen

Das Lösen von Zustandsraumproblemen kann als gerichtete Suche in einem implizit beschriebenen bewerteten Graphen verstanden werden. Den Zuständen entsprechen die Knoten und den Übergängen entsprechen die Kanten des Graphen. Bei genauerer

Betrachtung der entwickelten Verfahren der Zustandsraumsuche finden sich wichtige Ergänzungen der grundlegenden Graphsuchalgorithmen, die dennoch nur selten den Weg in die Lehrbücher der Graphtheorie gefunden haben.

Die Basis aller Suchverfahren der Zustandsraumsuche in der KI bilden die beiden Algorithmen A* [15] und IDA* [18]. Die Verfahren suchen gerichtet mit unteren Schranken für die noch zu bewältigende Zieldistanz. Der Schätzwert am Knoten u wird häufig mit $h(u)$, der tatsächliche Wert mit $h^*(u)$ bezeichnet. Addiert man die bis dato zurückgelegte Entfernung $g(u)$ hinzu, so erhält man eine Gesamtschätzung $f(u) = g(u) + h(u)$ der Lösungslänge $f^*(u) = g(u) + h^*(u)$ eines optimalen Zielpfades, der mit dem derzeitigen Generierungspfad beginnt. Reicht der Speicherplatz aus, um die gesamte Exploration zu speichern, so kann ein Rechenverfahren den Schätzwert f einer Position stetig verbessern. Diese in den ersten Abschnitten untersuchte Berechnung bezeichnen wir mit dynamischer Programmierung. Übersteigt die Größe des generierten Graphens den Speicherplatz, so muss man mitunter ein und denselben Standort als unterschiedlich ansehen, wenn er von verschiedenen Wegen aus erreicht wird.

2.3.1 Speicherplatzbeschränkte Suche

Schrittweise wird erläutert, wie der graphtheoretisch fundierte Algorithmus von Dijkstra [7] zum A*-Verfahren ausgeweitet werden kann. Dabei werden insbesondere zwei Probleme analysiert: Die Integration einer Heuristik und, daraus resultierend, Kanten mit negativer Bewertung. Die Korrektheit von A* wird in der Literatur häufig mit dem Beweis von Judea Pearl bzw. mit dem Beweis von Nilsson [23, 26] belegt. Leider sind die vorgeschlagenen Beweise nicht vollständig. Dies wird von Eckerle bemerkt und behoben [8]. Die im Folgenden vorgetragene Beweisführung von A* vereinfacht Eckerles Argumentation und lehnt sie an die einschlägige Notation der Graphtheorie an [5].

Definition 2.3.1. Sei $G = (V, E, w)$ ein gerichteter Graph mit Kantendistanzfunktion $w : E \to \mathbb{R}$, s ein ausgezeichneter Startknoten und T eine Menge von Zielknoten t. Der Pfad $p = (s = v_0, \dots, v_k = t)$, mit minimaler Distanz $w(p) = \sum_{i=1}^{k} w(v_{i-1}, v_i) = C^*$ heißt optimaler Zielpfad. Ein Suchverfahren wird zulässig genannt, wenn es beim erstmaligen Erreichen eines Zielknotens C^* berechnet. Die Länge des graphtheoretisch kürzesten Weges von u nach v in dem Zustandsgraphen sei mit $\delta(u, v)$ bezeichnet. Eine Distanzfunktion w, bei der $\min\{\delta(u, t) \mid t \in T\}$ für alle u aus V nicht-negativ ist, wird optimistisch genannt.

Eine Vorrangwarteschlange (engl. *priority queue*) ist eine Datenstruktur für total geordnete Mengen, die die Operationen *Initialize, DeleteMin, DecreaseKey* und *Insert* anbietet. Dabei kann die einen Schlüsselwert verändernde Funktion *DecreaseKey* als eine Kombination einer *Insert*- und *Delete*-Anweisung angesehen werden. Zur Implementation einer Vorrangwarteschlange stehen dem Programmierer mehrere Möglichkeiten zur Verfügung: Linksbäume, balancierte Suchbäume, wie z. B. 2-3-Bäume oder

Rot-Schwarzbäume [24]. Die Struktur Halde (engl. *heap*) ist ein in ein Array eingebetteter Baum, in dem der Schlüsselwert an einem Knoten nicht größer ist als an seinen Kindern. Besonders zur Realisation einer Vorrangwarteschlange eignen sich relaxierte Heap-Datenstrukturen wie Weakheaps und Fibonacci-Heaps [12]. Weakheaps ermöglichen schnelles Sortieren, während Fibonacci-Heaps erlauben, die Operation *Decrease-Key* sehr effizient (in amortisierter konstanter Zeit) durchzuführen.

2.3.1.1 Breitensuche und Dijkstra's Algorithmus

Im Algorithmus von Dijkstra (siehe Programmtext) wird eine Vorrangwarteschlange *Open* genutzt, die die Knoten des Suchhorizontes abspeichert und denjenigen Knoten u mit der geringsten Generierungspfadlänge $g(u)$ expandiert. Längere Generierungspfade werden einfach durch kürzere überschrieben. Die Kernidee des Algorithmus von Dijkstra ist demnach, eine Abstandsfunktion $f : V \to \mathbb{R}$ solange zu verbessern, bis letztendlich der Minimalabstand $\delta(s,t)$ für $f(t)$ gefunden ist. Sei $succs(u)$ die Menge der durch eine Expansionsfunktion *Expand* erzeugten Nachfolger von u. Für alle Nachfolger v aus $succs(u)$ wird geprüft, ob v in der Vorrangwarteschlange existiert. Ist dies der Fall, so ergibt sich die Ordnung in der Vorrangwarteschlange von v durch den minimal bekannten f Wert, also das Minimum aus der alten Bewertung $f(v)$ und dem neu sich eröffnenden Weg über u mit Länge $f(u)$ plus $w(u,v)$. Andernfalls wird v mit der Generierungspfadlänge $f(u)$ plus $w(u,v)$ neu in *Open* eingefügt. Die Gleichung $f(v) \leftarrow \min\{f(u) + w(u,v), f(v)\}$ wird als Bellman'sche Optimalitätsgleichung bezeichnet, dem Kern eines jeden Verfahrens zur Dynamischen Programmierung [1]. Ist die Graphgröße kleiner als der zur Verfügung stehende Speicherplatz, so bietet sich an, Open durch eine Doppelrepräsentation von Vorrangwarteschlange und ein auf die dort gespeicherten Knoten verweisendes Array zu repräsentieren. Dies ist der Algorithmus von Dijkstra für explizite Graphen, wie er zumeist in den Lehrbüchern zu finden ist. Übersteigt die Graphgröße die Speicherressourcen, so können die erreichten Knoten mithilfe einer Hashtabelle gefunden werden. Eine Hashtabelle ist eine Arraystruktur fester Länge, die durch eine möglichst streuende und erschöpfende Abbildung von der Menge der Zustände (Universum) aus adressiert wird. Ist die Abbildung nicht injektiv, so muss eine Kollisionsbehandlung vorgenommen werden, in der die Synonyme (Zustände mit gleichem Hashwert) zum Beispiel verkettet werden [5, 24]. Zur besseren Beschreibung wird angenommen, dass zu jedem erzeugten v aus V sein aktueller Generierungspfad p_v verwaltet wird. In der konkreten Implementierung von Dijkstras Algorithmus (siehe Abbildung 2.9) kann dieser Pfad über eine Vorgängerfunktion rückwärts generiert werden. Die Breitensuche (engl. *breadth-first search*, oder BFS) ist eine Suche nach dem kürzesten Weg mit Dijkstras Algorithmus und Distanzfunktion 1, also $w(u,v) = 1$ für alle $(u,v) \in E$.

```
Algorithmus Dijkstra(s,T,succs,w)
  Initialize(Open)          {leere die f-geordnete Vorrangwarteschlange}
  Insert(Open,[s,(s)],0)                  {s wird mit Kosten 0 bewertet}
  while (Open != empty)     {solange noch Horizontknoten existieren}
    [u,pu] := DeleteMin(Open         {entferne Knoten mit min. f-Wert}
    if (u in T) return pu                 {Ziel gefunden, gebe Pfad aus}
    for all v in succs(u)                      {alle Nachfolger v von u}
      pv := (pu,v)                {erweitere den Generierungspfad zu u}
      if (Search(Open,v))                {Knoten wurde schon erzeugt}
        if(f(u) + w(u,v) < f(v))                {neuer Weg ist besser}
          DecreaseKey(Open,[v,pv],f(u) + w(u,v)) {aktualisiere f(v)}
        else                          {Knoten wurde noch nicht erreicht}
          Insert(Open,[v,pv],f(u) + w(u,v))    {nehme v zu Open hinzu}
```

Abb. 2.9: Der Kürzeste-Wege-Algorithmus von Dijkstra.

Satz 2.3.1. *Sei $G = (V, E, w)$ ein positiv gewichteter Distanzgraph und f der im Algorithmus von Dijkstra verwaltete Wert. Immer dann, wenn u aus der Vorrangwarteschlange entnommen wird, ist $f(u)$ gleich $\delta(s, u)$.*

Beweis. Sei u bei gegenteiliger Annahme der erste aus der Vorrangwarteschlange Open entnommene Knoten mit $f(u) \neq \delta(s, u)$, genauer mit $f(u) > \delta(s, u)$ und $p_u = (s \rightsquigarrow x \to y \rightsquigarrow u)$ der zu u gehörende kürzeste Pfad, wobei y der erste Knoten ist, der noch nicht expandiert wurde (vgl. Abbildung 2.10). Es gilt $f(x) = \delta(s, x)$ aufgrund der Minimalität von p_u. Damit ist

$$f(u) \leq f(y) \leq f(x) + w(x, y) = \delta(s, x) + w(x, y) = \delta(s, y) \leq \delta(s, u).$$

Widerspruch. □

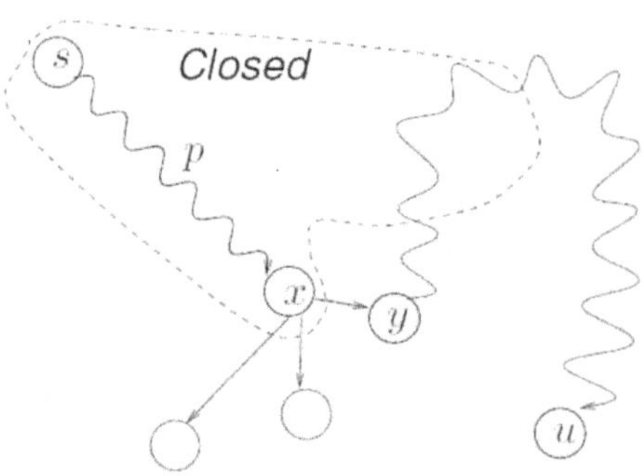

Abb. 2.10: Entnahme von u aus *Open*.

Da w positiv ist, gilt $f(v) < f(u)$ für alle in die Vorrangwarteschlange Open aufgenommenen Nachfolger v von u. Bei der ersten Entnahme eines Zielknotens t ist demnach das Optimum C^* erreicht, denn die kürzesten Wege zu weiteren Zielen können nicht weiter abnehmen. Somit ist das Verfahren von Dijkstra als Graphsuche zulässig, d. h. es berechnet einen optimalen Weg.

2.3.1.2 Integration einer Heuristik und A*

Eine Heuristik h stellt eine richtungsweisende Hilfestellung in der Suche dar. Sie tauchen in der KI häufig vor, z. B. in der Handlungsplanung mit automatisch erstellten Heuristiken (siehe das nächste Kapitel).

Definition 2.3.2. Eine Heuristik h ist eine Abbildung von der Knotenmenge V des Graphens in die Menge der positiven reellen Zahlen. Weiterhin ist $h(t)$ für alle t aus T gleich null.

Häufig ist $h(t)$ auch nur für die Zielknoten t aus T gleich null. In diesem Fall ist der Test für das Erreichen eines Zielzustandes sehr einfach. Beispielsweise soll für einen Autofahrer der kürzeste Weg von einer Stadt s in eine Stadt t ermittelt werden. Gegeben ist einerseits das als gewichteter Distanzgraph $G = (V, E, w)$ repräsentierte Straßennetz und andererseits eine Übersichtskarte, aus der sich die Luftlinienentfernungen d zwischen den Städten ablesen lässt. Der Wert der Heuristik für eine betrachtete Stadt u ergibt sich als $h(u) = d(u, t)$. Er wird zu der bisher auf der Straße zurückgelegten Distanz $w(p_u) = \sum_{i=1}^{l} w(v_{i-1}, v_i)$ des bisher untersuchten Weges $p_u = (s = v_0, \ldots, v_l = u)$ hinzuaddiert und ergibt eine Gesamtschätzung für die Weglänge eines sich aus p_u ergebenen Weges zum Ziel. Durch diese Zusatzinformation erscheinen Städte in Richtung des Zieles vielversprechender als jene, die entgegengesetzt der Zielrichtung liegen.

In der Literatur wird häufig die Bezeichnung $g(u)$ für $w(p_u)$ und $f(u)$ für $\hat{w}(p_u)$ verwendet und die Gleichung $f(u) = g(u) + h(u)$ in den Mittelpunkt der Betrachtungen gestellt. Beachtet werden muss hierbei, dass $g(u)$ als auch $f(u)$ vom Generierungspfad p_u abhängen und im Verlauf des Algorithmus verschiedene Werte annehmen können. Die Heuristik h lässt sich in den Algorithmus von Dijkstra integrieren, indem h in die Kantenbewertung eingearbeitet wird. Auf dem Weg von u nach v wird die Schätzung der Gesamtdistanz wie folgt erweitert:

$$\hat{w}(p_v) = w(p_v) + h(v) = w(p_u) + w(u, v) + h(v) = \hat{w}(p_u) - h(u) + w(u, v) + h(v).$$

Die Behandlung von Kanten mit negativer Bewertung im Algorithmus von Dijkstra führt zu A* (vgl. Abbildung 2.11) mit Eingabe Knoten u bzw. v und Ausgabe: Verbesserung der oberen Schranke $f(v)$ für $\delta(v)$.

Satz 2.3.2. *Sei $G = (V, E)$, ein gerichteter, mit $w : E \to \mathbb{R}$ positiv gewichteter Distanzgraph, $p = (s = v_0, \ldots, v_k = t)$ ein Pfad von Startknoten s zu einem Zielknoten t und $h : V \to \mathbb{R}$ eine Heuristik. Weiter sei $\hat{w}(u, v) = w(u, v) - h(u) + h(v)$ und $\delta(s, t)$ die Länge des kürzesten Weges von s nach t im ursprünglichen und $\hat{\delta}(s, t)$ entsprechend im neugewichteten Graphen. Es gilt $w(p) = \delta(v_0, v_k)$, dann und nur dann, wenn $\hat{w}(p) = \hat{\delta}(v_0, v_k)$ gilt. Außerdem genau dann, wenn G mit der Gewichtsfunktion w keine Zyklen mit negativem Gewicht hat, besitzt auch G mit $\hat{w}$ keine.*

```
Algorithm Improve(u,v)
  if (Search(Open,v))                          {Knoten wurde schon erzeugt}
    if (f(u) + w(u,v) < f(v))                      {neuer Weg ist besser}
      DecreaseKey(Open,[v,pv],f(u) + w(u v))          {verbessere f(v)}
    else if (Search(Closed,v))                  {v wurde schon expandiert}
      if (f(u) + w(u,v) <= f(v))               {neuer Weg nicht schlechter}
        Delete(Closed,v)                         {Erneutbetrachtung von v}
        Insert(Open[v,pv],f(u) + w(u,v))                    {(reopening)}
  else                                     {Knoten wurde noch nicht erreicht}
    Insert(Open,[v,pv],f(u) + w(u,v))           {nehme v neu in Open auf}
```

Abb. 2.11: Die Ergänzungen zum Algorithmus von Dijkstra für das A*-Verfahren.

Beweis. Es gilt

$$\hat{w}(p) = \sum_{i=1}^{k} w(v_{i-1}, v_i) - h(v_{i-1}) + h(v_i) = w(p) - h(v_0).$$

Beweisrichtung *dann*: In Kontraposition nehmen wir an, dass ein Pfad p_0 existiert mit $\hat{w}(p_0) < \hat{w}(p)$ und $w(p_0) \geq w(p)$. Dies ist gleichbedeutend mit $w(p_0) - h(v_0) < w(p) - h(v_0)$ bei gegebenen $w(p_0) \geq w(p)$. Widerspruch. Der Beweis der Richtung *nur dann* verläuft analog. Sei $c = (v_0, \ldots, v_l = v_0)$ ein Zyklus negativer Länge. Dann gilt aufgrund der Teleskopsumme $\hat{w}(c) = w(c) + h(v_l) - h(v_0) = w(c)$. □

Definition 2.3.3. Sei $G = (V, E, w)$ ein gewichteter Graph. Eine Heuristik h, die die Bedingung $h(u) \leq h(v) + w(u, v)$ für alle Kanten $e = (u, v)$ erfüllt, wird konsistent genannt.

Satz 2.3.3. *Sei h eine konsistente Heuristik. Wird im Algorithmus von Dijkstra* Insert(Open, $[s, \langle s \rangle], h(s))$ *statt* Insert(Open, $[s, \langle s \rangle], 0)$ *und die Operation* DecreaseKey(Open, $[v, p_v]$, $f(u) + \hat{w}(u, v))$ *statt* DecreaseKey(Open, $[v, p_v], f(u) + w(u, v))$ *gesetzt, bleibt das Verfahren zulässig.*

Beweis. Alle im Algorithmus berechneten f-Werte sind durch die Neuerung *Insert(Open,* $[s, \langle s \rangle], h(s))$ um $h(s)$ erhöht. Da h konsistent ist, gilt $\hat{w}(u, v) = w(u, v) - h(u) + h(v) \geq 0$. Damit sind die Voraussetzungen für die Gewichtsfunktion $\hat{w}$ erfüllt. Es gilt also immer $f(u) = \hat{\delta}(s, u) + h(s)$. wenn u aus der Vorrangwarteschlange entnommen wird. Nach Satz 2.3.2 bleiben die kürzesten Wege bei einer Neubewertung eines Graphen durch eine Heuristik erhalten. Somit gilt für ein aus Open entnommenes t aus T:

$$f(t) = \hat{\delta}(s, t) + h(s) = \hat{w}(p_t) + h(s) = w(p_t) = \delta(s, t).$$

Da $\hat{w}$ stets positiv ist, gilt $f(v) \leq f(u)$ für alle in die Vorrangwarteschlange Open aufgenommenen Nachfolger v von u. Die f-Werte der expandierten Zielknoten steigen somit monoton, d. h. bei der ersten Entnahme eines Zielknotens t ist das Optimum C^* erreicht. □

2.3.1.3 Integration von Kanten mit negativem Gewicht

Manchmal entstehen gerade durch die Integration einer Heuristik in die Distanzfunktion Kanten mit negativer Bewertung $\hat{w}(u,v)$. Darum werden in einer weiteren Datenstruktur *Closed*, die die Operationen *Initialize*, *Search*, *Insert* und *Delete* anbietet, die schon expandierten Knoten gespeichert und im Falle eines neuentdeckten, kürzeren Weges zurück nach *Open* befördert. Wird zu Beginn des Hauptprogramms *Initialize*(*Closed*) und nach *DeleteMin*(*Open*) die Operation *Insert*(*Closed*, $[u, p_u], f(u)$) aufgerufen, so gestaltet sich die Prozedur *Improve* für die Nachfolgerbehandlung, wie in Programmtext von Algorithmus 2.11 ersichtlich. Wir werden im Folgenden eine Bedingung entwickeln, für die dieser veränderte Algorithmus von Dijkstra beim Erreichen des Zielknotens auch bei negativen Kantenbewertungen korrekt ist.

Satz 2.3.4. *Sei $G = (V, E)$ ein gerichteter mit $w : E \to \mathbb{R}$ gewichteter Distanzgraph. Sei f der im veränderten Algorithmus von Dijkstra verwaltete Wert und $\delta(s, v)$ das minimale Gewicht der Wege von s nach v. Vor jeder Entnahme eines Elementes u aus der Vorrangwarteschlange* Open *gilt die folgende Invarianz: Es gibt einen Knoten v in der Vorrangwarteschlange Open mit $f(v) = \delta(s, v)$, der auf einem optimalen Zielpfad liegt.*

Für den komplexen Beweis verweisen wir den Leser bzw. die Leserin auf Kapitel 2.1 des Buchs *Heuristic Search* [9].

Satz 2.3.5. *Sei $G = (V, E, w)$ ein gerichteter mit $w : E \to \mathbb{R}$ gewichteter Distanzgraph und $\delta(u, v)$ die Länge des kürzesten Wegs von u nach v. Wenn w optimistisch ist, d. h. für alle u in V ist* $\min\{\delta(u,t) \mid t \in T\}$ *positiv, dann ist $f(t)$ bei der ersten Entnahme eines Zielknotens t aus der Vorrangwarteschlange Open gleich C^*.*

Beweis. Annahme: Der Algorithmus hält auf einem nicht optimalen Zielknoten t', also $f(t') > C^*$. Nach Satz 2.3.4 existiert bei der Entnahme von t' ein Knoten u mit $f(u) = \delta(s, u)$ in *Open*, der auf einem optimalen Zielpfad p_t zu einem Zielknoten t liegt. Es gilt:

$$f(t') > C^* = \delta(s,u) + \min\{\delta(u,t) \mid t \in T\} \geq \delta(s,u) = f(u)$$

im Widerspruch zur Tatsache, dass t' statt u aus *Open* gewählt wurde. Damit ist bei der ersten Entnahme eines Zielknotens t das Optimum C^* erreicht.

Wird die durch die Heuristik gewonnene Gewichtsfunktion $\hat{w}$ entsprechend den obigen Beschreibungen zur Berechnung der f-Werte genutzt, so entsteht dadurch der A*-Algorithmus [15]. □

Definition 2.3.4. Eine Heuristik h wird optimistisch genannt, wenn sie die minimale Restdistanz zu Zielknoten t unterschätzt, d. h. wenn für alle u gilt: $h(u) \leq \min\{\delta(u,t) \mid t \in T\} = h^*(u)$.

Eine optimistische Heuristik ist also eine untere Schranke für das zu lösende Teilproblem der Suche nach dem minimalen Pfad von u nach t.

Satz 2.3.6. *Sei $G = (V, E, w)$ ein gerichteter, gewichteter Distanzgraph, h eine Heuristik und $\hat{w}(u, v) = w(u, v) - h(u) + h(v)$ eine Neugewichtung von G. Genau dann, wenn $\hat{w}$ optimistisch ist, ist auch h optimistisch.*

Beweis. Da $h(t) = 0$ ist und kürzeste Wege bei einer Neugewichtung erhalten bleiben, gilt: $0 \leq \min\{\hat{\delta}(u, t) \mid t \in T\} = \min\{\delta(u, t) - h(u) + h(t) \mid t \in T\} = \min\{\delta(u, t) - h(u) \mid t \in T\} = \min\{\delta(u, t)| \mid t \in T\} - h(u) = h^*(u) - h(u)$. □

Also ist A* für gerichtete und gewichtete Graphen $G = (V, E, w)$ und optimistische Heuristiken h zulässig und berechnet eine optimale Lösung.

2.3.2 Speicherplatzsensible Suche

Da die heuristische Suche nach dem A*-Verfahren immer mit einem optimalen Zielpfad terminiert, wird es unter anderem zur Lösung von Einpersonenspielen eingesetzt. Dies führt zu Problemen, da die Zustandsgraphen schnell die Speicherplatzobergrenzen eines Rechners sprengen: Die Anzahl der in den Datenstrukturen *Open* und *Closed* verwalteten Knoten wächst je nach Güte der Heuristik h bei einer effizient implementierten Expansionsfunktion schnell an. Nehmen wir an, dass für die Speicherung eines Zustandes 20 Bytes benötigt werden und das Suchverfahren pro Sekunde hunderttausend Zustände bearbeiten kann. Dann ist ein Hauptspeicher der Größe von 1 Gigabyte schon nach weniger als einer Minute erschöpft.

Mittlerweile sind Ansätze entwickelt worden, die mit beschränktem Speicherplatz operieren und die sich grob in zwei Kategorien einordnen lassen: Verfahren, die Speicherplatz proportional zur Suchtiefe benötigen und Verfahren, die sich an die Speicherplatzobergrenze anpassen. Wir studieren hier die Verfahren der iterierten Tiefensuche und die eine optimierende Tiefensuche durchführen.

2.3.2.1 Der Graph der Generierungspfade

In der impliziten Graphsuche ist es günstig, die Sichtweise des Problemlöseprozesses anzunehmen und statt der einzelnen Knoten die unterschiedlichen Generierungspfade zu betrachten, die zu diesen Knoten führen. Die Expansion $X(G, s)$ eines Graphen $G = (V, E)$ zum Knoten s aus V ist ein Graph mit einer aus Generierungspfaden gebildeten Knotenmenge V' und einer Kantenmenge E' als Teilmenge von $V' \times V'$. Die Expansion $X(G, s) = (V', E')$ ist wie folgt rekursiv festgelegt:

1. $\langle s \rangle \in V'$.
2. Aus p_u in V' und $(u, v) \in E$ folgt $\langle p_u, v \rangle \in V'$ und $(p_u, \langle p_u, v \rangle) \in E'$.

Die Knoten von $X(G, s)$ entsprechen den durch den Graphen G induzierten Generierungspfaden, sodass im weiteren von Pfaden aus V' gesprochen wird. Der Begriff Expansion ist graphtheoretisch bedingt und überlagert somit leider den eingeführten Begriff der Expansion von Knoten. Mehr noch, wir wollen in der Sichtweise der Generierungspfade auch von der Expansion eines Pfades sprechen, die der Expansion des Endknotens entspricht und die Menge der Nachfolgerpfade bildet. Die Expansion eines endlichen Graphen ist im Allgemeinen unendlich. Doch selbst bei Vorgabe einer Tiefenschranke können Graphexpansionen im Verhältnis zum begründenden Graphen exponentiell groß werden. Auch ohne Zyklen im Graphen lässt sich leicht ein exponentieller Zwischenraum (engl. *Gap*) zwischen der Graph- und Expansionsgröße wie folgt konstruieren. Sei $G = (V, E)$ ein gerichteter Graph mit $V = \{v_1, \ldots, v_{3n+1}\}$. Seien für $k \in \{0, \ldots, n-1\}$ die Kanten (v_{3k+1}, v_{3k+2}), (v_{3k+1}, v_{3k+3}), (v_{3k+2}, v_{3k+4}) und (v_{3k+3}, v_{3k+4}) in E enthalten. Die Expansion des Graphens G zum Startpunkt v_1 hat bis zu der Tiefe mit dem Zielknoten v_{3n+1} $-1 - 2^n + 2\sum_{i=0}^{n} 2^i = -2^n + 2^{n+2} - 3 = 3(2^n - 1)$ viele Knoten.

2.3.2.2 Suchalgorithmen ohne Duplikatselimination

Suchalgorithmen, die keine Duplikate von Knoten eliminieren, betrachten die Expansion $X(G, s)$ bestehend aus der Knotenmenge V' und der Kantenmenge E'. Dies begründet sich damit, dass zu jedem v aus V mehrere Generierungspfade p_v unabhängig voneinander existieren können. Die im Algorithmus verwaltete Kostenfunktion ist eine Abbildung $w' : V' \to \mathbb{R}$ und wird von dem ursprünglichen Graphen G geerbt. Die folgenden Definitionen erweitern demnach nur die bisher erarbeitete Nomenklatur für Graphen.

Definition 2.3.5. Sei $G = (V, E, w)$ ein gerichteter und gewichteter Graph, s ein ausgezeichneter Startknoten, T eine Menge von Zielknoten t und $X(G, s) = (V', E', w')$ die durch G induzierte Expansion. Dabei ist die Kostenfunktion w' eine Abbildung $w' : V' \to R$ für einen Pfad $p = \langle v_0, \ldots, v_k \rangle$ durch $w'(p) = \sum_{i=1}^{k} w(v_{i-1}, v_i)$ definiert. Die Bewertung w' wird vereinfachenderweise auch mit w bezeichnet. Die Pfade p_t mit $t \in T$ heißen Zielpfade und die Menge aller Zielpfade wird mit T' bezeichnet. Ein Suchverfahren wird zulässig genannt, wenn es beim erstmaligen Erreichen eines Zielpfades $C^* = \min\{w(p_t) \mid p_t \in T\}$ berechnet. Eine Gewichtsfunktion w, bei der der Wert $\min\{w(q) \mid p_t = \langle p_u, q \rangle \in T'\}$ für alle p_u aus T' nicht negativ ist, wird optimistisch genannt. Sei $w_{\max}(p_v) = \max\{w(p_m) \mid p_v = \langle p_m, q \rangle\}$. Ein Suchalgorithmus, der die erreichten und nicht expandierten Knoten entsprechend ihren $w_{\max}$-Werten expandiert, wird $w_{\max}$-geordnet genannt.

Als einfache Konsequenz aus der Definition erhalten wir folgendes Resultat.

Satz 2.3.7. *Genau dann, wenn die Gewichtsfunktion w optimistisch ist, gilt $w_{\max}(p_t) = w(p_t)$ für alle Zielpfade p_t.*

Beweis. Beweisrichtung *dann*: Wenn $\min\{w(q) \mid p_t = \langle p_m, q \rangle \in T'\}$ für alle p_m aus V' nicht negativ ist, dann gilt für alle Zielpfade $p_t = \langle p_m, q \rangle$ mit p_m aus V', dass $w(q) \geq 0$, insbesondere für den Teilpfad p_m mit $w_{\max}(p_t) = w(p_m)$. Es gilt: $w(p_t) - w_{\max}(p_t) =$

$w(p_t) - w(p_m) = w(q) \geq 0$. Auf der anderen Seite ist per Definition $w(p_t) \leq w_{\max}(p_t)$ und damit $w(p_t) = w_{\max}(p_t)$. Beweisrichtung *genau dann*. Annahme: Es gilt $w(p_t) = w_{\max}(p_t)$ für alle Zielpfade p_t und es existiert ein p_m und ein $p_t = \langle p_m, q\rangle$ mit $w(q)$ kleiner null. Dann ist $w(p_m) = w(p_t) - w(q)$ größer als $w(p_t)$. Widerspruch, da $w_{\max}$ monoton ist. □

Der folgende Satz begründet die Zulässigkeit von Algorithmen, die auf der Expansion $X(G, s)$ von G agieren. Die Beweisführung ist recht einfach, da $X(G, s)$ eine Baumstruktur aufweist.

Satz 2.3.8. *Sei $G = (V, E, w)$ ein gerichteter, optimistisch gewichteter Graph. Für jeden $w_{\max}$-geordneten Algorithmus A gilt beim Erreichen des ersten Zielpfades $p_t : w(p_t) = C^*$. Mit anderen Worten: A ist zulässig.*

Beweis. Annahme: $w(p_t) > C^*$, d. h. es existiert ein Zielpfad p_t' mit $w(p_t') = C^*$, der noch nicht expandiert wurde. Zum Zeitpunkt der Terminierung von A existiert ein erreichter, aber noch nicht expandierter Pfad p_u mit $p_t' = \langle p_u, q\rangle$. Es gilt $w_{\max}(p_u) \leq w_{\max}(p_t') = C^* < w(p_t) = w_{\max}(p_t)$ im Widerspruch dazu, dass der Algorithmus $w_{\max}$-geordnet ist und p_t gewählt wurde. □

2.3.2.3 Iterierte Tiefensuche und IDA*

Die Idee der iterierten Tiefensuche für uniform gewichtete Problemgraphen ist es, eine dynamisch wachsende, globale Kostenschranke U für die Kostenfunktion w zu nutzen, bis zu der ein rekursiver Tiefensuchalgorithmus (engl. *depth-first search, DFS*) die Knoten von s aus expandieren soll. Der DFS-Algorithmus sucht einen Zielpfad p_t in dem durch eine Tiefenschranke begrenzten Suchbaum. Die Rückgabe U' ist die minimale Bewertung aller aufgespürten Horizontknoten und liefert den Schwellwert U (engl. *threshold*) für die nächste Iteration.

Wird die Kantenbewertung $\hat{w}$ durch die Neugewichtung von w aufgrund einer vorliegenden Heuristik h in der iterierten Tiefensuche genutzt, entsteht der bekannte IDA* Algorithmus (vgl. Programmtext in Abbildung 2.12). Der Lösungspfad *sol* kann durch den Rekursionsstapel der Tiefensuche gebildet werden. IDA* ist $w_{\max}$-geordnet spart Speicherplatz, ist aber bei vielen Duplikaten im Suchraum und diversen bzw. allgemeinen Kantengewichten weniger nützlich.

2.3.2.4 Branch-and-Bound

Dem Problem des zur Tiefe exponentiell großen Suchbaums für ein gegebenes Optimierungsproblem behandelt man in der Algorithmengestaltung üblicherweise mit der Branch-and-Bound-Methode (siehe Abbildung 2.13).

```
Algorithmus DFS(pu)
 for all v in succs(u)                        {betrachte alle Nachfolger}
   pv := (pu,v)                              {ergweitere Generierungspfad}
   if (goal (v) and w(pv) <= U')                         {Ziel gefunden}
     goalFound := true; sol := pv                   {setze Ergebnispfad}
   else if (w(pv) <= U ) DFS(pv)                {Schwellwert eingehalten}
   else if (w(pv) < U') U':= w(pv)                   {neuer Schwellwert}

Algorithmus IDA*
 U := h(s)                                {Tiefenschranke initialisieren}
 U':= infinity                       {noch kein neuer Schwellwert gesetzt}
 goalFound := false                     {Ziel wurde noch nicht gefunden}
 while (U != infinity)                  {solange bis ein Ziel gefunden}
   U := U'                                    {setze unteren Schwellwert}
   U' := infinity                              {setze oberen Schwellwert}
   DFS((s))                                    {starte Tiefensuche bei s}
   if (goalFound) return sol             {falls Ziel erreicht, gib Pfad aus}
```

Abb. 2.12: Die iterierte Tiefensuche-Variante von A*.

Die obere Schranke wird durch das Erreichen eines Blattes im branch-and-bound Baum bestimmt [20]: In einer Tiefensuche nehmen wir jeweils eine Kante zu einer initial leeren Rundreise hinzu, sodass der aufgespannte Suchbaum maximal die Tiefe $n - 1$ erreicht. Damit finden wir schnell eine, wenn auch nicht die optimale Lösung. Diese Lösung kann eine globale Variable U immer weiter verbessern, bis letztendlich $L = U$ gilt. Die zulässige Lösung, die zu der oberen Schranke des Problems gehört, ist eine optimale Lösung. Sei initial $U = 1$. Dann löst das initial mit der Eingabe s aufgerufene folgende rekursive Programm das gegebene Zustandsraumproblem. Die Sortierung der Nachfolger dient dazu, schnell eine möglichst gute Lösung zu finden. Die Restriktion $L(u_{ij}) < U$ führt zum Abschneiden nicht zur optimalen Lösung führender Teilbäume. Ist $L(u_{ij}) \geq U$, dann existiert eine Problemlösung v mit Höchstkosten $L(u_{ij})$. Damit sind alle Lösungen t aus dem von u_{ij} aufgespannten Teilbaum T größer als v, d. h. T braucht nicht expandiert zu werden.

```
Algorithmus DepthFirstBranchAndBound(u)
  {ui1,...,uik} := Sort(succs(u))  {sortiere ansteigend nach L-Werten}
  for all j in {1,..., k}                     {betrachte alle Nachfolger}
    if (L(uij) < U)     {untere Schranke kleiner dem globalen Maximum}
      puij :=(pu,uij)                       {erweitere Generierungspfad}
      if (goal(uij))                                      {Ziel erreicht}
        if (w(puij ) < U) sol := puij                 {aktuell bester Weg}
          U := min{U,w(puij)}        {berechne neues globales Maximum}
      else                                          {Ziel nicht erreicht}
          DepthFirstBranchAndBound(uij,puij)   {suche rekursiv weiter}
```

Abb. 2.13: Das Baumbeschneidungs-Tiefensuchverfahren.

2.4 Ausblick: Weitere Themenfelder, Anwendungsperspektiven, Trends

2.4.1 Monte-Carlo-Suche im Einpersonenspiel

Das Rundreiseproblem für mehrere Fahrzeuge mit Zeitfenstern und Kapazitätsbeschränkungen ist für viele Logistikanbieter wichtig. Eine Möglichkeit sind ganzzahlige Programmierung, aber die führt zu exponentiell vielen Nebenbedingungen. Eine Alternative ist die verschachtelte Monte-Carlo-Suche mit oder ohne Politikadaption. Das grundlegende Algorithmenprinzip ist eine randomisierte Suche. Wir analysieren hier nicht den im Mehrpersonenspiel beliebten UCT-Algorithmus (siehe Kapitel über Allgemeines Spiel), sondern die verschachtelte Monte-Carlo-Suche, die insbesondere bei kombinatorischen Optimierungsproblemen, herausfordernden Einpersonenspielen bzw. Puzzles eingesetzt wird. Als randomisierte Suche gibt sie keine Garantie für die erzielte Lösungsqualität, aber sie liefert in vielen Problemen schnelle und oft erstaunlich gute, bisweilen optimale Lösungen. Die Verfahren können als Verstärkungslernen (engl. *Reinforcement Learning*) interpretiert werden.

2.4.1.1 Verschachtelte Monte-Carlo-Suche

Viele Probleme haben einen riesigen Zustandsraum und kein Wissen, um Züge so zu ordnen, dass die Suche nach den besten Positionen effizient ist. Zufällige Läufe können verwendet werden, um Positionen zu bewerten. Zufallspfade können auch verbessert werden, indem man in jedem Spielschritt einen Zug rekursiv auswählt, den man ausprobieren möchte.

Die verschachtelte Monte-Carlo-Suche befasst sich also mit dem Problem der Lenkung der Suche nach besseren Zuständen, wenn keine Heuristik verfügbar ist. Sie verwendet verschachtelte Ebenen von Zufallsspielen, um die Suche zu leiten. Die verschachtelte Monte-Carlo-Suche führt eine rekursive Verstärkung der Nachfolgerbewertung im Suchbaum durch. Die Level-(k)-Suche ruft die Level-($k-1$)-Suche auf, bis auf Level 0 ein endender gewichtet zufälliger Lauf, ein sogenannter *Rollout*, durchgeführt wird. Die Implementierung der Funktion in Abbildung 2.14 nimmt ein Maximierungsproblem an. Die Funktion *Nested* spielt ein Spiel und wählt bei jedem Schritt des Spiels den Zug, der die höchste Punktzahl der niedrigeren Stufe der verschachtelten Monte-Carlo-Suche hat. Bei jedem Schritt probiert der Algorithmus alle möglichen Züge aus, spielt nach jedem Zug eine nach jedem Zug eine verschachtelte Suche auf der niedrigeren Ebene und merkt sich den Zug, der die beste Punktzahl bei den Suchen der niedrigeren Ebene sucht. Da die Stichproben zufällig sind, ist es nicht garantiert, dass eine verschachtelte Suche immer besser abschneidet als frühere Suchen oder sogar Suchen auf niedrigerer Ebene. Wenn keiner der Züge die beste Folge verbessert, wird der

```
Algorithmus Nested(posn,level)
  bestScore := -infinity          {Initialisierung zur Maximierung}
  seq := ()                                            {leere Pfad}
  while (not end of game)                  {Pfad noch nicht zu Ende}
    if (level == 0)                       {Rekursion endet bei null}
      move := argmax_m(Rollout(play(posn,m)))          {bester Zug}
    else                             {Rekursion noch nicht bei null}
      move := argmax_m(Nested(play(posn,m),level))    {rek. Aufruf}
    if (score(move) > bestScore)            {besserer Pfad gefunden}
      bestScore := score(move)             {aktualisiere die Kosten}
      bestSequence := (seq,move)               {speichere den Pfad}
    bestMove := Move(bestSequence)          {extrahiere besten Zug}
    posn := play(posn,bestMove)                 {spiele besten Zug}
  return score                                      {gebe Wert aus}
```

Abb. 2.14: Die verschachtelte Monte-Carlo-Suche.

Zug der besten Folge gespielt, andernfalls wird die beste Folge durch die neu gefundene Sequenz aktualisiert und der beste Zug wird gespielt.

2.4.1.2 Verschachtelte Monte-Carlo-Suche mit Politikadaption

Ein verwandter, aber dennoch konzeptionell unterschiedlicher Algorithmus, ist die verschachtelte Monte-Carlo-Suche mit Politikadaption (engl. *Nested Rollout Policy Adaptation*), kurz NRPA, mit Programmtexten aus Abbildung 2.15. Das Verfahren nutzt für die Politik die Abbildung eines Zuges auf einen Vektor. Bei dem Problem des Handlungsreisenden ist das z. B. ein aufeinanderfolgendes Paar von Städten.

NRPA verwaltet für jede verschachtelte Ebene eine eigene Strategie und gibt jeweils eine Sequenz zurück. Bei jedem Schritt ruft der Algorithmus rekursiv die untere Ebene auf und erhält eine Sequenz als Ergebnis. Bei jedem Schritt passt er die Strategie an die beste Sequenz der Ebene an. Auf Ebene null führt er eine *Rollout* durch. Im Gegensatz zum vorangegangenen Verfahren wird hier ein reiner Rekursionsbaum aufgebaut und der Rollout stets von Beginn aus gestartet. Dabei wird in jeder Rekursionstiefe eine Politik, also eine Abbildung der Zustände auf die auszuführenden Aktionen als Wahrscheinlichkeitsverteilung verwaltet. Dies liefert einen Ausgleich der Suchweite (engl. *exploration*) zum Finden neuer Lösungen und Suchtiefe (engl. *exploitation*) zum Ausbau guter Lösungen.

Der *Rollout* beginnt mit einer leeren Zugfolge und führt eine Schleife durch, bis er einen Endzustand erreicht. Bei jedem Schritt berechnet er die Summe aller mit einer Exponentialfunktion potenzierten Gewichte der möglichen Züge und wählt einen Zug proportional zu seiner Wahrscheinlichkeit aus. Dann spielt er den gewählten Zug und fügt ihn der Zugfolge an. Jeder Zug ist mit einem Wert *code* verbunden, der normalerweise unabhängig vom Zustand ist. Anschließend wird die Strategie an die beste gefundene Sequenz angepasst, indem die Gewichtung der besten Aktion erhöht und die der anderen verringert wird. Dieser Anpassungsalgorithmus *Adapt* nimmt dabei alle

```
Algorithmus Rollout(state, policy)
  seq := ()                                    {initialisiere Pfadsequenz}
  while (true)                                          {Endlosschleife}
    if (terminal(state))                               {Abbruchbedingung}
     return (score(state),seq)                     {gebe Wert und Pfad aus}
    z := 0.0                               {initialisiere Normierungswert}
    for m in succs(state)                           {betrachte Nachfolger}
      z := z + exp(policy[code(m)])           {berechne Normierungswert}
    choose move with prob exp(policy[code(move)])/z    {Roulette-Wahl}
    state := play(state, move)                              {spiele Zug}
    seq := (seq, move)                             {erweitere Pfad um Zug}
  return evaluate(seq)

Algorithmus Adapt(policy,sequence)
 pol := policy                       {kopiere globale Politik in lokale}
 state := root                                         {Anfangszustand}
 for move in sequence do                           {iteriere Zugauswahl}
   pol[code(move)] := pol[code(move)] + 1  {hebe Politikwert um 1 an}
   z := 0.0                        {initialisiere Wert zur Normalisierung}
   for m in succs(state)                           {generiere Nachfolger}
     z := z + exp(policy[code(m)]) {berechne Wert zur Normalisierung}
   for m in succs(state)                           {generiere Nachfolger}
     pol[code(m)] -= exp(policy[code(m)])/z                 {adaptiere}
   state := play(state, move)                     {aktualisiere Zustand}
   policy := pol                     {kopiere lokale Politik in globale}

Algorithmus NRPA(level, policy)
  if (level == 0)                                 {Rekursionsbaum endet}
    return Rollout(root, policy)              {starte gewichteten Lauf}
  bestScore := -infinity             {Initialisiere Maximierungsproblem}
  for N iterations do                {N ist Breite des Rekursionsbaums}
    (result,new) := NRPA(level-1, policy)            {rekursiver Aufruf}
    if (result >= bestScore)                   {besseren Pfad gefunden}
      bestScore := result                  {aktualisiere besten Wert}
      seq := new                           {aktualisiere besten Pfad}
      policy := Adapt(policy, seq)            {aktualisiere Politik}
   return(bestScore,seq)                      {gib bestes Ergebnis aus}
```

Abb. 2.15: Die verschachtelte Monte-Carlo-Suche mit Politikadaption.

Zustände der Sequenz, die als Parameter übergeben werden, und addiert 1 (allgemein Lernparameter λ) zum Gewicht des Zuges der Sequenz. Dann reduziert er alle anderen Züge proportional zu der Spielwahrscheinlichkeit des Zuges, sodass die Summe unverändert bleibt. Das Verfahren garantiert keine optimale Lösung, aber findet doch oft die sogenannte *Nadel im Heuhaufen.*

2.4.2 Symbolische Suche mit BDDs

Wie schon in der iterierten Tiefensuche ist der beschränkte Speicherplatz oft ein gravierendes Problem in der Zustandsraumsuche. Eine kompakte Darstellung der Zustandsmengen kann da ein entscheidender Vorteil sein.

Geordnete binäre Entscheidungsdiagramme (engl. *ordered binary decision diagrams*), kurz BDDs, sind graphische Repräsentationen Boole'scher Funktionen. Sie wurden von Bryant [4] vorgestellt. Ein BDD $B(f,\pi)$ der Funktion f zur Variablenordnung π ist ein azyklischer Graph mit einer Quelle und zwei Senken, die mit 0 und 1 beschriftet sind. Alle inneren Knoten haben zwei ausgehende Kanten (0 und 1) und sind mit den Boole'schen Variablen x_i der Funktion f bezeichnet. Für alle Kanten von einem mit x_i zu einem mit x_j beschrifteten Knoten gilt $\pi(i) < \pi(j)$, sodass auf jeden Pfad in G jede Variable maximal einmal getestet wird. Die Auswertung $f(a)$ im BDD $B = (f,\pi)$ bei der Variablenbelegung a geschieht von der Wurzel beginnend durch stetes Verzweigen an den Variablenknoten, bis eine Senke erreicht wird. Die Beschriftung der Senke entspricht dem gesuchten Funktionswert $f(a)$. Es gibt zwei Reduktionsregeln für ein BDD. Die Regel (R1) löscht diejenigen Knoten innerhalb des Baums, deren Null- und Einsnachfolger identisch sind. Die Regel (R2) löscht einen von zwei Knoten mit gleichem Variablenindex und gleichem Nachfolgerpaar. Ein BDD ist minimal, wenn keine der beiden Reduktionsregeln mehr angewendet werden kann. Das minimale BDD ist eindeutig, da jeder Knoten eine unterschiedliche Subfunktion von f darstellt. Da reduzierte BDDs eindeutig sind, ist der Erfüllbarkeitstest in konstanter Zeit durchführbar.

Das Finden einer optimalen Variablenordnung ist NP-schwer [3] und nur für eine geringe Anzahl von Variablen durch einen exponentiellen Ansatz direkt lösbar [13]. Es gibt Funktionen wie $\text{HWB}(x) = x_{|x|}$, die in jeder Variablenanordnung exponentielle Größe haben, aber oft ist die Größe des BDDs deutlich kleiner als die repräsentierte Menge an erfüllenen Belegungen.

Wir werden ein sehr einfaches Beispiel eines Schiebepuzzles untersuchen (vgl. Abbildung 2.16). Dabei ist ein Spielbrett durch vier aneinandergereihte, aufsteigend nummerierte Quadrate und einem darauf zu bewegenden Spielstein gegeben. In dem Startzustand befindet sich der Spielstein an Stelle null, in dem Zielzustand hingegen an der Stelle drei. Offensichtlich sind nur drei Schritte zur Lösung des Problems notwendig. Die vier verschiedenen Situationen lassen sich problemlos mit zwei Bits beschreiben. Die charakteristische Funktion einer Position ist definiert als der Minterm dieser binären Codierung. So beschreibt z. B. der Minterm $x_0 \wedge x_1$ die Zielposition (11). Die charakteristische Funktion von zwei und mehr (insbes. Ziel-) Positionen ist die Disjunktion ($\vee$-Verknüpfung) der charakteristischen Funktionen der Einzelstellungen.

2.4.2.1 Mengen-basiertes Breitensuch-Verfahren

Im nächsten Schritt beschreiben wir die durch die Spielregeln festgelegten Zustandsübergänge. Dazu bilden wir eine Boole'sche Transitionsfunktion T mit einer zu der Stellungsbeschreibung doppelten Anzahl an Variablen. Dann und nur dann, wenn x die charakteristische Funktion der gegebenen Situation ist und x' die charakteristische Funktion eines Nachfolgers von x, soll die Auswertung von $T(x,x')$ den Wert eins liefern. Damit ist T die Disjunktion aller Einzelregeln innerhalb des Problems. Im Beispiel finden wir

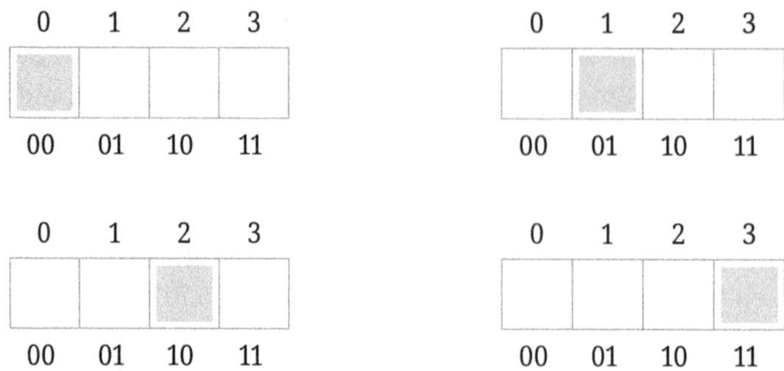

Abb. 2.16: Ein kleines Schiebepuzzle, bei dem das Plättchen von links nach rechts zu bewegen ist und die Zustände binär codiert werden.

die sechs möglichen Bewegungen (00) → (01), (01) → (00), (01) → (10), (10) → (01), (10) → (11) und (11) → (10).

Um die charakteristische Funktion aller von dem Startzustand s aus erreichbaren Positionen zu beschreiben, wenden wir T auf die charakteristische Funktion von s an. Damit fragen wir nach allen Nachfolgern x', die die Funktion $T(x, x')$ erfüllen. Sei $\phi(S)$ die charakteristische Funktion der Menge S und S^i die Menge der in i Schritten erreichbaren Zustände. Weiterhin sei S^0 mit $\{s\}$ initialisiert. Dann lässt sich $\phi(S^{i+1}(x'))$ durch folgende Boole'sche Formel rekursiv berechnen $\phi(S^{i+1}(x')) = \exists x(T(x, x') \wedge \phi(S^i(x)))$. Die Formel ist ein relationales Produkt und in vielen BDD Paketen implementiert. Für eine Breitensuche müssen wir in jedem Schritt eine Variablenrücktransformation von x' nach x vornehmen, was sich durch eine Indexverschiebung innerhalb des die Funktion $\phi(S^{i+1}(x'))$ repräsentierenden BDDs realisieren lässt.

Das Besondere an BDDs ist, dass auch die Rückwärtssuche analog auf Zustandsmengen möglich ist $\phi(S^{i+1}(x)) = \exists x'(T(x, x') \wedge \phi(S^i(x')))$ und damit auch eine bidirektionale Suche. Die Lösung selbst lässt sich dann rekursiv konstruieren.

2.4.2.2 Mengenbasiertes A*-Verfahren

In A* wird eine Vorrangwarteschlange *Open* genutzt, in der die Zustände gemäß eines ansteigenden f-Wertes verwaltet werden, der sich aus der Summe des Generierungspfades g und des heuristischen Schätzwertes h ergibt. Wir nehmen der Einfachheit halber ein Zustandsraumproblem mit Kantengewicht 1 an und einen ganzzahligen Schätzwert h und folgen dem Vorschlag von [10].

Initial beinhaltet die Vorrangwarteschlange nur den Startzustand. In jedem Schritt wird der Zustand mit dem kleinsten f-Wert entnommen und expandiert und die Nachfolger entsprechend ihren neu ermittelten f-Werten eingefügt, bis letztendlich der Zielzustand erreicht ist. Für den entnommenen Zustand x haben wir $f(x) = g(x) + h(x)$

und für den Folgezustand x' ergibt sich die folgende zentrale Beziehung: $f(x') = g(x') + h(x') = g(x) + 1 + h(x') = f(x) + 1 - h(x) + h(x')$.

Für ein auf Mengen basierendes A*-Verfahren (vgl. Pseudo-Code in Abbildung 2.17) kann die Schätzfunktion h als eine Relation von Tupeln von *binärcodierter Wert* x_c, *binärcodierter Zustand* x_s angesehen werden, die genau dann wahr wird, wenn $h(x_s) = x_c$ ist.

```
Algorithmus BDD-A*
  Open(f,x) := h(f,x) ^ S(x)          {initialisiere die Datenstruktur}
  while (Open != empty)          {solange Datenstruktur nicht leer ist}
    (fmin,Min(x),Open'(f,x)) := goLeft(Open)   {entnehme min. Element}
    if (exists x (Min(x) ^ G(x)) return fmin   {Zielzustand erreicht}
    Min(x') := Min(x)[x<->x']            {tausche x mit x' Variablen aus}
    Open''(f,x) := exists x' Min(x') ^ T(x',x) ^     {bilde Nachfolge}
      exists e': h(e',x') ^ exists e: h(e,x) ^ (f = fmin+e-e'+1)
    Open(f,x) := Open'(f,x) v Open''(f,x)       {nehme Nachfolge auf}
```

Abb. 2.17: Mengenbasiertes A*-Verfahren.

Wir nehmen an, dass h sich als BDD für den gesamten Problemraum darstellen lässt – eine realistische Annahme, falls h nicht allzu kompliziert ist. Auch kann man die Heuristik in Fächer von Zuständen mit gleichen Schätzwertes unterteilen. So lassen sich Musterdatenbanken aus der Rückwärtsbreitensuche direkt als Heuristiken nutzen. Die Vorrangwarteschlange Open kann ebenso als BDD dargestellt werden, die auf eine Relation von Tupeln der Form (x_c, x_s) aufzeigt, oder man verwaltet eine Matrix von charakteristischen Funktionen von Zustandsmengen, aufgeteilt in gemeinsamen (g, h)-Werten. In beiden Fällen lässt sich eine symbolische Variante des A*-Algorithmus durchführen (siehe Abbildung 2.18).

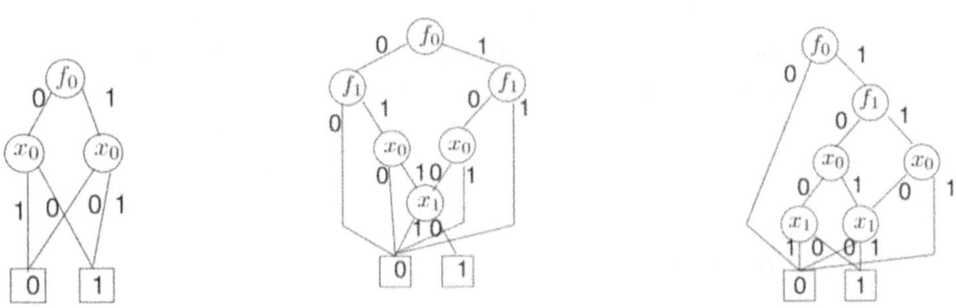

Abb. 2.18: BDD für die Heuristik (links) und für die Vorrangwarteschlange in BDD-A* nach der Iteration 2 (mitte) und nach der Iteration 3 (rechts) in dem Beispiel.

Allgemein gesprochen beruhen die BDD-Versionen der Suchverfahren auf einer Mengendarstellung der im Algorithmus betrachteten unabhängig voneinander zu expandierender Zustände. Die Definition von Algorithmen auf Zustandsmengen ist auch für die parallele, cache-effiziente und externe Suche von Vorteil.

2.4.3 Kombination von Musterdatenbanken

Musterdatenbankheuristiken sind nicht nur effektiv für Zauberwürfel, wobei zur Vereinfachung Sticker entfernt werden, sondern auch für das $(n^2 - 1)$ Puzzle, wobei Zahlen entfernt werden und sogar für allgemeine Handlungsplanungsprobleme, wobei Propositionen oder allgemein Zustandsvariablen gestrichen oder vereinfacht werden (siehe nächstes Kapitel).

2.4.3.1 Additive Musterdatenbanken

Heuristiken, die auf Musterdatenbanken basieren, lassen sich kombinieren, indem das Maximum der abstrakten Distanzen bestimmt wird. In bestimmten Fällen kann man die Heuristiken auch addieren, so im Schiebepuzzle, wenn man in jeder Abstraktion nur die Bewegungen der Musterkachel zählt, da jede einzelne Kachelbewegung exklusiv in nur eine Musterdatenbank gezählt wird.

2.4.3.2 Alternative Kombination von Musterdatenbanken

Es ist sogar möglich, die Kosten für Aktionen, die in unterschiedlichen Abstraktionen Bestand haben, aufzuteilen, sodass die Summe der Aktionskosten nie die originalen Kosten übersteigt (hier 1). Sind zum Ende hin noch Kosten einer Aktion unberücksichtigt kann man die Aktion saturieren, also auf den exakten Wert der originalen Kosten aufstocken.

Mehrere sich überschneidende Muster lassen sich mitunter auch zu Mengen zusammenfassen und obige Verfeinerungen individuell für jede einzelne Menge anzuwenden und dann das Maximum zu bilden. Auch globale Optimierungsverfahren wie genetische Algorithmen oder Monte-Carlo-Entscheider können zur Optimierung der Muster angewendet werden.

2.4.4 Nullsummenspiele

In diesem Abschnitt widmen wir uns Zweipersonenspielen, die wir als Brettspiele (Schach, Dame, 4-Gewinnt, Mühle usw.) gut kennen (vgl. Abbildung 2.19). Ein Nullsummenspiel heißt, dass der Verlust einer Spielerin den (gleich hohen) Gewinn der Gegenspielerin bedeutet und umgekehrt. In dem Bereich fallen aber auch offene Kartenspiele mit zwei Teams, die gegeneinander um die Punkte spielen, wie offene Skat-, Bridge-, oder Doppelkopfspiele (vgl. Abbildung 2.22).

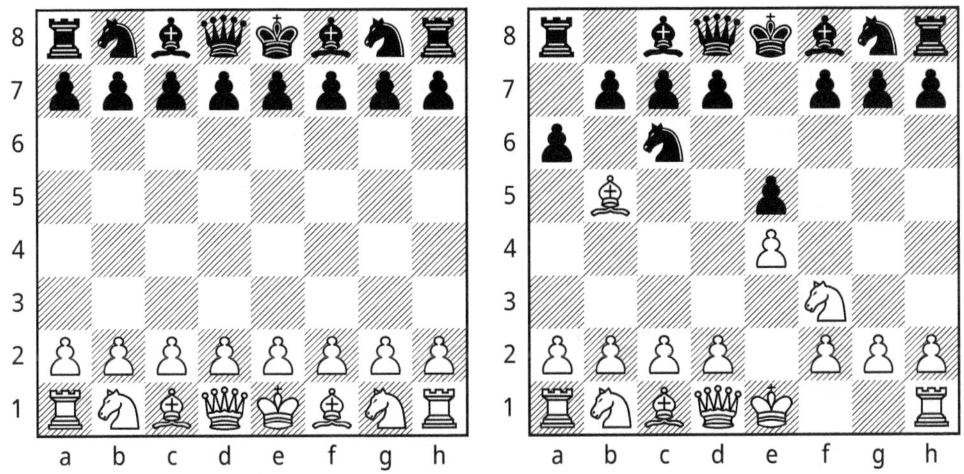

Abb. 2.19: Anfangsstellung im Schach und Stellung nach einigen wenigen Zügen.

2.4.4.1 Minimax

Die Basis für die im Folgenden vorgestellte Algorithmen bildet der Minimax-Algorithmus. Er liefert den korrekten, spieltheoretischen Wert einer Position zurück. Diese Eigenschaft wird ausgenutzt, um die Korrektheit anderer Algorithmen zu zeigen. Diese Berechnung wird wie folgt implementiert.

Hierbei wird mit $T(p)$ für einen beliebigen Knoten p den von MAX bisher erzielten Wert (z. B. Punkte aus Skat + gewonnene Stiche) bezeichnet. Für Blätter p ist $T(p)$ im Skat-Beispiel damit die Gesamtzahl der erzielten Punkte.

2.4.4.2 $\alpha\beta$-Pruning

Erweitert man Minimax um $\alpha\beta$-Pruning, erhält man den Algorithmus aus Abbildung 2.21. Dabei sind α und β Schranken für den erzielbaren Spielwert, die im Suchbaum fortgeschrieben werden und zu einer Beschneidung von Ästen führen, die zu keiner Verbesserung des bis dato an einem Suchknoten bekannten Wertes führen können.

Im besten, aber zumeist auch im mittleren, Fall kann $\alpha\beta$-Pruning zu einer Verdoppelung der Suchtiefe führen. Leider ist auch Minimax um $\alpha\beta$-Pruning für Spiele wie Schach und Skat allein noch zu ineffizient, um die komplette Analyse eines Spiels durchzurechnen. Deshalb werden die Suchbäume in der Regel abgeschnitten und die Blätter mithilfe von Evaluationsfunktionen bewertet.

```
Algorithmus Minimax(p)
 if (p is Leaf) return T(p)                {gib Blattbewertung aus}
 if (p is MAX)                              {Partei, die maximiert}
   res := -infinity                    {initialisiere Ausgabewert}
 else                                       {Partei, die minimiert}
   res := +infinity                    {initialisiere Ausgabewert}
 for q in succs(p)                          {Nachfolgerbewertung}
    if (p is MAX)                           {Partei, die maximiert}
      res = max(res,minimax(q))          {aktualisiere Ausgabewert}
   else                                     {Partei, die minimiert}
      res = min(res,minimax(q))          {aktualisiere Ausgabewert}
  return res                                {gib Knotenbewertung aus}
```

Abb. 2.20: Spielbaumsuche für Nullsummenspiele.

```
Algorithmus AlphaBeta(p,alpha,beta)
  if (p is Leaf) return T(p)                {gib Blattbewertung aus}
  for q in succ(p)                            {Nachfolgerbewertung}
    if (p is MAX)                           {Partei, die maximiert}
      alpha = max(alpha,AlphaBeta(q,alpha,beta))         {Rekursion}
    else                                    {Partei, die minimiert}
      beta = min(beta,AlphaBeta(q, alpha, beta))         {Rekursion}
    if (alpha >= beta)                  {Beschneidung des Suchbaums}
      break                                       {beende Schleife}
    if (p is MAX)                           {Partei, die maximiert}
      return alpha                         {gib Knotenbewertung aus}
    else                                     {Partei die minimiert}
      return beta                          {gib Knotenbewertung aus}
```

Abb. 2.21: Spielbaumsuche für Nullsummenspiele mit Beschneidung.

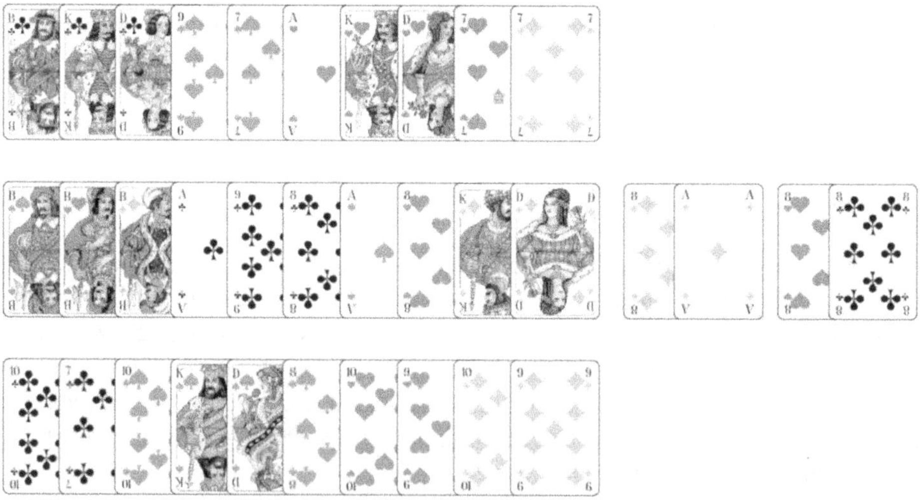

Abb. 2.22: Ein offenes Skatspiel mit den aufgenommen Karten Karo-8 und Karo-Ass, sowie gelegter Herz-8 und Kreuz-8. Mittelhand spielt Grand.

2.4.4.3 Transpositionstabellen

Das $\alpha\beta$-Pruning kann um eine Transpositionstabelle (TT) erweitert werden[28]. Eine Transpositionstabelle ist ein assoziatives Array (zumeist eine Hashtabelle), in dem bei Expansion eines Knotens zuerst geprüft wird, ob die Bewertung für den Knoten schon berechnet und gespeichert ist. Wenn dem so ist, kann das Ergebnis wiederverwendet werden. Durch diese Erweiterung kann man das wiederholte Traversieren gleicher Teilbäume einsparen. Für das Skat-Spiel reicht es aus, die Transpositionstabelle nach jedem abgeschlossenen Stich zu aktualisieren. Damit werden die Probleme zur Repräsentation der Tischkarten vermieden.

2.4.4.4 Moving-Target-Suche und weitere Tricks

Die Moving-Target-Suche ist eine Abbildung des Minimax-Baums auf einen Und-Oder-Baum, in dem eine binäre Suche den spieltheoretischen Wert vorgibt und in jeder Einzelsuche entschieden wird, ob er erreichbar ist. Diese iterierte Suche kann effizienter sein, als den spieltheoretischen Wert direkt zu ermitteln.

Ein weiterer Trick ist die Partitionssuche (engl. *Partition Search*), bei der gleichwertige Karten in Äquivalenzklassen zusammengefasst werden. Im Skat-Trumpfspielen sind das die Luschen (7, 8, und 9 mit jeweils 0 Punkten) oder die Bauern (mit jeweils 2 Punkten). Liegen sie nebeneinander auf einer Hand vor, muss nur ein Zweig analysiert werden.

Im Schach gibt es eine Vielzahl von weiteren Tricks, wie die Ruhesuche (engl. *Quiescence Search*), bei der Schlagstellungen über den Suchhorizont hinaus analysiert werden. Auch gibt es unterschiedliche Verfahren sowie (Endspiel-) Datenbanken, die das baldige Ende des Spiels schneller bestimmen können.

2.4.5 Mehrpersonenspiel mit versteckter Information

Skat ist wie viele andere Kartenspiele aber auch Brettspiele wie Stratego ein Spiel mit versteckter Information, in denen es aus jeder Spielerinnensicht heraus eine Menge von Welten gibt, in dem sich die anderen Spielerinnen befinden können. Es gibt Paranoia-Suchen, die für die den spieltheoretischen Wert für die schlechteste aller Welten berechnet, oder basierend auf einer geeigneten möglicherweise mit Wahrscheinlichkeiten gewichteten Auswahl von Welten aus der Menge aller möglichen mit abschließender Abstimmung über die jeweils vorgeschlagene Aktion (z. B. die zu spielende Karte). Man muss beachten, dass Spielerinnen auf unterschiedlichen Wegen Informationen an Mitspielerinnen weitergeben können. Dafür werden u. a. vorab Konventionen vereinbart (z. B. im Verlustspiel immer die kleinste Bedienkarte wählen, um zu zeigen, dass man keine kleinere hat). Auch werden Aktionen ausgeführt, die die Unwissenheit ausnutzen (z. B. im Skat Pik-Bauer anzuspielen, auch wenn man den Kreuz-Bauer hat). Im Zweipersonennullsummenspiel mit unvollständiger Information (wie Stratego) können Strategien gelernt werden.

2.5 Schlussbetrachtung – Zusammenfassung und Reflexion

Dieses Kapitel betrifft den algorithmischen Kern der künstlichen Intelligenz. Hier wird das Problemlösen als Suche in einem Zustandsraum modelliert, das heißt, man geht aus von einem Startzustand, der das gegebene Problem beschreibt und hat Übergangsregeln, um von einem Zustand zu einem oder mehreren Nachfolgezuständen zu kommen. Diese Übergangsregeln müssen dann solange angewandt werden, bis ausgehend vom Startzustand schließlich ein gewünschter Endzustand erreicht ist. In der Regel ist man an einer kürzestmöglichen Folge derartiger Übergänge interessiert.

Zwar kann man relativ einfach zeigen, dass es kein allgemeines Verfahren gibt, das für eine Menge von Übergangsregeln feststellt, ob der Zielzustand vom Startzustand mithilfe der Übergangsregeln überhaupt erreichbar ist. In der Praxis hat sich aber diese Problemsicht insbesondere zur Lösung von Einpersonenspielen (Puzzles) doch bewährt, und man hat viele Techniken entwickelt, um in konkreten Fällen zu einer Lösung zu kommen.

Es wurden die grundlegenden Verfahren zur impliziten Graphsuche beschrieben und neue, zeit- und speichereffiziente Implementierungen von z. T. gerichteten Suchverfahren vorgestellt. Auch die Zwei- und Mehrpersonenspielsuche mit vollständiger und unvollständiger Information wurden erörtert.

Literaturverzeichnis

[1] R. Bellman. *Dynamic Programming.* Princeton University Press, 1957.

[2] E. R. Berlekamp, J. H. Conway, and R. K. Guy. *Winning Ways for Your Mathematical Plays, vol. I and II.* Academic Press, 1982, 850 pages.

[3] B. Bollig and I. Wegener. Improving the variable ordering of OBDDs is NP-complete. *IEEETC: IEEE Transactions on Computers*, 45:9,993–1002, 1996.

[4] R. E. Bryant. Symbolic manipulation of boolean functions using a graphical representation. In *Proceedings of the 22nd ACM/IEEE Design Automation Conference*, pages 688–694. IEEE Computer Society Press, 1985.
51971.

[5] T. H. Cormen, C. E. Leiserson, and R. L. Rivest. *Introduction to Algorithms.* The MIT Press, 1990.

[6] J. Culberson. Sokoban is PSPACE-complete. Technical Report TR- 97-02, Department of Computing Science, University of Alberta, 1997.

[7] E. W. Dijkstra. A note on two problems in connexion with graphs. *Numerische Mathematik*, 1:269–271, 1959.

[8] J. Eckerle. Heuristische Suche unter Speicherbeschränkung. Ph.D. Dissertation, Institut für angewandte Wissenschaften, Universität Freiburg. DISKI, Infix, Band 185, 1997.

[9] S. Edelkamp. *Heuristic Search - Theory and Applications*. Morgan Kaufmann, Reading, 2012.

[10] S. Edelkamp and F. Reffel. OBDDs in heuristic search. In *KI-98: Advances in Artificial Intelligence*, *Lecture Notes in Artificial Intelligence*, pages 81–92, 1998.

[11] J. A. Eidswick. Cubelike puzzles - what are they and how do you solve them. *The American Mathematical Monthly*, 93(3):157–176, 1986.

[12] M. L. Fredman and R. E. Tarjan. Fibonacci heaps and their uses in improved network optimization algorithm. *Journal of the ACM, JACM*, 34(3):596–615, 1987.

[13] S. J. Friedman and K. J. Supowit. Finding the optimal variable ordering for binary decision diagrams. *IEEE Transactions on Computers*, 39(5):710–713, 1990.

[14] M. Gardner. *The Mathematical Games of Sam Loyd*. Dover Publications, 1959.

[15] P. E. Hart, N. J. Nilsson, and B. Raphael. A formal basis for heuristic determination of minimum path cost. *IEEE Transactions on Systems Science and Cybernetics*, 4:100, 1968.

[16] W. W. Johnson. Notes on the 15 puzzle 1. *American Journal of Mathematics*, 2:397–399, 1879.

[17] A. Junghanns and J. Schaeffer. Single agent search in the presence of deadlocks. In *Proceedings of the 15th National Conference on Artificial Intelligence*, 1998.

[18] R. E. Korf. Depth-first iterative-deepening: An optimal admissible tree search. *Artificial Intelligence*, 27(1):97–109, 1985.

[19] R. E. Korf. Macro-operators: A weak method for learning. *Artificial Intelligence*, 1985(26):35–77, 1985.

[20] R. E. Korf. Linear-space best-first search. *Artificial Intelligence*, 62(1):41–78, 1993.

[21] R. E. Korf. Finding optimal solutions to Rubik's cube using pattern databases. In *Proceedings of the 14th National Conference on Artificial Intelligence*, pages 700–705. AAAI Press, 1997.

[22] K. Mehlhorn. *Data Structures and Algorithms, volume 2: NP Completeness and Graph Algorithms. EATCS Monographs on Theoretical Computer Science*. Springer-Verlag, 1984.

[23] N. J. Nilsson. *Principles of Artificial Intelligence. Symbolic Computation*. Springer, 1982.

[24] T. Ottmann and P. Widmayer. *Algorithmen und Datenstrukturen. BI*, 2nd edition, 1993.

[25] I. Parberry. A real-time algorithm for the (n^2-1)-puzzle. *Information Processing Letters*, 56(1):23–28, 1995.

[26] J. Pearl. *Heuristics*. Addison-Wesley, 1985.

[27] D. Ratner and M. Warmuth. The (n^2-1)-puzzle and related relocation problems. *Journal of Symbolic Computation*, 10(2):111–136, 1990.

[28] A. Reinefeld and T. Marsland. Enhanced iterative-deepening search. *IEEE Transactions on Pattern Analysis and Machine Intelligence*, 16(7):701–710, 1994.
Gyorgy Marx; Tamas Verdy; translation editied by David Singmaster

[29] E. Rubik, T. Varga, G. Marx, and T. Verdy. *Rubik's Cubic Compendium*. Oxford University Press, 1987. pages 125–133.

[30] W. Storey. Notes on the 15 puzzle 2. *American Journal of Mathematics*, 2:399–404, 1879.

Daniel Gnad, Malte Helmert, Jörg Hoffmann und Florian Pommerening

3 Planen

Die Fähigkeit vorausschauend zu handeln, wird oft als intelligentes Verhalten bezeichnet. Wir beschäftigen uns in diesem Kapitel mit dem Gebiet der Handlungsplanung, das solch vorausschauendes Handeln untersucht. Wir geben einen Überblick und erklären kurz einige der wichtigsten Algorithmen. Für eine ausführliche Abhandlung verweisen wir auf das Lehrbuch von Ghallab et al. [59].

3.1 Einleitung

Ausgehend von einem Modell der Welt und unserem Verständnis unserer Einflussmöglichkeiten auf diese Welt versuchen wir einen *Plan* zu finden – eine Handlungsanweisung, mit der wir ein Ziel erreichen können. Das Forschungsgebiet der Handlungsplanung untersucht Techniken, die solche Pläne finden, ohne an eine konkrete Anwendung gebunden zu sein. Es wird also nach sog. *domänenunabhängigen* Algorithmen gesucht, die das Modell der Welt und mögliche Aktionen und Ziele als Eingabe nehmen und einen Plan als Ausgabe generieren.

Als Beispiel verwenden wir in diesem Kapitel eine Logistikaufgabe. Als Leiter eines Logistikunternehmens müssen wir eine Menge von Paketen ausliefern. Dafür stehen mehrere LKW zur Verfügung. Sowohl die Pakete als auch die LKW sind im Moment an verschiedenen Orten, die durch Straßen verbunden sind. Das Ziel ist es, alle Pakete mit möglichst wenigen Fahrten auszuliefern. Zusätzlich zu diesem stark vereinfachten Kern der Aufgabe können wir weitere Aspekte modellieren. Zum Beispiel könnten wir noch beachten, dass nicht beliebig viele Pakete in einen LKW geladen werden können, dass Tankstellen angefahren werden müssen, dass mit einer bestimmten Wahrscheinlichkeit beim Fahren ein Reifen platzt oder dass ein LKW am Ende des Tages möglichst gut für den nächsten Tag positioniert ist.

Für den Kern der Beispielaufgabe kann der aktuelle Zustand der Welt modelliert werden, indem für jedes Paket und jeden LKW eine Variable verwendet wird, die dessen aktuellen Ort angibt. Als Aktionen verwenden wir das Ein- und Ausladen eines Pakets und das Bewegen eines LKW an einen anderen Ort. Diese Aktionen sind nur in bestimmten Zuständen anwendbar. Beispielsweise kann ein Paket P nur in einen LKW L geladen werden, wenn beide am gleichen Ort sind; dies bezeichnet man als *Vorbedingung* (engl. *precondition*) der Aktion. Aktionen verändern den Zustand der Welt. Beispielsweise ist der Ort von P nach dem Laden *in* L; dies bezeichnet man als *Effekt* der Aktion. In diesem einfachen Fall können wir die Aktionen als diskret und sequenziell anwendbar betrachten, d. h., es ist nicht nötig die Situation zu betrachten, in der das Paket halb eingeladen ist. Die Aktionen sind außerdem alle deterministisch und voll beobachtbar: Nachdem eine Aktion ausgeführt ist, können wir den Nachfolgezustand mit Sicherheit beschreiben.

https://doi.org/10.1515/9783111386690-004

Wir suchen nach einer Folge von Aktionen, die alle Pakete an ihre Bestimmungsorte bringt. Einen Zustand, in dem das der Fall ist, nennen wir Zielzustand (unabhängig davon, wo die LKW stehen). Eine optimale Lösung dieser Aufgabe minimiert dabei die Anzahl der Aktionen, die einen LKW bewegen, und erlaubt eine beliebige Anzahl von Ein- und Ausladeaktionen.

Der einfachste Fall der Handlungsplanung sind Aufgaben wie die gerade beschriebene: Zustände können mit endlich vielen Variablen mit endlichem Wertebereich beschrieben werden, Aktionen sind alle deterministisch, voll beobachtbar und diskret, und alle Ziele müssen erreicht werden. Aufgaben dieser Art sind *klassische Planungsaufgaben* und werden typischerweise in der Planning Domain Definition Language (PDDL) [70, 113] formalisiert. PDDL erlaubt die entsprechenden Variablen, Aktionen, den Startzustand und die Zielbedingungen in einer standardisierten Form zu definieren, die dann von domänenunabhängigen Algorithmen, sog. *Planern* gelesen werden können.

Einige fortgeschrittene Aspekte unserer Beispielaufgabe können nicht als klassische Planungsaufgabe formalisiert werden. Wenn z. B. mit einer bestimmten Wahrscheinlichkeit ein Reifen platzt, ist das Fahren eines LKW keine deterministische Aktion mehr. Um solche Aktionen und komplexere Aufgaben modellieren zu können, sind ausdrucksstärkere Planungsformalismen nötig. Diese erweitern klassisches Planen in verschiedene Dimensionen. Drei wesentliche Dimensionen sind:

- **Sprachmächtigkeit:** Erweiterungen von PDDL erlauben numerische Variablen (z. B., für den Benzinstand jedes LKW), temporale Aktionen unterschiedlicher Dauer, die parallel ausgeführt werden (z. B., um die Gesamtzeit des Transports zu optimieren), externe Ereignisse (z. B., um mögliche Lieferzeiten darzustellen) oder Ziele, die nicht notwendigerweise erfüllt werden müssen (z. B., um Präferenzen für den Zielort eines LKW auszudrücken).
- **Unsicherheit:** Alternativen zu PDDL erlauben die Spezifikation von Aufgaben, bei denen Aktionen nicht notwendigerweise deterministische oder beobachtbare Effekte haben.
- **Domänenspezifisches Wissen:** Weitere Alternativen zu PDDL erlauben es, in einem gewissen Rahmen domänenspezifisches Wissen auszudrücken. Zum Beispiel können damit Strategien definiert oder komplexere Ziele in kleinere Aufgaben zerlegt werden.

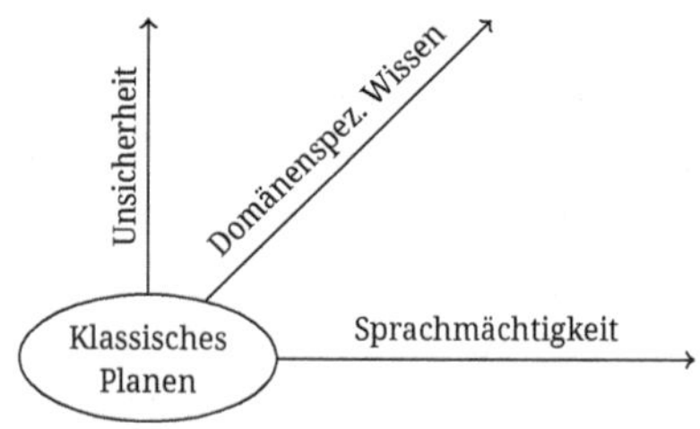

Diese Erweiterungen sind prinzipiell orthogonal, d. h. beliebig kombinierbar. Allerdings wird es im Allgemeinen umso komplexer eine Lösung zu finden, je mehr unterschiedliche Aspekte in einer Planungsaufgabe modelliert werden sollen. Dementsprechend sind Kombinationen über mehrere der genannten Dimensionen hinweg eher die Ausnahme. Häufiger sind Kombinationen innerhalb derselben Dimension, so wird z. B. temporales Planen oft mit numerischem Planen kombiniert.

Im nächsten Abschnitt betrachten wir die grundlegenden Konzepte der Handlungsplanung. Wir beginnen mit Planungsformalismen, der Einfachheit halber im Kontext des klassischen Planens, und führen anschließend Zustandsräume sowie das Prinzip der Zustandsraumsuche ein. Der darauf folgende Abschnitt betrachtet verschiedene Methoden für die Lösung von Planungsaufgaben. Der vorletzte Abschnitt gibt einen Überblick über die drei Dimensionen, in welchen das klassische Planen erweitert werden kann. Wir schließen das Kapitel mit einer Zusammenfassung und Einordnung ab.

3.2 Grundlegende Konzepte

Klassisches Planen ist die einfachste Form des Planens. Dieser Einfachheit halber widmen wir uns dem klassischen Planen im Folgenden im Detail. Im klassischen Planen sind die Zustände voll beobachtbar, und die Aktionen sind deterministisch. Die Anwendung einer Aktion in einem Zustand führt also zu einem eindeutigen und bekannten Nachfolgezustand.

3.2.1 Planungsformalismen

Es gibt zwei weit verbreitete Varianten, um Zustände im klassischen Planen darzustellen. STRIPS[1] basiert (in der heute gängigen Form) auf Aussagenlogik und wird bis heute verwendet, um Planungsaufgaben zu formulieren. STRIPS ist konzeptuell einfach, was es jedoch manchmal etwas umständlich macht, bestimmte Konzepte zu modellieren. Hier verwenden wir daher, wie in der Einleitung bereits angedeutet, die Beschreibung von Zuständen als Belegungen von Variablen mit endlichem Wertebereich, *finite-domain representation (FDR)*, in der Literatur auch bekannt unter dem Namen SAS$^+$ [5, 73]. Eine Planungsaufgabe ist dann wie folgt definiert:

Definition 3.2.1 (Klassische Planungsaufgabe). Eine klassische Planungsaufgabe Π ist ein Tupel $\Pi = \langle \mathcal{V}, \mathcal{A}, \mathcal{I}, \mathcal{G} \rangle$ bestehend aus einer endlichen Menge von *Variablen* $\mathcal{V}$, jede mit endlichem Wertebereich, einer endlichen Menge von *Aktionen* $\mathcal{A}$, dem *Startzustand* $\mathcal{I}$ (einer Belegung von $\mathcal{V}$) und dem *Ziel* $\mathcal{G}$ (einer partiellen Belegung von $\mathcal{V}$).

Der Wertebereich einer Variable $v \in \mathcal{V}$ wird als *Domäne* $\mathcal{D}(v)$ von v bezeichnet. Ein Paar $v{=}d$ mit $v \in \mathcal{V}$ und $d \in \mathcal{D}(v)$ bezeichnet man als *Atom*. Ein *Zustand* ist eine Belegung von $\mathcal{V}$. Mit $\mathcal{S}$ bezeichnen wir die Menge aller Zustände einer Planungsaufgabe Π; mit $s(v) = d$ für $v \in \mathcal{V}$ bezeichnen wir den Wert $d \in \mathcal{D}(v)$, den v in einer (partiellen) Belegung s annimmt. Eine Aktion $a \in \mathcal{A}$ ist ein Tupel $\langle \mathrm{pre}(a), \mathrm{eff}(a), \mathrm{cost}(a) \rangle$ bestehend

1 STRIPS (**St**anford **R**esearch **I**nstitute **P**roblem **S**olver) bezeichnete ursprünglich einen Planer [52] und später dessen Eingabesprache.

aus *Vorbedingung* (engl. *precondition*) $\text{pre}(a)$, *Effekt* $\text{eff}(a)$, beides partielle Belegungen von $\mathcal{V}$, und den nicht-negativen *Kosten* $\text{cost}(a) \in \mathbb{R}_0^+$. Eine Aktion $a \in \mathcal{A}$ ist in einem Zustand $s \in \mathcal{S}$ *anwendbar*, wenn ihre Vorbedingung $\text{pre}(a)$ von s erfüllt wird, $s \models \text{pre}(a)$, d. h., für alle Vorbedingungen $v{=}p$ in $\text{pre}(a)$ gilt $s(v) = p$. Die Anwendung einer Aktion a in Zustand s führt zum Folgezustand $s' = s[\![a]\!]$, in dem die Werte der in $\text{eff}(a)$ belegten Variablen v zu $\text{eff}(a)(v)$ geändert werden und der ansonsten mit s übereinstimmt.

Ein *Plan* für einen Zustand s ist eine Folge von Aktionen, die der Reihe nach in s und den jeweiligen Folgezuständen anwendbar sind und deren Endzustand s' das Ziel erfüllt, also $s' \models \mathcal{G}$. Ein Plan für s ist *optimal*, wenn die Summe seiner Aktionskosten unter allen Plänen für s minimal ist. Die (optimale) Lösung einer Planungsaufgabe ist ein (optimaler) Plan für $\mathcal{I}$. Eine Planungsaufgabe ist unlösbar, wenn kein Plan für $\mathcal{I}$ existiert. Das *Planexistenzproblem* ist die Beantwortung der Frage, ob für eine Planungsaufgabe Π ein Plan existiert oder nicht.

Beispiel 3.2.1. Eine einfache Variante unseres Logistikbeispiels mit einem LKW L und zwei Paketen p_1, p_2 kann wie folgt als klassische Planungsaufgabe definiert werden: $\mathcal{V} = \{L, p_1, p_2\}$, mit $\mathcal{D}(L) = \{1,2,3\}$, $\mathcal{D}(p_1) = \mathcal{D}(p_2) = \{1,2,3,L\}$. $\mathcal{A} = \{\text{fahre}(a,b) \mid a,b \in \{1,2,3\}, |a-b| = 1\} \cup \{\text{lade}(a,p_i) \mid a \in \{1,2,3\}, i \in \{1,2\}\} \cup \{\text{entlade}(a,p_i) \mid a \in \{1,2,3\}, i \in \{1,2\}\}$. Die Aktion „$\text{fahre}(a,b)$" bewegt den LKW von a nach b mit Vorbedingung $\text{pre}(\text{fahre}(a,b)) = \{L{=}a\}$ und Effekt $\text{eff}(\text{fahre}(a,b)) = \{L{=}b\}$. Zum Laden eines Pakets p_i müssen LKW und Paket an demselben Standort sein: $\text{pre}(\text{lade}(a,p_i)) = \{L{=}a, p_i{=}a\}$, und anschließend ist das Paket im LKW: $\text{eff}(\text{lade}(a,p_i)) = \{p_i{=}L\}$. Die Aktion „$\text{entlade}(a,p_i)$" ist analog spezifiziert. Der Startzustand $\mathcal{I} = \{L{=}1, p_1{=}1, p_2{=}1\}$ ist in Abbildung 3.1 veranschaulicht, im Ziel $\mathcal{G} = \{p_1{=}3, p_2{=}3\}$ sollen beide Pakete am Ort 3 sein. Anwenden der Aktion $\text{lade}(1,p_2)$ im Startzustand führt uns zum Folgezustand $s_1 = \{L{=}1, p_1{=}1, p_2{=}L\}$. Ein Plan für diese Aufgabe ist $\langle \text{lade}(1,p_1), \text{lade}(1,p_2), \text{fahre}(1,2), \text{fahre}(2,3), \text{entlade}(3,p_1), \text{entlade}(3,p_2)\rangle$.

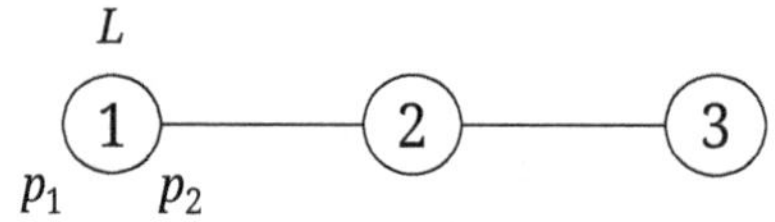

Abb. 3.1: Darstellung der Planungsaufgabe aus Beispiel 3.2.1.

Diese Beispielaufgabe ist einfach lösbar, da es insgesamt nur 48 Zustände gibt. Ihre praktische Schwierigkeit bezieht die klassische Handlungsplanung aus dem Problem der *Zustandsraumexplosion*, d. h. dem Umstand, dass die Zahl der Zustände exponentiell in der Anzahl Variablen anwächst. Praktisch relevante Planungsaufgaben haben oft 10^{20}, 10^{100} oder sogar noch mehr Zustände, sodass eine erschöpfende Suche im Raum der Zustände nicht machbar ist.

Im Folgenden betrachten wir typische Verfahren, mit denen klassische Planungsaufgaben gelöst werden. Abschnitt 3.2.2 widmet sich der Zustandsraumsuche mit Heuristiken und Pruning-Methoden. Abschnitt 3.3.2 behandelt die Suche mit symbolischen Zustandsdarstellungen. In Abschnitt 3.3.3 betrachten wir die Kompilierung von klassischem Planen nach SAT, dem Erfüllbarkeitsproblem in Aussagenlogik.

3.2.2 Zustandsraumsuche

Die derzeit am weitesten verbreitete Methode, klassische Planungsaufgaben zu lösen, ist die Zustandsraumsuche. Hier wird beginnend vom Startzustand durch systematische Anwendung von Aktionen der *Zustandsraum* der Planungsaufgabe aufgebaut, bis ein Zielzustand (und damit ein Plan) gefunden wird oder die Suche fehlschlägt, weil keine weiteren Zustände mehr erreicht werden können. Der Zustandsraum einer Planungsaufgabe Π ist wie folgt definiert:

Definition 3.2.2 (Zustandsraum). Der *Zustandsraum* einer klassischen Planungsaufgabe $\Pi = \langle \mathcal{V}, \mathcal{A}, \mathcal{I}, \mathcal{G} \rangle$ ist das Tupel $\Theta_\Pi = \langle \mathcal{S}, \mathcal{A}, c, \mathcal{T}, \mathcal{I}, S_\mathcal{G} \rangle$, mit:
- Zustandsmenge: Menge aller Zustände $\mathcal{S}$ von Π.
- Aktionen: die Aktionen $\mathcal{A}$ von Π.
- Transitionskosten: c entspricht den Aktionskosten $\text{cost}(a)$ von Π.
- Transitionen: $\langle s, a, s' \rangle \in \mathcal{T}$ gdw. $s \models \text{pre}(a)$ und $s[\![a]\!] = s'$.
- Startzustand: der Startzustand $\mathcal{I}$ von Π.
- Zielzustände: $s \in S_\mathcal{G}$ gdw. $s \models \mathcal{G}$.

Beispiel 3.2.2. Der Zustandsraum einer Vereinfachung unseres Beispiels ist in Abbildung 3.2 dargestellt. Der Startzustand $\mathcal{I}$ ist oben links abgebildet (markiert mit eingehendem Pfeil), die Zielzustände sind doppelt umrandet. Aus Platzgründen wurden die Argumente der Aktionen weggelassen.

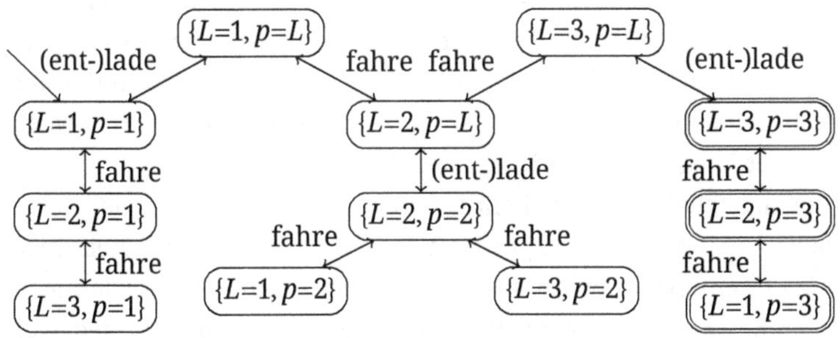

Abb. 3.2: Zustandsraum einer Vereinfachung des Beispiels mit nur einem Paket. Der Startzustand ist mit einer eingehenden Kante markiert und die Zielzustände sind doppelt umrandet.

Die soeben beschriebene Suche ist als Progression (Vorwärtssuche) bekannt. Eine Alternative zur Progression ist die Regression (Rückwärtssuche). Hier beginnt die Suche am Ziel und wendet Aktionen „rückwärts“ an, wobei vereinfacht gesagt Vorbedingungen zu Effekten werden und umgekehrt. Beide Verfahren haben Vor- und Nachteile; keines der beiden ist „besser“ als das andere. Allerdings ist die Progression leichter zu verstehen und zudem derzeit weit mehr verbreitet als die Regression. Daher gehen wir im Folgenden nicht weiter auf die Regression ein.

Blinde Suchverfahren, wie beispielsweise Breiten- oder Tiefensuche, sind im Allgemeinen weitaus weniger effizient als informierte (also heuristische) Suchverfahren (siehe Kapitel 2). Daher gehen wir nur auf letztere ein. Eine Ausnahme bildet die symbolische Suche (siehe Abschnitt 3.3.2 und Kapitel 2), die auch ohne Heuristik effizient eingesetzt werden kann.

3.3 Methoden und Algorithmen

Planungsaufgaben können auf verschiedene Weise gelöst werden, wobei im Prinzip alle Methoden auf eine Form der Suche zurückgreifen. In diesem Abschnitt betrachten wir die bekanntesten Lösungsmethoden für Planungsaufgaben, beginnend mit der *heuristischen Suche*, die oft durch Methoden erweitert wird, die den Suchraum beschneiden (engl. *pruning*). Alternativen sind die *symbolische Suche*, sowie das SAT-Planen. Wir fokussieren uns der Einfachheit halber weiterhin auf klassische Planungsaufgaben.

3.3.1 Heuristische Suche

Seit Ende der 1990er-Jahre gehört die heuristische Suche zu den erfolgreichsten Verfahren zum Lösen von (klassischen) Planungsaufgaben [19, 39, 58, 73, 75, 81, 111, 129]. Heuristische Suchalgorithmen können in zwei Klassen unterteilt werden: solche, die zur *optimalen* Planung geeignet sind, d. h. die Optimalität der gefundenen Lösung garantieren, und Suchalgorithmen ohne diese Garantie (siehe Kapitel 2). Prominentester Vertreter der optimalen Suchalgorithmen ist A^* [67]. Neben A* betrachten wir in diesem Abschnitt auch *Greedy Best-First Search* (GBFS, gierige Bestensuche).

Heuristiken werden in Suchalgorithmen benutzt, um den Abstand – bzw. die Kosten eines Pfades – zum nächsten Zielzustand zu approximieren. Dies lässt sich auf vielfältige Weise realisieren. Eine sehr einfache Heuristik zählt beispielsweise die Anzahl der noch nicht erreichten Ziele im Zustand s. Die Suche priorisiert dann Zustände mit niedriger Heuristik, um den Suchraum, d. h. den von der Suche betrachteten Teil des Zustandsraums, möglichst klein zu halten.

Definition 3.3.1 (Heuristik). Eine Heuristik h für eine Planungsaufgabe Π und deren Zustandsraum $\Theta_\Pi = \langle \mathcal{S}, \mathcal{A}, c, \mathcal{T}, \mathcal{I}, \mathcal{S}_\mathcal{G} \rangle$ ist eine Funktion $h : \mathcal{S} \to \mathbb{R}_0^+ \cup \{\infty\}$, die jedem Zustand von Π einen nicht-negativen reellen Wert oder ∞ zuordnet.

Die *perfekte Heuristik* h^* ordnet jedem Zustand $s \in \mathcal{S}$ die Kosten eines optimalen Plans für s zu (∞, wenn kein Plan für s existiert). Einige wichtige Eigenschaften von Heuristiken sind:

- Zulässigkeit: $h(s) \le h^*(s)$ für alle $s \in \mathcal{S}$.
- Zielerkennung: $h(s) = 0$ für alle $s \in S_{\mathcal{G}}$.
- Konsistenz: $h(s) \le h(s') + \text{cost}(a)$ für alle $\langle s, a, s' \rangle \in \mathcal{T}$.

Konsistenz einer Heuristik bedeutet, dass ihr Wert entlang einer Transition $s \xrightarrow{a} s'$ um höchstens die Aktionskosten von a abnimmt, während Zulässigkeit ausdrückt, dass die Heuristik die tatsächlichen Kosten eines optimalen Plans nie überschätzt. Heuristiken, die zielerkennend und konsistent sind, sind auch zulässig [120], und zulässige Heuristiken sind zielerkennend.

Während der Suche kann es oft vorkommen, dass derselbe Zustand mehrmals auf verschiedenen Wegen erreicht wird. Deshalb betrachtet man während der Suche *Suchknoten* statt Zuständen. Wird mit einer expliziten Zustandsdarstellung gesucht – im Gegensatz zur symbolischen Darstellung (Abschnitt 3.3.2) – entspricht ein Knoten meist einem Zustand sowie zusätzlichen Informationen darüber, wie der Zustand erreicht wurde. Um am Ende der Suche einen Plan extrahieren zu können, speichert man in jedem Suchknoten den Vorgänger, von dem aus er erreicht wurde. Damit kann man sich vom Zielzustand Transition für Transition zurück zum Startzustand hangeln und so den Plan aufbauen. Der A*-Algorithmus benötigt zusätzlich für jeden erreichten Zustand die Kosten des Pfades, auf dem er erreicht wurde, den sog. *g-Wert* des Zustandes. Wenn der Zustand später nochmals auftaucht, jedoch auf einem günstigeren Pfad, muss er erneut betrachtet werden (*Reopening*), anderenfalls kann das Duplikat verworfen werden. Wenn in A* eine konsistente Heuristik verwendet wird, kann ein Reopening nie eintreten [37]. Bei GBFS sind Reopening und das Mitführen von g-Werten optional: sie verbessern die Qualität der gefundenen Lösung auf Kosten höherer Laufzeit. Unser Pseudocode verwendet eine sog. verzögerte Duplikatelimination, was im Vergleich zu anderen Algorithmusvarianten die benötigten Datenstrukturen vereinfacht, dafür aber zu einem leicht erhöhten Speicheraufwand führt, da derselbe Zustand mehrmals in der *Open*-List vorkommen kann. Zustände mit unendlichem Heuristikwert werden von gängigen Implementierungen komplett ignoriert, was im Pseudocode jedoch nicht dargestellt ist.

Je nach Eigenschaften der Heuristik und des Suchalgorithmus eignet sich ein Suchverfahren für unterschiedliche Aufgaben. GBFS und A* gehören beide zur Familie der Bestensuchen.

In Algorithmus 1 unterscheiden sich GBFS und A* nur in der zur Anordnung der *Open*-Liste[2] benutzten Kostenfunktion f. Die Suche beginnt im Startzustand $\mathcal{I}$ und er-

2 Der Begriff „*Open*-Liste" für diese Datenstruktur hat sich eingebürgert, obwohl für die Effizienz des Algorithmus sehr wichtig ist, dass sie nicht als Liste implementiert wird, sondern als Prioritätswarteschlange (priority queue).

Algorithm 1: Pseudocode von GBFS und A*. Mit $f(n) = h(n)$ ergibt sich GBFS, mit $f(n) = g(n) + h(n)$ ergibt sich A*.

```
HeuristicSearch(Π = ⟨𝒱, 𝒜, ℐ, 𝒢⟩):
    n ← Knoten n mit n.state = ℐ und n.parent = none
    open ← priority queue aufsteigend nach f geordnet; enthält anfangs n
    closed ← Hash-Tabelle, bildet Zustand auf g-Wert ab; anfangs leer
    while not Empty(open) do
        n ← Pop(open)
        if n.state ∉ closed or g(n) < closed[n.state] then
            if n.state ⊨ 𝒢 then return Plan(n)
            closed[n.state] ← g(n)
            foreach a ∈ 𝒜 with n.state ⊨ pre(a) do
                n′ ← Knoten n′ mit n′.state=n.state⟦a⟧ und n′.parent=n
                Insert(open, n′, f(n′))
            end
        end
    end
    return unlösbar
```

zeugt alle direkten Nachfolgezustände. Für jeden dieser Zustände wird die Heuristik ausgewertet, und sie werden in die *Open*-Liste eingefügt. Diese ist anhand des heuristischen Werts h (bzw. bei A* anhand von $g + h$) geordnet. Anschließend werden so lange Knoten aus der *Open*-Liste genommen und wieder deren Nachfolger betrachtet, bis entweder ein Zielzustand gefunden wird (dann kann ein Plan extrahiert werden) oder alle Knoten abgearbeitet wurden (dann existiert keine Lösung). Wenn eine Lösung existiert, garantiert A* mit zulässiger Heuristik, dass der gefundene Plan optimal ist. GBFS hat keine solche Garantie, garantiert jedoch immerhin, dass ein Plan gefunden wird, wenn die Planungsaufgabe lösbar ist.

Eine Alternative zur Bestensuche ist die *lokale Suche*, wo im Suchraum nicht systematisch alle Möglichkeiten ausgewertet werden, sondern die Suche sich iterativ auf mehr und mehr Entscheidungen festlegt. Eine einfache Variante ist *Hill-Climbing*, bei dem beginnend vom Startzustand immer ein Nachfolgezustand mit bester heuristischer Bewertung ausgewählt wird und die zugehörige Aktion zur Ausführung festgelegt wird. Eine in der Handlungsplanung erfolgreichere Variante ist *Enforced Hill-Climbing* [81], wo jeder Schritt eine Breitensuche nach einem Zustand mit echt besserer heuristischer Bewertung durchführt. Dies lindert das Problem des einfachen Hill-Climbing, welches in sog. *lokalen Minima* „stecken bleiben“ kann, wo keine Nachfolger mit besserer heuristischer Bewertung mehr erreichbar sind.

3.3.1.1 Heuristiken

Planungsheuristiken lösen, vereinfacht gesagt, eine einfachere Form der gegebenen Planungsaufgabe, um dann die Lösung dieser vereinfachten Aufgabe als Heuristikwert für die ursprüngliche Aufgabe zu verwenden. Sie können in fünf Familien eingeordnet werden, die sich darin unterscheiden, wie die Aufgabe vereinfacht wird (basierend auf Abstraktionen, Relaxierungen, Landmarken, kritischen Pfaden und Netzwerkfluss). Wir werden die Heuristikfamilien im Folgenden genauer beschreiben, jedoch nur die Abstraktionen im Detail behandeln.

Abstraktionen
Abstraktionen bilden den Zustandsraum der Planungsaufgabe auf einen kleineren Zustandsraum ab und suchen dann dort eine optimale Lösung. Eine Abstraktionsfunktion α bildet dabei die Zustände der Planungsaufgabe auf *abstrakte Zustände* ab. Wenn es zwischen zwei Zuständen im ursprünglichen Zustandsraum eine Transition gibt, dann gibt es auch zwischen deren zugehörigen abstrakten Zuständen eine Transition. So ist garantiert, dass eine Folge von Aktionen, die in der ursprünglichen Aufgabe angewendet werden kann, auch in der abstrakten Aufgabe angewendet werden kann. Da das insbesondere für alle Pläne gilt, ist jeder Plan auch eine Lösung für die abstrakte Aufgabe. Der kostengünstigste Plan im abstrakten Zustandsraum kann daher die Kosten des billigsten Plans im ursprünglichen Zustandsraum nicht überschätzen. Seine Kosten bilden eine zulässige Heuristik.

Formal induziert die Abstraktionsfunktion den abstrakten Zustandsraum:

Definition 3.3.2 (Abstrakter Zustandsraum). Sei Π eine Planungsaufgabe mit Zustandsraum $\Theta_\Pi = \langle \mathcal{S}, \mathcal{A}, c, \mathcal{T}, \mathcal{I}, S_\mathcal{G} \rangle$ und $\alpha : \mathcal{S} \to \mathcal{S}^\alpha$ eine Abstraktionsfunktion. Dann ist $\Theta_{\Pi^\alpha} = \langle \mathcal{S}^\alpha, \mathcal{A}, c, \mathcal{T}^\alpha, \mathcal{I}^\alpha, S_\mathcal{G}^\alpha \rangle$ mit den Transitionen $\mathcal{T}^\alpha = \{\langle \alpha(s), a, \alpha(s') \rangle \mid \langle s, a, s' \rangle \in \mathcal{T}\}$, dem Initialzustand $\mathcal{I}^\alpha = \alpha(\mathcal{I})$ und den Zielzuständen $S_\mathcal{G}^\alpha = \{\alpha(s) \mid s \in S_\mathcal{G}\}$ der von α induzierte abstrakte Zustandsraum.

Beispiel 3.3.1. Abb. 3.3 zeigt den induzierten Zustandsraum der Abstraktionsfunktion, die in jedem Zustand nur die Position des Pakets beachtet. Wie man sieht, ist der optimale Plan der ursprünglichen Aufgabe, $\langle \text{lade}(1, p), \text{fahre}(1, 2), \text{fahre}(2, 3), \text{entlade}(3, p) \rangle$, auch im abstrakten Zustandsraum anwendbar. Allerdings ist hier zusätzlich ein billigerer Plan, $\langle \text{lade}(1, p), \text{entlade}(3, p) \rangle$, anwendbar. Die Heuristik unterschätzt also mit einem Wert von $h(\mathcal{I}) = 2$ die tatsächlichen Kosten von $h^*(\mathcal{I}) = 4$.

Die im Beispiel 3.3.1 verwendete Abstraktionsfunktion ist ein häufig verwendeter Spezialfall einer *Projektion*, bei der Zustände auf eine Teilmenge der Variablen (engl. *pattern*) projiziert werden. Projektionsheuristiken sind mit geringem Aufwand berechenbar, indem die Planungsaufgabe syntaktisch projiziert wird: Alle Effekte und Bedingungen auf Variablen außerhalb des Patterns werden einfach ignoriert. Der Zustands-

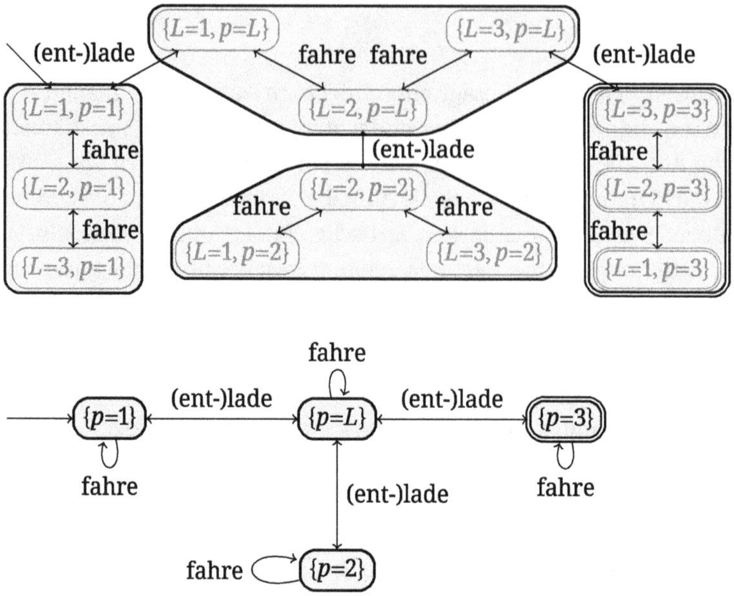

Abb. 3.3: Abstraktion des Zustandsraums aus Abb. 3.2 für die Abstraktionsfunktion, die jeden Zustand auf die Position des Pakets projiziert. Das obere Bild zeigt die Abstraktionsfunktion im ursprünglichen Zustandsraum; das untere den induzierten Zustandsraum.

raum der so entstehenden Planungsaufgabe ist nur noch exponentiell in der Größe des Patterns und kann daher für kleine Patterns explizit aufgebaut werden. Vor der Suche wird dabei der komplette abstrakte Zustandsraum generiert, und für alle abstrakten Zustände wird der abstrakte Zielabstand ausgerechnet. Diese Werte werden dann in einer Look-up-Tabelle (der sog. *Pattern Database*, PDB) gespeichert. Zur Suchzeit muss dann für jeden Zustand s nur der abstrakte Zustand $\alpha(s)$ berechnet werden, und der Heuristikwert kann schnell aus der Tabelle abgelesen werden [36, 45].

Neben PDB-Heuristiken gibt es weitere Typen von Abstraktion, bei denen die optimale abstrakte Lösung effizient berechnet werden kann: Die Domänenabstraktion [78] fasst mehrere Werte einer Variable zusammen; kartesische Abstraktionen [144] verallgemeinern Domänenabstraktion und PDBs; und in Merge&Shrink-Heuristiken [76, 149] wird der abstrakte Zustandsraum iterativ durch Kombination (merge) von kleineren Zustandsräumen aufgebaut, in denen zwischendurch abstrakte Zustände kombiniert werden, um die Größe der Abstraktion zu begrenzen (shrink).

Delete-Relaxierung

Durch Anwendung von Aktionen verändern Variablen ihre Werte, und neue Aktionen können anwendbar werden. Da die alten Werte überschrieben werden, können allerdings auch anwendbare Aktionen im Nachfolgezustand ihre Anwendbarkeit verlieren.

Die sog. *Delete-Relaxierung* betrachtet für jede Variable die Menge der möglichen Werte, zu der durch Effekte nur Werte hinzugefügt werden können. Dies vereinfacht die Planungsaufgabe, denn Aktionen, die einmal anwendbar sind, bleiben nun auch im Nachfolgezustand anwendbar, d. h., die Menge der anwendbaren Aktionen wächst monoton. Der Name Delete-Relaxierung kommt von STRIPS-Planungsaufgaben, die nur binäre Variablen aufweisen. Effekte können dort Variablen wahr machen (hinzufügen) oder falsch machen (löschen). Diese Aufgaben können so umformuliert werden, dass keine negativen Vorbedingungen vorkommen und deswegen das Löschen einer Variable nie einen Vorteil bringt. Die Delete-Relaxierung ignoriert dann alle Effekte, die eine Variable löschen. Das Ergebnis ist ebenfalls, dass die möglichen Werte jeder Variable und die Menge der anwendbaren Aktionen monoton wachsen.

Wie bei Abstraktionen ist jeder tatsächliche Plan auch ein Plan in der Delete-Relaxierung, daher bilden die optimalen Plankosten nach Relaxierung eine zulässige Heuristik, die man h^+ nennt. Diese bietet oft eine gute Abschätzung der tatsächlichen Kosten, ist aber schwer zu berechnen (NP-äquivalent) [17, 25]. In der Praxis verwendet man daher weitere Vereinfachungen von h^+ [19, 89], wie z. B. die Heuristik $h^{\max}$. Diese Heuristik versieht jeden Wert einer Variable mit einer Kostenschätzung, die angibt wie teuer es ist, einen Zustand zu erreichen, in dem dieser Wert erreicht ist, und betrachtet dann für jede Aktion nur die teuerste Vorbedingung.

Für Suchverfahren wie GBFS, in denen die Zulässigkeit der Heuristik nicht wichtig ist, werden ebenfalls billig berechenbare Alternativen zu h^+ verwendet. So macht z. B. h^{add} [19] die Annahme, dass alle Vorbedingungen einer Aktion unabhängig voneinander hergestellt werden müssen. Die Kosten aller Vorbedingungen werden bei h^{add} addiert, was oft zu einer starken Überschätzung der optimalen Kosten führt. Eine genauere Abschätzung bietet h^{FF} [81], welches einen konkreten Plan für die Delete-Relaxierung findet (nicht notwendigerweise optimal) und dessen Kosten als Heuristikwert verwendet. In Fällen, in denen die Delete-Relaxierung zu stark vereinfacht, kann auch nur ein Teil der Variablen relaxiert werden [39].

Landmarken

Als *Landmarken* werden in der Handlungsplanung Formeln bezeichnet, die in (mindestens) einem Zustand entlang jedes Plans erfüllt sein müssen, bzw. Aktionen, die in jedem Plan vorkommen müssen. Im Zustandsraum aus Abb. 3.2 sieht man z. B. schnell, dass es unmöglich ist, einen Zielzustand zu erreichen, ohne fahre(1, 2) zu verwenden (*Aktionslandmarke*) und dass jeder Plan zu einem Zeitpunkt die Formel $p{=}L$ wahr macht (*Formellandmarke*). Wäre Ort 3 auch direkt von Ort 1 erreichbar, dann wäre fahre(1, 2) keine Aktionslandmarke. Allerdings wüssten wir in diesem Fall trotzdem, dass mindestens eine der Aktionen, die Ort 1 verlassen, in jedem Plan verwendet werden muss. Die Menge dieser Aktionen bildet eine sogenannte *disjunktive Aktionslandmarke*, d. h. eine Menge von Aktionen, von denen jeder Plan mindestens eine verwendet.

Viele Landmarken können effizient aus der Beschreibung von Planungsaufgaben abgeleitet werden, das Berechnen aller Landmarken ist im Allgemeinen aber ein schweres Problem. Gleichzeitig können partielle Ordnungen gefunden werden, die Informationen darüber enthalten, in welcher Reihenfolge die Landmarken erreicht werden müssen [82, 129]. Aus diesen Ordnungen kann dann für eine Menge von Landmarken für den Startzustand abgeleitet werden, wie viele noch erreicht werden müssen. Deren Anzahl ist allerdings keine zulässige Heuristik, da es möglich ist, dass zwei Landmarken gleichzeitig erreicht werden.

Eine wichtige zulässige Heuristik, die auf Landmarken basiert, ist LM-cut [75]. Hier werden iterativ disjunktive Aktionslandmarken durch Schnitte (*cuts*) in einem Graphen gefunden. Die Kosten der billigsten Aktion in so einer Landmarke müssen von jedem Plan gezahlt werden. Sie werden also zum Heuristikwert addiert und die Kosten aller Aktionen in der Landmarke werden für zukünftige Iterationen um diesen Wert reduziert, damit keine Kosten doppelt gezählt werden.

Kritische Pfade

Die zuvor besprochene Heuristik $h^{\max}$ kann als Spezialfall h^1 einer größeren Familie von Planungsheuristiken (h^m für $m \geq 1$) gesehen werden [69]. Die Heuristik h^m betrachtet von allen Aktionen nur Teilmengen der Vorbedingungen, die maximal die Größe m haben. Die Heuristikberechnung nimmt an, dass nur die teuerste dieser Teilmengen benötigt wird, um die Aktion anwendbar zu machen. Die Kette an Aktionen, die diesen Heuristikwert rechtfertigen, wird kritischer Pfad genannt. Die Heuristikwerte können als Lösung eines Gleichungssystems berechnet werden oder als $h^{\max}$-Werte einer veränderten Aufgabe, in der der Anwendungskontext von Aktionen für verschiedene Teilmengen unterschieden wird [68]. Der Berechnungsaufwand von h^m ist exponentiell in m und für $m > 2$ oft zu teuer. Ein Kompromiss bilden die Heuristiken h^C, bei denen nur eine gegebene Menge C von Teilmengen der Vorbedingungen unterschieden wird [99].

Netzwerkfluss

Atome der Art $v{=}d$ können von einem Plan mehrmals wahr gemacht (produziert) und von anderen Werten überschrieben (konsumiert) werden. Am Ende eines Plans sollen jedoch die im Ziel erwähnten Atome gelten. Wenn sie nicht schon im Startzustand gelten, müssen sie also einmal häufiger produziert als konsumiert werden. Atome, die im Startzustand, aber nicht im Ziel wahr sind, müssen entsprechend einmal häufiger konsumiert werden; Atome mit demselben Wahrheitswert im Startzustand und Ziel müssen gleich oft produziert und konsumiert werden. So muss das Paket in unserem Beispiel genauso oft eingeladen werden, wie es ausgeladen wird, d. h., das Atom $p{=}L$ wird genauso oft produziert wie konsumiert.

Betrachtet man solche Bedingungen für alle Atome einer Variablen, beschreiben sie einen Netzwerkfluss [103] im Transitionssystem der Projektion auf diese Variable. Ähnlich wie bei Abstraktionen induziert jeder tatsächliche Plan einen gültigen Netzwerkfluss, und daher sind die Kosten des billigsten Netzwerkflusses eine zulässige Heuristik. Durch Formulierung als lineares Programm können wir die Flussprobleme für mehrere Projektionen in der Heuristikberechnung kombinieren [18, 168]. Diese Grundidee kann auf komplexere Abstraktionen als Projektionen auf einzelne Variablen erweitert werden [125].

Heuristikkombination

Oft reicht eine einzelne Heuristik nicht aus, um die Suche im gesamten Suchraum gut einzuschränken. Bei GBFS hat sich eine Suche mit mehreren *Priority Queues* als hilfreich herausgestellt [139]. Für A* müssen die Heuristikwerte jedoch zu einem einzigen Wert kombiniert werden, von dem garantiert werden kann, dass er zulässig bleibt. Das Maximum mehrerer zulässiger Werte ist zwar immer zulässig, erhält aber nur die Information aus einer Heuristik. Kostenpartitionierung [92, 126] ist ein allgemeinerer Ansatz, um zulässige Heuristiken zu kombinieren. Dabei werden die Kosten jeder Aktion auf alle Heuristiken aufgeteilt. Jede Heuristik wird dann unter ihrer eigenen (reduzierten) Kostenfunktion berechnet. Da die Summe der Kostenfunktionen die ursprüngliche Kostenfunktion nicht überschreitet, kann garantiert werden, dass die Summe der Heuristikwerte zulässig ist. Es gibt eine Vielzahl verschiedener Varianten [145].

Eine alternative Art, zulässige Heuristiken zu kombinieren, ist das *Operator Counting* [126]. Dabei werden Bedingungen aufgestellt, die von jedem Plan erfüllt sein müssen und mit reellwertigen Variablen ausgedrückt werden können, welche besagen, wie oft eine gegebene Aktion in einem gegebenen Plan verwendet wird. Die billigste Art, diese Bedingungen zu erfüllen, liefert eine zulässige Heuristik. Die Bedingungen mehrerer Heuristiken lassen sich so auf natürliche Art kombinieren. Mit Ausnahme der Kritische-Pfade-Heuristiken lassen sich alle hier besprochenen Heuristiken als Operator-Counting-Heuristiken ausdrücken und somit kombinieren. Dies entspricht einer Form von Kostenpartitionierung.

3.3.1.2 Pruning

Komplementär zu heuristischer Suche existieren verschiedene Methoden, die den Suchraum optimalitätserhaltend beschneiden (engl. *pruning*).[3] Dies ist äußerst wichtig für effizientes optimales Planen, weil selbst in sehr einfachen Planungsaufgaben und selbst mit „fast perfekten“ Heuristiken, die nur konstant von h^* abweichen, der Suchraum von A* exponentiell groß sein kann [77]. Eine mögliche Quelle solcher Komplexität ist die Permutierbarkeit von Aktionen, deren Reihenfolge im Plan keine Rolle spielt (wie z. B. das Abfahren separater Touren mit mehreren Lastwagen).

3 Es existieren auch *Pruning*-Methoden, die nicht optimalitätserhaltend sind. In diesem Kapitel gehen wir nicht auf solche Methoden ein.

Sogenannte *Partial-Order-Reduction*-Methoden erkennen eine Permutierbarkeit und nutzen diese aus, um Teile des Suchraums abzuschneiden [60, 62, 167, 171]. Eine andere Quelle von Redundanz sind Symmetrien zwischen gleichwertigen Objekten (wie z. B. identischen Lastwagen). *Symmetriereduktion* erkennt symmetrische Teile des Suchraums und reduziert die Suche auf Symmetrieklassen [40, 49, 157]. Oft treten auch Dominanzrelationen zwischen Zuständen auf, d. h. manche Zustände sind „besser" als andere (z. B. der gleiche Zustand, aber mit unterschiedlich viel Treibstoff im Tank). *Dominance-Pruning*-Methoden analysieren solche Dominanzrelationen und erkennen, wenn ein bereits gesehener Zustand besser ist als ein neu erzeugter [161].

Selbst eine oberflächliche Besprechung all dieser Methoden würde den Rahmen dieses Kapitels sprengen. Wir greifen stattdessen im Folgenden eine einzige Partial-Order-Reduction-Methode heraus, nämlich *Strong Stubborn Sets (SSS)* [167, 171]. Diese Methode ist sowohl einfach zu beschreiben als auch empirisch sehr erfolgreich.

Die SSS-Methode betrachtet jeweils einen gegebenen Zustand s und findet eine Teilmenge $SSS(s)$ von Aktionen, deren Betrachtung für Optimalität genügt, d. h. alle anderen Aktionen können in s optimalitätserhaltend ignoriert werden. Intuitiv ist $SSS(s)$ zum einen notwendig für Fortschritt zu einem Teilziel und enthält zum anderen alle hiermit nicht permutierbaren Aktionen. Aktionen außerhalb $SSS(s)$ können dann später betrachtet werden. In diesem Sinne wird eine Reihenfolge für die Bearbeitung permutierbarer Teilziele festgelegt.

Sei konkret $\Pi = \langle \mathcal{V}, \mathcal{A}, \mathcal{I}, \mathcal{G} \rangle$ eine klassische Planungsaufgabe. Wir benötigen zwei Konzepte. *Necessary enabling sets (NES)* sorgen für Fortschritt zu einem Teilziel. Ein NES für eine partielle Belegung p in einem Zustand s ist eine Menge A_p von Aktionen, sodass jede Aktionsfolge, die von s aus p erreicht, mindestens eine Aktion aus A_p benutzen muss. Die Menge A_p ist also eine disjunktive Aktionslandmarke für p in s. Solch ein A_p kann z. B. gefunden werden, indem man eine Variable v mit $s(v) \neq p(v)$ auswählt und für A_p die Menge aller Aktionen mit Effekt $v = p(v)$ wählt. Außerdem benötigen wir, um über Permutierbarkeit von Aktionen zu reden, das Konzept der *Interferenz* bzw. *Kompatibilität*. Zwei partielle Variablenbelegungen p, q heißen *kompatibel* falls $p(v) = q(v)$ für alle v im gemeinsamen Definitionsbereich gilt. In unserem Beispiel sind die Vorbedingungen der Aktionen fahre(1, 2), also $\{L{=}1\}$, und lade$(2, p_1)$, also $\{L{=}2, p_1{=}2\}$, *nicht* kompatibel (sie widersprechen sich für L), die von fahre(1, 2) und lade$(1, p_1)$ hingegen schon. Aktionen $a, a' \in \mathcal{A}$ *interferieren*, geschrieben $a \nparallel a'$, falls a die Vorbedingung von a' überschreibt oder umgekehrt ($\langle \text{eff}(a), \text{pre}(a')\rangle$ bzw. $\langle \text{pre}(a), \text{eff}(a')\rangle$ sind inkompatibel), oder die Aktionen inkompatible Effekte haben. Nicht interferierende Aktionen können in der Suche in beliebiger Reihenfolge ausgeführt werden, und alle Reihenfolgen führen zu demselben Endzustand. Ein SSS ist nun wie folgt definiert:

Definition 3.3.3 (Strong Stubborn Set). Sei $\Pi = \langle \mathcal{V}, \mathcal{A}, \mathcal{I}, \mathcal{G} \rangle$ eine klassische Planungsaufgabe, sei s ein Zustand mit $s \not\models \mathcal{G}$, und sei $A(s)$ die Menge der in s anwendbaren Aktionen. Eine Aktionsmenge $SSS(s) \subseteq \mathcal{A}$ ist ein *Strong Stubborn Set* für s, falls sie folgende Bedingungen erfüllt:

(i) $SSS(s)$ enthält ein NES für $\mathcal{G}$ in s.
(ii) Für jede Aktion $a \in SSS(s) \setminus A(s)$ enthält $SSS(s)$ ein NES für pre(a) in s.
(iii) Für jede Aktion $a \in SSS(s) \cap A(s)$ enthält $SSS(s)$ alle a' mit $a' \nparallel a$.

Man kann sich wie folgt klar machen, dass die Einschränkung der Suche auf $SSS(s)$ in der Tat optimalitätserhaltend ist. Punkt (i) der Definition garantiert, dass mindestens eine Aktion a jedes optimalen Plans in $SSS(s)$ enthalten ist. Falls a selbst nicht in s anwendbar ist, sorgt Punkt (ii) dafür, dass es eine anwendbare Aktion a' in $SSS(s)$ gibt, die vor a auf einem optimalen Plan liegen muss. Also enthält $SSS(s)$ mindestens eine Aktion a' des optimalen Plans, die in s anwendbar ist, sowie wegen Punkt (iii) alle mit diesem a' interferierenden Aktionen. Die erste solche anwendbare Aktion, die in dem optimalen Plan enthalten ist, kann nun an den Anfang des Plans geschoben werden, da keine vorhergehende Aktion mit ihr interferiert. $SSS(s)$ enthält also mindestens eine Aktion, mit der eine Umsortierung des optimalen Plans in s beginnen kann.

Dies ist eine vergleichsweise einfache Variante der SSS-Methode. Diverse Verbesserungen sind möglich, und es ist wichtig, die Teilprobleme gut zu lösen, insbesondere die Auswahl der NESs in Definition 3.3.3. Wir verweisen hierfür auf die Literatur [171, 173].

3.3.2 Symbolische Suche

Bei den oben beschriebenen Suchverfahren werden Zustände einzeln ausgewertet und expandiert. Die *symbolische Suche* arbeitet stattdessen mit Zustandsmengen. Wenn Mengen von Zuständen kompakt beschrieben und Operationen auf diesen Mengen effizient ausgeführt werden können, muss die Suche nicht mehr einzelne Zustände repräsentieren. Stattdessen arbeitet sie direkt mit Konzepten wie der Menge aller in einem Schritt erreichbaren Zustände, der Menge aller Zustände, die von einer anderen Menge in einem Schritt erreichbar sind oder der Menge aller Zielzustände. Wir beschränken uns hier auf blinde symbolische Suche, es ist jedoch auch möglich, symbolische Suche mit Heuristiken zu kombinieren [53, 153, 163]. Wir werden im Folgenden zeigen, wie solche Mengen kompakt beschrieben und wie Operationen auf Zustandsmengen zu einem Suchverfahren kombiniert werden können.

Zur Darstellung von Zustandsmengen werden am häufigsten binäre Entscheidungsdiagramme (engl. *binary decision diagrams*, BDDs) verwendet [22]. Alternativen dazu sind beispielsweise algebraische Entscheidungsdiagramme (ADDs) [6], Entscheidungsdiagramme mit impliziter Null (ZDDs) [115] oder Entscheidungsdiagramme mit gewichteten Kanten (EVMDDs) [29]. Wir beschränken uns hier jedoch auf BDDs. Entscheidungsdiagramme dienen oft als Grundlage verschiedener Suchalgorithmen im Model Checking, wo sie ursprünglich eingeführt wurden [114], sowie in der Handlungsplanung [47, 100, 154, 162].

Definition 3.3.4 (BDD). Ein *BDD* für eine Menge von Variablen V ist ein gerichteter, azyklischer Graph mit beschrifteten Knoten und Kanten, der genau eine Wurzel (Knoten ohne eingehende Kanten) hat, bei dem alle Blätter (Knoten ohne ausgehende Kanten) die Beschriftung 0 oder 1 haben und bei dem alle inneren Knoten mit einer Variable aus V beschriftet sind und genau zwei ausgehende Kanten haben, welche mit 0 und 1 beschriftet sind.

Ein BDD ist *geordnet*, wenn eine Ordnung über V existiert, sodass auf jedem Pfad von der Wurzel zu einem Blatt die Knotenbeschriftungen sortiert sind.

Ein BDD ist *reduziert*, wenn es keine isomorphen Teilgraphen enthält und in keinem Knoten die beiden ausgehenden Kanten auf den gleichen Nachfolger zeigen.

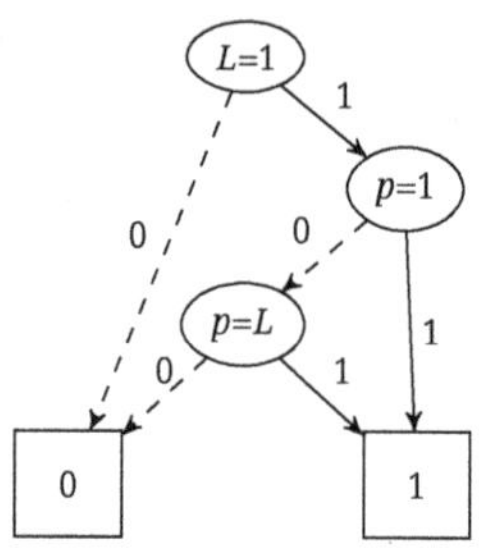

Im Folgenden sind alle BDDs reduziert und geordnet. Die Abbildung rechts zeigt ein Beispiel für ein BDD, das die Atome unserer Logistikaufgabe als BDD-Variablen verwendet. Solche BDDs können als Zustandsmengen aufgefasst werden: Um zu testen, ob ein gegebener Zustand in der Menge ist, starten wir bei der Wurzel und folgen in jedem Knoten der 1-Kante, wenn das Atom, mit dem der Knoten beschriftet ist, im Zustand wahr ist, und sonst der 0-Kante. Wenn wir dadurch im 1-Blatt landen, ist der Zustand Teil der Menge, ansonsten nicht. Dieses Beispiel beschreibt daher die Menge aller Zustände, in denen der LKW an Ort 1 und das Paket entweder an Ort 1 oder im LKW ist.

Ein BDD kann auch als Repräsentation einer logischen Formel gesehen werden, wobei die Modelle der Formel den Pfaden entsprechen, die im 1-Blatt enden. Reduzierte und geordnete BDDs sind dabei eine eindeutige Darstellung, d. h. zu einer Formel gibt es (mit einer festen Variablenordnung) genau ein reduziertes geordnetes BDD. Daher ist es bei geeigneter Implementierung in konstanter Zeit möglich, zu testen, ob zwei BDDs dieselbe Formel repräsentieren oder ob ein BDD die Formel $\perp$ (die leere Menge von Zuständen) repräsentiert. Auch das Konstruieren von BDDs, die den Startzustand oder die Menge aller Zielzustände repräsentieren, ist effizient möglich.

Ein BDD für die Vereinigung oder den Schnitt von zwei durch BDDs repräsentierten Mengen kann in linearer Zeit in der Zahl der resultierenden BDD-Knoten berechnet werden. Diese ist im schlimmsten Fall das Produkt der Knotenzahlen der beiden Eingabe-BDDs, in der Praxis jedoch oft kleiner. Das sind schon fast alle Operationen, die für eine symbolische Suche benötigt werden. Es fehlt noch eine Möglichkeit, Aktionen anzuwenden. Dafür berechnen wir für eine Aktion a die sog. *Transitionsrelation* $\mathrm{TR}_a = \{\langle s, s' \rangle \mid a \text{ ist in } s \text{ anwendbar und } s' = s[\![a]\!]\}$, die alle Paare von Zuständen enthält, zwischen denen eine Transition mit a möglich ist. Um solch eine Menge von Paaren darzustellen, werden alle BDD-Variablen $v \in V$ verdoppelt, wobei eine Kopie v für den Wert in s und eine Kopie v' für den Wert in s' verwendet wird. Das BDD für TR_a wird dann aus Formeln erstellt, die garantieren, dass *(i)* $\mathrm{pre}(a)$ auf den Variablen V erfüllt ist, dass *(ii)* die Variablen V' mit $\mathrm{eff}(a)$ konsistent sind und dass *(iii)* alle nicht in $\mathrm{eff}(a)$ erwähnten Variablen ihren Wert nicht verändern.

Um eine Transitionsrelation TR_a auf eine Menge von Zuständen S anzuwenden, wird zuerst der Schnitt von TR_a und S berechnet. Das Ergebnis sind alle Paare $\langle s, s' \rangle$, für die $s \in S$ gilt und die Aktion a in s anwendbar ist und zu s' führt. Um aus einer Menge von Paaren wieder eine Menge von Zuständen zu erhalten, ist eine weitere BDD-Operation nötig: das *Vergessen* von Variablen, eine Form von Existenzquantifizierung. Für eine Formel φ und eine Variable v bezeichnet $\exists v\ \varphi$ die Formel, die sich aus φ durch Wegprojizieren von v ergibt. Über Cofaktoren ausgedrückt, ist dies die Formel $\varphi[v = \mathbf{1}] \vee \varphi[v = \mathbf{0}]$. Die Modelle von $\exists v\ \varphi$ sind genau die Modelle von φ, aber ohne die Variable v. In der Menge von Paaren $\langle s, s' \rangle$ führt das Vergessen aller Variablen v zur Menge aller Zustände s', für die im vorigen Schritt ein Paar $\langle s, s' \rangle$ existierte. Diese Menge von Zuständen ist allerdings noch mit den Variablen v' repräsentiert und nicht mit den Variablen v. In einem letzten Schritt müssen wir daher die Variablen v' in v umbenennen. Das Umbenennen von Variablen in BDDs ist wegen der festen Variablenordnung schwieriger als es klingt, kann aber effizient durchgeführt werden, wenn für alle Zustandsvariablen v die BDD-Variablen v und v' in der Ordnung direkt aufeinander folgen.

Beispiel 3.3.2. Betrachten wir wieder unsere Beispielaufgabe, diesmal mit einem LKW, zwei Paketen und zwei Orten. Das BDD für die Formel $(p_1{=}L)$ repräsentiert die Menge aller Zustände S, in denen das erste Paket eingeladen ist. Das BDD $\mathrm{TR}_{\mathrm{fahre}(1,2)}$ repräsentiert die Formel $(L{=}1) \wedge (L'{=}2) \wedge \neg(L'{=}1) \wedge \bigwedge_{i \in \{1,2\}} \bigwedge_{x \in \{1,2,L\}} ((p_i{=}x) \leftrightarrow (p_i'{=}x))$ und damit die Menge aller Zustandspaare $\langle s, s' \rangle$, sodass $\mathrm{fahre}(1,2)$ in s anwendbar ist und $s' = s[\![\mathrm{fahre}(1,2)]\!]$. Das BDD $S \cap \mathrm{TR}_{\mathrm{fahre}(1,2)}$ schränkt diese Paare dann auf solche ein, in denen $s(p_1) = L$ gilt. Mit der Vergessensoperation erhalten wir das BDD $\exists \vec{x}\ (S \cap \mathrm{TR}_a)$, das die Menge $\{s' \mid \exists s \in S\ (\mathrm{fahre}(1,2)$ ist in s anwendbar und $s' = s[\![\mathrm{fahre}(1,2)]\!])\}$ repräsentiert, also die Menge der Nachfolgezustände von Zuständen aus S. Durch Umbenennen von $\vec{x}' \to \vec{x}$ erhalten wir die gleiche Menge mit den normalen Variablen.

Algorithmus 2 zeigt den Pseudocode für eine symbolische Breitensuche, die mit diesen Operationen ausgeführt werden kann. Das BDD $\mathit{reached}_i$ beschreibt dabei die Menge aller Zustände, die mit bis zu i Schritten erreichbar sind. Für $i = 0$ enthält die Menge nur den Startzustand (Zeile 3). Sobald eine Menge erreichbar ist, in der auch ein Zielzustand liegt (Zeile 5), ist die Aufgabe gelöst. Der Plan kann extrahiert werden, indem wir einen beliebigen Zustand aus dem Schnitt wählen und dann einen Vorgänger dieses Zustands in $\mathit{reached}_{i-1}$ suchen und auswählen usw., bis wir beim Startzustand angekommen sind (im Pseudocode nicht gezeigt). Wurde das Ziel nicht erreicht, wird die Menge $\mathit{reached}_{i+1}$ durch Anwenden aller Aktionen berechnet (Zeile 7). Wenn dadurch keine neuen Zustände erreichbar sind (Zeile 8), ist die Planungsaufgabe unlösbar.

Die Funktion `image` enthält das oben beschriebene Verfahren, um die Transitionsrelation zu berechnen und zu verwenden und die Nachfolger zu bestimmen. Dabei bezeichnet $\mathrm{del}(a)$ im Pseudocode alle Atome, die durch Anwendung von a falsch werden, d. h. alle Atome $v{=}d$, für die $v{=}d'$ mit $d' \neq d$ ein Effekt von a ist. Natürlich müssen die

Algorithm 2: Pseudocode von symbolischer Breitensuche.

$\texttt{SymbolicBreadthFirstSearch}(\Pi = \langle \mathcal{V}, \mathcal{A}, \mathcal{I}, \mathcal{G} \rangle)$:
  $\mathit{goalstates} \leftarrow \mathsf{BDD}(\mathcal{G})$
  $\mathit{reached}_0 \leftarrow \mathsf{BDD}(\mathcal{I})$
  for $i = 0, 1, 2, \ldots$ **do**
    if $\mathit{reached}_i \cap \mathit{goalstates} \neq \emptyset$ **then**
      return Plan gefunden
    $\mathit{reached}_{i+1} \leftarrow \mathit{reached}_i \cup \bigcup_{a \in \mathcal{A}} \texttt{image}(\mathit{reached}_i, a)$
    if $\mathit{reached}_{i+1} = \mathit{reached}_i$ **then**
      return Aufgabe unlösbar
  end

$\texttt{image}(S, a)$:
  $TR_a \leftarrow \mathsf{BDD}(\bigwedge_{x \in \mathrm{pre}(a)} x \wedge \bigwedge_{x \in \mathrm{eff}(a)} x' \wedge \bigwedge_{x \in \mathrm{del}(a)} \neg x' \wedge \bigwedge_{x \notin \mathrm{eff}(a) \cup \mathrm{del}(a)} x \leftrightarrow x')$
  return $(\exists \vec{x}\ (S \cap TR_a))[\vec{x}' \rightarrow \vec{x}]$

Transitionsrelationen nicht in jedem Schritt neu berechnet werden, sondern können am Anfang der Suche vorberechnet werden. Außerdem ist es möglich, die Vereinigung mehrerer Transitionsrelationen zu berechnen und als ein BDD zu speichern. Die BDDs werden dadurch potenziell größer, jedoch sind weniger Schritte zum Anwenden aller Aktionen nötig.

3.3.3 SAT-Planen

Als letzten algorithmischen Ansatz beschreiben wir Planen als aussagenlogisches Erfüllbarkeitsproblem (SAT), auch bekannt als SAT-Planen. Die Idee besteht hier darin, die Planungsaufgabe in eine aussagenlogische Formel zu übersetzen und somit von der Effizienz moderner SAT-Solver zu profitieren. Ein ähnlicher Ansatz ist in der Verifikation als „bounded model checking" bekannt. Genau wie dort müssen wir eine Obergrenze B für die Lösungslänge festlegen (daher *bounded*). Das Gesamtverfahren ergibt sich dann dadurch, dass für verschiedene Werte von B Erfüllbarkeitstests durchgeführt werden, bis ein Plan gefunden ist. (Um die Unlösbarkeit einer Planungsaufgabe festzustellen, ist der Ansatz in dieser einfachen Form in der Praxis nicht geeignet.) Diese Methode wurde in der Handlungsplanung bereits 1992 vorgeschlagen [93]; spätere Arbeiten brachten erhebliche Effizienzverbesserungen [94, 135].

Eine Kernfrage im SAT-Planen ist naturgemäß das Design der Formel. Wir müssen eine aussagenlogische Formel (in konjunktiver Normalform) erstellen, welche genau dann erfüllbar ist, wenn ein Plan der Länge $\leq B$ existiert. Hierfür gibt es viele Möglichkeiten. Wir betrachten jetzt eine einfache Lösung im Detail und verweisen für komplexere Varianten auf die Literatur.

Wir zählen explizit alle Zeitschritte t von 0 bis B auf, wobei $t = 0$ für den Startzustand steht und $t = B$ für den Zustand am Ende des zu findenden Plans. Wir führen aussagenlogische Variablen für alle möglichen (Zustands-) Variablenwerte der Planungsaufgabe in allen möglichen Zeitschritten ein. Weiterhin führen wir aussagenlogische Variablen für alle Aktionen in allen Zeitschritten von 1 bis B ein, wobei eine solche Variable im Schritt t genau dann wahr ist, wenn im Schritt t des Plans diese Aktion benutzt wird. Schlussendlich benutzen wir „No-op"-Aktionen, um Variablenwerte über Zeitschritte hinweg zu erhalten, sofern sie von der gewählten Aktion nicht betroffen sind. Nun erstellen wir eine Formel über diese Variablen, die die intendierte Semantik sicherstellt:

Definition 3.3.5 (Einfache SAT-Codierung). Sei $\Pi = \langle \mathcal{V}, \mathcal{A}, \mathcal{I}, \mathcal{G} \rangle$ eine klassische Planungsaufgabe, und sei $B \in \mathbb{N}$ unser Zeithorizont. Sei $\mathcal{N} = \{\mathit{no\text{-}op}(v,d) \mid v \in \mathcal{V}, d \in \mathcal{D}(v)\}$ mit $\mathrm{pre}(\mathit{no\text{-}op}(v,d)) = \mathrm{eff}(\mathit{no\text{-}op}(v,d)) = \{v{=}d\}$ die Menge der *No-op-Aktionen* für Π. Die *einfache SAT-Codierung (ESC)* mit Horizont B ist eine Formel über den Aussagenvariablen $\{P^t_{v,d} \mid v \in \mathcal{V}, d \in \mathcal{D}(v), 0 \leq t \leq B\} \cup \{P^t_a \mid a \in \mathcal{A} \cup \mathcal{N}, 1 \leq t \leq B\}$, bestehend aus der Konjunktion der folgenden Teilformeln:

(i) Startzustand und Ziel: $\bigwedge_{(v=d)\in\mathcal{I}} P^0_{v,d} \wedge \bigwedge_{(v=d)\notin\mathcal{I}} \neg P^0_{v,d} \wedge \bigwedge_{(v=d)\in\mathcal{G}} P^B_{v,d}$

(ii) Vorbedingungen: $\bigwedge_{1\leq t\leq B, a\in\mathcal{A}\cup\mathcal{N}, (v=d)\in\mathrm{pre}(a)} (\neg P^t_a \vee P^{t-1}_{v,d})$

(iii) Wertunterstützung: $\bigwedge_{1\leq t\leq B, v\in\mathcal{V}, d\in\mathcal{D}(v)} (\neg P^t_{v,d} \vee \bigvee_{a\in\mathcal{A}\cup\mathcal{N}, (v=d)\in\mathrm{eff}(a)} P^t_a)$

(iv) Interferierende Aktionen: $\bigwedge_{1\leq t\leq B, a,a'\in\mathcal{A}\cup\mathcal{N} \text{ mit } a \nparallel a'} (\neg P^t_a \vee \neg P^t_{a'})$

Gehen wir diese Definition Schritt für Schritt durch. Die Aussagenvariablen der Formel sind wie oben bereits beschrieben. Startzustand und Ziel werden in Teilformel (i) in den entsprechenden Zeitschritten fixiert. Teilformel (ii) spezifiziert, dass entweder die Aktion nicht ausgewählt wird oder jede Vorbedingung im vorangehenden Zeitschritt wahr ist; sprich, dass das Auswählen der Aktion ihre Vorbedingungen impliziert. Man könnte erwarten, dass für Aktionseffekte eine analoge Festlegung erfolgt; dies kann man machen, es ist aber hier nicht notwendig. Stattdessen legen wir in Teilformel (iii) fest, dass ein Variablenwert (zu einem Zeitschritt $t > 0$) nur wahr sein kann, wenn er durch einen Aktionseffekt unterstützt wird: Wenn ein Variablenwert wahr gemacht wird, muss mindestens eine Aktion mit diesem Effekt ausgewählt werden. Ohne diese Festlegung könnten wir die Formel erfüllen, indem wir z. B. einfach die Werte aus $\mathcal{G}$ im Schritt B auf wahr setzen, aber überhaupt keine Aktionen auswählen. Die No-ops dienen dazu, Unterstützung für Variablenwerte zu erhalten, die von den ausgewählten „echten" Aktionen in einem Schritt t nicht berührt werden. Mit Teilformel (iv) wird abschließend festgelegt, dass in jedem Zeitschritt nur nicht interferierende Aktionen ausgewählt werden können. Die Definition von Interferenz ist hier dieselbe wie bei Strong Stubborn Sets (Abschnitt 3.3.1.2) und führt dazu, dass ausgewählte Aktionen weder konfligierende Effekte haben noch sich gegenseitig die Vorbedingungen zerstören.

Beispiel 3.3.3. Greifen wir wieder unser einfaches Logistikbeispiel mit nur einem Paket p aus Beispiel 3.2.2 auf. Die ESC-Formel für $B = 4$ setzt sich wie folgt zusammen:

(i) Startzustand und Ziel: $P^0_{L,1} \wedge P^0_{p,1} \wedge \bigwedge_{d \neq 1}(\neg P^0_{L,d} \wedge \neg P^0_{p,d}) \wedge P^4_{p,3}$

(ii) Vorbedingungen: Alle Formeln der Formen $\neg P^t_{\text{fahre}(a,b)} \vee P^{t-1}_{L,a}$ und $\neg P^t_{\text{lade}(a,p)} \vee P^{t-1}_{L,a}$ und $\neg P^t_{\text{lade}(a,p)} \vee P^{t-1}_{p,a}$ und $\neg P^t_{\text{entlade}(a,p)} \vee P^{t-1}_{L,a}$ und $\neg P^t_{\text{entlade}(a,p)} \vee P^{t-1}_{p,L}$

(iii) Wertunterstützung: Alle Formeln der Formen $\neg P^t_{L,b} \vee P^t_{\text{no-op}(L,b)} \vee P^t_{\text{fahre}(a,b)}$ und $\neg P^t_{p,L} \vee P^t_{no\text{-}op(p,L)} \vee \bigvee_{1 \leq a \leq 3} P^t_{\text{lade}(a,p)}$ und $\neg P^t_{p,a} \vee P^t_{\text{no-op}(p,a)} \vee P^t_{\text{entlade}(a,p)}$

(iv) Interferierende Aktionen: Zum Beispiel alle Formeln der Formen $\neg P^t_{\text{fahre}(a,b)} \vee \neg P^t_{\text{lade}(a,p)}$, weil fahre$(a,b)$ die Vorbedingung von lade(a,p) zerstört; $\neg P^t_{\text{fahre}(2,1)} \vee \neg P^t_{\text{fahre}(2,3)}$, weil diese Aktionen inkompatible Effekte haben; und $\neg P^t_{\text{fahre}(a,b)} \vee \neg P^t_{no\text{-}op(L,a)}$, weil diese Aktionen inkompatible Effekte haben.

Es lässt sich leicht zeigen, dass die ESC-Formel genau dann erfüllbar ist, wenn ein Plan mit höchstens B parallelen Zeitschritten existiert. Eine erfüllende Wahrheitsbelegung identifiziert einen Plan durch die ausgewählten Aktionen in jedem Zeitschritt. Man beachte hier den Plural „Aktionen“: Mehrere Aktionen dürfen in demselben Zeitschritt ausgewählt sein. Da diese aber per (iv) nicht interferieren, sind sie permutierbar und können daher in einer beliebigen Reihenfolge ausgeführt werden. In unserem einfachen Beispiel tritt dies nicht auf, es könnten jedoch z. B. in einem größeren Beispiel mehrere Pakete gleichzeitig geladen werden oder mehrere Lastwagen gleichzeitig fahren.

In einer klassischen Planungsaufgabe (im Gegensatz zum temporalen Planen, siehe Abschnitt 3.4.1) ist diese Form von Gleichzeitigkeit künstlich. Für die Effizienz eines SAT-Planers ist sie aber von großer Bedeutung. Um dies zu verstehen, betrachten wir jetzt noch einmal kurz das Gesamtverfahren.

Wie bereits gesagt, führt dieses Verfahren für verschiedene Werte von B Erfüllbarkeitstests durch, bis ein Plan gefunden ist. Aber in welcher Reihenfolge sollen welche B getestet werden? Die naheliegende Methode [94] durchläuft eine einfache Schleife $B = 0, 1, 2, 3, \ldots$, bis die Formel das erste Mal erfüllbar ist. Wir finden also das kleinste B, für welches ein Plan existiert. Die Gleichzeitigkeit von Aktionen wie in der ESC-Formel sorgt dafür, dass dieses B möglichst klein ist und daher wenige Erfüllbarkeitstests nötig sind. In der Regel gilt: Je größer B, desto größer ist die Formel und desto schwieriger ist der Erfüllbarkeitstest. Also lohnt es sich, B klein zu halten.

Dementsprechend wurde viel Fortschritt im SAT-Planen mit cleveren Übersetzungen erzielt, die die Parallelität von Aktionen erhöhen [94, 137], aber auch durch kompaktere Codierungen [88, 138] oder die Verwendung von Eigenschaften, die in allen erreichbaren Zuständen gelten (sog. Invarianten) [133, 134]. Große Effizienzsteigerungen sind auch durch eine intelligentere Auswahl der zu testenden Werte von B möglich [137, 159]. Ein weiterer Effizienzgewinn konnte durch Modifikation der Auswahlheuristiken in einem SAT-Solver erreicht werden [135]. Wenn diese speziell für SAT-Planungsformeln angepasst werden, ist die Skalierbarkeit mit starken heuristischen Suchverfahren (Abschnitt 3.3.1) vergleichbar.

3.4 Ausblick

Neben der klassischen Handlungsplanung gibt es verschiedene Erweiterungen, die es ermöglichen komplexere Anwendungen zu modellieren. Im Folgenden betrachten wir eine Auswahl dieser Erweiterungen, die, wie zu Anfang des Kapitels angedeutet, entlang der drei Dimensionen Sprachmächtigkeit, Unsicherheit und domänenspezifisches Wissen gegliedert werden können.

3.4.1 Sprachmächtigkeit

Die Beschreibungssprache PDDL wurde (u. a.) erweitert, um numerische Variablen, Aktionsdauern, externe Ereignisse und Präferenzen zu erlauben. Wir besprechen diese Erweiterungen kurz im Folgenden.

Numerische Ausdrücke

In klassischen Planungsaufgaben werden Zustände mit Variablen beschrieben, die einen endlichen Wertebereich haben. PDDL 2.1 [54] erlaubt zusätzlich auch Variablen, die beliebige Zahlen als Werte haben können. In unserem Logistikbeispiel könnten wir z. B. den Benzinstand jedes LKW als Zahl modellieren. Aktionen können den Wert von Variablen verändern, z. B. würde das Fahren von einem Ort zum anderen den Benzinstand entsprechend der Strecke verringern und eine Aktion zum Volltanken würde den Wert auf einen festen Wert setzen. Die Variablen können außerdem in Vorbedingungen von Aktionen oder in Zielbedingungen verwendet werden, z. B., um auszudrücken, dass es nur mit ausreichend Benzin im Tank möglich ist, eine bestimmte Strecke zu fahren, oder dass am Ende des Tages alle Tanks mindestens halb voll sein sollen.

Im Allgemeinen ist es unentscheidbar, ob eine Planungsaufgabe mit numerischen Variablen eine Lösung hat [72], aber es existieren Semientscheidungsverfahren, die für alle lösbaren Aufgaben in endlicher Zeit Lösungen erzeugen können. Den am weitesten verbreiteten Ansatz, die heuristische Suche, haben wir für klassisches Planen in Abschnitt 3.3.1 besprochen. Für die Erweiterung auf numerisches Planen muss das komplexere Verhalten numerischer Variablen in der Berechnung von Heuristiken geeignet approximiert werden [1, 51, 79, 105, 141]. Alternative Möglichkeiten sind das Verwenden linearer Programme [31, 95, 122], oder SMT (*SAT modulo theories*) [26, 142], welche die numerischen Aspekte der Planungsaufgabe direkt abbilden können.

Temporales Planen

Die Planungsaufgaben, die wir bis jetzt besprochen haben, können nur sehr eingeschränkt über Zeitaspekte sprechen: Ein Plan ist eine Folge von Aktionen, die nacheinander ausgeführt werden und so schrittweise den Zustand der Welt ändern. In unserem Logistikbeispiel reicht das aus, wenn wir die Summe der LKW-Fahrten minimieren wollen. Wollen wir stattdessen die Zeit minimieren, bis alle Pakete ausgeliefert sind, benötigen wir ausdrucksstärkere Modelle.

PDDL 2.1 [54] führt Aktionen ein, die parallel ausgeführt werden können und eine bestimmte Dauer haben. Das gesuchte Ergebnis für so eine temporale Planungsaufgabe ist keine Folge von Aktionen mehr, sondern ein Zeitplan, der sagt, wann welche Aktion gestartet wird. In unserem Beispiel können wir damit modellieren, dass sich LKW auf verschiedenen Straßen gleichzeitig bewegen. Die Zeit vom Start der ersten Aktion bis zum Ende der letzten wird *makespan* genannt und ist das Optimierungsziel von temporalen Planungsaufgaben.

Zum Lösen temporaler Planungsaufgaben ist wiederum heuristische Suche eine beliebte Methode [32, 38, 51]. Hier enthalten Suchknoten (u. a.) Warteschlangen für Aktionen, die gestartet, aber noch nicht beendet wurden. In der Suche wird dann entschieden, ob eine neue Aktion gestartet wird oder zum nächsten Zeitpunkt in der Warteschlange gesprungen wird. Erfolgreiche alternative Ansätze nutzen CSP [170] oder Kompilierungen als lineares Programm [12], logische Formel [128, 136] oder als Model-Checking-Problem [71].

Externe Ereignisse

Bis jetzt gingen wir davon aus, dass sich der Zustand der Welt nur durch unsere Aktionen ändert. Dies ist jedoch oft nicht der Fall. Im Logistikbeispiel können Nachtfahrverbote und die Verkehrslage wichtig sein: externe Ereignisse, die außerhalb unserer Kontrolle liegen. Die Verkehrslage ist nichtdeterministisch, worauf wir in Abschnitt 3.4.2 eingehen. Hier besprechen wir deterministische Ereignisse, von denen wir wissen, dass und wann sie eintreten werden.

PDDL 2.2 [48] führt *timed initial literals* (TIL) ein, Variablenwerte, die zu einer gegebenen Zeit gesetzt werden. In unserem Beispiel kann eine Variable ausdrücken, ob eine Straße befahren werden darf. Um ein Nachtfahrverbot auszudrücken, können wir diese Variable dann mit einem TIL am Abend auf „nein" und mit einem weiteren TIL am Morgen wieder auf „ja" setzen. TILs können in Lösungsalgorithmen als Aktionen betrachtet werden, die zu einem bestimmten Zeitpunkt in einem Plan auftauchen müssen [51, 123].

Präferenzen

Es ist oft sinnvoll zu verlangen, dass ein Teil der Ziele unbedingt erfüllt werden muss, während andere nur so weit wie möglich erfüllt werden sollten. Zum Beispiel könnten wir beim Planen einer Route für unsere LKW berücksichtigen, dass sie möglichst gut für den nächsten Tag positioniert sein sollen. Letzteres ist aber untergeordnet: Wenn es unvermeidbar ist, geben wir uns auch mit einer schlechteren Position zufrieden.

PDDL 3.0 [57] führt Präferenzen über Plänen ein, die als Formeln in linearer temporaler Logik (LTL) beschrieben werden. Nicht erfüllte Präferenzen können mit zusätzlichen Kosten belegt werden. Präferenzen, die eine Aussage über den Zielzustand machen, werden auch *soft goals* genannt, weil es Ziele sind, die nicht unbedingt erfüllt werden müssen. Unterschieden werden *Net-Benefit*-Planung [46, 98, 169], wo die Kosten einer Präferenzverletzung mit Aktionskosten vergleichbar sind und addiert werden sowie *Oversubscription*-Planung [41, 152], wo Aktions- und Präferenzkosten nicht miteinander verrechnet werden. Stattdessen sind innerhalb eines festen Aktionskostenbudgets die Kosten von Präferenzverletzungen zu minimieren.

3.4.2 Unsicherheit

Es gibt verschiedene Quellen von Unsicherheit, die sich in der klassischen Planung nicht ausdrücken lassen. Aktionen können probabilistische Effekte haben, d. h. eine Wahrscheinlichkeitsverteilung über die möglichen Ausgänge wie beim Werfen eines Würfels. In unserem Logistikbeispiel könnte z. B. das Fahren mit einer Aktion modelliert werden, die mit 1 % Wahrscheinlichkeit fehlschlägt, falls ein Reifen platzt, d. h. der Lastwagen stattdessen in der Werkstatt endet. Es gibt Erweiterungen von PDDL, in denen solche probabilistische Aktionen modelliert werden können [174] und in denen externe probabilistische Ereignisse (wie z. B. das Verkehrsaufkommen an einer Ampel) modelliert werden können [140].

In Planungsaufgaben mit probabilistischen Effekten können wir Pläne nicht mehr als Aktionsfolgen darstellen, sondern benötigen eine *Policy*, die für jeden möglicherweise erreichten Zustand eine Aktion festlegt. Im Gegensatz zu deterministischen Aktionen wird ein Ziel nicht mehr mit bestimmten Kosten garantiert erreicht. Stattdessen sprechen wir über die *erwarteten Kosten* der Policy unter einer gegebenen Wahrscheinlichkeitsverteilung über die Effekte.

In manchen Fällen will man garantieren, dass das Ziel erreicht wird, obwohl der Ausgang der Aktionen unsicher ist. Dann spielt die Wahrscheinlichkeitsverteilung der Ausgänge keine Rolle mehr, denn wir wollen auf alle möglichen Ausgänge einer Aktion vorbereitet sein. Wir gehen dann davon aus, dass der Ausgang der Aktion *nichtdeterministisch* aus einer Menge von Möglichkeiten gewählt wird.

Unsicherheit kann auch durch partielle Beobachtbarkeit entstehen. Wenn z. B. in einem Pokerspiel Karten verteilt werden, ist das aus Sicht einer Spielerin nur partiell beobachtbar: Sie kann aus ihren eigenen Karten Rückschlüsse auf die Karten der anderen ziehen, hat aber keine perfekte Information darüber. In unserem Logistikbeispiel sind z. B. die den Tag über auftretenden Verkehrssituationen beim morgendlichen Planen der Touren nicht bekannt, können aber anhand beobachtbarer Aspekte wie Wochentag und Baustelleninformationen eingeschätzt werden.

Aus den zwei Varianten von Beobachtbarkeit (vollständig oder partiell) und den zwei Varianten unsicherer Aktionsausgänge (nichtdeterministisch, probabilistisch) ergeben sich vier Fälle.[4] Diese unterscheiden sich in Bezug darauf, wie Policys definiert

4 Es gibt auch weitere Kombinationen, beispielsweise partielle Beobachtbarkeit mit deterministischen Aktionsausgängen. Wir beschränken uns hier auf die vier relevantesten Fälle.

sind und wie sie bewertet, repräsentiert und gefunden werden können. Wir fassen dies im Folgenden kurz zusammen.

Vollständig beobachtbare nichtdeterministische Planungsaufgaben

Im nichtdeterministischen Fall liegt die Qualität einer Policy darin, inwieweit sie garantiert, das Ziel zu erreichen. Man unterscheidet *schwache Pläne*, die das Ziel bei günstigen Aktionsausgängen erreichen; *starke Pläne*, die das Ziel unabhängig von den Aktionsausgängen erreichen; und *starke zyklische Pläne*, die nur garantieren, dass das Ziel immer erreichbar bleibt, und daher irgendwann erreicht wird, sofern die Wahl der Aktionsausgänge *fair* ist [30]. Fairness bedeutet in diesem Fall vereinfacht gesagt, dass bei unendlich häufiger Ausführung einer Aktion jeder mögliche Ausgang unendlich oft auftritt.

Bei vollständiger Beobachtbarkeit (im sog. *FOND*-Fall) ist eine Policy eine Abbildung von Weltzuständen auf Aktionen. Methoden für das Finden von starken zyklischen Policys sind z. B. das iterative Erweitern einer schwachen Policy [116, 117] oder eine LAO*-Suche im Zustandsraum [66, 108].

Partiell beobachtbare nichtdeterministische Planungsaufgaben

In partiell beobachtbaren Aufgaben können wir Policys nicht als Funktionen von Weltzuständen definieren, da der genaue Weltzustand ja nicht bekannt ist. Stattdessen ist eine Policy eine Funktion von *belief states* (Wissenszuständen), welche das derzeitige Wissen des Planers über den Weltzustand beinhalten. Im nichtdeterministischen Fall ist ein Wissenszustand die Menge der derzeit für möglich gehaltenen Weltzustände. Wissen wir in unserem Logistikbeispiel z. B. nicht, ob in der Zamoniengasse immer noch eine Baustelle ist, so umfasst unser Wissenszustand zwei mögliche Zustände – mit bzw. ohne diese Baustelle.

Dieselben drei Varianten von schwachen, starken und starken zyklischen Policys sind hier möglich. Eine weit verbreitete Variante ist *contingent planning* [121], wo Beobachtbarkeit in Form von Sensoraktionen vorliegt und starke Policys als Bäume von Aktionen repräsentiert werden. Methoden für contingent planning suchen im Raum der Wissenszustände [15, 23, 80] oder kompilieren nach QBF (Erfüllbarkeitsproblem für quantifizierte boolesche Formeln) [131].

Vollständig beobachtbare probabilistische Planungsaufgaben

In diesem Fall ist der Zustandsraum der Planungsaufgabe ein *Markov Decision Process (MDP)*, was diese Form des Planens eng mit anderen Bereichen der KI (und der Informatik im Allgemeinen) verbindet [16]. Die Qualität einer Policy ist hier durch ihren Erwartungswert definiert. Dafür gibt es zahlreiche verschiedene Varianten. Eine Standardvariante definiert eine *Reward*-Funktion und maximiert erwartete Rewards (oft unter einem *Discount*-Faktor); siehe Kapitel 12, Abschnitt 12.3.5. Andere wichtige Varianten im Planen definieren statt einer Reward-Funktion ein Ziel und maximieren die

Wahrscheinlichkeit, das Ziel zu erreichen, oder minimieren die erwarteten Kosten bei Garantie einer Mindestzielwahrscheinlichkeit [110].

Policys können dann durch Standardverfahren wie Value Iteration und Policy Iteration gefunden werden [16], welche in Kapitel 12, Abschnitt 12.3.5 ausführlicher besprochen werden. Erfolgreich im Planen sind vor allem Varianten heuristischer Suche [20, 101, 158, 165] und von Monte Carlo Tree Search [96, 97].

Partiell beobachtbare probabilistische Planungsaufgaben

In diesem Fall ist der Zustandsraum der Planungsaufgabe ein *Partially Observable Markov Decision Process (POMDP).* Wissenszustände sind hier Wahrscheinlichkeitsverteilungen über Zustände. Die Qualität einer Policy ist genau wie für MDPs definiert, nun aber über den Wissenszuständen. Standardverfahren wie Value Iteration können theoretisch direkt auf diesen Raum angewendet werden, allerdings ist dies typischerweise nicht handhabbar und im Allgemeinen unentscheidbar. Effizientere Verfahren setzen stückweise lineare Wertefunktionen voraus [151] und/oder berechnen die Wertefunktion nur an ausgewählten Stellen [104, 124, 147].

3.4.3 Domänenspezifisches Wissen

Klassisches Planen und alle bislang besprochenen Erweiterungen sind darauf ausgelegt, dass der Benutzer des Planungswerkzeugs keinerlei domänenspezifisches Wissen im Planungsmodell formuliert – „physics, not advice“ [112]. Dies entspricht dem Grundgedanken der Automation, das Planungswerkzeug soll vollkommen selbstständig agieren. Allerdings ist es so, dass in vielen Anwendungen relevantes domänenspezifisches Wissen vorhanden ist. Warum sollte man dem Benutzer verbieten, dieses dem Planungswerkzeug mitzugeben?

Planen mit domänenspezifischem Wissen erlaubt es, solches Wissen im Eingabemodell zu spezifizieren. Der Charakter der Modellierungssprache und die Tätigkeit des Modellierens rücken mithin näher an die Programmierung heran. Allerdings sind die Sprachen weiterhin spezifisch für die Handlungsplanung strukturiert; Zustände, Aktionen und Ziele bleiben die wesentlichen Elemente. Im Folgenden umreißen wir kurz die am weitesten verbreiteten Ansätze.

Kontrollwissen

Eine einfache Art und Weise, domänenspezifisches Wissen anzugeben, sind Regeln zum *Pruning* von Aktionen. Dem Benutzer wird hier eine Modellierungssprache zur Verfügung gestellt, in der formuliert werden kann, unter welchen Bedingungen welche Aktionen nicht sinnvoll sind. In der Suche nach einem Plan werden dann solche Aktionen ignoriert, was die Suche beschleunigt. Temporale Logiken über Aktionssequenzen bieten sich für die Formulierung von solchem Kontrollwissen an. Hiermit kann beispielsweise erzwungen werden, dass nach einer Aktion a immer sofort Aktion b ausgeführt wird. Das Pruning wird in der Regel in eine Zustandsraumsuche (siehe Abschnitt 3.3.1.2) eingebettet [4, 7, 28, 106].[5] Darüber hinaus existieren auch im SAT-Planen Methoden, die es erlauben Kontrollwissen zu nutzen [109].

Hierarchisches Planen
Hierarchisches Planen weicht weiter von der Modellierung im klassischen Planen und seinen Erweiterungen ab. Die Idee besteht darin, Aktionen hierarchisch zu gliedern, wie dies auch im menschlichen Planen oft der Fall ist (eine Reise beginnt z. B. mit einer Zugfahrt, welche wiederum selbst aus der Fahrt zum Bahnhof, Finden des Sitzplatzes etc. besteht) [13]. Gleichzeitig kann mithilfe der Hierarchie der Raum der zu durchsuchenden Pläne strukturiert und eingegrenzt werden. Im Allgemeinen hat hierarchisches Planen eine hohe Komplexität [3, 50], in der Praxis kann man aber sehr effektiv damit modellieren und planen [118]. Planungsaufgaben werden dabei in der PDDL-Erweiterung HDDL [84] beschrieben. Die heuristische Suche (siehe Abschnitt 3.3.1) kann direkt in der hierarchischen Plan- bzw. Zustandsraumsuche verwendet werden [14, 85]. Außerdem können hierarchische Planungsaufgaben in eine (Reihe von) klassische(n) Planungsaufgabe(n) kompiliert werden, auf die dann klassische Planungstechniken angewendet werden können [2, 11]. Eine weitere Alternative ist das hierarchische SAT-Planen [10, 127, 143].

Golog
Dieser Ansatz weicht am weitesten vom klassischen Planen ab und ist am nächsten zur Programmierung. Der Plan wird als imperative Programmstruktur vorgegeben, in der aber noch offene Entscheidungspunkte vorhanden sind, die von einem Planer aufgelöst werden müssen (nichtdeterministische Auswahl zwischen Alternativen oder Auswahl von in Aktionen verwendeten Objekten [64, 65]). Klassischerweise werden solche Programme in logikbasierten Sprachen formalisiert. Naheliegende Anwendungen gibt es in der Robotik, wenn ein Großteil des Verhaltens eines Roboters festgelegt ist.

3.4.4 Andere Erweiterungen

Viele Varianten der Handlungsplanung wurden in der Vergangenheit erforscht. Nicht alle davon passen in die hier verwendete Kategorisierung in Sprachmächtigkeit, Unsicherheit und domänenspezifisches Wissen. Wir stellen im Folgenden drei weitere prominente Richtungen vor.

---

5 Interessanterweise kann diese Art von Wissen auch weitgehend implizit durch Aktionsvorbedingungen codiert werden [132]. Insofern ist „physics, not advice" eher eine Philosophie als eine mathematische Eigenschaft.

In den bislang diskutierten Erweiterungen sind Zustandsübergänge, auch bei numerischen Variablen und temporalen Aktionen, immer diskret. Hybrides Planen erlaubt hingegen die Modellierung von Prozessen, in denen sich numerische Variablen stetig über die Zeit verändern. Zum Beispiel kann so die Entwicklung des Füllstands einer Batterie modelliert werden [56]. Hybrides Planen ist in PDDL+ formalisiert [55] und gut unterstützt [24, 31].

In der Multiagentenplanung wird eine *Menge* von planenden Agenten angenommen, die zwar gemeinsam eine Aufgabe lösen möchten, aber separat planen und dabei vertrauliche Informationen (wie etwa die internen Kosten eines bestimmten Transports) nicht nach außen geben. Multiagentenplanung ist in MA-PDDL formalisiert [21, 102, 91] und ebenfalls gut unterstützt [119, 166].

Es ist nicht immer sinnvoll, alles innerhalb der Planungssprache modellieren und lösen zu wollen. Erstens können feingranulare Phänomene wie die kontinuierliche Steuerung eines Roboterarms ggf. besser durch ein externes Submodul gesteuert werden, welches in der Suche nach einem Plan aufgerufen wird. Dies ist als *semantic attachments* bekannt [42]. Zweitens macht es ggf. Sinn, ähnlich wie in SMT [8] dem Planungsverfahren spezialisierte Löser unterzuordnen, z. B., um mit komplexen Datenstrukturen in der Zustandsdarstellung umzugehen. Dieser Ansatz heißt *planning modulo theories* [63].

3.5 Schlussbetrachtung

Die Handlungsplanung ist eines der ältesten Teilgebiete der Künstlichen Intelligenz. Sie befasst sich mit der Lösung von sequentiellen Problemen, d. h., es muss eine Folge von Entscheidungen getroffen werden, um ein gewünschtes Ziel zu erreichen. Beim Menschen wird dies oft mit vorausschauendem Handeln assoziiert. Eine verbreitete alternative Methode zum Lösen solcher sequentieller Probleme ist das Verstärkungslernen (siehe Kapitel 12, Abschnitt 12.3.5), das ohne ein formalisiertes Modell des Problems auskommt, und stattdessen zustandsabhängig ein gutes Entscheidungsverhalten, eine *Policy*, lernt.

In diesem Kapitel haben wir den Fokus auf die klassische Handlungsplanung gelegt und den weit verbreiteten FDR-Formalismus vorgestellt, in dem Planungsaufgaben mittels einer endlichen Menge von Variablen mit jeweils endlicher Domäne dargestellt werden. Transitionen zwischen Zuständen werden mit deterministischen Aktionen modelliert, deren Effekte voll beobachtbar sind. Planungsaufgaben werden typischerweise in PDDL formalisiert und werden meist mit Suchmethoden gelöst. Im Fall des klassischen Planens ist das oft die heuristische Suche im Zustandsraum der Planungsaufgabe, ggf. verbessert durch Pruningmethoden. Alternative Methoden sind beispielsweise die symbolische Suche oder das SAT-Planen. Moderne Planer schaffen es damit, Aufgaben mit über 10^{100} Zuständen und Plänen mit Tausenden Aktionen effizient zu lösen.

In den letzten Jahren hat sich die Kombination von symbolischen Planungsmethoden, wie den in diesem Buchkapitel vorgestellten, und Methoden des maschinellen Lernens (siehe Abschnitt Kapitel 12 und Abschnitt Kapitel 13) zu einem wichtigen Thema in der Forschung entwickelt. Ein Schwerpunkt dieser Forschung liegt, vereinfacht gesagt, darin, die Skalierbarkeit von symbolischen Planungsmethoden zu verbessern. Die Kernidee ist es, Planungsalgorithmen, die wegen der Zustandsraumexplosion schnell an die Grenzen sinnvoller Laufzeit- und Speicherressourcen stoßen können, mit der Nutzung von gelerntem Wissen zu ergänzen. Hierbei werden zum Beispiel domänenspezifische Heuristiken gelernt, die dann in einem Suchalgorithmus genutzt werden [27, 90, 148, 164]. Auch das Lernen von domänenspezifischem Kontrollwissen ist möglich und zeigt vielversprechende Ergebnisse [61]. Zumindest für einfache Planungsdomänen, die in polynomieller Zeit lösbar sind, gibt es außerdem Ansätze, die generalisierende Policies lernen [43, 150, 156]. Diese Methoden können dann beliebige Planungsaufgaben einer Domäne ohne die Nutzung von Suchalgorithmen lösen. Für die meisten komplexen Planungsdomänen hingegen, solche, die nicht in polynomieller Zeit lösbar sind, sind weiterhin Kombinationen von gelerntem domänenspezifischem Wissen mit einer Form der Suche nötig. Alle genannten Ansätze bieten im Allgemeinen keine Garantien. Sie sind weder vollständig, d. h., dass gelernte Policies zum Beispiel nicht zwingend einen Zielzustand erreichen, noch sind sie zulässig, d. h., dass Heuristiken die Distanz zum Ziel überschätzen können. Daher geben solche Ansätze per se keine Garantien und müssen mit symbolischen Methoden integriert werden, falls Garantien benötigt werden.

Ein weiterer Trend im Forschungsgebiet des Planens ist das sogenannte *lifted planning*, bei dem direkt auf der PDDL-Formalisierung gearbeitet wird, die auf Prädikatenlogik (siehe Abschnitt Kapitel 7) basiert. Alle in diesem Buchkapitel vorgestellten Methoden setzen eine instanziierte (engl. *grounded*) Repräsentierung, wie FDR oder STRIPS, der Planungsaufgabe voraus, die auf Aussagenlogik (siehe Abschnitt Kapitel 6) basiert. In der Übersetzung von PDDL nach FDR werden dafür, vereinfacht gesagt, die Parameter der Aktionen mit den konkreten Objekten der Planungsaufgabe instanziiert [74]. Als Beispiel werden die Parameter der Aktion fahre(a, b) aus unserem Beispiel, also a und b, durch alle möglichen Paare von Objekten des Typs Ort ersetzt, die im PDDL-Modell angegeben sind. In diesem Prozess wächst die Anzahl der Instanzen einer Aktion in PDDL exponentiell mit der Anzahl ihrer Parameter. Das Planen auf FDR- oder STRIPS-Level ist im Allgemeinen deutlich effizienter als auf PDDL-Level, jedoch kann für Planungsaufgaben, deren instanziierte Aktionen nicht in den verfügbaren Speicher passen, noch nicht mal mit einer Suche begonnen werden. Dieses Problem umgehen Planer, die direkt auf dem *lifted* PDDL-Modell arbeiten. Da gängige Suchalgorithmen in den letzten Jahren angepasst und effiziente Datenstrukturen entwickelt wurden [35, 155], liegt der aktuelle Fokus der Forschung auf der Anpassung von guten Heuristiken und Pruningmethoden an die Repräsentation der Planungsaufgaben in PDDL. Dies ist für Heuristiken wie Delete-Relaxation [34, 87, 107, 130] und Landmarken [172] bereits erfolgreich gelungen. Auch Kompilierungen als SAT oder QBF (*quantified boolean formulas*), die ohne

Instanziierung auf der gelifteten Formalisierung arbeiten, wurden vor Kurzem vorgestellt [83, 146].

Die meisten Methoden und Ansätze, angefangen vom Berechnen der anwendbaren Aktionen in einem Zustand bis hin zu Heuristiken, haben im *lifted* PDDL-Formalismus eine höhere Komplexität oder sind weniger informativ als ihre Vertreter in FDR oder STRIPS. Deshalb sind Algorithmen, die auf dem instanziierten Modell arbeiten in der Praxis meist deutlich überlegen, mit Ausnahme des bereits genannten Falls, wenn das instanziierte Modell nicht mehr in den Speicher passt.

Literaturverzeichnis

[1] J. Aldinger and B. Nebel. Interval based relaxation heuristics for numeric planning with action costs. In *Proceedings of the 40th Annual German Conference on Artificial Intelligence (KI 2017)*, volume 10505 of *Lecture Notes in Artificial Intelligence*, pages 15–28. Springer-Verlag, 2017.

[2] R. Alford, G. Behnke, D. Höller, P. Bercher, S. Biundo, and D. W. Aha. Bound to plan: Exploiting classical heuristics via automatic translations of tail-recursive HTN problems. In *Proceedings of the Twenty-Sixth International Conference on Automated Planning and Scheduling (ICAPS 2016)*, pages 20–28. AAAI Press, 2016.

[3] R. Alford, P. Bercher, and D. Aha. Tight bounds for HTN planning. In *Proceedings of the Twenty-Fifth International Conference on Automated Planning and Scheduling (ICAPS 2015)*, pages 7–15. AAAI Press, 2015.

[4] F. Bacchus and F. Kabanza. Using temporal logics to express search control knowledge for planning. *Artificial Intelligence*, 116(1–2):123–191, 2000.

[5] C. Bäckström and B. Nebel. Complexity results for SAS^+ planning. *Computational Intelligence*, 11(4):625–655, 1995.

[6] R. I. Bahar, E. A. Frohm, C. M. Gaona, G. D. Hachtel, E. Macii, A. Pardo, and F. Somenzi. Algebraic decision diagrams and their applications. *Formal Methods in System Design*, 10(2–3):171–206, 1997.

[7] J. A. Baier, C. Fritz, and S. A. McIlraith. Exploiting procedural domain control knowledge in state-of-the-art planners. In *Proceedings of the Seventeenth International Conference on Automated Planning and Scheduling (ICAPS 2007)*, pages 26–33. AAAI Press, 2007.

[8] C. W. Barrett, R. Sebastiani, S. A. Seshia, and C. Tinelli. Satisfiability modulo theories. In *Handbook of Satisfiability*, pages 825–885, 2009.

[9] J. C. Beck, E. Karpas and S. Sohrabi, editors. *Proceedings of the Thirtieth International Conference on Automated Planning and Scheduling (ICAPS 2020)*. AAAI Press, 2020.

[10] G. Behnke, D. Höller, and S. Biundo. Bringing order to chaos - A compact representation of partial order in SAT-based HTN planning. In *Proceedings of the Thirty-Third AAAI Conference on Artificial Intelligence (AAAI 2019)*, pages 7520–7529. AAAI Press, 2019.

[11] G. Behnke, F. Pollitt, D. Höller, P. Bercher, and R. Alford. Making translations to classical planning competitive with other HTN planners. In V. Honavar and M. Spaan, editors, *Proceedings of the Thirty-Sixth AAAI Conference on Artificial Intelligence (AAAI 2022)*, pages 9687–9697. AAAI Press, 2022.

[12] J. Benton, A. Coles, and A. Coles. Temporal planning with preferences and time-dependent continuous costs. In *Proceedings of the Twenty-Second International Conference on Automated Planning and Scheduling (ICAPS 2012)*, pages 2–10. AAAI Press, 2012.

[13] P. Bercher, R. Alford, and D. Höller. A survey on hierarchical planning – one abstract idea, many concrete realizations. In *Proceedings of the 28th International Joint Conference on Artificial Intelligence (IJCAI 2019)*, pages 6267–6275. IJCAI, 2019.

[14] P. Bercher, G. Behnke, D. Höller, and S. Biundo. An admissible HTN planning heuristic. In *Proceedings of the 26th International Joint Conference on Artificial Intelligence (IJCAI 2017)*, pages 480–488. IJCAI, 2017.

[15] P. Bertoli, A. Cimatti, M. Roveri, and P. Traverso. Strong planning under partial observability. *Artificial Intelligence*, 170:337–384, 2006.

[16] D. P. Bertsekas and J. N. Tsitsiklis. *Neuro-Dynamic Programming*. Athena Scientific, 1996.

[17] C. Betz and M. Helmert. Planning with h^+ in theory and practice. In *Proceedings of the 32nd Annual German Conference on Artificial Intelligence (KI 2009)*, volume 5803 of *Lecture Notes in Artificial Intelligence*, pages 9–16. Springer-Verlag, 2009.

[18] B. Bonet. An admissible heuristic for SAS$^+$ planning obtained from the state equation. In *Proceedings of the 23rd International Joint Conference on Artificial Intelligence (IJCAI 2013)*, pages 2268–2274. AAAI Press, 2013.

[19] B. Bonet and H. Geffner. Planning as heuristic search. *Artificial Intelligence*, 129(1):5–33, 2001.

[20] B. Bonet and H. Geffner. Labeled RTDP: Improving the convergence of real-time dynamic programming. In *Proceedings of the Thirteenth International Conference on Automated Planning and Scheduling (ICAPS 2003)*, pages 12–21. AAAI Press, 2003.

[21] R. I. Brafman and C. Domshlak. From one to many: Planning for loosely coupled multi-agent systems. In *Proceedings of the Eighteenth International Conference on Automated Planning and Scheduling (ICAPS 2008)*, pages 28–35. AAAI Press, 2008.

[22] R. E. Bryant. Graph-based algorithms for boolean function manipulation. *IEEE Transactions on Computers*, 35(8):677–691, 1986.

[23] D. Bryce. POND: The partially-observable and non-deterministic planner. In *Proceedings of the Sixteenth International Conference on Automated Planning and Scheduling (ICAPS 2006)*, pages 58–60. AAAI Press, 2006.

[24] D. Bryce, S. Gao, D. J. Musliner, and R. P. Goldman. SMT-based nonlinear PDDL+ planning. In *Proceedings of the Twenty-Ninth AAAI Conference on Artificial Intelligence (AAAI 2015)*, pages 3247–3253. AAAI Press, 2015.

[25] T. Bylander. A linear programming heuristic for optimal planning. In *Proceedings of the Fourteenth National Conference on Artificial Intelligence (AAAI 1997)*, pages 694–699. AAAI Press, 1997.

[26] M. Cardellini, E. Giunchiglia, and M. Maratea. Symbolic numeric planning with patterns. In J. Dy and S. Natarajan, editors, *Proceedings of the Thirty-Eighth AAAI Conference on Artificial Intelligence (AAAI 2024)*, pages 20070–20077. AAAI Press, 2024.

[27] D. Z. Chen, S. Thiébaux, and F. Trevizan. Learning domain-independent heuristics for grounded and lifted planning. In J. Dy and S. Natarajan, editors, *Proceedings of the Thirty-Eighth AAAI Conference on Artificial Intelligence (AAAI 2024)*, pages 20078–20086. AAAI Press, 2024.

[28] L. Chrpa, R. Barták, J. Vodrázka, and M. Vomlelová. Attributed transition-based domain control knowledge for domain-independent planning, volume 34, pages 4089–4101, 2022.

[29] G. Ciardo and R. Siminiceanu. Using edge-valued decision diagrams for symbolic generation of shortest paths. In *Proceedings of the 4th International Conference on Formal Methods in Computer-Aided Design (FMCAD 2002)*, volume 2517 of *Lecture Notes in Computer Science*, pages 256–273. Springer-Verlag, 2002.

[30] A. Cimatti, M. Pistore, M. Roveri, and P. Traverso. Weak, strong, and strong cyclic planning via symbolic model checking. *Artificial Intelligence*, 147:35–84, 2003.

[31] A. Coles, A. Coles, M. Fox, and D. Long. A hybrid LP-RPG heuristic for modelling numeric resource flows in planning. *Journal of Artificial Intelligence Research*, 46:343–412, 2013.

[32] A. Coles, M. Fox, D. Long, and A. Smith. Planning with problems requiring temporal coordination. In *Proceedings of the Twenty-Third AAAI Conference on Artificial Intelligence (AAAI 2008)*, pages 892–897. AAAI Press, 2008.

[33] V. Conitzer and F. Sha, editors. In *Proceedings of the Thirty-Fourth AAAI Conference on Artificial Intelligence (AAAI 2020)*. AAAI Press, 2020.

[34] A. B. Corrêa, G. Francès, F. Pommerening, and M. Helmert. Delete-relaxation heuristics for lifted classical planning. In R. P. Goldman, S. Biundo and M. Katz, editors, *Proceedings of the Thirty-First International Conference on Automated Planning and Scheduling (ICAPS 2021)*, pages 94–102. AAAI Press, 2021.

[35] A. B. Corrêa, F. Pommerening, M. Helmert, and G. Francès. Lifted successor generation using query optimization techniques. In J. C. Beck, E. Karpas and S. Sohrabi, editors, *Proceedings of the Thirtieth International Conference on Automated Planning and Scheduling (ICAPS 2020)*, pages 80–89. AAAI Press, 2020.

[36] J. C. Culberson and J. Schaeffer. Pattern databases. *Computational Intelligence*, 14(3):318–334, 1998.

[37] R. Dechter and J. Pearl. Generalized best-first search strategies and the optimality of A^*. *Journal of the ACM*, 32(3):505–536, 1985.

[38] M. B. Do and S. Kambhampati. Sapa: A domain-independent heuristic metric temporal planner. In *Proceedings of the Sixth European Conference on Planning (ECP 2001)*, pages 57–68. AAAI Press, 2001.

[39] C. Domshlak, J. Hoffmann, and M. Katz. Red-black planning: A new systematic approach to partial delete relaxation. *Artificial Intelligence*, 221:73–114, 2015.

[40] C. Domshlak, M. Katz, and A. Shleyfman. Enhanced symmetry breaking in cost-optimal planning as forward search. In *Proceedings of the Twenty-Second International Conference on Automated Planning and Scheduling (ICAPS 2012)*, pages 343–347. AAAI Press, 2012.

[41] C. Domshlak and V. Mirkis. Deterministic oversubscription planning as heuristic search: Abstractions and reformulations. *Journal of Artificial Intelligence Research*, 52:97–169, 2015.

[42] C. Dornhege, P. Eyerich, T. Keller, S. Trüg, M. Brenner, and B. Nebel. Semantic attachments for domain-independent planning systems. In *Proceedings of the Nineteenth International Conference on Automated Planning and Scheduling (ICAPS 2009)*, pages 114–121. AAAI Press, 2009.

[43] D. Drexler, J. Seipp, and H. Geffner. Learning sketches for decomposing planning problems into subproblems of bounded width. In S. Thiébaux and W. Yeoh, editors, *Proceedings of the Thirty-Second International Conference on Automated Planning and Scheduling (ICAPS 2022)*, pages 62–70. AAAI Press, 2022.

[44] J. Dy and S. Natarajan, editors. In *Proceedings of the Thirty-Eighth AAAI Conference on Artificial Intelligence (AAAI 2024)*. AAAI Press, 2024.

[45] S. Edelkamp. Planning with pattern databases. In *Proceedings of the Sixth European Conference on Planning (ECP 2001)*, pages 84–90. AAAI Press, 2001.

[46] S. Edelkamp. On the compilation of plan constraints and preferences. In *Proceedings of the Sixteenth International Conference on Automated Planning and Scheduling (ICAPS 2006)*, pages 374–377. AAAI Press, 2006.

[47] S. Edelkamp and M. Helmert. Exhibiting knowledge in planning problems to minimize state encoding length. In *Recent Advances in AI Planning. 5th European Conference on Planning (ECP 1999)*, volume 1809 of *Lecture Notes in Artificial Intelligence*, pages 135–147. Springer-Verlag, 1999.

[48] S. Edelkamp and J. Hoffmann. PDDL2.2: The language for the classical part of the 4th International Planning Competition. Technical Report 195, University of Freiburg, Department of Computer Science 2004.

[49] E. A. Emerson and A. P. Sistla. Symmetry and model checking. *Formal Methods in System Design*, 9(1–2):105–131, 1996.

[50] K. Erol, J. A. Hendler, and D. S. Nau. Complexity results for HTN planning. *Annals of Mathematics and Artificial Intelligence (AMAI)*, 18(1):69–93, 1996.

[51] P. Eyerich, R. Mattmüller, and G. Röger. Using the context-enhanced additive heuristic for temporal and numeric planning. In *Proceedings of the Nineteenth International Conference on Automated Planning and Scheduling (ICAPS 2009)*, pages 130–137. AAAI Press, 2009.

[52] R. E. Fikes and N. J. Nilsson. STRIPS: A new approach to the application of theorem proving to problem solving. *Artificial Intelligence*, 2:189–208, 1971.

[53] D. Fiser, Á. Torralba, and J. Hoffmann. Boosting optimal symbolic planning: Operator-potential heuristics. *Artificial Intelligence*, 334:104174, 2024.

[54] M. Fox and D. Long. PDDL2.1: An extension to PDDL for expressing temporal planning domains. *Journal of Artificial Intelligence Research*, 20:61–124, 2003.

[55] M. Fox and D. Long. Modelling mixed discrete-continuous domains for planning. *Journal of Artificial Intelligence Research*, 27:235–297, 2006.

[56] M. Fox, D. Long, and D. Magazzeni. Automatic construction of efficient multiple battery usage policies. In *Proceedings of the Twenty-First International Conference on Automated Planning and Scheduling (ICAPS 2011)*, pages 74–81. AAAI Press, 2011.

[57] A. E. Gerevini and D. Long. Plan constraints and preferences in PDDL3. Technical Report R. T. 2005-08-47, University of Brescia, Department of Electronics for Automation, 2005.

[58] A. E. Gerevini, A. Saetti, and I. Serina. Planning through stochastic local search and temporal action graphs in LPG. *Journal of Artificial Intelligence Research*, 20:239–290, 2003.

[59] M. Ghallab, D. Nau, and P. Traverso. *Automated Planning: Theory and Practice*. Morgan Kaufmann, 2004.

[60] D. Gnad and J. Hoffmann. Star-topology decoupled state space search. *Artificial Intelligence*, 257:24–60, 2018.

[61] D. Gnad, Á. Torralba, M. A. Domínguez, C. Areces, and F. Bustos. Learning how to ground a plan – Partial grounding in classical planning. In *Proceedings of the Thirty-Third AAAI Conference on Artificial Intelligence (AAAI 2019)*, pages 7602–7609. AAAI Press, 2019.

[62] P. Godefroid. *Partial-Order Methods for the Verification of Concurrent Systems – An Approach to the State-Explosion Problem*, volume 1032 of *Lecture Notes in Computer Science*. Springer, 1996-Verlag.

[63] P. Gregory, D. Long, M. Fox, and J. C. Beck. Planning modulo theories: Extending the planning paradigm. In *Proceedings of the Twenty-Second International Conference on Automated Planning and Scheduling (ICAPS 2012)*, pages 65–73. AAAI Press, 2012.

[64] H. Grosskreutz and G. Lakemeyer. cc-Golog – An action language with continuous change. *Logic Journal of the IGPL*, 11(2):179–221, 2003.

[65] D. Hähnel, W. Burgard, and G. Lakemeyer. GOLEX - bridging the gap between logic (GOLOG) and a real robot. In *Proceedings of the 22nd Annual German Conference on Artificial Intelligence (KI'98)*, pages 165–176, 1998.

[66] E. A. Hansen and S. Zilberstein. LAO*: A heuristic search algorithm that finds solutions with loops. *Artificial Intelligence*, 129(1–2):35–62, 2001.

[67] P. E. Hart, N. J. Nilsson, and B. Raphael. A formal basis for the heuristic determination of minimum cost paths. *IEEE Transactions on Systems Science and Cybernetics*, 4(2):100–107, 1968.

[68] P. Haslum. $h^m(P) = h^1(P^m)$: Alternative characterisations of the generalisation from $h^{\max}$ to h^m. In *Proceedings of the Nineteenth International Conference on Automated Planning and Scheduling (ICAPS 2009)*, pages 354–357. AAAI Press, 2009.

[69] P. Haslum and H. Geffner. Admissible heuristics for optimal planning. In *Proceedings of the Fifth International Conference on Artificial Intelligence Planning and Scheduling (AIPS 2000)*, pages 140–149. AAAI Press, 2000.

[70] P. Haslum, N. Lipovetzky, D. Magazzeni, and C. Muise. *An Introduction to the Planning Domain Definition Language*, volume 13 of *Synthesis Lectures on Artificial Intelligence and Machine Learning*. Morgan & Claypool, 2019.

[71] A. Heinz, M. Wehrle, S. Bogomolov, D. Magazzeni, M. Greitschus, and A. Podelski. Temporal planning as refinement-based model checking. In *Proceedings of the Twenty-Ninth International Conference on Automated Planning and Scheduling (ICAPS 2019)*, pages 195–199. AAAI Press, 2019.

[72] M. Helmert. Decidability and undecidability results for planning with numerical state variables. In *Proceedings of the Sixth International Conference on Artificial Intelligence Planning and Scheduling (AIPS 2002)*, pages 303–312. AAAI Press, 2002.

[73] M. Helmert. The Fast Downward planning system. *Journal of Artificial Intelligence Research*, 26:191–246, 2006.

[74] M. Helmert. Concise finite-domain representations for PDDL planning tasks. *Artificial Intelligence*, 173:503–535, 2009.

[75] M. Helmert and C. Domshlak. Landmarks, critical paths and abstractions: What's the difference anyway? In *Proceedings of the Nineteenth International Conference on Automated Planning and Scheduling (ICAPS 2009)*, pages 162–169. AAAI Press, 2009.

[76] M. Helmert, P. Haslum, J. Hoffmann, and R. Nissim. Merge-and-shrink abstraction: A method for generating lower bounds in factored state spaces. *Journal of the ACM*, 61(3):16:1–63, 2014.

[77] M. Helmert and G. Röger. How good is almost perfect? In *Proceedings of the Twenty-Third AAAI Conference on Artificial Intelligence (AAAI 2008)*, pages 944–949. AAAI Press, 2008.

[78] I. T. Hernádvölgyi and R. C. Holte. Experiments with automatically created memory-based heuristics. In *Proceedings of the 4th International Symposium on Abstraction, Reformulation and Approximation (SARA 2000)*, volume 1864 of *Lecture Notes in Artificial Intelligence*, pages 281–290. Springer-Verlag, 2000.

[79] J. Hoffmann. The Metric-FF planning system: Translating 'ignoring delete lists' to numeric state variables. *Journal of Artificial Intelligence Research*, 20:291–341, 2003.

[80] J. Hoffmann and R. I. Brafman. Contingent planning via heuristic forward search with implicit belief states. In *Proceedings of the Fifteenth International Conference on Automated Planning and Scheduling (ICAPS 2005)*, pages 71–80. AAAI Press, 2005.

[81] J. Hoffmann and B. Nebel. The FF planning system: Fast plan generation through heuristic search. *Journal of Artificial Intelligence Research*, 14:253–302, 2001.

[82] J. Hoffmann, J. Porteous, and L. Sebastia. Ordered landmarks in planning. *Journal of Artificial Intelligence Research*, 22:215–278, 2004.

[83] D. Höller and G. Behnke. Encoding lifted classical planning in propositional logic. In S. Thiébaux and W. Yeoh, editors, *Proceedings of the Thirty-Second International Conference on Automated Planning and Scheduling (ICAPS 2022)*, pages 134–144. AAAI Press, 2022.

[84] D. Höller, G. Behnke, P. Bercher, S. Biundo, H. Fiorino, D. Pellier, and R. Alford. HDDL: An extension to PDDL for expressing hierarchical planning problems. In V. Conitzer and F. Sha, editors, *Proceedings of the Thirty-Fourth AAAI Conference on Artificial Intelligence (AAAI 2020)*, pages 9883–9891. AAAI Press, 2020.

[85] D. Höller, P. Bercher, G. Behnke, and S. Biundo. A generic method to guide HTN progression search with classical heuristics. In *Proceedings of the Twenty-Eighth International Conference on Automated Planning and Scheduling (ICAPS 2018)*, pages 114–122. AAAI Press, 2018.

[86] V. Honavar and M. Spaan, editors. In *Proceedings of the Thirty-Sixth AAAI Conference on Artificial Intelligence (AAAI 2022)*. AAAI Press, 2022.

[87] R. Horčík, D. Fišer, and Á. Torralba. Homomorphisms of lifted planning tasks: The case for delete-free relaxation heuristics. In V. Honavar and M. Spaan, editors, *Proceedings of the Thirty-Sixth AAAI Conference on Artificial Intelligence (AAAI 2022)*, pages 9767–9775. AAAI Press, 2022.

[88] R. Huang, Y. Chen, and W. Zhang. SAS^+ planning as satisfiability. *Journal of Artificial Intelligence Research*, 43:293–328, 2012.

[89] T. Imai and A. Fukunaga. On a practical, integer-linear programming model for delete-free tasks and its use as a heuristic for cost-optimal planning. *Journal of Artificial Intelligence Research*, 54:631–677, 2015.

[90] K. Rushang and S. Srivastava. Learning generalized relational heuristic networks for model-agnostic planning. In K. Leyton-Brown and Mausam, editors, *Proceedings of the Thirty-Fifth AAAI Conference on Artificial Intelligence (AAAI 2021)*, pages 8064–8073. AAAI Press, 2021.

[91] E. Karpas, A. Shleyfman, and M. Tennenholtz. Automated verification of social law robustness in STRIPS. In *Proceedings of the Twenty-Seventh International Conference on Automated Planning and Scheduling (ICAPS 2017)*, pages 163–171. AAAI Press, 2017.

[92] M. Katz and C. Domshlak. Implicit abstraction heuristics. *Journal of Artificial Intelligence Research*, 39:51–126, 2010.

[93] H. Kautz and B. Selman. Planning as satisfiability. In *Proceedings of the 10th European Conference on Artificial Intelligence (ECAI 1992)*, pages 359–363. John Wiley and Sons, 1992.

[94] H. Kautz and B. Selman. Pushing the envelope: Planning, propositional logic, and stochastic search. In *Proceedings of the Thirteenth National Conference on Artificial Intelligence (AAAI 1996)*, pages 1194–1201. AAAI Press, 1996.

[95] H. A. Kautz and J. P. Walser. State-space planning by integer optimization. In *Proceedings of the Sixteenth National Conference on Artificial Intelligence (AAAI 1999)*, pages 526–533. AAAI Press, 1999.

[96] T. Keller and P. Eyerich. PROST: Probabilistic planning based on UCT. In *Proceedings of the Twenty-Second International Conference on Automated Planning and Scheduling (ICAPS 2012)*, pages 119–127. AAAI Press, 2012.

[97] T. Keller and M. Helmert. Trial-based heuristic tree search for finite horizon MDPs. In *Proceedings of the Twenty-Third International Conference on Automated Planning and Scheduling (ICAPS 2013)*, pages 135–143. AAAI Press, 2013.

[98] E. Keyder and H. Geffner. Soft goals can be compiled away. *Journal of Artificial Intelligence Research*, 36:547–556, 2009.

[99] E. Keyder, J. Hoffmann, and P. Haslum. Improving delete relaxation heuristics through explicitly represented conjunctions. *Journal of Artificial Intelligence Research*, 50:487–533, 2014.

[100] P. Kissmann and S. Edelkamp. Improving cost-optimal domain-independent symbolic planning. In *Proceedings of the Twenty-Fifth AAAI Conference on Artificial Intelligence (AAAI 2011)*, pages 992–997. AAAI Press, 2011.

[101] A. Kolobov, Mausam, D. S. Weld, and H. Geffner. Heuristic search for generalized stochastic shortest path MDPs. In *Proceedings of the Twenty-First International Conference on Automated Planning and Scheduling (ICAPS 2011)*, pages 130–137. AAAI Press, 2011.

[102] A. Komenda, M. Štolba, and D. L. Kovacs. The International Competition of Distributed and Multiagent Planners (CoDMAP). *AI Magazine*, 37(3):109–115, 2016.

[103] B. Korte and J. Vygen. *Combinatorial Optimization: Theory and Algorithms*. Springer, 2nd edition, 2001.

[104] H. Kurniawati, D. Hsu, and W. S. Lee. SARSOP: Efficient point-based POMDP planning by approximating optimally reachable belief spaces. In *Robotics: Science and Systems IV*, 2008.

[105] R. Kuroiwa, A. Shleyfman, C. Piacentini, M. P. Castro, and J. C. Beck. Lm-cut and operator counting heuristics for optimal numeric planning with simple conditions. In *Proceedings of the Twentieth International Conference on Automated Planning and Scheduling (ICAPS 2010)*, pages 210–218. AAAI Press, 2010.

[106] J. Kvarnström and M. Magnusson. TALplanner in the Third International Planning Competition: Extensions and control rules. *Journal of Artificial Intelligence Research*, 20:343–377, 2003.

[107] P. Lauer, Á. Torralba, D. Fišer, D. Höller, J. Wichlacz, and J. Hoffmann. Polynomial-time in PDDL input size: Making the delete relaxation feasible for lifted planning. In Z.-H. Zhou, editor, *Proceedings of the 30th International Joint Conference on Artificial Intelligence (IJCAI 2021)*, pages 4119–4126. IJCAI, 2021.

[108] R. Mattmüller, M. Ortlieb, M. Helmert, and P. Bercher. Pattern database heuristics for fully observable nondeterministic planning. In *Proceedings of the Twentieth International Conference on Automated Planning and Scheduling (ICAPS 2010)*, pages 105–112. AAAI Press, 2010.

[109] R. Mattmüller and J. Rintanen. Planning for temporally extended goals as propositional satisfiability. In *Proceedings of the 20th International Joint Conference on Artificial Intelligence (IJCAI 2007)*, page 1966, 2007.

[110] Mausam and A. Kolobov. *Planning with Markov Decision Processes: An AI Perspective. Synthesis Lectures on Artificial Intelligence and Machine Learning*. Morgan & Claypool Publishers, 2012.

[111] D. McDermott. Using regression-match graphs to control search in planning. *Artificial Intelligence*, 109(1–2):111–159, 1999.

[112] D. McDermott. The 1998 AI Planning Systems competition. *AI Magazine*, 21(2):35–55, 2000.

[113] D. McDermott, M. Ghallab, A. Howe, C. Knoblock, A. Ram, M. Veloso, D. Weld, and D. Wilkins. PDDL – The Planning Domain Definition Language – Version 1.2. Technical Report CVC TR-98-003/DCS TR-1165, Yale Center for Computational Vision and Control, Yale University, 1998.

[114] K. L. McMillan. *Symbolic Model Checking*. Kluwer Academic Publishers, 1993.

[115] S.-i. Minato. Zero-suppressed BDDs and their applications. *International Journal on Software Tools for Technology Transfer*, 3(2):156–170, 2001.

[116] C. Muise, S. A. McIlraith, and J. C. Beck. PRP rebooted: Advancing the state of the art in FOND planning. In J. Dy and S. Natarajan, editors, *Proceedings of the Thirty-Eighth AAAI Conference on Artificial Intelligence (AAAI 2024)*, pages 20212–20221. AAAI Press, 2024.

[117] C. J. Muise, S. A. McIlraith, and J. C. Beck. Improved non-deterministic planning by exploiting state relevance. In *Proceedings of the Twenty-Second International Conference on Automated Planning and Scheduling (ICAPS 2012)*, pages 172–180. AAAI Press, 2012.

[118] D. S. Nau, T.-C. Au, O. Ilghami, U. Kuter, J. W. Murdock, D. Wu, and F. Yaman. SHOP2: An HTN planning system. *Journal of Artificial Intelligence Research*, 20:379–404, 2003.

[119] R. Nissim and R. Brafman. Distributed heuristic forward search for multi-agent planning. *Journal of Artificial Intelligence Research*, 51:293–332, 2014.

[120] J. Pearl. *Heuristics: Intelligent Search Strategies for Computer Problem Solving*. Addison-Wesley, 1984.

[121] M. A. Peot and D. E. Smith. Conditional nonlinear planning. In *Proceedings of the 1st International Conference on Artificial Intelligence Planning Systems (AIPS 1992)*, pages 189–197. Morgan Kaufmann, 1992.

[122] C. Piacentini, M. P. Castro, A. A. Cire, and J. C. Beck. Compiling optimal numeric planning to mixed integer linear programming. In *Proceedings of the Twenty-Eighth International Conference on Automated Planning and Scheduling (ICAPS 2018)*, pages 383–387. AAAI Press, 2018.

[123] C. Piacentini, M. Fox, and D. Long. Planning with numeric timed initial fluents. In *Proceedings of the Twenty-Ninth AAAI Conference on Artificial Intelligence (AAAI 2015)*, pages 4196–4197. AAAI Press, 2015.

[124] J. Pineau, G. J. Gordon, and S. Thrun. Anytime point-based approximations for large POMDPs. *Journal of Artificial Intelligence Research*, 27:335–380, 2006.

[125] F. Pommerening, M. Helmert, and B. Bonet. Abstraction heuristics, cost partitioning and network flows. In *Proceedings of the Twenty-Seventh International Conference on Automated Planning and Scheduling (ICAPS 2017)*, pages 228–232. AAAI Press, 2017.

[126] F. Pommerening, M. Helmert, G. Röger, and J. Seipp. From non-negative to general operator cost partitioning. In *Proceedings of the Twenty-Ninth AAAI Conference on Artificial Intelligence (AAAI 2015)*, pages 3335–3341. AAAI Press, 2015.

[127] G. Quenard, D. Pellier, and H. Fiorino. Sibylsat: Using SAT as an oracle to perform a greedy search on TOHTN planning. In U. Endriss and F. S. Melo, editors, *Proceedings of the 27th European Conference on Artificial Intelligence (ECAI 2024)*, volume 392, pages 4157–4164. IOS Press, 2024.

[128] M. F. Rankooh and G. Ghassem-Sani. ITSAT: An efficient SAT-based temporal planner. *Journal of Artificial Intelligence Research*, 53:541–632, 2015.

[129] S. Richter and M. Westphal. The LAMA planner: Guiding cost-based anytime planning with landmarks. *Journal of Artificial Intelligence Research*, 39:127–177, 2010.

[130] B. Ridder and M. Fox. Heuristic evaluation based on lifted relaxed planning graphs. In *Proceedings of the Twenty-Fourth International Conference on Automated Planning and Scheduling (ICAPS 2014)*, pages 244–252. AAAI Press, 2014.

[131] J. Rintanen. Constructing conditional plans by a theorem-prover. *Journal of Artificial Intelligence Research*, 10:323–352, 1999.

[132] J. Rintanen. Incorporation of temporal logic control into plan operators. In *Proceedings of the 14th European Conference on Artificial Intelligence (ECAI 2000)*, pages 526–530. IOS Press, 2000.

[133] J. Rintanen. An iterative algorithm for synthesizing invariants. In H. Kautz and B. Porter, editors, *Proceedings of the Seventeenth National Conference on Artificial Intelligence (AAAI 2000)*, pages 806–811. AAAI Press, 2000.

[134] J. Rintanen. Planning graphs and propositional clause-learning. In *Proceedings of the Eleventh International Conference on Principles of Knowledge Representation and Reasoning (KR 2008)*, pages 535–543. AAAI Press, 2008.

[135] J. Rintanen. Planning as satisfiability: Heuristics. *Artificial Intelligence*, 193:45–86, 2012.

[136] J. Rintanen. Temporal planning with clock-based SMT encodings. In *Proceedings of the 26th International Joint Conference on Artificial Intelligence (IJCAI 2017)*, pages 743–749. IJCAI, 2017.

[137] J. Rintanen, K. Heljanko, and I. Niemelä. Planning as satisfiability: parallel plans and algorithms for plan search. *Artificial Intelligence*, 170(12–13):1031–1080, 2006.

[138] N. Robinson, C. Gretton, D. N. Pham, and A. Sattar. SAT-based parallel planning using a split representation of actions. In *Proceedings of the Nineteenth International Conference on Automated Planning and Scheduling (ICAPS 2009)*, pages 281–288. AAAI Press, 2009.

[139] G. Röger and M. Helmert. The more, the merrier: Combining heuristic estimators for satisficing planning. In *Proceedings of the Twentieth International Conference on Automated Planning and Scheduling (ICAPS 2010)*, pages 246–249. AAAI Press, 2010.

[140] S. Sanner. Relational dynamic influence diagram language (RDDL): Language description, 2010.

[141] E. Scala, P. Haslum, S. Thiebaux, and M. Ramirez. Interval-based relaxation for general numeric planning. In *Proceedings of the 22nd European Conference on Artificial Intelligence (ECAI 2016)*, pages 655–663. IOS Press, 2016.

[142] E. Scala, M. Ramírez, P. Haslum, and S. Thiébaux. Numeric planning with disjunctive global constraints via SMT. In *Proceedings of the Twenty-Sixth International Conference on Automated Planning and Scheduling (ICAPS 2016)*, pages 276–284. AAAI Press, 2016.

[143] D. Schreiber. Lilotane: A lifted sat-based approach to hierarchical planning. *Journal of Artificial Intelligence Research*, 70:1117–1181, 2021.

[144] J. Seipp and M. Helmert. Counterexample-guided Cartesian abstraction refinement for classical planning. *Journal of Artificial Intelligence Research*, 62:535–577, 2018.

[145] J. Seipp, T. Keller, and M. Helmert. A comparison of cost partitioning algorithms for optimal classical planning. In *Proceedings of the Twenty-Seventh International Conference on Automated Planning and Scheduling (ICAPS 2017)*, pages 259–268. AAAI Press, 2017.

[146] I. Shaik and J. van de Pol. Classical planning as QBF without grounding. In S. Thiébaux and W. Yeoh, editors, *Proceedings of the Thirty-Second International Conference on Automated Planning and Scheduling (ICAPS 2022)*, pages 329–337. AAAI Press, 2022.

[147] G. Shani, J. Pineau, and R. Kaplow. A survey of point-based POMDP solvers. *Autonomous Agents and Multi-Agent Systems*, 27(1):1–51, 2013.

[148] W. Shen, F. Trevizan, and S. Thiébaux. Learning domain-independent planning heuristics with hypergraph networks. In J. C. Beck, E. Karpas and S. Sohrabi, editors, *Proceedings of the Thirtieth International Conference on Automated Planning and Scheduling (ICAPS 2020)*, pages 574–584. AAAI Press, 2020.

[149] S. Sievers, M. Wehrle, and M. Helmert. Generalized label reduction for merge-and-shrink heuristics. In *Proceedings of the Twenty-Eighth AAAI Conference on Artificial Intelligence (AAAI 2014)*, pages 2358–2366. AAAI Press, 2014.

[150] T. Silver, S. Dan, K. Srinivas, J. Tenenbaum, L. Pack Kaelbling, and M. Katz. Generalized planning in PDDL domains with pretrained large language models. In J. Dy and S. Natarajan, editors, *Proceedings of the Thirty-Eighth AAAI Conference on Artificial Intelligence (AAAI 2024)*, pages 20256–20264. AAAI Press, 2024.

[151] R. D. Smallwood and E. J. Sondik. The optimal control of partially observable markov processes over a finite horizon. *Operations Research*, 21(5):1071–1088, 1973.

[152] D. E. Smith. Choosing objectives in over-subscription planning. In *Proceedings of the Fourteenth International Conference on Automated Planning and Scheduling (ICAPS 2004)*, pages 393–401. AAAI Press, 2004.

[153] D. Speck, F. Geißer, and R. Mattmüller. When perfect is not good enough: On the search behaviour of symbolic heuristic search. In J. C. Beck, E. Karpas and S. Sohrabi, editors, *Proceedings of the Thirtieth International Conference on Automated Planning and Scheduling (ICAPS 2020)*, pages 263–271. AAAI Press, 2020.

[154] D. Speck, R. Mattmüller, and B. Nebel. Symbolic top-k planning. In V. Conitzer and F. Sha, editors, *Proceedings of the Thirty-Fourth AAAI Conference on Artificial Intelligence (AAAI 2020)*, pages 9967–9974. AAAI Press, 2020.

[155] S. Ståhlberg. Lifted successor generation by maximum clique enumeration. In K. Gal, A. Nowé, G. J. Nalepa, R. Fairstein and R. Rădulescu, editors, *Proceedings of the 26th European Conference on Artificial Intelligence (ECAI 2023)*, pages 2194–2201. IOS Press, 2023.

[156] S. Ståhlberg, B. Bonet, and H. Geffner. Learning general optimal policies with graph neural networks: Expressive power, transparency, and limits. In S. Thiébaux and W. Yeoh, editors, *Proceedings of the Thirty-Second International Conference on Automated Planning and Scheduling (ICAPS 2022)*, pages 629–637. AAAI Press, 2022.

[157] P. H. Starke. Reachability analysis of Petri nets using symmetries. *Systems Analysis, Modelling, Simulation*, 8(4–5):293–303, 1991.

[158] M. Steinmetz, J. Hoffmann, and O. Buffet. Goal probability analysis in MDP probabilistic planning: Exploring and enhancing the state of the art. *Journal of Artificial Intelligence Research*, 57:229–271, 2016.

[159] M. J. Streeter and S. F. Smith. Using decision procedures efficiently for optimization. In *Proceedings of the Seventeenth International Conference on Automated Planning and Scheduling (ICAPS 2007)*, pages 312–319. AAAI Press, 2007.

[160] S. Thiébaux and W. Yeoh, editors. In *Proceedings of the Thirty-Second International Conference on Automated Planning and Scheduling (ICAPS 2022)*. AAAI Press, 2022.

[161] Á. Torralba. From qualitative to quantitative dominance pruning for optimal planning. In *Proceedings of the 26th International Joint Conference on Artificial Intelligence (IJCAI 2017)*, pages 4426–4432. IJCAI, 2017.

[162] Á. Torralba, V. Alcázar, P. Kissmann, and S. Edelkamp. Efficient symbolic search for cost-optimal planning. *Artificial Intelligence*, 242:52–79, 2017.

[163] Á. Torralba, C. L. López, and D. Borrajo. Abstraction heuristics for symbolic bidirectional search. In S. Kambhampati, editor, *Proceedings of the 25th International Joint Conference on Artificial Intelligence (IJCAI 2016)*, pages 3272–3278. AAAI Press, 2016.

[164] S. Toyer, F. Trevizan, S. Thiébaux, and L. Xie. Action schema networks: Generalised policies with deep learning. In *Proceedings of the Thirty-Second AAAI Conference on Artificial Intelligence (AAAI 2018)*, pages 6294–6301. AAAI Press, 2018.

[165] F. W. Trevizan, S. Thiébaux, P. H. Santana, and B. Williams. I-dual: Solving constrained SSPs via heuristic search in the dual space. In *Proceedings of the 26th International Joint Conference on Artificial Intelligence (IJCAI 2017)*, pages 4954–4958. IJCAI, 2017.

[166] M. Štolba, D. Fišer, and A. Komenda. Potential heuristics for multi-agent planning. In *Proceedings of the Twenty-Sixth International Conference on Automated Planning and Scheduling (ICAPS 2016)*, pages 308–316. AAAI Press, 2016.

[167] A. Valmari. Stubborn sets for reduced state space generation. In *Proceedings of the 10th International Conference on Applications and Theory of Petri Nets (APN 1989)*, volume 483 of *Lecture Notes in Computer Science*, pages 491–515. Springer-Verlag, 1989.

[168] M. van den Briel, J. Benton, S. Kambhampati, and T. Vossen. An LP-based heuristic for optimal planning. In *Proceedings of the Thirteenth International Conference on Principles and Practice of Constraint Programming (CP 2007)*, volume 4741 of *Lecture Notes in Computer Science*, pages 651–665. Springer-Verlag, 2007.

[169] M. van den Briel, R. Sanchez, M. B. Do, and S. Kambhampati. Effective approaches for partial satisfaction (over-subscription) planning. In *Proceedings of the Nineteenth National Conference on Artificial Intelligence (AAAI 2004)*, pages 562–569. AAAI Press, 2004.

[170] V. Vidal and H. Geffner. Branching and pruning: An optimal temporal POCL planner based on constraint programming. *Artificial Intelligence*, 170(3):298–335, 2006.

[171] M. Wehrle and M. Helmert. Efficient stubborn sets: Generalized algorithms and selection strategies. In *Proceedings of the Twenty-Fourth International Conference on Automated Planning and Scheduling (ICAPS 2014)*, pages 323–331. AAAI Press, 2014.

[172] J. Wichlacz, D. Höller, and J. Hoffmann. Landmark heuristics for lifted classical planning. In L. De Raedt, editor, *Proceedings of the 31st International Joint Conference on Artificial Intelligence (IJCAI 2022)*, pages 4665–4671. IJCAI, 2022.

[173] A. Wilhelm, M. Steinmetz, and J. Hoffmann. On stubborn sets and planning with resources. In *Proceedings of the Twenty-Eighth International Conference on Automated Planning and Scheduling (ICAPS 2018)*, pages 288–297. AAAI Press, 2018.

[174] H. L. S. Younes and M. L. Littman. PPDDL1.0: An extension to PDDL for expressing planning domains with probabilistic effects. Technical Report CMU-CS-04-167, Carnegie Mellon University, School of Computer Science, 2004.

Petra Hofstedt und Sven Löffler

4 Constraints

Der Begriff *Constraint* bezeichnet ein Konzept zur deklarativen Beschreibung von Bedingungen und Relationen zwischen Variablen mit dem Ziel einer effizienten Modellierung und Lösung komplexer Probleme, z. B. aus den Bereichen Planung, Scheduling und Optimierung. Die Constraint-Programmierung hat sich in den 1980er Jahren als eigenständiges Forschungs- und Anwendungsfeld herausgebildet und ab etwa 1990 eine besondere Relevanz in Praxis und Wissenschaft erlangt.

4.1 Einleitung

Constraints ermöglichen eine elegante und effiziente Modellierung und Lösung von Problemen. *Constraint* sind (existentiell quantifizierte) prädikatenlogische Formeln über Variablen, denen bestimmte Definitionsbereiche, ihre *Domäne* zugeordnet werden. In der Constraint-Programmierung werden die Probleme bzw. ihre Lösungsmengen deklarativ mithilfe von Constraints beschrieben. Lösungen sind Belegungen der Variablen, die die Constraints erfüllen.

Beispiel 4.1.1. Ein pythagoreisches Tripel wird von drei natürlichen Zahlen x, y und z gebildet, welche die Längen der Seiten eines rechtwinkligen Dreiecks repräsentieren. Eine constraintbasierte Modellierung über dem Definitionsbereich $\{1, \dots, 100\}$ kann durch folgende Constraint-Konjunktion angegeben werden: $x^2 + y^2 = z^2 \wedge x, y, z \in \{1, \dots, 100\}$. Eine mögliche Lösung ist das Tripel $(x, y, z) = (3, 4, 5)$.

Eugene Freuder [26] gibt eine Charakterisierung der Constraint-Programmierung:

> Constraint programming represents one of the closest approaches computer science has yet made to the Holy Grail of programming: the user states the problem, the computer solves it.

Der Nutzer beschreibt auf deklarative Weise das Problem, während der Lösungsprozess aus Nutzersicht in den Hintergrund tritt und vom Computer bzw. vom Laufzeitsystem der constraint-basierten Sprache übernommen wird. Je nach Art der Constraints unterscheiden sich die Methoden zu ihrer Behandlung, d. h. zur Überprüfung ihrer Erfüllbarkeit, zur Berechnung konkreter Lösungen oder Lösungsmengen und ggf. optimaler Lösungen.

Anwendungsfelder der constraint-basierten Programmierung liegen sowohl im wissenschaftlichen Kontext, z. B. bei der Verarbeitung natürlicher Sprache, im Theorem-Beweisen und in der Analyse von Programmen, als auch in der industriellen Praxis. Typisch sind hier z. B. Optimierungsprobleme und Schedulingaufgaben, Planung

https://doi.org/10.1515/9783111386690-005

und Konfiguration, Schaltkreisdesign und -verifikation, qualitatives und quantitatives Schließen über Zeit und Raum (s. z. B. [64], insbesondere Kapitel 22 bis 26 oder [34], Abschnitt 4.4).

Dieses Kapitel ist wie folgt strukturiert: Nach dieser Einleitung führen wir in Abschnitt 4.2 wichtige Begriffe und Konzepte ein und skizzieren die Programmierung mit Constraints. Constraints werden anhand ihrer Lösungsmethoden und Definitionsbereiche klassifiziert. In Abschnitt 4.3 stellen wir exemplarisch Methoden und Algorithmen einer solchen Klasse, der sog. Finite Domain Constraints vor (Abschnitt 4.3.1). Weiterhin betrachten wir globale Constraints (Abschnitt 4.3.2), die Remodellierung und Transformation von Constraints (Abschnitt 4.3.3) und die parallele Constraint-Programmierung (Abschnitt 4.3.4). Abschnitt 4.4 gibt einen Ausblick auf aktuelle und zukünftige Forschungsthemen. Das Kapitel schließt mit einer Zusammenfassung in Abschnitt 4.5.

4.2 Grundlegende Konzepte

In diesem Abschnitt stellen wir grundlegende Konzepte der Constraint-Programmierung vor und diskutieren ihre Integration in Programmiersprachen.

4.2.1 Constraints und Constraint-Satisfaction-Probleme

Zur Modellierung mit Constraints werden Constraint-Satisfaction-Probleme genutzt. Die nachfolgenden Definitionen orientieren sich an [17, 27].

Definition 4.2.1 (Constraint Satisfaction-Problem (CSP), Constraint). Ein *Constraint Satisfaction-Problem (CSP)* $\mathcal{P}$ ist ein Tripel $\mathcal{P} = (X, D, C)$. Dabei ist $X = \{x_1, x_2, \ldots, x_n\}$ eine Menge von Variablen, $D = (D_{x_1}, D_{x_2}, \ldots, D_{x_n})$ ist ein n-Tupel von Domänen, sodass D_{x_i} die Menge der möglichen Werte von x_i beschreibt und $C = \{c_1, c_2, \ldots, c_k\}$ ist eine Menge von Constraints.

Ein *Constraint* $c = (Y, R)$ ist ein Tupel aus einer Menge von Variablen $Y \subseteq X$ und einer Relation R über den Variablen aus Y. Die Relation R beschreibt eine Teilmenge des kartesischen Produkts $D_{x_1} \times D_{x_2} \times \cdots \times D_{x_n}$ der Domänen der Variablen aus Y.

Die spezifische Interpretation eines Constraints als prädikatenlogische Formel wird durch die Domänen seiner Variablen (z. B. reelle Zahlen, ganze Zahlen oder endliche Mengen von Werten) und die Semantik seiner Funktions- und Prädikatsymbole zugewiesen. Oft wird ein Constraint c mit seiner Relation R gleichgesetzt. Die Relation R kann dabei explizit, d. h. in Form zulässiger Wertetupel (bei endlichen Domänen), oder implizit, d. h. durch Formeln, die diese Wertetupel beschreiben, gegeben sein.

Die Variablen Y eines Constraints c bezeichnen wir im Folgenden mit vars(c). Ein *unäres* Constraint ist ein Constraint der Stelligkeit eins, ein *binäres* Constraint hat die

Stelligkeit zwei. Weiterhin sprechen wir von n-stelligen Constraints, $n > 0$. Wir bezeichnen mit $C_\wedge = \bigwedge_{c \in C} c$ die Konjunktion der Constraints einer Menge C.

Definition 4.2.2 (Lösung). Eine *Lösung* eines CSPs $\mathcal{P} = (X, D, C)$ über den Variablen $X = \{x_1, \ldots, x_n\}$ ist eine Belegung $\sigma : X \to \bigcup_{i \in \{1,\ldots,n\}} D_{x_i}$ mit $\sigma(x_i) \in D_{x_i}$, die die Konjunktion $C_\wedge$ der Constraints aus C erfüllt, d. h. in allen Relationen aus C enthalten ist.

Eine Lösung eines CSPs $\mathcal{P} = (X, D, C)$ ist also eine Belegung, unter der die Konjunktion $C_\wedge$ gilt, d. h. alle Constraints aus C gelten. Eine Lösung σ eines CSPs über den Variablen $X = \{x_1, \ldots, x_n\}$ mit $\sigma(x_i) = d_i$, $i \in \{1, \ldots, n\}$, $d_i \in D_{x_i}$, schreiben wir auch als Menge von Zuordnungen $\sigma = \{x_1/d_1, \ldots, x_n/d_n\}$.

Beispiel 4.2.1. Ziel des n-Damen-Problems ist die Platzierung von n Damen auf einem $n{\times}n$-Schachbrett, sodass keine Dame im Einflussbereich einer anderen steht. Es gelten hierbei die üblichen Schachregeln, d. h. keine Dame darf sich mit einer anderen die Zeile, die Spalte oder eine Diagonale teilen.

Wir modellieren das Problem mithilfe von Constraints. Da in einer gültigen Konfiguration jeder Spalte des Schachbretts genau eine Dame zugeordnet werden muss, stellen wir das Schachbrett durch eine Folge von Damen $q_1, \ldots, q_n$ dar, sodass i der Spaltenposition der Dame q_i entspricht. Die Werte der Variablen stehen für die Zeilenpositionen der jeweiligen Damen.

Das CSP $\mathcal{P}_{Q4} = (X, D, C)$ mit $X = \{q_1, q_2, q_3, q_4\}$, $D = (D_{q_1}, D_{q_2}, D_{q_3}, D_{q_4})$, $D_{q_i} = \{1, 2, 3, 4\}$ und $C = C_1 \cup C_2$, wobei gilt

$$C_1 = \bigcup_{i,j \in \{1,\ldots,4\}, i<j} \{q_i \neq q_j\}$$

$$C_2 = \bigcup_{i,j \in \{1,\ldots,4\}, i<j} \{(q_i - i \neq q_j - j), (q_i + i \neq q_j + j)\}$$

beschreibt das 4-Damen-Problem. Die Constraints in C_1 legen unterschiedliche Zeilenpositionen für alle Damen fest, die Constraints in C_2 beschreiben die Einflussbereiche der Damen auf den Diagonalen. Eine Lösung des CSPs $\mathcal{P}_{Q4}$ ist $\sigma = \{q_1/2, q_2/4, q_3/1, q_4/3\}$.

In ähnlicher Weise lassen sich z. B. kryptoarithmetische Puzzles, Sudoku, magische Sequenzen und Quadrate constraint-basiert formulieren (s. z. B. [53, 1]).

Wird unter allen Lösungen eines CSPs nach Lösungen gesucht, die hinsichtlich bestimmter Kriterien optimal sind, so handelt es sich um ein Constraint Optimization-Problem (nach [78]):

Definition 4.2.3 (Constraint Optimization-Problem (COP)). Ist zu einem CSP $\mathcal{P} = (X, D, C)$ zusätzlich eine Zielfunktion $f : D_{x_1} \times D_{x_2} \times \cdots \times D_{x_n} \to \mathbb{Q}$ gegeben, die jeder Belegung einen numerischen Wert zuordnet, der zu minimieren oder zu maximieren ist, so liegt ein Constraint Optimization-Problem (COP) vor.

CSPs werden auch als *Constraint-Netzwerke* (vgl. [9]) bezeichnet und lassen sich durch Graphen visualisieren. Hierbei werden Variablen durch Knoten und Constraints durch Kanten repräsentiert. Für Constraints einer Stelligkeit $n > 2$ werden Hyperkanten verwendet.

Beispiel 4.2.2. Wir betrachten ein CSP $\mathcal{P} = (X, D, C)$ mit $X = \{x, y, z\}$, den Variablen-Domänen $D_x = D_y = D_z = \{1, 2, 3, 4\}$ und den Constraints $C = \{x > y, x > z, y \geq z, x - y > z, z \neq 4\}$. Abbildung 4.1 zeigt einen Graphen für $\mathcal{P}$. Neben den Variablen-Knoten sind die jeweiligen Domänen angegeben.

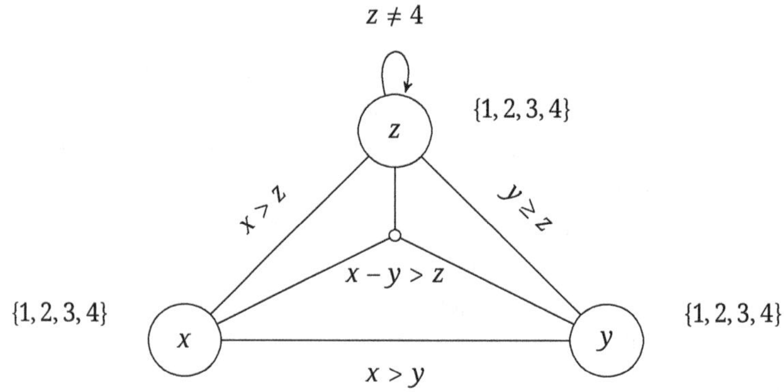

Abb. 4.1: Constraint-Netzwerk als Graph.

4.2.2 Constraint-Löser

Um die Erfüllbarkeit von CSPs und COPs zu prüfen und konkrete Lösungen zu berechnen, werden *Constraint-Löser* (engl. *constraint solver*) verwendet. Je nach Syntax und Semantik der Constraints bzw. je nach Art der Variablendomänen sind verschiedene Methoden zur Constraint-Behandlung notwendig, Constraints werden dementsprechend auch in sog. *Constraint-Systeme* [35] klassifiziert. So werden z. B. lineare arithmetische Constraints über reellen Zahlen, die mit der Simplex-Methode oder mittels Eliminationsverfahren gelöst werden können, arithmetische Constraints, die z. B. durch Intervall-Arithmetik behandelbar sind, und von boolesche Constraints unterschieden. Eine wichtige Klasse sind Finite Domain Constraints, deren Bedeutung aus ihren vielfältigen praktischen Anwendungen resultiert. Variablen von Finite Domain Constraints werden endliche Domänen zugeordnet. Somit spannen diese Probleme a priori einen endlichen Suchraum auf, und entsprechende Lösungsmethoden basieren letztendlich auf Domänenreduktion durch Filterverfahren auf Basis der Constraints und einer geschickten Suche. Wir gehen hierauf im Detail in Abschnitt 4.3.1 ein.

4.2.3 Programmierung mit Constraints

Constraints werden als syntaktische Konstrukte in Sprachen umgesetzt. Methoden zu ihrer Behandlung und Lösung, also Constraint-Löser bzw. deren Operationen, müssen geeignet in die Auswertungsmechanismen der Sprachen integriert werden.

Der Nutzer beschreibt mithilfe der Constraints auf deklarative Weise das Problem, während der Lösungsprozess vom Constraint-Löser übernommen wird. Der Nutzer muss die Verfahren zur Constraint-Behandlung nicht explizit beschreiben, kann sie aber i. d. R. spezialisieren und an sein Problem anpassen.

Die constraint-basierte Programmierung (engl. *Constraint Programming*, CP) orientiert sich an folgendem *allgemeinen Schema:*

1. Deklaration der Constraint-Variablen und ihrer Domänen
2. Definition der Problem-Constraints
3. Aufruf von Lösungsverfahren, ggf. unter Nutzung einer Zielfunktion

Darüber hinaus erlauben constraint-basierte Programmiersysteme i. d. R. die Definition neuer Constraints, vergleichbar zu Funktionen oder Methoden in funktionalen bzw. objektorientierten Sprachen und die Beschreibung eigener Such- und Lösungstechniken und Heuristiken oder die Anpassung vordefinierter Verfahren.

Während Constraints zunächst vor allem logische Programmiersprachen erweiterten, gibt es heute aufgrund ihrer Bedeutung in der Praxis verschiedene Formen ihrer Einbettung in Sprachen anderer Paradigmen, insbesondere auch in imperative und objektorientierte Sprachen. Im Wesentlichen gibt es zwei Formen constraint-basierter Programmiersysteme [33, 34]: Constraint-basierte Programmiersprachen und Constraint-Bibliotheken.

Eine *constraint-basierte Sprache* ist eine semantische Erweiterung einer Sprache um neue Konzepte und Auswertungsmechanismen bis hin zu einem vollständigen Neuentwurf. Typische Vertreter dieser Kategorie sind constraint-logische Sprachen, die eine Generalisierung der logischen Sprachen darstellen, z. B. ECL^{i}PS^e-PROLOG [4, 55], SICSTUS-PROLOG [12] und SWI-PROLOG [81]. Besonders interessante und erfolgreiche Entwicklungen stellen weiterhin constraint-basierte Modellierungssprachen dar, wie z. B. OPL [75], COMET [76], PICAT [83] und MINIZINC [72, 73]. Weiterhin gibt es regelbasierte Sprachen, wie z. B. CHR [28].

Constraint-Bibliotheken erlauben die funktionale und syntaktische Erweiterung einer existierenden Sprache um Constraints unter Ausnutzung existierender Sprachkonzepte. Häufig wird dieser Ansatz bei der Erweiterung objektorientierter Sprachen, aber auch beispielsweise in funktionalen Sprachen wie durch das MCP-Framework [68] umgesetzt. Konzepte der Constraint-Programmierung, wie Constraints, Constraint-Löser, Heuristiken etc. werden dabei als Klassen bzw. Objekte direkt in der Host-Sprache modelliert. Objektorientierte Sprachen wie JAVA und C++ sind in der Praxis anerkannt und verbreitet, ein deutlicher Vorteil hinsichtlich der Nutzerakzeptanz und des Erfolgs constraint-basierter Bibliotheken. Erfolgreiche Vertreter dieses Integrationsansatzes sind beispielsweise die JAVA-Bibliotheken CHOCO [60] und JACoP [41] und die C++-Bibliothek GECODE [69]. Auch die Google Optimization Tools (Google OR-Tools) [31] integrieren Constraints mittels Bibliotheken in Sprachen, hier vor allem C++, aber auch PYTHON, C# und JAVA.

4.3 Methoden und Algorithmen

In diesem Abschnitt betrachten wir zunächst Algorithmen zur Auswertung und Lösung von Constraints, die in Constraint-Lösern umgesetzt sind (Abschnitte 4.3.1 und 4.3.2). Weiterhin diskutieren wir Methoden, die sowohl vom Nutzer als auch (teilweise) maschinell angewendet werden können, um die Berechnung von Lösungen zu beschleunigen. Hierzu zählen die Remodellierung und Transformation von CSPs (Abschnitt 4.3.3) und die Parallelisierung (Abschnitt 4.3.4). Wir setzen grundlegende Begriffe der Prädikatenlogik wie Term, Formel, Relation und Erfüllbarkeit voraus.

4.3.1 Finite Domain Constraints

Die zur Behandlung und Lösung von Constraints anwendbaren mathematischen Verfahren hängen, wie bereits erwähnt, von der Syntax, der Semantik und den Domänen der Constraints bzw. CSPs ab. Wir betrachten hier Constraints über endlichen Domänen, sog. *Finite Domain Constraints (FD-Constraints).* Das Gebiet der Finite Domain Constraints ist sehr gut erforscht und wird vielfältig und überaus erfolgreich in der Praxis, z. B. zur Beschreibung und Lösung von Planungsaufgaben und von Scheduling- und Optimierungsproblemen [54, 7, 57] angewendet.

Für FD-Constraints setzen wir die Definition 4.2.1 voraus und legen fest, dass alle Domänen D_{x_i} der Variablen x_i, $i \in \{1, \ldots, n\}$, endlich sind. Damit ist auch die Menge der möglichen Belegungen endlich und kann prinzipiell systematisch nach Lösungen abgesucht werden. Suchtechniken eignen sich somit bereits als Lösungsverfahren (Constraint-Löser) für FD-Constraints. Da der Suchraum zwar endlich, aber trotzdem sehr groß sein kann, wird zunächst versucht, ihn mithilfe der einzelnen Constraints des CSPs lokal einzuschränken.

Die Behandlung eines Constraints setzt sich aus drei Verfahren zusammen: (1) Domänenreduktion, (2) Propagation und (3) Suche. Die Domänenreduktion oder -filterung entfernt Werte aus den Domänen der an einem Constraint c beteiligten Variablen, wenn sie nicht mit dem Constraint c konsistent sind. Die Propagation bezeichnet die weiteren Domänenreduktionen aufgrund von Constraints c', die mit c gemeinsame Variable haben. Dieser iterative Prozess wird fortgesetzt, bis ein Fixpunkt erreicht ist. (Dieser wird immer erreicht und ist eindeutig, unabhängig von der Reihenfolge der propagierten Constraints [5].) In diesem Zustand ist das CSP lokal konsistent, d. h. jedes Constraint für sich ist lokal bzw. individuell konsistent. Trotzdem bedeutet das aber auch, dass in den Domänen Werte verblieben sein können, die an keiner Lösung beteiligt sind und sogar, dass trotz nicht-leerer Variablen-Domänen das CSP inkonsistent ist. Eine Suche nach Lösungen findet schließlich verschränkt mit der Herstellung der lokalen Konsistenz (bzw. mit Domänenreduktionen) statt.

Wir gehen im Folgenden auf die Domänenreduktion ein und stellen Konsistenzbegriffe vor. Danach diskutieren wir Propagation und Suchtechniken.

4.3.1.1 Lokale und globale Konsistenz

Lokale Konsistenz bezeichnet Konsistenz-Zustände eines CSPs nach der Propagierung einzelner Constraints. Die im Folgenden diskutierten Konsistenz-Algorithmen beseitigen lokale Inkonsistenzen eines Constraint-Netzwerks, d. h. sie identifizieren und löschen anhand lokaler Constraints Variablenbelegungen, die niemals Teil einer Lösung sein können. Die Lösungsmenge eines CSPs $\mathcal{P}'$ mit durch Konsistenzherstellung reduzierten Variablen-Domänen entspricht der des ursprünglichen CSPs $\mathcal{P}$, d. h. durch die Herstellung lokaler Konsistenz gehen weder Lösungen verloren noch kommen neue hinzu.

Die einfachste Form der Konsistenz ist die *Knotenkonsistenz*. Die Analyse der Knotenkonsistenz identifiziert nicht mit unären Constraints verträgliche Werte der Variablen-Domänen, die somit entfernt werden können.

Definition 4.3.1 (Knotenkonsistenz (engl. *node consistency*)). Gegeben sei ein CSP $\mathcal{P} = (X, D, C)$. Ein unäres Constraint $c \in C$, $\text{vars}(c) = \{x\}$, ist *knotenkonsistent*, wenn $D_x \subseteq c$. Das CSP $\mathcal{P}$ ist *knotenkonsistent*, wenn alle unären Constraints aus C knotenkonsistent sind.

Algorithmus 1 zeigt die Herstellung der Knotenkonsistenz für ein gegebenes CSP $\mathcal{P}$ über den Variablen $x_1, \ldots, x_n$. Anhand der Menge $C_{un} \subseteq C$ der unären Constraints von $\mathcal{P}$ werden die Variablen-Domänen eingeschränkt.

Algorithm 1: Knotenkonsistenz.

nodeConsistency($\mathcal{P}$) =
  foreach $c \in C_{un}$ **do**
    Sei $\{x_i\} = \text{vars}(c)$.
    $D_{x_i} \leftarrow D_{x_i} \cap c$
  end
  return $\mathcal{P}$ *mit neuen Domänen D*

Kantenkonsistenz bezeichnet die Verträglichkeit der Domänen von Variablen binärer Constraints. Das Ziel ist auch hier wieder die Entfernung von Domänenwerten, die die lokalen Constraints nicht erfüllen.

Definition 4.3.2 (Kantenkonsistenz (engl. *arc consistency*)). Gegeben sei ein CSP $\mathcal{P} = (X, D, C)$. Ein binäres Constraint $c \in C$ über den Variablen x_i und x_j, $i \neq j$, ist *kantenkonsistent*, wenn gilt:

$$\forall d_i \in D_{x_i}, \exists d_j \in D_{x_j} \text{ mit } (d_i, d_j) \in c \quad \text{und}$$
$$\forall d_j \in D_{x_j}, \exists d_i \in D_{x_i} \text{ mit } (d_i, d_j) \in c.$$

Das CSP $\mathcal{P}$ ist *kantenkonsistent*, wenn alle binären Constraints aus C kantenkonsistent sind.

Algorithmus 2 zeigt das Vorgehen des Algorithmus AC-1 [51]. Für jedes binäre Constraint $c \in C_{bin} \subseteq C$ werden die Werte der beteiligten Variablen aus den Domänen gelöscht, die nicht mit c verträglich sind (Zeilen 4–8). Aufgrund gemeinsamer Variablen von Constraints kann eine Domänenreduktion durch ein Constraint c weitere Reduktionen durch ein anderes Constraint c' zur Folge haben. Daher wird der vollständige Durchlauf über alle binären Constraints wiederholt, bis es zu keinen Änderungen der Domänen mehr kommt (Zeilen 2–9). Dabei kann ein CSP als inkonsistent erkannt werden, wenn während der Herstellung der lokalen Konsistenz mindestens eine Variablen-Domäne leer wird.

Algorithm 2: Kantenkonsistenz AC-1.

1 `arcConsistency(`$\mathcal{P}$`) =`
2   **do**
3         $D' \leftarrow D$
4   **foreach** $c \in C_{bin}$ **do**
5   Sei $\{x_i, x_j\} = \text{vars}(c)$.
6             $D_{x_i} \leftarrow \{d \in D_{x_i} | \exists e \in D_{x_j} : (d, e) \in c\}$
7             $D_{x_j} \leftarrow \{e \in D_{x_j} | \exists d \in D_{x_i} : (d, e) \in c\}$
8   **end**
9   **while** $D \neq D'$
10   **return** $\mathcal{P}$ *mit neuen Domänen* $\mathcal{D}$

Der Algorithmus AC-1 birgt Verbesserungsmöglichkeiten. Selbst wenn nur die Variablen-Domäne einer einzigen Variable x reduziert wurde, betrachtet der Algorithmus im darauf folgenden Durchlauf erneut sämtliche binären Constraints, insbesondere auch solche, deren Variablen möglicherweise gar nicht mit der Variable x in Verbindung stehen. Genau diese Beobachtung wurde zu einer Verbesserung im Algorithmus

AC-3 [51] ausgenutzt. Ein binäres Constraint wird dabei immer nur dann noch einmal untersucht, wenn sich die Domäne mindestens einer der in ihm enthaltenen Variablen geändert hat. AC-3 ist weit verbreitet und häufig genutzt. Der Algorithmus hat im schlechtesten Fall einen Aufwand von $\mathcal{O}(ed^3)$, wobei e die Anzahl der Constraints ist und d die Kardinalität der größten Domäne. Weitere Verbesserungen von Kantenkonsistenz-Algorithmen stellt im Detail [9] vor.

Die Verallgemeinerung der Kantenkonsistenz für n-stellige Constraints, $n \geq 2$, führt zur sog. *generalisierten Kantenkonsistenz* (engl. *generalized arc consistency*, GAC), auch Hyperkantenkonsistenz (engl. *hyper-arc consistency*) [27, 77].

Definition 4.3.3 (Generalisierte Kantenkonsistenz). Gegeben sei ein CSP $\mathcal{P} = (X, D, C)$. Ein n-stelliges Constraint $c \in C$, $n \geq 2$, über den Variablen $x_1, \ldots, x_n$ ist *hyperkantenkonsistent*, wenn gilt:

Für alle $i \in \{1, \ldots, n\}$ gilt: Für alle Werte $d_i \in D_{x_i}$ gibt es für alle $j \in \{1, \ldots, n\}, j \neq i$, Werte $d_j \in D_{x_j}$, sodass die Belegung σ mit $\sigma(x_k) = d_k$, $k \in \{1, \ldots, n\}$ das Constraint c erfüllt.

Generalisierte Kantenkonsistenz bedeutet also, dass es für jede Variable eines Constraints c für jeden ihrer möglichen Domänenwerte für alle anderen Variablen von c gleichzeitig konsistente Domänenwerte geben muss. Bei der Herstellung von GAC werden zur Domänenreduktion einer Variable x eines Constraints c Domänenwerte aufgespürt, für die es keine kompatiblen Wertetupel für die anderen an c beteiligten Variablen gibt. (Dies entspricht im Algorithmus 2 zur Kantenkonsistenz den Zeilen 6 und 7.)

Als weitere Stufe der lokalen Konsistenz wurde Pfadkonsistenz (engl. *path consistency*) untersucht. Entsprechende Algorithmen beschränken die Variablen-Domänen durch Betrachtung impliziter Constraints, die durch die transitive Verknüpfung binärer Constraints bestehen [9]. Eine Verallgemeinerung der vorgenannten Konsistenzbegriffe ist die k-Konsistenz, die beschreibt, dass jede konsistente Belegung von $(k-1)$ Variablen zu einer solchen über k Variablen erweitert werden kann [25]. Die starke k-Konsistenz eines CSPs setzt darüber hinaus seine i-Konsistenz für $i \in \{1, \ldots, k\}$ voraus. Ist ein CSP mit n Variablen stark n-konsistent, so sind die Domänen der Variablen minimal, d. h. sie enthalten keine Werte, die nicht an einer Lösung beteiligt sind. Das CSP ist dann *global konsistent* [9].

Definition 4.3.4 (Globale Konsistenz). Sei $\mathcal{P} = (X, D, C)$ ein CSP mit Variablen $X = \{x_1, \ldots, x_n\}$, deren Domänen $D = (D_{x_1}, \ldots, D_{x_n})$ und einer Menge von Constraints $C = \{c_1, \ldots, c_k\}$. Das CSP $\mathcal{P}$ ist *global konsistent*, wenn gilt: $\forall i \in \{1, \ldots, n\}$: $\forall d_i \in D_{x_i}$:

$\exists d_1 \in D_{x_1}, \ldots, \exists d_{i-1} \in D_{x_{i-1}}, \exists d_{i+1} \in D_{x_{i+1}}, \ldots, \exists d_n \in D_{x_n}$, so dass die Belegung σ mit $\sigma(x_k) = d_k$, $k \in \{1, \ldots, n\}$ eine Lösung für $C_\wedge$ ist.

Beispiel 4.3.1. Nach Herstellung von Knoten- und Kantenkonsistenz bzw. GAC erhalten wir für das CSP $\mathcal{P}$ aus Beispiel 4.2.2 ein logisch äquivalentes CSP $\mathcal{P}'$ mit folgenden reduzierten Domänen: $D_x = \{3, 4\}$, $D_y = D_z = \{1, 2\}$.

Das CSP $\mathcal{P}'$ ist nicht global konsistent, da der Wert 2 aus der Domäne der Variable z an keiner Lösung von $\mathcal{P}'$ beteiligt ist. Das CSP $\mathcal{P}$ bzw. $\mathcal{P}'$ hat drei Lösungen: $\sigma_1 = \{x/3, y/1, z/1\}$, $\sigma_2 = \{x/4, y/1, z/1\}$ und $\sigma_3 = \{x/4, y/2, z/1\}$.

Ein weiterer Konsistenz-Begriff ist die *Grenzenkonsistenz* [14]. Hierbei werden die Variablen-Domänen D_x aller Variablen x des CSPs als Ganzzahlintervalle $[\min(D_x), \max(D_x)]$ interpretiert.

Definition 4.3.5 (Grenzenkonsistenz (engl. *bounds consistency*)). Gegeben sei ein CSP $\mathcal{P} = (X, D, C)$. Ein Constraint $c \in C$ über den Variablen $x_1, \ldots, x_n$, $n \geq 1$ ist *grenzenkonsistent*, wenn für alle $i \in \{1, \ldots, n\}$ gilt: Für die Werte $d_i \in \{\min(D_{x_i}), \max(D_{x_i})\}$ gibt es Werte $d_j \in \mathbb{R}$ mit $\min(D_{x_j}) \leq d_j \leq \max(D_{x_j})$, $j \in \{1, \ldots, n\}$, $i \neq j$, sodass die Belegung σ mit $\sigma(x_k) = d_k$, $k \in \{1, \ldots, n\}$ das Constraint c erfüllt.

Grenzenkonsistenz stellt sicher, dass für den minimalen und den maximalen Domänenwert einer Variable x_i jeweils (ggf. reelle) Werte in den Intervallen der Domänen der anderen Variablen x_j existieren, die das Constraint erfüllen können (vgl. [14], Def. 5). Wichtig ist dabei, dass die gewählten Werte d_j dieser „anderen" Variablen x_j keine echten Domänenwerte sein müssen, sondern lediglich reelle Zahlen innerhalb der Domänen-Grenzen. Daher müssen keine konkreten erfüllenden Belegungen gesucht werden; es genügt die Existenz solcher Werte in den Intervallen zu berechnen.

Algorithmen zur Berechnung der Grenzenkonsistenz sind effizienter als solche zur Berechnung der lokalen Konsistenz, da nur Intervallgrenzen betrachtet werden. Allerdings entfernen sie i. d. R. auch weniger nicht-erfüllende Werte aus den Domänen, sie sind also weniger effektiv.

Aufgrund des mit dem Grad der Konsistenz steigenden Aufwands der Algorithmen zu ihrer Herstellung wird in der Praxis i. d. R. auf Knoten- und Kantenkonsistenz bzw. GAC und Grenzenkonsistenz zurückgegriffen. Dabei ist es auch möglich, im Lösungsprozess für Constraints verschiedene Konsistenzniveaus einzusetzen. Insbesondere im Zusammenhang mit globalen Constraints (vgl. Abschnitt 4.3.2) besteht die Möglichkeit, einzelne Constraints mit generalisierter Kantenkonsistenz (GAC) einzuschränken (z. B. das `regular`-Constraint), wohingegen andere Constraints (z. B. das `sum`-Constraint bzw. `sum_ctr`-Constraint, [21]) auf Grenzenkonsistenz abzielen. Zur Lösung eines CSPs werden Konsistenz-Algorithmen und Suchverfahren verschränkt angewendet.

4.3.1.2 Suche nach Lösungen

Ein lokal konsistentes CSP liefert weder direkt Lösungen, noch sichern Knoten- und Kantenkonsistenz bzw. GAC deren Vorhandensein.

Beispiel 4.3.2. Wir betrachten ein CSP $\mathcal{P} = (X, D, C)$ mit $X = \{x_1, x_2, x_3\}$, den Variablen-Domänen $D_{x_i} = \{1, 2\}$, $i \in \{1, 2, 3\}$ und den Constraints $C = \{x_1 \neq x_2, x_2 \neq x_3, x_1 \neq x_3\}$.

Die Constraints sind einzeln betrachtet lokal konsistent. So existiert z. B. für jede Belegung der Variable x_1 im Hinblick auf das Teilconstraint $x_1 \neq x_2$ eine zulässige Belegung für x_2 und umgekehrt. Gleiches gilt für die anderen Teilconstraints. Daher ist das CSP lokal konsistent. Trotzdem gibt es für $\mathcal{P}$ keine Lösung.

Im Folgenden betrachten wir daher (vollständige) Suchtechniken. Wie bisher gehen wir von CSPs mit endlichen Domänen aus, somit ist eine vollständige und terminierende Untersuchung des Suchraums möglich.

Da ein einfaches *Generieren und Testen* einer Belegung zur Berechnung von Lösungen aufgrund des i. A. sehr großen Suchraums sehr ineffizient ist, wird das Wissen aus den Constraints genutzt, um die Domänen bereits vor bzw. während der Generierung von Teillösungen einzuschränken.

In einfacher Weise wird dies bereits beim *(chronologischen) Backtracking* angewendet. Schrittweise werden Variablen mit Werten ihrer Domänen belegt bis eine Lösung gefunden ist oder die Inkonsistenz des CSPs nachgewiesen wurde. Der Suchraum wird in Form eines sog. Suchbaums durchlaufen. In jedem Schritt, d. h. nach jeder Belegung einer Variable wird die Konsistenz der aktuellen Teilbelegung hinsichtlich der Constraints des CSPs überprüft. Treten Inkonsistenzen auf, so wird die Belegung für diese Variable rückgängig gemacht und eine alternative Wertauswahl getroffen. Ist die Wertemenge leer, so wird weiter zurückgegangen und die Wertauswahl der vorhergehenden Variablen widerrufen.

Tatsächlich wird Backtracking aber in Kombination mit Konsistenztechniken, Suchstrategien und Heuristiken verwendet, um schneller eine, alle oder die beste Lösung zu generieren oder die Inkonsistenz des Netzwerks nachzuweisen.

Zunächst können die Techniken zur Herstellung von Konsistenz aus Abschnitt 4.3.1.1 unmittelbar vor der Suche zur initialen Suchraumbeschränkung genutzt werden. Darüber hinaus verschränkt man sie mit der Suche, d. h. nach jeder Belegung einer Variable mit einem Wert im Suchprozess wird lokale Konsistenz hergestellt. Beide Schritte werden also im Wechsel angewendet. Dies erlaubt es, den Suchraum sukzessive und nach jeder Erweiterung einer Teillösung einzuschränken.

Suchstrategien

Suchstrategien werden in rückwärts gerichtet (engl. *look back*) und vorwärts gerichtet (engl. *look ahead*) unterschieden. Wir skizzieren kurz Verfahren beider Klassen, eine ausführliche Darstellung, die auch Kombinationen solcher Strategien diskutiert, ist z. B. in [59, 74] zu finden.

Look back-Verfahren zielen darauf ab, das wiederholte Durchlaufen fehlgeschlagener Zweige im Suchbaum zu vermeiden. So versucht beispielsweise *Backjumping* diejenige Variable im Suchbaum zu identifizieren, deren inkonsistente Belegung für das Backtracking verantwortlich war und springt an diese Stelle im Suchbaum zurück, möglicherweise über mehrere Ebenen. *Backchecking* und *Backmarking* vermerken weiterhin inkonsistente und konsistente Teilbelegungen, um diese nicht erneut prüfen zu müssen.

Look ahead-Strategien schließen vorausschauend inkonsistente Belegungen aus, indem sie Konsistenztechniken innerhalb der Suche nach jeder Wertauswahl anwenden, um so den Suchraum zu reduzieren. Diese Strategien unterscheiden sich in Form und Umfang der verwendeten Konsistenztechniken. Während z. B. *Forward Checking* Kantenkonsistenz nur für Constraints mit noch genau einer ungebundenen Variable herstellt, tut der MAC-Algorithmus (*Maintaining Arc Consistency* [67]) dies für alle Constraints mit noch unbelegten Variablen.

Algorithm 3: Maintaining Arc Consistency (MAC).

1 `MAC(`$\mathcal{P}$`) =`
2   $\mathcal{P} \leftarrow$ `localConsistency(`$\mathcal{P}$`)`
3   **if** $\exists i \in \{1, \ldots, n\} : D_{x_i} = \emptyset$ `// inkonsistentes CSP`
4   **then return** false
5   **if** $\forall i \in \{1, \ldots, n\} : |D_{x_i}| = 1$ `// Lösung gefunden`
6   **then**
7   **return** $\mathcal{P}$
8   **else**   `// erweitere Teillösung`
9   Wähle $y \in X$ mit $|D_y| \geq 2$.
10   **while** $D_y \neq \emptyset$ **do**
11   Wähle $d_y \in D_y$.
12       $D_y \leftarrow D_y \setminus \{d_y\}$
13       $\mathcal{R} \leftarrow$ `MAC(`$\mathcal{P}$'`),`
14   mit $\mathcal{P}' = (X, (D_{x_1}, \ldots, D'_y, \ldots, D_{x_n}), C)$ und $D'_y = \{d_y\}$
15   **if** $\mathcal{R} \neq$ false **then return** $\mathcal{R}$
16   **end**
17   **return** false
18   **end**

Algorithmus 3 zeigt den MAC-Algorithmus. Zunächst stellt der Algorithmus lokale Konsistenz her (Zeile 2), also beispielsweise Knoten- und generalisierte Kantenkonsistenz. Wird hierbei bereits die Domäne mindestens einer Variable leer, so können wir keine Lösung finden und das gegebene CSP war inkonsistent (Zeilen 3–4). Sind zu diesem Zeitpunkt hingegen die Domänen aller Variablen einelementig, so haben wir eine Lösung gefunden (Zeilen 5–7). Anderenfalls erweitern wir die aktuelle Teillösung, indem wir eine Variable y mit mindestens zweielementiger Domäne auswählen (Zeile 9) und für sie eine Belegung d_y bestimmen (Zeile 11). Mit dieser neuen Domänenbeschränkung wird erneut der Algorithmus MAC aufgerufen (Zeilen 13, 14). Hierdurch wird die Herstellung der lokalen Konsistenz mit der eigentlichen Suche verschränkt. Die Zeilen 9–17 realisieren Backtracking über der Variablen- und der Wertauswahl.

Variablenauswahl- und Wertauswahlheuristiken

Heuristiken bei der Variablen- und Wertauswahl können sich deutlich auf eine schnelle Lösungsfindung von Constraint-Problemen auswirken. Algorithmus 3 enthält Freiheitsgrade bei der Auswahl der nächsten zu belegenden Variable und des nächsten Domänenwertes (Zeilen 9 und 11). Hier setzen Variablen- und Wertauswahlheuristiken an. Beide können statisch oder dynamisch sein, d. h. die Reihenfolgen der Variablen bzw. Werte zur Auswahl sind entweder a priori vorgegeben oder werden während des Suchprozesses ermittelt.

Dynamische Variablenauswahlheuristiken wählen die nächste zu instanziierende Variable entweder anhand der Größe der aktuell verbleibenden Domänen oder basierend auf der Struktur des CSPs. Die Variablenauswahl beeinflusst die Struktur des Suchbaums. Ihr Ziel ist es, im Sinne einer schnellen Lösungsfindung den Suchbaum möglichst schlank zu halten. Weit verbreitet und einfach zu entscheiden ist beispielsweise das First-Fail-Prinzip: Man wählt eine Variable mit der aktuell kleinsten Domäne. Eine andere Heuristik, die auch in Kombination mit der ersteren angewendet wird, ist das Most-Constrained-Prinzip. Dabei werden Variablen, die in den meisten Constraints auftreten, bevorzugt ausgewählt.

Die Wertauswahlheuristik verändert die Größe und prinzipielle Suchbaumstruktur nicht, lediglich die Reihenfolge der Zweige im Suchbaum wird variiert. Solche Heuristiken sind somit nur von Nutzen, um schnell eine erste Lösung zu finden. Sollen alle Lösungen aufgezählt werden oder ist das CSP inkonsistent, so muss der gesamte Suchbaum abgelaufen werden und die Reihenfolge der Wertauswahl ist irrelevant. Bei COPs, der Anwendung paralleler Lösungsverfahren (vgl. Abschnitt 4.3.4) oder der Nutzung von sog. Nogoods (Wertausschlüsse, siehe [19]) kommt der Wertauswahl eine bedeutendere Rolle zu. Das schnelle Finden einer Lösung oder eines solchen Ausschlusses durch eine geeignete Auswahlheuristik kann dazu führen, dass andere Teilbereiche der Suche nicht betrachtet werden müssen. Dies kann den Lösungsprozess erheblich beschleunigen. Anstelle einer konkreten Wertauswahl für eine Variable ist es auch möglich, ein Domänen-Splitting-Verfahren anzuwenden. Dies bedeutet für das aktuell betrachtete CSP die Domäne D_x einer Variable x aufzuteilen und verschiedene Instanzen des CSPs mit den Teildomänen $D_x^1, \ldots, D_x^m$, wobei $D_x = \bigcup_{i \in \{1,\ldots,m\}} D_x^i$, von x zu untersuchen.

Eine ausführlichere Diskussion von Heuristiken zur Variablen- und Wertauswahl wird z. B. in [74, 35] gegeben.

4.3.2 Globale Constraints

Globale Constraints erlauben eine globale Sicht auf bestimmte logische Verknüpfungen lokaler Constraints, die bei der Modellierung einer Anwendung einen gemeinsamen Sachverhalt beschreiben. Bei der Behandlung und Lösung eines globalen Constraints kann der Lösungsalgorithmus die globale Problemstruktur zur stärkeren Domänenreduktion ausnutzen, eine Information, die bei der individuellen Betrachtung lokaler Constraints meist nicht vorhanden ist.

4.3.2.1 Häufig verwendete globale Constraints

Im Folgenden werden einige verbreitete globale Constraints vorgestellt.

Das `alldifferent`-Constraint

Die paarweise Verschiedenheit von n Variablen $x_1, \ldots, x_n$, $n \geq 2$, wird durch das globale Constraint $\texttt{alldifferent}(x_1, \ldots, x_n)$ repräsentiert. Es ist äquivalent zu einer Konjunktion von $\frac{n \cdot (n-1)}{2}$ Ungleichungen:

$$\texttt{alldifferent}(x_1, \ldots, x_n) \longleftrightarrow \bigwedge_{i<j, i,j \in \{1,\ldots,n\}} x_i \neq x_j$$

Das `alldifferent`-Constraint ist ein Paradebeispiel eines globalen Constraints und wird bei der Modellierung vieler Probleme genutzt, z. B. in der Ressourcen- und Personalplanung [77]. Es eignet sich insbesondere zur Darstellung von Permutationen und von Zyklen in Graphen. Etliche weitere globale Constraints können als Erweiterungen des `alldifferent`-Constraints angesehen werden [78].

Beispiel 4.3.3. Wir nutzen das `alldifferent`-Constraint zur Formulierung des 4-Damen-Problems. Dazu greifen wir auf die Modellierung aus Beispiel 4.2.1 zurück, wobei wir die Konjunktionen der Ungleichheitsconstraints durch `alldifferent`-Constraints ersetzen.

Das 4-Damen-Problem wird dargestellt durch das CSP $\mathcal{P} = (X, D, C)$ mit $X = \{q_1, q_2, q_3, q_4\}$, $D = (D_{q_1}, \ldots, D_{q_4})$, $D_{q_i} = \{1, 2, 3, 4\}$ und $C = \{c_1, c_2, c_3\}$, wobei gilt

$$\begin{aligned} c_1 &= \texttt{alldifferent}(q_1, \ldots, q_4), \\ c_2 &= \texttt{alldifferent}(q_1 - 1, q_2 - 2, \ldots, q_4 - 4) \quad \text{und} \\ c_3 &= \texttt{alldifferent}(q_1 + 1, q_2 + 2, \ldots, q_4 + 4). \end{aligned}$$

Das `alldifferent`-Constraint c_1 entspricht der Constraint-Menge C_1 aus Beispiel 4.2.1, die Konjunktion $c_2 \wedge c_3$ der Menge C_2.

Das `circuit`-Constraint

Ein weiteres globales Constraint ist $\texttt{circuit}(k, x_1, \ldots, x_n)$ [22]. Die Variablen x_i werden als Knoten eines Graphen betrachtet, wobei ihre Werte die Position ihres jeweiligen Nachfolgers innerhalb eines Zyklus repräsentieren. Weiterhin steht k für die Anzahl der Zyklen im Graphen. Hierbei gelte $D_k = D_{x_i} = \{1, \ldots, n\}$.

Für den in Abbildung 4.2 gezeigten Graphen sind folgende Constraints erfüllt: $\texttt{circuit}(3, 2, 1, 3, 6, 4, 5)$ und $\texttt{circuit}(1, 2, 3, 4, 6, 1, 5)$. Im ersten Fall gilt $k = 3$, d. h. es gibt 3 Zyklen: Der erste Zyklus $x_1 \to x_2 \to x_1$ ist durch die Variablenbelegungen $x_1 = 2$ und $x_2 = 1$ gegeben. Der zweite Zyklus $x_3 \to x_3$ ergibt sich durch $x_3 = 3$. Der dritte Zyklus $x_4 \to x_6 \to x_5 \to x_4$ wird durch $x_4 = 6$, $x_6 = 5$, $x_5 = 4$ repräsentiert. Analog beschreibt die zweite Lösung $\texttt{circuit}(1, 2, 3, 4, 6, 1, 5)$ nur einen Zyklus, es gilt $k = 1$: $x_1 \to x_2 \to x_3 \to x_4 \to x_6 \to x_5 \to x_1$.

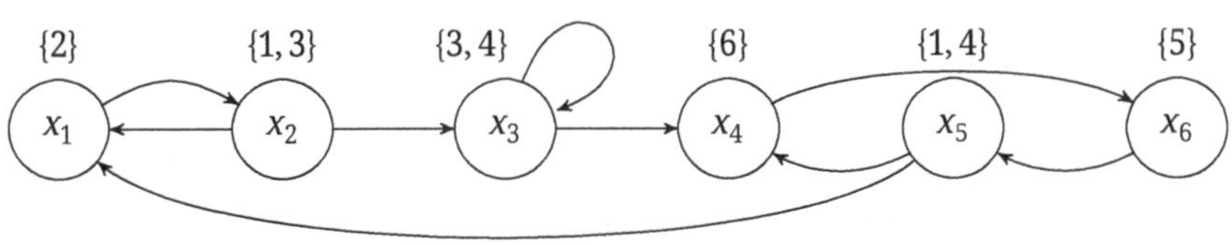

Abb. 4.2: Graph zur Illustration des `circuit`-Constraints.

Das `circuit`-Constraint eignet sich z. B. zur Modellierung des für viele praktische Anwendungen relevanten Traveling-Salesman-Problems (TSP) [48] oder von Vehicle-Routing-Problemen (VRP) [42].

Das `regular`-Constraint

Ein sehr flexibel einsetzbares Constraint ist das `regular`-Constraint [47]. Es gibt für eine Folge von Variablen $X = (x_1, \ldots, x_n)$ mit fester Länge n vor, dass die Folge der Werte $d_1 \in D_1, \ldots, d_n \in D_n$, die diese Variablen annehmen können, zu einer gegebenen regulären Sprache L gehören müssen. Die Sprache L wird dabei durch einen deterministischen endlichen Automaten definiert. Ein deterministischer endlicher Automat (engl. *deterministic finite automaton, DFA*) M ist durch ein Quintupel $(Q, \Sigma, \delta, q_0, F)$ definiert, wobei $Q = \{q_0, q_2, \ldots, q_k\}$ eine endliche Menge von Zuständen, Σ ein endliches Eingabealphabet, $\delta = Q \times \Sigma \to Q$ die Übergangsfunktion, $q_0 \in Q$ der Startzustand und $F \subseteq Q$ die Menge der akzeptierenden Zustände ist [36].

Die von einem DFA M erzeugten Wörter werden zur Sprache $L(M)$ zusammengefasst. Das `regular`-Constraint akzeptiert somit alle Wertebelegungen einer Sequenz von Variablen (also deren Konkatenation $\circ$), die innerhalb der Sprache $L(M)$ liegen.

$$\texttt{regular}(x_1, \ldots, x_n, M) \longleftrightarrow \{(d_1, \ldots, d_n) \mid \forall i\ d_i \in D_i,\ d_1 \circ d_2 \circ \cdots \circ d_n \in L(M)\}$$

Das knapsack-Constraint

Das knapsack-Constraint (dt. *Rucksack-Constraint*) wählt aus einer Menge von n Objekten, die jeweils über einen Gewichtswert $g_i \in \mathbb{Q}$ und einen Energiewert $e_i \in \mathbb{Q}$ verfügen, die Teilmenge aus, deren Gesamtgewicht eine gegebene Schranke $g \in \mathbb{Q}$ nicht übersteigt und deren aufsummierter Energiewert $e \in X$ maximal ist. Jedem Objekt ist darüber hinaus eine Variable $h_i \in X$ zugeordnet, deren Domäne repräsentiert, wie häufig ein Objekt ausgewählt werden kann. Es ergibt sich die folgende mathematische Definition für das knapsack-Constraint.

$$\texttt{knapsack}((g_1, \dots, g_n), (e_1, \dots, e_n), (h_1, \dots, h_n), g, e) \longleftrightarrow$$
$$\sum_{i=1}^{n} h_i * g_i \leq g, \quad \sum_{i=1}^{n} h_i * e_i = e, \quad \max e!$$

Der *Global Constraint Catalog* [21] systematisiert eine Vielzahl weiterer globaler Constraints, hierunter z. B. auch das `global cardinality`-Constraint als Generalisierung des `alldifferent`-Constraints, das jedem Domänenwert eine bestimmte Anzahl von Variablen zuordnet und das `cumulative`-Constraint zur Beschreibung von Scheduling-Problemen unter Ressourcenbeschränkungen. Weitere Beispiele sind das `count`-Constraint, das für eine Variablenfolge angibt, wie oft ein bestimmter Wert in dieser Folge vertreten sein darf und das `table`-Constraint, das die zulässigen Wertetupel für ein Variablentupel explizit aufzählt. Van Hoeve und Katriel [78] geben einen ausführlichen Überblick über den Forschungsbereich der globalen Constraints.

4.3.2.2 Lösung von globalen Constraints am Beispiel des `alldifferent`-Constraints

Wir skizzieren im Folgenden beispielhaft die Behandlung des `alldifferent`-Constraints, dessen Geschichte bis 1978 [43] zurückreicht und verschiedene Lösungsstrategien umfasst. Wir zeigen drei Varianten, die sich in den unterliegenden Techniken (und deren Komplexität) und damit einhergehend in den erreichbaren Konsistenzstufen unterscheiden.

Variante 1: Kantenkonsistenz durch binäre Dekomposition

Ein naiver Ansatz zur Konsistenzherstellung dekomponiert das `alldifferent`-Constraint in eine äquivalente Menge bzw. Konjunktion von Ungleichheitsconstraints zwischen je zwei verschiedenen Variablen.

Beispiel 4.3.4. Das Constraint `alldifferent`(x_1, x_2, x_3) über den Variablen x_1, x_2, x_3 mit den Domänen $D_{x_i} = \{1, 2\}$, $i \in \{1, 2, 3\}$ entspricht der Constraint-Menge $C = \{x_1 \neq x_2, x_2 \neq x_3, x_1 \neq x_3\}$ des CSPs aus Beispiel 4.3.2, das bereits lokal konsistent ist.

Diese Herangehensweise führt also dazu, dass die Herstellung der Kantenkonsistenz keine Domänenreduktion hervorruft, solange nicht die Domäne mindestens einer Variable nur noch einen Wert enthält. Eine nachfolgende Suche nach Lösungen muss dann ggf. die Inkonsistenz des Netzwerks erkennen. Bei Problemen mit großen Domänen führt dies zu einem erheblichen Aufwand bei der Suche.

Variante 2: Lokale Konsistenz mit Graphalgorithmen

Régin [65] beschreibt einen Algorithmus zur Domänenreduktion basierend auf generalisierter Kantenkonsistenz (GAC). Der Algorithmus nutzt graphentheoretische Konzepte aus der Mathematik. Wir setzen im Folgenden Begriffe, wie bipartiter Graph, Matching, Maximum-Matching etc. voraus (s. z. B. [40]).

Ein CSP wird hier als bipartiter Graph betrachtet, dessen Knotenmenge einerseits die Variablen des Constraints und andererseits alle Domänenwerte umfasst. Die Menge der Kanten wird durch die Variablen-Domänen bestimmt.

Eine wichtige Beobachtung dabei ist, dass eine Lösung eines `alldifferent`-Constraints c zu einem Matching korrespondiert, das die Menge der Variablen von c überdeckt. Ein CSP ist hyperkantenkonsistent, wenn der korrespondierende Graph nur noch Kanten von Matchings enthält, die alle Variablen von c überdecken.

Beispiel 4.3.5. Das CSP aus Beispiel 4.3.4 wird durch den Graphen in Abbildung 4.3 repräsentiert. Es ist sofort ersichtlich, dass kein Matching existieren kann, das alle Variablen überdeckt. Das CSP ist inkonsistent.

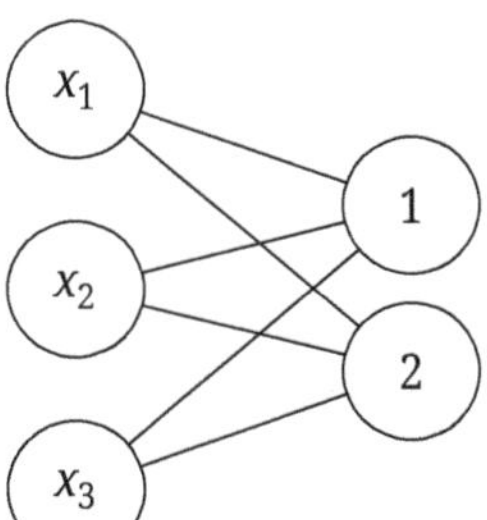

Abb. 4.3: Bipartiter Graph: `alldifferent`(x_1, x_2, x_3) mit $x_i \in \{1, 2\}, i \in \{1, 2, 3\}$.

Der Algorithmus von Régin berechnet zuerst ein Maximum-Matching M. Überdeckt M die Variablen aus c, so entspricht es einer Lösung des Constraints. Andernfalls ist das `alldifferent`-Constraint inkonsistent. Ausgehend von M werden alle sog. geraden alternierenden Pfade und Zyklen berechnet. Zusammen mit M repräsentieren diese die Menge der Lösungen von c, sodass alle sonstigen Kanten des Graphen, d. h. alle sonstigen Domänenwerte der Variablen, entfernt werden können. Das CSP ist dann hyperkantenkonsistent.

Beispiel 4.3.6. Wir betrachten ein CSP $\mathcal{P} = (X, D, C)$ über den Variablen $X = \{x_1, \ldots, x_6\}$ mit $C = \{$`alldifferent`$(x_1, \ldots, x_6)\}$. Für die Domänen gilt $D = (D_{x_1}, \ldots, D_{x_6}) = (\{1, 3\},$

$\{2,3\}, \{2,3\}, \{1,3,4\}, \{4,6\}, \{5,6,7\})$. Ein bipartiter Graph, der $\mathcal{P}$ repräsentiert, ist in Abbildung 4.4(a) angegeben. Die hervorgehobenen Kanten in Abbildung 4.4(b) stellen ein Maximum-Matching dar, das die Variablen des `alldifferent`-Constraints überdeckt, d. h. eine Lösung. Abbildung 4.4(c) schließlich enthält nur noch die als Ergebnis des Algorithmus verbliebenen Kanten des nun hyperkantenkonsistenten CSPs. Dieser Graph repräsentiert genau die Lösungsmenge des `alldifferent`-Constraints.

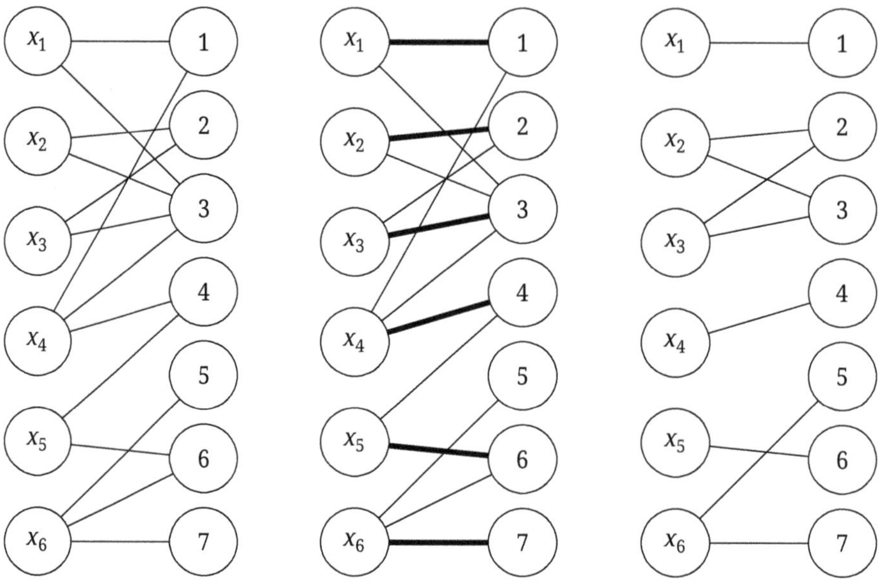

Abb. 4.4: Das CSP aus Beispiel 4.3.6: (a) Bipartiter Graph (b) Ein Maximum-Matching, das die Variablenmenge überdeckt (c) Graph nach Herstellung der GAC.

Der Aufwand des hier skizzierten Algorithmus wird mit $\mathcal{O}(m\sqrt{n})$ angegeben [77]; m ist die Summe der Kardinalitäten der Domänen, n die Anzahl der Variablen.

Variante 3: Grenzenkonsistenz mit Hall-Intervallen

Puget [61] stellte ein Verfahren zur Domänenreduktion mit Grenzenkonsistenz vor, das u. a. von Lopez-Ortiz et al. [46] verbessert wurde. Es nutzt Hall-Intervalle.

Definition 4.3.6 (Hall-Intervall [77]). Seien $x_1, \ldots, x_n$ die Variablen eines CSPs $\mathcal{P} = (X, D, C)$. Für ein Intervall $I = [\min, \max]$ sei $K_I = \{x_i \mid D_{x_i} \subseteq I\}$ die Menge aller Variablen, deren Domänen I umfasst.

Das Intervall I ist ein *Hall-Intervall*, wenn die Anzahl der Variablen, deren Domänen I umfasst, der Anzahl der Werte in I entspricht, d. h. es gilt $|I| = |K_I|$.

Beispiel 4.3.7. Wir betrachten erneut das CSP $\mathcal{P}$ aus Beispiel 4.3.6.

Das Intervall $I_1 = [2,3]$ ist ein Hall-Intervall mit der Variablenmenge $K_{I_1} = \{x_2, x_3\}$, denn es gilt $|I_1| = |K_{I_1}| = 2$. Weitere Hall-Intervalle sind $I_2 = [1,3]$ mit $K_{I_2} = \{x_1, x_2, x_3\}$ und $I_3 = [1,4]$ mit $K_{I_3} = \{x_1, x_2, x_3, x_4\}$.

Das Beispiel demonstriert bereits die Idee der Ausnutzung von Hall-Intervallen: Wenn wir ein Hall-Intervall für eine bestimmte Menge von Variablen finden, so bedeutet dies, dass die n Werte des Intervalls genau diesen n Variablen zugeordnet werden. Damit ist das Intervall ausgeschöpft und wir können seinen Domänenbereich für alle anderen Variablen ausschließen.

Da wir hier auf Intervallen arbeiten, zielt das Verfahren auf das Erreichen der Grenzkonsistenz (vgl. Abschnitt 4.3.1.1) ab.

Theorem 4.3.1 (aus [77]). *Das Constraint* `alldifferent`$(x_1, \ldots, x_n)$ *ist grenzenkonsistent, genau dann wenn* $|D_{x_i}| \geq 1$, $i \in \{1, \ldots, n\}$ *und*

1. *für jedes Intervall I gilt:* $|K_I| \leq |I|$ *und*
2. *für jedes Hall-Intervall I gilt:* $\{\min(D_x), \max(D_x)\} \cap I = \emptyset$ *für alle* $x \notin K_I$.

Ein `alldifferent`-Constraint ist also dann grenzenkonsistent, wenn die Domänen nicht-leer sind und weiterhin gilt: 1. Jedes Intervall umschließt mindestens so viele Werte, wie ihm Variablen zugeordnet sind. 2. Für jedes Hall-Intervall I gilt: Die Domänengrenzen einer Variable x, die I nicht zugeordnet ist, d. h. $x \notin K_I$, sind auch nicht in I enthalten.

Beispiel 4.3.8. Das CSP aus Beispiel 4.3.6 ist nicht grenzenkonsistent. Beispielsweise ist Punkt 2. aus Theorem 4.3.1 für das Hall-Intervall $I_1 = [2,3]$ verletzt, denn es gilt $x_1 \notin K_{I_1}$ aber $\{\min(D_{x_1}), \max(D_{x_1})\} = \{1,3\} \cap I_1 = \{3\} \neq \emptyset$.

Das Hauptkonzept des Vorgehens bei der Herstellung von Grenzenkonsistenz des `alldifferent`-Constraints nach [61, 46] ist die Berechnung von Hall-Intervallen und eine darauf basierende Reduktion von Domänen durch Beschneiden von Domänengrenzen nicht am Hall-Intervall beteiligter Variablen. Zur Suche nach Hall-Intervallen werden die Variablen des `alldifferent`-Constraints aufsteigend nach ihren maximalen Domänenwerten geordnet und in dieser Reihenfolge schrittweise größer werdende Intervalle mit dem Ziel untersucht, maximale Hall-Intervalle zu entdecken. Wird ein solches gefunden, so erfolgt eine entsprechende Domänenreduktion.

Beispiel 4.3.9. Wir betrachten noch einmal das CSP $\mathcal{P}$ aus Beispiel 4.3.6.

Die Entdeckung des Hall-Intervalls $I_1 = [2,3]$ mit der Variablenmenge $K_{I_1} = \{x_2, x_3\}$ erlaubt beispielsweise die Berechnung einer neuen oberen Domänengrenze für x_1 mit $\max(D_{x_1}) = 1$; das Hall-Intervall $I_2 = [1,2,3]$ mit $K_{I_2} = \{x_1, x_2, x_3\}$ führt zu einer neuen unteren Domänengrenze $\min(D_{x_4}) = 4$ für die Variable x_4.

Wir erhalten schließlich ein grenzenkonsistentes CSP $\mathcal{P}'$ mit neuen Variablen-Domänen $D' = (D'_{x_1}, \ldots, D'_{x_6}) = (\{1\}, \{2,3\}, \{2,3\}, \{4\}, \{6\}, \{5,6,7\})$.

Wir können beobachten, dass die berechneten Domänen dabei i. A. weniger eingeschränkt werden, als unter Anwendung des Algorithmus nach Régin (vgl. Beispiel 4.3.6 und Abbildung 4.4(c)). Insbesondere verbleibt nun der Wert 6 in der Domäne von x_6, da lediglich die Domänengrenzen untersucht und ggf. beschnitten werden.

Der Aufwand des Algorithmus zur Herstellung der Grenzenkonsistenz beträgt (im schlechtesten Fall) $\mathcal{O}(n \log n)$ [77], wobei n die Anzahl der Variablen ist.

In der Praxis werden beide vorgestellten Verfahren (Varianten 2 und 3) zur Konsistenzherstellung des `alldifferent`-Constraints verwendet. Die Herstellung von Grenzenkonsistenz mit Hall-Intervallen ist zwar schneller, eliminiert jedoch im Allgemeinen weniger Werte aus den Variablen-Domänen als die Herstellung lokaler Konsistenz mit Graphalgorithmen. In einigen Solvern wie, z. B. dem CHOCO-Solver [60], werden beide Vorgehensweisen nacheinander durchgeführt. Durch das schnelle Herstellen von Grenzenkonsistenz im ersten Schritt können ggf. schon viele Domänenabschnitte ausgeschlossen werden; dies unterstützt eine schnellere Berechnung der lokalen Konsistenz in einem zweiten Schritt.

4.3.3 Remodellierung und Transformation

Die Constraint-Programmierung ermöglicht es, komplexe, oft NP-vollständige oder sogar NP-schwierige Probleme zu modellieren und zu lösen. Im Idealfall (der selten und eher bei einfachen Problemen auftritt) löst der Solver ein Problem, unabhängig von der konkreten Modellierung, immer schnellstmöglich. In der Praxis beeinflusst die Art der Modellierung des Constraint-Problems dessen Lösungsgeschwindigkeit allerdings oft erheblich. Daher existieren verschiedene Remodellierungsverfahren und Transformationen, die ein Constraint-Modell in ein semantisch äquivalentes überführen, das mutmaßlich schneller gelöst werden kann. Im Folgenden wird auf vollständige Transformationen eines CSPs eines bestimmten Typs in CSPs eines anderen Typs (Abschnitt 4.3.3.1), Transformationen von CSPs oder einzelnen Constraints in spezielle globale Constraints (Abschnitt 4.3.3.2), und das Hinzufügen von redundanten oder symmetriebrechenden Constraints (Abschnitt 4.3.3.3) eingegangen.

4.3.3.1 Vollständige Transformationen

Die Grundidee, ein FD-CSP vollständig in ein CSP eines anderen Typs zu transformieren, basiert darauf, dass es für CSPs eines bestimmten Typs sehr gut erforschte, schnelle Solver gibt. Beispiele dafür sind binäre Solver (z. B. PC-1 und PC-2, [18]) zum Lösen von Constraint-Problemen mit ausschließlich unären und binären Constraints, SAT-Solver (z. B. *MiniSat* [24], der *clp(B)*-Solver [37] und *SAT4J* [44]) für Klauselmengen über booleschen Ausdrücken und lineare pseudo-boolesche Solver (*MiniSat+* [24], *SAT4J* [44]) für lineare Ausdrücke über booleschen Variablen. Auf einige dieser Transformationen wird im Folgenden eingegangen, darüber hinaus verweisen wir auf [6, 47].

Transformationen in binäre CSPs

Zwei gängige Möglichkeiten, FD-CSPs in binäre CSPs umzuwandeln, sind die *duale Transformation* (engl. *dual transformation*) [20] und die *Hidden-Transformation* (engl. *hidden transformation*) [63].

Für die *duale Transformation* eines CSPs $P = (X, D, C)$ in ein duales CSP $P^D = (X^D, D^D, C^D)$ wird für jedes Constraint $c = (X, T) \in C$ des ursprünglichen CSPs P eine neue duale Variable $x^D \in X^D$ erstellt. Die Domäne jeder dieser Variablen enthält alle zulässigen Tupel T des entsprechenden Constraints c. Für jedes Paar von ursprünglichen Constraints c_i und c_j aus C, die mindestens eine gemeinsame Variable enthalten, wird ein neues binäres duales Constraint $c^D = (x_i^D, x_j^D, R^D) \in C^D$ erstellt. Die Relation R^D definiert dabei alle zulässigen Tupel, welche sowohl c_i als auch c_j erfüllen.

Bei der *Hidden-Transformation* eines CSPs $P = (X, D, C)$ in ein Hidden-CSP $P^{Hidden} = (X \cup X^H, D \cup D^H, C^H)$ werden die Hidden-Variablen X^H und deren Domänen analog zu den dualen Variablen in der dualen Transformation erstellt. Die ursprünglichen Variablen X und Domänen D bleiben aber zusätzlich im Hidden-Problem enthalten. Die Hidden-Constraints C^H sind binäre Constraints, die jeweils eine ursprüngliche Variable x eines Constraints c und seine Hidden-Variable $x^H \in X^H$ in Relation setzen. Auf diese Weise entsteht ein bipartiter Graph mit den beiden Knotenmengen X und X^H. Die Hidden-Constraints C^H gewährleisten, dass jede Variable $x \in X$ nur solche Werte annehmen kann, die deren ursprüngliche Constraints erfüllen.

Vor- und Nachteile. Beide Ansätze haben den *Vorteil*, dass sie die Verwendung von Algorithmen ermöglichen, die binäre Einschränkungen erfordern, wie z. B. Pfadkonsistenzalgorithmen. Auf der anderen Seite haben beide Ansätze den *Nachteil*, dass sie nur sinnvoll sind, wenn das gesamte CSP transformiert wird. Zudem müssen alle Lösungen für jedes Constraint aufgelistet werden, was in den meisten Fällen extrem zeitaufwendig ist.

Die Hidden-Transformation hat gegenüber der dualen Transformation den Vorteil, dass die ursprünglichen Variablen erhalten bleiben. Dies ermöglicht ein direktes Auslesen der Lösung, ohne dass eine Umwandlung von Hidden-Variablen nötig ist. Der Vorteil der dualen Transformation besteht darin, dass sie in den meisten Fällen weniger Variablen und Einschränkungen benötigt als die Hidden-Transformation.

Transformationen in SAT-Probleme

SAT-Probleme können jedes andere FD-CSP darstellen, allerdings erfordert dies die Umwandlung aller nicht-booleschen Variablen in boolesche Variablen sowie eine Übersetzung aller Constraints basierend auf diesen neuen Variablen. Eine Vielzahl von Algorithmen zur Umwandlung von FD-CSPs in boolesche CSPs wird in [56, 79] beschrieben. Im Folgenden werden einige Methoden dargestellt.

Bei der *direkten Kodierung* (engl. *direct encoding*, auch *one-hot encoding* genannt, [58]) wird für jede mögliche Variablenbelegung $x = d$ des ursprünglichen CSPs eine neue boolesche Variable x_d erstellt. Je nachdem, ob der ursprünglichen Variable x der Wert d zugewiesen wird, ist der entsprechende Wert der booleschen Variable 1 oder 0. Für eine Variable x mit Domäne $D_x = \{1, 2, 4\}$ ergeben sich also die booleschen Variablen x_1, x_2 und x_4. Für jede ungültige Belegung der Variablen Y gemäß eines Constraints $c = (Y, R)$ wird eine Klausel über die zuvor erstellten booleschen Variablen generiert, die diese Belegung ausschließt. Da jede ursprüngliche Variable x in einer Lösung nur genau einen Wert ihrer Domäne D_x annimmt, werden zusätzliche Constraints eingeführt, die dafür sorgen, dass genau eine neue Variable $x_d, \forall d \in D_x$ den Wert 1 erhält.

Die *logarithmische Kodierung* (engl. *logarithmic encoding*, [79]) basiert auf der Idee, jeder Variable $x \in X$ des ursprünglichen CSPs genau $r = \lceil \log_2 |D_x| \rceil$ viele binäre Variablen $x_r^L, \ldots, x_1^L$ zuzuordnen, wobei die Belegungen für die Variablen $x_r^L, \ldots, x_1^L$ gerade den Index eines Domänenwertes der ursprünglichen Variable x in binärer Schreibweise darstellen. Es ist dabei notwendig, den ursprünglichen Domänen eine eindeutige Ordnung zuzuweisen, um diese eindeutig über Indexe ansprechen zu können. Für eine Variable x mit geordneter Domäne $D_x = \{1, 2, 4\}$ ergeben sich so die booleschen Variablen x_2^L und x_1^L, die mit der Belegung $\phi(x_2^L) = 0$ und $\phi(x_1^L) = 0$ den Wert $d_0 = 1$ für die ursprüngliche Variable x darstellen. Auch in diesem Ansatz wird für jede ungültige Belegung eines ursprünglichen Constraints eine spezifische Klausel erstellt, die diese ausschließt. Da nicht jede Domäne genau 2^k viele Einträge hat, wird für jede Binärdarstellung von Indizes, die keinen Wert in der ursprünglichen Domäne repräsentiert, eine Klausel erzeugt, die diese Belegung ausschließt. Für das Beispiel x mit $D_x = \{1, 2, 4\}$ bedeutet dies, dass x_2^L und x_1^L nicht gleichzeitig den Wert 1 annehmen dürfen, da D_x nur 3 Werte enthält, die über die Indexe 0, 1 und 2 referenziert werden.

Weitere Kodierungsvarianten stellen entweder die ursprünglichen Constraints anders dar, z. B. die *Support-Kodierung* (engl. *support encoding*), verringern die Anzahl der Klauseln wie die *Minimal-Support-Kodierung* (engl. *minimal support encoding*) oder repräsentieren die Variablen anders wie z. B. bei der *Regular-Kodierung* (engl. *regular encoding*). In [56] werden eine Übersicht über diese und weitere Kodierungsvarianten und ausführlichere Beschreibungen gegeben.

Vor- und Nachteile. Alle vorgestellten Ansätze ermöglichen es, ein FD-CSP in ein SAT-Problem zu transformieren. Dadurch können die sehr gut erforschten und leistungsstarken SAT-Solver zum Lösen von FD-CSPs verwendet werden. Ein Problem besteht allerdings darin, dass der Zeitaufwand für die Transformation eines FD-CSPs in ein SAT-Problem häufig unverhältnismäßig hoch ist. Daher ist dieser Ansatz nur für bestimmte FD-CSPs sinnvoll. Die einzelnen Transformationen haben verschiedene Vor- und Nachteile, die sie für unterschiedliche Bedingungen (z. B. viele erfüllende oder ungültige Tupel in den Constraints, sehr große oder kleine Domänen) in den ursprünglichen CSPs unterschiedlich gut anwendbar machen. Stuckey et al. haben mit Chuffed [15] einen Solver entwickelt, der durch die Kombination von SAT- und FD-Lösungsansätzen schwere Probleme besser bzw. überhaupt erstmalig lösen kann [71].

4.3.3.2 Transformationen in spezielle globale Constraints

Sowohl mithilfe des globalen `table`- und als auch des globalen `regular`-Constraints können prinzipiell alle anderen Constraints repräsentiert werden. Das `table`-Constraint ermöglicht es, alle erfüllenden (oder ungültigen) Belegungen eines Constraints direkt zu benennen (Tabularisierung [29]). Da wir von FD-CSPs ausgehen, die nur über endlich viele Variablen und Domänenelemente verfügen, ist es möglich, jedes Constraint durch ein `table`-Constraint zu ersetzen.

Das `regular`-Constraint kann in ähnlicher Weise für die Umwandlung von Constraints genutzt werden (Regularisierung [47, 50]). Es erhält einen deterministischen endlichen Automaten und eine geordnete Menge von Variablen als Eingabe und sorgt dafür, dass die Variablen nur Belegungen annehmen, die der zugehörige deterministische endliche Automat akzeptiert (vgl. Abschnitt 4.3.2.1).

Vor- und Nachteile. Sowohl das `table`- als auch das `regular`-Constraint erreichen lokale Konsistenz (GAC), dadurch kann sowohl die Regularisierung, als auch die Tabularisierung das Konsistenzniveau erhöhen, wenn die Propagatoren der zu ersetzenden Constraints ein niedrigeres Konsistenzniveau aufweisen. Weitere Vorteile sind, dass Variablen oder Domänen selbst nicht transformiert werden müssen und es nicht notwendig ist, das gesamte CSP zu transformieren (partielle Transformationen sind möglich). Somit können Teile eines CSP mit hohen Lösungszeiten selektiv transformiert werden. Wird das gesamte CSP transformiert, so kann auch ein spezialisierter `table`- oder `regular`-Solver verwendet werden.

In ihrer Grundversion haben beide Ansätze denselben Nachteil wie die vollständigen Transformationen (vgl. Abschnitt 4.3.3.1): Alle Lösungen jedes Constraints müssen aufgelistet werden, und dies ist in der Regel sehr zeitaufwendig. Die Regularisierung hat allerdings einen großen Vorteil gegenüber allen anderen hier diskutierten Transformationsansätzen: Für viele globale Constraints gibt es direkte Transformationen in `regular`-Constraints, ohne die Lösungen aufzählen zu müssen. Zum Beispiel kann das `count`-Constraint direkt durch einen DFA ersetzt werden [49]. Durch die Verwendung direkter Transformationen kann die Aufzählung der zulässigen Tupel eines Constraints vermieden werden und dadurch die Transformation erheblich schneller durchgeführt werden.

Ein weiterer Vorteil ist, dass verschiedene `regular`-Constraints mittels Schnittmengenbildung über Automaten zu einem einzigen `regular`-Constraint zusammengefasst werden können. Dies kann zu einer zusätzlichen Erhöhung des Konsistenzniveaus führen, da dann Teil-CSPs, die nicht global konsistent sind, durch einzelne lokal konsistente

Constraints ersetzt werden können. Damit wird meist die Anzahl der benötigten Backtrackingschritte und somit die Suche in nicht zielführenden Teilbereichen des Suchraums erheblich verringert.

4.3.3.3 Hinzufügen von Constraints

Eine weitere Möglichkeit CSPs zu transformieren besteht darin, weitere Constaints zum Modell hinzuzufügen. Dabei werden hauptsächlich zwei Methoden unterschieden, das Hinzufügen von redundanten Constraints und das Hinzufügen von symmetriebrechenden Constraints.

Redundante Constraints

Es mag auf den ersten Blick widersprüchlich erscheinen, dass durch Hinzufügen von Redundanz eine Beschleunigung des Lösungsverfahrens erzielt werden kann; doch genau das ist in bestimmten Fällen möglich.

Redundante Constraints sind Einschränkungen, die keine weiteren Lösungen ausschließen, sondern bereits durch andere Constraints implizit ausgedrückt werden. Sie sind für die reine Problembeschreibung also nicht notwendig, können aber dazu beitragen, den Lösungsraum schneller zu beschränken [13]. Redundante Constraints sind besonders dann vorteilhaft, wenn sie das Konsistenzniveau des CSPs erhöhen (beschleunigende Redundanz). Das heißt, durch Propagation redundanter Constraints werden Bereiche des Suchraums ausgeschlossen, in denen keine Lösung enthalten sein kann, was für das ursprüngliche CSP nur durch Suche und Backtracking hätte festgestellt werden können. Ein Beispiel, bei dem ein redundantes Constraint zu einer signifikanten Beschleunigung des Lösungsvorgangs führt, sind magische Quadrate. Dabei sollen in ein $(n \times n)$-Feld die Werte 1 bis n^2 so eingetragen werden, dass jeder Wert nur einmal vorkommt und die Zeilen, Spalten und Hauptdiagonalen jeweils alle die gleiche Summe ergeben. Wird nur naiv gefordert, dass jede Summe den gleichen Wert S annimmt, so ist dies deutlich langsamer, als wenn das Constraint $S = \frac{n^3+n}{2}$ hinzugefügt wird. Obwohl diese Information bereits implizit im Modell enthalten ist, führt das Explizitmachen der magischen Zahl S zu einer deutlichen Beschleunigung der Lösungsvorganges. Auch wenn redundante Constraints in dieser Weise vorteilhaft sein können, müssen sie sorgfältig eingesetzt werden, da zu viele oder ungünstig gewählte, redundante Constraints den Rechenaufwand auch unnötig erhöhen können (verlangsamende Redundanz).

Symmetriebrechende Constraints

Viele Probleme und somit auch dazugehörige CSPs sind hochgradig symmetrisch. Lösungen für die zuvor beschriebenen magischen Quadrate können zum Beispiel sowohl horizontal, als auch vertikal gespiegelt oder um 90°, 180° oder 270° gedreht werden und ergeben wieder andere Lösungen. Wenn Wissen über diese Symmetrieeigenschaften für ein Problem bekannt ist, so können symmetriebrechende Constraints hinzugefügt werden, die eine solche Symmetrie im CSP verbieten. Dadurch kann der Suchraum signifikant verkleinert werden [39, 80]. Insbesondere werden dabei nicht nur Lösungen, sondern auch viele unzulässige Belegungen aus der Lösungssuche entfernt. Die symmetrischen Lösungen können danach aus den für das CSP gefundenen Lösungen berechnet werden. Für das magische Quadrat kann zum Beispiel gefordert werden, dass die linke obere Ecke immer den kleinsten Wert aller vier Ecken hat. Durch Drehung und Spiegelung können dann die anderen Lösungen, in denen dies nicht gilt, eindeutig berechnet werden.

4.3.4 Parallele Constraint-Programmierung

Es gibt verschiedene Verfahren zur Parallelisierung der Lösung von CSPs. Wir fassen die aktuellen Ergebnisse kurz zusammen, ausführliche Darstellungen und Literaturhinweise hierzu sind in [66, 30] zu finden.

Die Parallelisierung von Konsistenztechniken und Propagation erfordert häufige Synchronisationen und Kommunikation zwischen den Prozessen, sodass sich entsprechende Techniken als nur eingeschränkt anwendbar erwiesen haben. Demgegenüber kann die parallele Suche durch Aufteilung des Suchbaums den Lösungsprozess spürbar verbessern bis hin zu einem superlinearen Speedup bei der Berechnung einzelner Lösungen. Bei der parallelen Suche werden im Wesentlichen die Suchraumzerlegung (engl. *search space splitting*) und Portfolio-Algorithmen unterschieden. Bei der Suchraumzerlegung werden die Variablen-Domänen und damit der Suchraum statisch oder dynamisch über verschiedene Prozesse aufgeteilt. Die Herausforderung ist hier, eine sinnvolle Granularität der Arbeitspakete und eine passende Lastverteilung über den Prozessen zu finden, da die Suchbäume i. d. R. nicht balanciert und meist sehr ungleichmäßig sind. Portfolio-Algorithmen nehmen bei der parallelen Suche unterschiedliche „Blickwinkel" auf das zu lösende Constraint-Problem ein. Dies kann eine unterschiedliche Parametrisierung (z. B. verschiedene Auswahlheuristiken) der parallelen Suche sein, genauso wie die parallele Verwendung unterschiedlicher Lösungsalgorithmen oder unterschiedliche Modellierungen des gleichen Problems.

Constraint-basierte Sprachen und Bibliotheken, wie CHOCO und GECODE enthalten bereits teilweise Konstrukte zur Unterstützung der Parallelisierung des Lösungsprozesses. SUNNY-CP [2] ist ein paralleler Portfolio-Solver zur Lösung von in MINIZINC spezifizierten Constraint-Problemen. Hierzu nutzt er ein erweiterbares Portfolio verschiedener Löser bzw. Sprachen, hierunter die bereits genannten CHOCO, JACOP, OR-Tools und PICAT (vgl. Abschnitt 4.2.3).

4.4 Ausblick

Aktuelle Forschungsschwerpunkte umfassen Themen wie die Remodellierung und Parallelisierung von Constraints (vgl. Abschnitte 4.3.3 und 4.3.4), die Verbesserung und Spezialisierung verschiedener Solver, Algorithmen und Heuristiken zur Constraint-Lösung und die Erschließung neuer Anwendungsfelder [23, 70, 82]. Im Folgenden werden zwei weitere vielversprechende Trends exemplarisch diskutiert.

4.4.1 Constraint-Programmierung und Maschinelles Lernen

Die wachsende Popularität und der Erfolg maschineller Lernverfahren in einer Vielzahl von Anwendungsfeldern eröffnen auch für die Constraint-Programmierung ein interessantes Forschungsfeld. Sein Gegenstand ist die Kombination der beiden verschiedenen Ansätze: der regelbasierten Constraint-Programmierung auf der einen Seite und dem datengetriebenen Maschinellen Lernen auf der anderen Seite. So werden zum Beispiel maschinelle Lernverfahren genutzt, um möglichst gute Solver, Solver-Konfigurationen und Suchheuristiken für Constraint-Probleme zu identifizieren [8]. Diese Kombination kann auch genutzt werden, um Constraints zu erzeugen, die mithilfe fester Regeln nicht (einfach) erfassbar sind [45]. Ein Beispiel dafür ist die optimale Planung von Gerichten. Die Nährwerte der einzelnen Gerichte können als Constraints auf Basis der einzelnen Zutaten formuliert werden. Die Erfassung der geschmacklichen Präferenz für bestimmte Zutatenkombinationen ist allerdings nur schwer zu formalisieren. Mittels stochastischer Verfahren in Form eines Entscheidungsbaums oder neuronaler Netze können sie allerdings festgehalten werden. Die Überführung von Entscheidungsbäumen und von neuronalen Netzen in Constraints erlaubt die Nutzung von auf großen Datenmengen basierenden Regeln für die Constraint-Programmierung. Umgekehrt kann die Constraint-Programmierung im Maschinellen Lernen beispielsweise zur Durchführung einer geeigneten Feature-Extraktion oder -Aufbereitung verwendet werden.

4.4.2 Constraint-Programmierung und Quantencomputing

Auch wenn sich existierende Solver in Bezug auf ihre Domäne, ihre Variablen und Constraints zum Teil erheblich voneinander unterscheiden, basieren sie i. d. R. doch alle auf klassischer Hardware und unterliegen somit den Gesetzen der klassischen Physik. Mit der Verfügbarkeit von Quantencomputern steht eine neue Form der Hardware zur Verfügung, die auf den Besonderheiten der Quantenmechanik wie Superposition und Verschränkung (engl. *entanglement*) basiert und somit eine alternative Lösungsmethode für Constraint-Probleme bietet. Besondere Beachtung verdient der Quantum Annealer, der auf dem Quantum Adiabatic Theorem [11, 38] basiert. Mit ihm können CSPs und COPs behandelt werden.

Für die Verwendung eines Quantum-Annealers ist es erforderlich, die zu lösenden Constraint-Probleme in eine spezielle QUBO-Form (quadratic unconstrained binary optimization, [62]) zu überführen. Ein QUBO-Problem bezeichnet ein Optimierungsproblem, welches aus binären Variablen besteht und als quadratische Funktion beschrieben wird. Es gibt bereits verschiedene Ansätze Constraint-Probleme automatisch in QUBO-Probleme zu überführen [10, 16]. Ist ein Constraint-Problem als QUBO-Problem formuliert, kann es prinzipiell mittels eines Quantum-Annealers gelöst werden. Die korrekte Anpassung der Annealing-Parameter, wie Annealing-Zeit und Schedule, ist dabei von entscheidender Bedeutung und erfordert eine sorgfältige Bestimmung. Gegenwärtig sind Quantencomputer in ihrer Größe noch stark beschränkt, sodass sie lediglich für das Lösen kleiner Constraint-Probleme effektiv genutzt werden können. Sollte es in der Zukunft allerdings möglich werden, größere oder bessere Quantencomputer bereitzustellen, so könnten sie direkt als physikalische Solver für Constraint-Probleme dienen.

4.5 Schlussbetrachtung

Die Constraint-basierte Programmierung hat sich von ihren Ursprüngen als Erweiterung der logischen Programmierung hin zu einem etablierten Bereich der Künstlichen Intelligenz entwickelt. Gründe für den Erfolg sind vor allem ihre vielfältigen Anwendungsgebiete in Praxis und Wissenschaft, ihre einfache Verwendbarkeit aufgrund der Deklarativität und ihre Integration mit Methoden der klassischen KI und des Operations Research.

Dieser Artikel hat einen Überblick über den Bereich der Constraints, ihrer Lösungsverfahren (im Finite-Domain-Bereich), ausgewählter Methoden und Algorithmen (z. B. globale Constraints, Remodellierung und Transformation sowie Parallelisierung) und aktuelle Trends gegeben. Andere Themen, hierunter weitere Domänen und ihre Lösungsmethoden, die Kombination von Lösungsverfahren, und weitere Implementierungstechniken haben wir ausgelassen. Das Handbook of Constraint Programming [64] bietet dazu weitreichende Darstellungen an.

Constraints, constraint-basierte Programmierung und Verfahren sind Thema vieler Konferenzen und Workshops, insbesondere der *International Conference on Principles and Practice of Constraint Programming (CP)* und der *International Conference on Integration of AI and OR Techniques in Constraint Programming (CPAIOR)* sowie weiterer KI-Konferenzen. Die Zeitschrift *Constraints* (Springer-Verlag) vertritt das Themengebiet ebenso wie *Theory and Practice of Logic Programming* (Cambridge University Press). Seit 2005 bildet die *Association of Constraint Programming* (ACP) eine Vereinigung von Wissenschaftlern mit Forschungsgebieten im Bereich Constraints. Aktuelle Forschungsschwerpunkte umfassen Themen wie die Remodellierung und Parallelisierung von Constraints, die Verbesserung und Spezialisierung der verschiedenen Solver,

Algorithmen und Heuristiken zur Lösung von Constraint-Problemen [23, 70, 82], die Erschließung neuer Anwendungsfelder und das Kombinieren mit anderen Technologien wie dem Maschinellen Lernen und der Verwendung von Quantencomputern.

Die Techniken der Constraint-Programmierung kommen in immer mehr Anwendungen zum Einsatz, sowohl in der industriellen Praxis und Wirtschaft als auch im Alltag, wie beispielsweise in Navigationsgeräten, bei der Fahrplanoptimierung oder beim automatischen Layout von UI-Elementen auf dem Handy. Dies sorgt dafür, dass die Constraint-Programmierung auch in der Zukunft ein wichtiges Teilgebiet der Künstlichen Intelligenz ist.

Seit der letzten Dekade ist die Constraint-Programmierung auch im Informatik-Studienplan vieler Hochschulen vertreten; weiterhin sind eine Reihe von Büchern im Lehr- und Forschungskontext erschienen, darunter [3, 17, 28, 35, 52, 64, 32, 56, 34].

Literaturverzeichnis

[1] A problem library for constraints. http://www.csplib.org/, 2025. zuletzt besucht 2025-04-02.

[2] R. Amadini, M. Gabbrielli, and J. Mauro. A multicore tool for constraint solving. In Q. Yang and M. J. Wooldridge, editors, *Twenty-Fourth International Joint Conference on Artificial Intelligence – IJCAI*, pages 232–238. AAAI Press, 2015.

[3] K. Apt. *Principles of Constraint Programming*. Cambridge University Press, 2003.

[4] K. Apt and M. Wallace. *Constraint Logic Programming using Eclipse*. Cambridge University Press, 2007.

[5] K. R. Apt. From chaotic iteration to constraint propagation. In P. Degano, R. Gorrieri and A. Marchetti-Spaccamela, editors, *Automata, Languages and Programming, 24th International Colloquium, ICALP 1997*, volume 1256 of *LNCS*, pages 36–55. Springer, 1997.

[6] O. Bailleux, Y. Boufkhad, and O. Roussel. New encodings of pseudo-boolean constraints into cnf. In O. Kullmann, editor, *Theory and Applications of Satisfiability Testing - SAT 2009*, pages 181–194. Springer, 2009.

[7] P. Baptiste, P. Laborie, C. L. Pape, and W. Nuijten. Constraint-based scheduling and planning. In Rossi et al. [64], chapter 22, pages 761–799.

[8] I. Becker, S. Löffler, and P. Hofstedt. Ml-based automation of constraint satisfaction model transformation and solver configuration. In J. M. F. Machado et al., editors, *19th International Conference on Distributed Computing and Artificial Intelligence, DCAI 2022*, volume 585 of *Lecture Notes in Networks and Systems*, pages 177–183. Springer, 2022.

[9] C. Bessiere. Constraint propagation. In Rossi et al. [64], chapter 3, pages 29–83.

[10] K. E. C. Booth, B. O'Gorman, J. Marshall, S. Hadfield, and E. G. Rieffel. Quantum-accelerated constraint programming. *Quantum*, 5:550, 2021.

[11] M. Born and V. Fock. *Beweis des Adiabatensatzes. Zeitschrift für Physik*, 51(3):165–180, 1928.

[12] M. Carlsson and P. Mildner. Sicstus prolog - the first 25 years. *Theory and Practice of Logic Programming*, 12(1–2):35–66, 2012.

[13] B. M. W. Cheng, J. H.-M. Lee, and J. C. K. Wu. Speeding up constraint propagation by redundant modeling. In E. C. Freuder, editor, *Second International Conference on Principles and Practice of Constraint Programming, 1996*, volume 1118 of *Lecture Notes in Computer Science*, pages 91–103. Springer, 1996.

[14] C. W. Choi, W. Harvey, J. H. M. Lee, and P. J. Stuckey. Finite domain bounds consistency revisited. In A. Sattar and B.-H. Kang, editors, *19th Australian Joint Conference on Artificial Intelligence – AI 2006*, volume 4304 of *Lecture Notes in Computer Science*, pages 49–58. Springer, 2006.

[15] Chuffed. https://github.com/chuffed/chuffed, 2025. zuletzt besucht 2025-04-03.
[16] P. Codognet. A constraint programming approach for QUBO solving and quantum annealing. In E. Söderberg and L. Church, editors, *8th International Conference on the Art, Science, and Engineering of Programming, Programming Companion 2024*. ACM, 2024.
[17] R. Dechter. *Constraint Processing*. Morgan Kaufmann, 2003.
[18] R. Dechter. Consistency-enforcing and constraint propagation. In *Constraint processing* [17], chapter 3, pages 51–84.
[19] R. Dechter. General search strategies: Look-back. In *Constraint processing* [17], chapter 6, pages 151–190.
[20] R. Dechter and J. Pearl. Tree clustering for constraint networks. *Artificial Intelligence*, 38(3):353–366, 1989.
[21] S. Demassey and N. Beldiceanu. Global constraint catalog. https://sofdem.github.io/gccat/, 2014. zuletzt besucht 2024-11-14.
[22] S. Demassey and N. Beldiceanu. Global constraint catalog: circuit. https://sofdem.github.io/gccat/gccat/Ccircuit.html. 2014. zuletzt besucht 2025-04-01.
[23] B. Dilkina, editor. *Integration of Constraint Programming, Artificial Intelligence, and Operations Research - 21st International Conference, CPAIOR 2024, Proceedings, Part I*, volume 14742 of *Lecture Notes in Computer Science*. Springer, 2024.
[24] N. Eén and N. Sörensson. An extensible sat-solver. In E. Giunchiglia and A. Tacchella, editors, *Theory and Applications of Satisfiability Testing, 6th International Conference, SAT 2003. Selected Revised Papers*, volume 2919 of *Lecture Notes in Computer Science*, pages 502–518. Springer, 2003.
[25] E. C. Freuder. Synthesizing constraint expressions. *Communications of the ACM*, 21(11):958–966, 1978.
[26] E. C. Freuder. In pursuit of the holy grail. *Constraints*, 2(1):57–61, 1997.
[27] E. C. Freuder and A. K. Mackworth. Constraint satisfaction: An emerging paradigm. In Rossi et al. [64], chapter 2, pages 13–27.
[28] T. Frühwirth. *Constraint Handling Rules*. Cambridge University Press, 2009.
[29] I. P. Gent, C. Jefferson, I. Miguel, and P. Nightingale. Data structures for generalised arc consistency for extensional constraints. In *Twenty-Second AAAI Conference on Artificial Intelligence, 2007*, pages 191–197. AAAI Press, 2007.
[30] I. P. Gent, I. Miguel, P. Nightingale, C. McCreesh, P. Prosser, N. C. A. Moore, and C. Unsworth. A review of literature on parallel constraint solving. *Theory and Practice of Logic Programming*, 18(5–6):725–758, 2018.
[31] Google or-tools. route. schedule. plan. assign. pack. solve. https://developers.google.com/optimization/, 2024, zuletzt besucht 2024-11-14.
[32] Y. Hamadi and L. Sais, editors. *Handbook of Parallel Constraint Reasoning*. Springer, 2018.
[33] P. Hofstedt. Constraint-based object-oriented programming. *IEEE Software*, 27(5):53–56, 2010.
[34] P. Hofstedt. *Multiparadigm Constraint Programming Languages*. Springer, 2011.
[35] P. Hofstedt and A. Wolf. *Einführung in die Constraint-Programmierung*. Springer, 2007.
[36] J. E. Hopcroft and J. D. Ullman. *Introduction to Automata Theory, Languages and Computation*. Addison-Wesley, 1979.
[37] J. Jaffar and S. Michaylov. Methodology and implementation of a CLP system. In J.-L. Lassez, editor, *Logic Programming, Fourth International Conference, 1987*, pages 196–218. MIT Press, 1987.
[38] T. Kato. On the adiabatic theorem of quantum mechanics. *Journal of the Physical Society of Japan*, 5(6):435–439, 1950.
[39] Z. Kiziltan. Symmetry breaking ordering constraints. In F. Rossi, editor, *Principles and Practice of Constraint Programming - CP 2003, 9th International Conference*, volume 2833 of *Lecture Notes in Computer Science*, page 979. Springer, 2003.
[40] S. O. Krumke and H. Noltemeier. *Graphentheoretische Konzepte und Algorithmen*. Springer Vieweg, 2012.
[41] K. Kuchcinski and R. Szymanek. *JaCoP Library User's Guide*, September 19, 2022. version 4.9.

[42] E. Lam and P. Van Hentenryck. A branch-and-price-and-check model for the vehicle routing problem with location congestion. *Constraints An Int. J.*, 21(3):394–412, 2016.

[43] J.-L. Laurière. A language and a program for stating and solving combinatorial problems. *Artificial Intelligence*, 10(1):29–127, 1978.

[44] D. Le Berre and A. Parrain. The sat4j library, release 2.2. *Journal on Satisfiability, Boolean Modeling and Computation*, 7(2–3):59–64, 2010.

[45] M. Lombardi and S. Gualandi. A lagrangian propagator for artificial neural networks in constraint programming. *Constraints*, 21(4):435–462, 2016.

[46] A. López-Ortiz, C.-G. Quimper, J. Tromp, and P. Van Beek. A fast and simple algorithm for bounds consistency of the alldifferent constraint. In G. Gottlob and T. Walsh, editors, *Joint Conference on Artificial Intelligence (IJCAI)*, pages 245–250. Morgan Kaufmann, 2003.

[47] S. Löffler. *Optimierung und Regularisierung von Constraint Satisfaction-Problemen (CSPs)*. PhD thesis, Brandenburg University of Technology Cottbus - Senftenberg, Germany, 2022.

[48] S. Löffler, I. Becker, and P. Hofstedt. Enhancing constraint optimization problems with greedy search and clustering: A focus on the traveling salesman problem. In A. Paula Rocha et al., editors, *16th International Conference on Agents and Artificial Intelligence, ICAART 2024, Vol. 3*, pages 1170–1178. SCITEPRESS, 2024.

[49] S. Löffler, K. Liu, and P. Hofstedt. The regularization of csps for rostering, planning and resource management problems. In *Artificial Intelligence Applications and Innovations - 14th IFIP WG 12.5 International Conference, AIAI 2018*, pages 209–218, 2018.

[50] S. Löffler, K. Liu, and P. Hofstedt. The regularization of small sub-constraint satisfaction problems. In P. Hofstedt, S. Abreu, U. John, H. Kuchen and D. Seipel, editors, *Declarative Programming and Knowledge Management – DECLARE 2019, Revised Selected Papers*, volume 12057 of *LNCS*, pages 106–115. Springer, 2019.

[51] A. K. Mackworth. Consistency in networks of relations. *Artificial Intelligence*, 8(1):99–118, 1977.

[52] K. Marriott and P. J. Stuckey. *Programming with Constraints: An Introduction*. The MIT Press, 1998.

[53] 2. a minizinc tutorial 2.2. more complex models. https://docs.minizinc.dev/en/stable/modelling2.html, 2020. zuletzt besucht 2025-04-02.

[54] A. Nareyek, E. C. Freuder, R. Fourer, E. Giunchiglia, R. P. Goldman, H. A. Kautz, J. Rintanen, and A. Tate. Constraints and AI planning. *IEEE Intelligent Systems*, 20(2):62–72, 2005.

[55] A. Niederlinski. *A Quick and Gentle Guide to Constraint Logic Programming via ECLiPSe*. Jacek Skalmierski Computer Studio Gliwice, Poland, 3rd edition, 2014.

[56] J. Petke. *Bridging Constraint Satisfaction and Boolean Satisfiability*, volume 1 of *Artificial Intelligence: Foundations, Theory, and Algorithms*. Springer, 2015.

[57] B. A. Prata, L. R. Abreu, and M. S. Nagano. Applications of constraint programming in production scheduling problems: A descriptive bibliometric analysis. *Results in Control and Optimization*, 14, 2024.

[58] S. D. Prestwich. CNF encodings. In A. Biere, M. Heule, H. van Maaren and T. Walsh, editors, *Handbook of Satisfiability*, volume 185 of *Frontiers in AI and Applications*, pages 75–97. IOS Press, 2009.

[59] P. Prosser. Hybrid algorithms for the constraint satisfaction problem. *Computational Intelligence*, 9:268–299, 1993.

[60] C. Prud'homme and J.-G. Fages. Choco-solver: A java library for constraint programming. *Journal of Open Source Software*, 7(78):4708, 2022.

[61] J.-F. Puget. A fast algorithm for the bound consistency of alldiff constraints. In J. Mostow and C. Rich, editors, *Artificial Intelligence and Innovative Applications of Artificial Intelligence (AAAI) 1998*, pages 359–366. AAAI Press/The MIT Press, 1998.

[62] A. P. Punnen. *The Quadratic Unconstrained Binary Optimization Problem: Theory, Algorithms, and Applications*. Springer, 2022.

[63] F. Rossi, C. J. Petrie, and V. Dhar. On the equivalence of constraint satisfaction problems. In *9th European Conference on Artificial Intelligence, ECAI 1990*, pages 550–556, 1990.

[64] F. Rossi, P. Van Beek and T. Walsh, editors. *Handbook of Constraint Programming*. Elsevier, 2006.

[65] J.-C. Régin. A filtering algorithm for constraints of difference in csps. In B. Hayes-Roth and R. E. Korf, editors, *12th National Conference on Artificial Intelligence (AAAI 94), Volume 1*, pages 362–367. AAAI Press/The MIT Press, 1994.

[66] J.-C. Régin and A. Malapert. Parallel constraint programming. In Y. Hamadi and L. Sais, editors, *Handbook of Parallel Constraint Reasoning*, pages 337–379. Springer-Verlag, 2018.

[67] D. Sabin and E. C. Freuder. Understanding and improving the mac algorithm. In G. Smolka, editor, *Principles and Practice of Constraint Programming (CP)*, volume 1330 of *Lecture Notes in Computer Science*, pages 167–181. Springer, 1997.

[68] T. Schrijvers, P. Stuckey, and P. Wadler. Monadic constraint programming. *Journal of Functional Programming*, 19(6):663–697, 2009.

[69] C. Schulte, G. Tack, and M. Z. Lagerkvist. *Modeling and Programming with Gecode*, 2019. Gecode 6.2.0.

[70] P. Shaw, editor. *30th International Conference on Principles and Practice of Constraint Programming, CP 2024*, volume 307 of *LIPIcs*, 2024.

[71] P. J. Stuckey. Lazy clause generation: Combining the power of sat and cp (and mip?) solving. In A. Lodi, M. Milano and P. Toth, editors, *Integration of AI and OR Techniques in Constraint Programming for Combinatorial Optimization Problems*, pages 5–9. Springer, 2010.

[72] P. J. Stuckey et al. The evolving world of minizinc. In A. M. Frisch and J. Lee, editors, *International Workshop on Constraint Modelling and Reformulation (ModRef)*, pages 156–170, 2009.

[73] P. J. Stuckey, K. Marriott, and G. Tack. *MiniZinc Handbook, Release 2.8.7*, October 2024. https://www.minizinc.org/resources, zuletzt besucht 2024-11-14.

[74] P. Van Beek. Backtracking search algorithms. In Rossi et al. [64], chapter 4, pages 85–134.

[75] P. Van Hentenryck. *The OPL Optimization Programming Language*. The MIT Press, 1999.

[76] P. Van Hentenryck and L. Michel. *Constraint-Based Local Search*. MIT Press, 2005.

[77] W.-J. Van Hoeve. The alldifferent constraint: A survey. In *Sixth Annual Workshop of the ERCIM Working Group on Constraints*, Prague, 2001.

[78] W.-J. Van Hoeve and I. Katriel. Global constraints. In Rossi et al. [64], chapter 6, pages 169–208.

[79] T. Walsh. SAT v CSP. In R. Dechter, editor, *Principles and Practice of Constraint Programming - CP 2000, 6th International Conference*, volume 1894 of *Lecture Notes in Computer Science*, pages 441–456. Springer, 2000.

[80] T. Walsh. General symmetry breaking constraints. In F. Benhamou, editor, *Principles and Practice of Constraint Programming - CP 2006, 12th International Conference*, volume 4204 of *Lecture Notes in Computer Science*, pages 650–664. Springer, 2006.

[81] J. Wielemaker, T. Schrijvers, M. Triska, and T. Lager. Swi-prolog. *Theory and Practice of Logic Programming*, 12(1–2):67–96, 2012.

[82] R. H. C. Yap, editor. *29th International Conference on Principles and Practice of Constraint Programming, CP 2023*, volume 280 of *LIPIcs*, 2023.

[83] N.-F. Zhou, H. Kjellerstrand, and J. Fruhman. *Constraint Solving and Planning with Picat*. Springer-Verlag, 2015.

Michael Thielscher

5 Universelle Spielprogramme

> It's the program that has to do the thinking.
> It's like opening a box of Scrabble and saying, „Here's the rule book. Play."
>
> Michael Genesereth, Stanford

5.1 Einleitung

Der spielerische Wettbewerb zwischen Mensch und Maschine übt seit langem eine besondere Faszination aus. Schon der Computer- und KI-Pionier Alan Turing hat sich ernsthaft mit der Programmierung von Schachcomputern auseinandergesetzt, denn er sah darin ein wichtiges Experimentierfeld für die KI – erfordert doch das Schachspielen eine ganze Reihe von Fähigkeiten, die als charakteristisch für höhere Intelligenz gelten: vorausschauendes Denken, Planen, Entscheiden, Erwerben von Spezialwissen und vieles mehr. Als Meilenstein in der Schachprogrammierung gilt der legendäre Computer „Deep Blue", der im Jahr 1997 den damaligen Schachweltmeister in einem 6-Partien-Match bezwingen konnte. Mittlerweile überragt die Spielstärke kommerzieller Schachprogramme die der weltbesten menschlichen Spieler deutlich. Weitere bekannte Erfolge bei der Entwicklung von KI-Systemen, die die menschlichen Fähigkeiten in einzelnen Spielen überragen, waren im Jahr 2007 die vollständige Lösung des Damespiels nach mehreren Jahren Berechnungszeit sowie in den Jahren 2016 der Sieg des Programms „AlphaGo" über einen mehrfachen Go-Weltmeister und 2017 der überzeugende Sieg des von KI-Forschern entwickelten Computerprogramms „Libratus" für Texas Hold'em gegen vier Pokerspieler der Weltspitze. Im Jahr 2022 wurden auch für das meistverkaufte Videospiel aller Zeiten Minecraft erfolgreiche, selbstlernende Computerspieler entwickelt. Die jüngsten Entwicklungen auf dem Gebiet der sprachbasierten, generativen KI (vgl. Kapitel 14) ermöglichten es im selben Jahr sogar, einen in seinem Verhandlungsgeschick menschlichen Spielern überlegenes Computerprogramm namens „Cicero" für das Brettspiel Diplomacy zu entwickeln, bei dem die Spieler untereinander frei kommunizieren und miteinander verhandeln. Generell gibt es heute für eine Vielzahl von Spielen – seien es Brett-, Karten- oder Computerspiele selbst – Wettbewerbe, bei denen KI-Systeme entweder gegeneinander oder gegen menschliche Gegner antreten, und die zum Teil sehr lukrativ sein können.

Erfolge der KI-Spielprogrammierung in einzelnen Spielen tragen jedoch wenig zu der von Alan Turing erhofften Erkenntnis über die generelle Funktionsweise der menschlichen Intelligenz, wie sie sich im Spielen erweist, bei. Speziell für ein bestimmtes Spiel entwickelte Programme basieren nämlich im Wesentlichen auf einer reinen Suche nach vorgegebenen Heuristiken, gegebenenfalls unterstützt durch große Datenbanken. Damit endet aber die Intelligenz zum Beispiel eines Schachprogramms, sobald

https://doi.org/10.1515/9783111386690-006

es mit einer anderen als der vorprogrammierten Aufgabe konfrontiert wird – und sei diese noch so trivial. Ein besonderes Interesse der KI besteht daher an der Automatisierung der menschlichen Fähigkeit, immer wieder auch neue Spiele erlernen zu können. Dieses sogenannte *universelle Spielen* (engl. „general game playing") erfordert von einem Programm, die Regeln eines beliebigen, zuvor unbekannten Spiels zu verstehen und ohne weiteres menschliches Zutun zu erlernen. Solche Systeme sind für die KI-Forschung von großem Interesse, weil sie neben der klassischen Problemlösung durch Suche viele weitere Aspekte menschlicher Intelligenz erfordern: Repräsentation von Wissen, logisches Schließen, selbstständiges Erarbeiten von Heuristiken sowie Lernen aus Erfahrung, um nur die Wichtigsten zu nennen. Damit haben universelle Spielprogramme einen ähnlich hohen Anspruch wie die generative KI (vgl. Kapitel 14), nämlich jedes beliebige Problem, das ihnen aufgegeben wird, so gut wie möglich zu lösen.

Vereinzelt haben sich KI-Wissenschaftler bereits seit den 1960er Jahren mit den Prinzipien universeller Spielprogramme beschäftigt, aber erst mit der Ausrufung eines internationalen Wettbewerbs im Jahr 2005 – der dann lange Zeit jährlich ausgetragenen „AAAI General Game Playing Competition" – wurde die Erforschung solcher Systeme mit allgemeiner Intelligenz (AGI, von engl. „artificial general intelligence") zu einem wichtigen Teilgebiet der KI. Ein Grund dafür sind auch die vielfältige Anwendungsmöglichkeiten von universellen Spielprogrammen: Schachcomputer etwa, bei denen die Spielregeln nach Belieben geändert und somit jede denkbare Variante des klassischen Schachs gespielt werden kann; weitere Beispiele sind generische KI-Programme, die sich nur durch Eingabe der Spielregeln zu computergesteuerten Gegenspielern für im Prinzip jedes Computerspiel instanziieren lassen, und Software-Agenten (vgl. Kapitel 19), die sich automatisch an neue Umgebungen und Anforderungen anpassen können. Im Grunde eignet sich jedes Entscheidungsproblem, das als Spiel modelliert werden kann, etwa auch aus dem Wirtschafts- oder Finanzbereich, für die Anwendung universeller Spielprogramme.

Dieses Kapitel behandelt die Grundlagen universeller KI-Spielprogramme und die wichtigsten Methoden auf diesem Gebiet. Viele von diesen wurden nach 2005 entwickelt und lassen einen Einblick in die aktuelle Forschung gewähren.

5.2 Grundlegende Konzepte

Die praktische Umsetzung von universellen Spielprogrammen erfordert zunächst eine Eingabesprache, in der die Regeln beliebiger Spiele für einen Computer einfach und unmissverständlich beschrieben werden können. Dabei sollte eine solche Spielbeschreibung neben den angegebenen Regeln kein zusätzliches (Allgemein-) Wissen erfordern, um ein Spiel korrekt spielen zu können. Dabei ist es für die KI von besonderem Interesse, eine *deklarative* Sprache zu verwenden, um sich möglichst nahe an der Art und Weise, wie wir Spielregeln in natürlicher Sprache beschreiben, zu bewegen.

Die in diesem Abschnitt behandelte Spielbeschreibungssprache *GDL* (von engl. „Game Description Language“) erfüllt dieses Kriterium und hat sich als ein Standard in der Forschung etabliert.

Wer ein Spiel in GDL beschreiben möchte, muss sich zunächst überlegen, wie die verschiedenen *Spielzustände* (Positionen) mithilfe einzelner *Stellungsmerkmale* repräsentiert werden sollen. Als Beispiel betrachten wir im Folgenden das klassische und einfache Spiel Tic Tac Toe. Abbildung 5.1 illustriert, wie ein Spielzustand mit Stellungsmerkmalen der Form `cell(_,_,_)` beschrieben werden kann, die angeben, ob ein bestimmtes Feld mit `x` oder `o` markiert bzw. leer (`b` für engl. „blank“) ist. Das zusätzliche Stellungsmerkmal `control(_)` besagt, welcher Spieler am Zug ist.

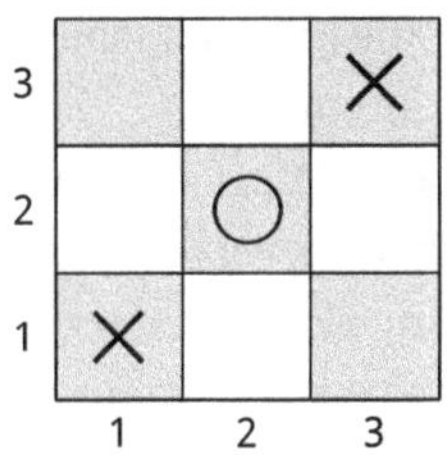

cell(1,1,x)	cell(2,3,b)
cell(1,2,b)	cell(3,1,b)
cell(1,3,b)	cell(3,2,b)
cell(2,1,b)	cell(3,3,x)
cell(2,2,o)	control(oplayer)

Abb. 5.1: Ein Spielzustand in Tic Tac Toe.

Neben den Spielzuständen muss auch die Codierung der einzelnen Züge der Spieler festgelegt werden. Züge in Tic Tac Toe bestehen im Markieren einzelner Felder wie etwa (1,2), was mit `mark(1,2)` bezeichnet werden soll. Wir benötigen darüber hinaus noch einen Namen – sagen wir `noop` – für den einzig möglichen „Zug“, den ein Spieler ausführt, der nicht als Nächstes markieren darf. Dies ist notwendig, da in GDL generell jeder Spieler zu jedem Zeitpunkt zieht, um auf diese Weise auch Spiele mit echt gleichzeitigen Zügen modellieren zu können.

Spielregeln in GDL

GDL-Spielbeschreibungen setzen sich aus Fakten und Regeln zusammen. Dabei werden alle Ausdrücke in Präfixnotation geschrieben und Variablen durch ein führendes „?“ gekennzeichnet. Fakten sind „atomare“ Aussagen (vgl. Kapitel 7), während Regeln die Form (<= *Konklusion Bedingungen*) haben, wobei für die *Bedingungen* beliebige logische Ausdrücke verwendet werden können und die *Konklusion* wiederum eine atomare Aussage ist. In GDL werden einige *Schlüsselwörter* verwendet, die im Folgenden in allen Regeln zur besseren Kennzeichnung fettgedruckt sind.

Die einzelnen *Rollen* in einem Spiel werden mithilfe von Fakten und dem Schlüsselwort `role` definiert. An der Zahl dieser Fakten lässt sich ablesen, ob es sich um ein Ein-, Zwei- oder Mehrpersonenspiel handelt. Die beiden Spieler in Tic Tac Toe können beispielsweise folgendermaßen benannt werden:

```
(role xplayer)
(role oplayer)
```

Die *Ausgangsstellung* eines Spiels wird durch das Schlüsselwort `init` angegeben. In Tic Tac Toe sind zu Beginn alle Felder leer und der Kreuz-Spieler beginnt:

```
(init (cell 1 1 b))
(init (cell 1 2 b))
(init (cell 1 3 b))
(init (cell 2 1 b))
(init (cell 2 2 b))
(init (cell 2 3 b))
(init (cell 3 1 b))
(init (cell 3 2 b))
(init (cell 3 3 b))
(init (control xplayer))
```

Diese Fakten verdeutlichen die Präfixschreibweise der GDL-Sprache, die im Unterschied zu der in Abbildung 5.1 verwendeten Notation ohne Kommata auskommt.

Die *möglichen Spielzüge* werden mit dem Schlüsselwort `legal` spezifiziert. Die Ausführbarkeit eines Zugs hängt in der Regel von bestimmten Bedingungen ab, was mithilfe des Schlüsselworts `true` ausgedrückt wird, das stets ein Stellungsmerkmal als Argument hat. In Tic Tac Toe kann ein Spieler ein beliebiges freies Feld markieren, wenn er am Zug ist, während der jeweils andere Spieler stillhalten muss:

```
(<= (legal ?r (mark ?m ?n))
    (true (cell ?m ?n b))
    (true (control ?r)))

(<= (legal xplayer noop)
    (true (control oplayer)))
(<= (legal oplayer noop)
    (true (control xplayer)))
```

Die *Effekte* der einzelnen Züge werden mit Regeln beschrieben, die zusammengenommen alle Stellungsmerkmale der resultierenden Spielposition angeben. Abbildung 5.2 zeigt ein Beispiel in Tic Tac Toe. Die neuen Stellungsmerkmale, für die in GDL das Schlüsselwort `next` verwendet wird, hängen meist sowohl von Merkmalen der Vorgängerstellung (Schlüsselwort `true`) als auch von den ausgeführten Zügen ab, welche mit

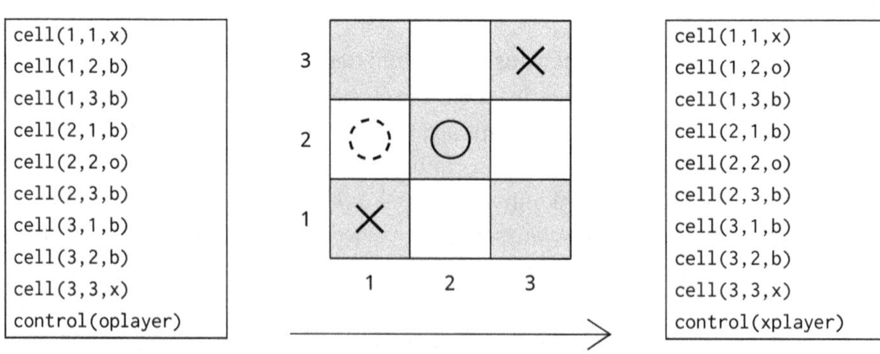

Abb. 5.2: So ändert sich der Spielzustand, wenn der zweite Spieler in der Position aus Abbildung 5.1 das Feld (1,2) markiert.

dem Schlüsselwort `does` angegeben werden. Wie aus Abbildung 5.2 ersichtlich, führt in Tic Tac Toe das Markieren eines Felds dazu, dass sich der Inhalt dieses Felds entsprechend ändert, nicht aber der Rest des Spielbretts. Darüber hinaus geht die Kontrolle zu dem jeweils anderen Spieler über:

```
21 (<= (next (cell ?m ?n x))
22     (does xplayer (mark ?m ?n)))
23 (<= (next (cell ?m ?n o))
24     (does oplayer (mark ?m ?n)))
25 (<= (next (control xplayer))
26     (true (control oplayer)))
27
28 (<= (next (cell ?m ?n ?w))
29     (true (cell ?m ?n ?w))
30     (does ?r (mark ?j ?k))
31     (or (distinct ?m ?j)
32         (distinct ?n ?k)))
33 (<= (next (control oplayer))
34     (true (control xplayer)))
```

Die Regel 28–32 betrifft alle Spielfelder (m, n), deren Inhalt *nicht* verändert wird, also alle Felder außer dem soeben markierten (j, k), d. h., für die $m \neq j$ oder $n \neq k$ gilt, was mit dem GDL-Schlüsselwort `distinct` getestet werden kann.[1]

Die Bedingungen für das *Spielende* werden mit Regeln für das Schlüsselwort `terminal` beschrieben. Für unser Beispiel erweist es sich im Sinne einer modularen Beschreibung als hilfreich, dass GDL die Definition beliebiger Hilfsprädikate erlaubt, womit sich definieren lässt, dass Tic Tac Toe beendet ist, sobald ein Spieler eine Linie („`line`") komplett markiert hat oder kein freies Feld mehr zur Verfügung steht.

```
35 (<= terminal (or (line x) (line o) (not open)))
```

```
36 (<= (line ?w) (row ?m ?w))
37 (<= (line ?w) (column ?m ?w))
38 (<= (line ?w) (diagonal ?w))
39 (<= (row ?m ?w)
40     (true (cell ?m 1 ?w))
41     (true (cell ?m 2 ?w))
42     (true (cell ?m 3 ?w)))
43 (<= (column ?n ?w)
44     (true (cell 1 ?n ?w))
45     (true (cell 2 ?n ?w))
46     (true (cell 3 ?n ?w)))
47 (<= (diagonal ?w)
48     (true (cell 1 1 ?w))
49     (true (cell 2 2 ?w))
50     (true (cell 3 3 ?w)))
51 (<= (diagonal ?w)
52     (true (cell 1 3 ?w))
53     (true (cell 2 2 ?w))
54     (true (cell 3 1 ?w)))
55 (<= open
56     (true (cell ?m ?n b)))
57
```

Zu guter Letzt muss noch das *Ziel* eines Spiels mit dem Schlüsselwort `goal` beschrieben werden. Einer Konvention folgend werden meist Punkte zwischen 0 (Verlust) und 100 (Sieg) vergeben, sodass 50 als Mittelwert ein Unentschieden bedeutet.

1 Die Notwendigkeit, auch alle „Nichteffekte" zu beschreiben, ist als Frame-Problem bekannt, vgl. Kapitel 3.

```
(<= (goal xplayer 100)
    (line x))
(<= (goal xplayer 0)
    (line o))
(<= (goal xplayer 50)
    (not (line x))
    (not (line o)))
```

```
(<= (goal oplayer 100)
    (line o))
(<= (goal oplayer 0)
    (line x))
(<= (goal oplayer 50)
    (not (line x))
    (not (line o)))
```

Natürlich sind im Allgemeinen auch andere Zwischenwerte denkbar sowie Fälle, in denen sich die Ergebnisse aller Spieler in gegebenen Endzuständen nicht notwendigerweise zu 100 addieren lassen, etwa in kooperativen Spielen.

Zur besseren Übersicht sind die Schlüsselwörter von GDL in der folgenden Tabelle noch einmal zusammengefasst:

`role`	Spielername	`legal`	möglicher Zug	`terminal`	Spielende
`init`	Startzustand	`does`	ausgeführter Zug	`goal`	Zielwert
`true`	Istzustand	`next`	Nachfolgezustand	`distinct`	ungleich

Für die Durchführung von Wettbewerben mit universellen Spielprogrammen gibt es ein standardisiertes Kommunikationsprotokoll zwischen einem *Spielleiter* (engl. „game controller") und den an einer Partie teilnehmenden Programmen:

1. Zunächst erhalten die gegeneinander antretenden Programme die GDL-Regeln eines neuen Spiels. Gleichzeitig wird ihnen mitgeteilt, welche der jeweiligen Rollen (zum Beispiel `xplayer`) sie übernehmen sollen und wie viel Zeit sie haben, um das neue Spiel zu erlernen (bspw. 20 Minuten) bzw. wie lange sie während des eigentlichen Spiels über jeden Zug nachdenken können (z. B. 30 Sekunden).
2. Nach Ablauf der Lernphase verkündet der Spielleiter den Start des Spiels, woraufhin die Spieler innerhalb der vorgegebenen Zeit ihren ersten Zug übermitteln.
3. Anschließend informiert der Spielleiter jeden Spieler über die gewählten Züge aller Teilnehmer, sodass diese anhand der Spielregeln den aktuellen Zustand berechnen können. Innerhalb der vorgegebenen Zeit müssen die Spieler dann ihren nächsten Zug an den Spielleiter übermitteln.[2]
4. Schritt 3 wird so lange wiederholt, bis nach den Spielregeln ein Endzustand erreicht ist, was abschließend vom Spielleiter verkündet wird.

Ein solches Protokoll ist sehr einfach zu implementieren, und es gibt frei verfügbare Software für Spielleiter, mit der komplette Spiele durchgeführt werden können.[3]

2 Sollte es ein Spieler einmal nicht geschafft haben, rechtzeitig einen legalen Zug zu senden, so wählt in der Praxis meist der Spielleiter automatisch einen zufälligen Zug aus, wobei bei internationalen Wettbewerben strenge Regeln gelten, nach denen ein Spiel als verloren gewertet wird, sobald eine vorgegebene Maximalzahl erlaubter Verstöße überschritten ist.

3 Siehe z. B. sourceforge.net/projects/ggpserver/files/gamecontroller/

Die Sprache GDL erlaubt es, beliebige Spielregeln modular und kompakt zu beschreiben, sodass auch relativ komplexe Spiele wie Schach und Go nur wenige hundert Zeilen GDL-Code erfordern. Die Sprache ist darüber hinaus sehr vielseitig. So können neben klassischen Brettspielen auch beliebige Mehrpersonenspiele beschrieben werden, einschließlich derer, bei denen simultan gezogen wird, sowie kooperative Spiele und solche, in denen Spieler in Teams gegeneinander antreten. Dabei genügt die Kenntnis der insgesamt neun Schlüsselwörter in GDL, um eine Spielbeschreibung vollständig und ohne zusätzliches Wissen verstehen zu können, denn die Spiellogik ergibt sich allein aus den Spielregeln: Symbole wie „`cell`" oder „`control`" aus der Tic Tac Toe-Beschreibung haben keine spezielle Bedeutung und könnten daher auch durch Phantasiewörter ersetzt werden. Insofern unterscheiden sich universelle Spielprogramme grundsätzlich von der universellen Intelligenz sprachbasierter, generativer KI-Systeme (vgl. Kapitel 14).

Eine Alternative zu GDL ist die Spielbeschreibungssprache „Ludii", die wesentlich mehr Schlüsselwörter mit spezieller Bedeutung verwendet. Für Spiele, die genau solche vordefinierten Konzepte beinhalten, wie bspw. `board(square 3)` als Teil einer Spezifikation für Tic Tac Toe, erlaubt Ludii eine sehr kompakte Beschreibung.[4] Eine ganz andere Alternative bietet die Programmierplattform „OpenSpiel", mit der generelle Algorithmen für das maschinelle Lernen auf beliebige neue Spiele angewendet werden können. Hierzu muss die Spiellogik direkt in Form eines Zuggenerators codiert werden. Der Vorteil einer solchen prozeduralen Beschreibung ist eine in den meisten Fällen wesentlich höhere Verarbeitungsgeschwindigkeit als bei der Verwendung von reiner Logik mit GDL. Dem steht der Nachteil gegenüber, dass sich eine solche Codierung weit weniger an der Art und Weise, wie wir Spielregeln in natürlicher Sprache beschreiben, orientiert.

Trotz ihrer Ausdrucksmächtigkeit haben formale Sprachen wie GDL und Ludii auch Einschränkungen: Spielzustände sind diskret, erlauben also keine kontinuierlichen Parameter, und es wird stets synchron gezogen. Darüber hinaus lassen sich nicht ohne Weiteres Spiele beschreiben, in denen zusätzliches Wissen gefragt ist, wie etwa bei Scrabble, für dessen vollständige, formale Beschreibung die Codierung eines kompletten Lexikons benötigt würde. Weiterhin lassen sich in der Grundversion von GDL weder Spiele mit Zufallszügen (zum Beispiel Backgammon) noch solche mit Informationsasymmetrien (zum Beispiel die meisten Kartenspiele) beschreiben; diese Einschränkungen sind allerdings mit der Spracherweiterung zu GDL-II (vgl. Abschnitt 5.4) aufgehoben worden.

Da die vollständige Spezifikation der GDL-Sprache den Rahmen dieses Kapitels sprengen würde, sei hierfür auf die einschlägige Literatur und speziell auf das Lehrbuch von Genesereth und dem Autor dieses Kapitels verwiesen (siehe Abschnitt 5.5).

---

4 Die Webseite `ludii.games` enthält eine Vielzahl von Beispielen vor allem für Brettspiele aus unterschiedlichen Kulturen und Epochen.

5.3 Methoden und Algorithmen

5.3.1 Spielregeln verstehen: Inferenz

Die erste Aufgabe eines universellen Spielprogramms besteht darin, die Regeln eines neuen Spiels zu verstehen. Im Einzelnen bedeutet dies, ähnlich wie in der Handlungsplanung (siehe Kapitel 3) folgende Fragen beantworten zu können:

1. Wie sieht die Ausgangsstellung aus?
2. Welche Zugmöglichkeiten hat ein Spieler in einer gegebenen Stellung?
3. Welche Nachfolgestellung ergibt sich aus einer gegebenen Stellung bei ebenfalls gegebenen Zügen für jeden Spieler?
4. Ist das Spiel in einer gegebenen Stellung zu Ende, und wenn ja, wie lautet das Ergebnis für die einzelnen Spieler?

Für ein in GDL beschriebenes Spiel lässt sich die Beantwortung dieser Fragen mittels automatisierter *Inferenz* implementieren. Die GDL-Schlüsselwörter weisen darauf hin, welche logischen Schlüsse dazu im Einzelnen erforderlich sind. Dafür definieren wir zunächst zwei Abkürzungen. Die Codierung einer beliebigen Spielstellung S, die durch eine endliche Menge von Stellungsmerkmalen $\{f_1, \ldots, f_n\}$ charakterisiert ist, sei durch n Fakten wie folgt gegeben:

$$S^{\texttt{true}} = \{ (\texttt{true}\, f_1) \ \ldots \ (\texttt{true}\, f_n) \}$$

Auf ähnliche Weise sei eine Zuordnung Z von Zügen $z_1, \ldots, z_k$ zu den $k \geq 1$ Rollen $r_1, \ldots, r_k$ eines Spiels durch k Fakten wie folgt codiert:

$$Z^{\texttt{does}} = \{ (\texttt{does}\, r_1\, z_1) \ \ldots \ (\texttt{does}\, r_k\, z_k) \}$$

Definition 5.3.1 (Semantik einer GDL-Beschreibung). Eine gegebene GDL-Regelmenge G beschreibt ein aus den folgenden Komponenten bestehendes Spiel:

1. *Spieler* sind alle r, für die (`role` r) aus G ableitbar ist.
2. *Ausgangsstellung* ist die Menge aller f, für die (`init` f) aus G ableitbar ist.
3. Zug z ist ein *legaler Zug* für Spieler r in Stellung S, wenn (`legal` r z) aus $G \cup S^{\texttt{true}}$ ableitbar ist.
4. Die aus den gleichzeitigen Zügen Z in einer Stellung S resultierende *Nachfolgeposition* ist durch die Menge aller f gegeben, für die (`next` f) aus $G \cup S^{\texttt{true}} \cup Z^{\texttt{does}}$ ableitbar ist.
5. Position S ist eine *Endstellung*, wenn `terminal` aus $G \cup S^{\texttt{true}}$ ableitbar ist.
6. Der *Ergebniswert* v für Spieler r in einer Endstellung S ergibt sich durch Ableitung von (`goal` r v) aus $G \cup S^{\texttt{true}}$.

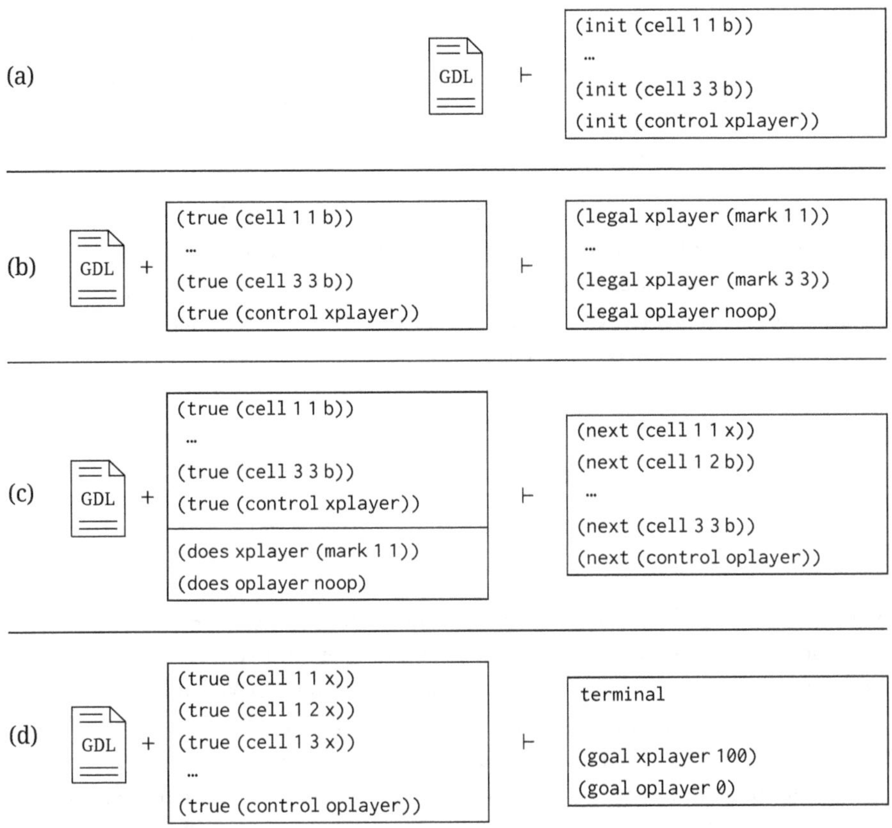

Abb. 5.3: (a) Berechnung der Ausgangsposition. (b) Berechnung der legalen Züge in einer gegebenen Stellung. (c) Berechnung einer Nachfolgeposition. (d) Erkennen eines Endzustands und Bestimmung des Ergebnisses.

Abbildung 5.3 zeigt die beschriebene Verwendung der Schlüsselwörter anhand des Spiels Tic Tac Toe. Dabei repräsentiert das Symbol ⊢ die Ableitbarkeit aus den gegebenen Fakten unter Anwendung der in Abschnitt 5.2 codierten Spielregeln.

Für die Automatisierung solcher logischen Schlüsse (Inferenzen) gibt es verschiedene Methoden; im Folgenden beschreiben wir eine einfache Variante des Resolutionsverfahrens (vgl. Kapitel 7) zur Beantwortung von *Anfragen* mithilfe einer *Ableitung*. Anfragen sind logische Ausdrücke, mit denen die zu Beginn dieses Abschnitts genannten Fragestellungen formalisiert werden können, wie etwa `(init ?f)` oder `(legal oplayer ?z)`. Ableitungen für solche Anfragen bestehen aus einer Verkettung von *Ableitungsschritten*, von denen jeder einzelne wiederum eine gegebene Regel anwendet (bzw. einen Fakt, wobei im Folgenden Fakten der Einfachheit halber als Regeln mit „leerer" Bedingung betrachtet werden). Als Beispiel seien etwa die GDL-Spielregeln für Tic Tac Toe um folgende Regeln ergänzt, die einen bestimmten Spielzustand codieren (vgl. Abbildung 5.1).

```
72 (true (cell 1 1 x))    75 (true (cell 2 1 b))    78 (true (cell 3 1 b))
73 (true (cell 1 2 b))    76 (true (cell 2 2 o))    79 (true (cell 3 2 b))
74 (true (cell 1 3 b))    77 (true (cell 2 3 b))    80 (true (cell 3 3 x))

81 (true (control oplayer))
```

Interessieren wir uns nun beispielsweise für die legalen Zugmöglichkeiten des zweiten Spielers, so können wir die Anfrage `(legal oplayer ?z)` stellen. Mithilfe der GDL-Regeln aus Abschnitt 5.2 findet sich dafür unter anderem folgende Ableitung, wobei in jedem Ableitungsschritt eine bestimmte Regel „rückwärts“ angewendet wird, um das jeweils erste Teilziel durch neue Teilziele zu ersetzen:

	`(legal oplayer ?z)`	Regel 13–15 mit `?r` = `oplayer`, `?z` = `(mark ?m ?n)`
$\Longrightarrow$	`(true (cell ?m ?n b))`	Regel 73 mit `?m` = `1`, `?n` = `2`
	`(true (control oplayer))`	
$\Longrightarrow$	`(true (control oplayer))`	Regel 81
$\Longrightarrow$	$\square$	

Das Symbol $\square$ steht für die „leere“ Anfrage, die das erfolgreiche Ende einer Ableitung markiert. Die Variablenbindungen ergeben zusammengenommen Aufschluss über die *berechnete Antwort* für die in der Ausgangsfrage verwendeten Variablen, in diesem Fall `?z` = `(mark 1 2)`. Die hier am Beispiel skizzierte Vorgehensweise zur automatisierten Inferenz aus GDL-Regeln sei im Folgenden formal beschrieben.

Die Anwendung einer Regel auf ein Teilziel ist nur möglich, wenn eine Variablenbindung gefunden werden kann, durch die das Teilziel und die Konklusion der Regel identisch werden. Dieser Vorgang wird auch als *Unifikation* bezeichnet; die resultierende Bindung von Variablen entsprechend als *Unifikator*. Ein Beispiel ist die in obiger Ableitung im ersten Schritt verwendete Variablenbindung für die Ausdrücke `(legal oplayer ?z)` und `(legal ?r (mark ?m ?n))`. Lässt sich eine solche Variablenbindung nicht finden, sind die Ausdrücke nicht *unifizierbar*; dies gilt etwa für `(legal ?r (mark ?x ?x))` und `(legal ?s (mark 1 2))`, da Variable x nicht zugleich durch `1` und `2` ersetzt werden kann. Für das Berechnen von Unifikatoren gibt es einfache Algorithmen (siehe dazu Abschnitt 7.2.2).

Eine Alternative zur Unifikation ist die vollständige *Grundinstanziierung* einer gegebenen GDL-Spielbeschreibung vor Beginn eines Spiels. Dies erfordert, für jede Regel jede mögliche Kombination der Ersetzung von Variablen durch Werte zu erzeugen. Dabei können die für die einzelnen Variablen relevanten Wertebereiche mittels des weiter unten beschriebenen *Domänengraphen* (vgl. Abschnitt 5.3.6) bestimmt werden. Die Grundinstanziierung ermöglicht die Verwendung von Datenstrukturen, mit denen sehr effizient gerechnet werden kann. Dem steht der Nachteil eines um mehrere Größenordnungen erhöhten Speicheraufwands gegenüber, durch den der Effizienzgewinn auch wieder verloren gehen kann bzw. der es bei manchen Spielen praktisch ganz unmöglich macht.

Zur formalen Definition von *Ableitungen* betrachten wir zunächst den einfachen Fall, dass wie im obigen Beispiel keine Teilziele mit Negation (not) vorkommen. Ein einzelner Ableitungsschritt besteht dann darin, für das erste Teilziel eine Regel zu finden, deren Konklusion mit dem Teilziel unifizierbar ist. Ein entsprechender Unifikator wird auf alle betroffenen Variablen angewendet. Anschließend wird das alte Teilziel entfernt und durch die neuen Teilziele, die sich aus den Bedingungen der angewendeten Regel ergeben, ersetzt (vgl. den ersten Ableitungsschritt im obigen Beispiel). Ist der Bedingungsteil der Regel leer, so wird das fragliche Teilziel ersatzlos gestrichen (vgl. den zweiten und dritten Ableitungsschritt im obigen Beispiel). Bei der Unifikation ist darauf zu achten, dass die Variablen in einer Regel stets lokal sind, also bei wiederholter Anwendung ein und derselben Regel stets neu gebunden werden können.

Eine Ableitung ergibt sich aus der Aneinanderreihung einzelner Ableitungsschritte. Eine *erfolgreiche* Ableitung endet mit der leeren Anfrage. Die im Erfolgsfall berechnete *Antwort* für die Variablen in der ursprünglichen Anfrage ergibt sich aus der Verknüpfung der in den einzelnen Schritten verwendeten Unifikatoren. Eine Ableitung *schlägt fehl*, sobald auf das nächste Teilziel keine Regel anwendbar ist, sich also keine Konklusion einer vorhandenen Regel mit dem Teilziel unifizieren lässt. Ein Beispiel ist der folgende Ableitungsversuch eines legalen Zugs für den Kreuz-Spieler in der oben betrachteten Situation:

	(legal xplayer ?z)	Regel 13–15	mit ?r = xplayer,?z = (mark ?m ?n)
$\Longrightarrow$	(true (cell ?m ?n b))	Regel 73	mit ?m = 1,?n = 2
	(true (control xplayer))		
$\Longrightarrow$	(true (control xplayer))	Fehlschlag	

Nach einem Fehlschlag kann die Methode des *Backtracking* angewendet werden, bei der systematisch alle an früheren Stellen einer Ableitung möglichen Alternativen (d. h., ebenfalls anwendbare Regeln) betrachtet werden. Auf diese Weise wird etwa für unsere zunächst fehlgeschlagene Anfrage eine erfolgreiche Ableitung gefunden, bei der im ersten Schritt Regel 17–18 anstelle von Regel 13–15 verwendet wird, was schließlich in der Antwort ?z = noop resultiert. Backtracking wird auch zur systematischen Berechnung aller Antworten für eine Anfrage verwendet. Dies ist etwa erforderlich, um alle Stellungsmerkmale der Ausgangsposition als Antworten auf die Anfrage (init ?f) zu bestimmen oder alle legalen Züge eines Spielers *r* mittels der Anfrage (legal *r* ?z) bzw. alle Stellungsmerkmale einer Nachfolgeposition mittels (next ?f).

Enthält eine Regel eine *negierte* Bedingung (not *Q*), so wird diese nach dem Prinzip „negation as failure“ behandelt (siehe dazu auch Kapitel 8). Hierzu wird versucht, eine Ableitung für *Q* selbst zu konstruieren. Ist dies *nicht* möglich, d. h., schlägt jeder Ableitungsversuch fehl, so gilt das negierte Teilziel als gelöst und kann aus der Anfrage entfernt werden. Findet sich hingegen auch nur eine Ableitung für *Q*, so schlägt die Ableitung für die Anfrage, in der (not *Q*) gefordert wird, fehl. Unter Umständen kann es zu verschachtelten Anwendungen dieses Prinzips kommen, wie ein einfaches Beispiel zeigt, für das wir eine fiktive Beschreibung eines Dreipersonenspiels mit folgenden Fakten und Regeln annehmen:

```
101 (role red)
102 (role blue)
103 (role green)
104
105 (true (lifeline blue))
106
107 (<= (trapped ?p)
108     (role ?p)
109     (not (true (lifeline ?p))))
110 (<= (goal ?p 100)
111     (role ?p)
112     (not (trapped ?p)))
```

Anfrage (goal ?r 100) hat nur die eine Antwort ?r = blue:

	(goal ?r 100)	Regel 110–112 mit ?p = ?r
$\Longrightarrow$	(role ?r)	Regel 102 mit ?r = blue
	(not (trapped ?r))	
$\Longrightarrow$	(not (trapped blue))	Nebenrechnung $(*)$
$\Longrightarrow$	$\square$	

$(*)$	(trapped blue)	Regel 107–109 mit ?p = blue
$\Longrightarrow$	(role blue)	Regel 102
	(not (true (lifeline blue)))	
$\Longrightarrow$	(not (true (lifeline blue)))	Fehlschlag laut Nebenrechnung $(**)$

$(**)$	(true (lifeline blue))	Regel 105
$\Longrightarrow$	$\square$	

Enthält eine Regel eine *disjunktive* Bedingung (or $Q_1 \ldots Q_m$), so bietet jedes Q_i für sich eine Alternative bei der Ableitung. Dies kann gegebenenfalls auch zu alternativen Antworten für ein und dieselbe Anfrage führen, muss also beim *Backtracking* entsprechend berücksichtigt werden. Damit ist jede Regel der Form (<= $P \ldots$ (or $Q_1 \ldots Q_m$) $\ldots R$) äquivalent zu den folgenden m Regeln:

$$(\texttt{<=}\ P\ \ldots\ Q_1\ \ldots\ R)$$
$$\ldots$$
$$(\texttt{<=}\ P\ \ldots\ Q_m\ \ldots\ R)$$

und wird entsprechend behandelt.

5.3.2 Spielbaumsuche mit dem Minimax-Verfahren

Ein universelles Spielprogramm, das die grundlegenden Komponenten eines Spiels aus einer gegebenen GDL-Beschreibung berechnen kann, ist in der Lage, beliebige Spiele legal zu Ende zu spielen. Um nun auch gute Züge von schlechten zu unterscheiden, betrachten wir zunächst den sogenannten *Spielbaum*, in dem alle denkbaren Verläufe des Spiels repräsentiert sind und der mithilfe der in Abbildung 5.3 illustrierten Inferenzen aus den Spielregeln erzeugt werden kann. Der Aufbau beginnt mit dem Ausgangszustand als Wurzelknoten. Für diesen werden alle legalen Zugmöglichkeiten und die daraus jeweils resultierenden Nachfolger berechnet, die dann selbst wieder auf gleiche Weise expandiert werden. Positionen, in denen den Spielregeln zufolge das Spiel zu Ende ist, bilden die Blätter des Baums.

Obwohl in GDL stets alle Spieler gleichzeitig ziehen, ist es für die Beurteilung der eigenen Züge hilfreich, diese beim Aufbau eines Spielbaums von den gegnerischen zu trennen. Dies geschieht durch Einfügen von Zwischenknoten, bei denen zunächst unser Spieler selbst zieht. Anschließend werden die Zwischenknoten um alle Kombinationen von Zügen des oder der Gegner (im Fall von Mehrpersonenspielen) erweitert. Diese Trennung ist dadurch motiviert, dass das Programm seinen eigenen Zug immer frei wählen kann, aber keine Kontrolle über die Züge der anderen Spieler hat. Abbildung 5.4 zeigt den obersten Teil des auf diese Weise gebildeten Spielbaums für Tic Tac Toe aus Sicht des Kreuz-Spielers, während Abbildung 5.5 einen Ausschnitt aus dem unteren Teil dieses Baums mit Blattknoten zeigt. (Die in den Abbildungen aufgeführten Zahlen und die Tatsache, dass einige Verbindungslinien gestrichelt sind, sollten für den Moment ignoriert werden.)

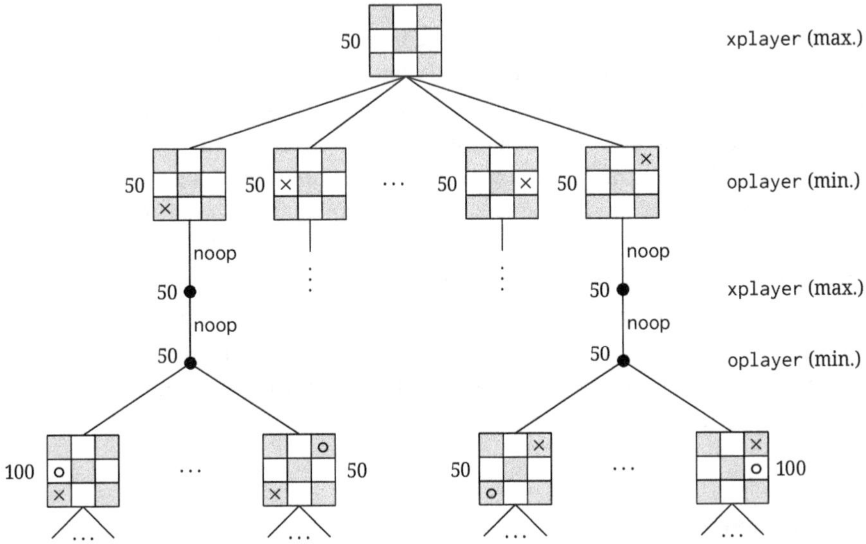

Abb. 5.4: Der Anfang des Spielbaums für Tic Tac Toe für die ersten zwei Runden, wobei die eigentlich gleichzeitig stattfindenden Züge beider Spieler – ein Spieler „zieht" jeweils `noop` – getrennt wurden: Im dargestellten Baum zieht der Kreuz-Spieler (`xplayer`) stets zuerst.

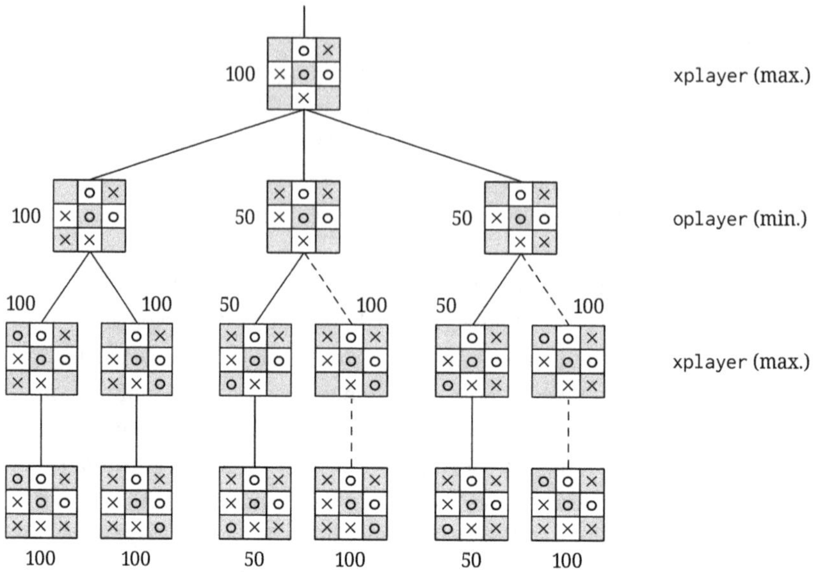

Abb. 5.5: Ein kleiner Ausschnitt aus dem unteren Teil des Tic-Tac-Toe-Spielbaums, wobei der Einfachheit halber die jeweiligen Zwischenknoten mit den noop-Zügen weggelassen wurden.

Für einfache Spiele wie Tic Tac Toe sollte ein effizient implementiertes, universelles Spielprogramm in der Lage sein, alle Pfade eines Spielbaums bis zum Ende zu expandieren. Die Bewertung der einzelnen Züge basiert dann auf den Werten, die die Endknoten für die Spieler haben und die sich aus den Regeln für das GDL-Schlüsselwort `goal` ergeben. Diese Werte können nach oben propagiert werden, um auf diese Weise auch Zwischenzustände zu bewerten. Das Standardverfahren hierfür ist die aus Kapitel 2, Abschnitt 2.4.4.1 bekannte Minimax-Suche, die in Abbildung 5.5 noch einmal am Tic Tac Toe-Beispiel verdeutlicht ist. Der zuoberst gezeigte Knoten für den Kreuz-Spieler hat den Wert 100, da dieser Spieler mit dem linken Zug in jedem Fall gewinnt. Werden diese Werte weiter nach oben propagiert, dann ergeben sich für die Knoten am Anfang des Spielbaums die in Abbildung 5.4 gezeigten Bewertungen. Tic Tac Toe endet demnach bei bestem Spiel in einem Unentschieden. Für die beiden Positionen links und rechts außen im unteren Teil von Abbildung 5.4 gibt es jedoch für den Kreuz-Spieler jeweils einen garantierten Gewinnweg, wie sich aus der Bewertung 100 ablesen lässt.

Optimierungen und Grenzen

Einige der im Kapitel zum Thema Suche beschriebenen Optimierungen lassen sich unmittelbar auch für universelle Spielprogramme verwenden. So verdeutlicht Abbildung 5.5 auch die Anwendung des $\alpha\beta$-Pruning (vgl. Kapitel 2, Abschnitt 2.4.4.2) anhand unseres Beispiels: Bei systematischer Suche von links nach rechts ist nach Analyse des linken der drei Teilbäume unterhalb des Ausgangsknotens der Wert des ersten Zugs bekannt (100). Nach Analyse des ersten kompletten Pfads des mittleren Teilbaums ist klar, dass der zweite Zug höchstens zu einem Wert von 50 führen kann. In diesem Teilbaum muss daher nicht weitergesucht werden, wenn das eigentliche Ziel der Suche nur ist, den Wert der Ausgangsstellung und einen besten Zug zu bestimmen. Gleiches gilt für den dritten Teilbaum, sodass insgesamt keine der gestrichelten Verbindungen betrachtet werden muss.[5]

Die Methode der Transpositionstabellen (vgl. Kapitel 2, Abschnitt 2.4.4.3) ist ebenfalls allgemein anwendbar. So kann beispielsweise die in Abbildung 5.5 zuoberst gezeigte Spielsituation offensichtlich durch $3! \cdot 3! = 36$ verschiedene Zugfolgen entstehen, d. h., es gibt im vollständigen Spielbaum für Tic Tac Toe 36 Kopien des gesamten in der Abbildung dargestellten Teilbaums. Da diese Kopien identisch sind, ist auch der berechnete Wert der oberen Stellung in all diesen Spielbaumknoten gleich. Es genügt daher, ihn bei der Anwendung des Minimax-Verfahrens nur einmal zu berechnen und das Ergebnis in einer Transpositionstabelle zu speichern, um sich das Expandieren des gleichen Knotens an anderen Stellen zu ersparen. Auf diese Weise kann ein universelles Spielprogramm einen Spielbaum speziell in den tieferen Regionen oft signifikant beschneiden und damit die Suche drastisch verkürzen. So gibt es beispielsweise in Tic Tac Toe lediglich 5478 erreichbare Zustände, während der vollständige Spielbaum aus rund 550 000 Knoten besteht (nicht mitgezählt die noop-Zwischenknoten).

Der Minimax-Algorithmus lässt sich im Prinzip auf beliebige Spiele anwenden, wobei es für jeden Zuge desjenigen Spielers, aus dessen Sicht der Spielbaum erzeugt wurde, das durch diesen Zug garantiert mindestens erreichbare Ergebnis berechnet. Diese „pessimistische“ Vorgehensweise rechtfertigt sich dadurch, dass ein Spieler im schlechtesten Fall immer mit den für ihn ungünstigsten Zügen seitens der anderen Spieler rechnen muss, über die er keine Kontrolle ausübt. Eine oftmals realistischere Bewertung der Züge kann auf der Grundlage eines geeigneten Prognosemodells für das Verhalten der anderen Spieler erfolgen. Dabei zeigt sich, dass die Minimax-Methode immer dann den wahren Wert eines Zugs ergibt, wenn es sich um ein Zweipersonennullsummenspiel mit perfekter Information[6] handelt und der Gegenspieler rational agiert, d. h., stets einen aus seiner Sicht besten Zug wählt, da unser Verlust gleichzeitig dessen Gewinn ist.

Für kooperative Spiele wurde die Alternative der *OM-Suche* (von engl. „Opponent Model“, dt. Gegenspielermodell) entwickelt. Dieses Verfahren beruht bei der Propagierung von Stellungsbewertungen auf der Annahme, dass alle Spieler bestrebt sind, ihre eigenen Resultate zu maximieren, anstatt das Ergebnis unseres Spielers zu minimieren.

---

5 In dem speziellen Fall könnte die Suche natürlich schon unmittelbar nach dem Finden eines Zugs mit Wert 100 abgebrochen werden, da dies der nach den Regeln überhaupt maximal erzielbare Wert ist.

6 Im Fall von GDL bedeutet *Nullsummenspiel*, dass sich die Endergebnisse für die Spieler stets zu 100 addieren, und ein Spiel ist von *perfekter Information*, wenn wie in Tic Tac Toe in jeder Position höchstens ein Spieler mehr als eine Zugmöglichkeit hat.

Selbst bei Nullsummenspielen kann dies einen Unterschied zu Minimax machen, sobald mehr als nur zwei Spieler beteiligt sind, da sich in solchen Spielen implizite Kooperationen ergeben können: Sind beispielsweise zwei Spieler nur gemeinsam in der Lage, den unmittelbaren Sieg eines Dritten zu verhindern, so würden sie das schon aus Eigeninteresse tatsächlich tun. Das Minimax-Verfahren berücksichtigt diese Möglichkeit nicht (es sei denn, man wäre selbst der Dritte, dessen Sieg es durch gemeinsame Anstrengung aller anderen Spieler zu verhindern gilt). Andererseits ist der Vorteil der OM-Suche, einem Mitspieler rationales Verhalten zu unterstellen, zugleich auch ihr Nachteil, denn sie kann im Unterschied zum Minimax-Verfahren den errechneten Wert eines Zugs nicht garantieren und unter Umständen zu einem schlechteren als den durch einen anderen Zug in jedem Fall erzielbaren Mindestwert führen.

Ein weiteres Problem ergibt sich sowohl bei der Minimax- als auch bei der OM-Suche durch das gleichzeitige Ziehen. Für Tic Tac Toe ist dies unkritisch, da in jeder Position jeweils einer der beiden Spieler ohnehin nur eine Möglichkeit hat, aber man denke nur an ein einfaches Spiel wie Stein-Schere-Papier, das wenig sinnvoll wäre, wenn einer der beiden Spieler vor seiner Wahl zunächst den Zug des Anderen zu sehen bekäme. In der Tat würde die Anwendung der oben beschriebenen Minimax-Methode auf dieses Spiel den Wert 0 für jeden der drei möglichen Züge unseres Spielers ergeben.

Als Fazit bleibt festzuhalten, dass die Bewertung von Zügen nach der Minimax-Methode in jedem Fall eine einfache und sichere Strategie für eine vorsichtige Spielweise bietet. Speziell im Fall von Zweipersonenspielen mit abwechselnden Zügen ist dies die klassische Methode, um einfache Spiele wie Tic Tac Toe, deren Spielbaum komplett durchsucht werden kann, ohne Weiteres zu lösen.

5.3.3 Stochastische Baumsuche

Die Größe eines Spielbaums wächst im Allgemeinen exponentiell mit zunehmender Tiefe. Aus diesem Grund haben Spiele meist einen Suchraum, der nicht vollständig inspiziert werden kann. Die *stochastische Suche* bietet eine Möglichkeit für die Suche durch größere Spielbäume, bei der nur ein zufällig ausgewählter, kleiner Teil eines Suchraums betrachtet wird. Hierzu werden mittels Zufallszügen ganze Partien bis zum Ende durchgespielt und die gesammelten Resultate dann zur Einschätzung der möglichen Züge in der momentanen Stellung, aus der heraus diese „Partiesimulationen“ gespielt wurden, herangezogen.

Für die Implementierung eines stochastischen Verfahrens in einem universellen Spielprogramm als sogenannte *MCT-Suche* (engl. „Monte Carlo Tree Search“) werden für jede Rolle r eines gegebenen Spiels *Schätzwerte* $Q^r(S,z)$ für die Beurteilung der möglichen Züge z in einer Spielsituation S gesammelt. Das Ergebnis jeder Simulation, in der Spieler r in Situation S den Zug z wählt, fließt dann gewichtet in die Berechnung von $Q^r(S,z)$ mit ein – wurde die simulierte Partie gewonnen, so erhöht sich der Wert, wurde sie verloren, verringert er sich.

Das konkrete Verfahren der MCT-Suche besteht in der schrittweisen Konstruktion eines partiellen Spielbaums durch Wiederholung der folgenden vier Operationen:

1. *Selektion*: Von der momentanen Stellung als Wurzelknoten aus wird zufällig ein Pfad durch den bereits vorhandenen Baum bis zu einem Blattknoten gewählt.
2. *Expansion*: Falls dieser Blattknoten keine Endstellung des Spiels darstellt, werden die Nachfolgestellungen berechnet, an den Blattknoten angehängt und eine davon zufällig ausgewählt.
3. *Simulation*: Ausgehend von dem gewählten neuen Blattknoten wird eine Zufallspartie bis zum Ende gespielt.
4. *Backpropagierung:* Die Schätzwerte Q^r aller Knoten auf dem in Schritt 1 und 2 gewählten Pfad werden anhand des Ausgangs der Zufallspartie aktualisiert.

Abbildung 5.6 illustriert anhand eines real durchgeführten Experiments, zu welcher Einschätzung eine solche zufallsgesteuerte Simulation für eine Beispielposition in Tic Tac Toe kommen kann. Am Ende einer stochastischen Suche würde der Spieler in der zuoberst gezeigten Stellung denjenigen Zug wählen, der den höchsten Schätzwert erzielt hat. Das Ergebnis in Abbildung 5.6 kann also dahin gehend interpretiert werden, dass das Markieren des Mittelfelds in der gegebenen Position die größten Chancen bietet.

Die Aussagekraft der stochastischen Baumsuche wird deutlich erhöht, wenn Züge, die im Verlauf der Suche vielversprechend erscheinen, verstärkt simuliert werden. Um dies zu realisieren, werden die Züge eines Spielers in einer Spielstellung S nur solange

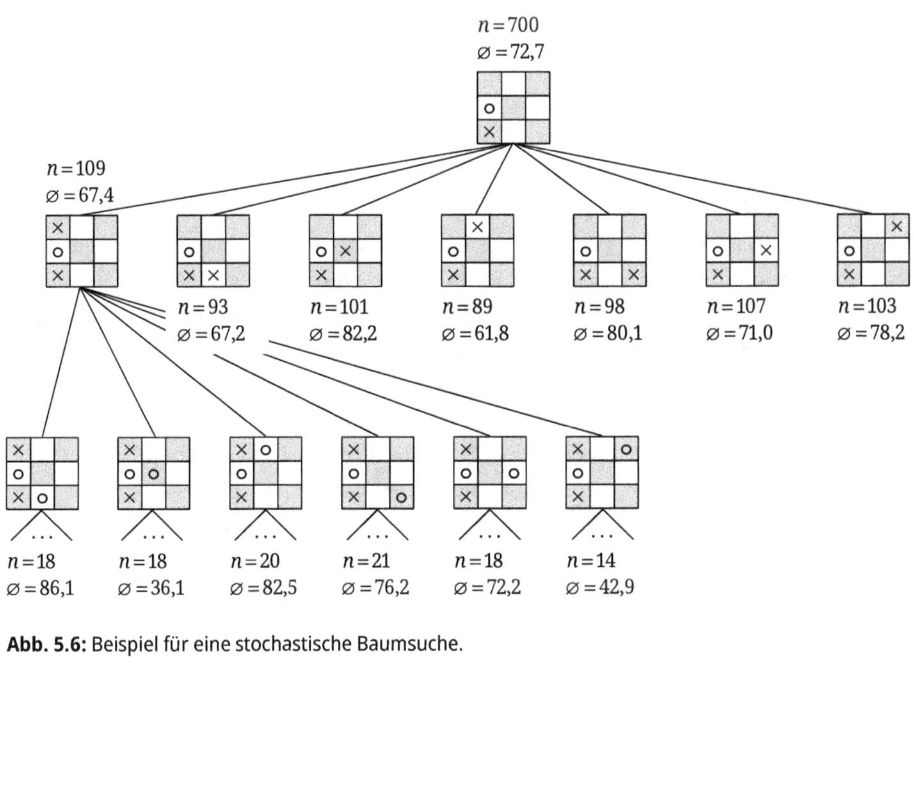

Abb. 5.6: Beispiel für eine stochastische Baumsuche.

zufällig gewählt, bis jeder seiner legalen Züge in S mindestens einmal selektiert wurde. Landet die nächste Simulation wieder in S, so wird für den Spieler jetzt derjenige Zug gewählt, der den bis dahin besten Schätzwert erreicht hat. Um jedoch einen anderen guten Zug, der nur aus Zufall in der ersten Simulation einen schlechten Wert erzielt hat, nicht gänzlich zu ignorieren, werden die Schätzwerte um einen sogenannten *UCT-Bonus*[7] angereichert, der umso höher ist, je *seltener* ein Zug simuliert wurde. Konkret seien $N(S)$ die Gesamtzahl der bislang durchgeführten Simulationen, die durch Spielsituation S liefen, und $N^r(S,z)$ die Anzahl dieser Simulationen, bei denen Spieler r Zug z in S gewählt hat. Wenn dann die stochastische Suche das nächste Mal in S landet, so wird der zu wählende Zug für den betreffenden Spieler nach folgender Formel bestimmt:

$$\arg\max_z \left\{ Q^r(S,z) + C \cdot \sqrt{\frac{\ln N(S)}{N^r(S,z)}} \right\}$$

Hierbei stellt der Wurzelausdruck den UCT-Bonus dar, und C ist eine frei wählbare Konstante zu dessen Gewichtung bei der Auswahl desjenigen Zugs, der den Wert in den geschweiften Klammern maximiert. Je öfter ein Zug bereits betrachtet wurde, desto geringer fällt sein UCT-Bonus aus, da der Wert $N^r(S,z)$ im Nenner auftaucht. Gleichzeitig steigt der UCT-Bonus für andere Züge, da sich der Wert $N(S)$ in deren Zähler mit jeder Simulation durch S erhöht. Da im Verlauf der Suche vielversprechende Züge verstärkt simuliert werden, wächst der nach dem oben beschriebenen Verfahren konstruierte Spielbaum ungleichmäßig: Ein tiefer Teilbaum deutet auf gutes Spiel hin, während der Baum im uninteressanten Teil flach bleibt.

Optimierungen und Grenzen

Ein Merkmal der zufallsgesteuerten Suche durch einen Spielbaum ist, dass der Schätzwert für einen Knoten umso unsicherer wird, je tiefer sich dieser im Baum befindet, da die Wahrscheinlichkeit, dass ein zufällig gewählter Pfad durch einen bestimmten Punkt führt, mit zunehmender Tiefe geringer wird. Aus diesem Grund ist es sinnvoll, das Ergebnis einer Simulation umso höher zu bewerten, je weniger Züge bis zum Spielende benötigt wurden. Eine in stochastischen Suchverfahren gängige Vorgehensweise ist die Verwendung eines *Diskontierungsfaktors* $\gamma < 1$, um den der berechnete Wert einer Simulation in jedem Schritt reduziert wird. Konkret heißt dies für die UCT-Suche, dass beispielsweise eine Simulation, die von der Situation S ausgehend noch fünf Züge bis zum Partieende benötigt und dabei ein Ergebnis von 100 (Gewinn) ergeben hat, den in S gewählten Zug mit $\gamma^5 \cdot 100$ bewertet. Eine andere Simulation, die zu dem gleichen Endergebnis in nur zwei Schritten führt, bewertet hingegen den entsprechenden Zug mit

7 Die Bezeichnung ist aus dem engl. Begriff „upper confidence bound applied to tree search" für dieses Verfahren abgeleitet.

$\gamma^2 \cdot 100$, wobei γ ein geeignet zu wählender, reduzierender Multiplikator ist, zum Beispiel $\gamma = 0{,}999$.

Ein spezieller Vorteil stochastischer Suchverfahren ist ihre vergleichsweise einfache Parallelisierbarkeit. Da die Qualität einer stochastischen Abschätzung im Allgemeinen mit zunehmender Zahl an Stichproben immer besser wird, kann auch der Wert eines Zugs umso besser abgeschätzt werden, je mehr Zufallspartien mit ihm in der zur Verfügung stehenden Zeit simuliert werden können. Dabei sind die einzelnen Simulationen weitgehend voneinander unabhängig. Im einfachsten Fall werden mehrere UCT-Suchen parallel und ohne Datenaustausch untereinander durchgeführt, sodass erst am Ende die Ergebnisse zusammengeführt werden müssen. Eine andere Möglichkeit ist die Verwendung einer von mehreren Prozessen gemeinsam verwalteten Tabelle für die Werte $Q^r(S, z)$ und $N^r(S, z)$. In jedem Fall eignet sich die UCT-Suche besonders gut für die Verwendung einer parallelen Computerarchitektur.

Die stochastische Simulation ist ein probates Mittel für ein universelles Spielprogramm, mittels uninformierter Suche ein neues Spiel mit einem sehr großen Spielbaum zu spielen. Dies gilt insbesondere für Spiele, bei denen es einem System nicht leicht fällt, vollautomatisch eine geeignete Strategie zu entwickeln.

Für Spiele, in denen es in den meisten Positionen nur wenig gute, dafür aber viele schlechte Züge gibt, kann jedoch das zufallsgesteuerte Ausspielen von Partien zunächst zu einer falschen Einschätzung von Zügen führen. Dies lässt sich anhand eines schönen Spiels aus den ersten Wettbewerben für universelle Spielprogramme verdeutlichen: In der in Abbildung 5.7 gezeigten Schachvariante beginnen beide Seiten mit Springern auf allen Feldern ihrer zwei Grundreihen. Ziel des Spiels ist es, mit einem Springer die gegenüberliegende letzte Reihe zu erreichen. Eine stochastische Suche in der abgebil-

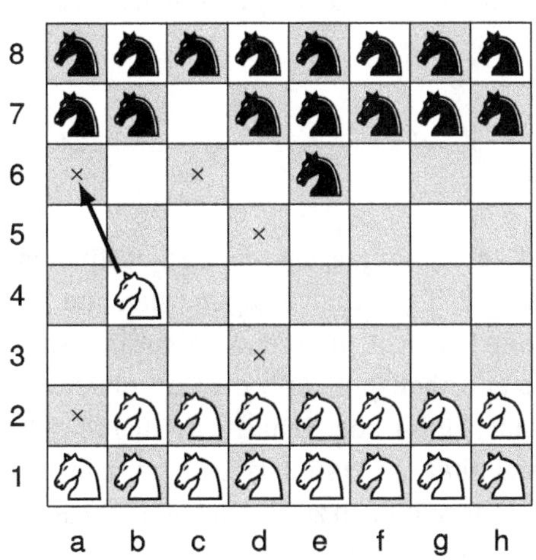

Abb. 5.7: Eine Partie *Knight Breakthrough* nach zwei Zügen. (Für Nichtschachspieler verdeutlichen die markierten Felder die Zugmöglichkeiten eines Springers am Beispiel des ♘ b4.)

deten Stellung wird früh einen hohen Wert für den per Pfeil angedeuteten Zug ♘ b4–a6 berechnen, da dieser in fast allen Simulationen zu einem schnellen Sieg führt. Offensichtlich ist dies aber kein guter Zug, da Schwarz einfach mit ♘ b8×a6 den Springer schlägt und Weiß dadurch ersatzlos eine Figur verliert. Da dies die einzige Antwort von Schwarz ist, die nicht sofort verliert, wird dieser Gegenzug nur nach einer genügend großen Anzahl an Simulationen bei der UCT-Suche bevorzugt gewählt und damit die Schwäche des ersten Zugs erst nach einiger Zeit erkannt.

5.3.4 Heuristische Suche

Die meisten Programme für spezielle Spiele wie Schach verwenden eine *heuristische Suche* durch einen Spielbaum bis zu einer begrenzten Tiefe. Die erreichbaren Spielpositionen werden dann durch eine *Bewertungsfunktion* evaluiert. So entsteht ein Teilbaum, bei dem die Suche nach einer begrenzten Zahl von Zügen abgeschnitten wird und dessen Blätter dennoch alle einen numerischen Wert tragen. Diese können auf die gleiche Weise nach oben propagiert werden, wie bei einer vollständigen Baumsuche, also etwa durch das Minimax-Verfahren (vgl. Abschnitt 5.3.2).

Die Qualität des Ergebnisses einer solchen heuristischen Suche ist selbstverständlich maßgeblich von der Güte der Zwischenevaluierung abhängig. In Programmen für ein bestimmtes Spiel können speziell zugeschnittene Bewertungsfunktionen verwendet werden, und so besteht in der Praxis ein Großteil der Entwicklungsarbeit eines Computerprogramms für ein konkretes Spiel darin, geeignete Kriterien für eine Stellungsbewertung zu finden und zu gewichten – im Schach beispielsweise Figurenwerte, Zentrumsbeherrschung, Königssicherheit, Bauernstruktur usw. In einem universellen Spielprogramm muss solches Expertenwissen hingegen von dem System selbst anhand der Spielregeln erzeugt werden.

Zwei Beispiele: Mobilitäts- und Zielheuristik

Die sogenannte Mobilitätsheuristik basiert auf der Annahme, dass eine Spielsituation, in der dem eigenen Spieler eine große Auswahl an Zügen zur Verfügung steht, im Allgemeinen besser ist als eine Position, in der seine Möglichkeiten stark beschränkt sind. In vielen Spielen kann dieses Kriterium ein erster Anhaltspunkt für die Güte einer Stellung sein. So führt etwa in Brettspielen wie Dame, Mühle oder Schach ein Übergewicht an Figuren, speziell an solchen mit höherer Mobilität wie zum Beispiel eine Dame gegenüber einem Springer im Schach, in den meisten Stellungen zu einem Mehr an Zügen. Gleiches gilt für Bewertungsmaßstäbe wie Zentrumsbeherrschung, Kontrolle über ein Spielfeld etc. Die Mobilitätsheuristik ist sehr einfach zu implementieren. In einer zu bewertenden Position müssen dazu lediglich für jeden Spieler alle legalen Züge berechnet

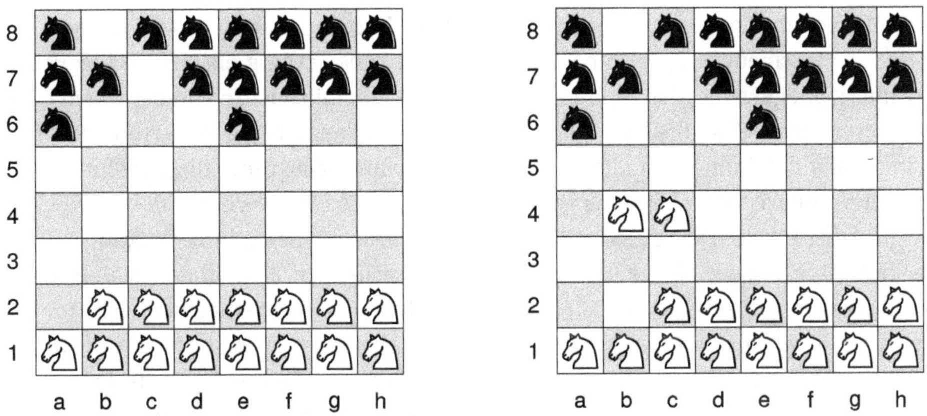

Abb. 5.8: Links die Stellung aus Abbildung 5.7 nach der Zugfolge ♘ b4–a6, ♘ b8xa6; rechts die Stellung nach der alternativen Fortsetzung ♘ b2–c4, ♘ b8–a6. In der linken Stellung hat Weiß 38 legale Züge, in der rechten 46. Letztere ist daher wegen 46 – 1 > 37 – 1 aus seiner Sicht bei Anwendung der Mobilitätsheuristik deutlich besser bewertet (man beachte, dass Schwarz in beiden Stellungen mit noop nur einen Zug hat, da es sich um ein Spiel mit abwechselnden Zügen handelt).

und dann die Zahl der gegnerischen Zugmöglichkeiten von der Zahl der eigenen subtrahiert werden. Abbildung 5.8 zeigt am Beispiel aus Abbildung 5.7, wie zwei mögliche Stellungen zwei Züge später anhand des Mobilitätskriteriums unterschiedlich bewertet werden.

Neben der Mobilitätsheuristik wurden auch andere allgemein verwendbare Verfahren zur Stellungsbewertung wie beispielsweise die sogenannten Zielheuristiken entwickelt. Diese basieren auf dem Prinzip, den Abstand von einem Zwischenzustand zu einem vorgegebenen Spielziel abzuschätzen. Hierzu wird mithilfe der *Fuzzy-Logik* (vgl. Kapitel 9) der *Erfüllungsgrad* der Zielformel als ein numerischer Wahrheitswert zwischen 0 und 1 bestimmt und die Güte eines Zwischenzustands daran abgeschätzt, zu welchem Grad das gewünschte Ziel bereits erfüllt ist. Allgemein ist diese Heuristik ein geeignetes Mittel für solche Spiele, in denen das Gesamtziel durch das schrittweise Erfüllen einzelner Teilziele erreicht werden kann. Dies kann auch für solche Spiele gelten, die die vollständige Eliminierung gegnerischer Figuren oder die vollständige Besetzung eines Territoriums usw. zum Ziel haben, falls dies schrittweise geschehen kann und explizit aus der Zielformel hervorgeht.

Das Standardverfahren bei der Spielbaumsuche mit heuristischer Bewertungsfunktion verwendet die schon in Abschnitt 5.3.2 erwähnte, iterative Tiefensuche, bei der die maximale Suchtiefe schrittweise angehoben wird. Dies hat bei der heuristischen Baumsuche den zusätzlichen Vorteil, dass nach jeder durchsuchten Tiefe die Knoten anhand ihrer Zwischenbewertung sortiert werden können, sodass im nächsten Schritt, also in größerer Tiefe, zunächst die vielversprechenden Züge betrachtet werden. Auf diese Weise kann die Effektivität der Alpha-Beta-Heuristik (vgl. Abschnitt 5.3.2) deutlich erhöht werden. Darüber hinaus können vielversprechende Züge tiefer analysiert werden, sodass für verschiedene Züge je nach deren Zwischenbewertung ein unterschiedlicher Suchhorizont gewählt wird. Dies ist insbesondere dann hilfreich, wenn bei einem oder mehreren dieser Züge bis zum Ende gesucht werden kann, da die Bewertung von Terminalzuständen immer anhand der Spielregeln selbst erfolgt und nicht mehr auf die unsichere, heuristische Bewertungsfunktion zurückgegriffen werden muss.

Auf diese Weise lässt sich dann auch feststellen, ob die Bewertungsfunktion ein guter Indikator ist oder ob die scheinbar vielversprechenden Züge in der Realität doch nicht so gut sind. Denn während beispielsweise Mobilität oft ein einfacher Indikator für den Wert einer Position sein kann, gibt es umgekehrt auch viele Spiele, in denen dieses Kriterium keine Aussagekraft hat. So ist in Tic Tac Toe die Anzahl der freien Felder eindeutig durch die Zahl der gemachten Züge bestimmt und unabhängig von der Güte einer Stellung. In einigen Spielen kann das Mobilitätskriterium sogar kontraproduktiv sein, wie etwa wenn beim Damespiel Schlagzwang besteht. Muss nämlich ein Spieler den Regeln zufolge schlagen, sobald ihm ein Stein angeboten wird, so schränkt dies seine Zugmöglichkeiten stark ein, was aber natürlich in den meisten Fällen von Vorteil ist, wenn dadurch ein Stein erobert werden kann. In solchen Spielen führt die Anwendung der Mobilitätsheuristik geradewegs zum Verlust, wenn der Gegner durch wiederholtes Opfern eigener Steine vermeintlich in die Ecke gedrängt wird.[8] Ähnlich irreführend ist die Mobilitätsheuristik bei vielen Spielen in der sogenannten Misère-Variante, bei der Verlieren das Ziel ist (zum Beispiel Schlagschach). Bevor also ein universelles Spielprogramm diese Heuristik in einem neuen Spiel verwendet, sollte es daher etwa mithilfe von Partiesimulationen (vgl. Abschnitt 5.3.3) sicherstellen, dass sie auch tatsächlich zielführend ist. Auch eine einfache Zielheuristik ist keineswegs universell verwendbar. Sie berücksichtigt beispielsweise nicht, wie schwer es ist, von einem das Ziel in Teilen erfüllenden Zustand zu dem endgültigen Ziel zu gelangen, oder ob dies überhaupt möglich ist. Darüber hinaus liefert die Zielheuristik keine sinnvollen Werte bei Spielen mit einem sehr speziellen Ziel wie beispielsweise Schachmatt, aus dessen reiner Definition in keiner Weise abgeleitet werden kann, zu welchem Grad das Ziel in einer Zwischenstellung erfüllt ist. Für solche Fälle lassen sich auch mehrere Heuristiken kombinieren: Wenn nur eine der Heuristiken zwischen verschiedenen Zuständen unterscheiden kann, dann wird durch eine Kombination automatisch nach derjenigen gespielt, die dies vermag. Im Allgemeinen erfordert jedoch eine Kombination immer eine geeignete Gewichtung der einzelnen Bewertungskriterien, was wiederum Maschinelles Lernen und die Generierung von domänenspezifischem Wissen erfordert, welches Thema der folgenden beiden Teilabschnitte sein soll.

---

8 Dazu eine kleine Anekdote aus der Weltmeisterschaft 2006, bei der ausgerechnet im Finale genau dies passierte: In einer Partie Dame auf einem zylindrisch geformten Brett bot Weiß (*Cluneplayer*, USA) in rascher Folge seine eigenen Steine zum Schlagen an, wohlweislich darauf achtend, nicht zum Zurückschlagen gezwungen zu sein. Schwarz (*Fluxplayer*, Deutschland) gewann die Partie leicht.

5.3.5 Maschinelles Lernen

Eine Bewertungsfunktion kann mittels eines künstlichen neuronalen Netzes (siehe Kapitel 13) gelernt werden. Dies wurde im Jahr 2018 eindrucksvoll durch das System „AlphaZero“ bewiesen, das selbstständig sowohl Go als auch Schach und die japanische Schachvariante Shogi erlernte und sich anschließend in Wettkämpfen den besten spezialisierten Computerprogrammen mindestens ebenbürtig zeigte. Dabei war dem System außer den fest codierten Spielregeln kein weiteres domänenspezifisches Wissen über die drei Spiele vorgegeben.

Ein neuronales Netz für allgemeine GDL-Spiele, das Stellungsbewertungen lernen soll, erhält als Eingabe die Codierung eines Spielzustands und berechnet als Ausgabe Schätzwerte für die Güte dieser Position aus Sicht aller Spieler; ferner kann das Netz auch für alle legalen Züge eine Einschätzung abgeben (siehe Abbildung 5.9). Um durch Spielen gegen sich selbst eine solche Bewertungsfunktion zu lernen, müssen für das Training Beispielpartien generiert werden. Hierbei kann die Auswahl der Züge von Stellung zu Stellung jeweils beispielsweise mithilfe einer stochastischen Baumsuche (vgl. Abschnitt 5.3.3) erfolgen. Dadurch kann das zu trainierende Netz gleichzeitig die Rolle des UCT-Bonus übernehmen: Je höher es einen Zug in einer Stellung während der zufallsgesteuerten Suche einschätzt, desto wahrscheinlicher wird dieser dem Suchbaum hinzugefügt. Im Anschluss an eine vollständig durchgespielte Beispielpartie werden alle durchlaufenen Zwischenstellungen zusammen mit dem Partieausgang als Trainingsdaten für das neuronale Netz verwendet. Diese abwechselnde Verwendung des bereits Gelernten zur Suche nach guten Zügen im Selbstspiel und zum weiteren Lernen aus dem Ergebnis einer solchen Simulation führt zu einer sukzessiven Verbesserung der Bewertungsfunktion.

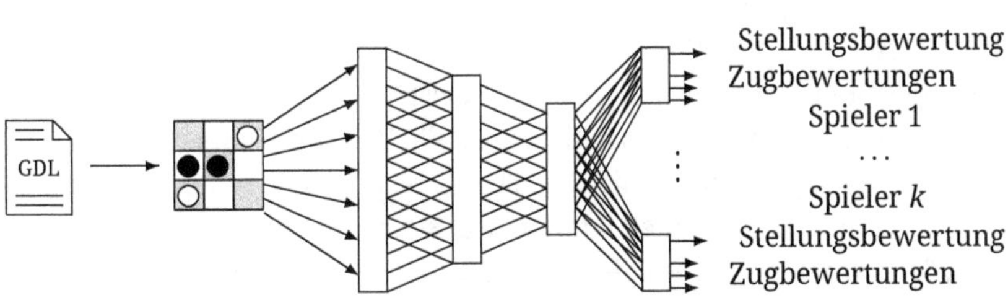

Abb. 5.9: Schematischer Aufbau eines neuronalen Netzes zum Erlernen einer Bewertungsfunktion in einem universellen Spielprogramm.

Während das zu Beginn des Abschnitts erwähnte System „AlphaZero“ noch einer Reihe von Einschränkungen unterlag – Zweipersonennullsummenspiele auf einem geometrisch regulären Spielbrett, abwechselnde Züge, handgemachte Netzwerkarchitektur für jedes Spiel – lässt sich das allgemeine Lernprinzip wie folgt auf universelle Spielprogramme erweitern.

1. Als Eingabe für ein neuronales Netz werden die Stellungsmerkmale der GDL-Spielbeschreibung zur Codierung von Positionen verwendet.
2. Im Hinblick auf Nichtnullsummen- und Mehrpersonenspiele lernt das Netz als Ausgabe sowohl Erwartungswerte als auch Zugbewertungen aus Sicht aller Rollen eines Spiels.
3. Die Netzwerkarchitektur kann in Abhängigkeit von leicht berechenbaren Parametern wie etwa der Zahl der Stellungsmerkmale oder der durchschnittlichen Breite des Suchbaums selbstständig bestimmt werden.

5.3.6 Generierung von Wissen

Als Alternative oder Ergänzung zum Lernen mithilfe eines neuronalen Netzes kann auch symbolisch repräsentiertes Wissen über ein neues, unbekanntes Spiel automatisch erworben werden. Im Fall eines bekannten Spiels können Programmierer in aller Regel aufgrund ihres Wissens über Eigenschaften des Spiels geeignete Suchverfahren und Heuristiken wählen und effizient implementieren. Bei universellen Spielprogrammen gibt es diese Möglichkeit nicht, und daher besteht eine der größten Herausforderungen für diese Programme im selbstständigen Erlangen von Wissen über ein neues Spiel – Wissen, das zwar implizit bereits in den reinen Spielregeln steckt, aber erst gelernt, also explizit gemacht werden muss, bevor es für eine Strategie verwendet werden kann. Die Spanne reicht dabei von elementarem Wissen, wie etwa ob es sich um ein Nullsummen- oder ein kooperatives Spiel handelt, bis zu ganze Datenbanken füllendem Wissen, wie etwa das über Jahrhunderte von Experten (und zunehmend auch von Computern) gesammelte Schachwissen. Entsprechend vielfältig sind die Verwendungsmöglichkeiten in einem universellen Spielprogramm: Einfaches Wissen dient der Auswahl geeigneter Suchmethoden; Wissen über den Wert unterschiedlicher Spielfiguren kann die Grundlage für Bewertungsfunktionen und andere Suchheuristiken bilden usw.

Im Rahmen dieser Einführung kann lediglich auf ein Verfahren näher eingegangen werden: die *Domänenanalyse*, bei der die Wertebereiche aller in den Regeln enthaltenen Prädikate und Funktionen ermittelt werden, was sehr grundlegendes Wissen über ein Spiel liefert. So charakterisiert beispielsweise die Menge der möglichen Argumente für das Schlüsselwort `true` alle im Laufe eines Spiels potenziell auftretenden Stellungsmerkmale, wodurch sich oft einzelne Elemente eines Spiels, wie etwa Spielfelder und Figuren, identifizieren lassen; siehe dazu Abbildung 5.10.

Der sogenannte *Domänengraph* beinhaltet als Knoten alle Prädikats- und Funktionszeichen, die in einer Spielbeschreibung vorkommen. Darüber hinaus enthält der Graph die einzelnen Argumentpositionen der Prädikate und Funktionen, also bspw. `cell`[1], `cell`[2] und `cell`[3] für die entsprechende dreistellige Funktion in der Tic-Tac-Toe-Formalisierung aus Abschnitt 5.2. Gerichtete Kanten zwischen den Knoten geben die aus den Spielregeln ersichtlichen Abhängigkeiten an.

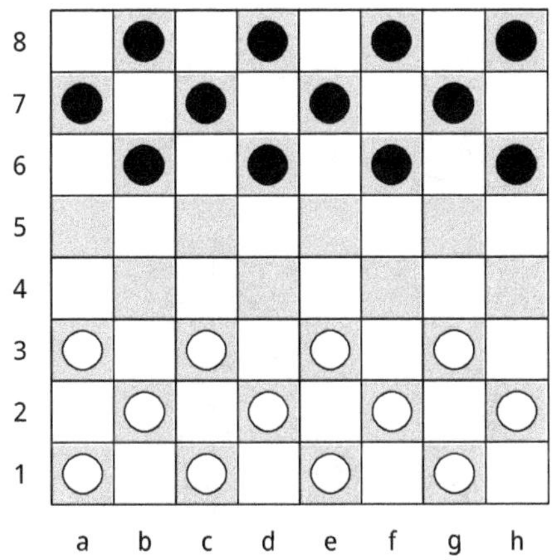

```
(init (cell a 1 white_man))
...
(init (cell h 8 black_man))
...
(next_rank a b) ... (next_rank g h)
(next_file 1 2) ... (next_file 7 8)
...
(<=  (next (cell ?x 8 white_king))
     (does white (move ?u ?v ?x 8)))
(<=  (next (cell ?x 1 black_king))
     (does black (move ?u ?v ?x 1)))
...
```

Abb. 5.10: Angewendet auf die rechts auszugsweise gezeigten Regeln des Damespiels kann die Domänenanalyse für das dreistellige Stellungsmerkmal `cell(_,_,_)` den Wertebereich $\{a,\ldots,h\} \times \{1,\ldots,8\} \times$ {`white_man`, `black_man`, `white_king`, `black_king`} ermitteln. Darüber hinaus kann leicht festgestellt werden, dass auf den ersten beiden Argumenten durch die Fakten für `next_rank` und `next_file` jeweils eine Art Ordnungsrelation definiert ist. Dies könnte ein universelles Spielprogramm zu der Hypothese veranlassen, dass `cell` ein zweidimensionales Spielfeld mit vier verschiedenen Figurtypen codiert.

Definition 5.3.2 (Domänengraph). Der *Domänengraph* zu einer GDL-Beschreibung G ist der kleinste Graph (V, E) mit Knoten V und Kanten E, sodass:

1. $p, p[1], \ldots, p[n] \in V$ für jedes n-stellige Prädikats- oder Funktionszeichen p, das in G verwendet wird ($n \geq 0$).
2. $f \rightarrow p[i] \in E$ für jedes Vorkommen einer Funktion f im i-ten Argument eines Ausdrucks p im Kopf einer Regel aus G.
3. $p[j] \rightarrow q[i] \in E$ für jedes Vorkommen einer Variablen als i-tes Argument eines Ausdrucks q im Kopf und als j-tes Argument eines Ausdrucks p im Bedingungsteil ein und derselben Regel aus G.
4. `init`[1] $\rightarrow$ `true`[1], `next`[1] $\rightarrow$ `true`[1], `legal`[1] $\rightarrow$ `does`[1], `legal`[2] $\rightarrow$ `does`[2] $\in E$.

Als Beispiel zeigt Abbildung 5.11(a) einen Ausschnitt aus dem Domänengraphen für Tic Tac Toe, der nach Punkt 1 und 2 aus der aus Abschnitt 5.2 bekannten Regel 21–22, also `(<= (next (cell ?m ?n x)) (does xplayer (mark ?m ?n)))` entsteht. Abbildung 5.11(b) zeigt einen weiteren Ausschnitt, aus dem sich leicht die Wertebereiche für die aufgeführten Prädikate und Funktionen ablesen lassen:

`cell`:	$\{1,2,3\} \times \{1,2,3\} \times \{b,x,o\}$
`row, column`:	$\{1,2,3\} \times \{b,x,o\}$
`diagonal, line`:	$\{b,x,o\}$

Ein der Domänenanalyse verwandtes Verfahren ist die sogenannte *Regelstrukturanalyse* mit dem Ziel, von der konkreten Syntax zu abstrahieren, um so die Bedeutung

(a)

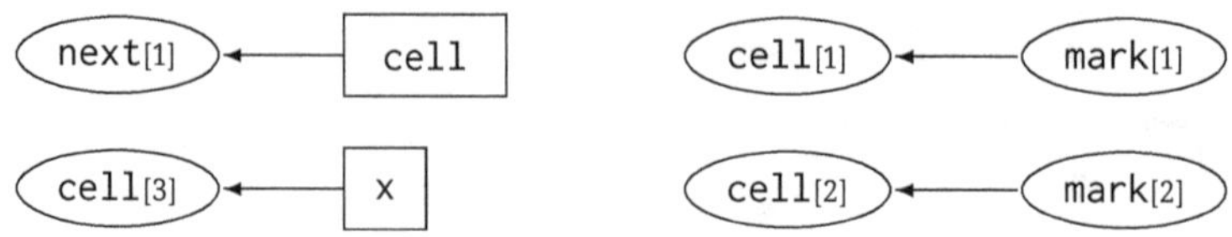

(b)

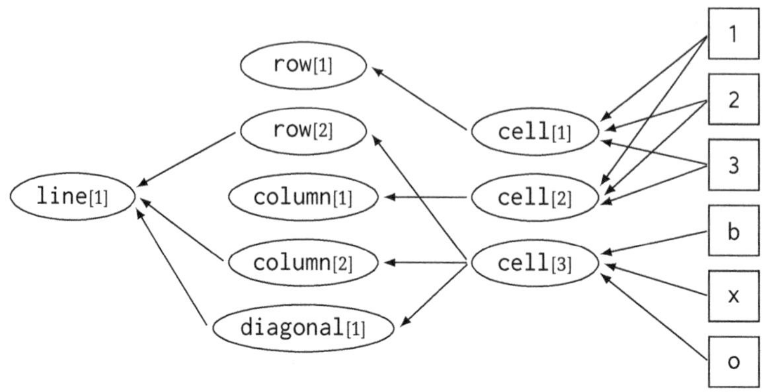

Abb. 5.11: (a) Die Kanten im Domänengraphen für Tic Tac Toe, die sich aus Regel 21–22 ergeben; (b) Teilgraph, der sich aus den Regeln 37–58 nebst 3–11 und 21–25 (vgl. Abschnitt 5.2) ergibt.

einer Regel stärker herauszuarbeiten. Auf diese Weise lassen sich beispielsweise verschiedene Formulierungen ein und derselben Regel miteinander vergleichen, was ein universelles Spielprogramm in die Lage versetzen kann, ihm bekannte Strategien auf ähnliche Spiele, die lediglich in einem neuen Gewand daher kommen, anzuwenden. Die Regelstrukturanalyse bildet darüber hinaus die Grundlage für die automatische Erkennung von Symmetrien in einem Spiel. Domänen- und die Regelstrukturanalyse sind nur zwei Beispiele der vielfältigen Möglichkeiten, ein universelles Spielprogramm dazu zu bringen, Wissen, das implizit in den reinen Regeln eines Spiels steckt, explizit zu machen und zum Spielen zu verwenden.

5.4 Ausblick: Unvollständige Information

GDL als Eingabesprache für universelle Spielprogramme basiert auf der Annahme, dass nach jeder Runde alle Spieler über die Züge aller Anderen informiert werden. Da die Ausgangssituation vollständig bekannt ist und Züge in GDL immer deterministisch sind, also einen eindeutigen Nachfolgezustand ergeben, kann jeder Spieler nach jeder Runde den aktuellen Spielzustand berechnen. Für klassische Brettspiele wie Schach, Dame oder Go ist dies adäquat, jedoch verwenden viele ebenso interessante Spiele Züge wie zum Beispiel Würfeln, deren Effekt nichtdeterministisch ist, oder sind durch asymmetrische Information gekennzeichnet, wie beispielsweise die schwer zu spielende Schachvariante „Kriegspiel“, bei der die Spieler nur die Figuren der eigenen Farbe sehen. Kartenspiele wie Poker vereinen Zufallszüge (Mischen) mit Informationsasymmetrie (eigene Karten). Um auch solche Spiele für universelle Spielprogramme beschreiben zu können, soll zum Abschluss dieses Kapitels kurz die Spracherweiterung GDL-II (für engl. „GDL for imperfect information games") vorgestellt werden, welche GDL um zwei Schlüsselwörter erweitert: Der vordefinierte Rollenname `random` bezeichnet einen Spieler, der stets rein zufällig einen seiner legalen Züge wählt, und das neue Prädikat (`sees` *r p*) besagt, dass Spieler *r* die Information *p* erhält.

Definition 5.4.1 (Semantik einer GDL-II-Beschreibung). Eine Regelmenge *G* in GDL-II beschreibt ein Spiel, dessen grundlegenden Komponenten nach Definition 5.3.1 gebildet werden und für das zusätzlich gilt:

1. In jeder Stellung *S* wählt der `random`-Spieler zufällig einen seiner legalen Züge, jeden mit der gleichen Wahrscheinlichkeit.
2. Die *Beobachtungen*, die ein Spieler *r* in einer Stellung *S* macht, wenn die gleichzeitigen Züge *Z* erfolgen, sind genau die Ausdrücke *p*, für die (`sees` *r p*) aus $G \cup S^{\text{true}} \cup Z^{\text{does}}$ ableitbar ist.

Je nach Spielregel kann eine Beobachtung ein bestimmter Zug eines anderen Spielers, aber auch ein bestimmtes Stellungsmerkmal wie beispielsweise eine zugeteilte Spielkarte sein. Selbst Kommunikation der Spieler untereinander lässt sich mithilfe des `sees`-Prädikats beschreiben.

Zur Illustration betrachten wir eine Variante des klassischen Tic Tac Toe, bei der die beiden Spieler zu keiner Zeit die Züge ihres Gegners zu sehen bekommen. Natürlich kann es dann passieren, dass Spieler ein bereits belegtes Feld markieren möchten. Ihr Zug bleibt in diesem Fall ergebnislos. Weiterhin soll das Spiel dadurch fairer gemacht werden, dass beide Spieler stets gleichzeitig Felder markieren. Versuchen sie dabei, ein und dasselbe Feld zu markieren, so wird durch Münzwurf bestimmt, wer von beiden erfolgreich ist. Letzteres erfordert die zusätzliche Rolle (`role random`). Beide Spieler können in jedem Zug ein beliebiges Feld auswählen, das sie nicht zuvor schon selbst markiert haben. Der gleichzeitig stattfindende Münzwurf, dessen Ergebnis zur Anwendung kommt, wenn sie dasselbe Feld markieren wollen, soll seinem Zweck entsprechend `tiebreak` genannt werden.

```
(<= (legal xplayer (mark ?m ?n))
    (true (cell ?m ?n ?w))
    (distinct ?w x))
(legal random (tiebreak x))
(<= (legal oplayer (mark ?m ?n))
    (true (cell ?m ?n ?w))
    (distinct ?w o))
(legal random (tiebreak o))
```

Ein Spieler ist mit seinem Versuch, ein Spielfeld zu markieren, erfolgreich, wenn dieses zuvor leer war und sein Gegenspieler ein anderes Feld gewählt hat.

```
(<= (next (cell ?m ?n x))
    (does xplayer (mark ?m ?n))
    (true (cell ?m ?n b))
    (does oplayer (mark ?j ?k))
    (or (distinct ?m ?j)
        (distinct ?n ?k)))
(<= (next (cell ?m ?n o))
    (does oplayer (mark ?m ?n))
    (true (cell ?m ?n b))
    (does xplayer (mark ?j ?k))
    (or (distinct ?m ?j)
        (distinct ?n ?k)))
```

Ebenso ist derjenige erfolgreich, für den per Münzwurf entschieden wurde, falls beide Spieler gleichzeitig dasselbe Spielfeld markieren wollen. Schließlich muss codiert werden, dass alle bereits existierenden Markierungen sowie alle leeren und von keinem Spieler gewählten Felder bleiben, wie sie sind.

```
(<= (next (cell ?m ?n ?w))
    (true (cell ?m ?n b))
    (does xplayer (mark ?m ?n))
    (does oplayer (mark ?m ?n))
    (does random (tiebreak ?w)))
(<= (next (cell ?m ?n x))
    (true (cell ?m ?n x)))
(<= (next (cell ?m ?n b))
    (true (cell ?m ?n b))
    (not (marked ?m ?n)))
(<= (marked ?m ?n)
    (does ?r (mark ?m ?n)))
(<= (next (cell ?m ?n o))
    (true (cell ?m ?n o)))
```

Die Regeln aus Abschnitt 5.2 für das Spielziel bei Tic Tac Toe müssen um den Fall, dass beide Spieler gleichzeitig eine Reihe gebildet haben, erweitert werden. Der Kürze halber sei hier auf eine Wiedergabe der konkreten Codierung verzichtet.

Da in GDL-II kein Spieler mehr automatisch über die Züge der anderen Spieler informiert wird, würden sie ohne zusätzliche Information völlig blind spielen, da sie nie wissen können, ob einer ihrer Markierungsversuche erfolgreich gewesen ist. Mithilfe des zusätzlichen Schlüsselworts `sees` kann jedoch jede gewünschte Form der Informationsbereitstellung definiert werden. Die folgenden Regeln für Tic Tac Toe mit unvollständiger Information besagen beispielsweise, dass es ein Spieler stets erfährt, wenn sein Zug erfolgreich war:

```
35 (<= (sees ?r ok)
36     (does ?r (mark ?m ?n))
37     (true (cell ?m ?n b))
38     (does ?s (mark ?j ?k))
39     (or (distinct ?m ?j)
40         (distinct ?n ?k)))
41
42
43 (<= (sees xplayer ok)
44     (does xplayer (mark ?m ?n))
45     (true (cell ?m ?n b))
46     (does random (tiebreak x)))
47 (<= (sees oplayer ok)
48     (does oplayer (mark ?m ?n))
49     (true (cell ?m ?n b))
50     (does random (tiebreak o)))
```

Laut Regel 35–40 erhält ein Spieler immer dann ein „ok“, wenn er ein leeres Feld markiert, das zudem nicht im selben Zug vom Gegner markiert wird. Die gleiche Beobachtung macht ein Spieler laut den Regeln 43–46 bzw. 47–50, wenn er ein leeres Feld markiert und der Münzwurf zu seinen Gunsten ausfällt. Die Spieler erhalten also genug Information, um genau zu wissen, welche Felder sie selbst erfolgreich markiert haben.

Dies wiederum ermöglicht es ihnen, ihre legalen Züge nach Regel 1–3 bzw. 5–7 zu berechnen. Aus dem Ausbleiben der Beobachtung „ok" kann ein Spieler daraus schließen, dass sein Versuch keinen Erfolg hatte. Ein kluger Spieler wird dann sogar logisch folgern können, dass das entsprechende Feld in der neuen Spielsituation in jedem Fall mit dem gegnerischen Symbol belegt sein muss – entweder, weil es dies vorher schon war, oder weil der Münzwurf für den Gegner entschieden hat.

GDL-II-Spiele stellen ein universelles Spielprogramm vor die zusätzliche Aufgabe, auch ohne vollständige Kenntnis der Spielposition nach guten Zügen zu suchen sowie die richtigen Schlüsse aus den Beobachtungen zu ziehen. Schon das einfache, oben erwähnte Beispiel, bei dem ein Spieler aus dem Ausbleiben eines „ok" schlussfolgern kann, dass ein bestimmtes Feld spätestens mit dem letzten Zug vom Gegner besetzt wurde, deutet an, was ein gutes Spielprogramm leisten muss. Eine Möglichkeit ist die Codierung aller aus Sicht eines Spielers möglichen Spielstellungen – in der mathematischen Spieltheorie auch als *Informationsmenge* bezeichnet. Ausgehend von der vollständig bekannten Ausgangsposition wird hierzu analog der Konstruktion des Spielbaums (vgl. Abschnitt 5.3.2) für jede Kombination der Züge aller anderen Spieler die entsprechende Nachfolgestellung berechnet. Im weiteren Verlauf wird diese Berechnung dann stets auf die Gesamtheit der möglichen Zustände angewendet. Die nach einem Zug gemachten Beobachtungen wirken dabei wie ein Filter, durch den alle Hypothesen ausgeschlossen werden, in denen der Spieler laut den Spielregeln andere Informationen erhalten hätte. Abbildung 5.12 illustriert dies aus Sicht des Kreuz-Spielers nach seinem ersten Zug in unserer Variante von Tic Tac Toe.

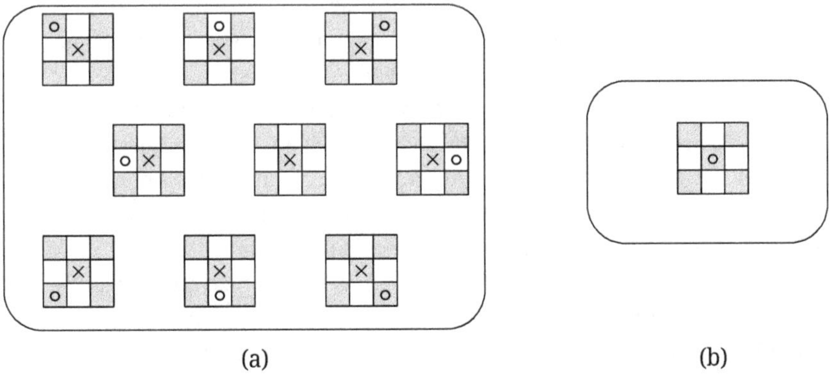

Abb. 5.12: Die Positionen, die der Kreuz-Spieler nach seinem ersten Zug, mit dem er das Mittelfeld markieren möchte, für möglich hält, wenn (a) er die Beobachtung „ok" macht oder (b) diese Beobachtung ausbleibt.

Im Fall von Tic Tac Toe ohne Ansicht der Züge bleibt die Informationsmenge im Verlauf eines Spiels handhabbar, da einerseits zwar die gegnerischen Zugmöglichkeiten in jeder Runde zu einer weiteren Verzweigung führen (einschließlich der Züge der Sonderrolle `random`), andererseits aber auch mit jedem Zug Information gewonnen wird.

In anderen Spielen, wie zum Beispiel Schach ohne Ansicht der gegnerischen Figuren oder Spiele, bei denen am Anfang Karten gemischt werden, ist jedoch offensichtlich, dass allein das Generieren aller denkbaren Spielsituationen praktisch unmöglich ist. Eine Lösung bietet auch hier wieder die Verwendung stochastischer Methoden (vgl. Abschnitt 5.3.3). Dabei werden nur für einige, zufällig ausgewählte gegnerische Züge Nachfolgepositionen erzeugt, d. h., es wird nur mit wenigen Elementen der vollständigen Informationsmenge gerechnet. Im Verlauf des Spiels wird jede dieser Hypothesen auf Konsistenz mit den Beobachtungen getestet und, falls inkonsistent, verworfen bzw. durch ein anderes, wiederum zufällig ausgewähltes Element der Informationsmenge ersetzt. Mit dieser Methode kann jedes universelle Spielprogramm für GDL auf GDL-II-Spiele erweitert werden, da jede Hypothese eine vollständige Spielsituation abbildet, mit der so gespielt werden kann, als ob es sich um ein Spiel mit vollständiger Information handelt. Die aus der Analyse der einzelnen, hypothetischen Stellungen resultierenden Zugvorschläge und ihre berechneten Werte können dann zum Beispiel zu einem wahrscheinlichkeitstheoretischen Erwartungswert zusammengefasst werden, aufgrund dessen die Zugauswahl erfolgt.

Die reine Simulation zufällig ausgewählter, vollständiger Spielstellungen hat jedoch ihre Grenzen. Zum einen bildet sie oft nur einen kleinen Ausschnitt aus dem Hypothesenraum, was leicht zu falschen Schlussfolgerungen führen kann. Allein die Legalität eines Zugs, aber auch seine Güte können nicht immer schon dadurch gewährleistet werden, dass dieser in einigen ausgewählten Stellungen legal bzw. vielversprechend ist (vgl. dazu auch Abschnitt 5.3.3 über die Grenzen der stochastischen Spielbaumsuche). Ein weiterer und sehr fundamentaler Nachteil steckt in der impliziten Annahme vollständiger Information in jeder einzelnen Hypothese. Auf diese Weise wird der Unterschied zwischen Kenntnis und Nichtwissen völlig ignoriert, sodass zum Beispiel ein Zug, dessen einziger Zweck die Gewinnung wertvoller Information ist, in keiner der hypothetischen Stellungen als sinnvoll erachtet wird. Aus diesen Gründen gibt es für Spiele mit Informationsasymmetrie und Zufallszügen auch ein besseres Suchverfahren als Minimax oder die MCT-Suche aus den Abschnitten 5.3.2 und 5.3.3: Bei der Methode der *Reueminimierung* (engl. „counterfactual regret minimization") sucht ein Spieler nach einer Strategie, unter der er seine Züge insgesamt so wenig wie möglich im Nachhinein „bereut". Formal heißt dies, dass bei Ungewissheit derjenige Zug gewählt wird, der im schlechtesten Fall die geringste Differenz zwischen tatsächlichem Ergebnis und dem im besten Fall zu Erzielenden aufweist. Dieses Verfahren gilt mittlerweile als Standardbewertungsmethode für Spiele unter Unsicherheit.

Der große Bereich der GDL-II-Spiele, wie zum Beispiel Kartenspiele oder Entscheidungsprobleme bei Ungewissheit, bildet insgesamt ein interessantes und ergiebiges Betätigungsfeld auf dem Gebiet der universellen Spielprogramme. Abschließend sei noch die zusätzliche Spracherweiterung GDL-III genannt (wobei das dritte „I" für engl. „introspection" steht), mit der auch sogenannte *epistemische* Spiele beschrieben werden können. Diese sind dadurch charakterisiert, dass sich Spielregeln explizit darauf beziehen können, was Spieler über die momentane Spielstellung wissen können, wie etwa eine Regel, die Spielern vorschreibt, dass sie unter bestimmten Voraussetzungen die Wahrheit sagen müssen, oder wenn ein Spiel nur dann gewonnen wird, wenn ein Spieler nachweislich eine bestimmte Information erlangt hat, was beispielsweise Anwendungen im Bereich sicherer Kommunikationsprotokolle hat.

5.5 Schlussbetrachtung

Eine gute Quelle für den Einstieg in die aktuelle Forschung zum Thema universeller Spielprogramme bieten die Webportale www.general-game-playing.de, www.ggp.org und ludii.games. Hier finden sich neben einer ausführlichen Literatursammlung auch Links zu Gameservern mit Hunderten von Spielbeschreibungen in GDL bzw. Ludii, zu Quellcodes diverser universeller Spielprogramme, zu weiterer Software wie beispielsweise für einen Spielleiter sowie zu Lehrmaterialien zum Thema. Ein erstes Lehrbuch ausschließlich zum Thema wurde von Michael Genesereth und mir [8] verfasst.

Abschließend seien einige Hinweise auf weiterführende Literatur zu den einzelnen Themen der vorangegangenen Abschnitte gegeben. Bedeutend in Bezug auf spezielle Spiele sind die Arbeiten von Alan Turing [27], Feng-Hsiung Hsu [11] sowie Matthew Sadler und Natasha Regan [17] zum Thema Schachprogrammierung, von Arthur Samuel [18] und Jonathan Schaeffer et al. [19] zum Damespiel, von Sylvain Gelly und David Silver [7] bzw. David Silver et al. [21] zu Go sowie von Noam Brown und Tuomas Sandholm [2] zum Thema Computerpoker. Von historischem Interesse sind die Arbeiten von Jacques Pitrat, der als Erster das Konzept eines universellen Spielprogramms erdacht und implementiert hat [16].

Für die effiziente Verarbeitung von GDL-Regeln in einem universellen Spielprogramm haben Stefan Edelkamp und Peter Kissmann [5] eine auf sogenannten binären Entscheidungsdiagrammen basierende Methode entwickelt, während Evan Cox et al. [4] ein Verfahren zur Erzeugung von Graphen für die Inferenz mit GDL-Regeln entworfen haben. Für einfache GDL-Spiele, die vollständig gelöst werden können, eignen sich die Antwortmengenprogrammierung (vgl. Kapitel 8) für Ein- und Zweipersonenspiele [26, 10] und die Constraint-basierte Programmierung (vgl. Kapitel 4) für Mehrpersonenspiele [12]. Die stochastische Baumsuche wurde insbesondere von Yngvi Björnsson und Hilmar Finsson [1] untersucht und später von diesen und anderen Autoren um viele Aspekte erweitert [6, 23]. Einige grundlegende Methoden zur heuristischen Suche und zum vollautomatischen Wissenserwerb wurden von Gregory Kuhlmann und Peter Stone [14], Jim Clune [3], Stephan Schiffel und mir [20], Frédéric Koriche et al. [13] sowie Matthew Stephenson et al. [25] entwickelt. Das Erlernen einer Bewertungsfunktion durch Selbstspiel und mit einem neuronalen Netz wurde zunächst für einige ausgewählte Spiele von David Silver et al. [22] beschrieben und später von Adrian Goldwaser und mir [9] für universelle Spielprogramme verallgemeinert und auf Spiele mit unvollständiger Information erweitert [15, 24].

Literaturverzeichnis

[1] Y. Björnsson and H. Finnsson. CADIAPLAYER: A simulation-based general game player. In *IEEE Transactions on Computational Intelligence and AI in Games*, volume 1, pages 4–15, 2009.

[2] N. Brown and T. Sandholm. Superhuman AI for heads-up no-limit poker: Libratus beats top professionals. *Science*, 359(6374):418–424, 2018.

[3] J. Clune. Heuristic evaluation functions for general game playing. In *AAAI Conference on Artificial Intelligence*, pages 1134–1139, 2007.

[4] E. Cox, E. Schkufza, R. Madsen, and M. Genesereth. Factoring general games using propositional automata. In *IJCAI Workshop on General Game Playing (GIGA)*, pages 13–20, 2009. Erhältlich auf www.general-game-playing.de.

[5] S. Edelkamp and P. Kissmann. Symbolic classification of general two-player games. In *German Annual Conference on Artificial Intelligence (KI)*, volume 5243 of *LNCS*, pages 185–192. Springer, 2008.

[6] H. Finnsson and Y. Björnsson. Learning simulation control in general game-playing agents. In *AAAI Conference on Artificial Intelligence*, pages 954–959, 2010.

[7] S. Gelly and D. Silver. Achieving master level play in 9 x 9 computer Go. In *AAAI Conference on Artificial Intelligence*, pages 1537–1540, 2008.

[8] M. Genesereth and M. Thielscher. *General Game Playing*. Springer Nature, 2022.

[9] A. Goldwaser and M. Thielscher. Deep reinforcement learning for general game playing. In *AAAI Conference on Artificial Intelligence*, pages 1701–1708, 2020.

[10] Y. He, A. Saffidine, and M. Thielscher. Solving two-player games with QBF solvers in general game playing. In *International Conference on Autonomous Agents and Multiagent Systems (AAMAS)*, pages 807–815, 2024.

[11] F. -H. Hsu. *Behind Deep Blue: Building the Computer that Defeated the World Chess Champion*. Princeton University Press, 2002.

[12] F. Koriche, S. Lagrue, É. Piette, and S. Tabary. General game playing with stochastic CSP. *Constraints*, 21(1):95–114, 2016.

[13] F. Koriche, S. Lagrue, É. Piette, and S. Tabary. Constraint-based symmetry detection in general game playing. In *International Joint Conference on Artificial Intelligence (IJCAI)*, pages 280–287, 2017.

[14] G. Kuhlmann, K. Dresner, and P. Stone. Automatic heuristic construction in a complete general game player. In *AAAI Conference on Artificial Intelligence*, pages 1457–1462, 2006.

[15] Z. Partridge and M. Thielscher. Hidden information general game playing with deep learning and search. In *Pacific Rim International Conference on Artificial Intelligence*, pages 161–172. Springer, 2022.

[16] J. Pitrat. A general game playing program. In *Artificial Intelligence and Heuristic Programming*, pages 125–155. Edinburgh University Press, 1971.

[17] M. Sadler and N. Regan. *Game changer. AlphaZero's Groundbreaking Chess Strategies and the Promise of AI*. New in Chess, 2019.

[18] A. L. Samuel. Some studies in machine learning using the game of checkers. *IBM Journal*, 3:211–229, 1959.

[19] J. Schaeffer, Y. Björnsson, N. Burch, A. Kishimoto, M. Müller, R. Lake, P. Lu, and S. Sutphen. Solving checkers. In *International Joint Conference on Artificial Intelligence (IJCAI)*, pages 292–297, 2005.

[20] S. Schiffel and M. Thielscher. Fluxplayer: A successful general game player. In *AAAI Conference on Artificial Intelligence*, pages 1191–1196, 2007.

[21] D. Silver, A. Huang, C. Maddison, A. Guez, L. Sifre, G. van den Driessche, J. Schrittwieser, I. Antonoglou, V. Panneershelvam, M. Lanctot, S. Dielemann, D. Grewe, J. Nham, N. Kalchbrenner, I. Sutskever, T. Lillicrap, M. Leach, T. Kavukcoglu, K. Graepel, and D. Hassabis. Mastering the game of Go with deep neural networks and tree search. *Nature*, 529(7587):484–489, 2016.

[22] D. Silver, T. Hubert, J. Schrittwieser, I. Antonoglou, M. Lai, A. Guez, M. Lanctot, L. Sifre, D. Kumaran, T. Graepel, T. Lillicrap, K. Simonyan, and D. Hassabis. A general reinforcement learning algorithm that masters chess, shogi, and Go through self-play. *Science*, 362(6419):1140–1144, 2018.

[23] C. F. Sironi, J. Liu, and M. H. M. Winands. Self-adaptive Monte Carlo tree search in general game playing. *IEEE Transactions on Games*, 12(2):132–144, 2020.

[24] D. J. Soemers, V. Mella, C. Browne, and O. Teytaud. Deep learning for general game playing with Ludii and Polygames. *Journal of the International Computer Games Association*, 43(3):146–161, 2021.

[25] M. Stephenson, D. J. Soemers, É. Piette, and C. Browne. Measuring board game distance. In *International Conference on Computers and Games (CG)*, pages 121–130, 2022.

[26] M. Thielscher. Answer set programming for single-player games in general game playing. In *International Conference on Logic Programming (ICLP)*, volume 5649 of *LNCS*, pages 327–341. Springer, 2009.

[27] A. Turing. Chess. In *Faster than Thought*, pages 286–295. Pitman Publishing, 1953.

Teil II: **Wissensbasierte Ansätze**

Kai Sauerwald und Matthias Thimm

6 Wissensrepräsentation und -verarbeitung

6.1 Einleitung

Wissensrepräsentation und -verarbeitung (engl. *knowledge representation and reasoning*) ist eine Teildisziplin der Künstlichen Intelligenz, die sich mit der formalen und expliziten Repräsentation von Information und Wissen sowie der automatischen Anwendung von Schlussfolgerungsmechanismen zur Ableitung impliziten Wissens beschäftigt. Besonders relevant an dieser Definition und das Hauptunterscheidungsmerkmal zu vielen anderen Teildisziplinen der Künstlichen Intelligenz, insbesondere des *Deep Learning*, ist hier, dass Wissen explizit durch formale Methoden dargestellt wird.

Die Repräsentation und Bereitstellung von Wissen ist ein für die menschliche Zivilisation ungemein wichtiger Aspekt. Das Niederschreiben und die Weitergabe wissenschaftlicher Erkenntnisse ist beispielsweise zentral für den wissenschaftlichen Fortschritt und die Entwicklung jeglicher Technologie. In gleicher Weise gilt dies auch für alle anderen Aspekte der menschlichen Kultur wie Literatur und Poesie. Die Entwicklung von Schrift, Buchdruck und zuletzt der digitalen Speicherung von Wissen sind für unsere heutige *Wissensgesellschaft* von höchster Wichtigkeit. Die Fähigkeit des Menschen, in Schriftform vorliegendes Wissen zu verarbeiten, neue Schlussfolgerungen zu ziehen und diese wieder in Schriftform zu repräsentieren, erlaubt die verteilte, parallele und aufeinander aufbauende Bearbeitung unterschiedlichster Themen. Heutzutage steht mit dem *World Wide Web* (*WWW*) ein äußerst mächtiges Werkzeug zur (menschlichen) Wissensverarbeitung zur Verfügung und Webangebote wie Wikipedia bieten einen breiten Zugriff auf das Wissen der Welt.

Informationssysteme wie das WWW werden aber nicht nur von menschlichen Agenten benutzt. Immer häufiger finden sich dort auch künstliche Agenten, die im Auftrag ihrer menschlichen Klienten Aufgaben erledigen. Assistenzsysteme finden Antworten auf Fragen oder bestellen Produkte bei Online-Marktplattformen. Verschiedene Onlineangebote zur Planung von Reisen suchen und kombinieren Flugverbindungen verschiedenster Anbieter, um die beste Lösung für Anfragen zu ermitteln. Damit solche Systeme das vorliegende Wissen sinngemäß verarbeiten können, muss es in einer maschinenlesbaren Form vorliegen und bereitgestellt werden. Während der Aspekt der (technischen) Bereitstellung eher in die Forschungsbereiche der Informationssysteme und Datenbanken fällt, werden wir uns in diesem Kapitel eher mit grundlegenden Fragestellungen der Repräsentation und Nutzung von Wissen beschäftigen.

Danksagung: Unser besonderer Dank gilt den Autoren der Vorauflage dieses Kapitels, Bernhard Nebel und Stefan Wölfl.

https://doi.org/10.1515/9783111386690-008

6.2 Grundlegende Konzepte

Das zentrale Werkzeug für das Forschungsgebiet der *Wissensrepräsentation und -verarbeitung* ist die *formale Logik*. Mit dem Begriff *Logik* wird allerdings nicht nur ein konkreter Formalismus bezeichnet, sondern eine ganze Familie unterschiedlichster Ansätze zur Repräsentation von Wissen und zur Formalisierung von Schlussfolgerungen. Im Allgemeinen besteht ein logisches System aus der Spezifikation einer *Syntax* und einer *Semantik*. Die Syntax definiert dabei die *Objektebene*, d. h., die Strukturen und Symbole, die in der entsprechenden Sprache wohlgeformte Ausdrücke darstellen. Die Semantik hingegen definiert die *Bedeutung* wohlgeformter Ausdrücke auf der *Metaebene*. Mithilfe syntaktischer Objekte wird das *explizite* Wissen in einer *Wissensbasis* repräsentiert, also solches Wissen (beispielsweise Fakten- oder Regelwissen), das konkret gelernt wurde bzw. vorliegt. Mithilfe von durch die Semantik spezifizierten Schlussfolgerungsmechanismen kann weiteres *implizites* Wissen abgeleitet werden.

Schauen wir uns die obigen Begriffe am Beispiel der einfachsten Logik, der Aussagenlogik, etwas genauer an. Eine *Proposition* ist eine atomare Aussage, die entweder wahr oder falsch sein kann, wie zum Beispiel A = „Der Eiffelturm steht in Paris" oder B = „Kris Kristofferson war ein Musiker". Eine Menge solcher Propositionen bildet dann die *Signatur* der Sprache und sollte alle atomaren Aussagen enthalten, über die wir in unserer Wissensbasis sprechen möchten. *Logische Formeln* können nun über den Propositionen gebildet werden, um komplexere Sachverhalte und Zusammenhänge zwischen Propositionen darzustellen. Wollen wir beispielsweise den Sachverhalt modellieren, dass wir uns nicht sicher sind, ob Kris Kristofferson ein Musiker (Proposition B) oder ein Schauspieler war (Proposition C = „Kris Kristofferson war ein Schauspieler"), aber auf jeden Fall eins von beidem, so repräsentieren wir unser Wissen durch eine *Disjunktion* $\phi_1 = B \vee C$. Hierbei ist ϕ eine zusammengesetzte Formel, die aus den beiden Teilformeln (hier Propositionen) B und C und dem Verknüpfungssymbol $\vee$ besteht. Das Symbol $\vee$ steht hierbei für das umgangssprachliche „Oder" und die Formel $\phi_1 = B \vee C$ ist genau dann wahr, wenn wenigstens B oder C wahr sind (oder auch beide). Neben der Disjunktion enthält die Sprache der Aussagenlogik noch einige weitere Verknüpfungssymbole. Die *Negation* ($\neg$) einer Formel stellt die Verneinung einer Aussage dar. Beispielsweise steht für A = „Der Eiffelturm steht in Paris" von oben die Formel $\phi_2 = \neg A$ für die Aussage, dass der Eiffelturm *nicht* in Paris steht. Die *Konjunktion* ($\wedge$) verknüpft zwei Formel mit einem logischen „Und". Für B = „Kris Kristofferson war ein Musiker" und C = „Kris Kristofferson war ein Schauspieler" steht die Formel $\phi_3 = B \wedge C$ für die Aussage, dass Kris Kristofferson sowohl Musiker als auch Schauspieler war (was im Übrigen auch der Realität entspricht). Die *Implikation* ($\Rightarrow$) modelliert eine Regel. Mit den Propositionen D = „Es regnet" und E = „Das Gras ist nass" modelliert die Formel $\phi_4 = D \Rightarrow E$ den Sachverhalt, dass, falls es regnet, das Gras nass sein wird. Die allgemeine Aussagenlogik erlaubt eine beliebige Verschachtelung der Formeltypen, sodass auch Ausdrücke wie $(A \wedge (B \Rightarrow C)) \vee \neg D$ *wohlgeformt* sind und eine klar definierte Bedeutung haben (mehr dazu unten). Zusammenfassend ist die *Syntax* der Aussagenlogik durch die folgende BNF-Grammatik definiert:

$$\phi ::= a \mid \neg\phi \mid \phi \wedge \phi \mid \phi \vee \phi \mid \phi \Rightarrow \phi$$

wobei a eine Proposition aus einer gegebenen Signatur ist (und Klammerung zur Strukturierung benutzt werden kann).

Kommen wir nun zur *Semantik* der Aussagenlogik. Diese beschreibt die *Bedeutung* der Formeln in formaler und maschinenlesbarer Art und Weise und erlaubt die Ableitung eines *Schlussfolgerungsbegriffs*, der es ermöglicht, aus einer Menge gegebener Formeln weitere Formeln abzuleiten (siehe unten). Die Semantik der Aussagenlogik definiert man üblicherweise *modelltheoretisch*, d. h., man benutzt Strukturen, die eine vollständige Beschreibung der Welt formalisieren und gibt an, in welche dieser Welten eine gegebene Formel erfüllt ist. Sei Sig eine aussagenlogische Signatur, also die Menge aller Aussagen, über die wir in unserer Logik reden möchten, wie beispielsweise $\mathsf{Sig} = \{A, B, C\}$ von oben (mit A = „Der Eiffelturm steht in Paris“, B = „Kris Kristofferson war ein Musiker“, C = „Kris Kristofferson war ein Schauspieler“). Eine *aussagenlogische Interpretation* (oder *mögliche Welt*) ist eine Funktion $\omega : \mathsf{Sig} \to \{\mathsf{true}, \mathsf{false}\}$, also eine Funktion, die jeder Proposition einen *Wahrheitswert* true (*wahr*) oder false (*falsch*) zuweist, und damit eine mögliche Situation vollständig beschreibt. Die Interpretation ω_1 mit $\omega_1(A) = \mathsf{true}$, $\omega_1(B) = \mathsf{true}$ und $\omega_1(C) = \mathsf{false}$ beschreibt damit die Welt, in der der Eiffelturm in Paris steht ($\omega_1(A) = \mathsf{true}$) und Kris Kristofferson ein Musiker ($\omega_1(B) = \mathsf{true}$), aber kein Schauspieler ($\omega_1(C) = \mathsf{false}$) war. Die Menge aller möglichen Kombinationen von Wahrheitswertzuweisungen spannt damit die Menge aller möglichen Situationen auf.

Wir sagen, dass eine Interpretation ω eine Proposition $a \in \mathsf{Sig}$ *erfüllt*, wenn $\omega(a) = \mathsf{true}$ gilt. Wir schreiben dies auch als $\omega \models a$. Der Erfüllbarkeitsbegriff kann nun auf beliebige Formeln der aussagenlogischen Sprache erweitert werden, indem wir die informellen Bedeutungen von oben nun formal beschreiben. Ist ϕ eine Disjunktion von zwei Teilformeln, also $\phi = \psi_1 \vee \psi_2$ für zwei Formeln ψ_1 und ψ_2, so erfüllt eine Interpretation ω die Formel ϕ, genau dann, wenn ω die Formel ψ_1 erfüllt oder ω die Formel ψ_2 erfüllt (oder beide). Ist ϕ die Negation einer Formel ψ, also $\phi = \neg\psi$, so erfüllt eine Interpretation ω die Formel ϕ, genau dann, wenn ω die Formel ψ nicht erfüllt. Ist ϕ eine Konjunktion von zwei Teilformeln, also $\phi = \psi_1 \wedge \psi_2$ für zwei Formeln ψ_1 und ψ_2, so erfüllt eine Interpretation ω die Formel ϕ, genau dann, wenn ω die Formel ψ_1 erfüllt und ω die Formel ψ_2 erfüllt. Ist ϕ eine Implikation $\phi = \psi_1 \Rightarrow \psi_2$, so erfüllt eine Interpretation ω die Formel ϕ, genau dann, wenn entweder ω die Formel ψ_1 nicht erfüllt (in diesem Fall ist die Regel nicht anwendbar und damit trivial erfüllt) oder ω erfüllt sowohl ψ_1 also auch ψ_2. Es ist zu beachten, dass trotz ihrer rekursiven Natur diese Spezifikation von *Erfüllbarkeit* wohldefiniert ist, da bei jeder Anwendung einer dieser Fälle, Erfüllbarkeit einer Formel auf Erfüllbarkeit kleinerer Formeln reduziert wird und schließlich die Erfüllbarkeit einer komplexen Formel auf die Wahrheitswerte der Propositionen zurückgeführt wird. Betrachten wir als Beispiel die Formel $\phi = A \wedge (B \vee C)$ und die Interpretation ω_1 mit $\omega_1(A) = \text{true}$, $\omega_1(B) = \text{true}$ und $\omega_1(C) = \text{false}$ von oben (der Eiffelturm steht in Paris, Kris Kristofferson ist ein Musiker, aber kein Schauspieler), dann können wir sehen, dass $\omega_1 \models \phi$ gilt:

1. Es gilt $\omega \models A$, $\omega \models B$ und *nicht* $\omega \models C$.
2. Wegen $\omega \models B$ (und unabhängig von C) gilt $\omega \models B \vee C$.
3. Wegen $\omega \models A$ und $\omega \models B \vee C$ gilt $\omega \models A \wedge (B \vee C)$.

Gilt $\omega \models \phi$ für eine Formel ϕ und eine Interpretation ω, so sagen wir auch, dass ω ein *Modell* von ϕ ist.

Die Semantik spezifiziert die Bedeutung von Formeln in formaler Weise und definiert dadurch, welche Formeln in einer gegebenen Welt wahr sind. In praktischen Szenarien wissen wir aber üblicherweise nicht, in welcher Welt wir uns befinden, wir haben nur *unvollständiges* Wissen über unsere Welt. Beispielsweise könnten wir uns sicher sein, dass der Eiffelturm in Paris steht und das Kris Kristofferson entweder Musiker oder Schauspieler war (oder beides). Dann können wir unser gesamtes Wissen über unsere Welt in der Formel $\phi = A \wedge (B \vee C)$ zusammenfassen. Die Formel ϕ beschreibt dann unsere *Wissensbasis*, also das explizite Wissen, von dessen Wahrheitsgehalt wir überzeugt sind. Die Modelle von ϕ sind die folgenden drei Interpretationen (von denen wir ω_1 oben schon gesehen haben):

$$\begin{array}{lll} \omega_1(A) = \text{true} & \omega_1(B) = \text{true} & \omega_1(C) = \text{false} \\ \omega_2(A) = \text{true} & \omega_2(B) = \text{false} & \omega_2(C) = \text{true} \\ \omega_3(A) = \text{true} & \omega_3(B) = \text{true} & \omega_3(C) = \text{true} \end{array}$$

Aus der Perspektive von ϕ sind alle drei Interpretationen ω_1, ω_2, und ω_3 *mögliche Welten*. Wenn wir ϕ als wahr annehmen, wissen wir, dass wir in einer dieser drei Welten sein müssen, aber nicht notwendigerweise in welcher.

Wir erweitern unser Beispiel nun noch etwas. Wir wissen beispielsweise, dass berühmte Musiker immer irgendwann auch Schauspieler werden und dass Kris Kristofferson berühmt war. Sei also F eine Proposition mit F = „Kris Kristofferson war berühmt“, dann ist unsere neue Wissensbasis ϕ' gegeben durch

$$\phi' = A \wedge (B \vee C) \wedge (B \wedge F \Rightarrow C) \wedge F$$

Die Wissensbasis ϕ' beschreibt immer noch nicht eine eindeutige Welt und in der Praxis sind wir auch selten daran interessiert genau die korrekte Welt zu bestimmen. Wir sind vielmehr daran interessiert, welche *Schlussfolgerungen* wir weiterhin ziehen können, d. h., welche weiteren interessanten Sachverhalte müssen zwangsläufig aus unserer unvollständigen Weltsicht folgen? Wir können beispielsweise sehen, dass wir aus ϕ' schlussfolgern können, dass Kris Kristofferson ein Schauspieler gewesen sein muss:

1. Wegen $(B \vee C)$ war Kris Kristofferson wenigstens ein Musiker oder Schauspieler. War Kris Kristofferson also kein Musiker, so muss er notwendigerweise ein Schauspieler gewesen sein.
2. War Kris Kristofferson aber ein Musiker, so folgt aufgrund der Tatsache, dass er berühmt war (F) und weil berühmte Musiker stets Schauspieler sind ($B \wedge F \Rightarrow C$), dass er auch Schauspieler gewesen sein muss.

Wir sehen also, dass C eine Schlussfolgerung aus ϕ' ist. Wir schreiben dies üblicherweise auch als $\phi' \models C$. Im Allgemeinen ist der *Schlussfolgerungsbegriff* formal wie folgt definiert: eine Formel ψ *folgt* aus einer Formel ϕ, geschrieben $\phi \models \psi$, wenn jedes Modell von ϕ auch ein Modell von ψ ist. Für unsere Wissensbasis ϕ' sind gerade die folgenden beiden Interpretationen ω_1' und ω_2' die (einzigen) Modelle:

$$
\begin{array}{llll}
\omega_1'(A) = \text{true} & \omega_1'(B) = \text{true} & \omega_1'(C) = \text{true} & \omega_1'(F) = \text{true} \\
\omega_2'(A) = \text{true} & \omega_2'(B) = \text{false} & \omega_2'(C) = \text{true} & \omega_2'(F) = \text{true}
\end{array}
$$

Es gilt weiterhin offensichtlich $\omega_1' \models F$ und $\omega_2' \models F$ und somit $\phi' \models F$.

Ist ϕ unsere Wissensbasis und gilt $\phi \models \psi$ für eine weitere Formel ψ, so nennen wir ψ auch *implizites Wissen* (im Gegensatz zu unserem expliziten Wissen ϕ). Grundsätzlich stellt ϕ also eine Repräsentation unseres Gesamtwissens dar und wir müssen zusätzliche Arbeit leisten, um weiteres (implizites) Wissen daraus abzuleiten. Zu den genauen algorithmischen Herausforderungen für die Ableitung weiteren Wissens wird in Kapitel 7 genauer eingegangen. Die Art der Schlussfolgerung von ϕ nach ψ nennen wir auch *deduktiven Schluss* oder *Deduktion*. Die Deduktion ist die einzige Form des logisch *korrekten* Schlussfolgerns: gegeben, dass ϕ wahrhaftig gilt, muss bei $\phi \models \psi$ auch ψ notwendigerweise wahrhaftig gelten. Neben der Deduktion gibt es aber auch noch weitere Schlussfolgerungstypen, die zwar nicht notwendigerweise logisch korrekt sind, aber dennoch *plausibel* sein können. Die *Abduktion* ist ein Schlussfolgerungstyp, der gegebenen Beobachtungen auf die Ursache von Beobachtungen schließt. Betrachten wir dazu noch einmal die Propositionen D = „Es regnet" und E = „Das Gras ist nass", sowie die Formel $\phi_4 = D \Rightarrow E$, die die Regel „Wenn es regnet, wird das Gras nass" modelliert. Stellt ϕ_4 unser gesamtes Wissen dar und wir beobachten, dass das Gras nass ist (also E gilt), so könnten wir daran interessiert sein, den Grund für diese Beobachtung herauszufinden. Ein *abduktiver Schluss* wäre in diesem Fall zu schlussfolgern, dass es geregnet haben muss, da $D \wedge \phi_4 \models E$ gilt. Allgemein formuliert, suchen wir bei der Abduktion bei gegebener Wissensbasis ϕ und Beobachtung ψ eine Formel ϕ', sodass $\phi' \wedge \phi \models \psi$ gilt. Wie man sehen kann, muss dieser Schluss nicht immer korrekt sein. Nehmen wir an, dass es auf dem Gras auch noch einen Rasensprenger gibt (wir haben also eine weitere Proposition G = „Der Rasensprenger ist an") und wir wissen, dass bei eingeschaltetem Rasensprenger das Gras auch nass wird ($G \Rightarrow E$), so ist Regen nicht mehr die einzige mögliche Erklärung, um das nasse Gras zu erklären. Eine weitere plausible Schlussfolgerungsmethode ist die *Induktion*, bei der wir bei Vorhandensein einer

Eigenschaft bei (vielen) Einzelfällen auf eine allgemeine Regel schließen. Beobachten wir beispielsweise, dass Amseln fliegen können, dass Raben fliegen können und dass Störche fliegen können, so könnten wir schlussfolgern, dass alle Vögel fliegen können. Auch wenn der induktive Schluss hier plausibel ist (und in vielen anderen Fällen auch angebracht), so sehen wir auch hier, dass er nicht notwendigerweise korrekt sein muss.[1] Schließlich gibt es mit dem Pinguin einen Vogel, der nicht fliegen kann. Wie man besser mit Ausnahmen wie unserem Pinguin umgehen kann, wird in Kapitel 8 diskutiert und Kapitel 9 beschäftigt sich weiterhin mit *quantitativen* Schlussfolgerungen, also beispielsweise solchen über Wahrscheinlichkeiten. Im nächsten Abschnitt beschäftigen wir uns aber zunächst noch mit weiteren klassischen Methoden und Problemen der *Wissensrepräsentation und -verarbeitung*.

6.3 Methoden und Algorithmen

Wissen sollte so repräsentiert werden, dass es effektiv genutzt und verändert werden kann. Um die richtigen Wissensverarbeitungsmechanismen bereitstellen zu können, ist die *Natur* oder der *Typ* des Wissens von Relevanz, d. h., besteht das Wissen aus einfachen aussagenlogischen Fakten, aus relationalen Beziehungen, gibt es quantitative Gewichtungen des Wissens, oder behandelt das Wissen verschiedene Zeitpunkte? Generische Systeme für die Behandlung von Wissen, wie z. B. klassische Datenbanksysteme, erlauben üblicherweise nur die Modellierung mit sehr klassischen Semantiken (wie die der Aussagenlogik). Die Semantik bestimmt jedoch auch, welche spezifischen Methoden der Wissensverarbeitung eingesetzt werden können.

Im einfachsten Fall besteht ein *Wissensrepräsentationssystem* aus einer Wissensbasis K und einer Möglichkeit, Anfragen ($\models$) an das Wissen zu stellen:

$$\langle K, \models \rangle$$

Hierbei kann K beispielsweise eine Menge aussagenlogischer Formeln und $\models$ die aussagenlogische Schlussfolgerungsrelation aus dem vorherigen Abschnitt darstellen. Dies stellt allerdings nur eine sehr einfache Realisierung eines Wissensrepräsentationssystems dar. Im Folgenden werden wir mit der Beschreibungslogik $\mathcal{ALC}$ und mit Modallogiken zwei weitere, anspruchsvollere Möglichkeiten der Wissensrepräsentation kennenlernen. Danach werden wir auf die Veränderung von Wissensrepräsentation anhand neuer Informationen eingehen.

1 Zu beachten ist allerdings, dass die *vollständige Induktion* als mathematisches Werkzeug durchaus eine korrekte Schlussfolgerung darstellt.

6.3.1 Beschreibungslogik

Als Beispiel für einen Wissensrepräsentationsformalismus werden wir die Beschreibungslogik $\mathcal{ALC}$ (*Attributive Concept Description Language with Complements*; Deutsch: „Attributive Begriffsbeschreibungssprache mit Komplementen") [25] betrachten. Beschreibungslogiken konzentrieren sich auf die Beschreibung von Beziehungen zwischen *Begriffen* und *Individuen*. Die Wissensbasen von Beschreibungslogiken sind geteilt in eine Komponente, die Wissen über Individuen enthält (die *ABox*), und eine Komponente (die *TBox*), die Wissen über Beziehungen zwischen Konzepten enthält (terminologisches Wissen).

6.3.1.1 Konzepte und deren Interpretation

Wir beginnen damit, Konzeptbeschreibungen zu definieren und wie wir diese interpretieren. Ein Konzept C wird als die Menge aller Individuen verstanden, die zu dem Konzept gehören. Beispielsweise beschreibt das Konzept Koala die Menge aller konkreten Lebewesen, die Koalas sind.

Grundbausteine der Sprache sind *Konzeptsymbole*, oder auch *Konzeptnamen* genannt, die für atomare Konzepte stehen und *Rollensymbole*, die für (atomare) Relationen zwischen Individuen stehen. Die Vereinbarung ist dabei, dass Konzept- und Rollensymbole stets mit einem Großbuchstaben beginnen. Es folgt die rekursiv definierte formale Sprache für eine komplexe Konzeptbeschreibung C, wobei A für ein beliebiges atomares Konzeptsymbol steht und R für ein beliebiges atomares Rollensymbol:

$$
\begin{array}{rcll}
C & \longrightarrow & \top & \text{(universelles Konzept)} \\
& | & \bot & \text{(leeres Konzept)} \\
& | & A & \text{(atomares Konzept)} \\
& | & C \sqcap C & \text{(Konzeptkonjunktion)} \\
& | & C \sqcup C & \text{(Konzeptdisjunktion)} \\
& | & \neg C & \text{(Konzeptnegation)} \\
& | & \forall R.C & \text{(universelle Restriktion)} \\
& | & \exists R.C & \text{(existenzielle Restriktion)}
\end{array}
$$

Wie bereits eingangs erwähnt werden wir Konzepte als Mengen von Individuen verstehen. Es ist daher sinnvoll, Operationen zu definieren, die zu Operationen und Objekten aus der Mengentheorie korrespondieren. Aus dieser Perspektive ist es natürlich, das *universelle Konzept* (das alle Individuen umfasst) und das *leere Konzept* (das kein Individuum enthält) zu betrachten. Ebenso sind die *Vereinigung von Konzepten* $C \sqcup D$ und der *Schnitt von Konzepten* $C \sqcap D$ natürliche Operationen. *Konzeptnegation* $\neg C$ steht für das Konzept, das alle Individuen hält, die nicht im Konzept C sind. Die *universelle Restriktion* $\forall R.C$ beschreibt ein Konzept, das (via R) nur in Rollenbeziehungen zu Individuen aus C

steht. Beispielsweise steht ∀Isst.Pflanze für das Konzept, das alle Individuen enthält, die nur Pflanzen essen. Die *existenzielle Restriktion* $\exists R.C$ beschreibt ein Konzept, das (via R) in Beziehungen zu mindestens einem Individuum aus C steht. Beispielsweise steht ∃Isst.Pflanze für das Konzept, dass alle Individuen enthält, die mindestens eine Pflanze essen (aber eventuell auch noch etwas anderes essen).

Man beachte, dass wir oben formal von *Konzeptsymbolen* und *Rollensymbolen* und nicht direkt von *Konzepten* und *Rollen* reden. In der Beschreibungslogik unterscheiden wir zwischen den Symbolen und der Bedeutung, die wir diesen zuweisen. Neben Konzeptsymbolen und Rollensymbolen werden wir später auch über konkrete Individuennamen reden. Die Vereinbarung ist dabei, dass Individuennamen stets mit Kleinbuchstaben beginnen.

Wir definieren nun die formale Semantik von $\mathcal{ALC}$. Eine (beschreibungslogische) Interpretation ist ein Paar

$$\mathcal{I} = \langle \Delta^{\mathcal{I}}, \cdot^{\mathcal{I}} \rangle .$$

Die erste Komponente $\Delta^{\mathcal{I}}$ ist die *Domäne* von $\mathcal{I}$ und enthält die konkreten *Individuen*. Konzeptsymbole, Rollensymbole und Individuennamen werden durch $\cdot^{\mathcal{I}}$ über $\Delta^{\mathcal{I}}$ interpretiert. Das heißt, dass jedem Konzeptsymbol C eine Teilmenge $C^{\mathcal{I}} \subseteq \Delta^{\mathcal{I}}$ zugewiesen wird, jedem Rollensymbol R eine Teilmenge $R^{\mathcal{I}} \subseteq \Delta^{\mathcal{I}} \times \Delta^{\mathcal{I}}$ zugewiesen wird, und jedem Individuennamen a wird ein Individuum $a^{\mathcal{I}}$ aus $\Delta^{\mathcal{I}}$ zugewiesen. Wir verlangen zusätzlich, dass jeder Individuenname einzigartig interpretiert wird. Das heißt, für zwei unterschiedliche Individuennamen a und b gilt $a^{\mathcal{I}} \neq b^{\mathcal{I}}$. Dies wird auch als die *Unique Name Assumption* bezeichnet.

Eine beispielhafte Interpretation $\mathcal{I}_{\text{Tiere}}$ ist in Abbildung 6.1 angegeben. Diese Interpretation modelliert einen kleinen Zoo mit Tieren und deren Essgewohnheiten. Hier gibt es zwei Arten von Individuen: bestimmte Tiere („klaus“, „bernd“, „leo“), und Gegenstände, die diese eventuell essen („eukalyptus“, „wurzel“, „fleisch“). Die atomaren Konzepte in $\mathcal{I}_{\text{Tiere}}$ sind Koala, Löwe, Bär, Pflanze. Die einzige Rolle ist Isst. Man beachte, dass es sich

$$\Delta^{\mathcal{I}_{\text{Tiere}}} = \{\text{klaus}, \text{bernd}, \text{leo}, \text{eukalyptus}, \text{wurzel}, \text{fleisch}\}$$

$$\begin{aligned}
\text{klaus}^{\mathcal{I}_{\text{Tiere}}} &= \text{klaus} & \text{eukalyptus}^{\mathcal{I}_{\text{Tiere}}} &= \text{eukalyptus}\\
\text{bernd}^{\mathcal{I}_{\text{Tiere}}} &= \text{bernd} & \text{wurzel}^{\mathcal{I}_{\text{Tiere}}} &= \text{wurzel}\\
\text{leo}^{\mathcal{I}_{\text{Tiere}}} &= \text{leo} & \text{fleisch}^{\mathcal{I}_{\text{Tiere}}} &= \text{fleisch}\\
\text{Koala}^{\mathcal{I}_{\text{Tiere}}} &= \{\text{klaus}\} & \text{Bär}^{\mathcal{I}_{\text{Tiere}}} &= \{\text{bernd}\}\\
\text{Löwe}^{\mathcal{I}_{\text{Tiere}}} &= \{\text{leo}\} & \text{Pflanze}^{\mathcal{I}_{\text{Tiere}}} &= \{\text{eukalyptus}, \ \text{wurzel}\}
\end{aligned}$$

$$\text{Isst}^{\mathcal{I}_{\text{Tiere}}} = \{(\text{klaus}, \text{eukalyptus}), (\text{bernd}, \text{wurzel}), (\text{bernd}, \text{fleisch}), (\text{leo}, \text{fleisch})\}$$

Abb. 6.1: Beispielinterpretation $\mathcal{I}_{\text{Tiere}}$.

beispielsweise bei „klaus“ um das Individuum in der Domäne $\Delta^{\mathcal{I}_{\text{Tiere}}}$ handelt, während klaus ein Individuennamen ist, der als „klaus“ interpretiert wird.

In der formalen Semantik werden komplexe Konzeptbeschreibungen unter einer Interpretation selber zu einem Konzept ausgewertet. Gegeben eine Interpretation $\mathcal{I} = \langle \Delta^{\mathcal{I}}, \cdot^{\mathcal{I}} \rangle$, ist die Semantik wie folgt definiert:

$$
\begin{aligned}
\top^{\mathcal{I}} &= \Delta^{\mathcal{I}} \\
\bot^{\mathcal{I}} &= \emptyset \\
(C \sqcap D)^{\mathcal{I}} &= C^{\mathcal{I}} \cap D^{\mathcal{I}} \\
(C \sqcup D)^{\mathcal{I}} &= C^{\mathcal{I}} \cup D^{\mathcal{I}} \\
(\neg C)^{\mathcal{I}} &= \Delta^{\mathcal{I}} \setminus C^{\mathcal{I}} \\
(\forall R.C)^{\mathcal{I}} &= \{a \in \Delta^{\mathcal{I}} \mid \text{für alle } b \text{ mit } (a, b) \in R^{\mathcal{I}} \text{ gilt } b \in C^{\mathcal{I}}\} \\
(\exists R.C)^{\mathcal{I}} &= \{a \in \Delta^{\mathcal{I}} \mid \text{es gibt ein } b \text{ mit } (a, b) \in R^{\mathcal{I}} \text{ und } b \in C^{\mathcal{I}}\}
\end{aligned}
$$

Wir sehen, dass die Semantik sich sehr verträglich mit der Interpretation als Mengen verhält. Das Konzeptsymbol $\top$ wird als die Menge aller Individuen interpretiert, und $\bot$ wird stets als das leere Konzept. Eine Konzeptkonjunktion $C \sqcap D$ wird als die Menge aller Individuen verstanden, die in beiden Konzepten C und D vorkommen, und, analog dazu, wird eine Konzeptdisjunktion $C \sqcup D$ als die Vereinigung aller Individuen in C und D interpretiert. $\neg C$ wird als die Menge aller Individuen interpretiert, die nicht in C vorkommen[2] (bezogen auf die Domäne $\Delta^{\mathcal{I}}$). Universelle Restriktionen $\forall R.C$ werden als die Menge aller Individuen interpretiert, die über R nur mit Individuen aus C in Beziehung stehen. Existenzielle Restriktionen $\exists R.C$ werden als die Menge aller Individuen interpretiert, die über R mit mindestens einem Individuum in C in Beziehung stehen.

Als konkretes Beispiel betrachten wir die Interpretation $\mathcal{I}_{\text{Tiere}}$ aus Abbildung 6.1. Hier gilt $\text{Pflanze}^{\mathcal{I}_{\text{Tiere}}} = \{\text{eukalyptus}, \text{wurzel}\}$ und die Rolle Isst wird wie folgt interpretiert:

$$\text{Isst}^{\mathcal{I}_{\text{Tiere}}} = \{(\text{klaus}, \text{eukalyptus}), (\text{bernd}, \text{wurzel}), (\text{bernd}, \text{fleisch}), (\text{leo}, \text{fleisch})\}$$

Unter der oben definierten Semantik gilt $\text{klaus} \in (\forall \text{Isst.Pflanze})^{\mathcal{I}_{\text{Tiere}}}$. Dies ist der Fall, da für alle Paare $(a, b) \in \text{Isst}^{\mathcal{I}_{\text{Tiere}}}$ mit $a = \text{klaus}$ gilt, dass b ein Element in $\text{Pflanze}^{\mathcal{I}_{\text{Tiere}}}$ ist. Hingegen gilt $\text{bernd} \notin (\forall \text{Isst.Pflanze})^{\mathcal{I}_{\text{Tiere}}}$, da das Individuum bernd über Isst mit einem Element in Beziehung steht, das kein Element in Pflanze ist. Ein Beispiel dafür ist das Paar (bernd, fleisch) aus $\text{Isst}^{\mathcal{I}_{\text{Tiere}}}$, wobei fleisch kein Element in $\text{Pflanze}^{\mathcal{I}_{\text{Tiere}}}$ ist. Des Weiteren gilt $(\exists \text{Isst.Pflanze})^{\mathcal{I}_{\text{Tiere}}} = \{\text{klaus}, \text{bernd}\}$. Insbesondere gilt $\text{bernd} \in (\exists \text{Isst.Pflanze})^{\mathcal{I}_{\text{Tiere}}}$,

2 Die Negation verhält sich also wie ein Komplement auf der semantischen Ebene. Das C in $\mathcal{ALC}$ steht auch für Komplement (Englisch: „*complement*“).

da es mit (bernd, wurzel) ein Paar in $\mathsf{Isst}^{\mathcal{I}_{\mathsf{Tiere}}}$ gibt, das bernd in Beziehung mit einem Element aus $\mathsf{Pflanze}^{\mathcal{I}_{\mathsf{Tiere}}}$ setzt.

6.3.1.2 Wissen über Individuen

Die Beschreibungslogik $\mathcal{ALC}$ erlaubt zwei Arten von expliziten Aussagen über Individuen. Die erste sind Aussagen über die Zugehörigkeit zu einem Konzept. Beispielsweise repräsentieren wir die Aussage, dass das Individuum „Klaus" ein Koala ist, mit Koala(klaus). Die zweite Art von Aussagen sind Rollenbeziehungen zwischen zwei Individuen. Beispielsweise könnten wir die Aussage, dass „Klaus" Eukalyptus isst, formal durch Isst(klaus, eukalyptus) repräsentieren.

Die allgemeine Syntax für eine Individuenaussage A ist im Folgenden angegeben, wobei C eine komplexe Konzeptbeschreibung ist, R ein Rollensymbol und a, b für Individuennamen stehen:

$$\begin{array}{lcll} A & \longrightarrow & C(a) & \text{(Konzeptzuweisung)} \\ & \mid & R(a,b) & \text{(Rollenbeschreibung)} \end{array}$$

Mengen von Konzeptzuweisungen und Rollenbeschreibungen werden als *ABox* bezeichnet. Der Name *ABox* leitet sich vom englischen Wort *assertion* (Deutsch: *Behauptung* oder auch *Zusicherung*) ab. Eine beispielhafte ABox $\mathcal{A}_{\mathsf{Tiere}}$ für unser Beispiel mit einem Koala „Klaus", einigen anderen Tieren und deren Ernährungsbedürfnissen ist in Abbildung 6.2 dargestellt.

Koala(klaus)	Isst(klaus, eukalyptus)
Bär(bernd)	Isst(bernd, wurzeln)
Löwe(leo)	Isst(bernd, fleisch)
Pflanze(eukalyptus)	Isst(leo, fleisch)
Pflanze(wurzeln)	

Abb. 6.2: Beispiel ABox $\mathcal{A}_{\mathsf{Tiere}}$.

Wir sagen, dass eine Interpretation $\mathcal{I} = \langle \Delta^{\mathcal{I}}, \cdot^{\mathcal{I}} \rangle$ eine Konzeptzuweisung $A(a)$ *erfüllt*, geschrieben $\mathcal{I} \models A(a)$, genau dann, wenn $a^{\mathcal{I}} \in A^{\mathcal{I}}$ gilt. Eine Interpretation $\mathcal{I} = \langle \Delta^{\mathcal{I}}, \cdot^{\mathcal{I}} \rangle$ *erfüllt* eine Rollenzuweisung $R(a, b)$, geschrieben $\mathcal{I} \models R(a, b)$, genau dann, wenn $(a^{\mathcal{I}}, b^{\mathcal{I}}) \in R^{\mathcal{I}}$ gilt. Die Interpretation $\mathcal{I}$ erfüllt die ABox $\mathcal{A}$, geschrieben $\mathcal{I} \models \mathcal{A}$, genau dann, wenn $\mathcal{I} \models F$ für alle $F \in \mathcal{A}$ gilt.

Für unser Beispiel können wir zeigen, dass die Interpretation $\mathcal{I}_{\mathsf{Tiere}}$ die ABox $\mathcal{A}_{\mathsf{Tiere}}$ erfüllt. Schnell lässt sich sehen, dass alle Konzeptzuweisungen in $\mathcal{A}_{\mathsf{Tiere}}$ erfüllt sind von $\mathcal{I}_{\mathsf{Tiere}}$. So gilt beispielsweise, dass die Konzeptzuweisung Koala(klaus) erfüllt ist, da

$\mathsf{klaus}^{\mathcal{I}_{\mathsf{Tiere}}} \in \mathsf{Koala}^{\mathcal{I}_{\mathsf{Tiere}}}$ gilt. Die beiden Rollenbeschreibungen Isst(klaus, eukalyptus) und Isst(leo, fleisch) sind auch erfüllt. Erstere ist erfüllt, da (klaus, eukalyptus) $\in \mathsf{Isst}^{\mathcal{I}_{\mathsf{Tiere}}}$ gilt, und die zweite ist erfüllt, da (leo, fleisch) $\in \mathsf{Isst}^{\mathcal{I}_{\mathsf{Tiere}}}$ gilt.

6.3.1.3 Terminologisches Wissen

Die ABox bietet die Möglichkeit Faktenwissen über konkrete einzelne Individuen und deren direkte Beziehung explizit auszudrücken. Neben solchem faktischen Wissen gibt es aber auch generisches Wissen. In Beschreibungslogiken lässt sich insbesondere der Zusammenhang zwischen Konzepten formalisieren. Dieses generische Wissen wird in der TBox hinterlegt.

Ausdrücke, die Konzepte in Beziehung zueinander setzen, werden als *terminologische Axiome* bezeichnet. Die terminologischen Axiome, die wir hier betrachten, sind von der Form

$$C \sqsubseteq D \quad \text{oder} \quad C \equiv D$$

wobei C, D komplexe Konzepte sind. Axiome der Form $C \sqsubseteq D$ werden *Inklusionen* genannt und bedeuten informell, dass das Konzept C ein Teil des Konzepts D ist. Axiome der Form $C \equiv D$ werden als *Äquivalenzen* bezeichnet, und drücken aus, dass C und D dieselben Individuen beschreiben. Eine Menge von terminologischen Axiomen $\mathcal{T}$ wird als *TBox* bezeichnet.

Die bereits eingeführten Teile der Semantik von $\mathcal{ALC}$ erweitert sich zu TBoxen auf natürliche Art und Weise. Für eine Interpretation $\mathcal{I} = \langle \Delta^{\mathcal{I}}, \cdot^{\mathcal{I}} \rangle$ und komplexe Konzeptbeschreibungen definieren wir:

$$\begin{aligned} \mathcal{I} \models C \sqsubseteq D \quad &\text{genau dann, wenn} \quad C^{\mathcal{I}} \subseteq D^{\mathcal{I}} \\ \mathcal{I} \models C \equiv D \quad &\text{genau dann, wenn} \quad C^{\mathcal{I}} = D^{\mathcal{I}} \end{aligned}$$

Wir sagen $\mathcal{I}$ erfüllt eine TBox $\mathcal{T}$, geschrieben $\mathcal{I} \models \mathcal{T}$ genau dann, wenn $\mathcal{I}$ jedes terminologisches Axiom in $\mathcal{T}$ erfüllt.

Insbesondere Äquivalenzen können wir nutzen, um Konzepte mithilfe anderer Konzepte zu definieren. Wir können beispielsweise die Konzepte der Pflanzenfresser, Allesfresser und Fleischfresser in einer TBox direkt definieren:

$$\begin{aligned} \mathsf{Herbivoren} &\equiv \forall \mathsf{Isst.Pflanze} \\ \mathsf{Omnivoren} &\equiv \exists \mathsf{Isst.Pflanze} \sqcap \exists \mathsf{Isst.}\neg \mathsf{Pflanze} \\ \mathsf{Carnivoren} &\equiv \forall \mathsf{Isst.}\neg \mathsf{Pflanze} \end{aligned}$$

Wir erweitern das Beispiel noch durch die Inklusionen

$$\text{Koala} \sqsubseteq \text{Herbivoren} \qquad \text{Bär} \sqsubseteq \text{Omnivoren} \qquad \text{Löwe} \sqsubseteq \text{Canivoren}$$

die beschreiben, dass Koalas Pflanzenfresser, Bären Allesfresser und Löwen Fleischfresser sind. Sei $\mathcal{T}_{\text{Tiere}}$ die TBox, die die obigen Äquivalenzen und Inklusionen enthält. Die Interpretation $\mathcal{I}_{\text{Tiere}}$ ist in der Tat ein Modell von $\mathcal{T}_{\text{Tiere}}$. So gilt unter der Interpretation $\mathcal{I}_{\text{Tiere}}$ beispielsweise, dass klaus $\in \text{Herbivoren}^{\mathcal{I}_{\text{Tiere}}}$ gilt. Da eben auch $\text{Koala}^{\mathcal{I}_{\text{Tiere}}} = \{\text{klaus}\}$ gilt, ist auch die Inklusion Koala $\sqsubseteq$ Herbivoren erfüllt unter $\mathcal{I}_{\text{Tiere}}$.

6.3.1.4 Wissensbasen, Anfragen und Komplexität

In den letzten beiden Abschnitten haben wir ABoxen und TBoxen, sowie die Semantik dieser Komponenten definiert. Eine $\mathcal{ALC}$ Wissensbasis ist nun ein Paar $K = \langle \mathcal{A}, \mathcal{T} \rangle$, wobei $\mathcal{A}$ eine ABox ist und $\mathcal{T}$ eine TBox. Die Modelle von K sind alle Interpretationen $\mathcal{I} = \langle \Delta^{\mathcal{I}}, \cdot^{\mathcal{I}} \rangle$, die sowohl $\mathcal{A}$ erfüllen als auch $\mathcal{T}$ erfüllen. Wenn $\mathcal{I}$ ein Modell von K ist, dann schreiben wir auch $\mathcal{I} \models K$. Beispielsweise gilt $\mathcal{I}_{\text{Tiere}} \models \langle \mathcal{A}_{\text{Tiere}}, \mathcal{T}_{\text{Tiere}} \rangle$, denn wie wir bereits zuvor gesehen haben, gilt $\mathcal{I}_{\text{Tiere}} \models \mathcal{A}_{\text{Tiere}}$ und $\mathcal{I}_{\text{Tiere}} \models \mathcal{T}_{\text{Tiere}}$.

Für eine Konzeptbeschreibung C sagen wir, dass C erfüllbar in K ist, falls es ein Modell $\mathcal{I}$ von K gibt, in dem $C^{\mathcal{I}}$ nicht leer ist. Wir sagen, zwei Konzeptbeschreibungen C, D sind disjunkt bezüglich K, falls $C^{\mathcal{I}} \cap D^{\mathcal{I}} = \emptyset$ für jedes Modell $\mathcal{I}$ von K gilt. Formal können wir in Beschreibungslogiken die folgenden Entscheidungsprobleme betrachten:

SUBSUMPTION
Eingabe: Eine $\mathcal{ALC}$ Wissensbasis $K = \langle \mathcal{A}, \mathcal{T} \rangle$ und zwei Konzeptsymbole C, D.
Frage: Gilt $K \models C \sqsubseteq D$?

KONZEPT-ERFÜLLBARKEIT
Eingabe: Eine $\mathcal{ALC}$ Wissensbasis $K = \langle \mathcal{A}, \mathcal{T} \rangle$ und ein Konzeptsymbol C.
Frage: Ist C erfüllbar in K?

ÄQUIVALENZ
Eingabe: Eine $\mathcal{ALC}$ Wissensbasis $K = \langle \mathcal{A}, \mathcal{T} \rangle$ und zwei Konzeptsymbole C, D.
Frage: Gilt $K \models C \equiv D$?

DISJUNKTHEIT
Eingabe: Eine $\mathcal{ALC}$ Wissensbasis $K = \langle \mathcal{A}, \mathcal{T} \rangle$ und zwei Konzeptsymbole C, D.
Frage: Sind C, D disjunkt in K?

Aus komplexitätstheoretischer Perspektive lässt sich zeigen, dass sich alle obigen Entscheidungsprobleme auf das SUBSUMPTION-Problem zurückführen lassen, denn es gelten die folgenden Beziehungen:

$K \models C \equiv D$	genau dann, wenn	$K \models C \sqsubseteq D$ und $K \models D \sqsubseteq C$
C, D sind disjunkt in K	genau dann, wenn	$K \models C \sqcap D \sqsubseteq \bot$
C ist unerfüllbar in K	genau dann, wenn	$K \models C \sqsubseteq \bot$

Im Allgemeinen ist das SUBSUMPTION-Problem für $\mathcal{ALC}$ PSPACE-vollständig [25]. Das heißt unter anderem, dass es einen Algorithmus gibt, der das SUBSUMPTION-Problem löst und dabei polynomiell viel Speicherplatz benötigt (bezogen auf K, C und D).

Die Beschreibungslogik $\mathcal{ALC}$ ist aus logischer Sicht eine prototypische Beschreibungslogik, da sie die üblichen Verknüpfungen Konjunktion, Disjunktion und Negation hat, die wir bereits aus der Aussagenlogik kennen. Darüber hinaus sind viele Erweiterungen und Einschränkungen von $\mathcal{ALC}$ bekannt. So kann man $\mathcal{ALC}$ um Konstrukte erweitern, die es erlauben zu zählen, wie viele Individuen zu einem Konzept gehören, beziehungsweise die Anzahl der Elemente in Konzepten zu vergleichen. Auch kennt man für diese Erweiterungen die Komplexität der obigen Entscheidungsprobleme sehr genau. Eine gute Quelle für weitere Informationen ist das *Description Logic Handbook* [3]. In der Praxis spielen die verschiedenen Beschreibungslogiken eine große Rolle im Bereich der Ontologien. Namentlich sei hier die standardisierte *Web Ontology Language*[3] (OWL) zu nennen, die auf Beschreibungslogiken basiert und im Ontologie-Editor *Protégé*[4] verwendet wird.

6.3.2 Wissenslogiken

In diesem Kapitel thematisieren wir Wissenslogiken, die es erlauben, Aussagen darüber zu treffen, welches Wissen ein Agent[5] besitzt. Dies ist hilfreich, um zu verstehen, wie man Metainformationen über Wissen repräsentieren kann und wie sich diese verarbeiten lassen.

Ein Katastrophenschutzsystem kann beispielsweise mithilfe solch einer Logik repräsentieren, dass ein Feuerwehrmann nur bestimmte Informationen besitzt. Weiß das System, das der Feuerwehrmann über einen Sammelpunkt informiert ist, so kann das System schlussfolgern, dass der Feuerwehrmann einen Verletzten zu diesem Sammelpunkt bringen wird. Auf dieser Annahme könnte das Katastrophenschutzsystem präventiv einen Krankenwagen zu dem Sammelpunkt senden. In dem Fall, in dem das System weiß, dass der Feuerwehrmann nicht über den Sammelpunkt informiert ist, kann das System schlussfolgern, dass ein Feuerwehrmann einen Verletzten zu einer

3 https://www.w3.org/TR/owl-guide/

4 https://protege.stanford.edu/

5 Der Begriff des Agenten wird üblicherweise sehr breit verstanden. Man meint damit ein selbständig agierendes System, wie beispielsweise einen Menschen, Tier, Roboter oder ein Computerprogramm. Das Kapitel 19 über Multiagentensysteme geht genauer auf den Begriff des Agenten ein.

anderen Stelle bringen wird. Basierend auf dieser Schlussfolgerung kann das System anderes reagieren, und einen Krankenwagen zu der anderen Stelle senden. Die Logik erlaubt es also auszudrücken und zu verstehen, welche Schlussfolgerungen der Feuerwehrmann auf Basis seiner (subjektiven) Informationen ziehen kann. Basierend auf dieser Information kann dann entsprechend reagiert werden.

Konkret betrachten wir hier Modallogiken. In diesen Logiken lassen sich Aussagen der Art „der Agent ist überzeugt, dass φ gilt" und der Art „der Agent hält es für möglich, dass φ gilt" explizit ausdrücken. Im folgenden Abschnitt definieren wir zunächst die Syntax einer Modallogik und darauf folgend die Standardsemantik.

6.3.2.1 Syntax der Modallogik

Wir definieren eine formale Sprache, die es erlaubt, Aussagen über Wissen zu formulieren. Die Syntax dieser Sprache ist eine Erweiterung der Aussagenlogik von oben:

$$\phi ::= a \mid \neg\phi \mid \phi \wedge \phi \mid \phi \vee \phi \mid \phi \Rightarrow \phi \mid \Box\phi$$

wobei $a \in \mathsf{Sig}$ wie zuvor ein Element der Signatur ist. Zusätzlich definieren wir $\Diamond\varphi$ als Abkürzung für $\neg\Box\neg\varphi$. Man beachte, dass wir auch Verschachtelungen der Art $\Box\Diamond\varphi$ erlauben. Die Operatoren $\Box$ und $\Diamond$ werden auch als Modaloperatoren bezeichnet (abgeleitet von dem sprachwissenschaftlichen Begriff der Modalität). Logiken, die Modaloperatoren haben, werden auch als Modallogik bezeichnet.

Die neue Formel $\Box\varphi$ hat die intendierte Bedeutung von „der Agent ist überzeugt, dass φ gilt". Wir werden weiter unten sehen, dass zu der Regel $\Diamond\varphi$ die Bedeutung „der Agent hält es für möglich, dass φ gilt" sehr gut passt. Die Formel $\varphi \Rightarrow \Box\varphi$ drückt weiterhin beispielsweise aus, dass der Agent von φ überzeugt ist, wenn φ gilt. Die Formel $\Box\Diamond\varphi$ lässt als „der Agent ist überzeugt, dass er φ für möglich hält" interpretieren.

6.3.2.2 Semantik der Modallogik

Wir erinnern uns, dass eine aussagenlogische Interpretation $\omega : \mathsf{Sig} \to \{\mathsf{true}, \mathsf{false}\}$ jedem Signaturelement in Sig einen Wahrheitswert zuweist. Eine aussagenlogische Interpretation ist also eine vollständige Beschreibung wie die Welt (bezogen auf die Elemente in Sig) aussehen kann. Daher werden aussagenlogische Interpretationen im Kontext der Aussagenlogik auch als mögliche Welten bezeichnet.

Unsere modallogische Sprache ist reichhaltiger als die Sprache der aussagenlogischen Formeln, da wir mit Formeln wie $\Box\varphi$ in der Lage sind auszudrücken, dass der Agent von φ überzeugt ist. Die Information, woran ein Agent glaubt, ist aber nicht durch aussagenlogische Interpretationen bestimmbar. Daher nutzt man eine Verallgemeinerung der Menge der aussagenlogischen Interpretationen, die mehr Struktur enthält, als im Falle der Aussagenlogik. Eine Kripke-Struktur, benannt nach Saul Kripke [18], ist ein Tripel $K = \langle W, R, V \rangle$, wobei

- W eine Menge ist, deren Elemente als (mögliche) Welten bezeichnet werden,
- $R \subseteq W \times W$ eine Relation zwischen W ist, die als *Erreichbarkeitsrelation* bezeichnet wird, und
- $V : W \to \mathcal{P}(\mathsf{Sig})$ ist eine Funktion, die jeder Welt eine Menge von atomaren Aussagen zuweist.

Die Elemente in W haben, zusammen mit V, die Funktion, Aussagen in Sig Wahrheitswerte zuzuweisen. Der formale Unterschied zu aussagenlogischen Interpretationen ist, dass die Elemente in W keine Funktionen sind. Stattdessen beschreibt die Menge $V(w)$ für jede Welt $w \in W$, welche Aussagen in w als wahr interpretiert werden. Alle Aussagen aus Sig, die nicht in $V(w)$ sind, gelten implizit als falsch. Aus R erhalten wir zu jeder Welt $w \in W$ die Menge der von w aus *erreichbaren* Welten. Wir definieren $R(w) := \{w' \in W \mid (w, w') \in R\}$ als die Menge derjenigen Welten w' für die $(w, w') \in R$ gilt. Informell beschreibt $R(w)$ diejenigen Welten, die der Agent für möglich hält, wenn w die „richtige" Welt ist.

Als Beispiel sei $\mathsf{Sig} = \{P, Q\}$ und die Kripke-Struktur $K_{\mathrm{pq}} = \langle W_{\mathrm{pq}}, R_{\mathrm{pq}}, V_{\mathrm{pq}} \rangle$ mit $W_{\mathrm{pq}} = \{w_1, w_2, w_3, w_4\}$ und

$$\begin{aligned} R_{\mathrm{pq}} = \{&(w_1, w_1), (w_1, w_2), (w_3, w_3), & V_{\mathrm{pq}}(w_1) &= \{P, Q\} & V_{\mathrm{pq}}(w_3) &= \{Q\} \\ &(w_2, w_2), (w_2, w_3), (w_2, w_4)\} & V_{\mathrm{pq}}(w_2) &= \{P\} & V_{\mathrm{pq}}(w_4) &= \emptyset \end{aligned}$$

gegeben. Betrachten wir beispielsweise die Welt w_3 aus K_{pq}. Für diese Welt gilt $V_{\mathrm{pq}}(w_3) = \{Q\}$. Dies bedeutet, dass Q den Wahrheitswert wahr in w_3 erhält und P den Wahrheitswert falsch in w_3. Wenn wir die Erreichbarkeitsrelation R_{pq} betrachten, erhalten wir:

$$\begin{aligned} R_{\mathrm{pq}}(w_1) &= \{w_1, w_2\} & R_{\mathrm{pq}}(w_2) &= \{w_2, w_3, w_4\} \\ R_{\mathrm{pq}}(w_3) &= \{w_3\} & R_{\mathrm{pq}}(w_4) &= \emptyset \end{aligned}$$

Abbildung 6.3 stellt K_{pq} graphisch dar.

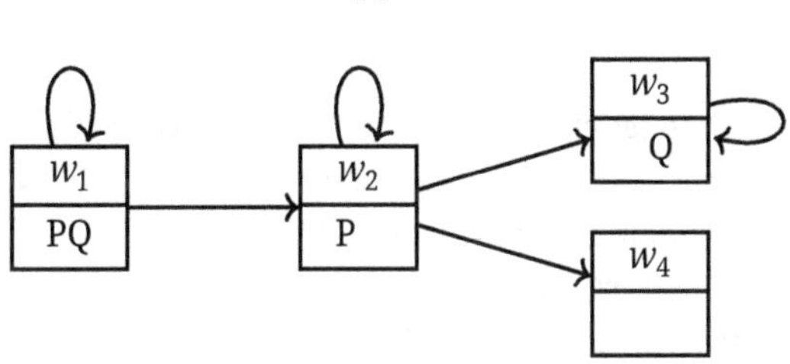

Abb. 6.3: Graph-Darstellung der Kripke-Struktur K_{pq}.

Die Bedeutung der Erreichbarkeitsrelation wird insbesondere klar, wenn wir die Semantik definieren. Wenn $K = \langle W, R, V \rangle$ eine Kripke-Struktur ist, $w \in W$ eine Welt aus W ist, und φ eine modallogische Formel ist, dann sagen wir (K, w) ist ein Modell von φ, geschrieben $K, w \models \varphi$, mit

$K, w \models a$	genau dann, wenn	$a \in V(w)$
$K, w \models \neg\varphi$	genau dann, wenn	$K, w \not\models \varphi$
$K, w \models \varphi \wedge \psi$	genau dann, wenn	$K, w \models \varphi$ und $K, w \models \psi$
$K, w \models \varphi \vee \psi$	genau dann, wenn	$K, w \models \varphi$ oder $K, w \models \psi$
$K, w \models \varphi \Rightarrow \psi$	genau dann, wenn	$K, w \not\models \varphi$ oder $K, w \models \psi$
$K, w \models \Box\varphi$	genau dann, wenn	für alle $w' \in R(w)$ gilt $(K, w') \models \varphi$
$K, w \models \Diamond\varphi$	genau dann, wenn	es ein $w' \in R(w)$ gibt, sodass $(K, w') \models \varphi$

Für eine Formel $\Box\varphi$ gilt $K, w \models \Box\varphi$ insbesondere genau dann, wenn für jede von w aus erreichbare Welt gilt, dass dort φ gültig ist. Auf duale Art und Weise gilt $K, w \models \Diamond\varphi$ genau dann, wenn es mindestens eine von w aus erreichbare Welt gibt, in der φ gültig ist. Man beachte, wenn φ eine Formel ist, die kein $\Box$ (oder $\Diamond$) enthält, dann ist (K, w) ein Modell von φ genau dann, wenn w ein Modell von φ im Sinne der Aussagenlogik ist. Die Besonderheit der Kripke-Semantik, respektive der Kripke-Strukturen, tritt also erst zutage, wenn die Formeln Modalitäten enthalten.

Für unsere Kripke-Struktur K_{pq} und die Welt w_1 können wir beobachten, dass dort $K_{pq}, w_1 \models \Box\Diamond Q$ gilt. Die Auswertung, um zu zeigen, dass $K_{pq}, w_1 \models \Box\Diamond Q$ gilt, ist wie folgt:

$K_{pq}, w_1 \models \Box\Diamond Q$	gilt, wenn $K_{pq}, w_1 \models \Diamond Q$ und $K_{pq}, w_2 \models \Diamond Q$
$K_{pq}, w_1 \models \Diamond Q$	gilt, wenn $K_{pq}, w_1 \models Q$ oder $K_{pq}, w_2 \models Q$
$K_{pq}, w_1 \models Q$	gilt
$K_{pq}, w_2 \models \Diamond Q$	gilt, wenn $K_{pq}, w_2 \models Q$, $K_{pq}, w_3 \models Q$ oder $K_{pq}, w_4 \models Q$
$K_{pq}, w_2 \models Q$	gilt nicht
$K_{pq}, w_3 \models Q$	gilt

Man beachte, dass die Formel $\Box\Diamond Q$ aber nicht in jeder Welt von K_{pq} gültig ist. Da von w_4 aus keine Welt erreichbar ist ($R(w_4) = \emptyset$), lässt sich einfach sehen, dass auch $K_{pq}, w_4 \not\models \Diamond Q$ gilt. Konsequenterweise erhält man, dass auch $K_{pq}, w_2 \not\models \Box\Diamond Q$ gelten muss.

Wir erweitern die Semantik auf alle Kripke-Strukturen wie folgt. Für jede Formel φ und jede Kripke-Struktur $K = \langle W, R, V\rangle$ definiert man:

$K \models \varphi$	genau dann, wenn	$K, w \models \varphi$ für alle $w \in W$
$\models \varphi$	genau dann, wenn	$K \models \varphi$ für alle Kripke-Strukturen K

Beispielsweise ist die Formel $\Box P \Rightarrow Q$ in jeder Welt von K_{pq} gültig. Somit gilt auch $K_{\text{pq}} \models \Box P \Rightarrow Q$. Wie wir oben bereits gesehen haben, gilt $K_{\text{pq}}, w_2 \not\models \Box\Diamond Q$. Folglich muss auch $K_{\text{pq}} \not\models \Box\Diamond Q$ und $\not\models \Box\Diamond Q$ gelten.

6.3.2.3 Anmerkungen zur Modallogik

Wir haben Modallogik aus der Perspektive der *Überzeugungen* betrachtet, also zur Modellierung von Informationen, die ein Agent *subjektiv* als wahr einstuft, aber nicht notwendigerweise *objektiv* wahr sein müssen. Dies wird auch als die *doxastische* Deutung bezeichnet. Darüber hinaus lassen sich $\Box$ und $\Diamond$ auch anders interpretieren. Manchmal wird explizit zwischen Wissen und Überzeugungen unterschieden. Bezieht man sich auf (objektives) Wissen, so spricht man von der *epistemischen* Deutung. In dieser steht $\Box\varphi$ für „Es ist sicher, dass φ gilt", und $\Diamond\varphi$ steht für „φ könnte möglicherweise wahr sein". In der *temporalen* Deutung, steht $\Box\varphi$ für „φ gilt zu jeder Zeit", und $\Diamond\varphi$ steht für „φ gilt zu mindestens einem Zeitpunkt". Die Deontik ist die Lehre von Pflichten, Normen und deren Bedeutung. Die deontische Interpretation von $\Box\varphi$ ist „Es ist geboten, dass φ", und $\Diamond\varphi$ steht für „Es ist erlaubt, dass φ".

Für die verschiedenen Deutungen wird dieselbe oder eine ähnliche Semantik benutzt. Je nach Deutung und Anwendung werden aber andere Eigenschaften eingefordert. Forscher in der Modallogik ordnen einigen Eigenschaften festgelegte Namen zu, da diesen besonderen Bedeutungen zukommen:

(K) $\Box(\varphi \Rightarrow \psi) \Rightarrow (\Box\varphi \Rightarrow \Box\psi)$

Wenn der Agent überzeugt ist, dass ψ aus φ folgt, dann ist der Agent auch von ψ überzeugt, wenn er von φ überzeugt ist.

(D) $\Box\varphi \Rightarrow \Diamond\varphi$

Ist der Agent von φ überzeugt, so hält der Agent φ auch für möglich.

(T) $\varphi \Rightarrow \Diamond\varphi$

Wenn φ gilt, dann hält der Agent φ für möglich.

(4) $\Box\varphi \Rightarrow \Box\Box\varphi$

Wenn der Agent überzeugt ist, dass φ gilt, so ist der Agent davon überzeugt, dass er davon überzeugt ist, dass φ gilt.

(B) $\varphi \Rightarrow \Box\Diamond\varphi$

Wenn φ gilt, dann ist der Agent davon überzeugt, dass er φ für möglich hält.

Die obigen Eigenschaften sind universell zu verstehen. Das heißt, dass wenn man davon spricht, dass beispielsweise (K) gilt, dann meint man, dass für alle Formeln φ und

ψ die Bedingung in (K) zutrifft. Häufig werden Eigenschaften gruppiert, so zum Beispiel die Mengen $\mathbf{S5} = \{(\mathrm{K}), (\mathrm{T}), (\mathrm{B}), (4)\}$ und $\mathbf{KD4} = \{(\mathrm{K}), (\mathrm{D}), (4)\}$. So gilt **S5** als gute Menge von Eigenschaften für die epistemische Deutung und **KD4** gilt als Grundlage für die doxastische Deutung. Man kann obige Eigenschaften garantieren, indem man die Kripke-Semantik aus Abschnitt 6.3.2.2 nutzt und sich zusätzlich auf bestimmte Kripke-Strukturen beschränkt. So ist beispielsweise die Eigenschaft (4) genau dann erfüllt, wenn man nur Kripke-Strukturen betrachtet, bei denen die Erreichbarkeitsrelation transitiv[6] ist. Weitere Informationen findet man in einer der exzellenten Einführungen in die Modallogik [27].

Wegen der Vielzahl an verschiedenen Deutungen und gleichzeitigen konzeptuellen Klarheit, finden Modallogiken in vielen Bereichen Anwendung, bzw. bilden die theoretische Grundlage. So hat die temporale Interpretation eine breite Anwendung in der Verifikation von Systemen. Die Formeln stehen dabei für gewünschte Eigenschaften von Systemen und Systeme werden als (z. T. unendliche) Kripke-Strukturen modelliert. Kann man zeigen, dass die Kripke-Struktur ein Modell der Formel ist, so hat man implizit gezeigt, dass das System die gewünschte Eigenschaft hat.

6.3.3 Wissensdynamik

In diesem Abschnitt widmen wir uns dem Verändern der Wissensbasis durch neue Informationen, was wir auch als *Wissensänderung* bezeichnen. Als Wissensrepräsentationsformalismus benutzen wir dazu wieder die Aussagenlogik und unsere *Wissensbasis* K besteht daher aus einer Menge aussagenlogischer Formeln. Da wir bisher formal die semantischen Begriffe der Aussagenlogik nur auf einzelnen Formeln definiert haben, erweitern wir diese nun auf Wissensbasen, also Mengen von Formeln, wie folgt. Zunächst erinnern wir uns, dass eine Formel ψ aus ϕ folgt, geschrieben $\phi \models \psi$, wenn jedes Modell von ϕ ein Modell von ψ ist. Eine Interpretation ω ist dann ein Modell einer Wissensbasis K, falls ω ein Modell jeder Formel in K ist. Aus K folgt dann eine Formel ψ, wieder geschrieben $K \models \psi$, genau dann, wenn jedes Modell von K auch ein Modell von ψ ist. Eine Wissensbasis K wird als inkonsistent bezeichnet, falls es kein Modell für K gibt.

6.3.3.1 Beispiel

Wir beginnen mit einem einleitenden Beispiel von Peter Gärdenfors [12]:

> Eine Zoowärterin möchte gerne ein neues Tier für ihren Zoo kaufen. Nach sorgfältigem Überlegen kommt sie zu dem Entschluss einen neuen Schwan zu bestellen. Schlussendlich bestellt die Zoowärterin einen Schwan aus Schweden. Die Zoowärterin hat implizite Annahmen über den bestellten

6 Transitivität: $(w, w') \in R$ und $(w', w'') \in R$ implizieren $(w, w'') \in R$.

Schwan getroffen, die sich aus ihrem Hintergrundwissen ergeben. Aufgrund ihrer biologischen Vorbildung weiß die Zoowärterin, dass europäische Schwäne weiß sind. Auch weiß die Zoowärterin, dass Schweden ein Teil von Europa ist. Die Zoowärterin schließt daraus, dass der bestellte Schwan weiß sein wird. Als der neue Schwan eintrifft, stellt sich jedoch heraus, dass das Tier schwarz ist. Die Zoowärterin ist sich nun der Situation ausgesetzt, einer ihrer Vorannahmen aufzugeben, da diese zusammen zu einer Inkonsistenz führen.

Betrachten wir das Beispiel nun etwas formaler mit den Mitteln der Aussagenlogik. Das Hintergrundwissen der Zoowärterin können wir als eine Menge von aussagenlogischen Formeln darstellen. Als Propositionen nutzen wir Schwan, Schweden, Europa und Weiß, wobei Schwan für die Aussage „Das Tier ist ein Schwan“ steht; Schweden steht für die Aussage „Das Tier kommt aus Schweden“; Europa steht für die Aussage „Das Tier ist aus Europa“; und Weiß steht für die Aussage „Das Tier ist weiß“. Die Zoowärterin weiß, dass es sich um einen Schwan aus Schweden handelt. Die Formel $\text{Schweden} \Rightarrow \text{Europa}$ drückt aus, dass alle schwedischen Schwäne auch europäische Schwäne sind. Die Formel $(\text{Schwan} \wedge \text{Europa}) \Rightarrow \text{Weiß}$ drückt aus, dass alle europäischen Schwäne weiß sind. Wir erhalten die folgende Wissensbasis, die das Wissen der Zoowärterin vor dem Eintreffen des Tieres modelliert:

$$K_{\text{Zoo}} = \{\text{Schwan}, \text{Schweden}, \text{Schweden} \Rightarrow \text{Europa}, (\text{Schwan} \wedge \text{Europa}) \Rightarrow \text{Weiß}\}$$

Mithilfe der Deduktion können wir Weiß aus K_{Zoo} schlussfolgern, d. h., es gilt $K_{\text{Zoo}} \models \text{Weiß}$.

6.3.3.2 Revision

Wir betrachten weiterhin die Wissensbasis K_{Zoo} und erhalten bei Erhalt des Schwans nun die neue Information, dass der Schwan schwarz ist, vereinfacht modelliert durch $\beta = \neg\text{Weiß}$. Fügen wir diese neue Information einfach unserer Wissensbasis hinzu, aktualisieren unsere Wissensbasis also zu $K'_{\text{Zoo}} = K_{\text{Zoo}} \cup \{\beta\}$, so erhalten wir eine Inkonsistenz (K'_{Zoo} besitzt kein Modell). Damit ist K'_{Zoo} für uns nutzlos geworden, da wir aus einer inkonsistenten Wissensbasis alles schlussfolgern können: es gilt $K'_{\text{Zoo}} \models \phi$ für alle Formeln ϕ.[7] So lässt sich aus der inkonsistenten Wissensbasis K'_{Zoo} ableiten, dass jeder schwedische Schwan europäisch ist ($K_{\text{Zoo}} \cup \{\beta\} \models \text{Schweden} \Rightarrow \text{Europa}$), aber gleichzeitig auch ableiten, dass jeder schwedische Schwan nicht europäisch ist ($K_{\text{Zoo}} \cup \{\beta\} \models \text{Schweden} \Rightarrow \neg\text{Europa}$).

7 Dieses Phänomen heißt im Lateinischen *ex falso quodlibet* (*aus Falschem folgere alles*) und liegt darin begründet, dass $K \models \phi$ ja genau dann gilt, wenn jedes Modell von K auch Modell von ϕ ist; wenn es keine Modelle von K gibt, dann gilt dies trivial und unabhängig von ϕ für alle ϕ.

Um in die Wissensbasis K_{Zoo} der Zoowärterin die neue Information β zu integrieren, müssen wir also die Inkonsistenz *auflösen*, d. h., Informationen aus $K_{\mathsf{Zoo}} \cup \{\beta\}$ aufgeben. Dabei sollten wir allerdings der neuen Information β Priorität einräumen, da dies neue Information darstellt, von dessen Wahrheitsgehalt wir überzeugt sind. Wissensänderungsprozesse, die die Priorität auf die Integration der neuen Information legen, werden als *Revision* bezeichnet. Formal beschreiben wir Wissensänderungen einer Wissensbasis K durch eine neue Information α als Funktion $\star$; $(K, \alpha) \mapsto K \star \alpha$, die die *A-priori*-Wissensbasis und α auf den neuen Wissenszustand $K \star \alpha$ abbildet. Obige Bedingungen können wir als Prinzipien für Revisionen festhalten:

(Erfolg) Es gilt $K \star \alpha \models \alpha$

(Konsistenz) Wenn α konsistent ist, dann ist auch $K \star \alpha$ konsistent

Wenn wir an diesen Prinzipien festhalten, ergeben sich verschiedene Möglichkeiten, wie $K_{\mathsf{Zoo}} \star \beta$ aussehen könnte. Eine Änderung, bei der die Prinzipien (Erfolg) und (Konsistenz) erfüllt sind, ist, beispielsweise, die Änderung von K_{Zoo} zu

$$K_{\mathsf{Zoo}} \star_1 \beta = \{\mathsf{Schwan}, \mathsf{Schweden} \Rightarrow \mathsf{Europa}, (\mathsf{Schwan} \wedge \mathsf{Europa}) \Rightarrow \mathsf{Weiß}\},$$

in welchem die Zoowärterin die Überzeugung aufgibt, dass es sich um einen schwedischen Schwan handelt (Schweden).

6.3.3.3 Das Prinzip der Relevanz

Jede Formel in K_{Zoo} trägt zum Konflikt in $K_{\mathsf{Zoo}} \cup \{\beta\}$ bei. Das heißt, wenn $\varphi \in K_{\mathsf{Zoo}}$ nicht in K_{Zoo} wäre, dann gäbe es auch keinen Konflikt. Aus einer rein logischen Perspektive ist es valide, jede Formel $\varphi \in K_{\mathsf{Zoo}}$, die zu dem Konflikt beiträgt, nicht in das Ergebnis der Revision $K_{\mathsf{Zoo}} \star \beta$ mit aufzunehmen. Wir haben aber bisher noch nicht besprochen, wie wir mit Formeln umgehen, die nicht zum Konflikt beitragen.

Erweitern wir das Beispiel. Nehmen wir an, dass die Zoowärterin einen männlichen schwedischen Schwan bestellt hat. Das heißt, die zusätzliche Annahme ist, dass es sich um einen männlichen Schwan handelt. Wir führen die Proposition Mann ein, die für „der Schwan ist männlich“ steht. Wir können die anfängliche Wissensbasis der Zoowärterin in diesem Szenario wie folgend modellieren:

$$\begin{aligned} K_{\mathsf{Zoo}}^{\mathsf{alt}} = \{&\mathsf{Mann}, \mathsf{Schwan}, \mathsf{Schweden}, \\ &\mathsf{Schweden} \Rightarrow \mathsf{Europa}, (\mathsf{Schwan} \wedge \mathsf{Europa}) \Rightarrow \mathsf{Weiß}\} \end{aligned}$$

Revidiert man nun $K_{\mathsf{Zoo}}^{\mathsf{alt}}$ mit der Formel $\beta = \neg\mathsf{Weiß}$, so ist nicht plausibel aufzugeben, dass es sich um einen männlichen Schwan handelt (Mann). Daher sollte, egal wie die Revision durchgeführt wird, $\mathsf{Mann} \in K_{\mathsf{Zoo}}^{\mathsf{alt}} \star \beta$ gelten.

Allgemein fordert man, dass Wissensänderungen sich so verhalten, dass sie nur relevantes Wissen aufgeben. Dies nennt man das *Prinzip der Relevanz*, das auf Sven Ove Hansson zurückgeht [13], und das wir hier nur informell beschreiben:

(Prinzip der Relevanz) Wenn eine Formel bei einer Wissensänderung aufgegeben wird, dann muss dies begründet sein durch einen Konflikt mit den Zielen der Wissensänderung.

In der Literatur zu Wissensänderungen findet man häufig auch das *Prinzip der minimalen Änderungen*, das fordert, dass Wissensänderungen stets minimale Änderungen am Ausgangswissen durchführen sollten. Dieses Prinzip geht historisch dem Prinzip der Relevanz voraus, in den meisten Kontexten ist das Prinzip der Relevanz aber allgemeiner und impliziert das Prinzip der minimalen Änderungen.

6.3.3.4 Algorithmische Konstruktion von Revisionsergebnissen

Wir betrachten nun, wie man konstruktiv ein Revisionsergebnis erhalten kann. Dabei wenden wir eine Konstruktion an, die auf der *Maxichoice-Kontraktion* von Alchourron und Makinson [1] basiert. Die Eingabe dieses Verfahrens besteht aus einer Wissensbasis K und einer Formel α. Das Verfahren gibt eine Revision von K durch α aus, bei der die Prinzipien (Erfolg), (Konsistenz) und das (Prinzip der Relevanz) erfüllt sind. Zentraler Aspekt des Verfahrens ist es, eine Teilmenge M der Wissensbasis K zu bestimmen, für die gilt:

- $\neg\alpha$ ist keine Schlussfolgerung aus M, das heißt, $M \not\models \neg\alpha$;
- M ist maximal mit diesen Eigenschaften, das heißt, für alle M' mit $M \subsetneq M' \subseteq K$ gilt $M' \models \neg\alpha$.

Das Revisionseregebnis ist dann $M \cup \{\alpha\}$. Ein naiver Algorithmus zählt (absteigend) alle Teilmengen X von K nach Größe sortiert auf, beginnend bei der größten Teilmenge (die K selbst ist). In jedem Schritt testen wir ob $X \not\models \neg\alpha$ gilt. Falls nein, dann machen wir mit der nächsten Teilmenge von K weiter. Falls ja, setzen wir $M := X$ und stoppen das Aufzählen. Als Ergebnis geben wir dann $M \cup \{\alpha\}$ aus.

Wenden wir als Beispiel das Verfahren auf die Wissensbasis $K^{\mathsf{alt}}_{\mathsf{Zoo}}$ an, um eine Revision $K^{\mathsf{alt}}_{\mathsf{Zoo}} \star \beta$ zu berechnen. Wir setzen $X' := K^{\mathsf{alt}}_{\mathsf{Zoo}}$ als ersten Schritt. Es gilt $K^{\mathsf{alt}}_{\mathsf{Zoo}} \models \neg\beta$ und wir fahren fort. Im nächsten Schritt zählen wir $X' := K^{\mathsf{alt}}_{\mathsf{Zoo}} \setminus \{\mathsf{Mann}\}$ auf. Auch für dieses X' gilt $X' \models \neg\beta$. Nun zählen wir $X' := K^{\mathsf{alt}}_{\mathsf{Zoo}} \setminus \{\mathsf{Schwan}\}$ auf und stellen fest, dass $X' \not\models \neg\beta$ gilt. Das Ergebnis der Revision nach oben beschriebenem Verfahren ist damit:

$$\begin{aligned}&(K^{\mathsf{alt}}_{\mathsf{Zoo}} \setminus \{\mathsf{Schwan}\}) \cup \{\neg\mathsf{Weiß}\}\\&\quad = \{\mathsf{Mann}, \mathsf{Schweden}, \mathsf{Schweden} \Rightarrow \mathsf{Europa}, (\mathsf{Schwan} \wedge \mathsf{Europa}) \Rightarrow \mathsf{Weiß}, \neg\mathsf{Weiß}\}\end{aligned}$$

Es gibt viele weitere (insbesondere effektivere) Methoden eine Revision zu konstruieren. Die klassischen Ansätze folgen dem obigen Ansatz und nutzen eine maximale Teilmenge der Wissensbasis K wie oben beschrieben. Weitere Konstruktionsmethoden ordnen die Formeln anhand ihrer *epistemischen Verwurzelung*. Das Ergebnis der Revision sind dann diejenigen Formeln, die am stärksten „verwurzelt" und mit α kompatibel sind. Semantische Konstruktionsmethoden bilden Ordnungen über den Interpretationen, die dann als mögliche Welten (Englisch *„possible worlds"*) verstanden werden. Das Revisionsergebnis von K mit α entspricht semantisch den am meisten präferierten möglichen Welten, die auch Modelle von α sind. Die Forschung enthält eine Vielzahl von Resultaten, die genau die Eigenschaften dieser verschiedenen Konstruktionsansätze charakterisieren.

6.3.3.5 Verschiedene Operationen der Wissensänderungen

Es gibt verschiedene Arten der Wissensänderungen und die Formalisierung dieser folgt dem Schema der Revision. Ausgangslage ist eine Wissensbasis K und eine neue Information α, die die Wissensänderungsoperation in eine neue Wissensbasis $K \circ \alpha$ überführen. Hier geben wir einen kleinen Überblick über wichtige Wissensänderungsarten:

- Die **Revision** [2] haben wir weiter oben ausführlich behandelt. Es handelt sich um eine Wissensänderung, bei der α in das bestehende Wissen K so integriert wird, dass α im Endzustand geglaubt wird, und Inkonsistenzen (wenn möglich) aufgelöst werden.
- Bei der **Kontraktion** handelt es sich um eine Wissensänderung, bei der die Information α aufgegeben werden soll, und zwar so, dass keine neuen Informationen hinzugefügt werden [2].
- Bei der **Credibility-Limited Revision** (Deutsch: „Glaubwürdigkeitsbeschränkte Revision") handelt es sich um eine Art der Wissensänderung, die eine Revision nur durchführt, wenn die neue Information α als glaubwürdig eingestuft wird [15].
- Bei der **Shielded Contraction**(Deutsch: „Abgeschirmte Kontraktion") handelt es sich um das Analog der Credibility-Limited Revisionfür die Kontraktion [9]. Hier wird eine Kontraktion von α nur durchgeführt, wenn der Agent es als valide betrachtet, die Information α aufzugeben.
- Wie bei der Revision, handelt es sich bei **Update** [16] um eine Art der Wissensänderung, bei der α in das bestehende Wissen K so integriert wird, das α im Endzustand geglaubt wird und Inkonsistenzen (wenn möglich) aufgelöst werden. Der Unterschied besteht darin, dass man für eine Revision annimmt, dass sich die Welt nicht geändert hat. Die neue Information α beschreibt also weitere genauere Informationen, während K valide, aber potenziell ungenauere, Informationen enthält. Beim Update nimmt man jedoch an, dass die Welt sich geändert haben könnte. Dies hat drastische semantische Unterschiede, insbesondere, da die Informationen in der Wissensbasis K potenziell nicht mehr aktuell sind.

- Beim **Improvement** (Deutsch: „Verbessern“) handelt es sich um eine Verallgemeinerung der Revision, bei der die neue Information α nur als Anlass genommen wird, die Glaubwürdigkeit der Information α zu verbessern [17]. Konsequenterweise führt ein **Improvement**von α, nicht direkt dazu, dass α geglaubt wird.
- Beim **Decrement** (Deutsch: „Dekrementierung“) handelt es sich, im Prinzip, um die duale Operation zum **Improvement** [24]. Eine Dekrementierung von α führt dazu, dass die Glaubwürdigkeit der Information α verringert wird. Konsequenterweise führt ein **Decrement**von α, nicht direkt dazu, dass α aufgegeben wird.

Neben obigen Operatoren gibt es noch viele weitere Arten von Wissensänderungen, auf die wir hier nicht weiter eingehen, aber gerne auf Übersichtsarbeiten verweisen [13, 10].

6.3.3.6 Weitere Aspekte und Entwicklung

Wir erwähnen einige weitere Teilgebiete und Einsichten aus der Forschung zu Wissensänderungen.

Eine zentrale Einsicht des Forschungsfelds ist, dass sich mit rein logischen Betrachtungen nicht immer optimale Wissensänderungen durchführen lassen, sondern *extralogische Informationen* nötig sind [11]. Betrachten wir noch einmal das Eingangsbeispiel. Wir können feststellen, dass für jede echte Teilmenge $K'_{\mathsf{Zoo}} \subsetneq K_{\mathsf{Zoo}}$ gilt, dass $K'_{\mathsf{Zoo}} \cup \{\beta\}$ aus einer rein logischen Perspektive ein valides Ergebnis für $K_{\mathsf{Zoo}} \star \beta$ ist (es sind (Erfolg), (Konsistenz) und das (Prinzip der Relevanz) erfüllt). Eine dieser Lösungen ist jedoch

$$K_{\mathsf{Zoo}} \star_2 \beta = \{\mathsf{Schwan}, \mathsf{Schweden}, (\mathsf{Schwan} \wedge \mathsf{Europa}) \Rightarrow \mathsf{Weiß}\},$$

in der die Zoowärterin die Überzeugung aufgibt, dass schwedische Schwäne stets auch europäische Schwäne sind ($\mathsf{Schweden} \Rightarrow \mathsf{Europa}$). Aus der Perspektive des gesunden Menschenverstands macht es aber keinen Sinn, eine generische Schlussfolgerung wie $\mathsf{Schweden} \Rightarrow \mathsf{Europa}$ aufzugeben. Insbesondere weil man alternativ auch nur das spezifischere Wissen aufgeben kann, dass es sich um einen schwedischen Schwan handelt (Schwan). Die Information, welche Formeln aus K „wertvoller“ sind als andere Formeln aus K, kann aber nicht die Logik liefern, sondern muss extern bereitgestellt werden.

Ein sehr aktives Forschungsfeld ist das Gebiet der *Iterierten Wissensänderung*. In diesem Gebiet beschäftigt man sich mit der Frage von Konstruktionen und Eigenschaften von mehreren Änderungen nacheinander, also Folgen von Änderungen der Art $K \star \alpha \star \beta$ und so weiter. Besonderer Bedeutung in diesem Forschungsgebiet kommt Überzeugungen über *Konditionalen* zu, wobei ein Konditional häufig als Information der Form $(\beta \mid \alpha)$ formalisiert wird und beispielsweise dafür stehen kann, dass β *normalerweise* unter der Prämisse α gilt. Über den Ramsey-Test [26], sind Konditionale direkt mit Wissensänderungen verbunden:

$(\beta \mid \alpha)$ wird akzeptiert von K, genau dann wenn $\beta \in K \star \alpha$ gilt.

Iterierte Wissensänderungen beeinflussen damit auch die Akzeptanz von Konditionalen, da in $K \star \alpha$ eventuell andere Konditionale akzeptiert werden als in K. Eine der wichtigsten Einsichten des Forschungsfeldes ist, dass man den Effekt iterativer Änderungen auf die Akzeptanz von Konditionalen einschränken sollte, aber im Gegensatz zum Prinzip der minimalen Änderungen nicht minimieren sollte [8].

Ein weiteres Forschungsthema, ist der Bereich der *multiplen Wissensänderungen* [22, 21]. Hier führt man eine Wissensänderung nicht nur mit einer Information α, sondern mit einer Menge von Informationen $A = \{\alpha_1, \dots, \alpha_n\}$ durch. Maßgeblich werden zwei Semantiken für solche Arten von Änderungen betrachtet. Die erste Semantik ist die *choice*Semantik (Deutsch: „Auswahlsemantik"), bei der man verlangt, dass die Wissensänderung für eine der Formeln in A erfolgreich ist. Die zweite Semantik ist die *package*Semantik (Deutsch: „Paketsemantik"), bei der man verlangt, dass die Wissensänderung für alle Formeln in A erfolgreich ist. Eine Revision von K mit der Menge A ist unter der Auswahlsemantik erfolgreich, wenn für eine Formel $\alpha_i \in A$ gilt, sodass $\alpha_i \in K \star A$. Für die Paketsemantik ist die Revision von K mit A erfolgreich, wenn für alle Formel $\alpha_i \in A$ gilt, dass $\alpha_i \in K \star A$.

Zuletzt wollen wir erwähnen, dass es Bestrebungen gibt, die verschiedenen Arten der Wissensänderungen aus einer vereinheitlichenden Perspektive zu betrachtet. Wesentlich ist hierbei der Ansatz der *Descriptor Revision* nach Hansson [14] zu nennen. Die Grundidee dieses Ansatzes ist es, dass oben skizzierte Schema eines Wissensänderungsoperator so zu erweitern, dass statt nur die Information α bei der Änderung mit einzubeziehen, wir einen sogenannten *Deskriptor* übergeben. Ein Deskriptor Ψ spezifiziert dabei eine Erfolgsbedingung für den Wissensänderungsprozess durch die Angabe von Glaubensprädikaten der Form $\mathbf{B}\varphi$. Beispielsweise drückt der Deskriptor $\neg\mathbf{B}\beta\wedge(\mathbf{B}\alpha\vee\mathbf{B}\neg\alpha)$ aus, dass die Wissensänderung als erfolgreich zählen soll, wenn nicht an β geglaubt wird, und an α oder $\neg\alpha$ geglaubt wird. Prinzipiell können wir mit einem Deskriptor $\mathbf{B}\alpha$ ausdrücken, dass eine Revision mit α durchgeführt werden soll; und mit $\neg\mathbf{B}\alpha$ wird ausgedrückt, dass eine Kontraktion von α durchgeführt werden soll. Dies lässt sich auf andere Wissensänderungsoperationen erweitern.

6.4 Ausblick

Wissensrepräsentation und -verarbeitung ist seit ihrer Begründung ein zentrales Forschungsfeld der Künstlichen Intelligenz und hat sich in verschiedene Teilgebiete ausdifferenziert. Die großen Organisationen der Informatik, wie die *Association for Computing Machinery*(ACM, Deutsch: „Amerikanische Gesellschaft für Informatik") und auch die großen Konferenzen der Künstlichen Intelligenz, wobei insbesondere die *International Joint Conference on Artificial Intelligence*(IJCAI, Deutsch: „Internationale Konferenz für Künstliche Intelligenz“) zu nennen ist, haben Klassifikationen der Teilgebiete eingeführt. Weiter oben haben wir bereits die Bereiche der **Beschreibungslogik**, der **Wissenslogiken** und die **Wissensdynamik** behandelt. Wir geben einen kurzen Ausblick über die weiteren Teilgebiete der Wissensrepräsentation und -verarbeitung:

Automatische Inferenz. Dieser Forschungszweig beschäftigt sich mit Verfahren und Prinzipien des automatisierten Schließens. Wichtige Themen sind das Finden und Verifizieren von Beweisen. *(siehe auch Kapitel* 7*)*

Semantische Netze. In diesem Bereich beschäftigt man sich mit Formalismen und Methoden um semantische Informationen zu sammeln. Als Standard haben sich dabei Wissensgraphen etabliert, für die es zahlreiche Erweiterungen gibt. *(siehe auch Kapitel* 20*)*

Ontologien. Forscher beschäftigen sich mit den Voraussetzungen und Schwierigkeiten, Wissensdatenbanken aufzubauen, die insbesondere auch strukturelle Informationen enthalten. Besonders zu nennen ist hier die Web Ontology Language (OWL), die auch als Standardsprache für semantische Netze fungiert. *(siehe auch* [3]*)*

Fallbasiertes Schließen. Diese spezielle Methodologie des Schließens zeichnet sich dadurch aus, dass es maßgeblich *erfahrungenbasierendes* Schließen realisiert. Das heißt, wenn aus den vorliegenden Daten (dem *Fall*) ein Schluss gezogen werden soll, werden Fälle aus der Vergangenheit mit dem aktuellen Fall verglichen. Basierend auf der Nähe zu den anderen Fällen, wird ein Entschluss getroffen. Der neue Fall wird in die bestehende Fallbasis integriert. *(siehe auch Kapitel* 11*)*

Nichtmonotones Schließen. Diese Art des Schließens ist begründet in der Beobachtung, dass in der Praxis bereits gezogene Schlüsse auch zurückgenommen werden können. Logiken, die bei Hinzunahme neuer Informationen eine Rücknahme vorheriger Schlussfolgerungen erlauben, nennt man *nicht-monoton*. Klassische Logiken wie die Aussagenlogik sind monoton, sodass Forscher in diesem Feld Verfahren und Logiken untersuchen, die nicht-monoton sind. *(siehe auch Kapitel* 8*)*

Argumentation. Dieses Teilgebiet beschäftigt sich mit der Formalisierung und dem automatischen Schlussfolgern mit Argumenten und Gegenargumenten. Dies beinhaltet die Repräsentation von Argumenten und die Feststellung von *Akzeptanz* von Mengen von Argumenten. *(siehe auch* [4]*)*

Unsicheres, unpräzises und unscharfes Wissen. Oft liegt kein gesichertes Faktenwissen vor, aber Agenten sind trotzdem der Situation ausgesetzt, unter diesen Bedingungen handeln und schließen zu müssen. Daher beschäftigt sich dieses Feld grundlegend mit allen Arten von Unsicherheiten und wie damit umzugehen ist. *(siehe auch Kapitel* 9*)*

Kausalität. Dieses Feld beschäftigt sich mit der Repräsentation und Aspekten von Ursache-Wirkungs-Beziehungen, Kausalitäten genannt. Eine Besonderheit spielen dabei *kontrafaktische Konditionale*, also Sätze der Art „Wenn es regnen würde, dann hätte ich einen Regenschirm mitgenommen“. Unter bestimmten Voraussetzungen beschreiben kontrafaktische Konditionale diese Kausalitäten. *(siehe auch* [20]*)*

Präferenzbasiertes Schließen. Wissen kann auch Präferenzen unterliegt. So kann ein Agent manches Wissen für plausibler halten als anderes Wissen (beispielsweise kann man die Tatsache, dass man seinen Nachbarn im Supermarkt getroffen hat, als plausibler halten als die Tatsache, dass man eine berühmte Person im Supermarkt getroffen hat). Dieses Forschungsfeld untersucht Voraussetzungen, Semantiken und Methoden für Schlussfolgerungen, die Präferenzen miteinbeziehen. *(siehe auch* [7]*)*

Logische Programmierung. Bei der logischen Programmierung handelt es sich um ein Programmierparadigma, bei dem Ziele und Regeln eines Programms deklarativ beschrieben werden und eine Lösung automatisiert bestimmt werden kann. Typische Vertreter dieses Programmierparadigmas sind Prolog und die Antwortmengenprogrammierung. *(siehe auch* [19]*)*

Schließen über Raum und Zeit. Agenten müssen beim Handeln und Schließen auch Zeit und Raum mit einbeziehen. Dieses Forschungsfeld beschäftigt sich mit grundlegenden Methoden, wie Raum und Zeit als Wissen repräsentiert werden können, aber auch damit, wie Wissen über Zeit und Raum das Schließen und Handeln beeinflusst. *(siehe auch Kapitel* 10*)*

Die Klassifikation der Teilgebiete der Wissensrepräsentation und -verarbeitung ist allerdings auch historischen Wandlungen unterlegen. Beispielsweise war das Gebiet des *Automatischen Planens* (siehe Kapitel 3) lange Zeit auch ein Teilgebiet der Wissensrepräsentation und -verarbeitung. Die Forschung und Anwendung von Methoden des automatischen Planens hat aber an so immenser Bedeutung gewonnen, dass dieses heute als eigenes Forschungsgebiet behandelt wird.

Weitere Kapitel dieses Buches behandeln viele der oben genannten Themen mit mehr Details. So wird im nächsten Kapitel 7 automatische Inferenz tiefgehender diskutiert. Ebenso werden Nichtmonotones Schließen (Kapitel 8), Unsicheres, unpräzises und unscharfes Wissen (Kapitel 9), Wissen über Raum und Zeit (Kapitel 10), Fallbasiertes Schließen (Kapitel 11), sowie semantische Netze (Kapitel 20) explizit in diesem Buch behandelt.

6.5 Schlussbetrachtung

Dieses Kapitel gab einen kurzen Überblick über den Forschungsbereich der *Wissensrepräsentation und -verarbeitung*. Wir haben uns mit grundlegenden Eigenschaften der formalen Logik und insbesondere der Aussagenlogik beschäftigt und sind etwas tiefer in die Bereiche der Beschreibungslogiken, der Wissenslogiken und der Wissensdynamik eingestiegen. Schließlich haben wir im letzten Abschnitt weitere Teilbereiche dieses Forschungsbereichs angerissen.

Wie bereits der letzte Abschnitt angedeutet hat, haben wir in diesem Kapitel nur einen kleinen Ausschnitt aus dem Forschungsgebiet der *Wissensrepräsentation und*

-verarbeitung betrachtet. Einen breiteren Einstieg in das Gebiet bieten beispielsweise die Bücher von Russell und Norvig [23], Brachman und Levesque [6], sowie von Beierle und Kern-Isberner [5]. Aktuelle Forschungsergebnisse werden auf der jährlich stattfindenden Konferenz KR (*International Conference on Knowledge Representation and Reasoning*), den allgemeinen internationalen KI-Konferenzen IJCAI (*International Joint Conference on Artificial Intelligence*), AAAI (die Konferenz der *Association for the Advancement of Artificial Intelligence*), ECAI (*European Conference on Artificial Intelligence*), sowie den Zeitschriften *Artificial Intelligence* und *Journal of Artificial Intelligence Research* vorgestellt.

Eine der spannendsten aktuellen Forschungsfragen behandelt die Integration von Methoden der *Wissensrepräsentation und -verarbeitung* mit Methoden des *Maschinellen Lernens* und insbesondere des *Deep Learning*. Während Methoden des zuletzt genannten Bereichs insbesondere in jüngster Zeit große Erfolge in einem breiten Spektrum verschiedenster Anwendungsfälle verzeichnen konnten, so arbeiten sie dennoch nach einem *Black-Box*-Prinzip und Klassifikationsergebnisse oder natürlichsprachliche Aussagen können kaum bis gar nicht *erklärt* oder belegt werden. Große Sprachmodelle, wie solche, die in ChatGPT verwendet werden, leiden beispielsweise unter *Halluzinationen*, also die Erzeugung von Aussagen, die in keiner Weise aus den Daten ableitbar sind. Dies liegt darin begründet, dass solche Modelle keine explizite Wissensrepräsentation besitzen und am Ende des Tages nur auf Häufigkeiten von zusammen vorkommenden Worten und Begriffen arbeiten. Gerade in sicherheitskritischen Bereichen, wie beispielsweise in der Medizin, müssen Entscheidungen aber klar nachvollziehbar und erklärbar sein. Methoden der *Wissensrepräsentation und -verarbeitung* basieren auf der Grundlage der formalen Logik und sind damit inhärent erklärbar und arbeiten faktenbasiert. Logische Schlussfolgerungen können explizit dargestellt und visualisiert werden und können damit der Nachvollziehbarkeit von Vorhersagen dienen und das Vertrauen in das System stärken. Eine Kombination der Vorteile dieser beiden Forschungsbereiche, also die Möglichkeit der *skalierbaren datengetriebenen Modellbildung* des *Maschinellen Lernens* und der *erklärbaren faktengestützten Schlussfolgerungsmechanismen* der *Wissensrepräsentation und -verarbeitung*, stellt damit eine vielversprechende Richtung für die zukünftige Erforschung von künstlicher Intelligenz dar.

Literaturverzeichnis

[1] C. E. Alchourrón and D. Makinson. On the logic of theory change: Contraction functions and their associated revision functions. *Theoria*, 48(1):14–37, 1982.

[2] C. E. Alchourrón, P. Gärdenfors, and D. Makinson. On the logic of theory change: Partial meet contraction and revision functions. *The Journal of Symbolic Logic*, 50(2):510–530, 1985.

[3] F. Baader, D. Calvanese, D. L. McGuinness, D. Nardi and P. F. Patel-Schneider, editors. In *The Description Logic Handbook: Theory, Implementation, and Applications*, Cambridge University Press, 2010.

[4] P. Baroni, D. Gabbay, M. Giacomin and L. van der Torre, editors. *Handbook of Formal Argumentation*, volume 1. College Publications, 2018.

[5] C. Beierle and G. Kern-Isberner. *Methoden wissensbasierter Systeme - Grundlagen, Algorithmen, Anwendungen. Computational intelligence*. SpringerVieweg, 6th edition, 2019.
[6] R. J. Brachman and H. J. Levesque. *Knowledge Representation and Reasoning*. Elsevier, 2004.
[7] F. Brandt, V. Conitzer, U. Endriss, J. Lang and A. D. Procaccia, editors. *Handbook of Computational Social Choice*. Cambridge University Press, 2016.
[8] A. Darwiche and J. Pearl. On the logic of iterated belief revision. *Artificial Intelligence*, 89:1–29, 1997.
[9] E. L. Fermé and S. O. Hansson. *Shielded Contraction*, pages 85–107. Springer, Dordrecht, 2001.
[10] E. L. Fermé and S. O. Hansson. *Belief Change - Introduction and Overview. Springer Briefs in Intelligent Systems*. Springer, 2018.
[11] P. Gärdenfors. *Knowledge in Flux: Modeling the Dynamics of Epistemic States*. MIT Press, Cambridge, 1988.
[12] P. Gärdenfors. *Belief revision: An introduction*, pages 1–28, *Cambridge Tracts in Theoretical Computer Science*. Cambridge University Press, 1992.
[13] S. O. Hansson. *A Textbook of Belief Dynamics: Theory Change and Database Updating*. Springer, 1999.
[14] S. O. Hansson. *Descriptor Revision*. Springer, 2017.
[15] S. O. Hansson, E. L. Fermé, J. Cantwell, and M. A. Falappa. Credibility limited revision. *The Journal of Symbolic Logic*, 66(4):1581–1596, 2001.
[16] K. Hirofumi and A. O. Mendelzon. On the difference between updating a knowledge base and revising it. In J. F. Allen, R. Fikes and E. Sandewall, editors, *Proceedings of the 2nd International Conference on Principles of Knowledge Representation and Reasoning (KR 1991), Cambridge, MA, USA*, pages 387–394, 1991.
[17] S. Konieczny and R. Pino Pérez. Improvement operators. In G. Brewka and J. Lang, editors, *Proceedings of the 11th International Conference on Principles of Knowledge Representation and Reasoning (KR 2008), Sydney, Australia*, pages 177–187. AAAI Press, 2008.
[18] S. A. Kripke. Semantical analysis of modal logic I: Normal modal propositional calculi. *Mathematical Logic Quarterly*, 9(5–6):67–96, 1963.
[19] V. Lifschitz. *Answer Set Programming*. Springer, 2019.
[20] J. Pearl. *Causality: Models, Reasoning and Inference*. Cambridge University Press, 2nd edition, 2009.
[21] P. Peppas. The limit assumption and multiple revision. *Journal of Logic and Computation*, 14(3):355–371, 2004.
[22] H. Rott. Modellings for belief change: Prioritization and entrenchment. *Theoria*, 58(1):21–57, 1992.
[23] S. Russell and P. Norvig. *Artificial Intelligence: A Modern Approach*. Pearson, 4th edition, 2020.
[24] K. Sauerwald and C. Beierle. Decrement operators in belief change. In G. Kern-Isberner and Z. Ognjanovic, editors, *Proceedings of the 15th European Conference on Symbolic and Quantitative Approaches to Reasoning with Uncertainty (ECSQARU 2019), Belgrade, Serbia*, volume 11726 of *Lecture Notes in Computer Science*, pages 251–262. Springer, 2019.
[25] M. Schmidt-Schauß and G. Smolka. Attributive concept descriptions with complements. *Artificial Intelligence*, 48(1):1–26, 1991.
[26] R. Stalnaker. A theory of conditionals. In N. Rescher, editor, *Studies in Logical Theory*, pages 98–112. Blackwell, 1968.
[27] J. van Benthem. *Modal Logic for Open Minds*, volume 199 of *CSLI Lecture Notes*, CSLI Publications, 2010.

Mario Frank und Christoph Kreitz

7 Automatische Inferenz

7.1 Einleitung

Logisches Schließen ist ein zentraler Aspekt intelligenten Verhaltens. Die Fähigkeit, Schlussfolgerungen aus vorhandenem Wissen zu ziehen, ermöglicht uns, neue Erkenntnisse zu gewinnen, Probleme zu lösen, beobachtete Phänomene zu erklären, Resultate von Handlungen vorherzusagen und entsprechend zu planen. Wissenschaftlicher Fortschritt wäre ohne diese Fähigkeit nicht möglich.

Die Erfahrung zeigt, dass Menschen ein gutes Gespür für die Korrektheit von Schlussfolgerungen besitzen, solange die Argumentkette überschaubar ist. Andererseits neigen sie zu Fehlern und vorschnellen Schlüssen bei komplexen Zusammenhängen und detailreichen Argumenten. Deswegen sind selbst sorgfältig geprüften wissenschaftlichen Arbeiten oft fehlerhaft und auch „Hochqualitätssoftware" enthält trotz gründlicher Tests immer noch eine Vielfalt von groben Fehlern und Sicherheitslücken.

Automatische Inferenz hat das Ziel, dieser Problematik durch eine Mechanisierung des Schlussfolgerungsprozesses zu begegnen und intelligente Werkzeuge zu schaffen, die logische Argumente weitgehend automatisch generieren können. Die unmittelbare Anwendung lag dabei ursprünglich im automatischen Beweisen (*Theorembeweisen*). Mittlerweile ist das Gebiet aber stärker geprägt durch Anwendungen in der Verifikation, Optimierung und Synthese von Hard- und Software sowie in vielen Teilgebieten der Künstlichen Intelligenz, wie z. B. Planen, nichtmonotones Schließen oder Wissensrepräsentation und -verarbeitung.

Eine Mechanisierung des Schlussfolgerungsprozesses wurde bereits im Altertum erforscht. Daher gibt es für viele Anwendungsbereiche Formalismen, welche die typische Form des Schließens in diesen Bereichen präzisieren und schematische Regeln zur Manipulation formaler Texte simulieren. Für die Automatisierung logischer Argumente gibt es jedoch theoretische Grenzen. So ist es z. B. nicht möglich, allgemeine Verfahren zu konstruieren, die entscheiden, ob ein gegebenes Programm auf bestimmten Eingaben terminiert, ob es korrekt ist oder äquivalent zu anderen Programmen ist. Selbst die Gültigkeit prädikatenlogischer Formeln ist nicht entscheidbar. Die Arithmetik ist nicht einmal vollständig axiomatisierbar: es ist unmöglich, mit einem mechanischen Verfahren alle gültigen Sätze zu beweisen, ohne dass dieses Verfahren auch Aussagen „beweist", die nicht gültig sind.

Deswegen werden bei komplexen Anwendungen wie z. B. in der Programmierung meist interaktive Systeme (*Beweisassistenten*) wie Nuprl [61], Coq [21], Isabelle [46], Lean [26], HOL [45] oder ACL2 [1] verwendet, deren Formalismus den Anwendungsbereich „natürlich" beschreiben kann, sich aber nur begrenzt automatisieren lässt. Diese Systeme benötigen eine Steuerung durch Benutzer, um Beweisschritte zu fin-

https://doi.org/10.1515/9783111386690-009

den, die ein gewisses Maß von Intuition erfordern, während Routinebeweise nahezu vollständig von automatischen Prozeduren oder benutzerdefinierten Beweisstrategien übernommen werden können. Auch wenn der Automatisierungsgrad dieser Systeme in praktischen Anwendungen signifikant gesteigert werden konnte, erfordert die Steuerung interaktiver Beweissysteme immer noch viel Expertise.

Vollautomatische Beweissysteme versprechen einen höheren Verbreitungsgrad, da Nutzer nur Expertise aus dem Bereich der Anwendung mitbringen müssen, nicht jedoch aus dem Bereich der Systeme selbst. Dies ist aus den obengenannten Gründen zwar nur für eingeschränkte Anwendungsbereiche realisierbar, kann aber dennoch praktisch nutzbar gemacht werden. Im Bereich der (entscheidbaren) Aussagenlogik ist es gelungen, die Effizienz der automatischen Beweissuche so zu steigern, dass es sich lohnt, Anwendungsprobleme als aussagenlogische Probleme zu codieren und dann mit Modelcheckern und SMT-Solvern zu lösen. Auch für die (nicht entscheidbare) Prädikatenlogik gibt es effiziente automatische Beweiser wie z. B. Otter [70], Prover9 [72], EQP [31], Setheo [53], Vampire [89], Spass [88], E [30], leanTaP [52] oder leanCoP [51]. Die Forschung richtet sich darauf, den Bereich der Automatisierung auf komplexere Logiken zu erweitern und möglichst nahe an eine „natürliche" Formalisierung von Anwendungsproblemen heranzubringen.

Interaktive und automatische Theorembeweiser wurden in den vergangenen Jahrzehnten erfolgreich eingesetzt, um offene mathematische Probleme zu lösen. Berühmt wurde 1977 der Beweis des seit 125 Jahren ungelösten *Vier-Farben-Problems*, der ursprünglich mit problemspezifischer Software gefunden wurde. Die Fragestellung war hierbei zu zeigen, dass es möglich ist, eine beliebige Landkarte mit vier Farben so einzufärben, dass aneinander grenzende Länder immer verschiedene Farben haben. Der erste Beweis mit einem generischen Theorembeweiser wurde 2005 mit Coq geführt [41]. Die *Robbins Hypothese* konnte 1996 sogar vollautomatisch bewiesen werden. Der Theorembeweiser EQP benötigte hierzu allerdings mehr als 10 Tage Rechenzeit [58].

Auch im Bereich der Programmentwicklung gab es signifikante Erfolge. Mit dem Programmsynthesesystem KIDS gelang es, einen verifizierten Schedulingalgorithmus zu erzeugen, der 2000 Mal schneller war als existierender, hochoptimierter Code für dasselbe Problem [85]. Die Effizienz eines Gruppenkommunikationssystems konnte durch logische Optimierungen mit dem System Nuprl um den Faktor 10 gesteigert werden [54]. Mit interaktiven Beweissystemen wurden auch formal verifizierte Systemkomponenten wie der CompCert C Compiler [19], der seL4 Microkernel [83], und die shadowDB Datenbank [78] erstellt. Die Forschungsprogramme HACMS [33] und DeepSpec [25] erzeugen verifizierte Komponenten für eingebettete Systeme.

Ein Leitgedanke der Automatischen Inferenz ist das *Verdichtungsprinzip*. Während es bei menschlichem Schließen um Verständlichkeit und Erklärbarkeit geht, ist die Aufgabe des maschinellen Beweisens, Schlussfolgerungsketten effizient zu finden. Dazu muss aus der Formulierung der Aussagen und Schlüsse so viel Redundanz wie möglich entfernt werden, um die Beweissuche zu beschleunigen.

Im Folgenden werden wir wichtige Methoden und Konzepte des automatischen Beweisens in der Prädikatenlogik vorstellen. Nach einer Diskussion der Grundkonzepte und Methoden automatischer Inferenzsysteme befassen wir uns vorrangig mit der Verdichtung von formaler Logik bis zu maschinennahen Beweiskalkülen. Anschließend beschreiben wir, wie Beweisverfahren für die Prädikatenlogik auf andere Bereiche erweitert werden können. Zum Abschluss diskutieren wir Quellen zur Vertiefung und zu Themen, die in diesem Kapitel nicht behandelt werden konnten.

7.2 Grundlegende Konzepte

Der Entwurf effizienter automatischer Beweissysteme lässt sich als eine Reihe von Stufen beschreiben. Diese beginnt mit formaler Logik und geht über die Entwicklung eines Beweiskalküls und der zugehörigen Beweisprozedur bis zur Implementierung. Doch auch Entscheidungsprozeduren wie Unifikation sowie die Transformation von Formeln in Normalformen und Vereinfachungen von Formeln sind notwendig.

Das Ziel einer formalen Logik ist, eine universelle, akkurate Sprache zur Formulierung von Aussagen und Argumenten bereitzustellen, deren Semantik klar definiert ist und die für eine Verarbeitung mit Softwaresystemen geeignet ist. Dabei geht es vor allem darum, gültige Schlüsse von ungültigen trennen zu können und diese Unterscheidung an syntaktischen Merkmalen festzumachen. Zur Illustration betrachten wir eine sehr einfache Schlussfolgerungskette.

Tatsache: *Alle Säugetiere sind behaart*
Tatsache: *Alle Affen sind behaart*
Konsequenz: *Also sind alle Affen Säugetiere*

Auch wenn die Konsequenz richtig ist, handelt es sich nicht um einen gültigen Schluss. Dies ist zu erkennen, wenn man „Affen“ durch „Teddybären“ ersetzt.

Eine Formalisierung logischer Schlüsse hat das Ziel, die Struktur der Argumentation zu offenbaren. Hierzu ersetzt man textliche Begriffe durch symbolische Platzhalter, also z. B. S für „Säugetiere“ und H für „ist behaart“, und verwendet abstrakte Symbole um Zusammenhänge zwischen Aussagen zu beschreiben. Die Schlussfolgerungskette wird dann geschrieben als $((S \Rightarrow H) \wedge (A \Rightarrow H)) \Rightarrow (A \Rightarrow S)$. Da bei den Symbolen A, S und H keine Assoziation mit konkreten Bedeutungen besteht, ist offensichtlich, dass dieses Argument kein allgemeingültiger logischer Schluss ist.

In der Künstlichen Intelligenz und für die Verifikation, Optimierung und Synthese von Hard- und Software werden verschiedene Logiken benötigt. Neben der klassischen Prädikatenlogik erster Stufe sind dies vor allem konstruktive, modale, lineare oder nichtmonotone Logiken, sowie Logiken höherer Stufe und die Typentheorie.

7.2.1 Prädikatenlogik erster Stufe

Die Beschreibung einer Logik erfordert die Definition der Syntax der zugehörigen formalen Sprache sowie die Angabe einer Semantik, welche die Bedeutung der syntaktisch korrekten Ausdrücke dieser Sprache erklärt. Für die Syntax der Prädikatenlogik werden hierzu zunächst die erlaubten Symbole beschrieben und darauf aufbauend dann Terme und Formeln induktiv definiert.

Erlaubte Symbole setzen sich zusammen aus einer Menge von *Variablen*, einer Menge von *Funktionssymbolen* mit Stelligkeit, einer Menge von *Prädikatssymbolen* mit Stelligkeit, sowie die *logischen Symbole* $\neg$, $\wedge$, $\vee$, $\Rightarrow$, $\forall$, $\exists$, ff und Klammern, wobei die Symbole $\neg$, $\wedge$, $\vee$, $\Rightarrow$ auch als Junktoren bezeichnet werden.

Terme sind induktiv wie folgt definiert

- Variablen und nullstellige Funktionen (Konstanten) sind (atomare) Terme.
- Für n-stellige Funktionen f und Terme $t_1, \ldots, t_n$ ist $f(t_1, \ldots, t_n)$ ein Term.

Formeln sind induktiv wie folgt definiert

- ff und nullstellige Prädikate (*Aussagenvariablen)* sind (atomare) Formeln.
- Für n-stellige Prädikate P und Terme $t_1, \ldots, t_n$ ist $P(t_1, \ldots, t_n)$ eine Formel.
- Sind A und B Formeln, dann auch $\neg A$, $(A \Rightarrow B)$, $(A \wedge B)$ und $(A \vee B)$.
- Ist B Formel und x eine Variable, dann sind $\forall x\, B$ und $\exists x\, B$ Formeln.

Es gibt eine Reihe von alternativen Notationen für die Sprache der Prädikatenlogik. So werden Quantoren oft durch Punkte (z. B. $\forall x. B$ und $\exists x. B$) oder andere Trennsymbole vom Rest der Formel abgetrennt. Zur Vermeidung unnötiger Klammern werden Prioritäten zwischen logischen Konnektiven eingeführt und Klammern und Kommata bei Termen und atomaren Formeln weggelassen (also z. B. fxy statt $f(x, y)$ geschrieben), solange dies eindeutig möglich ist.

Im Folgenden werden wir gelegentlich den Begriff des Bindungsbereichs eines Quantors (*Scope*) benötigen. Damit ist die Formel gemeint, die unmittelbar auf diesen Quantor folgt. Für $\forall x\, B$ ist dies also die Formel B. Eine Variable x, die in diesem Bindungsbereich vorkommt, heißt *gebunden*. Jede von x verschiedene Variable ist *frei*, solange sie nicht durch andere Quantoren gebunden wird. Eine Formel, in der keine Variable frei vorkommt, heißt *Satz*. Dies ist die Art von Formeln, die für formales Schließen von besonderem Interesse ist.

Die Semantik der Prädikatenlogik präzisiert die Bedeutung formaler Texte. Die gebräuchlichste Art, dies zu definieren, interpretiert syntaktisch korrekte Ausdrücke in einer informalen Zielsprache wie z. B. der Mengentheorie. Formal besteht eine Interpretation $\mathcal{I}$ aus einem *Universum* $\mathcal{U}$ und einer *Interpretationsfunktion* ι, die folgende Bedingungen für eine Variable x sowie ein n-stelliges Funktionssymbol f bzw. Prädikatssymbol P erfüllt.

- Für x ist $\iota(x)$ ein Objekt aus $\mathcal{U}$,
- für f ist $\iota(f)$ eine Funktion $\varphi : \mathcal{U}^n \to \mathcal{U}$, und

– für P ist $\iota(P)$ eine Funktion $\Pi : \mathcal{U}^n \rightarrow \{\text{wahr}, \text{falsch}\}$.

Passend zur induktiven Struktur von Termen und Formeln wird die Interpretationsfunktion ι homomorph fortgesetzt.

$$
\begin{array}{ll}
\iota(f(t_1,\ldots,t_n)) & = \iota(f)(\,\iota(t_1),\ldots,\iota(t_n)\,) \\
\iota(\text{ff}) & = \text{falsch} \\
\iota(P(t_1,\ldots,t_n)) & = \iota(P)(\,\iota(t_1),\ldots,\iota(t_n)\,). \\
\iota((A)) & = \iota(A) \\
\iota(\neg A) & = \text{wahr genau dann, wenn } \iota(A) = \text{falsch} \\
\iota(A \wedge B) & = \text{wahr genau dann, wenn } \iota(A) = \text{wahr und } \iota(B) = \text{wahr} \\
\iota(A \vee B) & = \text{wahr genau dann, wenn } \iota(A) = \text{wahr oder } \iota(B) = \text{wahr} \\
\iota(A \Rightarrow B) & = \text{wahr genau dann, wenn } \iota(B) = \text{wahr immer dann, wenn } \iota(A) = \text{wahr} \\
\iota(\forall x\, A) & = \text{wahr genau dann, wenn } \iota_x^u(A) = \text{wahr für alle } u \in \mathcal{U} \text{ ist} \\
\iota(\exists x\, A) & = \text{wahr genau dann, wenn } \iota_x^u(A) = \text{wahr für ein } u \in \mathcal{U} \text{ ist}
\end{array}
$$

Dabei ist $\iota_x^u(x) = u$ und sonst $\iota_x^u = \iota$.

Die Interpretation der logischen Konnektive durch informale Begriffe wie *oder*, *immer*, *wenn* und *es gibt* lässt jedoch noch einige Fragen offen.

- Ist $\iota(A \vee B)$ wahr, wenn $\iota(A)$ und $\iota(B)$ nicht gleichzeitig falsch sind, oder nur wenn man angeben kann, welche von beiden Formeln wahr ist?
- Ist $\iota(A \Rightarrow B)$ wahr, wenn nicht gleichzeitig $\iota(A)$ wahr und $\iota(B)$ falsch ist, oder nur wenn man zeigen kann, wie B aus A folgt?
- Ist $\iota(\exists x\, A)$ wahr, wenn $\iota(A)$ nicht für alle x falsch ist, oder nur wenn man auch ein Objekt angeben kann, für das A wahr ist?

Die Antworten auf diese Fragen führen zu verschiedenen Logiken, welche unterschiedliche Sichten der Mathematik widerspiegeln. Die jeweils erste Lesweise führt zur sogenannten *klassischen Logik*, die das *Gesetz vom ausgeschlossenen Dritten* $A \vee \neg A$ unabhängig von der Bedeutung des Prädikats A akzeptiert und Wahrheit als abstraktes, universell gültiges Konzept versteht. Dem gegenüber steht die *konstruktive Logik*, welche die zweite Lesweise bevorzugt und nur das als gültig akzeptiert, was mit konstruktiven Mitteln begründet werden kann. Dies ist näher an der Denkweise der Informatik und besser geeignet zum Schließen über Programme. Theorembeweisen interessiert sich besonders für Formeln, deren Wahrheitsgehalt nicht von der Interpretation einzelner Symbole abhängt. Gelegentlich ist es auch von Interesse, ob es überhaupt Interpretationen gibt, welche die Formel wahr machen.

Ein *Modell* $\mathcal{M}$ einer Formel F ist eine Interpretation $\mathcal{M} = (\iota, \mathcal{U})$ mit $\iota(F) = \text{wahr}$. Die Formel F heißt *gültig*, wenn jede Interpretation ein Modell für F ist, *erfüllbar*, wenn sie ein Modell besitzt, *widersprüchlich* bzw. *unerfüllbar*, wenn das nicht der Fall ist, und *widerlegbar*, wenn es ein Modell für $\neg F$ gibt. Neben der Definition von Semantik durch Interpretationen gibt es auch weitere Formen, die Bedeutung logischer Ausdrücke zu definieren. So kann man Grundlagentheorien wie die Mengen- oder die Typentheorie nicht auf noch grundlegendere Zielsprachen abbilden. In diesem Fall wird eine *direkte Semantik* angegeben, also eine mathematische Präzisierung der intuitiven Bedeutung. Eine andere Möglichkeit ist eine *evidenzbasierte Semantik* [20], welche die Bedeutung logischer Formeln durch Angabe von Rechtfertigungen (Indizien) für ihre Gültigkeit erklärt.

7.2.2 Unifikation

Unifikationsverfahren werden beispielsweise genutzt, um zu überprüfen, ob zwei Prädikate oder Funktionen gleich sind (oder gemacht werden können). Dabei werden die Argumente dieser paarweise als Menge von Gleichungen dargestellt. Aus zwei Funktionen $f(s_1, \ldots, s_n)$ und $f(t_1, \ldots, t_n)$ entsteht also die Menge von Gleichungen $E = \{s_1 \doteq t_1, \ldots, s_n \doteq t_n\}$. Die Unifikation hat dann zum Ziel, für E eine *Substitution*, d. h. eine endliche Abbildung σ von Variablen in Terme, zu konstruieren, welche all diese Termgleichungen erfüllt, also $\sigma(s_i) = \sigma(t_i)$ für alle $i \leq n$ garantiert. Eine solche Substitution heißt *Unifikator* der Menge E. Da Unifikatoren dynamisch im Verlauf einer Beweissuche erzeugt werden, sollen Unifikationsverfahren den allgemeinst möglichen Unifikator σ erzeugen, sodass jeder andere Unifikator eine Instanz von σ darstellt.

Das einfachste Unifikationsverfahren versucht, die Unterschiede zwischen Termen schrittweise aufzulösen. So haben z. B. die Terme $f(z, h(u, v))$ und $f(g(y), x)$ die gleiche äußere Struktur, aber die Argumente von f sind jeweils unterschiedlich. Die *Differenz* dieser Terme besteht aus den Argumentepaaren $(z, g(y))$ und $(h(u, v), x)$. In dieser Differenzenmenge besitzt jedes Paar eine Variable, die durch eine Substitution in den jeweils anderen Term abgebildet werden kann. Im Beispiel entsteht aus der Differenzenmenge die Substitution $\sigma = [g(y)/z,\ h(u, v)/x]$, die auch der allgemeinste Unifikator der beiden Ausgangsterme ist.

Die iterative Berechnung und Auflösung der Differenzen von Termpaaren lässt sich effizient implementieren. Dabei muss vermieden werden, dass zyklische Ersetzungen entstehen. Bei dem Paar $f(y, h(u, v))$ und $f(g(y), x)$ würde ein naives Verfahren die Substitution $\sigma = [g(y)/y,\ h(u, v)/x]$ erzeugen, welche die Variable y durch den Term $g(y)$ ersetzt, der wiederum die zu ersetzende Variable y enthält. Um dies zu verhindern, muss überprüft werden, ob in einem Differenzenpaar Variablen der einen Komponente im Term der anderen Komponente erscheinen. Je nach Größe der entstehenden Terme kann dieser *Occurs-Check* sehr zeitaufwendig sein und wird daher in manchen Implementierungen (z. B. in Prolog) ausgelassen.

Die ursprüngliche Version des Unifikationsverfahrens geht zurück auf Robinson [77]. Der Algorithmus von Martelli und Montanari [57] beschreibt Unifikation durch ein System von Transformationsregeln, die wiederholt auf eine Menge von Termgleichungen und eine Substitution σ angewandt werden und jeweils eine der Gleichungen modifiziert oder entfernt und σ aktualisiert. Wenn die Gleichungsmenge leer wird, ist σ der allgemeinste Unifikator der ursprünglichen Gleichungsmenge. Neben diesen beiden Unifikationsalgorithmen gibt es auch Verfahren wie z. B. das von Escalada und Ghallab [32], die aber deutlich weniger verbreitet sind. Neuere Untersuchungen der verschiedenen Unifikationsverfahren, vor allem [44], haben gezeigt, dass das ursprüngliche Verfahren nach Robinson bei Nutzung von effizienten Pointer-Strukturen in der Praxis - zumindest im Bereich der Prädikatenlogik erster Stufe - performanter ist als beispielsweise das Verfahren nach Martelli und Montanari.

7.2.3 Normalformtransformationen

Die Prädikatenlogik erster Stufe beinhaltet viele Junktoren, deren explizite Behandlung in einem Kalkül die Implementierung sehr komplex machen kann. Daher werden viele Kalküle im automatischen Theorembeweisen so konzipiert, dass die möglichst wenige Junktoren nutzen. Dies erfordert jedoch, dass die ursprüngliche Formel in diese Form überführt werden.

Man wendet üblicherweise eine Kette von Transformationen an, die auf bekannten Gesetzen der klassischen Logik basieren, wie z. B. den deMorganschen Regeln[1] oder der Äquivalenz $(A \Rightarrow B) \Leftrightarrow (\neg A \vee B)$. Mit diesen Transformationen wird zunächst eine *Pränexform* erzeugt, in der zuerst Quantoren erscheinen, gefolgt von einer quantorfreien inneren Formel. Anschließend werden mit der *Skolemisierung* alle existenzquantifizierten Variablen durch Terme der Form $f(x_1, \ldots, x_n)$ ersetzt wobei f ein neues Funktionssymbol ist und die x_i alle vorherigen allquantifizierten Variablen sind. Derartige *Skolemkonstanten* codieren die möglichen Abhängigkeiten der existenzquantifizierten Variablen von allquantifizierten Variablen und verhindern, dass bei der Suche nach einer Substitution zyklische Abhängigkeiten entstehen. Somit sind alle verbleibenden Variablen allquantifiziert und die Quantoren können entfallen. In der nächsten Stufe wird die *Negationsnormalform* erzeugt, in der Negationssymbole nur vor atomaren Formeln erscheinen. Die (gegebenenfalls negierten) atomaren Formeln werden häufig auch als *Literale* bezeichnet. Durch Anwendung von Gesetzen wie $(A \wedge (B \vee C)) \Leftrightarrow ((A \wedge B) \vee (A \wedge C))$ entsteht schließlich die *disjunktive Normalform*. Mit anderen Gesetzen kann man jedoch alternativ die auch häufig verwendete *konjunktive Normalform* bilden.

Dieser letzte Schritt kann zu einer extremen Aufblähung der Formel führen, da die angewandten Gesetze Teilformeln verdoppeln. Die *definitorische Klauselformtransformation* vermeidet dies. Sie ersetzt in $(A \wedge (B \vee C))$ zunächst $(B \vee C)$ durch ein neues Prädikatssymbol P, erzeugt $((B \vee C) \Rightarrow P) \Rightarrow (A \wedge P)$ als Zwischenformel, normalisiert diese zu $\neg(\neg(B \vee C) \vee P) \vee (A \wedge P)$ und schließlich zu $(B \wedge \neg P) \vee (C \wedge \neg P) \vee (A \wedge P)$. Die resultierende Formel besteht zwar aus drei Klauseln statt zwei, aber keine der ursprünglichen Teilformeln wurde verdoppelt.

1 Diese sind $\neg(A \vee B) \Leftrightarrow \neg A \wedge \neg B$ und $\neg(A \wedge B) \Leftrightarrow \neg A \vee \neg B$.

7.2.4 Reduktionen

Viele Formeln, vor allem in Klauselform, enthalten Redundanzen, die vor Beginn der Beweissuche eliminiert werden sollten. So können doppelt vorkommende Literale aus einer Klausel, z. B. in $(p \vee \neg q \vee \neg q)$, entfernt werden und ebenso Literale, die komplementär zu einer Einerklausel (einer Klausel mit einem einzigen Literal) sind. Manche Klauseln können vollständig aus der Formel entfernt werden, wie z. B. Klauseln, die zwei zueinander komplementäre Literale enthalten (z. B. $(p \vee q \vee \neg q)$), Klauseln, die von anderen subsumiert werden oder Klauseln mit unkonnektierbaren Literalen. Beispielsweise würde die Klausel $(p \vee \neg q)$ von der Klausel $(p \vee \neg q \vee \neg r)$ subsumiert und könnte entsprechend eliminiert werden. Die Anwendung derartiger Reduktionen führt oft zu einer signifikanten Verkleinerung der Formel und kann die Beweissuche erheblich verkürzen.

7.2.5 Kalküle und Beweisprozeduren

Unter einem Kalkül versteht man ein System von Regeln zur symbolischen Manipulation von Formeln, das es ermöglicht, gültige logische Schlussfolgerungen zu simulieren. Hierzu können aus einer gegebenen Menge von Formeln durch Anwendung von Regeln schrittweise neue Formeln erzeugt werden, bis ein gewisses Ziel, z. B. eine zu beweisende Formel, erreicht wurde. Im Detail besteht ein Kalkül aus (1) der Syntax und Semantik einer *formalen Sprache*, (2) einer entscheidbaren Menge von *Axiomen*, welche Grundwahrheiten der Logik formalisieren, und (3) einer Menge von *Inferenzregeln*, die aus gegebenen Formeln neue Formeln erzeugen. Eine typische Regel ist z. B. der *Modus Ponens*, der besagt, dass aus den Formeln A und $A \Rightarrow B$ die Formel B erzeugt werden darf, und damit die Bedeutung des logischen Implikationssymbols syntaktisch nachstellt.

Man schreibt dies wie rechts dargestellt und liest *„aus A und $A \Rightarrow B$ folgt B"*. Dabei sind A und B Platzhalter für beliebige Formeln. Der Modus Ponens ist also ein *Regelschema* und nicht nur eine Regel.

$$\frac{A \quad A \Rightarrow B}{B}$$

Allgemein kann ein Regelschema beliebig viele Formeln $H_1, \ldots, H_n$ (die *Hypothesen* oder *Prämissen*) verwenden um eine Formel C (die *Konklusion*) zu erzeugen. Manche Kalküle beschreiben Axiome als Regelschemata ohne Prämissen und benötigen daher keine separate Menge von Axiomen. Formeln, die sich durch Anwendung endlich vieler Regeln erzeugen (*ableiten*) lassen, heißen *Theoreme*.

Nicht jeder Kalkül deckt sich genau mit der Semantik der zugehörigen Logik. Prinzipiell ist es möglich, dass der Kalkül nicht jede semantisch gültige Formel herleiten kann oder dass man mit dem Kalkül Formeln erzeugen kann, die semantisch nicht gültig sind. Man nennt einen Kalkül *korrekt*, wenn jedes Theorem auch gültig ist, und *vollständig*, wenn jede gültige Formel auch ein Theorem ist. Diese Eigenschaften müssen für jeden Kalkül überprüft werden.

Kalküle können *synthetisch* oder *analytisch* gestaltet werden. Bei synthetischen Kalkülen werden beginnend mit Axiomen und Annahmen schrittweise Konsequenzen hergeleitet, bis die Zielaussage erreicht ist. Diese Bottom-up-Vorgehensweise legt den Fokus auf die Beweispräsentation, ist aber ungünstig für die Beweissuche. Bei analytischen Kalkülen wird die Lese- und Schreibweise der Regeln umgedreht: die Inferenzschritte bestimmen zu einem Beweis*ziel* jeweils die hinreichenden Voraussetzungen, bis schließlich die Annahmen oder Axiome des Kalküls erreicht werden. Dieses Top-down-Vorgehen liefert erst dann eine schlüssige Argumentationskette, wenn der Beweis vollständig aufgebaut ist, führt aber zu einer zielgerichteten Suche nach Beweisen, da nur beweisrelevante Teilformeln erzeugt werden.

Die frühen logischen Kalküle waren synthetisch gestaltet, da sie als Hilfsmittel zur fehlerfreien Formulierung von Beweisen konzipiert waren. *Frege-Hilbert-Kalküle* [43] bestehen z. B. aus einer großen Menge von Axiomen und einer einzigen Inferenzregel, dem Modus Ponens. Sie ermöglichen eine elegante Formulierung von Beweisen, machen es aber ausgesprochen schwer, solche Beweise zu finden.

Verständlicher ist Gentzens *Kalkül des natürlichen Schließens* [38], der für jedes logische Konnektiv zwei Inferenzregeln, eine zur Erzeugung (Introduktion) und eine zur Zerlegung (Elimination), bereitstellt und keine Axiome benötigt.

Im Beweis in Abbildung 7.1 wird aus der Annahme $P \wedge Q$ durch Anwendung der Regel $\wedge$E (Zerlegung einer Konjunktion) die Aussage Q bzw. P hergeleitet und mit $\wedge$I (Erzeugung einer Konjunktion) zu $Q \wedge P$ zusammengesetzt. Die Anwendung der Regel $\Rightarrow$ I zeigt dann, dass $P \wedge Q \Rightarrow Q \wedge P$ ohne jegliche Annahme gilt. Um dies zu kennzeichnen, wird die ursprüngliche Annahme $P \wedge Q$ in eckige Klammern gesetzt.

$$\dfrac{\dfrac{\dfrac{[P \wedge Q]}{Q}\,\wedge\mathrm{E} \qquad \dfrac{[P \wedge Q]}{P}\,\wedge\mathrm{E}}{Q \wedge P}\,\wedge\mathrm{I}}{(P \wedge Q) \Rightarrow (Q \wedge P)}\,\Rightarrow\mathrm{I}$$

Abb. 7.1: Synthetischer Beweis der Aussage $(P \wedge Q) \Rightarrow (Q \wedge P)$.

Die Verwaltung temporärer Annahmen, die durch bestimmte Regeln wieder freigegeben werden können, kann bei komplexeren Beweisen unübersichtlich werden. *Sequenzenkalküle*, die Gentzen in der gleichen Arbeit präsentierte, verwenden daher Regeln, welche die aktuelle Menge der Annahmen lokal verwalten. Diese Regeln verarbeiten *Sequenzen*, d. h. Listen von Annahmen und eine Zielformel, üblicherweise durch das Symbol $\vdash$ getrennt, und sind ähnlich zu den Regeln des natürlichen Schließens. Introduktionsregeln operieren auf der rechten Seite einer Sequenz während Eliminationsregeln zusammengesetzte Formeln in den Annahmen (linke Seite) erzeugen, anstatt sie in der Zielformel zu zerlegen. Zur Kennzeichnung dieses Verhaltens werden die Regelnamen entsprechend angepasst.

Die meisten interaktiven Beweissysteme basieren auf Sequenzenkalkülen, setzen aber eine analytische Variante ein. Ein analytischer Beweis beginnt mit einer Zielformel ohne Annahmen und verfeinert diese durch Anwendung von Regeln in Teilziele, bis Sequenzen entstehen, bei denen die Zielformel direkt aus den Annahmen hervorgeht. Formal werden solche Ziele durch Anwendung der Regel `axiom` abgeschlossen.

Für automatische Inferenzsysteme enthalten diese Kalküle zu viel Redundanz, um effektiv nach Beweisen zu suchen. Deswegen werden hierfür Tableau-, Matrix-, Konnektions- oder Resolutionskalküle eingesetzt, deren Formulierung mehr auf maschinell verarbeitbare Konzepte abzielt und weniger auf Verständlichkeit.

Kalküle sind das formale Fundament einer computergestützten Beweisführung aber keine Beweis*methode*, da sie nichtdeterministisch gestaltet sind. Meist können zu einem Zeitpunkt mehrere Regeln oder Parameter für Regeln angewandt werden. Die Steuerung der Beweisführung ist Aufgabe der Beweisprozeduren. Wenn der Beweiskalkül *beweiskonfluent* ist, d. h. wenn es in jeder Beweissituation noch möglich ist, den Beweisansatz zu einem vollständigen Beweis fortzusetzen, können Regeln mit heuristischen Prinzipien ausgewählt werden. Andernfalls muss die Beweisprozedur im Prinzip alle möglichen Alternativen untersuchen und Abbruchkriterien für Fehlversuche sowie Backtracking-Mechanismen einsetzen.

Neben einer möglichst getreuen Codierung der Beweisprozedur in einer geeigneten Programmiersprache sind für die Implementierung vor allem effiziente Datenstrukturen und Verwaltungstechniken erforderlich, die einen effizienten Zugriff auf relevante Daten und eine schnelle Ausführung häufig ausgeführter Operationen unterstützen. Hierzu können bekannte Programmier- und Optimierungstechniken der systematischen Softwareentwicklung eingesetzt und an die speziellen Aufgaben der automatischen Inferenz angepasst werden. Eine gute Diskussion dieser Thematik findet sich in [90]. In diesem Kapitel werden wir hierauf nicht weiter eingehen.

7.3 Methoden und Algorithmen

Im Folgenden werden wir, dem Verdichtungsprinzip folgend, analytische Sequenzenkalküle über analytische Tableaux auf matrixbasierte Beweisverfahren überführen und den Zusammenhang zu resolutionsbasierten Kalkülen beleuchten.

7.3.1 Analytische Sequenzenkalküle

$$\begin{array}{l} H \vdash C \\ \quad H_1 \vdash C_1 \\ \quad \quad \vdots \\ \quad H_n \vdash C_n \end{array}$$

Analytische Sequenzenkalküle ermöglichen es, die Gültigkeit logischer Formeln mit rein syntaktischen Mitteln zu überprüfen. Wie bereits in Abschnitt 7.2.5 angedeutet, verwenden sie hierfür *Sequenzen*, die aus einer Liste H von Hypothesenformeln und einer Formel C, der Konklusion, bestehen und üblicherweise als $H \vdash C$ geschrieben werden. Die Intuition einer Sequenz ist die Aussage *„Die Konklusion C folgt aus den Hypothesen H"*. Dementsprechend ist das *Initialziel* eines Beweises die Behauptung $\vdash C$, also dass die Formel C ohne jegliche Annahmen gültig ist. Beweise werden geführt, indem Sequenzen (*Beweisziele*) mithilfe von Inferenzregeln in Listen von Sequenzen (*Teilzielen*) transformiert werden, die hinreichend für den Nachweis des jeweiligen Beweisziels sind, d. h. dass ihre Beweisbarkeit die Beweisbarkeit des ursprünglichen Beweisziels implizieren muss. Inferenzregeln, die keine Teilziele erzeugen, schließen ein Beweisziel ab.

Regeln werden als *Regelschemata* mit Platzhaltern für Formeln dargestellt. Das rechts gezeigte Schema andR für die Konjunktion besagt zum Beispiel, dass zum Nachweis der Formel $A \wedge B$ ein Nachweis der beiden Einzelformeln A und B ausreicht. Die konkrete Anwendung eines Schemas wird mit Pattern Matching und Instantiierung der Platzhalter A und B realisiert. In dem Beispiel rechts wird dargestellt, dass durch die Anwendung von andR auf $(P \Rightarrow Q) \wedge (R \Rightarrow Q)$ eine Instantiierung von A mit $P \Rightarrow Q$ sowie B mit $R \Rightarrow Q$ erfolgt. Durch die Regel erfolgt weiterhin die Erzeugung der in der textlichen Präsentation numerierten entsprechenden Teilziele.

Schema	Regel
$H \vdash A \wedge B$	
$H \vdash A$	
$H \vdash B$	andR

Sequenz	Regel
$\vdash (P \Rightarrow Q) \wedge (R \Rightarrow Q)$	andR
1. $\vdash P \Rightarrow Q$	
2. $\vdash R \Rightarrow Q$	

Ein *Beweis* ist ein Baum, dessen Knoten aus Sequenzen und Regeln bestehen, bei dem die Nachfolger eines Knotens die Teilziele der Regelanwendung auf die Sequenz enthalten und an dessen Wurzel ein Initialziel steht. Ein *unvollständiger* Beweis enthält Knoten, die keine (formal: eine leere) Regel besitzen. Eine Formel C ist ein *Theorem*, wenn es einen vollständigen Beweis mit Initialziel $\vdash C$ gibt.

Abbildung 7.2 zeigt die Inferenzregeln des analytischen Sequenzenkalküls für die Prädikatenlogik erster Stufe, der auch *Refinement Logik* genannt wird. Für jedes logische Konnektiv gibt es zwei Regeln zur Dekomposition einer zusammengesetzten Formel in der Konklusion bzw. in den Hypothesen. Ein Beweiszweig kann mit der Regel `axiom` abgeschlossen werden, wenn die Konklusion bereits in den Hypothesen enthalten ist. Die prädikatenlogischen Regeln simulieren die Semantik der Interpretation von Quantoren, indem sie die durch Quantoren gebundenen Variablen in der restlichen Formel durch Terme (Existenzquantor rechts bzw. Allquantor links) oder durch neue Variablen (Allquantor rechts bzw. Existenzquantor links) ersetzen.

In der rechten Abbildung wird analog zu Abbildung 7.1 ein Beweis der Formel $(P \wedge Q) \Rightarrow (Q \wedge P)$ präsentiert. Hierbei kennzeichnen die Zahlenfolgen zu Beginn einer Sequenz die Position der Knoten im Beweis, also z. B. die `1.1.` das erste Teilziel des ersten Teilziels der Initialsequenz. Die Regel des Knotens ist rechts neben der Sequenz dargestellt.

Sequenz	Regel
$\vdash (P \wedge Q) \Rightarrow (Q \wedge P)$	`impliesR`
1. $P \wedge Q \vdash Q \wedge P$	andL
1.1. $P, Q \vdash Q \wedge P$	andR
1.1.1. $P, Q \vdash Q$	`axiom`
1.1.2. $P, Q \vdash P$	`axiom`

Links		Rechts	
$H, A \Rightarrow B, H' \vdash C$ $\quad H, A \Rightarrow B, H' \vdash A$ $\quad H, B, H' \vdash C$	`impliesL`	$H \vdash A \Rightarrow B$ $\quad H, A \vdash B$	`impliesR`
$H, A \wedge B, H' \vdash C$ $\quad H, A, B, H' \vdash C$	`andL`	$H \vdash A \wedge B$ $\quad H \vdash A$ $\quad H \vdash B$	`andR`

$H, A \vee B, H' \vdash C$
$\quad H, A, H' \vdash C$
$\quad H, B, H' \vdash C$
	`orL`	$H \vdash A \vee B$
		$\quad H \vdash A$
		$H \vdash A \vee B$
		$\quad H \vdash B$
			`orR1`
			
			`orR2`

$H, \neg A, H' \vdash C$ $\quad H, \neg A, H' \vdash A$	`notL`	$H \vdash \neg A$ $\quad H, A \vdash \mathrm{ff}$	`notR`
		$H, A, H' \vdash A$	`axiom`
$H, \forall x\, B, H' \vdash C$ $\quad H, \forall x\, B, B[t/x], H' \vdash C$	`allL t`	$H \vdash \forall x\, B$ $\quad H \vdash B[x'/x]$	`allR`
$H, \exists x\, B, H' \vdash C$ $\quad H, B[x'/x], H' \vdash C$	`exL`	$H \vdash \exists x\, B$ $\quad H \vdash B[t/x]$	`exR t`

t ist ein beliebiger Term, x' eine neue Variable

Abb. 7.2: Inferenzregeln der Refinement-Logik.

Es ist leicht zu zeigen, dass die Refinement Logik korrekt ist bezüglich der Prädikatenlogik erster Stufe in Abschnitt 7.2.1. Hierzu prüft man für die einzelnen Regeln, ob die Gültigkeit eines Beweisziels aus der Gültigkeit aller Teilziele folgt und führt dann eine einfache Induktion über die Struktur der Beweisbäume.

Für den Nachweis der Vollständigkeit gibt man eine (ineffiziente) Beweisprozedur an, die für ein gegebenes Initialziel systematisch alle anwendbaren Beweisregeln und bei Quantoren zusätzlich alle möglichen Substitutionen aufzählt, und zeigt, dass das Initialziel nicht gültig ist, wenn diese Prozedur nicht mit Erfolg terminiert.

Dabei stellt sich heraus, dass der Regelsatz in Abbildung 7.2 vollständig für die *konstruktive Logik* ist, aber Gesetze wie $P \vee \neg P$, $\neg\neg P \Rightarrow P$ oder $(P \Rightarrow Q) \Rightarrow (\neg P \vee Q)$ sich nicht beweisen lassen. Diese Gesetze folgen nicht natürlich aus den Gesetzmäßigkeiten der logischen Konnektive und erfordern eine weitere Inferenzregel, welche das Gesetz vom ausgeschlossenen Dritten explizit als Axiom $H \vdash A \vee \neg A$ postuliert. Mit dieser zusätzlichen Regel wird der Kalkül vollständig für die klassische Prädikatenlogik.

Analytische Sequenzenkalküle sind eine erste Stufe der Verdichtung des logischen Schließens und lassen sich gut automatisieren. Wegen ihrer Erweiterbarkeit auf eine Vielfalt von Logiken werden sie von interaktiven Beweissystemen bevorzugt. Für eine effiziente Beweisführung sind sie jedoch zu redundant.

7.3.2 Analytische Tableaux

Analytische Tableaux [6], ursprünglich unabhängig von anderen Beweismethoden entstanden, sind aus Sicht des automatischen Schließens ein wichtiger Verdichtungsschritt. Dieser Schritt basiert auf der Beobachtung, dass viele Regeln des analytischen Sequenzenkalküls große strukturelle Ähnlichkeiten aufweisen. So zerlegen z. B. die Regeln `orL` und `andR` des Sequenzkalküls eine Formel in ihre beiden Bestandteile und erzeugen zwei Teilziele, in denen jeweils nur einer dieser Bestandteile erscheint und der Rest unverändert bleibt.

Ähnliches gilt auch für die Regel `impliesL`. Der einzige Unterschied zwischen den Regeln besteht darin, dass sie auf der linken bzw. auf der rechten Seite einer Sequenz operieren. Bei `impliesL` wechselt dabei einer der Bestandteile die Seite. Auch die Regeln `orR`, `andR` und `impliesR` verhalten sich gleichartig. Sie erzeugen jeweils ein Teilziel, welches beide Bestandteile der jeweiligen Formel enthält. Wieder wechselt bei der Implikation einer der Bestandteile die Seite. Strukturell ähnlich sind auch die Quantorenregeln. `allL` und `exR` benötigen einen Term zur Instantiierung der gebundenen Variable in der Unterformel und `allR` und `exL` erzeugen jeweils eine neue Variable, die für die gebundene Variable in der Unterformel eingesetzt werden soll.

Damit lassen sich die Inferenzregeln des analytischen Sequenzenkalküls zu nur vier strukturellen Regeln zusammenfassen, wenn man die Listen der Hypothesen und Konklusionen zu einer einzigen Menge von Formeln zusammenfasst und die Position (links oder rechts) stattdessen in der jeweiligen Formel markiert.

Eine *signierte Formel* besteht aus einer Formel X und einer *Polarität* T oder F. Wir verwenden im Folgenden die Notation X^T bzw. X^F. Dabei kann man X^T lesen als „*X ist wahr*" oder „*X steht auf der linken Seite einer Sequenz*" und X^F als „*X ist falsch*" oder „*X steht auf der rechten Seite einer Sequenz*". Die Lesart ist für automatische Beweisführung nicht wirklich von Bedeutung. Wichtig ist nur, dass X^T und X^F zueinander *komplementär* sind. Hierbei hat die Signierung der Formeln mit Polaritäten den Vorteil, dass die originale Struktur der Formel nicht durch Transformationen verloren geht. Die Regeln des Tableaukalküls werden gruppiert in Klassen gleicher Struktur:

– Regeln vom *Typ* α (konjunktiv) zerlegen eine signierte Formel α in ihre Bestandteile und fügen diese zu einem neuen Teilziel hinzu. Im Beweisbaum wird der aktuelle Zweig um die entsprechenden Komponenten α_1 und ggf. α_2 erweitert.

$$\frac{\alpha}{\begin{array}{c}\alpha_1\\ \alpha_2\end{array}}$$

– Regeln vom *Typ* β (disjunktiv) zerlegen eine signierte Formel β in ihre Bestandteile und fügen diese jeweils einem separaten neuen Teilziel hinzu. Im Beweisbaum wird der aktuelle Zweig aufgespalten und dabei um die Komponenten β_1 bzw. β_2 erweitert.

$$\frac{\beta}{\beta_1 \mid \beta_2}$$

– Regeln vom *Typ* γ instantiieren die quantifizierte Variable einer signierten Formel γ mit einem Term t und fügen die entstehende Unterformel einem neuen Teilziel hinzu. Im Beweisbaum wird der aktuelle Zweig um die Komponente $\gamma(t)$ erweitert.

$$\frac{\gamma}{\gamma(t)}$$

– Regeln vom *Typ* δ instantiieren die quantifizierte Variable einer signierten Formel δ mit einer neuen Variablen a und fügen die entstehende Unterformel einem neuen Teilziel hinzu. Im Beweisbaum wird der aktuelle Zweig um die Komponente $\delta(a)$ erweitert.

$$\frac{\delta}{\delta(a)}$$

Die Klassifizierung signierter Formeln und ihrer Teilformeln wird dabei bestimmt durch ihr logisches Konnektiv und ihre Polarität entsprechend der folgenden Tabelle.

α	$(X \wedge Y)^T$	$(X \vee Y)^F$	$(X \Rightarrow Y)^F$	$\neg X^T$	$\neg X^F$	β	$(X \wedge Y)^F$	$(X \vee Y)^T$	$(X \Rightarrow Y)^T$
α_1	X^T	X^F	X^T	X^F	X^T	β_1	X^F	X^T	X^F
α_2	Y^T	Y^F	Y^F	–	–	β_2	Y^F	Y^T	Y^T
γ	$\forall xA^T$	$\exists xA^F$		δ	$\forall xA^F$	$\exists xA^T$			
$\gamma(t)$	$A[t/x]^T$	$A[t/x]^F$		$\delta(a)$	$A[a/x]^F$	$A[a/x]^T$			

Im Gegensatz zum Sequenzenkalkül wird im Tableaukalkül der Beweiskontext global im Beweiszweig verwaltet. Regeln müssen diesen Kontext nicht mehr in die Teilziele kopieren. Dies verringert Redundanz und liefert ein einfaches Kriterium für den erfolgreichen Abschluss eines Beweiszweiges: es reicht, ein komplementäres Paar von Formeln X^T, X^F zu finden. Dies entspricht der Regel `axiom` im Sequenzenkalkül.

Ein *analytisches Tableau* $\mathcal{T}$ für eine signierte Formel F ist ein binärer geordneter Baum $\mathcal{T}$ mit Wurzel F, der die folgenden Bedingungen erfüllt

- Jeder Knoten y mit Nachfolger z hat einen Vorfahr x mit folgender Eigenschaft
  - x ist vom Typ α und z ist entweder α_1 oder α_2, oder
  - x ist vom Typ γ und z ist $\gamma(t)$ für einen Term t, oder
  - x ist vom Typ δ und z ist $\delta(a)$ für eine neue Variable a.
- Für jeden Knoten y mit Nachfolgern z_1 und z_2 gibt es einen Vorfahren x vom Typ β mit $z_1 = \beta_1$ und $z_2 = \beta_2$.

Ein *Zweig* im Tableau $\mathcal{T}$ ist eine Liste $[F_0, \ldots, F_n]$ der signierten Formeln zwischen der Wurzel F_0 und einem Blatt F_n. Er ist *geschlossen*, wenn er ein komplementäres Formelpaar Y^F Y^T enthält. $\mathcal{T}$ ist geschlossen, wenn jeder Zweig geschlossen ist. Ein Tableaubeweis für eine Formel X ist ein geschlossenes Tableau für X^F. Der Tableaukalkül ist korrekt und vollständig für die (klassische) Prädikatenlogik erster Stufe. Der Nachweis hierfür ist ähnlich zu dem für die Refinement Logik.

Ein Tableaubeweis für die Formel $(\forall x(Px \Rightarrow Qx)) \Rightarrow ((\forall yPy) \Rightarrow (\forall zQz))$ ist in Abbildung 7.3 graphisch dargestellt. Dabei ist jeweils links die Reihenfolge der Anwendung von Regeln sowie ihr Typ, z. B. „(2) α“, aufgeführt und das komplementäre Paar signierter Formeln, welches einen Zweig abschließt, durch Boxen markiert. Der Abschluss eines Zweiges wird hierbei durch ein „X“ markiert. Hierbei ist erkennbar, dass die β-Regel in Schritt 6 den Baum aufspaltet und entsprechend beide Äste des Baumes abgeschlossen werden müssen.

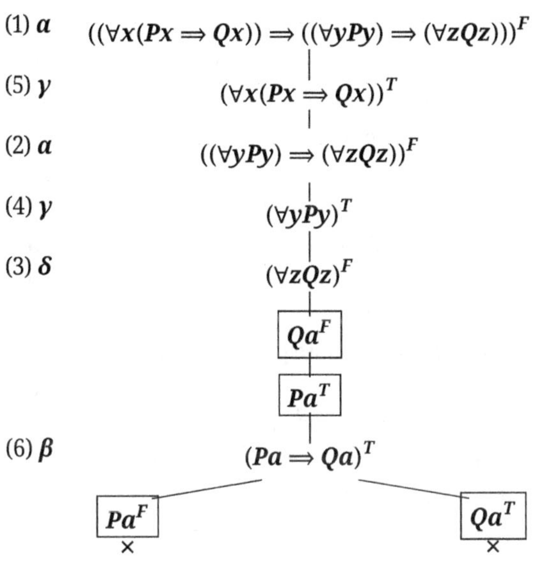

Abb. 7.3: Tableaubeweis der Formel $(\forall x(Px \Rightarrow Qx)) \Rightarrow ((\forall yPy) \Rightarrow (\forall zQz))$.

Da Tableaubeweise als verdichtete Form von Sequenzenbeweisen angesehen werden können, ist es leicht, Sequenzenbeweise aus Tableaubeweisen zu rekonstruieren. Andererseits enthalten Tableaubeweise weniger Redundanzen und sind besser zu automatisieren. Nichtsdestotrotz ist die Beweissuche nicht effizient genug ohne Steuerungsmechanismen, die eine Vervollständigung von Tableaux anstreben.

7.3.3 Matrixbeweise

Der Tableaukalkül hat zum Ziel, für eine Formel ein Tableau zu konstruieren, in dem jeder Zweig durch ein komplementäres Paar von Teilformeln abgeschlossen wird. Dabei geht es nicht so sehr um das konkrete Tableau sondern um die Frage, ob jeder Zweig abgeschlossen werden *kann*. Diese Beobachtung führt zum nächsten Verdichtungsschritt: ein Beweis muss prüfen, ob es *möglich* ist, alle Tableauzweige abzuschließen. Ist dies der Fall, dann ist die Formel mit Sicherheit gültig. Da sich jeder Beweiszweig in einem geschlossenen Tableau auch durch atomare Formeln abschließen lässt, reicht es aus, die Blätter einer Formel zu untersuchen, die sich auf einem Beweiszweig befinden und unter diesen das komplementäre Paar zu identifizieren. Dies ist das Ziel des *Matrixkalküls* [10–12]. Er betrachtet Mengen atomarer Teilformeln der Ausgangsformel, die möglicherweise einen Beweiszweig bilden, und bestimmt, ob zwei dieser Atome komplementär sein *können*.

Welche Atome sich auf dem gleichen Tableauzweig befinden und welche davon komplementär sein können, ist im Wesentlichen durch die Struktur der Formel bestimmt. Um auf dem gleichen Zweig zu landen, muss der letzte gemeinsame Vorfahr im Syntaxbaum der Formel vom Typ α sein, da bei Typ β der Beweiszweig aufgespalten wurde und Formeln vom Typ γ und δ nur einen Nachfolger erzeugen. Der Typ einer Teilformel geht wiederum aus ihrer Polarität und ihrem logischen Konnektiv hervor. Damit sind alle relevanten Informationen bereits im Syntaxbaum der Formel enthalten. Die Beweissuche kann direkt auf den Blättern dieses Baums durchgeführt werden, wenn seine innere Struktur zuvor statisch analysiert wurde.

Der Syntaxbaum der im Tableaubeweis in Abbildung 7.3 dargestellten Formel wird in Abbildung 7.4 präsentiert. Der Baum ist mit Polarität und Typ der jeweiligen Teilformel annotiert. In diesem Baum haben nur Px^F und Qx^T einen gemeinsamen Vorfahren vom Typ β. Für alle anderen Paare von Atomen ist der erste gemeinsame Vorfahr vom Typ α. Damit enthält ein Tableau für die Formel maximal zwei Beweiszweige, die aus je zwei Atomen bestehen: entweder Px^F oder Qx^T, sowie Py^T und Qa^F. Jeder dieser beiden möglichen Zweige enthält eines der konnektierten Paare von Atomen, wobei die Konnektionen durch die gebogenen Linien dargestellt werden.

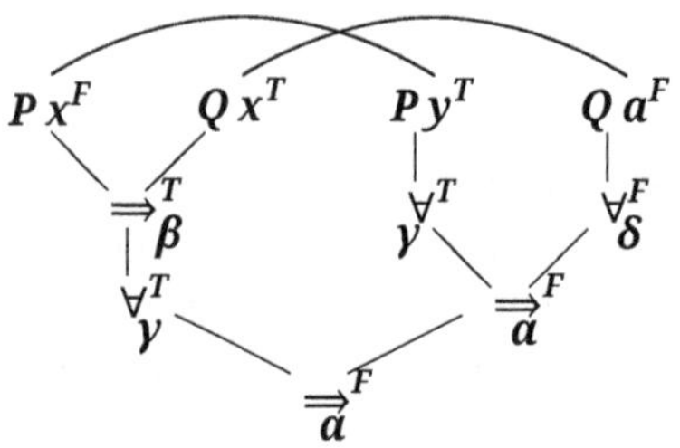

Abb. 7.4: Syntaxbaum der Formel $(\forall x(Px \Rightarrow Qx)) \Rightarrow ((\forall y Py) \Rightarrow (\forall z Qz))$.

Die formale Umsetzung dieses Verdichtungsschritts lässt sich an einer zweidimensionalen Repräsentation der α/β-Struktur der Atome einer Formel als *Matrix* wie in Abbildung 7.5 illustrieren. In dieser Darstellung erscheinen Atome, die in *α-Beziehung* stehen, d. h. deren größter gemeinsamer Vorfahr den Typ α hat, nebeneinander und Atome in *β-Beziehung*, deren größter gemeinsamer Vorfahr den Typ β hat, untereinander. Ein *Pfad* ist ein (maximale) Menge von Atomen in gegenseitiger α-Beziehung. Eine *Konnektion* ist ein Paar von Atomen in α-Beziehung mit gleichem Prädikatssymbol und unterschiedlicher Polarität. In der Beispielmatrix enthält jeder Pfad durch die Atome von links nach rechts eine Konnektion.

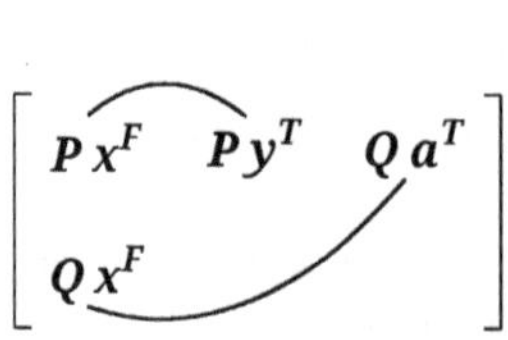

Abb. 7.5: Matrix der Formel $(\forall x(Px \Rightarrow Qx)) \Rightarrow ((\forall y Py) \Rightarrow (\forall z Qz))$.

Bei aussagenlogischen Formeln wäre diese Feststellung hinreichend, um die Gültigkeit der Formel nachzuweisen. Bei quantifizierten Formeln muss zusätzlich berücksichtigt werden, dass Tableaubeweise γ-Variablen (quantifizierte Variablen in γ-Formeln) mit Termen und δ-Variablen mit neu deklarierten Variablen instantiieren müssen. Diese Instantiierung kann bei der Erzeugung des Syntaxbaums noch nicht vorgenommen werden und muss während der Beweisführung bestimmt werden. Dazu werden γ-Variablen im Syntaxbaum als instantiierbar gekennzeichnet, während δ-Variablen als Konstanten angesehen werden. In den Abbildungen 7.4 und 7.5 wurde daher die δ-Variable z durch die Konstante a ersetzt. Enthält jeder Pfad durch die Matrix eine Konnektion, bei der die verbundenen Atome durch Anwendung einer *Substitution* σ gleich gemacht („*unifiziert*") werden können, dann ist sichergestellt, dass jeder Zweig eines Tableau für die Formel abgeschlossen werden kann. In unserem Beispiel wird jede Konnektion durch die Substitution $\sigma = [a/x,\ a/y]$ komplementär.

Außerdem kann es sein, dass γ-Variablen in einem Beweis mehrfach instantiiert werden müssen. Im Beweis der Formel $(\forall x Px) \Rightarrow (Pa \wedge Pb)$ muss x sowohl durch a als auch durch b ersetzt werden. Formal kann man dies durch eine Duplizierung der γ-Formel $(\forall x Px)$, also durch eine *Multiplizität* μ der γ-Variablen x codieren. Im Beispiel ist die Multiplizität $\mu(x) = 2$.

Schließlich muss sichergestellt werden, dass bei der Instantiierung von γ-Variablen keine δ-Konstanten verwendet werden, die in einem Tableaubeweis zum Zeitpunkt der Instantiierung noch nicht deklariert waren. Letzteres wird durch eine Zulässigkeitsbedingung an die Reduktionsordnung, welche durch die Ordnung des Formelbaums und die Substitution erzeugt wird, beschrieben.

Die Substitution σ induziert eine Ordnung $\sqsubseteq$ im Formelbaum wie folgt. Ist v eine δ-Position (ein Knoten, der eine δ-Formel enthält) mit deklarierter Variable a und u eine γ-Position mit Variable x, dann gilt $v \sqsubseteq u$, falls a im Term $\sigma(x)$ vorkommt. Die *Reduktionsordnung* $\lhd$ ist die transitive Hülle dieser Ordnung und der Baumordnung der Formel. Die Substitution σ ist *zulässig*, falls $\lhd$ azyklisch ist. Damit haben wir nun alle Voraussetzungen, um die Gültigkeit einer logischen Formel ausschließlich mithilfe von Multiplizitäten, Pfaden, Konnektionen und Substitutionen zu charakterisieren.

Theorem 7.3.1 (Charakterisierung der Gültigkeit logischer Formeln). *Eine Formel F ist genau dann gültig, wenn es eine Multiplizität μ, eine zulässige Substitution σ und eine Menge C von σ-komplementären Konnektionen gibt, sodass jeder Pfad durch F eine Konnektion aus C enthält.*

Der Beweis dieses Theorems kann auf die Korrektheit und Vollständigkeit des Tableaukalküls zurückgeführt werden. Für die *Korrektheit* erzeugt man aus einem Matrixbeweis der Formel F einen Tableaubeweis. Für die *Vollständigkeit* zeigt man, dass aus jedem Tableaubeweis ein Matrixbeweis konstruiert werden kann. Aufgrund dieses Beweises ist es relativ einfach, Tableaubeweise und Sequenzenbeweise aus Matrixbeweisen zu rekonstruieren, da alle notwendigen Informationen bereits im Matrixbeweis enthalten sind und keine weitere Suche erforderlich ist. Die etwas aufwendigen technischen Details dieser Umwandlung sind in [79] zu finden.

Wie wir im Abschnitt 7.3.4 zeigen werden, lassen sich Matrixbeweise sehr effizient automatisieren. Allerdings ist die Zulässigkeitsbedingung ein gewisses Hindernis, wenn es darum geht, die Substitution dynamisch während der Beweissuche zu erzeugen, da Zulässigkeit erst am Ende des Suchprozesses geprüft werden kann. Eine Alternative hierzu bietet die in Abschnitt 7.2.3 beschriebene *Skolemnormalform* einer Formel, wobei hier die δ-Variablen durch Skolemkonstanten ersetzt werden, die von γ-Variablen abhängig sind. Somit kann die Beweissuche auch direkt auf der zweidimensionalen Matrixdarstellung der Formel durchgeführt werden, ohne dass ein nachträglicher Zulässigkeitstest im Formelbaum durchgeführt werden muss. Dies führt zu einer vereinfachten Form des Charakterisierungstheorems.

Theorem 7.3.2 (Matrixcharakterisierung der Gültigkeit logischer Formeln). *Eine Formel F in skolemisierter Matrixform ist genau dann gültig, wenn es eine Multiplizität μ, eine Substitution σ und eine Menge C von σ-komplementären Konnektionen gibt, sodass jeder Pfad durch F eine Konnektion aus C enthält.*

Beweise im Matrixkalkül müssen also nach einer Multiplizität μ, einer Substitution σ und einer geeigneten Menge von σ-komplementären Konnektionen suchen, welche alle Pfade durch die Matrix abdecken. Dabei ist zu bedenken, dass die zweidimensionale Matrixform nicht immer so einfach strukturiert ist wie die bisherigen Beispiele suggerieren. Durch einen Wechsel von α- und β-Teilformeln können auch verschachtelte Matrizen entstehen. Hierdurch wird die Datenstruktur zur Repräsentation von Matrizen komplizierter als ein einfaches Array und die Automatisierung der Beweissuche etwas aufwendiger, was wiederum die Effizienz der entsprechenden Beweisprozeduren beeinträchtigt.

Eine Alternative hierzu ist, die Formel zunächst in disjunktive Normalform, d. h. eine Disjunktion von Konjunktionen (umgekehrt für konjunktive Normalform) atomarer Formeln bzw. ihrer Negationen zu transformieren. Dies führt zu einer unverschachtelten Matrix, die sich als Menge sogenannter *Klauseln* repräsentieren lässt, welche wiederum aus *Literalen*, also atomaren Formeln oder ihrer Negation, bestehen. Der Vorteil dieser *Klauselnormalform* ist, dass die Pfadstruktur durch die Matrix sehr effizient verarbeitet werden kann.

Allerdings kann sich die Formel bei der Transformation in Normalform stark aufblähen und es ist nahezu unmöglich, aus einem maschinennahen Beweis der normalisierten Formel einen lesbaren Beweis der Originalformel zu rekonstruieren. Außerdem kann man für viele nichtklassische Logiken keine Normalformen konstruieren, sodass sich diese Methode nur verallgemeinern lässt, wenn man zusätzliche Informationen mitführt (vgl. Abschnitt 7.4.1).

7.3.4 Konnektionskalkül

Die Matrixcharakterisierung der Gültigkeit logischer Formeln beschreibt nur das Ziel einer Beweissuche, nämlich zu untersuchen, ob alle Pfade durch eine Matrix komplementäre Konnektionen enthalten. Eine Überprüfung aller Pfade wäre aber exponentiell in der Anzahl der β-Knoten. Die *Konnektionsmethode* zielt daher darauf ab, in jedem Schritt möglichst viele Pfade zu behandeln. Sie stützt sich auf die Beobachtung, dass eine Konnektion alle Pfade komplementär macht, welche die konnektierten Literale enthalten. Orientiert man also die Beweissuche an Konnektionen anstelle von Pfaden, so kann ein einzelner Schritt eine ganze *Menge von Pfaden* abdecken und die Suche signifikant beschleunigen.

Die grundsätzliche Vorgehensweise der Konnektionsmethode ist daher, aus einem *aktiven Teilpfad* ein Literal L herauszugreifen, alle Pfade durch L zu eliminieren, die eine in L beginnende Konnektion enthalten, und dann systematisch alle Pfade zu untersuchen, die den aktiven Teilpfad und die restlichen Literale der konnektierten *aktuellen Klausel* zu erweitern. Da dieses Verfahren im Wesentlichen auf Pfaderweiterungen basiert, wird es auch *Extensionsverfahren* genannt. Zur Veranschaulichung beschreiben wir dieses Verfahren, das eigentlich ein Kalkül ist, anhand von Normalformmatrizen. Die einzelnen Inferenzschritte lassen sich aber auch auf verschachtelte Matrizen bzw. Beweisführung auf Formelbäumen übertragen.

Das Verfahren beginnt mit der Wahl einer aktuellen Klausel, einem leeren aktiven Teilpfad und einer leeren Substitution σ. Alle Literale der aktuellen Klausel sind *offen*. Der wichtigste Schritt des Extensionsverfahrens ist die Erweiterung (*Extension*) des aktiven Pfades. Hierzu wählt man ein offenes Literal L der aktuellen Klausel, fügt es dem bisherigen aktiven Pfad hinzu und markiert das konnektierte Literal als abgeschlossen. Die zugehörige Klausel wird zur neuen aktuellen Klausel. Bei prädikatenlogischen Formeln muss das Extensionsverfahren neben der Matrix auch die jeweils aktuelle Substitution σ betrachten. Der Extensionsschritt muss nach der Wahl der Konnektion überprüfen, ob die mit σ instantiierten Literale unifizierbar sind und ggf. die Substitution um den *Unifikator* der beiden Literale erweitern. Sind die Literale nicht unifizierbar, so bricht der Extensionsschritt ab. Ein weiterer wichtiger Schritt des Extensionsverfahrens ist die *Reduktion* von offenen Teilpfaden. Dieser Schritt ist nötig, wenn nach dem Extensionsschritt ein offenes Literal in der aktuellen Klausel existiert, das nicht Teil der aktuellen Konnektion ist, aber mit einem anderen Literal des aktiven Pfades konnektiert werden kann. Der Reduktionsschritt unifiziert die betroffenen Literale, erweitert die bisherige Substitution und markiert das Literal der aktuellen Klausel als abgeschlossen.

Wenn Extensions- und Reduktionsschritte dazu führen, dass die aktuelle Klausel keine offenen Literale mehr besitzt, sind alle Pfade, welche den aktiven Pfad erweitern, als komplementär nachgewiesen. Das Extensionsverfahren muss nun zur vorherigen aktuellen Klausel zurückgehen, dort das zuletzt betrachtete Literal des aktiven Pfades als abgeschlossen markieren und es aus dem aktiven Pfad entfernen. Nach diesem *Berei-*

nigungsschritt kann das Verfahren mit weiteren Extensions- oder Bereinigungsschritten fortgesetzt werden.

Wenn die aktuelle Klausel noch offene Literale besitzt, von denen keine weitere komplementäre Konnektion ausgeht, aber noch unbetrachtete Klauseln vorhanden sind, dann kann der zuletzt durchgeführte Extensionsschritt nicht zu einer erfolgreichen Beweissuche führen und muss rückgängig gemacht werden. Dieser *Rücksetzungsschritt* (Backtracking) geht zurück auf die vorherige aktuelle Klausel und stellt ggf. den früheren Wert der Substitution wieder her. Danach wird das zuletzt betrachtete Literal des aktiven Pfades aus dem Pfad entfernt und das Verfahren mit einem anderen Extensionsschritt fortgesetzt. Aus Sicht des Konnektions*kalküls* ist Backtracking kein wirklicher Beweisschritt, da dieser Schritt nur einen vorhergehenden Schritt zurücknimmt.

Eine Alternative zum Backtracking ist ein vollständiger Neustart (*Separationsschritt*). Dies ist sinnvoll, wenn die aktive Klausel noch offene Literale besitzt, von denen keine weitere komplementäre Konnektion ausgehen kann, aber noch mehrere unbetrachtete Klauseln vorhanden sind. Da der bisherige aktive Teilpfad nicht abgeschlossen werden kann, hängt die Gültigkeit der Formel nur noch von verbleibenden Klauseln ab und alle Klauseln mit Literalen des aktiven Pfades können aus der weiteren Betrachtung entfernt werden. Das Verfahren wird dann erneut auf einer reduzierten Matrix gestartet. Im Prinzip ist auch die Separation kein eigenständiger Schritt, denn sie entspricht dem ersten Schritt des Verfahrens, das mit der Wahl der aktuellen Klausel beginnt.

Gelegentlich führt die Beweissuche dazu, dass die aktuelle Klausel offene Literale besitzt, von denen keine weitere komplementäre Konnektion ausgehen kann, aber keine unbetrachteten Klauseln mehr vorhanden sind. In diesem Fall kann der aktive Pfad nicht abgeschlossen werden, da alle Literale des Pfades widerlegt werden können. Belegt man die mit ^{F} markierten Atome mit falsch und die mit ^{T} markierten Atome mit wahr, so entsteht ein *Gegenbeispiel* für die Gültigkeit der Formel.

Zur Präzisierung der oben beschriebenen Schritte des Extensionsverfahrens formulieren wir diese als Regeln eines Kalküls, der auf einem früheren Kalkül von Otten [63] basiert. Wir verwenden hierfür Beweisziele der Form $\vdash \mathcal{C}, \mathcal{M}, \mathcal{P}$, was ausdrücken soll, dass alle Pfade durch die restliche Matrix $\mathcal{M}$, welche den aktiven Pfad $\mathcal{P}$ um ein Literal der aktuellen Klausel $\mathcal{C}$ erweitern, eine Konnektion enthalten, die unter einer globalen Substitution σ komplementär ist. Aufgrund der Matrixcharakterisierung der Gültigkeit logischer Formeln (Theorem 7.3.2) ist eine logische Formel gültig, wenn das Ziel $\mathcal{C}, \mathcal{M}, \{\}$ *beweisbar* ist, d. h. wenn alle Pfade, die durch eine Klausel der Matrix gehen, abgeschlossen werden können.

Abbildung 7.6 präsentiert die Inferenzregeln des Konnektionskalküls in einem analytischen Stil ähnlich zur Refinement Logik. Sie verfeinern in jedem Schritt des Extensionsverfahrens das jeweilige Beweisziel in Teilziele, welche nach Ausführung dieses Schritts noch zu zeigen sind. Bei einer Implementierung des Verfahrens werden diese Schritte als Modifikationen der entsprechenden Datenstrukturen ausgeführt und nicht

$\vdash \mathcal{M} \qquad \sigma := [\,]$

$\quad \vdash \mathcal{C}, \mathcal{M}, \{\}$ `Start` $\mathcal{C}$

wobei $\mathcal{C} \in \mathcal{M}$

$\vdash \{\}, \mathcal{M}, \mathcal{P}$ `Axiom`

$\vdash \mathcal{C}, \mathcal{M}, \mathcal{P} \qquad \sigma := \sigma\rho$

$\quad \vdash \mathcal{C}'\backslash L', \mathcal{M}, \mathcal{P} \cup \{L\}$

$\quad \vdash \mathcal{C}\backslash L, \mathcal{M}, \mathcal{P}$ `Extension` L, L'

wobei $L \in \mathcal{C}, L' \in \mathcal{C}'$. ρ ist der Unifikator von $\sigma(L')$ und $\sigma(\overline{L})$

$\vdash \mathcal{C}, \mathcal{M}, \mathcal{P} \qquad \sigma := \sigma\rho$

$\quad \vdash \mathcal{C}\backslash L, \mathcal{M}, \mathcal{P}$ `Reduction` L, L'

wobei $L \in \mathcal{C}, L' \in \mathcal{P}$. ρ ist der Unifikator von $\sigma(L')$ und $\sigma(\overline{L})$

Abb. 7.6: Regeln des Konnektionskalküls.

als Kopien, wie die Schreibweise der Regeln suggerieren könnte. Die Namen der Regeln enthalten Parameter, die strategisch ausgewählt werden müssen, und Komponenten, die hieraus berechnet werden können. So enthält z. B. die Extensionsregel als Parameter die beiden Literale L und L', welche die Konnektion bilden. Die Klausel $\mathcal{C}'$ ist die Klausel des Literals L' und ρ ist der Unifikator von $\sigma(L')$ und $\sigma(\overline{L})$, dem Komplement von $\sigma(L)$. Die meisten Regeln verändern die Substitution σ, welche global verarbeitet wird.

Die Initialregel `Start` startet den Beweis einer Matrix $\mathcal{M}$ in einer Klausel $\mathcal{C}$ mit $\mathcal{M}$, einem leeren aktiven Pfad und einer leeren Substitution σ. Die Startregel kann auch für den Separationsschritt eingesetzt werden. Die Extensionsregel führt einen Extensionsschritt mit der Konnektion (L, L') durch und erweitert σ um den Unifikator der beiden Literale. Die beiden Teilziele entsprechen der Verlängerung des aktiven Pfades unter Verwendung der Klausel von L' als neuer aktueller Klausel sowie einer Untersuchung der restlichen Literale der gegenwärtigen aktuellen Klausel. Da die Substitution σ global ist, wird sie nach Beendigung eines Teilziels weitergereicht. Die Reduktionsregel führt den Reduktionsschritt in ähnlicher Weise durch. Die Regel `Axiom` entspricht dem Bereinigungsschritt: Wenn die aktuelle Klausel leer ist, sind keine Pfade mehr zu untersuchen und das Teilziel des Konnektionskalkülbeweises kann abgeschlossen werden. Für den Rücksetzungsschritt ist keine Kalkülregel erforderlich, da die Beweissuche einfach rückgängig gemacht wird, als ob der letzte Schritt niemals ausgeführt worden wäre.

Die Korrektheit und Vollständigkeit des Kalküls kann auf das Charakterisierungstheorem 7.3.1 zurückgeführt werden. Dies führt zu folgendem Theorem, das in [50] für den Allgemeinfall verschachtelter Matrizen bewiesen wurde.

Theorem 7.3.3 (Korrektheit und Vollständigkeit des Konnektionskalküls). *Eine Formel F mit Matrix $\mathcal{M}_F$ ist genau dann gültig, wenn $\vdash \mathcal{M}_F, \mathcal{M}_F, \{\}$ gilt. Für jede Klausel $\mathcal{C}$, Matrix $\mathcal{M}$ und Pfad $\mathcal{P}$ gilt $\vdash \mathcal{C}, \mathcal{M}, \mathcal{P}$ genau dann, wenn*

1. $\mathcal{C} = \{\}$, *oder*
2. *es gibt eine komplementäre Konnektion* $\{L, L'\}$ *mit* $L \in \mathcal{C}$ *und*
   (a) $L' \in \mathcal{P}$ *und* $\vdash \mathcal{C} \backslash L, \mathcal{M}, \mathcal{P}$ *oder*
   (b) L' *steht in* α*-Beziehung zu* $\mathcal{P}$ *und* L *und für die Klausel* $\mathcal{C}'$ *von* L' *gilt* $\vdash \mathcal{C}' \backslash L', \mathcal{M}, \mathcal{P} \cup \{L\}$ *sowie* $\vdash \mathcal{C} \backslash L, \mathcal{M}, \mathcal{P}$

Auch wenn das Extensionsverfahren viele strategische Aspekte beinhaltet, bilden die einzelnen Schritte nach wie vor nur einen Kalkül, da sie Steuerungsparameter enthalten, die von einer Beweisprozedur strategisch bestimmt werden müssen. So muss die Startklausel gewählt werden, die anzuwendende Regel, das Literal für eine Extension oder Reduktion und das hiermit konnektierte Literal. Auch die Entscheidung, ob eine Klausel kopiert – also die Multiplizität einer γ-Teilformel erhöht – werden soll, muss bei der Beweissuche getroffen werden.

Die konkreten Entscheidungen haben einen starken Einfluss auf die Effizienz der Beweissuche, aber es gibt keine Strategie, die für alle Formeln optimal ist. Dennoch gibt es Leitlinien für die Beweissuche. So empfiehlt es sich, als Startklausel eine rein positive Klausel zu wählen, welche aus dem ursprünglichen Beweisziel stammt. Der Abschluss von Beweisästen mit `Axiom` hat Vorrang vor dem Reduktionsschritt, der wiederum der reinen Extension zu bevorzugen ist. Die Wahl der Parameter für den Extensionsschritt ist eher heuristischer Natur. Backtracking sollte, wenn möglich, vermieden oder frühzeitig durchgeführt werden.

Das Extensionsverfahren und die Regeln des Konnektionskalküls in Abbildung 7.6 können auch auf verschachtelte Matrizen und Formelbäume übertragen werden [64]. Hierzu muss der Begriff der Klausel wieder an seine ursprüngliche Bedeutung (Literale in β-Beziehung) angepasst und die Regeln entsprechend umgeschrieben werden. Der hieraus resultierende Kalkül hat den Vorteil einer einfacheren Rücktransformation von Matrixbeweisen in Tableau- oder Sequenzenbeweise und ist notwendig für Erweiterungen der Konnektionsmethode auf Logiken jenseits der klassischen Prädikatenlogik erster Stufe, die wir im Abschnitt 7.4 vorstellen werden.

7.3.5 Resolutionskalkül

$$\frac{A_1 \vee \ldots \vee L \quad B_1 \vee \ldots \vee \neg L}{A_1 \vee \ldots \vee B_1 \vee \ldots}$$

Während der Konnektionskalkül bereits eine Verdichtung des analytischen Tableaus ist und lediglich vier Inferenzregeln nutzt, kann der Resolutionskalkül [77] als eine noch stärkere Verdichtung betrachtet werden. Tatsächlich wurde gezeigt, dass mit dem auf dem Konnektionskalkül aufbauenden Verfahren der Konsolution [28, 5] die Resolution schrittweise simuliert werden kann. Im Kern besteht der Resolutionskalkül in der Aussagenlogik aus einer Inferenzregel, wie in der Abbildung rechts dargestellt. Der Resolutionskalkül setzt eine Formel in konjunktiver Normalform voraus. Die Resolutionsregel wird in dem Kalkül genutzt, um komplementäre Literale zu eliminieren und aus den verbleibenden Literalen zweier Klauseln eine neue Klausel zu bilden.

Die Resolutionsregel wird so lange auf verschiedene Klauseln angewandt, bis zwei Klauseln gefunden werden, die ausschließlich komplementäre Literale enthalten. Die sich daraus ergebende leere Klausel ist ein Beweis für die Widerlegbarkeit der Formeln und damit ein Beweis für die Korrektheit der negierten Formel.

Das Verfahren selbst ist vergleichsweise einfach zu implementieren. Jedoch führt die Normalformtransformation dazu, dass die Anzahl der Klauseln bereits für kleine Formeln sehr groß sein kann. Zusätzlich erzeugt die Resolutionsregel selbst neue Klauseln, während die alten Klauseln nicht ohne Weiteres verworfen werden können, da sie unter Umständen erneut genutzt werden müssen.

Außerdem sind interessante Probleme im Allgemeinen nicht in aussagenlogischen Formeln, sondern in der Prädikatenlogik erster Stufe kodiert. Um den Resolutionskalkül für diese Logik nutzen zu können, muss die Resolutionsregel entsprechend erweitert werden, da die Prädikate nicht mehr nullstellig sein müssen, sondern allquantifizierte Variablen oder n-stellige Funktionen als Parameter haben können. Hierbei können zwei komplementäre Literale, vergleichbar zum Konnektionskalkül, nur dann eliminiert werden, wenn die Prädikate unifizierbar sind. Auch diese Erweiterung hat gravierende Auswirkungen auf den Suchraum, da die Variablen mit verschiedenen Funktionen instanziiert werden können.

Um dieser Explosion des Suchraumes Herr zu werden, werden meist heuristische Optimierungen wie geordnete Resolution verwendet, bei denen die Auswahl der zu resolvierenden Klauseln nach verschiedenen Verfahren, wie Lexikographie (LPO) und Term-Gewicht (Knuth-Bendix-Ordering), erfolgt. Die Resolution sowie Optimierungen und Heuristiken werden beispielsweise in [75] sehr gut gebündelt beschrieben. Prominente automatische Beweissysteme, die die Resolution oder darauf aufbauende Verfahren nutzen sind beispielsweise Vampire und E.

Andere Verfahren, wie der DPLL-Algorithmus [24, 23] (benannt nach seinen Entwicklern Davis, Putnam, Logemann und Loveland) und Conflict-Driven Clause Learning (CDCL [56]) haben sich als sehr erfolgreich in Planungsproblemen (siehe auch Kapitel 3) und allgemein im SAT-Solving erwiesen. DPLL gilt mitunter als das effizienteste Beweisverfahren für die Aussagenlogik, wobei hier die in Abschnitt 7.2.4 beschriebenen Reduktionen erheblichen Anteil haben. Im Prinzip bauen beide Verfahren darauf auf, den Wahrheitswert einer Aussagenvariablen zu postulieren, oder bei einer Einheitsklausel vorauszusetzen. Anschließend wird die Klausel-Menge vereinfacht und eine Erfüllbarkeitsprüfung vorzunehmen. Um einer potentiell ungünstigen Wahl der postulierten Aussagenvariablen Rechnung zu tragen, erfolgt entsprechend ein Backtracking oder Backjumping, also die Entfernung von postulierten Wahrheitswerten. Auf diesen Verfahren bauen diverse Beweissysteme und Solver wie MiniSat [29] und Clingo [37] auf, die wiederum durch automatische Theorembeweiser wie Vampire und iProver [47] nachgenutzt werden. Die sowohl in diesem als auch vorherigen Abschnitten beschriebenen Verfahren beschränken sich auf die Aussagenlogik und Prädikatenlogik erster Stufe. Für viele Anwendungsbereiche sind jedoch Erweiterungen erforderlich. Diese werden wir im Abschnitt 7.4 behandeln.

7.3.6 Implementierungsaspekte

Theorem 7.3.3 ist der Ausgangspunkt für die Entwicklung und Implementierung einer effektiven Beweisprozedur auf der Basis des Extensionsverfahrens. Die tatsächliche Realisierung einer solchen Beweisprozedur erfordert jedoch einige Komponenten, die in der Beschreibung des Verfahrens implizit als gegeben vorausgesetzt wurden. Dazu gehören neben den Strategien zur Steuerung des nichtdeterministischen Konnektionskalküls eine effiziente Prozedur zur Unifikation konnektierter Literale sowie statische und dynamische Optimierungen, welche die Größe der zu beweisenden Formel verkleinern und damit die Effizienz der Beweissuche steigern. Bei Verwendung des Extensionsverfahrens für Normalformmatrizen wird zusätzlich noch eine Komponente benötigt, welche die ursprüngliche Formel in Normalform transformiert, ohne die entstehende Matrix übermäßig aufzublähen. Diese Komponenten wurden in den Abschnitten 7.2.2, 7.2.3 und 7.2.4 konzeptionell beschrieben.

Frühe Implementierungen des Extensionsverfahrens [53] basierten auf einer Umsetzung der einzelnen Schritte als Befehle, die von Strategien gesteuert wurden. Dafür mussten viele Datenstrukturen und Suchmechanismen wie Backtracking explizit in einer Programmiersprache wie C realisiert werden, was zu einer aufwendigen Implementierung führte. Ein großes Problem eines solchen monolithischen Ansatzes, der immer noch von vielen Implementierungen von Beweisverfahren verfolgt wird, ist die Komplexität des Quellcodes, der oft mehrere zehntausend Zeilen umfasst. Die Korrektheit der Implementierung ist praktisch nicht mehr nachweisbar und Modifikationen sind extrem aufwendig. Dies führt dazu, dass neue Versionen von Beweisern wie Vampire [89] im Endeffekt von Grund auf neu implementiert werden.

Ein methodisch besserer Ansatz ist das *lean theorem proving*, das erstmalig mit dem Tableaubeweiser leanTAP [52] präsentiert wurde. Hier liegt der Fokus auf einem kompakten Quellcode, der leicht als Realisierung des Beweiskalküls zu erkennen und als korrekt nachzuweisen ist, dennoch aber sehr performant ist. Üblicherweise ist die Implementierungssprache Prolog, weil diese bereits viele Mechanismen bereitstellt, die für eine effiziente Verarbeitung logischer Formeln essentiell sind.

Für das Extensionsverfahren ermöglicht diese Methodik eine direkte Umsetzung von Theorem 7.3.3 als Prolog Programm, das zur Beschreibung der Beweissuche nur 333 Bytes benötigt. Abbildung 7.7 zeigt die Implementierung des Beweisers leanCoP 1.0 [67]. Mit einem gewissen Verständnis der Sprache Prolog kann man hierin die in Theorem 7.3.3 dargestellte Art der Beweisführung wiedererkennen. Die Regeln des Konnektionskalküls aus Abbildung 7.6 sind in ähnlicher Weise kompakt implementiert, was dazu führt, dass der gesamte Code des Beweisers einschließlich aller Komponenten auf zwei

```
prove(M,I) :- append(Q,[C|R],M), \+member(-_,C),
 append(Q,R,S), prove([!],[[-!|C]|S],[],I).
prove([],_,_,_).
prove([L|C],M,P,I) :- (-N=L; -L=N) -> (member(N,P);
 append(Q,[D|R],M), copy_term(D,E), append(A,[N|B],E),
 append(A,B,F), (D==E -> append(R,Q,S); length(P,K), K<I,
 append(R,[D|Q],S)), prove(F,S,[L|P],I)), prove(C,M,P,I).
```

Abb. 7.7: Implementierung des Extensionsverfahrens als Beweiser leanCoP 1.0.

Seiten passt. Dies macht es leicht, sich von der Korrektheit der tatsächlichen Implementierung zu überzeugen und Optimierungen in den Code zu integrieren, da dieser für einen Leser vollständig überschaubar bleibt.

Neuere leanCoP Versionen integrieren Optimierungen wie Regularitätsbedingungen für Extensions- und Reduktionsschritte, *Restricted Backtracking* [63] und *Strategy Scheduling*, welche die Performanz des Beweisers signifikant steigern, ohne den Quellcode nennenswert zu vergrößern. Außerdem lässt sich leanCoP auf Nichtnormalformmatrizen [66] sowie auf andere Logiken und komplexere Theorien erweitern.

7.4 Ausblick

Klassische Prädikatenlogik ist eine universelle Sprache, in der sich viele Arten von Aussagen und Argumenten formulieren lassen. Sie bietet jedoch keine Unterstützung für die Behandlung mathematischer Standardkonzepte wie Gleichheit, Zahlen oder Datenstrukturen. Darüber hinaus erfordern viele Anwendungen auch *nichtklassische Logiken*, um Aspekte zu behandeln, die von der klassischen Logik nicht erfasst werden. So kann z. B. die *konstruktive* oder *intuitionistische Logik* die Bedeutung von Berechnungen und Programmen besser erfassen, da sie Beweise als Konstruktion der Lösung einer Aufgabe versteht und logische Symbole dementsprechend genauer interpretiert. *Modallogiken* stellen zusätzliche Quantoren bereit, um über Möglichkeit und Notwendigkeit schließen zu können. *Logik höherer Stufe* erlaubt, über Funktionen und Prädikate zu quantifizieren. *Lineare Logik* bietet Kontrolle darüber, wie oft Formeln in Argumenten verwendet werden, und eignet sich als Logik von Ressourcen. Darüber hinaus gibt es Nichtmonotone (Siehe auch Kapitel 8), Relevanz-, Beschreibungs-, Temporallogik (Siehe auch Kapitel 10), (konstruktive) Typentheorie und weitere Logiken.

Da die meisten nichtklassischen Logiken durch Sequenzenkalküle beschrieben werden können, lässt sich auch die Konnektionsmethode hierauf übertragen. Dabei kann das Extensionsverfahren als universelle Methode unverändert beibehalten werden und muss lediglich um Module ergänzt werden, welche die spezifischen Aspekte dieser Logiken und Konzepte in verdichteter Form repräsentieren.

Dabei muss berücksichtigt werden, dass viele nichtklassische Logiken keine disjunktiven Normalformen besitzen (in konstruktiver Logik ist z. B. jede Formel in disjunktiven Normalformen ungültig) und Beweise in diesen mehr Informationen enthalten als die Aussage, dass eine Formel gültig ist (ein Beweis in konstruktiver Logik enthält einen Lösungsalgorithmus). Daher muss bei der Erweiterung der Konnektionsmethode normalerweise das Extensionsverfahren für Nichtnormalform-Matrizen, also verschachtelte Matrizen, zugrunde gelegt werden.

7.4.1 Konstruktive Logik

Wie bereits in Abschnitt 7.2.1 angesprochen, werden in konstruktiver Logik die Konnektive $\vee$, $\Rightarrow$ und $\exists$ anders interpretiert als in klassischer Logik. Für die Gültigkeit einer Formel reicht es nicht aus, dass sie nicht falsch sein kann, sondern es muss einen expliziten Nachweis geben, warum sie gültig ist. Klassische Gesetze wie $(A \vee \neg A)$, $(\neg\neg A \Rightarrow A)$, $(\neg A \vee B) \Leftrightarrow (A \Rightarrow B)$ oder $(\neg(\forall x\ \neg A) \Rightarrow \exists x\, A)$ sind daher aus konstruktiver Sicht nicht allgemeingültig und üblicherweise haben konstruktive Beweise eine größere Aussagekraft als klassische. Um diese Tatsache innerhalb des Matrixkalküls darzustellen, müssen zusätzliche Bedingungen an die Komplementarität konnektierter Literale gestellt werden, die in verdichteter Form codieren, dass für konstruktive Beweisführung in der Refinement Logik die Regeln nur in bestimmten Reihenfolgen angewandt werden dürfen.

Im Matrixkalkül für die konstruktive Logik werden hierfür sogenannte Präfixe eingeführt, welche für jedes Literal die mit $\neg$, $\Rightarrow$ oder $\forall$ markierten Vorgängerknoten im Formelbaum und das Literal selbst markieren. Dabei erhalten Knoten der Polarität ^{T} den Typ φ und werden als Variablen betrachtet. Knoten der Polarität ^{F} erhalten den Typ ψ und werden als Konstanten betrachtet. Der *Präfix* eines Literals P ist die Liste (bzw. der String) der so markierten Knoten zwischen der Wurzel des Formelbaums und P. Für den Nachweis der Komplementarität konnektierter Literale müssen in konstruktiver Logik nicht nur die zugehörigen Atome durch eine Term-Substitution, sondern auch die zugehörigen Präfixe durch eine sogenannte intuitionistische Substitution unifizierbar sein. Dabei ist eine *intuitionistische Substitution* eine Abbildung σ_J von φ-Knoten in Strings von φ- oder ψ-Knoten.

Abbildung 7.8 zeigt die Markierungen der Knoten in den Formelbäumen für $P \vee \neg P$ und $P \Rightarrow P$ sowie die daraus entstehenden Präfixe in der Matrixdarstellung der Formeln. Der Übersichtlichkeit halber werden φ-Knoten (Variablen) mit Großbuchstaben gekennzeichnet und ψ-Knoten mit Kleinbuchstaben. Die Literale in der Matrix der Formel $P \vee \neg P$ sind nicht komplementär, da die Präfix-Strings a_1 und a_2A_3 nicht unifizierbar sind. Dagegen werden die Präfix-Strings a_0A_1 und a_0a_2 für $P \Rightarrow P$ unter der Substitution $\sigma_J = [a_2/A_1]$ gleich.

Analog zur Termsubstitution σ_Q induziert auch die intuitionistische Substitution σ_J eine Ordnung $\sqsubseteq_J$ zwischen den ψ- und φ-Knoten des Formelbaums. Die kombinierte

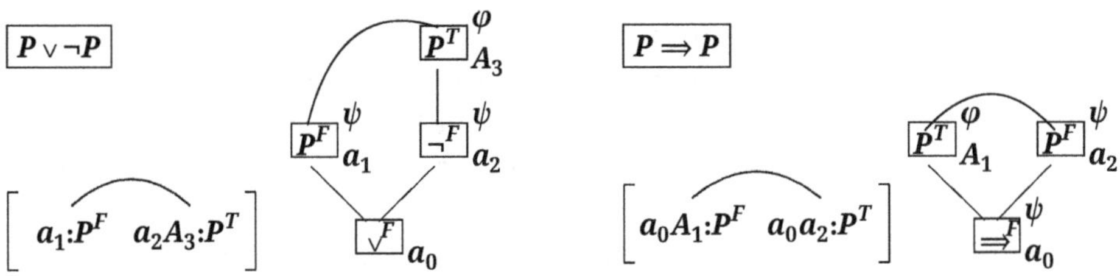

Abb. 7.8: Matrizen mit Präfixen und Formelbäume für $P \vee \neg P$ und $P \Rightarrow P$.

Substitution (σ_Q, σ_J) ist *zulässig*, falls die transitive Hülle von $\sqsubseteq_Q$, $\sqsubseteq_J$ und der Baumordnung der Formel azyklisch ist. Außerdem kann es sein, dass neben γ-Variablen auch φ-Teilformeln in einem Beweis mehrfach instantiiert werden müssen. Die Anzahl der verwendeten Kopien eines φ-Knotens A_i wird durch eine *intuitionistische Multiplizität* $\mu_J(A_i)$ codiert. Mit diesen zusätzlichen Konzepten lässt sich die konstruktive Gültigkeit einer logischen Formel analog zu Theorem 7.3.1 charakterisieren.

Theorem 7.4.1 (Konstruktive Gültigkeit logischer Formeln). *Eine Formel F ist genau dann konstruktiv gültig, wenn es eine kombinierte Multiplizität μ=(μ_Q, μ_J), eine zulässige Substitution σ=(σ_Q, σ_J) und eine Menge C σ-komplementärer Konnektionen gibt, sodass jeder Pfad durch F ein Element von C enthält.*

Einen Beweis des Theorems findet man in [91]. Auf dieser Basis kann man das Extensionsverfahren auf konstruktive Logik erweitern und die zugehörigen Beweisprozeduren entsprechend übertragen. Hierbei muss lediglich der Komplementaritätstest erweitert werden, da neben der Term-Unifikation (Abschnitt 7.2.2) nun auch ein Verfahren für die *Präfix-Unifikation* erforderlich ist und der Zulässigkeitstest auch die Ordnung $\sqsubseteq_J$ berücksichtigen muss. Die Unifikation einer Menge von Präfix-Strings ist keineswegs trivial, da allgemeine String-Unifikation hochgradig komplex ist und es unendlich viele allgemeinste Unifikatoren geben kann. Da Präfixe jedoch aus Formelbäumen entstehen, erscheint in einem Präfix-String jedes Symbol maximal einmal und zwei Präfix-Strings bestehen zu Beginn aus identischen Teilstrings und haben danach keine weiteren Symbole gemeinsam. Diese Eigenschaften führen dazu, dass die Menge der allgemeinsten Unifikatoren endlich wird und ein einfaches Verfahren zur Präfix-Unifikation konstruiert werden kann [68]. Dieses Verfahren basiert auf einer Reihe von Transformationsregeln, welche wiederholt auf eine Menge *EQ* von Präfix-Gleichungen und eine Substitution σ_J angewandt werden, wobei σ_J zu Beginn leer ist. Jede dieser Regeln modifiziert oder entfernt eine der Gleichungen von *EQ* und aktualisiert dabei σ_J. Das Verfahren terminiert erfolgreich, wenn die Menge der Gleichungen leer ist, und gibt die konstruierte Substitution σ_J als Ergebnis zurück. Da die Anwendung der Transformationsregeln nichtdeterministisch ist, ist das Resultat die Menge der Ergebnisse aller erfolgreich abgeschlossenen Transformationen.

Der Beweiser JProver [80] ist eine Implementierung des Extensionsverfahrens für konstruktive Logik, welche auf Nichtnormalform-Matrizen operiert. Dies ermöglicht eine Rücktransformation der gefundenen Matrixbeweise in Sequenzenbeweise und erlaubt es, JProver zur Steuerung der Beweisführung in interaktiven Beweisern für konstruktive Logiken höherer Ordnung zu verwenden. Die Einbindung von Präfixen ermöglicht jedoch auch die Bildung einer speziellen Normalform für Formeln in konstruktiver Logik und eine Implementierung des Extensionsverfahrens für konstruktive Logik auf Normalform-Matrizen. Der hierauf basierende Beweiser ileanCoP [62] ist derzeit der effizienteste Beweiser für konstruktive Logik.

7.4.2 Modallogiken

Modallogiken ermöglichen die Modellierung von Schlussfolgerungen, die Aussagen über Formeln enthalten, wie z. B. dass eine Formel beweisbar, zwingend oder nur möglicherweise gültig ist. Wie bereits in Kapitel 6 für die Aussagenlogik motiviert, muss auch für die Prädikatenlogik entsprechend die Syntax um zwei Modaloperatoren $\Box$ („notwendig") und $\Diamond$ („möglich") erweitert werden. Die Semantik dieser Operatoren hängt von der vorgesehenen Anwendung ab. So kann z. B. $\Box$ als „beweisbar", „wissen", oder „glauben" verstanden werden, was zu einer Reihe unterschiedlicher Modallogiken führt. Wie in Kapitel 6 beschrieben, führen die unterschiedlichen Eigenschaften der Erreichbarkeitsrelation $\mathcal{R}$ zu einer Vielzahl von Modallogiken, mit denen sich sehr unterschiedliche Arten von Schlussfolgerungen in verschiedenartigen Anwendungen modellieren lassen. Nichtsdestotrotz kann auch für modallogische Beweisführung das Extensionsverfahren als universelle Methode eingesetzt werden.

Wie beim Matrixkalkül für die konstruktive Logik werden hierfür Präfixe verwendet, welche für jedes Literal die mit $\Box$ oder $\Diamond$ markierten Vorgängerknoten markieren. Dabei erhalten Knoten der Polarität ^{T} den Typ ν (Variablen) und Knoten der Polarität ^{F} den Typ π (Konstante). Der *Präfix* eines Literals P ist der String aller ν- bzw. π-Knoten zwischen der Wurzel und P (für S5 nur der letzte modale Knoten). Für den Komplementaritätsnachweis müssen Präfixe konnektierter Literale durch eine *modale Substitution*, eine Abbildung σ_M von ν-Knoten in Strings von ν- oder π-Knoten, unifizierbar sein. Dabei muss die Länge des Strings $\sigma_M(A_i)$ für einen ν-Knoten A_i in der Logik T maximal, in D genau und in D4 mindestens 1 sein. Die kombinierte Substitution (σ_Q, σ_M) ist *zulässig*, falls die transitive Hülle von $\sqsubseteq_Q$, der von σ_M induzierten Ordnung $\sqsubseteq_M$ und der Formelbaumordnung azyklisch ist. Codiert man nun die Anzahl der verwendeten Kopien eines ν-Knotens A_i durch eine *modale Multiplizität* $\mu_M(A_i)$, so lässt sich die Gültigkeit modallogischer Formeln analog zu Theorem 7.3.1 charakterisieren.

Theorem 7.4.2 (Charakterisierung der Gültigkeit modallogischer Formeln). *Eine modale Formel F ist genau dann gültig, wenn es eine Multiplizität $\mu=(\mu_Q, \mu_M)$, eine zulässige Substitution $\sigma=(\sigma_Q, \sigma_M)$ und eine Menge C σ-komplementärer Konnektionen gibt, sodass jeder Pfad durch F ein Element von C enthält.*

Abbildung 7.9 zeigt den markierten Formelbaum für $\Box\forall xPx \Rightarrow \Box\forall y \diamond Py$ sowie die Präfixe in den Matrixdarstellungen der Formel für die Logiken K, D, D4, S4, T und S5. Für diese Präfixe gibt es die allgemeinste Unifikatoren $\sigma_{M_1} = [a_4A_6/A_1]$ und $\sigma_{M_2} = [a_4/A_1, \varepsilon/A_6]$ für D, D4, S4 und T, sowie $\sigma_{M_3} = [a_4/A_1, a_4/A_6]$ für S5. Dabei verletzt σ_{M_1} die Längenbedingung für D und T und σ_{M_2} die für D und D4. σ_{M_1} ist nur für D4 und S4 zulässig und σ_{M_n} nur für S4 und T. Damit ist die Formel gültig in D4, T, S4 und S5, aber nicht in D.

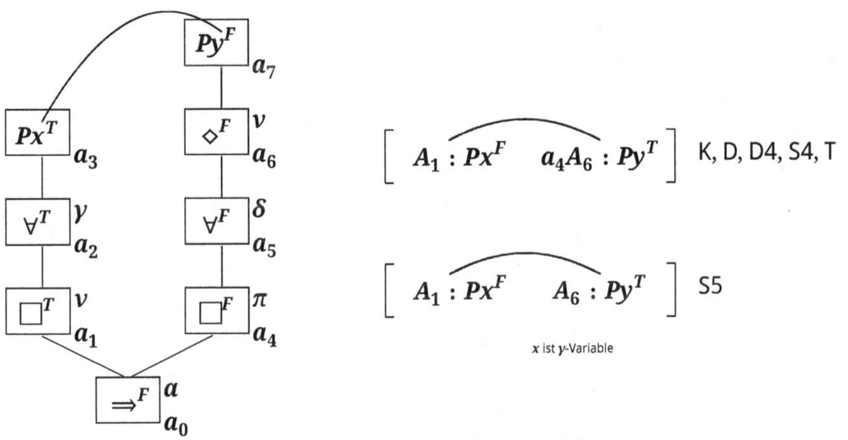

Abb. 7.9: Matrizen mit Präfixen und Formelbaum für $\Box\forall xPx \Rightarrow \Box\forall y \diamond Py$.

Auf der Basis von Theorem 7.4.2 lässt sich das Extensionsverfahren also auf modale Logiken erweitern. Der hieraus resultierende Beweiser MleanCoP [65] ist derzeit der effizienteste Beweiser für die quantifizierten modalen Logiken D4, S4, S5 und T in allen Domänenvarianten.

7.4.3 Lineare Logik

Lineare Logik [39] ist eine Ressourcenlogik. Im Gegensatz zur Prädikatenlogik können Formeln „verbraucht" und „erzeugt" werden. Aus beweistheoretischer Sicht bedeutet dies, dass in einem Sequenzenkalkül die impliziten Regeln zur Verdoppelung oder Elimination von Hypothesen entfernt und in kontrollierter Form als Regeln für logische Junktoren wieder eingeführt werden. Für Konjunktion, Disjunktion, Implikation, Einheit (wahr) und Leerheit (falsch) gibt es „additive" und „multiplikative" Varianten. Dazu kommen sogenannte Exponentiale, welche Formeln explizit als wiederverwendbar oder eliminierbar kennzeichnen.

Lineare Logik kann klassische und konstruktive Logik simulieren, aber auch Aussagen formulieren, die sich in diesen Logiken nicht beschreiben lassen. So wird z. B. die chemische Reaktion der Umwandlung von Wasserstoff- und Sauerstoffatomen in Wassermoleküle durch die Formel $H_2 \wedge H_2 \wedge O_2 \Rightarrow H_2O \wedge H_2O$ nur unvollständig beschrieben, da dies nicht ausdrückt, dass die Ausgangsatome nach der Umwandlung nicht mehr vorhanden sind. In der Formel $H_2 \ltimes H_2 \ltimes O_2 \multimap H_2O \ltimes H_2O$ dagegen drückt das multiplikative Implikationszeichen $\multimap$ der linearen Logik aus, dass die Umwandlung Ressourcen verbraucht, also aus der Hypothesenliste entfernt.

Diese Besonderheiten der linearen Logik lassen sich in einem Matrixkalkül in ähnlicher Weise behandeln wie modale und konstruktive Logik. Das konnektionenorientierte Pfadüberprüfungsverfahren aus Abschnitt 7.3.4 kann unverändert übernommen werden. Allerdings muss der Komplementaritätsbegriff neben der Unifizierbarkeit von Termen und *linearen Präfixen* um eine zusätzliche *Linearitätsbedingung* ergänzt werden und eine *lineare Multiplizität* darf es nur für Exponentiale geben.

Diese Erweiterungen führen zu einer Charakterisierung der Gültigkeit von Formeln in linearer Logik, ähnlich zu Theorem 7.4.1. Eine solche Charakterisierung konnte für das multiplikative Fragment $\mathcal{MLL}$ bewiesen werden und führte zu dem in [49] beschriebenen Extensionsverfahren für $\mathcal{MLL}$. Der Tableaubeweiser linTaP [55] basiert auf diesen Ideen. Für das multiplikative Fragment mit Exponentialen $\mathcal{MELL}$ gibt es ebenfalls eine Matrixcharakterisierung [48], die aber wegen des erheblich aufwendigeren Komplementaritätsbegriffs noch nicht implementiert wurde. Für das additive Fragment $\mathcal{ALL}$ gibt es separate Beweisverfahren in einem ähnlichen Stil wie der Matrixkalkül [35]. Eine Integration aller Fragmente zu einer einheitlichen Charakterisierung der Gültigkeit in linearer Logik ist bisher noch nicht gelungen.

7.4.4 Logik höherer Stufe

Im Gegensatz zur Prädikatenlogik erster Stufe erlaubt Logik höherer Stufe eine Quantifizierung über Funktions- und Prädikatszeichen. Dies ermöglicht eine einfache Formalisierung von mathematischen Konzepten wie Induktion, Differentialen und Integralen, Funktionsdefinitionen, oder semantischer Gleichheit von Objekten. Anwendung findet die Logik höherer Stufe beispielsweise auch beim Schließen über Raum und Zeit (Siehe auch Kapitel 10).

Beweise in Logik höherer Stufe sind meist kurz und elegant. Eine Automatisierung der Beweisführung in Logik höherer Stufe erweist sich jedoch als schwierig. Eine Matrixcharakterisierung der Gültigkeit lässt sich zwar relativ leicht angeben, da hierzu nur der Begriff der Unifizierbarkeit konnektierter Formeln auf Substitutionen erweitert werden muss, die neben Objektvariablen auch Funktionen und Prädikate ersetzen dürfen. Eine Beweisprozedur für Logik höherer Stufe benötigt hierfür allerdings ein Unifikationsverfahren höherer Stufe, was im Allgemeinen unentscheidbar ist und deshalb nur unvollständig realisiert werden kann. Deshalb arbeiten die meisten Beweiser für Logik höherer Stufe [61, 46, 21, 45] im Wesentlichen interaktiv und lassen die Anwendung von Beweisstrategien durch Benutzer steuern.

7.4.5 Einbindung von Theorien

Sowohl in der Künstlichen Intelligenz, als auch in der Softwareentwicklung, -verifikation und -synthese spielen Eigenschaften von Funktionen, die über die pure Logik hinausgehen, eine wichtige Rolle. Eigenschaften von Softwaresystemen lassen sich nicht sinnvoll beweisen, wenn man ausschließlich logische Aspekte analysieren kann, denn Programme bestehen neben den logischen Komponenten unter anderem auch aus arithmetischen Operationen sowie Vergleichsoperationen.

Dies kann man sich gut am Beispiel einfacher mathematischer Funktionen vergegenwärtigen. Die Fibonacci-Folge, die scheinbar wenig Relevanz für die Softwareentwicklung hat, wird dazu verwendet, um im *dynamic window manager* [27] die Anordnung beziehungsweise Größe von Fenster-Segmenten zu berechnen. Um die Eigenschaften dieser Funktion in einem automatischen Beweissystem zu verarbeiten, ist es vonnöten, natürliche Zahlen vergleichen zu können. Es muss also die Theorie der Gleichheiten unterstützt werden. Außerdem ist es erforderlich, arithmetische Operationen wie die Addition repräsentieren zu können, da diese in der Implementierung der Fibonacci-Folge verwendet werden. Im Folgenden werden wir uns daher mit der Behandlung von Gleichheiten und Arithmetik im automatischen Beweisen beschäftigen.

In der automatischen Inferenz gibt es für die Behandlung von Gleichheiten mehrere Ansätze. Resolutionsbasierte Beweissysteme wie E [82] und Vampire [89] verwenden für das Schließen über Gleichheiten spezialisierte Resolutionsregeln. Hierbei wird üblicherweise auf die Paramodulation [76] und Superposition [2] zurückgegriffen. Dies hat den Vorteil, dass eine hohe Performanz erreicht werden kann. Jedoch muss dafür die Formel, welche die Eigenschaften repräsentiert, in Normalform vorliegen, was – wie bereits angemerkt – einen Verlust von Struktur bedeutet. Für matrixbasierte Kalküle existieren bislang keine Spezialisierungen auf das Schließen über Gleichheiten. Dennoch haben automatische Beweissysteme wie leanCoP die Möglichkeit, Gleichheiten zu behandeln [63]. Dies wird dadurch erreicht, dass die Theorie der Gleichheiten explizit zu der Wissensbasis hinzugefügt wird. Dabei werden die Axiome der Theorie - Reflexivität, Transitivität, Symmetrie sowie funktionale und prädikative Substituivität - als logische Formeln repräsentiert und bei der Beweissuche mitgenutzt. Eine andere Möglichkeit, Gleichheiten zu behandeln ist die Einbindung in die Unifikation, auch E-Unifikation [87] genannt. Hierbei wird geprüft, ob zwei Terme unter Berücksichtigung von gegebenen Gleichheiten unifizierbar sind. Dieser Ansatz hat jedoch zwei Nachteile. Einerseits wird die Unifikation durch in den Gleichheiten potentiell vorhandene Variablen unentscheidbar. Andererseits gibt es nicht notwendigerweise einen allgemeinsten Unifikator.

Der Verlust der Entscheidbarkeit ist besonders signifikant. Eine Lösung für dieses Problem bieten Entscheidungsprozeduren für Gleichheiten wie z. B. der Kongruenzhüllen-Algorithmus [60]. Dieser kann entscheiden, ob zwei Terme unter Berücksichtigung einer Menge von Gleichheiten ineinander überführt werden können und ist mit einer Komplexität von $O(n \log_2 n)$ sehr schnell. Die Entscheidbarkeit wird dadurch erreicht, dass die Gleichheiten *ground*, also frei von Variablen, sein müssen. Dies mag eine gravierende Einschränkung sein, aber in der Praxis hat sich gezeigt, dass viele Gleichheiten diese Einschränkung erfüllen.

Die Behandlung von Arithmetik ist eine weitaus komplexere Problematik, da es hierfür keine analogen Verfahren zu der Superposition oder Paramodulation gibt. Daher muss die Arithmetik sowohl bei resolutionsbasierten, als auch matrixbasierten Beweisern anders behandelt werden. Hinzu kommt, dass viele arithmetische Theorien wie z. B. die Peano-Arithmetik unentscheidbar sind [40]. Daher beschränkt sich die Behandlung von Arithmetik üblicherweise auf entscheidbare Fragmente wie die Presburger-Arithmetik [71], induktionsfreie Arithmetik oder lineare (Un-)gleichungen mit Integerarithmetik. Entsprechend existieren spezialisierte Entscheidungsprozeduren, wie der Sup-Inf-Algorithmus [15, 84], die Arith-Prozedur [18] und der Omega-Test [73]. Diese Prozeduren lassen sich mit relativ geringem Aufwand in die Unifikation einbinden und der Kalkül um Theorie-Behandlung erweitern. Dieser Ansatz wurde beispielsweise bei leanCoP-Ω [69] und nanoCoP-Ω [74] erfolgreich durchgeführt.

Ein anderer - vor allem im resolutionsbasierten Schließen üblicher - Ansatz ist die Nutzung von sogenannten *Theory*- oder *SMT-Solvern*, wenn in logischen Formeln arithmetische Ausdrücke auftreten. Diese Solver bauen auf verschiedenen Verfahren auf, beispielsweise auf einer Erweiterung des DPLL-Verfahrens um Theorien (DPLL+T) [36], und unterstützen verschiedene Theorien und Entscheidungsprozeduren, z. B. für Arrays, Arithmetik und Bit-Vektoren. Bekannte Beispiele solcher Solver sind z3 [59], CVC4 [3] und Alt-Ergo [17]. Die meisten SMT-Solver haben jedoch den Nachteil, dass sie nur auf Formeln in Normalform arbeiten und keine Unterstützung für quantifizierten Formeln bieten.

7.4.6 Automatisierung Interaktiver Beweissysteme

Wie bereits in Abschnitt 7.1 beschrieben, werden für komplexe Probleme wie beispielsweise der Softwareverifikation interaktive Beweissysteme wie Isabelle, Coq und Lean verwendet. Da das Beweisen komplexer Eigenschaften mitunter auch vergleichsweise einfache, jedoch aufwändige Teilbeweise erfordern kann, liegt es nahe, diese durch automatische Beweissuche zu lösen. Daher ist es üblich, dass die Beweissysteme selbst sogenannte auto Taktiken haben, die eine automatische Beweissuche durchführen. Diese Taktiken sind zumeist nicht so mächtig wie ein automatischer Theorembeweiser und auch nicht so performant. Um diese Probleme zu lösen, werden häufig die Teilprobleme in der Eingabesprache eines automatischen Theorembeweisers - meist Prädikatenlogik erster Stufe - codiert und an einen entsprechenden Beweiser delegiert. Für Isabelle und Coq existieren entsprechende Subsysteme namens Sledgehammer [16] und CoqHammer [22], welche Teilbeweise beispielsweise an E, SPASS und Vampire delegieren und versuchen, aus den Rückgaben der Beweiser den Beweis zu rekonstruieren. Abhängig davon, wie detailliert die Ausgaben der genutzten Beweiser sind, ist eine Rekonstruktion jedoch nicht trivial möglich [86]. Unabhängig davon verwenden viele der automatischen Theorembeweiser klassische Logiken. Es ist jedoch nicht immer möglich, aus einem klassischen Beweis einen konstruktiven abzuleiten. Daher ist es auch nicht ohne Weiteres möglich, diese Beweise in konstruktiv arbeitende interaktive Beweissysteme zu überführen. Eine Ausnahme bilden da beispielsweise, wie in Abschnitt 7.4.1 erwähnt, die konstruktiven automatischen Theorembeweiser JProver und ileanCoP.

7.5 Schlussbetrachtung

Das Ziel dieses Kapitels ist, einige wichtige Methoden des automatischen Schließens vorzustellen. Dabei liegt der Fokus auf dem Verdichtungsprinzip, also dem schrittweisen Entfernen von Redundanz aus der Beweisführung zugunsten einer effizienten Verarbeitung, die trotz hoher Performanz einen Zusammenhang zu einer für Menschen verständlichen Beweisführung erkennen lässt. Offensichtlich können in diesem Kapitel nur die grundsätzlichen Ideen und Konzepte erläutert werden. Einige Themen wie Resolution, instanzbasierte Verfahren, das DPLL-Verfahren für die Aussagenlogik, Modelchecker, SAT- und SMT-Solver, sowie interaktive Beweisassistenten für umfangreiche Logiken werden nicht in die Tiefe behandelt. Hierzu gibt es jedoch eine Reihe von Übersichtsartikeln in Handbüchern [4, 7–9, 75, 42, 13] und einschlägigen Lehrbüchern [14, 34, 12, 81]. Aktuelle Entwicklungen kann man in den Konferenzen CADE, IJCAR, ITP, LPAR, Tableaux, CAV, SAT, AITP und JELIA verfolgen oder in Zeitschriften wie z. B. dem Journal of Automated Reasoning, Journal of Symbolic Computation, Journal of Applied Logic, Annals of Pure and Applied Logic, Journal of Symbolic Logic, Journal of Logic and Computation oder auch in allgemeinen KI-Zeitschriften und Proceedings von KI-Konferenzen nachlesen.

Literaturverzeichnis

[1] ACL2 home page. http://www.cs.utexas.edu/users/moore/acl2.

[2] L. Bachmair and H. Ganzinger. Rewrite-based equational theorem proving with selection and simplification. *Journal of Logic and Computation*, 4(3):217–247, 1994.

[3] C. Barrett, C. L. Conway, M. Deters, L. Hadarean, D. Jovanovi'c, T. King, A. Reynolds, and C. Tinelli. CVC4. In G. Gopalakrishnan and S. Qadeer, editors, *CAV '11*, volume 6806 of *LNCS*, pages 171–177 Springer, 2011.

[4] J. Barwise. *Handbook of Mathematical Logic*. North–Holland, 1977.

[5] P. Baumgartner and U. Furbach. Consolution as a Framework for Comparing Calculi. *Journal of Symbolic Computation*, 16:445–477, 1993.

[6] E. W. Beth. Semantic entailment and formal derivability. *Mededelingen der Koninklijke Nederlandse Akademie van Wetenschappen*, 18(13):309–342, 1955.

[7] W. Bibel and P. Schmitt, editors. In *Automated Deduction – A Basis for Applications Vol I: Foundations – Calculi and Methods*, volume 8 of *Applied Logic Series*. Kluwer, 1998.

[8] W. Bibel and P. Schmitt, editors. In *Automated Deduction – A Basis for Applications Vol II: Systems and Implementation Techniques*, volume 9 of *Applied Logic Series*. Kluwer, 1998.

[9] W. Bibel and P. Schmitt, editors. In *Automated Deduction – A Basis for Applications Vol III: Applications*, volume 10 of *Applied Logic Series*. Kluwer, 1998.

[10] W. Bibel. On matrices with connections. *Journal of the ACM*, 28:633–645, 1981.

[11] W. Bibel. *Automated Theorem Proving*. Vieweg Verlag, 1987.

[12] W. Bibel. *Deduktion – Automatisierung der Logik*. R. Oldenbourg, 1992.

[13] A. Biere, M. Heule, H. van Maaren, and T. Walsh. *Handbook of Satisfiability*. IOS Press, 2009.

[14] K. Bläsius and H. -J. Bürckert. *Deduktionssysteme*. Oldenburg, 1987.

[15] W. Bledsoe. A new method for proving certain Presburger formulas. In *4th IJCAI*, pages 15–21, 1975.

[16] S. Böhme and T. Nipkow. Sledgehammer: Judgement Day. In J. Giesl and R. Hähnle, editors, *Automated Reasoning (IJCAR 2010)*, volume 6173 of *LNCS*, pages 107–121. Springer, 2010.

[17] F. Bobot, S. Conchon, É. Contejean, M. Iguernelala, S. Lescuyer, and A. Mebsout. The Alt-Ergo automated theorem prover, 2008. https://alt-ergo.ocamlpro.com/.

[18] T. Chan. A decision procedure for checking PL/CV arithmetic inferences. In *Introduction to the PL/CV2 Programming Logic*, volume 135 of *LNCS*, pages 227–264. Springer, 1982.

[19] CompCert home page. http://compcert.inria.fr/.

[20] R. L. Constable. The semantics of evidence. Technical Report TR 85-684, Cornell University. Department of Computer Science, 1985.

[21] Coq home page. http://coq.inria.fr.

[22] Ł. Czajka and C. Kaliszyk. Hammer for Coq: Automation for Dependent Type Theory. *Journal of Automated Reasoning*, 61(1):423–453, Springer, 2018.

[23] M. Davis, G. Logemann, and D. Loveland. A machine program for theorem proving. *Communications of the ACM*, 5(7):394–397, 1962.

[24] M. Davis and H. Putnam. A computing procedure for quantification theory. *Journal of the ACM*, 7:201–215, 1960.

[25] DeepSpec home page. http://deepspec.org.

[26] L. de Moura and S. Ullrich. The Lean 4 Theorem Prover and Programming Language. In A. Platzer and G. Sutcliffe, editors, *CADE 28*, pages 625–635. Springer, 2021.

[27] Dynamic window manager. https://dwm.suckless.org/patches/fibonacci/.

[28] E. Eder. Consolution and its relation with resolution. In J. Mylopoulos and R. Reiter, editors, *IJCAI '91*, pages 132–136. Morgan Kaufmann Publishers Inc, 1991.

[29] N. Eén and N. Sörensson. An Extensible SAT-solver. In E. Giunchiglia and A. Tacchella, editors, *SAT 2003*, volume 2919 of *LNCS*, pages 502–518. Springer, 2004.

[30] E prover home page. http://www.eprover.org.

[31] EQP home page. https://www.cs.unm.edu/~mccune/eqp.

[32] G. Escalada-Imaz and M. Ghallab. A practically efficient and almost linear unification algorithm. *Artificial Intelligence*, 36(3):249–263, 1988.

[33] K. Fisher, J. Launchbury, and R. Richards. The HACMS program: using formal methods to eliminate exploitable bugs. *Philosophical Transactions - Royal Society. Mathematical, Physical and Engineering Sciences*, 375:20150401, 2017.

[34] M. C. Fitting. *First Order Logic and Automated Theorem Proving*. Springer, 1990.

[35] D. Galmiche. Connection methods in linear logic and proof nets construction. *Theoretical Computer Science*, 232(2):231–272, 2000.

[36] H. Ganzinger, G. Hagen, R. Nieuwenhuis, A. Oliveras, and C. Tinelli. DPLL(t): Fast decision procedures. In R. Alur and D. A. Peled, editors, *CAV '04*, pages 175–188. Springer, 2004.

[37] M. Gebser, R. Kaminski, B. Kaufmann, and T. Schaub. Multi-shot ASP solving with clingo. *Theory and Practice of Logic Programming*, 19(1):27–82, 2019.

[38] G. Gentzen. Untersuchungen über das logische Schließen. *Mathematische Zeitschrift*, 39:176–210, 405–431, 1935.

[39] J. -Y. Girard. Linear logic. *Theoretical Computer Science*, 50:1–102, 1987.

[40] K. Gödel. Über formal unentscheidbare Sätze der Principia Mathematica und verwandter Systeme I. *Monatshefte für Mathematik*, 38(1):173–198, 1931.

[41] G. Gonthier. Formal proof - the four-color theorem. *Notices of the American Mathematical Society*, 55(11):1382–1393, 2008.

[42] J. Harrison. *Handbook of Practical Logic and Automated Reasoning*. Cambridge University Press, 2009.

[43] D. Hilbert and P. Bernays. *Grundlagen der Mathematik, vol. 1*. Springer, 1934.

[44] K. Hoder and A. Voronkov. Comparing Unification Algorithms in First-Order Theorem Proving. In B. Mertsching, M. Hund and Z. Aziz, editors, *KI 2009*, volume 5803 of *LNAI*, pages 435–443. Springer, 2009.

[45] HOL home page. http://www.cl.cam.ac.uk/Research/HVG/HOL.

[46] Isabelle home page. http://www.cl.cam.ac.uk/Research/HVG/Isabelle.

[47] K. Korovin. iProver – An Instantiation-Based Theorem Prover for First-Order Logic (System Description). In A. Armando, P. Baumgartner and G. Dowek, editors, *IJCAR 2008*, volume 5195 of *LNAI*, pages 292–298. Springer, 2008.

[48] C. Kreitz and H. Mantel. A matrix characterization for Multiplicative Exponential Linear Logic. *Journal of Automated Reasoning*, 32(2):121–166, 2004.

[49] C. Kreitz, H. Mantel, J. Otten, and S. Schmitt. Connection-based proof construction in linear logic. In W. McCune, editor, *CADE 14*, volume 1249 of *LNAI*, pages 207–221. Springer, 1997.

[50] C. Kreitz and J. Otten. Connection-based theorem proving in classical & non-classical logics. *Journal of Universal Computer Science*, 5(3):88–112, 1999.

[51] LeanCoP home page. http://www.leancop.de.

[52] LeanTaP home page. https://formal.iti.kit.edu/beckert/leantap.

[53] R. Letz, J. Schumann, S. Bayerl, and W. Bibel. Setheo: A high-performance theorem prover. *Journal of Automated Reasoning*, 8:183–212, 1992.

[54] X. Liu, C. Kreitz, R. van Renesse, J. Hickey, M. Hayden, K. Birman, and R. L. Constable. Building reliable, high-performance communication systems from components. In *SOSP'99, Operating Systems Review*, volume 33, pages 80–92, 1999.

[55] H. Mantel and J. Otten. linTAP: A tableau prover for linear logic. In N. Murray, editor, *TABLEAUX-99*, volume 1617 of *LNAI*, pages 217–231. Springer, 1999.

[56] J. P. Marques-Silva and K. A. Sakallah. GRASP-A New Search Algorithm for Satisfiability. In *Proceedings of International Conference on Computer Aided Design (ICCAD)*, pages 220–227. IEEE, 1996.

[57] A. Martelli and U. Montanari. An efficient unification algorithm. *ACM Transactions on Programming Languages and Systems*, 4:258–282, 1982.

[58] W. McCune. Solution of the Robbins problem. *Journal of Automated Reasoning*, 19:263–276, 1997.

[59] L. de Moura and N. Bjørner. Z3: An efficient SMT solver. In *TACAS 2008*, volume 4963 of *LNCS*, pages 337–340. Springer, 2008.

[60] G. Nelson and D. C. Oppen. Fast decision procedures based on congruence closure. *Journal of the ACM*, 27(2):356–364, April 1980.

[61] Nuprl home page. https://nuprl-web.cs.cornell.edu/.

[62] J. Otten. leanCoP 2.0 and ileanCoP 1.2: High performance lean theorem proving in classical and intuitionistic logic. In A. Armando, P. Baumgartner and G. Dowek, editors, *IJCAR 2008*, volume 5195 of *LNAI*, pages 283–291. Springer, 2008.

[63] J. Otten. Restricting backtracking in connection calculi. *AI Communications*, 23(2–3):159–182, 2010.

[64] J. Otten. A non-clausal connection calculus. In K. Brünnler and G. Metcalfe, editors, *TABLEAUX 2011*, volume 6793 of *LNAI*, pages 226–241. Springer, 2011.

[65] J. Otten. MleanCoP: A connection prover for first-order modal logic. In S. Demri, D. Kapur and C. Weidenbach, editors, *IJCAR 2014*, volume 8562 of *LNAI*, pages 269–276. Springer, 2014.

[66] J. Otten. nanoCoP: A non-clausal connection prover. In N. Olivetti and A. Tiwari, editors, *IJCAR 2016*, volume 9706 of *LNAI*, pages 300–312. Springer, 2016.

[67] J. Otten and W. Bibel. leanCoP: Lean connection-based theorem proving. *Journal of Symbolic Computation*, 36:139–161, 2003.

[68] J. Otten and C. Kreitz. T-string-unification: Unifying prefixes in non-classical proof methods. In U. Moscato, editor, *TABLEAUX-96*, volume 1071 of *LNAI*, pages 244–260. Springer, 1996.

[69] J. Otten, H. Trölenberg, and T. Raths. leanCoP-Ω 0.1. In *5th IJCAR - ATP System Competition - CASC-J5*, page 25, 2010.

[70] Otter home page. https://www.cs.unm.edu/~mccune/otter.

[71] M. Presburger. Über die Vollständigkeit eines gewissen Systems der Arithmetik ganzer Zahlen, in welchem die Addition als einzige Operation hervortritt. In *Comptes Rendus du I congrès de Mathématiciens des Pays Slaves, Warszawa*, pages 92–101, 1929.

[72] Prover9 home page. https://www.cs.unm.edu/~mccune/mace4.

[73] W. Pugh. The Omega test: a fast and practical integer programming algorithm for dependence analysis. In *Supercomputing*, pages 4–13, 1991.

[74] L. Repp and M. Frank. nanoCoP-Ω: A Non-Clausal Connection Prover with Arithmetic. In J. Otten and W. Bibel, editors, *AReCCa 2023, CEUR-WS 3613*, pages 41–53, 2024.

[75] J. A. Robinson and A. Voronkov. *Handbook of Automated Reasoning*. Elsevier/MIT Press, 2001.

[76] G. Robinson and L. Wos. Paramodulation and theorem-proving in first-order theories with equality. In B. Meltzer and D. Michie, editors, *Machine Intelligence 4*, chapter 8, pages 135–150. Edinburgh University Press, 1969.

[77] J. A. Robinson. A machine-oriented logic based on the resolution principle. *Journal of the ACM*, 12(1):23–41, January 1965.

[78] N. Schiper, V. Rahli, R. Van Renesse, M. Bickford, and R. L. Constable. ShadowDB: A replicated database on a synthesized consensus core. In *Eighth Workshop on Hot Topics in System Dependability*, 2012.

[79] S. Schmitt. Proof Reconstruction in Classical and Non-classical Logics. PhD thesis, Technische Universität Darmstadt, 1999.

[80] S. Schmitt, L. Lorigo, C. Kreitz, and A. Nogin. JProver: Integrating connection-based theorem proving into interactive proof assistants. In R. Gore, A. Leitsch and T. Nipkow, editors, *IJCAR 2001*, volume 2083 of *LNAI*, pages 421–426. Springer, 2001.

[81] U. Schöning. *Logik für Informatiker*. Spektrum, 2000.

[82] S. Schulz. System Description: E 1.8. In K. McMillan, A. Middeldorp and A. Voronkov, editors, *LPAR 19*, volume 8312 of *LNCS*. Springer, 2013.

[83] seL4 home page. https://sel4.systems.

[84] R. E. Shostak. On the SUP-INF method for proving Presburger formulas. *Journal of the ACM*, 24(4):529–543, October 1977.

[85] D. Smith, E. Parra, and S. Westfold. Synthesis of high performance transportation schedulers. Technical Report KES. U.95.1, Kestrel Institute, 1995.

[86] S. J. Smolka and J. C. Blanchette. Robust, Semi-Intelligible Isabelle Proofs from ATP Proofs. In J. C. Blanchette and J. Urban, editors, *PxTP 2013*, volume 14 of *EPiC Series in Computing*, pages 117–132. EasyChair, 2013.

[87] W. Snyder. *E-Unification*, pages 49–60. Birkhäuser, 1991.

[88] SPASS home page. http://www.spass-prover.org.

[89] Vampire home page. https://vprover.github.io/.

[90] A. Voronkov. Algorithms, datastructures, and other issues in efficient automated deduction. In R. Gore, A. Leitsch and T. Nipkow, editors, *IJCAR 2001*, volume 2083 of *LNAI*, pages 13–28. Springer, 2001.

[91] L. Wallen. *Automated Deduction in Nonclassical Logics*. MIT Press, 1990.

Ringo Baumann

8 Nichtmonotones Schließen – Die Kunst des Revidierens

8.1 Einleitung

Das Gebiet der *Künstlichen Intelligenz (KI)* beschäftigt sich mit der Automatisierung intelligenten Verhaltens. Neben den in jüngster Zeit sehr erfolgreichen subsymbolischen Ansätzen, welche stark auf statistischen und probabilistischen Methoden basieren (siehe beispielsweise Kapitel 12 und 13), gibt es die sogenannte traditionelle KI, auch logikbasierte KI oder symbolische KI genannt [75, 41]. In diesem Kapitel werden wir uns eine der prominentesten Unterkategorien der symbolischen KI zuwenden, dem *nichtmonotonen Schließen* [58, 4, 18, 12].

In der symbolischen KI wird Wissen explizit in von Menschen verstehbaren Symbolen dargestellt und mithilfe eines formal klar definierten Inferenzmechanismus weiterverarbeitet (siehe Kapitel 6). Bis in die 1970er Jahre hinein waren traditionelle Logiken wie die klassische Aussagenlogik und Prädikatenlogik das Mittel der Wahl. Diese ausführlich untersuchten Logiken erfüllen die Eigenschaft der Monotonie, welche besagt, dass einmal gezogene Schlussfolgerungen auch dann bestehen bleiben, wenn neue Informationen hinzukommen. Diese Art des unwiderruflichen Schließens kennen wir aus der Mathematik: Einmal bewiesene Aussagen gelten ohne Ausnahme und für alle Zeit. Doch trifft diese Art des Schlussfolgerns auch auf unser Alltagsschließen zu? Die Antwort darauf ist ein klares Nein. Wir Menschen sind ausgesprochen geschickt und erprobt darin, vorläufige Schlüsse zu ziehen, die im Lichte neuer Informationen angepasst oder gar verworfen werden. Unser alltägliches Schließen ist nicht unwiderruflich, sondern höchstgradig nichtmonoton. Aber warum ist das so? Schauen wir uns zunächst an, wie uns Wissen typischerweise vorliegt.

– **Unvollständiges Wissen**
  In vielen Alltagssituationen müssen wir Entscheidungen treffen, obwohl hierfür nicht alle relevanten Informationen zur Verfügung stehen. Diese Unvollständigkeit des Wissens kann verschiedene Ursachen haben. Zum einen können bestimmte Informationen grundsätzlich nicht oder nur schwer zugänglich sein, oder sie stehen zu einem bestimmten Zeitpunkt schlichtweg nicht zur Verfügung. Zum anderen kann paradoxerweise auch ein Zuviel an Informationen zu Unvollständigkeit führen, da die relevanten Daten aus der Fülle schwer herausgefiltert beziehungsweise nicht als Gesamtheit verarbeitet werden können.

Danksagung: Der Autor bedankt sich herzlich bei Gerhard Brewka, Matthias Thimm und Tom Heinich für ihre wertvollen Anregungen und die hilfreichen Diskussionen, bei Freya-Ruthlinda Baumann für ihre künstlerischen Beiträge sowie bei einem anonymen Gutachter für dessen konstruktives Feedback.

https://doi.org/10.1515/9783111386690-010

- **Unsicheres Wissen**
  Auch wenn im Gegensatz zur Unvollständigkeit genügend relevante Informationen vorliegen, führt dies nicht zwangsläufig zu sicheren Schlussfolgerungen. Das verfügbare Wissen kann mit Unsicherheiten verbunden sein. Eine Quelle dieser Unsicherheit kann unter anderem die Herkunft der Information beziehungsweise die Glaubwürdigkeit der Informationsquelle sein. Dies betrifft selbstverständlich auch die eigene Erinnerung, die schon so manchem einen Streich gespielt hat. Zudem unterliegen Daten oft kontinuierlichen Veränderungen und bei ihrer Erhebung durch Messgeräte oder andere Instrumente können Fehler und Ungenauigkeiten auftreten.
- **Widersprüchliches Wissen**
  In einer Vielzahl von Fällen sind wir mit Situationen konfrontiert, in denen das vorhandene Wissen inkonsistent ist. Gründe dafür können unterschiedliche Quellen oder auch gegensätzliche Beobachtungen sein. Um dennoch handlungsfähig zu bleiben, ziehen wir Schlussfolgerungen, die zwangsläufig unsicher sind und möglicherweise revidiert werden müssen.

Oftmals ist unser verfügbares Wissen eine Mischung aus allen drei Arten – es kann also unvollständig, unsicher und widersprüchlich zugleich sein. Trotzdem müssen wir im Alltag Entscheidungen treffen und Schlüsse ziehen. Dabei helfen uns bestimmte Strategien, die wir beim logischen Schließen (meist unbewußt) anwenden. Einige dieser grundlegenden Strategien des Alltagsschließens wollen wir im Folgenden beleuchten.

- **Schließen mit Defaultregeln**
  Eine Defaultregel (auf Deutsch etwas sperrig Standardannahmeregel oder Normalfallregel) beschreibt, was typischerweise der Fall ist, was für gewöhnlich gilt oder wie sich die Welt – oder ein bestimmter Ausschnitt davon – normalerweise verhält. Solche Regeln werden genutzt, um im Angesicht fehlender Informationen plausible Schlüsse zu ziehen. Es liegt in der Natur der Sache, dass solche Regeln auch Ausnahmen haben können und daher zuvor gezogene Schlüsse bei neuer Informationslage revidiert werden müssen. Nachfolgend drei Beispiele für Defaultregeln inklusive möglicher Ausnahmen:
  d_1: Studierende sind volljährig…es sei denn, sie haben einige Klassen übersprungen.
  d_2: Kinder dürfen keine motorisierten Fahrzeuge fahren…außer, es handelt sich um ein Kartrennen.
  d_3: Ein Angeklagter gilt als unschuldig, …solange seine Schuld nicht bewiesen wurde.
- **Autoepistemisches Schließen**
  Beim autoepistemischen Schließen wird der Unvollständigkeit unseres Wissens mit Introspektion begegnet. Das bedeutet, dass wir Schlussfolgerungen nicht nur auf Grundlage unseres Wissens, sondern auch mithilfe des Kenntnisstandes über das

eigene Nichtwissen ziehen. Betrachten wir dazu zwei Beispiele. Stellen Sie sich vor, Sie werden mit folgenden zwei Fragen konfrontiert:

d_1: Ist Angelique Ihre Schwester?

d_2: Ist Ihr bester Freund jemals mit den Smashing Pumpkins auf Tour gewesen?

Falls Sie die Antworten auf diese Fragen nicht mit Sicherheit kennen – das heißt, wenn Sie weder mit Gewissheit sagen können, dass Angelique Ihre Schwester ist, noch, dass Ihr bester Freund mit den Smashing Pumpkins auf Tour war, würden Sie vermutlich folgendermaßen schließen: Angenommen, es träfe zu – also Angelique wäre meine Schwester beziehungsweise mein bester Freund wäre mit den Smashing Pumpkins auf Tour gewesen – dann wüsste ich es. Ich stehe in engem Austausch mit meinen Eltern und wüsste daher, dass Angelique meine Schwester ist. Ebenso reden mein bester Freund und ich häufig über Musik und Auftritte, sodass er mir davon erzählt hätte. Da ich es jedoch nicht weiß, schließe ich, dass es nicht so ist und beantworte die Fragen mit *Nein*.

– **Schließen aufgrund von Repräsentationskonventionen**

In vielen Domänen gibt es deutlich mehr negative als positive Fakten. Zum Beispiel:

f_1: Die Anzahl der Zeitpunkte, zu denen kein Zug von Leipzig nach Berlin fährt, im Vergleich zur Anzahl der tatsächlichen Verbindungen.

f_2: Die Anzahl der Speisen, die täglich in der Mensa nicht angeboten werden, im Vergleich zur kleinen Auswahl an verfügbaren Tagesgerichten.

Dieses Ungleichgewicht zwischen positiven und negativen Fakten nutzen wir Menschen geschickt für eine kompakte Repräsentation. Genauer: Auf einem Fahrplan werden nur die Zeitpunkte angegeben, an denen es tatsächlich eine Verbindung gibt. Es wird jedoch nicht vermerkt, dass es zum Zeitpunkt x keine Verbindung gibt. Analog verhält es sich mit einer Speisekarte. Auf einer solchen finden Sie nur die tatsächlich angebotenen Speisen. Sollte Ihre Leibspeise nicht gelistet sein, schließen Sie daraus, dass sie auch nicht angeboten wird.

– **Schließen mit konsistentem Teilwissen**

Widersprüchliche Informationen begegnen uns tagtäglich. Hier eine kleine Auswahl:

i_1: Auf der Anzeigetafel am Bahnhof steht als Abfahrtszeit 11.15 Uhr, online jedoch ist der Zug für 11.23 Uhr angegeben.

i_2: Ihre beste Freundin hatte Ihnen für die geplante Party fest zugesagt, doch gestern hörten Sie von anderen, dass sie am Wochenende zu ihren Eltern nach Dresden fahren würde.

In der klassischen Logik gilt *ex falso quodlibet*, das heißt, aus einem Widerspruch kann alles gefolgert werden – so zum Beispiel, dass es in Berlin keinen Anschlusszug geben wird, oder dass auch alle anderen eingeladenen Gäste nicht zur Party erscheinen werden. Solch ein Vorgehen ist jedoch nicht adäquat für unser Alltagsschließen. Keinesfalls würden wir alle verfügbaren Informationen als gleichermaßen wertlos ansehen – insbesondere nicht diejenigen, die sich nicht widersprechen.

8.2 Grundlegende Konzepte

Neben der prominenten Aussagenlogik und der Prädikatenlogik erster Stufe existiert eine Vielzahl weiterer monotoner Logiken, deren Motivation häufig in der Überwindung klassischer Eigenschaften lag. Beispielsweise erweitern *Mehrwertige Logiken* [53, 40] das klassische zweiwertige Wahrheitswertsystem, bestehend nur aus *wahr* und *falsch*, um alternative Werte, die je nach Logik als *unbestimmt*, *unbekannt* oder auch *unentscheidbar* interpretiert werden können. Die *Intuitionistische Logik* [44] hingegen erfüllt die Anforderungen des Konstruktivismus, indem das *tertium non datur* $p \vee \neg p$ verworfen wird. Dadurch verlieren klassische Widerspruchsbeweise ihre Gültigkeit. In diesem System gilt eine Aussage erst dann als wahr, wenn sie konstruktiv bewiesen wurde.

Auch im Bereich der nichtmonotonen Logiken existiert eine große Bandbreite. Eine zentrale, grundlegende nichtmonotone Logik, von der sich alle anderen ableiten lassen, existiert jedoch nicht. Stattdessen findet sich eine Vielzahl unterschiedlich motivierter und formal entwickelter Familien nichtmonotoner Logiken. Um dennoch ein wenig Licht ins Dunkel zu bringen, führen wir im Folgenden verschiedene formale Eigenschaften von Operatoren ein, anhand derer sich die einzelnen Logiken systematisch vergleichen lassen.

Werfen wir zunächst einen Blick auf die klassische Aussagen- beziehungsweise Prädikatenlogik. Hier spielen der Begriff des *Modells* einer Formel ϕ sowie die Erweiterung auf eine Menge T von Formeln eine zentrale Rolle. Ein Modell ist eine *Interpretation* oder *Struktur*, die die Formel ϕ oder alle Formeln aus T zu wahr evaluiert (siehe Kapitel 6 beziehungsweise [70] für eine umfassende Einführung). Die Menge aller Modelle einer Formel ϕ beziehungsweise einer Menge T wird mit $\mathrm{Mod}(\phi)$ beziehungsweise $\mathrm{Mod}(T)$ bezeichnet. Mithilfe dieses Begriffs können wir die klassische *Folgerungsrelation* definieren. Genauer: Eine Formel ϕ folgt aus einer Menge von Formeln T, in Zeichen $T \models \phi$, genau dann, wenn $\mathrm{Mod}(T) \subseteq \mathrm{Mod}(\phi)$. Der klassische *Folgerungsoperator* bildet die Menge aller solcher Folgerungen, das heißt $Cn(T) = \{\phi \mid T \models \phi\}$. Per Definition sind sowohl die Eingabe als auch die Ausgabe Mengen von Formeln. Somit ist Cn auch im mathematischen Sinne ein Operator, da er auf Mengen von aussagen- beziehungsweise prädikatenlogischen Formeln operiert [78, 79].

Verallgemeinern wir nun das Konzept des Folgerungsoperators. Sei dazu $\mathcal{F}$ eine beliebige Menge von wohlgeformten Formeln und sei C eine Funktion, die auf Mengen von eben solchen Formeln operiert. Formaler ausgedrückt: $C : 2^{\mathcal{F}} \to 2^{\mathcal{F}}$ mit $T \mapsto C(T)$. Beachte dabei, dass C nicht notwendigerweise durch einen Modellbegriff induziert sein muss. Betrachten wir nun folgende drei zentrale Eigenschaften, die der Operator C erfüllen kann. Alle Aussagen sind stets allquantifiziert zu verstehen, das heißt, sie gelten für alle Mengen T beziehungsweise S und T.

1. $T \subseteq C(T)$ (Inklusion)
2. $C(C(T)) \subseteq C(T)$ (Idempotenz)
3. Wenn $S \subseteq T$, dann $C(S) \subseteq C(T)$. (Monotonie)

Operatoren, die inklusiv, idempotent und monoton sind, werden als *Konsequenzoperatoren* bezeichnet. Es lässt sich leicht zeigen, dass auch der klassische Folgerungsoperator ein Konsequenzoperator ist. Doch was genau bedeuten diese formalen Eigenschaften? Im Folgenden erläutern wir sie durch die Brille der Wissensrepräsentation (siehe Kapitel 6). Das bedeutet, dass die Menge T nicht einfach eine zufällige Ansammlung von Formeln ist, sondern unser initiales Wissen über einen Ausschnitt der Welt repräsentiert (auch *Wissensbasis* genannt). Die Menge $C(T)$ steht dann entsprechend für die Gesamtheit aller ableitbaren Folgerungen daraus. Im Lichte dieser Annahme garantiert die *Inklusion*, dass nichts von der Wissensbasis verloren geht. Das initiale Wissen ist stets Bestandteil der abgeleiteten Folgerungen. *Idempotenz* bedeutet, dass die erneute Anwendung des Operators auf $C(T)$ keine neuen Erkenntnisse liefert. Anders ausgedrückt: Folgerungen aus Folgerungen aus T sind bereits Folgerungen aus T. Die Eigenschaft der *Monotonie* bedeutet, dass einmal gezogene Schlussfolgerungen auch dann bestehen bleiben, wenn neue Informationen hinzukommen. Das Aufgeben dieser Eigenschaft, welches der Grund für das Schreiben dieses Kapitels ist, ist ein zweischneidiges Schwert: Einerseits führt es zu weniger Kontrolle über die Veränderung der Folgerungen, andererseits ermöglicht es jedoch, vorläufige Schlüsse zu ziehen und damit handlungsfähig zu bleiben.

Bevor wir uns mit weiteren Eigenschaften beschäftigen, seien hier noch zwei Bemerkungen zur Definition von Konsequenzoperatoren gegeben: Erstens, die drei definierenden Eigenschaften sind unabhängig, das heißt, es ist möglich, Operatoren zu konstruieren, die immer genau zwei der Eigenschaften erfüllen. Zweitens, C ist genau dann ein Konsequenzoperator, wenn

$$S \subseteq C(T) \text{ gdw. } C(S) \subseteq C(T)$$

gilt. Diese alternative Charakterisierung [60] ist zwar kurz und prägnant und daher für formale Nachweise nützlich, verschleiert jedoch im Gegensatz zur anschaulichen Beschreibung durch Inklusion, Idempotenz und Monotonie die intuitive Bedeutung.

Im Folgenden werden zwei weitere Eigenschaften vorgestellt, die von jedem Konsequenzoperator erfüllt werden. Diese Eigenschaften sind insbesondere dann von Bedeutung, wenn keine Konsequenzoperatoren vorliegen – etwa im Fall nichtmonotoner Operatoren [32]. Wie zuvor sind alle Aussagen allquantifiziert zu verstehen.

4. Wenn $S \subseteq T \subseteq C(S)$, dann $C(S) \subseteq C(T)$ (Vorsichtige Monotonie)
5. Wenn $S \subseteq T \subseteq C(S)$, dann $C(T) \subseteq C(S)$ (Schnitt)

Die *Vorsichtige Monotonie* verstärkt die Vorbedingung für ein monotones Verhalten des Operators. Genauer: die Vorbedingung $S \subseteq T \subseteq C(S)$ bedeutet, dass wir nicht mehr beliebige Informationen zu S hinzufügen dürfen, sondern nur solche, die schon aus S folgen. In einem mathematischen Kontext könnte man dies als Hinzufügen von Zwischenergebnissen oder Lemmata interpretieren. Die Vorsichtige Monotonie stellt sicher, dass unter Hinzunahme dieser Zwischenergebnisse weiterhin alle bisherigen Folgerungen gültig bleiben – möglicherweise können sogar neue Schlüsse gezogen werden. Die Eigenschaft *Schnitt* hat dieselbe Voraussetzung wie die Vorsichtige Monotonie und garantiert, dass alle Schlussfolgerungen, die mithilfe von zusätzlichen Lemmata gezogen werden, bereits aus der Ausgangstheorie folgen. Beide Eigenschaften zusammen werden als *Kumulativität* bezeichnet [54].

Auf zwei wichtige Zusammenhänge sei an dieser Stelle noch hingewiesen: Erstens, Schnitt und Inklusion implizieren gemeinsam die Eigenschaft der Idempotenz. Zweitens, Vorsichtige Monotonie und Idempotenz führen notwendigerweise zur Eigenschaft des Schnitts.

Betrachten wir nun die letzten beiden für dieses Kapitel relevanten Eigenschaften.

6. $C(T) \subseteq \bigcup\{C(T') \mid T' \subseteq T,\ T' \text{ endlich}\}$ (Kompaktheit)
7. $Cn(T) \subseteq C(T)$ (In Zeichen: $Cn \leq C$) (Supraklassikalität)

Die *Kompaktheit* eines Operators C stellt sicher, dass alles, was aus einer Theorie T gefolgert werden kann, bereits aus einer ihrer endlichen Teilmengen T' folgt. Folgerungen erfordern niemals zwangsweise eine unendliche Anzahl von Voraussetzungen; eine endliche Teilmenge reicht stets aus. Die *Supraklassikalität* eines Operators C besagt, dass alles, was klassisch gefolgert werden kann, also mit Cn, auch mit C gefolgert werden kann. Klassische Folgerungen bleiben also immer erhalten und bilden eine untere Schranke für die Folgerungen bezüglich C. Der klassische Folgerungsoperator erfüllt beide Eigenschaften: Während die Kompaktheit einen mühevollen Beweis erfordert [70], ist die Supraklassikalität trivialerweise erfüllt.

Zum Schluss sei erwähnt, dass es eine Vielzahl weiterer in der Literatur untersuchter Eigenschaften von Operatoren gibt. Eine detaillierte Vorstellung und Einordnung dieser würde hier den Rahmen sprengen. Für weiterführende Analysen und zusätzliche Details verweisen wir den interessierten Leser auf [54, 48].

8.3 Methoden und Algorithmen

In diesem Abschnitt wird eine Auswahl konkreter Formalismen anhand von Beispielen und deren formalen Eigenschaften genauer beleuchtet und kontrastiert. Neben der zentralen Eigenschaft der Nichtmonotonie stellt die Supraklassikalität ein verbindendes Element aller Ansätze dar. Letztere setzt der prinzipiellen Unvollständigkeit des gegebenen Wissens zwar keine sicheren, aber dennoch plausible Schlussfolgerungen entgegen. Im Rahmen der klassischen Logik gibt es zwei einfache Möglichkeiten für das Generieren von supraklassischen Konsequenzen: Erstens die Erweiterung der Ausgangstheorie (syntaktischer Ansatz, Abschnitte 8.3.1–8.3.3) und zweitens die Einschränkung der zu betrachtenden Modelle (semantischer Ansatz, Abschnitt 8.3.4). Eine dritte Möglichkeit, die sich außerhalb der festen Pfade der klassischen Logik bewegt, ist die Einführung neuer syntaktischer Konstrukte, die Regeln unseres Alltagsschließens modellieren sollen (regelbasierter Ansatz, Abschnitte 8.3.5–8.3.6). Typischerweise stellt hierbei das Angeben einer formal präzisen Semantik, welche die intuitive Bedeutung der Regeln abbildet, die größte Herausforderung dar.

Für einen fairen Vergleich aller Ansätze fixieren wir ab jetzt die Menge $\mathcal{F}$ als die Menge aller aussagenlogischen Formeln über einem festen Alphabet $\mathcal{A}$.

8.3.1 Default-Assumption-Konsequenz

Wir beginnen mit der sogenannten *Default-Assumption-Konsequenz*, einem ersten einfachen und zugleich grundlegenden nichtmonotonen Formalismus. In der hier präsentierten Form wurde sie 1988 von David Poole eingeführt [67], wobei auch frühere Ansätze, wie beispielsweise [2], dieses Konzept schon thematisierten. Die zentrale Idee besteht darin, zwei Arten von Wissen zu unterscheiden: Einerseits das sichere Wissen T, das unzweifelhaft ist, und andererseits das sogenannte Defaultwissen K, mit welchem wir der prinzipiellen Unvollständigkeit von T begegnen. Im Idealfall können wir das gesamte Defaultwissen K problemlos zu T hinzufügen. Dies wird jedoch nicht immer der Fall sein, da unser Defaultwissen konkurrierende Regeln beinhalten kann.

Aber was bedeutet das konkret? Zum Beispiel könnten die folgenden zwei Regeln Ihr übliches Stadionbesuchsverhalten gut beschreiben:
r_1: Wenn Roter Stern spielt, gehe ich ins Stadion.
r_2: Wenn es regnet, gehe ich nicht ins Stadion.

Für den heutigen Tag lässt sich Folgendes feststellen:
f_1: Roter Stern Leipzig spielt gegen die Sportvereinigung Lindenau.
f_2: Es regnet in Strömen.

Die Anwendung beider Regeln r_1 und r_2 führt zu einem Widerspruch, da es offensichtlich unmöglich ist, sowohl ins Stadion zu gehen als auch nicht hinzugehen. Die Default-Assumption-Konsequenz begegnet diesem Konsistenzproblem, indem zu T nur so viel Defaultwissen hinzugenommen wird, dass keine Widersprüche auftreten. Diese konsistente Hinzunahme muss nicht eindeutig bestimmt sein, wie unser einfaches Beispiel schon zeigt: Die Hinzunahme von jeweils genau einer der beiden Regeln r_1 oder r_2 ist mit unseren Fakten kompatibel.

Nachfolgend führen wir die Default-Assumption-Konsequenz formal präzise ein. Dazu benötigen wir zunächst den Begriff der *maximalen T-Konsistenz*. Eine Menge $K' \subseteq K$ heißt genau dann maximal T-konsistent, wenn $K' \cup T$ konsistent ist und keine Menge $K'' \subseteq K$ mit $K' \subset K''$ existiert, für die $K'' \cup T$ ebenfalls konsistent ist. Anders ausgedrückt muss $K' \cup T$ mindestens ein Modell besitzen und es darf keine echte Obermenge von K' geben, für die selbiges gilt. Wir schreiben $MC(T, K)$ für die Menge aller maximal T-konsistenten Teilmengen aus K.

Definition 8.3.1. Sei $K \subseteq \mathcal{F}$. Der assoziierte Operator

$$C_K : 2^{\mathcal{F}} \to 2^{\mathcal{F}}, \quad T \mapsto C_K(T) = \bigcap_{K' \in MC(T,K)} Cn(K' \cup T)$$

heißt Default-Assumption-Konsequenz.

Zur Veranschaulichung des Operators betrachten wir nachfolgendes Beispiel.

Beispiel 8.3.1. Sei $K = \{a \to b, b \to \neg a, c, c \to \neg b\}$ und $T = \{a\}$. Im ersten Schritt berechnen wir die maximal T-konsistenten Teilmengen von K. Das schrittweise konsistente Hinzufügen von Formeln aus K ergibt:

- $MC(T,K) = \{K', K'', K'''\}$ wobei $K' = \{a \to b, c\}$, $K'' = \{a \to b, c \to \neg b\}$ und $K''' = \{b \to \neg a, c, c \to \neg b\}$

Im nächsten Schritt bilden wir die zugehörigen klassischen Konsequenzen:

- $Cn(K' \cup T) = Cn(\{a, a \to b, c\}) = Cn(\{a, b, c\})$
- $Cn(K'' \cup T) = Cn(\{a, a \to b, c \to \neg b\}) = Cn(\{a, b, \neg c\})$
- $Cn(K''' \cup T) = Cn(\{a, b \to \neg a, c, c \to \neg b\}) = Cn(\{a, \neg b, c\})$

Im letzten Schritt bilden wir den Schnitt aller drei obigen Mengen und vereinfachen diesen gemäß den Gesetzen der Aussagenlogik:

- $C_K(T) = Cn(\{a, b, c\}) \cap Cn(\{a, b, \neg c\}) \cap Cn(\{a, \neg b, c\}) = Cn(\{a, b \vee c\})$

Bevor wir abschließend einen Blick auf die eingeführten Operatoreigenschaften werfen, soll noch ein grundlegender Kommentar zur Modellierung von Defaultwissen innerhalb der klassischen Logik folgen. Einerseits bietet dieses Vorgehen einen einfachen und schnellen Zugang zur Behandlung von Alltagswissen, da wir nicht nur mit einer vertrauten Syntax, sondern auch mit einer wohlbekannten Semantik weiterarbeiten können. Andererseits ist gerade dieses Vorgehen problematisch, da gewisse semantische Eigenschaften der klassischen Logik im Kontext des Alltagsschließens unerwünscht sein können. Zum Beispiel ist die materielle Implikation $a \to b$ semantisch äquivalent zu ihrer Kontraposition $\neg b \to \neg a$. Hingegen würde man keinesfalls die Regeln „Informatiker wissen typischerweise wenig über Default-Logik." und „Wer viel über Default-Logik weiß, ist typischerweise kein Informatiker." als gleichbedeutend betrachten [15].

Nun zu den Eigenschaften: Jede Default-Assumption-Konsequenz erfüllt Inklusion, Idempotenz, Vorsichtige Monotonie, Schnitt und Supraklassikalität. Weder Monotonie noch Kompaktheit sind gegeben. Für die Verletzung der Monotonie betrachte nochmals Beispiel 8.3.1 und die Erweiterung von T zu $T' = \{a, \neg b \wedge \neg c\}$. Offensichtlich ist $b \vee c \in C_K(T)$, aber $b \vee c \notin C_K(T')$. Die Verletzung der Kompaktheit kann mit $K = \{p_i \wedge q \mid i \geq 1\} \cup \{\neg p_i \wedge \neg q \mid i \geq 1\}$ und $T = \{p_i \mid i \geq 1\}$ nachgewiesen werden [56]. Es gilt $C_K(T) = Cn(T \cup \{p_i \wedge q \mid i \geq 1\})$ und somit $q \in C_K(T)$. Hingegen überprüft man für jede endliche Teilmenge T' von T, dass $q \notin C_K(T')$.

8.3.2 Preferred Subtheories

Die Default-Assumption-Konsequenz behandelt das gesamte Defaultwissen gleich. Das von Gerhard Brewka 1989 vorgestellte Konzept des *Schließens unter Preferred Subtheories* bietet eine einfache und elegante Möglichkeit, Präferenzen beziehungsweise Prioritäten zwischen Defaultregeln auszudrücken [13]. Betrachten wir erneut unser Stadionbeispiel: Es könnte zwar durchaus zutreffen, dass Sie ungern bei einem Spiel im Regen stehen, Sie aber deswegen niemals ein Spiel des Roten Stern verpassen würden. In diesem Fall wäre es sinnvoll, der Regel r_1 : Roter_Stern $\rightarrow$ Stadion eine höhere Priorität als r_2 : Regen $\rightarrow$ $\neg$ Stadion zuzuweisen.

Wie lässt sich dies technisch umsetzen? Die grundlegende Idee besteht darin, unser Defaultwissen K in Mengen $K_1, \ldots, K_n$ zu partitionieren und anschließend bei der Maximierung mit K_1 zu beginnen, mit K_2 fortzufahren und so weiter. Auf diese Art wird Formeln in K_i eine höhere Präferenz als Formeln in K_j zugeordnet, sofern $i < j$. Etwas formaler: Gegeben die Mengen T und $K = K_1 \cup \cdots \cup K_n$ mit $K_i \cap K_j = \emptyset$ für alle $1 \leq i < j \leq n$. Eine Menge $J = J_1 \cup \cdots \cup J_n$ mit $J_i \subseteq K_i$ heißt *preferred subtheory* von T aus K, sofern für jedes $1 \leq i \leq n$: $J_1 \cup \cdots \cup J_i \in MC(T, K_1 \cup \cdots \cup K_i)$. Wir schreiben $PS(T, K)$ für die Menge aller preferred subtheories von T aus K. Offensichtlich gilt: $PS(T, K) \subseteq MC(T, K)$.

Definition 8.3.2. Sei $K \subseteq \mathcal{F}$ mit gegebener Partitionierung $K = K_1 \cup \cdots \cup K_n$. Der assoziierte Operator

$$C_K^P : 2^{\mathcal{F}} \rightarrow 2^{\mathcal{F}}, \quad T \mapsto C_K^P(T) = \bigcap_{K' \in PS(T,K)} Cn(K' \cup T)$$

formalisiert das Schließen unter Preferred Subtheories.

Betrachten wir das Beispiel 8.3.1 erneut, diesmal jedoch K versehen mit einer Partitionierung.

Beispiel 8.3.2. Sei $K = K_1 \cup K_2$ mit $K_1 = \{a \rightarrow b\}$, $K_2 = \{b \rightarrow \neg a, c, c \rightarrow \neg b\}$ und $T = \{a\}$. Zuerst bestimmen wir die preferred subtheories von T aus K. Da K_1 zu T konsistent hinzugefügt werden kann, ergibt sich:
- $PS(T, K) = \{K', K''\}$ wobei $K' = \{a \rightarrow b, c\}$ und $K'' = \{a \rightarrow b, c \rightarrow \neg b\}$.

Der Definition folgend bilden wir jetzt die klassischen Konsequenzen:
- $Cn(K' \cup T) = Cn(\{a, a \rightarrow b, c\}) = Cn(\{a, b, c\})$
- $Cn(K'' \cup T) = Cn(\{a, a \rightarrow b, c \rightarrow \neg b\}) = Cn(\{a, b, \neg c\})$

Schließlich schneiden wir beide Mengen und vereinfachen entsprechend:
- $C_K^P(T) = Cn(\{a, b, c\}) \cap Cn(\{a, b, \neg c\}) = Cn(\{a, b\})$

Da jede preferred subtheory stets maximal T-konsistent ist, folgt $C_K(T) \subseteq C_K^P(T)$, oder prägnanter: $C_K \leq C_K^P$. Dies bedeutet, dass das Schließen unter preferred subtheories potenziell mehr ergibt als die Default-Assumption-Konsequenz. Unsere Beispiele 8.3.1 und 8.3.2 belegen dies auch, da zwar $b \in C_K^P(T)$, aber $b \notin C_K(T)$.

Abschließend wenden wir uns dem Eigenschaftskatalog zu. Die Einführung von Prioritäten beeinflusst weder das Erfüllen noch das Nichterfüllen der aufgeführten Eigenschaften. Genauer gesagt erfüllt das Schließen unter Preferred Subtheories weiterhin Inklusion, Idempotenz, Vorsichtige Monotonie, Schnitt sowie Supraklassikalität. Monotonie und Kompaktheit bleiben auch hier verletzt [22]. Im Übrigen benötigt es keine neuen Gegenbeispiele, um die Nichterfüllung zu zeigen, da für eine unechte Partitionierung, also $K = K_1$, gilt: $C_K(T) = C_K^P(T)$.

8.3.3 Closed World Assumption

Eines der bekanntesten Konzepte im Rahmen des nichtmonotonen Schließens ist die sogenannte *Closed World Assumption (CWA)*. Betrachten wir dazu beispielhaft den folgenden Straßenbahnfahrplan einer fiktiven Linie 6.

06 Uhr:	14	57	
07–19 Uhr:	14	35	50
20–22 Uhr:	14	50	

Aus dem Fahrplan folgern wir, dass in wenigen Minuten eine Bahn kommt, sofern es gerade 14:10 Uhr ist. Ebenso problemlos schließen wir, dass auf keine Bahn mehr zu hoffen ist, falls wir die Haltestelle erst gegen 23 Uhr erreichen. Während die Abfahrtszeit 14:14 explizit vermerkt ist, folgern wir das Nichtfahren der Linie 6 nach 23 Uhr aus dem Nichtvorhandensein der entsprechenden Einträge wie 23:01, 23:02 und so weiter. Dieses Schließen aufgrund fehlender Information ist die Umsetzung der Closed World Assumption. Die zugrundeliegende Annahme lautet: Alles, was wahr ist, ist auch bekannt. Oder anders ausgedrückt: Nichtwissen impliziert Falschheit. Dieses Konzept findet insbesondere in Bereichen Anwendung, in denen es wesentlich mehr negative als positive Fakten gibt und die Daten nahezu abschließend vorliegen. Typische Beispiele sind Datenbanken, aber auch sehr weltliche Objekte wie Fahrpläne und Speisekarten.

Im Folgenden präsentieren wir eine einfache Formalisierung der CWA nach Raymond Reiter aus dem Jahr 1977 [71]. Für eine gegebene Theorie T definieren wir die assoziierte Menge $K_T = \{\neg p \mid p \notin Cn(T), p \text{ atomar}\}$, welche alle atomaren Aussagen p negiert enthält, die nicht aus T folgen. Die durch K_T vervollständigte Ausgangstheorie T bildet nun die formale Grundlage für das *Schließen unter CWA*, auch *naive CWA* genannt.

Definition 8.3.3. Der Operator

$$C_R : 2^{\mathcal{F}} \to 2^{\mathcal{F}}, \quad T \mapsto C_R(T) = Cn(K_T \cup T)$$

formalisiert das Schließen unter CWA.

Zur Veranschaulichung betrachten wir den Fahrplan der Linie 6 formalisiert. Atomare Aussagen sind hierbei genau die möglichen Abfahrtszeiten.

Beispiel 8.3.3. Sei $T_6 = \{p_{06:14}, p_{06:57}, \ldots, p_{22:14}, p_{22:50}\}$. Da offensichtlich $p_{23:01} \notin Cn(T_6)$ und ebenso $p_{23:02} \notin Cn(T_6)$, folgt gemäß Definition, dass sowohl $\neg p_{23:01} \in K_{T_6}$ als auch $\neg p_{23:02} \in K_{T_6}$. Somit gilt, wie erwartet: $\neg p_{23:01} \wedge \neg p_{23:02} \in C_R(T_6) = Cn(T_6 \cup K_{T_6})$.

Das Schließen unter CWA ermöglicht es, Schlüsse zu ziehen, die vorher nicht möglich waren. Die Menge K_T vervollständigt die Ausgangstheorie T – und dies auch im rein formalen Sinne. Es gilt nämlich für jede Formel $\phi \in \mathcal{F}$: $\phi \in C_R(T)$ oder $\neg\phi \in C_R(T)$. Somit wird jede Anfrage entschieden. Die Kehrseite der einfachen Formalisierung aus Definition 8.3.3 ist, dass die Vervollständigung mitunter zu unvorsichtig vorgenommen wird. Betrachten wir beispielsweise $T = \{p \vee q\}$. Offensichtlich folgt weder p noch q aus T. Demzufolge gilt $\neg p, \neg q \in K_T$, was schließlich zu einer (zwar vollständigen, jedoch) inkonsistenten Theorie $C_R(T)$ führt. Dieser unerwünschte Effekt hat neben anderen Gründen [29] – etwa der strikten Einteilung in nur wahr oder falsch – zur Entwicklung vieler weiterer Formalisierungen vom Schließen unter CWA geführt, darunter: *generalized CWA* [62], *extended generalized CWA* [84], *careful CWA* [38] oder auch *extended CWA* [39]. Die angesprochene Kehrseite der naiven CWA, nämlich inkonsistentes $C_R(T)$ bei konsistentem T, lässt sich vermeiden, indem man nur solche Theorien T betrachtet, die ein $\subseteq$-kleinstes Modell besitzen – das heißt, sofern ein eindeutig bestimmtes Modell existiert, das so wenig wie möglich wahr macht. Diese Eigenschaft ist zum Beispiel bei *Hornformeln* der Fall [46].

Abschließend werfen wir noch einen Blick auf die formalen Eigenschaften. Das Schließen unter CWA erfüllt die Eigenschaften der Inklusion und Idempotenz, des Schnitts sowie der Kompaktheit und Supraklassikalität. Weder Monotonie noch Vorsichtige Monotonie sind erfüllt. Für Letztere betrachten wir erneut $T = \{p \vee q\}$. Da $C_R(T)$ inkonsistent ist, folgt Beliebiges, insbesondere $q \in C_R(T)$. Damit gilt auch $T' = \{p \vee q, q\} \subseteq C_R(T)$. Nun ist jedoch $\neg q \in C_R(T)$, während $\neg q \notin C_R(T')$. Das Gegenbeispiel beruht stark auf der Inkonsistenz von $C_R(T)$. Tatsächlich lässt sich formal zeigen, dass Vorsichtige Monotonie für Instanzen mit konsistentem $C_R(T)$ erfüllt ist, wie es beispielsweise für Hornformeln garantiert ist.

8.3.4 Preferential Models

Um der prinzipiellen Unvollständigkeit unseres Wissens T zu begegnen, sind wir gezwungen, einen Kompromiss einzugehen: Ein Mehr an Schlussfolgerungen, das heißt, plausiblen Folgerungen, die über die sicheren Konsequenzen $Cn(T)$ hinausgehen, erkaufen wir uns mit einer möglichen Revidierbarkeit. In den ersten drei Abschnitten haben wir dies durch einen syntaktischen Ansatz realisiert. Genauer gesagt, statt nur die Konsequenzen aus T zu betrachten, haben wir (auf verschiedene Art und Weise) weiteres Wissen K zu T hinzugefügt. Durch die Monotonie des klassischen Konsequenzoperators resultierten daraus supraklassische Operatoren. In diesem Kapitel stellen wir das semantische Gegenstück zu den vorherigen Ansätzen vor. Anstatt die Theorie T zu erweitern, schränken wir den klassischen Modellbegriff ein, sogenannte *preferential models*, erstmals 1987 von Yoav Shoham vorgestellt [77]. Diese preferential models sind Modelle, die bezogen auf die Anwendungsdomäne als am normalsten, typischsten und daher als am meisten bevorzugt gelten. Eine Aussage ϕ folgt nun genau dann aus T, wenn ϕ in jedem bevorzugten Modell von T gilt.

Betrachten wir diese Möglichkeit nun etwas formaler. Sei $\mathcal{B}$ die Menge aller Interpretationen, das heißt die Menge aller Funktionen, die atomare Aussagen auf wahr oder falsch abbilden. Zuallererst schränken wir diese Hintergrundmenge ein, das heißt, wir betrachten nur gewisse, für unsere Anwendungsdomäne relevante Welten. Genauer, wir betrachten eine Teilmenge W von $\mathcal{B}$ und erhalten damit die sogenannten *W-Modelle* einer Theorie T, bezeichnet mit $\mathrm{Mod}_W(T)$ und definiert durch $\mathrm{Mod}(T) \cap W$. Als Zweites benötigen wir nun noch eine binäre Relation $<$ auf W, das heißt $< \subseteq W \times W$. Dabei ist v *gegenüber w bevorzugt*, sofern $v < w$. Wie üblich definiert man nun Minimalität, nämlich v ist $<$-minimal in $\mathrm{Mod}_W(T)$, sofern es kein anderes $w \in \mathrm{Mod}_W(T)$ gibt, mit $w < v$. Die Menge der $<$-minimalen W-Modelle von T (kurz: preferential models) werden mit $\min_<(\mathrm{Mod}_W(T))$ bezeichnet. Nun haben wir alles zur Hand, um das *Schließen unter Preferential Models* formal einzuführen.

Definition 8.3.4. Sei $W \subseteq \mathcal{B}$ mit binärer Relation $< \subseteq W \times W$ gegeben. Der assoziierte Operator

$$C_{(W,<)} : 2^{\mathcal{F}} \to 2^{\mathcal{F}}, \quad T \mapsto C_{(W,<)}(T) = \left\{\phi \mid \min_<(\mathrm{Mod}_W(T)) \subseteq \mathrm{Mod}(\phi)\right\}$$

formalisiert das Schließen unter Preferential Models.

Bevor wir zu einem illustrativen Beispiel kommen, möchte ich noch zwei Anmerkungen zu den angegebenen Definitionen und Bezeichnungen machen. Erstens wird in Teilen der Literatur der Relation $<$ mitunter Irreflexivität und Transitivität zugeschrieben [55]. Solche Annahmen sind für die Definition des Operators nicht zwingend erforderlich, können jedoch die Eigenschaften des Operators positiv beeinflussen [4]. Zweitens werden nicht nur die Modelle in $\min_<(\mathrm{Mod}_W(T))$ als preferential models bezeichnet, sondern gelegentlich auch das Paar $(W, <)$ selbst.

Im nachfolgenden Beispiel verwenden wir die handliche Mengenschreibweise für Interpretationen. Dabei gilt: Ein Atom ist genau dann Element der Menge, wenn es durch die Interpretation auf wahr gesetzt wird.

Beispiel 8.3.4. Betrachte $(W, <)$ gegeben durch $W = \{v, w\}$ mit $v = \{p, r\}$ und $w = \{p, q\}$. Des Weiteren sei v gegenüber w bevorzugt, das heißt $v < w$. Gegeben die beiden Theorien $T = \{p\}$ und $T' = \{p, q\}$. Zur Bestimmung von $C_{(W,<)}(T)$ und $C^{(W,<)}(T')$ benötigen wir zuerst die preferential models. Es gilt:

- $\min_<(\mathrm{Mod}_W(T)) = \min_<(\mathrm{Mod}(T) \cap \{v, w\}) = \min_<(\{v, w\}) = \{v\}$
- $\min_<(\mathrm{Mod}_W(T')) = \min_<(\mathrm{Mod}(T') \cap \{v, w\}) = \min_<(\{w\}) = \{w\}$

Da $v \in \mathrm{Mod}(r)$, jedoch $w \notin \mathrm{Mod}(r)$, folgt $r \in C_{(W,<)}(T)$, während $r \notin C_{(W,<)}(T')$. In Anbetracht der Teilmengenrelation von T und T' bezeugt dieses Beispiel zugleich die Nichtmonotonie des Schließens unter Preferential Models.

Einer der bekanntesten Vertreter des Schließens unter Preferential Models ist das sogenannte *Minimale Schließen*, welches eine auf die Aussagenlogik projizierte Version von McCarthys *Circumscription* darstellt [61, 49]. Während die Circumscription darauf abzielt, die Extension von (bestimmten) Prädikaten so klein wie möglich zu halten, berücksichtigt das Minimale Schließen nur solche Modelle der gegebenen Theorie, in denen atomare Aussagen ausschließlich dann als wahr gesetzt werden, wenn dies auch zwingend erforderlich ist. Genauer gesagt: für das Minimale Schließen betrachten wir das Paar $(\mathcal{B}, \subset)$, das heißt die Menge aller Interpretationen sowie die echte Teilmengenbeziehung. Zum Beispiel gilt $p \leftrightarrow \neg q \in C_{(\mathcal{B},\subset)}(\{p \vee q\})$ da $\min_\subset(\mathrm{Mod}_\mathcal{B}(\{p \vee q\})) = \min_\subset(\mathrm{Mod}(\{p \vee q\})) = \{\{p\}, \{q\}\}$. Diese Modelle sind $\subset$-minimal im Gegensatz zum klassischen Modell $\{p, q\}$, welches den Schluss $p \leftrightarrow \neg q$ nicht zulassen würde.

Abschließend werfen wir einen Blick auf die Eigenschaften des Schließens unter Preferential Models. Dieser Operator erfüllt Inklusion, Idempotenz, Schnitt und Supraklassikalität. Jedoch sind weder Kompaktheit noch Monotonie noch Vorsichtige Monotonie erfüllt. Ein schönes Gegenbeispiel für die fehlende Kompaktheit (im Kontext des Minimalen Schließens) findet sich in [23]. Beispiel 8.3.4 illustriert die Nichtmonotonie. Die Vorsichtige Monotonie gilt im Allgemeinen nicht, lässt sich jedoch garantieren, wenn die Relation $<$ transitiv ist und keine unendlich absteigenden $<$-Ketten existieren [4]. Letzteres ist trivialerweise erfüllt, wenn die Menge W endlich ist.

8.3.5 Default-Logik

Nun befassen wir uns mit einem der frühesten und zugleich bekanntesten nichtmonotonen Formalismen, der sogenannten *Default-Logik* [72], die 1980 von Raymond Reiter vorgestellt wurde. Im Gegensatz zu Brewkas Preferred Subtheories [13] oder McCarthys Circumscription [61], die Default-Aussagen als Formeln innerhalb der betrachteten Logik behandeln, basiert Reiters Default-Logik auf einer neuen Art von Inferenzregeln. Diese Inferenzregeln, kurz als *Defaults* bezeichnet, bilden zusammen mit sicherem Wissen über die Welt die Grundlage für das Folgern von mehr als nur klassischen Konsequenzen.

Das neue syntaktische Konstrukt des Defaults präsentiert sich in seiner allgemeinen Form wie folgt:

$$\delta : \frac{A : B_1, \ldots, B_n}{C}$$

Dabei bezeichnet A die *Voraussetzung*, die Formeln $B_1, \ldots, B_n$ die *Konsistenzbedingungen* (wobei $n = 0$ möglich ist) und C die sogenannte *Konsequenz* des Defaults δ. Defaults mit freien Variablen werden als Schemata, das heißt, Platzhalter für Grundinstanziierungen, verstanden. Um uns der formalen Bedeutung dieser Inferenzregeln zu nähern, betrachten wir zwei einfache Beispiele aus dem Bereich der Fauna:

$$\delta_1 : \frac{\text{Eule}(x) : \text{Jagt}(x)}{\text{Jagt}(x)} \qquad \delta_2 : \frac{\text{ImZoo}(x) : \neg\text{Jagt}(x)}{\neg\text{Jagt}(x)}$$

Der Default δ_1 formalisiert die folgende Regel: Wenn x eine Eule ist, und keine Informationen vorliegen, die besagen, dass x nicht jagt, dann können wir auch schlussfolgern, dass x jagt. Kurzum: Eulen jagen normalerweise. Im gleichen Stil formalisiert der Default δ_2 die Regel: Tiere im Zoo jagen üblicherweise nicht. Konsequenterweise sollte in Anbetracht des sicheren Wissens, dass Arthur eine Eule ist (also Eule(Arthur)), auch formal möglich sein, seine Jagdeigenschaft (das heißt, Jagt(Arthur)) zu schließen. Ebenso sollte es die formale Semantik der Default-Logik ermöglichen, das Nichtjagen von Tom zu schlussfolgern (¬Jagt(Tom)), sofern Tom im Straußengehege eines Zoos beheimatet ist (ImZoo(Tom)). Siehe nachfolgende Abb. 8.1 für visuelle Impressionen von Arthur und Tom.

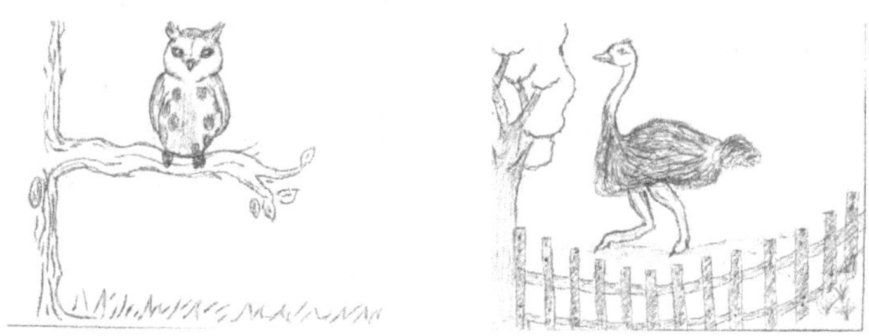

Abb. 8.1: Arthur und Tom.

Im nächsten Schritt nähern wir uns der formalen Semantik, indem wir drei grundlegende und wünschenswerte Eigenschaften festhalten. Sei (D, T) ein Paar, bestehend aus einer Menge D geschlossener Defaults – das heißt, Defaults ohne freie Variablen – und einer Wissensmenge T, das im Folgenden als *Defaulttheorie* bezeichnet wird. Zwei Mindestanforderungen an eine akzeptable Ausgabe E, eine sogenannte *(Reiter-)Extension von* (D, T), sind das Enthaltensein des sicheren Wissens T sowie die Abgeschlossenheit unter klassischer Folgerung. Beide Eigenschaften fordern gewisse Vollständigkeitseigenschaften von E: Erstens, Vollständigkeit bezüglich T – das sichere Wissen darf nicht verloren gehen (Inklusion). Zweitens, Vollständigkeit bezüglich impliziten Wissens – jede klassische Folgerung aus E ist schon enthalten. Nebenbei bemerkt: Während die Inklusion uns wohl bekannt ist, gilt auch die zweite Eigenschaft für alle zuvor betrachteten nichtmonotonen Operatoren, ohne dass dies explizit diskutiert wurde. Eine weitere wünschenswerte Eigenschaft ist die Abgeschlossenheit unter Regelanwendung, auch Regelabschluss genannt. Wenn also ein *Default δ bezüglich E anwendbar* ist, das heißt, die Voraussetzung A in E enthalten ist und keine widersprüchlichen Informationen zu den Konsistenzbedingungen $B_1, \ldots, B_n$ vorliegen, dann sollte auch die Konsequenz C in E enthalten sein. Zusammenfassend und etwas formaler:

1. $T \subseteq E$
2. $Cn(E) \subseteq E$
3. Sofern $\frac{A:B_1,\ldots,B_n}{C} \in D, A \in E, \neg B_1 \notin E, \ldots, \neg B_n \notin E$, dann $C \in E$.

Die betrachteten Eigenschaften sind sinnvoll, jedoch keinesfalls ausreichend, da sie nichts über das Nichtenthaltensein von Formeln aussagen. Beispielsweise erfüllt die gesamte Formelmenge $\mathcal{F}$ diese drei Eigenschaften trivialerweise. Wie kann man also *unbegründete* Formeln, das heißt Formeln, die nicht durch anwendbare Regeln gefolgert wurden, ausschließen?

Ein erster, naiver Ansatz zur Vermeidung solcher Schlussfolgerungen besteht darin, iterativ den deduktiven Abschluss mit anschließendem Regelabschluss zu bilden. Das folgende Beispiel illustriert dieses Vorgehen.

Beispiel 8.3.5. Sei $T = \{p\}$ und $D = \{\frac{p:q}{s}, \frac{s:\neg q}{\neg q}\}$. Wir konstruieren iterativ:

- $E_0 = T = \{p\}$ (Initialisierung)
- $E_1 = Cn(E_0) \cup \{s\} = Cn(\{p\}) \cup \{s\}$ $(p \in E_0, \neg q \notin E_0, s \notin E_0)$
- $E_2 = Cn(E_1) \cup \{s, \neg q\} = Cn(\{p, s\}) \cup \{\neg q\}$ $(p, s \in E_1, \neg q, \neg\neg q \notin E_1)$
- $E_3 = Cn(E_2) \cup \{\neg q\} = Cn(\{p, s, \neg q\})$ $(p, s \in E_2, \neg q \in E_2, \neg\neg q \notin E_2)$
- $E_4 = Cn(E_3) = E_3$ (Fixpunkt)

Stellt das so konstruierte $E = Cn(\{p, s, \neg q\})$ ein akzeptables Ergebnis dar? Zunächst stellen wir fest, dass die drei Basisdesiderata erfüllt sind. Trotz des vorsichtigen Vorgehens ergibt sich ein Problem mit der Begründetheit von s. Die Herleitung von s ist zwar in Bezug auf E_0 gerechtfertigt (da $p \in E_0$, $\neg q \notin E_0$), jedoch nicht mehr in Bezug auf $E = Cn(\{p, s, \neg q\})$ (da $p \in E$, aber nun $\neg q \in E$).

Reiter löst dieses Problem auf elegante Weise, indem er die Konsistenz nicht relativ zur aktuell konstruierten Menge, sondern zur gesamten Extension fordert.

Definition 8.3.5. Gegeben eine Defaulttheorie (D, T). Eine Menge E heißt Extension von (D, T), wenn gilt: $E = \bigcup_{i=0}^{\infty} E_i$, wobei $E_0 = T$ und für $i \geq 0$:

$$E_{i+1} = Cn(E_i) \cup \left\{C \mid \frac{A : B_1, \ldots, B_n}{C} \in D,\ A \in E_i,\ \neg B_1 \notin E, \ldots, \neg B_n \notin E\right\}.$$

Diese Lösung hat jedoch ihren Preis: Definition 8.3.5 erlaubt im Allgemeinen keine iterative Konstruktion von E, da E bereits im Konsistenztest jedes Iterationsschritts bekannt sein muss. Es handelt sich um eine sogenannte quasi-induktive Definition. Nichtsdestotrotz ermöglicht Reiters Lösung ein Guess-and-Check-Verfahren, bei dem systematisch eine Kandidatenmenge E angenommen und anschließend über $E = \bigcup_{i=0}^{\infty} E_i$ als Extension verifiziert beziehungsweise via $E \neq \bigcup_{i=0}^{\infty} E_i$ falsifiziert wird.

Beispiel 8.3.6. Betrachten wir erneut $T = \{p\}$ und $D = \{\frac{p:q}{s}, \frac{s:\neg q}{\neg q}\}$ aus Beispiel 8.3.5. Wir überprüfen $E = Cn(\{p, s, \neg q\})$ sowie $E' = Cn(\{p, s\})$. Es gilt:
- $E_0 = T = \{p\}$ (Initialisierung)
- $E_1 = Cn(E_0) \cup \emptyset = Cn(\{p\})$ $(p \in E_0, \neg q \in E, s \notin E_0)$
- $E_2 = Cn(E_1) = E_1$ (Fixpunkt)

- $E'_0 = T = \{p\}$ (Initialisierung)
- $E'_1 = Cn(E'_0) \cup \{s\} = Cn(\{p\}) \cup \{s\}$ $(p \in E'_0, \neg q \notin E', s \notin E'_0)$
- $E'_2 = Cn(E'_1) \cup \{s, \neg q\} = Cn(\{p, s\}) \cup \{\neg q\}$ $(p, s \in E'_1, \neg q, \neg\neg q \notin E')$
- $E'_3 = Cn(E'_2) \cup \{s, \neg q\} = Cn(\{p, s, \neg q\})$ $(p, s \in E'_2, \neg q, \neg\neg q \notin E')$
- $E'_4 = Cn(E'_3) = E'_3$ (Fixpunkt)

Weder E noch E' sind Extensionen von (D, T), da $Cn(\{p, s, \neg q\}) \neq Cn(\{p\})$ als auch $Cn(\{p, s\}) \neq Cn(\{p, s, \neg q\})$. Es gilt sogar, dass (D, T) überhaupt keine Extensionen besitzt.

Das Problem der Nichtexistenz von Extensionen wurde bereits in Reiters Erstpublikation identifiziert. Alternative Definitionen von Reiter-Extensionen, die die Existenz garantieren, finden sich in Łukasiewicz' *Justified Default-Logik* [52] oder auch in Schaubs *Constrained Default-Logik* [76]. Reiter selbst schlug vor, eine spezielle Teilklasse von Defaults zu betrachten, die sogenannten *normalen Defaults*. Ein normaler Default hat die Form $\frac{A:B}{B}$, was bedeutet, dass Konsistenzbedingung und Konsequenz übereinstimmen. Solche Defaults können gängige Alltagsregeln wie „Sofern A, dann normalerweise B." abbilden. Ein allzu sorgloser Umgang mit solchen Regeln birgt jedoch Gefahren, da diese im Zusammenspiel – genauer: bei gleichzeitiger Anwendbarkeit – zu unerwünschten Ergebnissen führen können. Betrachten wir dazu erneut die Eule Arthur, die nun im Zoo lebt. Beide Defaults formalisieren korrektes Alltagswissen.

Beispiel 8.3.7. Sei (D, T) mit $D = \{\frac{\text{Eule}(x):\text{Jagt}(x)}{\text{Jagt}(x)}, \frac{\text{ImZoo}(x):\neg\text{Jagt}(x)}{\neg\text{Jagt}(x)}\}$ und $T = \{\text{Eule(Arthur)}, \text{ImZoo(Arthur)}\}$. Wir verifizieren zwei Extensionen: Die erwartete $E = Cn(\{\text{Eule(Arthur)}, \text{ImZoo(Arthur)}, \neg\text{Jagt(Arthur)}\})$ sowie die unintendierte $E' = Cn(\{\text{Eule(Arthur)}, \text{ImZoo(Arthur)}, \text{Jagt(Arthur)}\})$, bei der der allgemeinere erste Default nicht vom spezielleren zweiten verdrängt wurde.

Für eine tiefergehende Diskussion darüber, inwiefern normale Defaults zur Wissensrepräsentation ausreichen, verweisen wir den Leser auf [73, 31, 16]. Eine Möglichkeit, das Zusammenspiel von gleichzeitig anwendbaren Defaults besser zu steuern, besteht darin, bestimmte Defaults zu bevorzugen. Ein solcher Ansatz wurde beispielsweise in Brewkas *Prioritized Default-Logik* verfolgt [17]. Eine empfehlenswerte Zusammenfassung verschiedener Varianten der Default-Logik findet sich in [5].

Kommen wir nun zur Definition eines Operators, der das *Schließen unter Reiter-Extensionen* formalisiert. Sei dazu $\mathcal{E}_{(D,T)}$ die Menge aller Extensionen einer Defaulttheorie (D, T). Beispiel 8.3.7 zeigt, dass es erstens durchaus mehr als eine Extension geben kann und zweitens deren Vereinigung nicht notwendigerweise konsistent ist. Konsequenterweise betrachten wir die skeptische Variante des Schließens, also den Schnitt aller Extensionen, welcher im Fall von konsistenten Extensionen niemals widersprüchlich ist. Ein solches Vorgehen ist uns bereits vom Schließen unter Preferred Subtheories sowie von der Default-Assumption-Konsequenz bekannt.

Definition 8.3.6. Sei D eine Menge von geschlossenen Defaults. Der assoziierte Operator

$$C_D : 2^{\mathcal{F}} \to 2^{\mathcal{F}} \quad \text{mit } T \mapsto C_D(T) = \bigcap \mathcal{E}_{(D,T)}$$

formalisiert das (skeptische) *Schließen unter Reiter-Extensionen.*

Das Schließen unter Reiter-Extensionen erfüllt die Eigenschaften Inklusion, Idempotenz, Schnitt und Supraklassikalität. Weder Kompaktheit, Monotonie noch Vorsichtige Monotonie sind hingegen erfüllt [56]. Die Vorsichtige Monotonie kann durch $D = \{\frac{\top:a}{a}, \frac{a:b}{b}, \frac{b:\neg a}{\neg a}\}$, $S = \emptyset$ und $T = \{b\}$ falsifiziert werden. Der Leser möge bestätigen, dass $S \subseteq T \subseteq C_D(S) = Cn(\{a, b\})$, aber $C_D(S) \nsubseteq C_D(T)$, da $C_D(T) = Cn(\{a\})$. Abschließend sei noch erwähnt, dass es Varianten von Reiters Default-Logik gibt, beispielsweise Brewkas *Cumulative Default-Logik* [14], in der die Vorsichtige Monotonie erfüllt ist.

8.3.6 Stable Model Semantik für Logikprogramme

Abschließend betrachten wir einen regelbasierten Formalismus, der sehr erfolgreich den Sprung in die Praxis geschafft hat: *Logikprogramme (LPs),* ausgewertet unter der von Michael Gelfond und Vladimir Lifschitz eingeführten *Stable Model Semantik* [36]. Ein Logikprogramm besteht aus einer Menge von Regeln, wobei die syntaktische Form der Regeln die Klasse des Logikprogramms bestimmt. Im Folgenden betrachten wir sogenannte *normale LPs,* die durch die Verwendung von *normalen Regeln* gekennzeichnet sind, welche sich wie folgt darstellen:

$$r : A \leftarrow B_1, \ldots, B_n, \text{ not } C_1, \ldots, \text{ not } C_m.$$

Hierbei ist A der *Kopf* und $\{B_1, \ldots, B_n, C_1, \ldots, C_m\}$ der *Körper* der Regel r. Sofern $m = 0$, spricht man von einer *definiten Regel,* und falls zusätzlich $n = 0$, von einem *Fakt.* Es werden ausschließlich atomare Formeln verwendet. Prädikate mit freien Variablen verstehen sich als Platzhalter für deren Grundinstanziierungen. Das verwendete „not“ ist von der klassischen Negation „¬“ zu unterscheiden und wird auch als *Default-Negation, Negation als Fehlschlag* oder schlicht *Schwache Negation* bezeichnet. Intuitiv besagt eine solche Regel r, dass A ableitbar ist, sofern der Körper erfüllt ist. Das bedeutet: Erstens, alle $B_1, \ldots, B_n$ sind sicher bekannt, und zweitens, keines der $C_1, \ldots, C_m$ liegt derzeit vor.

Man beachte den Unterschied in der Erfüllungsbedingung: Ableitbarkeit von $\neg C_i$ (klassische Negation) versus Nichtableitbarkeit von C_i (Default-Negation). Zum Beispiel besagt die Regel

$$\text{Jagt}(x) \leftarrow \text{Eule}(x),\ \text{not ImZoo}(x).,$$

dass x jagt, sofern sicher ist, dass x eine Eule ist und keine Information vorliegt, dass x sich im Zoo befindet. Kurzum: Eulen jagen, es sei denn, sie leben im Zoo.

Wie kann man nun diese Intuition in eine formale deklarative Semantik für Logikprogramme mit Default-Negation übersetzen? In den 1980er und 90er Jahren gab es ein regelrechtes Ringen um eine geeignete Definition, auch bekannt geworden als *War of Semantics*. Dieser Diskurs war von grundlegenden Fragen geprägt, etwa ob die Semantik genau ein Modell liefern oder mehrere mögliche Interpretationen zulassen soll. Die Debatte führte zu einer Vielzahl konkurrierender Ansätze, von denen einige bis heute für unterschiedliche Anwendungen relevant sind [24, 45]. Zu den prominentesten zählen *well-founded models* [35], *perfect models* [69], *supported models* [6] und schließlich die im Folgenden vorgestellten *stable models*, welche die bekanntesten und erfolgreichsten Vertreter unter allen Ansätzen sind.

Zunächst betrachten wir definite LPs, also Programme ohne Default-Negation. In diesem Fall ergibt sich die Semantik auf einfache Weise: In einem ersten Schritt sammelt man alle Fakten. Anschließend fügt man diejenigen Köpfe von Regeln hinzu, deren Körper erfüllt sind. Dieser Prozess wird iterativ fortgesetzt, bis keine neuen Atome mehr abgeleitet werden können. Der entsprechende formale Operator wird als *Immediate Consequence Operator* bezeichnet [83] und ist für gegebenes definites LP P und der Menge von Atomen I wie folgt definiert:

$$T_P(I) = \{A \mid A \leftarrow B_1, \ldots, B_n \in P, \{B_1, \ldots, B_n\} \subseteq I\}.$$

Das schrittweise konstruierte Modell, das heißt der Grenzwert der aufsteigenden Folge $T_P(\emptyset)$, $T_P^2(\emptyset)$, $T_P^3(\emptyset), \ldots$, entspricht dem $\subseteq$-kleinsten Fixpunkt von T_P und wird mit $\text{lfp}(T_P)$ bezeichnet.

Beispiel 8.3.8. Gegeben seien die beiden nachfolgenden definiten LPs P_1 und P_2:

$$\begin{aligned} P_1 : a &\leftarrow b, c. & \qquad P_2 : c&. \\ b &\leftarrow d. & a &\leftarrow b, c. \\ d&. & b&. \end{aligned}$$

Es ergibt sich $T_{P_1}(\emptyset) = \{d\}$ sowie $T_{P_1}^2(\emptyset) = \{b, d\} = T_{P_1}^3(\emptyset) = \text{lfp}(T_{P_1})$. Analog sieht man leicht, dass $T_{P_2}(\emptyset) = \{b, c\}$ und $T_{P_2}^2(\emptyset) = \{a, b, c\} = T_{P_2}^3(\emptyset) = \text{lfp}(T_{P_2})$.

Kommen wir nun zu normalen LPs. Die Idee von Gelfond und Lifschitz bestand darin, dass eine Menge I genau dann ein stable model eines normalen LP P ist, wenn sie sich auf rationale Weise selbst reproduziert. Doch was bedeutet das genau? Erstens: Wenn die Menge I als wahr angenommen wird, dann darf keine Regel mit not C im Körper und gleichzeitig $C \in I$ zur Begründung von I beitragen. Zweitens: Wenn die Atome außerhalb von I nicht als wahr angenommen werden, gilt jede Bedingung der Form not C mit $C \notin I$ in Bezug auf I als erfüllt. Durch diese syntaktische Transformation wird das ursprüngliche Programm P in ein mit der Annahme I konsistentes und insbesondere definites LP P^I überführt. Diese Transformation nennt man die *Gelfond-Lifschitz-Reduktion*. Die Menge I reproduziert sich nun selbst, sofern sie mit dem eindeutig bestimmten Modell von P^I zusammenfällt.

Definition 8.3.7. Gegeben ein normales LP P und eine Menge von Atomen I. Die Gelfond-Lifschitz-Reduktion P^I ist definiert als

$$\{A \leftarrow B_1, \ldots, B_n. \mid A \leftarrow B_1, \ldots, B_n, \text{ not } C_1, \ldots, \text{ not } C_m. \in P, \{C_1, \ldots, C_m\} \cap I = \emptyset\}.$$

Die Menge der stable models von P sind gegeben durch

$$stb(P) = \{I \mid I = \text{lfp}(T_{P^I})\}.$$

Nachfolgendes Beispiel illustriert die eingeführten Definitionen.

Beispiel 8.3.9. Gegeben das normale LP P, sowie die Gelfond-Lifschitz-Redukte P^I und P^J wobei $I = \{a, c\}$ und $J = \{b, c\}$.

$$\begin{array}{lll}
P : a \leftarrow c, \text{ not } b. & P^I : a \leftarrow c. & P^J : \\
\quad b \leftarrow c, \text{ not } a. & & \quad b \leftarrow c. \\
\quad c \leftarrow \text{ not } d. & \quad c. & \quad c. \\
\quad d \leftarrow b. & \quad d \leftarrow b. & \quad d \leftarrow b.
\end{array}$$

Es gilt $I = \{a, c\} = \text{lfp}(T_{P^I})$, während $J \neq \{b, c, d\} = \text{lfp}(T_{P^J})$. Folglich gilt $I \in stb(P)$, aber $J \notin stb(P)$. Es ist leicht zu überprüfen, dass es neben I keine weiteren stable models von P gibt. Somit $stb(P) = \{\{a, c\}\}$.

Ähnlich wie im Fall der Default-Logik können normale LPs keine, eine oder mehrere stable models besitzen. Sofern die Nichtexistenz von Modellen unerwünscht ist, kann die Einschränkung auf sogenannte *stratified LPs* [34] Abhilfe schaffen. Diese Programme vermeiden gewisse zyklische Abhängigkeiten und besitzen dadurch ein eindeutig bestimmtes stable model [6].

Die Einführung einer weiteren Negation – der klassischen Negation neben der Default-Negation – erweiterte die stable models zu sogenannten *answer sets* [37]. Diese Erweiterung führte zu einem neuen deklarativen Programmierparadigma, dem *Answer Set Programming (ASP)* [59, 64, 19]. In diesem Ansatz stellt das Logikprogramm (LP) ein Problem dar, etwa ein Optimierungs- oder Planungsproblem. Die Ausgabe, also die answer sets, repräsentieren Lösungen für das jeweilige Problem. ASP wurde erfolgreich in der Praxis angewendet, beispielsweise zur Unterstützung von Abläufen von Space-Shuttle-Missionen [65] sowie bei der Optimierung des Hafenbetriebs von Gioia Tauro in Italien [74].

Obwohl, wie oben erwähnt, das Hauptinteresse oft den Modellen selbst gilt, betrachten wir der Vollständigkeit halber das *(skeptische) Schließen unter Stable Models* [25, 30]. Dabei ist zu beachten, dass im Gegensatz zu den bisher betrachteten nichtmonotonen Operatoren sowohl Eingabe als auch Ausgabe Teilmengen der atomaren Formeln $\mathcal{A}$ sind.

Definition 8.3.8. Gegeben ein normales LP P. Der assoziierte Operator

$$C_P : 2^{\mathcal{A}} \to 2^{\mathcal{A}} \quad \text{mit } I \mapsto C_P(I) = \bigcap stb(P \cup I)$$

formalisiert das (skeptische) *Schließen unter Stable Models.*

Werfen wir nun einen Blick auf die Operatoreigenschaften. Das Schließen unter Stable Models erfüllt die Eigenschaften Inklusion, Idempotenz, Schnitt und Supraklassikalität. Für die Eigenschaft der Supraklassikalität muss ein normales Logikprogramm als eine Menge von Formeln interpretiert werden. Dazu werden die Regeln in materielle Implikationen übersetzt, wobei die Default-Negation durch die klassische Negation ersetzt wird. Schon in ihrer Erstpublikation zeigten Gelfond und Lifschitz, dass unter dieser Übersetzung jedes stabile Modell auch ein klassisches ist [36], womit die Supraklassikalität folgt. Hingegen sind weder Kompaktheit noch Monotonie oder Vorsichtige Monotonie erfüllt. In Hinblick auf die Vorsichtige Monotonie betrachten wir nochmals das LP P aus Beispiel 8.3.9. Wir setzen $S = \emptyset$ und $T = \{c\}$. Es gilt $C_P(S) = \bigcap stb(P \cup \emptyset) = \{a, c\}$ und $C_P(T) = \bigcap stb(P \cup \{c\}) = \{c, b, d\}$. Somit $S \subseteq T \subseteq C_P(S)$, aber $C_P(S) \nsubseteq C_P(T)$. Die Verletzung der Kompaktheit kann mittels $P = \{a \leftarrow \text{ not } a, \text{ not } b, .\} \cup \{b \leftarrow \text{ not } c_i. \mid i \geq 1\}$ gezeigt werden [57]. Offensichtlich ist für $I = \{c_i \mid i \geq 1\}$, $C_P(I) = \mathcal{A}$, das heißt die Menge aller Atome, da $stb(P \cup I) = \emptyset$. Für jede endliche Teilmenge $I' \subseteq I$ gilt jedoch: $C_P(I') = \bigcap stb(P \cup I') = \bigcap\{\{b\}\} = \{b\}$.

8.4 Ausblick

Eine zentrale Motivation für das Studium nichtmonotoner Logiken war die Erwartung, dass das Hinzufügen von Defaultwissen das Schließen beschleunigen würde [26]. Die erzielten Komplexitätsergebnisse konnten diese Erwartung jedoch nicht bestätigen. Fast alle Formalismen weisen für die entsprechenden Entscheidungsprobleme eine höhere Komplexität auf als das klassische Schließen. So liegen beispielsweise das Enthaltensein in allen Extensionen (*skeptisches Schließen*) oder das Enthaltensein in einer Extension (*leichtgläubiges Schließen*) für die aussagenlogischen Versionen auf der zweiten Stufe der polynomiellen Hierarchie [42, 29, 21]. Dies führte zunächst zu einer sehr begrenzten Anzahl von Anwendungen. Das Aufkommen hocheffizienter Solver im Bereich der Antwortenmengenprogrammierung veränderte diese Situation jedoch grundlegend [33] und kann rückblickend als treibende Kraft für das Fortbestehen des gesamten Forschungsgebiets angesehen werden [3].

Ein weiterer, eng mit dem nichtmonotonen Schließen verknüpfter Forschungszweig, der sich mittlerweile zu einem eigenständigen Gebiet mit vielfältigen Anwendungen in Logik und Künstlicher Intelligenz entwickelt hat, ist die sogenannte *formale Argumentation* [8, 7]. Eine erste Anwendung fand sich in John Doyles Arbeit zu *Truth Maintenance Systems* [27], in der das Konzept des Arguments zur Wissensrevision eingesetzt wurde. Die Grundidee, nichtmonotones Schließen als Wettstreit zwischen Argumenten zu betrachten, gewann danach zunehmend an Bedeutung [51]. Einer der bedeutendsten Argumentationsformalismen wurde von Phan Minh Dung entwickelt [28]. In Dungs Argumentationstheorie werden Argumente und Attacken zwischen ihnen als abstrakte Entitäten betrachtet, das heißt, weder die interne Struktur von Argumenten noch die Gründe, warum ein Argument ein anderes attackiert, werden berücksichtigt. Auf diese Weise können verschiedene Argumente kompakt als ein gerichteter Graph, ein sogenanntes *Argumentation Framework*, dargestellt werden. Der Hauptfokus liegt auf der Lösung von Konflikten. Zu diesem Zweck wurde eine Vielzahl von Semantiken eingeführt, wobei jede von ihnen auf eine bestimmte Art und Weise akzeptable Mengen von Argumenten definiert. Dung hat bereits gezeigt, dass verschiedene nichtmonotone Formalismen wie etwa Reiters Default-Logik (Abschnitt 8.3.5) oder auch Stable Model Semantik für Logikprogramme (Abschnitt 8.3.6) im Rahmen seiner Argumentationstheorie rekonstruiert werden können. Ein umfassender historischer Überblick zur Formalen Argumentation findet sich in [68].

Abschließend werfen wir noch einen Blick auf das für die Wissensrepräsentation zentrale Thema der *Ersetzbarkeit*. Genauer gesagt beleuchten wir die Frage, unter welchen Bedingungen ein Teil einer Wissensbasis kontextunabhängig vereinfacht werden kann. Zwei Theorien heißen *stark äquivalent*, sofern sie in beliebigen Kontexten semantisch neutral ersetzt werden können. Für klassische monotone Logiken wie die Aussagenlogik oder die Prädikatenlogik gilt beispielsweise, dass zwei Theorien bereits dann stark äquivalent sind, wenn sie dieselben Modelle besitzen, das heißt, wenn sie *gewöhnlich äquivalent* sind. Bei allen in der Literatur bekannten nichtmonotonen Formalismen ist die Situation jedoch komplexer: Hier reicht die gewöhnliche Äquivalenz zur Charakterisierung der starken Äquivalenz nicht aus.

Seit Beginn der 2000er Jahre ist es in einer Reihe von Untersuchungen gelungen, die starke Äquivalenz für die bekanntesten nichtmonotonen Formalismen präzise zu charakterisieren [81, 82, 80, 66, 20, 9]. Dabei stellte sich heraus, dass die starke Äquivalenz in einem Formalismus $\mathcal{L}$ manchmal durch die gewöhnliche Äquivalenz in einem anderen Formalismus $\mathcal{L}'$ beschrieben werden kann. So sind beispielsweise Logikprogramme unter der Stable-Model-Semantik genau dann stark äquivalent, wenn sie in der *HT-Logik (logic of here-and-there)* gewöhnlich äquivalent sind [44, 50]. Die daraus resultierende grundlegende Frage, nämlich ob jeder logische Formalismus $\mathcal{L}$ eine entsprechende Charakterisierungslogik $\mathcal{L}'$ besitzt, konnte erst kürzlich bejaht werden, wenn auch unter

Vorbehalten [10]. Genauer gesagt: Während im Allgemeinen nicht jeder Formalismus eine Charakterisierungslogik besitzt, ist für den wichtigen Fall der Wissensrepräsentation – die Einschränkung auf endliche Wissensbasen – die Existenz einer solchen garantiert. Obwohl das Existenzresultat konstruktiv bewiesen wurde, ist die kanonische Modellsemantik weder intuitiv noch selbsterklärend, da diese über Vereinigungen von bestimmten Äquivalenzklassen des Ausgangsformalismus definiert wird. Die Suche nach handlichen Charakterisierungslogiken und deren detaillierte Analyse bleibt ein offenes Forschungsfeld. Ein erstes Resultat gelang kürzlich für Dungs Argumentationtheorie: Hier konnte das generische Existenzresultat in einen vertrauten Operator übersetzt werden [11].

8.5 Schlussbetrachtung

In den meisten Alltagssituationen müssen wir Entscheidungen unter Unsicherheit treffen, da nicht alle relevanten Informationen verfügbar sind. Das Beste, was wir tun können – und auch täglich tun – ist, eine Entscheidung auf Grundlage des Wissens darüber zu treffen, wie sich die Welt normalerweise verhält. Daraus folgt, dass gezogene Schlüsse zwar plausibel, aber nicht unwiderruflich sind. Eine Formalisierung dieser Art des Schließens erfordert zwangsläufig den Verzicht auf die aus den klassischen Logiken bekannte Eigenschaft der Monotonie. In diesem kompakten Überblick haben wir sechs Formalismen kennengelernt, die sich in der Art und Weise der Umsetzung der Nichtmonotonie unterscheiden. Selbstverständlich hat das Gebiet des nichtmonotonen Schließens viele weitere interessante Ansätze hervorgebracht, die hier nicht berücksichtigt werden konnten. Besonders erwähnenswert sind in diesem Zusammenhang McCarthys *Circumscription* aus dem Jahr 1980 [61] und Moores *Autoepistemic Logic* aus dem Jahr 1985 [63].

Ein wichtiger Schritt in der Analyse und Entwicklung nichtmonotoner Logiken war der Beitrag von Dov Gabbay aus dem Jahr 1985, in dem erstmals die abstrakten Eigenschaften des zugehörigen Inferenzoperators hervorgehoben wurden [32]. Insbesondere wurden die Bedeutung des Schnitts sowie die der Vorsichtigen Monotonie als zentrale Eigenschaften nichtmonotoner Formalismen hervorgehoben. Tatsächlich erfüllen alle in diesem Überblick betrachteten Formalismen die Eigenschaft des Schnitts. Vorsichtige Monotonie hingegen galt nicht immer, konnte jedoch durch syntaktische Einschränkungen der betrachteten Sprache erreicht werden.

Operatoren, die die Eigenschaft der Inklusion nicht erfüllen, gehören zu einem eng verwandten Themengebiet, das in dieser Schlussbetrachtung nicht unerwähnt bleiben soll: die sogenannte *Wissensrevision* (siehe Kapitel 6, Abschnitt 6.3.3). Das grundlegende Setup ist dabei Folgendes: Wir starten mit einer Wissensbasis T und erhalten eine neue Information I, die unter allen Umständen und unter Wahrung der Konsistenz übernommen werden soll. Kurz gesagt wird I gegenüber T priorisiert, da sie als vertrauenswürdiger gilt. Bei der Integration des neuen Wissens I spielt das *Prinzip der Minimalen Änderung* eine zentrale Rolle [47, 43]. Das bedeutet, dass ein geeigneter Operator so viel wie möglich vom vorhandenen Wissen T beibehalten soll – idealerweise alles, sofern $T \cup I$ konsistent ist. Der bekannteste und einflussreichste Ansatz, der im Rahmen der Aussagenlogik formuliert wurde, ist die sogenannte *AGM-Theorie* [1], benannt nach ihren Begründern Alchourrón, Gärdenfors und Makinson. Sie dient bis heute als Ausgangspunkt für formale Modelle der Wissensrevision, insbesondere auch außerhalb der klassischen monotonen Logiken.

Literaturverzeichnis

[1] C. E. Alchourrón, P. Gärdenfors, and D. Makinson. On the logic of theory change: Partial meet contraction and revision functions. *The Journal of Symbolic Logic*, 50(2):510–530, 1985.

[2] C. E. Alchourron and D. Makinson. On the logic of theory change: Contraction functions and their associated revision functions. *Theoria*, 48(1):14–37, 1982.

[3] C. Anger, K. Konczak, T. Linke, and T. Schaub. A glimpse of answer set programming. *Künstliche Intelligenz*, 19(1):12, 2005.

[4] G. Antoniou. *Nonmonotonic Reasoning*. The MIT Press, 03 1997.

[5] G. Antoniou and K. Wang. Default logic. In *Handbook of the History of Logic*, pages 517–555. Elsevier, July 2007.

[6] K. R. Apt, H. A. Blair, and A. Walker. Towards a theory of declarative knowledge. In *Foundations of Deductive Databases and Logic Programming*, pages 89–148. Morgan Kaufmann, 1988.

[7] K. Atkinson, P. Baroni, M. Giacomin, A. Hunter, H. Prakken, C. Reed, G. R. Simari, M. Thimm, and S. Villata. Towards artificial argumentation. *AI Magazine*, 38(3):25–36, 2017.

[8] P. Baroni, D. Gabbay, M. Giacomin and L. van der Torre, editors. *Handbook of Formal Argumentation*. College Publications, February 2018.

[9] R. Baumann. Characterizing equivalence notions for labelling-based semantics. In *Principles of Knowledge Representation and Reasoning: Proceedings of the Fifteenth International Conference, KR 2016, Cape Town, South Africa, April 25–29, 2016*, pages 22–32, 2016.

[10] R. Baumann and H. Straß. An abstract, logical approach to characterizing strong equivalence in non-monotonic knowledge representation formalisms. *Artificial Intelligence*, 305:103680, 2022.

[11] R. Baumann and H. Straß. Consequence operators of characterization logics - the case of abstract argumentation. In *Logic Programming and Nonmonotonic Reasoning - 17th International Conference, LPNMR 2024, Dallas, TX, USA, October 11–14, 2024, Proceedings*, pages 154–166, 2024.

[12] A. Bochman. Nonmonotonic reasoning. In *The Many Valued and Nonmonotonic Turn in Logic*, pages 557–632. North Holland, 2007.

[13] G. Brewka. Preferred subtheories: An extended logical framework for default reasoning. In N. S. Sridharan, editor, *Proceedings of the 11th International Joint Conference on Artificial Intelligence. Detroit, MI, USA, August 1989*, pages 1043–1048. Morgan Kaufmann, 1989.

[14] G. Brewka. Cumulative default logic: In defense of nonmonotonic inference rules. *Artificial Intelligence*, 50(2):183–205, 1991.

[15] G. Brewka. A Framework for Cumulative Default Logics. In Technical Report 42, International Computer Science Institut, 1992.

[16] G. Brewka. Adding priorities and specificity to default logic. In *Logics in Artificial Intelligence, European Workshop, JELIA '94, York, UK, September 5–8, 1994, Proceedings*, pages 247–260, 1994.

[17] G. Brewka. Reasoning about priorities in default logic. In *Proceedings of the 12th National Conference on Artificial Intelligence, Seattle, WA, USA, July 31 – August 4, 1994, Volume 2*, pages 940–945, 1994.
[18] G. Brewka, J. Dix, and K. Konolige. *Nonmonotonic Reasoning: An Overview. Center for the Study of Language and Information Publication Lecture Notes*. Cambridge University Press, 1996.
[19] G. Brewka, T. Eiter, and M. Truszczyński. Answer set programming at a glance. *Communications of the ACM*, 54(12):92–103, 2011.
[20] P. Cabalar and M. Diéguez. Strong equivalence of non-monotonic temporal theories. In C. Baral, G. De Giacomo and T. Eiter, editors, *Principles of Knowledge Representation and Reasoning: Proceedings of the Fourteenth International Conference, KR 2014, Vienna, Austria, July 20–24, 2014*. AAAI Press, 2014.
[21] M. Cadoli and M. Schaerf. A survey of complexity results for nonmonotonic logics. *The Journal of Logic Programming*, 17(2/3&4):127–160, 1993.
[22] C. Cayrol and M. -C. Lagasquie-Schiex. Non-monotonic syntax-based entailment: A classification of consequence relations. In C. Froidevaux and J. Kohlas, editors, *Symbolic and Quantitative Approaches to Reasoning and Uncertainty*, pages 107–114. Springer, Berlin, Heidelberg, 1995.
[23] J. Dietrich. On the Compactness of Nonmonotonic Logics. In Technical Report, Institut für Informatik, Universität Leipzig, 1996.
[24] J. Dix. A classification theory of semantics of normal logic programs: I. strong properties. *Fundamenta Informaticae*, 22(3):227–255, 1995.
[25] J. Dix and M. Müller. The stable semantics and its variants: A comparison of recent approaches. In *KI-94: Advances in Artificial Intelligence, 18th Annual German Conference on Artificial Intelligence, Saarbrücken, Germany, September 18-23, 1994, Proceedings*, pages 82–93, 1994.
[26] J. Doyle. Reasoned assumptions and rational psychology. *Fundamenta Informaticae*, 20:35–73, 1994.
[27] J. Doyle. A truth maintenance system. *Artificial Intelligence*, 12(3):231–272, 1979.
[28] P. M. Dung. On the acceptability of arguments and its fundamental role in nonmonotonic reasoning, logic programming and n-person games. *Artificial Intelligence*, 77(2):321–358, 1995.
[29] T. Eiter and G. Gottlob. Propositional circumscription and extended closed-world reasoning are Π_2^p-complete. *Theoretical Computer Science*, 114(2):231–245, 1993.
[30] J. Engelfriet, H. Herre, and J. Treur. Nonmonotonic reasoning with multiple belief sets. In *Practical Reasoning, International Conference on Formal and Applied Practical Reasoning, FAPR '96, Bonn, Germany, June 3–7, 1996, Proceedings*, pages 331–344, 1996.
[31] D. W. Etherington. Formalizing nonmonotonic reasoning systems. *Artificial Intelligence*, 31(1):41–85, 1987.
[32] D. M. Gabbay. Theoretical foundations for non-monotonic reasoning in expert systems. In K. R. Apt, editor, *Logics and Models of Concurrent Systems*, pages 439–457. Springer, Berlin, Heidelberg, 1985.
[33] M. Gebser, M. Maratea, and F. Ricca. The seventh answer set programming competition: Design and results. *Theory and Practice of Logic Programming*, 20(2):176–204, May 2019.
[34] A. Van Gelder. Negation as failure using tight derivations for general logic programs. In *Proceedings of the 1986 Symposium on Logic Programming, Salt Lake City, Utah, USA, September 22–25, 1986*, pages 127–138, 1986.
[35] A. Van Gelder, K. A. Ross, and J. S. Schlipf. The well-founded semantics for general logic programs. *Journal of the ACM*, 38(3):620–650, 1991.
[36] M. Gelfond and V. Lifschitz. The stable model semantics for logic programming. In *Logic Programming, Proceedings of the Fifth International Conference and Symposium, Seattle, Washington, USA, August 15–19, 1988 (2 Volumes)*, pages 1070–1080, 1988.
[37] M. Gelfond and V. Lifschitz. Classical negation in logic programs and disjunctive databases. *New Generation Computing*, 9(3/4):365–386, 1991.
[38] M. Gelfond and H. Przymusinska. Negation as failure: Careful closure procedure. *Artificial Intelligence*, 30(3):273–287, 1986.
[39] M. Gelfond, H. Przymusinska, and T. C. Przymusinski. On the relationship between circumscription and negation as failure. *Artificial Intelligence*, 38(1):75–94, 1989.

[40] K. Gödel. Zum Intuitionistischen Aussagenkalkül. *Anzeiger der Akademie der Wissenschaften in Wien*, 69:65–66, 1932.
[41] I. Goodfellow, Y. Bengio, and A. Courville. *Deep Learning*. MIT Press, 2016.
[42] G. Gottlob. Complexity results for nonmonotonic logics. *Journal of Logic and Computation*, 2(3):397–425, 06 1992.
[43] S. O. Hansson. *A Textbook of Belief Dynamics: Theory Change and Database Updating*, volume 11 of *Applied Logic Series*. Springer, 1999.
[44] A. Heyting. Die formalen Regeln der intuitionistischen Logik. *Sitzungsberichte der Preußischen Akademie der Wissenschaften, Physikalisch-mathematische Klasse*, pages 42–56, 1930.
[45] P. Hitzler and A. Seda. *Mathematical Aspects of Logic Programming Semantics. Chapman & Hall/CRC studies in informatics series*. CRC Press, Boca Raton, FL, 1st edition, 2011.
[46] A. Horn. On sentences which are true of direct unions of algebras. *The Journal of Symbolic Logic*, 16(1):14–21, 1951.
[47] H. Katsuno and A. O. Mendelzon. Propositional knowledge base revision and minimal change. *Artificial Intelligence*, 52(3):263–294, 1991.
[48] S. Kraus, D. Lehmann, and M. Magidor. Nonmonotonic reasoning, preferential models and cumulative logics. *Artificial Intelligence*, 44(1):167–207, 1990.
[49] V. Lifschitz. *Circumscription*, pages 297–352. Oxford University Press, Inc., USA, 1994.
[50] V. Lifschitz, D. Pearce, and A. Valverde. Strongly equivalent logic programs. *ACM Transactions on Computational Logic*, 2(4):526–541, 2001.
[51] F. Lin and Y. Shoham. Argument systems: A uniform basis for nonmonotonic reasoning. In *Proceedings of the 1st International Conference on Principles of Knowledge Representation and Reasoning (KR'89). Toronto, Canada, May 15–18 1989*, pages 245–255, 1989.
[52] W. Lukaszewicz. Considerations on default logic: An alternative approach. *Computational Intelligence*, 4:1–16, 1988.
[53] J. Łukasiewicz. On three-valued logic. *Ruch Filozoficzny*, 5:170–171, 1920.
[54] D. Makinson. General theory of cumulative inference. In M. Reinfrank, J. de Kleer, M. L. Ginsberg and E. Sandewall, editors, *Non-Monotonic Reasoning, 2nd International Workshop, Grassau, FRG, June 13–15, 1988, Proceedings*, volume 346 of *Lecture Notes in Computer Science*, pages 1–18. Springer, 1988.
[55] D. Makinson. General patterns in nonmonotonic reasoning. In D. Makinson, editor, *Handbook of Logic in Artificial Intelligence Nad Logic Programming, Vol. Iii*, pages 35–110. Clarendon Press, 1994.
[56] D. Makinson. *How to Go Nonmonotonic*, pages 175–278. Springer, Netherlands, Dordrecht, 2005.
[57] V. W. Marek and J. B. Remmel. Compactness properties for stable semantics of logic programs. *Fundamenta Informaticae*, 81(1–3):211–239, 2007.
[58] V. W. Marek and M. Truszczyński. *Nonmonotonic Logic: Context-Dependent Reasoning*. Springer-Verlag, Berlin, Heidelberg, 1997.
[59] V. W. Marek and M. Truszczyński. Stable models and an alternative logic programming paradigm. In *The Logic Programming Paradigm - A 25-Year Perspective*, pages 375–398. Springer-Verlag, 1999.
[60] N. M. Martin and S. Pollard. *Closure Spaces and Logic. Mathematics and Its Applications*, volume 369, 230 pp., 1996.
[61] J. McCarthy. Circumscription — A form of non-monotonic reasoning. *Artificial Intelligence*, 13(1):27–39, 1980. Special Issue on Non-Monotonic Logic.
[62] J. Minker. On indefinite databases and the closed world assumption. In *6th Conference on Automated Deduction, New York, USA, June 7–9, 1982, Proceedings*, pages 292–308, 1982.
[63] R. C. Moore. Semantical considerations on nonmonotonic logic. *Artificial Intelligence*, 25(1):75–94, 1985.
[64] I. Niemelä. Logic programs with stable model semantics as a constraint programming paradigm. *Annals of Mathematics and Artificial Intelligence*, 25(3–4):241–273, 1999.
[65] M. L. Nogueira, M. Balduccini, M. Gelfond, R. Watson, and M. Barry. An A Prolog decision dupport system for the space shuttle. In *Answer Set Programming, Towards Efficient and Scalable Knowledge Representation and Reasoning, Proceedings of the 1st Intl. ASP'01 Workshop, Stanford, CA, USA, March 26–28, 2001*, 2001.

[66] E. Oikarinen and S. Woltran. Characterizing strong equivalence for argumentation frameworks. *Artificial Intelligence*, 175:1985–2009, 2011.
[67] D. Poole. A logical framework for default reasoning. *Artificial Intelligence*, 36(1):27–47, 1988.
[68] H. Prakken. Historical overview of formal argumentation. In P. Baroni, D. Gabbay, M. Giacomin and L. van der Torre, editors, *Handbook of Formal Argumentation, Vol. 1*, pages 73–141. College Publications, London, 2018.
[69] T. C. Przymusinski. On the declarative semantics of deductive databases and logic programs. In *Foundations of Deductive Databases and Logic Programming*, pages 193–216. Morgan Kaufmann, 1988.
[70] W. Rautenberg. *Einführung in die Mathematische Logik: Ein Lehrbuch*. Springer, 3rd edition, 2008.
[71] R. Reiter. On closed world data bases. In *Logic and Data Bases, Symposium on Logic and Data Bases, Centre d'études et de recherches de Toulouse, France, 1977*, pages 55–76, 1977.
[72] R. Reiter. A logic for default reasoning. *Artificial Intelligence*, 13(1):81–132, 1980. Special Issue on Non-Monotonic Logic.
[73] R. Reiter and G. Criscuolo. On interacting defaults. In *Proceedings of the 7th International Joint Conference on Artificial Intelligence, IJCAI '81, Vancouver, BC, Canada, August 24–28, 1981*, pages 270–276, 1981.
[74] F. Ricca, G. Grasso, M. Alviano, M. Manna, V. Lio, S. Iiritano, and N. Leone. Team-building with Answer Set Programming in the Gioia-Tauro Seaport. *CoRR*, arXiv:abs/1101.4554, 2011.
[75] S. J. Russell and P. Norvig. *Artificial Intelligence: A Modern Approach*. Pearson, 4th edition, 2020.
[76] T. Schaub. On constrained default theories. In *10th European Conference on Artificial Intelligence, ECAI 92, Vienna, Austria, August 3–7, 1992. Proceedings*, pages 304–308, 1992.
[77] Y. Shoham. A semantical approach to nonmonotic logics. In *Proceedings of the Symposium on Logic in Computer Science (LICS '87), Ithaca, New York, USA, June 22–25, 1987*, pages 275–279. IEEE Computer Society, 1987.
[78] A. Tarski. Fundamentale Begriffe der Methodologie der deduktiven Wissenschaften. *Monatshefte für Mathematik und Physik*, 37:361–404, 1930.
[79] A. Tarski. *Uber einige fundamentale Begriffe der Methamathematik*. Comptes rendus de la Societe des Sciences et des Lettres de Varsovien Classe XIX2Y, 1930.
[80] M. Truszczyński. The modal logic S4F, the default logic, and the logic here-and-there. In *Proceedings of the Twenty-Second AAAI Conference on Artificial Intelligence, July 22–26, 2007, Vancouver, British Columbia, Canada*, pages 508–514, 2007.
[81] H. Turner. Strong equivalence for logic programs and default theories (made easy). In *Logic Programming and Nonmonotonic Reasoning, 6th International Conference, LPNMR 2001, Vienna, Austria, September 17–19, 2001, Proceedings*, pages 81–92, 2001.
[82] H. Turner. Strong equivalence for causal theories. In *Logic Programming and Nonmonotonic Reasoning, 7th International Conference, LPNMR 2004, Fort Lauderdale, FL, USA, January 6–8, 2004, Proceedings*, pages 289–301, 2004.
[83] M. H. van Emden and R. A. Kowalski. The semantics of predicate logic as a programming language. *Journal of the ACM*, 23(4):733–742, 1976.
[84] A. H. Yahya and L. J. Henschen. Deduction in non-horn databases. *Journal of Automated Reasoning*, 1(2):141–160, 1985.

Christian Borgelt, Alexander Dockhorn und Rudolf Kruse

9 Unsicheres und unscharfes Wissen

9.1 Einleitung

Wissensbasierte Systeme sind Programme, die auf der Grundlage von Wissen über bestimmte Anwendungsbereiche Schlussfolgerungen ziehen können und so einem Benutzer helfen, Probleme zu lösen oder Entscheidungen zu treffen. Solche Systeme lassen sich kaum auf die Verarbeitung völlig präzisen und sicheren Wissens beschränken. Denn schon eine Aussage wie „Sabine hat wahrscheinlich Grippe.“ ist unsicher, und eine Aussage wie „Peter ist zu Hause.“ ist unscharf, da sein genauer Aufenthaltsort (Wohnzimmer, Bad, Küche usw.) unbestimmt bleibt. Tatsächlich sind fast alle Aussagen des täglichen Lebens unsicher, unscharf oder beides.

Dennoch sind solche Aussagen nicht unbrauchbar: Menschen können ohne große Schwierigkeiten Schlüsse aus ihnen ziehen, wenn auch keine präzisen und absolut sicheren, sondern nützliche und praktisch brauchbare, was der Natur dieser Aussagen geschuldet ist. Ein Arzt wird z. B. bestimmte Krankheiten ausschließen, wenn er erfährt, dass ein Patient kein Fieber hat, auch wenn er die genaue Körpertemperatur nicht (oder nicht sicher) kennt.

Folglich müssen, wenn wissensbasierte Systeme eine echte, in der Praxis brauchbare Unterstützung des Menschen sein sollen, Methoden zur Darstellung von unsicherem und unscharfem Wissen in einem Rechner und Methoden zum automatischen Schlussfolgern mit solchem Wissen bereitgestellt werden. Eine (kleine) Auswahl solcher Methoden wird in diesem Kapitel vorgestellt.

9.1.1 Eigenschaften von Wissen: Impräzision, Unsicherheit und Unschärfe

In diesem Kapitel wird *Wissen* als eine Zuordnung von bestimmten Werten aufgefasst, etwa von Wahrheitswerten, Wahrscheinlichkeiten, Possibilitätsgraden o. ä., zu Aussagen, Ereignissen und Zuständen. Die Unterscheidung von Aussagen, Ereignissen, Zuständen etc. werden wir aber fallenlassen, denn soll Wissen der intersubjektiven Prüfung und einer sorgfältigen Analyse zugänglich gemacht werden, so muss es in einer Sprache formuliert werden. Man kann sich daher auf Aussagen beschränken, die dann mit den Ereignissen oder Zuständen, die sie beschreiben, identifiziert werden. Zu beachten ist jedoch, dass Kalküle, die zur Darstellung von Wissen verwendet werden, oft eigene, kalkülspezifische Begriffe nutzen. So spricht man etwa üblicherweise von der Wahrscheinlichkeit von Ereignissen.

Wir untersuchen nun drei Eigenschaften, die Wissen haben kann: *Impräzision*, *Unsicherheit* und *Unschärfe*. Während sich Impräzision noch mit klassischer Logik behan-

https://doi.org/10.1515/9783111386690-011

deln lässt, benötigt man zur Darstellung von Unsicherheit und Unschärfe andere Kalküle, da man dabei über einfache Wahrheitswerte hinausgehen muss.

Impräzision

Aussagen wie „Der Ball ist grün oder blau oder türkis." oder „Die Geschwindigkeit des Autos lag zwischen 50 und 60 km/h." nennen wir *impräzise* (englisch: imprecise). Sie sind impräzise, da sie nicht nur einen Wert einer Eigenschaft (hier: Farbe bzw. Geschwindigkeit) angeben, sondern eine *Menge von Alternativen*, entweder durch Aufzählung oder durch eine Intervallangabe. Im Gegensatz dazu nennen wir Aussagen, die nur einen Wert für eine Eigenschaft angeben, *präzise*. Ein Beispiel einer präzisen Aussage ist „Der Patient hat 39.3° Fieber."[1]

Es ist klar, dass sich Impräzision mit den Mitteln der klassischen symbolischen Logik behandeln lässt: Endliche Mengen von Alternativen können durch Disjunktionen, die die Alternativen aufzählen, dargestellt werden und Intervalle können durch Vergleichsprädikate $\geq$ und/oder $\leq$ beschrieben werden.

Unsicherheit

Oft setzen wir implizit voraus, dass Aussagen *sicher* sind, d. h., dass alle nicht genannten Alternativen definitiv ausgeschlossen werden können. So nimmt man etwa an, dass in den obigen Beispielen der Ball bestimmt nicht rot ist und das Auto auf jeden Fall schneller als 40 km/h fuhr. Falls solche, in einer Aussage nicht genannten Alternativen *nicht* ausgeschlossen werden können, nennen wir die Aussage *unsicher*. Denn sie könnte ja falsch sein, da es möglich ist, dass eine der nicht genannten Alternativen die wahre Situation beschreibt. Zu beachten ist, dass sowohl präzise als auch impräzise Aussagen unsicher sein können. Was eine Aussage sicher oder unsicher macht, ist also nicht die Anzahl der (genannten) Alternativen, sondern ob alle möglichen Alternativen in ihr genannt sind.

Beschränkt man sich darauf, Aussagen als sicher oder unsicher zu *kennzeichnen*, kommt man noch mit den Mitteln der Logik aus: In der *Modallogik* werden zu diesem Zweck die *Modalitäten* „notwendig" und „möglich" eingeführt. Dies reicht jedoch nicht mehr aus, wenn zwischen mehreren unsicheren Aussagen entschieden werden muss. Dann benötigt man Kalküle, mit in denen sich mindestens *Präferenzen* zwischen unsicheren Aussagen ausdrücken lassen oder sich sogar die Verlässlichkeit von Aussagen durch Sicherheits- oder Vertrauensgrade *quantifizieren* lässt.

---

1 Man könnte einwenden, dass es in dieser Aussage so etwas wie implizite Impräzision gibt, da die Temperatur nur mit endlicher Genauigkeit angegeben ist; d. h., eigentlich sind alle Temperaturen zwischen 39.25° und 39.35° möglich. Wir vernachlässigen dies hier.

Unschärfe

Die meisten Begriffe der Alltagssprache sind *unscharf*: Wenn wir sagen, Peter sei *groß* oder es sei *heiß* an einem Sommertag, dann meinen wir keine bestimmte Körpergröße bzw. Temperatur, ja nicht einmal ein Intervall wie bei impräzisen Aussagen. Die Bereiche der Körpergrößen und Temperaturen, die als *groß* bzw. *heiß* bezeichnet werden können, sind nicht scharf begrenzt. Es gibt zwar Werte der Körpergröße, die sicher als *groß* bezeichnet werden können, z. B. 220 cm, und solche, die sicher nicht als *groß* bezeichnet werden können, z. B. 140 cm. Genauso gibt es Temperaturen, die sicher *heiß* sind, z. B. 35 °C, und solche, die es sicher nicht sind, z. B. 5 °C. Doch zwischen diesen Körpergrößen bzw. Temperaturen, für die eindeutig und allgemein anerkannt entschieden werden kann, ob der Begriff anwendbar ist oder nicht, liegt eine *Penumbra* (lat. für *Halbschatten*) von Werten, die nicht eindeutig zugeordnet werden können.

Zwar kann man eine Penumbra beseitigen, indem man willkürlich eine scharfe Grenze zieht, doch entspricht eine solche scharfe Grenze meist nicht mehr dem natürlichen Verständnis sprachlicher Begriffe [51] (Nr. 76). Unscharfe Aussagen sind nicht zwangsläufig minderwertig oder nutzlos, denn in der Praxis können sie völlig hinreichend sein, während eine erzwungene Genauigkeit ins Leere laufen und sinnlos sein kann [51] (Nr. 88). Ein impräzises Datum kann als spezielles unscharfes Datum aufgefasst werden. Wissen kann gleichzeitig Unsicherheit und Unschärfe beinhalten, wenn z. B. unscharfe Daten mit einem Zufallsprozess generiert werden.

9.1.2 Modellierung von Schlussfolgerungsprozessen

Die wesentliche Eigenschaft des Schlussfolgerns ist, dass ein bestimmter Typ von Wissen – Wissen über Wahrheit, Wahrscheinlichkeit, (Grad der) Möglichkeit o. ä. – von gegebenen Aussagen, Ereignissen, Zuständen etc. auf andere Aussagen, Ereignisse, Zustände etc. übertragen wird. Beispielsweise wird in einem (vor allem deduktiven, aber auch induktiven oder reduktiven) logischen Schluss Wissen über die Wahrheit der Prämissen auf die Konklusion übertragen. In der Wahrscheinlichkeitstheorie geht die Wahrscheinlichkeit eines Ereignisses in die Berechnung der Wahrscheinlichkeit anderer, damit zusammenhängender Ereignisse einbezogen und somit auf diese anderen Ereignisse übertragen.

Damit eine solche Übertragung möglich ist, sind drei Dinge erforderlich: erstens ein Ausgangswissen, auf das man sich stützen kann – zum Beispiel das Wissen, dass eine bestimmte Aussage wahr ist; zweitens ein Wissen, das einen Weg für die Übertragung eröffnet – etwa eine Implikation, bei der die gegebene Aussage das Antezedens bildet, und drittens ein Mechanismus, der es erlaubt, diesem Weg zu folgen – zum Beispiel die Schlussregel des Modus Ponens, mit der sich die Wahrheit des Konsequens einer Implikation erschließen lässt, wenn das Antezedens bekannt ist. Nur wenn alle drei Voraussetzungen gegeben sind und zusammenpassen, kann eine Schlussfolgerung gezogen werden. Natürlich muss die Übertragung nicht immer direkt sein. In der klassischen Logik kann man z. B. Argumente verketten, indem man die Konklusion eines Arguments zur Prämisse eines anderen macht. Bisweilen sind mehrere solcher Schritte nötig, um eine gewünschte Konklusion abzuleiten. Ähnlich ist es in der Wahrscheinlichkeitstheorie.

Aus dieser Beschreibung können wir die wesentlichen Probleme der Modellierung von Schlussfolgerungsprozessen ablesen: Sie bestehen darin, die Pfade aufzufinden, auf denen Wissen übertragen werden kann, und geeignete Mechanismen bereitzustellen, mit denen diese Pfade verfolgt werden können. Im Gegensatz dazu ist das Ausgangswissen i. A. direkt verfügbar, z. B. als Ergebnis von Beobachtungen (auch wenn die Probleme der Feststellung von Tatsachen nicht unterschätzt werden sollten) oder wissenschaftlicher Theoriebildung.

Sicherlich ist die klassische Logik [5, 37, 40, 42] der bekannteste Ansatz, um diese Probleme zu lösen. Sie ermöglicht es, Wissen über einen bestimmten Anwendungsbereich als Menge von Aussagen darzustellen, die nur wenige atomare Aussagen oder Prädikate enthält. Weiter stellt sie einfache Schlussregeln bereit, die die Pfade darstellen, über die durch Beobachtungen gewonnenes Wissen auf andere, nicht direkt beobachtbare Aussagen übertragen werden kann. Alle Folgerungen lassen sich mithilfe der Schlussregeln ableiten, auch wenn dies eine mitunter aufwendige Suche nach geeigneten Argumenten erfordert. Es liegt nahe, die in der Logik bereits geleistete Arbeit zu nutzen, indem man nach einer Erweiterung auf unsichere Aussagen sucht. In dieser Erweiterung arbeitet man statt mit Wahrheitswerten *wahr* und *falsch*, die mit 1 und 0 oder mit 1 und −1 identifiziert werden können, mit recht einfachen *Sicherheitsfaktoren*, um unsicheres Wissen zu behandeln. Dieser Ansatz der Sicherheitsfaktoren wurde im frühen Expertensystem MYCIN verwendet, um unsichere Regeln zu modellieren [4].

Die Analyse dieses Ansatzes zeigt jedoch, dass er sehr starke, in der Praxis oft nicht erfüllte Unabhängigkeitsannahmen macht. Insbesondere kann die Einschätzung einer Konklusion von der Reihenfolge der Schlussfolgerungen abhängen und es kann, wenn ein beobachtetes Faktum über mehrere Implikationsketten auf die gleiche Konklusion führt, zu einer fehlerhaften Einschätzung der Sicherheit dieser Konklusion kommen. Man beachte dabei, dass die Unabhängigkeitsannahmen in der Struktur der zweiwertigen Logik liegen. Bei einer Beschränkung auf die Sicherheitsfaktoren 0 und 1 bzw. −1 und 1 (für falsch und wahr) sind sie notwendigerweise erfüllt. Erst wenn man Zwischenwerte zulässt, können sie sich negativ auswirken. Dann können sie jedoch, wenn die implizit vorausgesetzten Unabhängigkeiten nicht gelten, zu falschen Ergebnissen führen. Ein Effekt, der in vielen Expertensystemen aufgetreten ist.

Folglich müssen gegebenenfalls vorhandene Abhängigkeiten explizit erfasst und berücksichtigt werden. Da die Aussagen, die zum Schlussfolgern über einen bestimmten Anwendungsbereich benutzt werden, meist die Form von Implikationen haben (oder zu Implikationen äquivalent sind), bietet es sich an, sie durch einen (gerichteten) Graphen darzustellen. Dieser Graph gibt die Argumentketten wieder, die aus den Implikationen und beobachteten Fakten gebildet werden können, indem die Terme des Antezedens einer Implikation mit dem Konsequens durch gerichtete Kanten verbunden werden. Aus einem solchen Graphen lässt sich dann leicht ablesen, welche Aussagen auf welche Schlussfolgerungen Einfluss haben und welche Abhängigkeiten folglich bestehen. Außerdem zeigt er die möglichen Übertragungswege für aus Beobachtungen gewonnenes Wissen und hilft daher, den Schlussfolgerungsprozess effizienter zu gestalten.

Mit dieser Überlegung haben wir bereits einen ersten Schritt in Richtung *probabilistischer Schlussfolgerungsnetze* getan, die wir in Abschnitt 9.3 betrachten werden. Die grundlegende Idee dieser Netze, die auch *probabilistische graphische Modelle* genannt werden (Graphen im Sinne der Graphentheorie), ist es, die Pfade, auf denen (probabilistisches) Wissen übertragen wird, in Form eines (gerichteten oder ungerichteten) Graphen darzustellen. Eine solche Darstellung kann in der Regel erreicht werden, wenn es gelingt, das Wissen über den betrachteten Anwendungsbereich angemessen zu zerlegen – ähnlich wie in der Logik in eine Menge von Implikationen. Der Graph beschreibt diese Zerlegung und gibt an, auf welchen Wegen Informationen weitergegeben werden müssen. Der Unterschied besteht im Wesentlichen darin, dass nicht eine Menge von Implikationen, sondern eine Familie von (bedingten oder Rand-) Verteilungen dargestellt wird, die i. A. informationsreicher sind als einfache Implikationen.

Bei unscharfem Wissen, also etwa unscharfen Implikationen oder (Handlungs-) Regeln, stoßen wir auf andere Probleme. Aufgrund ihrer Unschärfe und ihrer Anwendungsbereiche, können unscharfe Regeln meist als sicher angenommen werden. Da sie jedoch unscharf formuliert sind, steht bei gegebenen Beobachtungen oft infrage, ob sie angewandt werden können – nämlich dann, wenn die beobachteten Werte in den Penumbrae der im Antezedens auftretenden unscharfen Begriffe liegen. Auf welche konkreten Fälle kann die Regel „Wenn etwas *sehr groß* ist, dann ist es auch *sehr schwer*." angewendet werden? Noch schwieriger wird es, wenn es mehrere anwendbare Regeln gibt, die angewendet werden können, von denen jedoch keine mit Sicherheit anwendbar ist. In diesem Fall geht es nicht darum, durch den Schlussfolgerungsmechanismus die Sicherheit der Konklusion zu bestimmen, sondern darum, die unscharfen Regeln so zu interpolieren, dass eine passende Konklusion zu bestimmt werden kann. Wir können auch sagen, dass die unscharfen Regeln, anders als in der Logik, keine Übertragungswege vorgeben, sondern eine unscharfe Beschreibung eines Geländes liefern, in dem wir einen Weg erst auffinden müssen.

Ein Mensch könnten beispielsweise die Regelung eines technischen Prozesses wie folgt beschreiben: Wenn die Temperatur *mittel* und der Druck *hoch* ist, darf das Ventil nur wenig geöffnet werden. Wenn aber sowohl Druck als auch Temperatur *niedrig* sind, muss das Ventil *weit* geöffnet werden. Was ist dann zu tun, wenn der Druck *mittel* und die Temperatur *niedrig* ist? Wie weit ist das Ventil zu öffnen? Offenbar muss hier zwischen den beiden Regeln gemittelt werden, wobei die zweite wohl stärkeres Gewicht erhalten sollte.

9.2 Grundlegende Konzepte

Der bekannteste Kalkül zur Behandlung von Unsicherheit ist zweifellos die Wahrscheinlichkeitstheorie, deren Grundbegriffe wir in Abschnitt 9.2.1 kurz rekapitulieren. Eine Methode, um mit Unschärfe umzugehen, ist die Verwendung von Fuzzy-Mengen und Fuzzy-Regelsysteme, die wir in Abschnitt 9.2.2 kurz betrachten.

9.2.1 Unsicherheit: Wahrscheinlichkeit

Die Wahrscheinlichkeitstheorie beschäftigt sich mit *zufälligen Ereignissen*. Bei solchen Ereignissen ist zwar bekannt, welche Ereignisse überhaupt eintreten können, nicht jedoch, welches der möglichen Ereignisse tatsächlich eintreten wird (das Eintreten der (einzelnen) Ereignisse ist also unsicher). Beispiele hierfür sind das Werfen einer Münze oder eines Würfels. In der Wahrscheinlichkeitstheorie wird einem zufälligen Ereignis A ein Zahlenwert $P(A)$ – die sogenannte Wahrscheinlichkeit – zugeschrieben. Diese Größe soll die Eintrittswahrscheinlichkeit des Ereignisses beschreiben und so die Unsicherheit des Ereignisses quantifizieren.

Intuitive Vorstellungen des Wahrscheinlichkeitsbegriffs beruhen z. B. auf der Bestimmung des Verhältnisses der Anzahl günstiger Ereignisse zur Gesamtzahl der unvereinbaren, gleichmöglichen Ereignisse („klassischer" Wahrscheinlichkeitsbegriff) oder der relativen Häufigkeit des Auftretens günstiger Ereignisse in einer langen Versuchsreihe. Die moderne Mathematik hat sich jedoch die axiomatische Methode zu eigen gemacht, bei der von der Bedeutung der Objekte, über die gesprochen wird, abstrahiert wird. Sie nimmt Objekte als gegeben an, die außer ihrer Identität keine anderen Eigenschaften haben, und untersucht lediglich die Struktur der Relationen zwischen diesen Objekten, die sich aus vorausgesetzten Axiomen ergibt.

Die Wahrscheinlichkeitstheorie wird über die Kolmogorow-Axiome aufgebaut. Unter einem Ereignis wird dabei einfach eine Menge von Elementareignissen verstanden, die unterscheidbar sind, d. h. eine Identität haben. Eine Wahrscheinlichkeit ist dann eine Zahl, die diesem Ereignis zugeordnet wird. Die formale Grundlage der Kolmogorow-Axiome bilden die Begriffe Ereignisalgebra und σ-Algebra.

Definition 9.2.1 (Ereignisalgebra und σ-Algebra). Sei $\mathcal{S}$ ein System von Ereignissen (Mengen) über einer Grundmenge Ω von Elementarereignissen (dem *Ereignisraum*). $\mathcal{S}$ heißt *Ereignisalgebra* genau dann, wenn Folgendes gilt:

1. $\mathcal{S}$ enthält das *sichere Ereignis* Ω
2. Gehört A zu $\mathcal{S}$, so gehört auch das komplementäre Ereignis $\overline{A} = \Omega \setminus A$ zu $\mathcal{S}$.
3. Gehören A und B zu $\mathcal{S}$, so gehören auch die Ereignisse $A \cap B$ und $A \cup B$ zu $\mathcal{S}$.

Bei einer *σ-Algebra* ist stattdessen die folgende, allgemeinere Bedingung erfüllt:

3'. Gehört für alle $n \in \mathbb{N}$ das Ereignis A_n zu $\mathcal{S}$, dann gehören auch die Ereignisse $\bigcup_{n=1}^{\infty} A_n$ und $\bigcap_{n=1}^{\infty} A_n$ zu $\mathcal{S}$.

Die leere Menge gehört immer zu einer σ-Algebra und wird als das unmögliche Ereignis bezeichnet.

Definition 9.2.2 (Kolmogorow-Axiome). Gegeben sei eine Ereignisalgebra $\mathcal{S}$ über einem endlichen Ereignisraum Ω.

1. Die *Wahrscheinlichkeit* $P(A)$ eines Ereignisses $A \in \mathcal{S}$ ist eine eindeutig bestimmte, nichtsnegative Zahl, die höchstens 1 sein kann, d. h., $0 \le P(A) \le 1$.
2. Das sichere Ereignis Ω besitzt die Wahrscheinlichkeit 1, d. h. $P(\Omega) = 1$.
3. (Additionsaxiom) Für zwei unvereinbare (unverträgliche) Ereignisse A und B (also mit $A \cap B = \emptyset$) gilt $P(A \cup B) = P(A) + P(B)$.

Bei Ereignisräumen Ω, die unendlich viele Elemente enthalten, muss $\mathcal{S}$ eine σ-Algebra sein und Axiom 3 ersetzt werden durch:

3'. (erweitertes Additionsaxiom) Sind $A_1, A_2, \ldots$ abzählbar unendlich viele paarweise disjunkte Ereignisse (also mit $\forall i,j : i \neq j \Rightarrow A_i \cap A_j = \emptyset$), so gilt $P(\bigcup_{n=1}^{\infty} A_n) = \sum_{n=1}^{\infty} P(A_n)$.

Die Zuordnung $A \to P(A)$ lässt sich also als eine auf einer Ereignisalgebra definierte Funktion mit bestimmten Eigenschaften sehen. Beispielsweise lässt sich aus der Verknüpfung von Axiom 2 und 3 folgern, dass die leere Menge $\emptyset$, welche das komplementäre Ereignis des sicheren Ereignisses Ω ist, eine Wahrscheinlichkeit von $P(\emptyset) = 0$ besitzt. Das Kolmogorowsche Axiomensystem gestattet es, die Wahrscheinlichkeitstheorie als Teil der Maßtheorie aufzubauen und die Wahrscheinlichkeit als nichtnegative normierte additive Mengenfunktion, d. h. als Maß zu interpretieren.

Zu den drei üblichen Deutungen der Wahrscheinlichkeitstheorie – *logisch*, *empirisch* (oder *frequentistisch*) und *subjektiv* (oder *personalistisch*) – und den damit verbundenen semantischen Problemen siehe z. B. [41, 49].

Oft ist die Wahrscheinlichkeit eines Ereignisses A zu bestimmen, wenn bereits bekannt ist, dass ein Ereignis B eingetreten ist.

Definition 9.2.3. Seien A und B zwei beliebige Ereignisse mit $P(B) > 0$. Dann heißt $P(A \mid B) = \frac{P(A \cap B)}{P(B)}$ die *bedingte Wahrscheinlichkeit* von A unter (der Bedingung) B bzw. gegeben (die Bedingung) B.

Eine bedingte Wahrscheinlichkeit hat alle Eigenschaften einer Wahrscheinlichkeit, d. h., sie erfüllt die Kolmogorow-Axiome. Damit gilt:

Satz 9.2.1. *Für ein fest gewähltes Ereignis B mit $P(B) > 0$ ist die durch $P_B(A) = P(A|B)$ erklärte Funktion P_B eine Wahrscheinlichkeit, die $P_B(\overline{B}) = 0$ erfüllt.*

Die bedingte Wahrscheinlichkeit führt zur (stochastischen) Unabhängigkeit:

Definition 9.2.4. Sei B ein Ereignis mit $0 < P(B) < 1$. Dann heißt das Ereignis A *(stochastisch) unabhängig* von B, $P(A \mid B) = P(A \mid \overline{B})$.

Hierzu sind die folgenden, meist angenehmeren Beziehungen äquivalent:

Satz 9.2.2. *Ereignis A ist von Ereignis B mit $0 < P(B) < 1$ genau dann (stochastisch) unabhängig, wenn $P(A \mid B) = P(A)$ oder wenn $P(A \cap B) = P(A) \cdot P(B)$.*

Man beachte, dass die (stochastische) Unabhängigkeit symmetrisch ist: Ist A (stochastisch) unabhängig von B, so ist auch B (stochastisch) unabhängig von A.

Im Folgenden geben wir einige wichtige Sätze der Wahrscheinlichkeitstheorie an, die wir im weiteren Verlauf dieses Kapitels brauchen werden.

Satz 9.2.3. *Für beliebige Ereignisse A und B gilt $P(A \cap B) = P(A \mid B) \cdot P(B)$.*

Dieser Satz, oft *Produktsatz* oder *Multiplikationssatz* genannt, folgt unmittelbar aus der Definition der bedingten Wahrscheinlichkeit unter Hinzunahme der offensichtlichen Beziehung $P(A \cap B) = 0$, wenn $P(B) = 0$. Durch einfache Induktion über die Zahl der Ereignisse erhält man die Verallgemeinerung für n Ereignisse, auch *Kettenregel* genannt: $P(\bigcap_{i=1}^{n} A_i) = \prod_{i=1}^{n} P(A_i \mid \bigcap_{k=1}^{i-1} A_k)$.

Oft hat man es mit Situationen zu tun, in denen die Wahrscheinlichkeit von disjunkten Ereignissen A_i, die zusammen den ganzen Ereignisraum abdecken, sowie die bedingten Wahrscheinlichkeiten eines weiteren Ereignisses B unter den A_i bekannt sind. Gesucht ist die Gesamtwahrscheinlichkeit für das Ereignis B.

Definition 9.2.5. n Ereignisse $A_1, \ldots, A_n$ bilden eine *vollständige Ereignisdisjunktion*, wenn $\forall 1 \leq i, k \leq n, i \neq k : A_i \cap A_k = \emptyset$ und $A_1 \cup \cdots \cup A_n = \Omega$ gelten.

Satz 9.2.4 (Satz über die vollständige Wahrscheinlichkeit). *Sei $A_1, \ldots, A_n$ eine vollständige Ereignisdisjunktion mit $\forall 1 \leq i \leq n : P(A_i) > 0$ (und, wie aus den Kolmogorow Axiomen folgt, $\sum_{i=1}^{n} P(A_i) = 1$). Dann gilt für die Wahrscheinlichkeit eines beliebigen Ereignisses B: $P(B) = \sum_{i=1}^{n} P(B \mid A_i) \cdot P(A_i)$.*

Diesen Satz erhält man, indem man den Produktsatz auf $P(B) = P(B \cap \Omega) = P(B \cap \bigcup_{i=1}^{n} A_i) = P(\bigcup_{i=1}^{n}(B \cap A_i)) = \sum_{i=1}^{n} P(B \cap A_i)$ anwendet.

Mithilfe dieses Satzes lässt sich leicht der wichtige Bayes'sche Satz ableiten (nach Thomas Bayes, 1702–1761, obwohl die heute übliche Form erst von Pierre-Simon Laplace, 1749–1827, angegeben wurde). Dazu muss man sich nur klarmachen, dass sich der Produktsatz auf das gleichzeitige Eintreten zweier Ereignisse A und B in zweierlei Weise anwenden lässt: $P(A \cap B) = P(A \mid B) \cdot P(B) = P(B \mid A) \cdot P(A)$. Dies führt nach Division durch $P(B)$, das dazu als positiv vorausgesetzt werden muss, zum ersten Teil des Bayes'schen Satzes. Die Anwendung des Satzes über die vollständige Wahrscheinlichkeit auf den Nenner liefert dann den zweiten Teil.

Satz 9.2.5 (Bayes'scher Satz/Bayes'sche Formel). *Für eine vollständige Ereignisdisjunktion $A_1, \ldots, A_n$ mit $\forall 1 \leq i \leq n : P(A_i) > 0$ und jedes Ereignis B mit $P(B) > 0$ gilt der* Bayes'sche Satz*:*

$$P(A_k \mid B) = \frac{P(B \mid A_k) \cdot P(A_k)}{P(B)} = \frac{P(B \mid A_k) \cdot P(A_k)}{\sum_{i=1}^{n} P(B \mid A_i) \cdot P(A_i)}.$$

Diese Formel heißt auch die Formel über die Wahrscheinlichkeit von Hypothesen.

9.2.2 Unschärfe: Fuzzy-Mengen und Fuzzy-Logik

Die Fuzzy-Mengentheorie bzw. die Fuzzy-Logik [52] sind die vorherrschenden Ansätze zur Behandlung von Unschärfe und Vagheit. Mit diesen Ansätzen versucht man einige der Probleme, die sich aus der Unschärfe sprachlicher Ausdrücke ergeben, dadurch zu lösen, dass man die Begriffe der Zugehörigkeit zu einer Menge bzw. des Wahrheitswertes „fuzzifiziert", d. h., statt nur *„ist"-Element* und *„ist nicht"-Element* bzw. *Wahr-* und *Falsch*-Grade der Zugehörigkeit bzw. Wahrheit oder Möglichkeit einführt.

Eine typische Motivation liefert das klasssische *Sorites-Paradoxons*: „Wieviel Körner machen einen Haufen?".[2] Dieses Paradoxon soll von Eubulides von Milet (4. Jahrhundert v. Chr.) aufgebracht worden sein. Ausgehend von den (*prima facie* wahren) Aussagen „Eine Ansammlung von 10^9 Sandkörnern ist ein Sandhaufen." und „Wenn man von einem Sandhaufen ein Sandkorn wegnimmt, dann bleibt ein Sandhaufen übrig." kann man eine Schlusskette konstruieren, an deren Ende die (offensichtlich falschen) Aussagen erschlossen werden, dass Ansammlungen von drei, zwei, einem, ja sogar gar keinem Sandkorn Sandhaufen sind.

Der Ausgangspunkt, dass eine Milliarde Sandkörner einen Sandhaufen bilden, ist sicherlich richtig, und wir können keinen *einzelnen* Schritt identifizieren, der zu einer falschen Schlussfolgerung führt. Es gibt keine scharf bestimmte Anzahl von Sandkörnern, die noch einen Sandhaufen bilden, während eine Ansammlung mit einem Sandkorn weniger kein Sandhaufen mehr ist. Man wird vielmehr sagen müssen, dass die Konklusionen „allmählich" falsch werden, und zwar während wir uns schließend durch die Penumbra des Begriffs „Sandhaufen" bewegen.

Es liegt nahe, dieses „allmähliche" Falschwerden dadurch zu modellieren, dass man neben *wahr* und *falsch* Zwischenwerte, also *Grade der Wahrheit*, einführt. Allgemein kann man mehrwertige Logiken einführen [15, 28]. In der Penumbra des Begriffs „Sandhaufen" wird der Wahrheitsgrad dann mit jedem Schluss, d. h. mit jedem Sandkorn, das entfernt wird, ein bisschen kleiner, bis er schließlich den Wert *falsch* erreicht. Genauso

2 Der Name dieses Paradoxons leitet sich ab von griech. *σωρος* (soros), d. h. „Haufen". Das Paradoxon hieß ursprünglich *σωρίτης* (sorites), d. h. „Häufelnder". Manchmal ergänzte man noch *λόγος* (logos) oder *συλλογισμός* (syllogismos) was dann „Haufenschluss" ergibt.

können wir mit dem Begriff der Zugehörigkeit zu einer Menge verfahren, der in der klassischen Mengenlehre nur zweiwertig ist: Entweder gehört ein Element zu einer Menge oder nicht. Da sich jedoch die Ansammlungen von Sandkörnern, die unter den Begriff des Sandhaufens fallen, nicht scharf von jenen trennen lassen, die nicht darunter fallen, erscheint es sinnvoll, für Ansammlungen von Sandkörnern, die in der Penumbra des Begriffs „Sandhaufen“ liegen, *Grade der Zugehörigkeit* einzuführen. Je mehr Sandkörner die Ansammlung enthält, desto höher sollten diese Zugehörigkeitsgrade sein.

Formal lässt sich eine Fuzzy-Menge über die *Indikatorfunktion* einer Menge einführen. Diese Funktion ordnet den Elementen einer gegebenen Grundmenge, die in der zu beschreibenden Menge enthalten sind, eine 1, allen anderen eine 0 zu und zeigt so an (lat. *indicare*: anzeigen), welche Elemente enthalten sind.

Definition 9.2.6. Sei U eine Menge und $X \subseteq U$. Die *Indikatorfunktion* von X bzgl. U ist die Funktion $I_X : U \to \{0,1\}$, $u \mapsto 1$, falls $u \in X$, und $u \mapsto 0$ sonst.

Indem man außer 0 und 1 auch Zwischenwerte zulässt, erhält man eine *Fuzzy-Menge*.

Definition 9.2.7 (Fuzzy-Menge). Eine *Fuzzy-Menge* über einer Menge U ist eine Funktion $\mu : U \to [0,1]$.

Ein typisches Beispiel für eine Fuzzy-Menge sind die sprachlichen Prädikate „jung“ und „alt“. Während in der klassischen Mengenlehre eine Person entweder jung ist oder nicht, erlaubt die Fuzzy-Menge eine graduelle Zugehörigkeit. So können die exemplarischen Fuzzy-Mengen

$$\mu_{\text{jung}}(x) = \begin{cases} 1, & \text{wenn } x \leq 20 \\ \frac{30-x}{10}, & \text{wenn } 20 < x < 40 \\ 0, & \text{wenn } x \geq 30 \end{cases} \qquad \mu_{\text{alt}}(x) = \begin{cases} 0, & \text{wenn } x \leq 50 \\ \frac{x-50}{20}, & \text{wenn } 30 < x < 70 \\ 1, & \text{wenn } x \geq 70 \end{cases}$$

genutzt werden, um einem gegebenen Alter einen Zugehörigkeitsgrad zuzuweisen. Hierbei ergeben sich für ein Alter von 35 Jahren die Werte $\mu_{jung}(35) = 0.25$ und $\mu_{alt}(35) = 0.125$. Analog zur Wahrscheinlichkeit ist die Deutung eines Zugehörigkeitsgrades ein komplexes semantisches Problem. Einen Überblick über verschiedene Ansätze, einschließlich der *Possibilitätstheorie*, gibt z. B. [3].

Operationen auf Fuzzy-Mengen werden in Analogie zu den Mengenoperationen Schnitt, Vereinigung und Komplementbildung eingeführt. Bedingung ist stets, dass die Operationen übereinstimmen, wenn man sich auf Indikatorfunktionen beschränkt. Weiter wird festgelegt, dass die Operationen elementweise auszuführen sind; außerdem sollten Assoziativität und Kommutativität gelten.

Diese Bedingungen legen die Operationen jedoch noch nicht eindeutig fest. Daher betrachtet man Klassen von Operationen, und zwar sogenannte *t-Normen* (triangular norms) als Grundlage einer verallgemeinerten Schnittmengenbildung, sogenannte *t-Conormen* als Grundlage einer verallgemeinerten Vereinigung, und sogenannte *Negationen* als Grundlage einer verallgemeinerten Komplementbildung.

Definition 9.2.8 (*t*-Norm / triangular norm). Eine Funktion $\top : [0,1]^2 \rightarrow [0,1]$ heißt *t-Norm*, wenn für alle $a, b, c \in [0,1]$ gilt:

(1)	$\top(a, \top(b,c)) = \top(\top(a,b), c)$	(Assoziativität)
(2)	$\top(a,b) = \top(b,a)$	(Kommutativität)
(3)	$\top(a,1) = a$	(neutrales Element)
(4)	$a \leq b \Rightarrow \top(a,c) \leq \top(b,c)$	(Monotonie)

Die bekanntesten *t*-Normen sind $\top_{\text{min}}(a,b) = \min\{a,b\}$, $\top_{\text{prod}}(a,b) = a \cdot b$ und $\top_{\text{Luka}}(a,b) = \max\{0, a + b - 1\}$ (nach Jan Łukasiewicz, 1878–1956) [23]. Abb. 9.1 zeigt ihre Funktionsgraphen. Aus jeder *t*-Norm erhält man durch elementweise Anwendung eine Schnittmengenbildung. D. h., für zwei Fuzzy-Mengen μ_1 und μ_2 wird der Schnitt definiert als $\forall u \in U: (\mu_1 \cap \mu_2)(u) = \top(\mu_1(u), \mu_2(u))$.

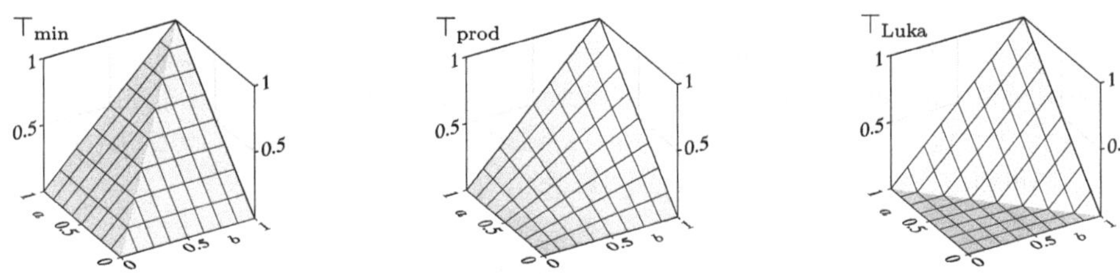

Abb. 9.1: Die *t*-Normen $\top_{\text{min}}$, $\top_{\text{prod}}$ und $\top_{\text{Luka}}$.

Definition 9.2.9 (*t*-Conorm / triangular co-norm). Eine Funktion $\bot : [0,1]^2 \rightarrow [0,1]$ heißt *t-Conorm*, wenn für alle $a, b, c \in [0,1]$ gilt:

(1)	$\bot(a, \bot(b,c)) = \bot(\bot(a,b), c)$	(Assoziativität)
(2)	$\bot(a,b) = \bot(b,a)$	(Kommutativität)
(3)	$\bot(a,0) = a$	(neutrales Element)
(4)	$a \leq b \Rightarrow \bot(a,c) \leq \bot(b,c)$	(Monotonie)

Die bekanntesten *t*-Conormen sind $\bot_{\text{min}}(a,b) = \max\{a,b\}$, $\bot_{\text{prod}}(a,b) = a + b - ab$ und $\bot_{\text{Luka}}(a,b) = \min\{a+b, 1\}$ [23]. Abb. 9.2 zeigt ihre Funktionsgraphen. Aus jeder *t*-Conorm erhält man durch elementweise Anwendung eine Vereinigungsoperation. D. h., für zwei Fuzzy-Mengen μ_1 und μ_2 wird die Vereinigung definiert als $\forall u \in U : (\mu_1 \cup \mu_2)(u) = \bot(\mu_1(u), \mu_2(u))$.

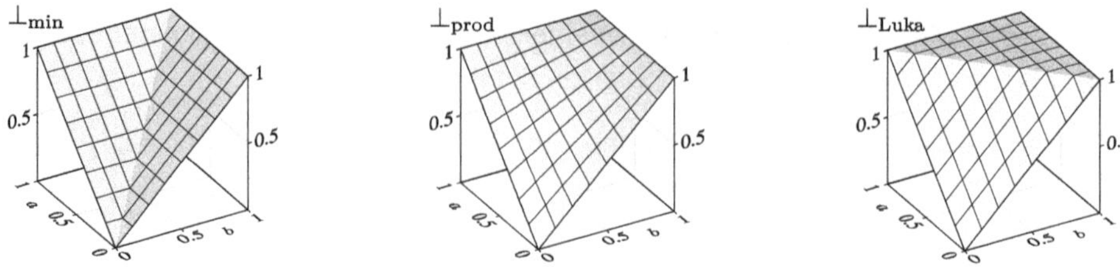

Abb. 9.2: Die *t*-Conormen $\perp_{\max}$, $\perp_{\text{sum}}$ und $\perp_{\text{Luka}}$.

Definition 9.2.10 (Negation). Eine Funktion $n : [0,1] \to [0,1]$ heißt *Negation*, wenn sie die Bedingungen $n(0) = 1$, $n(1) = 0$ und $\forall a, b \in [0,1] : a \leq b \Rightarrow n(a) \geq n(b)$ erfüllt.

Am bekanntesten ist die von Zadeh vorgeschlagene Negation $n(a) = 1 - a$ [23]. Aus jeder Negation erhält man durch elementweise Anwendung eine Komplementbildung: Das Komplement $\overline{\mu}$ einer Fuzzy-Menge μ wird definiert als $\forall u \in U : \overline{\mu}(u) = n(\mu(u))$.

Oft werden eine *t*-Norm und eine *t*-Conorm über eine Negation zu einem dualen Paar assoziiert. Mit der Negation $\overline{\mu} = 1 - \mu$ werden z. B. die oben genannten *t*-Normen und *t*-Conormen mit gleichem Index miteinander assoziiert. Diese Assoziation hat den Vorteil, dass dann die De Morganschen Gesetze gelten, d. h., es gilt $\overline{\mu_1 \cup \mu_2} = \overline{\mu_1} \cap \overline{\mu_2}$ und $\overline{\mu_1 \cap \mu_2} = \overline{\mu_1} \cup \overline{\mu_2}$.

Am häufigsten verwendet man die Negation $n(a) = 1 - a$, die *t*-Norm $\top_{\min}$ und die zu ihr bezüglich n duale *t*-Conorm $\perp_{\min}$, da dieser Operationensatz günstige algebraische Eigenschaften hat. Schnitt und Vereinigung sind idempotent, da $\mu \cap \mu = \mu$ und $\mu \cup \mu = \mu$ gelten. Zudem gelten die Distributivgesetze, also

$$\mu_1 \cap (\mu_2 \cup \mu_3) = (\mu_1 \cap \mu_2) \cup (\mu_1 \cap \mu_3) \quad \text{und}$$
$$\mu_1 \cup (\mu_2 \cap \mu_3) = (\mu_1 \cup \mu_2) \cap (\mu_1 \cup \mu_3).$$

Distributivität ist jedoch in manchen Anwendungen keine wünschenswerte Eigenschaft, sodass mitunter auch andere Operationensätze verwendet werden [23, 22].

9.3 Methoden und Algorithmen

Kurz gefasst lässt sich die Idee der Schlussfolgerungsnetze wie folgt beschreiben: Unter bestimmten Bedingungen kann eine Verteilung δ (z. B. eine Wahrscheinlichkeitsverteilung) auf einem mehrdimensionalen Raum, die *A-priori-Wissen* oder *generisches Wissen* über einen bestimmten Anwendungsbereich darstellt, zerlegt werden in eine Menge $\{\delta_1, \ldots, \delta_s\}$ von (ggf. überlappenden) Verteilungen auf niedrigdimensionalen Unterräumen. Wenn eine solche Zerlegung möglich ist, reicht es aus, die Verteilungen auf den Unterräumen zu kennen, um alle Schlussfolgerungen ziehen zu können, die mit der ursprünglichen Verteilung δ möglich sind.

Da eine solche Zerlegung oft durch ein Netz dargestellt wird und da sie zum Ziehen von Schlussfolgerungen dient, nennen wir sie ein *Schlussfolgerungsnetz*. Ein anderer populärer Name ist *(probabilistisches) graphisches Modell*, wobei „graphisch" andeutet, dass es auf einem Graphen (im Sinne der Graphentheorie) beruht. Obwohl diese Beschreibung alle wesentlichen Dinge nennt, ist sie natürlich zu komprimiert, um verständlich zu sein. Im Folgenden erklären wir daher zunächst die auftretenden Begriffe und illustrieren anschließend die Idee an einem einfachen Beispiel.

Mit *mehrdimensionalem Raum* ist gemeint, dass jeder Zustand eines zu modellierenden Weltauschnitts durch die Werte einer Menge von Attributen beschrieben werden kann. Möchte man z. B. Fahrzeuge beschreiben, so könnte man Hersteller, Modell, Farbe, Motortyp u. ä. angegeben. Jedes Attribut – genauer: die Menge der Werte, die es annehmen kann – bildet eine Dimension des Raumes. Dazu müssen die Attributwerte erschöpfend sein und sich gegenseitig ausschließen. Im Fahrzeugbeispiel muss z. B. die Menge der Werte des Attributes „Hersteller" alle möglichen Hersteller umfassen und kein Fahrzeug darf das gemeinsame Produkt mehrerer Hersteller sein: Für jedes Fahrzeug muss es genau einen Hersteller geben. Mit diesen Einschränkungen (für alle Attribute) entspricht jedes Fahrzeug einem Punkt des durch die Attribute aufgespannten mehrdimensionalen Raumes.

Natürlich kann es mehrere Fahrzeuge geben, die dem gleichen Punkt entsprechen – einfach weil diese Fahrzeuge in allen Attributen übereinstimmen (gleicher Hersteller, gleiche Farbe, gleicher Motortyp etc.). Andererseits kann es Punkte geben, denen kein existierendes Fahrzeug entspricht – z. B. weil ein Motortyp für ein Modell nicht erhältlich ist und es folglich keine entsprechenden Fahrzeuge gibt. Derartige Information ist in der Verteilung auf dem betrachteten Raum enthalten. Eine *Verteilung* δ ordnet jedem Punkt des Raumes eine Zahl aus dem Intervall $[0,1]$ zu, die die Möglichkeit oder die (A-priori-)Wahrscheinlichkeit angibt, dass der entsprechende Zustand vorliegt. Diese Zahlen werden von Experten geschätzt oder durch statistische Analysen aus Erfahrungsdaten gewonnen. Im Fahrzeugbeispiel könnten diese Zahlen einfach die relative Häufigkeit angeben, mit der Fahrzeuge eines bestimmten Typs und einer bestimmten Ausstattung verkauft wurden.

Mit *Zerlegung* ist gemeint, dass die Verteilung δ (wenigstens näherungsweise) aus den Verteilungen $\{\delta_1, \ldots, \delta_s\}$ rekonstruiert werden kann, indem man die δ_i geeignet kombiniert. Eine solche Zerlegung hat verschiedene Vorteile, z. B., dass die Verteilungen $\delta_1, \ldots, \delta_s$ mit weniger Redundanz gespeichert werden können als die ursprüngliche Verteilung (die Zerlegbarkeit zeigt, dass eine Verteilung redundante Information enthält). Wegen dieser Möglichkeit betrachtet man Zerlegungen (von Relationen δ als spezielle Verteilungen) in der Datenbanktheorie [30, 47, 9], die mit der Theorie der Schlussfolgerungsnetze eng verbunden ist. Der Unterschied besteht darin, dass sich Schlussfolgerungsnetze, wie der Name schon sagt, auf das Ziehen von Schlussfolgerungen konzentrieren, während sich die Datenbanktheorie sich mit dem Speichern, Warten und Abrufen von Daten beschäftigt.

Nur in der Lage zu sein, eine Verteilung effizienter zu speichern, wäre zum Zwecke des Schlussfolgerns allerdings wenig nützlich, gäbe es nicht die Möglichkeit, die Schlussfolgerungen zu ziehen, *ohne die ursprüngliche Verteilung vorher rekonstruieren zu müssen.* Die Kernidee besteht darin, (Beobachtungs-)Informationen lokal von Unterraum zu Unterraum weiterzugeben, bis alle Verteilungen aktualisiert sind. Diesen Vorgang nennt man *Evidenzpropagation.* Wie er abläuft, lässt sich am besten an einem einfachen Beispiel zeigen. In diesem Beispiel vernachlässigen wir zunächst die Wahrscheinlichkeiten, die leicht die sehr einfache Idee verschleiern können, und betrachten nur, ob bestimmte Zustände eines gegebenen Weltausschnitts möglich sind oder nicht. D. h., wir betrachten zunächst Netze, die man *relationale Netze* nennen könnte, und erst anschließend echte probabilistische Netze (in denen die Möglichkeit eines Ereignisses durch seine Wahrscheinlichkeit ersetzt wird).

9.3.1 Beispiele

Wir betrachten einige geometrische Objekte mit drei Eigenschaften: Farbe, Form und Größe (Abb. 9.3). Diese Objekte kann man auch als Relation oder Tabelle darstellen, in der jede Zeile ein Objekt beschreibt.

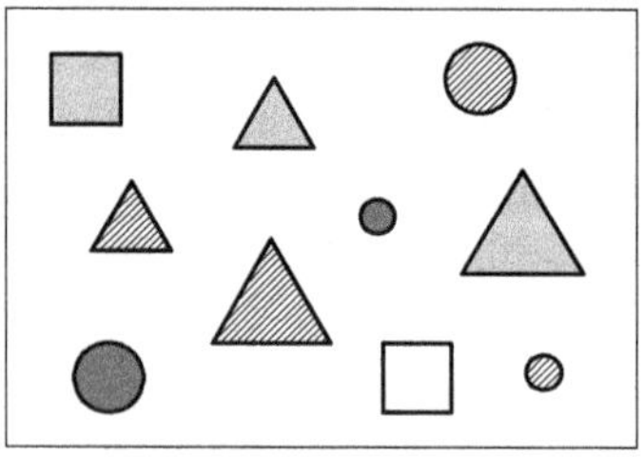

Farbe	Form	Größe
■	○	klein
■	○	mittel
▨	○	klein
▨	○	mittel
▨	△	mittel
▨	△	groß
□	□	mittel
░	□	mittel
░	△	mittel
░	△	groß

Abb. 9.3: Einige geometrische Objekte und ihre Darstellung als Tabelle bzw. Relation.

Nun wird zufällig ein Objekt aus dieser Menge ausgewählt. Wir nehmen jedoch an, dass nicht alle Eigenschaften des Objektes beobachtet werden können. Man kann sich dazu vorstellen, dass jemand in einiger Entfernung ein Objekt aus einer Kiste zieht, sodass nur die Farbe erkennbar ist, nicht aber die Form oder die Größe. Wir wissen jedoch, dass es nur zehn verschiedene Objekte mit bestimmten Kombinationen der drei Eigenschaften gibt. Wie kann man diese Information nutzen, um etwas über die nicht beobachteten Eigenschaften des Objektes zu erschließen?

Probleme dieser Art treten in vielen Anwendungen auf, z. B. der medizinischen Diagnose: Ein Arzt verfügt über Lehrbuch- und Erfahrungswissen über die Abhängigkeiten zwischen Symptomen, physiologischen Zuständen und Krankheiten, ggf. im Kontext anderer Patienteneigenschaften wie Alter und Geschlecht. Beobachten bzw. erfragen kann er aber nur die Symptome sowie Alter, Geschlecht etc. Welche Krankheit (wahrscheinlich) vorliegt, muss er mithilfe seines Wissens erschließen.

Bei den geometrischen Objekten ist die Schlussfolgerung trivial: Man sortiert beispielsweise in der Tabelle alle Objekte mit einer anderen Farbe als der beobachteten aus und stellt für die übrigen die möglichen Formen und Größen zusammen. Dies ist aber nur möglich, weil es nur zehn Objekte mit nur drei Eigenschaften gibt. In der medizinischen Diagnose können wir kaum so vorgehen, da die aufzustellende Tabelle viel zu groß wäre, um auf diese Weise bearbeitet zu werden. Stattdessen müssen wir das medizinische Wissen des Arztes entsprechend strukturieren, z. B. durch Zerlegung in Abhängigkeiten zwischen wenigen Eigenschaften.

Wie (tabellarisches) Wissen zerlegt werden kann, sodass es handhabbar wird, lässt sich bereits am Beispiel der Menge geometrischer Objekte zeigen: Die Eigenschaftstabelle dieser Objekte lässt sich ohne Verlust auf zwei kleinere Tabellen aufteilen. Dazu stellen wir den Schlussfolgerungsraum graphisch dar, wie in Abb. 9.4 links gezeigt: wir ordnen jeder Eigenschaft eine Raumrichtung zu, sodass sich jede mögliche Kombination von Eigenschaftswerten durch einen Würfel in diesem Raum darstellen lässt. Tragen wir die zu den Objekten unseres Beispiels gehörenden Würfel in diesen Schlussfolgerungsraum ein, so ergibt sich das in Abb. 9.4 rechts gezeigte Bild.

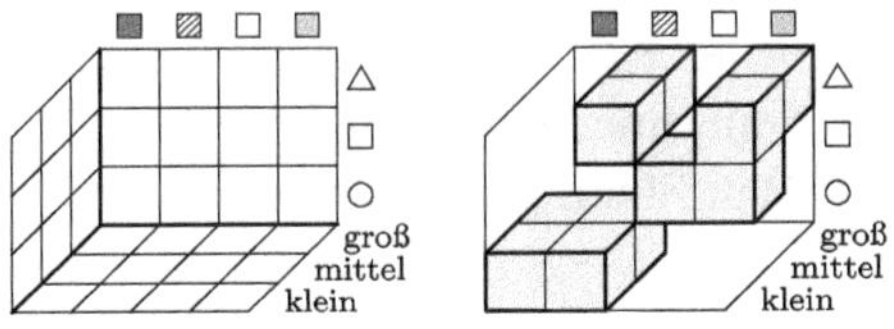

Abb. 9.4: Schlussfolgerungsraum und graphische Darstellung der Relation.

Nehmen wir an, das ausgewählte Objekt sei hellgrau. In der Darstellung von Abb. 9.4 entspricht das Schlussfolgern durch Einschränken auf hellgraue Objekte dem Herausschneiden der zur Farbe Hellgrau gehörenden „Scheibe“ des Schlussfolgerungsraums, wie in Abb. 9.5 gezeigt. Wir erhalten somit die Schlussfolgerung, dass das Objekt kein Kreis sein kann, sondern ein Quadrat oder ein Dreieck sein muss, und dass es nicht klein sein kann, sondern mittelgroß oder groß sein muss.

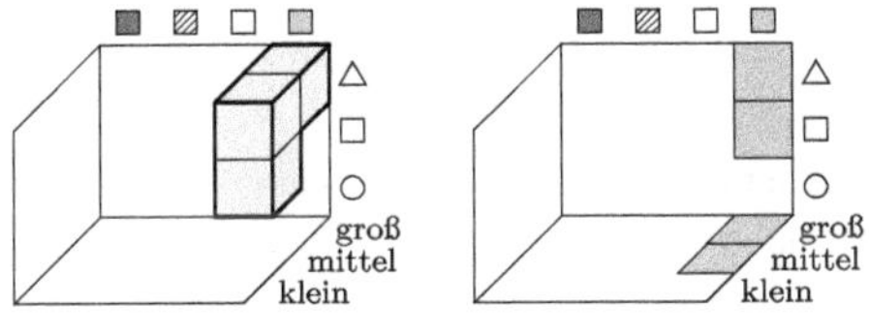

Abb. 9.5: Direktes Schlussfolgern.

Diese Schlussfolgerung lässt sich jedoch auch anders ziehen, da das Wissen über die Eigenschaftskombinationen der Objekte zerlegt werden kann, und zwar in sogenannte *Projektionen* auf zweidimensionale Unterräume. Alle möglichen derartigen Projektionen sind in Abb. 9.6 dargestellt. Sie ergeben sich als Schattenwürfe, wenn man sich Lichtquellen vor, über und rechts dieser Blockanordnung vorstellt.

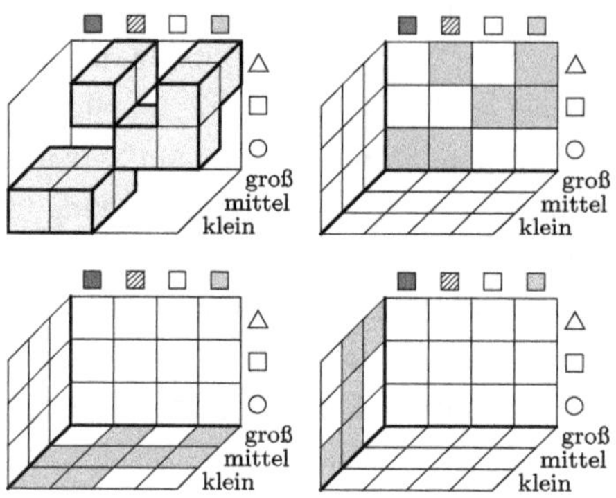

Abb. 9.6: Alle drei zweidimensionalen Projektionen der Relation.

Wir können die Relation in die Projektionen auf die hintere und die linke Seitenfläche des Schlussfolgerungsraums zerlegen, da sie sich aus diesen rekonstruieren lässt. Dies ist in Abb. 9.7 gezeigt. Wir gehen folgendermaßen vor: Zunächst werden die sogenannten *zylindrischen Erweiterungen* der beiden Projektionen gebildet. Das heißt, wir fügen in der jeweils fehlenden Dimension alle möglichen Werte hinzu. Dies ist in Abb. 9.7 oben und rechts gezeigt.[3] Die so erhaltenen Würfelanordnungen werden anschließend miteinander geschnitten, d. h., es bleiben nur die Würfel übrig, die in beiden zylindri-

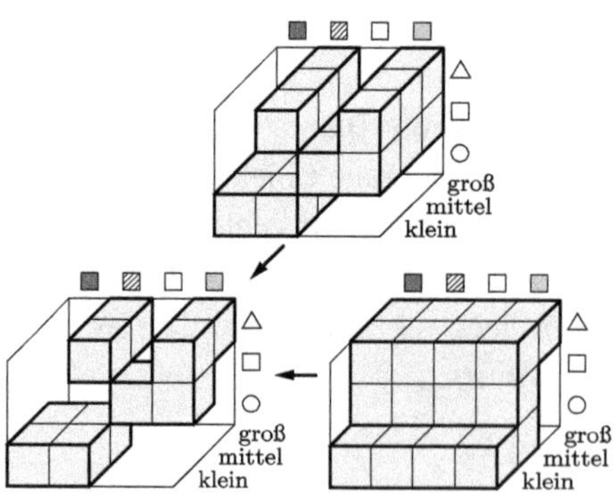

Abb. 9.7: Zwei zylindrische Erweiterungen von Projektionen und ihr Schnitt.

3 Der Name „zylindrische Erweiterung" für diese Operation leitet sich von der üblichen Praxis ab, in Skizzen Mengen durch Kreisscheiben darzustellen: Fügt man zu einer Kreisscheibe eine Dimension hinzu, so erhält man einen Zylinder.

schen Erweiterungen enthalten sind. Das Ergebnis ist in Abb. 9.7 gezeigt. Wie man leicht erkennt, stimmt es mit der graphischen Darstellung der Relation aus Abb. 9.4 überein.

Der Vorteil der Zerlegung besteht darin, dass sich Schlussfolgerungen ziehen lassen, ohne dass die dreidimensionale Darstellung wiederhergestellt werden muss. Abb. 9.8 zeigt das Vorgehen. Zuerst wird die Beobachtung, dass das Objekt hellgrau ist, auf den Unterraum Farbe×Form zylindrisch erweitert (schraffierte Spalte) und mit der Projektion der Relation auf diesen Raum (grau unterlegte Felder) geschnitten. Das Ergebnis wird auf die Dimension Form projiziert. Man erhält, dass das Objekt kein Kreis sein kann, sondern ein Quadrat oder ein Dreieck sein muss. Dieses Zwischenergebnis wird in analoger Weise auf den Unterraum Form×Größe zylindrisch erweitert (schraffierte Zeilen), mit der Projektion der Relation auf diesen Raum (graue Felder) geschnitten und schließlich auf die Dimension Größe projiziert. Man erhält, dass das Objekt nicht klein sein kann, sondern mittelgroß oder groß sein muss.

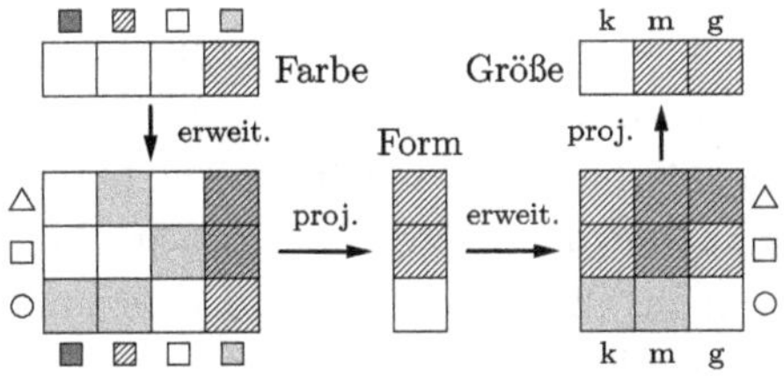

Abb. 9.8: Evidenzpropagation.

Dieses Verfahren, Schlussfolgerungen zu ziehen, rechtfertigt die Darstellung durch ein Netz, wie es in Abb. 9.9 gezeigt ist. Jeder Eigenschaft entspricht ein Knoten und die Kanten zeigen an, welche Projektionen benötigt werden. Es wird natürlich nicht immer auf zweidimensionale Unterräume projiziert. Dass wir nur solche Projektionen betrachten, liegt an der Einfachheit des Beispiels. In Anwendungen können die Unterräume, auf die projiziert wird, drei, vier oder noch mehr Dimensionen haben. Entsprechend verbinden die Kanten dann mehr als zwei Knoten (in diesem Fall spricht man von *Hyperkanten*). Eine Darstellung der Attributmengen, die so verbunden werden, z. B. in Form eines Verbundbaums, kann hier hilfreich sein (siehe unten).

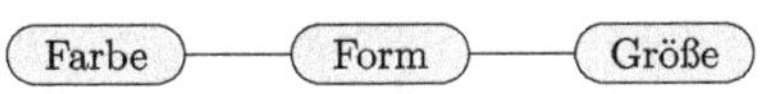

Abb. 9.9: Netzwerkdarstellung.

Zu beachten ist, dass die Projektionen sorgfältig gewählt werden müssen. Die Relation aus Abb. 9.3 lässt sich nicht in zwei beliebige Projektionen zerlegen. Dies zeigt Abb. 9.10, in der statt der Projektion auf die hintere Fläche die Projektion auf die untere verwendet wird. Der Schnitt der zylindrischen Erweiterungen (unten links) unterscheidet sich jedoch deutlich von der Originalrelation (oben rechts). Er enthält sechs zusätzliche Objekte.

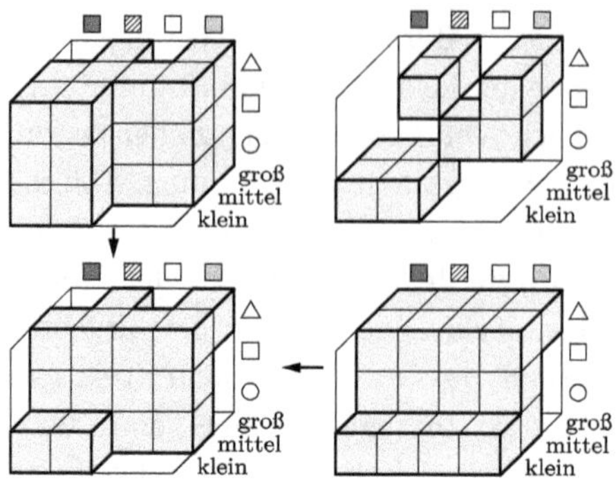

Abb. 9.10: Andere Projektionen.

Man kann nicht einmal immer eine Zerlegung finden: In Abb. 9.11 sind zwei Würfel markiert. Wenn wir annehmen, dass das zu dem mit einer 1 markierten Würfel gehörende Objekt entfernt wird dann kann die Relation nicht mehr in zwei Projektionen auf zweidimensionale Unterräume zerlegt werden, wie man leicht ausprobieren kann. Zwar kann man sich behelfen, indem man alle drei Projektionen verwendet, da das Entfernen des Würfels 1 die Projektion auf die untere Fläche ändert und der Würfel 1 somit in der zylindrischen Erweiterung dieser Projektion und damit im Schnitt aller drei Projektionen nicht mehr enthalten ist. Wird dagegen das Objekt entfernt, das zu dem mit einer 2 markierten Würfel gehört, lässt sich die Relation gar nicht mehr zerlegen. Das Entfernen dieses Würfels ändert nämlich keine der drei Projektionen. In jeder Raumrichtung gibt es noch einen anderen Würfel, der den Schatten wirft. Der Würfel ist daher im Schnitt der Projektionen enthalten.

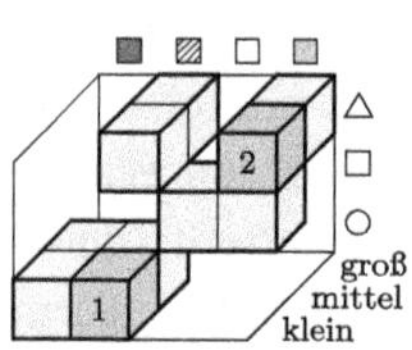

Abb. 9.11: Ist eine Zerlegung immer möglich?

Allerdings wird man, da in der Praxis das Schlussfolgern im Gesamtraum wegen der großen Zahl zu betrachtender Eigenschaften i. A. unmöglich wird, versuchen, nicht (exakt) zerlegbares Wissen wenigstens näherungsweise zu zerlegen. Ziel ist es, eine Zerlegung zu finden, die möglichst wenige zusätzliche Eigenschaftskombinationen für möglich erklärt (es können nur Eigenschaftskombinationen hinzukommen).

Zu beachten ist, dass dieses Beispiel aus didaktischen Gründen sehr klein gehalten wurde. In Anwendungen wie z. B. der Beschreibung von Bauvarianten von Fahrzeugen hat man es dagegen typischerweise mit einigen hundert Variablen mit zwei (Sitzheizung ja/nein) bis 50 (Art des Sitzbezugs) Werten zu tun [12]. Trotzdem ist das Zerlegungsprinzip weiterhin anwendbar. Es werden jedoch sehr viel mehr und größere Unterräume benötigt. Mit heutigen Rechnern ist das jedoch leicht zu bewältigen.

Die Idee der Zerlegung einer Relation lässt sich leicht auf Wahrscheinlichkeitsverteilungen übertragen. Wir erweitern dazu das Beispiel, wie in Abb. 9.12 gezeigt, indem wir jeder Kombination der drei Eigenschaften der geometrischen Objekte eine Wahrscheinlichkeit zuordnen. Das Beispiel ist so gewählt, dass Eigenschaftskombinationen, die vorher möglich waren, nun eine hohe und solche, die vorher unmöglich waren, eine niedrige Wahrscheinlichkeit haben.

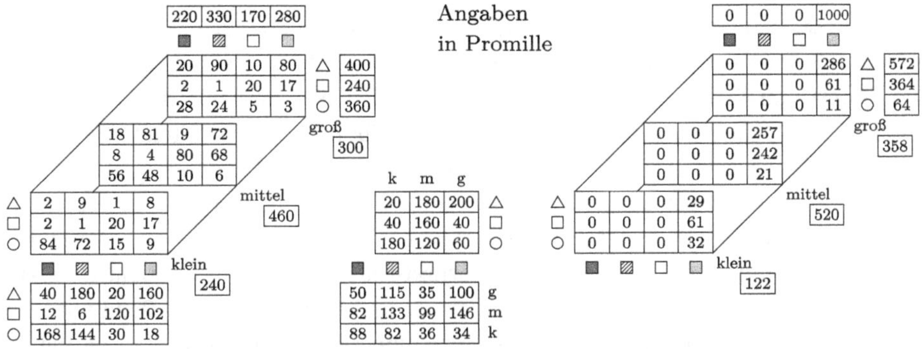

Abb. 9.12: Eine dreidimensionale Wahrscheinlichkeitsverteilung und direktes Schlussfolgern in dieser Verteilung (d. h. Berechnung einer bedingten Verteilung).

Zu dieser Verteilung sind außerdem die *Randverteilungen* angegeben. Sie werden durch Summieren über die herausfallende Dimension bzw. Dimensionen berechnet.[4] So ergibt sich etwa der Wert von 40 Promille für schwarze Dreiecke in der unten links in Abb. 9.12 gezeigten Randverteilung auf dem Unterraum Farbe×Form als Summe der Wahrscheinlichkeiten von 2, 18 und 20 Promille für kleine, mittlere und große schwarze Dreiecke, der Wert von 460 Promille für mittelgroße Objekte als Summe der Wahrscheinlichkeiten der mittleren Tafel.

Zum Schlussfolgern schränken wir die Verteilung auf die „Scheibe" ein, die dem Wert des beobachteten Attributes entspricht: Das Objekt ist hellgrau. Die Wahrscheinlichkeit für diese Farbe wird auf 1 gesetzt (denn diese Farbe ist jetzt sicher), die Wahrscheinlichkeit aller anderen Farben auf 0 gesetzt (denn sie sind jetzt unmöglich). Die Werte in den Tafeln des Schemas werden angepasst, indem die zu den Farben gehörenden „Scheiben" mit dem Quotienten der Wahrscheinlichkeiten vor und nach der Beobachtung multipliziert werden. Dadurch werden die bedingten Wahrscheinlichkeiten der verschiedenen Wertkombinationen berechnet gegeben die Beobachtung, dass

4 Siehe dazu den Satz 9.2.4 über die vollständige Wahrscheinlichkeit auf Seite 254.

das Objekt hellgrau ist.[5] Durch Summation über die Zeilen bzw. Spalten der „Scheibe“ erhalten wir die bedingten (Rand-)Wahrscheinlichkeiten der Formen und Größen.

Wie die Relation aus Abb. 9.4, so lässt sich auch die betrachtete Wahrscheinlichkeitsverteilung in die Projektionen (Randverteilungen) auf die Unterräume Farbe×Form und Form×Größe zerlegen, denn aus diesen lässt sie sich folgendermaßen rekonstruieren: Um z. B. die Wahrscheinlichkeit kleiner schwarzer Dreiecke zu bestimmen, multipliziert man die Wahrscheinlichkeit schwarzer Dreiecke (40 Promille) mit der Wahrscheinlichkeit kleiner Dreiecke (20 Promille) und teilt durch die (doppelt berücksichtigte) Wahrscheinlichkeit von Dreiecken (400 Promille). Man erhält 2 Promille, wie auch in der dreidimensionalen Verteilung ausgewiesen.

Diese Zerlegbarkeit lässt sich zum Schlussfolgern nutzen. Das Prinzip ist in Abb. 9.13 gezeigt. Die neue Wahrscheinlichkeit hellgrauer Objekte ist 1. Die Randverteilung auf dem Unterraum Farbe×Form wird spaltenweise mit dem Quotienten der neuen und der alten Wahrscheinlichkeiten multipliziert. So erhält man aus den alten Wahrscheinlichkeiten im oberen Teil eines Feldes die neuen Wahrscheinlichkeiten im unteren Teil. Das Ergebnis wird durch zeilenweise Summation auf die Dimension Form projiziert, was die neuen Wahrscheinlichkeiten der Objektformen liefert. Im zweiten Schritt wird die Randverteilung auf dem Unterraum Form×Größe zeilenweise mit dem Quotienten aus alter und neuer Formwahrscheinlichkeit multipliziert. Anschließend wird sie durch spaltenweise Summation auf die Dimension Größe projiziert, was die neuen Wahrscheinlichkeiten der Objektgrößen liefert.

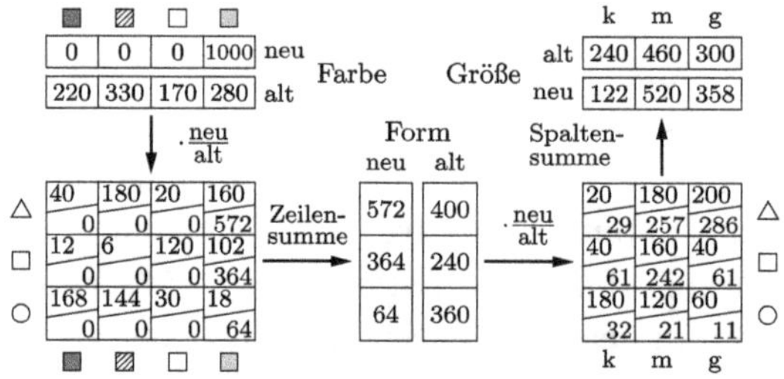

Abb. 9.13: Propagation der Evidenz, dass das Objekt hellgrau ist (alle Angaben in Promille).

Dies rechtfertigt wiederum eine Netzdarstellung wie in Abb. 9.9. Die spezielle Art probabilistischer Netze, die mit Randverteilungen arbeitet, nennt man Markow-Netze (nach Andrej A. Markow, 1856–1922). Eine Alternative sind Bayes-Netze (nach Thomas Bayes, 1702–1761), die mit bedingten Verteilungen arbeiten und bei denen die Kanten des Netzwerks gerichtet sind (siehe unten).

Auch bei der Zerlegung von Wahrscheinlichkeitsverteilungen müssen die Projektionen sorgfältig gewählt werden, da nicht jede Wahl einer Menge von Randverteilungen

5 Siehe die Definition der bedingten Wahrscheinlichkeit in Definition 9.2.3 auf Seite 253.

eine Zerlegung darstellt. Zudem sind Wahrscheinlichkeitsverteilungen sind nicht immer zerlegbar. Bei nicht zerlegbaren Verteilungen versucht man wiederum, eine gute Näherung zu finden, bei der die aus den Randverteilungen berechneten Wahrscheinlichkeiten möglichst wenig von den tatsächlichen abweichen.

9.3.2 Bedingte Unabhängigkeit

Warum ist die Wahrscheinlichkeitsverteilung auf dem Raum geometrischer Objekte zerlegbar? Sei Attribut A die Farbe, Attribut B die Form und Attribut C die Größe eines Objektes und $\mathrm{dom}(A)$, $\mathrm{dom}(B)$ bzw. $\mathrm{dom}(C)$ die zugehörigen Wertebereiche.[6] Dann gilt in Abb. 9.12 $\forall a \in \mathrm{dom}(A) : \forall b \in \mathrm{dom}(B) : \forall c \in \mathrm{dom}(C)$:

$$\begin{aligned} P(A = a \wedge B = b \wedge C = c) &= \frac{P(A = a \wedge B = b) \cdot P(B = b \wedge C = c)}{P(B = b)} \\ &= P(A = a \wedge B = b) \cdot P(C = c \mid B = b) \\ &= P(B = b \wedge C = c) \cdot P(A = a \mid B = b). \end{aligned}$$

Diese Gleichung gilt sicherlich nicht allgemein. Im allgemeinen Fall gilt lediglich (Produktsatz der Wahrscheinlichkeitsrechnung, Satz 9.2.3 auf Seite 254) $\forall a, b, c$:

$$\begin{aligned} P(A = a \wedge B = b \wedge C = c) &= P(A = a \wedge B = b) \cdot P(C = c \mid A = a \wedge B = b) \\ &= P(B = b \wedge C = c) \cdot P(A = a \mid B = b \wedge C = c). \end{aligned}$$

Durch den Vergleich der beiden obigen Gleichungen finden wir heraus, dass

$$\begin{aligned} P(A = a \mid C = c \wedge B = b) &= P(A = a \mid B = b) \quad \text{und} \\ P(C = c \mid A = a \wedge B = b) &= P(C = c \mid B = b) \quad \text{gilt.} \end{aligned}$$

Das heißt, für alle Werte von a, b und c müssen die Ereignisse $A = a$ und $C = c$ *bedingt unabhängig* sein, wenn das Ereignis $B = b$ gegeben ist. (Siehe Definition 9.2.4 der stochastischen Unabhängigkeit von Ereignissen sowie Satz 9.2.2 auf Seite 254.) Um die Quantifizierung mit allen möglichen Attributwerten zu vermeiden, sagt man abkürzend, dass die Attribute A und C *bedingt unabhängig* seien, gegeben das Attribut B.

Offenbar spielt bedingte Unabhängigkeit eine wichtige Rolle. In der Tat beruht die Möglichkeit, Zerlegungen durch Graphen darzustellen, darauf, dass die Begriffe der bedingten Unabhängigkeit von Attributen und der *Trennung* von Knoten in einem Graphen eng verwandt sind. Sogenannte *bedingte Unabhängigkeitsgraphen*, die über den

6 In der Wahrscheinlichkeitstheorie werden die Attribute A, B, C als Zufallsvariablen bezeichnet. Die Notation $P(\mathit{Form} = \mathit{Dreieck})$ steht dabei für die Wahrscheinlichkeit, dass die Zufallsvariable *Form* den Wert *Dreieck* annimmt.

Begriff der Trennung von Knoten eine Menge von bedingten Unabhängigkeitsaussagen darstellen, beschreiben eine Zerlegung einer Verteilung. Man betrachte dazu den Graphen aus Abb. 9.9, in dem der einzige Pfad vom Attribut A (Farbe) zum Attribut C (Größe) durch das Attribut B (Form) blockiert ist. Dies drückt die bedingte Unabhängigkeit von A und C gegeben B aus.

Für die Untersuchung bedingter Unabhängigkeiten ist eine axiomatische Fassung günstig. Diese Axiomatisierung des Unabhängigkeitsbegriffs hat den Vorteil, dass man nicht an die Wahrscheinlichkeitstheorie gebunden ist, sondern auch andere Kalküle, z. B. Possibilitätstheorie, betrachten kann.

Axiome zur Beschreibung bedingter Unabhängigkeit wurden bereits von [10], aber später auch unabhängig von [31] angegeben. Die folgende Definition führt außerdem eine Schreibweise für bedingte Unabhängigkeiten ein.

Definition 9.3.1. Sei U eine Menge mathematischer Objekte, $(\cdot \perp\!\!\!\perp \cdot \mid \cdot)$ eine dreistellige Relation auf der Potenzmenge 2^U von U und W, X, Y und Z vier disjunkte Teilmengen von U. Dann heißen die Aussagen

Symmetrie:	$(X \perp\!\!\!\perp Y \mid Z) \Rightarrow (Y \perp\!\!\!\perp X \mid Z)$
Zerlegung:	$(W \cup X \perp\!\!\!\perp Y \mid Z) \Rightarrow (W \perp\!\!\!\perp Y \mid Z) \wedge (X \perp\!\!\!\perp Y \mid Z)$
Schwache Vereinigung:	$(W \cup X \perp\!\!\!\perp Y \mid Z) \Rightarrow (X \perp\!\!\!\perp Y \mid Z \cup W)$
Zusammenziehung:	$(X \perp\!\!\!\perp Y \mid Z \cup W) \wedge (W \perp\!\!\!\perp Y \mid Z) \Rightarrow (W \cup X \perp\!\!\!\perp Y \mid Z)$

Semi-Graphoid-Axiome. Eine dreistellige Relation $(\cdot \perp\!\!\!\perp \cdot \mid \cdot)$, die die Semi-Graphoid-Axiome für alle W, X, Y, Z erfüllt, heißt *Semi-Graphoid.*

Definition 9.3.2. Fügt man zu der Menge der Semi-Graphoid-Axiomen zusätzlich das folgende Axiom hinzu:

$$\text{Schnitt:} \quad (W \perp\!\!\!\perp Y \mid Z \cup X) \wedge (X \perp\!\!\!\perp Y \mid Z \cup W) \Rightarrow (W \cup X \perp\!\!\!\perp Y \mid Z)$$

so erhält man die *Graphoid-Axiome.* Eine Relation $(\cdot \perp\!\!\!\perp \cdot \mid \cdot)$, die diese Axiome für alle W, X, Y, Z erfüllt, heißt ein *Graphoid.*

Mit der Menge U ist natürlich die Menge der Attribute gemeint, die zur Beschreibung des zu modellierenden Weltausschnitts verwendet werden. Die dreistellige Relation $(\cdot \perp\!\!\!\perp \cdot \mid \cdot)$ stellt einen Begriff bedingter Unabhängigkeit von Attributen bzw. Attributmengen dar. $X \perp\!\!\!\perp Y \mid Z$ bedeutet dabei, dass X bedingt unabhängig ist von Y, gegeben Z. Diese Axiome lassen sich durch Überlegungen zur Wirkung des Bekanntwerdens von Informationen über einige Mengen von Attributen auf andere Mengen von Attributen intuitiv interpretieren [32].

Satz 9.3.1. *Bedingte stochastische Unabhängigkeit erfüllt die Semi-Graphoid-Axiome, für strikt positive Wahrscheinlichkeitsverteilungen die Graphoid-Axiome.*

Der Beweis ist leicht zu führen und findet sich z. B. in [6]. Dieser Satz stellt die Korrektheit der (Semi-)Graphoid-Axiome für Schlussfolgerungen über bedingte (stochastische) Unabhängigkeit sicher. Die von [32] aufgestellte Vermutung, die Semi-Graphoid-Axiome seien für allgemeine (nicht nur strikt positive) Wahrscheinlichkeitsverteilungen auch vollständig, hat sich jedoch als falsch erwiesen [46].

9.3.3 Darstellung durch Graphen

Ein Begriff bedingter Unabhängigkeit, der die oben genannten Axiome erfüllt, ist der Trennung von Knoten bzw. Knotenmengen in Graphen sehr ähnlich. Dies ermöglicht die Darstellung von (Mengen von) bedingter Unabhängigkeitsaussagen durch (Knotentrennungen in) Graphen.

Ein *Graph* ist ein Tupel $G = (V, E)$, bestehend aus einer (endlichen) Menge $V = \{A_1, \ldots, A_n\}$ von n *Knoten* (*vertices*) und einer Menge $E \subseteq (V \times V) \setminus \{(A, A) \mid A \in V\}$ von *Kanten* (*edges*). Mit dieser Definition sind die betrachteten Graphen *einfach* (zwischen zwei Knoten gibt es höchstens eine Kante) und *schleifenfrei* (es gibt keine Kante von einem Knoten zu sich selbst). Wir nennen eine Kante $(A, B) \in E$ *gerichtet* (von A nach B), wenn $(B, A) \notin E$, und *ungerichtet*, wenn auch $(B, A) \in E$ (bei ungerichteten Kanten sind beide Richtungen vorhanden).

Sind zwei Knoten A und B durch eine gerichtete Kante (A, B) verbunden, so sagen wir, dass A der *Elternknoten* (oder kurz der *Elter*) von B und B der *Kindknoten* (oder kurz das *Kind*) von A ist. Die *Familie* eines Knotens A besteht aus dem Knoten A selbst und seinen Elternknoten. Ein Knoten A heißt *benachbart* oder *adjazent* zu einem Knoten B, wenn $(A, B) \in E$ oder $(B, A) \in E$. Der Knoten B heißt dann auch *Nachbar* von A (und umgekehrt). In einem gerichteten Graphen sind die Nachbarn eines Knotens gerade seine Kinder und seine Eltern. Wir unterscheiden zwischen *gerichteten* und *ungerichteten* Graphen danach, ob sie ausschließlich gerichtete oder ausschließlich ungerichtete Kanten enthalten. Wenn nötig, werden wir bei gerichteten Graphen zur Unterscheidung $\vec{G}$ für den Graphen und $\vec{E}$ für die Kantenmenge schreiben. Gemischte Graphen (die sowohl gerichtete als auch ungerichtete Kanten enthalten) werden wir nicht betrachten.

Zwei Knoten A und B heißen *verbunden* in $G = (V, E)$, geschrieben $A \underset{G}{\sim} B$, wenn eine Folge $\langle C_1, \ldots, C_k \rangle$ von paarweise verschiedenen Knoten, *Pfad* genannt, mit $C_1 = A$, $C_k = B$ und $\forall i, 1 \leq i < k : (C_i, C_{i+1}) \in E \vee (C_{i+1}, C_i) \in E$ gegeben ist. Ein Graph $G = (V, E)$ ist ein *Baum*, wenn für jedes Knotenpaar $A, B \in V$ nur genau ein Pfad existiert, der sie verbindet. In einem Baum heißen Knoten mit nur einem Nachbarn *Blätter*, alle anderen sind *innere Knoten*. Ein Pfad heißt *gerichtet*, wenn $\forall i, 1 \leq i < k : (C_i, C_{i+1}) \in E$; d. h. ein gerichteter Pfad folgt stets der Richtung der Kanten. Wir schreiben dann $A \underset{\vec{G}}{\rightsquigarrow} B$ und sagen, dass A ein *Vorfahre* von B und B ein *Nachfahre* von A ist. Ein gerichteter Graph heißt *kreisfrei* oder *azyklisch*, wenn $\forall A, B \in E : A \underset{\vec{G}}{\rightsquigarrow} B \Rightarrow (B, A) \notin E$, d. h. man kann nicht zu einem Knoten zurückkehren, wenn man der Richtung der Kanten folgt.

Was unter „Trennung“ von Knoten und Knotenmengen in Graphen zu verstehen ist, hängt von der Art des Graphen ab. Für ungerichtete Graphen definiert man:

Definition 9.3.3. Sei $G = (V, E)$ ein ungerichteter Graph und X, Y und Z drei disjunkte Knotenmengen. Z *u-trennt* X und Y in G, geschrieben $\langle X \mid Z \mid Y\rangle_G$, genau dann, wenn alle Pfade von einem Knoten aus X zu einem Knoten aus Y einen Knoten aus Z enthalten. Enthält ein Pfad einen Knoten aus Z, so heißt dieser Pfad (durch Z) *blockiert*, sonst *aktiv*.

Für gerichtete Graphen wird ein komplizierteres Kriterium verwendet [32, 13, 48], das weniger natürlich ist als die u-Trennung, aber die bedingten Unabhängigkeiten erfasst, die bei einer Zerlegung mit dem Produktsatz ausgenutzt werden (siehe unten).

Definition 9.3.4. Sei $\vec{G} = (V, \vec{E})$ ein gerichteter azyklischer Graph und seien X, Y und Z drei disjunkte Teilmengen von Knoten. Z *d-trennt* X und Y in $\vec{G}$, geschrieben $\langle X \mid Z \mid Y\rangle_{\vec{G}}$, genau dann, wenn es keinen Pfad von einem Knoten aus X zu einem Knoten aus Y gibt, auf dem die folgenden Bedingungen gelten:

1. Jeder Knoten, an dem Kanten zusammenlaufen (d. h., an dem die beiden diesen Knoten berührenden Kanten des Pfades auf diesen Knoten gerichtet sind), ist selbst aus Z oder hat einen (direkten oder indirekten) Nachfolger in Z.
2. Jeder andere Knoten ist nicht in Z.

Wenn entlang eines Pfades die beiden obigen Bedingungen gelten, so heißt dieser Pfad *aktiv*, anderenfalls heißt er (durch Z) *blockiert*.

Beispiel 9.3.1. In dem rechts gezeigten Graphen gilt $\langle A \mid \emptyset \mid B\rangle$, da der Pfad $A \rightarrow C \leftarrow B$ blockiert ist, wenn keine Attribute gegeben sind, aber es gilt nicht $\langle A \mid F \mid B\rangle$, da der Pfad $A \rightarrow C \leftarrow B$ durch den Nachfolger F von C aktiviert wird. Es gilt $\langle A \mid C \mid E\rangle$, da der Pfad $A \rightarrow C \rightarrow E$ durch C blockiert ist, aber nicht $\langle B \mid C \mid F\rangle$, da zwar der Pfad $B \rightarrow C \rightarrow F$ blockiert ist, nicht jedoch der Pfad $B \rightarrow D \rightarrow F$. Es gilt $\langle C \mid B \mid D\rangle$, da der Pfad $C \leftarrow B \rightarrow D$ durch B und der Pfad $C \rightarrow F \leftarrow D$ dadurch blockiert ist, dass weder F noch ein Nachfolger von F (den es hier auch gar nicht gibt) gegeben sind.

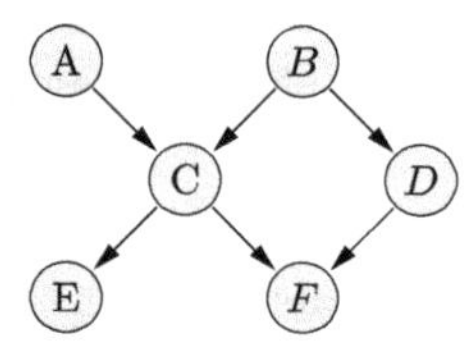

Sowohl die u- als auch die d-Trennung erfüllen die Graphoid-Axiome. Für die u-Trennung ist dies aus der in Abb. 9.14 gezeigten Illustration der Graphoid-Axiome [32] (mit Ausnahme der offensichtlichen Symmetrie) ersichtlich. Auch für den Nachweis, dass die d-Trennung die Graphoid-Axiome erfüllt, ist diese Illustration hilfreich.

Die Tatsache, dass die Trennung von Knoten in Graphen die gleichen Axiome erfüllt, die auch ein Begriff bedingter Unabhängigkeit erfüllen sollte, legt es nahe, eine Menge bedingter Unabhängigkeitsaussagen durch einen Graphen darzustellen. Das können z. B. alle bedingten Unabhängigkeitsaussagen sein, die in einer gegebenen Wahrscheinlichkeitsverteilung gelten. Im Idealfall können wir dann an dem Graphen ablesen, ob zwei Attributmengen bedingt unabhängig sind, gegeben eine dritte, indem wir feststel-

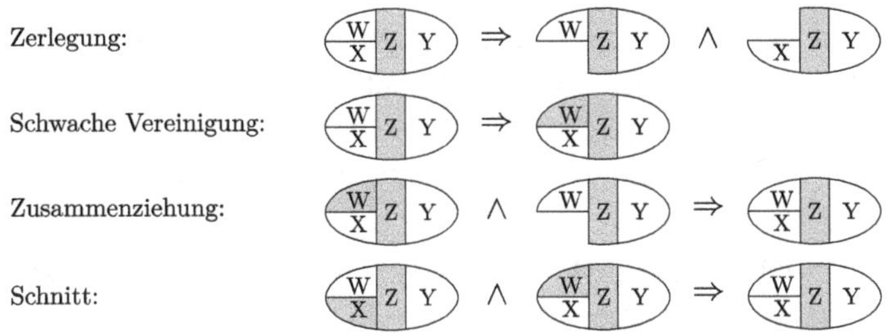

Abb. 9.14: Illustration der Graphoid-Axiome und der Trennung in Graphen.

len, ob sie durch die dritte Attributmenge in diesem Graphen getrennt werden. Leider lässt sich dieses Optimum, also die völlige Isomorphie der bedingten Unabhängigkeit von Attributen und ihrer Trennung in einem Graphen, nicht im allgemeinen Fall erreichen. Dies liegt erstens daran, dass speziell die u-Trennung Axiome erfüllt, die deutlich stärker sind als die Graphoid-Axiome [31], sodass aus Aussagen über die Trennung von Knoten andere folgen, deren Analoga aus den entsprechenden bedingten Unabhängigkeitsaussagen nicht gefolgert werden können. Zweitens erfüllt die bedingte stochastische Unabhängigkeit im allgemeinen Fall nur die Semi-Graphoid-Axiome, sodass bereits Ableitungen mit dem Schnittaxiom ungültig sein können. Drittens gibt es Fälle, in denen bestimmte bedingte Unabhängigkeitsaussagen, die gleichzeitig in einer Verteilung gelten können, aber keine logischen Folgerungen voneinander sind, nicht gleichzeitig durch einen Graphen dargestellt werden können [2].

Folglich müssen wir eine schwächere Definition verwenden als die Forderung der Isomorphie von bedingter Unabhängigkeit und Trennung [32]. Diese Definition ist jedoch ausreichend, da zur Beschreibung von Zerlegungen, die ja unser eigentliches Ziel ist, diese Isomorphie zwar wünschenswert, aber nicht unerlässlich ist.

Definition 9.3.5. Sei $(\cdot \perp\!\!\!\perp_\delta \cdot \mid \cdot)$ eine dreistellige Relation, die die bedingten Unabhängigkeiten darstellt, die in einer Verteilung δ über einer Attributmenge U gelten. Ein ungerichteter Graph $G = (U, E)$ heißt *bedingter Abhängigkeitsgraph* (conditional dependence graph) oder *Abhängigkeitskarte* (dependence map) für δ genau dann, wenn für alle disjunkten Teilmengen $X, Y, Z \subseteq U$ gilt $X \perp\!\!\!\perp_\delta Y \mid Z \;\Rightarrow\; \langle X \mid Z \mid Y \rangle_G$, d. h., wenn G durch u-Trennung alle in δ geltenden (bedingten) Unabhängigkeiten erfasst. Analog heißt G *bedingter Unabhängigkeitsgraph* (conditional independence graph) oder *Unabhängigkeitskarte* (independence map) für δ genau dann, wenn für alle disjunkten Teilmengen $X, Y, Z \subseteq U$ gilt $\langle X \mid Z \mid Y \rangle_G \;\Rightarrow\; X \perp\!\!\!\perp_\delta Y \mid Z$, d. h., wenn G durch u-Trennung nur in δ geltende (bedingte) Unabhängigkeiten darstellt. Ist G sowohl Abhängigkeits- als auch Unabhängigkeitskarte für eine gegebene Verteilung δ, so heißt G *perfekte Karte* (perfect map) für δ.

Ein leerer Graph ist eine triviale Abhängigkeitskarte, ein vollständiger Graph eine triviale Unabhängigkeitskarte, und nicht jede Verteilung besitzt eine perfekte Karte. Für gerichtete azyklische Graphen werden die Begriffe analog definiert.

Wir beschränken uns auf bedingte Unabhängigkeitsgraphen, da es die bedingten Unabhängigkeiten sind, die es ermöglichen, eine Verteilung zu zerlegen. Es sollten daher keine ungültigen bedingten Unabhängigkeiten ablesbar sein, da sich ansonsten möglicherweise keine korrekte Zerlegung der Verteilung ergibt.

Definition 9.3.6. Eine Wahrscheinlichkeitsverteilung p_U über einer Attributmenge $U = \{A_1, \dots, A_n\}$ heißt *zerlegbar* oder *faktorisierbar bezüglich eines ungerichteten Graphen G* genau dann, wenn sie als Produkt von nichtnegativen Funktionen auf den maximalen Cliquen von G geschrieben werden kann. Genauer: Sei $\mathcal{M}$ eine Familie von Teilmengen von U, sodass die durch die Mengen $M \in \mathcal{M}$ induzierten Teilgraphen die maximalen Cliquen von G sind. Sei außerdem $\mathcal{E}_M$ die Menge der Ereignisse, die sich durch Zuweisung von Werten an alle Attribute in M beschreiben lassen. Dann heißt p_U *zerlegbar* oder *faktorisierbar bzgl. G*, wenn es Funktionen $\phi_M : \mathcal{E}_M \to \mathbb{R}_0^+$, $M \in \mathcal{M}$, gibt, so dass $\forall a_1 \in \text{dom}(A_1) : \dots \forall a_n \in \text{dom}(A_n)$:

$$p_U\Big(\bigwedge_{A_i \in U} A_i = a_i\Big) = \prod_{M \in \mathcal{M}} \phi_M\Big(\bigwedge_{A_i \in M} A_i = a_i\Big).$$

Beispiel 9.3.2. Der rechts gezeigte ungerichtete Graph besitzt vier maximale Cliquen, nämlich die Teilgraphen, die von den Mengen $\{A_1, A_2, A_3\}$, $\{A_3, A_5, A_6\}$, $\{A_2, A_4\}$, und $\{A_4, A_6\}$ gebildet werden. Er stellt eine Faktorisierung einer Wahrscheinlichkeitsverteilung über dem gemeinsamen Wertebereich der Attribute A_1 bis A_6 gemäß der folgenden Formel dar: $\forall a_1 \in \text{dom}(A_1) : \dots \forall a_6 \in \text{dom}(A_6)$:

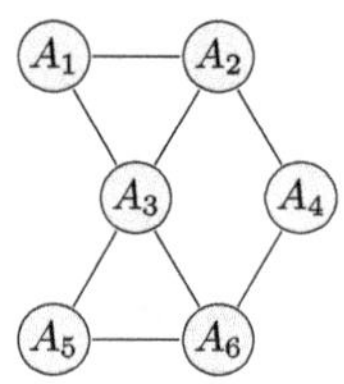

$$\begin{aligned} p_U(A_1 = a_1 \wedge \dots \wedge A_6 = a_6) = {} & \phi_{A_1A_2A_3}(A_1 = a_1, A_2 = a_2, A_3 = a_3) \\ & \cdot \phi_{A_3A_5A_6}(A_3 = a_3, A_5 = a_5, A_6 = a_6) \\ & \cdot \phi_{A_2A_4}(A_2 = a_2, A_4 = a_4) \\ & \cdot \phi_{A_4A_6}(A_4 = a_4, A_6 = a_6). \end{aligned}$$

Für solche Zerlegungen gilt der folgende Satz, der üblicherweise [16] zugeschrieben wird, die ihn für den diskreten Fall bewiesen haben (auf den wir uns hier auch beschränken). Laut [27] scheint dieses Ergebnis jedoch von verschiedenen Autoren in unterschiedlichen Formen entdeckt worden zu sein.

Theorem 9.3.1. *Eine strikt positive Wahrscheinlichkeitsverteilung p_U über einer Attributmenge U ist genau dann faktorisierbar bzgl. eines ungerichteten Graphen $G = (U, E)$, wenn G ein bedingter Unabhängigkeitsgraph für p_U ist.*

Einen Beweis dieses Satzes findet man z. B. in [27]. Er kann auf allgemeinere Verteilungen, z. B. auf Verteilungen über reellwertigen Attributen, erweitert werden, vorausgesetzt, sie haben eine positive und stetige Dichtefunktion [27].

Für gerichtete Graphen wird der Begriff der Zerlegbarkeit bzw. Faktorisierbarkeit in analoger Weise eingeführt. Der einzige Unterschied ist, dass man, entsprechend der Kantenrichtungen, bedingte Wahrscheinlichkeitsverteilungen benutzt.

Definition 9.3.7. Eine Wahrscheinlichkeitsverteilung p_U über einer Attributmenge $U = \{A_1, \dots, A_n\}$ heißt *zerlegbar* oder *faktorisierbar bezüglich eines gerichteten azyklischen Graphen* $\vec{G}$ genau dann, wenn sie als Produkt der bedingten Wahrscheinlichkeiten der Attribute geschrieben werden kann, gegeben ihre Elternknoten in $\vec{G}$, d. h., wenn gilt $\forall a_1 \in \mathrm{dom}(A_1) : \dots \forall a_n \in \mathrm{dom}(A_n)$:

$$p_U\Big(\bigwedge_{A_i \in U} A_i = a_i\Big) = \prod_{A_i \in U} P\Big(A_i = a_i \mid \bigwedge_{A_j \in \mathrm{parents}_{\vec{G}}(A_i)} A_j = a_j\Big),$$

wobei $\mathrm{parents}_{\vec{G}}(A_i)$ die Menge der Elternattribute des Attributes A_i in $\vec{G}$ ist.

Beispiel 9.3.3. Die durch den rechts gezeigten, gerichteten azyklischen Graphen dargestellte Faktorisierung können wir ablesen, indem wir ein Produkt bilden, das einen Faktor für jedes Attribut enthält. Dieser Faktor gibt die bedingte Wahrscheinlichkeit eines Wertes dieses Attributes an, gegeben eine Belegung der Elternattribute. Wir erhalten so $\forall a_1 \in \mathrm{dom}(A_1) : \dots \forall a_7 \in \mathrm{dom}(A_7)$:

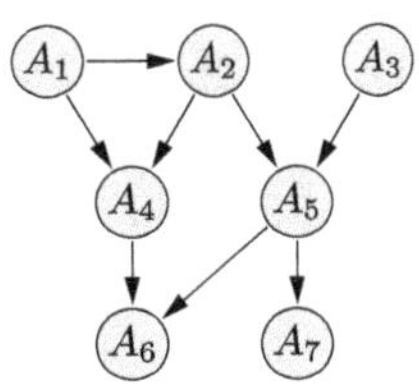

$$\begin{aligned}
&p_U(A_1 = a_1 \wedge \dots \wedge A_7 = a_7) \\
&\quad = P(A_1 = a_1) \cdot P(A_2 = a_2 \mid A_1 = a_1) \cdot P(A_3 = a_3) \\
&\quad \cdot P(A_4 = a_4 \mid A_1 = a_1 \wedge A_2 = a_2) \cdot P(A_5 = a_5 \mid A_2 = a_2 \wedge A_3 = a_3) \\
&\quad \cdot P(A_6 = a_6 \mid A_4 = a_4 \wedge A_5 = a_5) \cdot P(A_7 = a_7 \mid A_5 = a_5).
\end{aligned}$$

Für gerichtete azyklische Graphen gilt analog zu ungerichteten Graphen der Satz:

Theorem 9.3.2. *Eine Wahrscheinlichkeitsverteilung p_U über einer Attributmenge U ist genau dann faktorisierbar bzgl. eines gerichteten azyklischen Graphen $\vec{G} = (U, \vec{E})$, wenn G ein bedingter Unabhängigkeitsgraph für p_U ist.*

Die Faktorisierbarkeit lässt sich unmittelbar dadurch rechtfertigen, dass man den (verallgemeinerten) Produktsatz (Satz 9.2.3 auf Seite 254) auf die Verteilung p_U anwendet und die durch den Graphen dargestellten bedingten Unabhängigkeiten ausnutzt, um einige der bedingenden Attribute zu streichen [27].

Mit dem Begriff der Faktorisierbarkeit bezüglich eines Graphen erhalten wir schließlich die Definition des Markow-Netzes: Ein ist ein ungerichteter bedingter Unabhängigkeitsgraph zusammen mit den Funktionen, die in der Zerlegung bezüglich dieses Graphen auftreten. Analog dazu ist ein *Bayes-Netz* ein gerichteter azyklischer bedingter Unabhängigkeitsgraph zusammen mit den bedingten Wahrscheinlichkeitsverteilungen, die in der Zerlegung bezüglich dieses Graphen auftreten. Beide nennen wir *probabilistische (Schlussfolgerungs-)Netze* oder *probabilistische graphische Modelle.*

9.3.4 Evidenzpropagation

Um zu zeigen, wie man von einer Zerlegung zu einem Verfahren zur Evidenzpropagation in der zugehörigen Unabhängigkeitskarte gelangt, betrachten wir die formale Begründung der Evidenzpropagation aus Abb. 9.13 (Seite 266). Wie in den Erläuterungen zu der in Abb. 9.12 rechts dargestellten Schlussfolgerung im Gesamtraum angegeben, besteht eine wahrscheinlichkeitstheoretische Schlussfolgerung in der Bestimmung der bedingten Wahrscheinlichkeiten der Werte eines Attributes, gegeben die Werte der beobachteten Attribute. In diesem Beispiel haben wir, wenn wieder Attribut A für die Farbe, Attribut B für die Form und Attribut C für die Größe eines Objektes stehen, zunächst die bedingten Wahrscheinlichkeiten der Werte des Attributes B zu bestimmen, gegeben dass das Attribut A den Wert a_{obs} hat („obs" für *„observed"*). Das heißt, wir müssen berechnen $\forall b \in \text{dom}(B)$:

$$
\begin{aligned}
&P(B = b \mid A = a_{\text{obs}}) \\
&\quad = P\Big(\bigvee_{a\in\text{dom}(A)} A = a \wedge B = b \wedge \bigvee_{c\in\text{dom}(C)} C = c \mid A = a_{\text{obs}}\Big) \\
&\quad \overset{(1)}{=} \sum_{a\in\text{dom}(A)} \sum_{c\in\text{dom}(C)} P(A = a \wedge B = b \wedge C = c \mid A = a_{\text{obs}}) \\
&\quad \overset{(2)}{=} \sum_{a\in\text{dom}(A)} \sum_{c\in\text{dom}(C)} P(A = a \wedge B = b \wedge C = c) \cdot \frac{P(A = a \mid A = a_{\text{obs}})}{P(A = a)} \\
&\quad \overset{(3)}{=} \sum_{a\in\text{dom}(A)} \sum_{c\in\text{dom}(C)} \frac{P(A = a \wedge B = b) \cdot P(B = b \wedge C = c)}{P(B = b)} \cdot \frac{P(A = a \mid A = a_{\text{obs}})}{P(A = a)} \\
&\quad = \sum_{a\in\text{dom}(A)} P(A = a \wedge B = b) \cdot \frac{P(A = a \mid A = a_{\text{obs}})}{P(A = a)} \cdot \underbrace{\sum_{c\in\text{dom}(C)} P(C = c \mid B = b)}_{=1} \\
&\quad = \sum_{a\in\text{dom}(A)} P(A = a \wedge B = b) \cdot \frac{P(A = a \mid A = a_{\text{obs}})}{P(A = a)}.
\end{aligned}
$$

In dieser Ableitung gilt (1) wegen der Kolmogorow-Axiome (Definition 9.2.2 auf Seite 253) und (3) wegen der bedingten Unabhängigkeit von A und C gegeben B (Seite 267), die es erlaubt, die Verteilung zu zerlegen. (2) gilt, da erstens

$$P(A = a \wedge B = b \wedge C = c \mid A = a_{\text{obs}})$$

$$= \begin{cases} \dfrac{P(A = a \wedge B = b \wedge C = c)}{P(A = a_{\text{obs}})}, & \text{falls } a = a_{\text{obs}}, \\ 0, & \text{sonst,} \end{cases}$$

und zweitens

$$\frac{P(A = a \wedge A = a_{\text{obs}})}{P(A = a)} = \begin{cases} 1, & \text{falls } a = a_{\text{obs}}, \\ 0, & \text{sonst,} \end{cases}$$

und folglich, unabhängig davon, ob $a = a_{\text{obs}}$ oder nicht,

$$\begin{aligned} &P(A = a \wedge B = b \wedge C = c \mid A = a_{\text{obs}}) \\ &\quad = P(A = a \wedge B = b \wedge C = c) \cdot \frac{P(A = a \mid A = a_{\text{obs}})}{P(A = a)}. \end{aligned}$$

Es ist offensichtlich, dass der linke Teil von Abb. 9.13 nur eine graphische Darstellung dieser Berechnungsformel für alle möglichen Werte des Attributes B ist.

Im zweiten Schritt der Evidenzpropagation haben wir die bedingten Wahrscheinlichkeiten der Werte des Attributes C zu berechnen, wieder gegeben, dass das Attribut A den Wert a_{obs} hat. D. h., wir müssen $\forall c \in \text{dom}(C)$ berechnen:

$$\begin{aligned} &P(C = c \mid A = a_{\text{obs}}) \\ &= P\Big(\bigvee_{a \in \text{dom}(A)} A = a \wedge \bigvee_{b \in \text{dom}(B)} B = b \wedge C = c \,|\, A = a_{\text{obs}} \Big) \\ &\overset{(1)}{=} \sum_{a \in \text{dom}(A)} \sum_{b \in \text{dom}(B)} P(A = a \wedge B = b \wedge C = c \mid A = a_{\text{obs}}) \\ &\overset{(2)}{=} \sum_{a \in \text{dom}(A)} \sum_{b \in \text{dom}(B)} P(A = a \wedge B = b \wedge C = c) \cdot \frac{P(A = a \mid A = a_{\text{obs}})}{P(A = a)} \\ &\overset{(3)}{=} \sum_{a \in \text{dom}(A)} \sum_{b \in \text{dom}(B)} \frac{P(A = a \wedge B = b) P(B = b \wedge C = c)}{P(B = b)} \cdot \frac{P(A = a \mid A = a_{\text{obs}})}{P(A = a)} \\ &= \sum_{b \in \text{dom}(B)} \frac{P(B = b \wedge C = c)}{P(B = b)} \underbrace{\sum_{a \in \text{dom}(A)} P(A = a \wedge B = b) \cdot \frac{P(A = a \mid A = a_{\text{obs}})}{P(A = a)}}_{= P(B = b \mid A = a_{\text{obs}})} \\ &= \sum_{b \in \text{dom}(B)} P(B = b \wedge C = c) \cdot \frac{P(B = b \mid A = a_{\text{obs}})}{P(B = b)}. \end{aligned}$$

(1), (2) und (3) gelten hier aus den gleichen Gründen wie oben. Es ist klar, dass der rechte Teil von Abb. 9.13 nur eine graphische Darstellung dieser Berechnungsformel für alle möglichen Werte des Attributes C ist.

Aus diesen Berechnungen lässt sich das sehr einfache Prinzip der Ableitung von Evidenzpropagationsformeln ablesen. Bei der Berechnung der bedingten Wahrscheinlichkeiten treten immer Summen über die Werte der anderen, nicht beobachteten Attribute auf. Aufgrund der Zerlegung der Verteilung können aus diesen Summen Faktoren herausgezogen werden, die nicht von der Summationsvariable abhängen. Die so umgeschriebenen Summen lassen sich vereinfachen. Entweder summieren sie sich zu den bedingten Wahrscheinlichkeiten aller Werte eines Attributes und sind folglich 1, oder sie wurden bereits in einem früheren Schritt der Propagation berechnet.

Man beachte, dass diese Ableitung nicht auf ungerichtete Graphen beschränkt ist. Denn das Ergebnis der ersten Berechnung lässt sich beispielsweise auch schreiben als

$$P(B = b \mid A = a_{\text{obs}}) = P(B = b \mid A = a) \cdot P(A = a \mid A = a_{\text{obs}}),$$

was wegen der bedingten Wahrscheinlichkeit $P(B = b \mid A = a)$ einer Propagation entlang einer gerichteten Kante $A \rightarrow B$ entspricht. Diese Betrachtung erklärt auch den Namen *Bayes-Netz*, denn wäre die Kante $B \rightarrow A$ gerichtet, so müssten wir

$$P(B = b \mid A = a_{\text{obs}}) = \frac{P(A = a \mid B = b) \cdot P(B = b)}{P(A = a)} \cdot P(A = a \mid A = a_{\text{obs}})$$

berechnen, also die Bayes'sche Formel (Satz 9.2.5 aufseite 254) anwenden, um die bedingte Wahrscheinlichkeit und damit gewissermaßen die Kante „umzudrehen".

Man beachte weiter das typische Auftreten von Faktoren wie $\frac{P(A=a \mid A=a_{\text{obs}})}{P(A=a)}$ (für ungerichtete Graphen) oder nur $P(A = a \mid A = a_{\text{obs}})$ (für gerichtete Graphen), die man anschaulich *Evidenzfaktoren* nennen könnte, da sie die Evidenz wiedergeben, dass das Attribut A den beobachteten Wert a_{obs} hat. Im Prinzip kann man auch bei mehr als einem beobachteten Attribut mit einem solchen einfachen Evidenzfaktor für jedes beobachtete Attribut rechnen, wenn man berücksichtigt, dass man dann zur Normalisierung der Wahrscheinlichkeiten den Faktor

$$\gamma_{\text{norm}} = \frac{\prod_{A_i \in O} P(A_i = a_{i,\text{obs}})}{P(\bigwedge_{A_i \in O} A_i = a_{i,\text{obs}})}$$

hinzufügen muss, wobei O die Menge der beobachteten Attribute ist.[7] Dieser Faktor kann in den Rechnungen vernachlässigt werden, da er für gegebene Beobachtungen konstant ist und daher durch eine Normalisierung ersetzt werden kann.

Mit der gleichen Vorgehensweise lassen sich leicht allgemeine Propagationsformeln für einfach zusammenhängende Unabhängigkeitskarten, also Bäume, ableiten. Auch wenn wir hier nicht auf alle Details eingehen können (ausführliche Darstellungen bieten z. B. [32], [20] oder [6]), wollen wir doch versuchen, die wesentlichen Prinzipien deutlich zu machen. Wir beschränken uns dazu (zunächst) auf einfache, ungerichtete Bäume. Wie wir schon in den Beispielen gesehen haben, laufen die Berechnungen i. W. in den Verbundverteilungen ab, die den Kanten entsprechen. Es ist daher hilfreich, diese

---

7 Denn i. A. wird das Produkt der Wahrscheinlichkeiten der beobachteten Werte nicht mit ihrer gemeinsamen Wahrscheinlichkeit übereinstimmen.

Verteilungen in den Vordergrund zu setzen, was dadurch geschieht, dass man die Attribute in einem sogenannten *Verbundbaum* darstellt. In diesem bilden die Kanten, die die Verbundverteilungen repräsentieren, die Knoten. Diese Knoten werden so verbunden, dass wieder ein Baum entsteht.

Der Verbundbaum für das Beispiel aus Abschnitt 9.3.1 (hier gibt es nur eine Möglichkeit, während im allgemeinen Fall Wahlmöglichkeiten bestehen können) ist in Abb. 9.15 dargestellt. Man beachte, dass die einzige Kante in diesem Verbundbaum mit dem Schnitt der Attributmengen der Knoten, der auch als *Separatormenge* bezeichnet wird, belegt ist (Achtung: Das Rechteck in der Mitte ist *kein* Knoten, sondern zeigt lediglich die Separatormenge der einzigen Kante). Die Evidenzpropagation in einem Verbundbaum, der aus einem ungerichteten, azyklischen Unabhängigkeitsgraphen (also einem ungerichteten Baum) erzeugt wurde, ist sehr einfach, da die Separatormengen immer nur ein Attribut enthalten, auf das marginalisiert werden muss und von dem aus, mithilfe des Faktors aus neuer und alter Wahrscheinlichkeit der Werte des Attributs, die verbundene Verbundverteilung aktualisiert wird.

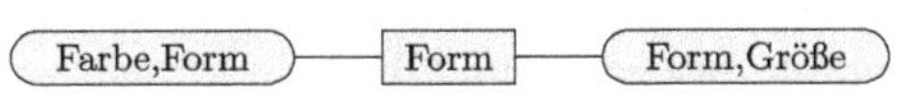

Abb. 9.15: Verbundbaum.

Betrachten wir dazu die in Abb. 9.12 dargestellte Verteilung in Verbindung mit dem Verbundbaum aus Abb. 9.15. Wenn wir beobachten, dass das Objekt *weiß* ist, dann müssen wir die Verteilungen der anderen Attribute entsprechend anpassen. Gemäß dem Verbundbaum aktualisieren wir zuerst die Verteilung von „Farbe, Form“. Die 17 % weißen Objekte stellen nun 100 % der möglichen Objekte dar, was wiederum die Wahrscheinlichkeiten für die Form des Objektes beeinflusst (die nun 11.8 %, 70.6 % bzw. 17.6 % für dreieckige, viereckige bzw. runde Objekte betragen).

k	m	g	
6	53	59	△
118	470	118	□
88	59	29	○

Abb. 9.16: Neue Verteilung Form×Größe.

Die Veränderung der Verteilung des Attributes *Form* bewirkt wiederum eine Änderung der Verteilung des Attributes *Größe*, die in Abb. 9.16 dargestellt ist. Damit ist die Evidenzpropagation für dieses sehr einfache Beispiel auch schon abgeschlossen. Die durchgeführten Berechnungen entsprechen im Wesentlichen den Berechnungen, die wir schon in Abb. 9.13 gesehen haben.

Mithilfe des Verbundbaumverfahrens werden nach und nach alle Verbundverteilungen und Separatorwahrscheinlichkeiten gemäß der erhaltenen Evidenz angepasst. Indem jeweils innerhalb eines Verbundbaumknotens die Verteilung neu berechnet wird, werden diese Informationen an andere Verbundbaumknoten weitergereicht. In diesen werden wiederum die zugehörigen Verteilungen neu berechnet usw.

Auf einem Baum lässt sich auch die Verbundverteilung über alle Attribute leicht angeben (vgl. Abschnitt 9.3.2). Hat man einen zyklenfreien, ungerichten Unabhängigkeitsgraphen $G = (V, E)$, mit $V = \{A_1, \ldots A_n\}$, so gilt $\forall a^{(1)}, \ldots, a^{(n)}$:

$$P(A_1 = a^{(1)} \wedge \cdots \wedge A_n = a^{(n)}) = \left(\prod_{A \in V} P(A) \right) \cdot \left(\prod_{\{A,B\} \in E} \frac{P(A \wedge B)}{P(A) \cdot P(B)} \right).$$

Mithilfe dieser Formel lassen sich die allgemeinen Propagationsformeln, die wir oben anhand eines Verbundbaums anschaulich beschrieben haben, recht leicht ableiten. Grundsätzlich geht man dabei genauso vor wie im oben betrachteten Beispiel: Für ein beobachtetes Attribut wird ein Evidenzfaktor hinzugefügt. Für ein Zielattribut, für dessen Werte wir die neuen Wahrscheinlichkeiten berechnen möchten, summieren wir die obige Zerlegungsformel über alle anderen Attribute. Anschließend können wir die Faktoren, die nicht von bestimmten Summationsvariablen abhängen, aus den zugehörigen Summen herausziehen und erhalten so am Ende eine Art Kettenrechnung für die Evidenzpropagation, die die Information von Kante zu Kante (also von Knoten zu Knoten des Verbundbaums) weitergibt. Die Form der einzelnen Rechenschritte ist stets dieselbe wie im mehrfach betrachteten Beispiel: Es werden Quotienten aus neuer und alter Wahrscheinlichkeit der verschiedenen Attributwerte gebildet, mit denen eine zugehörige Verbundverteilung multipliziert wird. Diese wird dann auf das jeweils andere Attribut marginalisiert (durch Summation über die Werte des ersten Attributes).

Bei der Verallgemeinerung dieses Verfahrens treten i. W. zwei Probleme auf, die sich jedoch recht leicht lösen lassen. Erstens treten u. U. gewisse technische Schwierigkeiten auf, wenn Evidenz für mehr als ein Attribut vorliegt. Dies kann beispielsweise dadurch gelöst werden, dass die Evidenz über mehrere Attribute Schritt für Schritt einbezogen wird. Zunächst propagiert man die Evidenz eines ersten Attributes und aktualisiert alle Verteilungen des Verbundbaums. Anschließend propagiert man die Evidenz eines zweiten Attributes auf dem aktualisierten Verbundbaum. Der Nachteil dieses Verfahrens ist jedoch, dass dann für jedes Attribut, für das eine Evidenz vorliegt, der komplette Graph durchlaufen werden muss. Verfahren, wie sie z. B. in [6] oder [20] vorgestellt werden, benutzen stattdessen ein Nachrichtensystem, in dem die Knoten Nachrichten über Änderungen ihrer Verteilungen an ihre Nachbarn verschicken.

Ein zweites Problem besteht darin, dass sich Abhängigkeiten nur selten durch eine einfache Baumstruktur darstellen lassen. Das gerade vorgestellte Verfahren lässt sich aber nur auf solche Strukturen anwenden. In der Praxis liegen dagegen oft Strukturen vor, in denen es mehrere Wege von einem Knoten zu einem anderen gibt. Dann kann es mit einem auf Bäumen basierenden Verfahren zu Berechnungsfehlern kommen. Der Grund dafür ist, dass sich nur schwer verhindern lässt, dass eine Evidenz doppelt berücksichtigt wird, wenn sie auf zwei verschiedenen Wegen zu einem Knoten gelangt.

Eine mehrfache Einrechnung der gleichen Evidenz kann jedoch zu falschen Ergebnissen führen, da die Einrechnung i. W. aus der Multiplikation mit einem Faktor besteht. In einer formalen Ableitung der Formeln für die Evidenzpropagation zeigt sich dies dadurch, dass man nicht zu einer einfachen Kettenrechnung kommt, wie sie für das oben besprochene Verfahren notwendig wäre, sondern komplexere Formeln erhält.

Um dieses Problem zu lösen, wurden verschiedene Verfahren vorgeschlagen. Eines der bekanntesten ist die Cliquenbaum-Propagation (clique tree propagation) [26], bei der ein mehrfach zusammenhängender Graph durch das Zusammenfassen von Knoten in eine einfach zusammenhängende Struktur, einen Cliquenbaum, überführt wird. Details findet man z. B. in [6], [2] oder [24].

9.4 Ausblick

Die Verwendung von probabilistischen Modellen im industriellen Kontext bietet großes Potential, kann jedoch auch erhebliche Herausforderungen mit sich bringen. Komplexe Rahmenbedingungen, sich ändernde Datenlagen und der Bedarf an nachvollziehbaren Entscheidungen erfordern robuste und anpassungsfähige Methoden. In diesem Kapitel werden daher drei zentrale Weiterentwicklungen vorgestellt. Verfahren zur Wissensrevision erlauben es, bestehendes Wissen unter neuen Bedingungen konsistent anzupassen. Methoden zum Lernen aus Daten helfen dabei, relevante Strukturen aus Beobachtungen zu extrahieren. Und schließlich ermöglichen neue Ansätze zur Erschließung kausaler Beziehungen ein tieferes Verständnis der zugrunde liegenden Mechanismen und sind somit eine Voraussetzung für begründete Interventionen in technischen und wirtschaftlichen Systemen.

9.4.1 Wissensrevision

Mithilfe der Evidenzpropagation berechnet man effektiv bedingte Wahrscheinlichkeitsverteilungen, wobei die gemachten Beobachtungen die Bedingungen darstellen. Im Englischen spricht man daher auch von *conditioning* oder *focusing* der Verteilung bzgl. der durch Beobachtung gegebenen Evidenz. In industriellen Anwendungen tritt jedoch auch das Problem auf, eine Wahrscheinlichkeitsverteilung, die durch ein graphisches Modell dargestellt wird, so anzupassen, dass sie bestimmten Rahmenbedingungen genügt, z. B. vorgegebenen Randverteilungen.

Dieses Problem tritt z. B. in einem System auf, in dem der Fahrzeughersteller Volkswagen Markow-Netze für die Teilebedarfsplanung und das Kapazitätsmanagement einsetzt [12]. In dieser Anwendung müssen die Wahrscheinlichkeiten von Kombinationen von Ausstattungsmerkmalen (das durch das graphische Modell dargestellte Wissen) so angepasst werden, dass bestimmte bedingte oder Randverteilungen erfüllt sind, die sich z. B. aus Kapazitätsgrenzen, technischen Regeln, Verkaufsprogrammen oder der Dynamik der Kundenwahlen verschiedener Ausstattungsoptionen ergeben. Ein *altes* Markow-Netz muss dazu so revidiert werden, dass das *neue*, revidierte Netz die vorgegebene Randverteilungen besitzt. Dabei sollen nur die numerischen Parameter des Netzes verändert werden, seine Struktur (sein Graph und die durch ihn ausgedrückten bedingten Unabhängigkeiten) dagegen erhalten bleiben.

Darüber hinaus kann gefordert werden, dass bedingte Abhängigkeiten (bestimmt über geeignete Abhängigkeitsmaße) unverändert bleiben oder sich nur minimal ändern. Dies entspricht einem Prinzip, das aus Ansätzen zur Theorierevision in der klassischen Logik bekannt ist, die z. B. auf der Basis kontrafaktischer Annahmen durchgeführt wird [11], nämlich das *Prinzip der minimalen Änderung*. Dieses Prinzip besagt, dass man vorhandenes Wissen nur so wenig wie möglich ändern sollte, um die gegebenen (neuen) Randbedingungen zu erfüllen. Für ein Markow-Netz bedeutet dies, dass die neuen Verteilungsbedingungen erfüllt sind, aber nur minimale Änderungen der qualitativen und quantitativen Interaktionsstrukturen vorgenommen wurden [12]. Das neue Netz hat die gleichen Cliquen wie das alte und auch die Kreuzprodukte der (Rand-)Verteilungen, die nicht von Revisionsinformationen betroffen sind, bleiben erhalten. Die Änderung der durch das gesamte Netz dargestellten Wahrscheinlichkeitsverteilung kann z. B. mit der Kullback-Leibler-Informationsdivergenz [25], einem klassischen Maß für die Verschiedenheit von Wahrscheinlichkeitsverteilungen, gemessen werden.

Dieses Anpassungsproblem kann unter Rückgriff auf Konzepte der multivariaten Statistik, insbesondere des iterativen proportionalen Anpassens (*iterative proportional fitting*) [50], gelöst werden [12]. Das Prinzip dieses Ansatzes, angewendet auf die Revision von Markow-Netzen, besteht darin, die (Rand-)Verteilungen, die bestimmte Bedingungen erfüllen müssen, der Reihe nach anzupassen, und diese Änderung analog zur Evidenzpropagation im Netz zu verbreiten. Da hierbei mit Faktoren multipliziert wird, die sich aus dem Verhältnis einer neuen zu einer alten Wahrscheinlichkeit ergeben, handelt es sich um *proportionales Anpassen*. Durch die Ausbreitung der Anpassung im Netz können aber bereits angepasste Verteilungen wieder geändert werden, sodass die Anpassung mehrfach wiederholt, also *iteriert* werden muss. Man kann zeigen, dass diese Iteration auf eine Verteilung konvergiert, die die gewünschten Randverteilungen besitzt [50]. Die erfolgreiche Anwendung bei Volkswagen [12] zeigt, dass es sich um ein praktisch relevantes Verfahren handelt, mit dem Planung und Kapazitätsmanagement gemeistert werden können.

9.4.2 Lernen aus Daten

Bisher haben wir unberücksichtigt gelassen, wie man denn eine geeignete Unabhängigkeitskarte für einen gegebenen Weltausschnitt findet. Das klassische Vorgehen besteht darin, einen menschlichen Experten zu bitten, einen solchen Graphen anzugeben. Oft wird dieser dann von einem kausalen Modell des betrachteten Weltausschnitts ausgehen und einfach die (vermuteten) kausalen Einflüße mit den gerichteten Kanten eines Bayes-Netzes identifizieren. Dieses Vorgehen macht zwar starke Annahmen über die Art und Weise, in der sich kausale Beziehungen statistisch zeigen (insbesondere setzt es voraus, dass ein Netz kausaler Beziehungen die durch die d-Trennung ablesbaren stochastischen Unabhängigkeiten zeigt), doch ist es oft erfolgreich. Die bedingten Wahrscheinlichkeiten des Bayes-Netzes werden anschließend vom Experten geschätzt oder mit statistischen Verfahren aus Erfahrungsdaten bestimmt.

Es ist jedoch auch möglich, eine Zerlegung automatisch zu finden, indem man eine Datenbank von Beispielfällen analysiert. Das Prinzip eines solchen Lernens aus Daten erläutern wir hier kurz anhand des oben betrachteten relationalen Beispiels. Nehmen wir an, es sei die Tabelle aus Abb. 9.3 auf Seite 260 gegeben. Wir suchen eine (möglichst gute) Zerlegung in Projektionen auf zweidimensionale Unterräume. Wir könnten alle Möglichkeiten ausprobieren, jeweils die zusätzlichen Würfel zählen und schließlich die Möglichkeit mit der geringsten Zahl zusätzlicher Würfel wählen. Ein solches Verfahren ist allerdings für praktische Probleme wegen der sehr großen Zahl an Möglichkeiten nicht brauchbar. Idealerweise könnte man an einer Projektion ablesen könnte, ob sie für eine Zerlegung benötigt wird oder nicht. Tatsächlich lässt sich eine Heuristik angeben, die solche Einzelbewertungen durchführt und gute Chancen verspricht, eine geeignete Zerlegung verspricht.

Die zugrundeliegende Idee dieses Verfahrens ist sehr einfach: Der Schnitt der zylindrischen Erweiterungen der Projektionen soll möglichst wenige (zusätzliche) Wertkombinationen enthalten, um die gegebene Relation gut anzunähern. Es ist plausibel, dass der Schnitt wenige Wertkombinationen enthält, wenn dies schon für die zylindrischen Erweiterungen gilt. Die Zahl der Kombinationen in einer zylindrischen Erweiterung wird jedoch direkt von der Zahl der Wertkombinationen in der Projektion bestimmt. Wir sollten daher Projektionen wählen, in denen möglichst wenige Wertekombinationen vorkommen.

Allerdings sollten die unterschiedlichen Größen der Unterräume berücksichtigt werden, da es in großen Unterräumen i. A. mehr mögliche Kombinationen gibt, ohne dass dies etwas über die Zerlegbarkeit aussagt. Deshalb sollte nicht die absolute, sondern die relative Zahl der Wertkombinationen bestimmt werden. Für unser Beispiel sind die Werte dieses Kriteriums in der zweiten Spalte der Tabelle 9.1 angegeben.

Tab. 9.1: Auswahlkriterien für relationale Projektionen.

Unterraum	**relative Anzahl möglicher Wertkombinationen**	**Gewinn an Hartley-Information**
Farbe×Form	$\frac{6}{12} = \frac{1}{2} = 50\,\%$	$\log_2 \frac{12}{6} = 1$
Farbe×Größe	$\frac{8}{12} = \frac{2}{3} \approx 67\,\%$	$\log_2 \frac{12}{8} \approx 0.58$
Form×Größe	$\frac{5}{9} = \frac{5}{9} \approx 56\,\%$	$\log_2 \frac{9}{5} \approx 0.85$

Offenbar führt eine Auswahl der beiden Projektionen mit den kleinsten Werten zu der richtigen Zerlegung. In der dritten Spalte ist der Logarithmus zur Basis 2 dieser Anzahlen berechnet, der auch als Hartley-Informationsgewinn bezeichnet wird [17]. Für die Auswahl von Randverteilungen einer mehrdimensionalen Wahrscheinlichkeitsverteilung (statt Relation) lassen sich ähnliche Heuristiken angeben, wie z. B. der Shannon-Informationsgewinn [7, 25, 43].

Ein Verfahren zum Lernen eines Bayes'schen Netzes, das auf einem Bayes'schen Ansatz (im Sinne des Bayes'schen Satzes) beruht, wurde in [8] und [18] vorgeschlagen und genauer untersucht: Mithilfe eines Bewertungsmaßes werden Elternmengen bestimmt. Weiter gibt es Ansätze, eine geeignete Netzstruktur abzuleiten, indem bedingte Unabhängigkeitstests durchgeführt werden, um für Variablenpaare (möglichst kleine) Bedingungsmengen zu finden, unter denen sie unabhängig werden (siehe z. B. [33, 45]). Ein solcher Ansatz wird im nächsten Abschnitt besprochen, da er auch zur Identifizierung kausaler Beziehungen benutzt werden kann. Einen Überblick über weitere Lernverfahren findet man z. B. in [2, 21].

9.4.3 Erschließen kausaler Beziehungen

Wie im Abschnitt 9.3 gezeigt, können Graphen zur Darstellung einer Menge bedingter Unabhängigkeiten eingesetzt werden. Speziell gerichtete Graphen legen aber eine weitergehende Interpretation nahe. Zwar sind die Kantenrichtungen zunächst nur eine anschauliche Kodierung bedingter Unabhängigkeiten oder zeigen (in der Faktorisierungssicht) an, welche Attribute als Bedingungen in den benötigten bedingten Wahrscheinlichkeitsverteilungen auftreten. Die Kantenrichtung ist jedoch sehr suggestiv und wird daher gern als kausale Beziehung zwischen einer Ursache und einer Wirkung gedeutet. Die Tatsache, dass Bayes'sche Netze ursprünglich *causal belief networks* genannt wurden, zeugt davon. Auch zeigt dies die (oben bereits erwähnte) übliche Praxis, Bayes'sche Netze zu entwerfen, indem man ein Netzwerkmodell der kausalen Einflüsse eines Weltausschnitts erstellt, das anschließend in eine gerichtete Unabhängigkeitskarte umgewandelt wird. In vielen Fällen funktioniert dieses Vorgehen erstaunlich gut – trotz der sehr starken impliziten, in bestimmten Weltausschnitten ggf. nicht erfüllten Annahmen.

Damit stellt sich die naheliegende Frage, ob sich durch das Lernen der Struktur gerichteter graphischer Modelle aus Daten etwas über kausale Beziehungen erfahren lässt – wnn auch nicht mit Sicherheit und nicht umfassend, so doch zumindest ansatzweise. Natürlich muss auch hier berücksichtigt werden, dass allein aus Korrelation oder allgemein stochastischer Abhängigkeit nicht auf Kausalität geschlossen werden kann.[8]

8 Das klassische Beispiel ist die deutliche Korrelation zwischen der Zahl der freilebenden Störche und der Zahl der Neugeborenen, die ca. von 1965 bis 1980 bestand [44].

Korrelation kann jedoch Hinweise auf mögliche kausale Beziehungen liefern und Lernverfahren für graphische Modelle könnten vielleicht bessere Hinweise liefern, da sie nicht aus einfachen Abhängigkeiten, sondern daus er stochastischen Struktur mehrerer Variablen und den zwischen ihnen bestehenden bedingten Unabhängigkeiten bestimmt wurden. Übersichten dazu finden sich z. B. in [34–36].

Die Grundlage für das Erschließen kausaler Beziehungen aus bedingten Unabhängigkeiten ist eine Überlegung, die auf Hans Reichenbach zurückgeht [38]. Diesem ging es dabei allerdings um das Problem der Zeitrichtung in der Physik: Warum ist eine Zeitrichtung ausgezeichnet, die Zeit nicht umkehrbar? (Im Gegensatz zum Raum, in dem man sich in beliebige Richtungen bewegen kann.) Der Bezug zur Kausalität wird dadurch hergestellt, dass nach unserem üblichen Verständnis eine Ursache ihrer Wirkung zeitlich vorangehen muss. Wenn es gelingt, Kausalität über bedingte Unabhängigkeiten und ohne Rückgriff auf die Zeit zu definieren, hat man auch eine Erklärung für die Zeitrichtung gefunden.

Dazu betrachtete Reichenbach die drei kausalen Grundstrukturen, die in Abb. 9.17 dargestellt sind [38]. In einer kausalen Kette verursacht eine Ursache A vermittelt über eine Zwischengröße C eine Wirkung B. Deutet man den zugehörigen Graphen als Unabhängigkeitskarte (Definition 9.3.5 auf Seite 271) und liest die gemäß der d-Trennung geltenden bedingten Abhängigkeiten und Unabhängigkeiten ab, so erhält man, dass A und B abhängig sind, solange C nicht gegeben ist, aber unabhängig werden, wenn man C festhält. Ähnlich sieht es aus, wenn eine Ursache zwei verschiedene Wirkungen hat (Abb. 9.17 mitte): Solange die Ursache C nicht gegeben ist, sind die beiden Wirkungen A und B abhängig. Aber sie werden unabhängig, wenn man die Ursache C festhält. Grundsätzlich verschieden ist aber die dritte Struktur (Abb. 9.17 rechts): Erzeugen zwei Ursachen A und B (gemeinsam oder einzeln) eine Wirkung C, dann ist die Situation genau umgekehrt: A und B sind unabhängig, solange C, die Wirkung, *nicht* gegeben ist, werden aber *abhängig*, wenn man C festhält. Es besteht eine fundamentale Asymmetrie.

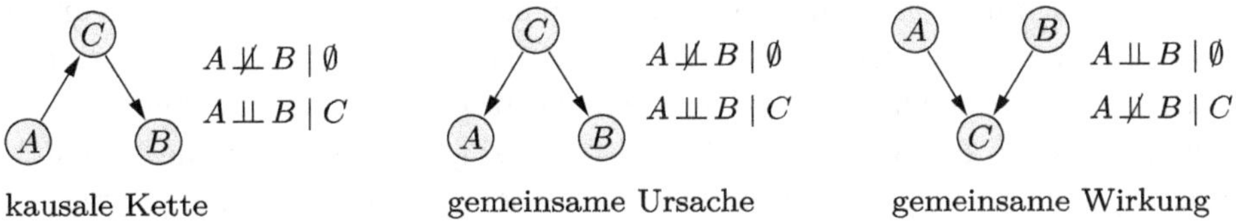

Abb. 9.17: Drei kausale Grundstrukturen und zugehörige bedingte Unabhängigkeiten.

Diese Sichtweise ist sehr plausibel, wie die folgenden Beispiele zeigen: In der kausalen Kette sei A die Position des Gaspedals eines Fahrzeugs, C die zugeführte Kraftstoffmenge und B die Motordrehzahl. Hält man die zugeführte Kraftstoffmenge konstant, verschwindet die vorher bestehende Abhängigkeit von Pedalposition und Motordrehzahl. Bei der gemeinsamen Ursache sei A der Speiseeisumsatz, B die Zahl der

Badeunfälle und C die Außentemperatur. Solange die Außentemperatur nicht konstant gehalten wird (oder Daten mit einem festen Wert ausgewählt werden), besteht eine Abhängigkeit zwischen dem Speiseeisumsatz und der Zahl der Badeunfälle: Beide sind umso höher, je wärmer es ist – Letztere, weil bei warmem Wetter mehr Menschen baden gehen, wodurch auch mehr beim Baden verunglücken. Bei einer gemeinsamen Wirkung beschreibt A das Vorliegen einer Grippeerkrankung, B das Vorliegen einer Masernerkrankung und C das Auftreten von Fieber. Solange über die Körpertemperatur nichts bekannt ist, haben Grippe und Masern nichts miteinander zu tun (sie sind unabhängi voneinander). Wenn jedoch das Auftreten von Fieber berücksichtigt wird, lässt sich daraus, dass keine Grippe vorliegt, eine höhere Wahrscheinlichkeit für Masern ableiten, da das Fieber eine Ursache haben muss. Besonders deutlich wird dies, wenn wir vereinfachend annehmen, dass nur Grippe und Masern Fieber verursachen können: Dann kann bei Vorliegen von Fieber aus der Abwesenheit der einen Krankheit sicher auf das Vorliegen der anderen geschlossen werden.

Auf dieser Grundlage wurde in [33] ein Algorithmus entwickelt, der *inductive causation algorithm*, mit dem man versuchen kann, mithilfe der Ergebnisse von bedingten Unabhängigkeitstests, die man zwischen den Attributen eines Weltausschnitts durchführt, zumindest eine teilweise gerichtete Struktur kausaler Abhängigkeiten zu erschließen. Obwohl dieser Algorithmus recht hübsch ist und in vielen Fällen durchaus sinnvolle Ergebnisse liefern kann, sollte man seine Leistungsfähigkeit nicht überschätzen. Er beruht auf einigen sehr starken und keineswegs unproblematischen Annahmen, durch die die Sicherheit des Ergebnisses nicht garantiert werden kann. Diese Annahmen sowie die genaue algorithmische Form des Vorgehens gehen jedoch über dieses Kapitel weit hinaus. Eine genaue Untersuchung und Kritik der Annahmen, die auf die oben betrachteten kausalen Grundstrukturen zurückgeht und insbesondere in der stochastischen Interpretation der Struktur mit gemeinsamer Ursache ein schwerwiegendes Problem erblickt, findet man in [1].

Die Grundidee des Algorithmus soll aber anhand eines einfachen Beispiels erläutert werden. Wir nehmen an, dass ein Weltausschnitt durch vier Attribute A, B, C und D beschrieben werden kann (Abb. 9.18 links). Weiter nehmen wir an, dass umfangreiche Tests auf bedingte Unabhängigkeit das Ergebnis erbrachten, dass nur folgende bedingte Unabhängigkeiten gelten: $A \perp\!\!\!\perp B \mid \emptyset$, $A \perp\!\!\!\perp D \mid C$, $B \perp\!\!\!\perp D \mid C$ (sowie die aus diesen mithilfe der Semi-Graphoid-Axiome, Definition 9.3.2 auf Seite 268, ableitbaren). Alle anderen

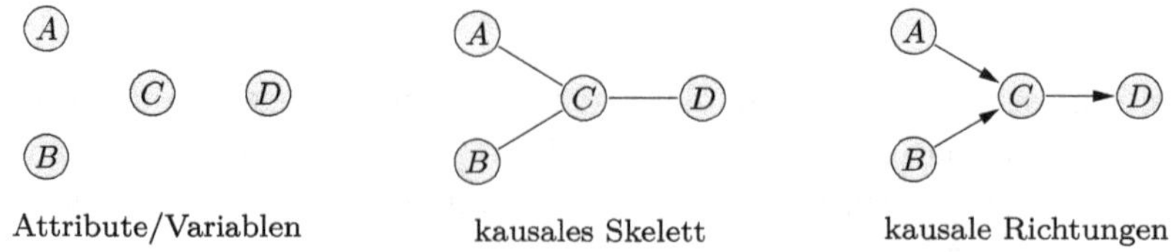

Abb. 9.18: Erschließen einer kausalen Struktur aus bedingten Unabhängigkeiten.

Paare von Attributen sind stets abhängig, unabhängig davon, welche Bedingungen gewählt werden. Dies gilt auch für die in der Liste aufgeführten Paare von Attributen unter allen anderen Bedingungen.

Es folgt, dass es in einer (gerichteten) Unabhängigkeitskarte zwischen A und C, zwischen B und C und zwischen C und D Kanten geben muss, denn es gibt ja nach unserer Annahme keine bedingten Unabhängigkeiten für diese Variablenpaare. Das ist aber nur möglich, wenn sie durch eine Kante verbunden sind. Damit erhalten wir die in Abb. 9.18 in der Mitte gezeigte Struktur, die man ein Skelett des gesuchten gerichteten Graphen nennen kann, weil nur die benötigten Kanten eingetragen sind, denen jedoch noch keine Richtung zugewiesen wurde.

Diese Richtungen werden im letzten Schritt bestimmt. Wir wissen z. B., dass $A \perp\!\!\!\perp B \mid \emptyset$ gilt, aber $A \perp\!\!\!\perp B \mid C$ nicht. Das ist aber bei einer Struktur, bei der zwei Variablen (hier A und B) mit einer dritten (hier C), aber nicht miteinander verbunden sind, nur möglich, wenn es sich um die Situation einer gemeinsamen Wirkung handelt (Abb. 9.17 rechts). Folglich müssen die Kanten von A nach C und von B nach C zeigen (Abb. 9.18 rechts). Dass außerdem die verbleibende Kante von C nach D gerichtet sein muss, erhält man wie folgt: Wir wissen, dass $A \perp\!\!\!\perp D \mid C$ gilt, aber $A \perp\!\!\!\perp D \mid \emptyset$ nicht. Die einzige Struktur mit zwei Variablen (hier A und D), die jeweils mit einer dritten (hier C) verbunden sind, aber nicht miteinander, die diese bedingten (Un-)Abhängigkeiten und die bereits bekannte Kantenrichtung (von A nach C) erfüllt, ist die kausale Kette (Abb. 9.17 links). Folglich muss die Kante von C nach D gerichtet sein. Man beachte, dass man das gleiche Ergebnis erzielt, wenn man von $B \perp\!\!\!\perp D \mid C$ und $B \not\perp\!\!\!\perp D \mid \emptyset$ ausgeht.

Das Erschließen kausaler Beziehungen ist in den vergangenen Jahren immer populärer geworden und ein wesentlicher und vielversprechender Zweig der aktuellen Forschung im Bereich der probabilistischen graphischen Modelle [34, 36, 35]. Speziell Judea Pearl hat argumentiert, dass die Entwicklung „echter" künstlicher Intelligenz erfordert, mit kausalen Beziehungen Schlüsse ziehen und kausale Beziehungen erschließen zu können [35].

9.5 Schlussbetrachtungen

Das Buchkapitel bietet zunächst eine Einführung in die mathematische Modellierung von unsicherem und unscharfem Wissen. Anschließend wird dargestellt, wie solches Wissen verarbeitet werden kann, etwa durch das Ziehen von Schlussfolgerungen. In der Frühphase der Künstlichen Intelligenz kamen hierfür vor allem heuristische Modelle zum Einsatz, wie beispielsweise die Sicherheitsfaktoren im Expertensystem MYCIN. Allerdings hat sich gezeigt, dass solche heuristischen Ansätze oft nicht ausreichen, um zentrale Anforderungen wie Erklärbarkeit, Flexibilität, Robustheit und Leistungsfähigkeit in realen Anwendungen zu erfüllen.

In diesem Kapitel wurden exemplarisch je eine Methodik zur Handhabung unsicheren bzw. unscharfen Wissens vorgestellt, mit denen die Autoren in zahlreichen praktischen Anwendungen erfolgreich gearbeitet haben. Eine ausführliche Darstellung dieser Methoden und ihrer Einsatzgebiete bietet das weiterführende Lehrbuch der Autoren [24].

Bei der Modellierung *unsicheren Wissens* haben sich insbesondere probabilistische Ansätze bewährt. Hierbei kommen probabilistische graphische Modelle – wie Bayes'sche Netze und Markow-Netze – zum Einsatz, die sich in der Praxis, insbesondere bei Aufgaben der Planung, Diagnose und Entscheidungsfindung, etabliert haben. Neben leistungsfähigen Schlussfolgerungsverfahren werden auch Methoden zur Strukturlernung und zur Schätzung der Wahrscheinlichkeiten diskutiert. Für den Einsatz in realen Systemen ist zudem die Verfügbarkeit effizienter Verfahren zur Wissensrevision von zentraler Bedeutung. Abschließend werden im Kapitel das Erschließen kausaler Beziehungen skizziert. Der Vorteil dieser Verfahren besteht darin, dass Wahrscheinlichkeitsverteilungen und Bayes'sche Modelle mit Unsicherheiten explizit modelliert werden und Entscheidungen unter Unsicherheit getroffen werden können. Darüber hinaus können sie verwendet werden, um komplexe Modelle (z. B. tiefe neuronale Netze) zu erklären und damit Risiken in KI-Systemen zu erkennen [14]. Die Transparenz über Unsicherheiten stärkt das Vertrauen und die Akzeptanz der Resultate.

Neben probabilistischen Verfahren existieren weitere mathematisch fundierte Ansätze zur Modellierung unsicheren Wissens wie die Possibilitätstheorie oder die Verwendung von Belief Functions. Es gibt auch viele nützliche Methoden zur (nachträglichen) Quantifizierung von Unsicherheit in gelernten KI-Systemen (z. B. LIME [39] und SHAP [29]), auf die wir in diesem kurzen Kapitel nicht eingehen können.

Unscharfes Wissen lässt sich hingegen besonders gut durch mehrwertige Logiken modellieren. Die sogenannten Fuzzy-Logiken erlauben den Umgang mit vagen, ungenauen oder mehrdeutigen Daten und Regeln. Einige dieser Logiken, etwa die Łukasiewicz-Logik mit Wahrheitswerten aus dem Einheitsintervall, wurden bereits in den 1920er-Jahren diskutiert [28]. In Anwendungen kommen oft Fuzzy-Mengen zum Einsatz. Deren Elemente werden Zugehörigkeitsgrade im Intervall [0,1] zugeordnet, die als Wahrheitswerte einer mehrwertigen Logik interpretiert werden.

Fuzzy-Systeme sind insbesondere in der industriellen Steuerungs- und Regelungstechnik weit verbreitet. Sie kommen überall dort zum Einsatz, wo komplexe, dynamische Prozesse zu steuern oder zu regeln sind, deren Zusammenhänge sich nur schwer mathematisch exakt beschreiben lassen. In der Praxis sind hybride Modelle [24] häufig erforderlich, da unsicheres und unscharfes Wissen oft gemeinsam auftritt.

Literaturverzeichnis

[1] C. Borgelt and R. Kruse. Probabilistic networks and inferred causation. *Cardozo Law Review*, 18(6):2001–2035, 1997. Cardozo School of Law, Yeshiva University, New York, NY, USA.

[2] C. Borgelt, M. Steinbrecher, and R. Kruse. *Graphical Models – Representations for Learning, Reasoning an Data Mining*. J. Wiley & Sons, Chichester, Großbritannien, 2nd edition, 2009.

[3] C. Borgelt and R. Kruse. Bedeutung von Zugehörigkeitsgraden in der Fuzzy-Technologie. *Informatik-Spektrum*, 38(6):490–499, 2015. Springer, Berlin/Heidelberg, Deutschland.

[4] B. G. Buchanan and E. H. Shortliffe. *Rule-Based Expert Systems: The MYCIN Experiments of the Stanford Heuristic Programming Project*. Addison-Wesley, Reading, MA, USA, 1984.

[5] R. Carnap. *Introduction to Symbolic Logic and Its Applications*. Dover, New York, NY, USA, 1958.

[6] E. Castillo, J. M. Gutierrez, and A. S. Hadi. *Expert Systems and Probabilistic Network Models*. Springer, New York, NY, USA, 1997.

[7] C. K. Chow and C. N. Liu. Approximating discrete probability distributions with dependence trees. *IEEE Transactions on Information Theory*, 14(3):462–467, 1968. IEEE Press, Piscataway, NJ, USA.

[8] G. F. Cooper and E. Herskovits. A Bayesian method for the induction of probabilistic networks from data. *Machine Learning*, 9:309–347, 1992. Kluwer, Dordrecht, Niederlande.

[9] C. J. Date. *An Introduction to Database Systems*. Addison Wesley, Reading, MA, USA, 8th edition, 2020.

[10] A. Dawid. Conditional independence in statistical theory. *SIAM Journal on Computing*, 41:1–31, 1979. Societyc of Industrial and Applied Mathematics, Philadelphia, PA, USA.

[11] P. Gärdenfors. *Knowledge in Flux: Modeling the Dynamics of Epistemic States*. MIT Press, Cambridge, MA, USA, 1988.

[12] J. Gebhardt, C. Borgelt, and R. Kruse. Knowledge revision in Markov networks. *Mathware and Softcomputing*, 11(2–3):93–107, 2004. University of Granada, Granada, Spain.

[13] D. Geiger, T. S. Verma, and J. Pearl. Identifying independence in Bayesian networks. *Networks*, 20:507–534, 1990. J. Wiley & Sons, Chichester, Großbritannien.

[14] A. Geiger, H. Lu, T. Icard, and C. Potts. Causal abstractions of neural networks. *Advances in Neural Information Processing Systems*, 34:9574–9586, 2021. United States.

[15] P. Hajek. *Metamathematics of Fuzzy Logic*. Kluwer, Dordrecht, Niederlande, 1998.

[16] J. M. Hammersley and P. E. Clifford. *Markov Fields on Finite Graphs and Lattices*. Unveröffentlichtes Manuskript, 1971. Nach: [19].

[17] R. V. L. Hartley. Transmission of information. *The Bell Systems Technical Journal*, 7:535–563, 1928. Bell Laboratories, Murray Hill, NJ, USA.

[18] D. Heckerman, D. Geiger, and D. M. Chickering. Learning Bayesian networks: The combination of knowledge and statistical data. *Machine Learning*, 20:197–243, 1995. Kluwer, Dordrecht, Niederlande.

[19] V. Isham. An introduction to spatial point processes and Markov random fields. *International Statistical Review*, 49:21–43, 1981. Int. Statistical Institute, Voorburg, Niederlande.

[20] F. V. Jensen. *An Introduction to Bayesian Networks*. UCL Press, London, Großbritannien, 1996.

[21] M. I. Jordan, editor. In *Learning in Graphical Models*. MIT Press, Cambridge, MA, USA, 1998.

[22] E.-P. Klement, R. Mesiar, and E. Pap. *Triangular Norms*. Kluwer, Dordrecht, Niederlande, 2000.

[23] R. Kruse, J. Gebhardt, and F. Klawonn. *Fuzzy Systeme*. Teubner, Stuttgart, Deutschland, 2. Auflage, 1995.

[24] R. Kruse, S. Mostaghim, C. Borgelt, C. Braune, and M. Steinbrecher. *Computational Intelligence: A Methodological Introduction*. Springer, London, Großbritannien, 3rd edition, 2023.

[25] S. Kullback and R. A. Leibler. On information and sufficiency. *The Annals of Mathematical Statistics*, 22:79–86, 1951. Institute of Mathematical Statistics, Hayward, CA, USA.

[26] S. L. Lauritzen and D. J. Spiegelhalter. Local computations with probabilities on graphical structures and their application to expert systems. *Journal of the Royal Statistical Society, Series B*, 2(50):157–224, 1988. Blackwell, Oxford, Großbritannien.

[27] S. L. Lauritzen. *Graphical Models*. Oxford University Press, Oxford, Großbritannien, 1996.

[28] J. Łukasiewicz. O logice trójwartościowej (polnisch). *Ruch Filozoficzny*, 5:170–171, 1970. Englische Übersetzung: On Three-Valued Logic. in: L. Borkowski, ed. *Selected works by Jan Łukasiewicz*. North–Holland, Amsterdam, 1970, 87–88.

[29] S. Lundberg and S. Lee. A unified approach to interpreting model predictions. In *Advances In Neural Information Processing Systems*. Red Hook, NY, USA, 2017.

[30] D. Maier. *The Theory of Relational Databases*. Computer Science Press, Rockville, MD, USA, 1983.
[31] J. Pearl and A. Paz. *Graphoids: A Graph Based Logic for Reasoning about Relevance Relations*. (Technical Report CSD-850038), University of California, Los Angeles, CA, USA, 1985.
[32] J. Pearl. *Probabilistic Reasoning in Intelligent Systems: Networks of Plausible Inference*. Morgan Kaufmann, San Mateo, CA, USA, 1988, 2nd edition 1992.
[33] J. Pearl and T. S. Verma. A theory of inferred causation. In *Proc. 2nd Int. Conf. on Principles of Knowledge Representation and Reasoning*, pages 441–452. Morgan Kaufman, San Mateo, CA, 1991.
[34] J. Pearl. *Causality: Models, Reasoning, and Inference*. Cambridge University Press, Cambridge, Großbritannien, 2000.
[35] J. Pearl and D. MacKenzie. *The Book of Why: The New Science of Cause and Effect*. Basic Books, New York, NY, USA, 2018.
[36] J. Peters, D. Janzing, and B. Schölkopf. *Elements of Causal Inference: Foundations and Learning Algorithms*. MIT Press, Cambridge, MA, USA, 2017.
[37] H. Reichenbach. *Elements of Symbolic Logic*. Macmillan, New York, NY, USA, 1947.
[38] H. Reichenbach. *The Direction of Time*. Dover Publications, New York, NY, USA, 1956.
[39] M. Ribeiro, S. Singh, and C. Guestrin. "Why Should I Trust You?": Explaining the predictions of any classifier. In *Proceedings Of The 22nd ACM SIGKDD International Conference On Knowledge Discovery And Data Mining*, pages 1135–1144, New York, NY, USA, 2016.
[40] W. C. Salmon. *Logic*. Prentice Hall, Englewood Cliffs, NJ, USA, 1963.
[41] L. J. Savage. *The Foundations of Statistics*. J. Wiley & Sons, New York, NY, USA, 1954. Reprinted by Dover Publications, New York, NY, USA, 1972.
[42] U. Schöning. *Logik für Informatiker*. BI Wissenschaftsverlag, Mannheim, Deutschland, 5. Auflage, 2000.
[43] C. E. Shannon. The mathematical theory of communication. *The Bell Systems Technical Journal*, 27:379–423, 1948. Bell Laboratories, Murray Hill, NJ, USA.
[44] H. Sies. A new parameter for sex education. *Nature*, 332:495, 1988. Nature Publishing Group, London, Großbritannien.
[45] H. Steck. Constraint-Based Structural Learning in Bayesian Networks using Finite Data Sets. Dissertation, TU München, Deutschland, 2001.
[46] M. Studený. Conditional independence relations have no finite complete characterization. In *Trans. 11th Prague Conf. on Information Theory, Statistical Decision Functions, and Random Processes*, pages 377–396. Academia, Prague, Tschechoslowakei, 1992.
[47] J. D. Ullman. *Principles of Database and Knowledge-Base Systems, Vol. 1 & 2*. Computer Science Press, Rockville, MD, USA, 1988.
[48] T. S. Verma and J. Pearl. Causal networks: Semantics and expressiveness. In *Machine Intelligence and Pattern Recognition*, pages 69–76. Elsevier, Amsterdam, Niederlande, 1990.
[49] C. F. Weizsäcker. *Zeit und Wissen*. Hanser, München, Deutschland, 1992.
[50] J. Whittaker. *Graphical Models in Applied Multivariate Statistics*. J. Wiley & Sons, Chichester, Großbritannien, 1990.
[51] L. Wittgenstein. *Philosophische Untersuchungen*. Suhrkamp, Frankfurt am Main, Deutschland, 1984 (Erstveröffentlichung: Blackwell, Oxford, England 1953).
[52] L. A. Zadeh. Fuzzy sets. *Information and Control*, 8:338–353, 1965. Academic Press, San Diego, CA, USA 1965.

Diedrich Wolter und Özgür Lütfü Özçep

10 Wissen über Raum und Zeit

10.1 Einleitung

Alltägliches Wissen umfasst in vielen Fällen räumliche oder zeitliche Aspekte. Daher ist die Fähigkeit, Informationen über Raum und Zeit aufzunehmen, zu verarbeiten und zu kommunizieren wesentlicher Bestandteil der menschlichen Kognition. Dies motiviert auch Ansätze, Repräsentationen und Schlussfolgerungen mit jeglichen Wissensformen auf die Verarbeitung räumlichen Wissens zurückzuführen; hierzu können abstrakte Wissensräume aufgebaut werden (vgl. [60]). Eine derartige Sichtweise begründet auch aktuelle Arbeiten zur Verbindung von Lernen und Schlussfolgern durch Einbettungen von Wissensgraphen, die zum Ende dieses Kapitels angesprochen werden. Doch zunächst wollen wir uns dem Alltäglichen widmen und die Grundlagen des Schlussfolgerns mit räumlichem und zeitlichem Wissen legen. Menschliches Problemlösen im Alltag ist durchdrungen von der Verarbeitung dieser Wissensform, wie folgende Beispiele zeigen:

- Wir erkennen, wie schmutziges Geschirr in einer Spüle so umgeräumt werden kann, dass ein weiterer Becher hineinpasst – und so ein Abspülen vorerst vermieden werden kann.
- Dabei können wir das Geschirr auch ohne Kenntnis seiner exakten physikalischen Eigenschaften zielsicher stapeln.
- Wir erkennen auch, wenn ein Umräumen nicht mehr hilft, und können das Abspülen dann in unser Tun einplanen.
- Wir wissen, wenn wir auf einem geplanten Weg unerwartet abbiegen müssen, welche Abzweigungen uns möglicherweise auf den ursprünglich geplanten Weg zurückführen...
- ...und wir sind in der Lage, unsere Mitmenschen nach dem Weg zu fragen und aus der Antwort ein Modell der Umgebung aufzubauen.

Eine genauere Betrachtung der Beispiele zeigt, dass verschiedene klassische KI-Problemstellungen wie Konfigurations- und Planungsprobleme oder Deduktionen zur Bewältigung dieser Alltagsprobleme mit räumlicher und zeitlicher Information angewendet werden müssen. Bemerkenswert dabei ist, dass unterschiedliche *Konzeptualisierungen* der Problemstellung zum Lösen zweckdienlich sind. Beispielsweise kann sich anhand einer zweidimensionalen Projektion eines dreidimensionalen Objektes die Frage nach einem freiem Stellplatz beantworten lassen, während für das Planen eines stabilen Stapels dreidimensionale Information notwendig ist. Auch zeitliche Information lässt sich auf vielfältige Weise konzeptualisieren (vgl. Abbildung 10.1). In der Abfolge von

https://doi.org/10.1515/9783111386690-012

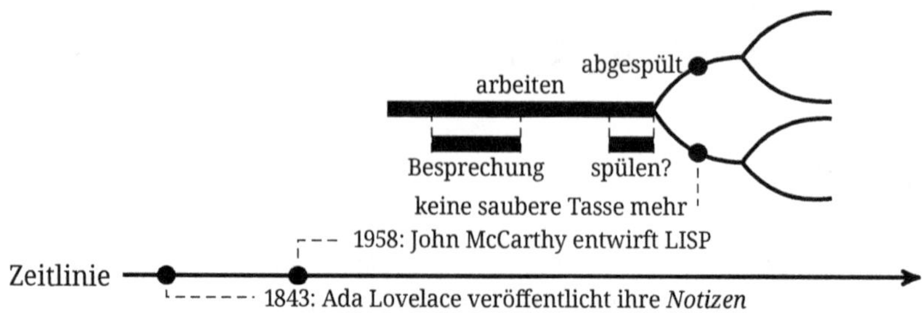

Abb. 10.1: Beispiele zeitlicher Konzeptbildungen: Ereignisse können als Zeitpunkte oder Zeitspannen repräsentiert werden, zeitliche Abfolgen können als verzweigt betrachtet werden, wenn verschiedene mögliche Verläufe betrachtet werden. Zeitpunkte auf unterschiedlichen Zweigen können unter Umständen nicht sinnvoll zeitlich geordnet werden.

Instruktionen einer Wegbeschreibung können wir die einzelnen Anweisungen als atomare Entitäten gleich Punkten auf einem linearen Zeitstrahl betrachten, in der Diagnose oder Planung hingegen mag eine sich in die Vergangenheit oder Zukunft verzweigende Zeit die unterschiedlichen Möglichkeiten adäquater repräsentieren. Abhängig von einer durchgeführten Aktion in einem Plan ergeben sich verschiedene Abläufe, die in einem zeitlichen Bezug zueinander stehen. In Abbildung 10.1 ist Abspülen ein derartiger Verzweigungspunkt. Müssen wir eine neue Tätigkeit in unseren Tagesablauf einplanen, so muss deren Dauer mit repräsentiert werden. Eine Abstraktion zu Zeitpunkten ist hierfür wenig geeignet.

Modelle zu entwickeln, die das oben skizzierte intelligente Verhalten natürlicher Agenten erklären können und es künstlichen Agenten erlauben, ebenso intelligentes Verhalten zu zeigen, ist Kernanliegen des Gebietes *Raumkognition*. Dieses umfasst in weiten Teilen auch die Behandlung zeitlicher Information, denn einige räumliche Strukturen lassen sich auch auf Zeitinformationen anwenden. Beispielsweise lässt sich eine lineare zeitliche Abfolge auch als eindimensionale räumliche Anordnung darstellen.

10.1.1 Raumkognition und KI – eine Standortbestimmung

In der Raumkognition treffen die verschiedenen Disziplinen zusammen, die Grundprinzipien des Wissens über Raum und Zeit in natürlichen und künstlichen kognitiven Systemen betrachten. Dies umfasst Psychologie, Philosophie, Neurowissenschaften, Linguistik und auch die KI: Das Verständnis natürlicher kognitiver Systeme kann als Vorbild für künstliche Systeme dienen. Eine Beachtung der menschlichen Kognition ist vor allem unabdingbar in KI-Systemen, die Menschen unterstützen und mit ihnen auf komplexe Weise interagieren, zum Beispiel durch natürliche Sprache. Dies führt dazu, dass viele

Ansätze der KI zur Handhabung von Wissen über Raum und Zeit durch Erkenntnisse oder Annahmen über die menschliche Kognition motiviert sind.

Intelligentes Verhalten umfasst Handeln und Problemlösen, aber ebenso Verstehen und Kommunizieren. Handlungen werden ausgeführt, um Einfluss auf die Entwicklung des Geschehens der Welt zu nehmen: Zustände sollen herbeigeführt oder beendet werden; Prozesse an einem bestimmten Ort in Gang gesetzt, zu Ende geführt oder vorzeitig abgebrochen werden; Ereignisse sollen verursacht oder verhindert werden. *Situationen* – wie wir im Folgenden allgemeiner sagen wollen – herrschen zu bestimmten Zeiten an bestimmten Orten, beziehungsweise finden in Raum und Zeit statt und unterliegen raum-zeitlichen Bedingungen. Diese raum-zeitlichen Bedingungen sind aufgabenunabhängig und bilden den Kern des räumlichen und zeitlichen Wissens. Forschung im Gebiet der Raumkognition verfolgt deshalb auch das Ziel, diese Bedingungen wie mathematische Wahrheiten zu entdecken und zu beschreiben.

Grundsätzlich wird die Untersuchung von Repräsentation und Schlussfolgerungstechniken innerhalb der KI dem Fachgebiet Wissensrepräsentation (engl. *Knowledge Representation*) zugeschrieben (vgl. Kapitel 6). Die Schnittmenge von KI und Raumkognition könnte als ein Spezialfall des im *Naive Physics Manifesto* [65] propagierten Unterfangens gesehen werden, Wissen über die physikalische Umwelt umfassend derart repräsentieren zu können, dass alltäglich intelligentes Verhalten damit erklärt werden kann. Die einleitenden Beobachtungen zeigen aber auch, dass die Verarbeitung von Wissen über Raum und Zeit eine fundamentale und allgegenwärtige menschliche Fähigkeit ist, deren Betrachtung innerhalb der KI dem Gebiet *Commonsense Reasoning* (dt. in etwa *Schlussfolgern mit Alltagswissen*) zugeordnet werden kann. Die Forschung im Bereich des Wissens über Raum und Zeit geht jedoch über diese Zielsetzung hinaus (vgl. [63]), insbesondere durch die Untersuchung menschlicher Vorstellungen sowie der Betrachtung von Kommunikation und Wahrnehmung. Die Zielsetzung, menschliche Fähigkeiten verstehen und nachbilden zu können, stellt zusätzlich einen engen Bezug zur *Kognitionswissenschaft* und zu den beitragenden Disziplinen wie *Psychologie* und *Linguistik* dar. Diese Vernetzung macht Raumkognition zu einem interdisziplinären Themengebiet unter Beteiligung der KI, das originäre Forschungsfragen für verschiedene Disziplinen bereithält [50].

Die besonderen Fragestellungen der Repräsentation von Wissen über Raum und Zeit innerhalb der KI wollen wir etwas näher beleuchten. Die einleitenden Beobachtungen illustrieren, dass menschliche Fähigkeiten nicht auf die Kenntnis präziser quantitativer Information angewiesen sind. Dies begründet ein besonderes Interesse der Raumkognition, *qualitative Repräsentationen* zu entwickeln, die relevante Eigenschaften in diskreten Klassen repräsentieren und als Basis für – typischerweise symbolische – Problemlöseprozesse dienen. Dieses Arbeitsgebiet wird (im Englischen) auch als *Qualitative Spatial (and Temporal) Reasoning* bezeichnet und ist eng mit dem Gebiet *Qualitative Reasoning* [155] verbunden. Im Gegensatz zu Ansätzen, die mit Unsicherheit behaftete Information durch Wahrscheinlichkeitsverteilungen über mögliche

Werte darstellen, abstrahieren qualitative Repräsentationen gänzlich von Werten. Relevante Beziehungen werden explizit repräsentiert, zum Beispiel, ob eine freie Fläche in einer Spüle größer oder kleiner als der Grundriss eines Bechers ist: kleiner($F_{\text{Becher}}, F_{\text{frei}}$) bzw. größer($F_{\text{Becher}}, F_{\text{frei}}$). Eine Verwendung diskreter Klassen und expliziter Relationen schließt dabei nicht die Anwendung weiterer Methoden der Wissensrepräsentation aus (z. B. Repräsentation von Unsicherheit durch Wahrscheinlichkeiten), sondern ist unabhängig davon. Die Exploration nützlicher Relationen (größer, kleiner, neben, hinter, vor ...), ihrer Axiomatisierung und Untersuchung in Bezug auf Berechnungseigenschaften ist eine wichtige Aufgabe der KI innerhalb der Raumkognition. Schon früh wurde vermutet, dass es sich um keine kleine Menge nützlicher Relationen handeln kann, sondern dass die Menge an relevanten Relationen aufgabenspezifisch und unerschöpflich ist (*Poverty Conjecture*) [47]. Die Fülle an Arbeiten und Ansätzen in der Raumkognition mag als Beleg der Behauptung gewertet werden.

10.1.2 Eine kurze Geschichte des zeitlichen und räumlichen Wissens

Anders als der Vorlagengeber dieser Überschrift[1] werden wir keine zwölf Kapitel ausbreiten, sondern in lediglich zwölf Sätzen die relevante Entwicklung bis zum heutigen Punkt zusammenfassen. Fundamentale Untersuchungen fanden bereits vor der Geburt der KI statt.

Das 1983 von James Allen beschriebene Intervallkalkül [2] (oft Allenkalkül genannt) lieferte einen wesentlichen Impuls und motivierte zahlreiche Ansätze, zeitliche und räumliche Beziehungen in einem einfachen algebraischen Rahmenwerk zu repräsentieren. Ähnlich tiefgreifende Aufmerksamkeit konnte seitdem nur die 1992 beschriebene topologische Theorie des *Region Connection Calculus* erreichen, die Arbeiten des Mathematikers Whitehead aus den 1920er Jahren [153] auf nützliche Weise operationalisiert. Ebenfalls in den 1980er Jahren erwächst das Gebiet des qualitativen Schlussfolgerns (engl. *Qualitative Reasoning*) [155], in dem räumliche Repräsentation eine wichtige Rolle spielt.

In Deutschland untersuchte seit 1986 das durch IBM geförderte Verbundprojekt LILOG (LInguistic and LOGic methods and tools) [67] unter anderem Methoden zur Repräsentation und Verarbeitung räumlichen und zeitlichen Wissens [62]. Heutzutage existiert ein großer Fundus an räumlichen und zeitlichen Repräsentationen (siehe [39] für eine umfassende Übersicht), deren berechnungstheoretische Eigenschaften umfassend, aber nicht erschöpfend analysiert worden sind. Auch existieren Werkzeuge wie SparQ [145, 160] oder GQR [152], die Standardalgorithmen und Werkzeuge zur einfachen Verwendung bereithalten. Neben etlichen offenen Detailfragen verbleiben auf der Land-

1 Stephen Hawking (1991). Eine kurze Geschichte der Zeit, Rowohlt, Reinbek bei Hamburg.

karte räumlicher und zeitlicher Repräsentationen weiße Flecken in den Grenzgebieten einzelner Techniken, etwa der Verbindung algebraisch-relationaler und logikbasierter Ansätze, quantitativer und qualitativer Beschreibungen oder der Verbindung zeitlicher und räumlicher Repräsentation – bereits 2007 treffend von Kontchakov et al. [74] durch die Artikelüberschrift „Spatial Logic + Temporal Logic = ?" beschrieben. Auch ist es trotz einer Vielzahl erfolgreicher Anwendungen räumlicher und zeitlicher Repräsentationstechniken noch nicht gelungen, unser alltägliches Wissen über physikalische Prozesse im Sinne des *Naive Physics Manifesto* [65] zu formalisieren und zu operationalisieren, um intelligentes Verhalten in der Umwelt zu synthetisieren. Auch im Bereich des Sprachverstehens bleiben Computerprogrammen viele für Menschen triviale Folgerungen verborgen, wie die Betrachtung von Winograd-Schemata zeigt [88] – siehe Abbildung 10.2.

The suitcase doesn't fit in the green car
because it's too big [small].
What is too big?
(a) The suitcase.
(b) The car.

Abb. 10.2: Das Schlussfolgern über räumliche Beziehungen ist notwendig für das Textverstehen, wie das ausgewählte Winograd-Schema illustriert. Ein Schema ist im Englischen so konstruiert, dass keine syntaktischen oder statistischen Merkmale Indizien bieten. Durch den Austausch des in eckigen Klammern stehenden Wortes kehrt sich die korrekte Antwort um.

Die Verarbeitung räumlichen und zeitlichen Wissens stellt somit einen Ankerpunkt im noch unerreichbaren Verstehen alltäglichen Wissens dar und lädt zu weiteren Studien ein.

10.1.3 Themen dieses Kapitels

Fragestellungen der Raumkognition mit primärem Bezug zur KI lassen sich in zwei wesentliche Gruppen von Fragen einteilen:

1. Ist Wissen über Raum und Zeit ein spezieller Typ von Wissen? Wie kann Wissen über Raum und Zeit repräsentiert werden? Welche speziellen Schlussfolgerungsverfahren existieren für diese Bereiche?
2. Wie wird die Verankerung zwischen Situationen und Objekten in Raum und Zeit realisiert? Wie kann Schlussfolgern über Situationen, etwa zur Analyse von Kausalbeziehungen, mit anderen Mechanismen zur Schlussfolgerung integriert werden? Wie integrieren sich Wissensrepräsentation und Schlussfolgerungstechniken mit Wahrnehmung und Interaktion?

Im vorliegenden Kapitel werden primär die originären Ansätze der Wissensrepräsentation räumlichen und zeitlichen Wissens und die Zusammenhänge ihrer Teilaspekte dargestellt. Ziel der Untersuchung von Zusammenhängen ist, das Wissen über die Ontologie und die Struktur von Raum und Zeit, wie es Teil unseres Alltagswissens ist, zu repräsentieren, d. h. in einer formalen Beschreibung explizit darzustellen. Die Repräsentation von Situationen und der Verankerungsbeziehung – entsprechend Fragestellung 2 – sowie die Repräsentation von Objekten wird nur insoweit berücksichtigt, wie es für die Motivation der raum-zeitlichen Strukturen und Entitäten notwendig ist.

Um dieses Kapitel einzuordnen, sollen zwei methodische Vorbemerkungen erfolgen: Ausgangspunkt vieler Beispiele ist die Analyse von Sätzen natürlicher Sprache. Dieses Vorgehen ist darin begründet, dass das räumliche und zeitliche Inventar natürlicher Sprache als Anhaltspunkt für die Erforschung der Kognition von Raum und Zeit verwendet werden kann. Es wird nämlich angenommen, dass Sprache und kognitive Konzepte einander bedingen [31, 129, 154]. Unsere beispielhaften Analysen natürlichsprachlicher Sätze erheben jedoch in keiner Weise den Anspruch, linguistische Theorien über räumliche bzw. zeitliche Sprache darzustellen. Wissen über Raum und Zeit ist in vielen Bereichen der Informatik und anderen Wissenschaften von Bedeutung. Obwohl Methoden wie physikalische Simulation und Datenstrukturen der Computergraphik zur Darstellung von Körpern zweifelsohne hilfreich sind, um mit räumlichem und zeitlichem Wissen umzugehen, so werden derartige Techniken in diesem Kapitel ausgeblendet. Dieses Kapitel betrachtet Raum und Zeit aus der Perspektive der Wissensrepräsentation und setzt in Teilen Vorkenntnisse der Logik voraus.

Da für eine Verwendung in Systemen der KI Wissen in einem eindeutigen und maschinell verarbeitbaren Format repräsentiert werden muss, ist das Ziel des vorliegenden Kapitels, explizite Repräsentationen von Alltagswissen über Raum und Zeit im Rahmen mathematischer, formaler Theorien vorzustellen und ihre algorithmischen Eigenschaften zu beleuchten.

In den folgenden zwei Abschnitten werden wir zunächst auf die grundlegenden Konzepte zur Repräsentation von Raum und Zeit näher eingehen. Dabei streifen wir auch grundlegende Themen wie Logik, die in verschiedenen Kapiteln des Handbuchs Erwähnung finden. In Abschnitt 10.3 werden dann Methoden des Schlussfolgerns für räumliches und zeitliches Wissen vorgestellt und Bezüge zum Kapitel 4 über Constraints hergestellt. Nach der Vorstellung der wichtigen Methode des Schlussfolgerns mit qualitativem Wissen gehen wir auf die Anwendung konkreter Formen räumlichen Wissens ein und beschreiben als Ausblick in Abschnitt 10.4 zwei interessante Anwendungen: den ontologiebasierten Datenzugriff und die Rolle räumlichen Wissens in Wissensgrapheinbettungen, wie sie im maschinellen Lernen Anwendung finden.

10.2 Grundlegende Konzepte

Ziel dieses Abschnittes ist, die grundlegenden Repräsentationstechniken auf Basis allgemeiner Prädikatenlogik und speziell gestalteter Logiken sowie qualitativer relationaler Modellierung durch Beschränkungen (engl. *constraints*) und dem darauf basierenden Schließen einzuführen. Als Anschauungsobjekte sollen für diesen Zweck die folgenden wichtigen Repräsentationen – eine zeitliche und eine räumliche – dienen. Wir gehen später auf diese noch genauer ein.

Seitens einer Repräsentation zeitlichen Wissens soll der *Allenkalkül* [2] als Beispiel dienen, welches die relative Beziehung von zwei zeitlich ausgedehnten Ereignissen durch die Anordnung von geschlossenen Intervallen auf der Zeitlinie, einem reellwertigen Zahlenstrahl, beschreibt. Die Lage der Intervalle lässt sich durch den Vergleich der Start- und Endpunkte anhand der mathematischen Prädikate $<, =, >$ beschreiben (vgl. Abbildung 10.3). Zwischen dem in der Abbildung schwarz dargestellten Intervall und dem schraffierten gilt beispielsweise die Relation „vor“, wenn der Endpunkt des schwarzen Intervalls vor dem Startpunkt des schraffierten liegt. In Bezug auf die Zeitachse gilt also, dass der Endpunkt des ersten Intervalls kleiner (<) als der Startpunkt des zweiten ist. Die Relationen sind gerichtet, denn bei vertauschter Perspektive – die Lage des schraffierten Intervalls in Bezug auf das schwarze – gilt die Relation „nach“.[2] Insgesamt führt dies zu einem Repertoire von 13 unterschiedlichen Relationen, welche in Abbildung 10.3 dargestellt sind. Im Allenkalkül wird beispielsweise von der Länge

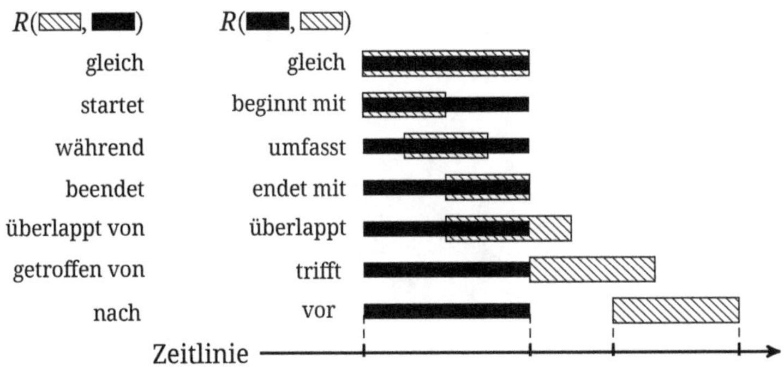

Abb. 10.3: Die 13 im Allenkalkül unterschiedenen Konfigurationen von Intervallen: die symmetrische Relation „gleich“ plus 2×6 gerichtete Relationen. Von der Dauer der Intervalle wird abstrahiert und Relationen werden ausschließlich anhand der Abfolge der Intervallgrenzen entlang der Zeitlinie bestimmt.

2 Die Bedeutung von „nach“ im Allenkalkül mag sich von der natürlichsprachlichen Bedeutung unterscheiden. Diese kann eventuell passender als Vereinigung (Disjunktion) der Relationen „getroffen von“ und „nach“ dargestellt werden.

der Intervalle bewusst abstrahiert, es kann also nicht unterschieden werden, ob ein kürzeres Intervall auf ein längeres folgt oder umgekehrt.

Seitens der Repräsentation räumlichen Wissens betrachten wir die *RCC-Familie* [124] (RCC steht für *Region Connection Calculus*), die Regionen allein durch eine topologische Verbindungsrelation beschreibt. Ein populärer Repräsentant dieser Familie, RCC-8 wird in Abbildung 10.4 illustriert. Anhand der Unterscheidung, ob jeweils das Innere und/oder der Rand einer Region mit dem Inneren und/oder dem Rand einer zweiten Region verbunden sind, lassen sich acht Konstellationen unterscheiden (daher der Name RCC-8). Werden hingegen Regionen als offen angenommen, wie etwa eine offene Kreisscheibe $\{(x,y) \mid x^2 + y^2 < 1\}$, dann existieren keine Relationen, die aus dem Kontakt mit dem Rand einer Region hervorgehen. Es sind dann nur die fünf in Abbildung 10.5 dargestellten Relationen möglich, man bezeichnet dieses Relationssystem als RCC-5.

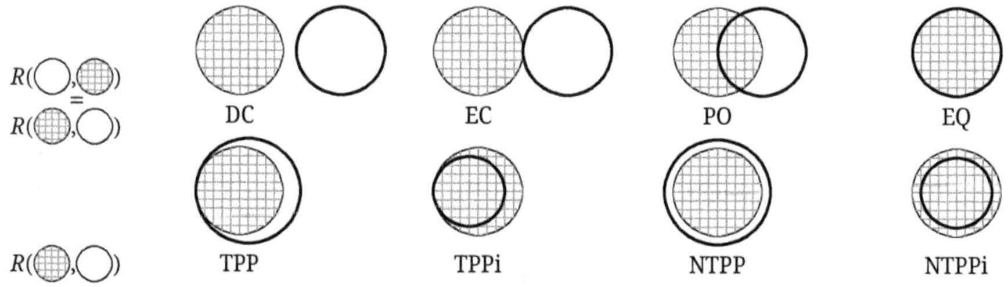

Abb. 10.4: Die acht topologisch unterscheidbaren Konfigurationen von Regionen in RCC-8: *discrete (DC), externally connected (EC), partially overlapping (PO), equal (EQ), tangential proper part (TPP), TPP inverse (TPPi), non-tangential proper part (NTPP), NTTP inverse (NTPPi).* Von sowohl Form der Regionen als auch Dimension des Raumes wird abstrahiert, lediglich anhand Kontakt von Innerem, Rand und Komplement einer Region bestimmt sich die Relation.

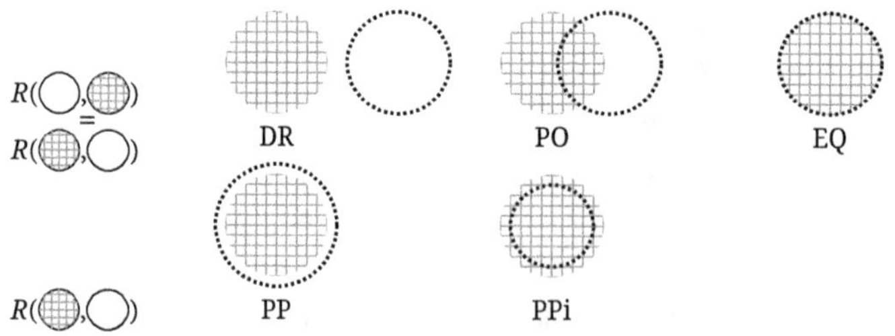

Abb. 10.5: Die fünf topologisch unterscheidbaren Konfigurationen von Regionen in RCC-5: *discrete (DR), partially overlapping (PO), equal (EQ), proper part (PP), PP inverse (PPi).* In RCC-5 werden Regionen als offen angenommen. Die in Abbildung 10.4 dargestellten Relationen aus RCC-8, die durch Kontakt eines Randes charakterisiert werden, existieren deshalb nicht in RCC-5.

10.2.1 Axiomatisierung in klassischer Logik

Logiken spielen eine zentrale Rolle in der Wissensrepräsentation und so existieren auch zahlreiche Ansätze, die räumliche und zeitliche Beziehungen *axiomatisieren*, also durch Axiome in einer Logik darstellen.

Axiomatisierungen in Prädikatenlogik sind hilfreich, um die betrachteten Aspekte und zugrunde liegenden Strukturen räumlichen oder zeitlichen Wissens zu erfassen. Allerdings erfordert die Beschreibung von geometrischen Eigenschaften ein oft umfangreiches Axiomensystem (vgl. [68]). In der praktischen Anwendung spielen Axiomatisierungen in Prädikatenlogik kaum eine Rolle, da generelle Inferenzverfahren ineffizient sind, Erfüllbarkeit in der Prädikatenlogik sogar unentscheidbar. Auf räumliches oder zeitliches Wissen spezialisierte Inferenzverfahren sind hingegen oft effizient durchführbar. Axiomatisierungen helfen jedoch, derartige spezialisierte Inferenzverfahren zu entdecken. Als motivierendes Beispiel für eine Axiomatisierung lässt sich das *Region-Connection-Calculus* (RCC) anführen, siehe auch Abbildung 10.4. RCC wurde zunächst als prädikatenlogische Theorie eingeführt [125]. Die Theorie von RCC fußt auf der grundlegenden Beschreibung der Verbindung (engl. *connection*) zweier Regionen, charakterisiert durch ein zweistelliges Prädikat C:

$$\forall x.C(x,x) \tag{10.1}$$

$$\forall x,y.(C(x,y) \rightarrow C(y,x)) \tag{10.2}$$

Auf Basis dieser elementaren Charakterisierung von Verbindung als symmetrische (10.1) und reflexive (10.2) Relation zwischen Regionen lassen sich die in Abbildung 10.4 dargestellten Relationen (sowie einige Hilfsrelationen) wie in Tabelle 10.1 beschreiben. So wird beispielsweise die Relation DC (engl. *disconnected*) als das Nichtvorhandensein der Kontaktbeziehung C definiert, die Hilfsrelation P (engl. part of) dagegen durch eine Implikation von Kontaktbeziehungen: Eine Region x ist genau dann Teil einer Region y, wenn jede Region z, die mit x in Kontakt steht, immer auch mit y in Kontakt steht. Aus diesen Axiomen konnten Operationen automatisch abgeleitet werden, die die in Abschnitt 10.2.4 beschriebenen effizienten Inferenzverfahren ermöglichen [123].

Zahlreiche weitere Untersuchungen schlossen sich an die dargestellte Axiomatisierung topologischer Relationen an. So wurden beispielsweise die algebraischen Eigenschaften der Verbindungsrelation zweier Regionen beschrieben [135], auf deren Basis Modelle für RCC gefunden werden konnten, die eine effiziente Manipulation erlauben [157], etwa für Anwendungen in Handlungsplanung oder Diagnose. Die Inferenzeigenschaften von RCC für verschiedene Modelle sind detailliert in [76] beschrieben.

Tab. 10.1: Axiomatisierung der Relationen des *Region-Connection-Calculus (RCC)*, vgl. Abb. 10.4.

$$\forall x,y.[\mathbf{DC}(x,y) \leftrightarrow \neg C(x,y)]$$
$$\forall x,y.[\mathbf{P}(x,y) \leftrightarrow \forall z.\,(C(z,x) \rightarrow C(z,y))]$$
$$\forall x,y.[\mathbf{PP}(x,y) \leftrightarrow P(x,y) \wedge \neg P(y,x)]$$
$$\forall x,y.[\mathbf{EQ}(x,y) \leftrightarrow P(x,y) \wedge P(y,x)]$$
$$\forall x,y.[\mathbf{O}(x,y) \leftrightarrow \exists z.(P(z,x) \wedge P(z,y))]$$
$$\forall x,y.[\mathbf{PO}(x,y) \leftrightarrow \exists O(x,y) \wedge \neg P(x,y) \wedge \neg P(y,x)]$$
$$\forall x,y.[\mathbf{DR}(x,y) \leftrightarrow \neg O(x,y)]$$
$$\forall x,y.[\mathbf{TPP}(x,y) \leftrightarrow PP(x,y) \wedge \exists z.(EC(z,x) \wedge EC(z,y))]$$
$$\forall x,y.[\mathbf{TPPi}(x,y) \leftrightarrow TPP(y,x)]$$
$$\forall x,y.[\mathbf{EC}(x,y) \leftrightarrow C(x,y) \wedge \neg O(x,y)]$$
$$\forall x,y.[\mathbf{NTPP}(x,y) \leftrightarrow PP(x,y) \wedge \neg\exists z.(EC(z,x) \wedge EC(z,y))]$$
$$\forall x,y.[\mathbf{NTPPi}(x,y) \leftrightarrow NTPP(y,x)]$$

10.2.2 Temporale Logiken

Allgemeine, nicht auf die betrachtete Domäne spezialisierte Logiken erfordern eine Axiomatisierung der Domäne. Dies kann schwierig sein und auch eine ausdrucksstarke Logik erfordern, die keine effizienten Inferenzeigenschaften erkennen lässt. Beide Aspekte motivieren die Untersuchung speziell einer Domäne angepasster Logiken. Das Ziel dabei sind anwendungsorientierte Logiksysteme, die als formaler Rahmen für die Wissensrepräsentation und -verarbeitung dienen.

Das Gebiet der Temporallogiken, oft als Teilgebiet der Modallogiken dargestellt, ist dabei von besonderem Interesse auch außerhalb der KI. Temporallogiken werden beispielsweise in der Softwaretechnik zur Spezifikation von Protokollen und dem Verhalten von Softwarekomponenten eingesetzt. Wir können an dieser Stelle keine Einführung in das Gebiet der Modallogiken bieten und beschränken uns auf die Beschreibung der Temporallogik als Erweiterung der Aussagenlogik. Vertiefende Informationen können in [23] nachgelesen werden.

Syntaktisch erweitern Temporallogiken die Aussagenlogik um sogenannte *Modaloperatoren*, die Beziehungen zu anderen Zeitpunkten herbeiführen. Temporallogiken basieren klassisch auf einem Modell von diskreten Zeitpunkten; die Halpern-Shohram-Logik [64] stellt eine intervallbasierte Temporallogik dar. Bei Betrachtung diskreter Zeitpunkte werden Operatoren definiert, die auf den nächsten Zeitpunkt verweisen, auf einen beliebigen späteren und auf alle späteren Zeitpunkte.

Die Semantik der Modaloperatoren wird auf einer sogenannten Menge von Welten (engl. *set of worlds*) definiert. Jeder Zeitpunkt wird als unabhängige Welt innerhalb der zeitlichen Struktur aufgefasst. Im Falle der linearen temporalen Logik (LTL) ist diese

Struktur die lineare Abfolge der Zeitpunkte. Für jeden Zeitpunkt – in jeder Welt – wird eine aussagenlogische Formel wie gewöhnlich durch eine Interpretationsfunktion auf einen Wahrheitswert {wahr, falsch} abgebildet. Ein Modell einer Formel in LTL besteht also aus einer Folge $I^n, n = 0, 1, \ldots$ von Interpretationsfunktionen. Der Modaloperator erzeugt einen Wechsel des betrachteten Zeitpunktes durch Wechsel der Interpretationsfunktion. Folgende vier Modaloperatoren sind üblich, weitere können daraus abgeleitet werden:[3]

X ***(next)*** bezieht eine Aussage über den nachfolgenden Zeitpunkt;
$\diamond$ ***(eventually)*** bezieht eine Aussage auf einen späteren Zeitpunkt;
$\square$ ***(always)*** bezieht eine Aussage auf alle folgenden Zeitpunkte;
$\mathcal{U}$ ***(until)*** betrachtet die zeitliche Abfolge der Gültigkeit zweier Aussagen.

In Tabelle 10.2 sind die Modaloperatoren sowie ihre Semantik dargestellt. Damit lassen sich eine Vielfalt von Aussagen mit temporalem Charakter modellieren:

- Der Regen wird aufhören: $\diamond\neg r$
- Fortwährend wechseln sich Ein- (e) und Ausatmen (a) ab: $\square(\neg(e \wedge a) \wedge ((e \wedge Xa) \vee (a \wedge Xe))$
- Prolog (p) ist eine unverständliche Programmiersprache, bis man deklarative Programmierung verstanden (d) hat: $\neg p \mathcal{U} d$

Tab. 10.2: Mögliche Modaloperatoren und ihre Semantik in linearer temporalen Logik.

Operatorausdruck	**Semantik**	**Intuition**
$I^n \models X\phi$	$I^{n+1}(\phi) = \text{wahr}$	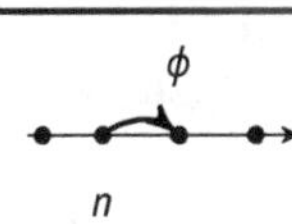
$I^n \models \diamond\phi$	$\exists m \geq n. I^m(\phi) = \text{wahr}$	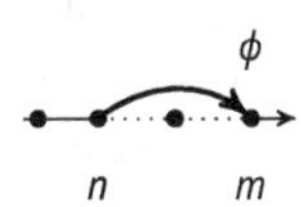
$I^n \models \square\phi$	$\forall m \geq n. I^m(\phi) = \text{wahr}$	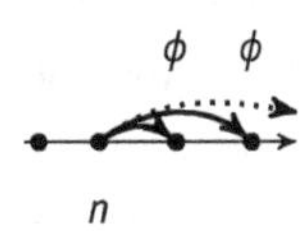
$I^n \models \phi\mathcal{U}\psi$	$\exists m.(m \geq n \wedge I^m(\psi) = \text{wahr}) \wedge \forall n'.(n \leq n' < m \rightarrow I^{n'}(\phi) = \text{wahr})$	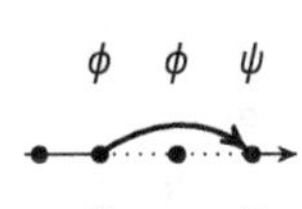

3 Aufmerksamen mag auffallen, dass nicht alle vier Operatoren notwendig sind, denn $\square\phi$ lässt sich äquivalent durch $\neg\diamond\neg\phi$ ersetzen.

10.2.3 Räumliche Logiken

Analog zu den temporalen Logiken werden auch räumliche Logiken betrachtet. Marco Aiello und Kollegen [1] charakterisieren räumliche Logik dabei als jegliche Logik, die über einer räumlichen Domäne interpretiert wird. Betrachtet man den Zeitstrahl als eindimensionale räumliche Domäne, so schließt dies temporale Logiken ein. Auch andere Interpretationen ursprünglich temporaler Logiken sind möglich: Die Modaloperatoren für zeitliche Nachfolge aus LTL lassen sich auch als topologische Operatoren für „Inneres" interpretieren, wodurch sich die RCC-Theorie auch als Modallogik darstellen lässt [20, 139]. Dies erlaubt beispielsweise, Inferenzverfahren der Modallogik auf Problemstellungen der RCC-Theorie anzuwenden. Dabei entsteht ein logikbasierter und entscheidbarer Ansatz als interessante Alternative zu der ausdrucksstarken, aber unentscheidbaren Prädikatenlogik oder den weniger ausdrucksstarken Ansätzen des constraint-basierten Schließens.

Die Untersuchung räumlicher Logiken exploriert auch mögliche Semantiken für Junktoren und Quantoren [1]. Beispielsweise wurden die Booleschen Operatoren $\wedge, \vee, \neg$ auf Regionen im Kontext der RCC-Theorie angewendet [161]. Dabei steht $\wedge$ für den Schnitt zweier Regionen, $\vee$ für deren Vereinigung und $\neg$ für das Komplement. Der Ausdruck $PO(x, y \wedge z)$ beschreibt demnach, dass Region x mit dem Schnitt von Region y und Region z überlappt. Diese Anwendung von Operatoren erlaubt ausdrucksstarke Beschreibungen ohne zusätzliche Verwendung von Quantoren.[4]

10.2.4 Qualitative Modellierung und constraint-basiertes Schließen

Qualitative Repräsentationen beschränken sich auf die Darstellung der essentiellen Information [155]. In der Anwendung auf Wissen über Raum und Zeit werden alleinig räumliche bzw. zeitliche Aspekte repräsentiert, der „Ballast" einer ausdrucksstarken Logik wird vermieden. In der qualitativen Modellierung sowohl räumlichen als auch zeitlichen Wissens stehen Vergleiche im Vordergrund: Startet ein Intervall früher als das andere oder umgekehrt? Ist eine Region vollständig in einer anderen enthalten? Das Ergebnis dieser Vergleiche wird fast immer als Boolescher Wahrheitswert interpretiert, die betrachtete Eigenschaft kann also mathematisch als *Relation* modelliert werden. Aufgrund ihrer Natur, Entitäten miteinander zu vergleichen, sind Relationen in qualitativen Repräsentationen meist zweistellig, selten dreistellig. Wir konzentrieren uns im Folgenden auf die Betrachtung von zweistelligen Relationssystemen, für die Behandlung höherstelliger relationaler Systeme sei auf [33, 39] verwiesen.

---

4 Das Komplement x^C einer Region x, $x^C = \neg x$ lässt sich mithilfe der RCC-Theorie nur unter Verwendung von Quantoren beschreiben: $EC(x^C, x) \wedge \neg\exists x'.(EC(x', x) \wedge PP(x^C, x'))$.

In einer qualitativen Wissensrepräsentation gilt es, ausgewählte Relationen symbolisch zu repräsentieren und ihre Wechselbeziehungen zu erfassen. Gegeben eine räumliche oder zeitliche Domäne D, bildet die Menge aller Relationen auf D, $R_i \subseteq D \times D$ eine Boolesche Mengenalgebra – ein mathematisches Konstrukt, welches unter mengentheoretischen Operationen Schnitt, Vereinigung und Komplementbildung abgeschlossen ist. Typischerweise sind betrachtete Domänen unendlich, die Anzahl der möglichen Relationen damit auch. Eine endliche und somit in Computern repräsentierbare Mengenalgebra ergibt sich auch für endliche Mengen an Relationen, wenn diese die JEPD-Eigenschaft erfüllen. Die Eigenschaft besagt, dass die Menge aller Relationen vollständig (exhaustiv) ist und sich jedes Paar von Objekten durch genau eine Relation beschreiben lässt:

Definition 10.2.1 (JEPD). Eine Menge von Relationen $R_1, \dots, R_n$ über einer Domäne D, $R_i \subseteq D \times D, 1 \leq i \leq n$ erfüllt die Eigenschaft JEPD (*jointly exhaustive and pairwise disjoint*), wenn gilt:
1. $R_1 \cup \dots \cup R_n = D \times D$ (exhaustiv)
2. $(R_i \cap R_j \neq \emptyset) \to i = j$ (paarweise disjunkt).

In der qualitativen Modellierung werden ausschließlich Relationssysteme betrachtet, die der JEPD-Eigenschaft genügen.[5] Relationssysteme, die der JEPD-Eigenschaft genügen, werden auch Partitionsschemata (engl. *weak partition scheme*) genannt [93, 39], da sie das kartesische Produkt der Domäne mit sich selbst partitionieren – siehe Abbildung 10.11. Die durch die Partitionsschemata erzeugte Mengenalgebra lässt sich symbolisch repräsentieren:

Definition 10.2.2. Sei $R_1, \dots, R_n$ eine Menge von zweistelligen Relationen über D, die die JEPD-Eigenschaft aufweisen. Ferner seien $r_1, r_2, \dots, r_n$ eine Menge von Symbolen. Als *qualitative Relation* bezeichnet man Elemente der Potenzmenge $2^{\mathcal{B}}, \mathcal{B} = \{r_1, \dots, r_n\}$, die Semantik einer qualitativen Relation $r \in 2^{\mathcal{B}}$ ist durch eine Interpretationsfunktion $\mathcal{I}$ definiert:

$$r^{\mathcal{I}} := \bigcup_{r_k \in r} R_k.$$

Beispiel 10.2.1. Die Menge der Relationen $\{<, =, >\}$ über den reellen Zahlen erfüllt die JEPD-Eigenschaft. Unter Verwendung der Symbole $\prec, \simeq, \succ$ mit $\prec^{\mathcal{I}} := <$, sowie $\simeq^{\mathcal{I}} := =$ und $\prec^{\mathcal{I}} := <$ ergibt sich, dass es acht qualitative Relationen gibt und dass $\{\prec, \succ\}$ die mathematische Relation $< \cup >$ ergibt, also $\neq$ repräsentiert.

5 Eine beliebige Menge von Relationen lässt sich leicht derart abändern, dass die JEPD-Eigenschaft erfüllt ist, ohne dass dies Auswirkungen auf die eigentliche Repräsentation hätte.

In der Literatur wird oftmals auf eine syntaktische Differenzierung von Symbolen und den Relationen, die sie repräsentieren, verzichtet. In den nachfolgenden Abschnitten werden wir deshalb auch nur von qualitativen Relationen sprechen und meinen damit sowohl die Menge an Symbolen als auch die dadurch repräsentierte Relation.

10.3 Methoden und Algorithmen

Bevor wir Repräsentationen von zeitlichem und räumlichem Wissen vertiefen, stellen wir zunächst die Grundlagen zum Schlussfolgern mit räumlicher und zeitlicher Information in Form des constraint-basierten, qualitativen Schließens vor.

10.3.1 Qualitatives räumliches Schließen

Grundlegende Eigenschaften der betrachteten Domäne lassen sich durch algebraische Eigenschaften der qualitativen Relationen beschreiben, formal wird dazu eine *relationale Algebra* [99] auf Basis der Komposition von Relationen $\circ$ und des Konversen $^{-1}$ definiert (vgl. [93, 39]). Diese werden in der Literatur als *qualitative Kalküle* bezeichnet. Zunächst sei darauf hingewiesen, dass sich mengentheoretische Operationen $\cup, \cap$ sowie Komplementbildung ^{C} auf qualitativen Relationen wie üblich durchführen lassen und dies der Verknüpfung der Relationen entspricht.

Beispiel 10.3.1. Sei $r = \{\simeq, \succ\}$ und $s = \{\prec, \simeq\}$, so ergibt sich $(r \cap s)^{\mathcal{I}} \equiv \{\simeq\}^{\mathcal{I}}$, sowie gleichermaßen $r^{\mathcal{I}} \cap s^{\mathcal{I}} \equiv \leq \cap \geq \equiv =$.

Ausgehend von den üblichen mathematischen Definitionen für die Komposition und das Konverse über zweistelligen Relationen,

$$R \circ S := \{(a, c) \mid \exists b.[(a, b) \in R \wedge (b, c) \in S]\} \tag{10.3}$$

$$R^{-1} := \{(b, a) \mid (a, b) \in R\}, \tag{10.4}$$

werden entsprechende *symbolische Operationen* für qualitative Relationen über $\{r_1, \ldots, r_n\}$ anhand deren Interpretation $\mathcal{I}$ definiert:

$$s \blacklozenge t := \{r_i \in \mathcal{B} \mid 1 \leq i \leq n, r_i^{\mathcal{I}} \cap (s^{\mathcal{I}} \circ t^{\mathcal{I}}) \neq \emptyset\} \tag{10.5}$$

$$s^{\smile} := \{r_i \in \mathcal{B} \mid 1 \leq i \leq n, r_i^{\mathcal{I}} \cap (s^{\mathcal{I}})^{-1} \neq \emptyset\} \tag{10.6}$$

Diese symbolischen Operationen sind Approximationen der mathematischen Operationen und weichen von diesen unter Umständen ab. Man spricht deswegen von der *schwachen Komposition* bzw. allgemein von *schwachen* Operationen. Die Abweichung ist notwendig, um sicherzustellen, dass die Algebra der qualitativen Operationen unter den Operationen abgeschlossen ist. Dass Abgeschlossenheit nicht automatisch sichergestellt ist, zeigt ein einfaches Beispiel: Betrachte die zeitlichen Relationen $<, =, >$ auf dem Zeitstrahl, der nur aus diskreten Zeitpunkten $0, 1, 2, \ldots$ besteht. Die Komposition $< \circ <$ berechnet sich anders als beim kontinuierlichen Zeitstrahl nicht als $<$, sondern es ergibt sich eine zusätzliche Relation, denn $< \circ <= \{(x,z)|\exists y.[(x < y) \wedge (y < z)]\} = \{(x,z)|x + 1 < z\} \neq <$. Durch Fortführen der Komposition würden sich unendlich weitere Verfeinerungen ergeben; dies wird durch die Approximation $< \blacklozenge < = <$ umgangen (vgl. (10.5)).

Dies hat jedoch zur Folge, dass je nach betrachteten Relationen die erzeugte qualitative Algebra unterschiedliche Eigenschaften besitzt [39]. Die genannten Beispiele Allenkalkül und RCC-8 sind gutartig in dem Sinne, dass sie alle Axiome einer relationalen Algebra erfüllen.

Beispiel 10.3.2. Für die Algebra aus Beispiel 10.2.1 lassen sich die Kompositions- und Konversoperation tabellarisch wie in Tabelle 10.3 gezeigt darstellen. Das Ergebnis für $r \blacklozenge s$ ergibt sich aus der zu r korrespondierenden Zeile und der zu s korrespondierenden Spalte, zum Beispiel $\prec \blacklozenge \prec = \prec$, da $< \circ < = <$ gilt. Um die Komposition zweier qualitativer Relationen $\{r_1, r_2, \ldots\} \blacklozenge \{r'_1, r'_2, \ldots\}$ nachzuschlagen, werden alle Kombinationen betrachtet und die Ergebnisse vereinigt. So ergibt sich $\{\prec, \succ\} \blacklozenge \{\prec\}$ zu $\{\prec\} \cup \{\prec, \simeq, \succ\} = \{\prec, \simeq, \succ\}$. Die Bestimmung der Tabellen erfolgt anhand der Semantik der Relationen.

Tab. 10.3: Kompositions- und Konverstabelle einfacher qualitativer Relationen.

$\blacklozenge$	$\prec$	$\simeq$	$\succ$
$\prec$	$\prec$	$\prec$	$\{\prec, \simeq, \succ\}$
$\simeq$	$\prec$	$\simeq$	$\succ$
$\succ$	$\{\prec, \simeq, \succ\}$	$\succ$	$\succ$

r	$r^{\smile}$
$\prec$	$\succ$
$\simeq$	$\simeq$
$\succ$	$\prec$

Für komplexe Relationssysteme kann die Bestimmung der symbolischen Operationstabellen sehr anspruchsvoll sein [123, 156] und in einigen Fällen mussten Fehler in Erstveröffentlichungen korrigiert werden.

Die betrachteten Operationen sind für die KI unter anderem von Interesse, weil sie elementare Schlussfolgerungen erlauben. Die Konversoperation $\smile$ erlaubt aus Kenntnis über die Relation zwischen Entitäten x und y auf die Relation zwischen y und x zu schließen: x folgt nach y, da y vor x stattfindet, formal in Notation des Allenkalküls (vgl. Abb. 10.3) before$^{\smile}$ = after. Die Komposition erlaubt, Aussagen zu verketten: W muss echter Teil von U sein, wenn W echter Teil von V ist und V gleichzeitig echter Teil von U, formal in Notation von RCC-5: PP$\blacklozenge$PP = PP. Im Lichte dieser Schlussfolgerungsformen wird auch ersichtlich, warum die gewählte Approximation als vergröbernd definiert ist: die Schlussfolgerungen bleiben so korrekt (engl. *sound*).

10.3.1.1 Lösungen qualitativer Erfüllbarkeitsprobleme

Qualitative Kalküle werden insbesondere im Zusammenhang mit Erfüllbarkeitsproblemen betrachtet, qualitative Relationen modellieren dabei Beschränkungen des Wertebereichs von Variablen (engl. *Constraint Satisfaction Problem (CSP)*). Die Definition entspricht exakt der üblichen, sei hier aber der Übersichtlichkeit wegen aufgeführt.

Definition 10.3.1. Sei $X = \{x_1, \ldots, x_k\}$ eine Menge von Variablen und $\{r_1, \ldots, r_n\}$ eine Menge von qualitativen Relationen mit Interpretation $\mathcal{I}$, die die qualitativen Relationen als Relationen auf der Domäne D interpretiert. Ein Ausdruck der Form $(x_i \; r_{i,j} \; x_j)$ heißt Beschränkung (engl. *constraint*). Eine Beschränkung wird durch eine Variablenbelegung $v : X \to D$ erfüllt, wenn $(v(x_i), v(x_j)) \in r_{i,j}^{\mathcal{I}}$ gilt. Ein *qualitatives Erfüllbarkeitsproblem* ist, gegeben ein Tripel $\langle X, D, C\rangle$ aus Variablen, Domäne und Menge an Beschränkungen C, zu entscheiden, ob es eine Variablenbelegung $v : X \to D$ gibt, die alle Beschränkungen in C gleichzeitig erfüllt. Man sagt, ein derartiges CSP ist *erfüllbar* oder *konsistent*.

Wir sagen, dass ein CSP in *Normalform* vorliegt, wenn für jedes Paar an Variablen exakt eine Beschränkung definiert ist. Liegt ein CSP in Normalform vor, so notieren wir die Relation der Beschränkung zwischen den Variablen x_i und x_j als $r_{i,j}$. Ist jede Relation eines CSPs in Normalform der Form $\{r\}$, besteht also nur aus einem einzelnen Symbol r, so nennen wir das CSP *atomar*, wie wir auch sagen, dass die Relation und die Beschränkung atomar sind.

CSPs sind eine wichtige Art, Schlussfolgerungsprobleme zu repräsentieren. Analog zu Schlussfolgerungstechniken in der Logik erlaubt CSP-basiertes Schlussfolgern beispielsweise, deduktive Schlussformen zu realisieren. Aus einem CSP $\mathcal{C}$ folgt eine Beschränkung $(x \; r \; y)$, formal $\mathcal{C} \models (x \; r \; y)$, genau dann, wenn $\mathcal{C}$ unter Erweiterung mit der Negation der Beschränkung $(x \; r \; y)$ unerfüllbar ist. Die Negation in qualitativen CSPs wird durch Komplementbildung der Relation r erreicht.

Beispiel 10.3.3. Sei $\mathcal{C} = \langle\{x, y, z\}, \mathcal{R}, \{(x \; \{\mathrm{PP}\} \; y), (y \; \{\mathrm{PP}\} \; z)\}\rangle$ gegeben wie in Abbildung 10.6 dargestellt; $\mathcal{R}$ umfasse dabei die Menge aller Regionen, die Relation „PP“ (engl. *proper part*) aus dem Kalkül RCC-5 repräsentiert das Enthaltensein. Offensichtlich folgt aus C, dass auch $(x \; \{\mathrm{PP}\} \; z)$ erfüllt sein muss. Das Komplement der Relation PP im Kalkül RCC-5 lautet $\mathrm{PP}^C = \{\mathrm{DR}, \mathrm{PO}, \mathrm{EQ}, \mathrm{PPi}\}$ (vgl. Abbildung 10.5). Tatsächlich ist die Gleichung $\mathcal{C}' = \langle\{x, y, z\}, \mathbb{R}, \{(x \; \{\mathrm{PP}\} \; y), (y \; \{\mathrm{PP}\} \; z), (x \; \{\mathrm{DR}, \mathrm{PO}, \mathrm{EQ}, \mathrm{PPi}\} \; z)\}\rangle$ nicht erfüllbar, wie durch Probieren mit konkreten Regionen für x, y, z leicht nachvollzogen werden kann.

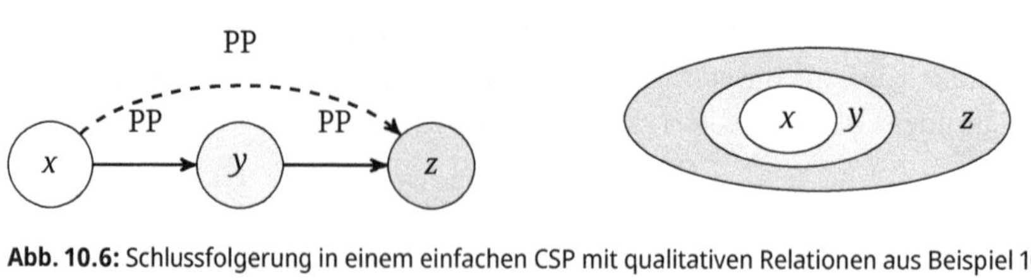

Abb. 10.6: Schlussfolgerung in einem einfachen CSP mit qualitativen Relationen aus Beispiel 10.3.3.

Neben der Definition werden auch weitere Begriffe und Algorithmen aus dem Bereich CSP übernommen. Qualitative Erfüllbarkeitsprobleme werden wie CSPs als gerichtete Graphen dargestellt, qualitative Relationen werden als Kantenbeschriftung zwischen den Variablen angebracht. Ein entscheidender Unterschied zu klassischen CSPs liegt jedoch in der Eigenschaft, dass räumliche und zeitliche Domänen typischerweise unendlich sind – Algorithmen zum Lösen eines CSPs, die sukzessive konkrete Werte für Variablen evaluieren, sind somit nicht anwendbar.

Um qualitative CSPs lösen zu können, ist man unter Umständen auf Algorithmen angewiesen, die speziell für die jeweiligen Relationen konstruiert wurden. Für den Großteil der bisher untersuchten Relationen kommt man jedoch mit einer kleinen Anzahl an Basisalgorithmen aus [159]. Insbesondere ein Verfahren, welches ausschließlich auf den algebraischen Operationen basiert, ist von besonderer Bedeutung. Es erlaubt, CSPs für einige zentrale Kalküle entscheiden zu können – darunter das Allenkalkül und RCC-8 – und kann in anderen Fällen zur Reduktion des Suchraums angewendet werden. Entscheidend für die Lösbarkeit von qualitativen CSPs ist das Vorhandensein eines Algorithmus, der auf atomare CSPs angewendet werden kann.

Für Teilalgebren des Allenkalküls und RCC-8, insbesondere für alle atomaren Relationen, lässt sich zeigen, dass ein *atomares* CSP mit Variablen $\{X_1, \dots, X_n\}$ stets erfüllbar ist, wenn es folgende Eigenschaft erfüllt:

$$r_{i,j} \subseteq r_{i,k} \blacklozenge r_{k,j}, \quad 1 \leq i, j, k \leq n \tag{10.7}$$

Eigenschaft (10.7) ist eine lokale Konsistenzeigenschaft, wie sie auch im Kapitel 4 behandelt wird. Entscheidend ist hier, dass sich diese effizient mit dem Zeitaufwand $O(n^3)$ überprüfen lässt. Das führt zu dem zentralen Algorithmus der *algebraischen Abgeschlossenheit* (engl. *algebraic closure, a-closure*), die auch in Anlehnung an klassische CSPs *Pfadkonsistenz* (engl. *path-consistency*) genannt wird, siehe auch Abschnitt 4.3.1.1.[6] Kernoperation des Verfahrens ist die erfüllbarkeitserhaltende Verfeinerungsoperation [128]

$$r_{i,j} \leftarrow r_{i,j} \cap r_{i,k} \blacklozenge r_{k,j}, \quad 1 \leq i, j, k \leq n, \tag{10.8}$$

die bis zum Erhalt eines Fixpunktes – keine Änderung einer Relation $r_{i,j}$ ist mehr möglich – ausgeführt wird. Dies wird Erzwingen der algebraischen Abgeschlossenheit genannt – Abgeschlossenheit in dem Sinne, dass die Operation $r_{i,k} \blacklozenge r_{k,j}$ zu keiner Verfeinerung führt. Algorithmisch kommt hier oft die Variante PC-2 [98] zum Einsatz [128], die

6 Algebraische Konsistenz und Pfadkonsistenz bezeichnen syntaktisch dieselben Eigenschaften, sie unterscheiden sich jedoch in der verwendeten Kompositionsoperation, $\blacklozenge$ bzw. $\circ$, das Resultat erfüllt bei Verwendung von $\blacklozenge$ nicht zwingend alle Eigenschaften von pfadkonsistenten CSPs. Die Verwendung des Begriffes Pfadkonsistenz ist also missverständlich und wird hier vermieden.

eine Laufzeitkomplexität von $O(n^3)$ aufweist (vgl. Kapitel 4). Aufgrund der leicht unterschiedlichen algebraischen Eigenschaften qualitativer Kalküle sind leichte Variationen in der Durchführung von (10.8) auszumachen [39, Algorithmus *a-closure*].

Das Erzwingen der algebraischen Abgeschlossenheit verändert nicht die Lösungsmenge eines qualitativen CSPs [128, 39]. Dies ebnet den Weg zu einer algorithmischen Lösbarkeit:

Theorem 10.3.1 ([128]). *Ein CSP ist nicht erfüllbar, wenn durch Anwendung der Fixpunktiteration (*10.8*) eine Relation $r_{i,j}$ auf die leere Menge $r_{i,j} = \{\}$ reduziert wird.*

Beispiel 10.3.4. Wir betrachten ein CSP mit widersprüchlichen Enthaltenseinsbeziehungen unter Verwendung von RCC-5-Relationen:

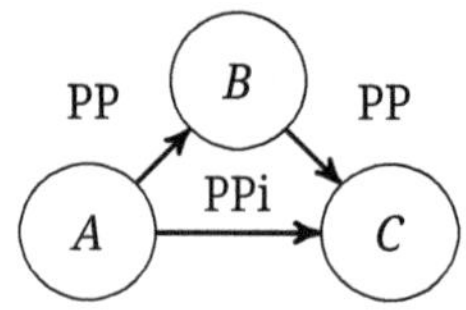

$$r_{A,B} = \mathrm{PP} \tag{10.9}$$

$$r_{B,C} = \mathrm{PP} \tag{10.10}$$

$$r_{A,C} = \mathrm{PPi} \tag{10.11}$$

Unter Anwendung von (10.8) ergibt sich $r_{A,C} \leftarrow \mathrm{PPi} \cap \overbrace{(\mathrm{PP} \blacklozenge \mathrm{PP})}^{=\mathrm{PP}} = \emptyset$, das CSP ist also unerfüllbar.

Anmerkung 10.3.1. Im Kontext von qualitativen Kalkülen wie Allen oder RCC-8, die Eigenschaft (10.7) erfüllen, gilt, dass ein *atomares* CSP genau dann erfüllbar ist, wenn die Anwendung der Fixpunktiteration (10.8) keine Relation zur leeren Menge reduziert. Man sagt auch, dass für diese Kalküle algebraische Abgeschlossenheit die Erfüllbarkeit für atomare CSPs entscheidet.

Dies bedeutet, dass im Falle eines atomaren CSPs sich der effiziente Pfadkonsistenzalgorithmus unter Verwendung der schwachen Komposition $\blacklozenge$ anwenden lässt, um algebraische Abgeschlossenheit zu überprüfen und damit Erfüllbarkeit zu testen. Dies ist insofern bemerkenswert, da Variablen Werte einer unendlichen räumlichen oder zeitlichen Domäne repräsentieren, weswegen ein naiver Algorithmus zum Entscheiden der Erfüllbarkeit durch Ausprobieren möglicherweise gar nicht terminieren würde.

Aktuelle Forschung versucht Eigenschaften zu identifizieren, die das Anwenden von (10.8) auf Teilbereiche des CSPs zu beschränken erlaubt [94, 132]. In besonderen Fällen lässt sich eine Reduktion auf eine lineare Laufzeit erreichen [132]. Wie lässt sich jedoch die Erfüllbarkeit beliebiger CSPs entscheiden?

10.3.1.2 Suche nach erfüllbaren Verfeinerungen

Grundvoraussetzung zum Entscheiden der Erfüllbarkeit allgemeiner qualitativer CSPs ist die Kenntnis eines Verfahrens, welches die Erfüllbarkeit atomarer CSPs entscheiden kann. Dies kann das Verfahren der algebraischen Abgeschlossenheit sein, wie es beim

Allenkalkül, bei RCC-8 sowie weiteren qualitativen Kalkülen der Fall ist – oder ein anderes Verfahren.

Um die Erfüllbarkeit von CSPs mit nicht-atomaren Relationen zu entscheiden, wird ausgenutzt, dass eine nicht-atomare Relation die Form $\{r_{i_1}, r_{i_2}, \ldots, r_{i_k}\}$ hat, was für die Disjunktion $r_{i_1}^{\mathcal{I}} \cup r_{i_2}^{\mathcal{I}} \cup \cdots \cup r_{i_k}^{\mathcal{I}}$ steht. Elemente dieser Disjunktion stellen Alternativen dar. Es genügt also, nach einer *atomaren Verfeinerung* $r \subseteq r_{i,j}$, $|r| = 1$ für alle im CSP auftretenden Relationen zu suchen. Dieser Algorithmus wird Suche nach erfüllbaren Verfeinerungen genannt (engl. *refinement search* [128]).

10.3.2 Zeit und Situationen

Die zeitliche Abfolge von Situationen lässt sich auf verschiedene Weise modellieren, wie in Abbildung 10.1 angedeutet ist. Den Repräsentationen, denen ein naives Verständnis von Zeit als lineare Abfolge von Situationen zugrunde liegt, wird in der Literatur die meiste Aufmerksamkeit geschenkt. Wir haben deshalb in der Darstellung der qualitativen Kalküle die Relationen des Allenkalküls als ein Beispiel gewählt.

In den folgenden Unterabschnitten werden die wesentlichen Repräsentationsansätze für zeitliche Information beschrieben. Für eine detaillierte Besprechung und Analyse sei auf die jeweils genannte Literatur verwiesen. Um eine erste Orientierung über die Repräsentationen zu bieten, sei auf Tabelle 10.4 hingewiesen: Hier sind die einzelnen Ansätze anhand einer beispielhaften, für die Anwendung des Ansatzes charakteristi-

Tab. 10.4: Repräsentationsmöglichkeiten zeitlichen Wissens, dargestellt anhand betrachteter Domäne, möglicher Inferenzalgorithmus und beispielhafter Aussage.

Ansatz	Domäne	Inferenzalgorithmus	Beispielaussage
Punktkalkül [144]	lineare Abfolge, Zeitpunkte	a-closure	*A* geschieht vor *B*.
LTL [118]	lineare Abfolge, Zeitpunkte	Tableaux	*A* und *B* wechseln sich fortwährend ab.
Allenkalkül [2]	lineare Abfolge, Intervalle	Suche + a-closure	*A* beginnt zeitgleich mit *B*.
ger. Allenkalkül [126]	lineare Abfolge, Intervalle	Suche + a-closure	Rückwärts blickend geschieht *A* vor *B*.
INDU [120]	lineare Abfolge und Länge, Intervalle	Suche + LP	Der größte Teil von *A* und *B* finden gleichzeitig statt.
DEP-Kalkül [121]	verzweigende Kausalstruktur, Punkte	Suche + a-closure	*A* und *C* haben einen gemeinsamen Vorgänger.
CTL [118]	verzweigende Kausalstruktur, Punkte	Tableaux	In Zukünften, in denen *A* passiert, wird immer wieder *B* passieren.

schen Aussage und anwendbaren Algorithmen zur Ableitung neuer Fakten gegenübergestellt. Der Übersichtlichkeit halber sind Inferenzverfahren auf die wahrheitserhaltenden Ableitungen eines neuen Fakts F aus einer Wissensbasis WB beschränkt, oft als WB $\models$ F notiert. Eine steigende Ausdruckskräftigkeit, also die Fähigkeit, mehr zeitliche Abfolgen differenziert beschreiben zu können, ist unweigerlich mit einer höheren algorithmischen Komplexitätsklasse verbunden (vgl. [35]). Jedoch hat sich auch die NP-vollständige Suche nach Verfeinerungen als effizient genug für Anwendungen erwiesen, wenn redundante Berechnungen vermieden [132] und geeignete Suchalgorithmen angewendet werden [152].

10.3.2.1 Zeit als lineare Abfolge

Diese prominente Klasse von Repräsentationen betrachtet die Abfolge von Ereignissen entlang eines durch reelle Zahlen dargestellten Zeitstrahls. Als grundlegende Repräsentation kann das Punktkalkül [144] angesehen werden, welches auf Basis der bekannten Ordnungsrelationen $<, =, >$ eine qualitative Algebra mit $2^3 = 8$ Relationen definiert. Unter Anwendung des A-Closure-Verfahrens [39, Algorithmus *a-closure*] lassen sich Erfüllbarkeits- und Inferenzprobleme in polynomieller Zeit lösen – eine Besonderheit im Umfeld meist NP-vollständiger Problemklassen. Die qualitative Algebra aus den dreizehn Allenrelationen [2] (siehe Abb. 10.3) kann als eine Erweiterung des Punktkalküls angesehen werden. Algorithmen für Schlussfolgerungen in Wissensbasen auf Basis des Allenkalküls erfordern Anwendung des NP-Verfahrens *refinement search* [128], es sind jedoch in polynomieller Zeit handhabbare Teilmengen (engl. *tractable subclasses*) identifiziert worden [107, 81], die in praktischen Anwendungen eine genügend hohe Effizienz versprechen, um auch mit größeren Wissensbasen (etwa > 1000 Intervallen) umgehen zu können [132]. Vom Allenkalkül wurden auch Variationen vorgeschlagen, die eine variable Zeitrichtung annehmen (gerichtetes Allenkalkül [126]) – wie zum Beispiel in der rückblickenden (unüblichen) Formulierung „die Lebenszeit *bis* zu meiner Geburt". Ebenso wurde eine Verallgemeinerung auf zusammengesetzte Intervalle betrachtet [16]. Neben den rein Abfolge repräsentierenden Ansätzen wurden auch Ansätze zur Repräsentation von Dauer vorgeschlagen. Das INDU-Kalkül [120] kombiniert beispielsweise Allenrelationen mit Aussagen über die relative Dauer, wobei zwischen kürzerer, gleich langer und längerer Dauer unterschieden wird. Relationen sind also Paare von Allen- und Ordnungsrelationen, zum Beispiel repräsentiert die Aussage A $\text{trifft}_<$ B, dass ein kürzeres Intervall A auf ein längeres Intervall B trifft. Rein symbolische Inferenzverfahren konnten für das INDU-Kalkül nicht gefunden werden, es ist stets auch ein Lösen linearer Ungleichungssysteme notwendig (vgl. [93, 17]). Seien beispielsweise die Intervalle A, B durch ihre Start- und Endpunkte A_s, A_e, B_s, B_e modelliert, so lassen sich INDU-Relationen (wie natürlich auch Allen- und Punktkalkülrelationen) als lineare Ungleichungen darstellen. Im genannten Beispiel ergibt sich demnach

$$A_s < A_e, \qquad A_e = B_s,$$
$$B_s < B_e, \quad A_e - A_s < B_e - B_s.$$

Als Algorithmen kommen hier Methoden der linearen Programmierung (LP) [131] in Betracht. Die Beziehung zwischen symbolischen und numerischen Methoden wurde weiter untersucht. Jonsson schlägt die polynomiell handhabbare Klasse von disjunktiven linearen Relationen vor [71], die eine Repräsentation auf Basis von Disjunktionen von linearen Ungleichungen erlaubt.

Auch wenn Allenrelationen durch Aussagen des Punktkalküls definiert werden können (vgl. Abb. 10.3), so ist die Ausdruckskräftigkeit von Allen höher; es erfordert Konstruktoren der Logik zusätzlich zu Punktkalkülrelationen, um Allenrelationen darstellen zu können. Seien beispielsweise die Intervalle A, B durch ihre Start- und Endpunkte A_s, A_e, B_s, B_e modelliert, so ist die qualitative Relation $A\{vorher, nachher\}B$ nur durch die Disjunktion $(A_s < A_e \wedge A_e < B_s \wedge B_s < B_e) \vee (B_s < B_e \wedge B_e < A_s \wedge A_s < A_e)$ darstellbar. Derartige Kombinationen werden auch propositionaler Abschluss (engl. *propositional closure*) [159] genannt. Der propositionale Abschluss eines qualitativen Kalküls stellt zugleich den Übergang zur temporalen Logik dar. Werden Intervalle derart modelliert, dass während ihres Auftretens ein Literal wahr ist, so lassen sich Aussagen auf Basis des Punkt- oder Allenkalküls leicht in temporaler Logik ausdrücken. Als Beispiel diene die Aussage A' *überlappt* B'. In linearer temporaler Logik (LTL) [118] lässt sich äquivalent also

$$\Diamond(A \wedge \neg B \wedge \Diamond(A \wedge B \wedge \Diamond(\neg A \wedge B \wedge \Diamond\Box(\neg A \wedge \neg B))) \tag{10.12}$$

schreiben (vergleiche Abb. 10.7).

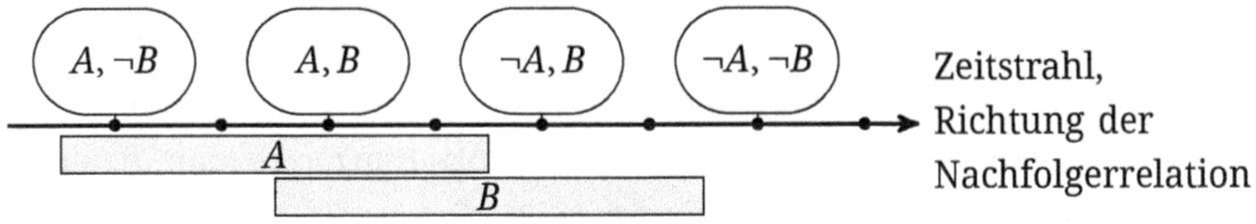

Abb. 10.7: Illustration zur Darstellung der Aussage „A überlappt B" im Allenkalkül durch eine äquivalente Formel in temporaler Logik. Die über dem Zeitstrahl dargestellten Welten ergeben ein Modell für (10.12).

10.3.2.2 Zeit als verzweigende Struktur

Auch wenn Zeit als sich vorwärts verzweigende Struktur im Kontext von Planungsaufgaben natürlich erscheint (ebenso für Diagnoseaufgaben eine in die Vergangenheit gerichtete Verzweigung), so wurden verzweigende Strukturen bisher kaum betrachtet. Die einzige Ausnahme qualitativer Algebren bildet das Abhängigkeitskalkül (engl. dependency calculus) [121], welches eine partielle Ordnung von atomaren Zeitpunkten isomorph zur

Enthaltenseinsrelation in der räumlichen Repräsentation RCC-5 darstellt. Die für Anwendungen in der Softwaretechnik spezialisierte Computation-Tree-Logic (CTL) [118] stellt eine den klassischen temporalen Logiken entsprechende Variante dar. In beiden Repräsentationen, Abhängigkeitskalkül und CTL, lassen sich temporale Anordnungen analog zum Punktkalkül beziehungsweise zur LTL ausdrücken, wenn die Situationen entlang eines möglichen Zeitstrahls liegen. Situationen in alternativen Zeitverläufen gelten als nicht vergleichbar.

10.3.3 Raum

Wissen über räumliche Information lässt sich auf verschiedene Weise konzeptualisieren. Man kann Orte zu geometrischen Punkten abstrahieren, Wege durch geradlinige Verbindungen repräsentieren oder das Wissen über die Lage von Regionen auf topologische Beziehungen beschränken. Neben einer durch die Art der Entitäten – Punkt, Strecke, Region usw. – charakterisierten Ontologie räumlicher Information gibt es unterschiedliche Perspektiven auf dieselbe Information. In der sprachlichen Kommunikation von beispielsweise Richtungsinformation unterscheidet man *absolute* Angaben (oben, unten, etc.), *intrinsische*, bei denen sich die Referenzrichtung aus einer Entität ergibt („vor dem Fernseher“ bezeichnet die Region, in der das Fernsehbild sichtbar ist) und *relative* Angaben (links von der Säule). Diese Arten der Richtungsbildung werden als *Referenzrahmen* [90, 137] bezeichnet. Die Vielfalt an möglichen Konzeptbildungen führt zu einer fast unüberschaubaren Menge spezieller Repräsentationen, die bisher vorgeschlagen wurden. Die grundlegende Eigenschaft einer Wissensrepräsentation, stets einen Kompromiss zwischen Aussagekraft, Adäquatheit der Beschreibung und berechnungstheoretischen Aspekten einzugehen (vgl. [35]), dämpft Hoffnungen, zukünftige Entwicklungen würden die Vielfalt der Ansätze zusammenführen. Neben Arbeiten zur Axiomatisierung räumlicher Konzepte in Prädikatenlogik [43, zum Beispiel] erlaubt der propositionale Abschluss auch bei räumlichen Repräsentationen, Beziehungen zu identifizieren und einzelne Repräsentationen zusammenzuführen [159].

Historisch betrachtet orientieren sich die frühen Ansätze zur Repräsentation räumlichen Wissens oftmals an dem populär gewordenen Allenkalkül und erweitern dies auf höhere Dimensionen durch Verwendung von Projektionen, zum Beispiel als Produkt von Allenrelationen [57], später formalisiert als Blockalgebra [18]. Die nach Dimensionen getrennte Beschreibung der relativen Lage von zwei Entitäten erweist sich als unzureichend, da, wie in Abbildung 10.8 dargestellt ist, sich wichtige Eigenschaften wie Überlappung nicht aus den Allenrelationen der Projektion von Entitäten auf die x- und y-Achse ableiten lassen. Jüngere Arbeiten untersuchen deshalb Ansätze, die ausgewählte räumliche Konzepte unabhängig von der Lage im Raum beschreiben können. Zum Vergleich ist in Abbildung 10.8 das Kalkül CDR illustriert, welches das Umschließen von Objekten anhand eines Sektormodells beschreiben kann. Relationen in CDR listen

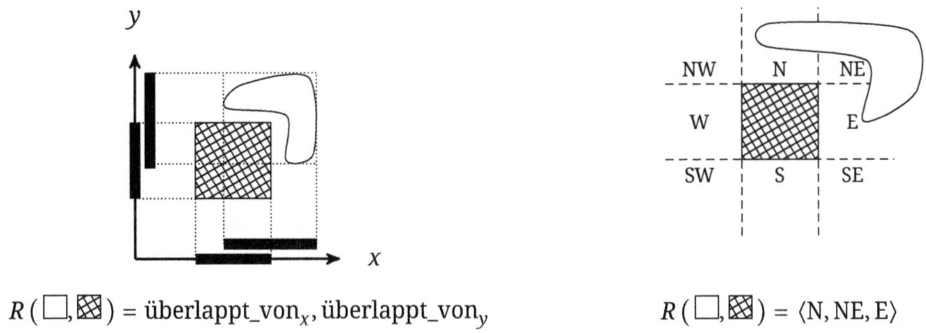

Abb. 10.8: Ausdruckskraft zweier Relationssysteme auf Basis der Projektion auf Koordinatenachsen. Aus der links dargestellten Relation einer Block-Algebra (vgl. Abb. 10.3) lässt sich nicht ableiten, ob die beschriebenen Regionen überlappen oder nicht; anders bei der Cardinal-Direction-Algebra [133, 134].

alle Sektoren auf, die mit einer Region überlappen. Bei Betrachtung von zusammenhängenden Regionen sind dies 289 Relationen, lässt man auch unzusammenhängende Relationen zu, sind dies $2^9 - 1 = 511$ Relationen [133, 134]. Bemerkenswert ist, dass die Vielzahl aller geometrischen Ansätze sich auf zweidimensionale Strukturen konzentrieren. Ein Grund mag darin liegen, dass sich natürlichsprachliche Relationen meist auf die Betrachtung von (höchstens) zwei Dimensionen gleichzeitig beschränken. Bezeichnungen, die eine nur im Dreidimensionalen realisierbare Konfiguration beschreiben – etwa der Begriff der *windschiefen* Lage zweier Geraden in der linearen Algebra – spielen im Alltag kaum eine Rolle.

Die Vielzahl räumlicher Repräsentation lässt sich, wie in Abbildung 10.9 dargestellt, einteilen. Da eine vollständige Darstellung aller Ansätze den Rahmen dieses Kapitels sprengen würde, ist die Darstellung in Tabelle 10.5 auf exemplarische Ansätze beschränkt. Neben Namen und Referenzen einzelner Ansätze ist ein möglicher Algorithmus zum Entscheiden von Inferenzproblemen $\mathrm{KB} \overset{?}{\models} \phi$ genannt. Bezeichnungen vom Typ k-Konsistenz + Suche verweisen dabei auf die in Abschnitt 10.2.4 beschriebenen CSP- und Suchtechniken. Der Algorithmus der zylindrischen algebraischen Dekomposi-

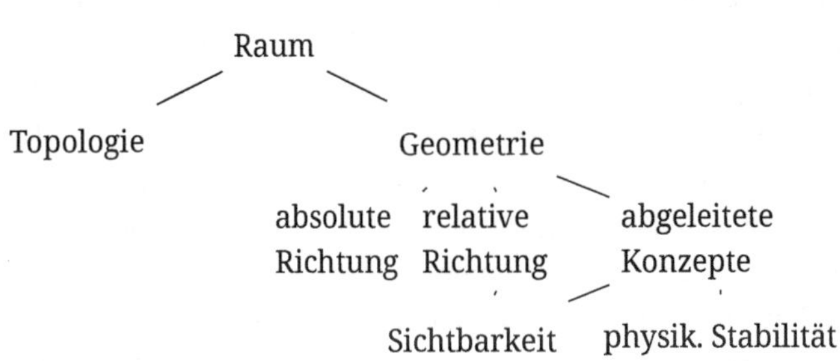

Abb. 10.9: Unterteilung räumlicher Repräsentationen.

Tab. 10.5: Beispiele für Räumliche Repräsentationen.

Ansatz	Domäne	Inferenzalgorithmus	Beispielaussage
CarDir [48]	Punkte in 2D	A-Closure + Suche	Bamberg liegt südlich von Lübeck.
CDR [133, 134]	Regionen	spezialisiert, NP-vollständing	Holstein umschließt Hamburg von Norden.
Star [127]	Punkte in 2D	4-Konsistenz + Suche	Die Küste liegt in Richtung NO–NNO.
2-cross [51] LR [91]	Punkte in 2D	NP-hart	Ein Hai schwimmt links vor dem Boot.
OPRA [103]	orientierte Punkte in 2D	CAD	Hai auf Kollisionskurs, 14Uhr voraus!
QTC [140]	bewegte Punkte	?	Der Schwimmer entkommt dem Hai.
9^+-Inters. [83]	Punkte, Pfade und Regionen	?, NP-hart	Der Hai kreuzt das Fahrwasser.
DRA [104]	Dipole	CAD	Der Hai nähert sich dem Boot von Steuerbord.
RCC [124]	Regionen	A-Closure + Suche (je nach Domäne)	Hai und Boot berühren sich.
LOS [53]	Regionen	A-Closure + Suche	Das Boot verdeckt teilweise den Blick auf den Hai.

tion (engl. *cylindrical algebraic decomposition* (CAD)) stellt ein sehr hartes Problem dar, das meist nur approximativ gelöst werden kann [158, 142]. Da Repräsentationen teilweise für Anwendungen entwickelt wurden, die keine Inferenzalgorithmen erforderten, bleiben einige Einträge in der Tabelle offen. Eine umfassende Übersicht findet sich in [39, Tabellen 1–3].

10.3.3.1 Integriert raum-zeitliche Ansätze

Qualitative Modellierung lässt sich gleichermaßen auf eine raum-zeitliche Domäne anwenden. Die Kalküle der QTC-Familie [140] beschreiben beispielsweise die Distanzänderung von punktförmigen Objekten sowie ihre Bewegungsrichtung, eine Erweiterung der RCC-8 sehr ähnlichen Relationen im Kalkül 9^+-Intersection [83] erlaubt die Beschreibung von Bewegung in Bezug auf Regionen (siehe Abbildung 10.10). QTC wurde beispielsweise in der Roboternavigation zur Repräsentation von Bewegungsmustern bei Ausweichvorgängen [36] angewendet. Grundlegend für QTC ist der qualitative Vergleich von Distanzen, der sich an klassischen qualitativen Repräsentationen mit dem Sigma-Kalkül orientiert: – repräsentiert Abnahme, + die Zunahme und 0 gleichbleibende Werte. Man vergleicht die Distanz zwischen zwei Entitäten zu einem Zeitpunkt mit der Distanz, die beide einen infinitesimalen Zeitschritt später einnehmen. Dieser Vergleich wird dreifach ausgeführt: zuerst unter ausschließlicher Betrachtung der Bewegung der ersten Entität (die in Abbildung 10.10 dargestellten Relationen beginnen alle mit –, da sich A

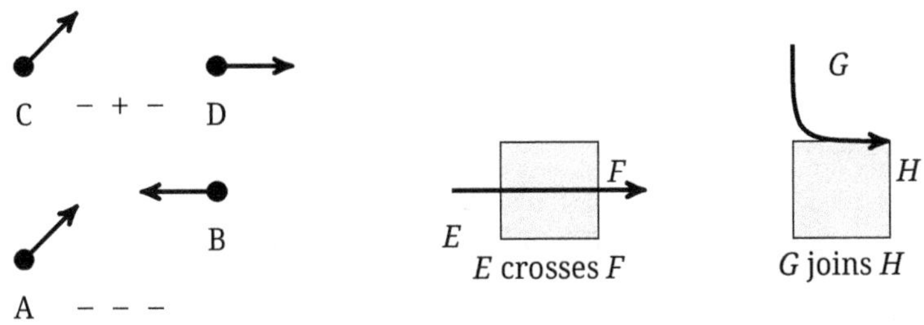

Abb. 10.10: Repräsentation von Bewegung im Raum durch Relationen. Links: Beispiele für Relationen der QTC-Kalküle [141]. Rechts: Beispiele für Relationen in 9^+-Intersection [83].

auf *B* und *C* auf *D* zubewegt), dann unter ausschließlicher Betrachtung der Bewegung der zweiten Entität (*D* entfernt sich von *C*, deshalb ist dort + notiert) und zuletzt unter Betrachtung beider Bewegungen gleichzeitig (in beiden Fällen reduziert sich der Abstand: −). So ergibt sich eine dreiteilige Relation.

Während derartige Ansätze nützlich zur Repräsentation von Veränderungen sind, so erlauben sie nicht, zugleich über statische Anordnungen und mögliche Veränderungen zu räsonieren. Als Grundlage für kausale Schlussfolgerungen erscheinen Ansätze vielversprechender, die eine Repräsentation räumlicher Information um Konzepte von Zeit und Veränderung erweitern.

Ein grundlegender Ansatz zur Verbindung von räumlicher und zeitlicher Information, aber auch Veränderung allgemein, ist der der *konzeptuellen Nachbarschaft* [49], der sich auch in Galton's Dominanztheorie und Folgearbeiten [52, 136] widerspiegelt. Die konzeptuelle Nachbarschaft bildet eine Struktur von Relationen, die durch eine Nachbarschaftsrelation induziert wird:

Definition 10.3.2 (konzeptuelle Nachbarschaft). Zwei qualitative Relationen r, s über einer Domäne $\mathcal{D}$ heißen *konzeptuell benachbart*, genau dann wenn es eine stetige zusammenhängende Kurve $k : [0, 1] \to \mathcal{D}^n$ mit den folgenden Eigenschaften gibt:
1. $k(0) \in r$
2. $k(1) \in s$
3. $\forall 0 \leq x \leq 1 : k(x) \in r \vee k(x) \in s.$

Konzeptuelle Nachbarschaft ist also eine Eigenschaft des Aneinandergrenzens von Relationen, siehe Abbildung 10.11 links. Je nach Anwendungsfall kann es zweckmäßig sein, die Art der in Definition 10.3.2 betrachteten Kurven einzuschränken. Repräsentiert man beispielsweise die Lage von ausgedehnten Regionen von starrer Form, so wird genau einer von den in Abbildung 10.11 rechts dargestellten Übergängen PO–TPP, PO–TPPi, PO–EQ erfüllbar sein.[7] Eine nach Veränderungen differenzierte Nachbarschaftsrelation

7 Dies entspricht den in [49] beschriebenen A- und B-Nachbarschaften.

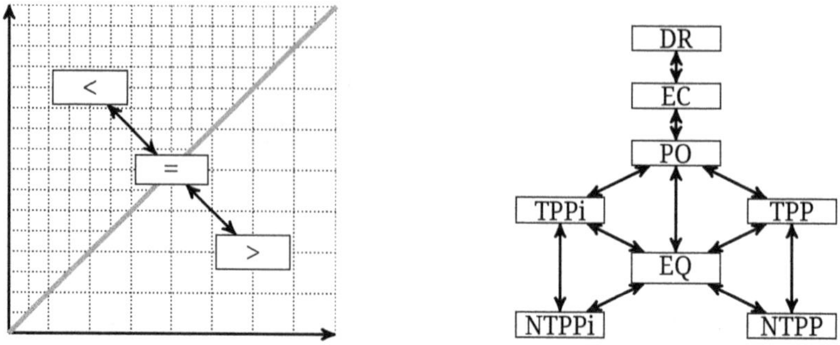

Abb. 10.11: Links: Partitionsschema des Punktkalküls mit Basisrelationen $\{<, =, >\}$ auf der Domäne der reellen Zahlen (dargestellt ist nur der Quadrant der positiven Zahlen), überlagert mit dem Graph der konzeptuellen Nachbarschaft. Rechts: Konzeptuelle Nachbarschaft im Kalkül RCC-8 (vgl. Abb. 10.4).

– Bewegung der einen Entität, Bewegung der anderen, etc. – kann eine Basis für Aktionsplanung autonom agierender Agenten bilden [37]. Neben der Relevanz für Planungsaufgaben können konzeptuelle Nachbarschaften auch hilfreich sein, um widersprüchliche qualitative Informationen aufzulösen [41]. Bei der Integration zweier insgesamt widersprüchlicher Wissensbasen lassen sich beispielsweise Relationen durch Hinzunahme ihrer konzeptuellen Nachbarn vergröbern, bis eine widerspruchsfreie Integration der Wissensbasen erfolgen kann. Für beide Anwendungsfälle muss der Begriff der konzeptuellen Nachbarschaft von der Beziehung zweier Relationen zu der Beziehung von Wissensbasen verallgemeinert werden, also festgelegt werden, welche kontinuierlichen Veränderungen betrachtet werden. Einige Möglichkeiten werden in [41, 122] diskutiert.

Eine formale Basis für die Repräsentation von Veränderungen kann die Logik bieten. Beispielsweise kann durch temporale Logik die Abfolge konzeptuell benachbarter Situationen als Modell betrachtet werden [78]. Dies ergibt eine ausdruckskräftige Repräsentationssprache, die neben der Planung auch die Verifikation [80] und die Interpretation von Beobachtungen [79] ermöglicht. Die Verbindung von räumlichen und zeitlichen Logiken stellt sich jedoch als schwieriges Unterfangen dar und erfordert detaillierte Betrachtungen im Einzelfall [74].

Als Startpunkt der Entwicklung von Repräsentationen des zeitlichen und kausalen Schlussfolgerns kann das Situationskalkül von John McCarthy und Patrick Hayes [100] angesehen werden. Ähnlich wie in der temporalen Logik wird ein Zeitverlauf als eine Menge von Momentaufnahmen der Welt repräsentiert. Axiome beschreiben mögliche Veränderungen. Ein einfaches Beispiel:

S_1 sei eine Situation, in der das Objekt a auf dem Tisch b liegt:

$$\text{HOLDS}(\text{liegt\_auf}(a, b), S_1) \tag{10.13}$$

Sei e_1 ein Ereignis, durch das Objekt a vom Tisch auf den Boden c fällt:

$$S_2 = \text{result}\,(e_1, S_1) \tag{10.14}$$

Für S_2 gilt

$$\text{HOLDS}(\text{liegt\_auf}(a, c), S_2) \tag{10.15}$$

Das Situationskalkül weist neben seiner Unentscheidbarkeit, die sich als unmittelbare Folge aus der Verwendung prädikatenlogischer Theorien ergibt, auch einige konzeptuelle Beschränkungen auf (vgl. [101, 3]), insbesondere die Schwierigkeit, nebenläufige Vorgänge differenziert repräsentieren zu können, zum Beispiel: „Während des stärker werdenden Herbstregens verstopften zunehmend die Gullys vom Laub und die Straße begann zu überfluten."

Das Situationskalkül hat jedoch eine Renaissance in der kognitiven Robotik erlebt. Insbesondere trug hierzu die Entwicklung der deklarativen Programmierumgebung GOLOG [89] bei, die auf dem Situationskalkül basierende Techniken zur Implementation von Verhalten bereitstellt. Dylla et al. [38] entwickeln eine Repräsentation von Fußballwissen zur Anwendung in RoboCup,[8] die von GOLOG-basierten Agenten genutzt werden kann. Auch eine Erweiterung des Situationskalküls um die Konzepte qualitativer Repräsentation wurde beschrieben [22, 40].

10.3.3.2 Integration von Raum und Zeit in den ontologiebasierten Datenzugriff

Über die Integration von räumlichen und zeitlichen Ansätzen hinaus ist die Einbeziehung von Wissen und Schlussformen aus Ontologien – Konzepthierarchien – oft nützlich, um beliebige Wissensformen zu erfassen und mit räumlichem und zeitlichem Wissen zu kombinieren. Im Folgenden bezeichnen wir Konzepte, die weder rein räumlich noch zeitlich sind, als thematische Konzepte. Herausforderungen bei der Integration stellen insbesondere Mischkonzepte wie der Park, der einen See enthält, dar. In diesem Beispiel müssen neben dem thematischen Konzept des Parks und des Sees auch die räumlichen Regionen, die sie einnehmen, modelliert werden, um ausdrücken zu können, dass der Park den See enthält.

Wir konzentrieren uns bei der Darstellung integrierter Ansätze auf die Kopplung von räumlichen und temporalen Logiken mit Ansätzen des sogenannten *ontologiebasierten Datenzugriffs* (engl. *ontology-based data access*, OBDA). Das OBDA-Paradigma wurde um die Jahrtausendwende [119] aus der Taufe gehoben und seitdem intensiv von der Beschreibungslogik-, Semantic-Web-Gemeinde und zum Teil auch von der Datenbankgemeinde erforscht. Inzwischen hat es sich von einem praktisch motivierten und theoretisch fundierten Ansatz zu einer möglichen Blaupause für geeignete industrielle Anwendungen entwickelt, die durch verschiedene (optimierte) Softwaresysteme und Programmierumgebungen gestützt wird. Ein Beispiel für ein erweitertes OBDA-System

8 www.robocup.org

(das neben temporalen und räumlichen Daten auch Stromdaten verarbeiten kann) ist das Resultat des EU-Projekts Optique [55, 56]. In den nächsten Unterabschnitten gehen wir zunächst näher auf OBDA, insbesondere das strikte OBDA, ein und stellen Ansätze zur Integration von OBDA mit räumlichen Ansätzen sowie mit temporalen Ansätzen dar.

Ontologiebasierter Datenzugriff (OBDA)

Die Grundmotivation für die Entwicklung des OBDA-Paradigmas ist es, mittels eines konzeptuellen Modells oder einer Ontologie eine nutzerfreundliche homogene Schnittstelle auf möglicherweise heterogene Daten bereitzustellen. Dabei erfolgt der Datenzugriff über eine deklarative Anfragesprache mit einem Vokabular, dessen (intendierte) Semantik durch die terminologischen Axiome der Ontologie festgelegt ist. In den Beschreibungslogiken (vgl. Abschnitt 6.3.1 im Kapitel über Wissensrepräsentation und Verarbeitung) wird die Ontologie in der sogenannten *Tbox* (für engl. *terminological box*) repräsentiert. Damit die Ontologie zur Anfragebeantwortung über den Daten zur Anwendung gebracht werden kann, müssen diese in einer zur Ontologiesprache passenden Form repräsentiert werden. Im Falle von Beschreibungslogiken ist diese Form durch logische Fakten, den sogenannten *Abox*-Axiomen (für engl. *assertional box*), gegeben. Wenn die Daten nicht schon in einer geeigneten Form vorliegen, so müssen sie durch entsprechende Abbildungen (engl. *mappings*) in diese Form gebracht werden. Üblicherweise sind diese Abbildungen abstrakt als deklarativ spezifizierbare Regeln (im Gegensatz zu prozeduralen Algorithmen) gegeben. Ein Beispiel für eine Sprache zur Spezifikation derartiger Regeln ist der vom World-Wibe-Web-Konsortiums (W3C) abgesegnete Standard R2RML.[9]

Auch die Anfragen und die Ontologien sind in einer maschinell verarbeitbaren Sprache formalisiert: SPARQL 1.1[10] für Anfragen und OWL 2[11] für Ontologiesprachen. Zudem hat die Sprache eine formallogische Semantik, die es erlaubt, die intendierte Semantik der Anfragebeantwortung eindeutig festzulegen. Ähnlich wie in anderen Paradigmen der Informationsverarbeitung gilt es beim OBDA, einen guten Kompromiss zwischen zwei wünschenswerten, aber gegenläufigen Eigenschaften zu finden: zum einen eine angemessene Ausdrucksmächtigkeit der Ontologie- und Anfragesprache, um in der Tat die intendierte Semantik der Anfragen einzufangen, und zum anderen eine effiziente Möglichkeit, Antwortmengen für die Anfragen zu generieren. Unter diesem Gesichtspunkt wurden in den letzten ca. 30 Jahren verstärkt Beschreibungslogiken (engl. *Description Logics*, DLs) untersucht, in der Folge aber auch Logiken wie etwa Datalog$^{\pm}$ [29] betrachtet, die eher der Logikprogrammierung und dem Bereich deduktiver Datenbanken zuzuordnen sind. Auch die Semantik des Webstandards OWL 2

9 https://www.w3.org/TR/r2rml/

10 https://www.w3.org/TR/sparql11-query/

11 https://www.w3.org/TR/owl2-overview/

und ihrer Teilsprachen, den sogenannten Profilen,[12] basiert auf der formallogischen Semantik von Beschreibungslogiken. Wir werden uns im Folgenden auf OBDA mittels Beschreibungslogiken konzentrieren.

Für die Informationsverarbeitung im OBDA-Paradigma mit Beschreibungslogiken sind u. a. folgende formale Sprachen und Komponenten festzulegen: eine DL-Sprache, in der die Tbox $\mathcal{T}$ formuliert werden darf; eine Sprache, in der die Abox $\mathcal{A}$ formuliert werden kann, eine Abbildungssprache für die Menge von Abbildungen $\mathcal{M}$, mit denen die Abox aus den Daten generiert wird und eine Anfragesprache, mit der Anfragen über der Tbox und der Abox beantwortet werden können.

Die intendierte Semantik für die Anfragebeantwortung lässt sich in dem logischen Rahmenwerk der Beschreibungslogiken einfach definieren: Die Antwortmenge zu einer (n-stelligen) Anfrage Q ist gegeben als die Menge der sogenannten *sicheren Antworten* (engl. *certain answer semantics*). Diese sind als diejenigen (n-Tupel von) Konstanten $\vec{c}$ für die Antwortvariablen definiert, die sich aus der Tbox und der Abox folgern lassen: $\mathcal{T} \cup \mathcal{A} \models Q(\vec{c})$. Hier ist ein simples Beispiel, das die eingeführten Begriffe der Beschreibungslogik illustriert. Wir betrachten ein geographisches Informationssystem (GIS), in dem u. a. Konzepte wie das eines Parks modelliert werden sollen. In der Tbox $\mathcal{T}_{\text{park}}$ sind verschiedene Unterkonzeptbeziehungen formalisiert, die in diesem Falle besagen, dass die Konzepte *Park + Lake* und *Park4Playing* Unterkonzepte des Konzepts *Park* bilden:

$$\mathcal{T}_{\text{park}} = \{Park + Lake \sqsubseteq Park,\ Park4Playing \sqsubseteq Park\} \tag{10.16}$$

In der Abox $\mathcal{A}_{\text{park}}$ liegen kontingente Fakten der Art vor, dass $stadpark_{hh}$, der Hamburger Stadtpark, ein Park mit See ist und *jenischpark* ein nicht weiter spezifizierter Park:

$$\mathcal{A}_{\text{park}} = \{Park + Lake(stadtpark_{hh}),\ Park(jenischpark)\} \tag{10.17}$$

Eine Anfrage $Q(x) = Park(x)$ an das GIS-System, das alle Parks genannt wissen möchte, müsste gemäß der sicheren Antwortsemantik neben dem Jenischpark auch den Stadtpark als Antwort zurückliefern, auch wenn dieser nicht explizit als Park in der Abox genannt ist: Zusammen mit der Tbox folgt nämlich, dass der Stadtpark als ein Park mit See auch ein Park ist. In diesem Fall ist die Bestimmung der Antworten unmittelbar einsichtig, doch bei komplexeren Tboxen und Aboxen erfordert die Bestimmung der Antwortmenge ein dediziertes System.

In Abhängigkeit davon, in welcher Form die Anfragebeantwortung realisiert wird und wie die Abox tatsächlich erzeugt wird, lassen sich prinzipiell zwei OBDA-Ansätze unterscheiden: striktes OBDA und nicht-striktes OBDA. Im *nicht-strikten* OBDA wird das Ausdrucksstärke-Effizienz-Dilemma zugunsten der Ausdrucksstärke aufgelöst, üblicherweise also eine ausdrucksstarke Beschreibungslogik für die Ontologie gewählt.

---

12 https://www.w3.org/TR/owl2-profiles/

Zudem wird für die Anfragebeantwortung üblicherweise ein Deduktionssystem verwendet, mit dem die sicheren Antworten generiert werden können. Dafür ist es nötig, die Abox über den Daten tatsächlich zu generieren/materialisieren (Stichwort ETL: extract, transform, load) und in den Hauptspeicher zu laden, um das (hauptspeicherbasierte) Deduktionssystem verwenden zu können. Die Größe des Datensatzes kann hier allerdings zu einem Problem werden – wenn nämlich die Datengröße die Hauptspeicherkapazität überschreitet. In GIS-Datenbanken, aber auch in temporalen Datenbanken, ist dies üblicherweise der Fall. Im Rahmen des nicht-strikten OBDA ist eine Möglichkeit, mit dieser Problematik umzugehen, die Abox in Module zu unterteilen und für die Anfragebeantwortung die relevanten Module in den Hauptspeicher zu laden. Beispiele für derartige Ansätze finden sich z. B. in [146, 106]. Allerdings ist die Anfragesprache in den genannten Ansätzen eingeschränkt (volle konjunktive Anfragen werden nicht unterstützt.)

Einen anderen Weg, um der begrenzten Hauptspeicherkapazität Herr zu werden, geht der *strikte* OBDA-Ansatz. Die grundlegende Idee ist es, die Daten in der Datenbank zu belassen und die Abox als eine logische, von den Abbildungen induzierte virtuelle Sicht auf die Daten zu verstehen. Die Anfragebeantwortung kann damit nicht auf ein Deduktionssystem zurückgreifen, bei dem die (nicht materialisierte) Abox in den Hauptspeicher gebracht werden würde. Stattdessen muss auf eine Transformation zurückgegriffen werden, die die Ausgangsanfrage in eine Frage überführt, die direkt auf der Datenbank ausgeführt werden kann.

Die Transformation umfasst üblicherweise zwei Schritte: Beim sogenannten *Umschreiben* (engl. *rewriting*) wird die Anfrage so erweitert, dass die impliziten Folgerungen der Tbox erfasst werden. Bei der anschließenden sogenannten *Entfaltung* (engl. *unfolding*) wird die erweiterte Anfrage bzgl. der Abbildungen in eine Anfrage umgewandelt, die auf der Datenbank ausgeführt werden kann.

Zur Illustration des ersten Transformationsprozesses, des Umschreibens, betrachten wir wieder das GIS-Beispiel von oben. Die dort genannte ursprüngliche Anfrage $Q(x)$ würde umgeschrieben werden zu der Anfrage:

$$Q_{\text{rew}}(x) = Q(x) \vee \mathit{Park+Lake}(x) \vee \mathit{Park4Playing}(x)$$

Die resultierende Anfrage $Q_{\text{rew}}(x)$ ist eine Disjunktion, die alle direkten Antworten auf $Q(x)$ bewahrt, da sie $Q(x)$ als erstes Glied enthält, und zudem alle durch die Tbox implizierten Antworten einfängt: das zweite Glied für die erste Unterkonzeptbeziehung der Tbox $\mathcal{T}_{\text{park}}$ und das dritte Glied für die zweite Unterkonzeptbeziehung der Tbox $\mathcal{T}_{\text{park}}$.

Insbesondere für den ersten Schritt der Transformation kann eine semantikerhaltende Transformation nicht immer gewährleistet werden. Intuitiv ist das leicht nachzuvollziehen, weil die Transformation das berechnungstechnisch schwierige Problem der Anfragebeantwortung bzgl. sicherer Antwortmengensemantik auf das einfachere Problem der Anfragebeantwortung über einem Modell, und zwar der zugrunde liegenden Datenbank, reduziert. In der Tat kann zwar meist Korrektheit (engl. *correctness* bzw. *soundness*) garantiert werden in dem Sinne, dass bei der Transformation keine nicht intendierten Antworten zur Antwortmenge der ursprünglichen Anfrage hinzukommen. Die Vollständigkeit (engl. *completeness*) der Antwortmenge hingegen ist aufgrund der Ausdrucksmächtigkeit der Tbox nicht garantiert: Nicht alle Antworten der ursprünglichen Anfrage werden durch die transformierte Anfrage erfasst. Entscheidend für eine korrekte und vollständige Transformation ist eine geeignete Kombination von Instanzen verschiedener Parameter. Erstens ist das die Ausdrucksstärke der Logik, in der die Tbox formuliert ist. In den klassischen OBDA-Ansätzen wird hier die Familie der leichtgewichtigen Logiken aus der DL-Lite-Familie [5] betrachtet. Im kombinierten Transformationsansatz [75] mit einer vorgeschalteten Kompilation der Abox ist dies z. B. die Familie der $\mathcal{EL}$-Logiken [12]. Zweitens ist die Ausdrucksmächtigkeit der Sprache ausschlaggebend, in der die Anfrage formuliert ist; in den klassischen Ansätzen sind das die oder-verknüpften konjunktive Anfragen (unions of conjunctive queries, UCQs). Drittens ist für die Umformulierbarkeit die Ausdrucksmächtigkeit der Sprache, in die die Ausgangsfrage umgeschrieben werden kann, einzubeziehen; in klassischen Ansätzen ist das meist die Prädikatenlogik (engl. *predicate logic*) alias die Logik erster Stufe (engl. *first-order logic*). Viertens ist die Ausdrucksmächtigkeit der Abbildungen und letztendlich die Ausdrucksmächtigkeit der Anfragesprache über der Datenbank (meist ein SQL-Derivat) zu betrachten.

Integration von räumlichen Logiken in OBDA

In der jüngeren Geschichte des (strikten und nicht-strikten) OBDA-Paradigmas lassen sich verschiedene Ansätze ausmachen, die in der einen oder anderen Form zeitliches oder räumliches Wissen einbeziehen. Die Ansätze lassen sich in der Regel dadurch unterscheiden, in welcher Weise die temporalen bzw. räumlichen Modelle in den OBDA-Ansatz integriert werden, insbesondere wie stark die Kopplung zwischen dem räumlichen/temporalen Wissen auf der einen und dem nicht-räumlichen/nicht-temporalen Wissen auf der anderen Seite ist, und in welcher Komponente des OBDA-Ansatzes die Modellierung von räumlichem/temporalem Wissen erfolgt. Zum Beispiel mag räumliches/temporales Wissen in die Tbox integriert sein – das würde es ermöglichen, intensionales räumliches/temporales Wissen abzuleiten. Zur Illustration sei an die Modellierung der Teilmengenbeziehungen von Regionen (wie in RCC8) in der TBox gedacht. Diese Integration kann konservativ sein (d. h., man greift auf eine klassische Beschreibungslogik zurück) oder durch Erweiterung der Tbox-Sprache erfolgen. Ein Beispiel für letzteres könnte etwa die Einführung eines Kompositionsoperators sein. Eine Einbeziehung in die Anfragesprache ermöglicht immerhin noch das Abfragen von räumlichen und temporalen Mustern in den Daten. Zum Beispiel denke man an eine Anfragesprache, die die acht RCC8-Basisrelationen gestattet. Damit ließen sich räumliche RCC8-Konfiguration in den Daten erfragen. Einschränkungen für beliebige (nicht genannte Regionen) könnten mit dieser Form der Integration nicht eingefangen werden. Eine Integration in die Abbildungen bedeutet, dass zumindest auf räumliches bzw. temporales Wissen zugegriffen werden kann. Damit verbunden ist die Integration in die Abox. Zu letzterem zählen wir allerdings auch die Nutzung von Regeln, die die Abox um neue Abox-Axiome über benannte Elemente erweitern. Die Idee wäre also, die Abox bzgl. der räumlichen Aspekte möglichst vollständig zu halten, sodass keine Deduktion oder Transformation der Anfrage nötig ist.

In der Geschichte der Beschreibungslogik, die mit der Implementation von DL-System wie KL-ONE [27] um die 1980er beginnt,[13] hat es verschiedene Ansätze gegeben, räumliches Wissen einzubeziehen. Die ersten Arbeiten betrachten noch die echte konzeptuelle Modellierung von räumlichem Wissen in der Ontologie. Zu erwähnen sind hier zunächst die Ansätze, die „nur" die Modellierung von räumlichen Konzepten (und nicht zusätzlich deren Verknüpfung mit thematischen Konzepten) verfolgen, aber eine bestimmte, algorithmisch handhabbare Logik wie die Modallogik als vorgegeben betrachten [19, 108].

Sind neben räumlichen Konzepten auch weitere Konzepte zu modellieren, so ist eine geeignete Kopplung zu entwickeln. In frühen Arbeiten der Beschreibungslogik-Gemeinde wurden zur Modellierung von räumlichem Wissen sogenannte *konkrete Domänen* betrachtet. Die Idee war, das räumliche Wissen in Form einer logischen Struktur vorzugeben, auf deren Relationen über Rollenpfade zugegriffen werden kann. In [61] z. B. ist die konkrete Domäne quantitativer Art, die Domäne besteht aus Polygonen, für die (binäre) Relationen wie Gleichheit oder Enthaltensein definiert sind. In [95] und [112] wird das räumliche Wissen in Form von Regionen in einem RCC-Kalkül gegeben, die Domäne besteht aus einer Menge von Regionen und den Relationen aus einem RCC-Kalkül wie z. B. TPP. Im letzteren Fall lassen sich mittels eines Attributs „hat-Räumliche-Ausdehnung" (kurz *ra*) die thematische und räumliche Komponenten miteinander verknüpfen und so thematisch-räumliche Konzepte konstruieren. Somit ist es möglich, z. B. Konzepte wie das eines Parks mit einem zugänglichen See zu definieren:

$$\text{ParkMitSee} \equiv \exists \mathit{hatSee} \circ ra, ra.\text{TPP}$$

Der rechte Ausdruck ist ein Konzept, das die (abstrakte Rolle) *hatSee* nutzt: Die Rolle beschreibt Paare von abstrakten Entitäten, bei der eine Entität ein See ist, die der anderen Entität zugeordnet ist. Der Ausdruck $\mathit{hatSee} \circ ra$ ist ein Feature-Path, der die Menge Paare von Entitäten und Regionen (e, r) beschreibt, sodass man von der Entität e über *hatSee* zu einer Entität gelangt, deren räumliche Ausdehnung r ist. Der Ausdruck $\exists \mathit{hatSee} \circ ra, ra.TPP$ schließlich beschreibt die Menge derjenigen Entitäten, deren räumliche Ausdehnung eine Region ist, die die räumliche Ausdehnung des zugehörigen Sees als tangentialen Teil enthält.

13 Siehe auch den kurzen geschichtlichen Abriss zur Beschreibungslogik in [14].

Es hat sich allerdings gezeigt, dass eine zu starke Kopplung von Beschreibungslogiken mit konkreten Domänen [61] und auch im Allgemeinen eine zu starke Kopplung mit Relationenalgebren zu unentscheidbaren Inferenzproblemen führt [148, 96]. Daher wurden schwächere Kopplungen im Rahmen des allgemeinen OBDA betrachtet, wie z. B. in [95] für die Kopplung der ausdrucksstarken Beschreibungslogik $\mathcal{ALC}$ mit sogenannten ω-zulässigen Domänen (RCC-8 und das Allenkalkül sind ein Spezialfall), oder in der Folge auch die Kopplung einer leichtgewichtigen DL-Lite-Logik mit RCC, um striktes OBDA zu realisieren [111, 112]. Der mit der schwachen Kopplung verbundene Verlust des räumlichen Wissens im intensionalen Part (in der Tbox) wird zum Teil dadurch ausgeglichen, dass die Anfragesprache mächtiger wird (räumliche Komponenten enthält) oder das räumliche Wissen doch zum Großteil bei den Daten belassen wird. Ein allgemeiner Ansatz entlang dieser Idee ist der *Substratansatz* [150, 149], der es erlaubt, beliebige Theorien einer Domäne in einem Substrat zu kapseln und mittels einer ausgereiften Anfragesprache mit Beschreibungslogiken zu koppeln.

Integration von temporalen Logiken in OBDA

Die Situation bzgl. der Einbindung von temporalem Wissen in das OBDA-Paradigma stellt sich ähnlich dar wie im Fall der Einbindung des räumlichen Wissens, obwohl hier durchaus eine größere Vielfalt und – wie die verschiedenen Überblicksartikel nahelegen – auch ein größeres Interesse zu erkennen ist.[14] Für einen Überblick zur Einbindung von temporalen Formalismen in Beschreibungslogiken verweisen wir auf [6] und [97]. Einen Überblick zur Einbindung von temporalem Wissen in das OBDA-Paradigma (dort *ontology-mediated query answering* genannt) gibt [7].

Grundsätzlich lassen sich, der Kategorisierung von [7] folgend, auf *Domänen fokussierende Modelle (domain-centric models)* und auf *Zeit fokussierende Modelle (time-centric models)* unterscheiden. Bei den auf Domänen fokussierenden Ansätzen lässt sich ein zeitunabhängiges Modell der Domäne angeben, bei den auf Zeit fokussierenden Ansätzen hat man ein propositionales Zeitmodell. In vielen Ansätzen zur Kombination von Beschreibungslogiken, ob zeitfokussiert, nicht zeitfokussiert oder eine Kombination aus beidem, wird auf die bekannten temporalen Logiken zum Modelchecking von Systemen und zum Monitoring, LTL und CTL zurückgegriffen. Beim Modelchecking wird das mögliche Verhalten eines Systems als Transitionssystem beschrieben. In LTL/CTL werden Eigenschaften für das System spezifiziert und dahin gehend getestet, ob sie auf allen möglichen Ausführungspfaden des Transitionssystems erfüllt sind. Die Aufgabe beim Monitoring besteht darin, aus den endlichen Teilanfängen von Ausführungspfaden ein entsprechendes Transitionssystem zu konstruieren, um vorherzusagen, ob die gegebene LTL-/CTL-Spezifikation erfüllt sein wird. Einen Überblick über die verschie-

---

14 Ein entsprechender Überblick über OBDA mit räumlichem Wissens ist den Autoren dieses Artikels zumindest nicht bekannt.

denen Möglichkeiten, LTL-/CTL-Operatoren in Beschreibungslogiken einzubinden und Komplexitätsresultate für die resultierenden Logiken findet man in [97].

In den domänenfokussierenden Ansätzen von [13] zur Erweiterung von $\mathcal{ALC}$ und von [25] zur Erweiterung der leichtgewichtigen Logik $\mathcal{EL}$ werden LTL-Operatoren auf Tbox-Axiome (Subsumptionen) und Abox-Axiome angewandt, um auszudrücken, dass eine Subsumption für eine bestimmte Zeit gilt (Operator in Tbox) oder ein Fakt für einen bestimmten Zeitraum gilt (temporaler Operator in der Abox). Mit dem LTL-Operator $\diamond x$ mit der Semantik „irgendwann in der Zukunft gilt x" und dem Operator $\Box x$ mit der Semantik „immer in der Zukunft gilt x" (vgl. Tabelle 10.2) lässt sich z. B. eine temporale Subsumption formulieren, die besagt, dass ab einem bestimmten Zeitpunkt in der Zukunft jeder US-Bürger immer versichert sein wird [7].

$$\diamond\Box(\text{USBuerger} \sqsubseteq \exists \mathit{versichertDurch}.\text{Versicherer})$$

Anfragebeantwortung im Falle der temporalen domänenfokussierenden $\mathcal{EL}$ ist durch Umschreiben in Datalog möglich, also ein striktes OBDA gegeben, wenn Datalog als Zielsprache für das Umschreiben erlaubt ist. Für das temporale $\mathcal{ALC}$ hingegen ist aufgrund der hohen Komplexität kein Umschreiben möglich. Unter domänenfokussierenden Ansätzen sind auch solche Ansätze zu nennen, die temporale Operatoren nur in der Anfragesprache erlauben, wie z. B. in den TCQs (temporalen konjunktiven Anfragen) von [24] oder in der auf strom-temporales OBDA ausgelegten Anfragesprache STARQL [114–116], die allerdings nicht mit LTL, sondern mit einem sicheren Fragment der Logik erster Stufe arbeitet.

Verwendet man LTL-/CTL-Operatoren nicht wie im domänenfokussierenden Ansatz auf der Ebene der Axiome, die als wahr oder falsch ausgewertet werden können, sondern „zieht sie nach innen", so ergeben sich Ansätze aus dem zeitfokussierenden Ansatz. Zum Beispiel ließen sich LTL-Operatoren als konzeptbildende Operatoren verwenden, wie etwa in dem strikten OBDA-Ansatz von [9], in dem konzeptbildende temporale Operatoren in verschiedenen Varianten der leichtgewichtigen Logik DL-Lite betrachtet werden. Gestattet man z. B. $\diamond x$ mit der Semantik „irgendwann in der Zukunft gilt x" und dem zweistelligen Operator $x\mathcal{U}y$ für „es gilt x bis y", lässt sich z. B. eine Subsumption formulieren, die ausdrückt, dass jedes Nicht-EU-Land zunächst ein EU-Kandidat zu sein hat, bevor es EU-Mitglied wird. [97]

$$\neg\text{EUMitglied} \sqcap \diamond\text{EUMitglied} \sqsubseteq \diamond(\text{EUKandidat}\ \mathcal{U}\ \text{EUMitglied})$$

In entsprechender Weise kann es in manchen Situationen nötig werden, temporale Operatoren auf Rollen anzuwenden, wenn man z. B. zeitabhängige Rollen der Art „wird immer EU-Mitglied sein" ausdrücken möchte. Es hat sich gezeigt, dass für verschiedene Kombinationsmöglichkeiten von LTL-Operatoren mit DL-Lite (siehe insbesondere den Beginn einer systematischen Erfassung in [9]) verschiedene Umschreibemöglichkeiten gegeben sind. Neben der Logik erster Stufe (mit einer dezidierten Sorte für die Zeit und eventuell einer linearen Ordnung sowie der Addition über Zeitpunkte) muss auch die monadische Logik zweiter Ordnung als Zielsprache für das Umschreiben in Betracht gezogen werden.

Die LTL-/CTL-motivierten Ansätze für temporales OBDA basieren auf einer punktbasierten diskreten Zeitontologie. In vielen Anwendungen ist diese Einschränkung nicht haltbar, sodass in jüngerer Zeit auch intervallbasierte OBDA-Ansätze, z. B. [8], sowie OBDA-Ansätze über einer kontinuierlichen Zeitdomäne [28, 11] erforscht wurden. Die intervallbasierten OBDA-Ansätze setzen auf der Halpern-Shoham-Intervall-Temporal-Logik [64] auf. Dabei handelt es sich um eine Modallogik, die für jede Relation von Allens Intervallkalkül Modaloperatoren bereitstellt. Die OBDA-Ansätze für kontinuierliche Domänen greifen zum Großteil auf metrische Temporallogiken wie die Standardsprache MTL [4] zurück.

10.4 Ausblick

Die Anwendungsbereiche räumlicher und zeitlicher Wissensrepräsentation sind vielfältig, da nahezu jedes intelligente System mit Aufgaben konfrontiert ist, in denen räumliches oder zeitliches Wissen verarbeitet werden muss. Typische Anwendungsgebiete gehen deshalb einher mit typisch räumlichen oder zeitlichen Aufgaben: Navigation autonomer mobiler Roboter [46, 151, 79, 36, 44], geographische Informationssysteme [32], Verstehen räumlicher und zeitlicher Ausdrücke natürlicher Sprachen [66, 30, 138], um nur einige Beispiele zu nennen. Der Artikel von Fisher in Kapitel 12 des Handbuchs für Wissensrepräsentation [143] gibt eine Übersicht über klassische Anwendungsgebiete für temporales Wissen. Eine Auflistung von Artikeln mit konkretem Anwendungsgebiet findet sich in [92], konkrete Beispiele zur Anwendung räumlicher Schlussverfahren finden sich [160]. Wir verzichten aus Zeit- und Platzmangel auf eine auf Vollständigkeit ausgelegte Darstellung. Stattdessen wollen wir anhand von zwei Fallbeispielen die Relevanz räumlicher und zeitlicher Wissensrepräsentationen aufzeigen: Ontologiebasierter Datenzugriff in GIS-System zur Nutzung im Bereich des Semantic Web und räumliche Semantiken für kognitiv-motivierte Semantiken der natürlichen Sprache und Wissensgrapheinbettungen. Insbesondere mit dem letzten Fallbeispiel wird der fundamentalen Rolle von räumlichen und temporalen Strukturen über die offensichtlichen Anwendungsfelder hinaus Rechnung getragen.

Das Semantic Web (vgl. Kapitel 20) wurde aus der Idee geboren, dass Benutzer im Internet Domänenwissen in Form von Ontologien zur Verfügung stellen können. Durch geeignete Repräsentations- und Schlussverfahren, die als Standards des W3C ausgewiesen sind, wird dieses Wissen als linked open data zur einfachen Verwertung durch andere Nutzer freigegeben. Die Standardsprache für den Zugriff auf ist SPARQL. Es gibt jedoch bereits eine spezielle, für räumlich-thematische Konzepte geeignete SPARQL-Variante in Form von GeoSPARQL.[15] Diese Sprache genügt nicht nur den Standards von SPARQL, sondern auch dem für geographische Informationssysteme relevanten OGC-Standard[16] GeoSPARQL. Der mit GeoSPARQL verfolgte Kopplungsansatz von thematischem und räumlichem Wissen kann als der bereits oben genannte Versuch verstanden werden, räumliches Wissen hauptsächlich durch die Anfragesprache in das OBDA-Paradigma einzubinden. GeoSPARQL stellt eine minimale Erweiterung von RDF/OWL und SPARQL dar, die es ermöglicht, neben den üblichen thematischen Konzepten und Rollen, die in RDF-Syntax notiert werden, spezifische Klassen (Features) zu spezifizieren, denen eine geometrische Entität (z. B. ein Polygon) durch ein spezielles Attribut (:hasGeometry) zugeordnet werden kann. Die GeoSPARQL-Anfragesprache selbst bietet das bekannte räumliche Vokabular zur Abfrage von geometrischen bzw. topologischen Relationen (u. a. die des RCC-Kalküls und des *9-Intersection-Model* [42]). Eine kommerzielle Implementierung von GeoSPARQL findet sich z. B. im Oracle-Datenmanagementsystem. Eine nicht-kommerzielle, akademische Implementation ist das Strabon-System [84], das auch eine verwandte Anfragesprache stSPARQL [77] nutzt. Auch in dem strikten OBDA-Ansatz von Bereta u. a. [21] zur Einbindung von räumlichem Wissen findet GeoSPARQL eine Anwendung: GeoSPARQL-Anfragen werden bzgl. einer Ontologie in einer leichtgewichtigen Anfragesprache der DL-Lite-Familie in ein Datalog-Programm und schließlich über R2RML-Regeln in SQL transformiert.

Mit Blick auf die Integration von temporalem Wissen sind ebenfalls Standardisierungsbestrebungen im Semantic Web zu verzeichnen (z. B. [58, 105]), wobei der Fokus hier auf der Modellierung der Gültigkeitszeit von RDF-Tripeln (engl. *validity time*) liegt. Bemerkenswerterweise ist auch jetzt noch kein temporaler W3C-Standard auszumachen, der die gleiche Akzeptanz gefunden hätte wie GeoSPARQL. Dass es hier eine als „W3C recommendation“ deklarierte Zeitontologie für OWL 2 DL[17] gibt, ändert nichts an der Tatsache, dass eine Verwendung als Erweiterung von SPARQL nicht explizit dargestellt wird.

Die in diesem Kapitel erläuterten Repräsentationsansätze, Schlussmechanismen und assoziierte Theorien zum Wissen über Raum und Zeit haben typischerweise physikalisch-raumzeitliche Entitäten zum Gegenstand. Allerdings spielen zeitliche und vor allem räumliche Strukturen auch eine wesentliche Rolle in der Modellierung abstrakter Entitäten, wie sie im Bereich der Künstlichen Intelligenz genutzt werden, z. B. Konzepte, Relationen, Daten, Semantiken. Die Bandbreite der zu diesem Zwecke verwendeten räumlichen Strukturen umfasst u. a. solche, die bereits mit Abbildung 10.9 veranschaulicht wurden. Einige bekannte Beispiele aus der Literatur sind die folgenden: topologische Räume für Semantiken von Modallogiken [102] und

15 https://www.opengeospatial.org/standards/geosparql

16 https://www.opengeospatial.org/

17 https://www.w3.org/TR/owl-time/

epistemologische Logiken [117]; geometrische Strukturen basierend auf einem Zwischenbegriff als Grundlage von sogenannten konzeptuellen Räumen, mit denen eine kognitionsorientierte Semantik für natürliche Sprache angestrebt wird; die Verwendung von geometrisch strukturierten Mengen (konvexe Menge, (Hyper-)Sphären, Kegel etc.) [60, 59, 82, 69, 54, 109, 110, 15, 162, 87, 86] zu einer akkuraten Einbettung von Konzepten im Bereich der Wissensgrapheinbettungen, die verträglich mit vorhandenem Hintergrundwissen ist; oder differenzierbare Mannigfaltigkeit für maschinelle Lernverfahren [45, 10, 85].

Wir wollen skizzenhaft anhand einiger der oben genannten Beispiele den Mehrwert einer räumlichen Semantik gegenüber einer klassischen Tarskischen Semantik erläutern und damit den Nutzen von räumlichen Ansätzen außerhalb der üblichen Anwendungsdomäne illustrieren. In der klassischen Tarskischen Semantik für die Prädikatenlogik werden mögliche Zustände der Welt durch Interpretationen oder Strukturen $\mathcal{I}$ repräsentiert. Die Bedeutung von einstelligen Prädikaten, wie „Restaurant“ oder „Bistro“, ist dabei spezifiziert über die Zuordnung einer Extension $[\cdot]_{\mathcal{I}}$ in der Interpretation $\mathcal{I}$, also die Angabe der Teilmenge von Gegenständen (in $\mathcal{I}$), die das Prädikat erfüllen. Zum Beispiel würde in der aktuellen Welt $\mathcal{I}_a$ (am 4.2.2025 um 11:43 Uhr) die Extension $[\mathit{Restaurant}]_{\mathcal{I}_a}$ des Prädikats „Restaurant“ mein italienisches Lieblingsrestaurant in der Nachbarschaft umfassen, wie auch das Drei-Sterne-Restaurant in der Hafencity in Hamburg etc. Die Extension $[\mathit{Restaurant}]_{\mathcal{I}_b}$ von „Restaurant“ in einer möglichen Fast-Food-Ketten-Welt $\mathcal{I}_b$ hingegen würde in der Extension nur Imbissbuden und andere Fast-Food-Restaurants enthalten, aber nicht mein italienisches Lieblingsrestaurant. In jeder Interpretation allerdings ist die Extension eine Menge, also eine nicht weiter strukturierte Kollektion von Entitäten. Die Bedeutung eines Prädikats – mit anderen Worten: das durch das Prädikat ausgedrückte Konzept – ist also eine Funktion von Interpretationen auf (unstrukturierte) Mengen. Unterkonzept-Beziehungen lassen sich in der Prädikatenlogik per Implikation formalisieren. Beispielsweise lässt sich mit „$\forall x(\mathit{ItalienischesRestaurant}(x) \rightarrow \mathit{Restaurant}(x))$“ ausdrücken, dass alle italienischen Restaurants auch Restaurants sind, dass also das Konzept des italienischen Restaurants ein Unterkonzept des Restaurant-Konzepts ist. Die in der natürlichen Sprache gegebenen Ausdrucksmöglichkeiten für die Beziehungen von Konzepten gehen allerdings über die einer Mengensemantik hinaus. Zum Beispiel lässt sich in natürlicher Sprache ausdrücken, dass der Prototyp eines Restaurants ein italienisches Restaurant ist. Diese Beziehung drückt mehr aus als die einfache Untermengenbeziehung $[\mathit{ItalienischesRestaurant}]_{\mathcal{I}} \subseteq [\mathit{Restaurant}]_{\mathcal{I}}$ zwischen der Extension von „ItalienischesRestaurant“ und der Extension von „Restaurant“. Sie besagt viel mehr, dass alle italienischen Restaurants zum Kern der Extension von Restaurants gehören. Wenn statt einfacher Mengen Regionen im Sinne von RCC8 zur Darstellung von Extensionen verwendet werden, lassen sich Prototypaussagen einfach modellieren [130, 113], wie z. B. mit folgender Aussage: NTPP $([\mathit{ItalienischesRestaurant}]_{\mathcal{I}}, [\mathit{Restaurant}]_{\mathcal{I}})$ (vgl. Abbildung 10.4). Hier wird die Prototypbeziehung mit der räumlichen Relation *NTPP* für das nicht von innen berührende Enthaltensein abgebildet. Mit der *TPP*-Relation aus RCC8 lässt sich eine solche prototypische Beziehung von einer nicht-prototypischen Beziehung wie die von Bistros und Restaurants abgrenzen: *TPP* $([Bistro]_{\mathcal{I}}, [Restaurant]_{\mathcal{I}})$. Unter den Bistros gibt es auch randständige (zu lesen als: nicht-prototypische) Restaurants.

Die oben illustrierte Idee einer geometrischen Semantik findet ihre philosophisch-kognitionswissenschaftliche Fundierung in der Theorie der konzeptuellen Räume (engl. „conceptual spaces") von Peter Gärdenfors [60]. Erklärtes Ziel dieser Theorie ist es, eine Brücke zu schlagen zwischen – auf der einen Seite – konnektionistischen, sub-konzeptuellen, quantitativen Repräsentationen und – auf der anderen Seite – den höheren qualitativen, deklarativ-symbolischen Repräsentationen, um damit ein besseres Verständnis für die Nutzung von sprachlichen Ausdrücken und deren mentalen Repräsentationen in menschlichen Sprachnutzern zu entwickeln. Ein natürliches Konzept wird als eine Kollektion von Teilräumen über einer oder mehreren Domänen repräsentiert. Zum Beispiel wird das Konzept eines Apfels als Teilraum über der Farbdomäne (mit Dimensionen wie Sättigung, Helligkeit etc.) sowie als Teilraum der Geschmacksdomäne repräsentiert. Entscheidende Einschränkung für natürliche Konzepte wie das des Apfels ist dabei eine geometrische: Die Teilräume sind konvexe Mengen in ihren jeweiligen Domänen. Eine konvexe Menge ist dabei definiert als eine Menge, die bezüglich eines vorgegebenen Zwischenbegriffs abgeschlossen ist. Das heißt, mit je zwei Elementen der Menge muss auch jedes Objekt dazwischen in der Menge enthalten sein. Diese Repräsentation ist durch kognitionspsychologisch belegbare Beobachtungen motiviert, die auf eine ökonomische Informationsverarbeitung durch den Menschen hindeuten. Ob ein Gegenstand Instanz eines natürlichen Konzepts ist, können Menschen schnell entscheiden.

Die Idee einer geometrischen Semantik dient aber nicht nur der erhöhten Ausdrucksstärke zur Repräsentation natürlicher Sprache, sondern erweist sich auch als nützlicher Ansatz für Lernverfahren, die in einer Logik präsentiertes Hintergrundwissen einbeziehen. Ein konkretes Beispiel findet sich im Bereich der Wissensgrapheinbettung (engl.: „knowledge graph embedding", KGE) [147, 26] (vgl. hierzu auch das Kapitel 20 zum Semantic Web in diesem Handbuch).

Bei einer Wissensgrapheinbettung werden Fakten in einen mehrdimensionalen (Vektor-)Raum eingebettet. Die Fakten haben dabei die im W3C-Standard RDF vorgegebene Tripelstruktur (Subjekt-Prädikat-Objekt) wie z. B. „bistro123 istEin Restaurant" oder „bistro123 hatAdresse abc-Straße-456". Durch die Einbettung können geometrische Regularitäten ausgenutzt werden, um neue Fakten zu entdecken und so den Wissensgraph zu vervollständigen. Wie sich gezeigt hat, ist die Ausdruckskraft klassischer KGE-Ansätze wie TransE eingeschränkt [73, 59]. So stellt TransE Konzepte als Punkte im Raum und Relationen als Translationen in diesem Raum dar. In diesem Falle kann TransE nur funktionale Relationen modellieren. Mit dem TransE-Ansatz kann potenzielles Hintergrundwissen, mit dem die Nicht-Funktionalität einer bestimmten Relation erzwungen werden könnte, nicht eingebunden werden. Geometrische Interpretationen, die Konzepte als geometrisch strukturierte Mengen modellieren, sind ausdrucksstärker, da ihre Semantik auf Logik aufbaut. In jüngsten Arbeiten werden diverse Ansätze zur Modellierung von Konzepten und Relationen mit geometrischen Objekten verwendet. Je nach angestrebter Ausdrucksstärke (der Logik, in der das Hintergrundwissen formuliert werden soll) eignet sich die eine Klasse von geometrischen Objekten besser als die andere. Neben ganz allgemeinen konvexen Mengen [60, 59] finden sich in der Literatur auch Ansätze basierend auf Hypersphären [82], Rechtecken [69], abgeschlossenen Teilräumen von Hilberträumen [54] und diverse Klassen von Kegeln: an Achsen ausgerichtete Kegel [109, 110], hyperbolische Kegel [15], Paare von Kegeln [162], beliebige Kegel [87] und Pseudokegel [86].

Geometrische Semantiken basieren auf der Idee der Einbettung von Daten und Wissen in einen mathematischen Raum. Einbettungen haben Eingang in den Kanon der KI gefunden und bilden die Grundlage für große Sprachmodelle, die den Kern der jüngsten Generation von Chatbots und agentischen Systemen wie ChatGPT, Gemini, Claude, DeepSeek etc. ausmachen. Der heilige Gral der KI ist die Entwicklung eines Agenten, der über allgemeine Intelligenz verfügt (engl. „artificial general intelligence, AGI"): Dieser soll in beliebigen Domänen lernen, schließen und handeln können. In der Vision der neurosymbolischen KI wird ein solcher Agent durch ein System realisiert, in dem die quantitative, subsymbolische Komponente, die Einbettungen für das Lernen vornimmt, und die qualitative symbolische Komponente zum Schließen voll integriert sind [34, 72]. Auch wenn zum jetzigen Zeitpunkt (Februar 2025) in den Medien berichtet wird, die Entwicklung eines AGI-Agenten sei gelungen, bleibt eine gesunde Skepsis angebracht. Wie die immer noch anhaltenden Diskussionen um unerwünschte Effekte der aktuellen Systeme zeigen (z. B. Halluzination und Inkonsistenz [70]), besteht weiterhin Forschungsbedarf. Insbesondere für den Aspekt der Konsistenz, also einer in einer Logik explizierbaren Eigenschaft, könnten geometrische Semantiken als wesentliches Bindeglied für die voll integrierten Komponenten eines neurosymbolischen Agenten fungieren. Daher sehen wir insbesondere mit Bezug auf die Sicherstellung von Konsistenzen der Systeme eine realistische Chance, dass geometrische Semantiken, wie sie oben dargestellt werden, interessante neue Beiträge liefern können, die das AGI-Vorhaben befördern.

10.5 Schlussbetrachtung

Wissen über Raum und Zeit ist grundlegend in vielen Aufgaben- und Forschungsgebieten. Die Handhabung räumlicher und zeitlicher Information ist wichtiger Bestandteil intelligenter Agenten, insbesondere wenn diese Teil unserer Umgebung werden, wie beispielsweise Serviceroboter. Darüber hinaus lassen sich beispielsweise latente Strukturen neuronaler Netze räumlich interpretieren, wie dies bei Wissensgrapheinbettungen ausgenutzt werden kann. In diesem Kapitel haben wir grundlegende Ansätze zur Repräsentation von Wissen über Raum und Zeit aus der Perspektive der Wissensrepräsentation dargestellt. Verbindungen zu verwandten Gebieten innerhalb der Raumkognition wurden angerissen und mögen zu weiteren Studien einladen, etwa hinsichtlich der Modellierung räumlicher Information in der Linguistik. Die im Ausblick genannten Beispiele zeigen, dass die vorgestellten Techniken auch heute schon relevant sind – obwohl es noch viele Forschungsarbeiten dauern wird, bis universelle KI-Systeme alle eingangs genannten Fähigkeiten besitzen werden. Wir dürfen uns also noch gedulden, bis wir mit Serviceroboter konfrontiert werden, die durch geschicktes Stapeln des schmutzigen Geschirrs in der Spüle den Abwasch zu vermeiden wissen.

Literaturverzeichnis

[1] M. Aiello, I. Pratt-Hartmann, and J. van Benthem. What is spatial logic? In *Handbook of Spatial Logics*, pages 1–11. Springer, 2007.

[2] J. F. Allen. Maintaining knowledge about temporal intervals. *Communications of the ACM*, 26(11):832–843, Nov. 1983.

[3] J. F. Allen. Towards a general theory of action and time. *Artificial Intelligence*, 23:123–154, 1984.

[4] R. Alur, T. Feder, and T. A. Henzinger. The benefits of relaxing punctuality. *Journal of the ACM*, 43(1):116–146, Jan. 1996.

[5] A. Artale, D. Calvanese, R. Kontchakov, and M. Zakharyaschev. The DL-Lite family and relations. *Journal of Artificial Intelligence Research*, 36:1–69, 2009.

[6] A. Artale and E. Franconi. A survey of temporal extensions of description logics. *Annals of Mathematics and Artificial Intelligence*, 30(1–4):171–210, Mar. 2000.

[7] A. Artale, R. Kontchakov, A. Kovtunova, V. Ryzhikov, F. Wolter, and M. Zakharyaschev. Ontology-mediated query answering over temporal data: A survey (invited talk). In S. Schewe, T. Schneider and J. Wijsen, editors, *24th International Symposium on Temporal Representation and Reasoning (TIME 2017)*, volume 90 of *Leibniz International Proceedings in Informatics (LIPIcs)*, pages 1:1–1:37, Dagstuhl, Germany, 2017. Schloss Dagstuhl–Leibniz-Zentrum fuer Informatik.

[8] A. Artale, R. Kontchakov, V. Ryzhikov, and M. Zakharyaschev. Tractable interval temporal propositional and description logics. In B. Bonet and S. Koenig, editors, *Proceedings of the Twenty-Ninth AAAI Conference on Artificial Intelligence, January 25–30, 2015, Austin, Texas, USA*, pages 1417–1423. AAAI Press, 2015.

[9] A. Artale, R. Kontchakov, F. Wolter, and M. Zakharyaschev. Temporal description logic for ontology-based data access. In *Proceedings of the Twenty-Third International Joint Conference on Artificial Intelligence, IJCAI'13*, pages 711–717. AAAI Press, 2013.

[10] G. Arvanitidis, S. Hauberg, and B. Schölkopf. Geometrically enriched latent spaces. In A. Banerjee and K. Fukumizu, editors, *Proceedings of The 24th International Conference on Artificial Intelligence and Statistics*, volume 130, *Proceedings of Machine Learning Research*, pages 631–639. PMLR, 2021.

[11] F. Baader, S. Borgwardt, P. Koopmann, A. Ozaki, and V. Thost. Metric temporal description logics with interval-rigid names. In C. Dixon and M. Finger, editors, *Proceedings of the 11th International Symposium on Frontiers of Combining Systems (FroCoS'17)*, volume 10483 of *Lecture Notes in Computer Science*, pages 60–76. Springer, September 2017.

[12] F. Baader, S. Brandt, and C. Lutz. Pushing the EL envelope further. In K. Clark and P. F. Patel-Schneider, editors, *Proceedings of the OWLED 2008 DC Workshop on OWL: Experiences and Directions*, 2008.

[13] F. Baader, S. Ghilardi, and C. Lutz. LTL over description logic axioms. *ACM Transactions on Computational Logic*, 13(3):21:1–21:32, 2012.

[14] F. Baader, I. Horrocks, and U. Sattler. Description logics. In F. van Harmelen, V. Lifschitz and B. Porter, editors, *Handbook of Knowledge Representation*, chapter 3. Elsevier, 2007.

[15] Y. Bai, R. Ying, Ren, and J. Leskovec. Modeling Heterogeneous Hierarchies with Relation-specific Hyperbolic Cones. *arXiv e-prints*, arXiv:2110.14923, October 2021.

[16] P. Balbiani, J. Condotta, and L. Fariñas del Cerro. Tractability results in the block algebra. *Journal of Logic and Computation*, 12(5):885–909, 2002.

[17] P. Balbiani, J. Condotta, and G. Ligozat. On the consistency problem for the INDU calculus. *Journal of Applied Logic*, 4(2):119–140, 2006.

[18] P. Balbiani, J. -F. Condotta, and L. Fariñas del Cerro. A model for reasoning about bidimensional temporal relations. In *Proc. of KR-98*, pages 124–130. Morgan Kaufmann, 1998.

[19] B. Bennett. Modal logics for qualitative spatial reasoning. *Logic Journal of the IGPL*, 4(1):23–45, 1996.

[20] B. Bennett. *Logical Representations for automated reasoning about spatial relationships*. PhD thesis, The University of Leeds, School of Computer Studies, 1997.

[21] K. Bereta, G. Xiao, and M. Koubarakis. Ontop-spatial: Ontop of geospatial databases. *Journal of Web Semantics*, 58:100514, 2019.

[22] M. Bhatt and S. W. Loke. Modelling dynamic spatial systems in the situation calculus. *Spatial Cognition and Computation*, 8(1–2):86–130, 2008.

[23] P. Blackburn, J. V. Benthem and F. Wolter, editors. *Handbook of Modal Logic*, volume 3 of *Studies in Logic and Practical Reasoning*. Elsevier, 2007.

[24] S. Borgwardt, M. Lippmann, and V. Thost. Temporal query answering in dl-lite. In T. Eiter, B. Glimm, Y. Kazakov and M. Krötzsch, editors, *Description Logics*, volume 1014 of *CEUR Workshop Proceedings*, pages 80–92. CEUR-WS.org, 2013.

[25] S. Borgwardt and V. Thost. Temporal query answering in the description logic EL. In Q. Yang and M. J. Wooldridge, editors, *Proceedings of the Twenty-Fourth International Joint Conference on Artificial Intelligence, IJCAI 2015, Buenos Aires, Argentina, July 25–31, 2015*, pages 2819–2825. AAAI Press, 2015.

[26] C. Bourgaux, R. Guimarães, R. Koudijs, V. Lacerda, and A. Ozaki. Knowledge base embeddings: Semantics and theoretical properties. In P. Marquis, M. Ortiz and M. Pagnucco, editors, *Proceedings of the 21st International Conference on Principles of Knowledge Representation and Reasoning, KR 2024, Hanoi, Vietnam. November 2–8, 2024*, 2024.

[27] R. J. Brachman and J. G. Schmolze. An overview of the kl-one knowledge representation system. *Cognitive Science*, 9(2):171–216, 1985.

[28] S. Brandt, E. G. Kalayci, R. Kontchakov, V. Ryzhikov, G. Xiao, and M. Zakharyaschev. Ontology-based data access with a horn fragment of metric temporal logic. In S. P. Singh and S. Markovitch, editors, *Proceedings of the Thirty-First AAAI Conference on Artificial Intelligence, February 4–9, 2017, San Francisco, California, USA*, pages 1070–1076. AAAI Press, 2017.

[29] A. Calì, G. Gottlob, and T. Lukasiewicz. A general datalog-based framework for tractable query answering over ontologies. In *PODS '09: Proceedings of the twenty-eighth ACM SIGMOD-SIGACT-SIGART symposium on Principles of database systems*, pages 77–86, New York, NY, USA, 2009. ACM.

[30] L. Carlson and E. van der Zee. *Representing Directions in Language and Space*. Oxford University Press, Oxford, UK, 2003.

[31] A. Chatterjee. Language and space: some interactions. *Trends in Cognitive Sciences*, 5(2):55–61, 2001.

[32] Y. Chevriaux, E. Saux, and C. Claramunt. A landform-based approach for the representation of terrain silhouettes. In *GIS'05: Proceedings of the 13th Annual ACM International Workshop on Geographic Information Systems*, pages 260–266, New York, NY, USA, 2005. ACM Press.

[33] J. -F. Condotta, G. Ligozat, and M. Saade. A generic toolkit for n-ary qualitative temporal and spatial calculi. In *Proceedings of the 13th International Symposium on Temporal Representation and Reasoning (TIME'06)*, pages 78–86, Budapest, Hungary, 2006.

[34] A. d'Avila Garcez and L. C. Lamb. Neurosymbolic ai: the 3rd wave. *Artificial Intelligence Review*, 56(11):12387–12406, 2023.

[35] R. Davis, H. Shrobe, and P. Szolovits. What is a knowledge representation? *AI Magazine*, 14(1):17–33, 1993.

[36] C. Dondrup, N. Bellotto, M. Hanheide, K. Eder, and U. Leonards. A computational model of human-robot spatial interactions based on a qualitative trajectory calculus. *Robotics*, 4:63–102, 2015.

[37] F. Dylla. Qualitative spatial reasoning for navigating agents – behavior formalization with qualitative representations. In B. Gottfried and H. K. Aghajan, editors, *Behaviour Monitoring and Interpretation – BMI – Smart Environments [an outgrow of BMI workshops]*, volume 3 of *Ambient Intelligence and Smart Environments*, pages 98–128. IOS Press, 2009.

[38] F. Dylla, A. Ferrein, G. Lakemeyer, J. Murray, O. Obst, T. Röfer, F. Stolzenburg, U. Visser, and T. Wagner. Towards a league-independent qualitative soccer theory for robocup. In *RoboCup 2004*, pages 611–618, 2004.

[39] F. Dylla, J. H. Lee, T. Mossakowski, T. Schneider, A. van Delden, J. van de Ven, and D. Wolter. A survey of qualitative spatial and temporal calculi – algebraic and computational properties. *ACM Computing Surveys (CSUR)*, 50(1), Article no. 7, 53 pages, 2017.

[40] F. Dylla and R. Moratz. Exploiting qualitative spatial neighborhoods in the situation calculus. In C. Freksa, M. Knauff, B. Krieg-Brückner, B. Nebel and T. Barkowsky, editors, *Spatial Cognition*, volume 3343 of *Lecture Notes in Computer Science*, pages 304–322. Springer, 2004.

[41] F. Dylla and J. O. Wallgrün. Qualitative spatial reasoning with conceptual neighborhoods for agent control. *Journal of Intelligent & Robotic Systems*, 48(1):55–78, 2007.

[42] M. J. Egenhofer. Reasoning about binary topological relations. In *Advances in Spatial Databases, Second International Symposium, SSD'91, Zürich, Switzerland, August 28–30, 1991, Proceedings*, volume 525 of *LNCS*, pages 28–30. Springer, 1991.

[43] C. Eschenbach and L. Kulik. An axiomatic approach to the spatial relations underlying left-right and in front of-behind. In *Proc. of KI 1997*, volume 1303 of *LNCS*, pages 207–218. Springer Berlin Heidelberg, 1997.

[44] Z. Falomir and C. Angulo. A qualitative spatial descriptor of group-robot interactions. In E. Clementini, M. Donnelly, M. Yuan, C. Kray, P. Fogliaroni and A. Ballatore, editors, *13th International Conference on Spatial Information Theory, COSIT 2017, September 4–8, 2017, L'Aquila, Italy*, volume 86 of *LIPIcs*, pages 3:1–3:14. Schloss Dagstuhl – Leibniz-Zentrum für Informatik, 2017.

[45] C. Fefferman, S. Mitter, and H. Narayanan. Testing the manifold hypothesis. *Journal of the American Mathematical Society*, 29(4):983–1049, October 2016. Publisher Copyright: © 2016 American Mathematical Society.

[46] P. Fogliaroni, J. O. Wallgrün, E. Clementini, F. Tarquini, and D. Wolter. A qualitative approach to localization and navigation based on visibility information. In K. S. Hornsby, C. Claramunt, M. Denis and G. Ligozat, editors, *Spatial Information Theory, 9th International Conference, COSIT 2009, Aber Wrac'h, France, September 21–25, 2009, Proceedings*, volume 5756 of *Lecture Notes in Computer Science*, pages 312–329. Springer, 2009.

[47] K. D. Forbus, P. Nielsen, and B. Faltings. Qualitative spatial reasoning: The clock project. *Artificial Intelligence*, 51:417–471, 1991.

[48] A. Frank. Qualitative spatial reasoning about cardinal directions. In *Proceedings of the American Congress on Surveying and Mapping (ACSM-ASPRS)*, pages 148–167, Baltimore, Maryland, USA, 1991.

[49] C. Freksa. Conceptual neighborhood and its role in temporal and spatial reasoning. In M. Singh and L. Travé-Massuyès, editors, *Decision Support Systems and Qualitative Reasoning*, pages 181–187. North-Holland, Amsterdam, 1991.

[50] C. Freksa. Spatial cognition—an AI perspective. In *Proceedings of the 16th European Conference on Artificial Intelligence (ECAI'2004)*. IOS Press, 2004, invited paper.

[51] C. Freksa and K. Zimmermann. On the utilization of spatial structures for cognitively plausible and efficient reasoning. In *Proc. of IEEE Int. Conf. on Systems, Man and Cybernetics*, pages 261–266. IEEE, 1992.

[52] A. Galton. *Qualitative Spatial Change. Spatial Information Systems*. Oxford Univ. Press, 2000.

[53] A. P. Galton. Lines of sight. In *Proc. of AI and Cognitive Science '94*, pages 103–113, 1994.

[54] D. Garg, S. Ikbal, S. K. Srivastava, H. Vishwakarma, H. P. Karanam, and L. V. Subramaniam. Quantum embedding of knowledge for reasoning. In H. M. Wallach, H. Larochelle, A. Beygelzimer, F. d'Alché Buc, E. B. Fox and R. Garnett, editors, *NeurIPS*, pages 5595–5605, 2019.

[55] M. Giese, D. Calvanese, P. Haase, I. Horrocks, Y. Ioannidis, H. Kllapi, M. Koubarakis, M. Lenzerini, R. Möller, Ö. Özçep, R. Rosati, R. Schlatte, M. Schmidt, A. Soylu, and A. Waaler. Scalable end-user access to big data. In *Big Data Computing*. CRC, 2013.

[56] M. Giese, A. Soylu, G. Vega-Gorgojo, A. Waaler, P. Haase, E. Jiménez-Ruiz, D. Lanti, M. Rezk, G. Xiao, Ö. L. Özçep, and R. Rosati. Optique: Zooming in on big data. *IEEE Computer*, 48(3):60–67, 2015.

[57] H. -W. Guesgen. Spatial reasoning based on Allen's temporal logic. technical report, International Computer Science Institute, Berekley (CA), USA. TR-89-049, 1989.

[58] C. Gutierrez, C. A. Hurtado, and A. Vaisman. Introducing time into rdf. *IEEE Transactions on Knowledge and Data Engineering*, 19(2):207–218, Feb. 2007.

[59] V. Gutiérrez-Basulto and S. Schockaert. From knowledge graph embedding to ontology embedding? an analysis of the compatibility between vector space representations and rules. In M. Thielscher, F. Toni and F. Wolter, editors, *Principles of Knowledge Representation and Reasoning: Proceedings of the Sixteenth International Conference, KR 2018, Tempe, Arizona, 30 October–2 November 2018*, pages 379–388. AAAI Press, 2018.

[60] P. Gärdenfors. *Conceptual Spaces: The Geometry of Thought*. The MIT Press, Cambridge, Massachusetts, 2000.

[61] V. Haarslev, C. Lutz, and R. Möller. Foundations of spatioterminological reasoning with description logics. In *Proceedings of the Sixth International Conference on Principles of Knowledge Representation and Reasoning (KR-98)*, pages 112–123, 1998.

[62] C. Habel. Repräsentation räumlichen Wissens. In *Wissensrepräsentation in Expertensystemen*, volume 172 of *Informatik-Fachberichte*, pages 98–131. Springer, 1987.

[63] C. Habel and C. Eschenbach. Abstrakte Räumlichkeit in der Kognition. In *Kognitionswissenschaft 4*, pages 171–176, 1995.

[64] J. Halpern and Y. Shoham. A propositional modal logic of time intervals. *Journal of the ACM*, 38(4):935–962, 1991.

[65] P. J. Hayes. The naive physics manifesto. In D. Michie, editor, *Expert Systems in the Micro-Electronic Age*. Edinburgh University Press, 1978.

[66] A. Herskovits. *Language and Spatial Cognition. An interdisciplinary study of prepositions in English*. Cambridge University Press, Cambridge, UK, 1986.

[67] O. Herzog and C. -R. Rollinger. *Text Understanding in LILOG: Integrating Computational Linguistics and Artificial Intelligence: Final Report on the IBM Germany LILOG-Project*. Springer, 1991.

[68] D. Hilbert. *Grundlagen der Geometrie*. Teubner, Stuttgart, 14th edition, 1999. Erstausgabe 1899.

[69] M. Jackermeier, J. Chen, and I. Horrocks. Dual box embeddings for the description logic EL++. In *Proceedings of the ACM Web Conference 2024, WWW '24*, pages 2250–2258, New York, NY, USA, 2024. Association for Computing Machinery.

[70] M. Jang and T. Lukasiewicz. Consistency analysis of ChatGPT. In H. Bouamor, J. Pino and K. Bali, editors, *Proceedings of the 2023 Conference on Empirical Methods in Natural Language Processing*, pages 15970–15985, Singapore, December 2023. Association for Computational Linguistics.

[71] P. Jonsson and C. Bäckström. A unifying approach to temporal constraint reasoning. *Artificial Intelligence*, 102(1):143–155, 1998.

[72] H. A. Kautz. The third AI summer: Aaai Robert S. Engelmore Memorial Lecture. *AI Magazine*, 43:93–104, 2022.

[73] S. M. Kazemi and D. Poole. SimplE Embedding for Link Prediction in Knowledge Graphs. *arXiv e-prints*, arXiv:1802.04868, Feb 2018.

[74] R. Kontchakov, A. Kurucz, F. Wolter, and M. Zakharyaschev. Spatial logic + temporal logic = ? In *Handbook of Spatial Logics*, pages 497–564. Springer, 2007.

[75] R. Kontchakov, C. Lutz, D. Toman, F. Wolter, and M. Zakharyaschev. The combined approach to ontology-based data access. In T. Walsh, editor, *IJCAI*, pages 2656–2661. IJCAI/AAAI, 2011.

[76] R. Kontchakov, I. Pratt-Hartmann, F. Wolter, and M. Zakharyaschev. Spatial logics with connectedness predicates. *Logical Methods in Computer Science*, 6(3), 2010.

[77] M. Koubarakis and K. Kyzirakos. Modeling and querying metadata in the semantic sensor web: the model strdf and the query language stsparql. In *Proceedings of the 7th International Conference on The Semantic Web: Research and Applications - Volume Part I, ESWC'10*, pages 425–439. Springer-Verlag, Berlin, Heidelberg, 2010.

[78] A. Kreutzmann. *Qualitative Spatial and Temporal Reasoning based on And/Or Linear Programming: An approach to partially grounded qualitative spatial reasoning*. PhD thesis, University of Bremen, Germany, 2014.

[79] A. Kreutzmann, I. Colonius, D. Wolter, F. Dylla, L. Frommberger, and C. Freksa. Temporal logic for process specification and recognition. *Intelligent Service Robotics*, 6(1):5–18, 2013.

[80] A. Kreutzmann, D. Wolter, F. Dylla, and J. H. Lee. Towards safe navigation by formalizing navigation rules. *TransNav, The International Journal on Marine Navigation and Safety of Sea Transportation*, 7(2), 2013.

[81] A. Krokhin, P. Jeavons, and P. Jonsson. Reasoning about temporal relations: The tractable subalgebras of allen's interval algebra. *Journal of the ACM*, 50(5):591–640, 2003.

[82] M. Kulmanov, W. Liu-Wei, Y. Yan, and R. Hoehndorf. El embeddings: Geometric construction of models for the description logic EL++. In *Proceedings of the Twenty-Eighth International Joint Conference on Artificial Intelligence (IJCAI-19)*, 2019.

[83] Y. Kurata. The 9^+-intersection: A universal framework for modeling topological relations. In *Proc. of GIScience-08*, volume 5266 of *LNCS*, pages 181–198. Springer, 2008.

[84] K. Kyzirakos, M. Karpathiotakis, and M. Koubarakis. Strabon: A semantic geospatial DBMS. In *International Semantic Web Conference*, Boston, USA, Nov. 2012.

[85] Y. Lee. *Geometric Methods for Manifold Representation Learning*. PhD thesis, Department of Mechanical and Aerospace Engineering at Seoul National University, 2023.

[86] M. Leemhuis and Ö. L. Özçep. Conceptual orthospaces—convexity meets negation. *International Journal of Approximate Reasoning*, 1–31, 2023.

[87] M. Leemhuis, Ö. L. Özçep, and D. Wolter. Learning with cone-based geometric models and orthologics. *Annals of Mathematics and Artificial Intelligence*, 2022.

[88] H. J. Levesque, E. Davis, and L. Morgenstern. The winograd schema challenge. In *Proceedings of Thirteenth International Conference on Principles of Knowledge Representation and Reasoning (KR-92)*. AAAI, 1992.

[89] H. J. Levesque, R. Reiter, Y. Lespérance, F. Lin, and R. B. Scherl. GOLOG: A logic programming language for dynamic domains. *The Journal of Logic Programming*, 31:59–84, 1997.

[90] S. C. Levinson. Frames of reference and molyneux's question: Crosslinguistic evidence. In P. Bloom and M. Peterson, editors, *Language and Space*, pages 109–169. MIT press, Cambridge (MA), USA, 1996.

[91] G. Ligozat. Qualitative triangulation for spatial reasoning. In *COSIT*, pages 54–68, 1993.

[92] G. Ligozat. *Qualitative Spatial and Temporal Reasoning*. Wiley, 2011.

[93] G. Ligozat and J. Renz. What is a qualitative calculus? A general framework. In C. Zhang, H. Guesgen and W. Yeap, editors, *Proc. of PRICAI-04*, volume 3157 of *LNCS*, pages 53–64. Springer, 2004.

[94] Z. Long and S. Li. On distributive subalgebras of qualitative spatial and temporal calculi. In S. I. Fabrikant, M. Raubal, M. Bertolotto, C. Davies, S. M. Freundschuh and S. Bell, editors, *Spatial Information Theory - 12th International Conference, COSIT 2015, Santa Fe, NM, USA, October 12–16, 2015, Proceedings, Lecture Notes in Computer Science*, pages 354–374. Springer, 2015.

[95] C. Lutz and M. Miličić. A tableau algorithm for description logics with concrete domains and general TBoxes. *Journal of Automated Reasoning*, 38(1–3):227–259, 2007.

[96] C. Lutz and F. Wolter. Modal logics of topological relations. *Logical Methods in Computer Science*, 2(2), 2006.

[97] C. Lutz, F. Wolter, and M. Zakharyaschev. Temporal description logics: A survey. In S. Demri and C. S. Jensen, editors, *2008 15th International Symposium on Temporal Representation and Reasoning*, pages 3–14. June 2008.

[98] A. Mackworth. Consistency in networks of relations. *Artificial Intelligence*, 8:99–118, 1977.

[99] R. D. Maddux. The origin of relation algebras in the development and axiomatization of the calculus of relations. *Studia Logica: An International Journal for Symbolic Logic*, 50(3/4, Algebraic Logic:421–455, 1991.

[100] J. McCarthy and P. Hayes. Some philosophical problems from the standpoint of artificial intelligence. In B. Meltzer and D. Michie, editors, *Machine Intelligence*, volume 4, pages 463–502. Edinburgh University Press, 1969.

[101] D. McDermott. A temporal logic for reasoning about processes and plans. *Cognitive Science*, 6:101–155, 1982.

[102] J. C. C. McKinsey and A. Tarski. The algebra of topology. *Annals of Mathematics*, 45(1):141–191, 1944.

[103] R. Moratz. Representing relative direction as binary relation of oriented points. In *Proceedings of the 17th European Conference on Artificial Intelligence (ECAI 2006), Riva del Garda, Italy*, Aug. 2006.

[104] R. Moratz, J. Renz, and D. Wolter. Qualitative spatial reasoning about line segments. In W. Horn, editor, *Proceedings of the 14th European Conference on Artificial Intelligence (ECAI 2000)*, pages 234–238. IOS Press, 2000.

[105] B. Motik. Representing and querying validity time in rdf and owl: A logic-based approach. *Journal of Web Semantics*, 12–13:3–21, 2012. Reasoning with context in the Semantic Web.

[106] R. Möller, C. Neuenstadt, Ö. L. Özçep, and S. Wandelt. Advances in accessing big data with expressive ontologies. In T. Eiter, B. Glimm, Y. Kazakov and M. Krötzsch, editors, *Description Logics*, volume 1014 of *CEUR Workshop Proceedings* pages 842–853. CEUR-WS.org, 2013.

[107] B. Nebel and H. -J. Bürckert. Reasoning about temporal relations: A maximal tractable subclass of allen's interval algebra. *Journal of the ACM*, 42(1):43–66, 1995.

[108] W. Nutt. On the translation of qualitative spatial reasoning problems into modal logics. In W. Burgard, A. Cremers and T. Cristaller, editors, *KI-99: Advances in Artificial Intelligence*, volume 1701 of *Lecture Notes in Computer Science*, pages 699. Springer, Berlin / Heidelberg, 1999.

[109] Ö. L. Özçep, M. Leemhuis, and D. Wolter. Cone semantics for logics with negation. In C. Bessiere, editor, *Proceedings of the Twenty-Ninth International Joint Conference on Artificial Intelligence, IJCAI 2020 [scheduled for July 2020, Yokohama, Japan, postponed due to the Corona pandemic]*, pages 1820–1826. ijcai.org, 2020.

[110] Ö. L. Özçep, M. Leemhuis, and D. Wolter. Embedding ontologies in the description logic ALC by axis-aligned cones. *Journal of Artificial Intelligence Research*, 78:217–267, 2023.

[111] Ö. L. Özçep and R. Möller. Computationally feasible query answering over spatio-thematic ontologies. In *Proceedings of GEOProcessing 2012, The Fourth International Conference on Advanced Geographic Information Systems, Applications, and Services*, 2012. Available online at http://www.thinkmind.org/index.php?view=article&articleid=geoprocessing_2012_7_10_30059.

[112] Ö. L. Özçep and R. Möller. Scalable geo-thematic query answering. In P. Cudré-Mauroux, J. Heflin, E. Sirin, T. Tudorache, J. Euzenat, M. Hauswirth, J. X. Parreira, J. Hendler, G. Schreiber, A. Bernstein and E. Blomqvist, editors, *Proceedings of ISWC 2012*, volume 7649, pages 658–673, 2012.

[113] Ö. L. Özçep and R. Möller. Spatial semantics for concepts. In T. Eiter, B. Glimm, Y. Kazakov, and M. Krötzsch, editors, *Informal Proceedings of the 26th International Workshop on Description Logics, Ulm, Germany, July 23–26, 2013*, volume 1014 of *CEUR Workshop Proceedings*, pages 816–828. CEUR-WS.org, 2013.

[114] Ö. L. Özçep and R. Möller. Ontology based data access on temporal and streaming data. In M. Koubarakis, G. Stamou, G. Stoilos, I. Horrocks, P. Kolaitis, G. Lausen and G. Weikum, editors, *Reasoning Web. Reasoning and the Web in the Big Data Era*, volume 8714 of *Lecture Notes in Computer Science*, 2014.

[115] Ö. L. Özçep, R. Möller, and C. Neuenstadt. A stream-temporal query language for ontology based data access. In *KI 2014*, volume 8736 of *LNCS*, pages 183–194. Springer International Publishing, Switzerland, 2014.
[116] Ö. L. Özçep, R. Möller, and C. Neuenstadt. Stream-query compilation with ontologies. In B. Pfahringer and J. Renz, editors, *Proceedings of the 28th Australasian Joint Conference on Artificial Intelligence 2015 (AI 2015)*, volume 9457 of *LNAI*. Springer International Publishing, 2015.
[117] R. Parikh, L. S. Moss, and C. Steinsvold. *Topology and Epistemic Logic*, pages 299–341. Springer Netherlands, Dordrecht, 2007.
[118] A. Pnueli. The temporal logic of programs. In *Proceedings of the 18th annual symposium on foundations of computer science (FOCS)*, pages 46–57, 1977.
[119] A. Poggi, D. Lembo, D. Calvanese, G. D. Giacomo, M. Lenzerini, and R. Rosati. Linking data to ontologies. *Journal on Data Semantics*, 10:133–173, 2008.
[120] A. K. Pujari and A. Sattar. A new framework for reasoning about points, intervals and durations. In *Proc. of IJCAI-99*, pages 1259–1267, 1999.
[121] M. Ragni and A. Scivos. Dependency calculus: Reasoning in a general point relation algebra. In *Proc. of KI-05*, pages 49–63. Springer, 2005.
[122] M. Ragni and S. Wölfl. Temporalizing spatial calculi: On generalized neighborhood graphs. In U. Furbach, editor, *KI*, volume 3698, pages 64–78. Springer, 2005.
[123] D. A. Randell, A. G. Cohn, and Z. Cui. Computing transitivity tables: A challenge for automated theorem provers. In *Automated Deduction—CADE-11*, volume 607 of *LNCS*. Springer, 1992.
[124] D. A. Randell, Z. Cui, and A. G. Cohn. A spatial logic based on regions and connections. In B. Nebel, C. Rich and W. R. Swartout, editors, *Proceedings of the 3rd International Conference on Knowledge Representation and Reasoning*, pages 165–176. Morgan Kaufmann, San Francisco, 1992.
[125] D. A. Randell, Z. Cui, and A. G. Cohn. A spatial logic based on regions and “Connection”. In *Proc. of KR-92*, pages 165–176, 1992.
[126] J. Renz. A spatial odyssey of the interval algebra: 1. directed intervals. In *Proc. of IJCAI-01*, pages 51–56. Morgan Kaufmann, 2001.
[127] J. Renz and D. Mitra. Qualitative direction calculi with arbitrary granularity. In *Proc. of PRICAI-04*, volume 3157 of *LNAI*, pages 65–74. Springer, 2004.
[128] J. Renz and B. Nebel. Qualitative spatial reasoning using constraint calculi. In M. Aiello, I. E. Pratt-Hartmann and J. F. van Benthem, editors, *Handbook of Spatial Logics*, pages 161–215. Springer, 2007.
[129] E. Sapir. *Language*. Harcourt, Brace, & World, New York, 1921.
[130] S. Schockaert and S. Li. Convex solutions of RCC8 networks. In *ECAI*, pages 726–731, 2012.
[131] A. Schrijver. *Theory of Linear and Integer Programming*. John Wiley & Sons, 1989.
[132] M. Sioutis, Y. Salhi, and J. Condotta. Studying the use and effect of graph decomposition in qualitative spatial and temporal reasoning. *Knowledge Engineering Review*, 32:e4, 2017.
[133] S. Skiadopoulos and M. Koubarakis. Composing cardinal direction relations. *Artificial Intelligence*, 152(2):143–171, 2004.
[134] S. Skiadopoulos and M. Koubarakis. On the consistency of cardinal direction constraints. *Artificial Intelligence*, 163(1):91–135, 2005.
[135] J. G. Stell. Boolean connection algebras: A new approach to the Region-Connection Calculus. *Artificial Intelligence*, 122(1):111–136, 2000.
[136] J. G. Stell. Granular description of qualitative change. In F. Rossi, editor, *IJCAI*. IJCAI/AAAI, 2013.
[137] T. Tenbrink and W. Kuhn. A model of spatial reference frames in language. In M. Egenhofer, N. Giudice, R. Moratz and M. Worboys, editors, *Spatial Information Theory, Proceedings of COSIT 2011*, volume 6899 of *Lecture Notes in Computer Science*. Springer, 2011.
[138] T. Tenbrink and R. Moratz. Group-based spatial reference in linguistic human-robot interaction. *Spatial Cognition and Computation*, 6:63–106, 2003.

[139] J. van Benthem and G. Bezhanishvili. Modal logics of space. In M. Aiello, I. Pratt-Hartmann and J. van Benthem, editors, *Handbook of Spatial Logics*, pages 217–298. Springer, 2007.

[140] N. Van de Weghe. *Representing and Reasoning about Moving Objects: A Qualitative Approach*. PhD thesis, Ghent University, 2004.

[141] N. Van de Weghe, B. Kuijpers, P. Bogaert, and P. De Maeyer. A qualitative trajectory calculus and the composition of its relations. In *Proc. of GeoS-05*, volume 3799 of *LNCS*, pages 60–76. Springer Berlin Heidelberg, 2005.

[142] A. van Delden and T. Mossakowski. Mastering left and right – different approaches to a problem that is not straight forward. In *KI 2013: Advances in Artificial Intelligence*, pages 248–259. Springer, 2013.

[143] F. van Harmelen, F. van Harmelen, V. Lifschitz, and B. Porter. *Handbook of Knowledge Representation*. Elsevier Science, San Diego, USA, 2007.

[144] M. Vilain, H. Kautz, and P. van Beek. Constraint propagation algorithms for temporal reasoning: a revised report. In *Readings in Qualitative Reasoning About Physical Systems*, pages 373–381. Morgan Kaufmann, 1989.

[145] J. O. Wallgrün, L. Frommberger, D. Wolter, F. Dylla, and C. Freksa. Qualitative spatial representation and reasoning in the sparq-toolbox. In *Spatial Cognition V: Reasoning, Action, Interaction: International Conference Spatial Cognition 2006*. Springer, 2007.

[146] S. Wandelt and R. Möller. Towards abox modularization of semi-expressive description logics. *Applied Ontology*, 7(2):133–167, 2012.

[147] Q. Wang, Z. Mao, B. Wang, and L. Guo. Knowledge graph embedding: A survey of approaches and applications. *IEEE Transactions on Knowledge and Data Engineering*, 29(12):2724–2743, 2017.

[148] M. Wessel. Obstacles on the way to spatial reasoning with description logics – some undecidability results. In *Proceedings of the International Workshop on Description Logics 2001 (DL 2001)*, volume 49 of *CEUR Workshop Proceedings*, 2001.

[149] M. Wessel. *Flexible und konfigurierbare Software-Architekturen für datenintensive ontologiebasierte Informationssysteme*. PhD thesis, Technische Universität Hamburg-Harburg, 2008.

[150] M. Wessel and R. Möller. Flexible software architectures for ontology-based information systems. *Journal of Applied Logic (Special Issue on Empirically Sucessful Systems)*, 7(1):75–99, 2009.

[151] M. Westphal, C. Dornhege, S. Wölfl, M. Gisslera, and B. Nebel. Guiding the generation of manipulation plans by qualitative spatial reasoning guiding the generation of manipulation plans by qualitative spatial reasoning. *Spatial Cognition and Computation*, 11(1):75–102, 2011.

[152] M. Westphal, S. Wölfl, and Z. Gantner GQR. A fast solver for binary qualitative constraint networks. In *Proc. AAAI Spring Symposium: Benchmarking of Qualitative Spatial and Temporal Reasoning Systems*, AAAI Technical Report SS-09-02, pages 51–52, 2009.

[153] A. N. Whitehead. *Process and reality. The MacMillan Company*, 1929. Corrected edition published in 1978 by Macmillan.

[154] B. L. Whorf. *Sprache, Denken, Wirklichkeit. Beiträge zur Metalinguistik und Sprachphilosophie*. Rowohlt, Reinbek bei Hamburg, 25 edition, 2008.

[155] B. C. Williams and J. de Kleer. Qualitative reasoning about physical systems—a return to roots. *Artificial Intelligence*, 51:1–9, 1991.

[156] D. Wolter. Analyzing qualitative spatio-temporal calculi using algebraic geometry. *Spatial Cognition and Computation*, 12(1):23–52, 2012.

[157] D. Wolter and A. Kreutzmann. Analogical representation of RCC-8 for neighborhood-based qualitative spatial reasoning. In *KI 2015: Advances in Artificial Intelligence*, pages 194–207. Springer, 2015.

[158] D. Wolter and J. H. Lee. Qualitative reasoning with directional relations. *Artificial Intelligence*, 174(18):1498–1507, 2010.

[159] D. Wolter and J. H. Lee. Connecting qualitative spatial and temporal representations by propositional closure. In *Proceedings of the International Joint Conference on Artificial Intelligence*, pages 1308–1314, 2016.

[160] D. Wolter and J. O. Wallgrün. Qualitative spatial reasoning for applications: New challenges and the SparQ toolbox. In S. M. Hazarika, editor, *Qualitative Spatio-Temporal Representation and Reasoning: Trends and Future Directions*. IGI Global, Hershey (PA), USA, 2011.

[161] F. Wolter and M. Zakharyaschev. Spatial reasoning in RCC–8 with boolean region terms. In *Proc. of ECAI 2000*, pages 244–248. IOS Press, 2000.

[162] Z. Zhang, J. Wang, C. Jiajun, J. Shuiwang, and W. Feng. Cone: Cone embeddings for multi-hop reasoning over knowledge graphs. In *Advances in Neural Information Processing Systems*, 2021.

Ralph Bergmann, Mirjam Minor, Kerstin Bach und Héctor Muñoz-Avila

11 Fallbasiertes Schließen

Fallbasiertes Schließen (engl. *Case-Based Reasoning*, CBR) beschäftigt sich damit, wie man mithilfe von Erfahrungswissen Probleme lösen kann. Es ist somit die Grundlage für den Bau erfahrungsbasierter intelligenter Systeme. Erfahrungswissen wird hierbei in Form von sog. *Fällen* formalisiert, die in einer *Fallbasis* als spezielle Form einer Wissensbasis gespeichert werden. Das CBR begründet damit eine spezielle Form der Wissensrepräsentation und -verarbeitung, bei der die Analogie das grundlegende Schlussfolgerungsprinzip ist.

11.1 Motivation und Einordnung

Die dem CBR zugrunde liegende Methodik, Probleme zu lösen, ist dem Menschen sehr vertraut und geht auf den Ansatz des „Dynamic Memory" von Schank [100, 97] zurück. Hierbei wird ein kognitionspsychologisches Modell über das menschliche Problemlösen durch Lernen und Erinnern damit verbunden, wie die menschliche Intelligenz in einem Computerprogramm dargestellt werden kann. Das Dynamic Memory ist dabei eine Gedächtnisstruktur, die sich über die Zeit als Ergebnis von gemachter Erfahrung kontinuierlich anpasst.

Im Kontext des CBR versteht man den Erfahrungsbegriff wie folgt: "*Experience is valuable, stored, specific knowledge that was acquired by an agent in a previous problem-solving situation*" [15]. Erfahrung ist somit episodisches Wissen, das ein spezielles Ereignis (z. B. einen Problemlösungsvorgang) mit allen dazugehörigen relevanten Informationen repräsentiert. Erfahrung findet immer in einem spezifischen Kontext statt und stellt spezifisches Wissen dar. Die Gewinnung von Erfahrungswissen bedarf daher keines (induktiven) Erkenntnisprozesses, da auf validiertes allgemeines Wissen verzichtet wird. Somit ist Erfahrungswissen in vielen praktischen Anwendungen einfacher zu gewinnen und zu formalisieren als allgemeines Wissen. Dennoch lässt sich Erfahrungswissen zum Lösen neuer Probleme einsetzen, und zwar durch Wiederverwendung im Sinne analoger Schlüsse.

Erfahrungsbasierte (oder auch Fallbasierte) Systeme implementierten das CBR zur Realisierung intelligenter Systeme. Sie sind somit eine spezielle Ausprägung wissensbasierter Systeme, die im Gegensatz zu den klassischen Expertensystemen der 1980er und 1990er Jahre nicht überwiegend mit generalisiertem Wissen in Regelform arbeiten und damit das klassische Problem des Flaschenhalses der Wissensakquisition [48], ähnlich wie viele heutige auf Maschinellem Lernen basierende datengetriebene KI-Systeme,

https://doi.org/10.1515/9783111386690-013

deutlich abmindern. Im Gegensatz dazu arbeitet das CBR in der Regel mit wenigen Einzelfällen und ist nicht auf große Datenmengen zur Generalisierung angewiesen. Ein entscheidender Vorteil der Lösung von Problemen durch die Wiederverwendung von Fällen ist die Möglichkeit, Erklärungen einfach zu erstellen, indem auf die Fälle verwiesen wird, die zu den Lösungen geführt haben. Dies steht in Gegensatz zu aktuellen, auf Maschinellem Lernen basierenden datengetriebenen KI-Systemen die Black-Box-Charakter haben, sodass der Hintergrund der Lösungsgenerierung nicht ohne Weiteres transparent ist, sodass hierzu zusätzliche KI-Methoden erforderlich sind (s. Kapitel 2, 5, 15).

Fallbasiertes Schließen ist nicht als ein Algorithmus oder eine Familie verwandter Algorithmen zu verstehen. Fallbasiertes Schließen ist vielmehr eine Problemlösungsmethode [117], die eine Menge von Prinzipien bereitstellt, mit denen erfahrungsbasierte Systeme entwickelt werden können. Hierbei werden spezielle fallbasierte Methoden genutzt, die jedoch mit Methoden aus den Bereichen der Wissensrepräsentation und -verarbeitung (siehe Kapitel 6), des Maschinellen Lernens (siehe Kapitel 12) und der semantischen Technologien (siehe Kapitel 20) verknüpft sind. In diesem Kapitel werden die grundlegenden Prinzipien des CBR und die dabei auftretenden wichtigsten Methoden skizziert.

11.2 Grundlegende Konzepte

Den Grundgedanken des CBR kann man als „Faustregel" ausdrücken: Ähnliche Probleme haben ähnliche Lösungen. In der Fallbasis ist eine Menge gelöster Problemfälle gespeichert, wobei ein Fall aus Problem und zugehöriger Lösung sowie ggf. zusätzlichen Informationen besteht. Taucht ein neuer Problemfall auf, wird dieser als *Anfrage* an die Fallbasis gestellt. Die Ähnlichkeit der Fälle zur Anfrage wird in einem paarweisen Vergleich zwischen gespeichertem Fall und Anfrage berechnet, sodass im Ergebnis die Fälle nach ihrem Ähnlichkeitswert bezüglich der Anfrage sortiert sind. Die Fälle, die auf den ersten Plätzen der Sortierung gelandet sind (die sogenannten *best matching cases*), bieten das höchste Potenzial zur Wiederverwendung. Bei Bedarf kann die Lösung eines gefundenen Falls angepasst werden, um das neue Problem aus der Anfrage lösen zu können.

Ein (fiktives) Anwendungsszenario aus der Medizin soll dies verdeutlichen. Dabei geht es um die Behandlung von Patientinnen und Patienten mit einer Herzkrankheit, denen zusätzlich zu einer medikamentösen Therapie eine Veränderung des Lebensstils empfohlen werden soll. Die Fallbeschreibung enthält im Problemteil alle relevanten Informationen für die Diagnose einschließlich der ärztlichen Diagnose für eine Patientin oder einen Patienten. Im Lösungsteil sind die therapeutischen Maßnahmen beschrieben. Zur Vereinfachung wird eine möglicherweise vorangegangene herzchirurgische Therapie wie zum Beispiel der Einbau eines Stents nicht in den Falldaten erfasst. Der

Problem

- *Geschlecht:* weiblich
- *Alter:* 67
- *Größe (in m):* 1,64
- *Körpergewicht (in kg):* 70
- *Blutdruck:* 120/90
- *Rauchen:* ja
- *Bewegungsmangel:* ja
- *Diagnose (ICD-Code):* I.25.21 (Abgeheilter Myokardinfarkt, 4 Monate bis unter 1 Jahr zurückliegend)

Lösung

- *Medikamentöse Therapie:* 125 mg Acetylsalicylsäure, ...
- *Bewegung (Empfohlene Anzahl der Schritte pro Tag):* 7.000
- *Ernährung:* fettarm
- *Allgemeine Lebensstiländerungen:* weniger oder gar nicht mehr rauchen

Abb. 11.1: Fallbeschreibung für eine Beispiel-Patientin.

Übersichtlichkeit halber wird auch nur eine Auswahl an Risikofaktoren und Medikamenten gezeigt. In Abb. 11.1 ist der Fall einer Beispiel-Patientin beschrieben.[1]

Kommt eine neue Patientin zur Behandlung, die ebenfalls raucht und ähnliche Merkmale wie die oben beschriebene Patientin hat, kann die Lösung aus dem gefundenen Fall als Blaupause für die Medikamentierung und die Empfehlungen zum Lebensstil für die neue Patientin verstanden werden. Gegebenenfalls muss die neue Lösung noch angepasst werden. Falls die Patientin beispielsweise Übergewicht[2] hat, kann dies zu einer Anpassung der Empfehlung für die Anzahl der Schritte pro Tag führen. Die Ärztin sollte die generierte Lösung selbstverständlich überprüfen und bei Bedarf modifizieren. Dadurch entsteht ein neuer Fall, der in die Fallbasis aufgenommen werden kann. So lernt das CBR-System online, d. h. kontinuierlich während des Problemlösens neues Erfahrungswissen dazu. Im Unterschied zu regelbasierten Systemen, bei denen allgemeingültige Zusammenhänge im Vordergrund stehen, liegt die Stärke des CBR darin, dass auf Einzelfälle eingegangen werden kann.

Zwei Referenzmodelle beschreiben die fallbasierte Problemlöse-Methodik:

1. Der *CBR-Zyklus* nach Aamodt & Plaza [3] ist ein Referenzmodell für den Problemlöse-Prozess.
2. Die *Wissenscontainer* nach Richter [95, 96] bilden ein Referenzmodell für die Struktur des Wissens im Problemlöser.

1 Medizinisch fundierte Informationen finden sich in den Leitlinien der Deutschen Gesellschaft für Kardiologie im Internet: https://leitlinien.dgk.org/, letzter Abruf am 01.04.2025.

2 Der Body-Mass-Index (BMI) als vereinfachter Indikator für Übergewicht lässt sich aus Körpergewicht und Größe berechnen: BMI = Körpergewicht (kg) / Größe (m^2). Ca. 27 kg/m^2 sind ideal für Personen über 60 Jahren.

11.2.1 CBR-Zyklus

Das grundlegende Prozessmodell des CBR wird durch ein Phasenmodell, den sogenannten CBR-Zyklus (auch R^4-Zyklus genannt) [3, 35] beschrieben. Abb. 11.2 zeigt die vier Phasen des CBR-Zyklus: *Retrieve*, *Reuse*, *Revise* und *Retain*. Das Modell wurde für den Entwurf zahlreicher CBR-Systeme eingesetzt, häufig auch in erweiterter Form oder beschränkt auf die erste oder die beiden ersten Phasen.

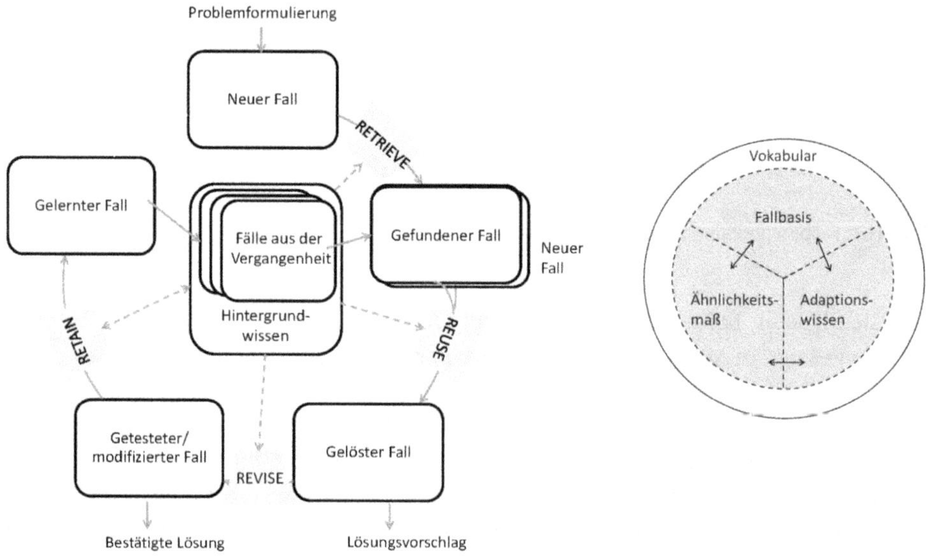

Abb. 11.2: Der CBR-Zyklus (links) und das Wissenscontainer-Modell (rechts).

Problemformulierung

Vor der ersten Phase kommt die Problemformulierung. Das Problem muss so repräsentiert werden, dass das CBR-System es verarbeiten kann (vgl. Unterkapitel 11.3.1). Ist das Problem in natürlicher Sprache oder mithilfe von Bildern beschrieben, muss die Darstellung so transformiert werden, dass sie dem Anfrageformat des CBR-Systems entspricht. Diese Transformation kann mit einigem Aufwand verbunden sein. Des Weiteren sind die Benutzer oft gar nicht in der Lage, das Problem ad hoc richtig zu formulieren. In solchen Situationen kann ein interaktiver Prozess gestartet werden, zum Beispiel ein Arztgespräch, in dessen Verlauf die Probleme, die eine Patientin oder ein Patient hat, klar werden. Hierzu sind Techniken unter dem Stichwort „Conversational CBR“ (vgl. Unterkapitel 11.3.1) entwickelt worden. Die Anfrage wird als neuer Fall interpretiert, bei dem die Lösung noch fehlt.

Die Retrievephase

Nach der Formulierung des Problems als neuer Fall wird dann ein geeigneter Fall in der Fallbasis gesucht, wobei die Ähnlichkeit der gespeicherten Fälle zum neuen Fall berechnet werden muss (vgl. Unterkapitel 11.3.2). Das Retrieval (vom englischen Wort *retrieve* für Wiederfinden) ist schwieriger zu implementieren als die Suche bei einem Datenbankabruf (vgl. Unterkapitel 11.3.3). Für ein effizientes Retrieval wird die Fallbasis häufig mit einer Indexstruktur hinterlegt. Die einfachste Struktur ist die Sequenz. Ein sequentieller Retrievalalgorithmus ist einfach zu implementieren, hat aber eine Laufzeitkomplexität von $O(n)$, was bei einer großen Fallbasis problematisch ist.

Die Reusephase

Der durch Retrieval erhaltene Fall wird in der Reusephase wiederverwendet. Dabei ist nicht garantiert, dass die Lösung aus dem gefundenen Fall zufriedenstellend ist. Aus diesem Grund erfolgt eine Anpassung, also eine Lösungsadaption (vgl. Unterkapitel 11.3.4).

Die Revisephase

In der Revisephase wird der Lösungsvorschlag auf das Problem angewendet und getestet. Gegebenenfalls wird die Lösung dabei weiter modifiziert, wobei eine teilweise Überlappung mit der Reusephase bestehen kann. Das Anwenden der Lösung geschieht in der Realität oder in einer Simulation.

Die Retainphase

Die eventuell erhaltene neue Lösung wird dann in der Retainphase wieder in das System eingebracht (vgl. Unterkapitel 11.3.5). In der einfachsten Form geschieht das durch Speicherung eines neuen Falles. Die neue Erfahrung kann aber auch einem Lernprozess übergeben werden, wodurch grundsätzlich sämtliche Formen des Wissens, die ein CBR-System nutzt (siehe nachfolgendes Unterkapitel), verbessert werden können.

11.2.2 Wissenscontainer

Die Wissenscontainer nach Richter [95, 96] beschreiben die Formen des Wissens, die in CBR-System Verwendung finden. Hierbei lassen sich vier Container unterscheiden (siehe Abb. 11.2):

1. Die Repräsentationssprache und das Vokabular
2. Die Fallbasis
3. Das Ähnlichkeitsmaß
4. Das Adaptionswissen

Die Wissensstrukturierung unterscheidet sich somit von der Wissensrepräsentation mit regelbasierten Systemen, bei denen Fakten und Regeln als Wissenscontainer vorzufinden sind. Die Container sind eng mit dem Prozessmodell verknüpft. Die Repräsentationssprache und das Vokabular werden vor allem während der Problemformulierung und in der Retainphase benötigt, aber auch als Grundlage für das Ähnlichkeitsmaß im Retrieval und für das Adaptionswissen im Reuse benutzt.

Im Prinzip kann das Wissen zur Problemlösung mit einem CBR-System in gewissen Grenzen flexibel auf die Container verteilt werden, sodass vorliegendes Wissen eines Gegenstandsbereichs optimal formalisiert werden kann. Auch kann das Wissen (z. B. in der Retainphase) von einem Container in einen anderen „verschoben" werden, um etwa die Systemperformance zu optimieren. Ist beispielsweise jeder denkbare Fall in der Fallbasis gespeichert, wird kein Adaptionswissen für die Lösungstransformation benötigt. Umgekehrt könnte die Lösungstransformation durch einen allgemeinen Problemlöser implementiert sein, der Fälle gar nicht in Betracht zu ziehen braucht. Auch das Ähnlichkeitsmaß kann schon Adaptionswissen berücksichtigen. Zum Beispiel kann im oben beschriebenen Anwendungsszenario das Attribut „Übergewicht" schon als Teil des Ähnlichkeitsmaßes aus der Fallbeschreibung ermittelt werden. Oder das Übergewicht kann während der Problemformulierung als neues Attribut des Falles abgeleitet werden. Damit wird Adaptionswissen in das Vokabular und in die Fallbasis eingebracht.

11.3 Methoden und Algorithmen

In diesem Abschnitt werden die zentralen Methoden und Algorithmen des Fallbasierten Schließens vorgestellt.

11.3.1 Fallrepräsentation

Traditionell ist ein Fall eine Problemlösungsepisode, basierend auf der kognitionswissenschaftlichen Unterscheidung zwischen semantischem und episodischem Gedächtnis [57]. Ein Fall ist eine kontextualisierte Erfahrungseinheit, die spezifisches Wissen zur Erreichung der Ziele eines Problemlösers in einer ganz spezifischen Situation erfasst. Die Fallrepräsentation im CBR nutzt bekannte Repräsentationsformalismen der KI (siehe Kapitel 6), um die in den Fällen enthaltene Erfahrung zum Schließen zu formalisieren [19].

Struktur von Fällen

Die Erfahrung, die ein Fall darstellt, kann auf verschiedene Weise strukturiert werden. Zunächst kann ein Fall in eine Problem- und eine zugehörige Lösungsbeschreibung unterteilt werden. Optional kann Qualitätsinformation zur Bewertung der Güte der Lösung hinzukommen. Die *Problembeschreibung* beinhaltet das Ziel der Problemlösung bzw. die relevanten Details der Problemstellung. Hinzu kommt die Beschreibung des

Kontextes, in dem das Problem aufgetreten ist sowie etwaige Randbedingungen (Constraints), die beachtet werden mussten. Die *Lösungsbeschreibung* beinhaltet zumindest alle relevanten Lösungsangaben, aber kann ergänzend auch Angaben zum Lösungsweg (Herleitung) mit Hinweisen zur Rechtfertigung/Erklärung der Lösungsschritte beinhalten. Die optionalen *Qualitätsinformationen* im Fall können ergänzend Informationen (z. B. aus der Revisephase) darüber repräsentieren, ob die Lösung korrekt war, bzw. welche Lösungsgüte sie besitzt oder was das Ergebnis ihrer Durchführung ist (z. B. welche Kosten eine Lösung verursacht).

Formal können wir damit einen Fall c darstellen als entweder ein Tupel $c = (p, l)$ oder ein Tripel $c = (p, l, u)$, wobei p eine Problembeschreibung aus einem Problemraum $p \in P$ ist, l eine Lösungsbeschreibung aus einem Lösungsraum $l \in L$ und optional u eine Qualitätsangabe $u \in U$ aus einem Qualitätsraum repräsentiert. Eine Fallbasis (engl. Case Base) CB ist nun eine endliche Menge solcher Fälle $\text{CB} \subseteq P \times L$ bzw. $\text{CB} \subseteq P \times L \times U$.

Grundlegende Ansätze zur Fallrepräsentation

Bei der Fallrepräsentation geht es nun darum, mit welchen Ansätzen wir die Angaben zu p, l und u formalisieren bzw. speichern. Traditionelle Ansätze der Fallrepräsentation lassen sich in drei Hauptkategorien einteilen: textuelle Fallrepräsentation, dialogorientierte Fallrepräsentation und strukturelle Fallrepräsentation [16].

Die *textuelle Fallrepräsentation* [64] stellt die Fallinformation in rein textueller Form dar, also als Zeichenketten, die das Problem sowie Lösung des Falls verbalisiert. Somit sind Fälle vergleichbar mit „Frequently Asked Questions“, was die Fallerhebung in Anwendungen vereinfacht, in denen bereits große Dokumentensammlungen vorhanden sind, die Problemlöseerfahrungen dokumentieren (z. B. Serviceberichte).

Bei der *dialogorientierten Fallrepräsentation* [5] wird die Problembeschreibung durch eine Liste von Fragen mit Antworten dargestellt, wobei die Fragen von Fall zu Fall variieren. Es gibt kein festgelegtes Vokabular und keine einheitliche Struktur. Dieser Ansatz (auch „Conversational CBR“ genannt) wurde für Call-Center-Anwendungen entwickelt, bei denen der Kundendialog im Vordergrund steht. Fälle liefern hier nicht nur Lösungsvorschläge, sondern auch Strategien, um relevante Merkmale der Problemstellung durch ein Dialogsystem zu ermitteln.

Die *strukturelle Fallrepräsentation* nutzt ein vordefiniertes Domänenmodell, ähnlich einer Ontologie (siehe Kapitel 20), um Fälle anhand des Vokabulars dieses Modells darzustellen. Fallinformationen werden hierbei symbolisch in „Bestandteile“ zerlegt und mit einer Semantik verbunden. Problem und Lösung können in Form domänenspezifischer Attribute und Werte formalisiert werden [90]. Reichhaltigere Repräsentationssprachen, wie objektorientierte oder graphbasierte Ansätze [15], Beschreibungslogiken [89, 52] oder RDF-Tripel [43] sind ebenfalls möglich. Dieser Ansatz ermöglicht die Verknüpfung der fallbasierten Verarbeitung mit anderen Methoden der Wissensverarbeitung und ist daher heute weit verbreitet.

Attribut-Wert-Repräsentation

Bei der Verwendung der Attribut-Wert-Repräsentation werden alle Informationen im Fall durch Mengen von Attributwerten dargestellt. Die Menge der Attribute, die verwendet werden, um den Fall darzustellen, kann entweder fest sein oder kann von Fall zu Fall variieren. Jedem Attribut ist ein bestimmter Typ zugeordnet, der den zulässigen Wertebereich für das Attribut festlegt. Hierbei können als Basistypen numerische Typen (Integer, Real), Zeittypen (Time, Date), Strings, oder auch Symboltypen, bestehend aus einer Aufzählung einer Menge von zulässigen Symbolen (in Stringdarstellung) vorkommen. Symboltypen können außerdem in Form einer Taxonomie (oder allgemein einer Ontologie) strukturiert sein, sodass zwischen den Wertausprägungen Ober- und Unterbegriffsrelationen vorkommen können. Darüber hinaus sind auch komplexere Typen möglich, die mehrere Elemente eines Basistypen beinhalten können. Dazu können Mengen oder Listentypen gebildet werden, aber auch diskrete Zeitreihen als chronologisch geordnete Zeitpunkt-Wert-Paare. Formal besteht der Vokabular-Container bei der Attribut-Wert-Darstellung somit aus:

- einer Menge von Attributen (bzw. Attributbezeichnern) $A_1, \ldots, A_n$ und
- einer Menge von Typen $T_1, \ldots, T_n$.

Ein Fall c kann dann als n-dimensionaler Vektor $c = (a_1, \ldots, a_n) \in T_1 \times \cdots \times T_n$ repräsentiert werden, wobei die n Attribute auf Problem, Lösung und Qualitätsangabe aufgeteilt werden können. Im Beispielszenario in Abb. 11.1 wird die Attribut-Wert-Darstellung zur Fallbeschreibung benutzt. Hier kommen 12 Attribute (*Geschlecht*, *Alter*, ...) vor, wobei die ersten acht Attribute zur Problembeschreibung und die letzten vier Attribute zur Lösungsbeschreibung gehören. Für jedes Attribut ist hier ein geeigneter Typ festzulegen, wie z. B. für das Attribut *Geschlecht* ein Symboltyp mit der Menge {*weiblich*, *männlich*, *divers*}, für das Attribut *Alter* ein Integertyp, für das Attribut *Blutdruck* eine Liste von Integerwerten oder für das Attribut *Diagnose* eine ICD-Taxonomie oder Ontologie. Das Attribut *Allgemeine Lebensstiländerungen* könnte durch einen String-Typ die Erfassung eines Freitextes ermöglichen.

Objektorientierte Repräsentation

Die objektorientierte Fallrepräsentation nutzt den Datenmodellierungsansatz des objektorientierten Paradigmas, mit dem die Prinzipien Klassifikation und Vererbung umgesetzt werden. Bergmann [15] führt dazu eine Fallrepräsentation ein, bei der Fälle als vernetzte Mengen von *Objekten* dargestellt werden, die jeweils durch Attribut-Wert-Paare beschrieben sind. Die Struktur eines Objekts, also die zulässigen Attribute und deren Wertebereiche werden durch die *Objektklasse* beschrieben. Ein Objekt ist somit eine Instanz einer Klasse und legt für die dort festgelegten Attribute entsprechende Werte fest. Die Objektklassen sind darüber hinaus in einer Klassenhierarchie organisiert, die zwischen zwei Klassen eine *Spezialisierungs-* bzw. *Verallgemeinerungsrelation* vorgibt. Diese geht mit der *Vererbung* der Attribute (sowie der Definition der Wertebereiche) von der allgemeineren zur spezielleren Klasse einher. Darüber hinaus sind wie in der objektorientierten Programmierung auch Attribute möglich, deren Wert selbst wieder ein Objekt einer Klasse der Fallrepräsentation ist. Wir nennen diese Attribute *relationale Attribute*, da sie es erlauben, beliebige Relationen zwischen Objekten zu repräsentieren.

Das Beispielszenario aus Abb. 11.1 könnte auch in Form einer objektorientierten Fallrepräsentation umgesetzt werden. Hierzu wird eine Fallklasse mit den 12 Attributen definiert werden, wobei einzelne Attribute als relationale Attribute umgesetzt werden. Das Attribut *Blutdruck* kann z. B. als Instanz einer Klasse *Blutdruckmesswert* gebildet werden, die ihrerseits die mit Integer-Typ versehenen Attribute *diastolischer Wert* und *systolischer Wert* beinhaltet.

Graphbasierte Repräsentation

Die graphbasierte Fallrepräsentation [30, 15, 17] ist dadurch gekennzeichnet, dass ein Fall in Form eines attributierten Graphen, bestehend aus *Knoten* und *Kanten*, repräsentiert wird. Hierbei können sowohl gerichtete als auch ungerichtete Graphen verwendet werden. Knoten oder auch Kanten sind dabei mit Markierungen versehen, die es erlauben, jedem Knoten bzw. jeder Kante detaillierte Informationen zuzuordnen. Dies kann eine Menge von Attribut-Wert-Paaren einer zugeordneten Attribut-Wert-Repräsentation sein oder auch eine Menge von Objekten einer zugeordneten objektorientierten Repräsentation. Die zugeordneten Repräsentationen mit ihren Attributen, Typen und ggf. Klassen definieren dabei den Vokabularcontainer. Ein Fall $c = (N, E, \alpha, \beta)$ ist somit ein Graph mit Knotenmenge N und Kantenmenge $E \subseteq N \times N$ und der *Knotenmarkierungen* $\alpha : N \mapsto V_N$ sowie der *Kantenmarkierung* $\beta : E \mapsto V_E$. Die Beschreibungsmengen V_N bzw. V_E sind dabei Fallbeschreibungen, also Attribut-Wert-Paare oder Objektmengen. Graphbasierte Fallrepräsentationen sind dann besonders gut geeignet, wenn die Fallstruktur im Anwendungsbereich von Natur aus einen Graphcharakter besitzt. Dies ist beispielsweise bei Prozess- und Workflowbeschreibungen der Fall, wie sie im prozessorientierten CBR (siehe Unterkapitel 11.4.1) vorkommen, aber auch beim Design von netzwerkartigen Verbindungsstrukturen.

Fallrepräsentation für die Planung

Fallbasierte Ansätze im Bereich der Planung [29] (siehe Kapitel 3) basieren auf der Wiederverwendung von Planungserfahrung. In diesem Zusammenhang ist ein Fall ein Tripel $c = (p, \pi, i)$, wobei p ein Planungsproblem, und π ein Plan ist. Der Parameter i behält zusätzliche Kontextinformationen über erfolgreiche und/oder gescheiterte Planungsentscheidungen im Rahmen der Planung bei [115]. Ein Planungsproblem wird dabei typischerweise durch einen Ausgangszustand und einen Zielzustand beschrieben. Ein Plan ist eine ganz oder partiell geordnete Abfolge von Aktionen. Die in der allgemeinen KI-Planung verwendeten Repräsentationsformalismen beeinflussen die dabei verwendeten Fallrepräsentationen maßgeblich. Zustände werden in der Regel durch prädikatenlogische Aussagen formalisiert und Pläne bestehen aus instantiierten Operatoren, deren Verhalten über Vor- und Nachbedingungen spezifiziert ist. Somit besteht der Vokabularcontainer in der fallbasierten Planung aus der Domänenspezifikation der Planungsdomäne, z. B. in Form einer PDDL-Beschreibung [44].

Weiterführende Aspekte

Die Auswahl eines geeigneten Ansatzes zur Fallrepräsentation erfordert eine detaillierte Analyse der zu repräsentierenden Erfahrung und der Struktur der zugrunde liegenden Objekte. Auf dieser Basis wird entschieden, welche der zuvor eingeführten Repräsentationsformen geeignet ist. Anschließend müssen die relevanten Informationen des Gegenstandsbereichs als Attribute (und ggf. Klassen) formalisiert und im Vokabularcontainer repräsentiert werden. Dabei ist zu berücksichtigen, welche Daten aus bestehenden Quellen verfügbar oder mit vertretbarem Aufwand akquirierbar sind. Eine zentrale Herausforderung ist die Wahl der geeigneten Abstraktionsebene für die Falldarstellung. Der Abstraktionsgrad sollte so gewählt werden, dass die nachfolgenden CBR-Schritte effektiv durchgeführt werden können. Insbesondere bei komplexen Ausgangsdaten wie Zeitreihen, Bildern oder Videos ist eine Vorverarbeitung nötig, um relevante Merkmale zu extrahieren. Beispielsweise könnte eine EKG-Kurve in der Fallrepräsentation entweder als Zeitreihe oder als abgeleitete Merkmale wie die Herzfrequenzvariabilität aufgenommen werden. Für synthetische Aufgabenstellungen wie Planung oder Konfiguration sind hierarchische Fallrepräsentationen hilfreich. Diese ermöglichen die Darstellung auf mehreren, miteinander verknüpften Abstraktionsebenen, wie von Bergmann [24, 25] vorgeschlagen. Sie unterstützen effizientes Retrieval, z. B. durch das MAC-FAC-Modell [40] (siehe Unterkapitel 11.3.3), und eine flexible Adaption, indem Erfahrungen auf der jeweils passenden Abstraktionsebene genutzt werden [26].

11.3.2 Ähnlichkeit im Fallbasierten Schließen

Die Grundidee des CBR ist, dass ähnliche Probleme ähnliche Lösungen besitzen. Ähnlichkeit ist dabei zentral, da sie bestimmt, welche Fälle als Ausgangspunkt dienen. Im Folgenden werden die Bedeutung der Ähnlichkeit, ihre Formalisierung sowie Ansätze für Ähnlichkeitsmaße beschrieben.

Bedeutung der Ähnlichkeit

Die Ähnlichkeit dient im Retrieval dazu, Fälle mit Lösungen auszuwählen, die sich auf das aktuelle Problem übertragen lassen. Die Fälle müssen eine möglichst hohe *Nützlichkeit* für die Problemlösung aufweisen. Ein geeignetes Ähnlichkeitsmaß soll diese Nützlichkeit möglichst gut approximieren [21, 15]. Um dies zu ermöglichen, muss das Ähnlichkeitsmaß folglich Wissen über die Nützlichkeit von Fällen kodieren. Dabei differenzieren wir zwischen *wissensintensiven* und *wissensarmen Ähnlichkeitsmaßen*, je nachdem, wie viel Wissen über die Nützlichkeit berücksichtigt wird. Bei der Gestaltung von Ähnlichkeitsmaßen ergibt sich generell ein gewisser Zielkonflikt bei der Berücksichtigung von drei Aspekten:

1. der Qualität des Ähnlichkeitsmaßes in Bezug auf die Nützlichkeit,
2. des Wissensakquisitions- und -modellierungsaufwandes für das Maß und
3. des Berechnungsaufwandes zur Ermittlung der Ähnlichkeit.

Wissensarme Maße sind einfach zu erstellen und haben geringen Berechnungsaufwand, bieten aber oft keine gute Qualität. Wissensintensive Maße sind qualitativ besser, erfordern jedoch mehr Entwicklungs- und Berechnungsaufwand, was Kosten und Hardwareanforderungen erhöht. Eine gute Balance zwischen diesen Extremen ist entscheidend, abhängig von der Fallmenge und deren Abdeckung des Problemlösungsbereichs. Das Wissenscontainermodell (siehe Abb. 11.2) erlaubt, das Problemlösungswissen auf verschiedene Container zu verteilen. Bei großen Fallbasen kann auf wissensintensive Maße verzichtet werden, während bei wenigen Fällen solche Maße hilfreich sind, um Defizite zu kompensieren.

Formalisierung und Modellierung von Ähnlichkeitsmaßen

Zur Nutzung in einem fallbasierten System müssen Ähnlichkeitsmaße formalisiert und im Hinblick auf eine zuvor bestimmte Fallrepräsentation modelliert werden. Formal betrachten wir ein *Ähnlichkeitsmaß* im Sinne des CBR als eine Funktion $\text{sim} : P \times P \mapsto [0,1]$, die für ein aktuelles Problem $q \in P$ und einen Fall $c = (p, l)$ der Fallbasis den Ähnlichkeitswert $\text{sim}(q, p)$ als reellwertige Größe im Intervall $[0, 1]$ ermittelt. Der Wert 1 ist dabei die maximale Ähnlichkeit und der Wert 0 die minimale Ähnlichkeit. Daraus abgeleitet kann man das Ähnlichkeitsmaß auch als Funktion $\text{sim}' : P \times \text{CB} \mapsto [0, 1]$ verstehen, mit $\text{sim}'(q, (p, l)) = \text{sim}(q, p)$.[3] Ein Ähnlichkeitsmaß sim induziert für ein Problem q auf der Fallbasis CB eine Präferenzordnung $\preceq_q^{\text{sim}}$ über den Fällen durch $c_i \preceq_q^{\text{sim}} c_j :\Leftrightarrow \text{sim}(q, c_i) \leq \text{sim}(q, c_j)$, für $c_i, c_j \in \text{CB}$. Das Ziel des Retrievals ist es dann, das oberste Element oder die obersten Elemente bzgl. dieser Präferenzordnung zu bestimmen. Eine zur Ähnlichkeit duale Formalisierung ist die der Distanz, wie sie beispielsweise auch bei der k-Nearest-Neighbour-Klassifikation zum Einsatz kommt. Ein *Distanzmaß* ist eine Funktion $\text{dist} : P \times P \mapsto [0, 1]$ oder $\text{dist} : P \times P \mapsto \mathbb{R}_0^+$. Hierbei ist die Bedeutung des Zahlenwertes umgekehrt, d. h. eine Distanz von 0 bedeutet hohe Ähnlichkeit (häufig Gleichheit), wo hingegen ein hoher Distanzwert eine geringe Ähnlichkeit ausdrückt. Auch ein Distanzmaß induziert für ein Problem q auf der Fallbasis CB eine Präferenzordnung $\preceq_q^{\text{dist}}$ über den Fällen durch $c_i \preceq_q^{\text{dist}} c_j :\Leftrightarrow \text{dist}(q, c_i) \geq \text{dist}(q, c_j)$, für $c_i, c_j \in \text{CB}$. Da es beim CBR immer nur auf die Präferenzordnung ankommt und nicht auf den Wert

---

3 Nachfolgend differenzieren wir nicht zwischen sim und sim′, da in der Regel aus dem Kontext klar ist, welche Form gemeint ist.

von Ähnlichkeit oder Distanz, können wir ein Ähnlichkeitsmaß sim und ein Distanzmaß dist als äquivalent ansehen, falls $\preceq_q^{\text{sim}} = \preceq_q^{\text{dist}}$. Im CBR gilt es, zu beachten, dass die für Distanzmaße in der Mathematik in der Regel geforderten Eigenschaften von Metriken hier nicht zwingend vorgeschrieben sind. Bei der Modellierung von Ähnlichkeitsmaßen muss im Einzelfall ermittelt werden, ob Eigenschaften wie Reflexivität, Symmetrie oder Dreiecksungleichung gelten müssen oder nicht.

Traditionelle Ähnlichkeitsmaße

Aufgrund der Dualität von Ähnlichkeitsmaßen und Distanzmaßen liegt es nahe, klassische Distanzmaße aus der Mathematik auch im CBR zur Ähnlichkeitsbestimmung einzusetzen (siehe [96, 15] für eine umfassendere Darstellung). Für homogene Fallrepräsentationen in Attribut-Wert-Darstellungen, also im Fall, dass alle Attribute den gleichen Wertebereich besitzen, sind prinzipiell folgende klassische Ähnlichkeits- oder Distanzmaße denkbar. Hierbei sind $q = (q_1, \ldots, q_n)$ und $p = (p_1, \ldots, p_n)$ zwei Problembeschreibungen mit n Attributen. Wir betrachten zunächst rein binäre Attribute, d. h. $q_i, p_i \in \{0, 1\}$. Beispielhaft kommen folgende traditionelle Maße infrage:
- Der *Simple Matching Coefficient (SMC)* $\text{sim}_H(q, p) = \frac{1}{n} \cdot |\{ i \mid q_i = p_i\}|$ misst die Ähnlichkeit anhand der Anzahl der übereinstimmenden Attribute.
- Der *Weighted SMC* $\text{sim}_{H,\omega}(q, p) = \sum_{i=1\ldots n, q_i = p_i} \omega_i$ erlaubt die Einführung von Gewichten für jedes Attribut im SMC.
- Das *Tversky* Ähnlichkeitsmaß aus der Psychologie ist über die Parameter f, α, β und γ bestimmt und nicht symmetrisch, falls $\beta \neq \gamma$ gilt: $\text{sim}_{T,f,\alpha,\beta,\gamma}(q, p) = \alpha \cdot f(|\{ i \mid x_i = y_i = 1 \}|) - \beta \cdot f(|\{ i \mid x_i = 1 \wedge y_i = 0 \}|) - \gamma \cdot f(|\{ i \mid x_i = 0 \wedge y_i = 1 \}|)$.

Etablierte Distanzmaße für reellwertige Attribute, d. h. für $q_i, p_i \in \mathbb{R}$, sind beispielsweise die Folgenden:
- Die *City-Block-Metrik*: $\text{dist}_{|\cdot|}(q, p) = \frac{1}{n} \cdot \sum_{i=1}^{n} |q_i - p_i|$.
- Der *Euklidische Abstand*: $\text{dist}_{\text{Euklid}}(q, p) = \sqrt{\frac{1}{n} \cdot \sum_{i=1}^{n} (q_i - p_i)^2}$.
- Die *gewichtete Minkowski-Norm*, die über den Parameter α parametierbar ist und attributspezifische Gewichte ω_i ermöglicht, ist eine Generalisierung der beiden zuvor beschriebenen Maße: $\text{dist}_{\text{Minkowski},\alpha,\omega}(q, p) = (\sum_{i=1}^{n} \omega_i \cdot |q_i - p_i|^{\alpha})^{1/\alpha}$.

Diese Nutzung dieser Maße ist im CBR durchaus gebräuchlich, jedoch nur für homogene Fallrepräsentationen möglich.

Lokal-Global-Prinzip

In praktischen fallbasierten Systemen reichen homogene Fallrepräsentationen selten aus. In der Regel muss für jedes Attribut ein individueller Wertebereich festgelegt werden. Dies erfordert entsprechende Ähnlichkeitsmaße, die damit umgehen können. Das *Lokal-Global-Prinzip* für Ähnlichkeitsmaße nach Richter [95, 96] ist dazu ein Ansatz, der auf dem in der Informatik etablierten Teile-und-herrsche-Verfahren basiert. Hierbei wird zwischen der *globalen Ähnlichkeit* für Fälle $\text{sim}(q, p)$ (wie bereits eingeführt) und der *lokalen Ähnlichkeit* für einzelne Attribute $\text{sim}_{A_i}(q_i, p_i) : T_i \times T_i \mapsto [0,1]$ unterschieden. Das Problem der globalen Ähnlichkeitsbestimmung wird dabei zerlegt in die Bestimmung von lokalen Ähnlichkeiten für jedes Attribut der Fallrepräsentation und deren Aggregation zur globalen Ähnlichkeit. Dieser Ansatz erlaubt es, die lokalen Ähnlichkeitsmaße entsprechend des Wertebereichs des Attributs bedarfsgerecht zu bestimmen. Alle lokalen Ähnlichkeitsmaße liefern lokale Ähnlichkeitswerte im Intervall $[0, 1]$, die dann durch eine Aggregationsfunktion Φ zur globalen Ähnlichkeit zusammengeführt werden. Formal ergibt sich das Ähnlichkeitsmaß dann wie folgt: $\text{sim}(q, p) = \Phi(\text{sim}_{A_1}(q_1, p_1), \ldots, \text{sim}_{A_n}(q_n, p_n))$. Für die Aggregationsfunktion $\Phi : [0, 1]^n \mapsto [0, 1]$ wird dabei üblicherweise verlangt, dass $\Phi(0, \ldots, 0) = 0$ und $\Phi(1, \ldots, 1) = 1$ gilt und dass sie monoton steigend in jedem Argument ist.

Lokale Ähnlichkeitsmaße

Lokale Ähnlichkeitsmaße bewerten die Nützlichkeit eines Falls unter lokaler Betrachtung der Werte eines einzelnen Attributes. Dabei wird die Abweichung des Attributwertes zwischen Anfrage q_i und Problem im Fall p_i bewertet. Der Ähnlichkeitswert soll dann ausdrücken, wie weit der Unterschied zwischen beiden Werten die Gesamtnützlichkeit des Falls beeinträchtigt. In Abhängigkeit des Attributtyps kommen hierzu verschiedene Funktionen zum Einsatz. Bei numerischen Attributen wird die Ähnlichkeit häufig gemäß folgender Formel bestimmt:

$$\text{sim}_{A_i}(q, p) = \begin{cases} f(\delta(q, p)) : & q > p \\ 1 : & q = p \\ g(\delta(p, q)) : & p > q \end{cases}$$

Hierbei ist δ eine Differenzfunktion auf dem Typ des Attributs, z. B. $\delta(q, p) = q - p$. Die Funktionen f und g, die in der Regel monoton fallend sind, ermöglichen es, den genauen Verlauf der Ähnlichkeit festzulegen. Für $f = g$ handelt es sich um ein symmetrisches Maß, für $f \neq g$ um ein asymmetrisches Maß. In Abbildung 11.3 sind beispielhaft mögliche Funktionen abgebildet. Sie unterscheiden sich darin, wie mit größer werdendem Abstand der Wertausprägungen die Ähnlichkeit abnimmt. Für f und g können hierbei unterschiedliche Verläufe angemessen sein. Häufig sind z. B. auch asymmetrische Ähnlichkeitsmaße, bei denen $f(x) = 1$ oder $g(x) = 1$ ist, also eine Unter- bzw. Überschreitung des Attributwertes der Anfrage durch den Fall vollständig toleriert wird.

Auch für nicht-numerische Attributtypen sind in der Literatur diverse Ansätze entwickelt worden, mit denen lokale Ähnlichkeitsmaße modelliert werden können [15, 96]. Total geordnete symbolische Wertebereiche können z. B. wie numerische Attribute behandelt werden. Für taxonomisch geordnete Wertebereiche werden Ähnlichkeitsmaße genutzt, die den Abstand der Knoten im Baum messen. Für symbolische

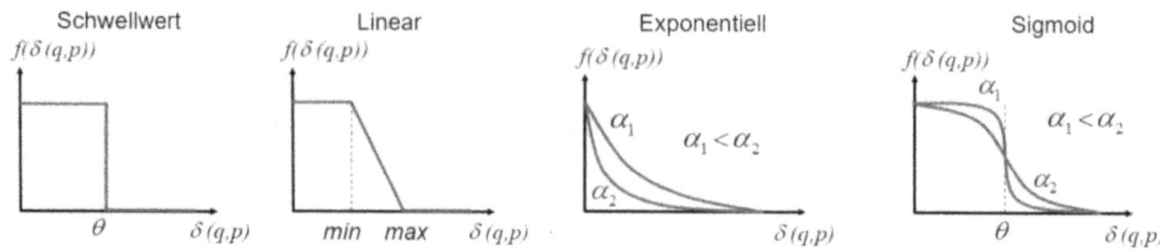

Abb. 11.3: Basisfunktionen f, g für lokale Ähnlichkeitsmaße.

Wertebereiche ohne vorgegebenen Ordnung sind Ähnlichkeitstabellen oft die einzige Möglichkeit der Modellierung. Für String-Attribute kommen Ähnlichkeitsmaße aus dem Information-Retrieval infrage, wie z. B. die Levenshtein-Distanz, die Cosinus-Ähnlichkeit im Vektorraummodell des Information-Retrieval oder auch die Nutzung von Wort- oder Satzembeddings und damit verbundene Ähnlichkeitsmaße [65]. Im Beispielszenario aus Abb. 11.1 müssen für alle acht Attribute der Problembeschreibung lokale Ähnlichkeitsmaße definiert werden. Für das Attribut *Alter* könnte beispielsweise ein Ähnlichkeitsmaß genutzt werden, dass Patienten mit einem Altersunterschied von bis zu 5 Jahren als maximal ähnlich betrachtet, Patienten mit einem Altersunterschied von 15 oder mehr Jahren als maximal unähnlich betrachtet und dazwischen eine linear abgestufte Ähnlichkeit wie folgt festlegt:

$$\mathrm{sim}_{Alter}(q,p) = \begin{cases} 1: & |q-p| \le 5 \\ 1-(|q-p|-5)/10: & 5 < |q-p| < 15 \\ 0: & |q-p| \ge 15 \end{cases}$$

Aggregationsfunktionen

Die Aggregationsfunktion hat die Aufgabe, die lokalen Ähnlichkeitswerte zur globalen Fallähnlichkeit zusammenzuführen. Hierbei wird die unterschiedliche Bedeutung der einzelnen Attribute in der Regel durch geeignete Gewichtungen ausgedrückt. Die einfachste und dabei auch gebräuchlichste Form der Aggregation ist die Nutzung einer gewichteten Mittelwertbildung, d. h. $\Phi(s_1, \ldots s_m) = \sum_{i=1\ldots n} \omega_i \cdot s_i$, mit Gewichten ω_i, sodass $\sum_{i=1\ldots n} \omega_i = 1$; aber auch andere Funktionen sind möglich (siehe [15, 96]). Neben dem hier formalisierten Modell der globalen Gewichte, die für alle Anfragen und Fälle den gleichen Gewichtsvektor nutzen, sind auch Gewichtsmodelle möglich, die es erlauben, anfrage- oder fallspezifisch die Gewichte festzulegen. Die Aggregationsfunktion für das Beispiel Abb. 11.1 muss die lokalen Ähnlichkeitswerte der acht Attribute zusammenführen, z. B. mit einer gewichteten Mittelwertbildung. Hierzu muss für jedes Attribut ein Gewicht bestimmt werden, das dessen Bedeutung für die Diagnose festlegt. So könnten z. B. die Gewichte für die Attribute *Diagnose*, *Blutdruck*, *Körpergewicht* und *Größe* hoch bewertet werden (z. B. mit dem Wert 0.16), die Gewichte für *Alter*, *Rauchen* und *Bewegungsmangel* niedriger (z. B. mit dem Wert 0.1) und das Gewicht für *Geschlecht* sehr niedrig (z. B. mit dem Wert 0.06).

Ähnlichkeitsmaße für die objektorientierte Repräsentation

Für die Modellierung von Ähnlichkeitsmaßen bei objektorientierten Fallrepräsentationen kann das Lokal-Global-Prinzip erweitert werden [22]. Lokale Ähnlichkeitsmaße werden wie bei der Attribut-Wert-Repräsentation für alle nicht-relationalen Attribute der Klassen definiert und durch klassenspezifische Aggregationsfunktionen zu einer Objektähnlichkeit zusammengeführt. Die ererbten Attribute einer Klasse werden dabei ebenfalls berücksichtigt. Für relationale Attribute wird der Ähnlichkeitswert direkt aus der Objektähnlichkeit des zugeordneten Objekts bestimmt. Müssen Objekte unterschiedlicher Klassen verglichen werden, kann die Aggregationsfunktion der gemeinsamen Oberklasse herangezogen werden, um die Ähnlichkeit auf gemeinsamen Attributen zu bestimmen. Zusätzlich kann ein taxonomisches Ähnlichkeitsmaß verwendet werden, um Unterschiede in der Klassenzugehörigkeit zu berücksichtigen.

Ähnlichkeitsmaße für graphbasierte Repräsentationen

Ähnlichkeitsmaße für Fälle in Graphrepräsentationen machen sich Ansätze aus der Graphentheorie zunutze, um einen Vergleich von Graphen durchzuführen. Graph- oder Subgraphisomorphie erlaubt z. B. die Definition eines rein binären Ähnlichkeitsmaßes auf der Graphstruktur [32]. Zudem können die Knoten- und Kantenlabels der bei dieser Isomorphie zugeordneten Knoten und Kanten von Query- und Fallgraph mithilfe der zuvor eingeführten Ähnlichkeitsmaße vergleichen und deren Werte zur Fallähnlichkeit aggregiert werden. Ein weiterer Ansatz ist der sogenannte Graph-Editier-Abstand nach Bunke & Messmer [30], ein Abstandsmaß, welches die Kosten für die Anpassung (Editierung) des Anfragegraphen hin zum Fallgraphen misst. Hierbei können Kostenfunktionen für das Einfügen, Löschen und Ändern von Knoten und Kanten vorgegeben werden, mit denen das Maß anwendungsspezifisch gestaltet werden kann. Alternativ dazu kann die Bestimmung der Ähnlichkeit zwischen zwei Graphen auch als ein Optimierungsproblem aufgefasst werden, bei dem versucht wird, eine optimale Abbildung von den Knoten und Kanten des Querygraphen auf die Knoten und Kanten des Fallgraphen zu finden [17]. Die Abbildung wird durch die Aggregation der Ähnlichkeit der Knoten- und Kantenmarkierungen der durch die Abbildung zugeordneten Knoten und Kanten bewertet.

Ähnlichkeitsmaße für die fallbasierte Planung

In der fallbasierten Planung [29] steht die Ähnlichkeit in besonders engem Zusammenhang mit der Methode zur Wiederverwendung der Lösung, woraus sich eine Vielzahl unterschiedlicher Ansätze herausgebildet hat. Das Hauptziel der Ähnlichkeitsbewertung ist die Approximation der Nützlichkeit des Falles, die hier den erforderlichen Berechnungsaufwand für die Problemlösung durch Wiederverwendung widerspiegelt [51, 26, 20]. Daher sollte ein Fall als sehr ähnlich angesehen werden, wenn nur wenig Aufwand für die Anpassung der Lösung erforderlich ist und weniger ähnlich, falls die Anpassung rechenintensiv ist. Die Wiederverwendbarkeit eines Planungsfalles ist jedoch sehr stark von der jeweiligen Lösung bestimmt und nicht nur von der Problembeschreibung. Die Ähnlichkeitsbewertung nach Veloso [115] ermittelt daher die Teile der Problembeschreibung im Fall, die für eine erfolgreiche Wiederverwendung der Lösung relevant sind. Grundsätzlich kann dies erreicht werden, indem auf der Grundlage der Domänenbeschreibung die schwächste Vorbedingung berechnet wird, die sicherstellt, dass der Plan erfolgreich angewendet werden kann. Der Grad der Übereinstimmung der darin vorkommenden prädikatenlogischen Formeln zwischen der aktuellen Anfrage und dem Problem im Fall bestimmt dann die Ähnlichkeit.

Weiterführende Aspekte

Der Zusammenhang zwischen Ähnlichkeit und Wiederverwendbarkeit ist zentral für das CBR und wird unter dem Begriff „adaptation-guided retrieval" [107] diskutiert. Ansätze versuchen, die Wiederverwendbarkeit von Fällen unter Berücksichtigung des Adaptionsansatzes (siehe 11.3.4) abzuschätzen und dies beim Retrieval oder in den Ähnlichkeitsmaßen zu berücksichtigen [62]. Die Erstellung wissensintensiver Ähnlichkeitsmaße ist oft aufwendig, da komplexe Fallrepräsentationen viele Parameter erfordern. Experteninterviews helfen, relevante Attribute und deren Unterschiede zu identifizieren. Das Lokal-Global-Prinzip erleichtert die Analyse, doch bleibt die Qualität des Ähnlichkeitsmaßes ein zentrales Thema. Eine Möglichkeit besteht darin, durch Experteninterviews für eine Testmenge von Anfragen einen „Goldstandard" für das Ranking der besten N Fälle zu erstellen und diesen mit der durch das Ähnlichkeitsmaß bestimmten Präferenzrelation mittels eines Rankingmaßes zu vergleichen. Neben der manuellen Erstellung bietet sich auch der Einsatz von Methoden des Maschinellen Lernens an, um Ähnlichkeitsmaße zu bestimmen oder zu verbessern. Dies wird in der Retainphase und in Unterkapitel 11.3.5 behandelt.

11.3.3 Retrieval

Das Retrieval von Fällen ist die erste Phase des CBR-Zyklus. Ausgehend von einer Fallbasis CB, einem Ähnlichkeitsmaß sim und einer Anfrage bzw. neuem Problem q wird entweder der ähnlichste Fall gesucht, die m ähnlichsten Fälle oder alle Fälle, die zur Anfrage eine Mindestähnlichkeit besitzen. Das adressierte Hauptproblem ist dabei die Effizienz, woraus sich direkt die Frage ergibt, wie eine Fallbasis zu organisieren ist, damit Fälle effizient aufgefunden werden können. Im Folgenden werden wir drei verschiedene Retrieval-Arten vorstellen.

Sequentielles Retrieval

Beim sequentiellen Retrieval wird auf jeden Fall $c \in \mathrm{CB}$ zugegriffen, die Ähnlichkeit $\mathrm{sim}(q, c)$ berechnet und der Fall in eine Ergebnisliste gemäß der Ähnlichkeit einsortiert.

Vorteile sind die einfache Implementierung und die Unabhängigkeit von Indexstrukturen, so wie die Tatsache, dass beliebige Ähnlichkeitsmaße verwendet werden können. Problematisch wird es bei großen Fallbasen oder komplexen Ähnlichkeitsberechnungen.

Zweistufiges Retrieval

Das zweistufige Retrieval basiert auf dem MAC-FAC-Modell (Many are called, few are chosen) von Gentner und Forbus [40] und besteht in den folgenden beiden Schritten:

1. Vorauswahl von möglichen Lösungskandidaten $M_q = \{c \in CB \mid SIM(q, c)\}$
2. Anordnung der Lösungskandidaten M_q durch das Ähnlichkeitsmaß sim durch Anwendung des sequentiellen Retrievals

Hierbei ist $SIM(q, c)$ kein Ähnlichkeitsmaß, sondern ein Prädikat, das nur vereinfacht zwischen ähnlich und unähnlich unterscheidet. Das Finden eines geeigneten Prädikats SIM ist schwierig, da es sowohl das Ähnlichkeitsmaß sim approximieren als auch eine effiziente Berechnung von M_q ermöglichen muss. Typische Beispiele für solche Prädikate sind partielle Gleichheit, lokale Ähnlichkeit oder partielle lokale Ähnlichkeit, bei denen q und c in mindestens einem Attribut gleich, bzw. in allen oder in einem Attribut hinreichend ähnlich sein müssen. Eine schnelle Vorauswahl im zweistufigen Retrieval bringt Performanzvorteile, birgt jedoch das Risiko von α-Retrieval-Fehlern, bei denen hinreichend ähnliche Fälle nicht berücksichtigt werden.

Indexorientiertes Retrieval

Ausgehend von der Fallbasis und dem Ähnlichkeitsmaß generieren indexorientierte Retrievalverfahren in einer Offlinephase zunächst eine Indexstruktur, die wiederum zum effizienten Zugriff auf die Fälle in der Fallbasis während des Retrievals verwendet wird. Diese Methoden verringern die Anzahl der zu prüfenden Fälle, sind jedoch mit dem Nachteil verbunden, dass Indexstrukturen generiert und aktualisiert werden müssen. In der Literatur sind dazu verschiedene Verfahren entwickelt worden. Ein *kd-Baum* [14, 119] ist ein k-dimensionaler binärer Suchbaum zur effizienten Ähnlichkeitssuche, der die Fallbasis rekursiv entlang von Attributausprägungen in immer kleiner werdende Teilmengen zerlegt, ähnlich wie bei einem Entscheidungsbaum. Das Retrieval erfolgt durch Traversieren des Baums bis zu einem Blattknoten, in dem Fälle auf Ähnlichkeit geprüft werden. Durch ein spezielles Backtracking zu benachbarten Blattknoten kann hierbei die Vollständigkeit des Retrievals gewährleistet werden. KD-Bäume sind effizient für geringe Dimensionen, erfordern jedoch monotone Ähnlichkeitsmaße. *Case-Retrieval-Netze* [63] zerlegen Fälle in Informationseinheiten (z. B. Attribut-Wert-Paare) und verbinden diese über Kanten mit Fallknoten. Die Anfrage aktiviert relevante Knoten, deren Aktivierung sich durch das Netz propagiert und die Ähnlichkeit ausdrückt. Dieser Ansatz ist besonders effizient bei sparsamer Vernetzung, z. B. bei textuellen Fallrepräsentationen. *Fish & Shrink* [99] berechnet Ähnlichkeiten zwischen Fällen vorab und speichert diese in einem Netzwerk. Während des Retrievals werden Ober- und Untergrenzen für die Ähnlichkeit geschätzt, was viele Berechnungen vermeidet. Der Ansatz ist besonders geeignet für komplexe Ähnlichkeitsmaße, setzt jedoch die Gültigkeit der Dreiecksungleichung voraus.

11.3.4 Adaption

Nach der Retrievalphase des CBR-Zyklus, in der ähnliche Fälle zur Anfrage gesucht wurden, erfolgt in der Reusephase die Ableitung einer Lösung für das aktuelle Problem.

Grundlegende Adaptionsansätze

Bei Problemstellungen mit kleinen Lösungsräumen können Lösungen direkt übernommen werden, sofern die Fallbasis den Lösungsraum vollständig abdeckt. Dies wird als *Null-Adaption* bezeichnet, da keine Anpassung notwendig ist. Voraussetzung hierfür ist ein gutes Ähnlichkeitsmaß, das den passenden Fall korrekt auswählt. In allen anderen Fällen erfordert die Abweichung zwischen den gefundenen Fällen und der aktuellen Problemstellung eine Anpassung der Lösung. Aus kognitionspsychologischer Sicht wird diese Adaption als „die kognitive Fähigkeit, eine Lösung für eine Problemsituation zu entwickeln, die von allen bisher bekannten Lösungen abweicht“ [13] beschrieben. Ziel der Adaption im CBR ist es, gefundene Fälle so zu modifizieren, dass sie das neue Problem lösen. Dies setzt domänenspezifisches Adaptionswissen voraus, das einen entsprechenden Wissensakquisitionsaufwand nach sich zieht. Adaptionsansätze umfassen sowohl die vollautomatische Adaption als auch Ansätze, bei denen die Benutzer interaktiv in den Adaptionsprozess eingebunden sind.

Adaptionsansätze lassen sich danach unterscheiden, wie viele Ausgangsfälle bei der Anpassung herangezogen werden. Bei der Einzelfalladaption (*single case adaptation*) wird die Lösung eines einzelnen Falls angepasst. Die kompositorische Adaption (*multiple case adaptation* [87] oder *compositional adaptation* [121]) kombiniert Lösungen aus mehreren Fällen, um eine neue Lösung zu erstellen. Letztere ist anspruchsvoller, da Abhängigkeiten und potenzielle Widersprüche zwischen Lösungsanteilen berücksichtigt werden müssen.

Zur Anpassung selbst gibt es zwei grundlegende Methoden: die *transformationsbasierte Adaption* und die *generative Adaption* [121]. Bei der transformationsbasierten Adaption wird die Lösung aus dem Ausgangsfall ggf. in mehreren Schritten so modifiziert, dass sie das aktuelle Problem optimal löst. Werden dabei nur einzelne Lösungsbestandteile wie einzelne Attributwerte verändert, handelt es sich um eine *Substitution*. Im Beispielszenario (Abb. 11.1) könnte dies die Änderung des Bewegungsattributs in Abhängigkeit des BMI-Unterschieds zwischen Anfrage und Fall sein. Müssen jedoch mehrere Lösungskomponenten gleichzeitig angepasst werden, sodass Abhängigkeiten zwischen ihnen berücksichtigt werden, spricht man von einer *strukturellen Adaption*. Ein Beispiel wäre die Anpassung mehrerer Medikamente und ihrer Dosierungen in einer medikamentösen Therapie.

Im Gegensatz zur transformationsbasierten Adaption, bei der die Lösung angepasst wird, zielt die *generative Adaption* darauf ab, den Lösungsweg des Problemlösungsprozesses anzupassen, der im jeweiligen Ausgangsfall zur Lösung geführt hat. Dies erfordert einerseits einen generativen Problemlöser, der auch ohne Fallwissen Probleme lösen kann, und andererseits Fälle, in denen der Lösungsweg zusätzlich zur Lösung dokumentiert ist. Ein solcher generativer Problemlöser basiert typischerweise auf allgemeingültigem Domänenwissen, das in einem suchbasierten Problemlösungsprozess verwendet wird. Der Lösungsweg entspricht dabei einem Pfad im zugehörigen Suchbaum. Aufgrund dieser Anforderungen findet die generative Adaption besonders im Bereich der fallbasierten Planung Anwendung (siehe 11.4.1). Hier wird ein Planungsalgorithmus mit einer fallbasierten Komponente kombiniert, um Erfahrungswissen zu nutzen. Ziel ist es, die Problemlöseeffizienz zu steigern und gleichzeitig Pläne zu erstellen, die sich möglichst eng an den bekannten Plänen der Fallbasis orientieren [20].

Repräsentationsformen für Adaptionswissen

Adaptionswissen kann in sehr unterschiedlichen Formen repräsentiert werden. *Adaptionsregeln* beschreiben Adaptionswissen in WENN-DANN-Form und sind besonders gut für die Substitution geeignet. Formal kann eine Adaptionsregel wie folgt beschrieben werden [96, S. 106]: $\phi_1 \wedge \phi_2 \wedge \cdots \wedge \phi_n \Rightarrow A$. Die linke Seite der Regel beschreibt die Vorbedingungen ϕ_1 bis ϕ_n, die sich sowohl auf die aktuelle Problembeschreibung wie auch auf den Ausgangsfall beziehen kann. Die rechte Seite spezifiziert eine Aktion A, die besagt, wie die Lösungsattribute angepasst werden sollen. Folgendes Beispiel beschreibt eine Regel für die zuvor beispielhaft genannte Substitution, wobei die Anzahl der empfohlenen Schritte für einen Herzpatienten reduziert wird, falls sein Body-Mass-Index höher ist als bei dem Patienten im gefundenen Fall:

WENN *query.Körpergewicht* / (*query.Größe* * *query.Größe*) >
    (*retrieved.Körpergewicht* / (*retrieved.Größe* * *retrieved.Größe*) * 1.2) DANN
    target.Bewegung := (*retrieved.Bewegung* - 5.000).

Bei der regelbasierten Adaption können mehrere Regeln hintereinander angewendet werden, woraus sich Adaptionspfade [61] ergeben. Im Beispiel könnte eine weitere Regel dazu verwendet werden, um zusätzlich noch das Attribut Ernährung anzupassen.

Adaptionsoperatoren bilden eine Alternative zu Adaptionsregeln. Ein Adaptionsoperator ist eine partielle Funktion, die einen Fall in einen Folgefall transformiert [15, S. 149]. In Anlehnung an Planungskalküle mit Zustandsräumen (vgl. die Planungssprache STRIPS [39]) besteht eine Operatorbeschreibung aus einer Vorbedingung die erfüllt sein muss, damit der Operator anwendbar ist, sowie einer Nachbedingung, die Aktionen zum Löschen, Hinzufügen oder Modifizieren von Teilen des Falls beschreiben. Operatoren lassen sich zu Operatorketten zusammenfügen. Eine Operatorkette $\mathrm{op} = \mathrm{op}_n \circ \cdots \circ \mathrm{op}_2 \circ \mathrm{op}_1$

ist eine Sequenz von Operatoren, bei der die Vorbedingungen eines Operators nicht durch das Ergebnis der vorherigen Operatoren verletzt werden dürfen [96, S. 200]. Formale Ansätze für Adaptionsoperatoren werden zum Beispiel unter der Bezeichnung Revisionsoperatoren (belief revision operators) [68, 37], die aus dem Gebiet der logikorientierten Wissensrepräsentation stammen, untersucht.

Adaptionsfälle speichern episodisches Adaptionswissen und sind nützlich, um komplexe Adaptionsvorschriften wiederzuverwenden [72]. Eine Möglichkeit zur Repräsentation sind Ketten von Editieroperationen [71], wie add(e_i) zum Einfügen oder delete(e_j) zum Löschen von Elementen. Bei komplexen Zielobjekten wie Graphen wird die Editierkette an geeigneten Stellen im Zielobjekt angewendet, die zuvor durch sogenannte *Anker* bestimmt werden. Diese Anker markieren die Position der Editierkette im alten Objekt und werden vor dem Replay im Zielobjekt lokalisiert.

Adaptionsprozess

Der Adaptionsprozess lässt sich als Suche im Raum der Lösungen beschreiben, die durch eine Abfolge von Adaptionsschritten erfolgt. Die Steuerung dieser Suche kann mithilfe der sogenannten Differentialadaption [41] durchgeführt werden, indem der Beitrag jedes Adaptionsschritts zur Problemlösung bewertet wird. Eine enge Verzahnung von Retrieve- und Reusephase ist ebenfalls möglich. Dabei wird die Anpassbarkeit eines Falls an die aktuelle Situation bereits während des Retrievals berücksichtigt, ein Ansatz, der als *adaptation-guided retrieval* bekannt ist [106]. In diesem Rahmen werden der Problemraum und der Lösungsraum als zwei separate, aber miteinander verbundene Suchräume betrachtet.

11.3.5 Lernen

Nach Abschluss der ersten beiden Phasen des CBR-Zyklus folgt die Revisephase, in der geprüft wird, ob die vorgeschlagene Lösung das Problem erfolgreich löst. Dies kann mithilfe von Simulationen, Expertenurteilen oder direkt in der realen Umgebung erfolgen. Für die Simulation sind geeignete Simulationsumgebungen erforderlich, die eine Bewertung der Lösung gemäß entsprechender Testkriterien erlauben. Experten oder Nutzer können Feedback geben, um die Lösung zu bewerten oder diese auch manuell korrigieren. Auf Basis dieses Feedbacks erfolgt das eigentliche Lernen in der Retainphase. Durch geeignete Lernverfahren können alle Wissenscontainer aktualisiert werden. An erster Stelle steht hier natürlich die Aktualisierung der Fallbasis, aber auch Ähnlichkeits- und Adaptionswissen kann mittels Maschinellem Lernen angepasst werden.

Lernen von Fällen

Neue Fälle werden einer Fallbasis hinzugefügt, um deren Problemlösekompetenz zu erweitern oder den Problemlöseprozess zu optimieren. Gleichzeitig können Fälle im

Lernprozess ignoriert werden, um die Retrieval-Effizienz zu wahren und den Speicherbedarf zu beschränken. Stetiges Lernen kann auch das Löschen von Fällen erforderlich machen, beispielsweise bei verschlechterter Retrievalzeit, begrenztem Speicher oder wenn Fälle im Laufe der Zeit irrelevant oder redundant werden. Die grundlegenden Strategien des fallbasierten Lernens (Case-Based Learning, CBL) für Klassifikationsaufgaben wurden von Aha et al. [4] beschrieben und umfassen drei Varianten:

- CBL1: Alle Fälle werden hinzugefügt.
- CBL2: Ein Fall wird nur hinzugefügt, wenn ohne ihn eine falsche Lösung entsteht.
- CBL3: Wie CBL2, jedoch werden ungeeignete Fälle zusätzlich entfernt.

In CBL2 werden Fälle getestet, bevor sie gespeichert werden, indem sie mit dem ähnlichsten Nachbarn verglichen werden. Abweichende Lösungen führen zur Aufnahme des Falls, übereinstimmende nicht. CBL3 ergänzt dies durch kontinuierliches Prüfen der Klassifikationsgüte von Fällen, um irrelevante oder fehlerhafte Fälle zu entfernen.

Zum Nachträglichen Löschen von Fällen aus der Fallbasis (Vergessen) definieren Smyth und Keane [105] Kompetenzkategorien für Fälle:

- *Pivotfälle*: Kernfälle, deren Löschung Kompetenzverlust bedeutet.
- *Hilfsfälle*: Fälle ohne Einfluss auf die Kompetenz.
- *Supportgruppen-Fälle*: Eine Gruppe von Fällen mit identischen Lösungsbeiträgen.

Basierend auf diesen Kategorien ermöglicht die „Footprint Deletion Policy" eine gezielte Fallentfernung zur Reduktion der Größe der Fallbasis. Zuerst werden Hilfsfälle, dann einzelne Supportgruppen-Fälle und zuletzt (wenn nötig) Pivotfälle gelöscht, um die Fallbasiskompetenz möglichst zu erhalten.

Lernen von Ähnlichkeitswissen

Die Aufgabe der Ähnlichkeit besteht darin, die Nützlichkeit eines Falls zur Problemlösung zu approximieren, obwohl diese häufig ungenau oder nutzerabhängig ist. Dennoch können Informationen in der Fallbasis genutzt werden, um lokale und globale Ähnlichkeitsmaße durch Feedback zu lernen [109]. Zur Optimierung von Ähnlichkeitswissen gibt es verschiedene Ansätze, wie das Lernen von Distanzfunktionen für k-Nearest-Neighbour (kNN) [56], der Einsatz von Neuronalen Netzwerken mit Gradientenabstieg [42, 70] (siehe Kapitel 13) oder das Erlernen von Gewichten [120]. Creecy [34] beschreibt einen Ansatz für klassenspezifische Gewichte, bei dem numerische oder symbolische Werte zunächst binär transformiert werden. Bedingte Wahrscheinlichkeiten zwischen Attributausprägungen und Lösungen ermöglichen die Berechnung von Attributgewichten. Introspektive Methoden wie der Leave-One-Case-Out-Test generieren Feedback direkt aus der Fallbasis, indem überprüft wird, ob das System ausgelassene Fälle korrekt klassifiziert. Basierend auf dem Ergebnis können Gewichte angepasst werden, ein Konzept, das Aha als CBL4 bezeichnet [4]. Stahl und Gabel [110, 109] zeigen, wie lokale und globale Ähnlichkeitsmaße durch Expertenfeedback gelernt werden können. Das Feedback wird genutzt, um den Retrievalfehler zu bewerten und die Ähnlichkeitsmaße zu optimieren. Genetische Algorithmen bieten eine weitere Möglichkeit, Ähnlichkeitsmaße zu verbessern, indem sie diese als Individuen einer Population repräsentieren und die Retrievalfehlerrate als Fitnessfunktion einsetzen.

Lernen von Adaptionswissen

Craw et al. [33] beschreiben, wie Adaptionswissen aus der Fallbasis gelernt werden kann, um die Lösungsanpassung zu verbessern. Da die Fallbasis repräsentativ für das gegebene Problem ist, gilt das daraus abgeleitete Wissen ebenfalls als repräsentativ. Zum Generieren von Adaptionswissen wird der Leave-One-Case-Out-Ansatz genutzt. Das notwendige Wissen, um den ausgelassenen Fall mit der restlichen Fallbasis darzustellen, wird als potenzielles Adaptionswissen erfasst. Zunächst wird es direkt mit dem Fall gekoppelt und anschließend generalisiert. Numerisches Adaptionswissen lässt sich einfacher extrahieren, da Unähnlichkeiten durch Distanzfunktionen berechnet werden können. Für symbolische Wertebereiche fehlen solche Funktionen oft. Müller und Bergmann [83] erweiterten diesen Ansatz und entwickelten Methoden zum Lernen von Adaptionsoperatoren speziell für das prozessorientierte CBR.

Transferlernen

CBR-Systeme lernen üblicherweise online während der Retainphase. Neuere Arbeiten untersuchen zusätzlich Transferlernen im CBR [55, 73], bei dem Wissen aus einer Quell-Domäne D_S auf eine Ziel-Domäne D_T übertragen wird [88]. Dieser Ansatz aus dem Maschinellen Lernen wird genutzt, um die Problemlösefähigkeiten für Zielanwendungen zu verbessern, insbesondere bei einem „Kaltstartproblem“, wenn wenig Wissen für die Zieldomäne verfügbar ist. Fälle aus D_S können die Fallbasis anreichern, aber auch Inhalte anderer Wissenscontainer wie Adaptionswissen lassen sich übertragen. Bei großen Unterschieden zwischen D_S und D_T ist ein analoges Mapping erforderlich [58], das ein Vokabularübersetzung bereitstellt. Dieses Mapping wird durch Modellierung oder Lernmethoden ermittelt und ermöglicht den Transfer von Wissen zwischen unterschiedlichen Anwendungsbereichen, z. B. von der Passagierabfertigung am Flughafen zur Lagerlogistik [49].

11.4 Ausblick

11.4.1 CBR-Anwendungen

Nachfolgend werden ausgewählte Anwendungsgebiete für CBR-Systeme beschrieben. Weitere Anwendungsbereiche sowie konkrete erfolgreiche CBR-Anwendungen sind in der Literatur ausführlich dokumentiert (siehe z. B. [16, 8, 77, 78]).

Diagnose technischer Systeme

Die Aufgabe der Klassifikation ist die Zuordnung von Objekten oder Situationen zu vorgegebenen Klassen. Diagnoseaufgaben sind ein Spezialfall von Klassifikationsaufgaben: Gegebenen Symptom-/Messwerten wird mindestens ein Fehler oder eine Krankheit (genannt: Diagnose) zugeordnet. Diagnostische Aufgabenstellungen unterscheiden sich von allgemeinen Klassifikationsproblemen im Wesentlichen durch die unvollständige Information, d. h. zum Zeitpunkt der Klassifikation sind im Normalfall viele Eingabewerte noch unbekannt. In der Diagnostik ist daher als eine wesentliche Teilaufgabe noch die Erhebung weiterer Information zu betrachten, d. h. die Auswahl und Anordnung von durchzuführenden Tests und Untersuchungen. In der Diagnose technischer Systeme sind die Hauptwissensquellen üblicherweise generelles Wissen über das technische System, das zu diagnostizieren ist, generelles Wissen eines (oder mehrerer) Experten, z. B. eines langjährigen Mitarbeiters aus der Instandsetzung, sowie fallspezifisches Wissen, z. B. eines Servicetechnikers, der regelmäßig solche technischen Systeme diagnostiziert und repariert. Es bietet sich somit an, das Diagnoseproblem mit fallbasiertem Schließen zu lösen. Entsprechend zeigt Abbildung 11.4 den grundsätzlichen Ablauf einer fallbasierten Diagnose. Es ist die aktuelle Situation zu erfassen, d. h. die initial bekannten Symptome sind zu erheben und dem fallbasierten Diagnosesystem zugänglich zu machen. Das System sucht dann nach dem ähnlichsten Fall. Findet es keinen Fall, der ähnlich genug ist, dann bricht das System hier ab und teilt dem Benutzer mit, dass es leider nicht kompetent genug ist, für die eingegebenen Symptome eine Diagnose zu stellen. Findet es aber mindestens einen ähnlichen Fall, ist dieser Fall ähnlich genug um als Diagnosehypothese akzeptiert zu werden und erweist die gestellte Diagnose als korrekt, so wurde das Diagnoseproblem erfolgreich gelöst. Erweist sich die gestellte Diagnose als inkorrekt oder wurde der Fall nicht als Diagnosehypothese akzeptiert, dann werden weitere Symptomwerte erhoben. Dies setzt sich fort, bis das Diagnoseproblem erfolgreich gelöst wurde oder der Algorithmus abbricht, weil es keinen ähnlichen Fall gibt. Bach [10] beschreibt wie Informationsextraktion genutzt werden kann, um das für die fallbasierte Diagnose erforderliche Wissen mit weniger Aufwand zu beschaffen. Anwendung findet dies in der Diagnose von Problemen bei Landmaschinen. Reuss erweitert diesen Ansatz um Wartungsaspekte und setzt ihn für die fallbasierte

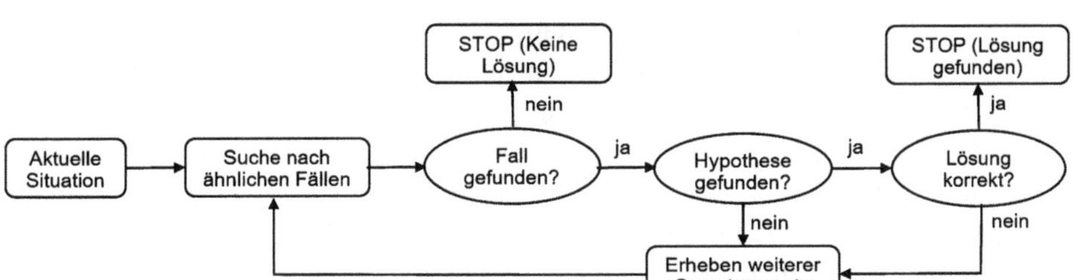

Abb. 11.4: Fallbasierte Diagnose (nach Stadler und Wess [108]).

Diagnose in der Luftfahrt [94] ein. Hartmann et al. [47] wenden fallbasierte Diagnose in der Raumfahrt an. Weitere Systeme zur fallbasierten Diagnose finden sich z. B. auch in [119, 6, 45].

Planung

Die KI-Planung (siehe Kapitel 3) beschäftigt sich damit, eine zeitliche Abfolge von Aktionen zu finden, die es erlauben, ausgehend von einem Ausgangszustand s_0 ein Ziel g zu erreichen. Hierbei ist die Menge der verfügbaren Aktionen A vorgegeben. Formal kann ein Planungsproblem P somit als ein Tripel $P = (s_0, g, A)$ beschrieben werden, wobei s_0 eine Menge von Fakten ist, die als wahr in der Welt, d. h. im Ausgangszustand, angenommen werden. Das Ziel g ist ebenfalls eine Menge von Fakten, deren Gültigkeit angestrebt wird. Die Aktionen in A werden durch Regeln beschrieben, die festlegen, welche Auswirkung das Ausführen einer Aktion auf den aktuellen Zustand hat. Aktionen beschreiben somit einen Zustandsübergang von einem Zustand s_i in einen Folgezustand s_{i+1}. Aktionen können dabei sowohl deterministisch sein (d. h. jede Aktion besitzt ein eindeutiges Ergebnis) oder nicht-deterministisch, wenn mehrere Nachfolgezustände möglich sind (z. B. jeweils mit bestimmten Wahrscheinlichkeiten). Die Lösung eines klassischen Planungsproblems ist ein Plan π, also eine Folge von Aktionen, die, wenn man sie der Reihe nach ausgehend vom Ausgangszustand s_0 ausführt, in einem Zustand s_n resultiert, der das Ziel g erfüllt. Betrachten wir zum Beispiel ein Transportproblem bestehend aus verschiedenen Orten und Transportmöglichkeiten zwischen diesen. Eine Person, Markus, befindet sich am Ort Kaiserslautern und möchte gerne zum Flughafen Frankfurt reisen. Der Ausgangszustand s_0 spezifiziert (mittels Fakten) die bekannten Orte sowie die Positionen von Markus. Das Ziel besteht darin, einen Zustand zu erreichen, in dem Markus am Ort Flughafen Frankfurt ist. Die Aktionen beschreiben dabei die Reisemöglichkeiten. Eine mögliche Lösung π ist dann eine Folge von Aktionen, die z. B. angibt, dass Markus einen Bus zum Bahnhof Kaiserslautern nehmen muss, dann den Zug zum Hauptbahnhof Frankfurt und danach die S-Bahn zum Flughafen.

Mit Methoden der KI-Planung wie zum Beispiel der Suche in einem Zustandsraum lassen sich Planungsprobleme lösen. Dennoch gibt es wichtige Gründe, hierbei zusätzlich Erfahrungswissen zu nutzen. In der fallbasierten Planung (Case-Based Planning, CBP) [29, 20, 115, 46] wird daher ein Planungsproblem P unter Zuhilfenahme einer Fallbasis CB von Planungsfällen (siehe Unterkapitel 11.3.1) gelöst. Es gibt verschiedene Rollen, die Fälle dabei spielen können. Fälle können den Suchprozess steuern und damit als Kontrollwissen den für die Suche notwendigen Berechnungsaufwand reduzieren. Hierbei werden die erfolgreichen Suchpfade vom Fall mittels generativer Lösungsadaption (siehe Unterkapitel 11.3.4) auf das aktuelle Suchproblem übertragen [116, 24]. Fälle bewirken also eine Beschleunigung des Planungsprozesses. Des Weiteren können Fälle eingesetzt werden, um Lösungen zu bestimmen, die ähnlich zu bereits bekannten Lösungen früherer Probleme sind. Hierdurch können auch Präferenzen für bestimmte Lösungsvarianten berücksichtigt werden, die sich in den Fällen der Fallbasis niederschlagen. Im

Beispiel könnten günstige Verkehrsmittel gegenüber schnellen Verkehrsmitteln bevorzugt werden. Ein schwieriges Problem in der Planung besteht in der Voraussetzung, dass die Menge der verfügbaren Aktionen vollständig bekannt sein muss. In vielen Domänen ist die Voraussetzung jedoch nicht gegeben, da der Wissensakquisitionsaufwandes zu groß ist. Jedoch liegen häufig Erfahrungen in Form von Planungsfällen vor, in denen bestimmte Aktionen erfolgreich durchgeführt wurden, ohne dass deren formale Aktionsbeschreibung bekannt ist.

Prozessorientierte Informationssysteme

Mit dem Trend zur digitalen Transformation entwickeln sich Geschäftsprozesse zu einem wesentlichen Erfolgsfaktor für Unternehmen. *Prozessorientiertes CBR* (Process-oriented CBR, PO-CBR) beschäftigt sich mit der Anwendung und Erweiterung von Methoden des Fallbasierten Schließens für Geschäftsprozess- und Workflowmanagement [75]. Laut Workflow Management Coalition sind Workflows „die Automatisierung eines Geschäftsprozesses im Ganzen oder in Teilen, wodurch Dokumente, Information oder Aufgaben in einer durch Regeln festgelegten Reihenfolge von einem Bearbeiter zu einem anderen gereicht werden können" [125, eig. Übersetzung]. Die Prozesslogik eines Workflows wird durch ein prozedurales Modell mit *Tasks* (Aktivität, Aufgabe), die eine logische Arbeitseinheit repräsentieren, und ihrem *Kontrollfluss* beschrieben, der die Reihenfolge angibt, in der die Tasks ausgeführt werden sollen. Die Repräsentationsformen für das Adaptionswissen reichen von einfachen Adaptionsregeln für einzelne Workflow-Elemente über Editierketten mit Ankern [72], generalisierten Fällen [84] bis hin zu Workflow-Streams für strukturübergreifende Änderungen an Workflows [82]. Abbildung 11.5 zeigt ein Beispiel eines Workflows in der graphischen

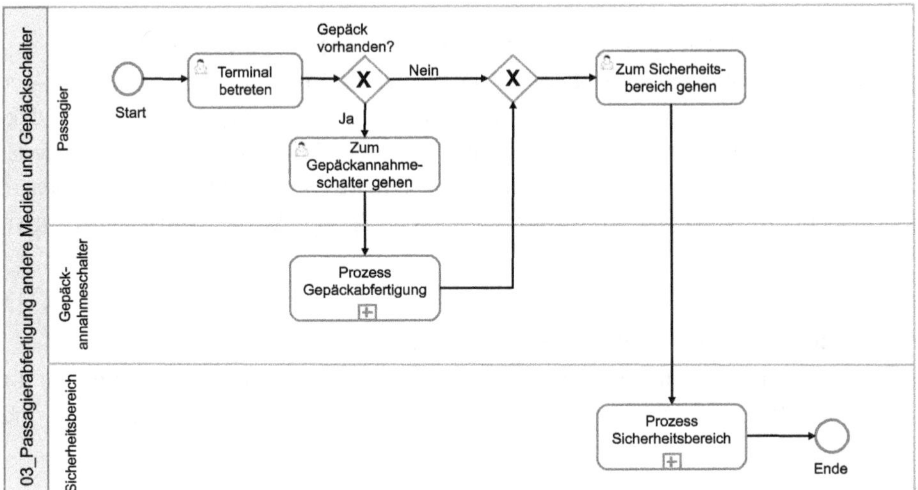

Abb. 11.5: Workflow-Beispiel für die Passagierabfertigung am Flughafen.

Modellierungssprache BPMN (Business Process Modeling Notation) [93]. Der Workflow beschreibt den Prozess der Passagierabfertigung am Flughafen [49]. Ein Passagier betritt den Flughafen, trifft dann die Entscheidung, ob Gepäck aufgegeben werden soll, und geht anschließend zum Sicherheitsbereich, wo die Sicherheitskontrolle in einem Sub-Workflow „Prozess Sicherheitsbereich" durchgeführt wird. Für verschiedene Teilaufgaben im CBR wie Fallakquisition, Retrieval und Adaption gibt es PO-CBR-spezifische Methoden [75]. Die Fälle enthalten in den meisten PO-CBR-Ansätzen Workflows oder Adaptionswissen über Workflows. Die Fallakquisition kann durch Workflow-Extraktion aus Texten [104, 38, 102] oder durch fallbasierte Modellierungsunterstützung [50, 92, 85] erleichtert werden. Durch die Analyse von Prozess-Repositories [74, 36] können prozessorientierte Fälle vollautomatisch gewonnen werden. Mit Process Mining [114, 80] werden Muster in Ausführungsprotokollen (execution traces) von Workflows entdeckt, aus denen sich Workflows oder Workflowfragmente generieren lassen. Das Workflow-Retrieval wird häufig durch Ähnlichkeitsmaße für Graphen (vgl. Unterkapitel 11.3.2), execution-trace-basiert [79, 103], durch Abstraktion [72] oder dialogorientiert [118, 126] realisiert. Es gibt viele Forschungsansätze zur Flexibilisierung von Workflows [93], die eine Adaption der Workflows benötigen. Die Adaption von Workflows ist schon während der Modellierungsphase (build time), aber auch zur Laufzeit der Workflows (run time) interessant.

11.4.2 CBR Tools & Frameworks

Dieser Abschnitt beschreibt eine Auswahl an CBR Tools und Frameworks. Für eine ausführlichere Tool-Übersicht verweisen wir auf Schulheis et al. [101].

CBRKit – Customizable Case-Based Reasoning (CBR) Toolkit for Python

CBRkit[4] ist ein modulares Open-Source Toolkit für CBR in Python [66], welches an der Universität Trier entwickelt wird. Es stellt verschiedene Funktionalitäten zur Entwicklung von CBR-Systemen zur Verfügung. Durch die Wahl der Programmiersprache ist die Nutzung von anderen Python-Libraries, wie zum Beispiel PyTorch oder scikit-learn, oder auch die Nutzung von LLMs einfach möglich, um so hybride KI-Ansätze zu entwickeln.

myCBR – Rapid Protoyping von CBR-Anwendungen

myCBR[5] [111] ist ein Open-Source Tool, welches vom Deutschen Forschungszentrum für Künstliche Intelligenz (DFKI) und der Norwegischen Universität für Wissenschaft und

4 https://github.com/wi2trier/cbrkit/

5 https://mycbr.github.io

Technik (NTNU) entwickelt wird. myCBR besteht aus zwei Komponenten: einer grafischen Benutzeroberfläche (Workbench) zur Erstellung von Fallrepräsentationen, lokalen und globalen Ähnlichkeitsmaßen, und Fallbasen sowie einem SDK (Software Development Kit) welches als Softwarekomponente in Java oder über eine REST API [9] genutzt werden kann. myCBR wurde zur Entwicklung verschiedenartiger CBR-Anwendungen, beispielsweise zur technischen Diagnose [11] oder dem Selbstmanagement chronischer Krankheiten [81] genutzt.

ProCAKE – Process-Oriented Case-Based Knowledge Engine

ProCAKE[6] [18] ist ein Open-Source Framework für strukturelles und insbesondere prozessorientiertes Fallbasiertes Schließen, welches an der Universität Trier entstanden ist und inzwischen gemeinsam mit dem Deutschen Forschungszentrum für Künstliche Intelligenz (DFKI) weiterentwickelt wird. ProCAKE dient der Entwicklung erfahrungsbasierter lernender Systeme und ermöglicht die Integration von Prozess- und Wissensmanagement. Das ProCAKE-Framework ist in Java implementiert und nutzt XML-Technologien zur Konfiguration und Persistenz der Daten. ProCAKE unterstützt objektorientierte und graphbasierte Fallrepräsentationen, zum Beispiel zur Abbildung von Prozessen und Workflows als semantische Graphen [17]. Hierzu bietet ProCAKE eine Vielzahl erweiterbarer Datentypen, verschiedene syntaktische und semantische Ähnlichkeitsmaße [15], Graph-Matching auf Basis des A*-Suchalgorithmus [17] sowie eine Anzahl von Retrievalansätzen [23, 86, 54].

COLIBRI

COLIBRI[7] [91] ist ein Java-basiertes Open-Source-Framework zur Entwicklung von CBR-Systemen, insbesondere von Recommender Systems. Das Framework wurde von der GAIA Gruppe der Compultense Universität in Madrid entwickelt. Das COLIBRI-Framework stellt Komponenten ähnlich einem Baukastenprinzip bereit, die zur Implementierung eines CBR-Systems kombiniert werden können. Es gibt beispielsweise Komponenten um eine strukturelle, textuelle oder ontologiebasierte Fallstruktur und die dazugehörigen Ähnlichkeitsmaße zu erstellen. Ebenso sind Module für die Persistenz von Fällen, Implementierung von Retrievalansätzen sowie der Evaluierung der Systeme enthalten.

11.4.3 Aktuelle Aspekte

Erklärfähigkeit von CBR-Systemen (XAI)

CBR wird seit Langem als eine KI-Methodik angesehen, welche Erklärungen in Form von Fällen implizit mitliefert, aber auch einen Erklärungsprozess für andere sogenann-

6 https://procake.de

7 https://gaia.fdi.ucm.es/research/colibri/

te Black-Box-Methoden unterstützen kann (siehe Kapitel 15). Darüber hinaus werden CBR-Anwendungen aufgrund ihrer Erklärbarkeit und Transparenz im Entwicklungsprozess von Benutzern intuitiv bevorzugt [112]. Einen Überblick von Aufgaben und Zielen von Erklärungen hat Leake [60] gegeben, worin er sechs Aspekte von Erklärungen aufzeigt und deren Anwendungsmöglichkeiten diskutiert. In der Folge hat Roth-Berghofer [98] allgemeine Fragen der CBR-basierten Erklärbarkeit und eine Reihe zukünftiger Forschungsrichtungen präsentiert, während Sørmo et al. [113] Ziele von Erklärungen in CBR-Systemen aufzeigen und Ansätze präsentieren, wie diese umgesetzt werden können. Dabei beschreiben die Autoren Erklärungsaspekte wie das Lernen von Domänenwissen, Bereitstellen von Konzeptbeschreibungen, sowie Relevanz, Transparenz und Rechtfertigung der Empfehlung. Wenn Nutzer aktiv in die Entwicklung von CBR-Systemen eingebunden werden, kann die Qualität des Systems wie auch die Benutzerakzeptanz nachweislich erheblich gesteigert werden. Die Akzeptanz der Technologie durch den Benutzer kann zudem erhöht werden, wenn das Tool selbst erstellte Erklärungen zu seinen Funktionen und / oder Schlussfolgerungen bereitstellt [7]. Bichindaritz [27] beschreibt die Synergien zwischen der Argumentation in Einzelfällen und anderen Technologien des Maschinellen Lernens und stellt die Erklärbarkeit und Transparenz der identifizierten Themen in den Vordergrund. Ein Beispiel zur Verwendung eines erklärbaren CBR-Systems im medizinischen Bereich wurde von Lamy et al. [59] vorgestellt. Darüber hinaus stellen die Arbeiten von Keane et al. [53] die Rolle von CBR als „Erklärer“ für die Ergebnisse von Neuronalen Netzen vor.

CBR & Deep Learning

In den vergangenen Jahren ist die Integration von CBR mit verschiedenen Deep-Learning (DL)-Techniken (siehe Kapitel 13) in den Fokus der Forschung gerückt. Insbesondere die Abbildung und das Lernen von Ähnlichkeiten durch DL-Ansätze wurde durch Gabel et al. [42], Mathisen et al. [70] oder Martin et al. [69] untersucht. Alle drei Ansätze nutzen die Falldaten, um Ähnlichkeitsmaße zu lernen. Während die ersten beiden Arbeiten anhand von Attribut-Werte-Paaren die Ähnlichkeitsmaße lernen, beschreibt Martin eine Architektur, in der zwei parallele Netzwerke trainiert und deren Unterschied zur Bestimmung der Ähnlichkeit genutzt wird. Parallel zu den Ansätzen, in denen CBR und DL integriert werden, gibt es auch Arbeiten in denen CBR und DL zusammenarbeiten: So können Embeddings für textuelle Ähnlichkeiten oder Neuronale Netze zur Approximation von Ähnlichkeiten genutzt werden, um die MAC-Phase im MAC-FAC Retrieval zu unterstützen [54]. Um die Interpretierbarkeit der Bilderkennung durch Neuronale Netze zu ermöglichen, haben Chen et al. ein CBR-System in ein Neuronales Netzwerk integriert, welches Prototypen von Bildern bereitstellt [31].

CBR & LLMs

Large Lanuage Models (LLMs) sind eine Form von generativen Modellen (siehe Kapitel 14) und können halluzinieren, d. h. falsche Ergebnisse liefern, die nicht auf den ersten

Blick als falsch erkannt werden und somit erhebliche negative Auswirkungen haben können. Dies hat sich beispielsweise im Bereich des Rechtswesens gezeigt. So wurde in [28] berichtet, dass ein Anwalt ein von dem LLM ChatGPT erstelltes Rechtsbriefing für einen Rechtsfall verwendete. ChatGPT lieferte sogar frühere Fälle als Begründung für das Rechtsbriefing. Es stellte sich jedoch heraus, dass es sich bei diesen Fällen nicht um tatsächliche frühere Fälle handelte, sondern um nicht existierende, von ChatGPT frei erfundene Fälle. Gegen den Anwalt, der die rechtlichen Ausführungen vorgebracht hatte, wurden später Sanktionen verhängt [124]. Um diesem wichtigen Problem entgegenzuwirken, haben Forscher die Retrieval-Augmented Generation (RAG) [67] vorgeschlagen. In RAG werden die Eingaben an das LLM (engl. "prompts") mit expliziten Fakten angereichert, die die Ergebnisse der Generierung verbessern sollen. Forscher haben beobachtet, dass CBR für RAG verwendet werden kann, indem Fälle als Fakten zur Unterstützung von LLMs bereitgestellt werden. Das Ziel ist, damit das Vertrauen der Benutzer zu erhöhen. Solche Ansätze wurden für die Erklärung von Geschäftsmodellen [76], zur Anpassung des CBR-Prozesses in verschiedenen Schritten [122] und für die Beantwortung rechtlicher Fragen [123] demonstriert. Die CBR-Forschungsgemeinde sieht viele weitere Potenziale, LLMs durch CBR zu verbessern [12]. Die Steuerung der Generierungsprozesse (engl. "guided generation") kann in Zukunft nicht nur durch das Bereitstellen von Fällen für die Prompts, sondern auch durch Adaptionsinstruktionen, fallbasierte Planung oder die Nachbearbeitung von generierten Zwischenergebnissen mithilfe strukturierter Informationen zielgenauer gestaltet werden. Möglicherweise kann De-Halluzinierung durch fallbasierte Qualitätskontrollen erreicht werden, indem Fälle als "ground truth" für die Validierung der LLM-Ausgaben herangezogen werden. Außerdem besteht ein hoher Bedarf, den Betrieb von LLM-Systemen effizienter zu machen. Neben geschicktem, fallbasierten Prompting bietet auch das CBR-gestützte Training für kleinere, spezialisiertere LLMs eine vielversprechende Forschungsperspektive. Umgekehrt kann natürlich auch CBR von LLMs profitieren, beispielsweise in der Akquise und Pflege der Wissenscontainer-Inhalte (siehe Abbildung 11.2) oder für die Erklärfähigkeit von CBR-Systemen.

11.5 Schlussbetrachtung

Fallbasiertes Schließen ist inzwischen eine etablierte Problemlösemethodik der KI zum Bau intelligenter Systeme mit einer Vielzahl verschiedener praktischer Anwendungsmöglichkeiten. In diesem Kapitel konnten nur die grundlegenden Aspekte von CBR thematisiert werden. Verschiedene Publikationen [15, 16, 1, 2, 96, 77, 78] können als ergänzende bzw. weiterführende Literatur zur Vertiefung des Stoffs dieses Kapitels herangezogen werden. Es gibt eine sehr aktive deutsche und internationale wissenschaftliche CBR-Community, die den Stand der Forschung kontinuierlich weitertreibt. Die zentrale Tagung ist dabei die jährlich stattfindende „International Conference on Case-Based

Reasoning“ (ICCBR),[8] aber auch auf übergreifenden KI-Tagungen – national wie international – finden sich regelmäßig Beiträge zum CBR. Auch regelmäßige Workshops zum Thema CBR finden statt, wie der jährlich organisierte CBR Track der „Florida Artificial Intelligence Research Society Conference“ (FLAIRS) oder auch die jährlichen Workshops der deutschsprachigen GI-Fachgruppe „Wissensmanagement“ (FGWM).[9]

Literaturverzeichnis

[1] *The Knowledge Engineering Review – Special Issue on Case-Based Reasoning*, volume 20, New York, NY, USA, 2005. Cambridge University Press.

[2] *Künstliche Intelligenz – Special Issue on Case-Based Reasoning*, number 1, 2009.

[3] A. Aamodt and E. Plaza. Case-based reasoning: Foundational issues, methodological variations, and system approaches. *AI Communications*, 7(1):39–59, 1994.

[4] D. W. Aha, D. Kibler, and M. K. Albert. Instance-based learning algorithms. *Machine Learning*, 6(1):37–66, 1991.

[5] D. W. Aha, L. A. Breslow, and H. Muñoz-Avila. Conversational case-based reasoning. *Applied Intelligence*, 14(1):9–32, 2001.

[6] K. D. Althoff. *Eine fallbasierte Lernkomponente als integraler Bestandteil der MOLTKE-Werkbank zur Diagnose technischer Systeme*, volume 23 of *DISKI*. Infix Verlag, St. Augustin, Germany, 1993.

[7] K. D. Althoff. *Evaluating Case-Based Reasoning Systems: The INRECA Case Study*. PhD thesis, 1997.

[8] Y. Avramenko and A. Kraslawski. *Case Based Design: Applications in Process Engineering*, volume 87. Springer, 2007.

[9] B. Bach, B. M. Mathisen, and A. Jaiswal. Demonstrating the myCBR Rest API. In *Workshop Proceedings ICCBR 2019*, 2019.

[10] K. Bach. *Knowledge Acquisition for Case-Based Reasoning Systems*. PhD thesis, Heidelberg University, 2013.

[11] K. Bach, K.-D. Althoff, R. Newo, and A. Stahl. A case-based reasoning approach for providing machine diagnosis from service reports. In A. Ram and N. Wiratunga, editors, *Proc. of the 19th Intl. Conference on Case-Based Reasoning (ICCBR-2011), London, UK*, volume 6880 of *LNCS*, pages 363–377. Springer Verlag, Heidelberg, September 2011.

[12] K. Bach, R. Bergmann, F. Brand, M. Caro-Martínez, V. Eisenstadt, M. W. Floyd, L. Jayawardena, D. Leake, M. Lenz, L. Malburg, D. H. Ménager, M. Minor, B. Schack, I. Watson, K. Wilkerson, and N. Wiratunga. Case-Based Reasoning Meets Large Language Models: A Research Manifesto For Open Challenges and Research Directions, 2025. https://hal.science/hal-05006761.

[13] F. Badra, K. Sedki, and A. Ugon. On the role of similarity in analogical transfer. In *Proc. ICCBR 2018*, volume 11156 of *LNCS*, pages 499–514. Springer, 2018.

[14] J. L. Bentley. Multidimensional binary search trees used for associative searching. *Communications of the ACM*, 18(9):509–517, 1975.

[15] R. Bergmann. *Experience Management: Foundations, Development Methodology, and Internet-Based Applications*, volume 2432 of *LNAI*. Springer, 2002.

[16] R. Bergmann, K. Althoff, S. Breen, M. Göker, M. Manago, R. Traphöner, and S. Wess. *Developing Industrial Case-Based Reasoning Applications: The INRECA Methodology*. Springer, 2003.

8 https://iccbr.org/

9 http://fgwm.de/

[17] R. Bergmann and Y. Gil. Similarity assessment and efficient retrieval of semantic workflows. *Information Systems*, 40:115–127, 2014.

[18] R. Bergmann, L. Grumbach, L. Malburg, and C. Zeyen. ProCAKE: A process-oriented case-based reasoning framework. In *Workshop Proceedings ICCBR 2019*, 2019.

[19] R. Bergmann, J. Kolodner, and E. Plaza. Representation in case-based reasoning. *Knowledge Engineering Review*, 20(3):209–213, 2005.

[20] R. Bergmann, H. Munoz-Avila, M. Veloso, and E. Melis. Case-based reasoning applied to planning tasks. In *Case-Based Reasoning Technology from Foundations to Applications*, volume 1400 of *LNAI*, pages 169–199. Springer, 1998.

[21] R. Bergmann, M. M. Richter, S. Schmitt, A. Stahl, and I. Vollrath. Utility-oriented matching: A new research direction for case-based reasoning. In *9th German Workshop on Case-Based Reasoning (GWCBR'2001)*, 2001.

[22] R. Bergmann and A. Stahl. Similarity measures for object-oriented case representations. In *Proc. EWCBR-98*, volume 1488 of *LNCS*, pages 25–36. Springer, 1998.

[23] R. Bergmann and A. Stromer. MAC/FAC retrieval of semantic workflows. In *Proc. FLAIRS 2013*. AAAI Press, 2013.

[24] R. Bergmann and W. Wilke. Building and refining abstract planning cases by change of representation language. *Journal of Artificial Intelligence Research*, 3:53–118, 1995.

[25] R. Bergmann and W. Wilke. On the role of abstraction in case-based reasoning. In *Advances in Case-Based Reasoning, Third European Workshop, EWCBR-96*, volume 1168 of *LNCS*, pages 28–43. Springer, 1996.

[26] R. Bergmann. *Effizientes Problemlösen durch flexible Wiederverwendung von Fällen auf verschiedenen Abstraktionsebenen*. Number 138 in *DISKI*. Infix, 1996.

[27] I. Bichindaritz, C. R. Marling, and S. Montani. Recent themes in case-based reasoning and knowledge discovery. In *FLAIRS Conference*, 2017.

[28] M. Bohannon. Lawyer used chatgpt in court—and cited fake cases. a judge is considering sanctions. *Forbes Online*, 2023.

[29] D. Borrajo, A. Roubíčková, and I. Serina. Progress in case-based planning. *ACM Computing Surveys*, 47(2):35:1–35:39, 2015.

[30] H. Bunke and B. T. Messmer. Similarity measures for structured representations. In *European Workshop on Case-Based Reasoning*, pages 106–118. Springer, 1993.

[31] C. Chen, O. Li, D. Tao, A. Barnett, C. Rudin, and J. K. Su. This looks like that: Deep learning for interpretable image recognition. In *In Advances in Neural Information Processing Systems*, volume 32, pages 8928–8939. Curran Associates, Inc., 2019.

[32] L. P. Cordella, P. Foggia, C. Sansone, and M. Vento. A (sub)graph isomorphism algorithm for matching large graphs. *IEEE Transactions on Pattern Analysis and Machine Intelligence*, 26(10):1367–1372, 2004.

[33] S. Craw, N. Wiratunga, and R. C. Rowe. Learning adaptation knowledge to improve case-based reasoning. *Artificial Intelligence*, 170(16–17):1175–1192, November 2006.

[34] R. H. Creecy, B. M. Masand, S. J. Smith, and D. L. Waltz. Trading mips and memory for knowledge engineering. *Communications of the ACM*, 35(8):48–64, 1992.

[35] R. L. De Mantaras, D. McSherry, D. Bridge, D. Leake, B. Smyth, S. Craw, B. Faltings, M. L. Maher, M. T. Cox, K. Forbus, M. Keane, A. Aamodt, and I. Watson. Retrieval, reuse, revision and retention in case-based reasoning. *Knowledge Engineering Review*, 20(3):215–240, 2005.

[36] R. Dijkman, M. L. Rosa, and H. A. Reijers. Managing large collections of business process models—Current techniques and challenges. *Computers in Industry*, 63(2):91–97, 2012.

[37] V. Dufour-Lussier, F. Le Ber, J. Lieber, and L. Martin. Adapting spatial and temporal cases. In *Proc. ICCBR 2012*, volume 7466 of *LNCS*, pages 77–91. Springer, 2012.

[38] V. Dufour-Lussier, F. Le Ber, J. Lieber, and E. Nauer. Automatic case acquisition from texts for process-oriented case-based reasoning. *Information Systems*, 2014.

[39] R. E. Fikes and N. J. Nilsson. STRIPS: A new approach to the application of theorem proving to problem solving. *Artificial Intelligence*, 2(3–4):189–208, 1971.
[40] K. D. Forbus, D. Gentner, and K. Law. MAC/FAC: A model of similarity-based retrieval. *Cognitive Science*, 19(2):141–205, 1995.
[41] B. Fuchs, J. Lieber, A. Mille, and A. Napoli. Differential adaptation: An operational approach to adaptation for solving numerical problems with CBR. *Knowledge-Based Systems*, 68:103–114, 2014.
[42] T. Gabel and E. Godehardt. Top-down induction of similarity measures using similarity clouds. In *Proc. ICCBR 2015*, pages 149–164. Springer International Publishing, 2015.
[43] E. Gaillard, L. Infante-Blanco, J. Lieber, and E. Nauer. Tuuurbine: A generic cbr engine over rdfs. In L. Lamontagne and E. Plaza, editors, *Proc. ICCBR 2014*, pages 140–154. Springer, 2014.
[44] M. Ghallab, C. Knoblock, D. Wilkins, A. Barrett, D. Christianson, M. Friedman, C. Kwok, K. Golden, S. Penberthy, D. Smith, Y. Sun, and D. Weld. Pddl - the planning domain definition language. Technical report, Yale Center for Computational Vision and Control Tech Report CVC TR-98-003/DCS TR-1165, 08 1998. Tech Report CVC TR-98-003/DCS TR-1165.
[45] M. H. Göker, R. J. Howlett, and J. E. Price. Case-based reasoning for diagnosis applications. *Knowledge Engineering Review*, 20(3):277–281, 2005.
[46] K. J. Hammond. Case-based planning: A framework for planning from experience. *Cognitive Science*, 14(3):385–443, 1990.
[47] C. Hartmann, F. Speth, D. Sabath, and F. Sellmaier. The road to on-board crew autonomy: Using iss'columbus module as the basis for ground procedure automation. *Acta Astronautica*, 213:603–613, 2023.
[48] F. Hayes-Roth, D. A. Waterman, and D. B. Lenat. *Building Expert Systems*. Addison-Wesley Longman Publishing Co., Inc., Boston, MA, USA, 1983.
[49] M. Herold and M. Minor. Ontology-based transfer learning in the airport and warehouse logistics domains. In *Workshop Proceedings of ICCBR 2019*, Otzenhausen, Germany, 2019.
[50] M. Ivanova and M. Minor. Case-based workflow modeling in support of the teachers' personal and social behavior. In *Proc. PLE'2013*, pages 276–287, Berlin, 2013. Beuth University of Applied Sciences.
[51] S. Kambhampati and J. A. Hendler. A validation-structure-based theory of plan modification and reuse. *Artificial Intelligence*, 55(2–3):193–258, 1992.
[52] G. Kamp. Using description logics for knowledge intensive case-based reasoning. In *European Workshop on Advances in Case-Based Reasoning*, pages 204–218. Springer, 1996.
[53] M. Keane and E. Kenny. How case-based reasoning explains neural networks: A theoretical analysis of xai using post-hoc explanation-by-example from a survey of ANN-CBR twin-systems. In *Proc. ICCBR 2019*, volume 11680 of *LNCS*, pages 155–171. Springer, 2019.
[54] P. Klein, L. Malburg, and R. Bergmann. Learning workflow embeddings to improve the performance of similarity-based retrieval for process-oriented case-based reasoning. In *Proc. ICCBR 2019*, volume 11680 of *LNCS*, pages 188–203. Springer, 2019.
[55] M. Klenk, D. W. Aha, and M. Molineaux. The case for case-based transfer learning. *AI Magazine*, 32(1):54–69, 2011.
[56] R. Kohavi, P. Langley, and Y. Yun. The utility of feature weighting in nearestneighbor algorithms. In *Poster Papers: 9th European Conference on Machine Learning*, 1997.
[57] J. Kolodner. *Case-Based Reasoning*. Morgan Kaufman, San Mateo, CA, 1993.
[58] T. Könik, P. O'Rorke, D. G. Shapiro, D. Choi, N. Nejati, and P. Langley. Skill transfer through goal-driven representation mapping. *Cognitive Systems Research*, 10(3):270–285, 2009.
[59] J. B. Lamy, B. Sekar, G. Guezennec, J. Bouaud, and B. Séroussi. Explainable artificial intelligence for breast cancer: A visual case-based reasoning approach. *Artificial Intelligence in Medicine*, 94, 2019.
[60] D. Leake. Abduction, experience, and goals: A model of everyday abductive explanation. *Journal of Experimental and Theoretical Artificial Intelligence*, 7, 09 1995.
[61] D. Leake and X. Ye. On combining case adaptation rules. In *Proc. ICCBR 2019*, volume 11680 of *LNCS*, pages 204–218. Springer, 2019.

[62] D. B. Leake, A. Kinley, and D. Wilson. Case-based similarity assessment: Estimating adaptability from experience. In *Proceedings of the Fourteenth National Conference on Articial Intelligence, AAAI*, pages 674–679. AAAI Press, 1997.

[63] M. Lenz. *Case Retrieval Nets as a Model for Building Flexible Information Systems*, volume 236 of *DISKI*. Infix, 2000.

[64] M. Lenz, A. Hübner, and M. Kunze. Textual CBR. In *Case-based Reasoning Technology*, pages 115–137. Springer, 1998.

[65] M. Lenz, S. Ollinger, P. Sahitaj, and R. Bergmann. Semantic textual similarity measures for case-based retrieval of argument graphs. In *Proc. ICCBR 2019*, pages 219–234. Springer, 2019.

[66] M. Lenz, L. Malburg, and R. Bergmann. CBRkit: An intuitive case-based reasoning toolkit for python. In J. A. Recio-Garcia, M. G. Orozco-del Castillo and D. Bridge, editors, *Case-Based Reasoning Research and Development*, volume 14775, pages 289–304. Springer Nature Switzerland, Cham, 2024.

[67] P. Lewis, E. Perez, A. Piktus, F. Petroni, V. Karpukhin, N. Goyal, H. Küttler, M. Lewis, W. Yih, T. Rocktäschel, S. Riedel, and D. Kiela. Retrieval-augmented generation for knowledge-intensive NLP tasks. In *Proceedings of the 34th International Conference on Neural Information Processing Systems*, pages 9459–9474, 2020.

[68] J. Lieber. Application of the revision theory to adaptation in case-based reasoning: The conservative adaptation. In *Proc. ICCBR 2007*, volume 4626 of *LNCS*, pages 239–253. Springer, 2007.

[69] K. Martin, N. Wiratunga, S. Massie, and J. Clos. Informed pair selection for self-paced metric learning in siamese neural networks. In *Artificial Intelligence XXXV*, pages 34–49. Springer International Publishing, 2018.

[70] B. M. Mathisen, A. Aamodt, K. Bach, and H. Langseth. Learning similarity measures from data. *Progress in Artificial Intelligence*, 2019.

[71] M. Minor, R. Bergmann, and S. Görg. Case-based adaptation of workflows. *Information Systems*, 40:142–152, 2014.

[72] M. Minor, R. Bergmann, S. Görg, and K. Walter. Towards case-based adaptation of workflows. In *Proc. ICCBR 2010*, volume 6176 of *LNAI*, pages 421–435. Springer, 2010.

[73] M. Minor, R. Bergmann, J.-M. Müller, and A. Spät. On the transferability of process-oriented cases. In *Proc. ICCBR 2016*, volume 9969 of *LNCS*, pages 281–294. Springer, 2016.

[74] M. Minor and S. Görg. Acquiring adaptation cases for scientific workflows. In *Proc. ICCBR 2011*, volume 6880 of *LNCS*, pages 166–180. Springer, 2011.

[75] M. Minor, S. Montani, and J. A. Recio-García. Editorial: Process-oriented case-based reasoning. *Information Systems*, 40:103–105, 2014.

[76] M. Minor and E. Kaucher. Retrieval augmented generation with LLMs for explaining business process models. In *Case-Based Reasoning Research and Development*, volume 14775 of *LNAI*, pages 175–190. Springer Nature Switzerland, 2024.

[77] S. Montani and L. C. Jain. *Successful Case-Based Reasoning Applications-1*, volume 305. Springer, 2010.

[78] S. Montani and L. C. Jain. *Successful Case-based Reasoning Applications-2*, volume 494. Springer, 2014.

[79] S. Montani and G. Leonardi. Retrieval and clustering for supporting business process adjustment and analysis. *Information Systems*, 40:128–141, 2014.

[80] S. Montani, G. Leonardi, S. Quaglini, A. Cavallini, and G. Micieli. Mining and retrieving medical processes to assess the quality of care. In *Proc. ICCBR 2013*, volume 7969 of *LNCS*, pages 233–240. Springer, 2013.

[81] P. J. Mork and K. Bach. A decision support system to enhance self-management of low back pain: Protocol for the selfback project. *JMIR Research Protocols*, 7(7):e167, Jul 2018.

[82] G. Müller and R. Bergmann. Workflow streams: A means for compositional adaptation in process-oriented CBR. In *Proc. ICCBR 2014*, volume 8765 of *LNCS*, pages 315–329. Springer, 2014.

[83] G. Müller and R. Bergmann. Learning and applying adaptation operators in process-oriented case-based reasoning. In *Proc. ICCBR 2015*, volume 9394 of *LNAI*, pages 259–274. Spinger, 2015.

[84] G. Müller, R. Bergmann, I. Russel, and W. Eberle. Generalization of workflows in process-oriented case-based reasoning. In *28th International FLAIRS Conference*, pages 391–396. AAAI Press, 2015.
[85] G. Müller. *Workflow Modeling Assistance by Case-based Reasoning*. Springer, 2018.
[86] G. Müller and R. Bergmann. A cluster-based approach to improve similarity-based retrieval for process-oriented case-based reasoning. In *Proc. ECAI 2014*, pages 639–644. IOS Press, 2014.
[87] S. Ontañón and E. Plaza. Amalgams: A formal approach for combining multiple case solutions. In *Proc. ICCBR 2010*, volume 6176 of *LNCS*, pages 257–271. Springer, 2010.
[88] S. J. Pan and Q. Yang. A survey on transfer learning. *Knowledge and Data Engineering, IEEE Transactions on*, 22(10):1345–1359, 2010.
[89] E. Plaza. Cases as terms: A feature term approach to the structured representation of cases. In *Proc. ICCBR 1995*, pages 265–276. Springer, 1995.
[90] B. W. Porter, R. Bareiss, and R. C. Holte. Concept learning and heuristic classification in weak-theory domains. *Artificial Intelligence*, 45(1–2):229–263, 1990.
[91] J. A. Recio-García, B. Díaz-Agudo, and P. A. González-Calero. *The COLIBRI Platform: Tools, Features and Working Examples*, volume 494 of *Studies in Computational Intelligence*, pages 55–85. Springer Berlin Heidelberg, 2014.
[92] J. A. Recio-García, P. A. González-Calero, and B. Díaz-Agudo. Template-based design in COLIBRI studio. *Information Systems*, 168–178, 2014.
[93] M. Reichert and B. Weber. *Enabling Flexibility in Process-Aware Information Systems: Challenges, Methods, Technologies*. Springer, 2012.
[94] P. Reuss. *Case Factories: A Maintenance Cockpit for distributed structural Case-Based Reasoning Systems - Maintenance with Case Factories in a SEASALT-based multi-agent system with heterogenous Case-Based Reasoning systems*. PhD thesis, Universität Hildesheim, 2019.
[95] M. M. Richter. Introduction. In *Case-Based Reasoning Technology-From Foundations to Applications*, pages 1–15. Springer Verlag, 1998.
[96] M. M. Richter and R. O. Weber. *Case-Based Reasoning: A Textbook*. Springer Publishing Company, Incorporated, 2013.
[97] C. K. Riesbeck and R. C. Schank. *Inside Case-Based Reasoning*. L. Erlbaum Associates Inc., Hillsdale, NJ, USA, 1989.
[98] T. Roth-Berghofer. Explanations and case-based reasoning: Foundational issues. In *Proc. ECCBR 2004*, volume 3155, pages 389–403, 2004.
[99] J. W. Schaaf. Fish and shrink. a next step towards efficient case retrieval in large scaled case bases. In I. Smith and B. Faltings, editors, *Advances in Case-Based Reasoning (EWCBR 1996)*, pages 362–376. Springer, 1996.
[100] R. C. Schank. *Dynamic Memory: A Theory of Reminding and Learning in Computers and People*. Cambridge University Press, New York, NY, USA, 1983.
[101] A. Schultheis, C. Zeyen, and R. Bergmann. An overview and comparison of case-based reasoning frameworks. In S. Massie and S. Chakraborti, editors, *Case-Based Reasoning Research and Development*, pages 327–343. Springer Nature Switzerland, Cham, 2023.
[102] P. Schumacher. *Workflow extraction from textual process descriptions*. PhD thesis, Goethe University Frankfurt am Main, 2015.
[103] P. Schumacher and M. Minor. Towards a trace index based workflow similarity function. In *Proc. KI 2014*. Springer, 2014.
[104] P. Schumacher, M. Minor, and E. Schulte-Zurhausen. Extracting and enriching workflows from text. In *Proceedings IEEE IRI 2013*, pages 285–292, 2013.
[105] B. Smyth and M. T. Keane. Remembering to forget: A competence-preserving case deletion policy for case-based reasoning systems. In *IJCAI-1995*, pages 377–382. Morgan Kaufmann, 1995.
[106] B. Smyth and M. T. Keane. Using adaptation knowledge to retrieve and adapt design cases. *Knowledge-Based Systems*, 9(2):127–135, 1996.

[107] B. Smyth and M. T. Keane. Adaptation-guided retrieval: questioning the similarity assumption in reasoning. *Artificial Intelligence*, 102(2):249–293, 1998.

[108] M. Stadler and S. Wess. Konzept und Implementierung eines fallbasierten, analogieorientierten Inferenzmechanismus und dessen Integration in ein regelbasiertes Expertensystem zur Diagnose eines CNC-Bearbeitungszentrums. In *Projektarbeit, FB Informatik, TU Kaiserslautern*, 1989.

[109] A. Stahl. Learning similarity measures: A formal view based on a generalized cbr model. In *ICCBR 2005*, pages 507–521. Springer, 2005.

[110] A. Stahl and T. Gabel. Using evolution programs to learn local similarity measures. In *Proc. ICCBR 2003*, pages 537–551. Springer Berlin Heidelberg, 2003.

[111] A. Stahl and T. Roth-Berghofer. Rapid prototyping of cbr applications with the open source tool mycbr. In *European Conference on Case-Based Reasoning*, pages 615–629. Springer, 2008.

[112] T. Roth-Berghofer, and J. Cassens. Mapping goals and kinds of explanations to the knowledge containers of case-based reasoning systems. *International Conference on Case-Based Reasoning*, 24:451–464, 8 2005.

[113] F. Sørmo, J. Cassens, and A. Aamodt. Explanation in case-based reasoning–perspectives and goals. *Artificial Intelligence Review*, 24:109–143, 10 2005.

[114] W. M. P. van der Aalst. *Process Mining*. Springer Berlin Heidelberg, Berlin, Heidelberg, 2011.

[115] M. M. Veloso. *Planning and Learning by Analogical Reasoning*, volume 886. Springer Science & Business Media, 1994.

[116] M. M. Veloso and J. G. Carbonell. Derivational analogy in prodigy: Automating case acquisition, storage, and utilization. In *Case-Based Learning*, pages 55–84. Springer, 1993.

[117] I. Watson. Case-based reasoning is a methodology not a technology. In *Research and Development in Expert Systems XV*, pages 213–223. Springer, 1999.

[118] B. Weber, W. Wild, and R. Breu. CBRFlow: Enabling adaptive workflow management through conversational case-based reasoning. In *Proc. ECCBR 2004*, pages 434–448. Springer, 2004.

[119] S. Wess. *Fallbasiertes Problemlösen in wissensbasierten Systemen zur Entscheidungsunterstützung und Diagnostik - Grundlagen, Systeme und Anwendungen*, volume 126 of *DISKI*. Infix, 1996.

[120] D. Wettschereck and D. W. Aha. Weighting features. In *Case-Based Reasoning Research and Development*. Springer Berlin Heidelberg, 1995.

[121] W. Wilke and R. Bergmann. Techniques and knowledge used for adaptation during base-cased problem solving. In *Proc. IEA/AIE-98*, volume 1416 of *LNCS*, pages 497–506. Springer, 1998.

[122] K. Wilkerson and D. Leake. On implementing case-based reasoning with large language models. In *Case-Based Reasoning Research and Development*, volume 14775 of *LNAI*, pages 404–417. Springer Nature Switzerland, 2024.

[123] N. Wiratunga, R. Abeyratne, L. Jayawardena, K. Martin, S. Massie, I. Nkisi-Orji, R. Weerasinghe, A. Liret, and B. Fleisch. CBR-RAG: Case-based reasoning for retrieval augmented generation in LLMs for legal question answering. In *Case-Based Reasoning Research and Development*, volume 14775 of *LNAI*, pages 445–460. Springer Nature Switzerland, 2024.

[124] O. Wolfe, E. Salcedo, and J. Anderson. Update on the chatgpt case: Counsel who submitted fake cases are sanctioned. *Seyfarth Online*, 2023.

[125] Workflow Management Coalition. Workflow management coalition glossary & terminology, 1999. last access 05-23-2007.

[126] C. Zeyen, G. Müller, and R. Bergmann. A conversational approach to process-oriented case-based reasoning. In *Proc. IJCAI 2018*, pages 5404–5408, 2018.

Teil III: **Maschinelles Lernen**

Christian Bauckhage, Wolfgang Hübner, Eyke Hüllermeier, Ronny Hug, Gerhard Paaß und Stefan Rüping

12 Grundlagen des Maschinellen Lernens

12.1 Einleitung

12.1.1 Der Begriff des Maschinellen Lernens

Die Frage, was die menschliche Intelligenz – und damit auch die künstliche Intelligenz – und intelligentes Handeln ausmachen, beschäftigt Philosophen und Psychologen seit Jahrtausenden. Allgemein anerkannt ist, dass die Fähigkeit zu Lernen ein zentrales Merkmal von Intelligenz ist. So ist auch das Forschungsgebiet des Maschinellen Lernens (ML) ein zentrales Teilgebiet der KI, das einen wesentlichen Beitrag zu vielen der neueren Erfolge von KI-Anwendungen geleistet hat. Das ML als Teilgebiet der Informatik kann seine Wurzeln dabei bis auf den Informatik-Pionier Alan Turing zurückverfolgen, der – vom Autor frei übersetzt – gesagt hat [50]:

> Wenn wir versuchen, eine intelligente Maschine herzustellen, und dabei dem Modell des Menschen so genau wie möglich folgen, sollten wir mit einer Maschine beginnen, die nur in einem sehr geringen Maß die Fähigkeit besitzt, komplizierte Operationen auszuführen (…). Durch die Anwendung geeigneter Interferenz, die einen Erziehungsprozess nachahmt, dürfen wir hoffen, die Maschine so zu modifizieren, (…) dass sie in bestimmter Weise auf gewissen Befehle reagiert.

Die wissenschaftlichen Fundamente und Anwendungen des ML wurden über die Jahrzehnte in verschiedene Richtungen weiterentwickelt. Einen wesentlichen Schub erlebte das ML durch die breite Verfügbarkeit großer Datenmengen – Big Data – aus vielen gesellschaftlichen, wissenschaftlichen und wirtschaftlichen Bereichen. Erst hierdurch konnte das ML seine Vorteile voll ausspielen. Mittlerweile können mit ML auch komplexe Probleme gelöst und Fähigkeiten erlangt werden, für die bisher menschliche Intelligenz essentiell war: Maschinelle Lernverfahren erkennen Verkehrssituationen in autonomen Fahrzeugen, diagnostizieren Krankheiten, beantworten Kundenfragen etc. Auch moderne Methoden der generativen KI, z. B. große Sprachmodelle wie ChatGPT, basieren im Kern auf maschinellen Lernverfahren. ML ist inzwischen auch zu einem Kernbereich der Datenwissenschaft (engl. data science) geworden. Diese umfasst Techniken der Datenerhebung und des Datenmanagements, sowie die Anwendung von statistischen Methoden und maschinellen Lernverfahren (oft kombiniert mit Expertenwissen) zur Lösung von Anwendungsproblemen.

Bevor in den folgenden Abschnitten tiefer auf die Eigenschaften, Verfahren und Prozesse des ML eingegangen wird, sollen die wesentlichen Grundbegriffe des Gebiets eingeführt und die wesentlichen Prinzipien vorgestellt werden. Eine klassische Definition des ML stammt von Tom Mitchell: „*Lernen ist das Konstruieren von Computerprogrammen, die sich automatisch durch Erfahrungen verbessern*" [40]. Obwohl diese Definition

https://doi.org/10.1515/9783111386690-015

sicherlich sehr allgemein ist, charakterisiert sie doch zwei grundlegende Eigenschaften maschineller Lernverfahren. Erstens benötigen solche Verfahren als Eingabe eine Menge von Daten (Mitchells „Erfahrungen"). Diese Daten werden im Kontext des ML auch als *Trainingsdaten* bezeichnet. Üblicherweise wird angenommen, dass die Trainingsdaten aus einer Menge gleichartiger Beispiele (eine einzelne Erfahrung im Sinne von Mitchell) bestehen. Zweitens bedeutet Lernen, Erfahrungen aus den Trainingsdaten in einem *Modell* (Mitchells Computerprogramm) zu repräsentieren. Oft hängt das konkrete Modell von einer Menge von wählbaren Parametern ab.

Konkrete Lernverfahren lassen sich zum einen durch die Art der Eingabedaten unterscheiden. Bilder und Texte sind zwei besonders wichtige Beispiele, denen in diesem Buch eigene Kapitel gewidmet sind (vgl. Kapitel 13). Weiterhin lassen sich Lernverfahren durch die Art ihrer Modelle bzw. die Art und Weise, auf die sie die Modelle erzeugen, charakterisieren. Hier unterscheidet man vor allem zwischen numerischen Verfahren – derzeit prominentestes Beispiel sind tiefe neuronale Netze – und solchen, die auf logischen Modellen und Repräsentationen basieren.

Abseits von dieser Detailebene lassen sich maschinelle Lernverfahren aber auch über ihre Aufgabe konkretisieren. Hierzu betrachten wir eine weitere Definition des Begriffs „Lernen" von Herbert Simon: *„Lernen ist jeder Vorgang, der ein System in die Lage versetzt, bei der zukünftigen Bearbeitung derselben oder einer ähnlichen Aufgabe diese besser zu erledigen"* [48]. Auch diese Definition hat ihre Schwierigkeiten, führt aber zu dem nützlichen Begriff der Lernaufgabe, die es ermöglicht, verschiedene Lernalgorithmen, die dieselbe Aufgabe lösen, zu charakterisieren und bzgl. ihrer Performanz zu vergleichen.

12.1.2 Unterschiedliche Lernaufgaben

Die häufigste Lernaufgabe ist wohl das *überwachte Lernen* (engl. supervised learning). Hierbei ist es die Aufgabe des Lernalgorithmus, den Zusammenhang zwischen einer Instanz (einer zugrunde liegenden generischen Klasse von Objekten oder Elementen) und einer ausgezeichneten Eigenschaft, dem Label, aus den Trainingsdaten zu erlernen, um später für neue Instanzen das Label korrekt vorherzusagen. Ein klassisches Beispiel ist die Erkennung von Spam-E-Mails, wobei eine Instanz eine einzelne E-Mail ist und das Label die (z. B. von einem Menschen gewählte) Einteilung in Spam oder legitime E-Mails.

Ein wesentliches Charakteristikum des überwachten Lernens ist, dass zwischen einer Trainings- und Anwendungsphase unterschieden wird. In der Trainingsphase lernt der Algorithmus ein Modell zur Vorhersage des Zusammenhangs zwischen Instanz und Label, in der Anwendungsphase sagt das Modell das Label für neue, noch nicht gesehene Instanzen vorher. Das Trainieren des Modells kann man als eine Art der induktiven Inferenz auffassen, d. h. dem Schluss von Einzelfällen auf ein allgemeines Modell, und die Modellanwendung der als eine Art der Deduktion, d. h. der Folgerung vom Allgemeinen auf den Spezialfall.

Unterscheidet man das überwachte Lernen weiter nach Art des Labels, dann gelangt man zu den Unterkategorien der *Klassifikation* für den Fall einer endlichen, typischerweise kleinen Menge von Labels (mit dem wichtigen Spezialfall der binären Klassifikation, z. B. Spam oder nicht Spam) und der *Regression* mit kontinuierlichen, reellwertigen Größen (z. B. Skalare oder Vektoren) als Label.

Die zweite Lernaufgabe ist das *unüberwachte Lernen* (engl. unsupervised learning). Hier ist die Aufgabe des Lernalgorithmus, relevante bzw. interessante Strukturen in den Daten zu finden. Welche Strukturen dabei genau als relevant angesehen werden, hängt in der Regel von der Art des Algorithmus ab. Ein klassisches Beispiel ist die Clusteranalyse, die die Eingabedaten in verschiedene Gruppen einteilt, etwa zur Unterscheidung von Kundengruppen im Onlinehandel. Ein anderes typisches Beispiel ist die Assoziationsregel-Analyse mit der bekannten Anwendung der Empfehlungssysteme (Kunden, die Artikel A und gekauft haben, haben auch Artikel C gekauft).

Als dritte Lernaufgabe diskutieren wir das *Reinforcement Learning* (RL). Es behandelt das Problem des Lernens optimaler Handlungsvorschriften aus Erfahrungen, wie sie zum Beispiel zum Spielen von Videospielen gebraucht werden, zur Steuerung von Robotern und für andere autonome Agenten, die erfolgreich in der Welt agieren sollen. Das RL liegt in gewisser Weise zwischen dem überwachten und dem unüberwachten Lernen. Ähnlich wie beim überwachten Lernen erhält der Agent Rückmeldungen für sein Verhalten in Form von positiven und negativen Belohnungen. Allerdings ist das Feedback partiell in dem Sinne, dass es sich nur auf das tatsächliche Verhalten des Agenten bezieht, nicht auf etwaige (und möglicherweise bessere) Alternativen. Zudem erfolgen diese Rückmeldungen oft nur sporadisch, und die Belohnungen sind nicht einzelnen Aktionen zugeordnet, sondern dem Ergebnis einer ganzen Folge von Aktionen. So ergibt sich die Belohnung für eine Folge von Zügen in Brettspielen zum Beispiel erst am Ende des Spiels, wenn klar ist, welche der Parteien gewonnen hat. Mit anderen Worten: Die Überwachung beim RL ist partiell und indirekt, während sie beim überwachten Lernen (in der Regel) vollständig und direkt ist.

12.1.3 Die Prozesssicht des Maschinellen Lernens

Wie bereits beschrieben, wird aus wissenschaftlicher Sicht ein konkretes Anwendungsproblem für maschinelle Lernverfahren durch die Lernaufgabe definiert. Sie abstrahiert von konkreten Details der Anwendung und macht so verschiedene Lernalgorithmen vergleichbar und formalisierbar. In der praktischen Anwendung ist ein Problem aber in der Regel nicht sofort als präzise formulierte Lernaufgabe vorhanden; stattdessen müssen viele Entscheidungen getroffen und Schritte unternommen werden, um Maschinelles Lernen optimal einsetzen zu können. Das bekannteste Modell zur Beschreibung des Datenanalyseprozesses ist *CRISP-DM* [47], das den Analyseprozess in sechs Phasen unterteilt:

- Geschäftsverständnis (*Business Understanding*) bezeichnet die Phase, das Anwendungsproblem zu verstehen und in ein maschinelles Lernproblem zu übersetzen. Beispielsweise könnte ein Anwendungsproblem sein, die Umsätze eines Onlineshops zu steigern. Dies kann aber bedeuten, relevante Kundengruppen zu finden (Clustering), Empfehlungen für weitere Artikel zu geben (Assoziationsregel-Analyse), die Affinität der Kunden für Werbeaktionen vorherzusagen (Klassifikation) oder dynamisch Preise zu bestimmen (Regression). Auch die Qualitätskriterien, die an eine Lösung gestellt werden, und weitere Anforderungen, wie zum Beispiel die Einhaltung von Datenschutz oder die Forderung von Transparenz der Lösung, können die Auswahl von Verfahren beeinflussen.
- Datenverständnis (*Data Understanding*) bezeichnet die Entwicklung eines Verständnisses darüber, welche Daten in welcher Qualität zur Verfügung stehen. Der weitaus überwiegende Teil der Informationen, die ein Lernalgorithmus verwendet, kommt aus den Daten. Daher ist gerade die Suche nach weiteren verfügbaren Daten ein wichtiger Schritt. Zum anderen kann ein Lernverfahren auch strukturelle Informationen über die Daten verwenden, und beispielsweise durch die Auswahl der Modellstruktur und durch A-priori-Verteilungen in das Lernverfahren einbringen. Solche strukturellen Informationen sind oft Invarianzen in den Daten, z. B. Verschiebungsinvarianzen in Bildern. Das Maschinelle Lernen im engeren Sinne betrachtet diese Herausforderung nicht, sondern geht von einer vorgegebenen Menge von Daten aus. Ein in der Praxis wichtiges Kriterium ist außerdem der Datenschutz, der eine Anonymisierung von Daten, etwa durch Entfernung von identifizierenden Merkmalen wie Namen oder Identifikationsnummern, oder andere Maßnahmen nötig machen kann.
- In der Datenvorverarbeitung (*Data Preparation*) werden die Daten in eine für den Lernalgorithmus geeignete Form gebracht, gleichzeitig können ungeeignete Datenpunkte wie Ausreißer herausgefiltert, Variablen auf vergleichbare Intervalle normiert und neue, aussagekräftigere Merkmale gebildet werden. Komplexe Lernverfahren wie tiefe neuronale Netze sind bei Anwendung auf große Datenmengen erfahrungsgemäß selbst in der Lage, intern geeignete Repräsentationen zu finden und robust auf Ausreißer zu reagieren. Dagegen kann bei klassischen Lernverfahren in Situationen mit wenigen Daten eine geeignete Repräsentation der Daten die Performanz eines Algorithmus deutlich steigern.
- Die Phase der eigentlichen Anwendung und Optimierung des maschinellen Lernverfahrens wird in CRISP-DM als Modellierung bezeichnet. Dies beinhaltet auch die automatische Optimierung von Parametern des Lernverfahrens.
- In der Evaluierungsphase wird das Modell getestet. Dies kann zum einen anhand statistischer Kriterien der Lernaufgabe geschehen, etwa indem die Korrektheit der Vorhersage eines überwachten Modells auf neuen Daten getestet wird. Im Unterschied zur wissenschaftlichen Formulierung einer Lernaufgabe, wo das statistische Maß zur Berechnung der Korrektheit als gegeben angenommen wird, sind hier mehrere Maße möglich, und die Auswahl des korrekten Maßes beeinflusst die

praktische Nutzbarkeit der Ergebnisse stark. Als Beispiel sei hier die Schätzung des Abstands eines autonomen Fahrzeugs zum vorherfahrenden Auto genannt. Um einen Unfall zu vermeiden, ist es wichtig, dass ein maschinelles Lernverfahren für diese Aufgabe den Abstand nicht überschätzt und gerade bei kleinen Abständen sehr präzise ist. Daher muss die Differenz zwischen vorhergesagten und beobachteten Werten durch inhaltlich aussagekräftige Distanzmaße bewertet werden. Neben den statistischen Kriterien sind zum anderen auch Kriterien wie die Verständlichkeit des Ergebnisses oder die Robustheit gegenüber potentiellen Fehlern in den Daten relevant.

– Die Umsetzung (*Deployment*) des Modells in den praktischen Betrieb kann eine ganze Reihe von Fehlerquellen beinhalten. Eine der wichtigsten ist, dass sich die im laufenden Betrieb anfallenden Daten von den Trainingsdaten des Modells unterscheiden, was mit dem Begriff Concept Drift bezeichnet wird. Concept Drift kann durch eine sich verändernde Welt entstehen, kann aber auch durch das Modell an sich verursacht sein, etwa wenn ein automatisches Betrugserkennungsverfahren dafür sorgt, dass Betrüger sich anpassen und neue Betrugsmöglichkeiten finden.

Die Auswahl des geeignetsten maschinellen Lernverfahrens unterliegt damit einer Reihe von Einflussfaktoren. Neben den genannten Kriterien wie Eignung für die zugrunde liegenden Daten, statistische Qualität (gemäß bestimmter Fehlermaße), Transparenz und Robustheit ist bei der Analyse von sehr großen Datenmengen vor allem oft die Skalierung des Algorithmus auf moderne, verteilte Rechnerarchitekturen ein wichtiges Kriterium. Einer der Vorteile von tiefen neuronalen Netzen ist beispielsweise ihre Fähigkeit, effizient parallele Hardwarestrukturen auszunutzen. Aber auch die Ressourceneffizienz bei der Anwendung von Lernverfahren und Modellen auf beschränkter Hardware, etwa in mobilen Endgeräten, kann ein wichtiges Auswahlkriterium sein. In der Zukunft könnte es zudem möglich sein, maschinelle Lernverfahren auf Quantencomputern auszuführen.

12.2 Grundlegende Konzepte

In diesem Abschnitt sollen einige grundlegende Konzepte des Maschinellen Lernens eingeführt und erläutert werden. Zur Illustration dieser Konzepte betrachten wir die Aufgabe, ein Modell zur Erkennung von handgeschriebenen Ziffern zu lernen. Dies ist ein Problem des überwachten Lernens, in dem ein Klassifikator gesucht wird, der jedem Ziffernbild eine der 10 Klassen $0, \ldots, 9$ zuordnet. Abb. 12.1 zeigt beispielhaft einige handgeschriebene Ziffern des MNIST-Datensatzes [37] mit den (darüber gedruckten) dargestellten Ziffern.

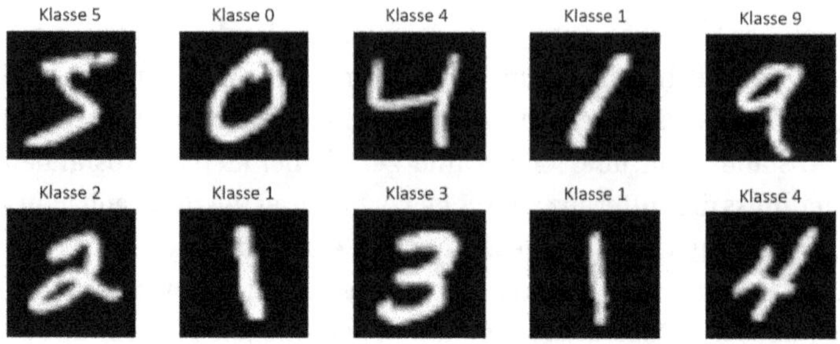

Abb. 12.1: Bilder von Ziffern können mithilfe von maschinellen Lernverfahren den jeweiligen Ziffern zugeordnet werden. Die Grafik zeigt Bilder aus dem MNIST-Datensatz und die zugehörigen Klassen (Label).

12.2.1 Daten und datengenerierender Prozess

Wie bereits erwähnt, hat das überwachte Lernen das Ziel, den Zusammenhang zwischen Instanzen $\boldsymbol{x}$ und Ausgaben y aus Daten zu rekonstruieren. Wir bezeichnen im Folgenden die jeweiligen Wertebereiche mit $\mathcal{X}$ und $\mathcal{Y}$. Im einfachsten Fall könnten wird davon ausgehen, dass es eine Funktion $f_0 : \mathcal{X} \rightarrow \mathcal{Y}$ gibt, die jedem $\boldsymbol{x}$ das „wahre" $y = f_0(\boldsymbol{x})$ zuordnet, also z. B. jedem Ziffernbild die korrekte Ziffer. Allerdings ist der gesuchte Zusammenhang in der Regel nicht deterministisch. In unserem Beispiel könnte es z. B. Ziffernbilder geben, die je nach Schreiber sowohl als 0 oder auch als 9 interpretiert werden könnten. Daher nehmen wir an, dass der Zusammenhang durch eine bedingte Wahrscheinlichkeitsverteilung $p_0(\cdot \mid \boldsymbol{x})$ beschrieben wird: Für jede Ziffer y ist $p_0(y \mid \boldsymbol{x}) \in [0, 1]$ die Wahrscheinlichkeit, dass das Bild $\boldsymbol{x}$ gerade diese Ziffer darstellt.

Man mache sich an dieser Stelle klar, dass der Grad an „Nichtdeterminismus" des Zusammenhangs stark vom Informationsgehalt der Kontextbeschreibung $\boldsymbol{x}$ (und daher dessen Dimensionalität) abhängt. Würde ein Bild z. B. nicht auf Pixelebene beschrieben, sondern etwa durch eine einfache Aggregation wie den durchschnittlichen Grauwert der Pixel, dann wäre $\boldsymbol{x}$ eine eindimensionale Größe, nämlich eine reelle Zahl. Der Zusammenhang zwischen $\boldsymbol{x}$ und y wäre dann nach wie vor nicht rein zufällig, weil bestimmte Ziffern (wie die 8) tendenziell mehr Pixel belegen als andere (wie die 1), aber dennoch deutlich unsicherer als bei der Pixeldarstellung. Natürlich könnte man die Beschreibung eines Bildes durch weitere Eigenschaften (z. B. den Grad der Symmetrie des Bildes) ergänzen, und $\boldsymbol{x}$ somit informativer machen. Im Maschinellen Lernen werden solche Objekteigenschaften auch als „Feature" (bzw. Attribute oder Variablen) bezeichnet.

Allgemein nehmen wir an, dass auch die Eingaben $\boldsymbol{x}$ zufällig generiert werden, und zwar gemäß einer Verteilung $p_0(\boldsymbol{x})$ (z. B. Zifferbilder oder durchschnittliche Grauwerte). Der gesamte datengenerierende Prozess wird dann durch eine gemeinsame Verteilung $p_0(\boldsymbol{x}, y) = p_0(\boldsymbol{x}) \cdot p_0(y \mid \boldsymbol{x})$, die *datenerzeugende Verteilung* über Ein-/Ausgabepaaren, beschrieben. Dieser probabilistische Rahmen ermöglicht es, die Beziehung zwischen $\boldsymbol{x}$ und y (und das Lernen dieser Beziehung) mathematisch zu untersuchen.

Wir gehen davon aus, dass dem Lernverfahren (oder kurz „Lerner“) *Trainingsdaten*

$$\mathcal{D}_{\text{train}} = \{(\boldsymbol{x}_1, y_1), \ldots, (\boldsymbol{x}_N, y_N)\}$$

mit Eingaben $X = \{\boldsymbol{x}_1, \ldots, \boldsymbol{x}_N\}$ und Ausgaben $Y = \{y_1, \ldots, y_N\}$ zur Verfügung steht. Die Tupel $(\boldsymbol{x}_i, y_i)$ werden in diesem Zusammenhang auch als „Beispiele“ (des gesuchten Zusammenhangs) bezeichnet. Man nimmt in der Regel an, dass die Beispiele unabhängig und identisch verteilt (independent and identically distributed, kurz i. i. d.) gemäß $p_0(\boldsymbol{x}, y)$ sind. Diese Annahme wird von vielen Algorithmen vorausgesetzt und zum effektiven Lernen ausgenutzt, zudem bildet sie eine wichtige Grundlage für die theoretische Analyse von Lernverfahren.

Die Trainingsmenge $\mathcal{D}_{\text{train}}$ von MNIST besteht aus 60000 Paaren $(\boldsymbol{x}_i, y_i)$ von Ziffernbild $\boldsymbol{x}_i$ und der zugehörigen Klasse y_i. In Abb. 12.2 ist das Bild einer Ziffer genauer dargestellt. Es besteht aus einer 28×28-Matrix von Pixeln, welche jeweils durch einen Grauwert zwischen 0 (weiß) und 1 (schwarz) gekennzeichnet sind. Diese Matrix ist die Beschreibung der jeweiligen Instanz. Der Einfachheit halber wird sie in einen Vektor $\boldsymbol{x}$ der Länge $784 = 28 \times 28$ umgewandelt, der aus den konkatenierten Zeilen der Matrix besteht. Wir haben im Fall von MNIST also $\mathcal{X} = [0,1]^{784}$ und $\mathcal{Y} = \{0, \ldots, 9\}$.

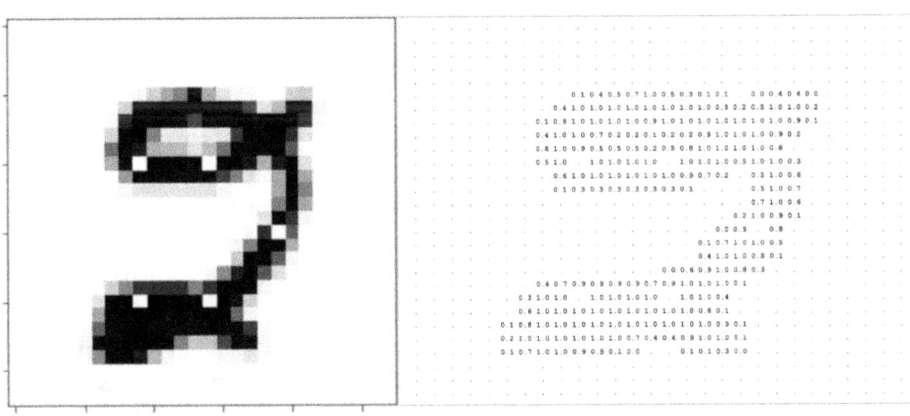

Abb. 12.2: Darstellung einer Ziffer durch eine 28×28-Matrix von Grauwerten $\in [0.0, 1.0]$.

12.2.2 Hypothesenraum

Der Approximation bedingter Verteilungen $p_0(y \mid \boldsymbol{x})$ wird ein Modell zugrunde gelegt, das gewisse Annahmen über die Art des Zusammenhangs formalisiert. Ein solches Modell wird im Wesentlichen durch den sogenannten *Hypothesenraum* $\mathcal{H}$ spezifiziert, wobei jedes Element $h \in \mathcal{H}$ ein Prädiktor ist, in der Regel in Form einer Funktion $\mathcal{X} \to \mathcal{Y}$ oder $\mathcal{X} \to \mathbb{P}(\mathcal{Y})$ – im ersten Fall spricht man von einem deterministischen, im zweiten von einem probabilistischen Prädiktor. Wir werden im Folgenden meist von probabilistischen Modellen ausgehen, die zumindest für Klassifikationsprobleme gängig sind, und den wichtigen Vorteil besitzen, dass sie eine Idee von der Unsicherheit einer Prädiktion vermitteln. Für die Regression sind allerdings auch deterministische Modelle, die z. B. bedingte Erwartungswerte vorhersagen, nicht unüblich. Formal kann man deterministische Modelle als Spezialfall von nichtdeterministischen Modellen auffassen.

Ein einfaches Beispiel ist das Modell, das der *logistischen Regression* zugrunde liegt, eine klassische statistische Methode, die aber auch im ML sehr intensiv genutzt wird. Für $\mathcal{X} = \mathbb{R}^D$ und $\mathcal{Y} = \{1, \ldots, K\}$ modelliert man die bedingte Wahrscheinlichkeit von $y = k$ durch

$$\hat{p}(k \mid \boldsymbol{x}) = h_k(\boldsymbol{x}) = \frac{\exp(\theta_k + \sum_{i=1}^{D} \theta_{i,k} \cdot x_i)}{\sum_{j=1}^{K} \exp(\theta_j + \sum_{i=1}^{D} \theta_{i,j} \cdot x_i)} \tag{12.1}$$

Fassen wir die K Wahrscheinlichkeiten zu einem Vektor $h(\boldsymbol{x}) = (h_1(\boldsymbol{x}), \ldots, h_K(\boldsymbol{x}))$ zusammen, dann können wir kompakt $\hat{p}(\cdot \mid \boldsymbol{x}) = h(\boldsymbol{x})$ schreiben. Im Modell (12.1) bestimmen die Parameter $\theta_{i,k}$ die Richtung und die Stärke des Einflusses der Feature x_i auf die Wahrscheinlichkeit der Klasse y_k: Ist $\theta_{i,k} > 0$, dann führt eine Vergrößerung von x_k zu einer Erhöhung der Wahrscheinlichkeit von y_k, bei $\theta_{i,k} < 0$ ist es genau anders herum. Die Parameter $\theta_1, \ldots, \theta_K$ modellieren eine Art A-priori-Evidenz für die einzelnen Klassen.

Die logistische Regression ist ein Beispiel für ein *parametrisiertes* Modell, in dem Sinne, dass jeder Prädiktor eindeutig durch eine feste Menge von Parametern beschrieben wird – in diesem Fall die Parameter $\theta_i, \theta_{i,j}, 1 \leq i \leq D, 1 \leq j \leq K$, die man zu einem Parametervektor $\boldsymbol{\theta}$ zusammenfassen kann. Man kann den Hypothesenraum $\mathcal{H}$ deshalb mit einem Parameterraum Θ identifizieren, und das Lernen eines optimalen Prädiktors mit dem Schätzen von optimalen Parameterwerten. Wir werden im Verlauf des Kapitels auch *nichtparametrische* Modelle kennenlernen, die diese Eigenschaft nicht besitzen. Bei nichtparametrischen Modellen kann die Beschreibungskomplexität variieren, und in der Regel wächst sie mit dem Umfang an Trainingsdaten.

Die adäquate Wahl des Hypothesenraums $\mathcal{H}$, ob parametrisch oder nichtparametrisch, ist für den Lernerfolg von zentraler Bedeutung. Einerseits muss $\mathcal{H}$ ausreichend umfangreich sein, um sicherzustellen, dass der wahre Zusammenhang $p_0(y \mid \boldsymbol{x})$ gut approximiert werden kann. Andererseits sollte $\mathcal{H}$ aber auch nicht zu umfangreich sein. Grob gesagt erschwert dies die Lernaufgabe, weil $\mathcal{H}$ dann vermutlich viele Modelle enthält, die anhand der (limitierten) Trainingsdaten zwar wie gute Kandidaten aussehen, $p_0(y \mid \boldsymbol{x})$ aber in Wahrheit nicht gut approximieren (dies führt insbesondere zur Problematik des „overfitting“, die im folgenden Abschnitt näher diskutiert wird).

12.2.3 Die Lernaufgabe

Die eigentliche *Lernaufgabe* besteht nun darin, anhand der Trainingdaten $\mathcal{D}_{\text{train}}$ ein möglichst gutes Modell $h \in \mathcal{H}$ zu finden, wobei die Güte eines Modells in der Regel durch dessen *Generalisierungsfehler*, also die (erwartete) Performanz auf neuen Daten außerhalb der Trainingsdaten, spezifiziert wird. Hierunter versteht man das *Risiko* bzw. den erwarteten Fehler (Verlust)

$$R(h) = \mathbb{E}(L(y, h(\boldsymbol{x}))) = \int_{\mathcal{X}\times\mathcal{Y}} L(y, h(\boldsymbol{x}))\, d\,p_0(\boldsymbol{x}, y), \tag{12.2}$$

wobei $L : \mathcal{Y}\times\mathbb{P}(\mathcal{Y}) \longrightarrow \mathbb{R}$ eine sogenannte Verlustfunktion (engl. loss function) ist, die Prädiktionen von h bewertet bzw. inkorrekte Prädiktionen „bestraft“: $L(y, \hat{p})$ ist der Verlust, der durch die Prädiktion der Verteilung $\hat{p} = h(\boldsymbol{x})$ entsteht, wenn y als Ausgabe beobachtet wird. Die Verlustfunktion L ist Teil der Spezifikation der Lernaufgabe und spezifisch für die jeweilige Anwendung. Durch die Verlustfunktion wird das Verhalten des Lerners gesteuert, wobei unterschiedliche Verlustfunktionen in der Regel zu unterschiedlichen prädiktiven Modellen führen.

Ein wichtiges Beispiel für eine Verlustfunktion ist der logistische Fehler

$$L(k, \hat{p}) = -\log(\hat{p}(k)), \tag{12.3}$$

auch als log-loss bezeichnet, der nur dann gering ausfällt, wenn für die tatsächlich beobachtete Klasse eine ausreichend hohe Wahrscheinlichkeit vorhergesagt wurde.

12.2.4 Trainieren des Modells

Wäre die datengenerierende Verteilung $p_0(\boldsymbol{x}, y)$ bekannt, dann würde die Suche nach einem Prädiktor mit minimalem Generalisierungsfehler (12.2) auf das Lösen eines Optimierungsproblems hinauslaufen. Da $p_0(\boldsymbol{x}, y)$ jedoch unbekannt ist, kann der Generalisierungsfehler nicht direkt bestimmt werden. Um Modelle h zu bewerten, betrachtet man deshalb häufig den Verlust auf den Trainingsdaten als Ersatzgröße:

$$R_{\text{emp}}(h) = \frac{1}{N}\sum_{i=1}^{N} L(y_i, h(\boldsymbol{x}_i)) \tag{12.4}$$

Man nennt $R_{\text{emp}}(h)$ das empirische Risiko von h und das Bestimmen eines (vermeintlich) optimalen Prädiktors $h^*_{\text{emp}} = \arg\min_{h\in\mathcal{H}} R_{\text{emp}}(h)$ durch Minimieren von (12.4) das Prinzip der empirischen Risikominimierung (ERM). Letzteres ist ein wichtiges Beispiel eines Induktionsprinzips, also eines allgemeinen (mathematischen) Prinzips der Generalisierung: Auf welche Weise erzeugt man auf der Grundlage empirischer Daten $\mathcal{D}_{\text{train}}$ ein allgemeines Modell der zugrunde liegenden datengenerierenden Verteilung?

Das Minimieren des empirischen Risikos über komplexen Hypothesenräumen $\mathcal{H}$ führt häufig zum Problem der Überanpassung (engl. *overfitting*): h^*_{emp} hat zwar einen geringen Fehler auf den Trainingsdaten, also ein geringes empirisches Risiko, das wahre Risiko $R(h^*_{\text{emp}})$ ist aber deutlich höher. Mit anderen Worten: h^*_{emp} generalisiert schlecht und unterscheidet sich möglicherweise deutlich vom wahren Risikominimierer $h^* = \arg\min_{h\in\mathcal{H}} R(h)$. Eine Möglichkeit, diesem Problem entgegenzuwirken, ist das Prinzip der *Regularisierung*. Hier minimiert man nicht R_{emp} direkt, sondern ein augmentiertes Fehlermaß

$$R_{\text{reg}}(h) = \frac{1}{N}\sum_{i=1}^{N} L(y_i, h(\boldsymbol{x}_i)) + \lambda \cdot C(h), \tag{12.5}$$

wobei $C(h)$ ein Maß der Komplexität von h ist, und λ der sogenannte Regularisierungsparameter, der den Kompromiss zwischen Komplexität und Reproduktion der Trainingsdaten steuert. Diesem Ansatz liegt die Idee von „Ockham's razor" zugrunde, wonach einfache Modelle tendenziell besser generalisieren als (unnötig) komplexe Modelle. Während es sich hierbei zunächst um eine reine Heuristik handelt, werden mathematische Grundlagen der Generalisierung, wie beispielsweise das Abschätzen des Generalisierungsfehlers auf Grundlage des empirischen Risikos, im Rahmen der statistischen Lerntheorie untersucht [53].

Auch das Minimieren des empirischen Risikos (12.4) oder des regularisierten Fehlers (12.5) läuft letztlich auf das Lösen eines Optimierungsproblems hinaus. Die Art des Problems und damit die Frage nach geeigneten Optimierungsverfahren hängen stark von der Modellklasse $\mathcal{H}$ ab, über die optimiert wird. In den seltensten Fällen lässt sich dabei eine analytische Lösung in geschlossener Form ermitteln. Wie bereits erwähnt, ist das Finden eines optimalen Prädiktors h^* bei parametrisierten Modellen äquivalent zum Finden einer optimalen Parameterausprägung $\boldsymbol{\theta}^*$. Bei differenzierbaren Verlustfunktionen L verwendet man in diesem Zusammenhang oft gradientenbasierte Methoden, verbessert Kandidatenlösungen also sukzessive basierend auf Informationen über die Ableitung des Fehlers bezüglich $\boldsymbol{\theta}$. Solche Verfahren werden vor allem für das Trainieren von neuronalen Netzen verwendet (vgl. Kapitel 13).

Ein weiteres wichtiges Beispiel eines Induktionsprinzips ist das aus der Statistik bekannte *Maximum-Likelihood-Prinzip* [22, S. 128], das sich auf parametrisierte probabilistische Modelle anwenden lässt. Dieses Prinzip schreibt vor, den Parameter derart zu wählen, dass die Wahrscheinlichkeit der Trainingsdaten unter dieser Wahl des Parameters maximal wird. Da man die Wahrscheinlichkeit der Trainingsdaten unter der i. i. d. Annahme als Produkt der Wahrscheinlichkeiten der einzelnen Beispiele schreiben kann, ergibt sich

$$\boldsymbol{\theta}^*_{\text{ML}} = \arg\max_{\boldsymbol{\theta}} \prod_{i=1}^{N} p(y_i \,|\, \boldsymbol{x}_i; \boldsymbol{\theta}). \tag{12.6}$$

Aus Sicht der Optimierung ist es einfacher (und numerisch stabiler), statt der Likelihood von $\boldsymbol{\theta}$ (die rechte Seite von (12.6)) den Logarithmus der Likelihood zu maximieren[1] bzw. den negativen Logarithmus zu minimieren:

$$\boldsymbol{\theta}^*_{\mathrm{ML}} = \arg\min_{\boldsymbol{\theta}} \sum_{i=1}^{N} -\log(p(y_i \mid \boldsymbol{x}_i; \boldsymbol{\theta})). \tag{12.7}$$

Man sieht, dass die Anwendung des Maximum-Likelihood-Prinzips somit äquivalent zur Minimierung des empirischen Risikos (12.4) ist, wenn als Fehlermaß die logarithmische Verlustfunktion (12.3) zugrunde gelegt wird.

12.2.5 Validierung und Test

Um den Generalisierungsfehler eines gelernten Prädiktors h^* abzuschätzen, existieren sowohl theoretische als auch empirische Methoden. Theoretische Methoden liefern in der Regel (probabilistische) obere Schranken für den Generalisierungsfehler von h^*, die vom empirischen Fehler, dem Umfang der Trainingsdaten, und der Komplexität des zugrunde liegenden Hypothesenraums abhängen [54].

Um den Generalisierungsfehler empirisch zu schätzen, wendet man h^* häufig auf sogenannte Testdaten $\mathcal{D}_{\mathrm{test}}$ an. Der durchschnittliche Fehler von h^* auf diesen Daten ist eine statistisch unverzerrte (wenngleich mit Varianz behaftete) Schätzung des wahren Generalisierungsfehlers, sofern die Testdaten in keiner Weise Einfluss auf den Trainingsprozess hatten (und somit strikt disjunkt von $\mathcal{D}_{\mathrm{train}}$ sind) – ansonsten besteht die Möglichkeit, dass h^* speziell an die Testbeispiele angepasst und die Schätzung somit optimistisch verzerrt ist. Der MNIST-Datensatz enthält beispielsweise neben den 60.000 Trainingsbeispielen eine zusätzliche Testmenge $\mathcal{D}_{\mathrm{test}}$ von weiteren 10.000 unabhängig und identisch verteilten Paaren $(\boldsymbol{x}, y)$.

Neben Trainings- und Testdaten existieren noch sogenannte *Validierungsdaten* $\mathcal{D}_{\mathrm{val}}$. Diese werden verwendet, um die Struktur des Modells oder Eigenschaften des Lerners zu optimieren, also gewisse „Freiheitsgrade“ bzw. Parameter des Lernverfahrens, die man oft als Hyperparameter bezeichnet. Ein Beispiel für einen solchen *Hyperparameter* ist der Regularisierungsparameter λ in (12.5). Um die Generalisierungsgüte eines mit einer bestimmten Parametrisierung des Lerners erzeugten Prädiktors abzuschätzen, wendet man diesen Prädiktor auf die Validierungsdaten an – man imitiert während des Trainingsprozesses somit die Evaluation des Prädiktors auf unabhängigen Testdaten. Wichtig zu beachten ist, dass die Validierungsdaten somit zur Auswahl des Prädiktors h^* beitragen. Anders als die Testdaten sind sie daher „verunreinigt“ (wenngleich weniger stark als die Trainingsdaten) und eignen sich nicht mehr zur objektiven Abschätzung des Generalisierungsfehlers.

1 Offenbar bleibt das Optimum unter dieser Transformation der Zielfunktion erhalten.

Praktisch bedeutet das, dass man einen gegebenen Datensatz in Trainings-, Validierungs- und Testdaten partitionieren muss (wobei die Partition zum Testen, wie im Fall von MNIST, manchmal bereits vorgegeben ist). Je größer dabei der Umfang der Testdaten (bzw. Validierungsdaten), desto genauer ist die Schätzung der Generalisierungsgüte, aber desto weniger Daten verbleiben zum Trainieren, was zu insgesamt schlechterer Performanz der gelernten Modelle führt. Es gilt also, einen geeigneten Kompromiss zu finden. Um die vorhandenen Daten insgesamt optimal auszunutzen, wurden Techniken wie die *Kreuzvalidierung* entwickelt, die nicht nur eine, sondern mehrere Aufteilungen in Trainings-, Validierungs- und Testdaten betrachten und die Ergebnisse geeignet kombinieren [25].

12.3 Methoden und Algorithmen

In diesem Abschnitt sollen beispielhaft einige wichtige Lernverfahren vorgestellt werden. Wir beginnen mit einfachen linearen Modellen für das überwachte Lernen und schauen uns dann nichtlineare Erweiterungen sowie Ensemble-Methoden an. Schließlich wird noch kurz auf Methoden des unüberwachten Lernens und des Reinforcement Learning eingegangen.

12.3.1 Lineare Modelle

Lineare Modelle sind aus mathematischer (und in gewisser Weise auch algorithmischer) Sicht besonders einfach handhabbar, zudem sind sie in der Regel auch gut interpretierbar. Unter einem linearen Modell verstehen wir dabei eine parametrisierte Modellklasse, die linear in den Parametern ist.

12.3.1.1 Lineare Regression

Ein klassisches Beispiel sind *Regressionsmodelle* der Form

$$y = h(\boldsymbol{x}) = w_0 + \sum_{d=1}^{D} w_d \cdot x_d = \sum_{d=0}^{D} w_d \cdot x_d$$

mit $x_0 \equiv 1$, die linear in $\boldsymbol{w} = (w_0, w_1, \dots, w_D)^\top$ sind. Verwendet man als Fehlermaß den quadrierten Abstand zwischen Prädiktion und Beobachtung, $L(y, \hat{y}) = (y - \hat{y})^2$, dann kann man das empirische Risiko auf $\mathcal{D}_{\text{train}}$ wie folgt schreiben:

$$(\boldsymbol{X}\boldsymbol{w} - \boldsymbol{y})^\top(\boldsymbol{X}\boldsymbol{w} - \boldsymbol{y}) = \boldsymbol{w}^\top\boldsymbol{X}^\top\boldsymbol{X}\boldsymbol{w} - 2\boldsymbol{w}^\top\boldsymbol{X}^\top\boldsymbol{y} + \boldsymbol{y}^\top\boldsymbol{y}, \tag{12.8}$$

wobei $\boldsymbol{X}$ eine $N \times (D+1)$ Matrix ist, deren i-te Zeile die Transposition des Vektors $\boldsymbol{x}_i$ (inklusive der führenden 1) ist, und $\boldsymbol{y} = (y^{(1)}, \ldots, y^{(N)})^\top$. Durch Ableiten der quadratischen Form (12.8) nach $\boldsymbol{w}$ und Nullsetzen erhält man eine analytische Lösung des empirischen Risikominimierers:

$$\boldsymbol{w}^* = (\boldsymbol{X}^\top \boldsymbol{X})^{-1} \boldsymbol{X}^\top \boldsymbol{y}$$

Das Problem der linearen Regression mit quadratischer Verlustfunktion ist also sehr einfach zu lösen. Zudem lässt sich das Modell gut interpretieren: Der Regressionskoeffizient w_d quantifiziert Richtung und Stärke des Einflusses der Variable x_d auf die Zielvariable y. Man beachte aber, dass ein Vergleich des Einflusses von unterschiedlichen Variablen eine Normierung der Variablen voraussetzt.

12.3.1.2 Verallgemeinerte lineare Modelle für binäre Klassifikation

Anders als der Spezialfall der linearen Regression lassen Lernprobleme in der Regel keine analytische Lösung zu. Dies gilt bereits für sogenannte verallgemeinerte lineare Modelle, die man für Klassifikationsprobleme benötigt. Da ein Klassifikator kategoriale statt reellwertige Prädiktionen liefert, muss man die reellen Werte einer linearen Funktion einer Transformation unterziehen, für die binäre Klassifikation mit $\mathcal{Y} = \{-1, +1\}$ beispielsweise mithilfe der Vorzeichenfunktion:

$$h(\boldsymbol{x}) = \operatorname{sign}(\boldsymbol{w}^\top \boldsymbol{x}). \tag{12.9}$$

Man erhält also eine positive Vorhersage ($h(\boldsymbol{x}) = +1$) falls $\boldsymbol{w}^\top \boldsymbol{x} \geq 0$, ansonsten eine negative ($h(\boldsymbol{x}) = -1$). Man spricht hier nach wie vor von einem linearen Klassifikator, obwohl die rechte Seite in (12.9) aufgrund der Vorzeichenfunktion streng genommen nicht mehr linear in $\boldsymbol{w}$ ist.

Entsprechend schwieriger ist es, ein optimales Modell zu finden, z. B. den Parameter $\boldsymbol{w}^*$, der den einfachen 0/1 Fehler ($L(y, \hat{y}) = 0$ falls $y = \hat{y}$ und $= 1$ sonst) auf $\mathcal{D}_{\text{train}}$ minimiert. Ein klassischer Algorithmus für dieses Problem ist der *Perzeptron-Algorithmus* [45], der eine initiale Lösung $\boldsymbol{w}_0$ iterativ wie folgt anpasst:

$$\boldsymbol{w}_{t+1} \leftarrow \boldsymbol{w}_t + \frac{1}{2}(y(t) - \hat{y})\boldsymbol{x}(t) \ , \tag{12.10}$$

wobei $(\boldsymbol{x}(t), y(t))$ zufällig aus $\mathcal{D}_{\text{train}}$ gewählt wurde und $\hat{y} = \operatorname{sign}(\boldsymbol{w}_t^\top \boldsymbol{x}(t))$. Der Algorithmus passt den Parameter $\boldsymbol{w}$ im Falle eines Fehlers also so an, dass der Fehler für das gleiche Beispiel $(\boldsymbol{x}(t), y(t))$ beim nächsten Mal vermieden wird oder zumindest geringer ausfällt (in dem Sinne, dass die Distanz zum korrekten Vorzeichen verringert wird). Die Konvergenz des Algorithmus kann allerdings nur für den Fall der linearen Separierbarkeit von $\mathcal{D}_{\text{train}}$ garantiert werden (grob gesagt existiert dann ein $\boldsymbol{w}^*$, das alle Beispiele in

$\mathcal{D}_{\text{train}}$ korrekt klassifiziert). Für den realistischen Fall, dass der empirische Fehler nicht auf 0 reduziert werden kann, z. B. aufgrund verrauschter oder fehlerhafter Daten, oder weil der wahre Zusammenhang nur approximativ linear ist, muss der Algorithmus entsprechend erweitert und modifiziert werden.

Ein weiteres Beispiel eines verallgemeinerten linearen Modells hatten wir bereits kennengelernt, nämlich die *logistische Regression*. Hier wird der lineare Term einer Logit-Transformation (eine spezielle Kopplungsfunktion) unterzogen: $\hat{p} = \text{logit}^{-1}(\boldsymbol{w}^\top \boldsymbol{x})$ mit der Logit-Funktion

$$\text{logit}(p) = \log\left(\frac{p}{1-p}\right).$$

Um den logistischen Fehler (12.3) auf $\mathcal{D}_{\text{train}}$ zu minimieren, also die Summe

$$-\sum_{i=1}^{N} \log\left((\text{logit}^{-1}(\boldsymbol{w}^\top \boldsymbol{x}_i))^{\frac{y_i+1}{2}} + (1 - \text{logit}^{-1}(\boldsymbol{w}^\top \boldsymbol{x}_i))^{\frac{y_i-1}{2}}\right),$$

verwendet man gradientenbasierte Verfahren. Man nutzt also die Ableitung des Fehlers bzgl. $\boldsymbol{w}$, um den Parameter sukzessive anzupassen.

12.3.1.3 Lineare Diskriminanzanalyse (LDA)

Die lineare Komponente eines Klassifikators kann man als lineare Projektion von $\mathbb{R}^D$ nach $\mathbb{R}$ auffassen: jedes $\boldsymbol{x} \in \mathbb{R}^D$ wird abgebildet auf $\boldsymbol{w}^\top \boldsymbol{x} \in \mathbb{R}$. Die Trennung der Klassen erfolgt dann auf der reellen Achse, beispielsweise durch Wahl eines geeigneten Schwellwerts (wie die 0 in (12.9)). Diese Idee liegt auch der *linearen Diskriminanzanalyse* (LDA) zugrunde, die der Statistiker R. A. Fisher bereits 1936 vorgeschlagen hat [14].

Die LDA geht von der Annahme aus, dass die einzelnen Klassen normalverteilt sind (d. h. für jedes $y \in \mathcal{Y}$ ist $p_0(\cdot\,|\,y)$ eine Normalverteilung auf $\mathcal{X}$), sodass auch die linearen Projektionen normalverteilt sind. Ein gängiges Maß, das den Grad der Separierung zweier (eindimensionaler) Normalverteilungen mit Parametern (μ_-, σ_-) bzw. (μ_+, σ_+) charakterisiert, ist das folgende:

$$\frac{(\mu_+ - \mu_-)^2}{\sigma_+^2 + \sigma_-^2}. \tag{12.11}$$

Bei der LDA sind μ_-, μ_+ die Mittelwerte der Projektionen der beiden Klassen und σ_-^2, σ_+^2 die Varianzen der projizierten Fälle, wobei all diese Parameter vom Projektionsvektor $\boldsymbol{w}$ abhängen. Abb. 12.3 illustriert die grundlegende Überlegung hinter diesem Ansatz. Sie zeigt, dass ein guter Klassifikator die Mittelpunkte der zu den beiden betrachteten Klassen gegebenen Trainingsdaten so projizieren sollte, dass sie möglichst weit auseinander

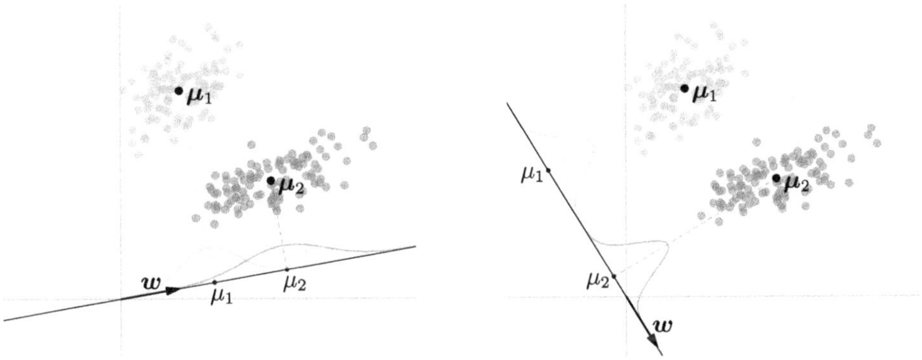

(a) suboptimaler Projektionsvektor w **(b)** optimaler Projektionsvektor w

Abb. 12.3: Illustration der linearen Diskriminanzanalyse.

liegen. Idealerweise sollten zudem die klassenspezifischen Varianzen der projizierten Daten klein sein.

Das Problem, den Ausdruck (12.11) als Funktion von $\boldsymbol{w}$ zu maximieren, führt auf ein generalisiertes Eigenvektor/Eigenwert Problem. Das bedeutet, dass ein im Sinne der LDA optimaler Projektionsvektor relativ einfach durch das Lösen eines solchen Problems gefunden werden kann. Einen optimalen Schwellwert erhält man schließlich durch Berechnung des Punktes, an dem sich die (projizierten) Normalverteilungen schneiden. Dieser Ansatz kann für Probleme mit mehr als zwei Klassen erweitert werden.

Fishers LDA gilt als eine gute „baseline“ für das Problem der binären Klassifikation [25]. Wie jeder andere lineare Klassifikator funktioniert auch LDA immer dann sehr gut, wenn die Datenpunkte der beiden betrachteten Klassen linear separierbar sind. Aber auch für nicht linear separierbare Klassen (siehe Abb. 12.4(b)) sind LDA-basierte Klassifikatoren oft in der Lage, vergleichsweise gute Ergebnisse zu erzielen. Was LDA besonders attraktiv macht, ist die Einfachheit und der geringe Aufwand dieses Ansatzes. Ein Nachteil der LDA besteht in der Annahme normalverteilter Klassen, die in der Praxis nur selten gerechtfertigt ist. Wünschenswert wären daher Ansätze, die nicht auf solch starken Annahmen beruhen. Im Folgenden diskutieren wir eine sehr populäre Idee hierzu.

12.3.1.4 Stützvektormaschinen

Im Fall der linearen Separierbarkeit findet der Perzeptron-Algorithmus garantiert ein Modell in Form einer Hyperebene, die die Trainingsdaten fehlerfrei trennt. Die Lage dieser Hyperebene in $\mathcal{X} = \mathbb{R}^D$ kann allerdings beliebig sein und hängt ab von der Initialisierung, der Reihenfolge der Updates etc. Eine intuitiv „robuste“ Lösung wäre eine

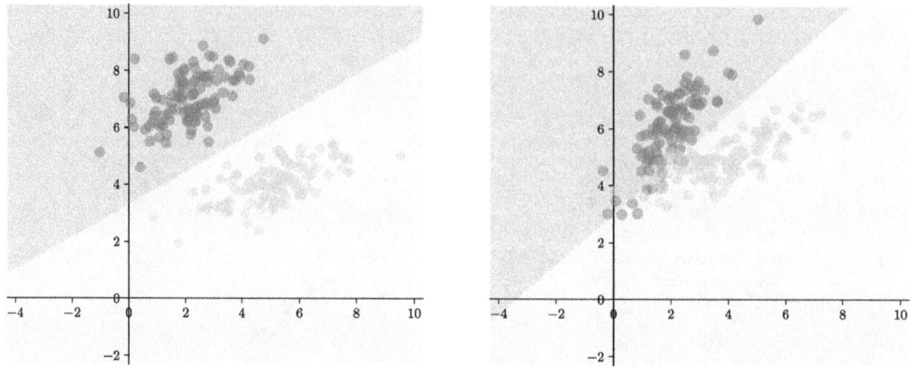

(a) linear separierbare Klassen

(b) nicht linear separierbare Klassen

Abb. 12.4: Beispiel zweier linearer Klassifikatoren, die mittels LDA trainiert wurden. Die Trainingsdaten auf der linken Seite (blaue und orange Punkte) sind linear separierbar, die Daten auf der rechten Seite sind nicht linear separierbar.

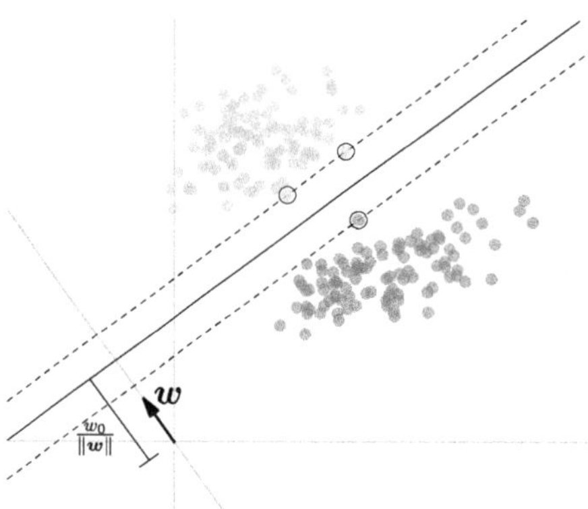

Abb. 12.5: Illustration der Stützvektormethode: Die Hyperebene mit maximalem Korridor wird „gestützt" durch die Datenpunkte (Vektoren $\boldsymbol{x}_i$), die direkt auf dem Rand liegen.

Hyperebene, die möglichst „mittig" zwischen den Datenpunkten der beiden Klassen verläuft. Diese Idee ist in Abb. 12.5 dargestellt, wobei „mittig" hier so formalisiert ist, dass der minimale Abstand der Hyperebene zu den Datenpunkten maximal ist. Man kann auch sagen, dass die gesuchte Hyperebene den „Korridor" zwischen den Datenpunkten der beiden Klassen maximiert. Dieses „large margin"-Prinzip ist als Induktionsprinzip nicht nur intuitiv plausibel, sondern lässt sich auch lerntheoretisch motivieren [53]. Es bildet die Grundlage der sogenannten *Stützvektormaschine* (engl. *support vector machine*, SVM), die 1995 von Cortes und Vapnik eingeführt wurde [9].

Ist $h(\boldsymbol{x}) = \operatorname{sign}(\boldsymbol{w}^\top \boldsymbol{x} - w_0)$ der durch eine lineare SVM realisierte binäre Klassifikator, dann ist $\boldsymbol{w}$ ein Normalenvektor der entsprechenden Hyperebene und $w_0/\|\boldsymbol{w}\|$ ihr

Abstand zum Ursprung. Um den Projektionsvektor $\boldsymbol{w}$ zu finden, der den minimalen Abstand aller Datenpunkte zur Hyperebene und damit die (halbe) Breite

$$\rho = \min_i \frac{y_i \cdot (\boldsymbol{w}^\top \boldsymbol{x}_i - w_0)}{\|\boldsymbol{w}\|} \tag{12.12}$$

des Korridors zischen den Klassen maximiert, beobachten wir zunächst, dass die Länge von $\boldsymbol{w}$ ohne Beschränkung der Allgemeinheit frei gewählt werden kann. Wir können daher fordern, dass folgende Bedingungen gelten sollen:

$$\min_{i:y_i=+1} \boldsymbol{w}^\top \boldsymbol{x}_i - w_0 = +1, \qquad \max_{i:y_i=-1} \boldsymbol{w}^\top \boldsymbol{x}_i - w_0 = -1, \tag{12.13}$$

und somit $\rho = 2/\|\boldsymbol{w}\|$. Da $y_i \in \{-1, +1\}$, lassen sich diese Bedingungen auch folgendermaßen ausdrücken:

$$y_i \cdot (\boldsymbol{w}^\top \boldsymbol{x}(i) - w_0) \geq 1 \quad \text{für alle } i = 1, \ldots, N. \tag{12.14}$$

Dieser Ausdruck wird auch als die kanonische Repräsentation der separierenden Hyperebene bezeichnet. Man beachte, dass die gesuchte Hyperebene in der Regel durch nur wenige Datenpunkte bestimmt wird, die direkt auf dem Rand liegen, für die die Ungleichung in (12.14) also zur Gleichung wird; diese Datenpunkte nennt man Stützvektoren, was den Namen der Methode erklärt.

Um die Breite $\rho = 2/\|\boldsymbol{w}\|$ zu maximieren, muss die Länge von $\boldsymbol{w}$ offenbar minimal sein. Wir können das SVM-Trainingsproblem daher als quadratisches Optimierungsproblem unter Nebenbedingungen formalisieren:

$$\operatorname*{argmin}_{\boldsymbol{w}, w_0} \frac{1}{2} \boldsymbol{w}^\top \boldsymbol{w} \tag{12.15}$$

$$\text{s.t. } y_i(\boldsymbol{w}^\top \boldsymbol{x}_i - w_0) \geq 1, \quad i = 1, \ldots, N \tag{12.16}$$

Das Problem (12.15)–(12.16), das auch als primales Problem bezeichnet wird, lässt sich prinzipiell mittels der Methode der Lagrange-Multiplikatoren und durch Auswertung der Karush-Kuhn-Tucker-Bedingungen lösen. Oft ist es allerdings deutlich effizienter, das zugehörige duale Problem zu lösen [51].

Das obige Optimierungsproblem ist nur dann lösbar, wenn die Trainingsdaten linear separierbar sind. Sollte dies nicht der Fall sein, gibt es keinen Korridor zwischen den Klassen, der eine separierende Hyperebene definieren würde. Diesem Problem begegnet man typischerweise, indem man sogenannte „Schlupfvariablen" $\xi_i \geq 0$ einführt, die es erlauben, die Nebenbedingungen zu relaxieren und einen „weichen" Korridor (engl. *soft margin*) zwischen den Klassen zu definieren (vgl. Abb. 12.6):

$$y_i \cdot (\boldsymbol{w}^\top \boldsymbol{x}_i - w_0) \geq 1 - \xi_i \quad \text{für alle } i = 1, \ldots, N. \tag{12.17}$$

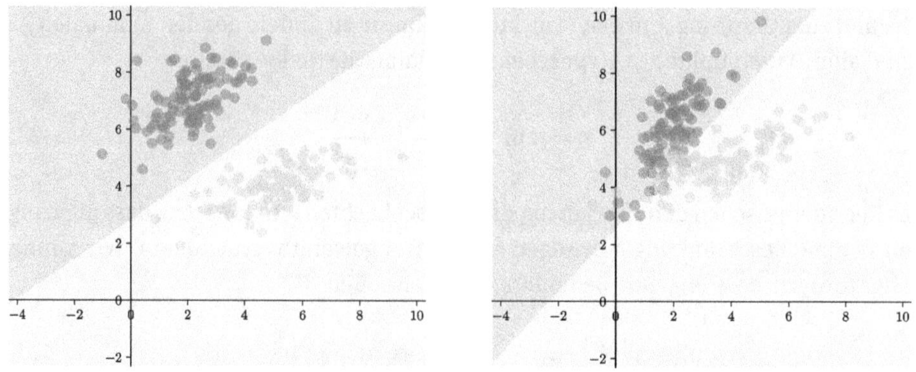

(a) linear separierbare Klassen (b) nicht linear separierbare Klassen

Abb. 12.6: Beispiel zweier linearer SVMs. Im Falle der linear separierbaren Klassen auf der linken Seite erzielt eine SVM ebenso wie LDA perfekte Ergebnisse auf den Trainingsdaten und generalisiert gut. Für nicht linear separierbare Klassen wie auf der rechten Seite generalisiert eine SVM oft bessere als ein LDA-basierter Klassifikator.

Für $0 < \xi_i < 1$ liegt der Datenpunkt $(\boldsymbol{x}_i, y_i)$ „innerhalb" des Korridors, für $\xi_i > 1$ sogar auf der falschen Seite der Hyperebene. Um die Abschwächung der Nebenbedingungen möglichst gering zu halten (und trivial Lösungen zu vermeiden), erweitert man die Zielfunktion um einen „Strafterm":

$$\begin{aligned} \underset{\boldsymbol{w}, w_0, \boldsymbol{\xi}}{\operatorname{argmin}} \quad & \frac{1}{2}\boldsymbol{w}^\top \boldsymbol{w} + C \sum_{i=1}^{n} \xi_i \\ \text{s. t.} \quad & y_i(\boldsymbol{w}^\top \boldsymbol{x}_i - w_0) - 1 + \xi_i \geq 0, \quad i = 1, \ldots, N \\ & \xi_i \geq 0, \quad i = 1, \ldots, N \end{aligned} \tag{12.18}$$

wobei $C > 0$ ein vom Anwender frei zu wählender Parameter ist, der den Kompromiss zwischen Breite des Korridors und Verletzung der Nebenbedingungen steuert. Man kann zeigen, dass dieses Problem äquivalent ist zur (regularisierten) empirischen Minimierung einer speziellen Verlustfunktion L, die man als *Hinge Loss* bezeichnet:

$$(\boldsymbol{w}^*, w_0^*) = \arg\min_{\boldsymbol{w}, w_0} \sum_{i=1}^{N} L(y_i, \boldsymbol{w}^\top \boldsymbol{x}_i + w_0) + \lambda \|\boldsymbol{w}\|^2,$$

mit $L(y, s) = \max\{1 - y \cdot s, 0\}$ und $\lambda = 2/C$.

12.3.2 Nichtlineare Modelle

Wie bereits erwähnt, machen lineare Modelle recht starke Annahmen bzgl. des zu modellierenden Zusammenhangs und der Abhängigkeiten in den Daten. Für viele Anwendungen werden daher flexiblere nichtlineare Modelle benötigt, die im Folgenden anhand einiger wichtiger Methoden beispielhaft illustriert werden sollen. Die derzeit wohl prominenteste Klasse von nichtlinearen Modellen sind die (tiefen) neuronalen Netze bzw. das *Deep Learning*, dem ein eigenes Kapitel gewidmet ist (vgl. Kapitel 13); diesen Ansatz werden wir daher hier nicht diskutieren.

12.3.2.1 Kernelmethoden

Im Zentrum der bisher diskutierten linearen Modelle steht das Innenprodukt $\langle \boldsymbol{w}, \boldsymbol{x} \rangle = \boldsymbol{w}^\top \boldsymbol{x}$, das sowohl in $\boldsymbol{w}$ als auch in $\boldsymbol{x}$ linear ist. Entscheidend für die Lernverfahren ist dabei die Linearität in den Parametern (Gewichten) $\boldsymbol{w}$, denn diese stellen gewissermaßen die Variablen dar, über die optimiert wird (während die Daten $(\boldsymbol{x}_i, y_i)$ als Konstante behandelt werden). Ableitungen bei der linearen Regression oder bei Gradientenverfahren werden z. B. bezüglich $\boldsymbol{w}$ bestimmt, und sie werden „einfach" gerade durch die Linearität in $\boldsymbol{w}$.

Tatsächlich kann man die ursprüngliche Repräsentation $\boldsymbol{x}$ mithilfe einer nichtlinearen Transformation $\Phi : \mathcal{X} \rightarrow \mathcal{Z}$ durch eine neue Repräsentation $\boldsymbol{z} = \Phi(\boldsymbol{x})$ ersetzen, ohne den zugrunde liegenden Lernalgorithmus anpassen zu müssen. Eine solche Transformation nennt man auch Linearisierung, und $\mathcal{Z}$ den zugehörigen Feature-Raum. Ein lineares Modell im Feature-Raum, also ein Modell $\tilde{h}(\boldsymbol{z}) = \boldsymbol{w}^\top \boldsymbol{z}$, entspricht einem Modell $h(\boldsymbol{x}) = \tilde{h}(\Phi(\boldsymbol{x}))$ im ursprünglichen Instanzenraum $\mathcal{X}$. Letzteres ist möglicherweise nichtlinear in $\boldsymbol{x}$, in dem Sinne, dass $\tilde{h}$ eine nichtlineare Entscheidungsgrenze $\Phi^{(-1)}(0) = \{\boldsymbol{x} \in X \mid \langle \boldsymbol{w}, \Phi(\boldsymbol{x}) \rangle = 0\}$ in $\mathcal{X}$ induziert.

Die Idee der Feature-Transformation und Linearisierung ist eng verbunden mit sogenannten Kernelmethoden. Solche Methoden lernen lineare Modelle in Feature-Räumen, die typischerweise sehr hohe (oder sogar unendliche) Dimension besitzen. Sie tun dies allerdings nur implizit, ohne eine Feature-Transformation jemals explizit durchführen zu müssen. Dies wird erreicht unter Verwendung von Kernel-Funktionen $\kappa : \mathcal{X}^2 \rightarrow \mathbb{R}$. Wenn eine solche Funktion symmetrisch und positiv semi-definit ist, dann besagt ein wichtiges Ergebnis aus der Funktionalanalysis (das Mercer-Theorem), dass κ eine (latente) Repräsentation in Form einer Linearisierung besitzt. Genauer gesagt, es existiert ein (Hilbert-)Raum $\mathcal{Z}$ und eine Linearisierung $\phi : \mathcal{X} \rightarrow \mathcal{Z}$, sodass

$$\kappa(\boldsymbol{x}, \boldsymbol{x}') = \big\langle \Phi(\boldsymbol{x}), \Phi(\boldsymbol{x}') \big\rangle. \tag{12.19}$$

Eine wichtige Konsequenz ist die folgende Beobachtung: Durch Auswerten der Kernel-Funktion, also Berechnen von $\kappa(\boldsymbol{x}, \boldsymbol{x}')$, kann man im Feature-Raum $\mathcal{Z}$ „operieren", ohne diesen Raum jemals „betreten" oder $\Phi(\boldsymbol{x})$ explizit konstruieren zu müssen – im Grunde müssen $\mathcal{Z}$ und Φ nicht einmal bekannt sein. Offenbar ist dies ein großer Vorteil, wenn das Berechnen von κ vergleichsweise einfach ist.

Einschränkend muss hinzugefügt werden, dass das Operieren hier auf das Berechnen von Innenproduktion beschränkt ist. Dies ist allerdings oftmals ausreichend, denn viele (lineare) Lernverfahren können so formuliert werden, dass sie Feature-Vektoren niemals isoliert auswerten müssen, sondern immer nur in Form von Innenprodukten mit anderen Feature-Vektoren. Ist dies der Fall, dann kann man den Algorithmus sehr einfach „kernelisieren", indem man jedes Vorkommen eines Innenprodukts $\langle \boldsymbol{x}, \boldsymbol{x}' \rangle$ durch $\kappa(\boldsymbol{x}, \boldsymbol{x}')$ ersetzt. Man führt den Algorithmus dann gewissermaßen implizit im Feature-Raum $\mathcal{Z}$ aus.

Betrachten wir als Beispiel den Perzeptron-Algorithmus. Aufgrund der Update-Regel (12.10) ist eine Lösung immer eine Linearkombination von (falsch klassifizierten und daher „schwierigen") Instanzen: $\boldsymbol{w} = \sum_i a_i y_i \boldsymbol{x}_i$ mit positiven Konstanten $a_i \in \mathbb{N}$. Den Prädiktor kann man daher unter Verwendung einer dualen Repräsentation wie folgt schreiben:

$$h(\boldsymbol{x}) = \langle \boldsymbol{w}, \boldsymbol{x} \rangle = \sum_i a_i y_i \langle \boldsymbol{x}_i, \boldsymbol{x} \rangle$$

Entsprechend kann man die Update-Regel (für $(\boldsymbol{x}(t), y(t)) = (\boldsymbol{x}_j, y_j)$) auch wie folgt formulieren:

$$\text{Falls} \quad y_t \Big(\sum_i a_i y_i \langle \boldsymbol{x}_i, \boldsymbol{x}_t \rangle \Big) < 0 \ , \quad \text{dann} \quad a_j \leftarrow a_j + 1 \ .$$

In dieser dualen Repräsentation kommen Instanzen $\boldsymbol{x}$ tatsächlich nur noch in Innenprodukten vor. Wird ein Perzeptron nun in einem Feature-Raum $\mathcal{Z}$ trainiert, jedes Vorkommen von $\boldsymbol{x}$ also durch die Transformation $\boldsymbol{z} = \Phi(\boldsymbol{x})$ ersetzt, dann ist der Prädiktor von der Form

$$h(\boldsymbol{x}) = \big\langle \boldsymbol{w}, \Phi(\boldsymbol{x}) \big\rangle = \sum_i a_i y_i \big\langle \Phi(\boldsymbol{x}_i), \Phi(\boldsymbol{x}) \big\rangle = \sum_i a_i y_i \kappa(\boldsymbol{x}_i, \boldsymbol{x}) \ .$$

In der dualen Repräsentation kann man den Perzeptron-Algorithmus also sehr einfach „kernelisieren". Die Idee, ein lineares Lernverfahren durch Ausnutzen der Kernel-Eigenschaften implizit in einem Feature-Raum auszuführen, und somit ein Modell zu lernen, das nichtlinear in der ursprünglichen Datenrepräsentation ist, nennt man allgemein auch den *„Kernel-Trick"*. Dieser ist keineswegs beschränkt auf das Perzeptron, sondern lässt sich auf eine Vielzahl von Lernverfahren anwenden.

Zu diesen Lernverfahren gehören auch die Stützvektormaschinen, was ein wichtiger Grund für deren Popularität ist. Die Anwendung des Kernel-Tricks auf SVMs wird in Abb. 12.7 veranschaulicht, und zwar für die sogenannten polynomielle Kernel-Funktion $\kappa(\boldsymbol{x}, \boldsymbol{x}') = (\boldsymbol{x}^\top \boldsymbol{x}' + 1)^d$. In der Abbildung sehen wir Trainingsdaten für zwei Klassen, die nicht linear voneinander separierbar sind. Gleichzeitig ist eine SVM, die mit der Kernel-Funktion operiert, je nach Parametrisierung von κ – also Wahl des Polynomgrades d – in der Lage, die beiden Klassen voneinander zu unterscheiden. Die Abbildung verdeutlicht

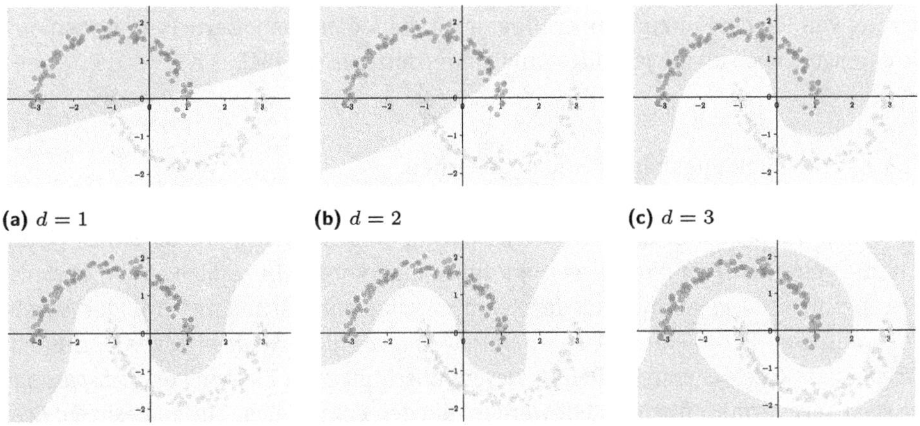

(a) $d = 1$ (b) $d = 2$ (c) $d = 3$ (d) $d = 4$ (e) $d = 6$ (f) $d = 8$

Abb. 12.7: Beispiele zweier nicht linear separierbarer Klassen und nichtlinearer Klassifikatoren, die durch eine SVM mit polynomieller Kernel-Funktion berechnet werden. Je nach Wahl des Grades *d* des Polynoms, ist die SVM mehr oder weniger gut in der Lage, sinnvolle Klassengrenzen zu lernen.

auch, dass der Parameter d, ein „Hyperparameter“ des Lernverfahrens, einen starken Einfluss auf den gelernten Prädiktor hat – er kontrolliert dessen Komplexität (Grad der Nichtlinearität) und damit Generalisierungsgüte. Allgemein muss die Kernel-Funktion immer auf die Daten abgestimmt werden. Dies kann entweder manuell geschehen oder unter Verwendung von modernen Methoden der Hyperparameteroptimierung [5].

Kernelmethoden besitzen eine Reihe interessanter Eigenschaften. Indem man Kernels (also symmetrische, positiv semi-definite Funktionen) auf Objekten wie Sequenzen, Graphen etc. definiert, macht man strukturierte Datenräumen und damit Anwendungen in Bereichen wie Textanalyse oder Bioinformatik für viele Lernverfahren zugänglich [20]. Solche Kernel kann man in der Regel als eine Art Ähnlichkeitsmaß interpretieren und auf diese Weise Domänenwissen einbringen. Beispielsweise kann man bei der Definition eines Kernels auf Molekülen (modelliert als Graphen) Wissen darüber einbringen, welche Eigenschaften wichtig für die Ähnlichkeit und damit die Relevanz eines Moleküls (in den Trainingsdaten) für die Vorhersage der Eigenschaft eines anderen Moleküls sind.

Eine weitere wichtige Eigenschaft ist die Modularität von Kernelmethoden: Ein Kernel kann als Komponente eines Lernverfahrens einfach ausgetauscht werden (z. B. abhängig von der jeweiligen Anwendung), ohne den Lernalgorithmus selbst anpassen zu müssen. Darüber hinaus kann man existierende Kernels zu neuen Kernels kombinieren, denn die Klasse der Kernel-Funktionen ist abgeschlossen unter Operationen wie Addition, Multiplikation etc. So kann man beispielsweise Kernel für unterschiedliche Medien (Text, Ton, Bilder) kombinieren. Diese Kompositionalität, zusammen mit der Parametrisierung von Kernel-Funktionen, eröffnet auch die Möglichkeit, Kernels zu lernen, um sie datengetrieben an die jeweilige Anwendung anzupassen [34].

12.3.2.2 Entscheidungsbäume und Regellernen

Die bisher vorgestellten Lernverfahren sind im Wesentlichen *parametrischer* Natur, d. h. die gelernten Funktionen werden durch eine vorgegebene Menge von Parametern spezifiziert. Die Komplexität der Repräsentation entspricht dabei grob der Anzahl frei wählbarer Parameter. Mit sogenannten *Entscheidungsbäumen* sowie den damit verwandten Regelsystemen sollen in diesem Abschnitt zwei Klassen von *nichtparametrischen* Lernverfahren vorgestellt werden, die den potenziellen Vorteil besitzen, dass sie die Komplexität der Repräsentation flexibel der Datenkomplexität anpassen können. Ein weiterer wichtiger Unterschied zu den bisherigen Verfahren besteht darin, dass es sich bei Entscheidungsbäumen und Regelsystemen um *symbolische* Repräsentationen handelt, die eng an logikbasierte Formalismen der klassischen KI angelehnt sind. Tatsächlich sind Entscheidungsbäume (engl. *decision trees*) für das Maschinelle Lernen von besonderer Bedeutung und markieren gewissermaßen die Geburtsstunde des gesamten Gebietes [43].

Struktur von Entscheidungsbäumen

Betrachten wir Entscheidungsbäume zunächst aus Sicht der Repräsentation, und zwar für den Fall der Klassifikation, also der Zuweisung von Instanzen $\boldsymbol{x} \in \mathcal{X}$ zu Kategorien oder Klassen $y \in \mathcal{Y}$, die wir hier einfach mit den natürlichen Zahlen 1 bis K bezeichnen, also $\mathcal{Y} = \{1, \ldots, K\}$. Wie bereits der Name sagt, handelt es sich um hierarchische Strukturen in Form von Bäumen, wie in Abb. 12.8 dargestellt. Diesem Beispiel liegt ein

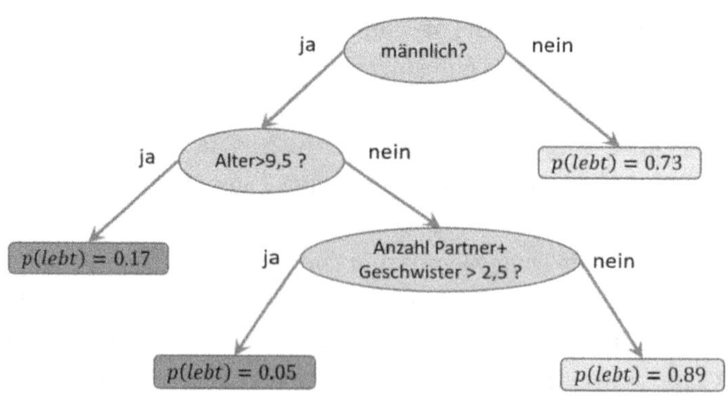

Abb. 12.8: Ein Entscheidungsbaum, der das Überleben der Passagiere auf der Titanic prognostiziert. Abhängig von den Werten des Eingabevektors $\boldsymbol{x}$ verfolgt man einen Pfad von der Wurzel des Baumes bis zu einem Blattknoten. Letztere sind mit der prognostizierten Überlebenswahrscheinlichkeit markiert.

bekannter Benchmark-Datensatz zugrunde, bei dem es darum geht, das Überleben eines Passagiers auf der Titanic basierend auf Eigenschaften wie Geschlecht, Alter etc. vorherzusagen; es handelt sich also um ein binäres Klassifikationsproblem mit lediglich zwei Kategorien.

Man kann sich vorstellen, dass eine Instanz $\boldsymbol{x}$ am Wurzelknoten eingefügt wird und entlang eines Pfades im Baum zu einem Blattknoten gelangt, wo die Klassenzuweisung (oder allgemeiner eine probabilistische Vorhersage) erfolgt. Jedes Blatt B des Baumes ist also mit einer Kategorie $y \in \mathcal{Y}$ markiert, oder allgemeiner mit einer Wahrscheinlichkeitsverteilung über $\mathcal{Y}$ bzw. einem Wahrscheinlichkeitsvektor $\boldsymbol{p}_B = (p_1, \ldots, p_K)$. Die Semantik einer solchen Markierung ist wie folgt: Eine Instanz $\boldsymbol{x}$, die diesem Blatt zugewiesen wird, gehört mit Wahrscheinlichkeit p_k zu Kategorie k.

Die inneren Knoten des Baumes spezifizieren Fallunterscheidungen, und zwar mithilfe logischer Prädikate, die sich auf bestimmte Eigenschaften einer Instanz beziehen. Anhand dieser Eigenschaften wird entschieden, an welchen Folgeknoten die Instanz weitergereicht wird. Ein Beispiel für eine solche Eigenschaft könnte etwa das Geschlecht sein, wenn es sich, wie in unserem Beispiel, bei Instanzen um Personen handelt. Dies wäre ein Beispiel für ein binäres Attribut, das die Werte `männlich` und `weiblich` annehmen kann. Entsprechend würde an diesem Knoten eine Fallunterscheidung zwischen `Geschlecht`$(\boldsymbol{x}) =$ `männlich` und `Geschlecht`$(\boldsymbol{x}) =$ `weiblich` getroffen, und $\boldsymbol{x}$ im ersten Fall „nach links“ und im zweiten „nach rechts“ weitergeleitet. Auf ganz ähnliche Weise kann man mit kategorialen Attributen wie Nationalität umgehen, die mehr als zwei Werte annehmen können, sowie numerischen Attributen wie das Alter einer Person. Bei solchen Attributen sind die Prädikate häufig von der Form `Alter` $\leq t$ bzw. `Alter` $> t$, wobei t ein (gesetzter oder aus den Daten gelernter) Schwellwert ist.

Lernen von Entscheidungsbäumen

Wie findet man Modelle in Form von Bäumen T, die gut an die Trainingsdaten $\mathcal{D} = \mathcal{D}_{\text{train}} = \{(\boldsymbol{x}_i, y_i)\}_{i=1}^N$ angepasst sind, und, noch wichtiger, die gut generalisieren? In diesem Zusammenhang sind im Wesentlichen zwei Teilfragen zu beantworten: Erstens, wie bewertet man die Güte eines vollständig spezifizierten Baumes T angesichts der Daten $\mathcal{D}$? Zweitens, gegeben ein entsprechendes Bewertungsmaß $\text{eval}(T, \mathcal{D})$, wie findet man den Baum, der bezüglich dieses Maßes optimal ist?

In der Literatur wurden diese Fragen mit einer Vielzahl von Maßen und Lernverfahren für Entscheidungsbäume beantwortet. Gemeinsam ist allen Bewertungsmaßen, dass sie möglichst homogene oder „reine“ Blattknoten bevorzugen, die eine eindeutige Prävalenz für eine bestimmte Klasse haben: Informativ ist eine Vorhersage, die einer bestimmten Klasse eine sehr hohe und allen anderen Klassen eine sehr geringe Wahrscheinlichkeit beimisst. Ein in diesem Zusammenhang häufig verwendetes Maß ist beispielsweise die Shannon-Entropie.

Hinsichtlich der zweiten Frage muss man sich klar machen, dass der Raum der möglichen Bäume T – jeder spezifiziert durch seine Struktur, die Auswahl von Prädikaten

(Attributen, Schwellwerten etc.) an den inneren Knoten und die Zuweisung von Wahrscheinlichkeiten an den Blättern – sehr groß sein kann, insbesondere bei einer hohen Dimension des Instanzenraumes $\mathcal{X}$ und bei metrisch skalierten Merkmalen. Ein vollständiges Durchsuchen dieses Raumes, mit dem Ziel, einen Baum T^* zu finden, für den $\text{eval}(T, \mathcal{D})$ maximal ist, scheidet daher als Lösungsstrategie aus. Obwohl zuletzt auch Fortschritte bei der Suche nach *optimalen* Lernverfahren gemacht wurden [42], arbeiten klassische Methoden auf der Grundlage von Heuristiken, die einen Baum T sukzessive durch möglichst gute lokale Erweiterungen konstruieren, letztlich aber keine globale Optimalität garantieren. Der Standardansatz ist hier die „gierige“ Suche (engl. *greedy search*), oder konkreter ein Algorithmus, der die Trainingsdaten $\mathcal{D}$ rekursiv partitioniert:

– Man beginnt mit einem Baum $T = B$, der nur aus einem Blatt besteht, dem alle Trainingsbeispiele zugeordnet sind.
– In jeder Iteration wird jedes Blatt B des aktuellen Baumes betrachtet, um zu entscheiden, ob es weiter verfeinert werden soll, oder ob der Prozess stoppen kann, entweder weil B bereits „rein“ genug ist oder weil andere Abbruchbedingungen erfüllt sind (z. B. eine zu geringe Zahl von verbleibenden Trainingsbeispielen).
– Zwecks Verfeinerung probiert man jedes der noch zulässigen Fallunterscheidungen Q aus. Hierzu bestimmt man die Partition $\{\mathcal{D}_{B,1}, \dots, \mathcal{D}_{B,q}\}$ der dem Blatt B zugeordneten Daten $\mathcal{D}_B \subseteq \mathcal{D}$, die man durch diese Fallunterscheidung erhalten würde. $\mathcal{D}_{B,j}$ ist hier die Teilmenge der Daten, auf die der Fall j zutrifft, und q die Gesamtzahl der möglichen Fälle. Man kann dann die Verbesserung (hinsichtlich der Bewertung) berechnen, die sich ergeben würde, wenn man das Blatt B lokal durch einen kleinen Teilbaum mit Wurzel Q ersetzt. Schließlich wird diejenige Fallunterscheidung gewählt, die zu einer maximalen Verbesserung führt.

Dieses Prinzip des rekursiven Partitionierens von Trainingsdaten, und damit das Partitionieren des Instanzenraumes $\mathcal{X}$ in Teilregionen, liegt den meisten bekannten Lernverfahren wie CART [6] oder C4.5 [44] zugrunde, die sich aber allesamt durch diverse Erweiterungen und hinsichtlich technischer Details unterscheiden. Der Ansatz ist „gierig“, weil eine einmal getroffene, lokal optimale Entscheidung (das „Aufsplitten“ eines Blattes B) nie rückgängig gemacht wird. Man kann deshalb, wie bereits erwähnt, keine globale Optimalität garantieren. Dies liegt im Wesentlichen daran, dass die Zerlegung gemäß einer Fallunterscheidung Q, wenngleich lokal vielversprechend, anschließend nicht unbedingt eine gute Weiterzerlegung erlaubt: Die Konstruktionsstrategie ist nicht vorausschauend sondern *myopisch*, worin aber auch gerade ihre Effizienz begründet liegt.

Dennoch unterziehen die meisten Lernverfahren einen konstruierten Baum T einer Nachbearbeitung, speziell einer „Beschneidung“ (engl. *pruning*). Dabei wird systematisch überprüft, ob das Ersetzen eines Teilbaumes durch einen einzelnen Blattknoten (also die Aggregation als inverse Operation des Zerlegens) die Prädiktionsgüte (meistens bestimmt auf unabhängigen Validierungsdaten) verbessert. Dies dient vor allem der Vermeidung einer Überanpassung an die Daten, die zu einer schlechten Generalisierung führt. Es könnte auf den Trainingsdaten z. B. rein zufällig so aussehen, als habe das Sternzeichen einer Person einen hohen prognostischen Wert im Hinblick auf die Klasse (z. B. Überleben auf der Titanic), obwohl dies in Wahrheit gar nicht der Fall ist – die Gefahr für solche scheinbaren Zusammenhänge wächst mit der Verringerung der Anzahl von Trainingsbeispielen in tieferen Ebenen des Baumes. Die durch das rekursive Partitionieren bedingte Fragmentierung der Daten führt darüber hinaus auch zu anderen Problemen, beispielsweise eine wenig verlässliche Schätzung von Wahrscheinlichkeiten an Blattknoten B.

Regressionsbäume

Ein Klassifikationsbaum repräsentiert letztlich eine Funktion f, die jede Instanz $\boldsymbol{x} \in \mathcal{X}$ auf eine Klasse $y \in \mathcal{Y}$ (bzw. eine Wahrscheinlichkeitsverteilung über $\mathcal{Y}$) abbildet. Entscheidungsbäume lassen sich aber nicht nur für die Klassifikation sondern auch auch für die *Regression* nutzen, also für das Lernen einer reellwertigen Funktion $f : \mathcal{X} \rightarrow \mathbb{R}$. Während das Konstruktionsprinzip an sich übernommen werden kann, müssen im Wesentlichen die Bewertungsmaße und die Markierung der Blattknoten angepasst werden. Ein solcher Knoten B wird im einfachsten Fall mit einem konstanten Wert $y_B \in \mathbb{R}$ markiert, der dann jeder Instanz $\boldsymbol{x}$ in diesem Blatt als Schätzung $\hat{y} = f(\boldsymbol{x})$ für den Wert der Zielvariablen zugeordnet wird – f ist somit eine stückweise konstante Funktion. Als Maß für die Bewertung eines Blattes bzw. die Verbesserung durch Verfeinerung bietet sich vor allem die Varianz an, also die durchschnittliche (quadratische) Abweichung der tatsächlichen beobachteten Werte vom Mittelwert y_B: je geringer diese Abweichung, desto besser die Approximation durch die lokal konstante Funktion mit Wert y_B.

Eigenschaften und Erweiterungen

Entscheidungsbäume besitzen im Vergleich zu anderen Lernverfahren eine Reihe von Vorzügen. Sie sind gut „lesbar" und daher potenziell gut interpretierbar, vorausgesetzt sie werden nicht zu groß und damit unübersichtlich. Lernverfahren für Entscheidungsbäume können sowohl diskrete (kategoriale) als auch kontinuierliche (numerische) Attribute verarbeiten und haben eine natürliche Attributauswahl (*feature selection*) integriert, können also relevante von weniger relevanten Variablen unterscheiden. Außerdem sind die Lernverfahren sehr effizient, sodass Entscheidungsbäume selbst auf großen Datensätzen schnell trainiert werden können.

Als Nachteil, auch bedingt durch den heuristischen Ansatz, kann man die Instabilität der Lernverfahren nennen: Selbst kleine Veränderungen in den Daten können zu großen Veränderungen des induzierten Baumes führen, was vor allem daran liegt, dass das Austauschen einer Fallunterscheidung an einem inneren Knoten zu einem komplett neuen Teilbaum führt. Diese Instabilität wirkt sich natürlich auch negativ auf die Interpretierbarkeit der gelernten Modelle aus. Auf der anderen Seite ist es gerade diese Instabilität, die Entscheidungsbäume zu beliebten Basislernern in sogenannten Ensemble-Methoden [57] macht, die von einer hohen Varianz profitieren (vgl. Abschnitt 12.3.3).

In der Literatur findet man eine schier unendliche Fülle von Erweiterungen der oben skizzierten Idee des Lernens von Entscheidungsbäumen, wie z. B. die Fallunterscheidung durch mehrstellige Prädikate an inneren Knoten, also Prädikate, die sich auf mehrere Attribute gleichzeitig beziehen, oder die Verwendung lokal affiner statt konstanter Funktionen bei Regressionsbäumen.

Regelsysteme

Offensichtlich kann man jeden Pfad von der Wurzel zu einem Blattknoten eines Entscheidungsbaumes in eine logische WENN-DANN-Regel übersetzen, in der die Prädikate an den inneren Knoten konjunktiv zur Antezedens verknüpft werden und der Blattknoten die Konsequenz spezifiziert. Jeder Blattknoten kann auf diese Weise in eine Regel übersetzt werden, und die so erhaltenen Regeln können wiederum konjunktiv zu einer vollständigen Regelbasis kombiniert werden.

Ein solches Regelsystem hat offenbar eine spezielle Struktur, weil sich alle Regeln den Anfang ihrer Antezedenzien teilen. Allgemeinere Methoden zum Lernen von WENN-DANN-Regeln sind in dieser Hinsicht weniger restriktiv und daher flexibler. Entsprechende Lernverfahren sind im Maschinellen Lernen ebenfalls etabliert, wobei es auch hier sehr unterschiedliche Lernstrategien gibt [17]. Sogenannte *Covering*-Algorithmen lernen beispielsweise sukzessiv einzelne Regeln, indem sie versuchen, mit einer Regel eine möglichst große und homogene (hinsichtlich der Klassenzugehörigkeit) Teilmenge der Trainingsbeispiele abzudecken. Diese Beispiele werden dann entfernt und der gleiche Schritt wird iteriert (vgl. Abb. 12.9).

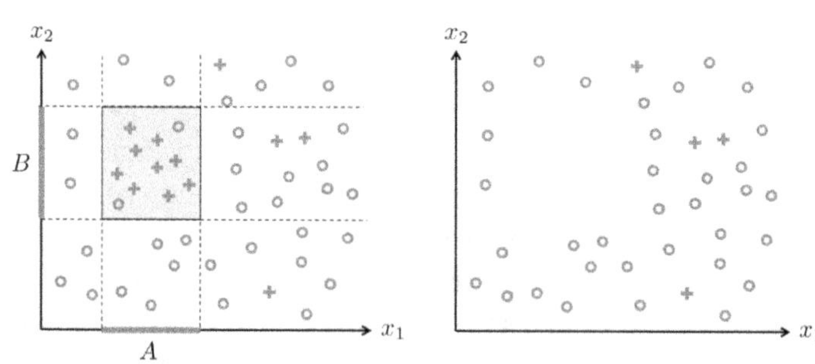

Abb. 12.9: Illustration einer Covering-Strategie: Die Regel WENN ($x_1 \in A$) UND ($x_2 \in B$) DANN (y = pos) überdeckt einen Teil der Trainingsbeispiele (links). Diese werden entfernt, und der Prozess wird mit den verbleibenden Daten fortgesetzt (rechts).

Die durch ein Regelsystem erzeugte Klassifikationsfunktion unterscheidet sich offenbar von der eines Entscheidungsbaumes (vgl. Abb. 12.10). Die Regeln eines Entscheidungsbaumes definieren eine Partition des Instanzenraumes, sodass jede Instanz

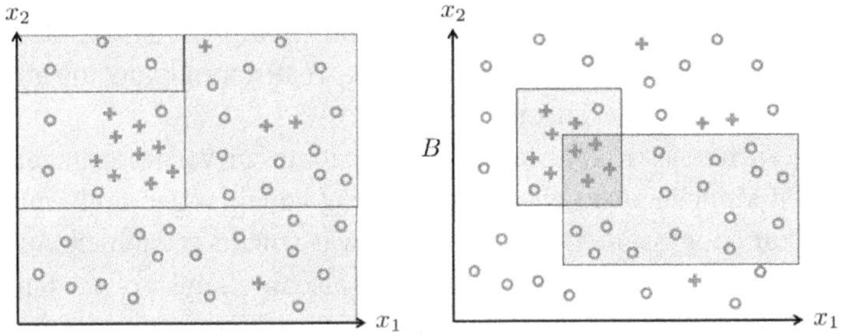

Abb. 12.10: Partition des Instanzenraumes durch einen Entscheidungsbaum (links) versus partielle Abdeckung durch ein Regelsystem (rechts).

$\boldsymbol{x} \in \mathcal{X}$ von exakt einer Regel abgedeckt wird. Im Falle allgemeiner Regelsysteme kann eine Instanz von einer Regel, von mehr als einer Regel, oder aber auch von gar keiner Regel überdeckt werden. Um eine eindeutige Klasse zuzuweisen, benötigt man daher Mechanismen zur Auflösung möglicher Konflikte (z. B. eine Priorisierung von Regeln) sowie eine „Default-Regel" zur Zuweisung nicht abgedeckter Instanzen. Hierdurch werden Regelsysteme etwas komplizierter, anderseits kommen sie aber häufig mit weniger und/oder kompakteren (kürzeren) Regeln aus.

Im Maschinellen Lernen werden Regeln vor allem für die Repräsentation von Klassifikationsmodellen verwendet, wobei es aber auch Arbeiten zu Regressionsregeln gibt [1]. Eher umgekehrt ist es im Bereich der unscharfen Logik oder Fuzzy-Logik, wo regelbasierte Systeme ebenfalls sehr beliebt sind. Hier werden Regeln mit „unscharfen" Prädikaten wie `middle-aged` gelernt, die mithilfe von unscharfen Mengen (*fuzzy sets*) modelliert werden (ein solches Prädikat ist nicht entweder wahr oder falsch, sondern kann wahr zu einem gewissen Grad sein, vgl. Kapitel 9). Aufgrund ihrer guten Interpolationseigenschaften eignen sich solche Regeln vor allem für die Regression, können aber auch für Klassifikationsprobleme interessant sein [29].

12.3.3 Ensemble-Methoden

Ensemble-Methoden sind im Maschinellen Lernen in der jüngeren Vergangenheit sehr populär geworden, weil sie es erlauben, die Genauigkeit prädiktiver Modelle auf relativ einfache Art und Weise zu verbessern [57]. Die grundlegende Idee besteht darin, statt nur einem Modell h eine größere Menge von Modellen $h_1, \ldots, h_M$ – ein Ensemble – zu trainieren, und die Prädiktionen dieser Modelle zu kombinieren. Eine solche (punktweise) Kombination, z. B. die Berechnung des Mittelwerts $\bar{h}(\boldsymbol{x}) = M^{-1} \sum_{j=1}^{M} h_j(\boldsymbol{x})$ bei der Regression oder eine Mehrheitswahl $\bar{h}(\boldsymbol{x}) = \arg\max_k \sum_{j=1}^{M} \mathbf{1}(h_j(\boldsymbol{x}) = k)$ bei der Klassifikation, besitzt günstige statistische Eigenschaften, kann individuelle Fehler kompensieren und führt in der Regel zu robusteren Vorhersagen. Konkret führt die Aggregation mehrerer Vorhersagen häufig zu einer Reduktion der Varianz, manchmal aber auch zu einer Verringerung der Verzerrung (wenn die Aggregation effektiv die Modellklasse erweitert, ein Ensemble also Abbildungen $\bar{h} : \mathcal{X} \to \mathcal{Y} \notin \mathcal{H}$ realisieren kann, die ein einzelnes Modell $h \in \mathcal{H}$ nicht repräsentieren kann).

Eine Aggregation von Vorhersagen kann natürlich nur dann zu Verbesserungen führen, wenn die einzelnen Modelle ausreichend unabhängig voneinander sind – mit einer Aggregation identischer oder fast identischer Modelle wäre nichts gewonnen. Auf die ein oder andere Art und Weise muss der Trainingsprozess also randomisiert werden, wobei sich als Quelle der Randomisierung die Daten und das Lernverfahren anbieten. Im Folgenden wollen wir zwei wichtige Ensemble-Methoden beispielhaft vorstellen, ein Lernverfahren basierend auf der Idee des Resampling (Bootstrapping), und ein Ansatz basierend auf dem Konzept des Boosting.

12.3.3.1 Random Forests

Ein *Random Forest* besteht aus einer Menge (einem „Wald") von Entscheidungsbäumen $h_1, \dots, h_M$, wobei jeder Baum h_j auf einem Bootstrap-Sample $\mathbb{B}_j$ von $\mathcal{D}_{\text{train}}$ trainiert wurde [8]. Ein Bootstrap-Sample ist eine Stichprobe vom Umfang $N = |\mathcal{D}_{\text{train}}|$, die durch zufälliges Ziehen von Beispielen $(\boldsymbol{x}_i, y_i)$ aus $\mathcal{D}_{\text{train}}$ *mit Zurücklegen* generiert wird [7]. Dies bedeutet, dass $\mathbb{B}_j$ einige der ursprünglichen Trainingsbeispiele doppelt oder mehrfach, andere hingegen gar nicht enthalten kann. Man simuliert hier gewissermaßen das Ziehen von mehreren unabhängigen Stichproben unter Verwendung von $\mathcal{D}_{\text{train}}$ als Ersatz für die eigentliche Grundgesamtheit. Da die Stichproben $\mathbb{B}_j$ dennoch stark überlappen, sind sie natürlich nicht wirklich unabhängig. Dennoch weisen die Bäume $h_1, \dots, h_M$ oft eine relativ große Heterogenität auf, wobei sich in diesem Fall ihre bereits angesprochene Instabilität als günstige Eigenschaft erweist.

Neben der Randomisierung durch Veränderung der Trainingsdaten randomisiert man oft zusätzlich den Algorithmus. Konkret führt der Random-Forest-Algorithmus an jedem inneren Knoten eine zufällige Vorauswahl der Features durch [2], die noch als Kandidaten für einen Split zur Verfügung stehen – vom Umfang reduziert man die Menge der Kandidaten typischerweise auf die Quadratwurzel der ursprünglichen Anzahl. Das (vermeintlich) beste Feature wird dann nur noch unter den verbleibenden Kandidaten bestimmt.

Zwecks Vorhersage wird eine Anfrageinstanz $\boldsymbol{x}$ an alle Bäume übergeben, und die Prädiktionen $h_1(\boldsymbol{x}), \dots, h_M(\boldsymbol{x})$ werden geeignet aggregiert, im einfachsten Fall wiederum per Mehrheitswahl: Jeder Baum votiert für die Klasse mit der höchsten Wahrscheinlichkeit, und die gemeinsame Prädiktion ist diejenige Klasse mit den meisten Stimmen. Bei Regressionsbäumen wird der Mittelwert der Einzelprognosen als Vorhersage verwendet. Die Kombination des Bootstrap mit anschließendem „aggregating" bezeichnet man auch auch „Bagging" [7].

Der Random Forrest Algorithmus liefert in den meisten Anwendungen bessere Ergebnisse als einzelne Entscheidungsbäume, weil er eine Art automatische Regularisierung durchführt und somit eine Überanpassung an die Daten verhindert, die man oft bei einzelnen Bäumen beobachtet [25, S. 589]. In der Praxis ist der Ansatz sehr beliebt, auch deshalb, weil er buchstäblich „von der Stange“ verwendet werden kann – zwar lässt sich die Performanz durch Optimierung von Hyperparametern wie Zahl der Bäume, maximale Tiefe eines Baumes etc. optimieren, aber auch ohne eine solche Optimierung sind die Ergebnisse in der Regel sehr gut.

12.3.3.2 Gradient Boosted Trees

Die Idee des *Boosting* besteht darin, einen „schwachen“ Lerner zu einem „starken“ Lerner zu „boosten“, wobei man unter einem schwachen Lerner grob gesagt ein Lernverfahren mit geringer Vorhersagegüte versteht, die aber zumindest besser als zufälliges Raten ist. Hierzu produziert der schwache Lerner eine Reihe von prädiktiven Modellen, z. B. lineare Modelle oder einfache Entscheidungsbäume von begrenzter Größe, und kombiniert diese auf geschickte Art und Weise zu einem Gesamtmodell. Anders als beim Bagging werden die Modelle nicht parallel und quasi unabhängig voneinander trainiert, sondern sequentiell, und zwar so, dass das jeweils nächste Modell alle bisherigen möglichst gut ergänzt.

Bekannt geworden ist Boosting als Meta-Lernverfahren mit dem Adaptive Boosting Algorithmus, kurz AdaBoost [15]. AdaBoost trainiert sukzessive Modelle $h_1, \dots, h_M$ und kombiniert diese zu einem Prädiktor, der punktweise durch eine Linearkombination definiert ist: $H(\boldsymbol{x}) = \alpha_1 h_1(\boldsymbol{x}) + \dots + \alpha_k h_M(\boldsymbol{x})$ für alle $\boldsymbol{x} \in \mathcal{X}$. Die Gewichte α_j hängen dabei von der Güte des Prädiktors h_j ab. In jeder Iteration j werden die ursprünglichen Trainingsdaten neu gewichtet, und zwar so, dass die Trainingsbeispiele, auf denen das bisherige Modell $H = \alpha_1 h_1 + \dots + \alpha_{j-1} h_{j-1}$ große Fehler macht, ein hohes Gewicht bekommen [25, S. 339]. Das nächste Modell h_j soll diesen Datenpunkten also besondere Aufmerksamkeit widmen. Voraussetzung ist offenbar, dass der verwendete Basislerner in der Lage ist, solche Gewichte zu berücksichtigen.

Zuletzt populär geworden ist eine Variante, die man als Gradient Boosting bezeichnet, und die als eine Art Gradientenabstieg im Funktionenraum betrachtet werden kann. Hier werden die schwachen Modelle h_j selbst als „Variablen“ betrachtet, deren linearer Effekt auf die Verlustfunktion bestimmt wird. Ziel ist es wiederum, eine möglichst gute gewichtet Summe schwacher Modelle $h_j \in \mathcal{H}$ zu bestimmen:

$$H(\boldsymbol{x}) = \sum_{j=1}^{M} \gamma_j h_j(\boldsymbol{x}) + \text{const.} \tag{12.20}$$

Mit einer Initialisierung von H als konstante Funktion setzt man sukzessive

$$H \leftarrow H + \arg\min_{h_j \in \mathcal{H}} \left[\sum_{i=1}^{N} L(y_i, H(\boldsymbol{x}_i) + h_j(\boldsymbol{x}_i)) \right], \tag{12.21}$$

wobei L eine differenzierbare Verlustfunktion ist. Allerdings ist die beste Funktion h_j in der Regel sehr schwierig zu berechnen. Daher löst man eine linearisierte Version des Problems durch Betrachtung der Gradienten bzw. Pseudo-Residuen

$$r_j^{(i)} = -\left[\frac{\partial L(y_i, H(\boldsymbol{x}_i))}{\partial H(\boldsymbol{x}_i)}\right], \quad i = 1, \ldots, N. \tag{12.22}$$

Mit diesen Pseudo-Residuen bildet man eine neue Trainingsmenge $\{(\boldsymbol{x}_i, r_j^{(i)})\}_{i=1}^N$ und lernt das schwache Modell h_j auf diesen Daten. Schließlich bestimmt man das Gewicht γ_j durch Lösen des eindimensionalen Optimierungsproblems

$$\gamma_j = \arg\min_{\gamma} \sum_{i=1}^{N} L(y_i, H(\boldsymbol{x}_i) + \gamma h_j(\boldsymbol{x}_i))$$

und aktualisiert das neue Modell: $H \leftarrow H + \gamma_j h_j(\boldsymbol{x})$.

Besonders gut funktioniert Gradient Boosting wiederum mit (einfachen) Entscheidungsbäumen als (schwachen) Basislernern, man spricht dann von Gradient Boosted Trees. Die Anzahl der Blätter in den einzelnen Bäumen ist ein Hyperparameter, der den Grad der möglichen Interaktion zwischen den Features bestimmt. Bei nur zwei Blättern (sogenannte „decision stumps“) wird keine Interaktion erfasst, bei drei Blättern können Interaktionen zwischen zwei Merkmalen repräsentiert werden etc. Bäume mit 4 bis 8 terminalen Knoten scheinen allgemein gute Ergebnisse zu erzielen. Viele weitere praktische Hinweise, zum Beispiel auch zur Regularisierung der Modelle, findet man in [25].

12.3.4 Unüberwachtes Lernen

12.3.4.1 Muster, Zusammenhänge und Wissensentdeckung

Das Ziel des unüberwachten Lernens besteht im Kern darin, interessante Strukturen, Zusammenhänge oder Muster in einem Datensatz zu identifizieren und damit neues „Wissen“ zu entdecken. Ein sehr einfaches Beispiel ist die Berechnung der statistischen Korrelation zwischen den Variablen eines Datensatzes, wodurch gewisse Zusammenhänge aufgedeckt werden können. Anders als beim überwachten Lernen steht nicht die Generalisierung im Zentrum, sondern eher die Beschreibung der Daten anhand charakteristischer Eigenschaften, und statt globaler Modelle zielt die Suche oft auf lokale Muster ab.

Ein typisches Beispiel für solche Muster sind *frequent itemsets* in der sogenannten Warenkorbanalyse. Die Daten sind hier durch eine Menge von Teilmengen $X_1, \ldots, X_N \subseteq \mathcal{X}$ gegeben, wobei $\mathcal{X}$ eine endliche Menge von Objekten (*items*) ist, z. B. die Produkte im Angebot eines Online-Shops. Jedes X_i wird als ein Warenkorb interpretiert. Ein frequent itemset ist dann eine Teilmenge F, die in vielen Warenkörben vorhanden ist, also mit (vergleichsweise) hoher relativer Häufigkeit

$$\frac{1}{N}|\{X_i \mid F \subseteq X_i\}|.$$

Solche Teilmengen könnten interessant sein, weil sie Produkten entsprechen, die häufig gemeinsam gekauft werden. Neben konzeptionellen und methodischen Aspekten steht bei der Suche nach Mustern in den Daten vor allem auch die Frage der Effizienz bzw. der algorithmischen Komplexität und damit der Aspekt der Skalierbarkeit im Zentrum: Wie hoch ist der Aufwand des Problems abhängig vom Umfang und der Dimensionalität der Daten? Lassen sich für die Suche nach bestimmten Mustern effiziente Algorithmen entwickeln, die sich auch auf große Datenmengen anwenden lassen?

12.3.4.2 Lernen von Repräsentationen

Eine weitere wichtige Klasse von Methoden des unüberwachten Lernens beschäftigt sich mit der Repräsentation der Daten. Durch eine geeignete Transformation der ursprünglichen Repräsentation (der „Rohdaten“) sollen die Daten in eine Form gebracht werden, die sich besser für die spätere Anwendung gewisser Methoden eignet. Ein klassisches Beispiel ist die Hauptkomponentenanalyse (principal component analysis, PCA), die Daten mithilfe einer linearen Transformation vom $\mathbb{R}^D$ in einen Raum $\mathbb{R}^d$ mit geringerer Dimension $d < D$ projiziert, und zwar derart, dass dabei ein Minimum an Information verloren geht (bzw. ein Maximum an Varianz in den Daten erhalten bleibt). In diesem Zusammenhang sind auch moderne Einbettungsverfahren zu nennen, die Daten mithilfe von nichtlinearen Funktionen (realisiert durch neuronale Netze) auf Vektoren in einen euklidischen Raum geeigneter Dimensionalität abbilden bzw. in diesen Raum „einbetten“; beispielhaft genannt sei hier die Einbettung von Text mit der BERT Architektur [11]. Solche Verfahren lassen sich auch auf komplexe Daten wie Graphen oder Sequenzen anwenden, die durch solche Einbettungen einer Verarbeitung mit Methoden zugänglich gemacht werden, die auf klassischen vektoriellen Repräsentationen operieren.

In diesem Kontext haben sich auch interessante Varianten bzw. Erweiterungen des unüberwachten Lernens entwickelt, wie beispielsweise das selbstüberwachte Lernen. Grob gesagt besteht die Idee darin, dass sich das Verfahren selbst eine Lernaufgabe stellt, die zwar vermutlich nicht der Aufgabe entspricht, die später einmal gelöst werden soll, aber dennoch dabei hilft, eine gute Repräsentation zu lernen. Ein bekanntes Beispiel ist die Maskierung, also das Ausblenden von Elementen komplex-strukturierter Daten, wie z. B. einzelner Wörter in Texten. Durch das Trainieren von Modellen, die solche Maskierungen rekonstruieren bzw. vorhersagen können, wird Struktur in der Datenrepräsentation erzeugt, die in der Regel auch für andere Lernaufgaben hilfreich sein wird.

12.3.4.3 Clusteranalyse

Zu den wichtigsten unüberwachten Lernverfahren gehört die *Clusteranalyse*, deren Ziel darin besteht, Ähnlichkeitsstrukturen in einer gegebenen Menge von Objekten zu entdecken. Zu diesem Zweck sollen die Objekte in möglichst homogene Gruppen eingeteilt werden: Objekte innerhalb einer Gruppe sollen möglichst ähnlich zueinander sein, Objekte aus unterschiedlichen Gruppen möglichst unähnlich. Die Zahl der Gruppen (Cluster) ist dabei in der Regel nicht vorab bekannt.

Die zu gruppierenden Objekte $\mathcal{D} \subset \mathcal{X}$ werden häufig als „Datenpunkte" oder einfach als „Punkte" bezeichnet. Sie sind in der Regel Elemente eines zugrunde liegenden Datenraumes $\mathcal{X}$, der mit einem geeigneten Distanzmaß $d : \mathcal{X} \times \mathcal{X} \to \mathbb{R}$ ausgestattet ist. Im einfachsten Fall sind die Datenpunkte Vektoren $\boldsymbol{x} \in \mathbb{R}^D$, und Ähnlichkeit wird im Sinne des euklidischen Abstands gemessen. Allgemein kann ein Datenpunkt aber ein beliebig komplexes Objekt sein, z. B. ein Text.

Es gibt eine Vielzahl von Ansätzen zur Clusteranalyse, die man hinsichtlich unterschiedlicher Merkmale unterscheiden kann. Bezüglich der grundlegenden Strategie zur Konstruktion von Clustern und der erhaltenen Gruppenstruktur unterscheidet man speziell *hierarchische* (agglomerative oder divisive) von *partitionierenden* Verfahren. Beide Verfahren sollen im Folgenden beispielhaft beschrieben werden.

Agglomeratives Clustern ist ein spezielle Form des hierarchischen Clusterns, bei dem zunächst jeder Datenpunkt eine eigene Gruppe bildet. In jedem Schritt werden dann zwei Gruppen miteinander zu einer größeren Gruppe kombiniert, und zwar basierend auf einer *Intercluster-Distanz*. Gängige Beispiele für solche Distanzen zwischen Clustern C und C' sind der single linkage Abstand

$$D(C, C') = \min_{\boldsymbol{x} \in C, \boldsymbol{x}' \in C'} d(\boldsymbol{x}, \boldsymbol{x}')$$

und der complete linkage Abstand

$$D(C, C') = \frac{1}{|C||C'|} \sum_{\boldsymbol{x} \in C} \sum_{\boldsymbol{x}' \in C'} d(\boldsymbol{x}, \boldsymbol{x}').$$

Das Verschmelzen von Clustern wird solange fortgeführt, bis ein Abbruchkriterium erfüllt wird. Dieses Schema kann man auf vielfältige Art und Weise instanziieren. Hierzu müssen im Wesentlichen die folgenden Fragen beantwortet werden: (i) Wie werden die Cluster repräsentiert? (ii) Wie wählt man die zu verschmelzenden Cluster aus? (iii) Wie ist das Abbruchkriterium definiert? Beispielsweise könnten die Daten durch Vektoren im euklidischen Raum gegeben sein, Cluster könnten durch ihr geometrisches Zentrum repräsentiert werden, und man könnte in jedem Schritt die Cluster wählen, deren Zentren den geringsten Abstand haben (wobei man abbricht, sobald dieser Abstand einen Schwellwert übersteigt). Agglomeratives Clustern hat in der Regel einen erheblichen Aufwand, da in jedem Schritt alle aktuellen Cluster paarweise miteinander verglichen werden müssen. Der Aufwand des Algorithmus im genannten Beispiel ist bei N Datenpunkten beispielsweise $O(N^3)$, kann aber durch Verwenden einer geeigneten Datenstruktur zum Speichern von Abständen (priority queue) auf $O(N^2 \log N)$ reduziert werden.

Einer der bekanntesten Algorithmen zur Partitionierung ist *K-Means* [38]. Der Algorithmus erwartet die Zahl der Cluster, K, als Parameter (bzw. Hyperparameter), und repräsentiert eine Lösung durch K Zentren $\boldsymbol{c}_1, \dots, \boldsymbol{c}_K$. Eine solche Konfiguration von Zentren induziert eine Clusterstruktur, indem jeder Datenpunkt $\boldsymbol{x}_i$ dem Zentrum mit dem geringsten Abstand zugeordnet wird. Das Ziel von K-Means besteht darin, K Zentren zu finden, die die Summe der Abstände aller Datenpunkte zu ihren jeweiligen Zentren minimieren:

$$(\boldsymbol{c}_1^*, \dots, \boldsymbol{c}_K^*) = \arg \min_{\boldsymbol{c}_1,\dots,\boldsymbol{c}_K} \sum_{i=1}^{N} \min_{k=1,\dots,K} d(\boldsymbol{x}_i, \boldsymbol{c}_k) \tag{12.23}$$

Dies ist ein Optimierungsproblem, dessen Lösung nicht einfach analytisch zu bestimmen ist. Stattdessen kann eine Lösung iterativ bestimmt werden, indem die Zentren zunächst zufällig (und möglichst divers) initialisiert werden, und dann die folgenden Schritte so lange iteriert werden, bis sich keine Änderung der Zentren mehr ergibt:

- Jeder Datenpunkt $\boldsymbol{x}_i$ wird dem nächsten Zentrum zugeordnet.
- Die Zentren werden aktualisiert, indem jedes $\boldsymbol{c}_k$ zum Zentrum der Menge der ihm zugeordneten Datenpunkt gemacht wird.

Man kann beweisen, dass der Algorithmus in einer endlichen Zahl von Schritten konvergiert. Das Ergebnis kann allerdings von der Initialisierung abhängen und liefert nicht unbedingt das globale Optimum des Problems (12.23). Häufig ruft man den Algorithmus daher mehrfach auf, mit unterschiedlichen Initialisierungen, und wählt am Ende das im Sinne von (12.23) beste Ergebnis.

Das Zentrum einer (endlichen) Menge von Datenpunkten $C \subset \mathcal{X}$ ist definiert durch $\boldsymbol{c} = \arg\min_{\boldsymbol{z}\in\mathcal{X}} \sum_{\boldsymbol{x}\in C} d(\boldsymbol{z}, \boldsymbol{x})$. Ist $\mathcal{X}$ ein euklidischer Raum, dann lässt sich das Zentrum einfach als Mittelwert der Vektoren $\boldsymbol{x} \in C$ berechnen (daher der Name K-Means). Für komplexere Räume kann die Berechnung des Zentrum allerdings schwieriger werden. Eine Alternative besteht darin, die Suche auf die Daten $\mathcal{D}$ zu beschränken und ein Cluster durch einen der enthaltenen Datenpunkte zu repräsentieren – dieser Punkt wird dann Medoid (und der Algorithmus K-Medoids) genannt:

$$\boldsymbol{c} = \arg\min_{\boldsymbol{z}\in\mathcal{D}} \sum_{\boldsymbol{x}\in C} d(\boldsymbol{z}, \boldsymbol{x})$$

Die Clusteranalyse ist eng verwandt mit der Ausreißeranalyse (*Outlier Detection*). Hier geht es um Datenpunkte, die sehr untypisch sind und stark abweichen von der Verteilung der restlichen Daten. Solche Datenpunkte würde man nur schwerlich einem homogenen Cluster zuordnen können.

12.3.5 Reinforcement Learning

Das *Reinforcement Learning* (RL) [49] formalisiert ein Lernszenario, in dem ein Agent mit einer Umgebung interagiert und lernen soll, sich in dieser Umgebung (im Sinne eines zu erreichenden Ziels oder einer zu lösenden Aufgabe) möglichst „gut" zu verhalten. Den mathematischen Rahmen des RL bilden Markov-Entscheidungsprozesse (Markov decision processes, MDPs), die formal definiert sind durch ein Tupel $(\mathcal{S}, \mathcal{A}, P, R, d_0, \gamma)$, wobei

- $\mathcal{S}$ eine Menge von Zuständen ist (der *Zustandsraum*),
- $\mathcal{A}$ eine Menge von Aktionen (der *Aktionenraum*),
- $P : \mathcal{S} \times \mathcal{A} \to \Delta(\mathcal{S})$ eine Transitionsfunktion,
- $R : \mathcal{S} \times \mathcal{A} \to \mathbb{R}$ eine Belohnungsfunktion,
- $d_0 \in \Delta(\mathcal{S})$ eine Verteilung des initialen Zustands,
- und $\gamma \in [0, 1]$ ein Diskontierungsfaktor.

Mithilfe von MDPs lassen sich sequentielle Entscheidungsprobleme auf sehr generische Art und Weise modellieren. Die Transitionsfunktion P definiert dabei die Dynamik der Umgebung: Für jeden Zustand s und jede Aktion a bezeichnet $P(s, a)(s')$, manchmal auch $P(s' \mid s, a)$, die Wahrscheinlichkeit, nach Ausführung der Aktion a im Zustand s den Folgezustand s' zu erreichen. Die Transition ist dabei bedingt unabhängig von allen früheren Zuständen und Aktionen gegeben s und a – dies ist die Annahme der Markov-Eigenschaft.

Der Wert $R(s, a) \in \mathbb{R}$ beschreibt die unmittelbare Bewertung (*reward*) der Aktion a im Zustand s und stellt eine instantane Belohnung des Agenten dar. Solche Belohnungen erfolgen nicht unbedingt in jedem Schritt (bzw. kann die Belohnung vielfach 0 sein), sondern evtl. nur sporadisch. Im Extremfall erfolgt eine Belohnung erst ganz am Ende des Prozesses, sobald ein Terminalzustand erreicht ist (in dem keine weiteren Aktionen mehr zur Verfügung stehen). Bei Brettspielen wie Schach oder Go beobachtet der Agent beispielsweise erst ganz am Ende, ob er die Partie gewonnen oder verloren hat. Ist sowohl der Zustandsraum $\mathcal{S}$ als auch der Aktionenraum $\mathcal{A}$ endlich, dann spricht man von einem *tabellarischen* MDP.

In einem MDP ist eine *H-Schritt Trajektorie* τ eine Sequenz bestehend aus $H \in \mathbb{N}$ Zustand-Aktion-Paaren, die in einem terminalen Zustand endet: $\tau = (s_0, a_0, s_1, a_1, \ldots, s_H)$. Die durch die Trajektorie τ generierte Auszahlung ist die akkumulierte (und diskontierte) Belohnung:[2]

2 Der Einfachheit halber verwenden wir hier das gleiche Symbol R für Auszahlungen und Belohnungen.

$$R(\tau) = \sum_{h=0}^{H-1} \gamma^h R(s_h, a_h). \tag{12.24}$$

Durch den Diskontierungsfaktor γ werden dabei frühere Belohnungen höher gewichtet als Belohnungen in der Zukunft. Die Auszahlung (12.24) ist selbst für unendliche Horizonte wohldefiniert, vorausgesetzt $\gamma < 1$ und Belohnungen $R(s, a)$ sind beschränkt.

Eine *Strategie* (*policy*) spezifiziert das Verhalten des Agenten, indem sie für jeden Zustand eine bestimmte Aktion vorschreibt (möglicherweise probabilistisch). Im deterministischen Fall ist eine Strategie eine Abbildung $\pi : \mathcal{S} \to \mathcal{A}$ von Zuständen auf Aktionen, im probabilistischen Fall eine Abbildung $\pi : \mathcal{S} \to \Delta(\mathcal{A})$ von Zuständen auf Wahrscheinlichkeitsverteilungen über Aktionen.[3]

Der grundlegende Interaktionszyklus des RL ist in Abb. 12.11 dargestellt: Der Agent wählt eine Aktion $a_t \sim \pi(s_t)$ basierend auf seiner Strategie und dem aktuellen Zustand, in dem er sich befindet. Als Ergebnis geht er gemäß der Transitionsdynamik über in den neuen Zustand $s_{t+1} \sim P(s_t, a_t)$. Der Agent beobachtet den neuen Zustand und die Belohnung $r_{t+1} = R(s_t, a_t)$, und der Interaktionszyklus iteriert. In diesem Szenario besteht das Ziel des Agenten darin, eine Strategie zu lernen, die die erwartete Auszahlung

$$J(\pi) = \mathbb{E}_{d_0,P,\pi}[R(\tau)],$$

maximiert, wobei der Erwartungswert bezüglich der zufälligen Trajektorie τ gebildet wird (deren Verteilung von der Strategie π, der Transitionsdynamik P und der Initialverteilung d_0 abhängt). Die Dynamik P und die Belohnung R sind dem Agenten dabei a priori nicht bekannt.

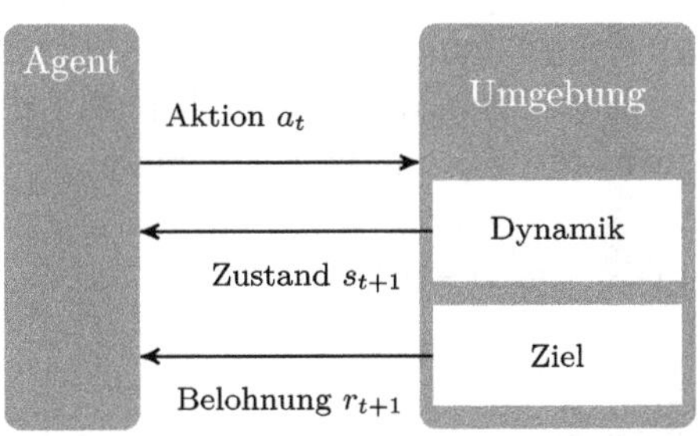

Abb. 12.11: Das Reinforcement Learning Szenario.

Um dieses Problem zu lösen, wurden im Wesentlichen zwei Klassen von Methoden entwickelt: das modellbasierte RL und das modellfreie RL. Modellbasierte Methoden lernen ein Modell des zugrunde liegenden MDPs, also die Transitionsdynamik P und die

3 Wir betrachten im Folgenden den probabilistischen Fall, weil man den deterministischen als Spezialfall auffassen kann.

Belohungsfunktion R. Ist ein solches Modell bekannt, dann kann man zum Finden einer optimalen Strategie auf Methoden zum Lösen von MDPs zurückgreifen (die im Wesentlichen auf den bekannten Bellman-Gleichungen basieren[4] [49]). Modellfreie Methoden versuchen, ohne ein solches Modell auszukommen, und stattdessen eine Strategie direkt zu lernen. Diese Klasse von Methoden kann man weiter unterscheiden in *wertbasierte* Methoden und *Strategiesuche*. Moderne Varianten dieser Methoden approximieren die Wertefunktion bzw. die Strategie mit tiefen neuronalen Netzen.

Wertbasierte Methoden (z. B. DQN und Varianten [41, 26]) zielen darauf ab, die sogenannte Aktion-Wert-Funktion oder Q-Funktion (oder alternativ die Zustand-Werte-Funktion, falls Wissen über die Dynamik vorhanden ist) der optimalen Strategie zu lernen. Die Q-Funktion einer Strategie π ist definiert durch

$$Q_\pi(s,a) = \mathbb{E}_{P,\pi}\left[\sum_{h=0}^{H-1} \gamma^h R(s_h, a_h)\right],$$

wobei $s_0 = s$ und $a_0 = a$, und der Erwartungswert bezüglich $a_h \sim \pi(\cdot \mid s_h)$ sowie $s_h \sim P(\cdot \mid s_{h-1}, a_{h-1})$ für $h \in \{1,\dots,H-1\}$ gebildet wird. Der Wert $Q_\pi(s,a)$ kann interpretiert werden als erwartete Auszahlung, wenn der Agent im Zustand s zunächst die Aktion a wählt und anschließend der Strategie π folgt. Umgekehrt kann aus einer Q-Funktion eine (adaptierte) Strategie abgeleitet werden, und zwar durch Auswahl von $\pi'(s) = \arg\max_a Q_\pi(s,a)$ im Zustand s. Man erhält $J(\pi^*) = \mathbb{E}_{d_0}[Q^*(s,\pi^*(s))]$ für eine optimale deterministische Strategie π^* und die zugehörige Q-Funktion Q^*. Zum Lernen bzw. Verbessern der Q-Funktion wurden unterschiedliche Ansätze entwickelt. Viele dieser Ansätze basieren auf dem *Temporal-Difference*-Prinzip, das den Wert im aktuellen Zustand s_t zur Zeit t anhand der Beobachtung einer Belohnung r_{t+1} und dem (Wert des) Folgezustands s_{t+1} aktualisiert, z. B. in Form eines gewichteten Mittelwerts. Ein typisches Beispiel ist die folgende Anpassung für das Lernen einer (optimalen) Q-Funktion:

$$Q(s_t,a_t) \leftarrow Q(s_t,a_t) + \alpha\big(r_{t+1} + \gamma\, Q(s_{t+1},a_{t+1}) - Q(s_t,a_t)\big),$$

wobei $Q(s_{t+1},a_{t+1}) = 0$ falls s_{t+1} terminal ist.

Ein zentrales Problem des RL (wie auch vieler anderer Aufgaben des ML) ist das bekannte *Explorations-Exploitations-Dilemma*: Um möglichst hohe Belohnungen bzw. Auszahlungen zu erzielen, sollte der Agent in jedem Zustand s eine (vermeintlich) optimale Aktion wählen, und hierzu sein derzeitiges Wissen über die Güte von Aktionen ausnutzen. Allerdings ist dieses Wissen in der Regel unvollständig. Um zu vermeiden, dass die eigentlich optimalen Aktionen unerkannt bleiben, sollte er deshalb (von Zeit

4 Neure Methoden nutzen auch andere Techniken, z. B. basierend auf Planung oder Lernen in latenten Räumen [24].

zu Zeit) auch explorieren, d. h. scheinbar suboptimale Aktionen wählen, um deren wahre Güte besser einschätzen zu können. Ein gutes Lernverfahren zeichnet sich letztlich durch einen guten Kompromiss zwischen Exploration und Exploitation aus.

Im Gegensatz zu wertbasierten Methoden versuchen Methoden zur Strategiesuche möglichst direkt eine gute Strategie in einem Strategieraum zu finden. Ist dieser Raum parametrisiert, dann lässt sich eine solche Suche grundsätzlich mithilfe von gradientenbasierten Verfahren bewerkstelligen, vorausgesetzt die Ableitung der Performanz bzgl. der Parameter einer Strategie lässt sich simulationsbasiert approximieren. Die effizientesten Algorithmen zur Strategiesuche kombinieren diesen Ansatz mit dem Lernen einer sogenannten Kritik (typischerweise die Q-Funktion), die Aktionen eines Aktors (d. h. einer Strategie) bewertet, und folgen dem Aktor-Kritik Schema [35]: Die Kritik lernt (simulationsbasiert) eine Approximation der Wertefunktion, die dann verwendet wird, um die Parameter des Aktors (gradientenbasiert) anzupassen. Repräsentative Methoden sind PPO [46], TD3 [16] und SAC [23].

Ferner kann man RL-Algorithmen in *on-policy* und *off-policy* unterscheiden. In On-Policy-Algorithmen wie PPO werden nur die zuletzt generierten Transitionen zum Trainieren verwendet, eine Strategie wird also anhand von Daten angepasst, die sie selbst erzeugt hat (was bedeutet, dass die bisherigen Daten im Anschluss an eine Anpassung der Strategie verworfen werden). In Gegensatz hierzu verwenden Off-Policy-Methoden (wie z. B. DQN und Varianten, TD3, oder SAC) zum Lernen auch Transitionen, die nicht von der aktuellen Strategie stammen. Während On-Policy-Training typischerweise stabiler ist, erlaubt das Off-Policy-Training das Wiederverwenden von Transitionen aus der Vergangenheit (gespeichert in einem „replay buffer"), wodurch eine höhere Dateneffizienz erzielt wird. Schließlich werden beim *Offline*-RL ausschließlich früher gesammelte Interaktionsdaten zum Trainieren verwendet – hier hat der Agent keine Möglichkeit, durch Interaktion mit einer Umgebung zusätzliche Daten zu generieren.

12.4 Ausblick

Das Maschinelle Lernen hat sich in den letzten Dekaden zu einem derart umfangreichen Teilgebiet der KI entwickelt, dass dieses Kapitel nur einen kleinen Einblick in dieses Gebiet geben kann und dabei viele interessante Themen ausblenden muss. Allein für das Szenario des überwachten Lernens findet man in der Literatur eine Vielzahl von Erweiterungen und Varianten, wie das *Semi-Supervised Learning* [52], wo der Wert der Zielvariablen nur für einen Teil der Trainingsdaten bekannt ist, das *Active Learning* [3], wo der Lerner die Auswahl der Trainingsbeispiele beeinflussen kann, das *Imitation Learning* [31], das auf einer Art indirekter Überwachung durch das Vorführen von Verhalten basiert, das *Transfer Learning* [56], wo es darum geht, Trainingsbeispiele aus ähnlichen aber nicht identischen Domänen zu nutzen, die *Multi-target Prediction* [55], wo mehrere Zielvariablen gleichzeitig prädiziert werden sollen, die *Structured-output Prediction*

[12], wo die Vorhersage nicht auf numerische oder kategoriale Werte beschränkt ist, sondern eine komplexe Struktur haben kann (z. B. Graphen oder Relationen), oder das *Adversarial Learning* [39], wo angenommen wird, dass Trainingsbeispiele gezielt manipuliert sein können, um dem Lerner zu schaden. Beim *Weakly Supervised Learning* [58] liegt zwar Überwachung vor, allerdings in abgeschwächter Form (z. B. Aggregationen von Zielwerten über mehrere Instanzen). Das *Präferenzlernen* beschäftigt sich mit dem Lernen prädiktiver Modelle (z. B. zur Vorhersage von Rankings) anhand von Präferenzdaten, die häufig qualitativer Natur sind [18] – ein wichtiges Beispiel sind paarweise Vergleiche zwischen Alternativen, eine Form von Feedback, das von menschlichen Experten oft einfacher zu erzeugen ist als präzise numerische Zielwerte [33].

Neben dem Grad der Überwachung lassen sich auch andere Kriterien heranziehen, um das Gebiet des Maschinellen Lernens zu strukturieren. Hinsichtlich der Aufgabe des Lerners kann man beispielsweise zwischen generativen und diskriminativen Lernproblemen unterscheiden, aber auch anderen, wie z. B. konstruktiven [10]. Außerdem unterscheiden sich Lernverfahren hinsichtlich der Rahmenbedingungen bzw. des zugrunde liegenden Protokolls. Während dem Lerner z. B. im standard „Batch Learning“ die gesamten Daten von Beginn an vorliegen, und auf diese Daten beliebig zugegriffen werden kann, beobachtet der Lerner im „Online Learning“ bzw. beim Lernen auf Datenströmen eine kontinuierliche Sequenz von Daten, die der Reihe nach eintreffen, in der Regel nicht gespeichert werden können (jedenfalls nicht vollständig) und daher inkrementell verarbeitet werden müssen [19].

Im Folgenden sollen einige aktuelle Forschungsgebiete des ML, die nicht bereits in anderen Kapiteln des Handbuchs behandelt werden, ein wenig näher erläutert werden, ohne jedoch auf technische Details einzugehen.

Automatisiertes Maschinelles Lernen

Der Entwurf von guten algorithmischen Lösungen für praktische Anwendungen des ML erfordert ein hohes Maß an Expertise. Mit algorithmischer Lösung gemeint ist hier die Auswahl und Parametrisierung geeigneter ML-Algorithmen sowie deren Komposition zu einer Gesamtlösung, die für die vorliegende Aufgabe besonders gut geeignet ist, angewandt auf einen gegebenen Datensatz also zum Beispiel ein Modell mit hoher Prädiktionsgüte lernen kann. Im Zusammenhang mit einer solchen Lösung spricht man auch häufig von einer „ML-Pipeline“.

Aufgrund der Vielzahl von ML-Methoden, die es inzwischen gibt, und der daraus resultierenden Zahl an Auswahl- und Kombinationsmöglichkeiten, ist der Lösungsraum, also der Raum möglicher ML-Pipelines, exorbitant groß. Hinzu kommt, dass fast alle ML-Algorithmen über gewisse Parameter verfügen, also „Stellschrauben“, an denen man drehen kann, um das Verhalten des Algorithmus zu beeinflussen. Diverse Beispiele für solche *Hyperparameter* haben wir in den vorangehenden Abschnitten bereits gesehen. Mit Blick auf die gelernten Modelle und deren Performanz führen unterschiedliche Einstellungen der Hyperparameter oft zu deutlich unterschiedlichen Ergebnissen.

Das *automatisierte Maschinelle Lernen* (*AutoML*) [32] verfolgt das Ziel, den Prozess des Entwurfs von ML-Pipelines und deren Optimierung möglichst weitgehend zu automatisieren. Die Vision ist hier ein AutoML-System, das als Eingabe lediglich einen Datensatz oder die Charakteristika einer Lernaufgabe erwartet, und das dann automatisch eine gute, auf das Problem zugeschnittene ML-Pipeline vorschlägt, mit der man auf diesen Daten ein performantes Modell trainieren kann. Die Optimierung von Pipelines läuft letztlich auf eine Suche im Raum der ML-Pipelines hinaus. Aufgrund der Größe dieses Raumes sowie der hohen Kosten der Bewertung von Kandidaten (die die Ausführung einer Pipeline auf Trainingsdaten und die Bewertung des erzeugten Modells auf Validierungsdaten erfordert) kann diese Suche nur partiell und somit heuristischer Natur sein. Unterschiedliche AutoML-Verfahren unterscheiden sich insbesondere hinsichtlich der Struktur des Suchraums und der zugrunde liegenden Suchstrategie.

Quantifizierung von Unsicherheit

Anhand empirischer Daten gelernte Modelle sind immer hypothetischer Natur und daher mit *Unsicherheit* behaftet, ebenso wie Vorhersagen, die mit solchen Modellen erzeugt werden. Da Methoden des Maschinellen Lernens inzwischen auch in vielen sicherheitskritischen Bereichen angewendet werden, z. B. medizinische Diagnose oder autonomes Fahren, sollten prädiktive Modelle in der Lage sein, diese Unsicherheit adäquat zu repräsentieren. Obwohl sich probabilistische Vorhersagen als Standard etabliert haben, hat sich das Problem, akkurate Wahrscheinlichkeiten vorherzusagen, als sehr schwierig erwiesen. Die Idee, prädiktive Modelle zu „kalibrieren", um deren probabilistische Vorhersagen zu verbessern, wurde daher in der jüngeren Vergangenheit intensiv untersucht [13].

Ebenfalls nützlich aus praktischer Sicht kann eine genauere Unterscheidung unterschiedlicher Quellen und Typen von Unsicherheit sein, vor allem sogenannter *aleatorischer* und *epistemischer* Unsicherheit [30]. Während sich aleatorische Unsicherheit auf das inhärent nicht-deterministische Verhalten des zugrunde liegenden datengenerierenden Prozesses bezieht, entsteht epistemische Unsicherheit durch unvollständiges Wissen des Lerners über diesen Prozess bzw. das optimale Modell. Anders als aleatorische lässt sich epistemische Unsicherheit also prinzipiell reduzieren, z. B. durch zusätzliche Trainingsdaten. Mit dem Ziel, diese Formen der Unsicherheit adäquat repräsentieren und unterscheiden zu können, wurden in den letzten Jahren eine Reihe von Methoden entwickelt, beispielsweise Erweiterungen von neuronalen Netzen [21] oder Ensemble-Methoden [36].

Ein weiterer Ansatz, der in jüngerer Zeit sehr an Popularität gewonnen hat, ist Conformal Prediction [4]. Hierbei handelt es sich um einen nichtparametrischen Ansatz mit Wurzeln in der klassischen frequentistischen Statistik und dem Hypothesentesten, der es erlaubt, *mengenwertige* Vorhersagen zu generieren (z. B. Teilmengen von Klassen bei der Klassifikation oder Intervalle bei der Regression). Für diese Mengen lässt sich (unter gewissen technischen Annahmen) garantieren, dass sie den wahren Zielwert mit einer festen Wahrscheinlichkeit von mindestens $1 - \epsilon$ enthalten; dabei kann $\epsilon > 0$ beliebig gewählt werden, wobei kleinere Werte zu stärkeren Garantien aber auch unpräziseren Vorhersagen (größeren Mengen) führen.

Grundlagenmodelle

Unter *Grundlagenmodellen* bzw. *Foundation Models* versteht man Modelle (tiefe neuronale Netze), die auf einer sehr breiten Datenbasis trainiert wurden, komplexe Zusammenhänge durch erlernte Muster zu verstehen und neue Zusammenhänge zu generieren, und somit eine Reihe von unterschiedlichen Problemen zu lösen. Verglichen mit klassischen ML-Modellen, die sehr gezielt auf eine präzise definierte Aufgabe trainiert werden, sind Grundlagenmodelle also deutlich flexibler und weniger spezialisiert. Bekannt geworden sind solche Modelle vor allem im Kontext von Sprachmodellen wie GPT von OpenAI. Allgemein bilden sie eine wichtige methodische Grundlage für generative KI, nicht nur in den Bereichen Text und Sprache (vgl. Kapitel 16), sondern auch für das Erzeugen von Bild- und Videomaterial (vgl. Kapitel 17). Der Charme von Grundlagenmodellen besteht vor allem darin, dass man sie durch gezieltes Nachtrainieren bzw. Fine-Tuning für konkrete Aufgaben spezialisieren kann, was oft deutlich effizienter und effektiver ist, als konventionelle Modelle mit herkömmlichen Methoden zu trainieren. In machen Fällen kann das Nachtrainieren sogar ersetzt werden durch geschicktes Prompting oder sogenanntes *In-Context Learning*. Inzwischen werden Grundlagenmodelle nicht nur für komplex strukturierte Daten entwickelt, sondern auch für eher klassische ML-Probleme. Beispielhaft genannt sei hier TabPFN als ein Grundlagenmodell für tabellarische Daten [28].

12.5 Schlussbetrachtung

Das Maschinelle Lernen hat sich in der jüngeren Vergangenheit zu einer der tragenden Säulen der künstlichen Intelligenz entwickelt. Generell kann man im Zusammenhang mit der Entwicklung intelligenter Systeme seit Längerem eine Verschiebung von klassischen wissensbasierten Methoden hin zu eher datengetriebenen Ansätzen feststellen. Dies hat mit einer sich stetig verbessernden Verfügbarkeit von Daten zu tun, kombiniert mit methodischen Fortschritten im ML, aber auch der Bereitstellung von effizienten Implementierungen, ML-Toolboxen und leistungsstarker Hardware. Vor dem Hintergrund immer komplexer werdender Anwendungen besitzen datengetriebene Ansätze zudem das Potential, Limitierungen klassischer wissensbasierter Methoden zu überwinden, beispielsweise im Hinblick auf die Wissensakquisition (Stichwort „knowledge acquisition bottleneck"), die Skalierbarkeit und den Umgang mit Unsicherheit. Das soll allerdings nicht bedeuten, dass wissensbasierte Methoden nicht mehr benötigt werden. Ganz im

Gegenteil, gerade die Kombination beider Paradigmen sowie der induktiven und der deduktiven Inferenz verspricht die nächste Generation von KI-Systemen zu prägen. Eine solche Kombination wird zurzeit beispielsweise unter dem Begriff „neurosymbolische KI" diskutiert – das Ziel besteht darin, die Lernfähigkeit von (tiefen) neuronalen Netzen mit der Fähigkeit des logischen Schlussfolgerns zu kombinieren, das besonders gut durch symbolische Formalismen unterstützt wird [27].

Einen besonderen Impuls hat das Maschinelle Lernen durch die jüngeren Erfolge des Deep Learning erfahren, und zuletzt auch durch die eindrucksvollen Fortschritte im Bereich der generativen KI. Dies hat dazu geführt, dass das Gebiet viel Aufmerksamkeit auf sich gezogen hat und in den letzten 10–15 Jahren sehr schnell gewachsen ist – führende Konferenzen wie die International Conference on Machine Learning (ICML) oder Advances in Neural Information Processing Systems (NeurIPS) sind zu echten Großereignissen geworden und ziehen jedes Jahr Tausende von Teilnehmern an. Diese Entwicklungen betreffen nicht nur den akademischen Sektor, sondern auch das unternehmerische Umfeld, die Industrie, und inzwischen auch die Politik.[5] Technologiekonzerne leisten enorme Investitionen, sowohl in Hardware als auch in Personal, und haben federführend zur Entwicklung des Gebiets beigetragen, sowohl methodisch als auch im Hinblick auf die praktische Umsetzung – das Maschinelle Lernen und die KI allgemein haben längst den „Elfenbeinturm" verlassen und sind mitten in der Gesellschaft angekommen.

Für all diejenigen, die mit ML zu tun haben, an ML-Methoden arbeiten oder selbst ML-Technologie entwickeln, gehen diese Entwicklungen deshalb mit einer besonderen gesellschaftlichen Verantwortung einher. Das automatisierte Extrahieren von Wissen aus Daten besitzt immenses Potential und kann helfen, bessere Entscheidungen zu treffen und effektiver zu handeln, führt aber auch zur Gefahr, bestimmte Personengruppen zu benachteiligen oder Persönlichkeitsrechte zu verletzen. Entsprechende Probleme und Fragen zu Aspekten wie Fairness, Erklärbarkeit und Transparenz, Datenschutz etc. werden seit einiger Zeit unter Begriffen wie „vertrauenswürdige KI" (*explainable AI*, XAI) diskutiert. Einige dieser Themen werden in weiteren Kapiteln dieses Handbuchs aufgegriffen.

Literaturverzeichnis

[1] E. Almeida, C. A. Ferreira, and J. Gama. Adaptive model rules from data streams. In *European Conference on Machine Learning and Knowledge Discovery in Databases, ECML/PKDD 2013*, pages 480–492, Prague, Czech Republic, 2013.

[2] Y. Amit and D. Geman. Shape quantization and recognition with randomized trees. *Neural Computation*, 9(7):1545–1588, 1997.

5 Gesetze zur Regulierung von KI (wie der *EU AI Act*), geopolitische Maßnahmen wie Exportbeschränkungen wichtiger Hardware-Komponenten etc.

[3] P. Bachman, A. Sordoni, and A. Trischler. Learning algorithms for active learning. In *Proc. ICML, 34th Int. Conf. on Machine Learning*, pages 301–310, 2017.

[4] V. Balasubramanian, S. S. Ho and V. Vovk, editors. *Conformal Prediction for Reliable Machine Learning: Theory, Adaptations and Applications*. Morgan Kaufmann, 2014.

[5] B. Bischl, M. Binder, M. Lang, T. Pielok, J. Richter, S. Coors, J. Thomas, T. Ullmann, M. Becker. A.-L. Boulesteix, D. Deng, and M. Lindauer. Hyperparameter optimization: Foundations, algorithms, best practices and open challenges. *WIREs Data Mining and Knowledge Discovery*, 13(2) 2023.

[6] L. Breiman, J. Friedman, R. Olshen, and C. Stone. *Classification and Regression Trees*. Wadsworth Int. Group, Belmont, CA, 1984.

[7] L. Breiman. Bagging predictors. *Machine Learning*, 24(2):123–140, 1996.

[8] L. Breiman. Random forests. *Machine Learning*, 45(1):5–32, 2001.

[9] C. Cortes and V. Vapnik. Support-vector networks. *Machine Learning*, 20(3):273–297, 1995.

[10] F. Costa. Learning an efficient constructive sampler for graphs. *Artificial Intelligence*, 244:217–238, 2017.

[11] J. Devlin, M.-W. Chang, K. Lee, and K. Toutanova. BERT: Pre-training of deep bidirectional transformers for language understanding. In J. Burstein, C. Doran and T. Solorio, editors, *Proceedings of the 2019 Conference of the North American Chapter of the Association for Computational Linguistics: Human Language Technologies, Volume 1 (Long and Short Papers)*, pages 4171–4186, Minneapolis, Minnesota, June 2019.

[12] J. R. Doppa, A. Fern, and P. Tadepalli. Structured prediction via output space search. *Journal of Machine Learning Research*, 15:1317–1350, 2014.

[13] T. S. Filho, H. Song, M. Perelló-Nieto, R. Santos-Rodríguez, M. Kull, and P. A. Flach. Classifier calibration: How to assess and improve predicted class probabilities: A survey. *Machine Learning*, 112:3211–3260, 2023.

[14] R. A. Fisher. The use of multiple measurements in taxonomic problems. *Annals of Eugenics*, 7(2):179–188, 1936.

[15] Y. Freund and R. E. Schapire. A decision-theoretic generalization of on-line learning and an application to boosting. In *European Conference on Computational Learning Theory*, pages 23–37. Springer, 1995.

[16] S. Fujimoto, H. Hoof, and D. Meger. Addressing function approximation error in actor-critic methods. In *Proceedings of the International Conference on Machine Learning (ICML)* PMLR, 2018.

[17] J. Fürnkranz, D. Gamberger, and N. Lavrac. *Foundations of Rule Learning*. Springer-Verlag, 2012.

[18] J. Fürnkranz and E. Hüllermeier, editors. *Preference Learning*. Springer-Verlag, 2010.

[19] J. Gama. A survey on learning from data streams: Current and future trends. *Progress in Artificial Intelligence*, 1(1):45–55, 2012.

[20] T. Gärtner, P. Flach, and S. Wrobel. On graph kernels: Hardness results and efficient alternatives. In *Learning Theory and Kernel Machines*, pages 129–143. Springer, 2003.

[21] J. Gawlikowski, C. R. N. Tassi, M. Ali, J. Lee, M. Humt, J. Feng, A. Kruspe, R. Triebel, P. Jung, R. Roscher, M. Shahzad, W. Yang, R. Bamler, and X. X. Zhu. A survey of uncertainty in deep neural networks. *Artificial Intelligence Review*, 56:1513–1589, 2023.

[22] I. Goodfellow, Y. Bengio, and A. Courville. *Deep Learning - Adaptive Computation and Machine Learning*. The MIT Press, 2016.

[23] T. Haarnoja, A. Zhou, P. Abbeel, and S. Levine. Soft actor-critic: Off-policy maximum entropy deep reinforcement learning with a stochastic actor. In *Proceedings of the International Conference on Machine Learning (ICML)* PMLR, 2018.

[24] D. Hafner, T. Lillicrap, J. Ba, and M. Norouzi. Dream to control: Learning behaviors by latent imagination. In *Proc. ICLR, International Conference on Learning Representations*, 2020.

[25] T. Hastie, R. Tibshirani, and J. Friedman. *The Elements of Statistical Learning*. Springer, 2nd edition, 2017, corrected 12th printing.

[26] M. Hessel, J. Modayil, H. van Hasselt, T. Schaul, G. Ostrovski, W. Dabney, D. Horgan, B. Piot, M. Azar, and D. S. Rainbow. Combining improvements in deep reinforcement learning. In *Proceedings of the AAAI Conference on Artificial Intelligence*, volume 32, 2018.

[27] P. Hitzler, A. Eberhart, M. Ebrahimi, M. D. Kamruzzaman Sarker, and L. Zhou. Neuro-symbolic approaches in artificial intelligence. *National Science Review*, 9(6) 2022.

[28] N. Hollmann, S. Müller, L. Purucker, A. Krishnakumar, M. Körfer, S. B. Hoo, R. T. Schirrmeister, and F. Hutter. Accurate predictions on small data with a tabular foundation model. *Nature*, 637:319–326, 2025.

[29] J. Hühn and E. Hüllermeier. FURIA: An algorithm for unordered fuzzy rule induction. *Data Mining and Knowledge Discovery*, 19:293–319, 2009.

[30] E. Hüllermeier and W. Waegeman. Aleatoric and epistemic uncertainty in machine learning: An introduction to concepts and methods. *Machine Learning*, 110(3):457–506, 2021.

[31] A. Hussein, M. M. Gaber, E. Elyan, and C. Jayne. Imitation learning: A survey of learning methods. *ACM Computing Surveys*, 50(2):1–35, 2017.

[32] F. Hutter, L. Kotthoff and J. Vanschoren, editors. *Automated Machine Learning*. Springer, 2019.

[33] T. Kaufmann, P. Weng. V. Bengs, and E. Hüllermeier. A survey of reinforcement learning from human feedback. *Transactions on Machine Learning Research*, 2025.

[34] M. Kloft, U. Brefeld, P. Laskov, K.-R. Müller, A. Zien, and S. Sonnenburg. Efficient and accurate lp-norm multiple kernel learning. In *Advances in Neural Information Processing Systems*, pages 997–1005, 2009.

[35] V. R. Konda and J. N. Tsitsiklis. Actor-critic algorithms. In *Proc. NIPS, Advances in Neural Information Processing Systems*, pages 1008–1014, Denver, Colorado, USA, 1999.

[36] B. Lakshminarayanan, A. Pritzel, and C. Blundell. Simple and scalable predictive uncertainty estimation using deep ensembles. In *Proc. NeurIPS, 31st Conf. on Neural Information Processing Systems*, Long Beach, California, USA, 2017.

[37] Y. LeCun, C. Cortes, and C. J. Burges. The MNIST database of handwritten digits. 1998. URL http://yann.lecun.com/exdb/mnist, 10:34, 1998.

[38] S. P. Lloyd. Least square quantization in PCM. *IEEE Transactions on Information Theory*, 28(2):129–137, 1982.

[39] D. Lowd and C. Meek. Adversarial learning. In *Proc. KDD, 11th ACM SIGKDD Int. Conf. on Knowledge Discovery and Data Mining*, pages 641–647, 2005.

[40] T. M. Mitchell. *Machine Learning*. McGraw-hill, New York, 1997.

[41] V. Mnih, K. Kavukcuoglu, D. Silver, A. A. Rusu, J. Veness, M. G. Bellemare, A. Graves, M. Riedmiller, A. K. Fidjeland, G. Ostrovski, S. Petersen, C. Beattie, A. Sadik, I. Antonoglou, H. King, D. Kumaran, D. Wierstra, S. Legg, and D. Hassabis. Human-level control through deep reinforcement learning. *Nature*, 518(7540):529–533, 2015.

[42] N. Narodytska1, A. Ignatiev, F. Pereira, and J. Marques-Silva. Learning optimal decision trees with SAT. In *Proc. IJCAI, International Joint Conference on Artificial Intelligence*, 2018.

[43] J. R. Quinlan. Induction of decision trees. *Machine Learning*, 1(1):81–106, 1986.

[44] J. R. Quinlan. *C4.5: Programs for Machine Learning*. Morgan Kaufmann, San Mateo, CA, 1993.

[45] M. Rosenblatt. The perceptron: a probabilistic model for information storage and organization in the brain. *Psychological Review*, 65(6) 1958.

[46] J. Schulman, F. Wolski, P. Dhariwal, A. Radford, and O. Klimov. Proximal policy optimization algorithms, 2017.

[47] C. Shearer. The CRISP-DM model: the new blueprint for data mining. *Journal of Data Warehousing*, 5(4):13–22, 2000.

[48] H. A. Simon. Why should machines learn? In *Machine Learning*, pages 25–37. Elsevier, 1983.

[49] R. S. Sutton and A. G. Barto. *Reinforcement Learning: An Introduction*. Bradford Books, 2nd edition, 2018.

[50] A. Turing. Intelligent machinery. *Intelligent Machinery*, 5, 1969, 1948.

[51] F. Jarre and J. Stoer. *Optimierung*. Springer, 2004.

[52] J. E. van Engelen and H. H. Hoos. A survey on semi-supervised learning. *Machine Learning*, 109:373–440, 2020.

[53] V. Vapnik. Principles of risk minimization for learning theory. In *Advances in Neural Information Processing Systems*, pages 831–838, 1992.

[54] V. N. Vapnik. *Statistical Learning Theory*. John Wiley & Sons, 1998.

[55] W. Waegeman, K. Dembczynski, and E. Hüllermeier. Multi-target prediction: A unifying view on problems and methods. *Data Mining and Knowledge Discovery*, 33(2):293–324, 2019.

[56] Q. Yang, Y. Zhang, W. Dai, and S. J. Pan. *Transfer Learning*. Cambridge University Press, 2020.

[57] Z. H. Zhou. *Ensemble Methods: Foundations and Algorithms*. Chapman and Hall, 2012.

[58] Z. H. Zhou. A brief introduction to weakly supervised learning. *National Science Review*, 5:44–53, 2018.

Wolfgang Hübner und Ronny Hug

13 Tiefe neuronale Netze

13.1 Einleitung

Tiefe neuronale Netze haben zahlreiche Forschungsdisziplinen und unterschiedlichste Anwendungsbereiche tiefgreifend und nachhaltig verändert. Dieses Kapitel bietet einen Überblick über die wichtigsten Varianten neuronaler Netze, sowie eine Einführung in deren Anwendung und Konstruktion. Dabei werden die wesentlichen Unterschiede zwischen flachen und tiefen Netzen aufgezeigt und die zugrunde liegenden theoretischen Konzepte erläutert.

Neuronale Netze bestehen aus miteinander verbundenen Neuronen, die als grundlegende Bausteine fungieren. Ein einzelnes Neuron kann lediglich einfache Rechenoperationen ausführen. Es nimmt ein Eingangsmuster entgegen, beispielsweise in Form eines reellwertigen Vektors, und erzeugt daraus einen Funktionswert als Ausgabe. Der Betrag des Ausgabewertes wird als *Aktivierung* des Neurons bezeichnet. Durch die Verknüpfung vieler Neurone entstehen komplexe Funktionen, die zusammen das Verhalten des gesamten Netzes bestimmen („*konnektionistischer Ansatz*“).

Zudem besitzen Neurone freie Parameter, die ihre Reaktion auf Eingangsmuster definieren. Die Gesamtheit der freien Parameter aller Neurone, im Folgenden als Parametervektor $\boldsymbol{\theta}$ bezeichnet, legt die Funktion fest, die das Netzwerk erzeugt. Die Gesamtheit aller durch ein Netz erzeugbaren Funktionen bildet somit eine Funktionsfamilie $F = \{f_{\boldsymbol{\theta}} | \forall \boldsymbol{\theta} \in \mathbb{R}^n\}$, deren einzelne Elemente durch den Vektor der freien Parameter $\boldsymbol{\theta}$ indiziert werden.

Durch die Veränderung von $\boldsymbol{\theta}$ können Funktionen gezielt angepasst und im Rahmen von Lernverfahren optimale Lösungen innerhalb der Funktionsfamilie gesucht werden. Die *Kapazität* eines Netzes, also die Anzahl der Freiheitsgrade der Funktionsfamilie, bestimmt dabei, wie gut das Netz in der Lage ist, komplexe und nichtlineare Zusammenhänge zwischen Mustern zu modellieren.

Aufbauend auf diesen Grundprinzipien können komplexere Netze in hierarchischer Form konstruiert werden. Dabei werden mehrere Teilnetze hintereinandergeschaltet, sodass die Ausgabe eines Teilnetzes als Eingabe für das nächste dient. Formal entspricht dies einer Schachtelung von Funktionen. Der Begriff der tiefen neuronalen Netze („*Deep Learning*“) bezieht sich dabei auf Netze, die eine sehr tiefe hierarchische Anordnung solcher Schichten nutzen. Durch diese hierarchische Struktur kann das Netz Daten auf unterschiedlichen Abstraktionsebenen verarbeiten. In den ersten Schichten werden oft einfache Merkmale extrahiert, wie Kanten oder Farben in Bildern, während spätere Schichten zunehmend komplexe Zusammenhänge erkennen, beispielsweise die Formen von Objekten oder deren Bedeutung.

https://doi.org/10.1515/9783111386690-016

Im Bereich des Maschinellen Lernens nehmen tiefe Netze eine gewisse Sonderstellung ein, die sich aus ihrer hervorragenden Skalierbarkeit und Modularität ergibt. Diese Eigenschaften ermöglichen nicht nur die Anwendung auf hochdimensionale Problemstellungen, sondern auch die Realisierung feingranularer Kompromisse zwischen konkurrierenden Anforderungen. Dazu zählen unter anderem die Vorhersagegenauigkeit, der Speicher- und Rechenaufwand sowie die Verfügbarkeit ausreichend großer Datenmengen. Die Modularität begründet sich darin, dass einzelne Teilnetze unabhängig voneinander trainiert werden können. Auf diese Weise ist es möglich, Repräsentationen, welche aus sehr großen Datensätzen erzeugt werden („*Foundation Modells*"), in Form kompakter (Teil-)Netze zu speichern und wieder zu verwenden. Ein weiterer zentraler Aspekt liegt in der Möglichkeit, mit unterschiedlichen Eingangsdaten zu arbeiten. Neuronale Netze sind nicht an ein spezifisches Datenformat gebunden, da innerhalb eines Netzes jedes Eingangsmuster durch die Aktivierungen der Neurone repräsentiert wird. Diese Eigenschaft ermöglicht es, unterschiedliche Datentypen vergleichbar zu machen und diese in einem gemeinsamen Vektorraum abzubilden. Dadurch wird es möglich, multimodale Eingaben wie Sprache, Text oder Bilder innerhalb eines Netzes zu verarbeiten, miteinander zu fusionieren (z. B. [43]), oder ineinander zu überführen.

Die Entwicklung künstlicher neuronaler Netze[1] ist von jeher stark interdisziplinär geprägt. Einfache Neuronenmodelle, Verknüpfungsschemata, wie beispielsweise rekurrente oder weitreichende Verbindungen (engl. „long range connections"), der schichtweise, hierarchische Aufbau tiefer Netze und spezifische Lernregeln wurden ursprünglich als vereinfachte Modelle neuronaler Informationsverarbeitung in biologischen Systemen betrachtet. Die aktuellen Entwicklungen im Bereich des Deep Learnings sind allerdings stark anwendungsgetrieben und haben keinen engen Bezug zu den Neurowissenschaften.[2] Im Gegenzug können tiefe neuronale Netze aber helfen, grundlegende Fragestellungen der Kognitionsforschung zu beantworten. Unter Verwendung tiefer Netze konnte gezeigt werden, dass für das Sprachverstehen keine explizite Grammatik erforderlich ist (z. B. [62]). Ein ähnliches Ergebnis zeigt sich im Bereich des Bildverstehens. Hierbei ermöglichen tiefe Netze die Ableitung von Selbstorganisationsprinzipien, die zur Entstehung kognitiver Leistungen wie der Objekterkennung ausreichen (z. B. [9]).

Neben der Biologie gibt es zudem eine enge Wechselwirkung mit der Physik. Einerseits stammen Netze zur Modellierung komplexer Wahrscheinlichkeitsverteilungen, wie die Boltzmann-Maschine und das Hopfield-Netzwerk, aus der statistischen Physik und haben die Grundlagen moderner generativer Modelle geschaffen. Andererseits entwickelt sich zunehmend eine eigenständige Theorie neuronaler Netze, die das Lernver-

---

1 Für einen allgemeineren Einstieg in das Thema künstliche neuronale Netze und deren historische Entwicklung sei hier auf weiterführende Literatur (z. B. [40, 21, 33, 53]) verwiesen.

2 Für eine ausführliche Beschreibung unterschiedlicher Aspekte biologischer Modelle sei auf die weiterführende Literatur (z. B. [49, 3, 18, 28, 34]) verwiesen.

halten tiefer Netze in Form komplexer dynamischer Systeme begreifbarer und damit auch beherrschbarer macht. Weiterhin helfen physikalische Ansätze zur Informationsübertragung und -verarbeitung, die Effizienz und Kapazität neuronaler Netze zu analysieren.

13.2 Grundlegende Konzepte

13.2.1 Das Perzeptron

Grundlage für den Aufbau neuronaler Netze ist das *Perzeptron* (oder auch die McCulloch-Pitts Zelle) [35, 50, 36]. Hierbei handelt es sich um ein stark vereinfachtes Neuronenmodell, welches die *Erregungsdynamik* biologischer Neuronen nachahmt.[3] In seiner technischen Umsetzung wurde es ursprünglich als lernbarer linearer Klassifikator $f : \mathbb{R}^n \to [0, 1]$ eingeführt. Das Perzeptron

$$f(\boldsymbol{x}, \boldsymbol{\theta}) = \phi(\boldsymbol{w}^\top \boldsymbol{x} + b), \quad \text{mit } \boldsymbol{w}, \boldsymbol{x} \in \mathbb{R}^n,\ b \in \mathbb{R},\ \boldsymbol{\theta} = [\boldsymbol{w}, b] \tag{13.1}$$

erzeugt durch Vergleich eines Eingangsmusters $\boldsymbol{x} \in \mathbb{R}^n$ mit einem Gewichtsvektor $\boldsymbol{w} \in \mathbb{R}^n$ eine lineare *Merkmalstransformation*, aus welcher anschließend durch Anwendung einer nicht linearen *Aktivierungsfunktion*

$$\phi_{\text{step}}(x) = \begin{cases} 0 : & x < 0 \\ 1 : & x \geq 0 \end{cases} \tag{13.2}$$

eine *Merkmalsdetektion* wird. Gleichung (13.1) beschreibt eine Hyperebene, welche den $\mathbb{R}^n$ in zwei Bereiche teilt. Die Orientierung und der Abstand zum Ursprung sind durch den Gewichtsvektor $\boldsymbol{w}$ und den Bias b festgelegt. In einigen Fällen wird diese Darstellung etwas vereinfacht, indem der Bias als Teil des Gewichtsvektors $\boldsymbol{w} = (w_1, \ldots, w_n, b)^\top$ verwendet wird. Ergänzt man das Eingangsmuster um einen konstanten Eintrag zu $\boldsymbol{x} = (x_1, \ldots, x_n, 1)^\top$, so vereinfacht sich die Darstellung zu $f(\boldsymbol{x}, \boldsymbol{\theta}) = \phi(\boldsymbol{x}^\top \boldsymbol{w})$. Das Perzeptronmodell lässt sich sehr einfach zu einer vektorwertigen Funktion $f : \mathbb{R}^n \to \mathbb{R}^m$ erweitern, indem man die Ausgänge einzelner, unabhängiger Perzeptronen zu einem Ausgabevektor

$$\boldsymbol{y} = [y_1, \ldots, y_m]^\top = [f(\boldsymbol{x}, \boldsymbol{\theta}_1), \ldots, f(\boldsymbol{x}, \boldsymbol{\theta}_m)]^\top \tag{13.3}$$

zusammenführt. Vereinfacht lässt sich das durch eine Matrixmultiplikation

$$\boldsymbol{y} = \phi(W\boldsymbol{x} + \boldsymbol{b}) \tag{13.4}$$

3 Eine Einführung in die Dynamik biologischer Neuronen findet sich in [18, 55, 34].

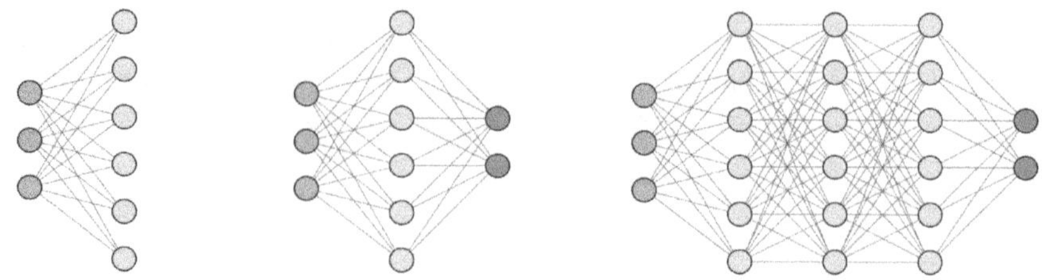

Abb. 13.1: Aufbau eines mehrschichtigen Perzeptrons für eine Abbildung $\mathbb{R}^3 \to \mathbb{R}^2$. a. Parallele Merkmalsdetektion durch Stapelung von 6 Perzeptronen. b. Flaches MLP mit einer verborgenen Schicht. c. Tiefes MLP mit drei verborgenen Schichten.

ausdrücken, wobei die Aktivierungsfunktion ϕ elementweise angewandt wird. Die Erweiterung auf einen vektorwertigen Ausgang ermöglicht die gleichzeitige, parallele Analyse eines Eingangsmusters anhand verschiedener Merkmale (siehe Abbildung 13.1a). Dementsprechend wird $\boldsymbol{y}$ auch als *Merkmalsvektor* bezeichnet. Er besteht ausschließlich aus binären Einträgen (0 und 1), wobei eine 1 das Vorhandensein des entsprechenden Merkmals und eine 0 dessen Abwesenheit signalisiert.

13.2.2 Mehrschichtiges Perzeptron

Aufgrund der Linearität der Merkmalstransformation ist das Perzeptronmodell auf linear separierbare Probleme beschränkt. Die Kapazität des Perzeptronmodells reicht nicht aus, um die Struktur von linear nicht separierbaren Datensätzen zu erfassen. Ein einfaches Beispiel für ein solches Problem ist das *Paritätsproblem*, bei dem entschieden werden muss, ob die Anzahl der Symbole „1" oder „0" in einem binären String x gerade ($y = 0$) oder ungerade ($y = 1$) ist. Ein Datenpunkt (x, y) besteht hierbei aus einem binärem String $x = (x_1, x_2, \ldots, x_n)$ der Länge n und einer Klassenzuordnung $y \in \{0, 1\}$. Nimmt man nun Wörter der Länge zwei

$$\mathcal{D} = \{((0,0),0), ((0,1),1), ((1,1),0), ((1,0),1)\}$$

als Beispiel, so erhält man das *XOR-Problem* als Spezialfall. Weitere Probleme dieser Art lassen sich, wie in Abbildung 13.2 dargestellt, relativ einfach konstruieren.

Zur Beschreibung komplexerer Funktionen kann man die Merkmalsdetektion des Perzeptrons aus Gleichung (13.3) mehrfach rekursiv anwenden:

$$\boldsymbol{y} = f(\boldsymbol{x}, \boldsymbol{\theta}) = f(f(f(\ldots(f(\boldsymbol{x}, \boldsymbol{\theta}_1)), \boldsymbol{\theta}_{L-2}), \boldsymbol{\theta}_{L-1}), \boldsymbol{\theta}_L)\,. \tag{13.5}$$

Auf diese Art entsteht eine Hierarchie von aufeinander aufbauenden Merkmalstransformationen, deren Gesamtabbildung nicht mehr linear ist. Das resultierende Netzwerkmodell wird als *mehrschichtiges Perzeptron* (MLP) (engl. „*Multi-Layer Perceptron*") [51]

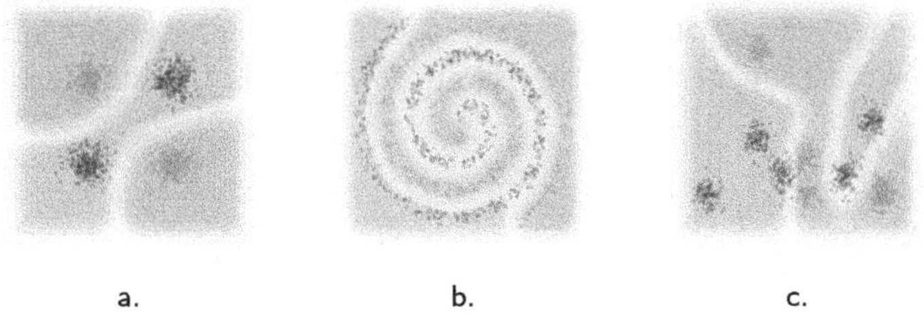

Abb. 13.2: Beispiele für linear nicht separierbare Probleme: Gezeigt sind binäre Klassifikationsprobleme, die mit einem MLP gelöst werden. Die Trennflächen folgen den vom MLP vorhergesagten Klassenwahrscheinlichkeiten.

bezeichnet. Die Schichten werden nach ihrer Position als *Eingangsschicht*, als *verborgene Schichten* (engl. „Hidden Layers“) und als *Ausgangsschicht* bezeichnet (siehe Abbildung 13.1b und 13.1c). Die Anzahl der verborgenen Schichten definiert die *Tiefe* eines Netzes. Demgegenüber wird die Anzahl der Neuronen innerhalb einer Schicht als *Breite* bezeichnet. Es gibt keine allgemeingültige Definition, die flache und tiefe neuronale Netze ausschließlich anhand der Anzahl der verborgenen Schichten unterscheidet. In den allermeisten Fällen werden allerdings Netze mit mindestens zwei verborgenen Schichten als tiefe Netze angesehen. Eine alternative Möglichkeit, die Tiefe eines Netzes etwas formaler zu erfassen, ist der *„Credit Assignment Path“* (CAP) [53]. Die Länge eines Pfades entspricht dabei der Anzahl der Schritte, durch die ein Eingangssignal transformiert wird, wobei die Ausgangsschicht mitgezählt wird.[4]

Im Vergleich zu flachen Netzen, können durch die hierarchische Anordnung Funktionen wesentlich effizienter, also mit weniger Parametern, beschrieben werden. Die Ausdrucksstärke eines Netzes nimmt exponentiell mit dessen Tiefe zu [38, 45].[5]

Die Eigenschaft, komplexe Merkmalstransformationen lernen zu können (engl. *„Feature Learning“*), wird als eine der wesentlichsten Eigenschaften tiefer Netze angesehen [6, 29], die im Gegensatz zu händisch definierten Merkmalstransformationen (engl. *„Feature Engineering“*) anderer Ansätze des Maschinellen Lernens steht. Welche Merkmale in einer solchen Hierarchie entstehen, ist im Einzelfall nicht einfach nachvollziehbar.[6] Allgemein gilt aber, dass mit zunehmender Tiefe die Merkmale sukzessive höhere Abstraktionsgrade annehmen. Besonders anschaulich wird dieses Prinzip bei Aufgaben des Bildverstehens. Dabei werden in den ersten Schichten oft einfache Merk-

4 Nach dieser Definition können rekurrente Netze (vgl. Abschnitt 13.3.3.4) mit nur einer verborgenen Schicht einen beliebig langen CAP haben.

5 Die in den Arbeiten beschriebenen Herleitungen beziehen sich auf tiefe MLPs mit ReLU als Aktivierungsfunktion (siehe Tabelle 13.1). Neuere Arbeiten hierzu bestätigen diese Ergebnisse auch für andere Netzwerkarchitekturen.

6 In diesem Zusammenhang können Methoden der *interpretierbaren KI* (XAI) eingesetzt werden, um zu einem besseren Verständnis der Entscheidungsprozesse beizutragen.

male extrahiert, wie Kanten oder Farben, während spätere Schichten zunehmend komplexe Zusammenhänge erkennen, beispielsweise die Formen von Objekten oder deren Bedeutung.

13.2.3 Approximationseigenschaften neuronaler Netze

Neuronale Netze sind in der Lage, eine Vielzahl von Funktionen durch Anpassung ihrer Parameter zu modellieren. Die Frage, welche Funktionen sie abbilden können und wie umfangreich dieser Funktionsraum ist, hängt von der Architektur des Netzes, der Wahl der Aktivierungsfunktionen sowie der Anzahl der Parameter ab. In diesem Zusammenhang lassen sich mithilfe theoretischer Überlegungen, generelle Aussagen über Approximationseigenschaften neuronaler Netze zu treffen. Im Mittelpunkt steht dabei die Frage, unter welchen Bedingungen eine bestimmte Netzwerkarchitektur in der Lage ist, beliebige Funktionen anzunähern. Formale Beweise hierzu sind Gegenstand der sogenannten *universellen Approximationstheoreme*, die für verschiedene Architekturen aufgestellt wurden.

Der Nutzen der Approximationstheoreme liegt vor allem darin, dass die Existenz einer möglichen Lösung für ein gegebenes Problem garantiert ist. Dadurch stellen sie eine theoretische Vergleichbarkeit zwischen unterschiedlichen Architekturen her. Neben der Unterscheidung zwischen flachen und tiefen Netzen ist diese Frage vor allem für Architekturen von Interesse, welche aus praktischen Gründen Einschränkungen in der Komplexität eines Netzes vornehmen.[7] Durch die Beweisbarkeit wird sichergestellt, dass man durch die Einschränkung die grundlegende Eigenschaft zur universellen Approximation nicht verliert. Gleiches gilt auch für Funktionen, die Abbildungen zwischen nicht-euklidischen Räumen annähern, wie beispielsweise Graphen. Ein Überblick über die Materie findet sich in [11, 41, 21].

In diesem Zusammenhang stellt sich die Frage, welche Rolle die Tiefe eines Netzes spielt. Grundsätzlich ist die Tiefe keine notwendige Bedingung, um eine universelle Approximationseigenschaft zu besitzen. In [25] wurde gezeigt, dass bereits ein MLP mit nur einer einzigen verborgenen Schicht und nicht polynomialen Aktivierungsfunktionen in der Lage ist, jede Funktion anzunähern. Hierbei ist nicht eine spezifische Aktivierungsfunktion, sondern der mehrschichtige vorwärtsgerichtete Aufbau des Netzes für die Approximationseigenschaften verantwortlich.

Wenn für eine Architektur eine universelle Approximationseigenschaft nachgewiesen werden kann, so existiert eine Abfolge von Elementen aus der Funktionsfamilie $f_1, f_2, \ldots, f_n \to g$, welche gleichmäßig gegen eine Zielfunktion g konvergiert. Für eine feste Schranke ϵ gilt dann: $\sup_{\boldsymbol{x} \in K \subseteq \mathbb{R}^n} \|f_n(\boldsymbol{x}) - g(\boldsymbol{x})\| < \epsilon$. Die zugrunde liegenden Beweise sind allerdings nicht konstruktiv. Sie geben keinen Aufschluss darüber, wie ein

7 Ein Beispiel hierfür sind Faltungsnetze (siehe Abschnitt 13.3.3.3), welche eine große praktische Relevanz besitzen, ihrer Definition nach aber lediglich eine Untermenge der MLPs sind.

Lernverfahren konstruiert werden kann. Zudem fehlt eine Abschätzung der minimalen Komplexität eines Netzes, die für eine bestimmte Approximationsgenauigkeit erforderlich ist. Aussagen zur Generalisierungsleistung – also der Fähigkeit, korrekte Vorhersagen außerhalb der Trainingsdaten zu treffen – werden ebenfalls nicht gemacht. Im Folgenden werden zwei Ansätze vorgestellt, die es ermöglichen, Modelle hinsichtlich ihrer Komplexität und ihrer Generalisierungsleistung vergleichbar zu machen.

13.2.4 Komplexität und Generalisierung

In Anwendungen des Maschinellen Lernens ist die Zielfunktion g in der Regel nicht direkt zugänglich. Stattdessen stehen Datenpunkte aus einer zugrunde liegenden Verteilung $\mathcal{D} = \{(\boldsymbol{x}, y) | y = g(\boldsymbol{x}) + \epsilon\}$ zur Verfügung. Dabei wird häufig angenommen, dass die Beobachtungen fehlerbehaftet sind, wobei der Fehler $\epsilon \sim \mathcal{N}(0, \sigma_\epsilon^2)$ einer Normalverteilung folgt. Um g näherungsweise zu modellieren, werden neuronale Netze als parametrisierte Modelle eingesetzt, die auf Grundlage der Daten $\mathcal{D}$ eine Schätzung $f_{\boldsymbol{\theta}} \approx g$ liefern.

Dabei erfordert die Wahl der Netzkomplexität einen Kompromiss zwischen Überanpassung und Unteranpassung. Im Folgenden werden zwei statistische Ansätze zur Modellbewertung betrachtet: der *Bayes-Faktor*, der eine probabilistische Grundlage für den Vergleich unterschiedlich komplexer Modelle bietet, und das *Bias-Varianz-Dilemma*, das den Einfluss der Modellkomplexität auf die Schätzgenauigkeit verdeutlicht.

Als Ausgangspunkt der folgenden Betrachtungen wird der Prozess der Schätzung der Modellparameter – also das Lernen – als ein Problem der statistischen Inferenz aufgefasst. Dieser Prozess lässt sich mit einem bayesschen Ansatz wie folgt beschreiben:

$$\underbrace{p(\boldsymbol{\theta}|\mathcal{D})}_{\text{Posterior}} = \frac{p(\mathcal{D}|\boldsymbol{\theta})p(\boldsymbol{\theta})}{\int p(\mathcal{D}|\boldsymbol{\theta})p(\boldsymbol{\theta})d\boldsymbol{\theta}} = \frac{\overbrace{p(\mathcal{D}|\boldsymbol{\theta})p(\boldsymbol{\theta})}^{\text{Likelihood}\cdot\text{Prior}}}{\underbrace{p(\mathcal{D})}_{\text{Evidenz}}} . \tag{13.6}$$

In Gleichung (13.6) beschreibt die Posterior-Verteilung der Modellparameter $p(\boldsymbol{\theta}|\mathcal{D})$ die Kombination von Vorwissen $p(\boldsymbol{\theta})$ (Prior) und den beobachteten Daten $\mathcal{D}$ (Likelihood). Der bayessche Ansatz berücksichtigt dabei nicht nur eine spezifische Parameterwahl, sondern die Gesamtheit aller durch das Modell erzeugbaren Funktionen, gewichtet nach deren Wahrscheinlichkeiten. Die Varianz der Verteilungen $p(\boldsymbol{\theta})$ und $p(\boldsymbol{\theta}|\mathcal{D})$ dient dabei als Maß für die Unsicherheit der Modellparameter – vor und nach der Einbeziehung der Daten.

Die Unsicherheit der Modellparameter ist in der Praxis von entscheidender Bedeutung, insbesondere bei der zuverlässigen Anwendung des Modells. Eine hohe Varianz in der Posterior-Verteilung $p(\boldsymbol{\theta}|\mathcal{D})$ deutet auf eine große Unsicherheit hin. Dies bedeutet, dass das Modell auf Basis der verfügbaren Daten keine eindeutigen Schlüsse ziehen kann, da zahlreiche Parameterkonfigurationen existieren, die die Daten gleichermaßen gut erklären. Mögliche Ursachen hierfür sind eine zu geringe Menge an Trainingsdaten, verrauschte Daten oder ein zu flexibles Modell mit hoher Kapazität.

Diese Beschreibung lässt sich verallgemeinern, indem Gleichung (13.6) auf eine Menge alternativer Modelle erweitert wird. Dabei wird die Wahl eines Modells $\mathcal{M}$ explizit im konditionalen Teil der Posterior-Verteilung berücksichtigt. Eine zentrale Größe in diesem Zusammenhang ist die sogenannte *Modellevidenz*

$$P(\mathcal{D}|\mathcal{M}) = \int P(\mathcal{D}|\boldsymbol{\theta}, \mathcal{M}) P(\boldsymbol{\theta}|\mathcal{M})\, d\boldsymbol{\theta}\,,$$

die ausdrückt, wie plausibel es ist, dass ein Modell $\mathcal{M}$ die gegebene Datenverteilung $\mathcal{D}$ erklärt.[8] Basierend darauf lässt sich ein Entscheidungskriterium formulieren, das den direkten Vergleich zweier Modelle ermöglicht. Dieses Verhältnis der Modellevidenzen wird als *Bayes-Faktor* bezeichnet und ist definiert als:

$$\text{Bayes-Faktor} = \frac{P(\mathcal{D}|\mathcal{M}_1)}{P(\mathcal{D}|\mathcal{M}_2)}\,. \tag{13.7}$$

Er sagt aus, wie gut die jeweiligen Modelle die Daten erklären. Die Modellevidenz wird dabei von zwei wesentlichen Faktoren beeinflusst: der Anpassung des Modells an die Daten und der Modellkomplexität. Komplexere Modelle müssen ihre Wahrscheinlichkeitsmasse im Prior $P(\boldsymbol{\theta}|\mathcal{M})$ über einen größeren Parameterraum verteilen. Dies kann dazu führen, dass ihre Evidenz abnimmt, wenn die zusätzlichen Freiheitsgrade durch die Daten nicht ausreichend gestützt werden.

Ein Bayes-Faktor größer als 1 zeigt, dass die Daten Modell $\mathcal{M}_1$ gegenüber Modell $\mathcal{M}_2$ stärker unterstützen. Umgekehrt wird bei einem Bayes-Faktor kleiner als 1 Modell $\mathcal{M}_2$ bevorzugt. In der Praxis werden oft verschiedene Schwellenwerte verwendet, um die Stärke der Evidenz zu quantifizieren.[9]

Das *Bias-Varianz-Dilemma* (engl. *„Bias-Variance Tradeoff“*) ist ein weiteres zentrales Konzept des Maschinellen Lernens, das den Zusammenhang zwischen der Datenverteilung und der Modellkomplexität beschreibt. Es ergänzt die zuvor eingeführten Überlegungen, indem es die Wechselwirkung zwischen der systematischen Abweichung des Modells (Bias) und der Streuung der Vorhersagen (Varianz) untersucht. Ausgangspunkt ist die Bestimmung der Modellparameter durch Minimierung des mittleren quadratischen Fehlers:

---

8 Da die Berechnung der Integrale sehr komplex ist, ist eine direkte Marginalisierung in dieser Form meist nicht möglich. Dennoch bildet diese Formalisierung die Grundlage für Näherungslösungen und liefert eine formalisierte Intuition für die zugrunde liegenden statistischen Mechanismen.

9 Dieses Konzept wird auch als *Occam-Faktor* bezeichnet, da es komplexere Modelle automatisch bestraft und einfachere Modelle bevorzugt, sofern sie die Daten gleichermaßen gut erklären. Eine ausführliche Darstellung dieses Ansatzes findet sich in [33].

$$\theta^*_{\mathcal{D}} = \arg\min_{\theta} \sum_{(x,y)\in\mathcal{D}} \|y - f(x,\theta)\|_2^2 \,. \tag{13.8}$$

Auf Basis von $\theta^*_{\mathcal{D}}$ lassen sich Vorhersagen $\tilde{y} = f(x, \theta^*_{\mathcal{D}})$ auf unbekannten Datenpunkten x treffen. Variiert man $\mathcal{D}$ und schätzt für jede Variante die Parameter neu, so entstehen entsprechend unterschiedliche Modellvorhersagen $\tilde{y}$. Diese Variation induziert eine Verteilung der Modellvorhersagen $\tilde{y}$ an einer festen Stelle x. Der Erwartungswert des quadratischen Fehlers an dieser Stelle lässt sich wie folgt zerlegen:

$$\begin{aligned} E_{\mathcal{D}}[(\tilde{y}-y)^2] &= E_{\mathcal{D}}[(\tilde{y} - E_{\mathcal{D}}[\tilde{y}] + E_{\mathcal{D}}[\tilde{y}] - y)^2] \\ &= \underbrace{E_{\mathcal{D}}[(\tilde{y} - E_{\mathcal{D}}[\tilde{y}])^2]}_{\text{Varianz}} + \underbrace{E_{\mathcal{D}}[(E_{\mathcal{D}}[\tilde{y}] - y)^2]}_{\text{Bias}^2} + \underbrace{E_{\mathcal{D}}[\epsilon^2]}_{\text{Restfehler}} \,. \end{aligned} \tag{13.9}$$

Die Varianz misst, wie stark sich die Modellvorhersagen $\tilde{y}$ bei Variationen der Daten $\mathcal{D}$ ändern. Modelle mit hoher Kapazität haben meist eine hohe Varianz, da sie flexibel auf Änderungen in den Daten reagieren können, und gleichzeitig einen niedrigen Bias, da sie die Datenstruktur gut approximieren. Modelle mit niedriger Kapazität zeigen hingegen eine niedrige Varianz, aber einen hohen Bias, da ihre eingeschränkte Komplexität zu systematischen Abweichungen vom Zielwert y führt. Der dritte Term in Gleichung (13.9) beschreibt den irreduziblen Fehler, der hier keine Rolle spielt.

Bias und Varianz sind positive Größen, die sich addieren, aber in entgegengesetzter Beziehung stehen. Eine gleichzeitige Minimierung beider ist daher nicht möglich. Dieser Zusammenhang verdeutlicht den notwendigen Kompromiss zwischen Modellkomplexität und Generalisierungsfähigkeit.

13.3 Methoden und Algorithmen

13.3.1 Die Netzfunktion

Ein neuronales Netz beschreibt eine Funktion $f(x,\theta) : \mathbb{R}^n \to \mathbb{R}^m$, die durch die Wahl der Parameter θ festgelegt wird. Zur Definition eines Lernproblems wird eine *Verlustfunktion* $\mathcal{L}(\mathcal{D},\theta) \to \mathbb{R}$ benötigt. In Abhängigkeit von den verfügbaren Daten $\mathcal{D}$ weist diese jeder Parameterbelegung θ einen Verlustwert (engl. *„Loss“*) zu. Die optimalen Parameter ergeben sich durch Minimierung des Verlustes: $\theta^* = \arg\min_{\theta} \mathcal{L}(\theta, \mathcal{D})$. Für die praktische Umsetzung ist es entscheidend, dass f und $\mathcal{L}$ effizient berechenbar sind, einschließlich ihrer Ableitungen. Grundlage hierfür ist der Funktionsgraph, dessen Aufbau und Anwendung im Folgenden erläutert werden.

13.3.1.1 Der Funktionsgraph

Jedes neuronale Netz lässt sich als gerichteter Graph $G = (V, E)$ (*Funktionsgraph*) darstellen. Dabei repräsentiert V die Menge der Neuronen (Knoten) und E die gerichteten Kanten (Gewichte), die die Verbindungen zwischen den Knoten beschreiben. Der Funktionsgraph modelliert sowohl den Informationsfluss als auch die funktionalen Abhängigkeiten innerhalb des Netzes. Diese Darstellung ist universell und unabhängig von der spezifischen Architektur oder Funktionsweise des neuronalen Netzes anwendbar. Hierbei ist zu beachten, dass auch die Verlustfunktion $\mathcal{L}$ Teil des Graphen ist.

Ist der Graph azyklisch, d. h. existieren keine Pfade $v_1, v_2, \ldots, v_k$ in V mit $v_1 = v_k$, so erfolgt die Propagierung der Muster („*Informationsfluss*") immer in eine Richtung, von der Eingangsschicht über die Zwischenschichten bis zur Ausgangsschicht. Solche Netze werden als *vorwärts gerichtete Netze* („*Feedforward Neural Network*", FNN) bezeichnet. Ein bekanntes Beispiel hierfür ist das mehrschichtige Perzeptron (MLP), das bereits in Abschnitt 13.2.2 eingeführt wurde.

13.3.1.2 Ableitung der Netzfunktion

Da Netze schichtweise aufgebaut sind, lässt sich die Ableitung der Netzfunktion $f = f_k \circ f_{k-1} \ldots \circ f_1 : \mathbb{R}^n \to \mathbb{R}^m$ mithilfe der Kettenregel

$$\boldsymbol{J}_f(\boldsymbol{x}) = \boldsymbol{J}_k(\boldsymbol{x}_k) \cdot \boldsymbol{J}_{k-1}(\boldsymbol{x}_{k-1}) \cdot \cdots \cdot \boldsymbol{J}_1(\boldsymbol{x})$$

berechnen. Hierbei ist $\boldsymbol{J}_f \in \mathbb{R}^{m\times n}$ die Jacobi-Matrix der Netzfunktion. Für $\boldsymbol{x}_k = f_{k-1}(\boldsymbol{x}_{k-1})$ bezeichnet $\boldsymbol{J}_k$ die Jacobi-Matrix der k-ten Schicht. Für das Lernen der Parameter wird jedoch die Ableitung der Verlustfunktion $\mathcal{L}(\boldsymbol{\theta}, D) : \mathbb{R}^n \to \mathbb{R}$ benötigt, wodurch die Jacobi-Matrix $\boldsymbol{J}_{\mathcal{L}}$ zu einem Gradienten reduziert wird.[10]

Die Komplexität zur Berechnung der Kettenregel hängt von der Reihenfolge der Auswertung ab. Wird die Jacobi-Matrix von links nach rechts, also vom Eingang zum Ausgang berechnet („*Forward Mode Differentiation*"), beträgt die Komplexität $O(n)$. Wird sie in entgegengesetzter Richtung berechnet („*Reverse Mode Differentiation*"), beträgt die Komplexität $O(m)$.[11] Für Abbildungen, bei denen $m < n$ gilt, ist die rückwärtsgerichtete Ableitung effizienter, was bei der skalaren Verlustfunktion der Fall ist.

---

10 Die Jacobi-Matrix der Netzfunktion bildet die Grundlage für Sensitivitätsanalysen, bei denen untersucht wird, wie Änderungen der Eingabewerte die Ausgaben beeinflussen. Zudem wird sie in Erklärbarkeitsmodellen eingesetzt, um implizite Aufmerksamkeitsmechanismen zu visualisieren.

11 Die genaue Komplexität hängt dabei auch zusätzlich von den Dimensionen der verdeckten Schichten ab. Eine ausführlichere Herleitung findet sich in [39, S. 432].

In Abbildung 13.3 ist der Ablauf zur Berechnung des Gradienten eines einfachen Klassifikationsmodells dargestellt. Die Berechnung läuft in zwei Phasen ab. Zuerst wird der Funktionsgraph (durchgezogene Kanten) aufgebaut, in dem die Zwischenergebnisse der Vorwärtspropagierung in den Knoten gespeichert werden. Für eine übersichtlichere Darstellung wurde in diesem Beispiel nur eine verborgene Schicht verwendet sowie auf Bias-Terme verzichtet. Anschließend wird ein zweiter Graph aufgebaut, der der Gradientenberechnung dient. Dies geschieht *rückwärts*, ausgehend von der Kostenfunktion, bzw. deren Wert L, bis zur Eingangsschicht des Netzes. Dabei werden die partiellen Ableitungen aller Parameter des Netzes bezüglich $\mathcal{L}$ in den Graphen eingefügt. Die partiellen Ableitungen werden jeweils in Abhängigkeit vom aktuellen Knoten und dessen Elternknoten berechnet.

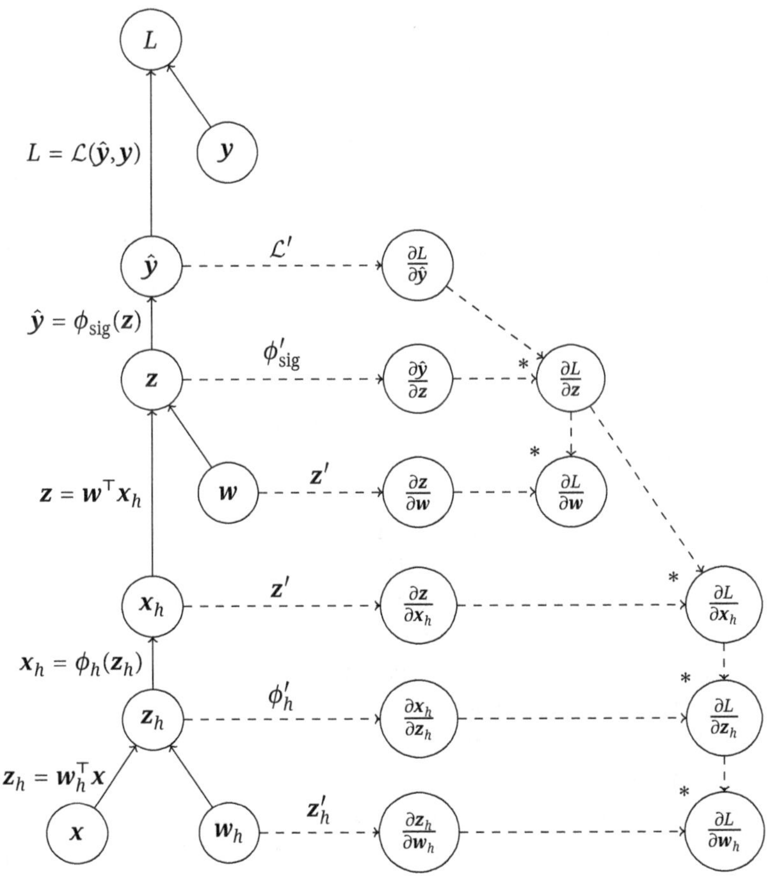

Abb. 13.3: Kombinierter Berechnungsgraph für ein einfaches Modell $P(y = 1|\phi_{\text{sig}}(\mathbf{w}^\top \mathbf{x}))$ zur binären Klassifikation („*logistisches Regressionsmodell*"). Dargestellt sind die Kostenfunktion (durchgezogene Kanten) und die partiellen Ableitungen (gestrichelte Kanten). Für eine übersichtlichere Darstellungen wurde hierbei nur eine verborgene Schicht verwendet und angenommen, dass die Bias-Terme im Gewichtsvektor enthalten sind.

Die symbolische Darstellung der Ableitungen erlaubt dabei nicht nur eine effiziente Berechnung von Gradienten, sondern ermöglicht auch die wiederholte Anwendung des Backpropagation-Algorithmus zur Bestimmung höherer Ableitungen. Unter einer symbolischen Darstellung versteht man die Darstellung der Ableitungen in Form mathematischer Ausdrücke, welche eine exakte Auswertung an beliebigen Stellen des Wertebereichs erlauben. Dies ist ein entscheidender Vorteil gegenüber einer sehr viel ungenaueren numerischen Berechnung des Gradienten. Aus diesem Grund ist dieser Ansatz auch Teil einer Klasse von Verfahren zur *automatischen Differenzierung* [5].

13.3.1.3 Datentypen und Datenstrukturen

In der bisherigen Beschreibung wurden Netze als Verkettung vektorwertiger Funktionen dargestellt. In der Praxis werden jedoch *Tensoren* $\mathcal{T} \in \mathbb{R}^{d_1 \times d_2 \times \cdots \times d_k}$ verwendet, die Vektoren und Matrizen verallgemeinern. Im Bereich des Maschinellen Lernens werden Tensoren als multidimensionale Datentypen betrachtet („M-Array"), was sie von der eigentlichen mathematischen Definition unterscheidet. Tensoren ermöglichen durch ihre multidimensionale Struktur eine effiziente und vereinheitlichte Handhabung mehrdimensionaler Daten. Dementsprechend werden alle Berechnungen innerhalb eines Netzes auf reellwertigen Vektoren – beziehungsweise Tensoren – ausgeführt. Um tiefe neuronale Netze für Abbildungen zwischen beliebigen Datenstrukturen nutzen zu können, müssen zusätzliche Elemente eingeführt werden. Die wichtigsten Konzepte hierzu sind:

1. *Kodierung* (engl. „Encoding") bezeichnet den Prozess der Transformation von Eingangsdaten in eine alternative Repräsentation. Ein Beispiel hierfür ist die Umwandlung eines Eingangsmusters durch ein MLP in einen abstrakten, latenten Merkmalsvektor.
   Eine weitere Form der Kodierung ist die Umwandlung kategorialer Daten, wie Klassenzugehörigkeiten, in Binärvektoren („One-Hot-Encoding"). In diesen Vektoren repräsentiert jeder mögliche Kategorienwert eine Position, wobei diese Position den Wert 1 hat und alle anderen Positionen den Wert 0.
   Zusätzlich gibt es das „Positional Encoding", das in Sequenzmodellen wie Transformern (vgl. Abschnitt 13.3.3.5) verwendet wird. Es dient dazu, Absolut- oder Relativpositionen von Elementen in einer Sequenz zu kodieren [4].
2. *Einbettung* bezeichnet einen Prozess, bei dem eine bestehende Struktur durch das Hinzufügen von Eigenschaften einer anderen Struktur erweitert wird, wobei die ursprüngliche Information erhalten bleibt. Ein Beispiel hierfür ist die metrische Einbettung von Graphen, bei der jedem Knoten eine Position in einem Vektorraum zugewiesen wird. Die daraus entstehende Struktur ermöglicht es, Nachbarschaftsbeziehungen zu analysieren und gleichzeitig metrische Abstände zwischen den Knoten zu berechnen. Ein bekanntes Beispiel dafür sind „Word Embeddings", bei denen Wörter, also Zeichenfolgen aus einem Alphabet, in einen Vektorraum eingebettet

werden. Dies ermöglicht es, semantische Beziehungen zwischen Wörtern mittels Vektoroperationen zu erfassen.

3. *Tokenisierung* ist der Prozess, bei dem ein Text in kleinere Einheiten, sogenannte Tokens, zerlegt wird. Abhängig von der gewählten Anwendung können diese Tokens Wörter, Wortbestandteile oder einzelne Zeichen sein. Die Tokenisierung erleichtert es, einen Text in verarbeitbare Teile zu unterteilen und wird häufig zusammen mit Einbettungen verwendet, um Texte in Sequenzen von Vektoren umzuwandeln. Diese Methode ist nicht auf Texte beschränkt. Sie wird auch auf Bild- und Audiodaten angewendet, um diese in analysierbare Segmente zu zerlegen.

Mit diesen Techniken können in einem Netz verschiedenste Datentypen verarbeitet werden. Unabhängig von der konkreten Anwendung lassen sich Datentypen grob in die folgenden Kategorien einteilen:

1. **Strukturierte Daten** sind Daten, die in Tabellenform organisiert sind. Jede Zeile und jede Spalte repräsentiert ein bestimmtes Attribut. Wenn alle Datenpunkte vom gleichen Typ sind, nennt man sie *homogene* Datensätze. Sind die Datenpunkte unterschiedlich, spricht man von *heterogenen* Datensätzen. Alternativ können strukturierte Daten auch in Form von Dichtefunktionen repräsentiert sein. Diese sind besonders relevant für die Schätzung von Unsicherheiten, für die Schätzung von Wahrscheinlichkeitsdichten und bei Regressionen mit Unsicherheiten.
2. **Graphen** sind von zentraler Bedeutung für die Darstellung relationaler Zusammenhänge und stellen eine spezielle Form eines strukturierten Datentyps dar. *„Graph Neural Networks“* (GNNs) sind Netzwerke, die speziell für die Verarbeitung und Analyse graphbasierter Datenstrukturen entwickelt wurden. GNNs werden beispielsweise genutzt, um Einbettungen der Knoten- oder Kantenmenge in Vektorräume zu lernen. Darüber hinaus können GNNs verwendet werden, um Mechanismen zur Informationspropagierung („Message Passing“) zu implementieren. Ein ausführlicher Überblick hierzu findet sich in [64].
3. **Unstrukturierte Daten** umfassen Formate wie Texte, Bilder, Audiodaten und Punktwolken. Punktwolken sind Daten, bei denen die Messpunkte nicht auf einem regulären Raster, wie einem Gitter, liegen, sondern an beliebigen Positionen in einem mehrdimensionalen Raum verteilt sind. Solche Strukturen entstehen beispielsweise bei Laserscans, in der Computertomographie oder bei anderen 3D-Rekonstruktionsverfahren. In der Physik werden Punktwolken in Kombination mit tiefen neuronalen Netzen genutzt, um hochdimensionale partielle Differentialgleichungen zu lösen [46]. Da einzelne Elemente einer Punktwolke keine feste Reihenfolge besitzen, müssen Netzwerke, die diese Daten verarbeiten, gegenüber Permutationen invariant sein.

   Bilder werden als unstrukturierte Daten betrachtet, obwohl jeder Bildpunkt eine eindeutige Position auf einem Gitter hat. Die Struktur von Bildern ergibt sich nicht aus einer inhaltsunabhängigen Datenstruktur, sondern durch die Gruppierung von

Bildpunkten zu inhaltsabhängigen Strukturen. Trotz zahlreicher grundlegender Arbeiten zu diesem Thema (vgl. z. B. [1]) ist es eine besondere Eigenschaft tiefer neuronaler Netze, eine an die Anwendungsdomäne angepasste Repräsentation dieser Strukturen zu lernen.

4. **Semi-strukturierte Daten**, wie XML- oder JSON-Formate, zeichnen sich durch eine flexible Struktur aus und enthalten Schlüssel („Tags") die die eigentlichen Datenpunkte markieren. Zu dieser Kategorie gehören auch E-Mails und Log-Dateien. Diese Datenformate müssen in der Regel geparst werden, um sie anschließend in strukturierte Formate zu konvertieren.
5. **Sequentielle Daten** sind Daten, die in einer zeitlich geordneten Reihenfolge vorliegen. Sie können entweder zeitdiskret oder zeitkontinuierlich sein. Generell haben alle bisher beschriebenen Datenstrukturen auch eine zeitlich ausgedehnte Variante. Netze, die speziell für sequentielle Daten entwickelt wurden, werden in den Abschnitten 13.3.3.4 und 13.3.3.5 behandelt.

Die unterschiedlichen Datenformate können sowohl einzeln als auch in Kombination als Eingaben und Ausgaben eines Netzes verwendet werden. Dadurch lassen sich zahlreiche Aufgaben lösen, wie zum Beispiel die Vorhersage von Kategorien (z. B. das Erkennen von Objekten in einem Bild), die Umwandlung von Text in Sprache oder das Kombinieren von Bild- und Textinformationen, wobei für alle Varianten weitgehend identische Bausteine zum Einsatz kommen.

13.3.2 Lernen in neuronalen Netzen

13.3.2.1 Bestimmung von Verlustfunktionen

Die Anwendung bayesscher Ansätze zur Schäztung von Parametern (vgl. Gleichung (13.6)) bietet einen universellen Ansatz zur Ableitung von Verlustfunktionen, die weitgehend unabhängig von speziellen Anwendungen formuliert werden können. Ausgangspunkt hierfür ist die Bestimmung der A-posteriori-Verteilung der Parameter:

$$p(\boldsymbol{\theta}|Y,X) = \frac{p(Y|X,\boldsymbol{\theta})\,p(\boldsymbol{\theta}|X)\,p(X)}{p(Y|X)p(X)} = \frac{p(Y|X,\boldsymbol{\theta})\,p(\boldsymbol{\theta})}{p(Y|X)}\,. \tag{13.10}$$

Dabei werden die Muster X und die Modellparameter $\boldsymbol{\theta}$ als unabhängig angenommen, sodass $p(\boldsymbol{\theta}|X) = p(\boldsymbol{\theta})$ gilt. Diese Annahme ist in den meisten Fällen plausibel, da das Wissen über die Muster allein meist keine Informationen über die Parameter liefert.

Der einfachste Weg zur Konstruktion eines Schätzverfahrens basiert auf der direkten Maximierung der *Likelihood* $p(Y|X,\boldsymbol{\theta})$. Anschaulich bedeutet dies, dass die Parameter so gewählt werden, dass die Wahrscheinlichkeit – beziehungsweise die Plausibilität – dafür maximiert wird, dass die beobachteten Daten durch die Netzfunktion erklärt werden können.[12] Unter der Annahme, dass die Trainingsdaten *unabhängig und identisch* (engl. „independently and and identically distributed", i. i. d.) verteilt sind, gilt für die Datenverteilung $p(\mathcal{D}) = \prod_{(x,y)\in\mathcal{D}} p(\boldsymbol{x},\boldsymbol{y})$, wodurch sich die *Maximum-Likelihood-Schätzung* (ML) wie folgt ausdrückt:

$$\boldsymbol{\theta}^*_{\mathrm{ML}} = \arg\max_{\boldsymbol{\theta}} p(Y|X,\boldsymbol{\theta}) = \arg\max_{\boldsymbol{\theta}} \prod_{(x,y)\in\mathcal{D}} p(\boldsymbol{y}|\boldsymbol{x},\boldsymbol{\theta}) .$$

In der Praxis wird hierfür allerdings meist die *negative Log-Likelihood*

$$\mathrm{NLL}(\mathcal{D},\boldsymbol{\theta}) = -\log\Big(\prod_{(x,y)\in\mathcal{D}} p(\boldsymbol{y}|\boldsymbol{x},\boldsymbol{\theta})\Big) = -\Big(\sum_{(x,y)\in\mathcal{D}} \log p(\boldsymbol{y}|\boldsymbol{x},\boldsymbol{\theta})\Big)$$

verwendet, die aufgrund der Summation anstelle einer Multiplikation numerisch deutlich stabiler ist, da Unterläufe durch das Multiplizieren sehr kleiner Beträge vermieden werden. Die NLL wird als Verlustfunktion verwendet, über die die Parameter schließlich durch Minimierung bestimmt werden:

$$\boldsymbol{\theta}^*_{\mathrm{ML}} = \arg\min_{\boldsymbol{\theta}} \mathrm{NLL}(\mathcal{D},\boldsymbol{\theta}) .$$

Ein weitergehender Ansatz zur Schätzung der Parameter basiert auf der Maximierung der A-posteriori-Verteilung:

$$\boldsymbol{\theta}^*_{\mathrm{MAP}} = \arg\max_{\boldsymbol{\theta}} p(\boldsymbol{\theta}|X,Y) = \arg\max_{\boldsymbol{\theta}} p(Y|X,\boldsymbol{\theta})p(\boldsymbol{\theta}) . \tag{13.11}$$

Entsprechend wird der Ansatz als *Maximum-A-Posteriori-Schätzung* (MAP) bezeichnet. Die Evidenz (vgl. Gleichung (13.10)) ist ein konstanter Normierungsfaktor, der unabhängig von den Parametern ist. Dadurch hat sie keinen Einfluss auf die Lage des Maximums $\boldsymbol{\theta}^*_{\mathrm{MAP}}$ und kann bei der Schätzung der Parameter vernachlässigt werden.

Da die beteiligten Wahrscheinlichkeitsverteilungen in den bisherigen Ansätzen noch nicht spezifiziert wurden, ist es notwendig, diese zunächst zu definieren, um konkrete Verlustfunktionen ableiten zu können. Nimmt man für die Likelihood eine Normalverteilung $\mathcal{N}(f(\boldsymbol{x},\boldsymbol{\theta}),\sigma^2\boldsymbol{I})$ an, so ergibt sich das Schätzverfahren des *mittleren quadratischen Fehlers* (engl. „Mean Squared Error", MSE):

$$\mathcal{L}(\mathcal{D},\boldsymbol{\theta}) = -\Big(\sum_{(x,y)\in\mathcal{D}} \log e^{-\frac{(y-f(x,\theta))^2}{2\sigma^2}}\Big) = \frac{1}{2\sigma^2}\sum_{(x,y)\in\mathcal{D}} [\boldsymbol{y} - f(\boldsymbol{x},\boldsymbol{\theta})]^2 .$$

---

12 Die Definition der Likelihood $p(Y|X,\boldsymbol{\theta})$, die Y als abhängige Variable beschreibt, charakterisiert diskriminative Modelle. Diese erzeugen Vorhersagen über Y, ohne dabei die Verteilung $p(X)$ explizit zu modellieren. Generative Modelle hingegen betrachten Muster und Labels gemeinsam als Verbundwahrscheinlichkeit $p(X,Y|\boldsymbol{\theta})$. Eine ausführlichere Behandlung generativer Modelle findet sich in Kapitel 14.

In diesem Beispiel modelliert ein tiefes neuronales Netz den konditionalen Teil einer Normalverteilung und erzeugt dadurch einen nichtstationären Erwartungswert, der sich in Abhängigkeit von $\boldsymbol{x}$ verändert.[13] Das daraus abgeleitete Verfahren wird auch als *lineare Regression* bezeichnet.

Die Herleitung einer Verlustfunktion für Klassifikationsprobleme mit K Klassen erfolgt in ähnlicher Weise wie bei der linearen Regression. Die Wahrscheinlichkeitsverteilung der Klassen wird durch die diskrete Verteilung $p(y = k|\boldsymbol{\xi}) = \xi_k$ beschrieben, wobei $\boldsymbol{\xi} = (\xi_1, \ldots, \xi_K)$ ein Vektor ist, für den $|\boldsymbol{\xi}|_1 = 1$ und $\xi_k \in \{0, 1\}$ gilt. Um diese Verteilung zu modellieren, ersetzt man sie durch eine Netzfunktion $p(y = k|\mathbf{z})$ mit $\mathbf{z} = f(\boldsymbol{x}, \boldsymbol{\theta})$. Damit $\mathbf{z}$ die gleichen Eigenschaften wie $\boldsymbol{\xi}$ erfüllt, wird die Softmax-Funktion[14] verwendet:

$$p(y = k|\mathbf{z}, \beta) = \frac{e^{\beta z_k}}{\sum_{i=1}^{K} e^{\beta z_i}} = \mathrm{softmax}(\mathbf{z}, \beta)\,. \tag{13.12}$$

Der Wert z_k wird dabei auch als *Logit* der Klasse k bezeichnet. Durch Verwendung des Negativen Log-Likelihood-Kriteriums (NLL) ergibt sich die Verlustfunktion:

$$\mathcal{L}(\mathcal{D}, \boldsymbol{\theta}, \beta) = -\sum_{i=1}^{|\mathcal{D}|} \sum_{k=1}^{K} \mathbb{I}(y_i = k) \log p(y = k|\mathbf{z}_i, \beta)\,, \tag{13.13}$$

welche als *Cross-Entropie-Verlust* bekannt ist. Der gesamte Ansatz wird als *Multinomiale Logistische Regression* bezeichnet.

Abgesehen von wahrscheinlichkeitstheoretischen Überlegungen zur Konstruktion von Schätzverfahren können auch anwendungsspezifische Kostenfunktionen verwendet werden. Diese Vorgehensweise wird im Allgemeinen als *Minimierung des empirischen Risikos* (engl. „Empirical Risk Minimization", ERM) bezeichnet. Die Minimierung der Likelihood-Funktion ist dabei ein Spezialfall von ERM.

Ein weiteres Beispiel für eine solche Kostenfunktion ist der *Hinge-Loss*

$$\mathcal{L}(\mathcal{D}, \boldsymbol{\theta}) = \frac{1}{|\mathcal{D}|} \sum_{(\boldsymbol{x}, y) \in \mathcal{D}} \max(0, 1 - y \cdot f(\boldsymbol{x}, \boldsymbol{\theta}))\,,$$

der speziell für binäre Klassifikationsprobleme eingesetzt wird. Er bestraft Fehlklassifikationen, während korrekt klassifizierte Muster keinen Verlust erzeugen. Als Prädiktor wird hierfür ein Netz $f : \mathbb{R}^d \to \{-1, 1\}$ zur binären Klassifikation genutzt. Das Verfahren wird insbesondere wegen seiner numerischen Stabilität verwendet.

---

13 Die stationäre Varianz σ^2 wird auch als *Homoskedastizität* bezeichnet. Verändert sich die Varianz ebenfalls in Abhängigkeit von $\boldsymbol{x}$, so bezeichnet man dies als *Heteroskedastizität*.

14 Die Softmax-Funktion verstärkt das größte Element des Eingabevektors $\mathbf{z}$ und reduziert alle anderen Einträge, sodass $\sum_j z_j = 1$ gilt. Die Fokussiertheit der Verteilung kann dabei über den Skalierungswert β gesteuert werden. Dieser erlaubt einen kontinuierlichen Übergang zwischen einer „harten" Selektion und einer „weichen" Gewichtung.

In Anwendungsbereichen wie der Synthese von Bildern oder Audiosignalen spielen neben universellen, statistischen Verlustfunktionen auch *perzeptuelle Verlustfunktionen* (engl. „perceptual losses") eine wichtige Rolle. Diese Verlustfunktionen zielen darauf ab, die Wahrnehmungsqualität der generierten Inhalte zu verbessern, indem sie menschliche Wahrnehmungskriterien berücksichtigen. Dadurch lassen sich realistischere und qualitativ hochwertigere Ergebnisse erzielen, die stärker mit der menschlichen Erfahrung übereinstimmen.

Auch wenn es keine festen Vorgaben für die Definition von Verlustfunktionen gibt, sollten dennoch einige zentrale Kriterien berücksichtigt werden:

- **Differenzierbarkeit:** Eine differenzierbare Verlustfunktion ermöglicht den direkten Einsatz von Gradientenabstiegsverfahren (vgl. Abschnitt 13.3.2.2). In diesem Kontext hat sich der Forschungszweig des *Differenziellen Rechnens* (engl. „Differentiable Computing") etabliert, der darauf abzielt, vollständig differenzierbare Funktionssysteme zu entwickeln.
- **Kontinuität:** Die Kontinuität der Verlustfunktion stellt sicher, dass kleine Änderungen in den Parametern nur zu kleinen Änderungen im Verlustwert führen. Dies erhöht die Stabilität des Trainingsprozesses und erleichtert die Wahl von Hyperparametern, welche eingeführt werden, um den Lernprozess zu steuern.
- **Nicht-Negativität** ($\forall\theta : \mathcal{L}(\mathcal{D},\theta) \geq 0$): Nicht-negative Verlustfunktionen verbessern die Interpretierbarkeit der Fehlerwerte, besonders wenn das ideale Modell einen Verlust von 0 aufweist. In solchen Fällen können Verlustwerte in interpretierbaren Einheiten, wie z. B. physikalischen Größen, dargestellt werden.

13.3.2.2 Stochastischer Gradientabstieg

Das Lernen in einem neuronalen Netz erfolgt durch Anpassung der Parameter $\boldsymbol{\theta}$, d. h. durch gezielte Veränderung der durch das Netz repräsentierten Funktion. Die Anpassung der Parameter erfolgt iterativ, wobei eine Sequenz von Parameterkonfigurationen $\boldsymbol{\theta}_0, \boldsymbol{\theta}_1, \ldots, \boldsymbol{\theta}_n$ erzeugt wird, welche idealerweise zu einer optimalen Lösung $\boldsymbol{\theta}^* = \arg\min_{\boldsymbol{\theta}} \mathcal{L}(\mathcal{D}, \boldsymbol{\theta})$ konvergiert. Die schrittweise Aktualisierung der Parameter basiert dabei häufig auf numerischen Optimierungsverfahren (siehe z. B. [37]). Im einfachsten Fall ist dies ein *Gradientenabstiegsverfahren* mit konstanter Schrittweite η:

$$\boldsymbol{\theta}_{t+1} = \boldsymbol{\theta}_t - \eta \nabla_{\boldsymbol{\theta}} \mathcal{L}(\mathcal{D}, \boldsymbol{\theta}_t) \quad \text{mit } \eta \in \mathbb{R}^+ . \tag{13.14}$$

Zur Berechnung von $\boldsymbol{\theta}_{t+1}$ wird der Gradient $\nabla_{\boldsymbol{\theta}}$ an der Stelle $\boldsymbol{\theta}_t$ genutzt, da er die Richtung des steilsten Anstiegs der Verlustfunktion anzeigt. Die Lernregel (13.14) aktualisiert die Parameter, indem sie diese in die entgegengesetzte Richtung verschiebt – also in Richtung des steilsten Abstiegs. Die tatsächliche Änderung der Parameter in jedem Schritt hängt sowohl von der Schrittweite η als auch von der Länge des Gradienten $\|\nabla_{\boldsymbol{\theta}}\|$ ab. Beide Faktoren beeinflussen somit die Geschwindigkeit und Stabilität des Optimierungsprozesses. Zur effizienten Berechnung des Gradienten können die in Abschnitt 13.3.1.2 beschriebenen Methoden zur Ableitung der Netzfunktion genutzt werden. Der *Backpropagation*-Algorithmus [51] entspricht dabei, einer effizienten Berechnung des Gradienten durch eine rückwärtsgerichtete Differenzierung der Netzfunktion.

Hat die Verlustfunktion $\mathcal{L}$ die Form einer Summation,[15] so lässt sich der Gradient als Erwartungswert

$$\nabla_{\boldsymbol{\theta}} \mathcal{L}(\mathcal{D}, \boldsymbol{\theta}) = \nabla_{\boldsymbol{\theta}} \sum_{\boldsymbol{s} \in \mathcal{D}} \mathcal{L}(\boldsymbol{s}, \boldsymbol{\theta}) = \sum_{\boldsymbol{s} \in \mathcal{D}} \nabla_{\boldsymbol{\theta}} \mathcal{L}(\boldsymbol{s}, \boldsymbol{\theta}) \sim E[\nabla_{\boldsymbol{\theta}} \mathcal{L} | \mathcal{D}] \tag{13.15}$$

ausdrücken, welcher unter Verwendung einer deutlich kleineren Stichprobe $\mathcal{D}' \subset \mathcal{D}$ (engl. „*mini-batch*") angenähert werden kann:

$$\nabla_{\boldsymbol{\theta}} \mathcal{L}(\mathcal{D}, \boldsymbol{\theta}) \approx \nabla_{\boldsymbol{\theta}} \mathcal{L}(\mathcal{D}', \boldsymbol{\theta}) = E_{\mathcal{D}'}[\nabla_{\boldsymbol{\theta}} \mathcal{L}] \quad \text{mit } |\mathcal{D}'| \ll |\mathcal{D}| \,. \tag{13.16}$$

Die Verwendung der Lernregel (13.14) in Kombination mit Näherungsgleichung (13.16) wird als *stochastischer Gradientenabstieg* („Stochastic Gradient Descent", SGD) bezeichnet. Das SGD-Verfahren ermöglicht die Aufteilung sehr großer Lerndatensätze in kleine, berechenbare Teilmengen, sogenannte Mini-Batches, wodurch der gesamte Lernvorgang inkrementell und damit skalierbar wird. Diese Mini-Batch-Aufteilung kann auf verteilte Systeme übertragen werden, beispielsweise durch Parallelisierung in GPU-Clustern, was die Skalierbarkeit des Lernprozesses zusätzlich erhöht. Der SGD-Ansatz reduziert zwar die Anzahl der Datenpunkte, die pro Iterationsschritt betrachtet werden müssen, jedoch muss der Gradient weiterhin für jeden Freiheitsgrad des Modells bestimmt werden. Dies ist besonders relevant bei Modellen mit großer Parameteranzahl, wie tiefen neuronalen Netzen, und verdeutlicht die Bedeutung effizienter Verfahren zur Gradientenberechnung.

13.3.2.3 Methoden zur Stabilisierung des Lernprozesses

Der Ansatz des stochastischen Gradientabstiegs (13.16) ermöglicht es, neuronale Netze schrittweise auf großen Datensätzen zu trainieren, indem der Gradient auf einer kleinen Stichprobe $\mathcal{D}' \subseteq \mathcal{D}$ approximiert wird. Je kleiner diese Stichprobe ist, desto ungenauer fällt die Schätzung aus, was die Stabilität des Lernprozesses beeinträchtigen kann.

Durch Einführung eines Trägheitsterms (engl. „Momentum")

$$\boldsymbol{v}_t = \alpha \boldsymbol{v}_{t-1} - (1-\alpha)\eta \nabla_{\boldsymbol{\theta}} \mathcal{L}(\mathcal{D}', \boldsymbol{\theta}) \quad \text{und} \quad \boldsymbol{\theta}_{t+1} = \boldsymbol{v}_t + \boldsymbol{\theta}_t \tag{13.17}$$

15 Eine häufig verwendete Kostenfunktion ist die negative Log-Likelihood $-\log P(\mathcal{D}|\boldsymbol{\theta})$, welche sich als Summation darstellen lässt. Die Herleitung von derartigen Schätzverfahren ist in Abschnitt 13.3.2.1 beschrieben.

lässt sich dieses Problem abmildern. Gleichung (13.17) beschreibt eine gleitende Mittelung (engl. „Moving Average"), deren Abklingcharakteristik durch den Hyperparameter $\alpha \in [0,1)$ bestimmt wird. Ein Wert von α nahe 1 ist gleichbedeutend mit einer langsamen Abklingrate.

Eine wesentliche Einschränkung der Lernregel (13.17) ist die Verwendung einer Lernrate η, die alle Komponenten des Gradienten gleich gewichtet. Dies kann insbesondere dann problematisch sein, wenn die Krümmung der Fehlerfläche entlang verschiedener Richtungen stark variiert.

RMSprop („Root Mean Squared Propagation") ist eine alternative Optimierungsmethode, die für jede Komponente des Gewichtsvektors $\boldsymbol{\theta} = (\theta_1, \ldots, \theta_k)$ eigene Lernraten definiert. Dabei wird das gewichtete Mittel der Quadrate der Gradienten als Skalierungsfaktor verwendet [20, S. 303]:

$$\boldsymbol{r}_t = \beta \boldsymbol{r}_{t-1} + (1-\beta)\boldsymbol{g}_t^2 \quad \text{mit}\, \boldsymbol{g}_t = \nabla_{\boldsymbol{\theta}} \mathcal{L}(\mathcal{D}', \boldsymbol{\theta}),\, \boldsymbol{r}_0 = \boldsymbol{0},\, \beta \in [0,1)\,,$$

wobei β als zusätzlicher Hyperparameter eingeführt wird. Einzelne Parameter werden dann proportional zur Größe ihres Gradientenbetrags aktualisiert:

$$\theta_{t,k} = \theta_{t-1,k} - \frac{\eta}{\sqrt{\boldsymbol{r}_{t,k}} + \epsilon} g_{t,k}\,.$$

Das *Adam-Verfahren* („Adaptive Moment Estimation") kombiniert die Momentum-Methode mit dem RMSprop-Verfahren und speichert sowohl einen gleitenden Durchschnitt der Gradienten als auch der quadrierten Gradienten [20, S. 305]. Die quadrierten Werte dienen als Schätzung für die unzentrierte Varianz der Gradientenkomponenten.

Obwohl die Schätzung der zentrierten Varianz theoretisch genauere Ergebnisse liefern könnte, wäre der dafür erforderliche Rechenaufwand erheblich. In der Praxis hat sich die Verwendung der unzentrierten Varianz jedoch als sehr effektiv erwiesen und ist weit verbreitet. Adam bietet dadurch eine robuste und effiziente Methode zur Optimierung neuronaler Netze.

Eine detaillierte Diskussion der Eigenschaften von Adam sowie Beschreibungen weiterer Alternativen finden sich in [47, 58].

13.3.2.4 Aktivierungsfunktionen und Gradientenfluss

Die Einführung einer nichtlinearen Aktivierungsfunktion ist entscheidend, um die Gesamtfunktion des Netzes von einer rein linearen Abbildung zu unterscheiden. Ohne diese Nichtlinearität würde das Netz, unabhängig von der Anzahl der Neurone, lediglich eine lineare Abbildung der Form $\boldsymbol{y} = W\boldsymbol{x}$ darstellen. Nichtlinearität ist zudem eine zentrale Voraussetzung, um den Nachweis universeller Approximationseigenschaften erbringen zu können (vgl. Abschnitt 13.2.3).

Die Aktivierungsfunktion spielt zudem eine zentrale Rolle für die numerische Stabilität sowohl bei der Auswertung der Netzfunktion sowie bei der Berechnung des Gradienten. Dies lässt sich anhand des Perzeptrons $\phi_{\text{step}}(\boldsymbol{w}^\top \boldsymbol{x})$ veranschaulichen. Das Skalarprodukt $\boldsymbol{w}^\top \boldsymbol{x} = |\boldsymbol{w}||\boldsymbol{x}| \cos\alpha$ skaliert mit der Länge des Gewichts- und des Eingangsvektors, was zu extrem kleinen oder großen Werten führen kann. Die Aktivierungsfunktion begrenzt diese auf einen definierten Wertebereich. Dadurch werden kritische Verstärkungseffekte vermieden, die andernfalls zu Instabilitäten im Lernprozess führen könnten. Gleichzeitig wird ein stabiler *Informationsfluss*[16] über alle Schichten des Netzes hinweg gewährleistet.

Im Gegensatz dazu ist ϕ_{step} jedoch für gradientenbasierte Lernregeln ungeeignet. Ihre Ableitung ist bis auf die Unstetigkeit konstant null, wodurch fast alle Gradientenkomponenten ebenfalls null sind. Dadurch können die meisten Parameter nach Gleichung (13.14) nicht aktualisiert werden. In Analogie zur stabilen Musterpropagierung, die den Informationsfluss beschreibt, spricht man in diesem Zusammenhang vom *Gradientenfluss*.

Das Problem der Differenzierbarkeit lässt sich durch Näherungen der Sprungfunktion mittels der kontinuierlichen Funktionen

$$\phi_{\text{sig}}(x) = \frac{1}{1 + e^{-x}} \quad \text{oder} \quad \phi_{\tanh}(x) = \tanh(x) = \frac{e^x - e^{-x}}{e^x + e^{-x}}$$

beheben. Beide Funktionen sind stetig differenzierbar, besitzen aber lediglich einen begrenzten Dynamikbereich.[17] Neurone, die sich während des Lernens im Sättigungsbereich befinden, können durch Gradientenabstiegsverfahren kaum noch angepasst werden. Um diesen Problemen zu begegnen, wurden eine Vielzahl von Aktivierungsfunktionen entwickelt. Tabelle 13.1 gibt einen Überblick über die gebräuchlichsten Funktionen und ihre Ableitungen. Eine ausführliche Diskussion hierzu findet sich in [13].

Eine häufig verwendete Variante ist die *PReLU*-Funktion

$$\phi_{\text{PReLU}}(x, \alpha) = \max\{0, x\} + \alpha \min\{0, x\}\,, \tag{13.18}$$

mit der speziellen Form $\phi_{\text{ReLU}}(x) = \phi_{\text{PReLU}}(x, 0)$. Diese zerlegt das Eingangssignal in positive und negative Komponenten. Über das Vorzeichen bleibt eine Klassifizierung in zwei Gruppen erhalten: Der positive Teil des Signals wird unverändert weitergegeben,

16 Der Informationsfluss bezeichnet die Weiterleitung und Verarbeitung von Eingangsdaten durch das neuronale Netz, beginnend bei der Eingabeschicht und endend bei der Ausgabeschicht.

17 Der Dynamikbereich beschreibt die Abschnitte der Aktivierungsfunktion, in denen sich der Funktionswert in Abhängigkeit vom Eingangsmuster verändert, also Bereiche, in denen die Ableitung ungleich null ist. Im Gegensatz dazu bezeichnet der Sättigungsbereich Abschnitte, in denen der Funktionswert konstant bleibt und die Ableitung gleich null ist. Zur Vereinfachung wird oft allgemein vom Dynamik- oder Sättigungsbereich eines Neurons gesprochen, ohne dabei explizit auf die Aktivierungsfunktion einzugehen.

Tab. 13.1: Liste gebräuchlicher Aktivierungsfunktionen mit dazugehörigen Funktions- und Ableitungsgraphen. *Maxout* nimmt hierbei eine Sonderstellung ein, da sich die Aktivierungsfunktion während des Lernprozesses verändern kann, dabei aber stets konvex bleibt [20]. Dies wird erreicht, indem der Ausgang als Maximum aus mehreren linear transformierten Eingangssignalen berechnet wird. Alle Varianten von ReLU haben einen ähnlichen Signalverlauf und wurden hier nur einmal graphisch dargestellt. Eine ausführliche Übersicht zu diesem Thema findet sich in [13].

		$\boldsymbol{\phi(x)}$	$\boldsymbol{\phi'(x)}$
Sigmoide	$\phi_{\text{sig}}(x) = \frac{1}{1+e^{-x}}$	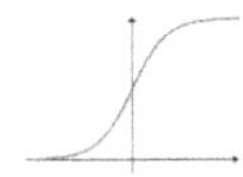	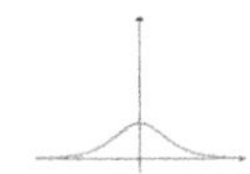
Tangens Hyperbolicus	$\phi_{\tanh}(x) = \tanh(x) = \frac{e^x-e^{-x}}{e^x+e^{-x}}$	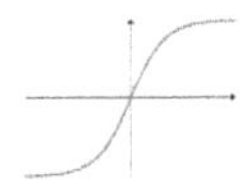	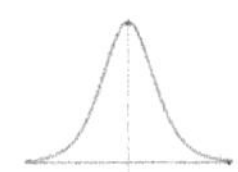
Hard tanh	$\phi_{\text{htanh}}(x) = \max(-1, \min(1, x))$	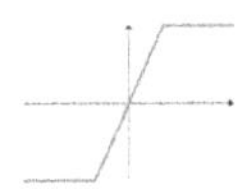	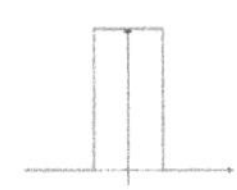
Parametric ReLU	$\phi_{\text{PReLU}}(x, a) = \max\{0, x\} + a \min\{0, x\}$	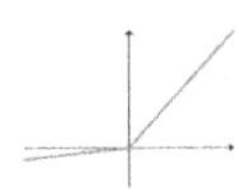	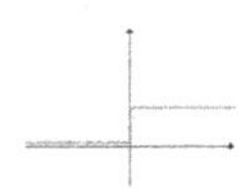
Exponential linear unit	$\phi_{\text{Elu}}(x, a) = \max(x, 0) + \min(a(e^x - 1), 0)$	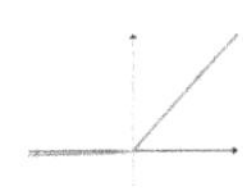	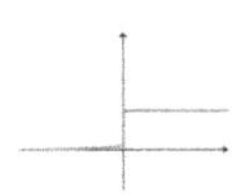
Softplus	$\phi(x) = \log(1 + e^x)$	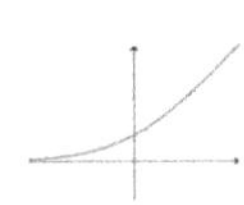	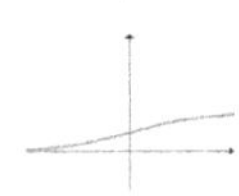
Maxout	$\phi_{\max}(\boldsymbol{x}, \boldsymbol{\theta}_{i=1,\ldots,n}) = \max_i(f_i(\boldsymbol{x}, \boldsymbol{\theta}_i))$		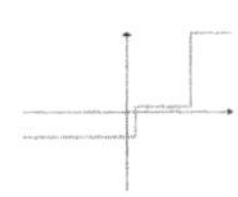
Absolute value rectification	$\lvert x\rvert = \phi_{\text{PReLU}}(x, a = -1)$		
Rectified Linear Unit (ReLU)	$\phi_{\text{ReLU}}(x) = \phi_{\text{PReLU}}(x, a = 0) = \max\{0, x\}$		
Randomized ReLU	$\phi_{\text{ReLU}} \quad a \sim \mathcal{N}(\mu, \sigma^2)$		
Leaky ReLU	$\phi_{\text{PReLU}}(x, a \leq 1)$		

während der negative Teil proportional zu a gedämpft oder bei $a = 0$ vollständig unterdrückt wird. Für $a > 0$ besitzt die Funktion im negativen Eingabebereich einen positiven Gradientenbetrag, wodurch die Netzgewichte in diesem Bereich während des Lernens angepasst werden können.[18]

18 Mithilfe der ReLU-Funktion war es erstmals möglich, ein tiefes neuronales Netzwerk vollständig überwacht zu trainieren, ohne dabei die Gewichte mittels unüberwachtem Lernen vorkonfigurieren zu müssen [19].

Durch diese Konstruktion sind die Gradientenbeträge nicht mehr begrenzt, wie die folgende Ableitung zeigt:

$$\frac{\partial \phi_{\text{PReLU}}}{\partial w_i}(\boldsymbol{w}^\top \boldsymbol{x} + b) = \begin{cases} x_i : & \boldsymbol{w}^\top \boldsymbol{x} > b \\ a x_i : & \boldsymbol{w}^\top \boldsymbol{x} \leq b \end{cases} \quad \text{mit } x_i \in \mathbb{R}\,. \tag{13.19}$$

Die numerischen Probleme, die dadurch entstehen, werden als *„Exploding Gradients"* und *„Vanishing Gradients"* bezeichnet. Dabei handelt es sich um Phänomene, bei denen die Gradienten entlang der Transformationsketten entweder exponentiell anwachsen oder gegen null abfallen. Diese Probleme entstehen insbesondere durch die Multiplikation von Aktivierungen beziehungsweise deren partiellen Ableitungen über viele Schichten hinweg. Faktoren, die kleiner als 1 sind, führen dazu, dass das Produkt sehr schnell gegen null geht (Vanishing Gradients), während große Faktoren zu numerischen Überläufen führen können (Exploding Gradients). Wird eine kritische Anzahl solcher Situationen überschritten, ist das Netzwerk schwer oder gar nicht mehr trainierbar.

Die fehlende Begrenzung der Beträge durch die Aktivierungsfunktion kann durch Einführung expliziter Normalisierungen teilweise ausgeglichen werden. Hierbei wird zunächst für eine Batch $X \in \mathbb{R}^{d_1 \times \cdots \times d_n \times c \times b}$ der Mittelwert und die Varianz

$$\boldsymbol{\mu} = E_{\overline{\mathcal{I}}}[X] \quad \boldsymbol{\sigma}^2 = E_{\overline{\mathcal{I}}}[(X - \boldsymbol{\mu})^2] \quad \text{mit } \mathcal{I} = \{d_1, \ldots, d_n, c, b\},\ \overline{\mathcal{I}} \subseteq \mathcal{I}$$

berechnet.[19] Die Normalisierung ist dann wie folgt definiert:

$$\text{Norm}(X, \overline{\mathcal{I}}) = \frac{1}{\sqrt{\boldsymbol{\sigma}^2 + \epsilon}}(X - \boldsymbol{\mu}) \quad \text{mit } |\epsilon| \ll 1\,.$$

Dabei ist b die Anzahl der Elemente in der Batch, c die Anzahl der Kanäle, und die d_i beschreiben die räumlichen Dimensionen der Elemente – bei einem Bild beispielsweise die Höhe und die Breite. Die drei wichtigsten Varianten von Normalisierungen sind:

1. Batch-Normalisierung: Hier wird über die Batch-Dimension und die räumlichen Dimensionen normalisiert, aber pro Kanal separat:

$$\hat{X} = \text{Norm}(X, \mathcal{I} \backslash \{c\})$$

2. Layer-Normalisierung: Hier wird über alle Kanäle und räumlichen Dimensionen normalisiert, pro Instanz in der Batch:

---

19 $\overline{\mathcal{I}}$ ist eine Indexmenge, die zur Auswahl einzelner Dimensionen des Tensors X genutzt wird. Der Erwartungswert $E_{\overline{\mathcal{I}}}$ wird dabei über alle Elemente aus den Dimensionen $\overline{\mathcal{I}} \subseteq \mathcal{I}$ berechnet. Mittelwert und Varianz sind demnach Tensoren der Form $\boldsymbol{\mu}, \boldsymbol{\sigma} \in \mathbb{R}^{\overline{\mathcal{I}}}$. Für die Addition und die Multiplikation wird eine implizite Anpassung der Dimensionen (*„broadcasting"*) angenommen. Ist beispielsweise $\overline{\mathcal{I}} = \mathcal{I} \backslash \{c\}$, so bewirkt $X - \boldsymbol{\mu}$, dass jedes Element von $\boldsymbol{\mu} \in \mathbb{R}^c$ von dem entsprechenden Kanal in X abgezogen wird.

$$\hat{X} = \mathrm{Norm}(X, \mathcal{I} \setminus \{b\})$$

3. Instanz-Normalisierung: Hier wird über die räumlichen Dimensionen normalisiert, pro Kanal und pro Instanz in der Batch:

$$\hat{X} = \mathrm{Norm}(X, \mathcal{I} \setminus \{c, b\})$$

Insbesondere die Batch-Normalisierung hat sich als sehr effektives Mittel erwiesen, um die Trainingseigenschaften tiefer Netze zu verbessern. Trotz ihrer weiten Verbreitung gibt es jedoch bislang keine schlüssigen theoretischen Modelle, die eine plausible Erklärung für die Wirkungsweise der Batch-Normalisierung liefern. Neben der Normalisierung der Aktivierungen werden in der Praxis auch häufig Normalisierungen auf die Netzgewichte angewandt [52]. Einen ausführlichen Überblick über verschiedene Normalisierungstechniken findet sich in [27].

Eine weitere Technik, um Gradienten effektiv durch tiefe Netze zu propagieren, ist die Einführung von *Residualverbindungen* (engl. *„Residual Connections"*). Dabei wird die Abbildung einer Schicht so modifiziert, dass sie die Abweichung von der Identität (Residuum) berechnet. Die Ausgabe der Schicht ergibt sich dann als: $y = f(x, \boldsymbol{\theta}) + x$. In Kombination mit einer Verlustfunktion $\mathcal{L}$ ergibt sich die partielle Ableitung wie folgt:

$$\frac{\partial \mathcal{L}}{\partial x} = \frac{\partial \mathcal{L}}{\partial y} \cdot \left(\frac{\partial y}{\partial f} \frac{\partial f}{\partial x} + \frac{\partial y}{\partial x} \right) = \frac{\partial \mathcal{L}}{\partial y} \cdot \left(\frac{\partial f}{\partial x} + 1 \right).$$

Durch die Addition des Terms 1 in den partiellen Ableitungen wird der Gradient an die vorhergehenden Schichten weitergeleitet. Dies verhindert, dass die Gradientenamplituden durch sukzessive Multiplikationen stark abnehmen, wie es bei tiefen Netzen häufig der Fall ist. Residualverbindungen spielen insbesondere in der Konstruktion von Faltungsnetzen (vgl. Abschnitt 13.3.3.3) und Transformer-Architekturen (vgl. Abschnitt 13.3.3.5) eine zentrale Rolle.

13.3.2.5 Initialisierung der Netzparamter

Um das Gradientenabstiegsverfahren (13.14) anwenden zu können, ist es notwendig, eine initiale Parameterbelegung $\boldsymbol{\theta}_0$ festzulegen. Die Wahl von $\boldsymbol{\theta}_0$ spielt eine entscheidende Rolle für das Konvergenzverhalten des Lernprozesses und beeinflusst sowohl die Geschwindigkeit als auch die Qualität der gefundenen Lösung.

Neurone mit sehr ähnlichen Anfangsgewichten führen zu stark korrelierten Antworten, ein Problem, das häufig als Symmetrie bezeichnet wird. Solche Symmetrien bewirken, dass Gruppen von Neuronen identische Gradientenrichtungen aufweisen. Dies erschwert es dem Lernverfahren, die Symmetrien während des Trainings aufzuheben. Netzwerke mit hohen Symmetrieanteilen sind daher weniger gut in der Lage, komplexe Funktionen abzubilden.

Eine gängige Methode zur Initialisierung von $\boldsymbol{\theta}_0$ besteht darin, die Parameter mit zufälligen Werten zu belegen. Um ein numerisch stabiles Training zu gewährleisten, sollte dabei sichergestellt werden, dass die Ausgaben aller Schichten eines Netzes eine ähnliche Varianz besitzen. Für eine lineare Schicht $\boldsymbol{y} = W \cdot \boldsymbol{x} + \boldsymbol{b}$ bedeutet dies näherungsweise $\mathrm{Var}(\boldsymbol{x}) \approx \mathrm{Var}(\boldsymbol{y})$. Unter der Annahme, dass der Bias $\boldsymbol{b} = 0$ ist und die Aktivierungsfunktion im linearen Bereich arbeitet, folgt $\mathrm{Var}(W) = n_{\mathrm{in}}^{-1}$. Daraus ergibt sich die *Xavier-Initialisierung*:

$$W \sim \mathcal{N}\left(0, \frac{1}{n_{\mathrm{in}}}\right) \quad \text{oder} \quad W \sim \mathcal{U}\left(-\sqrt{\frac{6}{n_{\mathrm{in}} + n_{\mathrm{out}}}}, \sqrt{\frac{6}{n_{\mathrm{in}} + n_{\mathrm{out}}}}\right).$$

Hierbei bezeichnen n_{in} die Anzahl der Eingänge und n_{out} die Anzahl der Ausgänge einer Schicht. Weitere Details zu solchen Strategien finden sich in [20, S. 299].

13.3.2.6 Regularisierung und Varianzminimierung

Das Problem der *Überanpassung* (engl. „Overfitting“) tritt insbesondere auf, wenn die Verteilung der Trainingsdaten im Verhältnis zur Anzahl der freien Modellparameter zu wenige informative Muster enthält. In einem solchen Fall sinkt die Generalisierungsleistung des trainierten Modells. Es ist dann nicht mehr in der Lage, außerhalb der Trainingsmenge gute Vorhersagen zu treffen.

Regularisierung und *Varianzminimierung* sind Techniken, die die Generalisierungsleistung von Modellen verbessern können. Während Varianzminimierung die Stabilität der Vorhersagen gegenüber unterschiedlichen Datensätzen gewährleistet, verhindert Regularisierung Überanpassungen an spezifische Trainingsdaten. Bei tiefen neuronalen Netzen umfasst Regularisierung alle Maßnahmen zur Verbesserung der Generalisierungsleistung (vgl. [20, 56]). Diese können sich auf alle Teilbereiche eines Lernproblems beziehen und umfassen unter anderem Modifikationen der Trainingsdaten, Vereinfachungen der Modellstruktur oder statistische Vorannahmen über die Modellparameter. Eine bloße Reduzierung der Freiheitsgrade – was unmittelbar die Varianz verringert – ist dabei nicht immer erfolgreich. Gut regulierte, komplexe Netze erzielen in vielen Anwendungen bessere Ergebnisse als einfache, unregulierte Modelle. Im Folgenden werden einige Beispiele skizziert, die die Bandbreite der Möglichkeiten zur Modellregularisierung verdeutlichen.

Mit der Einführung des bayesschen Ansatzes zur Schätzung der Modellparameter (vgl. Gleichung (13.6)) wurden bereits die Grundlagen dafür gelegt, Vorwissen über die Parameter in Form des Priors $p(\boldsymbol{\theta})$ unabhängig von einer Datenverteilung einzubringen. Bei Verwendung einer MAP-Schätzung der Modellparameter (vgl. Gleichung (13.11)) geht der Prior $p(\boldsymbol{\theta})$ als additiver Strafterm

$$\tilde{\mathcal{L}} = \mathcal{L}(X, \boldsymbol{\theta}) + \alpha\Omega[\boldsymbol{\theta}] \quad \text{mit } \alpha \in [0, \infty) \tag{13.20}$$

in die Verlustfunktion ein. Die wohl gebräuchlichste Variante ist der $L2$-Regularisierer

$$\Omega[\boldsymbol{\theta}] = ||\boldsymbol{w}||_2^2 = \sum_i w_i^2 , \tag{13.21}$$

der auch als *„weight-decay“*-Prior bezeichnet wird.[20] Der Gewichtungsparameter α, der grob die Varianz der a-priori-Verteilung $p(\boldsymbol{\theta})$ widerspiegelt, geht hierbei als *Hyperparameter* in die Schätzung ein. Je nach Komplexität des Modells können pro Schicht auch unterschiedliche Werte für α gewählt werden, was allerdings die Bestimmung der Hyperparameter deutlich erschwert. Die Funktionsweise des $L2$-Priors wird in einer kleinen Umgebung um ein Minimum $\boldsymbol{\theta}^*$ der Verlustfunktion $\mathcal{L}$ im Wesentlichen durch deren Krümmung bestimmt:

$$\tilde{w}_j = \frac{\lambda_j}{\lambda_j + \alpha} w_j^* . \tag{13.22}$$

Dabei ist λ_j der j-te Eigenwert der Hesse-Matrix[21] $H_{\boldsymbol{\theta}^*}$ der Verlustfunktion. Ist die Verlustfunktion hinreichend stark gekrümmt – das Minimum also gut konditioniert – und α hinreichend klein, so gilt $\alpha \ll \lambda_j$ und damit $\tilde{w}_j \approx w_j^*$. Im Fall einer sehr flachen Kostenfunktion wird der Faktor von α dominiert, und das Gewicht w_j^* entsprechend verkleinert. Die Folge davon ist, dass schlecht konditionierte Gewichte nicht unverändert in die Lösung eingehen, sondern gegen null tendieren.

Analog zur Definition des L_2-Regularisierers ist der L_1-Regularisierer durch

$$\Omega[\boldsymbol{\theta}] = ||\boldsymbol{w}||_1 = \sum_i |w_i| \tag{13.23}$$

gegeben. Trotz der formalen Ähnlichkeit unterscheidet sich die Wirkungsweise erheblich von der des L_2-Regularisierers. Betrachtet man wiederum eine Näherung um $\boldsymbol{\theta}^*$, so gilt

$$\tilde{w}_j = \mathrm{sign}(w_j^*) \max\left\{ |w_j^*| - \frac{\alpha}{H_{j,j}}, 0 \right\} . \tag{13.24}$$

Für den Fall, dass $w_j^* \leq \frac{\alpha}{H_{j,j}}$ ist, wird der regularisierte Gewichtswert $\tilde{w}_j = 0$. Aus diesem Grund wird L_1-Regularisierung auch mit dem Begriff *„Sparsity“*, also Repräsentationen, bei denen viele der Elemente identisch 0 sind, in Verbindung gebracht.

---

20 In mathematisch orientierten Arbeiten wird hier auch der Begriff *Tikhonov-Regularisierer* verwendet. Das daraus abgeleitete Regressionsverfahren wird als *Ridge-Regression* bezeichnet.

21 Die Elemente der Hesse-Matrix sind die zweiten partiellen Ableitungen der Verlustfunktion. Ihre Eigenwerte und ihre Eigenvektoren beschreiben die Krümmung des Fehlergebirges in unterschiedlichen Richtungen des Suchraums.

Dropout [57] ist eine weitere effektive Methode zur Regularisierung neuronaler Netze. Dabei wird in jedem Lernschritt (vgl. Gleichung (13.14)) der Ausgang einer Menge zufällig ausgewählter Neurone mit 0 multipliziert. Dadurch werden einzelne Pfade im Netz deaktiviert und können nicht mehr zum Ergebnis beitragen. Das Netz wird dadurch gezwungen, robuste Vorhersagen zu treffen, die nicht zu stark von einzelnen Neuronen abhängen. Auf diese Weise wird in jedem Lernschritt ein anderes Teilnetz aktualisiert. Dieses Vorgehen hat Ähnlichkeit mit einem *Ensemble* einzelner Teilnetzwerke, die parallel trainiert werden. In dieser Hinsicht kann Dropout auch als Technik zur Varianzreduktion angesehen werden.

Die *Datenaugmentierung* ist ebenfalls ein weitverbreiteter Ansatz, bei dem aus bestehenden Datenpunkten synthetisch neue Datenpunkte erzeugt werden, um so die Menge der Trainingsdaten zu erweitern. In der Regel wird dies durch Variationen bekannter Muster erreicht, etwa durch das Hinzufügen von Störsignalen.

Bei komplexen Netzen wird der Gradient während der Lernphase in der Regel nicht identisch null sein. Aus diesem Grund gibt es kein objektives Abbruchkriterium für die Lernphase. Wird die Lernphase allerdings deutlich vor der Konvergenz abgebrochen, so spricht man von *„Early Stopping“*, einer im Grunde sehr einfachen Regularisierungsstrategie. Im einfachsten Fall wird der Lernvorgang abgebrochen, wenn der Trainingsfehler und der auf einem zusätzlichen Verifikationsdatensatz berechnete Fehler auseinanderdriften.[22]

In ähnlicher Weise besitzt auch der SGD-Ansatz (vgl. Gleichung (13.16)) eine regulierende Wirkung, da insbesondere bei kleineren Batchgrößen die Gradientenrichtung bis zu einem gewissen Grad randomisiert wird. Dies verhindert eine vorzeitige Konvergenz in ein lokales Minimum.

13.3.2.7 Lernparadigmen

In der bisherigen Beschreibung lag der Schwerpunkt auf der numerischen Umsetzung von Lernverfahren, wobei angenommen wurde, dass das Lernen weitgehend überwacht erfolgt und die Trainingsdaten in Muster X und Labels Y unterteilt sind. Neuronale Netze bieten durch ihre Flexibilität jedoch die Möglichkeit, zusätzlich zur traditionellen Aufteilung in überwachtes, unüberwachtes und verstärkendes Lernen auch speziellere Lernparadigmen umzusetzen. Im Folgenden werden einige wesentliche Ansätze hierzu kurz skizziert.

Selbstüberwachtes Lernen (engl. „Self-Supervised Learning“) bezeichnet Ansätze, bei denen Labels automatisch aus den Daten oder dem Modell generiert werden. Ziel ist es, eine Funktion $f : X \to \tilde{Y}$ zu definieren, die aus Mustern X Pseudo-Labels

---

22 Unter bestimmten, vereinfachenden Annahmen ist es möglich, formale Zusammenhänge zwischen „Early Stopping“ und der L_1- beziehungsweise L_2-Regularisierung herzustellen (siehe [20, S. 249]).

$\tilde{Y}$ erzeugt. Beispiele sind Autoencoder, die das Eingangsmuster rekonstruieren ($\tilde{Y} = X$), oder autoregressive Modelle (vgl. Abschnitt 13.3.3.5). Typische Rekonstruktionsaufgaben umfassen die Generierung von Farbbildern aus Grauwertbildern, die Rekonstruktion verrauschter Muster oder die Wiederherstellung fehlender Bestandteile.

Teilüberwachtes Lernen (engl. „Semi-Supervised Learning") kombiniert annotierte Daten $\mathcal{D} = (X, Y)$ mit nicht annotierten Mustern $\tilde{\mathcal{D}} = \tilde{X}$. Während $\mathcal{D}$ für das überwachte Training genutzt wird, wird eine Funktion $f(\tilde{X})$ gelernt, um Pseudo-Labels $\tilde{Y}$ für $\tilde{\mathcal{D}}$ zu generieren. Die Verlustfunktion kombiniert beide Datensätze: $\mathcal{L} = \mathcal{L}_l(X, Y) + \lambda\mathcal{L}_u(\tilde{X}, \tilde{Y})$, wobei λ das Verhältnis der Verlustkomponenten steuert.

Transferlernen (engl. „Transfer Learning") beschreibt die Übertragung von Wissen aus einer Ausgangsdomäne $\mathcal{D}_s$, für die ein Modell $\boldsymbol{\theta}_s$ trainiert wurde, auf eine Zieldomäne $\mathcal{D}_t$. Die Parameter $\boldsymbol{\theta}_s$ dienen dabei als Prior $\mathcal{R}$ für das Training in der Zieldomäne. Die Verlustfunktion wird definiert als $\mathcal{L} = \mathcal{L}_t(\mathcal{D}_t, \boldsymbol{\theta}_t) + \beta\mathcal{R}(\boldsymbol{\theta}_t, \boldsymbol{\theta}_s)$, wobei β die Gewichtung des Priors reguliert. Ein gängiges Verfahren ist das *Feintuning* vortrainierter Modelle, bei dem der Prior durch eine verringerte Lernrate umgesetzt wird.

Multitask-Lernen. (engl. „Multi-Task Learning") bezeichnet Ansätze, bei denen ein Netzwerk gleichzeitig mehrere Aufgaben $T = T_1, \ldots, T_k$ löst. Jede Aufgabe T_i nutzt einen eigenen Datensatz $\mathcal{D}_i$, während das Netzwerk eine gemeinsame Repräsentation der Daten teilt. Dieser Wissenstransfer zwischen Aufgaben verbessert oft die Leistung, insbesondere bei verwandten Aufgaben.

Kontinuierliches Lernen (engl. „Continual Learning") beschreibt ein Lernparadigma, bei dem Aufgaben nacheinander statt gleichzeitig gelernt werden. Eine zentrale Herausforderung ist dabei das sogenannte *katastrophale Vergessen*, bei dem durch Anpassungen der Netzwerkparameter Wissen über frühere Aufgaben verloren geht.

Federiertes Lernen (engl. Federated Learning) ist ein maschinelles Lernparadigma, bei dem Modelle dezentral auf Endgeräten trainiert werden, ohne dass die Daten diese Geräte verlassen. Dies ermöglicht Datenschutz und Datensicherheit, da sensible Informationen lokal bleiben. Der Austausch erfolgt ausschließlich über aggregierte Modellaktualisierungen, wodurch verteiltes Lernen über mehrere Geräte hinweg ermöglicht wird.

13.3.3 Kategorien neuronaler Netze

Im Folgenden werden die wesentlichen Aspekte des Aufbaus unterschiedlicher Netztypen besprochen. Grundsätzlich lassen sich neuronale Netze in zwei Klassen unterteilen: vorwärtsgerichtete und rekurrente Netze. Diese beiden Klassen unterscheiden sich insbesondere in der Organisation des Informationsflusses. Rekurrente Netze sind dabei auf die Verarbeitung sequentieller Daten spezialisiert. Diese Daten können beispielsweise Texte sein, welche vor der Verarbeitung in eine Folge sogenannter Tokens umgewandelt werden (vgl. Abschnitt 13.3.1.3).

Neben dieser Einteilung wird ein weiteres zentrales Konzept vorgestellt – die sogenannte *Encoder-Decoder*-Struktur. Ihre universelle Anwendbarkeit macht sie zu einem fundamentalen Baustein moderner neuronaler Netze und verleiht ihr weitreichende praktische Bedeutung.

13.3.3.1 Vorwärtsgerichtete Netze

Vorwärtsgerichtete Netze wurden bereits in Abschnitt 13.3.1.1 in Zusammenhang mit dem Funktionsgraphen eingeführt. Neben den MLPs (vgl. Abschnitt 13.2.2) gehören insbesondere Faltungsnetze (*„Convolutional Neural Networks“*, CNNs) zu den bedeutendsten Vertretern dieser Klasse. Sie werden in Abschnitt 13.3.3.3 noch ausführlich beschrieben. Weitere Varianten vorwärtsgerichteter Netze sind Netze mit radialen Basisfunktionen (*„Radial Basis Function Networks“*, RBFs), die anstelle des Skalarprodukts radialsymmetrische Funktionen zur Merkmalsdetektion nutzen [42]. Eine weitere Variante sind Kolmogorov-Arnold Netze (*„Kolmogorov-Arnold Networks“*, KANs), bei denen jede Dimension eines Eingangsvektors einzeln durch eine Aktivierungsfunktion transformiert wird [32].

Probabilistische Netze zählen ebenfalls zur Klasse der vorwärtsgerichteten Netzwerke. Im Gegensatz zu deterministischen Modellen erzeugen sie für die gleiche Eingabe unterschiedliche Ausgabewerte, die einer spezifischen Wahrscheinlichkeitsverteilung folgen. Das Lernen in probabilistischen Netzwerken besteht darin, diesen zugrunde liegenden Zufallsprozess zu modellieren und zu strukturieren. Eine Einführung in dieses Thema findet sich in Kapitel 14.

13.3.3.2 Encoder-Decoder Netze

Der Ausgang der letzten verborgenen Schicht $\mathbf{z} = (f_{L-1}(f_{L-2}(\ldots f_1(\mathbf{x}))))$ eines MLPs liefert eine auf die spezifische Aufgabe angepasste Repräsentation der Eingangsdaten. Dabei wandelt das Netz die Eingangsdaten in eine Merkmalskodierung um, weshalb diese Netze auch als *„Encoder“* bezeichnet werden.

Bei der Konstruktion eines MLP kann das neuronale Netz so gestaltet werden, dass die Dimensionen in den anfänglichen Schichten ansteigen, um eine hinreichend komplexe Merkmalsanalyse zu ermöglichen, und anschließend bis zur Ausgangsschicht sukzessive abnehmen. Dies führt insbesondere bei hochdimensionalen Eingangsdaten, wie Bildern oder Audiodaten, zu einer effektiven Dimensionsreduktion (vgl. Abbildung 13.6). Diesen Prozess kann man mit einem zweiten Netz, das $\mathbf{z}$ als Eingabe verwendet, wieder umkehren. Dieses zweite Netz wird als *Decoder* bezeichnet, die Anordnung beider Netze als *Encoder-Decoder*-Architektur.

Die statistische Grundlage hierfür bildet das Konzept des *„Information Bottlenecks“* [61], das formal durch folgende Optimierungsaufgabe beschrieben wird:

$$\max_{p(y|x)}(\beta I(Z;Y) - I(X;Z)) .$$

Dabei bezeichnet I die wechselseitige Information (engl. *„Mutual Information"*) zwischen den Zufallsvariablen X und Y. Hierbei steht X für die Verteilung der Eingangsdaten, Y für die Verteilung der Ausgangsdaten und Z für die Verteilung der durch das Netz erzeugten Repräsentation. Ziel der Maximierung ist es, eine optimale Balance zwischen der Kompression der Eingangsdaten und der Erhaltung der für die Aufgabe relevanten Informationen zu finden.

Im einfachsten Fall ist $Y = X$, sodass die Eingangsdaten möglichst verlustfrei rekonstruiert werden können. In diesem Fall spricht man von einem sogenannten *Auto-Encoder*, da kein Zugriff auf annotierte Grundwahrheitsdaten erforderlich ist. Neben der Dimensionsreduktion kann ein „Information Bottleneck" auch mit anderen Techniken erzeugt werden. Einen umfassenden Überblick hierzu bietet [26].

13.3.3.3 Faltungsnetze

Faltungsnetze (engl. *„Convolutional Neural Networks"*, CNN) sind eine spezielle Form von vorwärtsgerichteten Netzen, die im Vergleich zu MLPs signifikant weniger Parameter benötigen und somit auch effizienter zu trainieren sind [30]. Faltungsnetze sind besonders für die Verarbeitung von diskreten Signalen ausgelegt, wie zum Beispiel Bilder und Audiodaten.

Die Faltung ist eine lineare Operation, die aus einer Signalfunktion h und einem Faltungskern w eine neue Funktion $(h * w)$ bildet. Die diskrete Faltung ist definiert als:

$$(h * w)(x) = \sum_{t=0}^{k-1} h(d \cdot t)w(s \cdot x - t) \quad \text{mit } s, d \in \mathbb{N}^+ , \tag{13.25}$$

wobei k die Größe des Faltungskerns w ist. Die Faltung kann dabei auch mit Schrittweiten (engl. *„Stride"*) $s > 1$ und mit Abtastbreiten $d > 1$ (engl. *„Dilation"*) verwendet werden (siehe Abbildung 13.4a). Die Definition der diskreten Faltung für mehrdimensionale Signale ist dazu analog, wobei über alle Dimensionen des Eingaberaums summiert wird.[23] Generell benötigt die Faltung eine eindeutig definierte Nachbarschaft auf dem Eingaberaum und ist daher nur auf reguläre Topologien wie Ketten oder Gitterstrukturen anwendbar.[24]

---

23 Die Schrittweite s und die Abtastbreite d können hierbei für jede Dimension unterschiedlich gewählt werden.

24 Ungeordnete Punktmengen, wie sie z. B. bei der 3D-Signalverarbeitung entstehen oder auch Graphen bei denen die Knoten eine unterschiedliche Anzahl an Verknüpfungen besitzen, sind Beispiele für Datenstrukturen, auf denen die Faltung nicht ohne Weiteres definiert werden kann (siehe hierzu [7]).

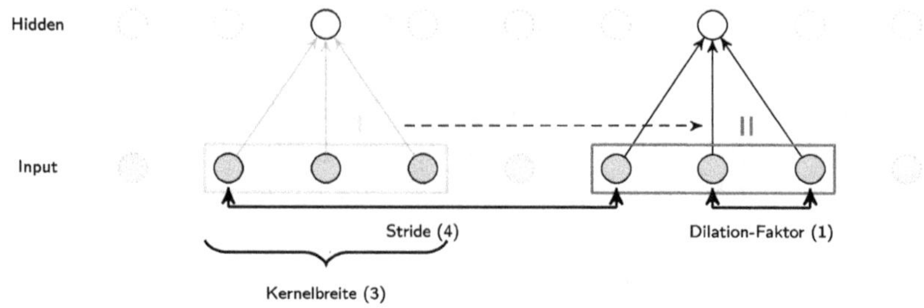

a. Designparameter der Faltung.

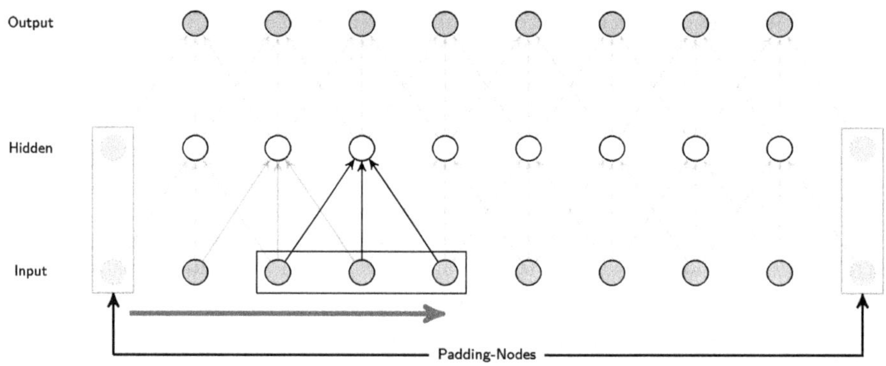

b. Faltung am Rand (padding).

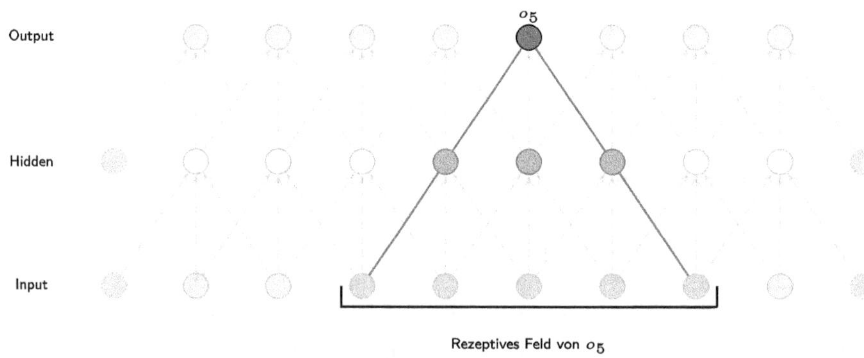

c. Größe des rezeptiven Feldes.

Abb. 13.4: Parameter und Verwendung der diskreten Faltung. a. Generierung einer eindimensionalen Merkmalskarte durch Faltung mit einem Kern. Dargestellt sind die Größe des Faltungskerns, die Schrittweite (engl. „Stride“) und die Abtastbreite (engl. „Dilation“). Die Abtastbreite kann man sich anschaulich so vorstellen, als ob der Faltungskern mit Nullelementen aufgefüllt wird. b. Fortführung des Signals am Rand (engl. padding). c. Bestimmung der Größe des rezeptiven Feldes bei wiederholter Faltung mit konstanter Kernelgröße.

Die Faltung ist bis auf die Indizierung identisch mit der Kreuzkorrelation. Sie ordnet jedem Ort im Eingangssignal einen Ähnlichkeitswert zu, weshalb das Ergebnis der Faltung auch als *Merkmalskarte* bezeichnet wird. Eine *Faltungsschicht* lässt sich analog zu Gleichung (13.1) definieren:

$$M(\boldsymbol{x}) = \phi((h * w)(\boldsymbol{x}) + b)\,. \tag{13.26}$$

In Tensornotation beschreibt die Faltungsschicht eine Abbildung der Form:

$$M : \mathcal{T}_{d_1,\ldots,d_n,c} \to \mathcal{T}_{d'_1,\ldots,d'_m,c'}\,.$$

Der Index c steht dabei für die *Merkmalskanäle*. Nimmt man ein Bild der Größe (w, h) mit drei Intensitätskanälen $I_{w,h,3}$ als Eingabe und faltet dies mit einem Kern der Form $k_{n,m,3,c}$, so ist das Ergebnis ein Tensor der Form $I'_{w,h,c}$. Dies entspricht der Anwendung von c unabhängigen Faltungen mit einem Faltungskern der Form $k_{n,m,3}$ auf das gleiche Eingangssignal. Formal ist dies analog zur Konstruktion vektorwertiger MLPs (vgl. Abschnitt 13.3.3.1). Eine anschauliche Beschreibung zum Umgang mit Faltungsoperationen findet sich in [14].

In dieser Form ist jedem Ort einer Merkmalskarte ein Merkmalsvektor $M(\boldsymbol{x}) \in \mathbb{R}^c$ zugeordnet. Wendet man darauf eine Faltung der Form $k_{1,1,c}$ an, so entspricht dies der Anwendung eines einzelnen Perzeptrons an jedem Ort der Merkmalskarte

$$(M * k_{1,1,c})(\boldsymbol{x}) = \phi(M(\boldsymbol{x})^\top k_{1,1,c} + b)\,,$$

wobei $k \in \mathbb{R}^c$ der Gewichtsvektor des Perzeptrons ist.[25] Diese Form der Faltung wird häufig in der Bildverarbeitung genutzt, um Regressionsprobleme auf Pixelebene – dicht über einem Bild – zu lösen.

Für einen Faltungskern mit n Elementen ist die diskrete Faltung auf einem Eingangssignal $\mathcal{T}_w$ streng genommen nur für Orte $[\frac{n}{2}, w - \frac{n}{2}]$ definiert. Das Ergebnis der Faltung hätte dann die Form $\mathcal{T}_{w-n}$. Bei wiederholter Anwendung der Faltung wäre die Tiefe eines Netzes automatisch durch die Größe des Eingangssignals begrenzt. Aus diesem Grund wird in den meisten Fällen das Signal künstlich über den Rand hinaus fortgesetzt (siehe Abbildung 13.4b), wobei heuristische Annahmen über die Funktionswerte gemacht werden (engl. „*Padding*“). Dies kann beispielsweise die periodische Fortsetzung, die Fortsetzung mit den Randwerten als Konstante oder auch die Fortsetzung mit Nullelementen sein.

Im Vergleich zu einer voll verknüpften Schicht ist die Konnektivität einer Faltungsschicht deutlich reduziert (siehe Abbildung 13.4a). Während für ein Muster mit n Elementen in einer voll verknüpften Schicht auch ein n-dimensionaler Gewichtsvektor gelernt werden muss, reduziert sich dies bei der Faltung auf die Freiheitsgrade des Fal-

25 Analog dazu entspricht die Faltung mit einem Kern $k_{1,1,c,p}$ einem MLP mit p Perzeptronen.

tungskerns. Bei der Verwendung eines Trainingsmusters mit n Elementen wird ein und derselbe Faltungskern mehrfach – an n verschiedenen Stellen – ausgewertet. Dadurch erhöht sich der Konditionierungsgrad der Gewichte um den Faktor n.[26] Diese Methode der Regularisierung wird häufig auch als *„weight sharing"* bezeichnet. Im Allgemeinen werden solche einschränkenden Voranahmen bezüglich der Architektur als *induktiver Bias* bezeichnet.

Neben der Faltung sind *Pooling*-Operatoren ein zentraler Bestandteil von Faltungsnetzen. Ausgedrückt als Faltung können dies zum Beispiel Mittelungen der Form

$$M'(\boldsymbol{x}) = \left(M * \frac{1}{n}\mathbf{1}_n\right)(\boldsymbol{x}) \quad \text{oder} \quad M'(\boldsymbol{x}) = (M * G_\sigma)(\boldsymbol{x}),$$

sein, wobei $\frac{1}{n}\mathbf{1}_n$ ein Mittelwertfilter der Größe n und G_σ ein Gaussfilter mit Varianz σ^2 ist. Alternativ existieren auch nichtlineare Pooling-Operatoren wie beispielsweise das Maximum über einem Fenster fester Größe. Bei Verwendung von Maximum-Pooling in einer 2×2 Nachbarschaft und einer Schrittweite von 2 reduziert sich die Größe der Merkmalskarten bei jeder Anwendung um die Hälfte. Ebenso reduziert eine Faltung mit stride > 1 die räumlichen Dimensionen des Bildes, abhängig von der Schrittweite.[27] Diese Vorgehensweise ist in der Signalverarbeitung unter dem Begriff der *Auflösungspyramide* oder dem *Auflösungsraum* (engl. *„scale space"*) bekannt und wurde auch in Zusammenhang mit neuronalen Netzwerken umfassend untersucht [60, 59].

Die bisherige Beschreibung umfasste die elementaren Bausteine, aus denen sich eine Vielzahl unterschiedlichster Varianten von Faltungsnetzen zusammensetzen lässt. Dabei folgen jedoch alle Architekturen einem gemeinsamen Prinzip: Sie sind hierarchisch aufgebaut, sodass sich die Größe der *rezeptiven Felder* entlang der Hierarchie vergrößert, wobei die dadurch repräsentierten Muster an Komplexität zunehmen. Die Größe der Filterkerne bleibt hingegen in jeder Schicht weitgehend gleich. Diese Grundprinzipien wurden erstmals mit dem *Neocognitron* [15] in einem neuronalen Netz umgesetzt und finden sich in ähnlicher Form in modernen tiefen Architekturen wieder. In der Regel erfolgt dies jedoch nicht durch eine reine Hintereinanderschaltung von Faltungsschichten. Stattdessen bestehen Hierarchien meist aus Anordnungen identischer Verarbeitungsblöcke. Diese Blöcke sind so gestaltet, dass sie einen stabilen Informations- und Gradientenfluss sicherstellen. In Abbildung 13.5 sind exemplarisch einige solcher Verarbeitungsblöcke dargestellt.

---

26 Dies lässt sich anhand der Faltung eines Bildes $I_{w,h,3}$ veranschaulichen. Die Verarbeitung des Bildes mit einem MLP würde einen Gewichtsvektor der Größe $w \cdot h \cdot 3$ benötigen und das Bild wäre der einzige Datenpunkt. Für eine Faltung mit einem Kern $k_{1,1,c}$ hätte der Gewichtsvektor die Größe c und könnte auf $w \cdot h$ Datenpunkte angewandt werden.

27 In Abbildung 13.6 ist die Dimensionsreduktion des VGG-Netzwes [54] in vereinfachter Form dargestellt. Insbesondere die Dimensionsreduktion durch Unterabtastung erschwert die Konstruktion inverser Operationen, die aus der Faltungshierarchie das Eingangssignal wieder rekonstruieren.

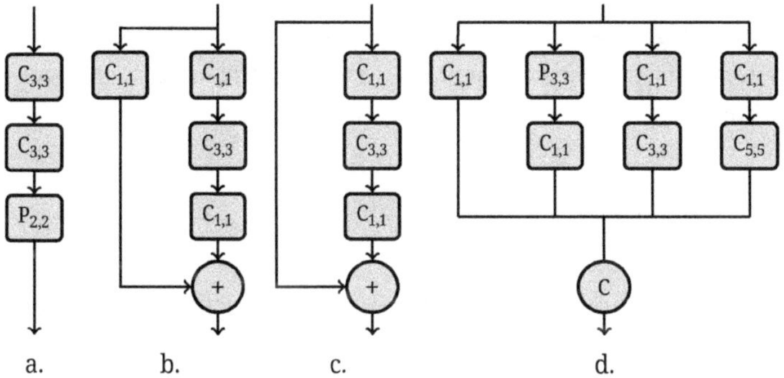

Abb. 13.5: Exemplarische Prozessblöcke in Faltungsnetzwerken. Dabei ist eine Faltungsschicht mit der Kernelgröße $w \times h$ durch $C_{w,h}$ dargestellt. $P_{w,h}$ beschreibt eine Pooling-Operation mit der Blockgröße $w \times h$, $\oplus$ beschreibt die punktweise Addition und ⓒ die Konkatenation der Ausgangsvektoren. a. VGG Faltungsblock [54] b. Faltungsblock ResNet [22] c. Residualblock ResNet d. Inceptionblock [59].

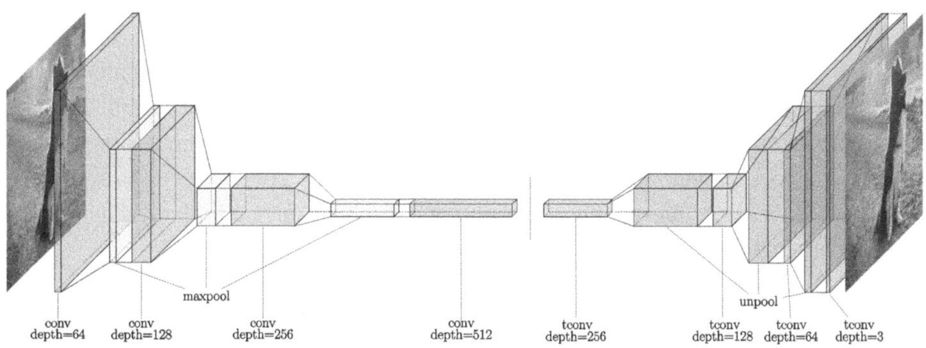

Abb. 13.6: Vereinfachte Darstellung des VGG-Netzes [54], mit einem Encoder (linker Teil) und einem Decoder (rechter Teil). Das Grundschema eines Faltungsblocks ist in Abbildung 13.5a dargestellt. Dabei bezeichnet „conv" eine Faltungsschicht und „tconv" eine Schicht mit transponierten Faltungen.

In einem Encoder-Decoder-Schema sind die Encoder-Netze so gestaltet, dass die räumlichen Dimensionen in den späteren Schichten schrittweise reduziert werden.[28] Dadurch werden die Informationen in den Merkmalskarten stark abstrahiert und können durch niedrigdimensionale Merkmalsvektoren beschrieben werden. Für die Konstruktion eines Decoder-Netzes sind jedoch inverse Operationen erforderlich, um die reduzierte Auflösung des Eingangssignals wieder rückgängig zu machen. Dies geschieht häufig mithilfe von Interpolationsverfahren, wie linearer oder bikubischer Interpolation, die jedoch oft unscharfe Bilder erzeugen.

28 Encoder-Netze sind ein zentraler Baustein zur Merkmalsextraktion, der in den meisten tiefen Architekturen Verwendung findet. In diesem Zusammenhang werden sie häufig auch als „*Backbone*"-Netze bezeichnet.

Um dem rekonstruierten Signal anschließend feine Details – also hochfrequente Informationen – zurückzugeben, wird die Methode der *transponierten Faltung*[29] verwendet, die wie folgt definiert ist:

$$(h \circledast w)(x) = \sum_{t=0}^{k-1} h(x-t)w(t)\,.$$

In Abbildung 13.6 sind die Encoder- und Decoder-Netze eines tiefen Faltungsnetzes exemplarisch dargestellt.

13.3.3.4 Rekurrente Netze

Vorwärtsgerichtete Netze sind so konzipiert, dass sie einzelne Datenpunkte unabhängig voneinander verarbeiten. Die Ausgabe des Netzes $y_i = f(\boldsymbol{x}_i, \boldsymbol{\theta})$ hängt ausschließlich von der Eingabe $\boldsymbol{x}_i$ ab. Für die Verarbeitung sequenzieller Daten $X_1^T = [\boldsymbol{x}_1, \boldsymbol{x}_2, \dots, \boldsymbol{x}_T]$, die durch eine Indexmenge geordnet sind, gilt diese Unabhängigkeit jedoch nicht mehr. Solche Daten sind meist zeitdiskrete Folgen, bei denen ein funktionaler Zusammenhang sowohl zwischen den Beobachtungen $\boldsymbol{x}_i = g(\boldsymbol{x}_1, \dots, \boldsymbol{x}_{i-1})$, als auch den Ausgangswerten $y_i = f(\boldsymbol{x}_1, \dots, \boldsymbol{x}_{i-1})$ angenommen wird.

Eine Möglichkeit, diesen Zusammenhang mittels *rekurrenter neuronaler Netze* (RNN) zu beschreiben, ist die rekursive Funktion

$$\boldsymbol{h}_t = \phi_h(W_h \boldsymbol{h}_{t-1} + W_x \boldsymbol{x}_t + \boldsymbol{b}), \tag{13.27}$$

wobei $\boldsymbol{h}_t$ ein verdeckter (engl. „hidden“) Zustand zum Zeitpunkt t ist, der sowohl vom aktuellen Datenpunkt $\boldsymbol{x}_t$ als auch vom vorherigen Zustand $\boldsymbol{h}_{t-1}$ abhängt. Der Ausgang eines RNNs wird zu jedem Zeitpunkt in Abhängigkeit vom aktuellen Zustand $\boldsymbol{h}_t$ wie folgt berechnet:

$$y_t = \phi_y(W_y \boldsymbol{h}_t + \boldsymbol{b}_y)\,. \tag{13.28}$$

Die Struktur der Teilnetze (13.27) und (13.28) entspricht der eines vektorwertigen MLPs. Die Aktivierungsfunktion des Ausgangs ϕ_y wird dabei analog zu MLPs abhängig von der spezifischen Aufgabe gewählt. Typische Aktivierungsfunktionen sind beispielsweise die Sigmoid-Funktion für Wahrscheinlichkeiten oder die Softmax-Funktion für Klassifikationsaufgaben. Im einfachsten Fall kann dies aber auch $\phi_y = Id$ bedeuten.

29 In einigen älteren Texten wird in diesem Zusammenhang auch der Begriff der „Deconvolution“ verwendet. Dieser stammt ursprünglich aus der Signalverarbeitung, und hat dort eine andere Bedeutung. Im Zusammenhang mit tiefen Netzen wird er deshalb nicht mehr verwendet.

Der zentrale Unterschied zu einem rein rekursiven Netz der Form $\boldsymbol{y}_t = f(\boldsymbol{x}_t, \boldsymbol{\theta})$ besteht in der Einführung eines internen Zustands $\boldsymbol{h}_t$, der genutzt wird, um die Historie der Sequenz zu akkumulieren und damit zeitliche Abhängigkeiten zu modellieren. Auf diese Weise hängen sowohl der Zustandsübergang $\boldsymbol{h}_i \rightarrow \boldsymbol{h}_{i+1}$ als auch die Ausgaben $\boldsymbol{y}_t$ von allen vorherigen Beobachtungen ab. Die freien Parameter beider Teilnetze sind unabhängig vom Zeitpunkt t, was es dem Netz ermöglicht, auf beliebig lange Sequenzen angewandt zu werden.

Rekurrente Netze sind dynamische Systeme, die zwei Sequenzen erzeugen: $f(X) \rightarrow [Y, H]$ mit $Y = [\boldsymbol{y}_1, \ldots, \boldsymbol{y}_T]$ (Ausgabesequenz) und $H = [\boldsymbol{h}_1, \ldots, \boldsymbol{h}_T]$ (verdeckte Zustände). Im einfacheren, synchronen Fall, sind die Indexmengen der Sequenzen identisch, sodass jedem $\boldsymbol{x}_t$ exakt ein $\boldsymbol{y}_t$ mit gleichem Index zugeordnet ist. Im allgemeinen, asynchronen Fall, können sowohl die Indexmengen, als auch die Zeitskalen unterschiedlich sein.

In beiden Fällen ist der finale Zustand $\boldsymbol{h}_T$ eine kompakte Repräsentation der gesamten Eingangssequenz X. Auf diese Weise ist es möglich, Sequenzen beliebiger und unterschiedlicher Längen durch Vektoren gleicher Dimension darzustellen. Dies entspricht einer Einbettung (vgl. 13.3.1.3) von Sequenzen in einen Vektorraum. In der Praxis sind dieser Methode jedoch Grenzen gesetzt. Die Information, die in einem Vektor fester Dimension gespeichert werden kann, begrenzt die maximal darstellbare Länge der Sequenzen.

Die Verlustfunktion für eine Sequenz wird als Summe der Verluste über alle Zeitschritte definiert:

$$\mathcal{L}(X, Y) = \sum_{t=1}^{T} \mathcal{L}(\boldsymbol{y}_t, f(\boldsymbol{x}_t, \boldsymbol{\theta}))\,.$$

Zum Lernen der freien Parameter kann hier wiederum ein Gradientenabstiegsverfahren (vgl. Abschnitt 13.3.2.2) verwendet werden. Dazu wird die rekursive Gleichung (13.28) in ein vortwärtsgerichtetes Netz umgewandelt. Hierzu wird der zyklische Graph des RNN in einen azyklischen Graphen transformiert, wobei für jeden Zeitschritt t ein separater Knoten mit eindeutigem Index erzeugt wird. Die Pfadlänge im aufgefalteten Graphen richtet sich entweder nach der Länge der Eingangssequenz oder wird durch eine feste Größe begrenzt, um Speicher- und Rechenaufwand zu reduzieren. Auf dem expandierten Funktionsgraphen kann dann direkt der Backpropagation-Algorithmus angewendet werden („*Backpropagation Through Time*", BPTT) [63]. Dabei ist zu beachten, dass das Netzwerk nur sequentiell ausgewertet werden kann, da jeder Zeitschritt auf den vorherigen Zustand angewiesen ist. Dies erschwert die parallele Verarbeitung und stellt bei größeren Modellen eine erhebliche Herausforderung dar.

Die Pfade (CAP) in einem rekurrenten Netzwerk können je nach Eingangssequenz sehr lange werden, was insbesondere die numerischen Probleme bei der Gradientenpropagierung („*Exploding oder Vanishing Gradients*") verstärkt. Das Modell des „*Long Short-Term Memory*" (LSTM) [24, 17] adressiert diese Probleme, indem ein expliziter Mechanismus zum Zurücksetzen (Vergessen) des internen Zustands eingeführt wird. Dies erfolgt durch Teilnetze

$$G_{\text{sig}|\tanh,t}(W, \boldsymbol{z}, \boldsymbol{b}) = \phi_{\text{sig}|\tanh}(W\boldsymbol{z} + \boldsymbol{b}), \tag{13.29}$$

die als *Gatter* (engl. „Gate“) bezeichnet werden. Die LSTM-Zelle besitzt einen zusätzlichen Zellzustand $\boldsymbol{c}_t$ dessen Dynamik durch folgende Gleichung beschreiben wird:[30]

$$\boldsymbol{c}_t = \underbrace{G_{\text{sig}}(W_f, \boldsymbol{z}, \boldsymbol{b}_f)}_{\text{Vergessensgatter}} \odot \boldsymbol{c}_{t-1} + \underbrace{G_{\text{sig}}(W_i, \boldsymbol{z}, \boldsymbol{b}_i)}_{\text{Eingangsgatter}} \odot \underbrace{G_{\tanh}(W_c, \boldsymbol{z}, \boldsymbol{b}_c)}_{\text{Zustandsaktivierungen}}, \tag{13.30}$$

mit $\boldsymbol{z} = [\boldsymbol{x}_t, \boldsymbol{h}_{t-1}]$.[31] Die Aktualisierung des Zellzustandes nach Gleichung (13.30) besteht aus zwei Termen. Der erste Term erlaubt das Zurücksetzen oder Löschen einzelner Elemente des Zellzustandes. Der zweite Term dient dazu, Elemente aus dem Eingabevektor selektiv auszuwählen, welche für eine Speicherung infrage kommen. Der verborgene Zustand wird durch $\boldsymbol{h}_t = \boldsymbol{y}_t \odot \phi_{\tanh}(\boldsymbol{c}_t)$ aktualisiert. Überlicherweise erfolgt die Initialisierung mit $\boldsymbol{c}_0 = 0$ und $\boldsymbol{h}_0 = 0$. Die Ausgabe zum Zeitpunkt t ist durch $\boldsymbol{y}_t = \phi_{\text{sig}}(W_y[\boldsymbol{x}_t, \boldsymbol{h}_{t-1}] + \boldsymbol{b}_y)$ gegeben.

Die *„Gated Recurrent Unit“* (GRU) [10] ist eine Vereinfachung des LSTMs, bei der nur zwei Gatter verwendet werden. Eines zur Aktualisierung des internen Zustandes $\boldsymbol{c}_t = G_{\text{sig}}(W_c, [\boldsymbol{x}_t, \boldsymbol{h}_{t-1}], \boldsymbol{b}_c)$, und ein Gatter zum Zurücksetzen (Vergessen), $\boldsymbol{r}_t = G_{\text{sig}}(W_r, [\boldsymbol{x}_t, \boldsymbol{h}_{t-1}], \boldsymbol{b}_r)$. Basierend auf den beiden Gattern ist die Dynamik der GRU wie folgt definiert:

$$\boldsymbol{h}_t = (1 - \boldsymbol{c}_t) \odot \boldsymbol{h}_{t-1} + \boldsymbol{c}_t \odot G_{\tanh}(W_h, [\boldsymbol{r}_t \odot \boldsymbol{h}_{t-1}, \boldsymbol{x}_t], \boldsymbol{b}_h).$$

Die Berechnung der Ausgabe $\boldsymbol{y}_t$ ist identisch zum LSTM.

Die rekurrenten Einheiten bilden die Grundlage für die Definition komplexerer Netzwerkarchitekturen. Um ein tiefes rekurrentes Netzwerk zu erzeugen, werden mehrere RNNs (*„Stacked RNN“*) wiederum schichtweise verknüpft $f = f_L \circ f_2 \circ \cdots \circ f_1$. Die erste Schicht

$$f_1(\boldsymbol{x}_t, \boldsymbol{h}_{t,1}, \boldsymbol{\theta}_1) \to [\boldsymbol{y}_{t,1}, \boldsymbol{h}_{t+1,1}]$$

nutzt die Beobachtungssequenz X als Eingabe. Die zwischenliegenden Schichten nutzen die Ausgaben der vorherigen Schicht als Eingabe:

$$f_{l>1}([\boldsymbol{y}_{t,l-1}, \boldsymbol{h}_{t,l-1}], \boldsymbol{h}_{t-1,l}, \boldsymbol{\theta}_l) \to [\boldsymbol{y}_{t,l}, \boldsymbol{h}_{t+1,l}].$$

30 $\odot$ ist die punktweise Multiplikation (Hadamard-Produkt).

31 Hier wird eine voll besetzte Gewichtsmatrix verwendet. In den originalen Fassungen von LSTM und GRU werden meist separate Matrizen für die internen Zustände und die Beobachtungen genutzt: $W_h\boldsymbol{h}_t + W_x\boldsymbol{x}_t$. Beide Varianten sind mathematisch äquivalent.

Rekurrente Teilnetze werden häufig auch in Kombination mit vorwärtsgerichteten Netzen verwendet. Eine gängige Kombination besteht aus einem CNN-Encoder mit einem nachgeschalteten rekurrenten Netz. Diese Kombination wird zum Beispiel in der Videoanalyse verwendet, wobei das CNN jedes Einzelbild eines Videostroms analysiert (räumliche Komponente), aus denen dann eine Sequenz von enkodierten Einzelbildern durch das rekurrente Netz zeitlich analysiert wird.

RNNs können, ähnlich wie vorwärtsgerichtete Netze, in einem Encoder-Decoder-Schema angeordnet werden. Im einfachsten Fall wird der verborgene Zustand am Ende der Eingabesequenz als deren Kodierung verwendet. Das Decoder-Netz wird mit diesem Vektor initialisiert, um daraus eine Ausgangssequenz zu generieren. In der Praxis hat sich jedoch gezeigt, dass RNNs Schwierigkeiten haben, längere Sequenzen effektiv zu repräsentieren. Ein wesentlicher Grund dafür ist die Herausforderung, Abhängigkeiten zwischen weit auseinanderliegenden Elementen einer Sequenz zu erfassen. Dies liegt daran, dass bei längeren Sequenzen Gradienten nicht vollständig zurückpropagiert werden. Zusätzlich ist die Menge an repräsentierbarer Information durch die Dimension des repräsentierenden Vektors begrenzt, was die Fähigkeit des Modells einschränkt, komplexe Informationen über die Sequenz zu speichern.

Eine Möglichkeit, diese Situation zu verbessern, besteht darin, einen expliziten Aufmerksamkeitsmechanismus (engl. „Attention") einzuführen. Dieser Mechanismus ermöglicht es dem Decoder, sich dynamisch auf relevante Teile der Eingabesequenz zu beschränken und weniger relevante Informationen zu ignorieren. Dabei wird der verborgene Zustand $\boldsymbol{s}_{t'}$ des Decoders zum Zeitpunkt t' wie folgt aktualisiert:

$$\boldsymbol{s}_{t'} = G(W, [\boldsymbol{y}_{t'-1}, \boldsymbol{s}_{t'-1}, \boldsymbol{c}_{t'}], \boldsymbol{b}) .$$

Der Kontextvektor

$$\boldsymbol{c}_{t'} = \sum_{t=1}^{T} a_{t',t} \boldsymbol{h}_t \quad \text{mit } a_{t',t} = \underbrace{\frac{e_{t',t}}{\sum_{i=1}^{T} e_{t',i}}}_{\text{softmax}} \tag{13.31}$$

wird aus einer Gewichtung der verborgenen Zustände H des Encoder-Netzes gebildet.[32] Die Relevanzwerte $e_{t',t}$ basieren meist auf der Ähnlichkeit zwischen den verborgenen Vektoren des Encoders und des Decoders. Haben beide Vektoren dieselbe Dimension, so kann im einfachsten Fall direkt das Skalarprodukt – die sogenannte *„Dot-Product-Attention"* – genutzt werden: $e_{t',t} = \boldsymbol{s}_{t'}^{\top} \boldsymbol{h}_t$.[33]

32 In der Softmax-Funktion kann ein zusätzlicher Parameter β eingeführt werden, über den die Streuung der Gewichte reguliert werden kann. Dies kann man als kontinuierlichen Übergang zwischen „Hard"- und „Soft"-Attention ansehen (vgl. Gleichung (13.12)).

33 Hierbei muss noch erwähnt werden, dass für unterschiedliche Anwendungen zahlreiche andere Varianten zur Berechnung der Relevanzwerte entwickelt wurden (siehe hierzu auch [31]).

13.3.3.5 Transformer

Rekurrente Netze sind dynamische Systeme, die Informationen sequentiell verarbeiten. Die Elemente der Eingangssequenz werden nicht gespeichert, weshalb der Zugriff auf sie nur indirekt über den verborgenen Zustand erfolgt. Aufgrund der sequentiellen Struktur können rekurrente Netze nicht parallel ausgewertet werden, selbst wenn die Eingangssequenz vollständig zur Verfügung steht. Dies schränkt ihre Effizienz insbesondere im Training deutlich ein.

Im Gegensatz dazu verwenden Transformer-Modelle [62] einen selbstbezogenen Aufmerksamkeitsmechanismus („*Self-Attention*"), der die rekurrente Struktur ersetzt. Dieser Mechanismus ermöglicht es, Abhängigkeiten zwischen allen Elementen einer Sequenz direkt und parallel zu erfassen. Dazu wird eine zu verarbeitende Sequenz zunächst als Matrix $X = [\boldsymbol{x}_1, \ldots, \boldsymbol{x}_T]^\top$ dargestellt, wobei die Zeilenvektoren die Elemente der Sequenz in zeitlicher Reihenfolge repräsentieren ($X \in \mathbb{R}^{T \times d}$). Anschließend wird diese Matrix durch Multiplikation mit spezifischen Gewichtungsmatrizen in drei verschiedene Repräsentationen umgewandelt:

$$Q = XW_Q\,, \quad K = XW_K\,, \quad \text{und} \quad V = XW_V\,.$$

Analog zu dem Aufmerksamkeitsmechanismus (13.31) wird daraus eine Aufmerksamkeitsmatrix[34] berechnet:

$$\mathrm{Att}(Q, K, V, M) = \mathrm{softmax}\left(M + \frac{QK^\top}{\sqrt{d_k}}\right)V\,. \tag{13.32}$$

Q, K und V stehen für „Query", „Key" und „Value". Die Spalten der resultierenden Aufmerksamkeitsmatrix setzen sich aus gewichteten Elementen von V zusammen, während Q und K zur Berechnung der Relevanzwerte verwendet werden. Dabei bezeichnet d_k die Dimension der Spaltenvektoren von K. Die Softmax-Funktion wird auf die Spaltenvektoren angewendet, um die Relevanzwerte zu normalisieren. Im Allgemeinen gilt $W_Q \neq W_K$, weshalb die Aufmerksamkeitsmatrix nicht symmetrisch ist.

Die Matrix $M \in \{0, -\infty\}^{T \times d}$ dient der Maskierung einzelner Elemente. Dabei werden die negativen Einträge durch die Softmax-Funktion zu null, wodurch einzelne Tokens von den nachfolgenden Berechnungen ausgeschlossen werden.

Die Assoziationsstärke zwischen den Tokens wird durch die Aufmerksamkeitsmatrix auf exakt eine Weise abgebildet. Um gleichzeitig mehrere alternative Assoziationen zu berücksichtigen, können n verschiedene Aufmerksamkeitsmatrizen $A_i = \mathrm{Att}(Q_i, K_i, V_i)$ berechnet werden, die anschließend mittels einer Gewichtungsmatrix W_o wieder auf eine einzelne Aufmerksamkeitsmatrix reduziert werden:

34 Das dabei verwendete Ähnlichkeitsmaß wird als „*Scaled-Dot-Product-Attention*" bezeichnet.

$$\text{MultiAtt} = [A_1, A_2, \ldots, A_n]W_o \quad \text{mit } W_o \in \mathbb{R}^{Tk\times d},\ A_i \in \mathbb{R}^{T\times d}.$$

Dieses Vorgehen wird häufig auch als *„Multi-Head Attention“* bezeichnet. Innerhalb der Transfomer-Architektur ist diese Berechnung in einen „Attention-Block“ eingebettet, der in Abbildung 13.8a zusammengefasst ist.

Generell ist die Gewichtung einzelner Tokens unabhängig von deren Position in der Sequenz. Um die Gewichtung jedoch abhängig von der absoluten Position i zu machen, werden die Eingangsvektoren $\boldsymbol{x}_i$ mit Positionsinformationen ergänzt (*„Positional Encoding“*):

$$\boldsymbol{x}_i \in \mathbb{R}^d \to \boldsymbol{x}_i + \text{PE}(\boldsymbol{x}_i) \tag{13.33}$$

mit

$$\text{PE}(\boldsymbol{x}_i) = (\sin(i\cdot\omega(0)), \cos(i\cdot\omega(1)), \ldots, \sin(i\cdot\omega(d-2)), \cos(i\cdot\omega(d-1))).$$

Die Kodierung setzt voraus, dass die Dimension der Vektoren d gerade ist. Die zur Kodierung verwendeten Frequenzen $\omega(t) = (k^{\frac{2t}{d}})^{-1}$ basieren auf einer frei wählbaren Basisfrequenz (z. B. $k = 10.000$). Eine ausführliche Diskussion wesentlicher Eigenschaften positionsbezogener Einbettungen findet sich in [4]. Ein veranschaulichendes Beispiel für den Aufmerksamkeitsmechanismus zusammen mit der Positionskodierung ist in Abbildung 13.7 gegeben.

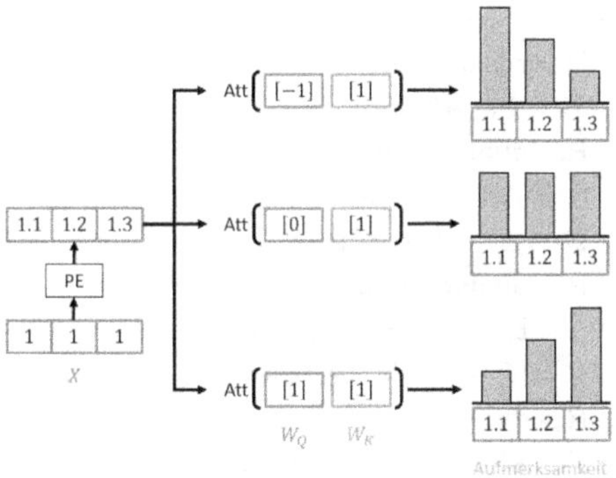

Abb. 13.7: Beispiel zur Veranschaulichung des Zusammenspiels der Positionskodierung und der verschiedenen Gewichtungsmatrizen um die Aufmerksamkeit auf verschiedene Elemente einer Eingabesequenz zu lenken. Hier entspricht eine höhere Säule einer stärkeren Gewichtung des jeweiligen Elements der Eingabesequenz. Die 1×1 Matrix W_K wird in diesem Beispiel als konstant angenommen, wodurch der Aufmerksamkeitsmechanismus vollständig durch die 1×1 Matrix W_Q gesteuert wird (unter realen Bedingungen ergibt sich ein komplexes Zusammenspiel der gelernten W_K und W_Q). Für eine übersichtlichere Darstellung wurde eine vereinfachte Positionskodierung verwendet, welche jeweils 0.1, 0.2 bzw. 0.3 auf die verschiedenen Elemente der Eingabesequenz addiert. Hier führt diese Kodierung dazu, den eigentlich identischen Elementen verschieden starke Aufmerksamkeit zuordnen zu können.

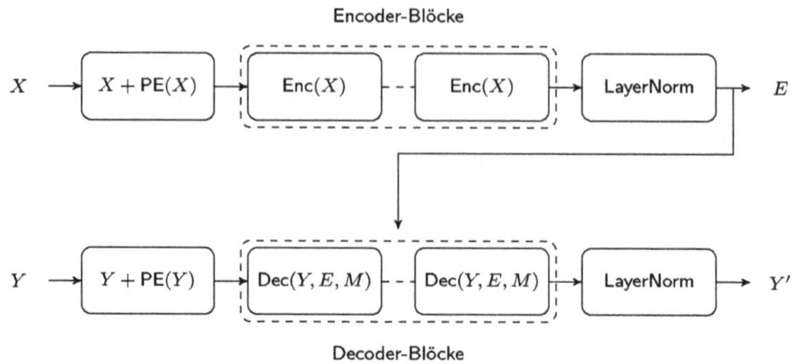

a. Transformer-Architektur

$\text{Att}(X_Q, X_K, X_V, M) \to Z$

1. Lineare Transformation:
   $Q = X_Q W_Q$, $K = X_K W_K$,
   $V = X_V W_V$
2. Multi-Head-Attention:
   $Z = \text{MultiAtt}(Q, K, V, M)$

b. Attention-Block

$\text{FNN}(X) \to X'$

1. Normalisierung:
   $Z = \text{LayerNorm}(X)$
2. Transformation durch zwei MLPs:
   $Z = \phi_{\text{ReLU}}(ZW_1 + \boldsymbol{b}_1)W_2 + \boldsymbol{b}_2$
3. Residualverknüpfung:
   $X' = X + Z$

c. Feed-Forward-Network

$\text{Enc}(X) \to E$

1. Normalisierung:
   $Z = \text{LayerNorm}(X)$
2. Residualverknüpfung und Self-Attention ohne Maskierung
   $Z = X + \text{Att}(Z, Z, Z, 0)$
3. Residualverknüpfung und Transformation durch FNN:
   $E = \text{FNN}(Z)$

d. Encoder-Block

$\text{Dec}(Y, E, M) \to Y'$

1. Normalisierung:
   $Z = \text{LayerNorm}(Y)$
2. Residualverknüpfung und Self-Attention mit Maskierung:
   $Z = Y + \text{Att}(Z, Z, Z, M)$
3. Residualverknüpfung, Cross-Attention mit Encoder-Embeddings E:
   $Z = Z + \text{Att}(\text{LayerNorm}(Z), E, E, \mathbf{0})$
4. Residualverknüpfung und Transformation durch FNN:
   $Y' = \text{FNN}(Z)$

e. Decoder-Block

Abb. 13.8: Transformer-Architektur. a. Aufbau der Architektur, bestehend aus dem Encoder und dem Decoder. Dabei wird angenommen das die Elemente der Eingangssequenzen X und Y bereits in Tokens umgewandelt wurden. Am Ausgang des Decoders befindet sich üblicherweise noch ein kleineres Teilnetz, das für aufgabenspezifische Transformationen verantwortlich ist und hier zur Vereinfachung weggelassen wurde. Die in der Architektur verwendeten Funktionen sind in den Abbildungen b-e zusammengefasst. PE bezeichnet die Positionseinbettung (vgl. Gleichung (13.33)).

Transformer-Modelle [62] wurden ursprünglich als Encoder-Decoder-Architektur entwickelt, um Eingabesequenzen X_1^T in Zielsequenzen $Y_1^{T'}$ zu transformieren.[35] Der Encoder transformiert eine – mit Positionskodierung überlagerte – Sequenz von Tokens $\hat{X} = X + \mathrm{PE}(X)$ in eine Sequenz von eingebetteten Tokens E_1^T. Das Encoder-Netz ist dabei aus hintereinandergeschalteten „Encoder-Blöcken" aufgebaut, die in Abbildung 13.8b zusammengefasst sind.

Das Decoder-Netz eines Transformers erhält eine – wiederum mit Positionskodierung überlagerte – Sequenz $\hat{Y} = Y + \mathrm{PE}(Y)$ als Eingabe und berechnet daraus eine Vorhersage für das nächste Token $\boldsymbol{y}_{t+1}$ in der Sequenz. Die Ausgabe des Decoders ist dann $Y_{t+1} = [Y_t, y_{t+1}]$, welche im nächsten Schritt wiederum als Eingabe für den Decoder verwendet wird. Dieser *autoregressive* Prozess wird in der Regel mit einem initialen Token $Y_0 = [\boldsymbol{x}_0]$ („Start-of-Sequence Token")[36] initialisiert. Ist die Anzahl der Elemente in Y kleiner als das *Kontextfenster*,[37] so wird die Maskierung M (vgl. Gleichung (13.32)) genutzt, um sicherzustellen, dass der Decoder alle in der Zukunft liegenden Tokens ignoriert.

In der Inferenzphase wird der Decoder sequentiell ausgewertet. In der Trainingsphase liegen die Sequenzen in Form der Trainingsdaten vollständig vor, sodass das Training parallel erfolgen kann.

Der Aufbau des Decoders ist dem des Encoders sehr ähnlich. Er besteht aus einer Reihe hintereinander geschalteter „Decoder-Blöcke", deren Funktion in Abbildung 13.8c zusammengefasst ist. Die Anbindung des Decoders an den Encoder erfolgt durch die Verwendung der eingebetteten Tokens E innerhalb eines speziellen Aufmerksamkeitsblocks („*Cross-Attenttion*") des Decoders. Auf diese Weise kann der Decoder Informationen aus der Eingangssequenz als Kontextinformation für die Generierung der Ausgangssequenz nutzen.

In Abhängigkeit von der Anwendung können sowohl Decoder- als auch Encoder-Netze unabhängig voneinander verwendet werden. GPT („*Generative Pretrained Transformer*") ist eine reine Decoder-Architektur,[38] die speziell für die Textgenerierung ausgelegt ist [44, 8]. Um hinreichend komplexe Texte generieren zu können, nutzen Varianten von GPT-3 96 Decoder-Blöcke mit einem Kontextfenster von 2048 Tokens. Die Hauptanwendung reiner Encoder-Netze liegt in der Klassifikation und Merkmalsextraktion, während Encoder-Decoder-Netze für die Übersetzung von Texten eingesetzt werden. Neben der Verarbeitung von Textinformationen können Transformer auch auf Bilder oder andere Medienformate angewandt werden. Hierzu muss eine geeignete Form der

35 Der Name „Transformer" leitet sich direkt von dieser Eigenschaft ab.

36 In der Textanalyse ist dies typischerweise „[START]", „<s>" oder „SOS".

37 Als Kontextfenster wird die maximale Anzahl an Tokens bezeichnet, die das Modell in einem Schritt verarbeiten kann.

38 In diesem Fall entfallen die Verarbeitungsblöcke, die auf die Ausgaben des Encoders zugreifen.

Tokenisierung definiert werden. Bei Bildern wird beispielsweise ein Bild in eine Sequenz von quadratischen Bildausschnitten zerlegt, die dann als Eingangssequenz dienen [12, 31].

13.4 Ausblick

Im Folgenden werden vier Themenbereiche skizziert, die über die bloße Definition tiefer Architekturen hinausgehen. Der Schwerpunkt von Forschungsarbeiten in diesen Bereichen liegt darauf, zunehmend komplexe Netzwerkarchitekturen beherrschbarer, zugänglicher und besser verständlich zu machen.

Hybride KI. Hybride KI bezieht sich auf die Kombination von neuronalen Netzen mit anderen Techniken, insbesondere aus den Bereichen des klassischen Maschinellen Lernens und der symbolischen KI. Das Ziel besteht darin, die Stärken und Schwächen der verschiedenen Ansätze gegenseitig auszugleichen und zu ergänzen. Neuronale Netze sind Beispiele für *subsymbolische* Ansätze. Sie basieren auf statistischen Lernverfahren, bei denen Entscheidungsfindungen indirekt durch die Verteilung der Trainingsdaten beeinflusst werden, was die Kontrolle solcher Systeme erschwert. Konzepte wie „latente Räume“ oder „latente Einbettungen“ verdeutlichen die Herausforderungen hinsichtlich der Interpretierbarkeit und Beherrschbarkeit neuronaler Netze.

Im Gegensatz dazu machen Ansätze der *symbolischen KI* Entscheidungsfindungen durch festgelegte logische Regeln nachvollziehbar und direkt für den Menschen verständlich. Der große Nachteil symbolischer Ansätze liegt in der begrenzten Fähigkeit des Menschen, eine hinreichend hohe Komplexität zu bewältigen. Dazu gehört beispielsweise die Erfassung komplexer Strukturen in unstrukturierten Daten, wie in Abschnitt 13.3.1.3 erläutert. Wichtig ist zu beachten, dass der wesentliche Unterschied zwischen symbolischen und subsymbolischen Ansätzen nicht die Fähigkeit zum Lernen ist. Es existiert eine Vielzahl von Ansätzen, Regelsysteme zu lernen.

Regelbasierte Ansätze lassen sich auf unterschiedliche Weise mit neuronalen Netzen kombinieren. Beispiele hierfür sind die Optimierung unter Randbedingungen oder die Nutzung von *Wissensgraphen* (engl. „Knowledge Graphs“), die häufig auf den stark abstrahierten Einbettungen tiefer Encoder-Modelle aufbauen. Einen Überblick über solche *neuro-symbolischen* Verfahren bietet [23]. Diese Ansätze finden unter anderem Anwendung in der Regelung von Systemen, der Planungsfindung und in Expertensystemen. Darüber hinaus spielen sie eine zentrale Rolle in der sicheren KI („SafeAI“).

Theorie der neuronalen Netze. Theoretische Konzepte, wie das Bias-Varianz-Dilemma oder die Approximationstheoreme, erlauben zwar allgemeine Aussagen über beliebig parametrisierte Modelle, betrachten diese jedoch ausschließlich als statische Objekte. Lernen impliziert hingegen die dynamische Anpassung der Gewichte. Ausgehend von einem initialen Zustand $\boldsymbol{\theta}_0$, verhalten sich Netzwerke während der

Trainingsphase wie dynamische Systeme, wobei die Netzwerkparameter $\boldsymbol{\theta}$ den Systemzustand darstellen. Die Dynamik eines Netzes wird sowohl durch die Ein- und Ausgaben als auch durch die Veränderungen der Gewichte bestimmt. Aufgrund der stark nichtlinearen Abbildungen und der verteilten Repräsentation in tiefen Netzwerken ist es im Allgemeinen schwierig, diese Dynamik mithilfe theoretischer Konzepte zu erfassen. Es konnte allerdings gezeigt werden, dass unter der Annahme unendlicher Breite die Netzwerkfunktion durch eine Kernelfunktion („*Neural Tangent Kernel*", NTK) beschrieben werden kann, die über den gesamten Trainingsprozess hinweg konstant bleibt. Diese Annahme ermöglicht es, die Dynamik tiefer Netzwerke während des Trainings als lineares dynamisches System zu analysieren. Dadurch lassen sich beispielsweise Aussagen darüber treffen, unter welchen Anfangsbedingungen ein tiefes MLP in einen chaotischen oder stabilen Zustand eintritt. Eine Zusammenfassung der Forschungsarbeiten auf diesem Gebiet findet sich in der Monographie von [48].

AutoML. Tiefe neuronale Netzwerke sind vielseitige Werkzeuge zur Lösung komplexer Probleme. Ihre praktische Anwendung erfordert jedoch einen Wandel von traditionellen Softwareentwicklungsansätzen hin zu datengetriebenen Entwicklungszyklen [2]. Ansätze des *automatisierten Maschinellen Lernens* („AutoML") zielen darauf ab, verschiedene Schritte dieses Entwicklungsprozesses zu automatisieren. Ein einfaches Beispiel hierfür ist die automatische Differenzierung („AutoDiff"), die in Abschnitt 13.3.3.1 beschrieben wurde. AutoDiff erlaubt die nahtlose Integration komplexer Funktionen in Optimierungsverfahren, ohne dass analytische Berechnungen erforderlich sind. Ähnliche Ansätze existieren auch für die Datenaugmentierung und für die Suche nach optimalen Hyperparametern.

Der „Occam-Faktor", der in Abschnitt 13.2.1 eingeführt wurde, ermöglicht den Vergleich von Modellen mithilfe der bayesschen Inferenz. Die dafür erforderlichen Marginalisierungen sind bei komplexen Modellen jedoch oft nicht berechenbar. Alternative Ansätze wie „*Neural Architecture Search*" (NAS) durchsuchen den Raum möglicher Modelle mithilfe verschiedener Methoden. Hierbei kommen unter anderem Verstärkungslernen, evolutionäre Algorithmen und Gradientenverfahren zum Einsatz. Eine vereinfachte Form davon ist die automatisierte Modellselektion, bei der die optimale Lösung aus einer vorgegebenen Menge von Alternativen ausgewählt wird. Neben der direkten Suche verwenden *Meta*-Ansätze („Meta-Learning") das Konzept des Transferlernens, um verallgemeinerbare Strategien für das Lernverhalten zu entwickeln und übertragbar zu machen. Ein Beispiel hierfür ist die Verknüpfung des NTK mit RNNs, ein Ansatz, der unter dem Begriff „Learning to Learn" bekannt ist.

Unsicherheit in tiefen neuronalen Netzen. Die Netzgewichte werden aus Effizienzgründen in der Regel durch Maximierung der Likelihood $p(\mathcal{D}|\boldsymbol{\theta}, \mathcal{M})$ oder der A-posteriori-Verteilung $p(\boldsymbol{\theta}|\mathcal{D}, \mathcal{M}) \propto p(\mathcal{D}|\boldsymbol{\theta}, \mathcal{M})p(\boldsymbol{\theta})$ bestimmt. Dies führt zu einer Punktschätzung der Modellparameter $\boldsymbol{\theta}^*$, liefert jedoch keine Informationen über die Kovarianzen der Verteilung $p(\boldsymbol{\theta}|\mathcal{D}, \mathcal{M})$ und ermöglicht daher keine Quantifizierung der Unsicherheit der Modellparameter. Die Unsicherheit dient als Indikator für die Robustheit der Schätzung und hängt maßgeblich von der Verteilung der Trainingsdaten ab.

Im Bereich tiefer neuronaler Netze liegt die zentrale Herausforderung in der Skalierung von Schätzverfahren für komplexe Modelle. Dropout (siehe Abschnitt 13.3.2.6) ist ein stochastisches Verfahren, das ein deterministisches Netz in ein probabilistisches Netz transformiert. In [16] wird diese Eigenschaft genutzt, um die Unsicherheit eines tiefen Faltungsnetzes mithilfe von Monte-Carlo-Approximation zu schätzen. Im Gegensatz dazu basieren andere Ansätze oft auf rechenintensiveren Methoden, bei denen beispielsweise mehrere Modelle miteinander verglichen werden. Die Schätzung von Unsicherheiten in tiefen Netzen bleibt dennoch in vielen Bereichen ein ungelöstes Problem.

13.5 Zusammenfassung

In diesem Kapitel wurden neuronale Netze als Methode zur Funktionsdarstellung eingeführt. Durch einen konnektionistischen Ansatz, der von einzelnen Neuronen über neuronale Schaltkreise bis hin zu komplexen Teilnetzen reicht, können neuronale Netze komplexe Zusammenhänge abbilden. Die Netzarchitekturen integrieren dabei auch generelle Aspekte der kognitiven und neuronalen Informationsverarbeitung, die sich mithilfe tiefer Architekturen formal erfassen lassen. Dazu gehören Aufmerksamkeitsmechanismen, die Informationen kontextabhängig selektieren, Abstraktionsleistungen, die durch hierarchische Merkmalstransformationen erzielt werden, und Assoziationsleistungen, die es ermöglichen, heterogene Informationen wie Text und Bilder miteinander zu verknüpfen.

Neuronale Netze zeichnen sich durch ihre besondere Skalierbarkeit im Vergleich zu anderen maschinellen Lernverfahren aus. Zentrale Leistungsgrößen, wie die Vorhersagegenauigkeit, stehen in direktem Zusammenhang mit den eingesetzten Ressourcen. Inkrementelle Lernverfahren wie der stochastische Gradientenabstieg (SGD) erlauben die Nutzung einer praktisch unbegrenzten Menge an Trainingsdaten, wodurch wiederum Modelle mit höherer Kapazität verwendet werden können. Darüber hinaus ermöglichen neuronale Netze eine umfangreiche Parallelisierung des Trainingsprozesses, sowohl auf Multi-Prozessor-Systemen als auch in verteilten Systemen.

Der allgemeine Begriff der Intelligenz umfasst unterschiedliche Aspekte kognitiver Informationsverarbeitung. Ein zentraler Aspekt ist dabei die Fähigkeit, aus Beobachtungen zu lernen, was auch den Kern des Maschinellen Lernens bildet. Tiefe neuronale Netze (DNNs) zeichnen sich durch ihre Komplexität und Skalierbarkeit aus. Diese Eigenschaften ermöglichen es ihnen, adaptives Verhalten zu generieren und nicht-stereotype Antwortmuster zu erzeugen. Dadurch können DNNs in realen, unstrukturierten Umgebungen angewendet werden, was die Grundlage für weitere Aspekte der Künstlichen

Intelligenz bildet. Hierzu zählen die Mustererkennung, die Verarbeitung natürlicher Sprache und die Entscheidungsfindung in dynamischen Kontexten.

Grundsätzlich ist es die Fähigkeit zur Interaktion und Kommunikation in Kombination mit einer ausreichend komplexen Struktur, die Maschinen ein gewisses Maß an Eigenständigkeit verleiht. Diese Eigenschaften tragen dazu bei, dass Maschinen als „intelligent" wahrgenommen werden, da sie selbstständig auf neue Informationen reagieren und sich an veränderte Bedingungen anpassen können.

Literaturverzeichnis

[1] E. H. Adelson and J. R. Bergen. *The plenoptic function and the elements of early vision*. Vision and Modeling Group, Media Laboratory, Massachusetts Institute of ..., 1991.

[2] S. Amershi, A. Begel, C. Bird, R. A. Deline, H. C. Gall, E. Kamar, N. Nagappan, B. Nushi, and T. Zimmermann. Software engineering for machine learning: A case study. In *2019 IEEE/ACM 41st International Conference on Software Engineering: Software Engineering in Practice (ICSE-SEIP)*, pages 291–300, 2019.

[3] M. A. Arbib and J. J. Bonaiuto, editors. *From Neuron to Cognition via Computational Neuroscience* The MIT Press, 2016.

[4] F. Barbero, A. Vitvitskyi, C. Perivolaropoulos, R. Pascanu, and P. Velivckovi'c. Round and round we go! what makes rotary positional encodings useful? *arXiv*, arXiv:abs/2410.06205, 2024.

[5] A. G. Baydin, B. A. Pearlmutter, A. A. Radul, and J. M. Siskind. Automatic differentiation in machine learning: a survey. *Journal of Machine Learning Research*, 18(153):1–43, 2018.

[6] Y. Bengio, A. C. Courville, and P. Vincent. Representation learning: A review and new perspectives. *IEEE Transactions on Pattern Analysis and Machine Intelligence*, 35:1798–1828, 2012.

[7] M. M. Bronstein, J. Bruna, Y. LeCun, A. Szlam, and P. Vandergheynst. Geometric deep learning: Going beyond euclidean data. *IEEE Signal Processing Magazine*, 34(4):18–42, 2017.

[8] T. B. Brown, B. Mann, N. Ryder, M. Subbiah, J. Kaplan, P. Dhariwal, A. Neelakantan, P. Shyam, G. Sastry, A. Askell, S. Agarwal, A. Herbert-Voss, G. Krueger, T. Henighan, R. Child, A. Ramesh, D. M. Ziegler, J. Wu, C. Winter, C. Hesse, M. Chen, E. Sigler, M. teusz Litwin, S. Gray, B. Chess, J. Clark, C. Berner, S. McCandlish, A. Radford, I. Sutskever, and D. Amodei. Language models are few-shot learners. *arXiv*, arXiv:abs/2005.14165, 2020.

[9] M. Caron, H. Touvron, I. Misra, H. J'egou, J. Mairal, P. Bojanowski, and A. Joulin. Emerging properties in self-supervised vision transformers. In *2021 IEEE/CVF International Conference on Computer Vision (ICCV)*, pages 9630–9640, 2021.

[10] K. Cho, B. van Merrienboer, Ç. Gülçehre, D. Bahdanau, F. Bougares, H. Schwenk, and Y. Bengio. Learning phrase representations using rnn encoder–decoder for statistical machine translation. In *Conference on Empirical Methods in Natural Language Processing*, 2014.

[11] R. A. DeVore, B. Hanin, and G. Petrova. Neural network approximation. *Acta Numerica*, 30:327–444, 2020.

[12] A. Dosovitskiy, L. Beyer, A. Kolesnikov, D. Weissenborn, X. Zhai, T. Unterthiner, M. Dehghani, M. Minderer, G. Heigold, S. Gelly, J. Uszkoreit, and N. Houlsby. An image is worth 16x16 words: Transformers for image recognition at scale. *arXiv*, arXiv:abs/2010.11929, 2020.

[13] S. R. Dubey, S. K. Singh, and B. B. Chaudhuri. Activation functions in deep learning: A comprehensive survey and benchmark. *Neurocomputing*, 503:92–108, 2022.

[14] V. Dumoulin and F. Visin. A guide to convolution arithmetic for deep learning. *arXiv*, arXiv:abs/1603.07285, 2016.

[15] K. Fukushima. Neocognitron: A hierarchical neural network capable of visual pattern recognition. *Neural Networks*, 1(2):119–130, 1988.

[16] Y. Gal and Z. Ghahramani. Dropout as a bayesian approximation: Representing model uncertainty in deep learning. In *International Conference on Machine Learning*, 2015.

[17] F. A. Gers, J. Schmidhuber, and F. Cummins. Learning to forget: Continual prediction with lstm. *Neural Computation*, 12:2451–2471, 2000.

[18] W. Gerstner and W. M. Kistler. *Spiking Neuron Models: Single Neurons, Populations, Plasticity*. Cambridge university press, 2002.

[19] X. Glorot, A. Bordes, and Y. Bengio. Deep sparse rectifier neural networks. In *International Conference on Artificial Intelligence and Statistics*, 2011.

[20] I. Goodfellow, Y. Bengio, and A. Courville. *Deep Learning - Adaptive Computation and Machine Learning*. The MIT Press, 2016.

[21] S. Haykin. *Neural Networks and Learning Machines: A Comprehensive Foundation*. Prentice Hall, 2008.

[22] K. He, X. Zhang, S. Ren, and J. Sun. Deep residual learning for image recognition. In *The IEEE Conference on Computer Vision and Pattern Recognition (CVPR)*, 2016.

[23] P. Hitzler and M. K. Sarker. Neuro-symbolic artificial intelligence: The state of the art, 2022.

[24] S. Hochreiter and J. Schmidhuber. Long short-term memory. *Neural Computation*, 9:1735–1780, 1997.

[25] K. Hornik. Approximation capabilities of multilayer feedforward networks. *Neural Networks*, 4:251–257, 1991.

[26] S. Hu, Z. Lou, X. Yan, and Y. Ye. A survey on information bottleneck. *IEEE Transactions on Pattern Analysis and Machine Intelligence*, 46:5325–5344, 2024.

[27] L. Huang, J. Qin, Y. Zhou, F. Zhu, L. Liu, and L. Shao. Normalization techniques in training dnns: Methodology, analysis and application. *IEEE Transactions on Pattern Analysis and Machine Intelligence*, 45:10173–10196, 2020.

[28] N. Krüger, P. Janssen, S. Kalkan, M. Lappe, A. Leonardis, J. Piater, A. J. Rodriguez-Sanchez, and L. Wiskott. Deep hierarchies in the primate visual cortex: What can we learn for computer vision? *IEEE Transactions on Pattern Analysis and Machine Intelligence*, 35(8):1847–1871, 2013.

[29] Y. LeCun, Y. Bengio, and G. Hinton. Deep learning. *Nature*, 521(7553):436–444, 2015.

[30] Y. LeCun, L. Bottou, Y. Bengio, and P. Haffner. Gradient-based learning applied to document recognition. *Proceedings of the IEEE*, 86(11):2278–2324, 1998.

[31] T. Lin, Y. Wang, X. Liu, and X. Qiu. A survey of transformers. *AI Open*, 3:111–132, 2021.

[32] Z. Liu, Y. Wang, S. Vaidya, F. Ruehle, J. Halverson, M. Soljacic, T. Y. Hou, and M. Tegmark. Kan: Kolmogorov-arnold networks. *arXiv*, arXiv:abs/2404.19756, 2024.

[33] D. J. MacKay. *Information Theory, Inference and Learning Algorithms*. Cambridge university press, 2003.

[34] H. A. Mallot. *Computational Neuroscience: An Essential Guide to Membrane Potentials, Receptive Fields, and Neural Networks*. Springer Nature, 2024.

[35] W. Mcculloch and W. Pitts. A logical calculus of ideas immanent in nervous activity. *The Bulletin of Mathematical Biophysics*, 5:127–147, 1943.

[36] M. Minsky and S. Papert. 1987. Perceptrons-expanded edition: An introduction to computational geometry, edn.

[37] G. Montavon, G. Orr, and K. -R. Müller. *Neural Networks: Tricks of the Trade*, volume 7700. Springer, 2012.

[38] G. Montúfar, R. Pascanu, K. Cho, and Y. Bengio. On the number of linear regions of deep neural networks. In *Neural Information Processing Systems*, 2014.

[39] K. P. Murphy. *Probabilistic Machine Learning: An introduction*. MIT Press, 2022.

[40] G. Paaß and D. Hecker. *Künstliche Intelligenz – Was steckt hinter der Technologie der Zukunft?* Springer, 2020.

[41] A. Pinkus. Approximation theory of the mlp model in neural networks. *Acta Numerica*, 8:143–195, 1999.

[42] T. A. Poggio and F. Girosi. Networks for approximation and learning. *Proceedings of the IEEE*, 78:1481–1497, 1990.

[43] A. Radford, J. W. Kim, C. Hallacy, A. Ramesh, G. Goh, S. Agarwal, G. Sastry, A. Askell, P. Mishkin, J. Clark, G. Krueger, and I. Sutskever. Learning transferable visual models from natural language supervision. In *International Conference on Machine Learning*, 2021.

[44] A. Radford, J. Wu, R. Child, D. Luan, D. Amodei, and I. Sutskever. 2019. Language models are unsupervised multitask learners.

[45] M. Raghu, B. Poole, J. M. Kleinberg, S. Ganguli, and J. N. Sohl-Dickstein. On the expressive power of deep neural networks. In *International Conference on Machine Learning*, 2016.

[46] M. Raissi, P. Perdikaris, and G. E. Karniadakis. Physics-informed neural networks: A deep learning framework for solving forward and inverse problems involving nonlinear partial differential equations. *Journal of Computational Physics*, 378:686–707, 2019.

[47] S. J. Reddi, S. Kale, and S. Kumar. On the convergence of adam and beyond. *arXiv*, arXiv:1904.09237, 2019.

[48] D. A. Roberts, S. Yaida, and B. Hanin. The principles of deep learning theory. *arXiv*, arXiv:abs/2106.10165, 2021.

[49] E. Rolls and G. Deco. *Computational Neuroscience of Vision*. OUP Oxford, 2001.

[50] F. Rosenblatt. The perceptron: a probabilistic model for information storage and organization in the brain. *Psychological Review*, 65(6):386, 1958.

[51] D. E. Rumelhart, G. E. Hinton, and R. J. Williams. Learning representations by back-propagating errors. *Nature*, 323:533–536, 1986.

[52] T. Salimans and D. P. Kingma. Weight normalization: A simple reparameterization to accelerate training of deep neural networks. *arXiv*, arXiv:abs/1602.07868, 2016.

[53] J. Schmidhuber. Deep learning in neural networks: An overview. *Neural Networks*, 61:85–117, 2015.

[54] K. Simonyan and A. Zisserman. Very deep convolutional networks for large-scale image recognition. *CoRR*, arXiv:abs/1409.1556, 2014.

[55] O. Sporns. *Networks of the Brain*. MIT press, 2016.

[56] S. Sra, S. Nowozin, and S. J. Wright. *Optimization for Machine Learning*. The MIT Press, 2012.

[57] N. Srivastava, G. Hinton, A. Krizhevsky, I. Sutskever, and R. Salakhutdinov. Dropout: a simple way to prevent neural networks from overfitting. *Journal of Machine Learning Research*, 15(1):1929–1958, 2014.

[58] S. Sun, Z. Cao, H. Zhu, and J. Zhao. A survey of optimization methods from a machine learning perspective. *IEEE Transactions on Cybernetics*, 50:3668–3681, 2019.

[59] C. Szegedy, W. Liu, Y. Jia, P. Sermanet, S. Reed, D. Anguelov, D. Erhan, V. Vanhoucke, and A. Rabinovich. Going deeper with convolutions. In *Proceedings of the IEEE Conference on Computer Vision and Pattern Recognition*, pages 1–9, 2015.

[60] C. Theriault, N. Thome, and M. Cord. Extended coding and pooling in the hmax model. *IEEE Transactions on Image Processing*, 22(2):764–777, 2013.

[61] N. Tishby and N. Zaslavsky. Deep learning and the information bottleneck principle. In *2015 IEEE Information Theory Workshop (ITW)*, pages 1–5, 2015.

[62] A. Vaswani, N. M. Shazeer, N. Parmar, J. Uszkoreit, L. Jones, A. N. Gomez, L. Kaiser, and I. Polosukhin. Attention is all you need. In *Neural Information Processing Systems*, 2017.

[63] P. J. Werbos. Backpropagation through time: What it does and how to do it. *Proceedings of the IEEE*, 78:1550–1560, 1990.

[64] Z. Wu, S. Pan, F. Chen, G. Long, C. Zhang, and P. S. Yu. A comprehensive survey on graph neural networks. *IEEE Transactions on Neural Networks and Learning Systems*, 32:4–24, 2019.

Ronny Hug und Wolfgang Hübner

14 Neuronale generative Ansätze

14.1 Einleitung

Generative Modelle sind eine Klasse statistischer Modelle und beschäftigen sich im Wesentlichen mit der Schätzung komplexer Verbundwahrscheinlichkeitsdichten (*density estimation*) $p(x,y)$ gegeben einer Menge beobachteter Muster $x \in \mathcal{D}$, gebündelt in einer Datenbasis $\mathcal{D}$. Dabei entspricht y häufig entweder einer verdeckten Variable (auch latente Variablen genannt, s. Abschnitt 14.2.2) oder aber einer mit x assoziierten Variable, beispielsweise einem Klassenbezeichner. Damit erfassen generative Modelle die den Daten zugrunde liegende Struktur um so beispielsweise die Synthese neuer mit der Datenbasis kohärenter Muster zu ermöglichen. Durch diese Fähigkeit sind generative Modelle vielseitig in verschiedenen Anwendungsbereichen einsetzbar. Populäre Beispiele umfassen unter anderem die Generierung, Augmentierung und Imputation von Daten, aber auch beispielsweise die Anomalie- und Out-of-distribution-Erkennung.

Generierung von Mustern: Generative Modelle eignen sich generell zur Synthese anwendungs- oder endnutzer-relevanter Daten aus der gelernten Wahrscheinlichkeitsverteilung. So können diese Modelle ganz allgemein zur Generierung von einzelnen Mustern (z. B. Bildern) oder auch von Sequenzen von Mustern (z. B. Texte, Videos, Systemzustände) verwendet werden. Diese können entweder aus der A-priori-Verteilung oder konditional, z. B. gegeben einer Eingabe in Form anderer Daten aus der Zieldomäne (z. B. bei Vorhersageaufgaben) oder multimodaler Eingaben (z. B. in Form von textueller Nutzereingaben), generiert werden.

Augmentierung von Datensätzen: Analog zur Generierung von Mustern für Anwendungszwecke, können generative Modelle auch verwendet werden, um Trainingsdatensätze mit synthetischen Daten anzureichern. Dies dient beispielsweise dazu, ein Defizit an Daten auszugleichen, unzureichend balancierte Datensätze zu verbessern oder auch allgemein die Robustheit von trainierten Modellen zu verbessern.

Datenimputation: Die Datenimputation ist ein weiterer Spezialfall für die Anwendungsgebiete von generativen Modellen und beschäftigt sich mit dem Auffüllen von Lücken in einer gegebenen Datenmenge (sog. *Inverse Probleme*). Dazu nutzt das Modell gelernte Zusammenhänge aus, um plausible Werte für fehlende Einträge zu erzeugen. Anwendung finden Verfahren zur Datenimputation beispielsweise in der Bildverarbeitung, indem KI-gestützt Inhalte aus Bildern entfernt werden können. Durch das Entfernen von Bildbereichen entstehen undefinierte Bereiche, welche mithilfe eines generativen Modells auf Grundlage der verbleibenden Bildstrukturen ersetzt werden können.

Anomaliedetektion: Als letztes Anwendungsbeispiel kann die Anomaliedetektion – oder allgemeiner die Out-of-distribution-Erkennung – angeführt werden. Das Auftreten von unerwarteten Mustern, d. h. Mustern die nicht der zugrunde liegenden Wahrschein-

https://doi.org/10.1515/9783111386690-017

lichkeitsverteilung zugehörig sind (sog. *Ausreißer*), sind aus verschiedenen Gründen von Interesse. Zum einen bietet deren Erkennung in verschiedenen Anwendungen die Möglichkeit, auf unerwartete Ereignisse zu reagieren. Ein Beispiel sind autonome Roboter, die sich zwischen Menschen bewegen. Dabei müssen sie ständig unerwartete Ereignisse erkennen und darauf reagieren. Zum anderen können Ausreißer als Eingabe für (Sub-)Systeme zu unerwartetem Systemverhalten führen und potenziell Ergebnisse mit größerer Unsicherheit behaften oder sogar unbrauchbar machen.

14.1.1 Grundlegender Ansatz

Aus mathematischer Sicht lernt ein generatives Modell eine Verbundwahrscheinlichkeit der Form $p(x, y) = \frac{1}{Z} p(y) p(x|y)$ zu repräsentieren, wobei $p(y)$ die A-priori-Verteilung über den latenten bzw. assoziierten Variablen und $p(x|y)$ die Likelihood der Daten x, gegeben der konditionierenden Variable y, darstellt. Im Kern des Lösungsansatzes steht hier die Annahme, dass komplex strukturierte Muster durch einen unbekannten (stochastischen) Prozess erzeugt werden, wobei die Aufgabe dann darin besteht, diesen Prozess nachzubilden. Dabei kann in den meisten Fällen jedoch die Zielverteilung selbst nicht explizit dargestellt werden, weswegen generative Modelle in der Regel ausschließlich das Ziehen von Proben (engl. Samples) aus der approximierten Verteilung ermöglichen. Konkret ermöglichen generative Modelle durch Approximation der Verbundwahrscheinlichkeit $p(x, y) = p(y) p(x|y)$ die Erzeugung neuer Instanzen x, indem zuerst Proben aus $p(y)$ und dann aus $p(x|y)$ gezogen werden [37]. Im Kontext neuronaler generativer Modelle werden hierzu in der Regel Proben aus einer einfachen A-priori-Verteilung $p(y)$, z. B. einer Normalverteilung, gezogen und dann mithilfe eines neuronalen Netzwerkes, häufig Generator oder Decoder genannt, zurück in die Domäne der Daten transformiert. Dieses Decoder-Netzwerk modelliert dann effektiv die konditionale Wahrscheinlichkeitsverteilung $p(x|y)$. Der Hauptunterschied zwischen den in diesem Kapitel behandelten Vertretern neuronaler generativer Modelle liegt dann in der Formulierung des Optimierungsproblems, der Regularisierung und Struktur des Decoder-Netzwerks und gegebenenfalls der Repräsentation der gelernten Wahrscheinlichkeitsverteilungen.

14.1.2 Unterschied zu diskriminativen Ansätzen

Ein wesentlicher Unterschied zwischen generativen und diskriminativen Modellen ist, dass generative Modelle die Verbundwahrscheinlichkeit $p(x, y)$ modellieren, während diskriminative Modelle die Konditionalwahrscheinlichkeit $p(y|x)$ modellieren, d. h. Wahrscheinlichkeiten, die auf Eingangsmuster konditioniert sind. Durch die unter Umständen sehr komplex strukturierten Wahrscheinlichkeitsverteilungen, die auch a priori nicht bekannt sind, ist die von generativen Modellen zu lösende Aufgabe dabei in der Regel deutlich schwieriger zu lösen. Darüber hinaus können weitere Unterschiede ausgemacht werden.

Diskriminative Modelle konzentrieren sich auf die Suche und Definition möglichst präziser und robuster Entscheidungsgrenzen zwischen verschiedenen Klassen. Demgegenüber beschäftigen sich generative Modelle vorwiegend damit, wie Daten aus einer unbekannten Wahrscheinlichkeitsverteilung generiert werden. Um diese Aufgaben zu erfüllen, benötigen diskriminative Modelle oft große Mengen an annotierten Daten und verwenden häufig überwachte Lernstrategien. Generative Modelle werden dagegen meist unüberwacht gelernt und benötigen zwar keine annotierten Daten, aber eine möglichst repräsentative Datenbasis für die zu approximierende Wahrscheinlichkeitsverteilung. Unter Betrachtung der Modellkomplexität sind generative Modelle schwergewichtiger und deren Ausführung deutlich rechenintensiver, was häufig der Abhängigkeit von Monte-Carlo-Verfahren [34] zugeschrieben werden kann. Umgekehrt sind diskriminative Modelle in der Regel einfacher und dadurch auch schneller im Sinne der Berechnungszeiten. Zusammenfassend sind beides grundlegend verschiedene Ansätze, die verschiedene Aufgaben erfüllen. Eine schematische Darstellung beider Ansätze ist in Abbildung 14.1 dargestellt.

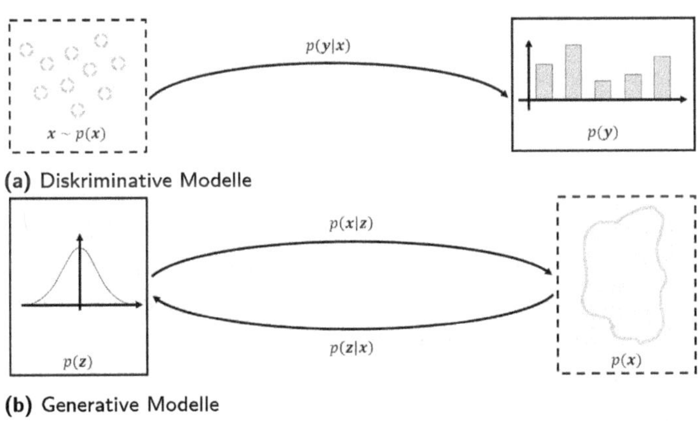

Abb. 14.1: Schematische Darstellung der modellierten Wahrscheinlichkeitsverteilungen und Transformationen für diskriminative und generative Modelle. Komponenten in gestrichelten Kästen werden hierbei nicht explizit modelliert. Bei diskriminativen Modellen steht in der Regel die Abbildung von Beispielen $x \sim p(x)$ der Datenverteilung auf dazugehörige Klassenbezeichner y im Fokus. Generative Modelle dagegen beschäftigen sich maßgeblich mit der (impliziten) Modellierung der unbekannten Datenverteilung $p(x)$ selbst. Häufig wird dazu die Transformation von einer einfachen A-priori-Verteilung hin zur Datenverteilung angenähert.

14.1.3 Kapitelstruktur

Im Folgenden beschäftigt sich dieses Kapitel mit grundlegenden Bausteinen generativer (neuronaler) Modelle, welche die Grundlage für komplexere, weiterführende Modelle, wie beispielsweise ChatGPT oder Stable Diffusion, darstellen. Abschnitt 14.2 führt wichtige Begriffe und Konzepte, wie beispielsweise die Repräsentation von Daten mittels latenter Variablen und die häufig zur Optimierung wichtige untere Schranke *Evidence Lower Bound*, ein. Darauf aufbauend behandelt Abschnitt 14.3 relevante Arten von generativen, neuronalen Ansätzen, z. B. Ansätze, die sich auf die Transformation von Proben einfacher Verteilungen fokussieren. Dabei werden grundlegende mathematische Konzepte erläutert und relevante Details wichtiger Modellvarianten näher betrachtet. Danach werden in Abschnitt 14.4 kurz aktuelle Forschungsfelder und Themenkomplexe im Zusammenhang mit generativen Modellen betrachtet. Abschließend werden die Kernpunkte des Kapitels nochmals in Abschnitt 14.5 zusammengefasst und Herausforderungen, wie etwa die Gefahr von *Deep Fakes*, aufgezeigt.

14.2 Grundlegende Konzepte

In diesem Abschnitt werden die grundlegenden Bausteine und Konzepte für die Definition generativer Modelle eingeführt. Ein zentrales theoretisches Fundament dieser Modelle ist das Bayes-Theorem, welches die Berechnung von bedingten Wahrscheinlichkeiten beschreibt:

$$p(\boldsymbol{\theta}|\mathcal{D}) = \frac{p(\mathcal{D}|\boldsymbol{\theta})p(\boldsymbol{\theta})}{p(\mathcal{D})} \tag{14.1}$$

Hierbei bezeichnet $\boldsymbol{\theta}$ die Parameter des Modells und $\mathcal{D} = \{\mathbf{x}_1, \ldots, \mathbf{x}_N\}$ den Datensatz bestehend aus einer Menge von *Mustern*. Weiter entspricht $p(\mathcal{D}|\boldsymbol{\theta})$ der *Likelihood* der Daten unter dem Modell, $p(\boldsymbol{\theta})$ der A-priori-Wahrscheinlichkeit der Parameter und $p(\boldsymbol{\theta}|\mathcal{D})$ der A-posteriori-Wahrscheinlichkeit über den Parametern gegeben der Daten. Schließlich ergibt sich mit der marginalen Likelihood, auch Evidenz genannt, ein weiterer grundlegender Term, welcher durch Integration über die Parameter wie folgt berechnet wird:

$$p(\mathcal{D}) = \int p(\mathcal{D}|\boldsymbol{\theta})p(\boldsymbol{\theta})\, d\boldsymbol{\theta}. \tag{14.2}$$

In der Praxis sind diese Wahrscheinlichkeitsverteilungen häufig nicht berechenbar. Das liegt in der Regel daran, dass diese nicht konjugiert sind und auch keine geschlossene Lösung existiert. Weiter sind die zu lösenden Integrale, etwa zur Normierung oder auch im Rahmen approximativer Inferenz, oft zu komplex, um sie numerisch lösen zu können. Ein effizienter Ansatz zur Lösung oder Schätzung der entsprechenden Wahrscheinlichkeiten stellt daher eine der grundlegenden Fragestellungen generativer Ansätze dar.

Darüber hinaus werden nachfolgend weitere Schlüsselkonzepte für die Definition generativer Ansätze erörtert.

14.2.1 Dichteschätzung

Gegenstand der Dichteschätzung ist die Suche nach einer Beschreibung der Wahrscheinlichkeitsdichte, die eine Menge diskreter Punkte in einem Datensatz $\mathcal{D}$ gebündelt beschreibt. Bei der Beschreibung bzw. Modellierung dieser Wahrscheinlichkeitsdichte kann zwischen einer direkten und einer autoregressiven Modellierung unterschieden werden. Die *direkte Modellierung* zielt darauf ab, ein Modell zu lernen, welches effizient eine Verteilung $p(\mathbf{x})$ über den Mustern oder deren konditionale Variante $p(\mathbf{x}|\mathbf{z})$ auswerten oder sampeln kann. Der Fokus dieser Methode liegt dabei auf einer effizienten Berechnung relevanter Wahrscheinlichkeiten. Im Gegensatz dazu wird $p(\mathbf{x})$ bei der *autoregressiven Modellierung* in ein Produkt von Konditionalwahrscheinlichkeiten $p(\mathbf{x}) = \prod_i p(x_i|x_{1:i-1})$ faktorisiert und Muster werden sequenziell in Abhängigkeit zuvor beobachteter Muster verarbeitet. An dieser Stelle ist auch wichtig zu erwähnen, dass die autoregressive Art der Modellierung nicht nur für sequenzielle Daten, sondern generell anwendbar ist. Insbesondere im Falle nicht sequenzieller Daten legt dieser Ansatz dann mehr Wert darauf, Abhängigkeiten innerhalb eines Datensatzes zu erfassen. Bei entsprechend hoch-dimensionalen Mustern (beispielsweise Bildern) kann die Wahrscheinlichkeit $p(\mathbf{x})$ auch musterintern autoregressiv abgebildet werden, wodurch Abhängigkeiten zwischen den einzelnen Dimensionen eines Musters betrachtet werden.

Weiter kann zwischen *expliziten* und *impliziten* Dichtemodellen unterschieden werden. Explizite Dichtemodelle definieren eine Wahrscheinlichkeitsdichte $p_{\boldsymbol{\theta}}(\mathbf{x})$, parametrisiert durch $\boldsymbol{\theta}$. Die Parametrisierung erfolgt hier häufig mithilfe neuronaler Netzwerke, welche die Wahrscheinlichkeitsdichte abbilden. Das Training solcher Modelle erfolgt dann durch die Maximierung der Likelihood

$$\mathcal{L}(\boldsymbol{\theta}) = \sum_{i=1}^{N} \log p_{\boldsymbol{\theta}}(\mathbf{x}_i) \tag{14.3}$$

gegeben der Trainingsmuster $\mathcal{D}$. Die Zerlegung der Likelihood in eine Summe über einzelnen Faktoren beruht dabei auf der Annahme, dass die Muster $\mathbf{x}_i$ identisch und unabhängig verteilt (*i. i. d.*) sind. Beispiele für explizite Dichtemodelle sind etwa variationale Autoencoder oder diffusionsbasierte Modelle. Demgegenüber stehen implizite Dichtemodelle, welche darauf verzichten, $p(x)$ direkt zu definieren. Stattdessen wird ein Modell gelernt, welches das Ziehen (engl. *Sampling*) von Proben (engl. *Samples*) aus $p(x)$ ermöglicht. Kontradiktorische Netzwerke sind zum Beispiel ein wichtiger Vertreter der impliziten Dichtemodelle. Die drei genannten Modelle werden in Abschnitt 14.3.1 näher erläutert.

14.2.2 Repräsentation komplexer Daten

Eine Vielzahl generativer Ansätze beruht auf der Annahme, dass komplexe, beobachtbare Muster $\mathbf{x}$ in einer einfacheren oder besser strukturierten Form in einem niedrigdimensionalen latenten Raum (engl. *latent space*) durch latente Variablen $\mathbf{z}$ repräsentiert[1] werden können. Ziel ist dabei in der Regel das Lernen einer Abbildung aus der Domäne der Daten in einen kompakteren latenten Raum, wobei zwei Konzepte zur Abbildung in den latenten Raum eine zentrale Rolle spielen: *Mannigfaltigkeiten* (engl. *manifolds*) und der *Informationsflaschenhals* (engl. *information bottleneck*). Eine Mannigfaltigkeit ist ein topologischer Raum, der sich lokal wie ein euklidischer Raum verhält, global jedoch eine komplexere Struktur haben kann. Im Kontext von generativen Modellen mit latenten Variablen sind sie niedrig-dimensionale Räume, die die zugrunde liegenden Strukturen und wesentlichen Merkmale komplexer, hoch-dimensionaler Daten erfassen können. Sie fungieren als abstrakte Repräsentationen, in denen latente Variablen die Geometrie und Verteilung der Daten auf einer glatten, kontinuierlichen Fläche beschreiben. Die Einbettung von Mustern in den latenten Raum entspricht dann einer diskreten Repräsentation einer Mannigfaltigkeit. Im Vergleich dazu liegt der Fokus bei einem Informationsflaschenhals auf einer möglichst verlustfreien Kompression der potenziell hoch-dimensionalen Daten. Dabei wird eine kompakte Repräsentation der Daten gesucht, welche relevante Informationen zur Vorhersage der Zielvariablen behält. Eine Kombination beider Konzepte tritt beispielsweise bei (variationalen) Autoencodern auf, welche gleichzeitig eine kompakte sowie strukturierte Repräsentation gegebener Daten lernen.

Latente Variablenmodelle (engl. *latent variable models*) machen sich diese Konzepte zunutze und basieren umgekehrt auf der Annahme, dass die Muster $\mathbf{x}$ aus latenten Variablen $\mathbf{z}$ erzeugt werden können. Formal wird eine Abbildung $p(\mathbf{x}|\mathbf{z})$ definiert, wobei die Wahrscheinlichkeit über den Mustern $\mathbf{x}$ in Abhängigkeit latenter Variablen $\mathbf{z} \sim p(z)$ festgelegt ist. Für die Erzeugung der latenten Variablen kommen dabei häufig sogenannte Encoder-Modelle zum Einsatz.

14.2.3 Lernen in generativen Modellen

Für das Training eines generativen Modells wird eine Konfiguration der Modellparameter $\boldsymbol{\theta}$ gesucht, welche die Likelihood der beobachteten Muster (Trainingsdaten) maximiert:

$$\boldsymbol{\theta}^* = \arg\max_{\boldsymbol{\theta}} \sum_{i=1}^{N} \log p_{\boldsymbol{\theta}}(\mathbf{x}_i). \tag{14.4}$$

Unter Verwendung realer Daten mit komplexer Datenverteilung ist es meist nicht möglich, $p_{\boldsymbol{\theta}}(x)$ direkt zu modellieren, da entweder keine Information über die Struktur der Verteilung vorhanden ist oder schlicht keine analytische Form existiert. Die Einführung latenter Variablen, wie zuvor beschrieben, stellt hier eine gängige Methode dar, das

1 Gegenstand des „*representation learning*“.

Lernproblem so in ein mindestens approximativ lösbares Problem umzuformulieren. Formal werden zunächst latente Variablen **z** zur Erfassung grundlegender Strukturen in den Daten eingeführt, wodurch anstelle der Evidenz $p_{\boldsymbol{\theta}}(x)$, die vollständige Likelihood der Daten $p_{\boldsymbol{\theta}}(x, z)$ maximiert werden soll. Diese Erweiterung ermöglicht die Optimierung von Gleichung (14.4) unter Verwendung der sogenannten *Evidence Lower Bound*[2] (ELBO), welche eine untere Schranke für die logarithmierte Evidenz $\log p_{\boldsymbol{\theta}}(\mathbf{x})$ darstellt und wie folgt hergeleitet werden kann.

Ein wichtiger Baustein für die Herleitung der ELBO ist die A-posteriori-Wahrscheinlichkeit $p(z|x)$ über den latenten Variablen in Abhängigkeit der Muster. Da diese in der Regel nicht direkt berechnet werden kann, ist eine Näherungslösung nötig, wobei entweder ein MCMC[3]-Verfahren oder eine Optimierung mittels Variationsrechnung (engl. *variational inference*) möglich ist. Der zweite Ansatz ist dabei im Kontext generativer Modelle weiter verbreitet. Die der Variationsrechnung zugrunde liegende Idee besteht darin, eine einfache variationale Verteilung $q_\phi(z)$ (engl. *variational distribution*) als Näherungslösung für die wahre A-posteriori-Verteilung $p(z|x)$ zu verwenden. Die variationale Verteilung gehört dabei in der Regel zu einer Familie von Verteilungen Q, die vorteilhafte analytische Eigenschaften haben und gut berechenbar sind. Die Parameter der variationalen Verteilung $q_\phi(z)$ werden durch Minimierung der Kullback-Leibler-Divergenz (kurz KL-Divergenz)

$$q^*(z) = \arg \min_{q(z) \in Q} KL(q(z) \| p(z|x)) \tag{14.5}$$

geschätzt. Die KL-Divergenz ist ein Maß aus der Informationstheorie und fungiert hierbei als Maß für die Differenz zwischen den Verteilungen $q(z)$ und $p(z|x)$. Sie ist definiert als:

$$KL(q(z) \| p(z|x)) = -\mathbb{E}_q\left[\log \frac{p(z|x)}{q(z)}\right]. \tag{14.6}$$

Zur Herleitung der ELBO muss nun zunächst die KL-Divergenz umgeformt werden:

$$\begin{aligned} KL(q(z) \| p(z|x)) &= -\mathbb{E}_q\left[\log \frac{p(z|x)}{q(z)}\right] \\ &= \mathbb{E}_q\left[\log \frac{q(z)}{p(z|x)}\right] \\ &= \mathbb{E}_q[\log q(z)] - \mathbb{E}_q[\log p(z|x)] \\ &= \mathbb{E}_q[\log p(z)] - \mathbb{E}_q[\log p(z, x)] + \mathbb{E}_q[\log p(x)] \end{aligned}$$

---

2 Manchmal auch *variational lower bound* genannt.

3 Marko Chain Monte Carlo (MCMC) Ansätze sind eine Technik zur Berechnung komplexer Wahrscheinlichkeiten auf Grundlage von Proben [18].

$$= \mathbb{E}_q\left[\log\frac{q(z)}{p(z,x)}\right] + \log p(x)$$
$$= -\mathbb{E}_q\left[\log\frac{p(z,x)}{q(z)}\right] + \log p(x). \tag{14.7}$$

Durch Umstellen ergibt sich nun

$$\log p(x) = \underbrace{\mathbb{E}_q\left[\log\frac{p(z,x)}{q(z)}\right]}_{\text{ELBO}} + KL(q(z)\|p(z|x)). \tag{14.8}$$

Beachtet man hier, dass $\log p(x)$ unverändert unter Optimierung der variationalen Verteilung q ist und die KL-Divergenz immer positiv ist, muss die ELBO eine untere Schranke für $\log p(x)$ sein. Gleichzeitig wird die KL-Divergenz zwangsläufig kleiner, wenn die ELBO größer wird. Auf diese Weise kann die variationale Fehlerfunktion (s. Gleichung (14.5)) durch Maximierung der ELBO minimiert werden.

Ein zentraler Aspekt vieler generativer Modelle ist dann durch einen Ansatz zur effizienten Berechnung der ELBO gegeben. Mögliche Vorgehensweisen umfassen dabei:

1. Die Wahl der Verteilungsfamilie Q: Wird eine simple Form für die Variationsverteilung $q(z)$ gewählt, dann kann der Erwartungswert berechenbar werden. Eine gängige Methode in diesem Bereich ist durch die *mean-field approximation* gegeben, wobei eine Faktorisierung von $q(\mathbf{z}) = \prod_i q_i(z_i)$ in ein Produkt unabhängiger Verteilungen über den latenten Variablen z_i angenommen wird. Alternativ können einfache Verteilungen, etwa Normalverteilungen, für $q(z)$ gewählt werden.
2. Reparametrisierungstrick: Die Berechnung der ELBO benötigt in der Regel das Ziehen von latenten Proben $\mathbf{z} \sim q(\mathbf{z})$. Ist dieser Schritt als deterministische Funktion darstellbar, kann die ELBO mittels gradientenbasierter Optimierung berechnet werden. Dies ist z. B. für $q(z) = \mathcal{N}(\mu, \sigma^2)$ der Fall. In diesem Fall kann $z \sim \mathcal{N}(\mu, \sigma^2)$ als Funktion $z = \mu + \sigma \cdot \epsilon$ mit $\epsilon \sim \mathcal{N}(0, 1)$ dargestellt werden. Dieser Parameterwechsel ist insbesondere bei variationalen Autoencodern ein wichtiger Bestandteil und wird entsprechend in Abschnitt 14.3.1.1 näher beschrieben.
3. Analytische Lösungen: Kann das zu lernende Modell unter Verwendung von konjugierten Verteilungen definiert werden, ist es möglich, die ELBO analytisch zu berechnen. Ein Beispiel hierfür sind „Variationale" Gaußmischverteilungen. Diese sind beispielsweise in [6] im Detail beschrieben.

14.2.4 Kontradiktorische Muster

Im Kontext neuronaler generativer Modelle dienen kontradiktorische Muster als ein Werkzeug zur Bewertung der Robustheit, Sicherheit und Verlässlichkeit dieser Modelle. Kontradiktorische Muster (engl. *adversarial patterns*) sind Eingabemuster, die durch das Hinzufügen minimaler, oft für Menschen nicht wahrnehmbarer, Störsignale gezielt manipuliert werden, um das Verhalten eines Modells zu beeinflussen. Solche Manipulationen können zu verschiedenen Beeinträchtigungen der Modellleistung führen, wie etwa der Generierung inkorrekter oder unerwünschter Ausgaben.

Weiter unterscheidet man zwischen *kontradiktorischen Beispielen* und *kontradiktorischen Angriffen*. Kontradiktorische Beispiele sind einzelne veränderte Muster, die darauf abzielen, Fehler in den Modellvorhersagen hervorzurufen. Kontradiktorische Angriffe hingegen erzeugen systematisch kontradiktorische Beispiele, um gezielt Schwachstellen eines generativen Modells aufzudecken. Diese Angriffe konzentrieren sich oft auf die Identifikation minimaler Störsignale, die signifikante Änderungen in den Ausgaben hervorrufen.

Die Robustheit eines Modells gegenüber kontradiktorischen Angriffen kann durch verschiedene Metriken bewertet werden. Diese Metriken messen beispielsweise den Leistungsverlust bei Präsenz kontradiktorischer Eingaben durch Messung der Angriffserfolgsrate. Gegenmaßnahmen umfassen unter anderem den Einbezug kontradiktorischer Muster direkt im Training oder Regularisierungstechniken zur Steigerung der Stabilität des Modells.

Ein detaillierter Überblick über kontradiktorische Angriffe und Gegenmaßnahmen ist beispielsweise in [52, 51, 3] gegeben.

14.3 Methoden und Algorithmen

In diesem Abschnitt werden zentrale Modelle und Methoden vorgestellt, die als Grundlage für zahlreiche Modellerweiterungen und -kombinationen dienen. Der Schwerpunkt liegt dabei auf den *transformativen Modellen*, welche im Bereich der Mustersynthese die größte Bedeutung haben. Soweit anwendbar, wird ebenfalls kurz auf wesentliche Modellvarianten eingegangen, die einige Herausforderungen der jeweiligen Ausgangsmodelle behandeln oder wichtige Erweiterungen ermöglichen. Der Fokus liegt auf neuronalen generativen Modellen, die auch in Verbindung mit tiefen Architekturen eingesetzt werden können.

Die Tabellen 14.1 und 14.2 geben eine kategorisierte Übersicht über die hier behandelten generativen Modelle, basierend auf den unterschiedlichen Generierungsprozessen und zugrunde liegenden Mechanismen.

14.3.1 Transformative Generative Modelle

Transformative generative Modelle ermöglichen die Transformation einfacher Wahrscheinlichkeitsverteilungen, wie Normalverteilungen, in komplexe Verteilungen, etwa solche die die Struktur einer Datenverteilung widerspiegeln. Dieser Transformationsprozess ist typischerweise durch eine Reihe gelernter Abbildungen zwischen dem Raum

Tab. 14.1: Übersicht der in diesem Kapitel betrachteten neuronalen generativen Modelle (diese Tabelle wird in Tabelle 14.2 fortgeführt).

Modellfamilie	Modell	Grundlegender Ansatz
transformativ	Variationale Autoencoder (VAE)	VAEs modellieren die Beziehung zwischen einem latenten Raum und den Daten mithilfe einer probabilistischen Encoder-Decoder-Struktur.
	Kontra-diktorische Netzwerke (GAN)	GANs nutzen ein spieltheoretisches Minimax-Spiel zwischen einem Generator und einem Diskriminator, um ein implizites Modell der Datenverteilung zu lernen und so die Synthese realistischer Datenproben zu ermöglichen.
	„Normalizing Flows"	„Normalizing Flows"sind ein flussbasiertes Modell und verketten invertierbare Transformationen, um Proben einer einfachen Verteilung in die Datenverteilung zu transformieren. Die modellierten Wahrscheinlichkeitsdichten sind dabei explizit und effizient berechenbar.
	Neuronale gewöhnliche Differential-gleichungen	„Neural ODEs" beschreiben ein kontinuierliches flussbasiertes Modell, wobei die Transformation mittels gewöhnlicher Differentialgleichungen als zeitkontinuierlicher Prozess dargestellt wird.
	„Denoising" Diffusion	„Denoising Diffusion Probabilistic Models" (*DDPMs*) implementieren einen Diffusionsprozess, um eine einfache Verteilung in die Datenverteilung zu überführen.

der Daten und latenten Räumen definiert. Formal lässt sich ein Prozess zur Mustersynthese dann beispielhaft realisieren, indem Proben $\mathbf{z} \sim \mathcal{N}(\mathbf{z}|\mu, \sigma)$ aus dem latenten Raum durch eine Transformation $\mathbf{x} = f(\mathbf{z})$ auf ein Muster $\mathbf{x}$ abgebildet werden. Transformative Modelle sind häufig latente Variablenmodelle und beschreiben im Wesentlichen eine Approximation der Likelihood $p(\mathbf{x}|\mathbf{z})$ durch die Transformation f. Im Folgenden werden die wichtigsten Vertreter dieser Modellfamilie näher beschrieben.

14.3.1.1 Variationale Autoencoder

Variationale Autoencoder [30] (engl. *Variational Autoencoder*, VAE) sind ein explizites Dichtemodell und modellieren die Datenverteilung $p(\mathbf{x}) = \int p(\mathbf{x}|\mathbf{z})p(\mathbf{z})\, dz$ unter Verwendung von latenten Variablen $\mathbf{z} \sim p_\theta(\mathbf{z})$. Dabei entspricht $p_\theta(\mathbf{z})$ der A-priori-Verteilung über den latenten Variablen. Nach dem Bayes-Theorem sind $p(\mathbf{x})$ und $p_\theta(\mathbf{z})$ durch die Abbildungen $p_\theta(\mathbf{x}|\mathbf{z})$ (Likelihood) und $p_\theta(\mathbf{z}|\mathbf{x})$ (A-posteriori-Verteilung) verbunden, welche explizit modelliert werden. Da die A-posteriori-Verteilung in der Regel nicht berechenbar ist, wird diese von VAE-Modellen mithilfe eines Ansatzes basierend auf der Variationsrechnung durch $q_\phi(\mathbf{z}|\mathbf{x})$ approximiert (s. Abschnitt 14.2.3). Im Sinne der latenten Variablenmodelle werden innerhalb eines VAE die Verteilungen $q_\phi(\mathbf{z}|\mathbf{x})$

Tab. 14.2: Übersicht der in diesem Kapitel betrachteten neuronalen generativen Modelle (Fortsetzung zu Tabelle 14.1).

Modellfamilie	Modell	Grundlegender Ansatz
autoregressiv	GPT-Modelle	GPT-Modelle (*Generative-Pre-trained-Transformer*-Modelle) sind große Sprachmodelle (engl. *large language models*, LLM) auf Basis der Transformer-Architektur. Diese Modelle nutzen einen autoregressiven Ansatz um Wahrscheinlichkeiten sequenziell zu modellieren.
	PixelCNN & PixelRNN	PixelCNNs sind autoregressive neuronale Netzwerke, die mithilfe maskierter Faltungen einzelne Komponenten eines Musters (z. B. die Pixel eines Bildes) sequenziell als faktorisierte, bedingte Wahrscheinlichkeiten modellieren. Die Maskierung stellt dabei sicher, dass nur Informationen von bereits beobachteter Komponenten genutzt werden. PixelRNNs ersetzen die Faltungsoperationen in PixelCNNs durch rekurrente neuronale Netzwerke (RNNs), um die Reihenfolge der Datenverarbeitung zu modellieren.
verteilungs-erzeugend	Bayes'sche Neuronale Netzwerke (BNN)	BNNs integrieren die Prinzipien der Bayes'schen Statistik, indem sie die Netzwerkparameter als Wahrscheinlichkeitsverteilungen repräsentieren, was sowohl Unsicherheitsabschätzungen in den Vorhersagen ermöglicht als auch ihren Einsatz als generative Modelle zur Mustersynthese unterstützt.
	Mischverteilungs-netzwerke (MDN)	MDNs sind deterministische Netzwerke, die abhängig von ihrer Eingabe eine (i. d. R. Gauß'sche) Mischverteilung parametrisieren.
energiebasiert	Begrenzte Boltzmann Maschine (RBM)	RBMs sind generative stochastische neuronale Netzwerke, die aus sichtbaren und versteckten Schichten bestehen und symmetrische Verbindungen zwischen diesen Schichten nutzen, um die Wahrscheinlichkeitsverteilung von Eingabedaten zu modellieren.
	Tiefe Boltzmann Maschine (DBM)	DBMs sind eine Erweiterung der RBMs, die mehrere gestapelte RBM Schichten enthalten, um komplexere und tiefere hierarchische Strukturen in den Daten zu modellieren.

und $p_\theta(\mathbf{x}|\mathbf{z})$ durch deterministische, vorwärtsgerichtete neuronale Netzwerke umgesetzt. Diese Netzwerke sind wie ein klassischer Autoencoder angeordnet,[4] mit $q_\phi(\mathbf{z}|\mathbf{x})$ als Encoder und $p_\theta(\mathbf{x}|\mathbf{z})$ als Decoder.

Zur Synthese neuer Muster $\mathbf{x}$ werden Proben $\mathbf{z}_i \sim p_\theta(\mathbf{z})$ aus dem latenten Raum mithilfe des generativen Modells $p_\theta(\mathbf{x}|\mathbf{z}_i)$ transformiert. Die A-priori-Verteilung $p_\theta(\mathbf{z})$ ist dabei üblicherweise durch die Standardnormalverteilung $\mathcal{N}(0, \mathbf{I})$ gegeben.

4 Variationale Autoencoder sind keine Autoencoder im klassischen Sinne. Die Namensgebung leitet sich von der ähnlichen Struktur ab, da beide Modelle Encoder-Decoder-Architekturen verwenden.

Um VAE-Modelle zu trainieren, wird die Wahrscheinlichkeit $p(\mathbf{x})$ indirekt über die ELBO (s. Abschnitt 14.2.3) als Kostenfunktion maximiert. Diese ist definiert als

$$\mathcal{L}_{\mathrm{ELBO}}(q) = -KL(q_\phi(\mathbf{z}|\mathbf{x}) \| p_{\boldsymbol{\theta}}(\mathbf{z})) + \mathbb{E}_{\mathbf{z}\sim q_\phi(\mathbf{z}|\mathbf{x})}[\log p_{\boldsymbol{\theta}}(\mathbf{x}|\mathbf{z})] \tag{14.9}$$

und bildet durch die Relation $\log p(\mathbf{x}) \geq \mathcal{L}_{\mathrm{ELBO}}(q)$ eine untere Schranke für $p(\mathbf{x})$. Der erste Term der Kostenfunktion reguliert das Modell und stellt sicher, dass der latente Raum so weit wie möglich genutzt wird und die Repräsentation somit nicht auf sehr wenige Modi zusammenfällt (engl. *mode collapse*). Der zweite Term entspricht dem Rekonstruktionsfehler eines Trainingsmusters. Eine weitere Schlüsselkomponente für das Training von VAE-Modellen ist durch den *Reparametrisierungstrick* gegeben. Typischerweise resultiert die Ausgangsschicht des Encoderteils in einer Normalverteilung, aus welcher im Flaschenhals eine Probe der latenten Variablen $\mathbf{z}$ zur Dekodierung gezogen wird. Diese „Sampling“-Operation ist im Allgemeinen nicht differenzierbar und unterbricht somit den Gradientenfluss. Der Reparametrisierungstrick löst dieses Problem, indem das direkte „Sampling“ aus der A-posteriori-Verteilung $\mathbf{z} \sim q_\phi(\mathbf{z}|\mathbf{x})$ durch ein „Sampling“ aus einer Standardnormalverteilung mit anschließender Transformation ersetzt wird:

$$\mathbf{z} = \mu + \sigma \cdot \epsilon. \tag{14.10}$$

Dabei sind μ und σ jeweils der Mittelwert und die Standardabweichung der vom Encoder approximierten Normalverteilung und $\epsilon \sim \mathcal{N}(0, 1)$. In dieser Formulierung ist es möglich, den Gradienten durch den Flaschenhals zu propagieren, wodurch gradientenbasierte Optimierungsverfahren angewendet werden können.

Die gebräuchlichsten VAE-Varianten sind *konditionale VAEs* (cVAE, [45]), β-VAEs [26] und *Vektorquantisierende VAEs* (VQ-VAE, [50]). Die cVAE-Variante erweitert VAEs, indem die durch den Decoder modellierte Verteilung als Konditionalverteilung $p(\mathbf{x}|\mathbf{v})$ an einer zusätzlichen Modelleingabe $\mathbf{v}$ konditioniert wird. Dadurch ergeben sich eine konditionale latente A-priori-Verteilung $p_{\boldsymbol{\theta}}(\mathbf{z}|\mathbf{v})$ und konditionale Abbildungen für den Encoder $q_\phi(\mathbf{z}|\mathbf{x}, \mathbf{v})$ und den Decoder $p_{\boldsymbol{\theta}}(\mathbf{x}|\mathbf{z}, \mathbf{v})$. Schließlich erlaubt diese Erweiterung mehr Kontrolle über den Mustersyntheseprozess. β-VAEs führen einen Hyperparameter β ein, welcher den KL-Divergenz-Term in der Fehlerfunktion (s. Gleichung (14.9)) gewichtet und somit einen Ausgleich zwischen der Rekonstruktionsqualität und der Regularisierung des Modells erlaubt. Die modifizierte Fehlerfunktion ist dann gegeben durch:

$$\mathbb{E}_{q_\phi(z|x)}[\log p_{\boldsymbol{\theta}}(x|z)] - \beta KL(q_\phi(z|x) || p(z)). \tag{14.11}$$

In dieser Modellvariante wird in der Regel ein Faktor $\beta \geq 1$ gewählt, wodurch während der Optimierung mehr Fokus auf die Struktur des latenten Raums gelegt wird. Auf diese Weise entstehen tendenziell stärker separierte Repräsentationen im latenten Raum. Generell ist der latente Raum von VAEs kontinuierlich und erlaubt fließende Übergänge zwischen Strukturen, bspw. Klassenrepräsentationen. Ein Beispiel dafür ist in Abbildung 14.2 gegeben. VQ-VAEs dagegen verwenden einen Vektorquantisierungsansatz, um

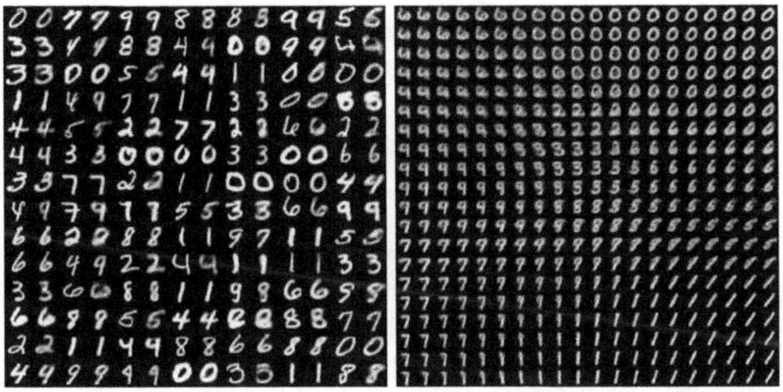

Abb. 14.2: Links: Beispielziffern aus dem MNIST-Datensatz und dazugehörige Rekonstruktionen eines variationalen Autoencoders. Eingabebild und Rekonstruktion sind jeweils nebeneinander gezeichnet. Rechts: Äquidistant abgetasteter latenter Zustandsraum eines trainierten variationalen Autoencoders.

diskrete latente Variablen zu lernen, welche dann einer diskreten Wahrscheinlichkeitsverteilung folgen. Dies ergibt eine klare Trennung zwischen Repräsentationen und kann für manche Datensätze oder Anwendungen die Repräsentationsleistung des Modells verbessern.

14.3.1.2 Kontradiktorische Netzwerke

Kontradiktorische Netzwerke [22] (engl. *Generative Adversarial Networks*, GAN) sind ein implizites Dichtemodell, das ausschließlich die Synthese von Mustern aus einer unbekannten Datenverteilung $p(\mathbf{x})$ erlaubt. Um dabei die Notwendigkeit schwer lösbarer A-posteriori-Verteilungen zu umgehen, wurde das GAN-Training als überwachtes Lernproblem umgesetzt. Der Lernansatz leitet sich aus der Spieltheorie ab, wobei zwei gegenläufige Modelle, das generative Modell selbst – der Generator – und ein Diskriminator, simultan trainiert werden. Der Generator zielt darauf ab, realistische Muster zu synthetisieren, die nicht von echten Daten zu unterscheiden sind, während der Diskriminator versucht, zwischen echten und generierten Mustern zu unterscheiden. Dieser Prozess erlaubt es, GANs die einer Datenmenge zugrunde liegende Wahrscheinlichkeitsverteilung implizit zu lernen ohne diese explizit repräsentieren zu müssen.

Um neue Muster $\mathbf{x}_i = G(\mathbf{z}_i)$ zu erzeugen, wird ausschließlich der Generator G des Modells verwendet. Analog zum Transformationsschritt des VAE wandelt der Generator normalverteilte Variablen $\mathbf{z} \sim \mathcal{N}(0, 1)$ in Beispiele der angenäherten Datenverteilung $p(\mathbf{x})$ um. Aus diesem Grund können GANs auch der Klasse der latenten Variablenmodelle zugeordnet werden.

Um ein GAN zu trainieren, werden beide Modelle simultan optimiert, indem sie ein Nullsummenspiel spielen. Dabei versucht der Generator, Muster aus der unbekannten Datenverteilung $p(\mathbf{x})$ zu synthetisieren, welche der Diskriminator als real oder synthetisch klassifizieren soll. Formal spielen der Generator G und der Diskriminator D ein Zwei-Spieler Minimax-Spiel

$$\mathcal{L} = \min_G \max_D \underbrace{\left(\mathbb{E}_{\mathbf{x}\sim p(\mathbf{x})}[\log D(\mathbf{x})] + \mathbb{E}_{\mathbf{z}\sim p(\mathbf{z})[\log(1-D(G(\mathbf{z})))]}\right)}_{V(G,D)} \tag{14.12}$$

mit der Bewertungsfunktion $V(G,D)$. Effektiv misst diese Fehlerfunktion die Jensen-Shannon-Divergenz zwischen der realen Datenverteilung $p(\mathbf{x})$ und der Approximation durch den Generator G. Unter Verwendung eines (stochastischen) Gradientenabstiegsverfahrens werden bei der Optimierung abwechselnd der Generator und der Diskriminator angepasst. Konvergenz ist dann erreicht, wenn der Diskriminator nicht mehr in der Lage ist zwischen realen und synthetisch generierten Daten zu unterscheiden. An diesem Punkt erhält der Generator keine Informationen mehr zur Verbesserung der Mustersynthese.

Wichtige Erweiterungen für GANs sind *konditionale GANs* (cGAN, [35]) und *Wasserstein GANs* (WGAN, [1]). Analog zu cVAE erweitern cGANs das beschriebene Modell um die Möglichkeit, eine konditionale Verteilung zu lernen, indem der Generator und der Diskriminator um einen konditionalen Parameter erweitert werden. Generell sind GANs numerisch schwer zu trainieren, da eine Konvergenz, d. h. das Erreichen eines Equilibriums, nicht garantiert ist. In einem solchen Fall erfolgt die Veränderung der Parameter beider Gegenspieler in Zyklen, welche niemals einen Fixpunkt erreichen. Diese Problematik adressiert die WGAN-Erweiterung. Durch Ersetzen der in Gleichung (14.12) gegebenen Fehlerfunktion durch die Wasserstein-Distanz[5] als neue Fehlerfunktion kann die numerische Stabilität des GAN-Trainingsprozesses deutlich verbessert werden. Dies liegt maßgeblich daran, dass die Wasserstein-Distanz eine kontinuierliche und glatte Fehlerlandschaft erzeugt, wodurch während der Optimierung stabilere und zuverlässigere Gradienten verfügbar sind. Im Gegensatz dazu ist die ursprüngliche Zielfunktion, welche von der Jensen-Shannon-Divergenz abgeleitet ist, anfällig dafür Gradienten Nahe null zu erzeugen, wenn der Diskriminator zu gut ist, was bis zum Stillstand des Lernprozesses führen kann.

14.3.1.3 Diffusionsmodelle

Diffusionsmodelle – oder genauer *diffusion probabilistic models* [44] – sind eine Klasse generativer Modelle, welche eine Datenverteilung lernen, indem Proben einer einfachen Verteilung schrittweise zu Proben einer komplexen Wahrscheinlichkeitsverteilung

5 Die Wasserstein-Distanz wurde ursprünglich im Kontext des optimalen Transports eingeführt und misst die Distanz zwischen zwei Wahrscheinlichkeitsverteilungen über einem metrischen Raum. Sie bewertet den minimalen erforderlichen „Transportaufwand" um eine Verteilung in eine andere zu überführen.

transformiert werden. Die Methode nutzt eine Idee aus der Nichtgleichgewichtsthermodynamik (engl. *non-equilibrium thermodynamics*), bei der unter Verwendung einer Markovkette eine Wahrscheinlichkeitsverteilung in eine andere umgewandelt wird. Konkret wird eine generative Markovkette aufgebaut, welche eine einfache, bekannte Wahrscheinlichkeitsverteilung (z. B. eine Normalverteilung) mithilfe eines Diffusionsprozesses in eine komplexe Wahrscheinlichkeitsverteilung, hier die Verteilung über den Daten, umwandelt. Die beiden Wahrscheinlichkeitsverteilungen bilden dabei jeweils den Anfangs- und Endpunkt der Markovkette. Indem jeweils eine Markovkette für beide Transformationsrichtungen durch entsprechende Vorwärts- und Umkehr-Diffusionsprozesse definiert wird, erhält man einen bidirektionalen, strukturierten Pfad zwischen der Datenverteilung und einer einfachen Wahrscheinlichkeitsverteilung.

Formal entspricht der *Vorwärts-Diffusionsprozess* (engl. *forward diffusion*) einer Markovkette $q(\mathbf{x}_1, \ldots, \mathbf{x}_T|\mathbf{x}_0) = \prod_{t=1}^{T} q(\mathbf{x}_t|\mathbf{x}_{t-1})$, die ausgehend von einem Muster $\mathbf{x}_0$ des Trainingsdatensatzes eine Sequenz zunehmend verrauschter Varianten $\{\mathbf{x}_1, \mathbf{x}_2, \ldots, \mathbf{x}_T\}$ erzeugt. Alle $\mathbf{x}_t$ haben dabei dieselbe Dimension. Die Muster des Trainingsdatensatzes werden hier als Proben der unbekannten Zielverteilung gesehen. Unter Verwendung eines vorab festgelegten Störsignal-Additionsschemas (engl. *noise schedule*) $\{\beta_1, \beta_2, \ldots, \beta_T\}$ mit zeitschrittabhängigen Varianzkoeffizienten β_t, fügt jeder Schritt dem aktuellen Muster Rauschen entsprechend eines Markov-Diffusionskerns $q(\mathbf{x}_t|\mathbf{x}_{t-1}) = \kappa_\pi(\mathbf{x}_t|\mathbf{x}_{t-1}, \beta_t)$ (Vorwärts-Diffusionskern) hinzu. Als Diffusionskern wird aufgrund ihrer mathematischen Eigenschaften häufig eine Normalverteilung verwendet. Gängige Additionsschemata sind:

- Lineares Schema [28]: Die Varianz des Rauschens β_t wächst linear mit der Zeit.
- Quadratisches Schema [28]: Die Varianz wächst quadratisch mit der Zeit, wodurch anfänglich weniger starkes Rauschen addiert wird.
- Kosinus-Schema [38]: Die Varianz verhält sich entsprechend einer niedrig-frequenten Kosinusfunktion, wodurch das Rauschen im Verlauf des Prozesses graduell erhöht.

Über T Schritte hinweg werden so gegebene Muster in Proben einer einfach berechenbaren Wahrscheinlichkeitsverteilung $p(\mathbf{x}_T)$ umgewandelt.

Demgegenüber zielt der *Umkehr-Diffusionsprozess* (engl. *reverse diffusion*) darauf ab, den Vorwärts-Diffusionsprozess ausgehend von $\mathbf{x}_T$ wieder umzukehren und schrittweise die hinzugefügten Störsignale zu entfernen. Wird der Vorwärts-Diffusionskern $q(\mathbf{x}_t|\mathbf{x}_{t-1})$ als Normalverteilung angenommen und kleine Varianzkoeffizienten β_t gewählt, dann ist der Umkehr-Diffusionskern, d. h. die Übergangswahrscheinlichkeit $q(\mathbf{x}_{t-1}|\mathbf{x}_t)$ in umgekehrter Richtung, ebenfalls normalverteilt. Dadurch müssen beim Training lediglich der Mittelwert und die Standardabweichung dieser Normalverteilung für jeden Zeitschritt geschätzt werden. In der Praxis werden dafür üblicherweise neuronale Netzwerke verwendet, welche eine Näherung $p_{\boldsymbol{\theta}}(\mathbf{x}_{t-1}|\mathbf{x}_t)$ parametrisieren und durch Maximierung der variationalen unteren Schranke der Likelihood

$$\mathbb{E}[-\log p_{\boldsymbol{\theta}}(\mathbf{x}_0)] \leq \mathbb{E}_q\Big[\underbrace{KL(q(\mathbf{x}_T|\mathbf{x}_0)\|p(\mathbf{x}_T))}_{L_T} + \sum_{t>1}\underbrace{KL(q(\mathbf{x}_{t-1}|\mathbf{x}_t,\mathbf{x}_0)\|p_{\boldsymbol{\theta}}(\mathbf{x}_{t-1}|\mathbf{x}_t))}_{L_{t-1}} \underbrace{-\log p_{\boldsymbol{\theta}}(\mathbf{x}_0|\mathbf{x}_1)}_{L_0}\Big] \tag{14.13}$$

gelernt werden. Hier entspricht $q(\mathbf{x}_{t-1}|\mathbf{x}_t, \mathbf{x}_0)$ den A-posteriori-Verteilungen der einzelnen Vorwärts-Diffusionsschritte, welche bei zusätzlicher Konditionierung an $\mathbf{x}_0$ analytisch berechenbar sind. Nach dem Training können neue Datenpunkte ausgehend von beliebigen Samples aus $p(\mathbf{x}_T)$ durch Anwendung des Umkehr-Diffusionsprozesses generiert werden.

Denoising Diffusion Probabilistic Models

Eine zentrale Rolle unter den Diffusionsmodellen, spielt das *Denoising Diffusion Probabilistic Model* (DDPM) [28]. Vor allem im Kontext der Bildsynthese ermöglichen DDPMs die Generierung synthetischer, hochqualitativer Bilder. Dies wird erreicht indem Techniken aus dem Bereich der score-basierten generativen Modellierung[6] (engl. *score-based generative modeling* [46]) bei der Definition des Diffusionsmodells zur Verbesserung des Umkehr-Diffusionsprozesses genutzt werden. Darüber hinaus ermöglichen die umformulierten Diffusionsprozesse eine starke Vereinfachung der sonst notwendigen variationalen Fehlerfunktion durch eine Fehlerfunktion, die auf die Berechnung eines mittleren Fehlers reduziert ist. Einige Bildgenerierungssysteme, die zum Stand der Technik gehören, basieren auf DDPMs. Beispiele hierfür sind *DALL-E 2* [42], *Imagen* [43] und *Stable Diffusion* [16].

Bei DDPMs ist der Vorwärts-Diffusionskern als Normalverteilung

$$q(\mathbf{x}_t|\mathbf{x}_{t-1}) = \mathcal{N}(\mathbf{x}_t|\sqrt{1-\beta_t}\mathbf{x}_{t-1}, \beta_t\mathbf{I}) \tag{14.14}$$

festgelegt. Die Varianzen werden hier als zeitschrittabhängige Konstanten festgelegt und ergeben jeweils eine isotrope Normalverteilung. Dies vereinfacht nicht nur allgemein die Berechnung der Verteilungen, sondern führt auch insgesamt dazu, dass q keine freien Parameter mehr benötigt. Damit wird der L_T Term in der Fehlerfunktion (s. Gleichung (14.13)) konstant und kann bei der Optimierung ignoriert werden.

Um die Berechnung von L_{t-1} zu vereinfachen, spielt die Wahl des Umkehr-Diffusionskerns $p_{\boldsymbol{\theta}}(\mathbf{x}_{t-1}|\mathbf{x}_t) = \mathcal{N}(\mathbf{x}_{t-1}|\mu_{\boldsymbol{\theta}}(\mathbf{x}_t, t), \Sigma_{\boldsymbol{\theta}}(\mathbf{x}_t, t))$ eine entscheidende Rolle. Zunächst wird die Varianz $\Sigma_{\boldsymbol{\theta}}(\mathbf{x}_t, t)$ durch zeitschrittabhängige Konstanten $\sigma_t^2\mathbf{I}$ ersetzt, die direkt

6 Auf diese Klasse an generativen Techniken wird in diesem Kapitel nicht näher als separater Themenkomplex eingegangen, da diese eng mit Diffusionsmodellen verwoben sind und in vielen Aspekten gegenseitig als Varianten voneinander betrachtet werden können.

von den Varianzkoeffizienten β_t abhängig sind. Infolgedessen werden die neuronalen Netzwerke zu Approximatoren $\mu_{\boldsymbol{\theta}}(\mathbf{x}_t, t)$ und approximieren die Mittelwerte $\tilde{\mu}_t$ der A-posteriori-Verteilungen des Vorwärts-Diffusionsprozesses. Unter Verwendung des Reparametrisierungstricks (s. Abschnitt 14.3.1.1) kann das Lernproblem weiter abgewandelt werden. Die abgewandelten neuronalen Approximatoren $\epsilon_{\boldsymbol{\theta}}(\mathbf{x}_t, t)$ schätzen dann direkt das Rauschen ϵ_t, das in jedem Zeitschritt der vorangegangenen Mustervariante entsprechend

$$\mathbf{x}_t = \sqrt{1-\beta_t}\mathbf{x}_{t-1} + \sqrt{\beta_t}\epsilon \tag{14.15}$$

hinzugefügt wurde. Zusammen mit der Beobachtung, dass Mustervarianten $\mathbf{x}_t$ gegeben eines Ausgangsmusters $\mathbf{x}_0$ zu beliebigen Zeitpunkten t in der Markovkette mittels

$$q(\mathbf{x}_t|\mathbf{x}_0) = \mathcal{N}(\mathbf{x}_t|\sqrt{\bar{\alpha}_t}\mathbf{x}_0, (1-\bar{\alpha}_t)\mathbf{I}), \tag{14.16}$$

mit $\bar{\alpha}_t = \prod_{s=1}^{t} 1 - \beta_s$, berechnet werden können, lässt sich L_{t-1} weiter vereinfachen und die Fehlerfunktion auf die Berechnung eines mittleren quadratischen Fehlers reduzieren:[7]

$$\mathcal{L}_{\text{vereinfacht}}(\boldsymbol{\theta}) = \mathbb{E}_{t,\mathbf{x}_0,\epsilon}\left[\|\epsilon - \epsilon_{\boldsymbol{\theta}}(\sqrt{\bar{\alpha}_t}\mathbf{x}_0 + \sqrt{1-\bar{\alpha}_t}\epsilon, t)\|^2\right]. \tag{14.17}$$

14.3.1.4 Flussbasierte Modelle

Flussbasierte Modelle (engl. *flow-based models*) verwenden invertierbare und differenzierbare Transformationen $f : \mathbb{R}^d \to \mathbb{R}^d$ um eine einfache, bekannte Wahrscheinlichkeitsverteilung in eine komplexe Datenverteilung umzuwandeln. Formal werden latente Variablen $\mathbf{z} \sim p_Z(\mathbf{z})$, gezogen aus einer einfachen Wahrscheinlichkeitsverteilung, mittels der Transformation $\mathbf{x} = f(\mathbf{z})$ in die Domäne der Daten abgebildet. Die Umkehrabbildung $\mathbf{z} = f^{-1}(\mathbf{x})$ ermöglicht eine Rücktransformation. Eine weitere Besonderheit dieser Modelle ist, dass die Likelihood exakt berechnet werden kann, wodurch eine genauere Dichteschätzung ermöglicht wird. Um diese Eigenschaft zu gewährleisten, bauen flussbasierte Modelle auf dem *Substitutionsprinzip* (engl. *change of variables*) auf. Dieses erlaubt die Berechnung der Wahrscheinlichkeitsdichte von $\mathbf{x}$ gegeben der Wahrscheinlichkeitsdichte von $\mathbf{z}$ durch

$$p_X(\mathbf{x}) = p_Z(f^{-1}(\mathbf{x}))\left|\det \frac{\partial f^{-1}}{\partial \mathbf{x}}\right|. \tag{14.18}$$

---

7 Der Term L_0 der ursprünglichen Fehlerfunktion wurde weggelassen, da ohne diesen in Experimenten bessere Ergebnisse erzielt wurden.

Die dazu nötige Berechnung der Determinanten der Jacobi-Matrix, $\frac{\partial f^{-1}}{\partial \mathbf{x}} = J_{f^{-1}}(\mathbf{x})$, wird durch die entsprechende Wahl von f möglich.

Weiter lassen sich flussbasierte Modelle entsprechend der Beschaffenheit des Transformationsprozesses in zeitdiskrete und zeitkontinuierliche Ansätze aufteilen. Zeitdiskrete flussbasierte Modelle sind durch eine endliche Sequenz an Transformationen definiert, die Muster schrittweise über die Zeit transformieren. Ein grundlegender Vertreter für diese Kategorie sind *Normalizing Flows* [39]. Im Gegensatz dazu transformieren zeitkontinuierliche Modelle, maßgeblich vertreten durch Varianten neuronaler gewöhnlicher Differentialgleichungen (engl. *Neural Ordinary Differential Equations* [10], kurz *NeuralODE*), Muster kontinuierlich über die Zeit unter Verwendung eines dynamischen Systems.

Normalizing Flows

„Normalizing Flows“ nutzen eine Sequenz von invertierbaren Transformationen $f_1, \ldots, f_K$ um komplexe Wahrscheinlichkeitsverteilungen zu modellieren. Um die Log-Likelihood $\log p_X$ effizient berechnen zu können, sind die Transformationen f_k idealerweise einfach zu invertieren. Weiter sollte die Determinante der dazugehörigen Jacobi-Matrix einfach berechenbar sein. Üblicherweise werden die Transformationen mithilfe tiefer neuronaler Netzwerke parametrisiert. Diese werden durch Optimierung der Log-Likelihood[8]

$$\log p_X(\mathbf{x}) = \log p_Z(\mathbf{h}_0) + \sum_{k=1}^{K} \log \left| \det \frac{\partial f_k}{\partial \mathbf{h}_{k-1}} \right| \tag{14.19}$$

beobachteter Muster unter dem Modell trainiert. Dabei entspricht $\mathbf{h}_0 = \mathbf{z}$ und $\mathbf{h}_K = \mathbf{x}$. Beispiele für die Transformationen umfassen unter anderem *Additive* und *Affine Verbindungsschichten* (engl. *additive coupling layers* [13] und *affine coupling layers* [14]) und *autoregressive Flows*, wie z. B. *masked autoregressive Flows* [40] oder *inverse autoregressive Flows* [31].

Verbindungsschichten teilen ihre Eingabe

$$\mathbf{x} = [\underbrace{x_1 \quad \cdots \quad x_{\frac{d}{2}}}_{\mathbf{x}_A} \quad \underbrace{x_{\frac{d}{2}+1} \quad \cdots \quad x_d}_{\mathbf{x}_B}]^\top$$

zunächst in zwei Komponenten $\mathbf{x}_A$ und $\mathbf{x}_B$ auf, führen Transformationen auf einer der Komponenten durch und verbinden diese anschließend wieder. Bei den additiven

8 In dieser Formulierung wird ausschließlich die Vorwärtstransformation f_k verwendet, was durch die Invertierbarkeit von f_k und der Beziehung zwischen den Jacobi-Determinanten $|\det \frac{\partial f^{-1}}{\partial x}| = \frac{1}{|\det \frac{\partial f}{\partial z}|}$ möglich ist.

Verbindungsschichten wird eine der Komponenten, z. B. $\mathbf{x}_B$, transformiert, indem eine Funktion der anderen Komponente, dann $\mathbf{x}_A$, addiert wird:

$$\mathbf{y}_B = \mathbf{x}_B + \mathrm{NN}(\mathbf{x}_A). \tag{14.20}$$

Dabei entspricht $\mathrm{NN}(\mathbf{x}_A)$ einem neuronalen Netzwerk. Anschließend ergibt sich die Ausgabe $\mathbf{y} = [\mathbf{x}_A^\top \quad \mathbf{y}_B^\top]^\top$ durch Konkatenation der beiden Komponenten. In diesem Aufbau ist die Jacobi-Matrix der Transformation eine Dreiecksmatrix und ihre Determinante ist 1. Kombiniert mit der additiven Struktur ist diese Transformation sehr effizient zu berechnen und zu invertieren. Gleichzeitig wird dadurch jedoch auch die Ausdrucksmächtigkeit des Modells eingeschränkt. Abhilfe schaffen hier die komplexeren affinen Verbindungsschichten. Hier wird die einfache additive Transformation durch eine affine Transformation

$$\mathbf{y}_B = \mathbf{x}_B \odot \exp(s) + \mathbf{t} \tag{14.21}$$

ersetzt.[9] Der Skalierungsfaktor s und der Translationsvektor $\mathbf{t}$ werden dabei durch ein neuronales Netzwerk bestimmt:

$$(s, \mathbf{t}) = \mathrm{NN}(\mathbf{x}_A). \tag{14.22}$$

Sind s und $\mathbf{t}$ bekannt, ist diese Transformation invertierbar. Die Jacobi-Matrix dieser Transformation ist eine blockpartitionierte Dreiecksmatrix

$$\mathbf{J} = \begin{bmatrix} \mathbf{I} & \mathbf{0} \\ \frac{\partial \mathbf{y}_B}{\partial \mathbf{x}_A} & \mathrm{diag}(\exp(\mathbf{s}(\mathbf{x}_A))) \end{bmatrix}. \tag{14.23}$$

Die Determinante ist dann das Produkt der Determinanten der einzelnen Diagonalblöcke und damit das Produkt der Diagonalelemente von $\mathrm{diag}(\exp(\mathbf{s}(\mathbf{x}_A)))$:

$$\det(\mathbf{J}) = \prod_i \exp(s_i(\mathbf{x}_A)) = \exp\left(\sum_i s_i(\mathbf{x}_A)\right). \tag{14.24}$$

Während bei Verbindungsschichten immer eine Teilmenge der Dimensionen beobachteter Muster zusammen transformiert werden, werden bei Verwendung eines autoregressiven Modells alle Dimensionen einer Eingabe sequenziell transformiert. Dabei ist die Ausgabe für jede Dimension von der aktuellen und allen zuvor beobachteten Eingabedimensionen abhängig. Das ermöglicht das Erfassen komplexer Abhängigkeiten zwischen den Dimensionen. Formal wird dadurch die Verbundwahrscheinlichkeit über den Dimensionen $p(x_1, \ldots, x_d)$ in das Produkt $\prod_{i=1}^d p(x_i | x_{1:i-1})$ faktorisiert. Als Nachteil gegenüber Verbindungsschichten kann der durch die sequenzielle Verarbeitung höhere

9 $\odot$ entspricht hier der punktweisen Multiplikation.

Rechenaufwand genannt werden. Die Definition der invertierbaren Transformationen selbst ist auch hier vom jeweiligen Verfahren abhängig. Bei maskierten autoregressiven Flows (kurz: *MAF*) ist die Transformation zur Abbildung von Mustern $\mathbf{x}$ auf eine latente Variable $\mathbf{z}$ mit einfacher A-priori-Verteilung durch

$$\mathbf{x}_i = \mu_i(\mathbf{z}_{1:i-1}) + \sigma_i(\mathbf{z}_{1:i-1}) \cdot \mathbf{z}_i \tag{14.25}$$

definiert, wobei μ_i und σ_i durch neuronale Netzwerke parametrisierte Funktionen sind, die jeweils von vorherigen Komponenten $\mathbf{z}_{1:i-1}$ abhängig sind. Die namensgebende Maskierung ist bei diesem Ansatz dafür verantwortlich, dass die Ausgaben der neuronalen Netzwerke jeweils nur von zuvor beobachteten Eingaben abhängig sind. Die Likelihood ist gegeben durch

$$\log p(x) = \log p(z) + \sum_{i=1}^{D} \log |\sigma_i(z_{1:i-1})|, \tag{14.26}$$

wodurch die Jacobi-Matrix wieder einer Dreiecksmatrix entspricht. Betrachtet man im Vergleich dazu inverse autoregressive Flows (kurz: *IAF*), ist der maßgebliche Unterschied gegeben durch die Transformationsrichtung. Während MAF von der Domäne der Daten hin zu einem latenten Raum transformieren, wird bei IAF vom latenten Raum zu den Daten transformiert. Der Hauptvorteil dieser Änderung ist durch die effizientere Generierung von Mustern gegeben. Dafür ist bei MAF „Ancestral Sampling" [32] nötig, während bei IAF ein einfacher Vorwärtsschritt durch das Modell ausreicht. Analog erlaubt MAF eine effizientere Berechnung der Wahrscheinlichkeitsdichte (einzelner Vorwärtsschritt), wofür sequenzielles Sampling bei IAFs nötig ist.

Neural Ordinary Differential Equations

NeuralODEs [10] erweitern das Konzept der flussbasierten Modelle, indem sie Transformationen als zeitkontinuierliche Prozesse modellieren. Dazu wird die Transformation von $\mathbf{z}$ zu $\mathbf{x}$ durch eine gewöhnliche Differentialgleichung

$$\frac{d\mathbf{h}(t)}{dt} = f(\mathbf{h}(t), t, \boldsymbol{\theta}) \tag{14.27}$$

dargestellt, wobei $\mathbf{h}(t_0) = \mathbf{z}$ und $\mathbf{h}(t_1) = \mathbf{x}$ entsprechen. Zur Berechnung der Transformation wird die Differentialgleichung über die Zeit integriert:

$$\mathbf{x} = \mathbf{h}(t_1) = \mathbf{h}(t_0) + \int_{t_0}^{t_1} f(\mathbf{h}(t), t, \boldsymbol{\theta})\, dt. \tag{14.28}$$

Die Berechnung der zur Optimierung benötigten Log-Likelihood ist unter Verwendung der instantanen Variablensubstitution (engl. *instantaneous change of variables*)

$$\log p_X(\mathbf{x}) = \log p_Z(\mathbf{z}) - \int_{t_0}^{t_1} \operatorname{Tr}\left(\frac{\partial f}{\partial \mathbf{h}(t)}\right) dt \tag{14.29}$$

möglich, wobei $f(\mathbf{h}(t), t, \boldsymbol{\theta})$ durch ein neuronales Netzwerk parametrisiert wird. Einige Vorteile gegenüber diskreten, flussbasierten Modellen sind:

- ODE-basierte Ansätze haben eine höhere Speichereffizienz.
- Es sind keine Zwischenzustände notwendig.
- ODE-basierte Ansätze sind flexibler, da zugrunde liegende kontinuierliche Prozesse auf beliebiger zeitlicher Auflösung berechnet werden können.

Diese Vorteile gehen allerdings mit höherer Berechnungskomplexität einher, was unter Umständen auch die Skalierbarkeit beeinträchtigen kann.

14.3.2 Autoregressive Generative Modelle

Autoregressive generative Modelle sind eine Klasse probabilistischer Modelle, die Wahrscheinlichkeiten sequenziell in Abhängigkeit zuvor beobachteter Werte abbilden, indem für jeden Zeitschritt die Wahrscheinlichkeit des jeweils nächsten Werts modelliert wird. Die zugrunde liegende Annahme ist dabei, dass die Verbundwahrscheinlichkeit einer Sequenz in ein Produkt von Konditionalwahrscheinlichkeiten zerlegt werden kann. Formal wird die Wahrscheinlichkeit einer Sequenz $\mathbf{x} = \{x_1, \ldots, x_N\}$ durch

$$\begin{aligned} p(\mathbf{x}) &= p(x_1)p(x_2|x_1)p(x_3|x_1, x_2) \cdots p(x_N|x_1, \ldots, x_{N-1}) \\ &= \prod_{t=1}^{N} p(x_t|x_{1:t-1}) \end{aligned} \tag{14.30}$$

ausgedrückt. Ein autoregressives Modell lernt dann maßgeblich die konditionale Übergangswahrscheinlichkeit $p(x_t|x_{1:t-1})$ möglichst gut anzunähern. Dazu werden diese Modelle üblicherweise unter Verwendung einer Maximum-Likelihood-Schätzung trainiert und die Übergangswahrscheinlichkeit $p(x_t|x_{1:t-1})$ der einzelnen Zeitschritte entspricht einer kategorischen Verteilung. Dies ermöglicht die Verwendung der Kreuzentropie als Fehlerfunktion. Zur Synthese neuer Muster werden, ausgehend von einem Startwert, sequenziell aus den gelernten Konditionalverteilungen Werte gezogen und weiter propagiert. Prominente Vertreter dieser Klasse generativer Modelle sind beispielsweise *PixelRNN* [49] und dessen Weiterentwicklung *PixelCNN* [48], sowie transformer-basierte Modelle, wie etwa *Generative Pre-trained Transformer* [41] (kurz: GPT). GPT-Modelle sind dabei aktuell einer der wichtigsten Vertreter dieser Klasse an generativen Modellen und stellen die Grundlage für moderne textbasierte, interaktive Systeme, wie beispielsweise *ChatGPT*[10] oder *Llama* [47], dar. Bei dem GPT-Ansatz, wird ein transformer-

10 ChatGPT basiert auf GPT-3 [9].

basiertes Modell in der Regel in einem Schritt unüberwacht auf einer größeren Datenmenge eines bestimmten Typs, beispielsweise Textdaten, trainiert, um ein in der Zieldomäne möglichst universell einsetzbares Modell der konditionalen Übergangswahrscheinlichkeiten zu lernen. In einem zweiten Schritt kann das GPT unter Verwendung einer überwachten Lernstrategie auf einzelne Aufgaben mit spezialisierten Daten angepasst werden.

14.3.3 Verteilungserzeugende Modelle

Im Gegensatz zu den zuvor beschriebenen transformativen Modellen sind verteilungserzeugende Modelle dadurch definiert, dass deren Ausgabe direkt einer Wahrscheinlichkeitsverteilung entspricht. Zwei grundlegende Vorgehensweisen sind dabei durch die Modellierung der Netzwerkgewichte als Zufallsvariablen gegeben, wie es maßgeblich bei *Bayes'schen neuronalen Netzen* [11] (BNN) der Fall ist, oder durch die Parametrisierung einer zuvor festgelegten parametrischen Verteilung durch die Ausgangsschicht des Netzwerks, wie etwa bei *Mischverteilungsnetzwerken* [5] (engl. *Mixture Density Networks*, MDN).

Bayes'sche Neuronale Netzwerke

Bayes'sche neuronale Netzwerke erweiterten traditionelle neuronale Netzwerke, indem die Netzwerkparameter $\boldsymbol{\theta}$ als Zufallsvariablen modelliert werden und das Modelltraining sowie die Inferenz auf dem Bayes-Theorem aufbauen. Dadurch entspricht die Ausgabe eines BNN einer prädiktiven Wahrscheinlichkeitsverteilung

$$p(\mathbf{y}|\mathbf{x},\mathcal{D}) = \int p(\mathbf{y}|\mathbf{x},\boldsymbol{\theta})p(\boldsymbol{\theta}|\mathcal{D})d\boldsymbol{\theta}, \tag{14.31}$$

welche sich durch Propagierung der Ausgabeverteilungen der einzelnen stochastischen Neuronen durch das Netzwerk ergibt. Für die Schätzung der Parameter $\boldsymbol{\theta}$, gegeben einer Trainingsdatenmenge $\mathcal{D}$, aufgeteilt in Eingabedaten $\mathcal{D}_x$ und Zieldaten $\mathcal{D}_y$, muss dann die A-posteriori-Verteilung

$$p(\boldsymbol{\theta}|\mathcal{D}) = \frac{p(\mathcal{D}_y|\mathcal{D}_x,\boldsymbol{\theta})p(\boldsymbol{\theta})}{\int_{\boldsymbol{\theta}}\mathcal{D}_y|\mathcal{D}_x,\boldsymbol{\theta}'}p(\boldsymbol{\theta}')d\boldsymbol{\theta}' \propto p(\mathcal{D}_y|\mathcal{D}_x,\boldsymbol{\theta})p(\boldsymbol{\theta}), \tag{14.32}$$

bestimmt werden. Da hier in der Regel keine geschlossene Lösung existiert, bzw. die Verteilung nicht berechenbar ist, kommen Näherungslösungen zum Einsatz, um das Training dieser Modelle zu ermöglichen. Gängige Lösungsansätze umfassen *Bayesian Backpropagation* [7], *Expectation Propagation* [25] und *Monte Carlo Dropout* [17].

Im Kontext generativer Modelle, muss zur Generierung neuer Datenpunkte die Likelihood-Funktion $p(\mathbf{y}|\mathbf{x},\boldsymbol{\theta})$ ausgewertet werden. Dazu kann wie folgt vorgegangen werden. Zunächst wird eine Menge an Netzwerkkonfigurationen $\boldsymbol{\theta}_{i\,i=\{1,\dots,N\}}$ mit

$\boldsymbol{\theta} \sim p(\boldsymbol{\theta}|\mathcal{D})$ gezogen. Jede Instanz $\boldsymbol{\theta}_i$ parametrisiert dabei eine deterministische Instanz des BNN. Sind $\mathbf{x}$ und $\mathbf{y}$ als diskrete Variablen modelliert, ergibt $p(\mathbf{y}|\mathbf{x}, \boldsymbol{\theta} = \boldsymbol{\theta}_i)$ ein einzelnes Muster $\mathbf{y}$. Andernfalls kann die anvisierte Anzahl an synthetischen Datenpunkten $\{\mathbf{y}_j\}_{j=\{1,\ldots,M\}}$ in einem weiteren Schritt entsprechend $\mathbf{y}_j \sim p(\mathbf{y}|\mathbf{x}, \boldsymbol{\theta} = \boldsymbol{\theta}_i)$ gezogen werden.

Mischverteilungsnetzwerke

Mischverteilungsnetzwerke sind vorwärtsgerichtete, deterministische Netzwerke

$$\Phi(\mathbf{v}) = (\{\pi_k, \mu_k, \Sigma_k\}_{k\in\{1,\ldots,K\}}|\mathbf{v}), \tag{14.33}$$

welche einen Eingabevektor $\mathbf{v}$ auf die Parameter einer d-dimensionalen Gaußmischverteilung[11] (engl. *Gaussian Mixture Model*, GMM) mit K Komponenten abbildet. Um die Ausgabe valider Verteilungsparameter zu gewährleisten, wird die Ausgangsschicht des neuronalen Netzes zunächst partitioniert

$$\hat{\mathbf{y}} = (\tilde{\pi}_1, \ldots, \tilde{\pi}_K, \tilde{\mu}_1, \ldots, \tilde{\mu}_K, \tilde{\sigma}_1, \ldots, \tilde{\sigma}_K, \tilde{\rho}_1, \ldots, \tilde{\rho}_K), \tag{14.34}$$

wobei

$$\tilde{\pi}_k \in \mathbb{R},\ \tilde{\mu}_k \in \mathbb{R}^d,\ \tilde{\sigma}_k \in \mathbb{R}^d \text{ and } \tilde{\rho}_k \in \mathbb{R}^{\frac{d^2-d}{2}} \tag{14.35}$$

ist. Die Bestandteile werden weiter transformiert, d. h.

$$\pi_k = \text{softmax}(\tilde{\pi}_1, \ldots, \tilde{\pi}_K)_k, \tag{14.36}$$

sodass $\sum_k \pi_k = 1$ und

$$\begin{aligned}
\mu_k &= \tilde{\mu}_k \\
\sigma_{k,i} &= f_\sigma(\tilde{\sigma}_{k,i}) > 0\ \forall i \in \{1, \ldots, d\} \\
\rho_{k,j} &= f_\rho(\tilde{\rho}_{k,j}) \in [-1, 1]\ \forall j \in \left\{1, \ldots, \frac{d^2-d}{2}\right\}.
\end{aligned}$$

Im mehrdimensionalen Fall werden die Kovarianzmatrizen Σ_k aus den jeweiligen Standardabweichungen und Korrelationen berechnet, um die Positiv-Definitheit zu gewährleisten. Für die Transformation der Standardabweichungen f_σ kommen in der Praxis häufig entweder die Exponentialfunktion, eine Variante der *exponential linear unit* [12, 24] und die *Softplus*-Funktion [15, 20, 29] zum Einsatz. Für f_ρ kann die *tanh*-Funktion oder die *Softsign*-Funktion [19, 29] eingesetzt werden.

11 Am häufigsten besteht die Mischverteilung aus Normalverteilungen, es existieren jedoch auch Ansätze, die beispielsweise Laplace-Komponenten verwenden [8].

Um die Modellparameter zu lernen, wird die Dichteschätzung im Kontext von MDNs als Regressionsproblem ausgelegt und die Modellparameter $\boldsymbol{\theta}$ unter Optimierung der negativen Log-Likelihood

$$\mathcal{L} = -\log p_{\boldsymbol{\theta}}(\mathbf{x}) \tag{14.37}$$

über den Daten geschätzt. Die Wahrscheinlichkeit $p_{\boldsymbol{\theta}}(\mathbf{x}) = \sum_{k=1}^{K} \pi_k \mathcal{N}(\mathbf{x}|\mu_k, \Sigma_k)$ kann dabei direkt ausgewertet werden, wodurch keine Monte-Carlo-Methoden im Training nötig sind. Die Generierung synthetischer Daten reduziert sich bei MDNs auf das Ziehen von Mustern aus den durch das Netzwerk ausgegebenen Mischverteilungen. Dabei wird erst entsprechend der Verteilung der Gewichte π_k eine Komponente ausgewählt und anschließend ein Muster aus der entsprechenden Normalverteilung erzeugt.

14.3.4 Energiebasierte Modelle

Energiebasierte Modelle repräsentieren die Verbundwahrscheinlichkeit über eine Menge an Zufallsvariablen in Form eines Energiemodells, welches statistische Abhängigkeiten zwischen Zufallsvariablen erfasst. Die Wahrscheinlichkeitsverteilung ist dann definiert durch

$$p(x) = \frac{e^{-E(x,\boldsymbol{\theta})}}{Z(\boldsymbol{\theta})} = \frac{1}{Z(\boldsymbol{\theta})}\hat{p}(x,\boldsymbol{\theta}), \tag{14.38}$$

wobei $E(x,\boldsymbol{\theta})$ einer Energiefunktion und $Z(\boldsymbol{\theta})$ der zugehörigen Normierungsfunktion (engl. *partition function*) entspricht. Die Energiefunktion beschreibt hier maßgeblich die Faktorisierung der Verbundwahrscheinlichkeit. Generell wird für das Training energiebasierter Modelle die negative Log-Likelihood über einer Menge an Trainingsdaten optimiert. Da die Log-Likelihood jedoch wegen der Normierungsfunktion nicht direkt berechnet werden kann, werden häufig Methoden verwendet, welche direkt den Gradienten der Log-Likelihood approximieren, anstatt diese selbst zu berechnen. Der Gradient der Log-Likelihood

$$\nabla_{\boldsymbol{\theta}} \log p(x) = \nabla_{\boldsymbol{\theta}} \log \hat{p}(x,\boldsymbol{\theta}) - \nabla_{\boldsymbol{\theta}} \log Z(\boldsymbol{\theta}) \tag{14.39}$$

zerfällt dabei in einen von den Daten abhängigen Term, die sog. positive Phase, und einen Term der nicht von den Trainingsdaten abhängig ist, die sog. negative Phase. Für Modelle mit $p(x) > 0$ kann nun für die negative Phase

$$\nabla_{\boldsymbol{\theta}} \log Z = \mathbb{E}_{x\sim p(x)} \nabla_{\boldsymbol{\theta}} \log \hat{p}(x) \tag{14.40}$$

verwendet werden. In der positiven Phase werden somit Muster aus den Trainingsdaten genutzt, in der negativen Phase werden die Muster aus der Modellwahrscheinlichkeit gezogen. Um die Gleichungen (14.39) und (14.40) in einem Gradientenabstiegsverfahren nutzbar zu machen, kann in jedem Aktualisierungsschritt der Erwartungswert $\mathbb{E}_{x \sim p(x)}$ mittels Gibbs-Sampling[12] neu bestimmt werden. *Contrastive Divergence* (CD-k) ist ein effizienter Lernalgorithmus, bei dem sich Parameteraktualisierungen in Gradientenrichtung und Sampling-Schritte abwechseln. Das Gibbs-Sampling wird dabei auf k-Iterationen begrenzt, wobei als Initialisierung Trainingsmuster und nicht rein zufällig gewählte Muster genutzt werden. Zu Beginn der Lernphase ist der negative Term schlecht bestimmt, da die Modellverteilung, welche durch den positiven Term bestimmt wird, noch sehr ungenau ist. Im Laufe des Lernprozesses wird die Modellverteilung aber zunehmend genauer und das verkürzte Gibbs-Sampling fällt weniger schwer ins Gewicht.

Ein wichtiger Vertreter der energiebasierten generativen Modelle ist die *begrenzte Boltzmann Maschine* (engl. *restricted boltzmann machine*, RBM), bei der sich der Wahrscheinlichkeitsraum $x = [v, h]$ in einen beobachtbaren Teil v und einen verborgenen Teil h aufteilt. Aus der Energiefunktion der RBM

$$E(v, h) = -v^\top b^v - h^\top b^h - v^\top Wh \tag{14.41}$$

ist unmittelbar ersichtlich, dass die RBM einen bipartiten Graphen zwischen der sichtbaren und der verborgenen Schicht bildet. Die Elemente jeweils einer Schicht sind nicht verbunden und somit konditional unabhängig. Die Struktur der Energiefunktion entspricht einem linearen Modell mit jeweils einem Bias für die sichtbare Schicht (b^v) und die verborgene Schicht (b^h). Die Struktur der RBM als bipartiter Graph erlaubt einfache Konditionierungen

$$p(h|v) = \frac{p(h, v)}{p(v)} = \frac{1}{Z'} e^{b_v^\top v + v^\top Wh}, \tag{14.42}$$

mit Z' als erweiterte Normierung. Die Bestimmung von $p(v|h)$ ist dazu analog. Die Antwortverteilung eines einzelnen binären Neurons kann beispielsweise über

$$\begin{aligned} p(h_j = 1|v) &= \sigma(b_j^h + v^\top W_{:,j}) \text{ und} \\ p(v_i = 1|h) &= \sigma(b_i^v + W_{i,:}h) \end{aligned} \tag{14.43}$$

bestimmt werden. Zum Lernen einer RBM kann der CD-k Algorithmus verwendet werden. Zu beachten ist allerdings, dass für einen Iterationsschritt ein Zyklus der Form $h \sim p(h|v)$, $v' \sim p(v|h)$ und $h' \sim p(h|v')$ notwendig wird.

Eine direkte Erweiterung der RBM ist die *tiefe Boltzmann Machine* (engl. *Deep Boltzmann Machine*, DBM). Diese erhält man unmittelbar durch Stapeln mehrerer RBMs, wodurch folgende Form entsteht:

12 Gibbs-Sampling ist ein iteratives Näherungsverfahren zum Ziehen von Zufallszahlen aus komplexen Verteilungen. Ausgehend von einem zufällig gewählten Startpunkt wird iterativ eine Sequenz erzeugt. Die Endpunkte der Sequenz folgen dabei näherungsweise der Verteilung (s. [4]).

$$p(v, h^1, \ldots, h^n) = \frac{1}{Z(\boldsymbol{\theta})} e^{-E(v, h^1, \ldots, h^n, \boldsymbol{\theta})}. \tag{14.44}$$

Das Besondere an der DBM ist, dass alle Schichten mit ungeradem Index konditional unabhängig von den Schichten mit geradem Index sind, wodurch Iterationsschritte in den geraden und ungeraden Schichten parallel erfolgen können. Die Adaption des CD-k-Algorithmus ist entsprechend einfach. Die DBM kann in gleicher Weise wie ein Autoencoder zum Lernen von Repräsentationen genutzt werden. So kann die DBM mit einem Klassifikationsnetzwerk kombiniert werden. Gleichzeitig ist es möglich, durch Propagierung von den verborgenen Schichten auf die sichtbaren Schichten wiederum Muster zu synthetisieren. Abschließend sei noch angemerkt, dass sehr viele Varianten der DBM und der RBM existieren, unter anderem auch zur Abbildung reellwertiger Verteilungen und auch in Kombination mit Faltungsoperationen zur effizienten Repräsentation einzelner Wahrscheinlichkeiten (s. hierzu [21]).

14.4 Ausblick

In diesem Abschnitt werden einige Themenfelder betrachtet, die Gegenstand aktiver Forschung im Zusammenhang mit generativen Modellen sind. Die diskutierten Themen verstehen sich dabei als relevante Forschungsrichtungen über die aktive Forschung an den in Abschnitt 14.3 präsentierten Ansätzen hinaus.

Hybride Modelle

Hybride Modelle kombinieren generative Modelle mit Modellen anderer Typen oder anderen Lernansätzen, wie etwa diskriminativen Modellen oder dem Verstärkungslernen (engl. *reinforcement learning* (RL)). Während Kombinationen generativer mit diskriminativen Modellen darauf abzielen, Vorteile bei der Datenmodellierung von generativen Modellen mit leistungsfähigen Klassifizierungsansätzen zu verbinden, ermöglicht die Kombination aus RL-Ansätzen mit generativen Modellen einen potenziell effektiveren Lernprozess für RL-basierte Modelle. Ein wichtiger Bestandteil der RL-Lernstrategie besteht aus der Interaktion eines KI-Agenten mit einer (dynamischen) Umgebung, die auf Aktionen des Agenten reagiert. In einem solche hybriden Ansatz kann ein generatives Modell verwendet werden, um die dynamische Umgebung zu simulieren und gezielt diverse und komplexe Szenarien zu erzeugen. Auf diese Weise kann die Exploration von Handlungsstrategien verbessert werden. Eine Familie von Ansätzen, die sich diese Verbindung zunutze macht ist zum Beispiel das modellbasierte Verstärkungslernen (engl. *model-based reinforcement learning* [36]).

Student-Teacher-Ansätze und Knowledge Distillation

Unter *Knowledge Distillation* [23] versteht man einen Prozess, bei dem ein einfacheres und kleineres Modell, der Schüler (engl. *student*), dazu trainiert wird, das Verhalten eines komplexeren und größeren Modells, dem Lehrer (engl. *teacher*), nachzubilden. Das Ziel dabei ist mit dem kosteneffizienteren[13] Modell eine mit dem Lehrer-Modell vergleichbare Leistung zu erreichen, indem gelerntes Wissen von einem auf das andere Modell übertragen wird. Formal lässt sich dieser Prozess durch die Minimierung der KL-Divergenz zwischen der Ausgabeverteilung des Lehrer- und des Schüler-Modells beschreiben [27].

Diese Methode ist besonders relevant angesichts des Trends zu immer größeren und komplexeren generativen Modellen, beispielsweise im Bereich der großen Sprachmodelle (engl. *large language models* (LLM)), wenn diese an Rechen- oder Speichergrenzen stoßen. Durch Knowledge Distillation können die Vorteile der leistungsstarken Lehrer-Modelle auf kleinere Modelle übertragen werden, die dann effizienter in Echtzeit-Anwendungen oder auf Geräten mit eingeschränkten Ressourcen eingesetzt werden können. So wird es möglich, die Leistungsfähigkeit komplexer Modelle ohne die hohen Anforderungen an Rechenleistung und Speicherplatz zugänglich zu machen.

Foundation Models

Ein weiteres Feld für zukünftige Arbeiten im Bereich generativer (neuronaler) Modelle ist die Weiterentwicklung der sogenannten *Foundation Models* [53, 33, 2]. Foundation Models sind große, vortrainierte neuronale Netzwerke, die auf großen Datenmengem trainiert wurden und auf eine Vielzahl von Aufgaben angewendet werden können. Eine grundlegende Eigenschaft dieser Modelle ist damit die Fähigkeit, Wissen zu abstrahieren und auf unterschiedliche Kontexte zu übertragen. Da diese Modelle über allgemeines Vorwissen verfügen, können außerdem spezifische Aufgaben mit deutlich weniger Daten und Rechenressourcen bewältigt werden, was insbesondere in Situationen von Datenknappheit wichtig ist.

Mögliche Synergieeffekte zwischen Foundation Models und generativen neuronalen Modellen ergeben sich bei der Synthese von Mustern aus komplex-strukturierten Datenverteilungen. In einem kombinierten Ansatz würden generative Modelle von der Transferleistung von Foundation Models profitieren, indem die Synthese qualitativ hochwertiger und realistischer Muster in verschiedenen Anwendungsbereichen ermöglicht wird.

Ein spezifisches Beispiel für die Integration von Foundation Models in einem generativen Ansatz sind große Sprachmodelle (LLMs), wie GPT-basierte Modelle. Diese Modelle nutzen die Prinzipien der Foundation Models um einen sehr leistungsfähigen

13 Bezüglich der Berechnungs- und Speicherkomplexität.

Syntheseprozess in der Text- und Sprachsynthese zu erreichen. Ein breites Sprachverständnis erlangen diese Modelle in der Regel durch einen initialen Trainingsprozess (*pre-training*) auf umfangreichen Textkorpora.

14.5 Schlussbetrachtung

Generative Modelle sind in der Lage, Wahrscheinlichkeitsverteilungen komplexer Datensätze zu lernen und qualitativ hochwertige Muster dieser gelernten Verteilungen zu synthetisieren. Dadurch nehmen sie eine zunehmend gestärkte Rolle in verschiedenen Anwendungskontexten ein. In diesem Kapitel wurde ein Überblick über generative neuronale Modelle und deren zugrunde liegenden Konzepte präsentiert. Ausgehend von den grundlegenden Ansätzen auf Basis des Bayes-Theorems, wurden weitere zentrale Bausteine generativer Ansätze behandelt.

Zunächst wurden im Abschnitt über *Dichteschätzung* verschiedene Arten der Modellierung von Wahrscheinlichkeitsdichten behandelt und die Grundlage für das Lernproblem gelegt. In direktem Zusammenhang dazu wurde die *Repräsentation komplexer Daten* auf Basis von latenten Räumen eingeführt, welche die Basis für eine Vielzahl generativer Ansätze darstellt. Zudem wurden im Abschnitt über das *Lernen in generativen Modellen* Herausforderungen und Lösungsansätze für die Approximation komplexer Wahrscheinlichkeiten diskutiert, wobei unter anderem die *Evidence Lower Bound* als numerisch berechenbare untere Schranke für die Evidenz hergeleitet wurde. Schließlich wurde kurz auf kontradiktorische Muster als Werkzeug zur Bewertung der Robustheit von generativen neuronalen Modellen eingegangen.

Aufbauend auf diesen Grundlagen wurden einige Modellklassen näher beleuchtet, wobei Schlüsselkonzepte und wichtige Vertreter der jeweiligen Klassen vorgestellt wurden:

1. *Transformative Modelle*: Diese Klasse beschreibt Modelle, welche komplexe Daten durch latente Repräsentationen und dynamische Prozesse transformieren. Auf diese Weise wird eine (bidirektionale) Verbindung zwischen einer einfachen und einer komplexen Datenverteilung gelernt. Dargestellte Vertreter dieser Klasse sind *variationale Autoencoder*, *kontradiktorische Netzwerke*, flussbasierte Modelle (*Normalizing Flows* und *NeuralODEs*), sowie diffusionsbasierte Ansätze (*Denoising Diffusion Probabilistic Models*).
2. *Autoregressive Modelle*: Mit Modellen wie *GPT* oder *PixelCNN*, wurde eine Modellklasse vorgestellt, in der Muster bzw. Datensätze als sequenzielle Wahrscheinlichkeiten modelliert werden. Auf diese Weise können Abhängigkeiten innerhalb und zwischen Mustern effektiv repräsentiert werden.
3. *Verteilungserzeugende Modelle*: Durch *Bayes'sche neuronale Netzwerke* (BNN) und *Mischverteilungsnetzwerke* (MDN) wurden zwei Ansätze vorgestellt, um direkt Wahrscheinlichkeitsverteilungen in der Ausgabeschicht zu erzeugen. Dabei wird

entweder eine parametrisch Verteilung durch das Netzwerk parametrisiert (MDN) oder inherent erzeugt, indem das Netzwerk auf Basis stochastischer Neuronen definiert wird (BNN).

4. *Energiebasierte Modelle*: *Begrenzte Boltzmann Maschinen* (RBM) und *tiefe Boltzmann Maschinen* (DBM) zeigten, wie Wahrscheinlichkeiten über sichtbare und latente Zustände unter Verwendung einer Energiefunktion modelliert werden können.

Mit dem Fortschritt in diesem Bereich und der Erweiterung des Anwendungsbereichs generativer Modelle entstehen jedoch auch neue Herausforderungen. Ein prominentes Beispiel ist die Gefahr von *Deep Fakes*, bei denen generative Modelle genutzt werden, um täuschend echte, aber falsche Bilder oder Videos zu erzeugen. Diese Technologie wirft erhebliche ethische und gesellschaftliche Fragen auf, insbesondere in Bezug auf Desinformation und Privatsphäre.

Ein weiteres Problem ist die *Verstärkung von Biases* in Trainingsdaten. Generative Modelle, die auf voreingenommenen Datensätzen trainiert werden, neigen dazu, diese Vorurteile zu reproduzieren oder sogar zu verstärken. Dies kann zu diskriminierenden Ergebnissen führen, weshalb die Entwicklung von Strategien zur Bias-Minderung (engl. *bias mitigation*) entscheidend ist. Diese Techniken sollen helfen, Verzerrungen in den Daten zu identifizieren und zu reduzieren.

Datenschutz und Sicherheit sind ebenfalls von Bedeutung. Die Fähigkeit generativer Modelle, sensible Informationen aus Trainingsdaten zu rekonstruieren, stellt insbesondere beim Einsatz schützenswerter Daten eine große Herausforderung dar. Hier sind Ansätze nötig, welche den Schutz schützenswerter Daten gewährleisten, ohne die Leistungsfähigkeit der Modelle zu beeinträchtigen.

Trotz dieser Herausforderungen zeigt dieses Kapitel, dass generative neuronale Modelle ein wichtiges Werkzeug in der KI-Landschaft darstellen. Sie bieten nicht nur Einblicke in die strukturellen Eigenschaften von Daten, sondern auch vielfältige praktische Anwendungsgebiete.

Literaturverzeichnis

[1] M. Arjovsky, S. Chintala, and L. Bottou. Wasserstein generative adversarial networks. In *International Conference on Machine Learning*, pages 214–223. PMLR, 2017.

[2] M. Awais, M. Naseer, S. Khan, R. M. Anwer, H. Cholakkal, M. Shah, M.-H. Yang, and F. S. Khan. Foundation models defining a new era in vision: a survey and outlook. *IEEE Transactions on Pattern Analysis and Machine Intelligence*, 2025.

[3] E. R. Balda, A. Behboodi, and R. Mathar. Adversarial examples in deep neural networks: An overview. In *Deep Learning: Algorithms and Applications*, pages 31–65, 2020.

[4] D. Barber. *Bayesian Reasoning and Machine Learning*. Cambridge University Press, 2012.

[5] C. M. Bishop. Mixture density networks. Technical report, Aston University, 1994.

[6] C. M. Bishop and N. M. Nasrabadi. *Pattern Recognition and Machine Learning*, volume 4. Springer, 2006.

[7] C. Blundell, J. Cornebise, K. Kavukcuoglu, and D. Wierstra. Weight uncertainty in neural network. In *International Conference on Machine Learning*, pages 1613–1622. PMLR, 2015.

[8] A. Brando, J. A. Rodriguez, J. Vitria, and A. Rubio Muñoz. Modelling heterogeneous distributions with an uncountable mixture of asymmetric laplacians. *Advances in Neural Information Processing Systems*, 32, 2019.

[9] T. Brown, B. Mann, N. Ryder, M. Subbiah, J. D. Kaplan, P. Dhariwal, A. Neelakantan, P. Shyam, G. Sastry, A. Askell, et al. Language models are few-shot learners. *Advances in Neural Information Processing Systems*, 33:1877–1901, 2020.

[10] R. T. Q. Chen, Y. Rubanova, J. Bettencourt, and D. K. Duvenaud. Neural ordinary differential equations. *Advances in Neural Information Processing Systems*, 31, 2018.

[11] M. C. Bishop et al. Neural networks for pattern recognition. Department of Computer Science and Applied Mathematics, Aston Universty, 1995.

[12] D.-A. Clevert, T. Unterthiner, and S. Hochreiter. Fast and accurate deep network learning by exponential linear units (elus). *arXiv preprint*, arXiv:1511.07289, 2015.

[13] L. Dinh, D. Krueger, and Y.. Bengio. Nice: Non-linear independent components estimation. *arXiv preprint*, arXiv:1410.8516, 2014.

[14] L. Dinh, J. Sohl-Dickstein, and S. Bengio. Density estimation using real NVP. In *5th International Conference on Learning Representations, ICLR 2017, Toulon, France, April 24–26, 2017, Conference Track Proceedings*. OpenReview.net, 2017.

[15] C. Dugas, Y. Bengio, F. Bélisle, C. Nadeau, and R. Garcia. Incorporating second-order functional knowledge for better option pricing. *Advances in Neural Information Processing Systems*, 472–478, 2001.

[16] P. Esser, S. Kulal, A. Blattmann, R. Entezari, J. Müller, H. Saini, Y. Levi, D. Lorenz, A. Sauer, F. Boesel, et al. Scaling rectified flow transformers for high-resolution image synthesis. In *Forty-first International Conference on Machine Learning*, 2024.

[17] Y. Gal and Z. Ghahramani. Dropout as a bayesian approximation: Representing model uncertainty in deep learning. In *International Conference on Machine Learning*, pages 1050–1059. PMLR, 2016.

[18] A. Gelman, J. B. Carlin, H. S. Stern, and D. B. Rubin. *Bayesian Data Analysis*. Chapman and Hall/CRC, 1995.

[19] X. Glorot and Y. Bengio. Understanding the difficulty of training deep feedforward neural networks. In *Proceedings of the Thirteenth International Conference on Artificial Intelligence and Statistics*, pages 249–256. JMLR Workshop and Conference Proceedings, 2010.

[20] X. Glorot, A. Bordes, and Y. Bengio. Deep sparse rectifier neural networks. In *Proceedings of the Fourteenth International Conference on Artificial Intelligence and Statistics*, pages 315–323. JMLR Workshop and Conference Proceedings, 2011.

[21] I. Goodfellow, Y. Bengio, and A. Courville. *Deep Learning*, 2016.

[22] I. Goodfellow, J. Pouget-Abadie, M. Mirza, B. Xu, D. Warde-Farley, S. Ozair, A. Courville, and Y. Bengio. Generative adversarial nets. *Advances in Neural Information Processing Systems*, 27, 2014.

[23] J. Gou, B. Yu, S. J. Maybank, and D. Tao. Knowledge distillation: A survey. *International Journal of Computer Vision*, 129(6):1789–1819, 2021.

[24] A. B. Guillaumes. Mixture density networks for distribution and uncertainty estimation. Master's thesis, Universitat Politècnica de Catalunya. Facultat d'Informàtica de Barcelona, 2017.

[25] J. M. Hernández-Lobato and R. Adams. Probabilistic backpropagation for scalable learning of bayesian neural networks. In *International Conference on Machine Learning*, pages 1861–1869. PMLR, 2015.

[26] I. Higgins, L. Matthey, A. Pal, C. P. Burgess, X. Glorot, M. M. Botvinick, S. Mohamed, and A. Lerchner. beta-vae: Learning basic visual concepts with a constrained variational framework. *ICLR (Poster)*, 3, 2017.

[27] G. Hinton. Distilling the knowledge in a neural network. *arXiv preprint*, arXiv:1503.02531, 2015.

[28] J. Ho, A. Jain, and P. Abbeel. Denoising diffusion probabilistic models. *Advances in Neural Information Processing Systems*, 33:6840–6851, 2020.

[29] H. Iso, S. Wakamiya, and E. Aramaki. Density estimation for geolocation via convolutional mixture density network. *arXiv preprint*, arXiv:1705.02750, 2017.

[30] D. P. Kingma and M. Welling. Auto-encoding variational bayes. In Y. Bengio and Y. LeCun, editors, *2nd International Conference on Learning Representations, ICLR 2014, Banff, AB, Canada, April 14–16, 2014, Conference Track Proceedings*, 2014.

[31] D. P. Kingma, T. Salimans, R. Jozefowicz, X. Chen, I. Sutskever, and M. Welling. Improved variational inference with inverse autoregressive flow. *Advances in Neural Information Processing Systems*, 29, 2016.

[32] D. Koller. *Probabilistic Graphical Models: Principles and Techniques*, 2009.

[33] Y. Liang, H. Wen, Y. Nie, Y. Jiang, M. Jin, D. Song, S. Pan, and Q. Wen. Foundation models for time series analysis: A tutorial and survey. In *Proceedings of the 30th ACM SIGKDD conference on knowledge discovery and data mining*, pages 6555–6565, 2024.

[34] D. J. C. MacKay. *Information Theory, Inference and Learning Algorithms*. Cambridge university press, 2003.

[35] M. Mirza. Conditional generative adversarial nets. *arXiv preprint*, arXiv:1411.1784, 2014.

[36] T. M. Moerland, J. Broekens, A. Plaat, C. M. Jonker, et al. Model-based reinforcement learning: A survey. *Foundations and Trends® in Machine Learning*, 16(1):1–118, 2023.

[37] K. P. Murphy. *Probabilistic Machine Learning: Advanced Topics*. MIT press, 2023.

[38] A. Q. Nichol and P. Dhariwal. Improved denoising diffusion probabilistic models. In *International Conference on Machine Learning*, pages 8162–8171. PMLR, 2021.

[39] G. Papamakarios, E. Nalisnick, D. J. Rezende, S. Mohamed, and B. Lakshminarayanan. Normalizing flows for probabilistic modeling and inference. *Journal of Machine Learning Research*, 22(57):1–64, 2021.

[40] G. Papamakarios, T. Pavlakou, and I. Murray. Masked autoregressive flow for density estimation. *Advances in Neural Information Processing Systems*, 30, 2017.

[41] A. Radford, K. Narasimhan, T. Salimans, and I. Sutskever. Improving language understanding with unsupervised learning. Technical report, OpenAI, 2018.

[42] A. Ramesh, P. Dhariwal, A. Nichol, C. Chu, and M. Chen. Hierarchical text-conditional image generation with clip latents. 1(2):3, 2022, *arXiv preprint*, arXiv:2204.06125.

[43] C. Saharia, W. Chan, S. Saxena, L. Li, J. Whang, E. L. Denton, K. Ghasemipour, R. Gontijo Lopes, B. Karagol Ayan, T. Salimans, et al. Photorealistic text-to-image diffusion models with deep language understanding. *Advances in Neural Information Processing Systems*, 35:36479–36494, 2022.

[44] J. Sohl-Dickstein, E. Weiss, N. Maheswaranathan, and S. Ganguli. Deep unsupervised learning using nonequilibrium thermodynamics. In *International Conference on Machine Learning*, pages 2256–2265. PMLR, 2015.

[45] K. Sohn, H. Lee, and X. Yan. Learning structured output representation using deep conditional generative models. *Advances in Neural Information Processing Systems*, 28, 2015.

[46] Y. Song, J. Sohl-Dickstein, D. P. Kingma, A. Kumar, S. Ermon, and B. Poole. Score-based generative modeling through stochastic differential equations. *arXiv preprint*, arXiv:2011.13456, 2020.

[47] H. Touvron, T. Lavril, G. Izacard, X. Martinet, M.-A. Lachaux, T. Lacroix, B. Rozière, N. Goyal, E. Hambro, F. Azhar, et al. Llama: Open and efficient foundation language models. *arXiv preprint*, arXiv:2302.13971, 2023.

[48] A. Van den Oord, N. Kalchbrenner, L. Espeholt, O. Vinyals, A. Graves, et al. Conditional image generation with pixelcnn decoders. *Advances in Neural Information Processing Systems*, 29, 2016.

[49] A. Van Den Oord, N. Kalchbrenner, and K. Kavukcuoglu. Pixel recurrent neural networks. In *International Conference on Machine Learning*, pages 1747–1756. PMLR, 2016.

[50] A. Van Den Oord, O. Vinyals, et al. Neural discrete representation learning. *Advances in Neural Information Processing Systems*, 30, 2017.

[51] R. R. Wiyatno, A. Xu, O. Dia, and A. De Berker. Adversarial examples in modern machine learning: A review. *arXiv preprint*, arXiv:1911.05268, 2019.

[52] X. Yuan, P. He, Q. Zhu, and X. Li. Adversarial examples: Attacks and defenses for deep learning. *IEEE Transactions on Neural Networks and Learning Systems*, 30(9):2805–2824, 2019.

[53] C. Zhou, Q. Li, C. Li, J. Yu, Y. Liu, G. Wang, K. Zhang, C. Ji, Q. Yan, L. He, et al. A comprehensive survey on pretrained foundation models: A history from bert to chatgpt. *International Journal of Machine Learning and Cybernetics*, 00:1–65, 2024.

Johannes Fürnkranz

15 Interpretierbare und erklärbare KI

15.1 Einleitung

Mit dem durchschlagenden Erfolg von tiefen neuronalen Netzen, die zwar oft sehr genaue Vorhersagen liefern, aber keine unmittelbare Einsicht in die gelernten Modelle erlauben oder nachvollziehbare Begründungen für ihre Prädiktionen liefern, erhält das Thema der Vertrauenswürdigkeit eine zunehmend große Bedeutung. Wie lässt sich sicherstellen, dass gelernte Modelle keine unvorhersehbaren Fehler machen? Kann beispielsweise garantiert werden, dass ein neuronales Netzwerk, das zur Erkennung von Verkehrszeichen trainiert wurde, diese zuverlässig erkennt und nicht trotz einer guten Vorhersagegenauigkeit im Laborumfeld dann in der Praxis Stoppschilder mit anderen Verkehrszeichen oder Objekten der Umgebung verwechselt? Dazu gibt es zwei grundlegende Ansätze: Zum einen kann man versuchen, auf sogenannte interpretierbare Modelle zu setzen. Als interpretierbar gelten im allgemeinen Repräsentation in der Form von gewichteten Merkmalen (wie z. B. lineare Regression oder naiver Bayes-Schätzer), logische Strukturen (z. B. Entscheidungsbäume oder Regelmengen), oder ähnlichkeitsbasierte Verfahren (z. B. nächste Nachbar-Verfahren oder fallbasiertes Schließen). Diese Verfahren wurden bereits in vorangegangenen Kapiteln behandelt. Alternativ kann man jedoch auch versuchen, das Verhalten intransparenter Modelle wie Neuronaler Netzwerke transparent zu machen, d. h. versuchen zu verstehen, auf der Basis welcher Merkmale und Merkmalskombinationen ein nicht interpretierbares Modell wie ein tiefes neurales Netzwerk eine Entscheidung trifft. Solche Verfahren werden wir in diesem Kapitel kurz beleuchten.

15.2 Grundlegende Konzepte

Interpretierbare bzw. erklärbare Modelle werden benötigt, um das Vertrauen der Benutzer in ein gelerntes System sicherzustellen, um faire und begründbare Entscheidungen zu erhalten, oder um Einsicht und tieferes Verständnis der zu analysierenden Daten zu erlangen. Darüber hinaus gibt es mittlerweile auch gesetzliche Regelungen der EU, die ein Recht auf eine Erklärung für automatisch getroffene Entscheidungen vorsehen [10].

15.2.1 Der Kluge-Hans-Effekt

Ein bekanntes Beispiel aus der Wissenschaftsgeschichte ist der sogenannte „Kluge Hans“, ein Pferd, das zu Beginn des 20. Jahrhunderts von seinem Besitzer Wilhelm von

https://doi.org/10.1515/9783111386690-018

Osten trainiert wurde, einfache Rechenaufgaben durch mehrmaliges Stampfen des Fußes zu beantworten. Die Fähigkeiten wurden in zahlreichen öffentlichen Zurschaustellungen erfolgreich demonstriert und letztendlich von einer Wissenschaftlerkommission genauer überprüft. Diese kam zu dem Schluss, dass der Kluge Hans nicht gelernt hatte, richtig zu rechnen, sondern konnte aus der unbewussten Gestik und Mimik seines Besitzers die erwartete Antwort ablesen [28]. Diese unbewusste Beeinflussung von Versuchstieren ist seither in der experimentellen Psychologie als der „Kluger-Hans-Effekt" bekannt. Im Bereich des Maschinellen Lernens beschreibt er das Phänomen, dass ein Modell zwar richtige Vorhersagen liefern kann, jedoch dennoch auf zufälligen oder ungewünschten Korrelationen beruht [19].

Das vielleicht bekannteste Beispiel im Maschinellen Lernen ist eine oft zitierte, unter anderem von Hubert und Stuart Dreyfus in einer ihrer kontroversen Kritiken an der KI-Forschung [6] popularisierten Anekdote: In den 1980ern wollte das amerikanische Verteidigungsministerium neuronale Netze zur Erkennung von Panzern trainieren. Sie positionierten eine große Anzahl von getarnten Panzern in einem Wald, machten zahlreiche Fotografien, rollten die Panzer wieder hinaus, und wiederholten die Aufnahmen. Zur Freude des Pentagons konnten neuronale Netze verlässlich lernen, Aufnahmen mit Panzern von Aufnahmen ohne Panzern zu unterscheiden, was auch durch eine saubere Kreuzvalidierung bestätigt wurde. Bei einer neuen, unabhängig erstellten Bilderserie war die Klassifikationsgenauigkeit jedoch kaum besser als zufällig. Eine genauere Analyse ergab, dass die neuronalen Netze im Wesentlichen nur gelernt hatten, dass die ersten beiden Serien von Aufnahmen bei unterschiedlichen Beleuchtungssituationen (sonnig mit Panzern und bewölkt ohne Panzer) erstellt wurden, und konnten daher nicht auf andere, inhaltlich ähnlich gestaltete Bilder generalisieren.

Auch wenn diese Geschichte letztendlich als urbane Legende anzusehen ist [15], finden sich in der Literatur und der Praxis jedoch zahlreiche ähnlich geartete reelle Beispiele. Solche Phänomene lassen sich weitgehend vermeiden, wenn man die Beurteilung der Qualität eines gelernten Modells nicht nur auf eine Genauigkeitsabschätzung reduziert, sondern auch das gelernte Modell selbst veranschaulichen und die darin kodierten Zusammenhänge überprüfen kann. Dadurch lässt sich das Vertrauen der Anwender in die maschinell erstellten Empfehlungen erhöhen, es können Sicherheitsgarantien gegeben werden, oder auch diskriminierende und unfaire Entscheidungen vermieden werden. Interpretierbarkeit spielt auch eine zentrale Rolle in interaktiven Systemen, in denen Mensch und Maschine gemeinsam Schlüsse aus verfügbaren Daten ziehen [36, 13, 34].

Dieses Kapitel beschäftigt sich mit Verfahren, die es erlauben, intransparente Modelle zu interpretieren. Ein guter allgemeiner Überblick über den Stand der Forschung im Bereich der Interpretierbarkeit findet sich in [26], eine auf neuronale Netze zugeschnittene Bestandsaufnahme aktueller Arbeiten in [31].

15.2.2 Der Begriff der Interpretierbarkeit

Historisch wurde die Wichtigkeit der Interpretierbarkeit gelernter Modelle bereits in den frühen Tagen der Forschung im Bereich des Maschinellen Lernens unternommen. Ryszard Michalski stellte beispielsweise ein „Verständlichkeits-Postulat" (*Comprehensibility Postulate*) auf, das im Wesentlichen besagt, dass das Resultat von maschinellen Lernprozessen symbolische Repräsentationen sind und denen ähneln sollen, die menschliche Experten in der jeweiligen Domäne aufstellen würden [23]. Donald Michie [24] unterschied in der Folge zwischen *schwachem* Maschinellen Lernen, das „nur" gute Vorhersagen liefert, *starkem* Lernen, das darüber hinaus noch für menschliche Anwender verständliche Beschreibungen des Gelernten liefert, sowie *ultra-starken* Ansätzen, die es einem menschlichen Nutzer erlauben, nach Inspektion der gelernten Modelle seine eigene Expertise im fraglichen Bereich zu verbessern. Insbesondere im Bereich der Wissensentdeckung in Datenbanken, auch als „Data Mining" bekannt, wird der Verständlichkeit der entdeckten Muster und Regelmäßigkeiten eine große Bedeutung beigemessen [7]. Dementsprechend finden sich in der Literatur viele unterschiedliche Definitionen, oft unter Verwendung verwandter, zum Teil synonymer Begriffe, wie z. B. Verständlichkeit, Plausibilität, Vertrauenswürdigkeit, Erklärbarkeit und viele mehr, die oft nicht klar voneinander abgegrenzt werden können [20].

Ein Grundproblem bei den meisten Definitionsversuchen liegt darin, dass oftmals einige der Begriffe durch eine umgangssprachliche Verwendung anderer definiert werden [18]. Ein Großteil der aktuellen Forschung im Bereich der Interpretierbarkeit beschränkt sich darauf, den vom Modell abgebildeten Zusammenhang zwischen Input und Output verständlich und nachvollziehbar zu machen, also die Frage zu beantworten, warum es für eine bestimmte Eingabe die entsprechende Ausgabe vorschlägt. Um überzeugende Ergebnisse zu erlangen, ist es jedoch auch ratsam, sich grundlegendere Fragen zu stellen, wie z. B. welche Arten von Erklärungen für menschliche Benutzer überzeugender wirken, und dabei auch Ergebnisse aus verwandten Disziplinen wie den Sozialwissenschaften [25] oder der kognitiven Psychologie [9] zu berücksichtigen.

In einem Versuch, das Konzept klarer zu definieren, wird in [9] basierend auf ähnlichen Arbeiten wie [4] folgende Unterscheidung vorgeschlagen:

Syntaktische Interpretierbarkeit bezeichnet die Tatsache, ob ein gelerntes Modell prinzipiell verständlich ist, im selben Sinne, wie ein Text prinzipiell lesbar ist (unabhängig davon, ob er Sinn ergibt).

Epistemische Interpretierbarkeit bezieht die Sinnhaftigkeit eines Modells mit ein, d. h. ein epistemisch interpretierbares Modell muss auch mit dem Hintergrundwissen des Nutzers korrelieren. Beispielsweise wäre ein Modell, das besagt, dass das Wetter an Tagen mit geradem Datum besser wird und an Tagen mit ungeradem Datum schlechter wird, zwar syntaktisch verständlich, würde aber nicht mit dem Hintergrundwissen des Benutzers übereinstimmen (selbst wenn es auf einem gegebenen Datensatz eine sehr hohe Genauigkeit aufweisen würde).

Pragmatische Interpretierbarkeit schließt darüber hinaus noch den Informationsbedarf des Benutzers mit ein. Beispielsweise wäre ein Modell, das besagt, dass das Wetter morgen in etwa gleich sein wird wie das Wetter heute zwar syntaktisch verständlich, und würde auch epistemisch mit unseren Erfahrungen übereinstimmen, es wäre aber keine zufriedenstellende Erklärung für eine Wetterprognose.

Abbildung 15.1 veranschaulicht den Zusammenhang zwischen diesen Begriffen. Insbesondere streicht sie heraus, dass syntaktische Interpretierbarkeit eine Voraussetzung für epistemische Interpretierbarkeit ist (wenn ein Konzept nicht gelesen werden kann, dann kann es auch nicht in Beziehung zu vorhandenem Wissen gesetzt werden), und dass diese wiederum Voraussetzung für die pragmatische Interpretierbarkeit ist (wenn man das neue Wissen nicht in Beziehung zu vorhandenem Wissen setzen kann, kann man es auch nicht auf Plausibilität überprüfen).

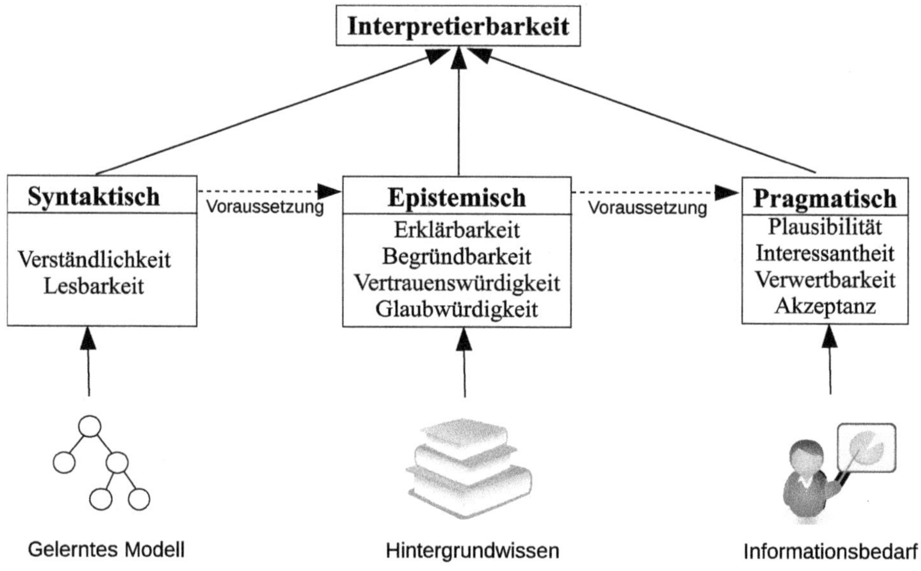

Abb. 15.1: Aspekte der Interpretierbarkeit.

15.3 Methoden und Algorithmen

In den vorangegangenen Kapiteln haben wir eine Vielzahl von unterschiedlichen Lernalgorithmen kennengelernt, die sich nicht zuletzt auch in der Repräsentationssprache der gelernten Modelle unterscheiden. Gängige Formalismen sind mathematische Funktionen, logische Ausdrücke, komplexe Netzwerke oder Ensembles. Man kann sie grob nach dem Grad ihrer Transparenz gruppieren.

Unter sogenannten White-Box-Modellen versteht man Modelle, die auch für Laien im Bereich des Maschinellen Lernens unmittelbar einsichtig und verständlich sind, sodass wir damit unmittelbar den Anwender konfrontieren können. Als interpretierbare Modelle werden zumeist logikbasierte Repräsentationen, wie z. B. Entscheidungsbäume oder Regeln aber auch einfache mathematische (z. B. logistische Regression) oder probabilistische (z. B. Naive Bayes-Schätzer) verstanden. Auch ähnlichkeitsbasierte Verfahren wie Nächste-Nachbar-Algorithmen oder fallbasiertes Schließen können verständliche Begründungen liefern, indem sie auf ähnliche Präzedenz-Fälle hinweisen. Oft ist auch einfach nur eine Gewichtung der Relevanz der Eingabe-Merkmale ausreichend, um eine Entscheidung nachvollziehbarer zu machen. Zahlreiche klassische Lernverfahren können hier eingereiht werden, auch wenn sie sich nicht direkt dem Aspekt der Interpretierbarkeit widmen. Darüber hinaus wurden zahlreiche neue Verfahren entwickelt, die sich explizit dieser Thematik stellen. Beispielweise wird in [37] ein Algorithmus vorgestellt, der explizit auf das Lernen von möglichst kurzen Regeln abzielt.

Black-Box-Modelle hingegen sind nicht direkt verständlich, sodass die Vorhersagen dieser Modelle nicht unmittelbar nachvollziehbar sind. Von der Güte dieser Modelle kann man sich daher – ohne erheblichen zusätzlichen Aufwand – nur überzeugen, indem man umfangreiche Evaluationen an unabhängigen Testdaten vornimmt, nicht jedoch indem man das Modell selbst betrachtet. In diese Klasse fallen natürlich mehrschichtige neuronale Netze, aber auch Ensemble-Methoden wie Random Forests.

Eine der Herausforderungen des transparenten Maschinellen Lernens liegt darin, dass zwischen diesen Modell-Typen ein Trade-off besteht: White-Box-Modelle sind zwar unmittelbar interpretierbar, jedoch weisen Black-Box-Modelle oftmals eine höhere Vorhersagegenauigkeit auf. Idealerweise möchte man gerne die Vorteile beider Ansätze kombinieren, d. h. Lernalgorithmen entwerfen, die die Güte von Black-Box-Modellen bewahren, dabei aber die Interpretierbarkeit von White-Box-Modellen aufweisen.

Eine mögliche Herangehensweise besteht darin, zu versuchen, Black-Box-Modelle direkt zu interpretieren. Diese Methoden sind notwendigerweise spezifisch auf den Typus der zu interpretierenden Modellklassen zugeschnitten. In Abschnitt 15.3.1 werden wir uns exemplarisch auf Verfahren zur Interpretation von neuronalen Netzen konzentrieren.

Eine andere Klasse von Arbeiten zum Thema Interpretierbarkeit beschäftigt sich damit, intransparente Modelle verständlich zu machen, indem sie also in interpretierbare Surrogat-Modelle überführt werden. Dem hochperformanten Black-Box-Modell wird also ein interpretierbares White-Box-Modell zur Seite gestellt, das herangezogen werden kann, um das Black-Box-Modell zu verstehen. Derartige Kombinationen von Black- und White-Box-Modellen werden in der Literatur auch oft Grey-Box-Modelle genannt.

Zur Erstellung solcher Grey-Box-Modelle gibt es zwei unterschiedliche Herangehensweisen: Einerseits kann man versuchen, das gesamte Black-Box-Modell in ein möglichst äquivalentes, aber interpretierbares White-Box-Modell zu verwandeln (Abschnitt 15.3.2), andererseits besteht die Möglichkeit, für einen relevanten Teil des

Eingaberaums, oft auch nur für einen einzelnen Datenpunkt, eine lokale Erklärung zu finden (Abschnitt 15.3.3).

15.3.1 Interpretation von Black-Box-Modellen

Eine Strategie zur Interpretation von intransparenten Black-Box-Modellen ist es, Techniken zu entwickeln, die das Verhalten dieser Modelle bei gegebenen Inputs analysieren und dieses Verhalten dadurch transparent machen. Insbesondere für tiefe neuronale Netze wurden hier zahlreiche Ansätze entwickelt. Ein mögliches Ziel ist, zu identifizieren, welche Merkmale der Eingabe besonders relevant für die erzielte Ausgabe des Netzwerks waren. Im Gegensatz zur automatischen Merkmalsselektion [14], einem Standard-Verfahren zur Datenanalyse, werden hier jedoch die Merkmale nicht global über alle Daten hinweg sondern lokal, d. h. speziell für den gegebenen Input betrachtet.

Eines der bekanntesten Verfahren, die das bewerkstelligen, ist die schichtweise Relevanz-Propagierung (LRP[1]) [3]. Es verfolgt die grundlegende Idee, die durch Vorwärtspropagierung am Output erzielte Aktivierung Schicht für Schicht durch das Netz zurückzupropagieren, sodass sie letztendlich auf die Eingabeknoten verteilt wird (vgl. Abbildung 15.2). Jeder Ebene $\boldsymbol{h}_i$ wird dabei ein Relevanz-Vektor $\boldsymbol{r}_i = (r_{i,j})$ zugeordnet, wobei der letzte mit der Output-Aktivierung initialisiert wird, i. e., $\boldsymbol{r}_k = \boldsymbol{h}_k$. Die Gesamtrelevanz bleibt dabei in jeder Schicht konstant, d. h. für alle Relevanz-Vektoren $\boldsymbol{r}_i$ bzw. $\boldsymbol{r}_k$ gilt $\sum_j r_{i,j} = \sum_j r_{k,j}$.

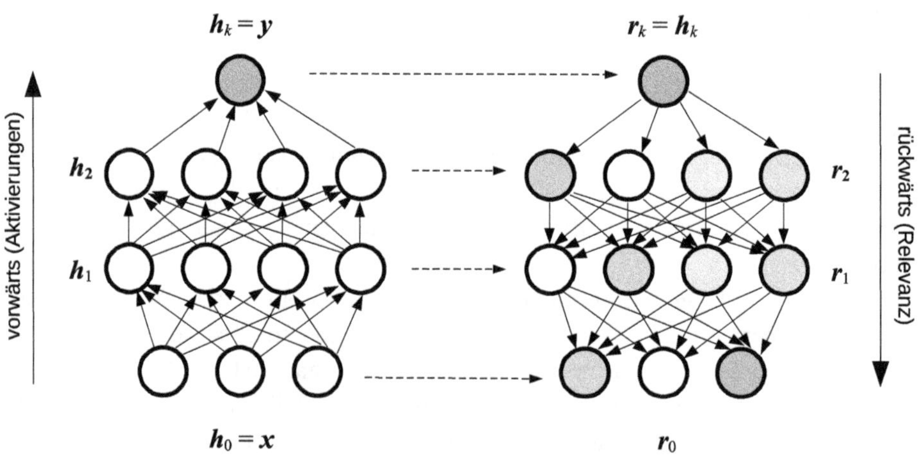

Abb. 15.2: Schichtweise Relevanz-Propagierung (LRP).

1 Die Abkürzung LRP leitet sich von der englischen Bezeichnung „Layerwise Relevance Propagation“ ab.

Der Relevanz-Anteil, der über eine Kante zwischen zwei Knoten m und n in aufeinanderfolgenden Schichten i und $i+1$ des Netzwerks fließt, hängt von der Aktivierung $h_{i,m}$ des Knotens m, dem Gewicht $w_{m,n}$ der Kante, sowie der Relevanz $r_{i+1,n}$ im Knoten n ab. Im einfachsten Fall erhält jeder Knoten der i-ten Schicht Relevanzen aller Knoten der $(i+1)$-ten Schicht, jeweils gewichtet mit dem Anteil der gemäß der Aktivierung und dem Gewicht über die entsprechende Kante fließt, i. e.,

$$r_{i,m} = \sum_n \frac{h_{i,m} w_{m,n}}{\sum_m h_{i,m} w_{m,n}} \cdot r_{i+1,n} \tag{15.1}$$

Diese Vorschrift zur Relevanzpropagierung ist auf die ReLU-Aktivierungsfunktion abgestimmt, die positive Aktivierungen direkt weitergibt. Ein Überblick über alternative Propagierungsvorschriften findet sich in [27].

Werden die Aktivierungen auf diese Weise schichtweise von der Ausgabeschicht bis zur Eingabeschicht weitergeleitet, zeigt der Relevanz-Vektor $\boldsymbol{r}_0$ am Ende an, welche Merkmale des Eingabe-Vektors $\boldsymbol{x} = \boldsymbol{h}_0$ besonders für die Ausgabe verantwortlich waren. Besonders in der Bildverarbeitung kann das sehr leicht visualisiert werden, da hier die einzelnen Pixel im Eingabebild mit ihrer Wichtigkeit markiert werden können. Diese Darstellung nennt man auch eine Saliency Map. In [19] bringt ein Beispiel, in dem durch LRP erkannt wurde, dass ein tiefes Netzwerk zur Bilderkennung im PASCAL VOC 2007 Datensatz Pferdebilder vor allem anhand eines Schriftzugs einer Agentur in einer Bildecke erkannt hat, der primär auf Bildern dieser Kategorie zu finden war.

Eine einfache Alternative zu LRP stellen gradienten-basierte Saliency Maps dar [33]. Hier werden einfach die Gradienten der Ausgabeknotens für jede Klasse in Bezug auf die Eingabe berechnet, was rasch durch einen Rückwärtspass durch das Netzwerk bewerkstelligt werden kann. GradCAM [32] ist eine gradienten-basierte Methode, die für Convolutional Neural Networks entwickelt wurde und im Bereich der Bildverarbeitung große Popularität genießt.

15.3.2 Lernen Globaler Erklärungssurrogate

Die grundlegende Idee hinter diesem Ansatz ist, dass man, wie in Abbildung 15.3 skizziert, ein genaues, aber nicht interpretierbares Black-Box-Modell als Orakel verwendet, um einen möglicherweise schwächeren White-Box-Lerner zu trainieren. Im Gegensatz zum direkten Erlernen interpretierbarer Modelle aus den Trainingsdaten besteht der Hauptvorteil dieser Vorgangsweise darin, dass die White-Box-Modelle hier aus einer beliebig großen Datenmenge gelernt werden können, da das Black-Box-Modell Labels in beliebiger Zahl zur Verfügung stellen kann. Auch sind diese Daten dann oft schon durch das Black-Box-Modell von Noise und Ausreißern geglättet. Dadurch erhofft man sich, dass die aus den Black-Box-Labeln gelernten White-Box-Modelle eine höhere Qualität erreichen als wenn sie direkt aus den Trainings-Daten gelernt worden wären.

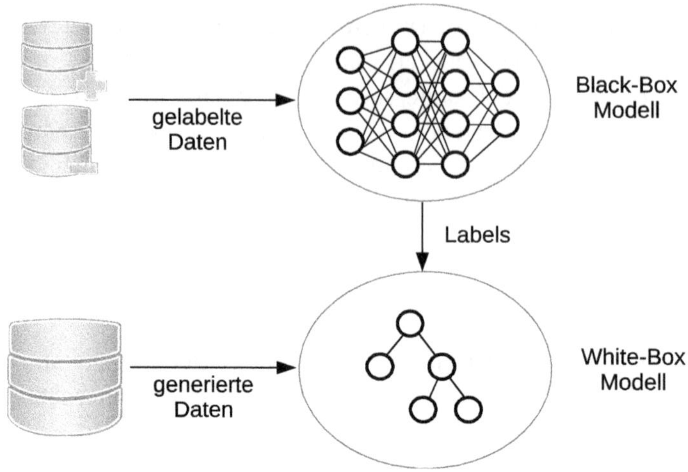

Abb. 15.3: Extraktion globaler White-Box Modelle.

Im Prinzip ist diese Methodik für alle Typen und Kombinationen von Black- und White-Box-Modellen geeignet, jedoch lassen sich oft für spezifische Instanziierungen des Frameworks Verbesserungen finden. Zum Beispiel bietet [1] einen guten Überblick über Methoden, die diesen Ansatz zur Regelextraktion aus neuronalen Netzen verwenden. Hier wird insbesondere zwischen *pädagogischen* Ansätzen unterschieden, die im Prinzip der in Abbildung 15.3 skizzierten Vorgangsweise folgen, wo also die durch das Netz gelernte Information nur über die Labels für Trainingsbeispiele weitergegeben wird, und *dekompositionalen* Verfahren, die auch versuchen, das Black-Box-Modell selbst zu analysieren und beispielsweise die Netzwerkstruktur oder Teile davon in das White-Box-Modell zu übertragen.

15.3.3 Lernen Lokaler Erklärungssurrogate

Die Verfahren zur Extraktion globaler Modelle, die wir im letzten Abschnitt besprochen haben, gehen von der Annahme aus, dass der Formalismus, in dem die interpretierbaren Surrogate repräsentiert sind, gleich mächtig ist wie der Raum der Black-Box-Modelle. Wenn man beispielsweise nur Entscheidungsbäume oder Regeln mit beschränkter Größe zulässt, sind diese zwar vielleicht verständlicher, können jedoch die Entscheidungsgrenze, die von einem tiefen neuronalen Netz gelernt wurde, im Allgemeinen nicht beliebig genau anpassen (zumindest nicht wenn die Modelle beschränkte Größe haben).

Ein alternativer Ansatz schlägt daher vor, erklärbare Modelle für einzelne Beispiele zu lernen. Die Überlegung ist, dass man eine beschränkte Trainingsmenge von Beispielen aus der unmittelbaren Umgebung der Instanz, für die man eine Erklärung benötigt, generiert, und ein interpretierbares Modell für diese beschränkte Trainingsmenge lernt. Dieses Modell hat dann keine globale Gültigkeit, approximiert das Black-Box-Modell aber in einer lokalen Umgebung hinreichend genau, um eine mögliche Erklärung zu liefern.

Dieser Vorgang ist in Abbildung 15.4 illustriert: Der linke Teil zeigt die gelernte Entscheidungsgrenze. Wird nun für einen Punkt eine Erklärung benötigt, so wird um diesen Punkt eine lokale Umgebung definiert (dargestellt durch den Kreis), und in dieser Umgebung werden Instanzen generiert, die vom Black-Box-Modell gelabelt werden. Daraus kann dann, wie im rechten Teil gezeigt, ein einfacheres, lokales White-Box-Modell gelernt werden, in diesem Fall eine Gerade.

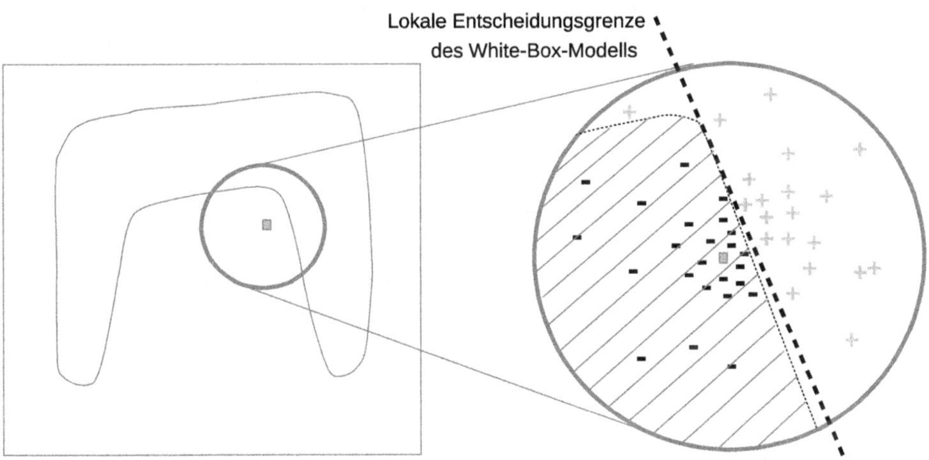

Abb. 15.4: Extraktion lokaler Erklärungen.

Diese Grundidee ist an die Verwendung von Tangenten in der Analysis angelehnt: Eine Gerade kann nicht an eine beliebige Kurve angenähert werden, und kann daher nicht als globales Surrogat-Modell für diese Kurve dienen. Es ist aber umgekehrt möglich, die Umgebung eines Punktes sehr gut durch eine Gerade – die Tangente – zu approximieren. Diese kann man somit auch als eine lokal gültige Erklärung für das Verhalten der Kurve in diesem Punkt ansehen.

Eines der bekanntesten, das diese Idee umsetzt, ist LIME[2] [30]. Um eine Erklärung für eine Testinstanz $\boldsymbol{x}$ zu finden, geht LIME im Wesentlichen wie folgt vor:

1. Generiere eine Datenmenge Z von Instanzen, die ähnlich zu $\boldsymbol{x}$ sind.
2. Verwende das Black-Box-Modell $\mathcal{B}$, um eine Trainingsmenge $\mathbb{S}_{\boldsymbol{x}} = \{\langle \mathbf{z}, \mathcal{B}(\mathbf{z})\rangle \mid \mathbf{z} \in Z\}$ zu erhalten.

2 LIME ist ein Akronym und steht für “Local Interpretable Model-agnostic Explanations”.

3. Gewichte alle Beispiele in $\mathbb{S}_x$ mit ihrer Distanz zu $\boldsymbol{x}$.
4. Trainiere aus den gewichteten Beispielen ein White-Box-Modell $\mathcal{W}_x$.
5. Verwende $\mathcal{W}_x$ als Erklärung für die Vorhersage $\mathcal{B}(\boldsymbol{x})$ des Black-Box-Modells für die Instanz $\boldsymbol{x}$.

Um in Schritt 1. ähnliche Instanzen zu generieren, können verschiedene Methoden angewandt werden. Im Allgemeinen können einzelne Dimensionen einer Vektor-Repräsentation der Daten zufällig gestört werden, für spezielle Datentypen lassen sich jedoch auch spezifische Methoden finden. In Texten könnten beispielweise einzelne Worte oder Sätze ausgetauscht bzw. entfernt werden, in Bildern Pixelgruppen oder Regionen.

Eine erwähnenswerte Alternative zu LIME für additive Erklärungsmodelle (wie z. B. lineare Regression) ist die Abschätzung der Wichtigkeit von Merkmalen durch sogenannte Shapley-Werte. Diese messen den Beitrag, den ein Merkmal i zum Ausgabewert liefert, indem für jede mögliche Teilmenge S von Merkmalen die Differenz zwischen der für $S \setminus i$ und der für $S \cup i$ erwarteten Ausgabe des Modells berechnet wird. Ein gewichteter Durchschnitt über alle Merkmalsteilmengen S liefert den Beitrag für Merkmal i an der Gesamtausgabe. Diese Vorgangsweise wäre für größere Merkmalsmengen aufgrund des exponentiellen Wachstums der Anzahl der Teilmengen S nicht berechenbar, jedoch wird in [22] SHAP (*SHapley Additive exPlanation*) vorgeschlagen, eine Methodik, die es erlaubt, Shapley-Werte auf spezifische modellabhängige Weisen effizient zu berechnen. Insbesondere versucht Kernel SHAP, ähnlich zu LIME eine lokale additive Funktion effizient zu lernen [5], während Tree SHAP [21] seine Effizienz aus der Nutzung der Struktur eines Entscheidungsbaums zieht. Im allgemeinen liefert SHAP bessere theoretische Garantien als LIME, ist meist effizienter und stabiler, da es beispielweise nicht von der Definition einer Nachbarschaft abhängt, die einen wesentlichen Schritt in LIME darstellt. LIME ist wiederum sehr allgemein und im Prinzip für beliebige Kombinationen von Black- und White-Box-Modellen einsetzbar. Dementsprechend gibt es zahlreiche Varianten und Erweiterungen, die sich auf unterschiedliche Szenarien spezialisieren, wie z. B. LORE [11], das speziell auf Extraktion von Regeln ausgerichtet ist, oder LIME-Aleph [29], das es erlaubt, mithilfe eines Algorithmus aus der induktiven logischen Programmierung strukturelle, relationale Erklärungen zu lernen. Ein sehr guter Überblick findet sich in [12].

15.3.4 Beurteilung von Interpretierbarkeit

Ein grundlegendes Problem ist, wie Interpretierbarkeit gemessen werden kann. Viele Ansätze setzen Interpretierbarkeit mit (inverser) Komplexität gleich, d. h., je einfacher ein Modell beschrieben werden kann, desto interpretierbarer gilt es. Für die Komplexität lassen sich auch einfache Maße definieren, wie z. B. die Anzahl der Parameter des Modells, die Anzahl der gefundenen Regeln oder Bedingungen in einer Regelmenge, oder die Anzahl der Knoten in einem Entscheidungsbaum. Viele Algorithmen, die auf interpretierbare Modelle abzielen, versuchen daher, möglichst einfache Modelle zu finden.

Während einfache Modelle durch ihren hohen Bias dazu beitragen, Overfitting zu vermeiden, und daher meist eine höhere Vorhersagegenauigkeit erzielen können, ist es jedoch nicht immer klar, dass sie auch mit einer höheren Interpretierbarkeit einhergehen. Mitunter können komplexere Modelle verständlicher erscheinen, wenn man nicht nur syntaktische, sondern auch epistemische und pragmatische Interpretierbarkeit betrachtet. Zum Beispiel lernen interpretierbare Lernalgorithmen für die UCI-Datenbank Mushroom, die sich mit der Kategorisierung von Pilzen in 'edible' (essbar) und 'poisonous' (giftig) befasst, Regeln wie die folgende:

```
poisonous :- odor = foul.
```

Die Regel besagt, dass Pilze, die übel riechen, als giftig zu klassifizieren sind, und sie trifft auf 2160 Pilze in der Datenbank zu. Es gibt jedoch auch Regel-Lerner, die Regeln wie die folgende lernen [35]:

```
poisonous :- veil-color = white, gill-spacing = close, bruises? = no,
             ring-number = one, stalk-surface-above-ring = silky.
```

Diese Regel enthält viel mehr Details über die Farbe, den Abstand der Lamellen, den Ring am Stiel, u. v. m. und wirkt daher vertrauenswürdiger und sicherer als eine simple Regel, die einen Pilz nur aufgrund seines Geruchs klassifizieren möchte. Lange Regeln sind jedoch sehr oft spezifischer, decken weniger Instanzen ab und sind daher besonders anfällig für Overfitting. Überraschenderweise ist das bei der oben gezeigten Regel nicht der Fall: Sie klassifiziert 2192 Pilze aus der Datenbank fehlerlos und ist damit sogar noch ein wenig genereller als die erste, kürzere Regel.

Bereits Ryszard Michalski, einer der Pioniere des Maschinellen Lernens, hat zwischen diskriminativen und charakterisierenden Regeln unterschieden [23]: *Diskriminative Regeln* bestehen aus hinreichenden Bedingungen für ein Konzept, während *charakterisierende Regeln* die notwendigen Bedingungen beinhalten, die für alle Beispiele, die von der Regel behandelt werden, erfüllt sein müssen. Betrachten wir als Beispiel Regeln, die es erlauben sollen, ein Tier als Elefant zu klassifizieren. Eine diskriminative Regel achtet nur auf das Merkmal 'Rüssel', da dieses ausreicht, um das Tier als Elefant zu erkennen. Eine charakterisierende Regel hingegen beinhaltet alle Eigenschaften, die typischerweise zu einem Elefanten gehören, wie neben dem Rüssel z. B. die Stoßzähne, die runzelige Haut, die großen Ohren, usw. Während diskriminative Regeln im Allgemeinen ausreichen, um eine Erkennung zu gewährleisten, geben charakterisierende Regeln ein viel umfassenderes Bild des zu beschreibenden Sachverhalts. Im Sinne der Interpretierbarkeit scheinen daher charakterisierende Regeln oft verständlicher zu sein, auch wenn sie bedeutend länger sein können als kurze und prägnante diskriminative Regeln.

Wenn Interpretierbarkeit also nicht allein mit geringer Komplexität einhergeht, wie kann sie dann gemessen werden? Für das Lernen Globaler Surrogate (Abschnitt 15.3.2) wird sehr oft die Wiedergabetreue (*Fidelity*) des Erklärungsmodells gemessen, d. h. der Prozentsatz von Prädiktionen bei denen das Surrogat mit dem Black-Box-Modell übereinstimmt. Man braucht dazu kein separates Test-Set an gelabelten Daten, es reicht eine (möglicherweise künstlich erzeugte) Menge an Datenpunkten, die mit dem Black-Box-Modell gelabelt werden, und auf dem die Genauigkeit des Erklärungsmodells berechnet wird. Die Beurteilung mittels Fidelity ist jedoch auf die Methodik der gelernten Erklärungssurrogate beschränkt, und misst im Grunde genommen auch nicht direkt die Interpretierbarkeit des gelernten Modells, die wir als gegeben voraussetzen.

Insbesondere wenn über die syntaktische Interpretierbarkeit hinausgehende Aspekte berücksichtigt werden sollen, ist es letztendlich unumgänglich, Benutzerstudien durchzuführen. Dieses Problem wurde bereits mehrfach thematisiert (vgl., z. B., [8, 25, 9]), es finden sich in der Literatur jedoch nur wenige Arbeiten, die sich der Herausforderung stellen, die Interpretierbarkeit von gelernten Modellen direkt zu messen. Solche Ansätze korrespondieren auch mit Arbeiten in den Kognitionswissenschaften wie z. B. [17], wo das Verstehen eines natürlichsprachigen Texts mit der Fähigkeit gleichgesetzt wird, aus dem Text korrekte Schlüsse zu ziehen. Eine lesenswerte allgemeine Abhandlung über die Messbarkeit von maschineller und natürlicher Intelligenz, in der die Fähigkeit zur Informationskompression in den Mittelpunkt gerückt wird, findet sich in [16].

Insgesamt gibt es jedoch noch keine klaren Empfehlungen zur Messung von Interpretierbarkeit, hier gibt es noch großen Forschungsbedarf.

15.4 Ausblick

Das Lernen interpretierbarer Modelle ist eines der traditionellsten Gebiete des Maschinellen Lernens, ist jedoch nach wie vor weitgehend ungelöst. Beispielsweise gibt es kaum Arbeiten zu Methoden, die praxistaugliche, interpretierbare Zwischenkonzepte lernen, während gerade diese Fähigkeit sehr zum Erfolg von neuronalen Netzen beigetragen hat, bei denen sich beispielsweise in Bilderkennungsaufgaben nachweisen lässt, dass sich Konzepte zunehmender Komplexität wie z. B. Kantendetektoren, Eckendetektoren, Gesichtserkennung oder Personenerkennung in Teilen des Netzwerks autonom herausbilden.

In der aktuellen Forschung erhalten daher Ansätze zur Erklärung von Black-Box-Modellen, wie wir sie in diesem Kapitel diskutiert haben, mehr Aufmerksamkeit. Aktuelle Forschungsrichtungen sind hier vielfältig. Beispielsweise wurden in einer Sammlung von jüngeren Forschungsarbeiten zum Thema erklärbares und interpretierbares Maschinelles Lernen unter anderem die folgenden aktuellen Forschungslinien identifiziert [2]:

- *Beurteilung von Interpretierbarkeit:* Wie wir bereits in Abschnitt 15.3.4 diskutiert haben, ist es oft nicht klar, wie man Interpretierbarkeit messen bzw. in weiterer Folge optimieren kann. Hier sollte nicht nur die gewählte Repräsentationssprache berücksichtigt werden, sondern auch semantische Aspekte, die Akzeptanz der präsentierten Erklärungen durch den Endnutzer, oder nicht zuletzt auch die Nützlichkeit und Vertrauenswürdigkeit der Modelle.
- *Benutzerzentrierte Erklärungen:* Unterschiedliche Benutzergruppen benötigen oftmals unterschiedliche Erklärungen. Beispielsweise sollte eine vorgeschlagene medizinische Diagnose dem behandelnden Arzt mit anderen Worten erklärt werden als dem Patienten selbst. Es gibt jedoch noch nicht viele Ansätze, die die Rolle des Benutzers entsprechend mitmodellieren können.
- *Erklärbarkeit auf komplexen Daten:* Während die Erklärbarkeit von Modellen auf tabellarischen Daten (wie z. B. auch Bildern) recht gut fortgeschritten ist, gibt es noch vergleichsweise wenige Arbeiten zur Findung von interpretierbaren Modellen oder Erklärungen auf strukturierten Daten wie Graphen, Netzwerke oder auch sequentiellen Daten.
- *Berücksichtigung von Hintergrundwissen:* Hintergrundwissen über die Anwendungsdomäne kann Interpretierbarkeit und Erklärbarkeit ermöglichen oder erleichtern. Liegt beispielsweise Expertenwissen über die unterschiedliche Relevanz von Merkmalen der Lernaufgabe vor, kann dieses einerseits benutzt werden, um den Lernenden in die richtige Richtung zu leiten, andererseits aber auch hilfreich sein, um unter unterschiedlichen möglichen Erklärungen die überzeugendste auszuwählen.

Dennoch gibt es bereits eine Vielzahl von Anwendungen von Techniken der erklärbaren KI. Insbesondere featurebasierte Erklärungen, wie sie LIME und SHAP liefern, gehören bereits zum Standard-Repertoire von Datenanalyse-Techniken und sind dementsprechend in gängigen Software-Paketen wie scikit-learn verfügbar.

15.5 Schlussbetrachtung

Mit dem zunehmenden Einsatz von Techniken der Künstlichen Intelligenz in unserem Alltag wird es unumgänglich, dass diese nicht nur von Experten verstanden werden, sondern ihre Empfehlungen auch den Endnutzern verständlich und plausibel machen können. Das ist einerseits nötig, um die Funktionsweise der Modelle zu verstehen und dadurch etwaige Sicherheitsbedenken ausräumen zu können, andererseits aber auch um die Vertrauenswürdigkeit und Akzeptanz von KI-Systemen in unserer Umwelt zu fördern. Dementsprechend ist die Erklärbarkeit eines der aktuellsten und brennendsten Forschungsthemen in der KI. Grundlegende Ansätze wie LRP, LIME oder SHAP, die wir in diesem Kapitel kennengelernt haben, haben bereits ihre Praxistauglichkeit gezeigt, sind aber in ihrer Einsetzbarkeit auch beschränkt. Wichtige Funktionalitäten wie die Unterstützung komplex strukturierter Daten oder unterschiedlicher Nutzergruppen fehlen beispielsweise noch.

Literaturverzeichnis

[1] R. Andrews, J. Diederich, and A. B. Tickle. Survey and critique of techniques for extracting rules from trained artificial neural networks. *Knowledge-Based Systems*, 8(6):373–389, 1995.
[2] M. Atzmueller, J. Fürnkranz, T. Kliegr, and U. Schmid. Explainable and interpretable machine learning and data mining – guest editorial. *Data Mining and Knowledge Discovery*, 38:2571–2595, 2024.
[3] S. Bach, A. Binder, G. Montavon, F. Klauschen, K.-R. Müller, and W. Samek. On pixel-wise explanations for non-linear classifier decisions by layer-wise relevance propagation. *PLoS ONE*, 10(7):e0130140, 2015.
[4] A. Bibal and B. Frénay. Interpretability of machine learning models and representations: an introduction. In *Proceedings of the 24th European Symposium on Artificial Neural Networks (ESANN)*, pages 77–82, 2016.
[5] I. Covert and S.-I. Lee. Improving kernelshap: Practical shapley value estimation using linear regression. In A. Banerjee and K. Fukumizu, editors. *Proceedings of the 24th International Conference on Artificial Intelligence and Statistics, (AISTATS)*, volume 130 of *Proceedings of Machine Learning Research*, pages 3457–3465. PMLR, 2021.
[6] H. L. Dreyfus and S. E. Dreyfus. What artificial experts can and cannot do. *AI & Society*, 6:18–26, 1992.
[7] U. M. Fayyad, G. Piatetsky-Shapiro, and P. Smyth. From data mining to knowledge discovery in databases. *AI Magazine*, 17(3):37–54, Fall 1996.
[8] A. A. Freitas. Comprehensible classification models: A position paper. *ACM SIGKDD Explorations*, 15(1):1–10, 2014.
[9] J. Fürnkranz, T. Kliegr, and H. Paulheim. On cognitive preferences and the interpretability of rule-based models. *Machine Learning*, 109:853–898, 2020.
[10] B. Goodman and S. R. Flaxman. European Union regulations on algorithmic decision-making and a "right to explanation". *AI Magazine*, 38(3):50–57. 2017. *arXiv preprint*, arXiv:1606.08813.
[11] R. Guidotti, A. Monreale, F. Giannotti, D. Pedreschi, S. Ruggieri, and F. Turini. Factual and counterfactual explanations for black box decision making. *IEEE Intelligent Systems*, 34(6):14–23, 2019.
[12] R. Guidotti, A. Monreale, S. Ruggieri, F. Turini, F. Giannotti, and D. Pedreschi. A survey of methods for explaining black box models. *ACM Computing Surveys*, 51(5):93:1–93:42, 2019.
[13] I. Gurevych, C. M. Meyer, C. Binnig, J. Fürnkranz, K. Kersting, S. Roth, and E. Simpson. Interactive data analytics for the humanities. In A. Gelbukh, editor, *Proceedings of the 18th International Conference on Computational Linguistics and Intelligent Text Processing (CICLing-17)*, volume 10761 of *Lecture Notes in Computer Science*, pages 527–549, Budapest, Hungary, 2018. Springer-Verlag.
[14] I. Guyon and A. Elisseeff. An introduction to variable and feature selection. *Journal of Machine Learning Research*, 3:1157–1182, 2003.
[15] Gwern. The neural net tank urban legend, 2011. https://www.gwern.net/Tanks.
[16] J. Hernández-Orallo. *The Measure of All Minds – Evaluating Natural and Artificial Intelligence*. Cambridge University Press, 2017.
[17] P. N. Johnson-Laird. Comprehension as the construction of mental models. *Philosophical Transactions of the Royal Society of London. Series B, Biological Sciences*, 295(1077):353–374, 1981.
[18] M. Krishnan. Against interpretability: A critical examination of the interpretability problem in machine learning. *Philosophy & Technology*, 2019.

[19] S. Lapuschkin, S. Wäldchen, A. Binder, G. Montavon, W. Samek, and K.-R. Müller. Unmasking Clever Hans predictors and assessing what machines really learn. *Nature Communications*, 10(1096) 2019.

[20] Z. C. Lipton. The mythos of model interpretability. *Communications of the ACM*, 61(10):36–43, 2018.

[21] S. M. Lundberg, G. G. Erion, H. Chen, A. J. DeGrave, J. M. Prutkin, B. Nair, R. Katz, J. Himmelfarb, N. Bansal, and S.-I. Lee. From local explanations to global understanding with explainable AI for trees. *Nature Machine Intelligence*, 2(1):56–67, 2020.

[22] S. M. Lundberg and S.-I. Lee. A unified approach to interpreting model predictions. In I. Guyon, U. von Luxburg, S. Bengio, H. M. Wallach, R. Fergus, S. V. N. Vishwanathan and R. Garnett, editors, *Advances in Neural Information Processing Systems*, volume 30, pages 4765–4774, Long Beach, CA, USA, 2017.

[23] R. S. Michalski. A theory and methodology of inductive learning. *Artificial Intelligence*, 20(2):111–162, 1983.

[24] D. Michie. Machine learning in the next five years. In *Proceedings of the 3rd European Working Session on Learning (EWSL-88)*, pages 107–122. Pitman, 1988.

[25] T. Miller. Explanation in artificial intelligence: Insights from the social sciences. *Artificial Intelligence*, 267:1–38, 2019.

[26] C. Molnar. *Interpretable Machine Learning – A Guide for Making Black Box Models Explainable*, 2019. http://christophm.github.io/interpretable-ml-book/.

[27] G. Montavon, A. Binder, S. Lapuschkin, W. Samek, and K.-R. Müller. Layer-wise relevance propagation: An overview. In W. Samek, G. Montavon, A. Vedaldi, L. K. Hansen and K.-R. Müller, editors, *Explainable AI: Interpreting, Explaining and Visualizing Deep Learning*, pages 193–209. Springer, 2019.

[28] O. Pfungst. *Das Pferd des Herrn von Osten (Der Kluge Hans). Ein Beitrag zur experimentellen Tier- und Menschen-Psychologie*. Verlag von Johann Ambrosius Barth, Leipzig, 1907.

[29] J. Rabold, M. Siebers, and U. Schmid. Explaining black-box classifiers with ILP – empowering LIME with aleph to approximate non-linear decisions with relational rules. In F. Riguzzi, E. Bellodi and R. Zese, editors, *Proceedings of the 28th International Conference on Inductive Logic Programming (ILP)*, pages 105–117, Ferrara, Italy, 2018. Springer.

[30] M. T. Ribeiro, S. Singh, and C. Guestrin. "Why should I trust you?": Explaining the predictions of any classifier. In B. Krishnapuram, M. Shah, A. J. Smola, C. C. Aggarwal, D. Shen and R. Rastogi, editors, *Proceedings of the 22nd ACM SIGKDD International Conference on Knowledge Discovery and Data Mining (KDD)*, pages 1135–1144, San Francisco, CA, USA, 2016. ACM.

[31] W. Samek, G. Montavon, A. Vedaldi, L. K. Hansen and K.-R. Müller, editors. *Explainable AI: Interpreting, Explaining and Visualizing Deep Learning*, volume 11700 of *Lecture Notes in Computer Science*. Springer, 2019.

[32] R. R. Selvaraju, M. Cogswell, A. Das, R. Vedantam, D. Parikh, and D. Batra. Grad-CAM: Visual explanations from deep networks via gradient-based localization. *International Journal of Computer Vision*, 128(2):336–359, 2020.

[33] K. Simonyan, A. Vedaldi, and A. Zisserman. Deep inside convolutional networks: Visualising image classification models and saliency maps. In Y. Bengio and Y. LeCun, editors, *Proceedings of the 2nd International Conference on Learning Representations (ICLR), Workshop Track*, Banff, Canada, 2014.

[34] K. Sokol and P. Flach. One explanation does not fit all – the promise of interactive explanations for machine learning transparency. *Künstliche Intelligenz*, 34:235–250, 2020.

[35] J. Stecher, F. Janssen, and J. Fürnkranz. Shorter rules are better, aren't they? In T. Calders, M. Ceci and D. Malerba, editors, *Proceedings of the 19th International Conference on Discovery Science (DS-16)*, pages 279–294. Springer-Verlag, 2016.

[36] S. Teso and K. Kersting. Explanatory interactive machine learning. In V. Conitzer, G. K. Hadfield and S. Vallor, editors, *Proceedings of the 2019 AAAI/ACM Conference on AI, Ethics, and Society (AIES)*, pages 239–245, Honolulu, HI, 2019. ACM.

[37] T. Wang, C. Rudin, F. Doshi-Velez, Y. Liu, E. Klampfl, and P. MacNeille. A Bayesian framework for learning rule sets for interpretable classification. *Journal of Machine Learning Research*, 18:70:1–70:37, 2017.

Teil IV: **Anwendungsbereiche**

Barbara Plank

16 Sprachverarbeitung

16.1 Einleitung

Die Verarbeitung natürlicher Sprache (engl. *Natural Language Processing*, NLP, auch bekannt als Computerlinguistik, engl. *Computational Linguistics*) ist ein spannendes interdisziplinäres Forschungsgebiet der Informatik und insbesondere der Künstlichen Intelligenz (KI), das sich mit Algorithmen zur maschinellen Verarbeitung von menschlicher Sprache befasst. Das ultimative Ziel von NLP besteht darin, Computersysteme zu entwickeln, die in der Lage sind, natürliche Sprache zu verstehen und zu generieren, so wie wir Menschen es tun: Sprache in den verschiedenen Modalitäten (geschriebene und gesprochene Sprache), auf unterschiedlichen linguistischen Ebenen (vom Verstehen von Form wie in Wortbildung und Grammatik bis hin zu tiefem Verstehen von Sprache mit all ihren Nuancen wie der Intention einer Aussage in der Pragmatik), in verschiedenen Anwendungsgebieten („Domänen“, wie zum Beispiel von Webtexten über medizinische Fachtexte bis hin zu Dialogen) und in unterschiedlichsten Sprachen.

Die Sprachverarbeitung ist ein Forschungszweig der KI, der aus der Epoche der Symbolischen KI (siehe Epoche 1 in Abbildung 16.1) in den späten 1950ern und 1960ern stammt, mit Ursprüngen in der Maschinellen Übersetzung (engl. *machine translation*; MT), der Entwicklung von Chatbots (wie z. B. dem ELIZA Chatbot von Weizenbaum in den 1960ern), und der automatischen gesprochenen Spracherkennung (engl. *automatic speech recognition*, ASR). Die gesprochene Sprachverarbeitung (engl. *speech processing*) hat sich als eigenständiger Teilbereich der Sprachverarbeitung entwickelt. Mit natürlicher Sprachverarbeitung (NLP) wird heutzutage meist die Schriftsprache gemeint, obwohl die beiden Teilbereiche – geschriebene und gesprochene Sprache – in den letzten Jahren aufgrund methodischer Entwicklungen immer stärker zusammenwachsen. Im Englischen wird der Unterschied bereits in der Übersetzung des Begriffs „Sprache“ deutlich: als Verarbeitung von „language“ bzw. „speech“. Innerhalb des Fachbereichs wurde früher zudem mehr zwischen Computerlinguistik (CL) und NLP unterschieden: Der Fokus von NLP lag ursprünglich auf der Erstellung von Algorithmen für die Sprachverarbeitung, während die CL, als Teilgebiet der Linguistik, sich mehr auf computergestützte Methoden zur Gewinnung von linguistischem Wissen über Sprache fokussierte. Heutzutage werden die beiden Begriffe der NLP und Computerlinguistik weitgehend als Synonyme verwendet.[1]

1 Der Name der internationalen Fachorganisation für das Gebiet der Sprachverarbeitung CL/NLP ist die *Association for Computational Linguistics* (ACL). Sie wurde 1962 als *Association for Machine Translation and Computational Linguistics* (AMTCL) gegründet, und 1968 in ACL umbenannt. Die ausgebliebenen

https://doi.org/10.1515/9783111386690-020

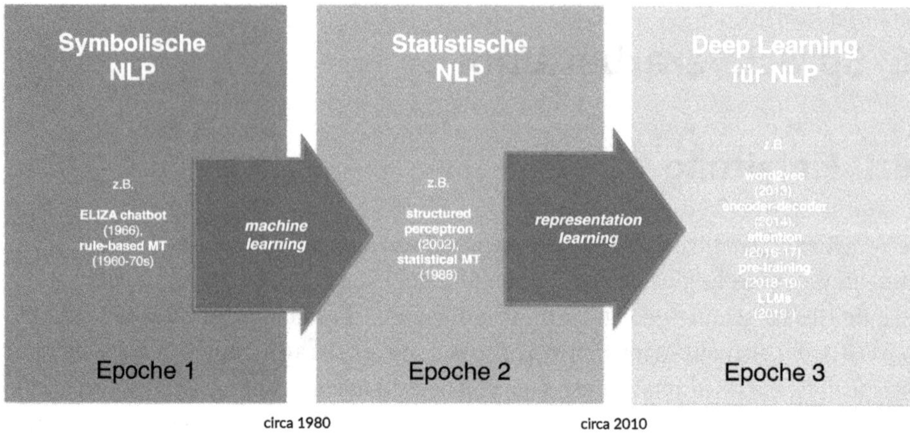

Abb. 16.1: Epochen in der Geschichte der Sprachverarbeitung.

Die Sprachverarbeitung hat in den 1980ern vor allem durch statistische Ansätze mit Textdaten an Bedeutung gewonnen. Die statistische NLP (Epoche 2 in Abbildung 16.1) hat somit die regelbasierten Ansätze der Symbolischen KI weitgehend abgelöst. In der statistischen Epoche waren die von Hand erstellten Eingabeeigenschaften zentral (sogenanntes „feature engineering"), zusammen mit traditionellem Maschinellem Lernen (ML), wie z. B. den linearen Klassifikatoren wie dem Perceptron [12]. Ein klassisches Beispiel stammt aus der Textklassifikation (etwa Spam-Erkennung). Man zerlegte jede E-Mail in Textbausteine, wie etwa Uni- und Bigramme, und wandelte diese in von Hand entworfene Merkmale um, wie etwa die Anzahl der Ausrufezeichen. Methoden der statistischen NLP haben zwar meist geringere Ergebnisqualität als moderne neuronale Ansätze, sind dafür aber meist effizienter und im höheren Grad interpretierbar. Die manuell definierten Merkmalstransformationen („feature engineering") wurden in Epoche 3 durch das Lernen komplexer Merkmalstransformationen (engl. „feature learning" bzw. „representation learning" [2]) abgelöst, dessen gelernte Merkmale komplexe Eigenschaften erlernen, aber im geringeren Grad interpretierbar sind. Die Balance zwischen Performanz und Interpretierbarkeit bleibt ein zentrales Thema.

In der dritten Epoche (Epoche 3 in Abbildung 16.1) wurden Methoden des *Deep Learning für NLP* mit tiefen neuralen Netzen zentral. Die grundlegenden Bausteine dieser wichtigen Epoche gehen auf die Erfolge des Repräsentationslernens und des *Pre-Trainings* zurück, gemeinsam mit dem Fortschritt in der Technik (GPUs) sowie neuronalen Architekturen und Optimierungsalgorithmen für die Sequenztransformation (*sequence-to-sequence learning*).

Erfolge in den 1960ern, aus den Anfängen der Maschinellen Übersetzung, haben die Namensänderung begünstigt.

In den frühen 2010er Jahren waren Erfolge im Erlernen von Wortvektoren (engl. *word embeddings*) wichtig, wie zum Beispiel durch weitverbreitete Software wie word2vec [27]. Entwicklungen wie kontextabhängige Wortvektoren, Encoder-Decoder-Modelle für die Maschinelle Übersetzung und die anschließende Einführung von Aufmerksamkeitsmechanismen waren maßgeblich. Diese Entwicklungen führten schließlich 2017 zur Veröffentlichung der *Transformer*-Architektur, und kulminierten in den Jahren um 2019–2020 im Erfolg von Sprachmodellen (engl. *Language Models*, LMs) bzw. *Large Language Models* (LLMs) der generativen KI. Durch den Erfolg von LLMs hat das gesamte Fachgebiet der NLP enorm an Bekanntheit gewonnen. Die Implikationen auf die Gesellschaft und das soziale Umfeld, in dem NLP-Technologie operiert, werden immer wichtiger [46]. Gleichzeitig steht das NLP-Fachgebiet noch vor erheblichen Herausforderungen, um soziale Sensibilität (engl. *social awareness*) zu entwickeln (siehe Abschnitt 16.4). Der Transformer war maßgebend für den Erfolg von GPTs (GPT, general purpose transformer). LMs wurden durch das Vortrainieren auf sehr großen Datenmengen und den anschließenden *Post-Trainingsmethoden* für den Feinschliff am Ende als LLMs sehr bekannt und heben sich dadurch von früheren LMs ab, die nur auf Daten vortrainiert wurden. BERT, Roberta und ELMo sind Beispiele solcher frühen LMs. ChatGPT, Llama und DeepSeek sind nur einige Beispiele von modernen großen KI-Sprachverarbeitungsmodellen. Durch die Veröffentlichung von ChatGPT am 30. November 2022 durch OpenAI wurden Methoden der Sprachverarbeitung als zentrale Anwendung der KI der breiten Öffentlichkeit zugänglich gemacht. Der Begriff „Foundation Model“ [5] wurde kurz vorher in Stanford geprägt, um den kritischen aber auch unvollständigen Charakter von Foundation Models zum Ausdruck zu bringen.

In den folgenden Abschnitten erörtern wir zunächst grundlegende Konzepte der Sprachverarbeitung, bevor wir auf die hier eingeführten Aspekte im Detail eingehen und mit einem Ausblick auf aktuelle Herausforderungen abschließen.

16.2 Grundlegende Konzepte

16.2.1 Was macht die Sprachverarbeitung so schwierig?

> At last, a computer that understands you like your mother.
>
> 1985, McDonnell-Douglas ad aus: L. Lee [23]

Die maschinelle Verarbeitung natürlicher Sprache ist eine sehr anspruchsvolle Aufgabe, angesichts der grundlegenden Eigenschaften natürlicher Sprache: Produktivität (unendliche Kombinierbarkeit), Ambiguität (Mehrdeutigkeit), und Sprachvielfalt.

Die Produktivität von Sprache (engl. *linguistic productivity*) ermöglicht es, eine unendliche Anzahl von Sätzen aus einer endlichen Menge von Symbolen (wie Wörtern) zu erstellen, wobei sich jeder Satz auf Objekte, Ideen und Ereignisse verweisen kann, die im aktuellen Gesprächskontext gar nicht unmittelbar präsent sind (Verschiebung, engl. *displacement*). Jeder dieser Sätze kann wiederum mehrdeutig sein: Daher ist die Ambiguität (*Mehrdeutigkeit*) von Sprache eine weitere zentrale Herausforderung, wie das Zitat oben veranschaulicht: *At last, a computer that understands you like your mother*. Es lässt bereits mindestens drei unterschiedliche Interpretationen zu [23]:

- Der Satz kann bedeuten, dass der Computer die Fähigkeit hat, Sie so gut und tiefgehend zu verstehen wie Ihre Mutter: „Endlich ein Computer, der Sie (so) versteht wie Ihre Mutter (es tut)."
- Alternativ kann der Satz implizieren, dass der Computer Sie und Ihre Mutter gleich gut versteht: „Endlich ein Computer, der Sie (ebenso gut) versteht wie (er) Ihre Mutter (versteht)."
- Der Satz kann auch so verstanden werden, dass Sie Ihre Mutter mögen: „Endlich ein Computer, der versteht, dass Sie Ihre Mutter mögen."

Während Menschen die vermutlich bevorzugte Interpretation meist sofort identifizieren (die erste oben genannte), ist die Ambiguität eine zentrale Herausforderung in der Sprachverarbeitung. Es zeigt, dass Sprache meist mehrere plausible Alternativinterpretationen zulässt, oft viel mehr als vom Menschen unmittelbar wahrgenommen werden. Wie wir sehen werden, findet sich Ambiguität auf allen linguistischen Ebenen (Wort, Satzstruktur, Pragmatik). Die Mehrheit der auf maschinellen Lernen basierten Ansätze innerhalb der NLP ruht heute aber immer noch auf dem Grundsatz einer einzelnen validen Interpretation (*a single ground truth*), einem Grundsatz der immer mehr infrage gestellt wird [32] (siehe Ausblick im Abschnitt 16.4). Dies ist problematisch, weil Sprache inhärent mehrdeutig ist und viele Aufgaben mehrere gleichwertige Lösungen zulassen. Das Beispiel verdeutlicht außerdem, dass die Mehrdeutigkeit nicht nur die Satzstrukturebene (Syntax) betrifft, sondern auch elementare Bausteine wie die Wortwahl: Das Wort „Mutter" wird sofort als „weiblicher Elternteil" verstanden, statt einer von mehreren alternativen Bedeutungen, wie zum Beispiel der „Essigmutter" [23] oder der „Schraubenmutter" (dies ist das Problem der Wortdisambiguierung, engl. *word sense disambiguation*). Zudem kann das Wort „like" verschiedene syntaktische Wortklassen (*parts-of-speech*, POS) einnehmen, z. B. als Verb „mögen" in der dritten Interpretation, oder als Präposition „wie" in den beiden anderen Interpretationen.

Ambiguität findet sich also in allen *linguistischen Ebenen* (Abbildung 16.2, links): (a) in der Form einer linguistischen Konstruktion (Wortwahl und Syntax), (b) deren Bedeutung (Semantik) oder (c) deren Funktion im kommunikativen Zusammenhang (Pragmatik). Hinsichtlich der Pragmatik, der Funktion im kommunikativen Zusammenhang, kann ein Satz etwa als Informationsabfrage oder auch als Handlungsaufforderung verstanden werden, und je nachdem werden gewisse Reaktionen darauf als angemessen erachtet. So ist zum Beispiel auf die Frage „Ist der Bleistift spitz?" eine Reaktion wie „Ja, der Bleistift ist spitz" bei einer Informationsabfrage oder „Lass mich den Bleistift gleich anspitzen" bei einer Handlungsaufforderung angemessen.

Die Sprachvielfalt ist eine weitere Herausforderung. Sprache entwickelt sich ständig weiter, unter anderem durch Sprachkontakt, Austausch von Kulturen und technischem Fortschritt. Es entstanden im Laufe der Jahrtausende über 7.000 dokumentierte Sprachen.[2] Es entstehen laufend neue Wörter, Ausdrucksformen und neue Wortbedeutungen. Als Beispiel werden jedes Jahr unter anderem „Wörter des Jahres" in einschlägigen Wörterbüchern aufgenommen. So wurde 2020 das Wort „Coronapandemie" das Wort des Jahres laut Duden[3] und 2023 wurde „hallucinate" als neue Wortbedeutung im LLM-Kontext im Cambridge Dictionary hervorgehoben.[4] Unterschiedliche Sprachen verschmelzen miteinander, z. B. im *code switching* verwenden Sprecher Wörter oder Phrasen aus verschiedenen Sprachvarianten (Umgangssprache und Fachjargon) oder sogar aus unterschiedlichen Sprachen in natürlicher Weise innerhalb eines Satzes eingebettet (z. B. „I am sorry, das geht heute nicht."). Auch innerhalb einer Sprache herrscht Vielfalt, etwa ein Spektrum sprachlicher Variabilität von der Standardsprache bis hin zu Dialekten (siehe auch Abschnitt 16.4).

Trotz der oben diskutierten Eigenschaften von Sprache – Sprachvielfalt, Ambiguität und Produktivität – wird bei ihrer Modellierung meist eine endliche Menge von Symbolen gewählt (sogenannte Closed-Vocabulary-Methoden). Die Granularität der gewählten Symbolmenge (auch „Vokabular" V genannt) – etwa die Anzahl der Wörter – bestimmt maßgeblich die Komplexität des Lernsystems und ist Teil seiner Kapazität, insbesondere bei tiefen neuronalen Netzen mit erlernten Merkmalstransformationen. Ein größeres Vokabular kann mehr Informationen abbilden, führt jedoch zugleich zu einer größeren Zahl von Modellparametern und erfordert folglich mehr Daten zum Erlernen dieser Transformationen sowie mehr Rechenleistung bei der Inferenz. Daher ist die Balance zwischen Vokabulargröße und Modellkomplexität ein zentrales Thema. Es gibt auch Ansätze mit Open-Vocabulary-Methoden, etwa die verbreitete Subword-Segmentierung oder die weniger verbreiteten visuellen Textrepräsentationen [36], bei denen Text als Bild gerendert und mit tiefen neuronalen Netzen verarbeitet wird. Auf Eingaberepräsentationen gehen wir ausführlicher im Abschnitt 16.3.2 ein.

16.2.2 Gliederungsebenen der Sprachverarbeitung

In diesem Abschnitt gehen wir kurz auf unterschiedliche Einteilungen der Methoden und Konzepte der Sprachverarbeitung ein, dargestellt in Abbildung 16.2.

Eine *vertikale* Gliederung der Sprachverarbeitung kann nach den linguistischen hierarchischen Ebenen erfolgen: Morphologie (Wort und Wortbildung), Syntax, Semantik, Pragmatik. Dabei fokussieren sich die verschiedenen Sprachverarbeitungsprozesse

2 https://www.ethnologue.com/insights/how-many-languages/

3 https://www.duden.de/sprachwissen/sprachratgeber/Wort-und-Unwort-des-Jahres-Deutschland

4 https://www.cambridge.org/news-and-insights/hallucinate-is-cambridge-word-of-the-year-2023

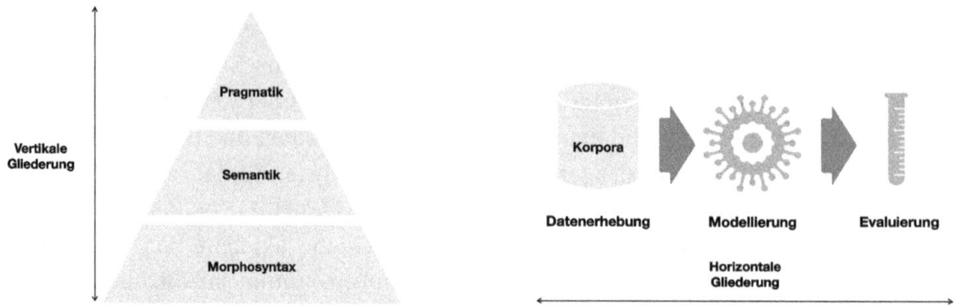

Abb. 16.2: Gliederungsebenen. Vertikal (links): Linguistische Ebenen. Horizontal (rechts): Prozessorientierte Gliederung, typische *Machine-Learning-Pipeline*.

(engl. *NLP tasks*) auf die linguistischen Ebenen. Einige Beispiele von klassischen NLP-Aufgabenstellungen sind:

Morphosyntax (Morphologie und Syntax): Segmentierung von Wörtern in ihre Bestandteile (engl. *word segmentation*), Erfassung von Wortklassen (engl. *part-of-speech tagging*, POS tagging), Syntaxanalyse (z. B. *dependency parsing*).

Semantik Erkennung von Named Entities (NEs, Eigennamen wie Orte, Personennamen usw.), Textklassifikation wie z. B. die Erkennung von Sentiment in Texten (engl. *sentiment analysis*), Semantisches Parsing (z. B. *Semantic Role Labeling*), Informationssuche (*Information Retrieval*), Frage-und-Antwortsysteme (*Question Answering*). *Visual Question Answering* kombiniert Text- und Bildverarbeitung, um Fragen zu Bildern zu beantworten.

Pragmatik Erkennung von Funktionen im kommunikativen Kontext (engl. *dialogue speech acts*), wie etwa Aussage, Frage, Rückmeldung (Backchannel), Zustimmung, Ablehnung und Entschuldigung. Chatbots und Dialogsysteme interagieren mit Nutzern in natürlicher Sprache und können Aufgaben wie Kundenservice unterstützen. Ironie- und Sarkasmus-Erkennung versuchen, pragmatische Elemente der figurativen Sprache zu erkennen.

Eine *horizontale* oder prozessorientierte Gliederung der Sprachverarbeitung kann nach den Schritten im Verarbeitungsprozess der klassischen Machine-Learning-Pipeline erfolgen:

Datenerhebung Sammlung und Aufbereitung großer Datenbestände (Korpora, engl. *corpora*). Korpora bestehen aus Beispielen von sprachlichen Äußerungen meist als reine Textsammlungen (nur Textdaten ohne weitere linguistische Annotierung), oder mit Anreicherungen (annotierte Korpora, engl. *annotated corpora*, mit linguistischen Annotationen, wie z. B. Wortklassen beim POS-Tagging oder Eigennamen in *Named Entity Recognition*).

Modellierung Die Auswahl an Repräsentationen und Algorithmen zum Erlernen einer NLP-Aufgabenstellung. Heutzutage ist es in der Regel ein ML-Modell, das auf den Daten trainiert wird.

Evaluierung Die Methoden zur Evaluierung des gelernten Sprachverarbeitungsmodelles, wie z. B. die Genauigkeit (engl. *Accuracy*) bei der Sentimentanalyse oder der Halluzinationserkennung, oder der Vergleich mit Referenzdaten bei der Maschinellen Übersetzung (z. B. mit Metriken wie BLEU und ROUGE).

Innerhalb der Modellierung kann eine weitere *komponentenorientierte* Gliederung vorgenommen werden, die auch den Übergang von statistischen Lernansätzen (mit mehreren Komponenten in Epoche 2) bis hin zu Ein-Modell-Systemen (typisch für die Ansätze mit tiefen neuralen Netzen in Epoche 3) beleuchtet:

Pipeline-NLP-System Bei einer Sprachverarbeitungspipeline werden einzelne Komponenten der Sprachverarbeitung separat entwickelt und anschließend zusammengeführt. Ein Beispiel ist die statistische maschinelle Übersetzung (*machine translation*, MT). In Epoche 2 bestanden die Ansätze aus drei Komponenten: die Analyse der Ausgangssprache (Source-Text-Analyse), der Transfer bzw. die eigentliche Übersetzung, die Nachbearbeitung in der Zielsprache (Target-Text-Analyse). Ein konkretes Verfahren ist die phrasenbasierte maschinelle Übersetzung (*phrase-based machine translation*, PBMT). Dabei zerlegt die Source-Text-Analyse die Sätze in Wörtern und Phrasen, erstellt mithilfe von Algorithmen übersetzte Phrasentabellen und setzt diese anschließend in der Target-Text-Analyse wieder zu Sätzen der Zielsprache zusammen. Um die Flüssigkeit der Ausgabe zu verbessern, wird im letzten Schritt meist ein Sprachmodell (Language Model) zur Nachbearbeitung herangezogen.

End-to-End-NLP-System (Ein-Modell-System) Durch die zunehmende Verbreitung von Deep Learning wurden die Pipeline-NLP-Systeme aus Epoche 2 zunehmend durch End-to-End-Systeme in Epoche 3 ersetzt. Dabei bildet ein einzelnes Modell die gesamten Arbeitsschritte nach. Daher auch der Name *end-to-end* („durchgängiges") Modell, das weitgehend die komponentenbasierten statistischen Systeme abgelöst hat. Ein Beispiel ist die Maschinelle Übersetzung bei Google, die 2017 das ursprüngliche PBMT-Pipeline-System durch ein neuronales End-to-End-Maschinelles-Übersetzungs-System ersetzte [20].

Pipeline-Systeme sind durch die klar getrennten Module leichter zu interpretieren – Fehler lassen sich in den einzelnen Komponenten lokalisieren, einzelne Regeln oder Merkmale nachvollziehen, und schon mit moderaten Datenmengen trainieren; zugleich aber propagieren sich Fehler von einer Stufe zur nächsten und jede Komponente braucht eigene Trainingsdaten. End-to-End-Modelle eliminieren diese Bruchstellen: Ein einziges Netz lernt die gesamte Aufgabe direkt aus den Daten, wodurch häufig eine höhere Gesamtqualität erzielt wird; dafür benötigen sie aber enorme, möglichst domänengleiche Trainingsdaten. End-to-End-Modelle gelten als „Black Boxes", in denen interne Entscheidungsprozesse schwer nachzuvollziehen sind – Interpretierbarkeit wird also gegen „Datenhunger" und geringere Transparenz eingetauscht.

16.3 Methoden und Algorithmen

Nachdem wir im vorausgehenden Abschnitt die Herausforderungen der Sprachverarbeitung und mögliche Gliederungsebenen gezeigt haben, wollen wir in diesem Abschnitt zentrale Methoden und Algorithmen der modernen Sprachverarbeitung erörtern. Für eine umfassendere Einführung in NLP, insbesondere für Ansätze basierend auf neuralen Netzwerken der Epoche 3, verweisen wir den Leser auf Textbücher wie „Speech and Language Processing (3rd edition)“ [21] sowie auf „Foundations of Statistical Natural Language Processing“ [26] für frühere statistische Methoden wegweisend in der zweiten Epoche.

16.3.1 Sequenzen und Anwendungen

Ein zentraler Ansatz in der Verarbeitung natürlicher Sprache ist der Umgang mit Sequenzen (*sequences*), da Sequenzen in der Sprache überall vorkommen. Man denke da an Sequenzen von Sätzen, die ein Dokument (oder einen Textabsatz) bilden. Ein Satz besteht wiederum aus Sequenzen von Wörtern, welche wiederum aus Sequenzen von Buchstaben für die Wortbildung bestehen. Es geht also von Sequenzen der Morphosyntax bis hin zu Sequenzen der Pragmatik im Dialog, z. B., Sequenzen von Frage und Antwort in einer Interaktion zwischen Mensch und Machine. Daher ist das algorithmische Modellieren von Sequenzen (von Buchstaben, Wörtern, Phrasen, Sätzen etc.) essentieller Bestandteil der NLP, und damit auch das Vorhersagen des nächsten Schrittes in einer Sequenz, z. B., die Vorhersage des nächsten Wortes in einem Satz.

16.3.1.1 Anwendungsfälle

Eine visuelle Übersicht über typische NLP-Anwendungsfälle findet sich in Abbildung 16.3. Sie unterscheiden sich vor allem durch die Art der Ausgabe (in rot dargestellt), von Klassifikation einer Eingabe (a-b) bis hin zur Textgenerierung (c-d).

Wenn bei jedem Zeitschritt eine Ausgabe erfolgt, so spricht man von *Transducer* (a): Das Modell sagt eine Ausgabe für jeden Zeitpunkt t in der Dateneingabe vorher. Ein- und Ausgabelänge der Sequenz sind identisch. Beispiele einer solchen *Sequenzklassifikation* (engl. *sequence labeling*) sind Named Entity Recognition (NER) oder POS-Tagging, wo für jeden Eingabetoken eine Klasse (Label) bestimmt wird (wie etwa Organisations-, Personen- oder Ortsnamen im NER).

Ein *Acceptor* (b) erstellt ein Label y für die gesamte Eingabesequenz: Hier wird nur nach dem Einlesen der gesamten Eingabe eine Ausgabe (ein *Label*) abgefragt. Ein Beispiel hierfür ist ein *Klassifikator*, der eine Klasse für den gesamten Eingabesatz vorhersagt, wie z. B. bei der Sentimentanalyse, ob ein Satz eine positive oder negative Haltung ausdrückt. Die Eingabelänge ist beliebig, die Ausgabe ist ein Label.

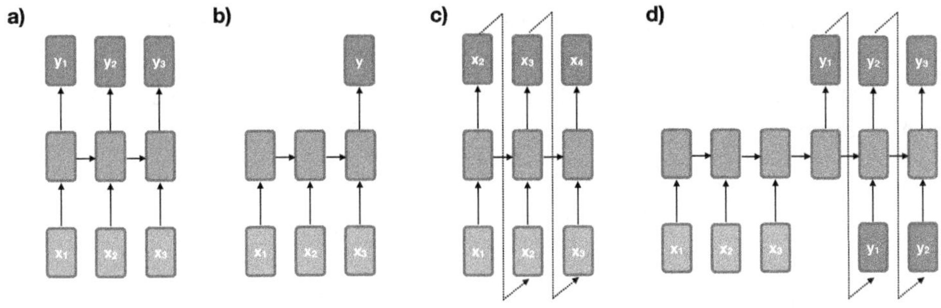

Abb. 16.3: Typische Anwendungsfälle von Sequenzen in NLP: a) Sequenzklassifikation, b) Klassifikator, c) Autoregressive Textgenerierung, d) Encoder-Decoder.

Eine dritte Art der Verwendung ist die *Textgenerierung* (c), wie bei einem LM, wo das nächste Wort auf Basis der bisher vorhergesagten Wörter generiert wird, und als Eingabe dem nächsten Schritt übergeben wird. Diese Modelle werden im Kontext von Transformern auch autoregressive LMs genannt.

Eine vierte und sehr verbreitete Art ist das *Encoder-Decoder-Modell* (d), das zwei getrennte Encoder- und Decoder-Parameter hat, und meist durch Aufmerksamkeitsmechanismen erweitert wird. Dadurch kann ein Decoder beim Generieren kontextbedingt auf die gesamte Sequenz des Encoders achten. Encoder-Decoder und Aufmerksamkeitsmechanismen werden im Abschnitt 16.3.5 behandelt.

16.3.1.2 Language Model (LM) – Definition und Evaluierung

Ein *Language Model* (LM) ist ein algorithmisches Modell zur Bestimmung der Wahrscheinlichkeit eines Textes $P(w_1, \dots, w_d)$ bzw. zur Bestimmung der Wahrscheinlichkeit des nächsten Wortes, wie etwa das *auto-complete* beim Schreiben einer Nachricht auf dem Handy (in den Zeiten vor Smartphones auch bekannt als T9, Text auf 9 Tasten).

Gegeben eine Sequenz von d Wörtern $w_1, \dots, w_d$, ist ein LM ein Modell zur Bestimmung der Wahrscheinlichkeit der Sequenz, wobei die Kettenregel der Wahrscheinlichkeit angewandt wird für die Berechnung:

$$P(w_1, \dots, w_d) = P(w_1)P(w_2|w_1)P(w_3|w_1, w_2) \dots P(w_n|w_1, w_2, \dots, w_{d-1}) \tag{16.1}$$

$$= P(w_1) \prod_{i=2}^{d} P(w_i|w_1, \dots, w_{i-1}) \tag{16.2}$$

Jeder der Wahrscheinlichkeiten wird mit Zählen von Vorkommnissen im Text berechnet; etwa wie oft folgt „cat“ auf „the black“.

In traditionellen LMs wird für die Schätzung der Wahrscheinlichkeiten die Markov-Annahme angewandt, also wird nicht mehr der kompletten Satz als Kontext verwendet

$(w_1, w_2, \ldots)$. Wie in Gleichung (16.3) verdeutlicht, hängt die Wahrscheinlichkeit eines nächsten Wortes somit nur von den vorherigen $n-1$ Wörtern ab (verkürzter Kontext). Dies erleichtert das Schätzen der Wahrscheinlichkeiten. Daher werden diese LMs meist auch n-Gramm-basierte LMs genannt:

$$P(x_1, \ldots, x_d) = \prod_{i=1}^{d} P(x_i|x_1, \ldots, x_{i-1}) \approx \prod_{i=1}^{d} P(x_i|x_{i-(n-1)}, \ldots, x_{i-1}) \qquad (16.3)$$

Die n-Gramm-basierten LMs haben zwar durch die Markov-Annahme einen limitierten Kontext (engl. *limited horizon*), waren aber trotzdem vor allem in der statistischen NLP-Epoche von enormer Wichtigkeit aufgrund ihrer einfachen Handhabung und Leistung (z. B. in der maschinellen Übersetzung für das Gewichten von alternativen Übersetzungen oder im automatischen Sprachverstehen für das Gewichten alternativer Worterkennungen). Die Schätzung der Parameter erfolgte bei traditionellen n-Gramm-basierten LMs mit Maximum Likelihood Estimation (MLE) über Textdaten, also Zählen von Vorkommnissen im Text, zusammen mit Glättungsverfahren, um Wahrscheinlichkeiten für noch nicht eingetretene Ereignisse wie etwa unbekannte Wörter (die nicht im Vokabular waren) zu berücksichtigen (siehe auch weiter unten in diesem Abschnitt). Zum Beispiel werden Bigramm-Statistiken $P(x_i|x_{i-1})$ bei einem Markov LM erster Ordnung gezählt (ein n-Gramm-Modell verwendet einen Kontext von $n-1$ Wörtern, so hat ein Bigrammmodell einen Kontext von einem Wort), um so die Wahrscheinlichkeitsparameter θ zu schätzen, $P_{\text{MLE}}(x_i|x_{i-1}; \theta)$.

Um ein LM zu evaluieren, gibt es zwei Möglichkeiten: intrinsisch und extrinsisch. Bei beiden Verfahren wird abgeschätzt, wie gut ein LM funktioniert. Bei der extrinsischen Evaluierung geschieht dies indirekter, d. h., ein LM wird dann als Bestandteil in eine andere Anwendung (wie zum Beispiel MT) integriert und dadurch indirekt evaluiert. Eine wichtige intrinsische Methode zur Evaluierung eines LMs ist die Gesamtsumme der Wahrscheinlichkeiten, die das LM einem Evaluierungstext (*held-out text*) zuweist. Dabei gilt die Annahme, dass ein LM umso besser ist, je wahrscheinlicher es den Evaluierungstext vorhersagt. Zu diesem Zweck wird die Perplexität (*perplexity*, abgekürzt PPL) des Textes berechnet und auf die Textlänge n normiert; eine niedrigere PPL kennzeichnet folglich ein besseres LM:

$$\text{perplexity}(x_1, \ldots, x_n) = P(w_1, \ldots, w_n)^{-\frac{1}{n}} \qquad (16.4)$$

Eine (intrinsische) Verbesserung von PPL garantiert zwar keine (extrinsische) Verbesserung der Genauigkeit eines LMs in einer Anwendung, Perplexity korreliert aber oft mit der Endanwendung und wird daher meist für die Evaluierung von LMs eingesetzt [21].

Ein n-Gramm LM, wie viele andere algorithmische Modelle, ist abhängig von den Daten, auf denen es trainiert wurde (das Trainingskorpus). Daher enkodieren die Wahrscheinlichkeiten oft spezifische Fakten der Trainingsdaten, und höhere n-Gramm LMs modellieren die Traniningsdaten besser und können so zur koherentären Generierung von Texten verwendet werden. Jedoch wird es mit höherer n-Gramm Größe, der Produktivität von Sprache und der limitierten Größe von Textkorpora zunehmend schwieriger, die Parameter verlässlich zu schätzen, wodurch die Kontextgröße bei n-Gramm LMs inhärent limitiert ist. Um diese Schwierigkeit zu adressieren, werden die Wahrscheinlichkeiten eines n-Gramm LMs durch Glättungs- und Back-off-Verfahren (wie *smoothing*, *backoff interpolation*) verbessert; wir verweisen auf [21] für Details hierzu. Zudem spielt auch die Textdomäne (bzw. das Genre des Textes) eine wichtige Rolle. So unterscheiden sich z. B. literarische Texte von Transkriptionen. Daher müssen LMs auf passenden Textdaten trainiert werden.

Traditionelle n-Gramm LMs haben weitere wichtige Einschränkungen. Sie können durch die Markov-Annahme nicht gut mit Abhängigkeiten innerhalb von längeren Texte umgehen (sogenannten *long-range dependencies*). Zudem wird der Ähnlichkeit von zwei verwandten Wörtern wie zum Beispiel Synonymen wie 'reden' und 'sprechen' in traditionellen n-Gramm LMs nicht Rechnung getragen.

Neuronale Netzwerke sind ein fundamentales Werkzeug für die moderne Sprachverarbeitung und lösen einige dieser wichtigen Einschränkungen von n-Gramm Ansätzen. So entfällt bei fortgeschrittenen neuronalen Netzwerkarchitekturen die Kontextbeschränkung, und dank der erlernten Merkmaltransformationen erwerben sie deutlich bessere Wort- beziehungsweise allgemein Sprachrepräsentationen, was zu erheblichen Leistungssteigerungen geführt hat.

Im Abschnitt 16.3.3 werden wir Anhand eines Beispiels zunächst die einfacheren Feedforward Neuronalen Netzwerke als LMs einführen, sowie deren Einschränkungen diskutieren. In den darauffolgenden Abschnitten werden wir weitere Anwendungen und Vorteile neuronaler Modelle für die Sprachverarbeitung vorstellen, wie beispielsweise Rekurrente Neuronale Netze (RNN), Transformer und Encoder-Decoder-Architekturen. Bevor wir uns den verschiedensten Netzwerken widmen, sollten wir klären, wie eine Texteingabe dargestellt wird.

16.3.2 Repräsentation: Wörter und Vektoren

Ein erster wichtiger Schritt ist die Satzsegmentierung, die einen Text zunächst in Sätze aufteilt. Danach folgt die Tokenisierung, das Herunterbrechen einer Texteingabe in ihre elementare Bestandteile, wie zum Beispiel die Wörter, Symbole und Satzzeichen eines Satzes.

So wird ein Text in eine Sequenz von Tokens aufgeteilt. Zum Beispiel ist bei Token-basierten Sequenzklassifikatoren wie POS-Tagging oder NER die Klassifizierung eines jeden Tokens das Ziel (etwa Nomen oder Verb beim POS-Tagging); siehe auch Abbildung 16.3.

Viele moderne LMs arbeiten heutzutage auf Subwort-Ebene (statt Wortebene), teilen Wörter meist weiter in Buchstaben- bzw. Zeichensequenzen auf. Ein Beispiel der Subwort-Tokenisierung ist „praktizierend" als folgende Subwörter darzustellen: „prakti", „zier", „end". Es sind meist nicht linguistisch motivierte Subwort-Einheiten. Subwort-Tokenisierungsalgorithmen zielen darauf ab, eine Balance zu finden zwischen der Größe des Vokabulars und der Abdeckung, indem sie häufige Wörter intakt lassen, auch einzelne Zeichen im Vokabular abbilden, während seltene oder unbekannte Wörter in eine Anzahl von Subwörtern (Zeichensequenzen) aufgeteilt werden. Ein wesentlicher Vorteil der Subwort-Tokenisierung ist somit die Möglichkeit, ein Vokabular zwar mit fester Größe beizubehalten aber gleichzeitig eine unbegrenzte Anzahl möglicher Wörter darzustellen (Open-Vocabulary-Methode). Durch die Zerlegung seltener oder unbekannter Wörter wird das Problem der Datenknappheit, das der traditionellen Tokenisierung auf Wortebene innewohnt, erheblich gemildert. Die Idee eines bekannten Subwort-Tokenisierungs-Algorithmus [39] ist es, häufige Zeichenfolgen inkrementell zusammenzuführen bis eine vorbestimmte Vokabulargröße erreicht wird. Solche Algorithmen stammen ursprünglich aus dem Gebiet der Maschinellen Übersetzung und sind inzwischen zu einer Standardtechnik in vortrainierten Sprachmodellen geworden.

Nach der Tokenisierung ist es wichtig, zu bestimmen, wie ein Wortmerkmal des Eingabetextes dargestellt wird. In traditionellen statistischen Methoden aus der zweiten Epoche werden Wörter und Texte meist durch händisch definierte Merkmale dargestellt, wo jedes Merkmal (*feature engineering*) eine eigene Dimension im Eingabevektor erhält (die sogenannte One-Hot-Darstellung, oder *sparse feature representation*) und somit interpretierbar ist. Ein Beispiel ist die Anzahl der Ausrufezeichen oder die Häufigkeit des Wortes „hot" in einem Spam-Klassifikator.

Der wohl größte Sprung in der Epoche 3 des Deep Learning für NLP, mit dem Übergang von meist linearen Modellen mit händisch-basierten Eingabemerkmalen zu Modellen auf Basis von neuronalen Netzwerken, besteht darin, Merkmale nicht länger als interpretierbare einzelne Dimensionen darzustellen, sondern stattdessen als dichte Vektoren (*dense feature representations*) zu erlernen (*representation learning*). Das bedeutet, dass jedes Kernmerkmal in einen d-dimensionalen Vektorraum eingebettet und als *Embedding* mit zusätzlichen d Parametern erlernt wird [15], ein Vektor pro Wort, wodurch eine zusätzliche $V \times d$-dimensionale Embeddingmatrix $\mathbf{E}$ erlernt wird, siehe Abbildung 16.4. Neurale Netzwerke repräsentieren Eingaben somit durch Wortvektoren (*Embeddings* oder *dense feature representations*). Wortvektoren kodieren die Ähnlichkeit von Wörtern (Hund und Katze sind ähnlicher im Vektorraum als Hund und Auto). Die Verwendung von Embeddings erleichtert neuralen Netzwerken den Umgang mit ähnlichen Wörtern, so generalisieren Embeddings als Merkmale besser als One-Hot-Wortrepräsentationen. Daher ist in modernen Ansätzen die Transformation des Eingabetextes in Features durch die Funktion eines Embedding „lookups" zentral [2], wie in Abbildung 16.4 dargestellt.

Das Vortrainieren von Wortvektoren (*pre-trained word embeddings*) (oder allgemein, das Pre-Training) hat zu einem wichtigen Fortschritt geführt. Der Vorteil ist, dass z. B. solche Embeddingmatrizen $\mathbf{E}$ durch spezielles Vortrainieren auf großen Datenmengen gute allgemeine Sprachrepräsentationen erlernen, die für die Initialisierung

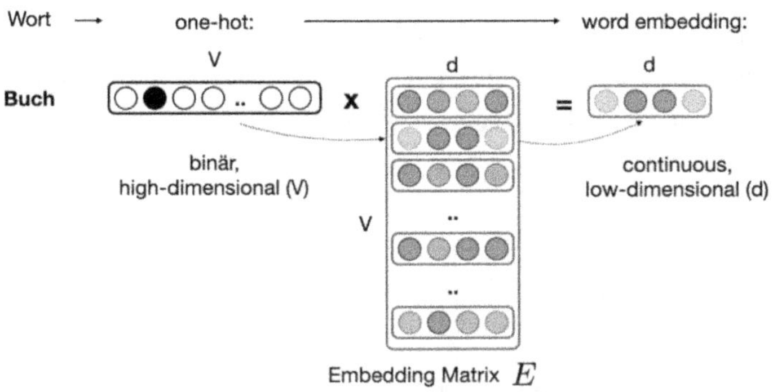

Abb. 16.4: Wortrepräsentation: Selektion eines Wortvektors für das Wort *Buch* aus der Embedding Matrix **E** durch Multiplikation des One-Hot-Vektors mit **E**.

der Embeddings innerhalb eines Systems benutzt werden können. Bekannte Lösungen aus den Jahren 2013 und 2014 zum Erlernen der sogenannten *statischen* Wortvektoren, die – ähnlich einem Wörterbuch – jedem Wort einen festen Vektor zuordnen, sind word2vec von Mikolov et al. [27] oder GloVe von Pennington et al. [30]. Sie hängen bei ihrer Verwendung (lookup) nicht vom Kontext des Wortes ab. Im Jahr 2018 wurden diese statischen Wortvektoren mit sogenannten *kontextualisierten* Wortvektoren (*contextualized word embeddings*) ersetzt, die durch encoderbasierte RNNs wie ELMo von Peters et al. [31] oder Transformer-Encoder wie BERT von Devlin et al. [13] erlernt werden. Ein Vorteil dieser kontextualisierten Wortvektoren ist, dass jedes Wort einen kontextabhängigen – statt statischen – Vektor erhält. Ein Nachteil ist, dass es für die Verwendung einen Modellaufruf braucht, statt einer einfachen Wortsuche im **E**-„Wörterbuch" wie bei statischen Embeddings, die einmal gelernt, als einfache statische Datei abgespeichert werden.

16.3.3 Feedforward Neuronales Netzwerk als LM

Ein Feedforward Neuronales Netz (FFNN) kann als Funktion f_{NN} angesehen werden, die einen Eingabevektor $\mathbf{x}$ mit Dimension d_{in} in einen Ausgabevektor mit Dimension d_{out} umwandelt [15]. Diese Funktion ordnet der Eingabe $\mathbf{x}$ eine Zugehörigkeit zu einer oder mehreren d_{out} Klassen zu.

Als Erstes werden wir ein n-Gramm LM in ein einfaches neuronales LM umwandeln, indem wir das LM mit einem neuronalen Netzwerk (NN) und dessen Gewichte θ parametrisieren. Ein neuronales Trigramm LM z. B. kann wie folgt dargestellt werden, wobei d_{out} die Größe des Vokabular V des LMs ist, und das Ziel ist die Vorhersage des nächsten Wortes $x_i \in V$, gegeben den vorhergehenden zwei Wörtern x_{i-2}, x_{i-1}:

$$P(x_i|x_1, \ldots, x_{i-1}) \approx P_{\text{NN}}(x_i|x_{i-2}, x_{i-1}; \theta) \tag{16.5}$$

Ein solches FFNN-basiertes LM wurde z. B. von Bengio et al. [3] eingeführt. Wir folgen der Notation und Beschreibung in [21], wobei σ eine Aktivierungsfunktion (wie etwa tanh) ist, und das Netzwerk aus den Parametern $\theta = (\mathbf{b}, \mathbf{W}, \mathbf{V}, \mathbf{E})$ besteht, wobei **b** die Bias-, **E** die Embedding-, **W** die Eingabe- und **V** die Ausgabeparameter sind.

$$\begin{aligned}\mathbf{e} &= [\mathbf{E}x_{i-2}; \mathbf{E}x_{i-1}],\\ \mathbf{h} &= \sigma(\mathbf{We} + \mathbf{b}),\\ \mathbf{z} &= \mathbf{Vh},\\ \hat{\mathbf{y}} &= \text{softmax}(\mathbf{z}), \text{with}\end{aligned}$$

Zuerst werden die Wortvektoren der Kontextwörter selektiert, und so ein d-dimensionaler Embeddingvektor für jedes Kontextwort selektiert. In unserem Beispiel haben wir zwei Kontextwörter (durch Multiplikation jedes Eingabewortes x_{i-2} und x_{i-1} mit **E**, wie in Abbildung 16.4 dargestellt, wird ein Wortvektor für das jeweilige Wort aus **E** selektiert). Die beiden Embeddingvektoren werden zu Vektor **e** als Eingabe in das Netzwerk verkettet (*concatenation*): $\mathbf{e} = [\mathbf{E}x_{i-2}; \mathbf{E}x_{i-1}]$. Dieser Embeddingvektor **e** wird mit dem Gewicht **W** multipliziert (ein bias **b** wird hinzugefügt). Durch die Aktivierungsfunktion σ erhält man den verdeckten Layer **h** (*hidden layer*). Dieser wird mit den finalen Ausgangsparametern **V** multipliziert um die Aktivierung **z** zu erhalten. Zur Berechnung der Wahrscheinlichkeit des nächsten Wortes x_i wird **z** durch eine Softmax-Funktion normalisiert, um die Wahrscheinlichkeit aller Wörter im Vokabular V zu berechnen, und daraus das wahrscheinlichste Wort x_i (durch *argmax*) gewählt.

Um dieses Netzwerk als LM zu verwenden, wird es nach jeder Vorhersage um ein Wort „weitergeschoben“, von Position i auf $i+1$, und von dieser Position aus werden wiederum die zwei vorhergehenden Wörter betrachtet. Somit sind die Modelle, die wir bisher beleuchtet haben, nur beschränkt geeignet, die sequenzielle Eigenschaft von Sprache zu erfassen. N-Gramm LMs haben einen eingeschränkten Kontext (dem *fixed-size* Eingabefenster); dieser schränkt die Genauigkeit des FFNN für jede Vorhersage ein.

16.3.4 Rekurrentes Neuronales Netz (RNN)

Rekurrente neuronale Netze (RNN) [14] modellieren zeitdiskrete Folgen, bei denen der temporäre Zusammenhang zwischen Wörtern über die rekursive Funktion parametrisiert durch **U** modelliert wird:

$$\mathbf{h_t} = \sigma(\mathbf{Wx_t} + \mathbf{Uh_{t-1}} + \mathbf{b}) \tag{16.6}$$

wobei der Zustand des verdeckten („hidden“) Vektors $\mathbf{h_t}$ zum Zeitpunkt t sowohl von der aktuellen Dateneingabe $\mathbf{x_t}$ als auch vom vorherigen Zustand $\mathbf{h_{t-1}}$ abhängt. Die Ausgabe eines RNNs wird vom aktuellen Zustandsvektor $\mathbf{h_t}$ wie folgt berechnet:

$$\hat{\mathbf{y}}_t = \text{softmax}(\mathbf{Vh_t}) \tag{16.7}$$

16.3.4.1 RNN als LM

Wir veranschaulichen nun, wie ein RNN als LM verwendet werden kann. Wie bereits erörtert, berechnet ein LM die Wahrscheinlichkeit des nächsten Wortes basierend auf dem bisherigen Kontext. Bei n-Gramm-basierten LMs besteht der Kontext aus den n-1 vorhergehenden Wörtern (der Breite des Eingabefensters). RNN-basierte LMs verarbeiten die Eingabesequenz hingegen Schritt für Schritt: Zu jedem Zeitpunkt t wird das nächste Wort basierend auf dem verdeckten Vektor und dem derzeitigen Eingabewort x_t vorhergesagt. Daher haben RNN LMs keine Einschränkung bezüglich der Länge des Kontextes, im Gegenzug zu n-Gramm und FFNN-basierten LMs, da der verdeckte Vektor $\mathbf{h_t}$ prinzipiell die Information der gesamten Eingabesequenz darstellen kann, alle Wörter rekursiv zurück bis zum ersten Eingabewort.

$$\begin{aligned}\hat{\mathbf{y}}_t &= \text{softmax}(\mathbf{Vh_t}), \text{where}\\ \mathbf{h_t} &= \sigma(\mathbf{Uh_{t-1}} + \mathbf{We_t} + \mathbf{b}),\\ \mathbf{e_t} &= \mathbf{E}x_t\end{aligned}$$

RNNs können lange Sequenzen analysieren, aber Abhängigkeiten, die weit weg sind, sind immer noch schwierig zu lernen (Gradienten werden zu klein oder explodieren). Daher werden in der Praxis Varianten mit Gating-Mechanismen wie GRU und LSTM verwendet, sogenannte RNNs mit Gates: *Gated Recurrent Unit* (GRU) [11] und *Long-Short Term Memory* (LSTM) [17]. Beide RNN-Varianten können besser auf längeren Sequenzen trainiert werden. Dies vermindert insbesondere die numerischen Probleme bei der Gradientenpropagierung, wie im Kapitel „Tiefe neuronale Netze" weiter beschrieben.

Beim Trainieren eines RNN-Sprachmodelles verwendet man in der Praxis meist nur eine einzige Embedding-Matrix für Eingabe- und Ausgabe-Embeddings, indem man die Gewichte koppelt (*weight tying*) [33]. Anstelle einer separaten Ausgabematrix wie im obigen RNN-Beispiel wird somit nur eine Matrix gelernt, wodurch Parameter eingespart werden – oft ohne Einbußen in Genauigkeit.

16.3.5 Encoder-Decoder-Modelle

Bei Encoder-Decoder- (Sequence-to-Sequence-) Modellen fasst ein Encoder-RNN die gesamte Eingabesequenz zu einem festen Kontext- bzw. Satzvektor zusammen. Dieser Vektor initialisiert ein separates Decoder-RNN, das daraus die Zielsequenz erzeugt. Anders als bei Transducern dürfen Ein- und Ausgabesequenz beliebige und voneinander abweichende Längen haben: Eine Eingabe beliebiger Länge wird auf einen Vektor fixer Länge projektiert, dem Kontext- bzw. Satzvektor, aus dem wiederum eine Ausgabe beliebiger Länge dekodiert wird. Das Grundprinzip des Encoder-Decoder-Modells ist in Abbildung 16.5 für die Maschinelle Übersetzung dargestellt.

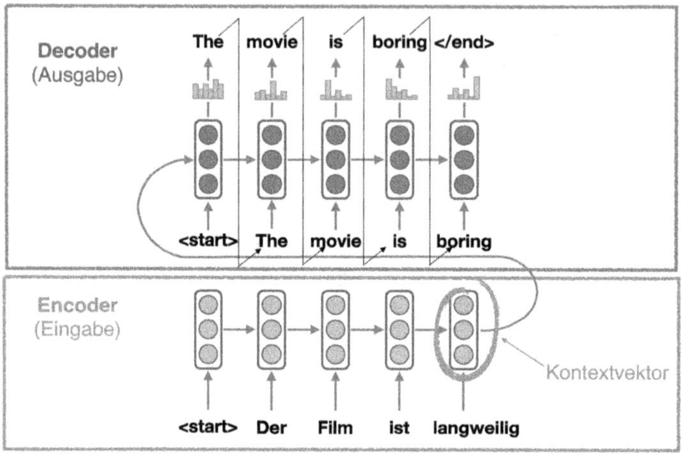

Abb. 16.5: Encoder-Decoder für Maschinelle Übersetzung (ohne *Attention*).

Encoder-Decoder-Modelle sind wichtige Bausteine der generativen KI. Diese Art der Textgenerierung mit RNN-basierten Encoder-Decoder-Modellen leitete zunächst eine neue Ära der generativen KI und der End-to-End-Modelle ein. Wie bereits am Anfang beschrieben, haben Encoder-Decoder-Modelle die traditionellen Pipeline-Systeme in der Maschinellen Übersetzung weitgehend ersetzt, und waren damals – in den Jahren um 2013 und 2014 – eine bahnbrechende Idee [22, 10].

In der Praxis hat sich jedoch bald herausgestellt, das Encoder-Decoder-Modelle nicht nur Schwierigkeiten haben, längere Eingabesequenzen zu repräsentieren, sondern auch, dass die komplette Generierung im Decoder-Netzwerk, die auf der Information eines einzigen Vektors, dem Kontextvektor, basiert, einen Informationsengpass (*information bottleneck*) darstellt. Da der Kontextvektor nur begrenzt Sequenzinformationen der gesamten Eingabe abspeichern und somit dem Decoder weitergeben kann, führt dies dazu, dass Informationen in einen festen Längenvektor komprimiert werden müssen, wodurch Informationen verloren gehen. Besonders Informationen, die früh in der Sequenz vorkommen, tendieren dazu, nach der Verarbeitung der gesamten Sequenz „vergessen“ zu werden.

16.3.5.1 Encoder-Decoder mit Aufmerksamkeitsmechanismus

Eine wichtige Neuerung zur Verbesserung des Vanilla-Encoder-Decoder-Modells aus dem vorigen Abschnitt ist daher die Einführung des Aufmerksamkeitsmechanismus (engl. *Attention*) in Bahdanau et al. [1]. Diese Idee hat maßgeblich zum späteren Erfolg von Transformern beigetragen.[5]

In der ursprünglichen Vanilla-Encoder-Decoder-Architektur wird nur der letzte verdeckte Zustand vom Encoder (der Kontext- oder Satzvektor) an den Decoder übergeben. Der Aufmerksamkeitsmechanismus erlaubt es dem Decoder-Netzwerk, dynamisch auf die Information in allen verdeckten Vektoren des Encoder-Netzwerkes zurückzugreifen, wie in Abbildung 16.6 veranschaulicht. Somit kann das Netzwerk in unserem Beispiel beim Decodieren des Wortes „boring" auf die gesamte Eingabe im Encoder zurückgreifen, und etwa der Repräsentation für „langweilig" erhöhte Aufmerksamkeitsgewichtung geben. Diese Aufmerksamkeitsgewichte $\alpha_{t,i}$, auch Alignmentscores genannt, erhöhen die Interpretierbarkeit des Netzwerks: Bei jedem Dekodierungsschritt werden sie zwischen Abfragevektor (Query) und allen Key-Vektoren im Encoder neu berechnet. Somit erhält man Informationen darüber, welche Eingabe(n) gerade wichtig sind bei der Generierung.

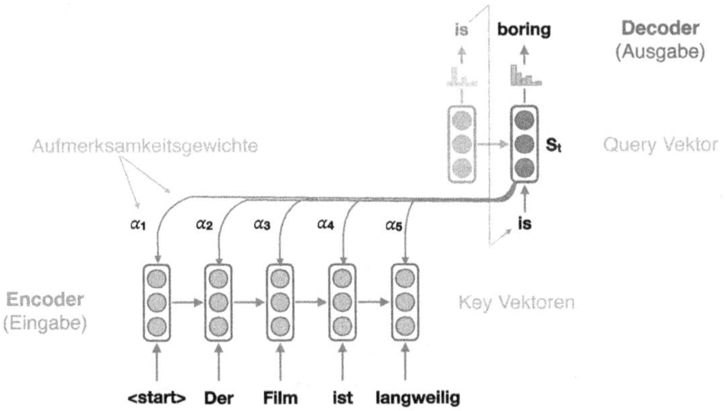

Abb. 16.6: Aufmerksamkeitsmechanismus: Visualisierung der Idee des Aufmerksamkeitsmechanismus im Encoder-Decoder-Modell zum Zeitpunkt t. Query (im Decoder, in rot), Keys (im Encoder, in grün), Aufmerksamkeitsgewichte $\alpha_{t,i}$.

Im Detail: Der Aufmerksamkeitsmechanismus berechnet neue Kontextvektoren c_i für jeden Zeitpunkt t als gewichtete Summe der verdeckten Zustände des Encoders $h_1, \ldots, h_d$. Der Aufmerksamkeitsmechanismus verändert somit den Kontextvektor c im ursprünglichen Encoder-Decoder (Satzvektor), den ein Decoder für die Generierung (z. B. Übersetzung) verwendet, zu einer Sequenz von kontextabhängigen Vektoren c_i.

5 [1] haben auf der ICLR 2025 den „Runner-up for the Test of Time Paper Award" erhalten.

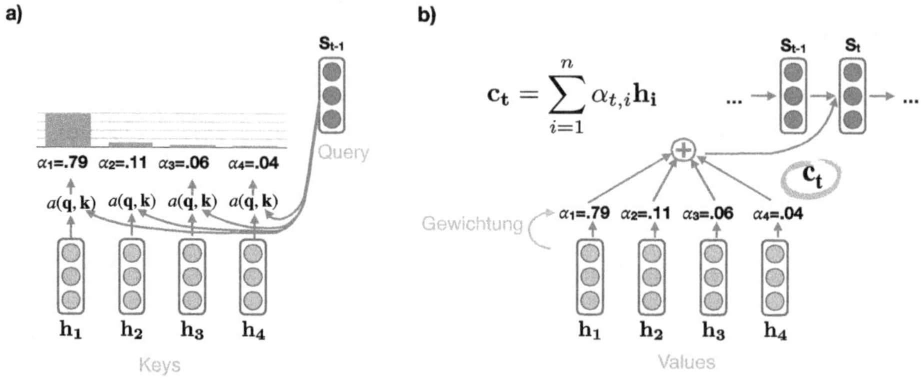

Abb. 16.7: Aufmerksamkeitsmechanismus: a) Berechnung der Aufmerksamkeitsgewichte $a_{t,i}$. b) Benutzung von $a_{t,i}$ für die Berechnung des gewichteten Kontextvektors c_t.

Zu jedem Zeitpunkt t wird ein neuer Kontextvektor c_t für die Berechnung des verdeckten Zustands des Decoders s_t berechnet, wie in Abbildung 16.7 b) dargestellt: $c_t = \sum_{i=1}^{d} a_{t,i} h_i$. Jeder verdeckte Zustand h_i wird mit einem Gewicht $a_{t,i}$ versehen. Das Gewicht $a_{t,i}$ für jeden verdeckten Zustand h_i wird als Aufmerksamkeitsgewicht oder als Alignmentscore bezeichnet. Diese Alignmentscores werden zum Beispiel wie folgt berechnet, wobei s_{t-1} der verdeckte Zustand des Decoders ist zum Zeitpunkt $t-1$:

$$a_{t,i} = \text{align}(y_t, x_i) = \frac{\exp(\text{score}(s_{t-1}, h_i))}{\sum_{i'=1}^{n} \exp(\text{score}(s_{t-1}, h_{i'}))}$$

Der Alignmentscore $a_{t,i}$ modelliert, wie gut die Eingabe x_i und die Ausgabe y_t übereinstimmen. Es gibt verschiedenste Möglichkeiten für die Berechnung des Alignments. Bahdanau, Cho und Bengio (2015) parametrisieren *align* mit einem Feedforward Neuronalen Netzwerk mit einer einzelnen verdeckten Schicht, das gemeinsam mit den anderen Teilen der Architektur trainiert wird. Das von Bahdanau et al. [1] vorgeschlagene Aufmerksamkeitsmodell wird auch als globales Aufmerksamkeitsmodell bezeichnet, da es jedes Element in der Encoder-Sequenz berücksichtigt.

Luong et al. [25] untersuchten verschiedene Klassen von Aufmerksamkeitsmechanismen und führten eine effiziente Berechnungsmethode ein. Sie verglichen den globalen Ansatz, der stets alle Eingabewörter berücksichtigt, mit einem lokalen Ansatz, der sich jeweils nur auf einen Teil der Eingabewörter konzentriert hat, wobei beide sich als effektive Methoden herausstellten. Eine wichtige Neuerung in [25] ist die Einführung des Scalarproduktes für die Aufmerksamkeitsberechnung, engl. *dot product attention*. Diese nichtparametrisierte Methode hat sich als äußerst effizient und effektiv herausgestellt, und wurde mit einer Skalierung im Transformer als *scaled dot product attention* [43] weitaus bekannt und ist weiterhin im produktiven Einsatz.

Es stellte sich heraus, dass der Aufmerksamkeitsmechanismus, eingeführt für Sequence-to-Sequence-Modelle in der MT, von enormer Wichtigkeit wurde. Dessen Einführung hat zu bemerkenswerten Verbesserungen der Übersetzungsqualität geführt [1], vor allem für längere Sequenzen. Durch die Aufmerksamkeitsmechanismen und die daraus resultierenden Alignmentscores wurde die Interpretierbarkeit von Neuronalen Netzen erhöht. In Bahdanau, Cho und Bengio [1] wurden Alignmentscores zwischen Quell- und Zielwörtern in der Übersetzung visualisiert und deren intuitives Alignment als Erklärbarkeit des Modells verstanden. Der Zugewinn an Alignmentscores für die Modellerklärbarkeit blieb jedoch nicht unangefochten [19] und mündete in eine bis heute andauernde Debatte über die Verlässlichkeit solcher Interpretierbarkeitsmethoden [45, 40, 37].

16.3.6 Aufmerksamkeitsmechanismen und Transformer

Aufmerksamkeitsmechanismen gehören zu den einflussreichen Entwicklungen im Bereich der Verarbeitung natürlicher Sprache. Der Aufmerksamkeitsmechanismus, den wir bisher beleuchtet haben, berechnet Alignmentscores zwischen den Zuständen der Encoder- und Decoder-Zellen und wird daher auch Encoder-Decoder-Aufmerksamkeitsmechanismus (engl. auch *cross-attention*) genannt.

Cheng, Dong und Lapata [9] führten 2016 das Konzept der Selbstaufmerksamkeit in einem LSTM-Netzwerk ein (engl. *self attention*). Selbstaufmerksamkeit ist eine weitere wichtige Kategorie von Aufmerksamkeit, die auf dem Encoder selbst angewandt wird: Selbstaufmerksamkeit ermöglicht es einem Encoder, während der Verarbeitung auf andere Teile der Eingabe zu achten, und berechnet somit dynamisch die Wichtigkeit der Vektoren der Eingabe selbst [9]. Selbstaufmerksamkeit wurde ein wichtiger Baustein des Transformers.

16.3.6.1 Transformer

Der Transformer [43] basiert vollständig auf Aufmerksamkeitsmechanismen für die Berechnung von Repräsentationen der Eingabe oder Ausgabe ohne die Verwendung von sequenzbasierten rekurrenten Verbindungen wie im RNN. Dies hat den Vorteil, die temporären Abhängigkeiten beim Trainieren von RNNs zu umgehen. Damit wurde eine Architektur geschaffen, die viel effizienter trainiert werden kann durch die Parallelisierung von Trainingsbeispielen auf mehreren GPUs. Dies, gemeinsam mit dem Aufkommen von großen Datenmengen, hat die enorme Skalierbarkeit und das Trainieren von Large Language Models ermöglicht.

Der Aufmerksamkeitsmechanismus ermöglicht die Modellierung von Abhängigkeiten innerhalb von Sequenzen ohne Rücksicht auf die Distanz in den Eingabe- oder Ausgabesequenzen. Der Transformer verwendet hierzu mehrere Varianten von Aufmerksamkeitsmechanismen: Self-attention im Encoder, Cross-Attention zwischen Encoder und Decoder und Self-attention im Decoder (Maskierte Selbstaufmerksamkeit, engl. *masked decoder attention*, um zu verhindern, dass Positionen auf nachfolgende Positionen achten). Eine Neuerung des Transformers ist die Mehrfachaufmerksamkeit (engl. *multi-head attention*). Letztere projektiert Queries, Keys und Values (siehe Details im Kapitel 13) m-fach, statt einfach, mit m sogenannten Attentionheads, wobei sich jeder Attentionhead auf unterschiedliche Dependenzen in der Ein- und Ausgabe konzentrieren kann. Vaswani et al. [43] verwendeten im ursprünglichen Transformer $m = 8$ Attentionheads.

Ein wichtiges Detail des Transformers ist, dass jeder Eingabe noch sogenannte Position-Embeddings hinzugefügt werden. Position-Embeddings in Transformern sind Vektoren, die die Reihenfolge eines Token in der Sequenz repräsentieren. Sie sind wichtig, da Transformermodelle selbst keine intrinsische Kenntnis über die Position der Token haben. Ein Transformer ohne Position-Embeddings wäre ein naives Modell ohne Verständnis für die Struktur und den Zusammenhang innerhalb der Eingabesequenz, was jedoch essenziell ist, um den Kontext und die Bedeutung der Wörter korrekt zu interpretieren. Die Scalarprodukt-Aufmerksamkeit von Luong et al. 2015 [25] wurde im Transformer weiterentwickelt zum *scaled dot product* Aufmerksamkeitsmechanismus. Die skalenbasierte Punktprodukt-Aufmerksamkeit ist eine skalierte Version der Scalarprodukt-Aufmerksamkeit, die für ein stabileres Trainieren des Netzwerks sorgt.

Zusammengefasst ist der Transformer eine wichtige Weiterentwicklung und zugleich Innovation, mit der Grundidee, jegliche Rekursion durch Aufmerksamkeitsmechanismen und stabileren Trainingsmethoden zu ersetzen.

16.3.7 Von Pre-Trained LMs zu Large Language Models

Parallel zur Weiterentwicklung klassischer ML-Methoden über RNNs bis hin zu Transformern haben sich im Kontext des Transfer Learning neue Paradigmen herausgebildet. Vom einfachen Language Model (LM) bis zu großen Sprachmodellen (LLMs) hat diese Entwicklung die Landschaft der natürlichen Sprachverarbeitung grundlegend revolutioniert.

16.3.7.1 Die Wichtigkeit der Daten: Pre-Training und Fine-Tuning

Neben der Weiterentwicklung der Modellarchitekturen – bis hin zum Transformer – haben sich auch Umfang und Nutzung der Trainingsdaten verändert. Das *Pre-Training–Fine-Tuning-Paradigma* ist bis heute ein zentrales Konzept.

Die Entwicklung fokussierte sich vor 2018 vorwiegend auf speziell für einen Anwendungsfall annotierten Trainingsdaten (*task-specific training*). Dabei wurden anwendungsspezifische Modelle meist von Grund auf (*from scratch*) auf kleineren, spezifisch-annotierten Trainingsdaten trainiert.

Eine wichtige Neuerung war eine zentrale Idee des *Transfer Learning*: Neuronale Netzwerke werden durch das Vortrainieren auf großen, allgemeinen Datenmengen wie Texten (*Pre-Training*) (ohne anwendungsspezifische Annotationen) so geschult, dass sie gute allgemeine Sprachmerkmale erlernen und damit das folgende task-spezifische Fine-Tuning (Adaptierung bzw. den Transfer) unterstützen. Diese Grundidee wurde um das Jahr 2018 eingeführt z. B. durch Universal Language Model Fine-tuning (ULMFiT) für Textklassifizierungsanwendungen [18] und über die Einführung von kontextualisierten Wortrepräsentationen wie ELMo [31] (basierend auf RNNs) oder BERT [13] (basierend auf Transformern). Eine wichtige Neuerung bei BERT war das Trainieren von maskierten LMs (*masked LMs*), wodurch das Maskieren von Wörtern im Eingabetext und einer bidirektionalen Architektur (Lesen des Eingabetextes von beiden Seiten) bedeutende Fortschritte beim Lernen kontextualisierter Embeddings erzielt wurden. Generell wird beim Fine-Tuning ein Modell auf eine Zielklasse (wie Labelklassifizierung bei NER) mittels überwachtem Lernen (engl. *supervised learning*) angepasst und somit meist auch auf eine spezifische Anwendung trainiert.

Eine weitere wichtige Entwicklung in Bezug auf Transfer Learning ist die kontinuierliche Anpassung des Pre-Trainings [16], bei dem Modelle regelmäßig mit neuen Daten aktualisiert werden, um ihre Anpassungsfähigkeit an sich ändernde Sprachmuster und neue Wissensinhalte zu verbessern.

In diesen ersten Jahren fokussierten sich das Pre-Training und Fine-Tuning zunächst auf Encoder-Modelle und der Frage, wie man bestehende anwendungsspezifische Modelle besser anpassen kann, etwa durch Multi-Task-Training [7] (Trainieren auf mehreren anwendungsspezifischen Tasks gleichzeitig durch multi-task-spezifische Modellarchitekturen). Auto-regressive Decoder-Only-Modelle wie GPT [6] wurden später wichtig, wenn das eigentliche Generieren von Texten auch durch Instruktion-Tuning immer mehr an Bedeutung gewann, und die Interaktion von Mensch und Maschine im Dialog, wie bei ChatGPT, bedeutend unterstützt wurde.

16.3.7.2 Multi-Task Learning und Decoder-Only-Modelle

Multi-Task Learning (MTL) [7] wurde immer wichtiger in Bezug auf Architekturen, gefolgt von neuartiger Nutzung von Daten in MTL-Architekturen.

Das Ziel von Multi-Task Learning ist es, ein einziges Modell für mehrere unterschiedliche Anwendungen – etwa Übersetzung, Sentimentanalyse und NER – zu entwickeln und dabei durch Teilung von Parameter (*parameter sharing*) Gemeinsamkeiten zwischen den Aufgaben zu erlernen. Zwar wurde ein Großteil der Modellparameter geteilt, jedoch wurden ursprünglich anwendungsspezifische Ausgabeparameter beibehalten (*task outputs*), wie ein Klassifikator für die Sentimentanalyse, ein Sequenzklassifikator für NER, und ein Decoder für MT.

Ein Durchbruch bei MTL war T5, der Text-to-Text Transformer [34], womit ein einheitliches Framework für MTL auf Datenebene eingeführt wurde: Alle textbasierten

Sprachprobleme wurden in ein einheitliches *Text-zu-Text-Format* umgewandelt und mit einem Encoder-Decoder-Modell erlernt. Statt task-spezifischen Ausgabearchitekturen wurden nun alle Parameter in einem einzigen Encoder-Decoder geteilt, und alle Aufgaben durch Decoding (Textgenerierung) gelöst. Diese einfache Idee vom Text-to-Text Transformer erwies sich als sehr erfolgreich: Statt anwendungsspezifische Ausgaben – etwa die Labels „positiv" oder „negativ" in der Sentimentanalyse – zu erzeugen, wird jede Aufgabe in ein Textformat mit einer Anweisung (*instruction*) umgewandelt. Anschließend trainiert man ein einziges, anweisungsbasiertes Text-zu-Text-Multi-Task-Modell, das durch Fine-Tuning auf diesen Instruktionen zu einem vielseitigen Sprachmodell wird, das zahlreiche Aufgaben lösen kann. Somit war der große Sprung von Klassifikatoren oder spezifischen MTL-Modellen hin zu vielseitigen instruction-tuning LMs gelegt.

Parallel dazu wurden die von OpenAI geförderten Decoder-only-Modelle wie GPT [6] entwickelt, wie etwa GPT-2. Statt zweier getrennter Encoder- und Decoder-Parameter sowie verschiedener Aufmerksamkeitsmechanismen (Encoder-Attention, Decoder-Attention, Cross-Attention) konzentrieren sich Decoder-only-Modelle auf eine einzige, autoregressiv maskierte Selbstaufmerksamkeitsschicht. Eingabe- und Ausgabetoken fließen durch denselben Stack. Vorteile sind keine Encoder-Decoder-Schnittstelle, weniger Komponenten, und dadurch leichter skalier- und implementierbar. GPTs wurden zur State-of-the-Art in der Textgenerierung.

16.3.7.3 LLMs und Prompting

Mit Pre-Training, Multi-Task Learning, dem Transformer, Decoder-only Modellen wie GPT [6] und der Verfügbarkeit von großen Mengen an Trainingsdaten waren nun die Grundbausteine für generative Sprachmodelle (Large Language Models, LLMs) gelegt: Vortrainieren auf großen Datenmengen, Anpassung durch weiteres Pre-Training auf instruktionsbasierten Datensätzen. Vor allem GPT-basierte Modelle wurden auf enormen Datenmengen trainiert: von 3 Billion Tokens für BERT (2018) zu 14,8 Billionen für DeepSeek (2024).

Das Konzept des *Prompting* hat eine zentrale Rolle bei der Nutzung von großen Sprachmodellen eingenommen. Prompting ermöglicht es, durch die Formulierung bestimmter Eingaben das Modell zu bestimmten gewünschten Ausgaben zu lenken. Instruction Tuning, eine Form des Fine-Tuning, unterscheidet sich von anderen Techniken dadurch, dass es darauf abzielt, das Modell für eine Vielzahl von Anweisungen oder Aufgaben sensibler zu machen, indem spezifische Anweisungen gegeben werden.

Das Skalieren ermöglichte *In-Context Learning* (ICL): Statt ein Modell für spezifische Aufgaben zu trainieren, konnten diese vielseitigen Sprachmodelle nun viele Aufgaben lösen, oft durch Eingabe von wenigen Beispielinstruktionen wie im *Few-Shot Learning* [6], oder sogar ohne Beispiele im *Zero-Shot Learning*. Bei beiden ICL-Methoden sind keine Modifikationen an den Parametern oder der Architektur erforderlich, nur die Eingabe von Instruktionen in der Eingabeprompt wie etwa „Übersetze folgenden Text in <Sprache>“. Um diese sogenannten In-Context-Learning-Eigenschaften zu haben, war das Skalieren wichtig [6]: Modelle, die auf extrem großen Datenmengen trainiert waren, erwiesen sich als besonders vielseitige ICL-Modelle.

Weitere Promptingmethoden wurden entwickelt, wie z. B. Chain-of-Thought (CoT) Prompting, wobei Modelle angewiesen werden, ihre Ausgaben schrittweise zu erklären. CoT ist kostspieliger (da mehr Tokens generiert werden müssen), kann aber bei einigen Anwendungen die Genauigkeit von LLMs erhöhen [41]. Reasoning-LLMs wie OpenAI-O1 und DeepSeek-R1 erzielen beachtliche Leistungen etwa in der Mathematik. Ihr Erfolg beruht vor allem auf langen Chain-of-Thought-Strategien (*long CoT*), wobei sie mehrere Generierungen parallel erzeugen und daraus die beste Lösung wählen [8].

Ein weiteres wichtiges Thema ist das *Alignment*. Alignment ist ein übergeordnetes Ziel, um ein Modell so zu gestalten, dass es mit menschlichen Zielen, Normen und Werten besser übereinstimmt. Es umfasst viele Aspekte wie etwa die Sicherheit, Ethik und Verlässlichkeit von LLMs. Alignment passiert meist nach dem Pre-Training durch eine Art von Fine-Tuning bzw. Adaptierung, die sich darauf konzentriert, die Ausgaben der Modelle mit den Werten und Erwartungen menschlicher Anwender in Einklang zu bringen oder sicherer zu gestalten (z. B. vor jailbreaks oder toxischer Sprache). Alignment nutzt z. B. Präferenzlernen (*preference learning*) als Zwischenschritt, um LLMs weiter zu verbessern und an menschliche Präferenzen und Erwartungen anzupassen, wie etwa bei InstructGPT [29]. Dabei wird das Modell so weiter trainiert, dass es aus verschiedenen möglichen Ausgaben die bevorzugte Antwort auswählt, basierend auf Feedback oder vordefinierten Kriterien. Methoden wie *Reinforcement Learning from Human Feedback* (RLHF) oder *Direct Preference Optimization* (DPO) spielen für das Alignment durch weiteres Trainieren eine zentrale Rolle. Sie nutzen menschliches Feedback, um das Modell iterativ zu verbessern. Während DPO direkt auf der Optimierung von Präferenzen basiert, werden bei RLHF Reward-Modelle eingesetzt. Diese Techniken helfen dabei, die Genauigkeit und Relevanz der generierten Texte zu erhöhen und die Akzeptanz der Modelle in praktischen Anwendungen zu steigern.

Bei modernen LLMs sind oft mehrere verschiedene Versionen verfügbar, z. B. ohne (als Basismodell) und mit Präferenz-Fine-Tuning. Letztere sind meist als *instruct*- oder *chat*-Versionen gekennzeichnet, wohingegen die Basisversionen meist als *base* bzw. Basis-LLMs gekennzeichnet werden. Für die beiden Typen von LLMs sind unterschiedliche Arten von Prompts von Vorteil. So kann man durch *prompt engineering*[6] Verbesserungen der Ausgabe erzielen, je nach Art des Modelles (basis vs. instruct). Für Open-Source-Modelle wie Llama [42] sind diese verschiedenen Modellarten frei verfügbar.

Trotz dieser Fortschritte stehen LLMs vor verschiedenen Herausforderungen, darunter die Tendenz, falsche oder voreingenommene Informationen zu liefern und die

6 https://platform.openai.com/docs/guides/prompt-engineering

Schwierigkeiten beim Verstehen komplexer Kontexte. Diese Herausforderungen verdeutlichen die Notwendigkeit kontinuierlicher Forschung, um die Zuverlässigkeit und Vertrauenswürdigkeit von LLMs im praktischen Einsatz zu gewährleisten.

16.4 Ausblick

In diesem Kapitel werden Themenbereiche vorgestellt, die im Kontext fortschreitender Entwicklungen in der Sprachverarbeitung immer bedeutender werden.

16.4.1 Mehrsprachigkeit und Dialekte

Da die Welt zunehmend vernetzt ist, wird die Unterstützung von Mehrsprachigkeit und die Verarbeitung verschiedener Dialekte zu einem zentralen Anliegen in der Sprachverarbeitung. Moderne Systeme müssen in der Lage sein, die Vielfalt der sprachlichen Ausdrucksweisen angemessen zu berücksichtigen, um eine breite Anwendbarkeit zu gewährleisten. Eine besondere Herausforderung sind Minderheitssprachen und Dialekte, die in modernen LLMs benachteiligt werden [28] und für die keine großen Datenmengen verfügbar sind [4]. Innovation ist gefragt, da typische Lösungsansätze bei Datenmangel und hoher Sprachvielfalt nicht greifen.

16.4.2 Unsicheres und unscharfes Wissen

In der realen Welt arbeiten Sprachverarbeitungssysteme häufig mit unvollständigen oder unscharfen Informationen. Die Fähigkeit, mit Unsicherheiten umzugehen und trotzdem präzise Ergebnisse zu liefern, ist eine Schlüsselherausforderung.

16.4.3 Multimodalität, Modularität und Agenten

Die Entwicklung modularer Systeme, bei denen verschiedene Komponenten unabhängig voneinander optimiert und verbessert werden können, ist entscheidend für die Flexibilität und Skalierbarkeit. Durch die Modularität lassen sich komplexe Sprachverarbeitungsaufgaben effizienter lösen und Systeme an spezifische Anwendungen anpassen. Ein Beispiel hierfür ist der Toolformer [38]. Zudem wird es immer wichtiger, Modelle über verschiedenste Modalitäten hinweg zu trainieren, statt auf einzelne Modalitäten zu fokussieren. Ein Beispiel ist die Entwicklung von GPT-4o, das Text, gesprochene Sprache und Bilder verarbeiten und generieren kann. Um weitere Fähigkeiten praktisch nutzbar zu machen, werden LLMs zunehmend als agentische Systeme konzipiert: Sie verwenden

Planung und Suche, rufen externe Werkzeuge auf, halten Zwischenergebnisse fest und passen ihre Strategie an.

16.4.4 Human Label Variation und Perspektiven

Die menschliche Variation in der Interpretierung von Daten und damit auch die verschiedenen Perspektiven, die sich als unterschiedliche Labels in linguistischen Daten widerspiegeln, stellen eine Herausforderung für die Einheitlichkeit von Training und Modellbewertung dar. Bisher wurden solche Unterschiede als Unstimmigkeiten (*disagreement*) statt Meinungsverschiedenheiten abgetan und durch Annahme einer Mehrheit (*majority view*) ignoriert. Neue Ansätze im Bereich des maschinellen Lernens zielen darauf ab, diese plausible Variabilität (*Human Label Variation* [32]) im ML und bei Reward-Modellierung zu berücksichtigen, statt sie als Rauschen zu ignorieren, und somit Modelle zu entwickeln, die Variabilität in menschlichen Interpretationen oder Perspektiven mit einbeziehen – Modelle, die nicht mehr eine „*ground truth*"-Annahme vorauszusetzen. Inwiefern sich plausible Variabilität von klaren Fehlern (*plausible variation vs. error*) unterscheiden lässt [44], ist eine weitere offene Fragestellung.

16.4.5 Erklärbarkeit, Interpretierbarkeit und LLM-Sicherheit

In einer Zeit, in der KI-Systeme zunehmend Entscheidungen treffen, ist die Erklärbarkeit der Modelle und deren Sicherheit (*safety*) [35] essenziell. Dies ist nicht nur wichtig für das Vertrauen der Nutzer [24], sondern auch für regulatorische Anforderungen und ethische Überlegungen.

16.4.6 Reasoning

Reasoning ist eine zentrale Eigenschaft für die Leistungsfähigkeit großer Sprachmodelle, womit kohärentere, mehrstufige Gedankengänge in Anwendungen wie mathematisches Beweisen und komplexes Fragenbeantworten ermöglicht werden. Die Herausforderung besteht darin, robuste LLMs zu erzeugen, die Fehlschlüsse frühzeitig selbst erkennen und ihr Handeln transparent begründen.

Insgesamt zeigen die hier gewählten Themenbereiche exemplarisch die Komplexität und die Herausforderungen moderner Sprachverarbeitung auf. Sie bieten aber auch neue Möglichkeiten, die durch fortlaufende Forschung und technologische Innovationen genutzt werden können, um die zukünftigen Anwendungen von Sprachmodellen zu verbessern und zu erweitern.

16.5 Schlussbetrachtung

In diesem Kapitel wurde ein kurzer Überblick über den Forschungsbereich der Sprachverarbeitung (NLP) gegeben. Die Herausforderungen der Sprachverarbeitung liegen in ihrer Komplexität, die aus verschiedenen Gliederungsebenen und der Flexibilität der menschlichen Sprache resultiert. Es wurden grundlegende Konzepte untersucht, gefolgt von einer Diskussion relevanter Methoden und Algorithmen.

Das Kapitel hat untersucht, wie Sequenzen vor allem mittels neuronaler Netzwerke wie Feedforward und Rekurrenten Neuronalen Netzen (RNNs) verarbeitet werden. Weiterhin wurden fortschrittliche Modelle wie Encoder-Decoder-Architekturen und Transformermodelle mit Aufmerksamkeitsmechanismen vorgestellt, die den Weg von Pre-Trained Word Embeddings zu großen Sprachmodellen ebneten.

Abschließend wurden Ansätze und zukünftige Entwicklungen im Bereich der Sprachverarbeitung beleuchtet. In der Forschung zeichnet sich ab, dass insbesondere die Weiterentwicklung der Mehrsprachigkeit, Vertrauenswürdigkeit sowie der Multimodalität der Sprachmodelle zu bedeutenden Fortschritten in der Sprachverarbeitungstechnologie beitragen werden.[7]

Literaturverzeichnis

[1] D. Bahdanau, K. Cho, and Y. Bengio. Neural machine translation by jointly learning to align and translate. In *ICLR*, 2015.

[2] Y. Bengio, A. C. Courville, and P. Vincent. Representation learning: A review and new perspectives. *IEEE Transactions on Pattern Analysis and Machine Intelligence*, 35:1798–1828, 2012.

[3] Y. Bengio, R. Ducharme, and P. Vincent. A neural probabilistic language model. In T. Leen, T. Dietterich and V. Tresp, editors, *Advances in Neural Information Processing Systems*, volume 13. MIT Press, 2000.

[4] V. Blaschke, H. Schuetze, and B. Plank. A survey of corpora for Germanic low-resource languages and dialects. In T. Alumäe and M. Fishel, editors, *Proceedings of the 24th Nordic Conference on Computational Linguistics (NoDaLiDa)*, pages 392–414, Tórshavn, Faroe Islands, May 2023. University of Tartu Library.

[5] R. Bommasani, D. A. Hudson, E. Adeli, R. B. Altman, S. Arora, S. von Arx, M. S. Bernstein, J. Bohg, A. Bosselut, E. Brunskill, E. Brynjolfsson, S. Buch, D. Card, R. Castellon, N. S. Chatterji, A. S. Chen, K. Creel, J. Quincy Davis, D. Demszky, C. Donahue, M. Doumbouya, E. Durmus, S. Ermon, J. Etchemendy, K. Ethayarajh Li Fei-Fei, C. Finn, T. Gale, L. E. Gillespie, K. Goel, N. D. Goodman, S. Grossman, N. Guha, T. Hashimoto, P. Henderson, J. Hewitt, D. E. Ho, J. Hong, K. Hsu, J. Huang, T. Icard, S. Jain, D. Jurafsky, P. Kalluri, S. Karamcheti, G. Keeling, F. Khani, O. Khattab, P. Wei Koh, M. S. Krass, R. Krishna, R. Kuditipudi, et al. On the opportunities and risks of foundation models. *CoRR*, arXiv:abs/2108.07258, 2021.

[6] T. B. Brown, B. Mann, N. Ryder, M. Subbiah, J. Kaplan, P. Dhariwal, A. Neelakantan, P. Shyam, G. Sastry, A. Askell, S. Agarwal, A. Herbert-Voss, G. Krueger, T. Henighan, R. Child, A. Ramesh, D. M. Ziegler, J. Wu, C. Winter, C. Hesse, M. Chen, E. Sigler, M. Litwin, S. Gray, B. Chess, J. Clark, C. Berner, S. McCandlish, A. Radford, I. Sutskever, and D. Amodei. Language models are few-shot learners. *CoRR*, arXiv:abs/2005.14165, 2020.

7 Zur Verbesserung des Ausdrucks wurde in diesem Kapitel LLM-Unterstützung durch ChatGPT o3 genutzt.

[7] R. Caruana. Multitask learning. *Machine Learning*, 28:41–75, 1997.

[8] Q. Chen, L. Qin, J. Liu, D. Peng, J. Guan, P. Wang, M. Hu, Y. Zhou, T. Gao, and W. Che. Towards reasoning era: A survey of long chain-of-thought for reasoning large language models, 2025.

[9] J. Cheng, L. Dong, and M. Lapata. Long short-term memory-networks for machine reading. In J. Su, K. Duh and X. Carreras, editors, *Proceedings of the 2016 Conference on Empirical Methods in Natural Language Processing*, pages 551–561, Austin, Texas, November 2016. Association for Computational Linguistics.

[10] K. Cho, B. van Merriënboer, C. Gulcehre, D. Bahdanau, F. Bougares, H. Schwenk, and Y. Bengio. Learning phrase representations using RNN encoder–decoder for statistical machine translation. In A. Moschitti, B. Pang and W. Daelemans, editors, *Proceedings of the 2014 Conference on Empirical Methods in Natural Language Processing (EMNLP)*, pages 1724–1734, Doha, Qatar, October 2014. Association for Computational Linguistics.

[11] K. Cho, B. van Merrienboer, Ç. Gülçehre, D. Bahdanau, F. Bougares, H. Schwenk, and Y. Bengio. Learning phrase representations using rnn encoder–decoder for statistical machine translation. In *Conference on Empirical Methods in Natural Language Processing*, 2014.

[12] M. Collins. Discriminative training methods for hidden Markov models: Theory and experiments with perceptron algorithms. In *Proceedings of the 2002 Conference on Empirical Methods in Natural Language Processing (EMNLP 2002)*, pages 1–8. Association for Computational Linguistics, July 2002.

[13] J. Devlin, M.-W. Chang, K. Lee, and K. Toutanova. BERT: Pre-training of deep bidirectional transformers for language understanding. In J. Burstein, C. Doran and T. Solorio, editors, *Proceedings of the 2019 Conference of the North American Chapter of the Association for Computational Linguistics: Human Language Technologies, Volume 1 (Long and Short Papers)*, pages 4171–4186, Minneapolis, Minnesota, June 2019. Association for Computational Linguistics.

[14] J. L. Elman. Finding structure in time. *Cognitive Science*, 14(2):179–211, 1990.

[15] Y. Goldberg. *Neural Network Methods for Natural Language Processing*, volume 10 of *Synthesis Lectures on Human Language Technologies*, 2017.

[16] S. Gururangan, A. Marasović, S. Swayamdipta, K. Lo, I. Beltagy, D. Downey, and N. A. Smith. Don't stop pretraining: Adapt language models to domains and tasks. In D. Jurafsky, J. Chai, N. Schluter and J. Tetreault, editors, *Proceedings of the 58th Annual Meeting of the Association for Computational Linguistics*, pages 8342–8360, Online. Association for Computational Linguistics, July 2020.

[17] S. Hochreiter and J. Schmidhuber. Long short-term memory. *Neural Computation*, 9:1735–1780, 1997.

[18] J. Howard and S. Ruder. Universal language model fine-tuning for text classification. In I. Gurevych and Y. Miyao, editors, *Proceedings of the 56th Annual Meeting of the Association for Computational Linguistics (Volume 1: Long Papers)*, pages 328–339, Melbourne, Australia, July 2018. Association for Computational Linguistics.

[19] S. Jain and B. C. Wallace. Attention is not explanation. In J. Burstein, C. Doran and T. Solorio, editors, *Proceedings of the 2019 Conference of the North American Chapter of the Association for Computational Linguistics: Human Language Technologies, Volume 1 (Long and Short Papers)*, pages 3543–3556, Minneapolis, Minnesota, June 2019. Association for Computational Linguistics.

[20] M. Johnson, M. Schuster, Q. V. Le, M. Krikun, Y. Wu, Z. Chen, N. Thorat, F. Viégas, M. Wattenberg, G. Corrado, M. Hughes, and J. Dean. Google's multilingual neural machine translation system: Enabling zero-shot translation. *Transactions of the Association for Computational Linguistics*, 5:339–351, 2017.

[21] D. Jurafsky and J. H. Martin. *Speech and Language Processing: An Introduction to Natural Language Processing, Computational Linguistics, and Speech Recognition with Language Models*, 3rd edition, 2025. Online manuscript released January 12, 2025.

[22] N. Kalchbrenner and P. Blunsom. Recurrent continuous translation models. In D. Yarowsky, T. Baldwin, A. Korhonen, K. Livescu and S. Bethard, editors, *Proceedings of the 2013 Conference on Empirical Methods in Natural Language Processing*, pages 1700–1709, Seattle, Washington, USA, October 2013. Association for Computational Linguistics.

[23] L. Lee. „I'm sorry Dave, I'm afraid O can't do that“: Linguistics, statistics, and natural language processing circa 2001. *arXiv preprint*, arXiv:cs/0304027, 2004.
[24] R. Litschko, M. Müller-Eberstein, R. van der Goot, L. Weber-Genzel, and B. Plank. Establishing trustworthiness: Rethinking tasks and model evaluation. In H. Bouamor, J. Pino and K. Bali, editors, *Proceedings of the 2023 Conference on Empirical Methods in Natural Language Processing*, pages 193–203, Singapore, December 2023. Association for Computational Linguistics.
[25] T. Luong, H. Pham, and C. D. Manning. Effective approaches to attention-based neural machine translation. In L. Màrquez, C. Callison-Burch and J. Su, editors, *Proceedings of the 2015 Conference on Empirical Methods in Natural Language Processing*, pages 1412–1421, Lisbon, Portugal, September 2015. Association for Computational Linguistics.
[26] C. D. Manning and H. Schütze. *Foundations of Statistical Natural Language Processing*. The MIT Press, Cambridge, Massachusetts, 1999.
[27] T. Mikolov, I. Sutskever, K. Chen, G. S. Corrado, and J. Dean. Distributed representations of words and phrases and their compositionality. In C. J. Burges, L. Bottou, M. Welling, Z. Ghahramani and K. Q. Weinberger, editors, *Advances in Neural Information Processing Systems*, volume 26. Curran Associates, Inc., 2013.
[28] J. Mire, Z. T. Aysola, D. Chechelnitsky, N. Deas, C. Zerva, and M. Sap. Rejected dialects: Biases against African American language in reward models. In L. Chiruzzo, A. Ritter and L. Wang, editors, *Findings of the Association for Computational Linguistics: NAACL 2025*, pages 7468–7487, Albuquerque, New Mexico, April 2025. Association for Computational Linguistics.
[29] L. Ouyang, J. Wu, X. Jiang, D. Almeida, C. L. Wainwright, P. Mishkin, C. Zhang, S. Agarwal, K. Slama, A. Ray, J. Schulman, J. Hilton, F. Kelton, L. Miller, M. Simens, A. Askell, P. Welinder, P. Christiano, J. Leike, and R. Lowe. Training language models to follow instructions with human feedback, 2022.
[30] J. Pennington, R. Socher, and C. Manning. GloVe: Global vectors for word representation. In A. Moschitti, B. Pang and W. Daelemans, editors, *Proceedings of the 2014 Conference on Empirical Methods in Natural Language Processing (EMNLP)*, pages 1532–1543, Doha, Qatar, October 2014. Association for Computational Linguistics.
[31] M. E. Peters, M. Neumann, M. Iyyer, M. Gardner, C. Clark, K. Lee, and L. Zettlemoyer. Deep contextualized word representations. In M. Walker, H. Ji and A. Stent, editors, *Proceedings of the 2018 Conference of the North American Chapter of the Association for Computational Linguistics: Human Language Technologies, Volume 1 (Long Papers)*, pages 2227–2237, New Orleans, Louisiana, June 2018. Association for Computational Linguistics.
[32] B. Plank. The “problem” of human label variation: On ground truth in data, modeling and evaluation. In Y. Goldberg, Z. Kozareva and Y. Zhang, editors, *Proceedings of the 2022 Conference on Empirical Methods in Natural Language Processing*, pages 10671–10682, Abu Dhabi, United Arab Emirates, December 2022. Association for Computational Linguistics.
[33] O. Press and L. Wolf. Using the output embedding to improve language models. In M. Lapata, P. Blunsom and A. Koller, editors, *Proceedings of the 15th Conference of the European Chapter of the Association for Computational Linguistics: Volume 2, Short Papers*, pages 157–163, Valencia, Spain, April 2017. Association for Computational Linguistics.
[34] C. Raffel, N. Shazeer, A. Roberts, K. Lee, S. Narang, M. Matena, Y. Zhou, W. Li, and P. J. Liu. Exploring the limits of transfer learning with a unified text-to-text transformer, 2019.
[35] P. Röttger, H. Kirk, B. Vidgen, G. Attanasio, F. Bianchi, and D. Hovy. XSTest: A test suite for identifying exaggerated safety behaviours in large language models. In K. Duh, H. Gomez and S. Bethard, editors, *Proceedings of the 2024 Conference of the North American Chapter of the Association for Computational Linguistics: Human Language Technologies (Volume 1: Long Papers)*, pages 5377–5400, Mexico City, Mexico, June 2024. Association for Computational Linguistics.
[36] E. Salesky, D. Etter, and M. Post. Robust open-vocabulary translation from visual text representations. In M.-F. Moens, X. Huang, L. Specia and S. W.-t. Yih, editors, *Proceedings of the 2021 Conference on Empirical Methods in Natural Language Processing*, pages 7235–7252. Online and Punta Cana, Dominican Republic. Association for Computational Linguistics, November 2021.

[37] N. Saphra and S.. Wiegreffe. Mechanistic? In Y. Belinkov, N. Kim, J. Jumelet, H. Mohebbi, A. Mueller and H. Chen, editors, *Proceedings of the 7th BlackboxNLP Workshop: Analyzing and Interpreting Neural Networks for NLP*, pages 480–498, Miami, Florida, US, November 2024. Association for Computational Linguistics.

[38] T. Schick, J. Dwivedi-Yu, R. Dessì, R. Raileanu, M. Lomeli, L. Zettlemoyer, N. Cancedda, and T. Scialom. Toolformer: Language models can teach themselves to use tools, 2023.

[39] R. Sennrich, B. Haddow, and A. Birch. Neural machine translation of rare words with subword units. In K. Erk and N. A. Smith, editors, *Proceedings of the 54th Annual Meeting of the Association for Computational Linguistics (Volume 1: Long Papers)*, pages 1715–1725, Berlin, Germany, August 2016. Association for Computational Linguistics.

[40] C. Singh, J. P. Inala, M. Galley, R. Caruana, and J. Gao. Rethinking interpretability in the era of large language models, *arXiv preprint*, arXiv:2402.01761, 2024.

[41] Z. Sprague, F. Yin, J. D. Rodriguez, D. Jiang, M. Wadhwa, P. Singhal, X. Zhao, X. Ye, K. Mahowald, and G. Durrett. To cot or not to cot? chain-of-thought helps mainly on math and symbolic reasoning, In *ICLR*, 2025.

[42] H. Touvron, T. Lavril, G. Izacard, X. Martinet, M.-A. Lachaux, T. Lacroix, B. Rozière, N. Goyal, E. Hambro, F. Azhar, A. Rodriguez, A. Joulin, E. Grave, and G. Lample. Llama: Open and efficient foundation language models, 2023.

[43] A. Vaswani, N. M. Shazeer, N. Parmar, J. Uszkoreit, L. Jones, A. N. Gomez, L. Kaiser, and I. Polosukhin. Attention is all you need. In *Neural Information Processing Systems*, 2017.

[44] L. Weber-Genzel, S. Peng, M.-C. De Marneffe, and B. Plank. VariErr NLI: Separating annotation error from human label variation. In L.-W. Ku, A. Martins and V. Srikumar, editors, *Proceedings of the 62nd Annual Meeting of the Association for Computational Linguistics (Volume 1: Long Papers)*, pages 2256–2269, Bangkok, Thailand, August 2024. Association for Computational Linguistics.

[45] S. Wiegreffe and Y. Pinter. Attention is not not explanation. In K. Inui, J. Jiang, V. Ng and X. Wan, editors, *Proceedings of the 2019 Conference on Empirical Methods in Natural Language Processing and the 9th International Joint Conference on Natural Language Processing (EMNLP-IJCNLP)*, pages 11–20, Hong Kong, China, November 2019. Association for Computational Linguistics.

[46] D. Yang, D. Hovy, D. Jurgens, and B. Plank. Socially aware language technologies: Perspectives and practices. *Computational Linguistics*, 1–15, 05 2025.

Andreas Maier, Vincent Christlein, Katharina Breininger, Tobias Würfl, Mathias Unberath und Christian Riess

17 Bildanalyse

17.1 Einleitung

In den letzten Jahren haben sich die Ansätze in der Bildverarbeitung und Bildanalyse einem radikalen Wandel unterzogen. Im Gegensatz zu klassischen Ansätzen [82], die sehr stark modular geprägt waren, sind heute vor allem Systeme im Einsatz, die auf den Methoden des *Deep Learning* basieren (vgl. Kapitel 13). Der Unterschied zu den klassischen Ansätzen ist in Abbildung 17.1 schematisch dargestellt. Aus den einzelnen Modulen werden tiefe Systemarchitekturen gestaltet, die durch den Trainingsvorgang alle Parameter gleichzeitig auf eine bestimmte Aufgabe hin optimieren. Insofern weicht auch dieses Kapitel von der klassischen Beschreibung der Bildverarbeitung ab und widmet sich vor allem den neuen Methoden.

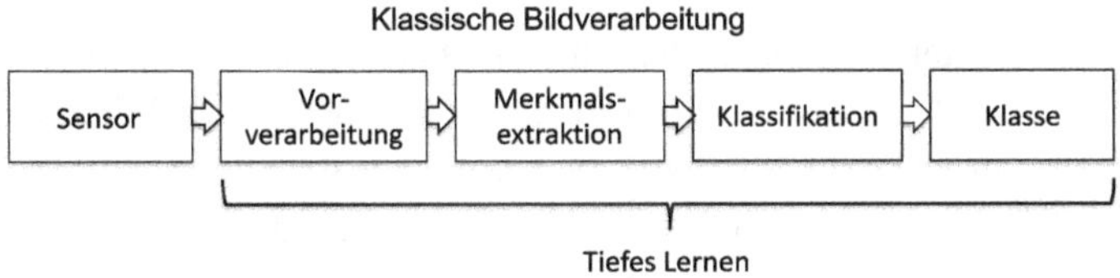

Abb. 17.1: Klassische Bildverarbeitung und tiefes Lernen im Vergleich zu den Ansätzen des tiefen Lernens (adaptiert von [76], CC-BY 4.0). Vom Sensor werden die Daten in das System eingegeben. Die Ausgabe ist die Klasse, die erkannt wurde.

Trotz dieses radikalen Wechsels sind in vielen Ansätzen immer noch Parallelen zu den klassischen Methoden erkennbar. Schließlich ist das Eingabebild ebenso in Pixeln organisiert, die in einer Nachbarschaftsbeziehung stehen. Auch sind Kombinationen von klassischen und *Deep-Learning*-Ansätzen populär [77]. Daher lassen sich die unterschiedlichen Verarbeitungstechniken analog in einer Hierarchie darstellen. Hierzu unterscheiden wir (a) lokale Ansätze, die den Fokus der Verarbeitung im Wesentlichen auf Pixel einer lokalen Nachbarschaft legen, und (b) lokale Methoden der Bildanalyse, die ganze Bilder auf einmal verarbeiten.

In der ersten Klasse von Methoden fallen zum Beispiel die Entrauschung sowie die künstliche Erhöhung der Auflösung durch *Super-Resolution*-Verfahren, die auf Pixeln oder sehr kleinen Nachbarschaften arbeiten. Zum Schluss der lokalen Ansätze werden regionenbasierte Verfahren beschrieben, die größere Gruppen von Pixeln zusammenfassen. Die regionenbasierte Bildanalyse hat das Ziel, Teile des Bildes zu identifizieren und zu interpretieren. Typische Problemfelder sind die Bildsegmentierung sowie die Objekterkennung.

https://doi.org/10.1515/9783111386690-021

Verfahren der Bildklassifikation und der bildbasierten Suche gehören zur zweiten Gruppe der globalen Bildanalyse und finden bereits weite Anwendung in diversen Applikationen. Schwieriger, und damit immer noch Gegenstand aktiver Forschung, sind Probleme, wie die automatische Bildbeschriftung oder die Beantwortung visueller Fragen. Hier gibt es bereits sehr vielversprechende Ansätze, die wahrscheinlich schon in naher Zukunft breite Anwendung finden werden.

In klassischen Lehrbüchern zur Bildverarbeitung findet sich typischerweise auch noch ein Unterkapitel zur hierarchischen Szenenanalyse und zur automatischen Extraktion von Modellwissen, das beispielsweise in einem Graphen repräsentiert werden kann. Dieses Thema ist für die Forschung immer noch sehr erstrebenswert. Allerdings sind vielversprechende Ansätze, die auf eine baldige weite Verbreitung schließen lassen, noch nicht etabliert, weshalb wir an dieser Stelle auf eine detaillierte Darstellung verzichten.

17.2 Grundlegende Konzepte

Die in diesem Kapitel vorgestellten Methoden der Bildverarbeitung und Bildanalyse, von lokalen Operationen über Style-Transfer bis hin zu globalen Aufgaben wie Bildklassifikation, -beschreibung und -fragebeantwortung, bauen auf einer Reihe von grundlegenden Konzepten auf, die den heutigen Stand der Technik prägen. Daher sollen hier zunächst insbesondere die verbindenden algorithmischen Prinzipien herausgearbeitet werden, die sich in den meisten aktuellen Ansätzen finden, um diese in der Beschreibung der Algorithmen dann wieder aufzugreifen.

17.2.1 Von handgefertigten zu gelernten Repräsentationen

Historisch betrachtet dominierten in der Bildverarbeitung zunächst modulare, handgefertigte Feature-Extraktionen und regelbasierte Bildverarbeitungsmethoden. Diese verfolgten ein Top-down-Paradigma, bei dem ein Experte Merkmale definierte, um spezifische Aufgaben zu lösen, wie etwa Kantenfindung, Segmentierung oder Klassifikation. Solche klassischen Pipelines setzten stark auf vorab formuliertem Wissen über Bildinhalte, Kamera- und Szenengeometrie oder statistische Verteilungen von Pixelwerten. Diese Wissensrepräsentationen und Algorithmen waren oft stark spezialisierte Einzellösungen, die sich nur unter bestimmten Bedingungen als optimal erwiesen.

Mit dem Aufkommen des Deep Learning, insbesondere tief gefalteter neuronaler Netze (Convolutional Neural Networks, CNNs), vollzog sich ein Paradigmenwechsel: der Übergang zu gelernten Repräsentationen. Ein wesentlicher algorithmischer Kernpunkt aktueller Ansätze ist, dass Merkmalsrepräsentationen nicht mehr von Menschen a priori definiert werden müssen, sondern stattdessen durch einen End-to-End-

Trainingsprozess aus Daten gelernt werden. Dieses Konzept verbindet die unterschiedlichen Algorithmen der modernen Bildverarbeitung, da sowohl lokale als auch globale Aufgaben durch ein gemeinsames, lernbasiertes Framework adressiert werden können.

17.2.2 Differenzierbare Architekturen und End-to-End-Optimierung

Das Fundament moderner Ansätze ist die Möglichkeit, komplexe Funktionen durch tiefe Architekturen aus linearen Faltungen, nichtlinearen Aktivierungen sowie Normalisierungs- und Pooling-Operationen zusammenzusetzen, sodass sie differenzierbar bleiben. Diese Differenzierbarkeit ist entscheidend, weil sie den Einsatz von Gradientenverfahren, insbesondere der Backpropagation, ermöglicht. Durch geeignet definierte Differenzierbarkeiten ist es möglich, alle Parameter eines Modells – von den frühen Filterkernen, die noch sehr nah an den Pixeln operieren, bis hin zu höheren Schichten, die semantische Konzepte repräsentieren – simultan an eine Zielaufgabe anzupassen.

Die Einführung von Verlustfunktionen (Loss-Funktionen) ist dabei ein zentrales Gestaltungsprinzip. Für jede Aufgabe, sei es eine Bildklassifikation, eine Tiefenkartenschätzung oder die Generierung einer Bildbeschreibung, definieren wir eine Differenzierbare Zielfunktion, die erfasst, wie stark die Modellvorhersage vom angestrebten Resultat abweicht. Der Lernprozess justiert dann iterativ alle Gewichte, um diesen Fehler zu minimieren. Damit haben wir ein universelles Optimierungsparadigma, das unabhängig vom konkreten Anwendungsfall eingesetzt werden kann.

17.2.3 Skalierung auf große Datenbestände

Ein weiterer fundamentaler Aspekt ist die Nutzung großer Datenbestände. Anders als viele klassische Verfahren, die oft nur begrenzt von mehr Daten profitieren konnten, skaliert die Leistungsfähigkeit tief lernender Verfahren meist deutlich mit der Größe des zur Verfügung stehenden Trainingsdatensatzes. Großflächig annotierte Datensätze wie ImageNet, MS COCO oder KITTI bildeten Ausgangspunkte für das Erlernen generischer Repräsentationen, die dann auf spezielle Aufgaben adaptiert werden können (*Transfer Learning*). Damit lassen sich verschiedene Aufgaben, von lokalen Operationen bis hin zur globalen Semantikanalyse, innerhalb einheitlicher Netztopologien mit möglichst universellen Lernprinzipien angehen.

17.2.4 Domänenübergreifende Basiskomponenten: Faltungen, Normalisierung, Aktivierungen

Unabhängig vom konkreten Anwendungsfall setzen sich die grundlegenden Bausteine tief neuronaler Architekturen typischerweise aus einfachen Operationen zusammen: lineare Filterungen (Faltungen), nichtlineare Aktivierungsfunktionen (etwa ReLU), sowie

Normalisierungs- und Pooling-Operationen. Diese Grundbausteine werden wiederholt auf unterschiedlichen Auflösungs- und Abstraktionsebenen angewendet und erlauben es, aus rohen Pixelwerten zunehmend komplexe, semantisch bedeutungsvolle Konzepte abzuleiten.

In lokalen Aufgaben wie Entrauschung oder Super-Resolution wirken diese Bausteine oft direkt auf den Pixelwerten und rekonstruieren strukturerhaltend Bildmerkmale. In globalen Aufgaben, etwa der Bildklassifikation oder der Bildbeschreibung, transformieren dieselben Grundbausteine das Eingangsbild schrittweise in hochdimensionale Repräsentationen, aus denen dann z. B. ein Klassifikator oder ein rekurrentes Netzwerk zur Sprachgenerierung die relevanten Konzepte extrahieren kann.

17.2.5 Generische Frameworks für unterschiedliche Aufgaben

Auch wenn die konkreten Ausgaben variieren (Kategorien, Tiefenkarten, Segmentationen, Bildtexte), lassen sich viele Problemstellungen auf ein ähnliches Schema zurückführen: Man möchte eine Funktion $f_\theta(\mathbf{x})$ bestimmen, die eine Eingabe $\mathbf{x}$ (ein Bild oder Bild plus Text) auf eine gewünschte Zielgröße (z. B. Bildlabel, Tiefeninformation oder einen Satz) abbildet. Durch geeignet gewählte Verlustfunktionen wird diese Aufgabe zu einem Optimierungsproblem, das unter Einsatz von Gradientenverfahren gelöst wird. Das erlaubt ein einheitliches, grundlegendes Konzept über alle Teilgebiete der Bildanalyse hinweg: Die Modellarchitektur definiert die grundlegenden Verarbeitungs- und Kombinationsmechanismen, während der Trainingsprozess die Parameterschätzung für die gewünschte Aufgabe durchführt.

17.2.6 Erweiterungen: Aufmerksamkeit und multimodale Eingaben

Ein weiterer Grundaspekt, der sich in fortgeschrittenen Aufgaben wie Style-Transfer, Bildbeschriftung oder der visuellen Fragebeantwortung findet, ist die Integration von Mechanismen gerichteter Aufmerksamkeit. Diese Konzepte ermöglichen es, innerhalb komplexer Repräsentationen bestimmte Regionen oder Merkmalskomponenten gezielt hervorzuheben. Solche Aufmerksamkeitsmodule sind dabei keine völlig anderen Operationen, sondern nutzen wieder das Prinzip der Differenzierbarkeit und End-to-End-Optimierung, um Gewichtungen oder Foki im Merkmalsraum zu verschieben.

Darüber hinaus lassen sich nicht nur Bilder, sondern auch andere Modalitäten wie Text oder Sensordaten gemeinsam mit den Bildinformationen verarbeiten. Die Grundprinzipien bleiben jedoch dieselben: Alle Eingaben werden in differenzierbare, lernbare Repräsentationen überführt, und die Aufgabenstellung wird durch eine end-to-end-trainierbare Architektur realisiert.

17.2.7 Ausblick: Universelle Modelle und Wissensrepräsentation

Obwohl die vorgestellten Verfahren noch oft spezialisierten Aufgaben dienen, ist das langfristige Ziel, universelle, domänenübergreifende Modelle zu erstellen, die vielfältige Bildanalyseaufgaben zugleich lösen können. Die grundlegenden algorithmischen Konzepte dafür – hierarchische, differenzierbare Architekturen, große Datenmengen, End-to-end-Training, generische Loss-Funktionen und Aufmerksamkeitsmechanismen – sind bereits gelegt. Der Trend führt zu Modellen, die semantisches, räumliches und kontextuelles Wissen vereinen, um ein tieferes Bildverständnis aufzubauen, das weit über die reine Klassifikation hinausgeht.

All diese Entwicklungen bauen auf denselben Fundamenten auf: lernbare Repräsentationen, differenzierbare Architekturen und systematisches Training auf großen Datenbeständen. Dieser gemeinsame Nenner verbindet die einzelnen Methoden und erklärt den Erfolg moderner Ansätze in der Bildverarbeitung und Bildanalyse.

17.3 Methoden und Algorithmen

17.3.1 Entrauschung

Kamerabilder enthalten stets kleine Störungen, die als Bildrauschen bezeichnet werden. Jede Kamerakomponente, insbesondere der Sensor bei der Umwandlung von Licht in elektrische Signale, trägt dazu bei. In dunkler Umgebung, etwa bei Nacht, ist das Rauschniveau erhöht, was unbearbeitete Sensordaten stört und Bildverarbeitungsschritte unzuverlässig macht.

Das Entfernen von Rauschen ist daher eine grundlegende Bildverarbeitungsaufgabe. Algorithmisch zählt das Entrauschen zu den inversen Methoden: Ein Modell beschreibt, wie ein ideales, rauschfreies Bild verrauscht wurde, und der Algorithmus kehrt diese Beziehung um. Ein klassisches Modell ist additives Rauschen:

$$\mathbf{x} = \mathbf{y} + \mathbf{n}, \tag{17.1}$$

wobei $\mathbf{x}$ und $\mathbf{y}$ die Bildpunkte des verrauschten und des rauschfreien Bildes darstellen und $\mathbf{n}$ die Störung enthält. Oft wird angenommen, dass $\mathbf{n}$ aus einer Gauß-Verteilung stammt. Interferometrische Daten erfordern häufig multiplikative Modelle, bei denen die Summe durch ein Produkt ersetzt wird.

Gleichung (17.1) ist stark unterbestimmt: Pro Bildpunkt x_i existieren zwei Unbekannte n_i und y_i. Vorwissen oder Annahmen sind daher notwendig. Eine Methode nimmt an, dass wenige Pixel Kanten beschreiben, während die meisten homogene Flächen bilden. Glättungsfilter wie der kantenerhaltende Bilateralfilter [109] oder der Guided Filter [49] reduzieren Rauschen effektiv. Alternativ kann die Filterung im Wavelet-Raum erfolgen, der Orts- und Frequenzinformationen kombiniert [78].

Optimierungsbasierte Ansätze stellen eine Zielfunktion auf, die das rauschfreie Bild als Minimum zweier Terme beschreibt: Ein Datenterm stellt sicher, dass das rauschfreie Bild dem verrauschten ähnelt, während ein Regularisierungsterm Glätte fordert. Die Minimierung erfolgt etwa durch Gradientenabstieg. Der Regularisierungsterm spiegelt die Annahme wider, dass die meisten Pixel homogene Flächen sind und nur wenige Kanten beschreiben.

Nicht-lokale Methoden nutzen eine andere Art von Vorwissen: Die statistische Idee, dass es in einem Bild ähnliche Regionen gibt. Solche Regionen werden überlagert und gemittelt, um additives Gauß-Rauschen zu entfernen. Erfolgreiche Algorithmen sind die Methode der nicht-lokalen Mittelwerte [11] und BM3D [27], das zusätzlich in einer transformierten Domäne arbeitet. Erweiterungen wie globale Filter berücksichtigen alle Bildregionen [107].

Lernbasierte Verfahren, insbesondere tiefe neuronale Netzwerke [121, 122, 71], haben sich ebenfalls etabliert. Sie nutzen Trainingsdaten, um Vorwissen implizit abzuleiten. Eine sorgfältige Auswahl des Trainingsdatensatzes ist entscheidend, um alle relevanten Fälle abzudecken.

17.3.1.1 Algorithmische Steigerung der Bild- und Videoauflösung

Bildgebende Systeme diskretisieren Bildinformationen räumlich in Pixel und bei Videos in Einzelbilder. Dies legt den Detailgrad fest, mit dem eine Szene aufgenommen wird. Die Linsenoptik beschränkt zusätzlich die effektive Auflösung. Eine automatisierte Texterkennung einer fremdsprachigen Speisekarte benötigt eine Mindestanzahl an Bildpunkten und ausreichende Schärfe, um Buchstaben korrekt zu erkennen. Unter geeigneten Voraussetzungen kann die Auflösung algorithmisch gesteigert werden, was als *Superresolution* bezeichnet wird.

Die Vorgehensweise solcher Verfahren ähnelt der Entrauschung von Bildern im vorherigen Kapitel. Ein Vektor beobachteter Bildpunkte $\mathbf{x}$ wird als niedrig aufgelöste Darstellung des idealen hochaufgelösten Bildes $\mathbf{y}$ beschrieben:

$$\mathbf{x} = \mathcal{D}(\mathbf{y}). \tag{17.2}$$

Hierbei bezeichnet $\mathcal{D}$ einen Operator, der optische und sensorische Einschränkungen modelliert. Oft wird $\mathcal{D}$ als Kombination aus Faltung und einem Dirac-Kern für das Unterabtasten beschrieben, wobei Blöcke von 2×2 oder 4×4 hochaufgelösten Bildpunkten zu einem niedrig aufgelösten Bildpunkt zusammengefasst werden.

Gleichung (17.2) kann unter vereinfachenden Annahmen exakt gelöst werden, wenn mehrere Bilder derselben Szene vorliegen, die nur um einen Bruchteil eines Bildpunktes zueinander verschoben sind [110, 108].

Unter realen Bedingungen ist eine exakte Rekonstruktion oft unmöglich, da reale Daten selten durch analytische Modelle vollständig beschrieben werden können.

Das Problem ist daher unterbestimmt, sodass zusätzliche Annahmen notwendig sind. Methoden werden je nach Anzahl der Eingabebilder unterschieden. Mehrere Eingabebilder ermöglichen es, Unterschiede zwischen den Bildern für die Rekonstruktion des hochaufgelösten Bildes zu nutzen, z. B. durch Mittelung registrierter Bilder [36] oder probabilistische Maximum-a-Posteriori-Schätzung mit einem Markov-Netz [60] oder mittels Variationsrechnung [16, 6]. Bei einem einzelnen Eingabebild muss Vorwissen eingebracht werden. Besonders erfolgreich sind Ansätze mit tiefen neuronalen Netzen, die aus großen Datenmengen die wahrscheinlichste Abbildung von niedrig auf hochaufgelöste Bildausschnitte lernen [31, 61, 100].

17.3.1.2 Tiefenschätzung

Zu den komplexesten Aufgaben in der Bildverarbeitung gehört das geometrische Szenenverständnis, insbesondere die 3D-Rekonstruktion. Eine Methode besteht darin, den Abstand von Objekten zum Kamerazentrum zu schätzen, bekannt als Tiefenschätzung.

17.3.1.2.1 Modelle zur Tiefenschätzung aus mehreren Bildern

Verfügen wir über mehrere Bilder mit unterschiedlichen Ansichten, können Algorithmen des maschinellen Sehens geometrische Einschränkungen nutzen, um die 3D-Szene zu rekonstruieren [44]. Zu den Ansätzen gehören Epipolargeometrie-basierte Triangulation und „Struktur durch Bewegung“-Algorithmen. Beide setzen robuste Punktkorrespondenzen voraus. Das Abgleichen entsprechender Punkte erfordert heuristische Verfahren, die texturbasierte Deskriptoren nutzen [118]. Diese sind jedoch in strukturlosen Bereichen oder bei Okklusionen eingeschränkt. Lernbasierte Algorithmen können durch Nutzung semantischer Informationen die Genauigkeit verbessern.

Bei einem Stereokamerasystem mit zwei Bildern $I_{1/2}$ gibt es zwei Hauptansätze: Matching Cost Learning [43] und Disparity Learning [84]. Im ersten Ansatz werden Deskriptoren und Matching-Kosten durch maschinelles Lernen ersetzt, um Korrespondenzen zu klassifizieren. Die Disparität wird dann analytisch berechnet, wobei eine Nachbearbeitung erforderlich ist. Disparity Learning vermeidet diese durch direkte Schätzung der Disparitätskarte. Solche Modelle verwenden vollständig gefaltete neuronale Netzwerke [74] und sagen Disparitätswerte für jeden Bildpunkt vorher. Die Disparität $d(\mathbf{x})$ wird genutzt, um I_2 in den Bezugsrahmen von I_1 zu verzerren und so eine synthetische Approximation zu erzeugen:

$$\hat{I}_1 = I_2(\mathbf{x} + d(\mathbf{x}))\,. \tag{17.3}$$

Diese Funktion ist differenzierbar, wodurch der Fehler $\varepsilon = |I_1 - \hat{I}_1(d)|$ zur Bewertung der Disparitätsschätzung genutzt werden kann.

17.3.1.2.2 Modelle zur monokularen Tiefenschätzung

Die obigen Methoden behandeln Mehrbild-Stereo, das mehrere Ansichten oder ein multi-okulares Kamera-Setup erfordert. Der Mensch kann jedoch Tiefe aus einem einzelnen RGB-Bild einer statischen Szene erkennen, da er monokulare Tiefenhinweise wie relative Größen, Überlagerungen und Texturgradienten nutzt. Moderne faltungsbasierte neuronale Netzwerke kombinieren lokale und globale Merkmale und emulieren diese Fähigkeit zur monokularen Tiefenschätzung [116]. Solche Netzwerke schätzen die Tiefe für jeden Bildpunkt und nutzen dabei RGB-Bilder mit zugehörigen Tiefenmessungen. Unüberwachte Methoden können Tiefe aus Videosequenzen ableiten, indem sie Bildverzerrungen (17.3) oder schwache Überwachungssignale aus handgefertigten Algorithmen verwenden [123, 64].

17.3.1.2.3 Auswahl an öffentlich verfügbaren Datensätzen

Mehrere öffentliche Datensätze stehen für die Tiefenschätzung zur Verfügung. Die KITTI Vision Benchmark Suite [39] bietet für Mehrbild-Stereo 200 Trainings- und 200 Testszenen mit synchronisierten Videos aus 4 RGB-Kameras (je 1392×512 Pixel). Für die monokulare Tiefenschätzung stellt KITTI über 93.000 LiDaR-Scans bereit, die mit den Szenen abgestimmt sind. Der NYU Depth V2 [102] Datensatz umfasst 120.000 RGB-Tiefenbilder-Paare, aufgenommen mit einer Microsoft Kinect Kamera (640 × 480 Pixel), sowie 249 Trainings- und 215 Testszenen.

17.3.1.2.4 Metriken zur Evaluation eines Modells

Viele Studien berichten die Güte der Tiefenschätzung mit absoluten oder relativen Fehlern, doch solche maßstabsabhängigen Metriken sind begrenzt. Ein Großteil der Fehler in pixelbasierten Metriken beruht auf durchschnittlichen Tiefenabweichungen. Daher verwenden Benchmarks wie KITTI eine maßstabsinvariante Metrik $D(\hat{y}, y)$, eingeführt von Eigen et al. [34]:

$$D(\hat{y}, y) = \frac{1}{2N} \sum_i (\log y_i - \log \hat{y}_i + \alpha(\hat{y}, y)), \tag{17.4}$$

wobei $\hat{y}$ die geschätzte Tiefe, y die Referenz und $\exp(\alpha(\hat{y}, y))$ der beste Maßstab zur Angleichung ist.

17.3.1.3 Bildsegmentierung und Objekterkennung

Ein zentrales Ziel der Bildverarbeitung ist es, Informationen über den Bildinhalt zu gewinnen. Dazu gehört das Verständnis, wie sich ein Bild in (semantische) Bereiche unterteilen lässt und wo welche Objekte sich befinden. Automatische Methoden für

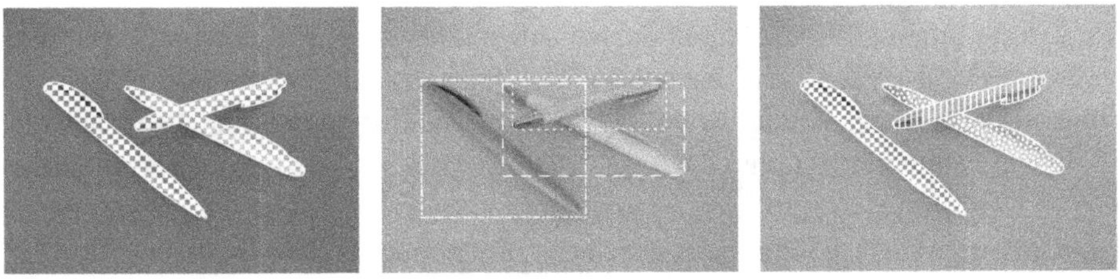

(a) Semantische Segmentierung (b) Objekterkennung (c) Instanzsegmentierung

Abb. 17.2: Semantische Segmentierung, Objekterkennung mit Begrenzungsrahmen und Instanzsegmentierung am Beispiel eines Bildes mit drei Kugelschreibern.

Segmentierung und Objekterkennung sind daher wesentliche Forschungsthemen. Anwendungen finden sich etwa in der medizinischen Bildgebung zur Segmentierung von Organen und Läsionen oder im autonomen Fahren zur Erkennung von Straßen, Fahrbahnrand und Verkehrsteilnehmern.

Segmentierung teilt ein Bild in zusammenhängende Pixelbereiche, die hinsichtlich bestimmter Eigenschaften homogen sind. Diese können über Konturen definiert oder durch pixelweise Klassifikation in Kategorien eingeteilt werden. Moderne Anwendungen ordnen Segmenten oft semantische Bedeutungen zu, z. B. „Person“ oder „Hintergrund“. Bei der semantischen Segmentierung wird zwischen Objektklassen unterschieden, jedoch nicht zwischen Instanzen derselben Klasse. Instanzsegmentierung trennt hingegen einzelne Instanzen zählbarer Klassen. Eine Verallgemeinerung ist die panoptische Segmentierung [62], die zählbare und nicht zählbare Kategorien vereint.

Die Objekterkennung konzentriert sich auf die Lokalisierung von Objekten mithilfe rechteckiger Begrenzungsrahmen, die sich überlappen können. Beide Ansätze abstrahieren von den Farb- und Intensitätswerten und ermöglichen so eine quantifizierte und strukturierte Bildbeschreibung. Ein Vergleich der drei Ansätze ist in Abbildung 17.2 zu finden.

17.3.1.3.1 Auswahl an öffentlich verfügbaren Datensätzen

Ein zentrales Ziel der Bildverarbeitung ist der Vergleich von Ansätzen zur Segmentierung und Objekterkennung auf öffentlich verfügbaren Datensätzen.

Da Objekterkennung und Segmentierung eng verwandt sind, enthalten viele Datensätze Referenzannotationen („ground truth“) für semantische Segmentierung, Instanzsegmentierung und Objekterkennung. Die Annotation von Begrenzungsrahmen ist weniger aufwendig als pixelgenaue Segmentierungsmasken, weshalb für die Objekterkennung oft mehr annotierte Bilder verfügbar sind.

Der Pascal Visual Objects Classes (Pascal VOC) Datensatz [35] ist einer der historisch wichtigsten im Bereich Segmentierung und Objekterkennung. Die Bilder umfassen Szenen mit Personen, Tieren, Fahrzeugen und Gegenständen in Innen- und Außenbereichen. Annotationen für 20 Objektklassen sowie die Klasse „Hintergrund" erlauben Auswertungen für semantische Segmentierung, Objekterkennung und Instanzsegmentierung. Die Anzahl der Bilder mit Rahmenannotationen ist etwa dreimal so hoch wie die Zahl der segmentierten Bilder. Pascal VOC 2012 umfasst 10.000 segmentierte Bilder und wird weiterhin als Testdatensatz verwendet.

Ein umfangreicher Datensatz ist der Microsoft Common Objects in Context (MS Coco) Datensatz [70]. Er enthält Segmentierungsmasken für über 200.000 Bilder mit 80 zählbaren („things") und 91 nicht-zählbaren („stuff") Klassen. Seit 2015 finden darauf jährliche Wettbewerbe statt und die Aufgaben werden stetig erweitert.

Im Bereich des autonomen Fahrens ist der Cityscapes-Datensatz [24] hervorzuheben, der Straßenszenen aus 50 deutschen Städten mit pixelgenauen Annotationen für 5.000 Bilder und weniger genaue Segmentierungen für 20.000 Bilder bietet. Er unterscheidet 30 Objekt- und Hintergrundklassen.

Diese Datensätze haben Fortschritte bei lernbasierten Segmentierungs- und Objekterkennungsverfahren maßgeblich unterstützt. Neben den genannten Beispielen gibt es weitere Datensätze, etwa für medizinische Bildverarbeitung, wie für die Segmentierung von Hautläsionen [111, 23].

17.3.1.3.2 Metriken zur Evaluation eines Modells zur Segmentierung und Objektdetektion

Zur Evaluation der Segmentierung existieren zahlreiche Metriken, die unterschiedliche Aspekte der Segmentierungsleistung bewerten, etwa die Behandlung ungleicher Klassen- und Objektgrößen. Instanzsegmentierung ist dabei ein Spezialfall der semantischen Segmentierung, bei der zusätzlich eine Instanzzuordnung erfolgt. Für Objekterkennung mit rechteckigen Begrenzungsrahmen lassen sich ähnliche Metriken anwenden.

Sei $\mathbf{X}$ ein Eingabebild mit Höhe H, Breite B und C Kanälen. Eine Referenzannotation mit K Klassen wird durch $\mathbf{Y} \in \mathbb{R}^{H \times B \times K}$ beschrieben. Gehört Pixel (h, b) zur Klasse k, ist $y_{h,b,k} = 1$, sonst 0. Eine Segmentierungsmethode liefert $\hat{\mathbf{Y}}$ mit Werten zwischen 0 und 1, die binarisiert werden können. Daraus ergeben sich pro Klasse die Kategorien: richtig positiv (TP), falsch negativ (FN), falsch positiv (FP) und richtig negativ (TN).

Darauf aufbauend können pro Klasse weitere Werte bestimmt werden, wie etwa die Sensitivität

$$\mathrm{SENS} = \frac{\mathrm{TP}}{\mathrm{TP} + \mathrm{FN}}, \tag{17.5}$$

der positive Vorhersagewert

$$\mathrm{PPV} = \frac{\mathrm{TP}}{\mathrm{TP} + \mathrm{FP}}, \tag{17.6}$$

oder die Spezifität

$$\text{SPEZ} = \frac{\text{TN}}{\text{FP} + \text{TN}}. \tag{17.7}$$

Zusätzlich werden kombinierte Werte wie der Jaccard-Koeffizient (IoU)

$$\text{JACC} = \frac{\text{TP}}{\text{TP} + \text{FP} + \text{FN}} \tag{17.8}$$

und der F1-Koeffizient

$$\text{F1} = \frac{2 \cdot \text{TP}}{2 \cdot \text{TP} + \text{FP} + \text{FN}} \tag{17.9}$$

verwendet. Für mehr als zwei Klassen wird häufig der durchschnittliche Jaccard-Koeffizient berechnet.

Für Instanzsegmentierung und Objekterkennung wird jede Instanzschätzung einer Referenzinstanz zugeordnet. Eine Instanz gilt als richtig positiv, wenn die Klassenzuordnung korrekt ist und der IoU-Wert mit einer Referenzannotation einen Schwellwert überschreitet (z. B. 0.5). Überschreitungen führen zu falsch positiven Ergebnissen. Eine nicht zugeordnete Referenzinstanz zählt als falsch negativ. Durch Variation des Konfidenzschwellwerts entsteht eine Precision-Recall-Kurve, deren Integral als Average Precision (AP) bezeichnet wird. Über alle Klassen gemittelt ergibt sich die Mean Average Precision (mAP).

In einigen Anwendungen ist die Segmentkontur relevanter als die Segmentfläche. Hier kommen Metriken wie die Hausdorff-Distanz [33] oder konturbasierten Varianten der genannten Metriken zum Einsatz. Für die Bewertung von Objektzentren ist der mittlere quadratische Fehler eine geeignete Maßzahl.

17.3.1.3.3 Methoden zur Bildsegmentierung

Das Ziel der Bildsegmentierung ist die Zuordnung von Bildpunkten zu Gruppen oder die Bestimmung von Segmentkonturen. Bei der semantischen Segmentierung wird jedem Pixel typischerweise genau eine Klasse zugewiesen.

Abhängig von den Bilddaten und Anwendungen unterscheiden sich die Kriterien zur Segmentzugehörigkeit stark. Herausforderungen sind unklare Objektgrenzen, Verdeckungen, Beleuchtungsunterschiede und Erscheinungsveränderungen durch Betrachtungswinkel. Viele Methoden wurden entwickelt, die für unterschiedliche Anwendungen geeignet sind.

Die Ansätze reichen von einfachen Schwellwertverfahren über Algorithmen mit kodiertem Vorwissen zu lernbasierten Verfahren. Pixel werden oft im Kontext ihrer Nachbarschaft analysiert, um zusammenhängende Segmente zu erhalten. Beispiele sind Region Growing, graphbasierte Algorithmen und statistische Modelle zur Optimierung von Segmentzuteilungen. Der Fokus liegt auf den dominierenden Verfahren des tiefen Lernens.

Da Bildsegmentierung als pixelweise Klassifikationsaufgabe definiert ist, können beliebige Bildmerkmale extrahiert und Klassifikationsalgorithmen genutzt werden. Durch Fortschritte bei neuronalen Netzwerken und großen Datensätzen wurden erhebliche Verbesserungen erzielt. Besonders Faltungsnetzwerke stellen den Stand der Technik dar.

Eine wegweisende Arbeit von Shelhamer et al. [101] erweiterte ein klassifikationsbasiertes Netzwerk zu einem Modell für pixelweise Segmentierung. Durch Anpassungen wurde das Netzwerk auf beliebig große Eingabebilder anwendbar, und hochaufgelöste Segmentierungen wurden durch Kombination lokaler und globaler Informationen ermöglicht.

Frühe Netzwerke erzeugten Klassifikationen für feste Bildgrößen. Dies wurde durch Ersetzung vollverbundener Schichten durch Faltungsschichten gelöst. Unterabtastungsoperationen („downsampling") reduzieren die Auflösung der Ausgabe, kodieren jedoch globale Bildinformationen kompakt. Hochaufgelöste Ergebnisse entstehen durch schrittweises Überabtasten („upsampling") und die Kombination globaler und lokaler Informationen über Skip-Connections. Der Codierungsabschnitt extrahiert globale Informationen, während der Decodierungsabschnitt diese mit lokalen Details kombiniert.

Die Netzwerkparameter werden auf Basis eines Trainingsdatensatzes iterativ angepasst. Kostenfunktionen wie (gewichtete) Kreuzentropie bewerten die Segmentierungsschätzung, wobei unbalancierte Segmentklassen berücksichtigt werden.

Auf Shelhamers Architektur basierende Erweiterungen nutzen alternative Abkürzungsverbindungen, Faltungsschichten oder Multiskalen-Ansätze. Eine prominente Variante in der medizinischen Bildsegmentierung ist das U-Net [95], das durch symmetrische Codierungs- und Decodierungsabschnitte und die Konkatenation von Zwischenergebnissen präzise Segmentierungen ermöglicht.

Neuronale Netzwerke lernen anwendungsspezifische Repräsentationen der Bilddaten, die eine feingranulare Segmentierung erlauben, und sind durch geringe Vorannahmen besonders flexibel.

17.3.1.3.4 Methoden zur Objekterkennung

Ziel der Objekterkennung ist die automatische Bestimmung rechteckiger Begrenzungsrahmen einzelner Objektinstanzen. Frühe lernbasierte Methoden folgen einer Dreiphasenstruktur: 1) Erzeugung von Regionen von Interesse (Objektkandidaten), 2) Beschreibung der Rois mit Merkmalsvektoren, 3) Klassifikation zur Bestimmung von Objektklasse und Lokalisation.

Ein einfacher Ansatz zur Objektkandidaten-Erzeugung ist der Sliding-Window-Ansatz, bei dem alle möglichen Fenster betrachtet werden. Dies ist jedoch rechenintensiv und generiert viele redundante Kandidaten. Alternativ basieren Objektkandidaten auf Segmentierungsalgorithmen, die Regionen hierarchisch zusammenfassen, um Ungenauigkeiten zu kompensieren.

Merkmale wie Histogramme lokaler Gradienten (HoG), Haar-Features oder SIFT dienen zur Beschreibung von Objektkandidaten und werden klassifiziert. Eine Non-Maximum-Unterdrückung entfernt überlappende Rahmen.

Lernbasierte Verfahren, insbesondere mit Faltungsnetzwerken, dominieren den aktuellen Stand der Technik. Girshick et al. [40] kombinierten erstmals lernbasierte Merkmalsextraktion mit Support Vector Machines (SVM) zur Klassifikation. Zusätzlich wurde eine Verfeinerung der Begrenzungsrahmen eingeführt.

Moderne Ansätze integrieren alle Schritte in ein Netzwerk, trainieren Klassifikation und Rahmenverfeinerung gemeinsam und erzeugen Roisso direkt als lernbare Komponente. Eine alternative Klasse betrachtet die Objekterkennung als Regressionsaufgabe und verzichtet auf Zwischenschritte [72, 92].

17.3.1.3.5 Methoden zur Instanzsegmentierung

Instanzsegmentierung vereint die Anforderungen der Objektdetektion und semantischen Segmentierung, mit dem Ziel, eine pixelgenaue Segmentierung zu erzeugen, diese einer Klasse zuzuordnen, und (gegebenenfalls benachbarte) Objekte gleicher Klasse als getrennte Objekte („Instanzen“) zu erkennen. Herausforderungen umfassen etwa unklare Grenzen zwischen Objekten gleicher Klasse wie auch die partielle Überdeckung einer Objektinstanz durch eine andere.

Die „logische“ Reihenfolge von Objekterkennung und Segmentierung hat sich dabei in den letzten Jahren gewandelt. Viele frühe Verfahren der Objekterkennung schätzen Begrenzungsrahmen beziehungsweise Objektkandidaten (siehe Abschnitt 17.3.1.3.4) basierend auf groben Objektsegmentierungmasken und liefern somit implizit eine Instanzsegmentierung. Eine Vielzahl von Algorithmen zu diesem Zweck existiert, die zunächst eine hierarchische Segmentierung des Bildes durch schrittweise Zusammenfassung von Subsegmenten erzeugt. Dabei erfolgt eine explizite Klassenzuordnung erst im Anschluss. Diesem Vorgehen liegt die Annahme zugrunde, dass sich Objektinstanzen durch interne Homogenität auszeichnen, beziehungsweise sich durch klare Kanten und Texturunterschiede voneinanderabgrenzen lassen.

In vielen Ansätzen, die auf Methoden des tiefen Lernens beruhen, erfolgt die Segmentierung typischerweise nach einer groben Instanzlokalisation und gegebenenfalls parallel zur Objektklassifikation und Verfeinerung der Begrenzungsrahmen [46, 87]. Hierbei zeigen sich Vorteile in der Übertragung von Zwischenberechnungen zwischen den unterschiedlichen Aufgaben und die Verwendung von Netzwerkabschnitten, deren Parameter parallel für Objektdetektion, Klassifikation und Segmentierung optimiert werden.

Sowohl für Segmentierung als auch für Objekterkennung stellen die dargestellten lernbasierten Verfahren derzeit den Stand der Technik dar, der die durchschnittliche Performanz einzelner menschlicher Probanden häufig übertrifft. Offene Forschungsfragen bestehen beispielsweise in der Segmentierung von seltenen Objekten, für die nur wenige Trainingsdaten zur Verfügung stehen sowie in der Modellierung von Unsicherheit in den Ergebnissen.

17.3.2 Globale Bildanalyse

17.3.2.1 Bildbasierte Suche

Zu einem gegebenen Bild sollen mittels einer bildbasierten Suche (*engl.* image retrieval) relevante, d. h. ähnliche Bilder, gefunden werden. Bei zwei Bildern stellt sich die Frage: Wie kann man diese miteinander vergleichen und schließlich bewerten? Die Mehrheit der bildbasierten Suchverfahren kodiert lokale Merkmaldeskriptoren, um einen globalen Bilddeskriptor zu bilden. Dabei werden in der Regel in einem ersten Schritt Positionen im Bild ausgewählt. An jeder Position wird ein lokaler Deskriptor extrahiert, der einen bestimmten Bereich um die Bildposition beschreibt. Während es Methoden gibt, die Mengen von lokalen Deskriptoren direkt vergleichen, ist die Bildung eines globalen Bilddeskriptors üblicher. Dies wird klassischerweise mithilfe eines Hintergrundmodells (auch bekannt als Codebuch) erreicht, das verwendet wird, um Statistiken aus den lokalen Deskriptoren zu ziehen, vgl. Abbildung 17.3. Nach einem optionalen Normalisierungsschritt können die globalen Deskriptoren anschließend miteinander verglichen werden. Dies erfolgt üblicherweise über den Kosinusabstand zwischen den Deskriptoren. Alternativ, falls bekannt ist, dass das Trainingsset unabhängig von Samples des Testsets ist, können auch bildspezifische Ähnlichkeiten mittels Exemplar-Klassifikatoren berechnet werden [20].

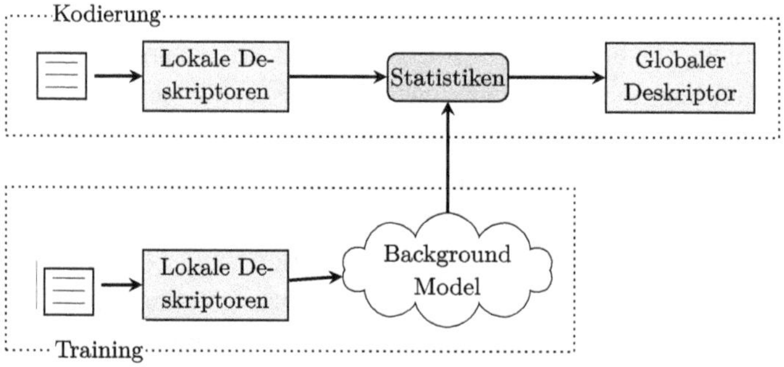

Abb. 17.3: Codebuch-basierte Erstellung des Globalen Deskriptors. Adaptiert von [19] (CC-BY).

Sowohl für die lokalen als auch die globalen Deskriptoren werden mittlerweile Methoden des *Deep Learnings* angewandt, um gute Repräsentationen zu lernen. Im Folgenden wird zuerst der klassische Weg eingeführt und danach verschiedene Ansätze des Deep Learnings beschrieben.

17.3.2.1.1 Lokale Merkmalsextraktion

Bevor lokale Merkmale extrahiert werden, muss entschieden werden, wo im Bild sie berechnet werden sollen. Es gibt verschiedene Strategien:

- *Dichte Abtastung*: Merkmale werden an jeder Bildposition mit einer bestimmten Schrittlänge extrahiert, um Überlappungen zu reduzieren.
- *Schlüsselpunktbasiertes Abtasten*: Schüsselpunkte (*engl.* keypoints), die von Detektoren gefunden werden, beschränken die Merkmalsextraktion auf wichtige Bildstrukturen wie Kanten oder Ecken. Mehrere Detektoren können kombiniert werden, um eine Vielfalt an Merkmalen zu erhalten.
- *Andere*: Konturbasiertes Abtasten fokussiert auf Bildkonturen, während zufälliges oder rasterbasiertes Abtasten alternative Ansätze darstellen.

Drei Abtaststrategien sind in Abbildung 17.4 veranschaulicht. In Abbildung 17.4b erfolgt eine dichte Abtastung mit einer Schrittlänge von 20. Abbildung 17.4c zeigt eine Skalierungsinvariante Merkmalstransformation (SIFT) [75], die robuste, skalierungsinvariante Stellen findet und Hauptorientierungen anhand umliegender Gradienten berechnet, um orientierungsinvariant zu werden. In Abbildung 17.4d wird an Kanten abgetastet, die durch den Canny-Kantendetektor [15] identifiziert wurden.

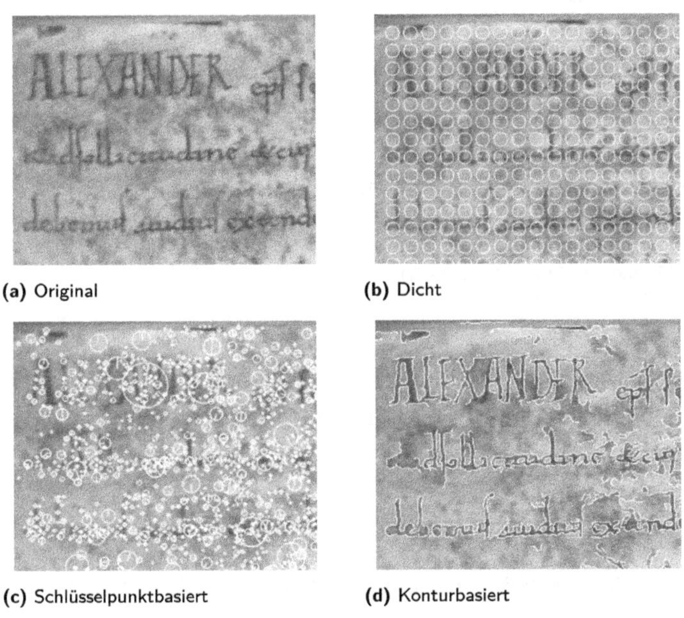

(a) Original (b) Dicht

(c) Schlüsselpunktbasiert (d) Konturbasiert

Abb. 17.4: Verschiedene Abtaststrategien. Quelle: [19] (CC-BY), Originalbildquelle (Ausschnitt): JL 4490 [41].

An den Abtastpunkten werden lokale Deskriptoren berechnet. Der populärste Deskriptor der Prä-Deep-Learning-Phase ist SIFT [75]. SIFT untersucht Gradienten in einem

Fenster um die Schlüsselpunktposition, gewichtet diese mit einem Gaußschen Kernel und quantisiert Orientierungen der Gradienten in einem Histogramm mit 8 Bins. Das Fenster ist in 4×4 Bereiche unterteilt. Die Orientierungen der Gradienten jedes Bereichs werden mit dem Winkel des Schlüsselpunkts normiert und in einem Histogramm quantisiert, das aus 8 Bins besteht, die mit der Größe der Gradienten gewichtet sind. Auf diese Weise wird der Deskriptor invariant gegenüber kleinen Verzerrungen, siehe Abbildung 17.5. Die Histogramme werden dann konkateniert, was zu einem $4 \times 4 \times 8 = 128$-dimensionalen Deskriptor führt. Die Histogramme werden anschließend so normiert, dass ihre ℓ^2-Norm eins entspricht. (Im Folgenden wird eine solche Normalisierung, d. h. der Division eines Vektors durch seine ℓ^1- / ℓ^2-Norm als ℓ^1- bzw. ℓ^2-Normalisierung bezeichnet.) Die Histogramme werden normalisiert, um Beleuchtungsinvarianz zu erreichen, und Werten über 0,2 wird ein Hysteresis-Schwellwert zugewiesen.

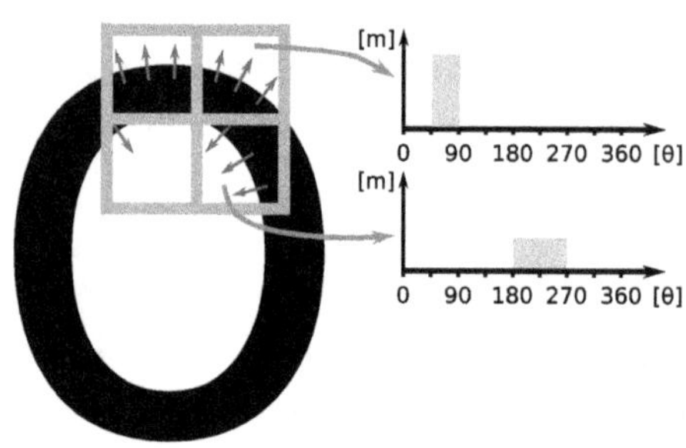

Abb. 17.5: SIFT berechnet die Gradienten an jedem Pixel in einem Raster von N Bereichen (hier $N = 2 \times 2$) um einen Schlüsselpunkt (hier der Mittelpunkt des Rechtecks) und erzeugt N Histogramme der Orientierungen der Gradienten um diesen Schlüsselpunkt. Hier sind zwei exemplarische Histogramme dargestellt, die Orientierungswinkel θ werden in 8 Bins unterteilt, z. B. hat der obere rechte Bereich einen großen Bin für Orientierungen zwischen 45° und 90°. Quelle: [19] (CC-BY).

Neben SIFT gibt es viele verwandte Methoden wie HOG [28] und SURF [8]. SURF ersetzt Gradientenhistogramme durch Haar-Wavelet-Filter, die schnell über Integralbilder berechnet werden können.

17.3.2.1.2 Kodierung

Die Berechnung einer Darstellung pro Bild aus lokalen Merkmalsbeschreibungen wird als Kodierung (engl. encoding) bezeichnet. Im Bereich Computer Vision wird dies oft als Bag-of-(visual)-Words (BoW) bezeichnet, wobei ein visuelles Wort einen lokalen Merkmalsdeskriptor darstellt. Ursprünglich aus der Dokumentensuche übernommen, wurde BoW auf die Bilddomäne übertragen und ist ein Sonderfall der Vektorquantisierung (VQ) [104, 25, 37, 12].

BoW wurde auch für die Texturklassifizierung genutzt, bei der eine Textur durch wiederholte Grundelemente (*Textons*) beschrieben wird [26]. Im Gegensatz zur bildbasierten Suche ist die Darstellung bei der Texturklassifizierung meist niedrigdimensional.

Kodierung umfasst zwei Schritte: (1) Einbettung (engl. embedding), bei der lokale Merkmalsvektoren durch eine Funktion häufig in eine höherdimensionale Darstellung transformiert werden, und (2) Aggregation, bei der die eingebetteten Deskriptoren zu einem globalen Deskriptor fester Länge zusammengefasst werden, z. B. durch Summenaggregation oder gewichtete Aggregation [80].

Einbettungstechniken können statistikbasierte Ansätze verwenden, die auf einem Hintergrundmodell wie k-means [73] oder Gaußschen Mischmodellen (GMM) beruhen. Bei der Vektorquantisierung werden für jedes Clusterzentrum die nächsten lokalen Deskriptoren gezählt, und das resultierende normalisierte Histogramm dient als globaler Deskriptor. Höherwertige Statistiken wie beim Fisher-Vektor [98] oder Residuals zwischen Clusterzentren und lokalen Deskriptoren, wie bei VLAD [57], sind ebenfalls verbreitet.

Andere Methoden verzichten auf Hintergrundmodelle. Der Efficient Match Kernel (EMK) [10] transformiert Merkmale mittels zufälliger Fouriermengen. Sparse Coding [66, 114, 68] interpretiert die Kodierung als Optimierungsproblem. Funktionsannäherungs-Einbettung (FAemb) [30] nutzt Taylor-Erweiterungen, um eine Annäherung höherer Ordnung zu erzielen.

17.3.2.1.3 Normalisierung

Im Folgenden werden verschiedene Faktoren, die die Ähnlichkeit zweier Vektoren beeinflussen können, beschrieben und populäre Methoden, diese zu verringern, dargelegt. Typischerweise können sie sowohl auf lokale Deskriptoren als auch auf die globalen Deskriptoren angewandt werden.

– *Visual Burstiness*: Das Phänomen, dass ein visuelles Element überproportional häufiger auftritt als andere, wird als Visual Burstiness bezeichnet [55], z. B. Fenster in einer Häuserfassade. Da dies der Annahme widerspricht, dass lokale Deskriptoren unabhängig und identisch verteilt sind, kann es das Ähnlichkeitsmaß von zwei Merkmalsdeskriptoren negativ beeinträchtigen. Eine populäre Methode um visuellen Bursts zu begegnen ist *power normalization* [86], bei dem jedes Element x_i des zu betrachtenden Vektors $\boldsymbol{x}$ folgendermaßen transformiert wird:

$$x_i = \text{sign}(x_i)|x_i|^p \quad \forall x_i \in \boldsymbol{x}\,. \tag{17.10}$$

Hierbei bezeichnet sign() das Vorzeichen des Skalars und $0 \leq p \leq 1$, bei dem $p = 0$ den Spezialfall meint, bei dem alle Nicht-Null-Elemente auf eins gesetzt werden. Der Power-Normalisierung folgt typischerweise eine ℓ^2-Normalisierung. Der meistbenutzte Wert für p ist 0,5 und entspricht dann einer Transformation mittels eines Hellinger-Kerns.

- *Korrelation*: Während Visual Burstiness einzelne häufig vorkommende Deskriptoren beschreibt, bezeichnet das *Ko-Vorkommen* zwei oder mehr lokale Deskriptoren, die häufig zusammen auftreten [22]. Eine Standardmethode, um Merkmale zu dekorrelieren ist die Hauptkomponentenanalyse (*engl.* principal component analysis). Zusätzlich kann die Dimensionalität reduziert werden. Das Problem von Ko-Vorkommen kann reduziert werden, wenn bei der Hauptachsentransformation zusätzlich die Eigenvektoren mit ihrer Varianz skaliert werden (*engl.* whitening) [56].
- *Inter-Session Variabilität*: Dieses Phänomen beschreibt die Varianz zwischen verschiedenen Aufzeichnungen. Im Gegensatz zu den unüberwachten Techniken, die in der Regel angewandt werden, um die beiden vorhergehenden Punkte zu adressieren, können die Vektoren auch überwacht dekorreliert werden. Auf diese Weise kann die Variabilität zwischen den Aufzeichnungen deutlich reduziert werden. Mögliche Techniken um die Inter-Session-Variabilität zu reduzieren sind: Normalisierung der Innerhalb-Klassen-Kovarianz (*engl.* within-class-covariance normalization) [45], Projektion von Störmerkmalen (*engl.* nuisance attribute projection) [14] oder Lineare Diskriminantenanalyse [38].

17.3.2.1.4 Bildbasierte Suche mittels Deep Learning

Die einfachste Möglichkeit besteht darin, ein vortrainiertes Netzwerk zu verwenden. Beispielsweise kann ein Netzwerk, das auf dem ImageNet-Datensatz trainiert wurde [91], statt als Klassifikator als Merkmalsextraktor verwendet werden. Dafür wird die letzte Klassifikationsschicht entfernt und die Aktivierungen der vorletzten Schicht repräsentieren bei der Anwendung des Netzes auf ein Eingabebild den globalen Deskriptor. Fast alle modernen Architekturen verwenden eine globale Aggregationsschicht (*engl.* pooling layer), die es ermöglicht, Bilder beliebiger Größe zu verarbeiten. Hierdurch wird eine dichte Abtastung erreicht und für jeden Bereich einer bestimmten Größe ein lokaler Deskriptor berechnet, der dann mittels der Aggregationsschicht zu einem globalen kodiert wird.

Statt ein Netzwerk zu benutzen, das mittels Kreuzentropie auf unter Umständen irrelevante Klassen (im Sinne der Bildähnlichkeit) vortrainiert wurde, kann das Netzwerk auf Klassen des Trainingssets adaptiert oder von Grund auf neu trainiert werden. Im Falle, dass diese Klassen nicht im Testset vorkommen, oder zu wenige Samples pro Klasse vorhanden sind, kann das Multi-Klassenproblem auch in ein binäres Klassenproblem (gleiche Identität vs. unterschiedliche Identität) umgewandelt werden oder alternativ andere Ersatzklassen [32, 21] gewählt werden.

Des Weiteren können die globalen Deskriptoren auch explizit gelernt werden. Dieser Vorgang wird auch *Metrik-Lernen* genannt. Bei diesen Ansätzen ist die Loss-Funktion entscheidend. Eine der populärsten Loss-Funktionen ist der sogenannte *Triplet-Loss* [99]. Das Ziel ist dabei, die Distanz zweier (globaler) Bilddeskriptoren derselben Klasse zu minimieren und gleichzeitig Deskriptoren unterschiedlicher Klasse zu maximieren. Dies kann man erreichen, indem der folgende Loss aller N Triplets des Trainingssets minimiert wird:

$$\sum_{i}^{N} \max(0, D(a,p) - D(a,n) + m) . \qquad (17.11)$$

Dabei ist $D(a,n)$ die Distanz (typischerweise Euklidischer Abstand) eines globalen Deskriptors eines Bildes a (Anker) und eines positiven Deskriptors p, d. h. ein Sample der gleichen Klasse, und $D(a,n)$ die Distanz des Ankers zu einem negativen Deskriptor n, bei dem sich die Klasse von der des Ankers unterscheidet. Der Loss eines Triplets wird dabei nur herangezogen, wenn die Differenz $D(a,n) - D(a,p)$ kleiner als ein bestimmter Abstandsparameter m ist.

Inspiriert von traditionellen Kodierungsverfahren können viele der Schritte auch als Schichten eines neuronalen Netzes angesehen werden, z. B. die VLAD-Kodierung [5, 120] oder die Aggregationsschicht [18].

17.3.2.2 Objektidentifikation

In der Objektidentifikation werden Mittel der Objektdetektion mit denen der bildbasierten Suche kombiniert. Ein prominentes Beispiel ist die Gesichtserkennung, bei der zuerst das Gesicht detektiert werden muss, bevor dann die Datenbank nach derselben Person, d. h. nach demselben Gesicht durchsucht werden kann. Eine weitere Applikation ist die Personen-(Wieder-)Erkennung, bei der zuerst die Person an sich gefunden werden muss und anschließend deren Identität analysiert wird.

Während die oben genannten Objekte eine bestimmte Form aufweisen, wie z. B. das Gesicht mit Augen, Mund und Nase oder die Person mit Kopf, Rumpf und Gliedmaßen, gibt es auch weniger strukturhafte Identifikationsaufgaben, wie zum Beispiel die Schreiberidentifikation, bei der anhand des Schriftbildes der zugehörige Schreiber gesucht wird. Daraus folgt, dass keine Techniken die bestimmte Strukturen voraussetzen, wie zum Beispiel Spatial Pyramid Pooling [47], benutzt werden können. Eine Schriftdetektion bzw. -segmentierung wird im Falle der Schreiberidentifikation allerdings auch durchgeführt, um eine Identifikation rein anhand des Schriftbildes zu ermöglichen.

17.3.2.3 Klassifikation

Die Bildklassifikation, d. h. die Klassifikation von Bildern in bestimmte Klassen, ist ein klassisches Problem des maschinellen Lernens. Seit mehreren Jahren basieren die Lösungsansätze auf tiefen neuronalen Netzen. Abbildung 17.6 zeigt die Entwicklung des Klassifizierungsfehlers des verwendeten ImageNet-Datensatzes [96] und den Trend von

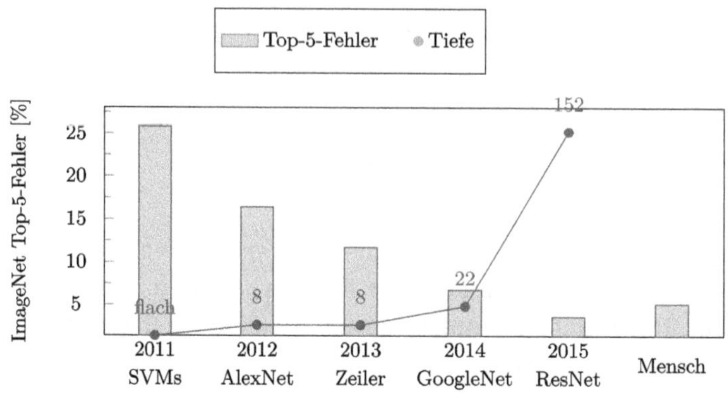

Abb. 17.6: Bildklassifikationsergebnisse des ImageNet-Wettbewerbs zwischen 2011 und 2015, Zahlen von [96, 51]. Zusätzlich sind die Anzahl der Schichten der verwendeten neuronalen Netze angegeben (Punkte). Adaptiert von [19] (CC-BY).

tieferen Architekturen. Im Jahr 2011 lag der Top-5-Fehler noch bei rund 25 % bei traditionellen Bilderkennungsmethoden mit handgefertigten Merkmalen und Support Vektormaschinen (SVM) [97]. Krizhevsky et al. [65] erreichten dagegen mithilfe eines tief faltenden neuronalen Netzes einen Fehler von circa 16 %. Wenige Jahre später gelang es He et al. [50], experimentell die menschliche Baseline, erstellt von einem einzelnen ungeschulten Beobachter (Andrej Karpathy), bei der Bildklassifikation des ImageNet-Datensatz zu übertreffen. Dies bedeutet allerdings nicht, dass neuronale Netze im Allgemeinen besser in der Objekterkennung als Menschen sind. Während diese sicherlich oft besser bei feingranularen Klassifikationsproblemen sind, haben neuronale Netze immer noch Probleme, wenn ein Kontextverständnis erforderlich ist [50]. Aus neurowissenschaftlicher Sicht zeigten Cadieu et al. [13] allerdings bereits 2014, dass die Repräsentationskraft von tiefen neuronalen Netzen der Objekterkennung des menschlichen inferotemporalen Cortex gleichkommt.

Die Gründe für die Leistungssteigerung sind algorithmische Erfindungen, wie z. B. Rectified Linear Units (ReLUs) [54, 81] oder Dropout [105]. Mit ihrer Hilfe war es möglich, kritische Lernprobleme wie explodierende oder verschwindende Gradienten zu überwinden, die einen früheren Erfolg behindert hatten. Sie ermöglichten auch das Training von tieferen Modellen. Tiefe Architekturen fördern die Wiederverwendung von Merkmalen und führen zunehmend zu einer Steigerung der Effizienz und zunehmend abstrakte Merkmale in höheren Schichten [9]. Die Anzahl der Möglichkeiten, frühere Teile eines Netzwerkes wiederzuverwenden, wächst exponentiell mit der Tiefe. Dies führt auch zu einer effizienten Nutzung des Netzwerks, da Parameter, die auf einer höheren Ebene benötigt werden, nicht neu berechnet werden müssen. Während AlexNet [65] noch acht Schichten hatte, wurde die Anzahl der Schichten im Jahr 2014 fast verdreifacht [103] und der Fehler dadurch von 16,4 % auf 6,7 % reduziert. Die erfolgreiche Architektur von 2015 [51] ermöglichte sogar ein Trainieren mit 152 Schichten und reduzierte damit den Fehler auf 3,6 %.

17.3.2.4 Bildbeschriftung

Die bisher vorgestellten Verfahren beschreiben den relevanten Inhalt eines Bildes mithilfe einer abzählbaren Menge aus diskreten Elementen. Eine mögliche Erweiterung dieser Verfahren besteht darin, ein Bild durch eine Beschreibungssprache darzustellen, in der auch Relationen zwischen Objekten dargestellt werden können oder unbekannte Objekte durch ihre Eigenschaften dargestellt werden können. Bildbeschriftung (*engl.* image captioning) bezeichnet die Aufgabe, eine solche Beschreibung in menschlicher Sprache aus einem gegebenen Bild zu berechnen. Relationen können örtlich sein, wie zum Beispiel „on a" in der ersten Beschreibung im linken Bild von Abbildung 17.7 oder komplizierte semantische Relationen wie „presenting" in der zweiten Beschreibung.

1. Man on a boat, holding a fish.
2. A man is on a fishing boat, presenting a fish.
3. Man in a life jacket on a boat near the coast.
4. A fish in the hand of a man on a boat in the water.
5. Fisherman on a boat, holding a catch.

1. Two little cats laying in a cat bed.
2. Domestic cats laying in a cat bed.
3. A cute black cat wearing a bell collar and a striped cat sleep on a scratching tree.
4. Two cats playing in a cat basket.
5. Two cats looking at the camera.

Abb. 17.7: Zwei Beispiele für Trainingsdaten für einen Bildbeschriftungsdatensatz.

17.3.2.4.1 Auswahl an öffentlich verfügbaren Datensätzen

Im Rahmen des bereits im Abschnitt 17.3.1.3 erwähnten „PASCAL Visual Object Classes"-Wettbewerbs wurde einer der historisch ersten Datensätze für automatische Bildbeschriftung veröffentlicht [90]. Zu jedem Bild wurden fünf Beschreibungen veröffentlicht. Alle weiteren hier genannten Datensätze besitzen auch jeweils fünf Beschreibungen pro Bild. Aufgrund der geringen Größe von nur 1000 Datenpunkten wird der PASCAL-Datensatz inzwischen meistens nur noch als Testdatensatz verwendet. Seitdem haben sich zwei Datensätze basierend auf der Flickr-Bildplattform zu beliebten Datensätzen entwickelt, die kurz als Flickr-8k [53] und Flickr-30k [119] bezeichnet werden, mit jeweils 8.000 und 30.000 Datenpunkten. Die Bilder von Flickr wurden durch Amateurphotographen aufgenommen und zeigen natürliche Farbaufnahmen von Szenen des menschlichen Lebens. Seitdem wurden neuere und größere Datensätze vorgestellt. Der wichtigste und einer der aktuell größten Datensätze mit 328.000 Datenpunkten ist der ebenfalls bereits im Abschnitt 17.3.1.3 erwähnte MS COCO-Datensatz [70], für den pro Bild zusätzlich fünf Bildbeschreibungen zur Verfügung gestellt werden. Dieser wurde auch aus Bildern der Flickr-Plattform zusammengestellt.

17.3.2.4.2 Metriken zur Evaluation eines Modells

Die Ergebnisse einer automatischen Bildbeschriftung sind schwierig zu evaluieren. Zum einen soll das Modell für verschiedene Bilder unterschiedliche Beschreibungen generieren, zum anderen sollen diese Beschreibungen den Inhalt des Bildes akkurat widerspiegeln. Daher ist es nicht sinnvoll zu fordern, dass eine Bildbeschreibung exakt einer der gegebenen Beschreibungen entspricht. Gleichzeitig sollten aber die wesentlichen Elemente der gegeben Beschreibungen auch enthalten sein. Eine Metrik für diese Aufgabe muss also den semantischen Inhalt eines generierten Satzes x mit einer Menge an Sätzen $\mathbf{Y}$ vergleichen und ihre Ähnlichkeit abbilden.

Einige Metriken, die üblicherweise zur Evaluation von Bildbeschriftungsalgorithmen verwendet werden, stammen ursprünglich aus der Verarbeitung natürlicher Sprache wie der BLEU Wert [85], METEOR [29], oder ROUGE [69]. Um der Aufgabe der Bildbeschriftung besser gerecht zu werden, wurden später auch spezielle Verfahren entwickelt wie CIDEr [112] und SPICE [2]. Im Folgenden stellen wir exemplarisch und wegen seiner weiten Verbreitung den CIDEr-Wert vor.

Dazu werden im ersten Schritt alle vorkommenden Worte in den zu vergleichenden Sätzen x und $\mathbf{Y}$ zu ihrer Stammform vereinfacht. So werden beispielsweise „Spiel“, „spielen“ und „Spieler“ alle zu „spiel“ reduziert. Im zweiten Schritt werden alle Sätze gemeinsam als Tupel $\boldsymbol{\omega}$ ihrer M enthaltenen N-Gramme ω_m repräsentiert. N-Gramme sind dabei Tupel aus genau N Wörtern. Dabei werden für CIDEr oft N-Gramme bis $N = 4$ verwendet. Mithilfe dieses M-Tupel $\boldsymbol{\omega}$ kann ein Satz x nun als Histogramm $\mathbf{p}^N(x)$ mit Elementen:

$$p_x(\omega_m) = \frac{h_x(\omega_m)}{\sum_j^M h_x(\omega_j)} \tag{17.12}$$

dargestellt werden, in dem wir mit $h_x(\omega_m)$ die Häufigkeit von ω_m in x bezeichnen. Statt die Histogramme $\mathbf{p}^N(x)$ direkt zu verwenden, werden nun Vektoren $\mathbf{g}^N(x)$ berechnet, indem die Einträge der Histogramme mit der inversen Dokumenthäufigkeit multipliziert werden:

$$g_x(\omega_m) = p_x(\omega_m) \log\left(\frac{K}{\sum_{k=1}^K \min(1, \sum_{l=1}^L h_{x_{kl}}(\omega_m))} \right), \tag{17.13}$$

dabei bezeichnet K die Anzahl an Datenpunkten im gesamten Datensatz und die Sätze x_{kl} bezeichnen die Bildbeschreibungen, die jedem Datenpunkt zugeordnet sind. Wir definieren jetzt CIDEr_N als mittlere Kosinusähnlichkeit zwischen den numerischen Vektoren $\mathbf{g}^N(x)$ und $\mathbf{g}^N(y_k)$ für k Sätze aus einer Menge $\mathbf{Y}$:

$$\text{CIDEr}_N(x, \mathbf{Y}) = \frac{1}{K} \sum_{k=1}^{K} \frac{\mathbf{g}^N(x) \cdot \mathbf{g}^N(y_k)}{\|\mathbf{g}^N(x)\| \|\mathbf{g}^N(y_k)\|} . \tag{17.14}$$

In der Praxis wird dieses Maß oft über mehrere für N gemittelt:

$$\text{CIDEr}(x, \mathbf{Y}) = \frac{1}{N} \sum_{n=1}^{N} \text{CIDEr}_N(x, \mathbf{Y}) . \tag{17.15}$$

17.3.2.4.3 Algorithmen zur Bildbeschriftung

Die grundlegende Strategie moderner Bildbeschriftungsmethoden besteht darin, die Bilder zuerst mittels abstrakter numerischer Merkmale in einem Vektorraum mit geringerer Dimension zu beschreiben. Diese Beschreibung wird dann als Bedingungsvariable für ein generatives Modell einer bedingten Wahrscheinlichkeitsdichte der gesuchten Bildbeschriftungen benutzt. Aus diesem generativen Modell werden dann durch Sampling konkrete Beschriftungen erzeugt. Eine einflussreiche Arbeit, welche diese Strategie vollständig datengetrieben, mithilfe von tiefen neuronalen Netzen, umsetzt, wurde von Vinyals et al. [113] vorgestellt. Dieses Verfahren nutzt ein bereits trainiertes Netzwerk zur Bildklassifikation, welches von Szegedy et al. [106] bereits zuvor vorgestellt wurde, um damit Bilder $\mathbf{x}_k$ als Merkmale mit niedrigerer Dimension $\tilde{\mathbf{x}}_k$ zu repräsentieren. Die Ergebnisse der Klassifikation werden also gar nicht berechnet, stattdessen wird ein rekurrentes LSTM [52] Netzwerk trainiert, um direkt in einem Modell Beschreibungen zu generieren. Das rekurrente Netzwerk wird dabei durch die Maximierung der logarithmierten Likelihood-Funktion trainiert:

$$\mathbf{W}^* = \text{argmax}_{\mathbf{W}} \sum_{k=1}^{K} \log p(\mathbf{y}_{(k,\mathbf{t})} | \tilde{\mathbf{x}}_k; \mathbf{W}) , \tag{17.16}$$

wobei $\mathbf{y}_{(k,\mathbf{t})}$ und $\mathbf{x}_k$ jeweils eines der K Trainingspaare darstellen. Dabei steht $\mathbf{y}_{(k,\mathbf{t})}$ für einen Satz, der mithilfe eines Einbettungsverfahrens für Wörter, das von Mikolov et al. [79] präsentiert wurde, in eine numerische Beschreibung übersetzt wurde. Es handelt sich bei $\mathbf{y}_{(k,\mathbf{t})}$ also um eine Sequenz, die zum einen die Dimension der eingebetteten Wörter hat und zum anderen eine Dimension t, unbekannter Länge T, welche die variable Satzlänge darstellt. Das rekurrente Netzwerk bietet die Möglichkeit, mit dieser unbekannten Länge umzugehen, indem man die Kettenregel der Wahrscheinlichkeitsrechnung anwendet:

$$\log p(\mathbf{y}_{(k,\mathbf{t})} | \tilde{\mathbf{x}}_k; \mathbf{W}) = \sum_{t=1}^{T} \log p(\mathbf{y}_{(k,t)} | \tilde{\mathbf{x}}_k, \mathbf{y}_{(k,1)}, \ldots, \mathbf{y}_{(k,t-1)}; \mathbf{W}) . \tag{17.17}$$

Das trainierte Modell generiert also immer ein neues Wort basierend auf den vorher generierten und die gesamte Wahrscheinlichkeit der Sätze aus den Trainingsdaten wird maximiert um die Parameter **W** zu bestimmen.

17.3.2.4.4 Modelle für gerichtete Aufmerksamkeit

Bei Modellen für gerichtete Aufmerksamkeit handelt es sich um ein Konzept, das in einer wegweisenden Arbeit von Bahdanau et al. [7] für die maschinelle Übersetzung entwickelt wurde. Diese Idee wurde von Xu et al. [117] auf die Bildbeschriftung erfolgreich übertragen und wird seither in vielen Modellen verwendet. Dabei wird aus dem Vektor $\tilde{\mathbf{x}}_k$ eine dynamische Beschreibung des Bildinhalts $\mathbf{z}_{(k,t)}$. Diese dynamische Beschreibung wird generiert, indem zunächst $\tilde{\mathbf{x}}_k$ mithilfe einer geeigneten Architektur so berechnet wird, dass es sich in L räumliche Bereiche aufteilen lässt: $\tilde{\mathbf{x}}_\mathbf{k} = \{\tilde{\mathbf{x}}_{(k,1)}, \ldots, \tilde{\mathbf{x}}_{(k,L)}\}$. Aus diesen räumlichen Bereichen wird jetzt mit einer nichtlinearen, lernbaren Funktion f ein dynamischer Aufmerksamkeitswert pro Schritt des generativen Modells berechnet:

$$\tilde{z}_{(k,t,l)} = f(\mathbf{h}_{t-1}, \tilde{\mathbf{x}}_{(k,l)}), \tag{17.18}$$

wobei $\mathbf{h}_{t-1}$ den vorherigen versteckten Zustand eines rekurrenten neuronalen Netzes bezeichnet. Für die Funktion f wird meist auch ein neuronales Netz verwendet, das mit den anderen Komponenten zusammen trainiert wird. Aus diesen Werten $\tilde{z}_{(k,t,l)}$ wird nun mithilfe der Softmax-Funktion die gerichtete Aufmerksamkeit des Modells berechnet:

$$\alpha_{(k,t,l)} = \frac{e^{\tilde{z}_{(k,t,l)}}}{\sum_{m=1}^{M} e^{\tilde{z}_{(k,t,m)}}}. \tag{17.19}$$

Diese Aufmerksamkeitswerte werden nun benutzt, um die dynamische Beschreibung zu berechnen:

$$\mathbf{z}_{(k,t)} = \sum_{l=1}^{L} \alpha_{(k,t,l)} \tilde{\mathbf{x}}_{(k,l)}. \tag{17.20}$$

Die dynamische Beschreibung des Bildinhalts ermöglicht es dem generativen Modell nun, sich mit jedem Wort auf einen Teilausschnitt des Bildes zu konzentrieren und andere Teile des Bildes zu vernachlässigen. Dies führt zu wesentlich besseren Ergebnissen.

17.3.2.5 Beantwortung visueller Fragen (VQA)

Bildbeschriftung befasst sich ausschließlich mit der Beschreibung einer Szene und erfordert daher nur ein vergleichsweise oberflächliches Verständnis von Szenen. Weil die Beantwortung von Fragen über einen Bildinhalt ein komplizierteres Verständnis von

Szenen fördert, wurde die Beantwortung visueller Fragen (*engl.* visual question answering) (VQA) als Aufgabenstellung entwickelt. Antol et al. [4] stellten 2015 geeignete Datensätze für diese Aufgabenstellung vor und legten damit den Grundstein für viele weitere Arbeiten. Ähnlich wie bei der Bildbeschriftung wird dem Algorithmus ein Bild zur Verfügung gestellt und eine Ausgabe in menschlicher Sprache angestrebt. Zusätzlich wird dem Algorithmus aber als Eingabe eine Frage in menschlicher Sprache präsentiert. Die Ausgabe soll nun eine semantisch korrekte Antwort auf die kombinierte Eingabe aus Text und Bild sein. Der wesentliche technische Unterschied zur Bildbeschriftung besteht also darin, dass die Ausgabe der Algorithmen nun von einer Kombination an Eingangsvariablen abhängt. Durch diese entsteht ein noch einmal wesentlich erhöhter Bedarf an Datenpunkten für eine repräsentative Stichprobe oder ein Bedarf für eine erhöhte Generalisierungsfähigkeit der Algorithmen. Da die Kombinationen an möglichen Fragen und Bildern eine extreme Steigerung an Datenpunkten bedeuten würde, geht man davon aus, dass diese Aufgabe geeignet ist, neue Algorithmen mit signifikant höheren Fähigkeiten zur Generalisierung zu identifizieren. Es sollen Fähigkeiten gelernt werden, abstrakte Konzepte zu erlernen und abstrakte Schlüsse zu ziehen. Ein weiterer Unterschied besteht darin, dass in der Formulierung der Aufgabenstellung von Antol et al., die für viele neuere Datensätze übernommen wurde, die Antworten nur aus einer diskreten Menge an Möglichkeiten bestehen. Sie unterscheiden dazu offene Fragen, bei denen der Algorithmus aus allen Antwortmöglichkeiten wählen muss, von Fragen, bei denen eine aus einer Anzahl an möglichen Antworten gewählt werden muss. Diese Einschränkung im Vergleich zur Aufgabe der Bildbeschriftung ermöglicht eine einfachere automatische Auswertung.

17.3.2.5.1 Auswahl an öffentlich verfügbaren Datensätzen

Der wichtigste Datensatz für die Beantwortung visueller Fragen wurde vom Microsoft Common Objects in Context Datensatz [70] abgeleitet von Antol et al. [4]. Die Datenpunkte darin bestehen aus natürlichen Bildern, die verschiedene Objekte in Szenen zeigen. Fragen und Antworten dazu wurden von Menschen mithilfe der Mechanical-Turk-Plattform erzeugt. Dabei wurde sichergestellt, dass vorwiegend Fragen enthalten sind, welche nur mithilfe des Bildes beantwortet werden können. Dieser Datensatz fand Verwendung in regelmäßigen Wettbewerben zu dieser Aufgabenstellung und wurde mittlerweile von einer verbesserten Version [42] für neue Wettbewerbe abgelöst. Die Verbesserung trug dabei dem Umstand Rechnung, dass manche Antworten statistisch stark bevorzugt wurden. Ein explizites Beispiel für dieses Problem ist die Strategie, auf den Satzbeginn „Do you see a ...“ stets mit „yes“ zu antworten, was zu einer Genauigkeit von 87 % führte. Deshalb wurden in der zweiten Version gezielt Bilder hinzugefügt, die einem ursprünglichen Bild ähnlich sind, aber zu einer anderen Antwort führen. Antol et al. führten in ihrer Arbeit [4] auch einen weiteren Datensatz mit abstrakten, gezeichneten Szenen sowie von Menschen generierten Fragen und Antworten ein um Forschung mit geringerem Fokus auf die Aspekte der Bilderkennung zu ermöglichen.

Ein weiterer wichtiger Datensatz mit abstrakten Objekten wurde später als CLEVR [58] Datensatz veröffentlicht. Die Fragen und Antworten in diesem Satz wurden automatisch aus einem Szenengraph erstellt, der auch die computergrafisch erzeugte Szene beschreibt. Zu diesem Datensatz wurden später auch von Menschen erzeugte Fragen und Antworten als CLEVR-Humans Datensatz [59] vorgestellt.

17.3.2.5.2 Metriken zur Evaluation eines Modells

In der Arbeit von Antol et al. wurde auch eine Metrik für die Evaluation von Algorithmen zur Beantwortung von visuellen Fragen eingeführt, die auf der Anzahl N von menschlichen Antworten beruht, die identisch zur Antwort des Algorithmus sind:

$$\min\left(\frac{N}{3}, 1\right). \tag{17.21}$$

Das bedeutet, eine Antwort wird als vollständig richtig angesehen, wenn sie von mindestens drei Personen gegeben wurde. Zu Berechnung dieser Metrik wurden die Antworten auf verschiedene Arten normalisiert. Es wurden alle Buchstaben zu Kleinbuchstaben konvertiert, alle Artikel entfernt und alle Zahlen in Wörter umgewandelt.

17.3.2.5.3 Algorithmen zur Beantwortung visueller Fragen

Grundsätzlich weisen die Algorithmen für die Beantwortung visueller Fragen eine Ähnlichkeit mit denen für die Bildbeschriftung auf. Der Bildinhalt wird auch für visuelle Fragen mit numerischen Merkmalen in einem Vektorraum mit geringerer Dimension beschrieben. Zusätzlich wird der Frageinhalt auch mithilfe numerischer Merkmale dargestellt. Die Kombination dieser kodierten Informationen wird nun als Bedingungsvariable für ein Modell einer bedingten Wahrscheinlichkeitsdichte der gesuchten Antworten verwendet. Durch den Ansatz in der Aufgabenstellung, die Antwortmöglichkeiten auf eine handhabbare diskrete Menge einzuschränken, werden im Unterschied zur Bildbeschriftung üblicherweise keine generativen Modelle verwendet, sondern diskriminative Modelle, welche die wahrscheinlichste Antwort ausgeben.

17.3.2.5.4 Algorithmen mit Modellen zur gerichteten Aufmerksamkeit

Eine wichtige grundlegende Strategie, die viele weitere Arbeiten beeinflusst hat, wurde von Anderson et al. [3] vorgeschlagen. Dabei werden zwei verschiedene Arten von gerichteter Aufmerksamkeit verwendet. Zum einen gerichtete Aufmerksamkeit auf zusammengehörige Bildinhalte und zum anderen gerichtete Aufmerksamkeit, gesteuert durch die Frage auf relevante Bildinhalte. Um zusammengehörige Bildinhalte zu identifizieren, verwendeten Anderson et al. ein neuronales Netzwerk, dass von Shaoqing et al. [93] zur Objekterkennung vorgestellt wurde. Dieses Netzwerk liefert Bildausschnitte als viereckige Regionen im Bild, die Objekte enthalten. In jeder Region werden die

Merkmale durch Bildung eines Mittelwerts über die räumliche Dimension zu einem Vektor identischer Größe zusammengefasst. Die Frage wird nun mithilfe eines rekurrenten LSTM-Netzwerks mit gerichteter Aufmerksamkeit verarbeitet, analog zur im vorherigen Kapitel beschriebenen Methode für gerichtete Aufmerksamkeit zur Bildbeschriftung von Xu et al. [117]. Hier wird die Aufmerksamkeit nun aber auf die Merkmalsvektoren für Bildregionen aus dem Objekterkennungsnetzwerk gerichtet, welche für die aktuellen Satzbestandteile relevant sind.

17.4 Ausblick

Foundation- oder Basis-Modelle haben in den letzten Jahren beeindruckende Fortschritte in der Künstlichen Intelligenz ermöglicht [67]. Sie bieten universelle Fähigkeiten, die durch umfassendes Pretraining auf riesigen Datensätzen erworben wurden, und können in zahlreichen Anwendungsbereichen eingesetzt werden. Insbesondere die Vision- und Multimodal-Modelle eröffnen innovative Perspektiven für Forschung und Industrie.

Der Erfolg von großen Sprachmodellen wie GPT-4 [83] hat das Interesse an vergleichbaren Ansätzen für Bildverarbeitung und multimodale Systeme geweckt. Modelle wie CLIP [88] und DALL-E [89] zeigen, wie text- und bildbasierte Eingaben kombiniert werden können, um vielseitige Anwendungen zu ermöglichen.

Vision-Modelle profitieren von skalierbaren Pretraining-Methoden wie kontrastivem Lernen [17], Masked Image Modeling [48] und multimodalen Ansätzen wie Flamingo [1]. Diese Modelle erlauben es, komplexe Aufgaben wie Objekterkennung, Bildsegmentierung und Bildgenerierung effizient zu lösen.

Multimodale Foundation-Modelle vereinen die Verarbeitung von Text, Bild und weiteren Modalitäten in einer einzigen Architektur. Durch die Kombination von Bild- und Sprachdaten entstehen Systeme, die nicht nur einzelne Aufgaben wie Bildbeschreibung oder Textgenerierung ausführen können, sondern auch als Schnittstelle für eine Vielzahl von Aufgaben dienen. Modelle wie Stable Diffusion [94] und DALL-E ermöglichen die Generierung visueller Inhalte, indem sie hochwertige Bilder basierend auf textuellen Eingaben erzeugen. Vision-Modelle wie *Segment Anything (SAM)* [63] erlauben interaktive Anwendungen, bei denen Benutzer durch Eingaben wie Skizzen oder Text genaue Ergebnisse steuern können. Projekte wie Visual ChatGPT [115] kombinieren Sprachmodelle mit visuellen Fähigkeiten und eröffnen neue Möglichkeiten für Dialogsysteme, die Bilder analysieren und generieren können.

Trotz der beeindruckenden Fortschritte stehen Foundation-Modelle vor einigen bedeutenden Herausforderungen. Der immense Bedarf an Trainingsdaten bleibt eine zentrale Hürde, insbesondere im medizinischen Bereich, wo es schwierig ist, umfangreiche und qualitativ hochwertige Datensätze zu erstellen. Der Einsatz synthetischer Daten oder domänenspezifischer Vortrainingsansätze könnte hier Lösungsansätze bieten.

Die Nutzung großer Datenmengen wirft zudem Fragen zu Datenschutz und Bias auf. Der EU AI Act setzt klare Vorgaben für den Einsatz und die Entwicklung von KI-Systemen, insbesondere in sensiblen Bereichen wie der Medizin. Foundation-Modelle müssen sicherstellen, dass sie diesen Vorschriften entsprechen und ethische Standards wie Transparenz und Fairness einhalten.

Ein weiterer zentraler Punkt sind die enormen Rechenressourcen, die für die Entwicklung und den Einsatz solcher Modelle erforderlich sind. Dies führt nicht nur zu einer hohen Umweltbelastung durch den Energieverbrauch, sondern beschränkt auch den Zugang zu diesen Technologien auf größere Institutionen. Effizienzsteigerungen bei Algorithmen und Hardware sowie die Verwendung von Open-Source-Modellen könnten helfen, diese Barrieren zu reduzieren.

Zukünftige Forschung sollte sich darauf konzentrieren, Modelle ressourceneffizienter zu gestalten, ihre Robustheit zu verbessern und ihre Anwendungsmöglichkeiten in spezialisierten Bereichen wie der Medizin oder dem autonomen Fahren zu erweitern.

Foundation-Modelle revolutionieren die KI-Forschung und ermöglichen den Übergang von spezialisierten Systemen hin zu universellen Assistenten. Die kommenden Jahre werden entscheidend sein, um diese Technologien weiterzuentwickeln und ihre Potenziale voll auszuschöpfen. Mit ihrer Vielseitigkeit und Leistungsfähigkeit sind Foundation-Modelle ein zentraler Baustein für die Zukunft der KI.

17.5 Schlussbetrachtung

Die Bildanalyse hat sich in den letzten Jahren durch den Einsatz von *Deep Learning*-Methoden grundlegend verändert. Anstelle modularer, handgefertigter Ansätze stehen heute tief neuronale Netzwerke im Fokus, die Merkmalsrepräsentationen durch End-to-End-Training lernen. Dabei werden sowohl lokale als auch globale Bildanalyseaufgaben adressiert. Lokale Methoden konzentrieren sich auf einzelne Bildbereiche oder Pixel. Die Entrauschung beispielsweise zielt darauf ab, additives Rauschen zu entfernen. Dies geschieht häufig durch den Einsatz von Filtertechniken wie dem Bilateralfilter oder durch neuronale Netzwerke. Ein weiteres Beispiel ist die Superresolution, bei der die Bildauflösung algorithmisch erhöht wird, um hochaufgelöste Inhalte zu rekonstruieren. Auch die Tiefenschätzung zählt zu den lokalen Ansätzen und ermöglicht ein geometrisches Verständnis von Szenen, sei es durch Triangulation oder durch monokulare Methoden, die semantische und visuelle Hinweise kombinieren.

Globale Methoden hingegen analysieren ganze Bilder und umfassen Aufgaben wie die Bildklassifikation, bei der Bilder vordefinierten Klassen zugeordnet werden, oder die Bildsegmentierung, die Bildinhalte in semantische Bereiche, Instanzen oder Kategorien trennt. Eine weitere globale Methode ist die Bildbeschriftung, bei der Bildinhalte in Textform beschrieben werden, sowie die Beantwortung visueller Fragen, bei der multimodale Modelle eingesetzt werden, um auf Basis von Bild- und Texteingaben Antworten zu generieren.

Moderne Ansätze basieren auf differenzierbaren Architekturen, die eine simultane Optimierung aller Parameter erlauben. Durch die Nutzung großer Datensätze wie ImageNet wird zudem ein effektives Transfer Learning ermöglicht. Ein zentraler Bestandteil ist der Einsatz von Aufmerksamkeitsmechanismen, die relevante Bildinhalte fokussieren und so die Effizienz und Präzision der Modelle steigern.

Die zukünftige Entwicklung zielt auf universelle Modelle ab, die in der Lage sind, verschiedene Aufgaben effizient zu vereinen. Dabei stellen Datenschutz, Bias und hohe Rechenressourcen weiterhin bedeutende Herausforderungen dar. Fortschritte in der Hardware sowie algorithmische Optimierungen sind notwendig, um diese Barrieren zu überwinden und die Potenziale moderner Bildanalyse vollständig auszuschöpfen.

Literaturverzeichnis

[1] J.-B. Alayrac, J. Donahue, P. Luc, A. Miech, I. Barr, Y. Hasson, K. Lenc, A. Mensch, K. Millican, M. Reynolds, et al. Flamingo: A visual language model for few-shot learning. *arXiv preprint*, arXiv:2204.14198, 2022.

[2] P. Anderson, B. Fernando, M. Johnson, and S. G. Spice. Semantic propositional image caption evaluation. In *European Conference on Computer Vision*, pages 382–398. Springer, 2016.

[3] P. Anderson, X. He, C. Buehler, D. Teney, M. Johnson, S. Gould, and L. Zhang. Bottom-up and top-down attention for image captioning and visual question answering. In *Proceedings of the IEEE Conference on Computer Vision and Pattern Recognition*, pages 6077–6086, 2018.

[4] S. Antol, A. Agrawal, J. Lu, M. Mitchell, D. Batra, C. L. Zitnick, and D. Parikh. Vqa: Visual question answering. In *Proceedings of the IEEE International Conference on Computer Vision*, pages 2425–2433, 2015.

[5] R. Arandjelović, P. Gronat, A. Torii, T. Pajdla, and J. Sivic. NetVLAD: CNN architecture for weakly supervised place recognition. *IEEE Transactions on Pattern Analysis and Machine Intelligence*, 40(6):1437–1451, June 2018.

[6] S. D. Babacan, R. Molina, and A. K. Katsaggelos. Variational Bayesian super resolution. *IEEE Transactions on Image Processing*, 20(4):984–999, April 2011.

[7] D. Bahdanau, K. Cho, and Y. Bengio. Neural machine translation by jointly learning to align and translate. In *3rd International Conference on Learning Representations, ICLR 2015, San Diego, CA, USA, May 7–9, 2015, Conference Track Proceedings*, 2015.

[8] H. Bay, A. Ess, T. Tuytelaars, and L. Van Gool. Speeded-up robust features (SURF). *Computer Vision and Image Understanding*, 110(3):346–359, 2008.

[9] Y. Bengio, A. Courville, and P. Vincent. Representation learning: A review and new perspectives. *IEEE Transactions on Pattern Analysis and Machine Intelligence*, 35(8):1798–1828, 2013.

[10] L. Bo and C. Sminchisescu. Efficient match kernel between sets of features for visual recognition. In Y. Bengio, D. Schuurmans, J. D. Lafferty, C. K. I. Williams and A. Culotta, editors, *Advances in Neural Information Processing Systems*, volume 22, pages 135–143. 2009.

[11] A. Buades, B. Coll, and J. M. Morel. A review of image denoising algorithms, with a new one. *Multiscale Modeling & Simulation*, 4(2):490–530, July 2006.

[12] A. Buzo, A. Gray, R. Gray, and J. Markel. Speech coding based upon vector quantization. *IEEE Transactions on Acoustics, Speech, and Signal Processing*, 28(5):562–574, oct 1980.

[13] C. F. Cadieu, H. Hong, D. L. K. Yamins, N. Pinto, D. Ardila, E. A. Solomon, N. J. Majaj, and J. J. DiCarlo. Deep neural networks rival the representation of primate IT cortex for core visual object recognition. *PLoS Computational Biology*, 10(12):1–18, 2014.

[14] W. M. Campbell, D. E. Sturim, and D. A. Reynolds. Support vector machines using GMM supervectors for speaker verification. *IEEE Signal Processing Letters*, 13(5):308–311, may 2006.

[15] J. Canny. A computational approach to edge detection. *IEEE Transactions on Pattern Analysis and Machine Intelligence*, 8(6):679–698, nov 1986.

[16] D. Capel and A. Zisserman. Super-resolution enhancement of text image sequences. In *Proceedings of the International Conference on Pattern Recognition*, pages 1600–1605, 2000.

[17] T. Chen, S. Kornblith, M. Norouzi, and G. Hinton. A simple framework for contrastive learning of visual representations. In *ICML*, 2020.

[18] V. Christlein, L. Spranger, M. Seuret, A. Nicolaou, P. Král, and A. Maier. Deep generalized max pooling. In *2019 15th IAPR International Conference on Document Analysis and Recognition (ICDAR)*, pages 1090–1096, Sep 2019.

[19] V. Christlein. *Handwriting Analysis with Focus on Writer Identification and Writer Retrieval*. Doctoral thesis, Friedrich-Alexander-Universität Erlangen-Nürnberg (FAU), 2019.

[20] V. Christlein, D. Bernecker, F. Hönig, A. Maier, and E. Angelopoulou. Writer identification using GMM supervectors and exemplar-SVMs. *Pattern Recognition*, 63:258–267, 2017.

[21] V. Christlein, M. Gropp, S. Fiel, and A. Maier. Unsupervised feature learning for writer identification and writer retrieval. In *2017 14th International Conference on Document Analysis and Recognition*, pages 991–997, Kyoto, nov 2017.

[22] O. Chum and J. Matas. Unsupervised discovery of co-occurrence in sparse high dimensional data. In *2010 IEEE Computer Society Conference on Computer Vision and Pattern Recognition (CVPR)*, pages 3416–3423, San Francisco, jun 2010.

[23] N. C. F. Codella, V. Rotemberg, P. Tschandl, M. E. Celebi, S. W. Dusza, D. Gutman, B. Helba, A. Kalloo, K. Liopyris, M. A. Marchetti, H. Kittler, and A. Halpern. Skin lesion analysis toward melanoma detection 2018: A challenge hosted by the international skin imaging collaboration (ISIC). *CoRR*, arXiv:abs/1902.03368, 2019.

[24] M. Cordts, M. Omran, S. Ramos, T. Rehfeld, M. Enzweiler, R. Benenson, U. Franke, S. Roth, and B. Schiele. The cityscapes dataset for semantic urban scene understanding. In *Proc. of the IEEE Conference on Computer Vision and Pattern Recognition (CVPR)*, 2016.

[25] G. Csurka, C. R. Dance, L. Fan, J. Willamowski, and C. Bray. Visual categorization with bags of keypoints. In *ECCV Workshop on Statistical Learning in Computer Vision*, pages 1–22, Prague, jun 2004.

[26] O. G. Cula and K. J. Dana. Compact representation of bidirectional texture functions. In *2001 IEEE Computer Society Conference on Computer Vision and Pattern Recognition (CVPR)*, volume 1, pages 1041–1047, Kauai, jun 2001.

[27] K. Dabov, A. Foi, V. Katkovnik, and K. Egiazarian. Image denoising by sparse 3-D transform-domain collaborative filtering. *IEEE Transactions on Image Processing*, 16(8):2080–2095, August 2007.

[28] N. Dalal, B. Triggs, O. Gradients, D. Cordelia, N. Dalal, and B. Triggs. Histograms of oriented gradients for human detection. In *2005 IEEE Computer Society Conference on Computer Vision and Pattern Recognition (CVPR'05)*, volume 1, pages 886–893, San Diego, jun 2005.

[29] M. Denkowski and A. Lavie. Meteor universal: Language specific translation evaluation for any target language. In *Proceedings of the Ninth Workshop on Statistical Machine Translation*, pages 376–380, 2014.

[30] T. T. Do and N. M. Cheung. Embedding based on function approximation for large scale image search. *IEEE Transactions on Pattern Analysis and Machine Intelligence*, PP(99):1–1, 2017.

[31] C. Dong, C. C. Loy, K. He, and X. Tang. Image super-resolution using deep convolutional networks. *IEEE Transactions on Pattern Analysis and Machine Intelligence*, 38(2):295–307, February 2016.

[32] A. Dosovitskiy, P. Fischer, J. T. Springenberg, M. Riedmiller, and T. Brox. Discriminative unsupervised feature learning with exemplar convolutional neural networks. *IEEE Transactions on Pattern Analysis and Machine Intelligence*, 38(9):1734–1747, 2016.

[33] M. Dubuisson and A. K. Jain. A modified Hausdorff distance for object matching. In *Proceedings of 12th International Conference on Pattern Recognition*, volume 1, pages 566–568, Oct 1994.

[34] D. Eigen, C. Puhrsch, and R. Fergus. Depth map prediction from a single image using a multi-scale deep network. In *Advances in Neural Information Processing Systems*, pages 2366–2374, 2014.

[35] M. Everingham, L. Van Gool, C. K. I. Williams, J. Winn, and A. Zisserman. The Pascal visual object classes (voc) challenge. *International Journal of Computer Vision*, 88(2):303–338, Jun 2010.

[36] S. Farsiu, D. Robinson, M. Elad, and P. Milanfar. Robust shift and add approach to super-resolution. In *SPIE Conference on Applications of Digital Signal and Image Processing*, pages 121–130, 2003.

[37] L. Fei-Fei and P. Perona. A Bayesian hierarchical model for learning natural scene categories. In *2005 IEEE Computer Society Conference on Computer Vision and Pattern Recognition (CVPR)*, volume 2, pages 524–531, San Diego, jun 2005. IEEE.

[38] R. A. Fisher. The use of multiple measurements in taxonomic problems. *Annals of Eugenics*, 7(2):179–188, 1936.

[39] A. Geiger, P. Lenz, and R. Urtasun. Are we ready for autonomous driving? The kitti vision benchmark suite. In *2012 IEEE Conference on Computer Vision and Pattern Recognition*, pages 3354–3361. IEEE, 2012.

[40] R. Girshick, J. Donahue, T. Darrell, and J. Malik. Rich feature hierarchies for accurate object detection and semantic segmentation. In *2014 IEEE Conference on Computer Vision and Pattern Recognition*, pages 580–587, June 2014.

[41] Göttingen Academy of Sciences and Humanities. Papal Charters Project of the Pius-Foundation, 2015.

[42] Y. Goyal, T. Khot, D. Summers-Stay, D. Batra, and D. Parikh. Making the v in vqa matter: Elevating the role of image understanding in visual question answering. In *Proceedings of the IEEE Conference on Computer Vision and Pattern Recognition*, pages 6904–6913, 2017.

[43] X. Han, T. Leung, Y. Jia, R. Sukthankar, and A. C. Berg. Matchnet: Unifying feature and metric learning for patch-based matching. In *Proceedings of the IEEE Conference on Computer Vision and Pattern Recognition*, pages 3279–3286, 2015.

[44] R. Hartley and A. Zisserman. *Multiple View Geometry in Computer Vision*. Cambridge university press, 2003.

[45] A. Hatch and A. Stolcke. Generalized linear kernels for one-versus-all classification: Application to speaker recognition. In *2006 IEEE International Conference on Acoustics Speech and Signal Processing Proceedings*, pages 585–588, Toulouse, may 2006.

[46] K. He, G. Gkioxari, P. Dollár, and R. Girshick. Mask r-cnn. In *2017 IEEE International Conference on Computer Vision (ICCV)*, pages 2980–2988, Oct 2017.

[47] K. He, X. Zhang, S. Ren, and J. Sun. Spatial pyramid pooling in deep convolutional networks for visual recognition. *IEEE Transactions on Pattern Analysis and Machine Intelligence*, 37(9):1904–1916, Sep. 2015.

[48] K. He, X. Chen, S. Xie, Y. Li, P. Dollár, and R. Girshick. Masked autoencoders are scalable vision learners. In *CVPR*, 2022.

[49] K. He, J. Sun, and X. Tang. Guided image filtering. In *11th European Conference on Computer Vision*, pages 1–14, 2010.

[50] K. He, X. Zhang, S. Ren, and J. Sun. Delving deep into rectifiers: Surpassing human-level performance on ImageNet classification. In *2015 IEEE International Conference on Computer Vision (ICCV)*, pages 1026–1034, Santiago, dec 2015.

[51] K. He, X. Zhang, S. Ren, and J. Sun. Deep residual learning for image recognition. In *2016 IEEE Conference on Computer Vision and Pattern Recognition (CVPR)*, pages 770–778, Las Vegas, jun 2016.

[52] S. Hochreiter and J. Schmidhuber. Long short-term memory. *Neural Computation*, 9(8):1735–1780, 1997.

[53] M. Hodosh, P. Young, and J. Hockenmaier. Framing image description as a ranking task: Data, models and evaluation metrics. *Journal of Artificial Intelligence Research*, 47:853–899, 2013.

[54] K. Jarrett, K. Kavukcuoglu, M. Ranzato, and Y. LeCun. What is the best multi-stage architecture for object recognition? In *2009 IEEE 12th International Conference on Computer Vision*, pages 2146–2153, Kyoto, sep 2009.

[55] H. Jégou, M. Douze, and C. Schmid. On the burstiness of visual elements. In *IEEE Conference on Computer Vision and Pattern Recognition Workshops, CVPR Workshops 2009*, pages 1169–1176, Miami, jun 2009.

[56] H. Jégou and C. Ondřej. Negative evidences and co-occurences in image retrieval: The benefit of PCA and whitening. In A. Fitzgibbon, S. Lazebnik, P. Perona, Y. Sato and C. Schmid, editors, *Computer Vision – ECCV 2012: 12th European Conference on Computer Vision, Florence, Italy, October 7–13, 2012, Proceedings, Part II*, pages 774–787. Springer Berlin Heidelberg, October 2012.

[57] H. Jégou, F. Perronnin, M. Douze, J. Sánchez, P. Pérez, and C. Schmid. Aggregating local image descriptors into compact codes. *IEEE Transactions on Pattern Analysis and Machine Intelligence*, 34(9):1704–1716, sep 2012.

[58] J. Johnson, B. Hariharan, L. van der Maaten, L. Fei-Fei, C. L. Zitnick, and R. Girshick. Clevr: A diagnostic dataset for compositional language and elementary visual reasoning. In *Proceedings of the IEEE Conference on Computer Vision and Pattern Recognition*, pages 2901–2910, 2017.

[59] J. Johnson, B. Hariharan, L. van der Maaten, J. Hoffman, L. Fei-Fei, C. L. Zitnick, and R. Girshick. Inferring and executing programs for visual reasoning. In *Proceedings of the IEEE International Conference on Computer Vision*, pages 2989–2998, 2017.

[60] A. Katartzis and M. Petrou. Robust Bayesian estimation and normalized convolution for super-resolution image reconstruction. In *IEEE Conference on Computer Vision and Pattern Recognition*, June 2007.

[61] J. Kim, J. K. Lee, and K. M. Lee. Accurate image super-resolution using very deep convolutional networks. In *The IEEE Conference on Computer Vision and Pattern Recognition*, June 2016.

[62] A. Kirillov, K. He, R. B. Girshick, C. Rother, and P. Dollár. Panoptic segmentation. *CoRR*, arXiv:abs/1801.00868, 2018.

[63] A. Kirillov, E. Mintun, N. Ravi, H. Mao, C. Rolland, L. Gustafson, T. Xiao, S. Whitehead, A. C. Berg, W.-Y. Lo, et al. Segment anything. *arXiv preprint*, arXiv:2304.02643, 2023.

[64] M. Klodt and A. Vedaldi. Supervising the new with the old: Learning sfm from sfm. In *Proceedings of the European Conference on Computer Vision (ECCV)*, pages 698–713, 2018.

[65] A. Krizhevsky, I. Sutskever, and G. E. Hinton. ImageNet classification with deep convolutional neural networks. In *Advances in Neural Information Processing Systems*, volume 25, pages 1097–1105. Curran Associates, Inc., 2012.

[66] H. Lee, A. Battle, R. Raina, and A. Y. Ng. Efficient sparse coding algorithms. In P. B. Schölkopf, J. C. Platt and T. Hoffman, editors, *Advances in Neural Information Processing Systems*, volume 19, pages 801–808. MIT Press, 2007.

[67] C. Li, Z. Gan, Z. Yang, J. Yang, L. Li, L. Wang, J. Gao, et al. Multimodal foundation models: From specialists to general-purpose assistants. *Foundations and Trends® in Computer Graphics and Vision*, 16(1–2):1–214, 2024.

[68] P. Li, X. Lu, and Q. Wang. From dictionary of visual words to subspaces: Locality-constrained affine subspace coding. In *IEEE Conference on Computer Vision and Pattern Recognition (CVPR)*, pages 2348–2357, Boston, jun 2015.

[69] C.-Y. Lin. Rouge: A package for automatic evaluation of summaries. In *Text Summarization Branches Out*, pages 74–81, 2004.

[70] T.-Y. Lin, M. Maire, S. Belongie, J. Hays, P. Perona, D. Ramanan, P. Dollár, and C. L. Zitnick. Microsoft COCO: Common objects in context. In *European Conference on Computer Vision*, pages 740–755. Springer, 2014.

[71] D. Liu, B. Wen, Y. Fan, C. C. Loy, and T. S. Huang. Non-local recurrent network for image restoration. In *Advances in Neural Information Processing Systems*, volume 31, pages 1673–1682, 2018.

[72] W. Liu, D. Anguelov, D. Erhan, C. Szegedy, S. Reed, C.-Y. Fu, and A. C. Berg. Ssd: Single shot multibox detector. In *European Conference on Computer Vision*, pages 21–37. Springer, 2016.

[73] S. Lloyd. Least squares quantization in PCM. *IEEE Transactions on Information Theory*, 28(2):129–137, mar 1982.

[74] J. Long, E. Shelhamer, and T. Darrell. Fully convolutional networks for semantic segmentation. In *Proceedings of the IEEE Conference on Computer Vision and Pattern Recognition*, pages 3431–3440, 2015.

[75] D. G. Lowe. Distinctive image features from scale-invariant keypoints. *International Journal of Computer Vision*, 60(2):91–110, nov 2004.

[76] A. Maier, C. Syben, T. Lasser, and C. Riess. A gentle introduction to deep learning in medical image processing. *Zeitschrift für Medizinische Physik*, 29(2):86–101, 2019.

[77] A. K. Maier, C. Syben, B. Stimpel, T. Würfl, M. Hoffmann, F. Schebesch, W. Fu, L. Mill, L. Kling, and S. Christiansen. Learning with known operators reduces maximum error bounds. *Nature Machine Intelligence*, 1(8):373–380, 2019.

[78] M. Malfait and D. Roose. Wavelet-based image denoising using a Markov random field a priori model. *IEEE Transactions on Image Processing*, 6(4):549–565, April 1997.

[79] T. Mikolov, K. Chen, G. Corrado, and J. Dean. Efficient estimation of word representations in vector space. *arXiv preprint*, arXiv:1301.3781, 2013.

[80] N. Murray, H. Jegou, F. Perronnin, and A. Zisserman. Interferences in match kernels. *IEEE Transactions on Pattern Analysis and Machine Intelligence*, 39(9):1797–1810, oct 2016.

[81] V. Nair and G. E. Hinton. Rectified linear units improve restricted Boltzmann machines. In J. Fürnkranz and T. Joachims, editors, *27th International Conference on Machine Learning*, pages 807–814, Haifa, jun 2010. Omnipress.

[82] H. Niemann. *Klassifikation von Mustern*. Springer-Verlag, 2013.

[83] OpenAI. GPT-4 technical report. 2023, https://arxiv.org/abs/2303.08774.

[84] J. Pang, W. Sun, J. S. J. Ren, C. Yang, and Q. Yan. Cascade residual learning: A two-stage convolutional neural network for stereo matching. In *Proceedings of the IEEE International Conference on Computer Vision*, pages 887–895, 2017.

[85] K. Papineni, S. Roukos, T. Ward, and W.-J. Zhu. Bleu: A method for automatic evaluation of machine translation. In *Proceedings of the 40th Annual Meeting on Association for Computational Linguistics*, pages 311–318. Association for Computational Linguistics, 2002.

[86] F. Perronnin, J. Sánchez, and T. Mensink. Improving the Fisher kernel for large-scale image classification. In K. Daniilidis, P. Maragos and N. Paragios, editors, *Computer Vision - ECCV 2010: 11th European Conference on Computer Vision, Heraklion, Crete, Greece, September 5–11, 2010, Proceedings, Part IV, Lecture Notes in Computer Science*, pages 143–156. Springer, Berlin, Heidelberg, 2010.

[87] P. O. Pinheiro, R. Collobert, and P. Dollar. Learning to segment object candidates. In C. Cortes, N. D. Lawrence, D. D. Lee, M. Sugiyama and R. Garnett, editors, *Advances in Neural Information Processing Systems*, volume 28, pages 1990–1998. Curran Associates, Inc., 2015.

[88] A. Radford, J. W. Kim, C. Hallacy, A. Ramesh, G. Goh, S. Agarwal, G. Sastry, A. Askell, P. Mishkin, J. Clark, et al. Learning transferable visual models from natural language supervision. In *ICML*, 2021.

[89] A. Ramesh, M. Pavlov, G. Goh, S. Gray, C. Voss, A. Radford, M. Chen, and I. Sutskever. Zero-shot text-to-image generation. In *ICML*, 2021.

[90] C. Rashtchian, P. Young, M. Hodosh, and J. Hockenmaier. Collecting image annotations using Amazon's mechanical turk. In *Proceedings of the NAACL HLT 2010 Workshop on Creating Speech and Language Data with Amazon's Mechanical Turk*, pages 139–147. Association for Computational Linguistics, 2010.

[91] A. S. Razavian, H. Azizpour, J. Sullivan, and S. Carlsson. CNN features off-the-shelf: An astounding baseline for recognition. In *2014 IEEE Conference on Computer Vision and Pattern Recognition Workshops*, pages 512–519, June 2014.

[92] J. Redmon, S. Divvala, R. Girshick, and A. Farhadi. You only look once: Unified, real-time object detection. In *Proceedings of the IEEE Conference on Computer Vision and Pattern Recognition*, pages 779–788, 2016.

[93] S. Ren, K. He, R. Girshick, and J. Sun. Faster r-cnn: Towards real-time object detection with region proposal networks. In *Advances in Neural Information Processing Systems*, pages 91–99, 2015.

[94] R. Rombach, A. Blattmann, D. Lorenz, P. Esser, and B. Ommer. High-resolution image synthesis with latent diffusion models, 2021.

[95] O. Ronneberger, P. Fischer, and T. Brox. U-net: Convolutional networks for biomedical image segmentation. In N. Navab, J. Hornegger, W. M. Wells and A. F. Frangi, editors, *Medical Image Computing and Computer-Assisted Intervention – MICCAI 2015*, pages 234–241. Cham, 2015. Springer International Publishing.

[96] O. Russakovsky, J. Deng, H. Su, J. Krause, S. Satheesh, S. Ma, Z. Huang, A. Karpathy, A. Khosla, M. Bernstein, A. C. Berg, and L. Fei-Fei. ImageNet large scale visual recognition challenge. *International Journal of Computer Vision*, 115(3):211–252, 2015.

[97] J. Sánchez and F. Perronnin. High-dimensional signature compression for large-scale image classification. In *IEEE Computer Society Conference on Computer Vision and Pattern Recognition*, pages 1665–1672, Colorado Springs, jun 2011.

[98] J. Sánchez, F. Perronnin, T. Mensink, and J. Verbeek. Image classification with the Fisher vector: Theory and practice. *International Journal of Computer Vision*, 105(3):222–245, jun 2013.

[99] F. Schroff, D. Kalenichenko, and J. Philbin. FaceNet: A unified embedding for face recognition and clustering. In *2015 IEEE Conference on Computer Vision and Pattern Recognition (CVPR)*, pages 815–823, June 2015.

[100] T. R. Shaham, T. Dekel, and T. Michaeli. Learning a generative model from a single natural image. In *IEEE International Conference on Computer Vision*, November 2019.

[101] E. Shelhamer, J. Long, and T. Darrell. Fully convolutional networks for semantic segmentation. *IEEE Transactions on Pattern Analysis and Machine Intelligence*, 39(4):640–651, April 2017.

[102] N. Silberman, D. Hoiem, P. Kohli, and R. Fergus. Indoor segmentation and support inference from rgbd images. In *European Conference on Computer Vision*, pages 746–760. Springer, 2012.

[103] K. Simonyan and A. Zisserman. Very deep convolutional networks for large-scale image recognition. In *International Conference on Learning Representations (ICLR)*, San Diego, may 2015.

[104] J. Sivic and A. Zisserman. Video Google: A text retrieval approach to object matching in videos. In *Ninth IEEE International Conference on Computer Vision (ICCV)*, volume 2, pages 1470–1477, Nice, oct 2003.

[105] N. Srivastava, G. Hinton, A. Krizhevsky, I. Sutskever, and R. Salakhutdinov. Dropout: A simple way to prevent neural networks from overfitting. *Journal of Machine Learning Research*, 15:1929–1958, 2014.

[106] C. Szegedy, W. Liu, Y. Jia, P. Sermanet, S. Reed, D. Anguelov, D. Erhan, V. Vanhoucke, and A. Rabinovich. Going deeper with convolutions. In *Proceedings of the IEEE Conference on Computer Vision and Pattern Recognition*, pages 1–9, 2015.

[107] H. Talebi and P. Milanfar. Global image denoising. *IEEE Transactions on Image Processing*, 23(2):755–768, February 2014.

[108] A. Tekalp, M. Ozkan, and M. Sezan. High-resolution image reconstruction from lower-resolution image sequences and space-varying image restoration. In *International Conference on Acoustics, Speech, and Signal Processing*, pages 169–172, March 1992.

[109] C. Tomasi and R. Manduchi. Bilateral filtering for gray and color images. In *Proceedings of the Sixth International Conference on Computer Vision*, pages 839–846, 1998.

[110] R. Tsai and T. S. Huang. Multiframe image restoration and registration. *Advances in Computer Vision and Image Processing*, 1(2):317–339, 1984.

[111] P. Tschandl, C. Rosendahl, and H. Kittler. The ham10000 dataset, a large collection of multi-source dermatoscopic images of common pigmented skin lesions. *Scientific Data*, 5:180161 EP –, Aug 2018. Data Descriptor.

[112] R. Vedantam, C. L. Zitnick, and D. Parikh. Cider: Consensus-based image description evaluation. In *Proceedings of the IEEE Conference on Computer Vision and Pattern Recognition*, pages 4566–4575, 2015.

[113] O. Vinyals, A. Toshev, S. Bengio, and D. Erhan. Show and tell: A neural image caption generator. In *Proceedings of the IEEE Conference on Computer Vision and Pattern Recognition*, pages 3156–3164, 2015.

[114] J. Wang, J. Yang, K. Yu, F. Lv, T. Huang, and Y. Gong. Locality-constrained linear coding for image classification. In *2010 IEEE Computer Society Conference on Computer Vision and Pattern Recognition (CVPR)*, pages 3360–3367, San Francisco, jun 2010.

[115] C. Wu, S. Yin, W. Qi, X. Wang, Z. Tang, and N. Duan. Visual chatgpt: Talking, drawing and editing with visual foundation models. *arXiv preprint*, arXiv:2303.04671, 2023.

[116] D. Xu, E. Ricci, W. Ouyang, X. Wang, and N. Sebe. Multi-scale continuous crfs as sequential deep networks for monocular depth estimation. In *Proceedings of the IEEE Conference on Computer Vision and Pattern Recognition*, pages 5354–5362, 2017.

[117] K. Xu, J. Ba, R. Kiros, K. Cho, A. Courville, R. Salakhudinov, R. Zemel, and Y. Bengio. Show, attend and tell: Neural image caption generation with visual attention. In *International Conference on Machine Learning*, pages 2048–2057, 2015.

[118] H. Yang, L. Shao, F. Zheng, L. Wang, and Z. Song. Recent advances and trends in visual tracking: A review. *Neurocomputing*, 74(18):3823–3831, 2011.

[119] P. Young, A. Lai, M. Hodosh, and J. Hockenmaier. From image descriptions to visual denotations: New similarity metrics for semantic inference over event descriptions. *Transactions of the Association for Computational Linguistics*, 2:67–78, 2014.

[120] H. Zhang, J. Xue, and K. Dana. Deep TEN: Texture encoding network. In *2017 IEEE Conference on Computer Vision and Pattern Recognition (CVPR)*, pages 2896–2905, July 2017.

[121] K. Zhang, W. Zuo, Y. Chen, D. Meng, and L. Zhang. Beyond a Gaussian denoiser: Residual learning of deep CNN for image denoising. *IEEE Transactions on Image Processing*, 26(7):3142–3155, July 2017.

[122] K. Zhang, W. Zuo, S. Gu, and L. Zhang. Learning deep CNN denoiser prior for image restoration. In *The IEEE Conference on Computer Vision and Pattern Recognition*, pages 2808–2817, July 2017.

[123] T. Zhou, M. Brown, N. Snavely, and D. G. Lowe. Unsupervised learning of depth and ego-motion from video. In *Proceedings of the IEEE Conference on Computer Vision and Pattern Recognition*, pages 1851–1858, 2017.

Wolfram Burgard

18 Robotik

18.1 Einleitung

Aus der Sicht der Künstlichen Intelligenz zeichnen sich Roboter dadurch aus, dass sie physikalische Agenten sind, die in der echten Welt agieren und mit ihr und anderen Agenten einschließlich Menschen interagieren. Eine vereinfachte Sicht ist, dass die Roboter ihre Umgebung über ihre Sensorik wahrnehmen, aufgrund der erhaltenen Daten ihr Modell der Umgebung aktualisieren und anschließend die nächste auszuführende Aktion ermitteln. Dieses vereinfachte Modell ist in Abbildung 18.1 dargestellt. Typischerweise sind Roboter mit einer Vielzahl von Sensoren ausgestattet, beispielsweise mit Kameras, Abstandssensoren auf der Basis von Lasern oder Ultraschall oder mit taktilen Sensoren. Dies sind die sogenannten exterozeptiven Sensoren. Es gibt aber auch interozeptive Sensoren, die beispielsweise die Gelenkwinkel von Armen, Umdrehungen von Rädern (Odometrie) oder die an Fingern oder Gelenken anliegenden Kräfte messen. Entsprechend enthält das Modell nicht nur Daten über die Umgebung sondern ggf. auch über den Roboter selbst. Die Aktionen bestehen typischerweise aus Strömen, mit denen die Motoren betrieben werden. Dadurch bewegt sich der Roboter und kann so beispielsweise Objekte manipulieren oder auch einfach nur navigieren.

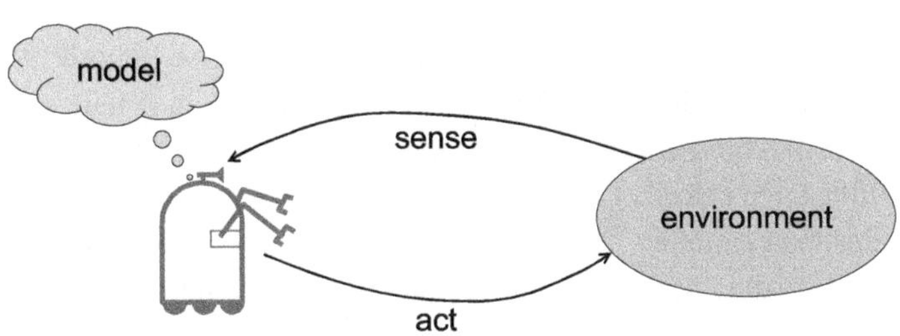

Abb. 18.1: Der Roboter als physikalischer Agent mit seinem Sense-Act-Zyklus.

Aufgrund der Komplexität des gesamten Zyklus wird dieser häufig weiter aufgeteilt und die einzelnen Aufgaben in unterschiedliche Module zerlegt. Dies ist in Abbildung 18.2 exemplarisch dargestellt. In diesem Fall werden die von den Sensoren kommenden Daten zunächst interpretiert. Dabei werden beispielsweise mit neuronalen Netzen (siehe Kapitel 13) oder Techniken der Bildverarbeitung (siehe Kapitel 17) semantische Informationen oder Merkmale aus den Bildern extrahiert. Dies können beispielsweise Menschen, relevante Objekte, oder auch einfach relevante Regionen (wie beispielsweise die Fahrspur im Fall eines selbstfahrenden Autos) sein. Typischerweise verwenden Roboter geometrische Umgebungsmodelle (Karten), die sie direkt auf der Basis

https://doi.org/10.1515/9783111386690-022

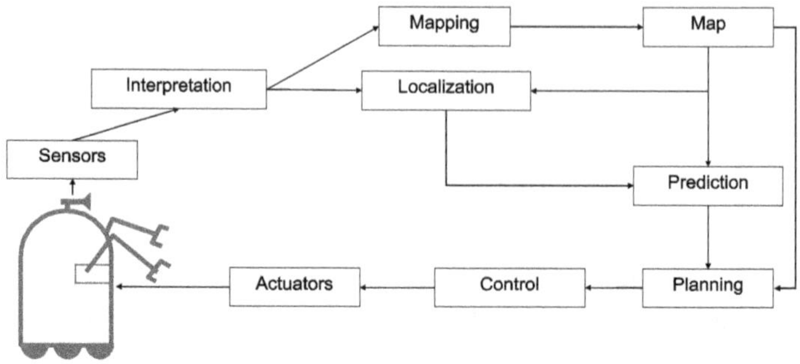

Abb. 18.2: Der Roboter als physikalischer Agent mit seinem Sense-Act-Zyklus.

ihrer Sensordaten oder den daraus gewonnenen Merkmalen erstellen. Diese Modelle können sie beispielsweise dafür verwenden, ihre eigene Position in der Umgebung zu bestimmen (Lokalisierung), Vorhersagen darüber zu treffen, wie sich die Umgebung verändern wird und wie sie sich am besten selbst bewegen (Planung). Der resultierende Plan wird dann von einem sogenannten Controller ausgeführt, indem dieser Befehle über die erforderlichen Ströme an die Hardware sendet.

An dieser Stelle wird hoffentlich bereits klar, dass Roboter vieles benötigen, was bisher in diesem Buch besprochen wurde. Wie bereits erwähnt, verwenden sie tiefe neuronale Netze (Kapitel 13) und Techniken der Bildverarbeitung (Kapitel 17) für die Interpretation der Sensordaten. Darüber hinaus werden Techniken der Suche (Kapitel 2) oder der Planung (Kapitel 3) oder des Verstärkungslernens (Kapitel 12, Abschnitt 12.3.5) benötigt, um die nächste, beste Aktion zu bestimmen. All dies macht die Robotik zu einem äußerst komplexen Gebiet, in dem viele Techniken der Künstlichen Intelligenz gleichzeitig benötigt werden. Darüber hinaus müssen Roboter, die in der realen Welt agieren, insbesondere in der Lage sein ihre Modelle kontinuierlich anzupassen. Dazu benötigen sie Techniken des maschinellen Lernens. Grundsätzlich ist jedes Kapitel dieses Buches relevant, wenn es um die Entwicklung autonomer Roboter in der realen Welt geht.

Im Folgenden werden wir uns einige der in Abbildung 18.2 gezeigten Komponenten anschauen. Dabei werden wir, insbesondere am Anfang, eine probabilistische Modellierung [23] verwenden.

18.2 Grundlegende Konzepte

Die Robotik zeichnet sich, im Gegensatz zu vielen anderen Anwendungs- und Forschungsgebieten der Künstlichen Intelligenz dadurch aus, dass die Aktionen und die Wahrnehmungen des Agenten stets mit Unsicherheit behaftet sind. Robotik muss zwangsläufig mit der Tatsache umgehen, dass es keine perfekten Sensoren und auch keine perfekten Aktoren gibt. Viele Techniken, welche die exakte Kenntnis des Zustands der Umgebung oder des Roboters voraussetzen sind deshalb nicht auf die Robotik übertragbar, ohne dass es zu suboptimalem Verhalten führt. Eine Lösung für dieses Problem begann sich Anfang dieses Jahrhunderts dadurch abzuzeichnen, dass man eine rigorose probabilistische Formulierung vornimmt [23]. Die Grundidee dieses Konzeptes liegt darin, eine Wahrscheinlichkeitsverteilung $P(x_t)$ über den Zustand $x \in X$ aus dem Zustandsraum X des Roboters oder der Umgebung oder beidem gleichzeitig zum Zeitpunkt t zu schätzen. Wenn wir annehmen, dass der Roboter zu jedem Zeitpunkt t eine Aktion u_t ausgeführt und eine Messung z_t erhalten hat, dann wollen wir insgesamt die Wahrscheinlichkeit $P(x_t \mid z_{1...t}, u_{1...t})$ über den Zustand X zum Zeitpunkt t gegeben alle bisherigen Wahrnehmungen $z_{1...t}$ und alle Aktionen $u_{1...t}$ schätzen. Im Folgenden werden wir diese Wahrscheinlichkeit also *Belief* $Bel(x_t)$ bezeichnen, d. h.

$$Bel(x_t) = P(x_t \mid z_{1...t}, u_{1...t}). \tag{18.1}$$

Darüber hinaus nehmen wir an, dass wir über ein sogenanntes *Sensormodell* $p(z \mid x)$ verfügen, welches uns die Wahrscheinlichkeit angibt, dass der Roboter die Messung z erhält, gegeben der Zustand ist x. Weiter nehmen wir an, dass ein sogenanntes *Aktionsmodell*, manchmal auch Transitions- oder Weltmodell genannt (siehe Kapitel 12, Abschnitt 12.3.5), $p(x' \mid x, u)$ gegeben ist. Dieses Aktionsmodell spezifiziert für jedes x', x, und u die Wahrscheinlichkeit, dass die Aktion u, wenn sie in Zustand x ausgeführt wird, uns in Zustand x' führt. Dann können wir, unter Berücksichtigung verschiedener Unabhängigkeitsannahmen, $Bel(x_t)$ folgendermaßen rekursiv ausrechnen:

$$Bel(x_t) = \alpha \cdot p(z_t \mid x_t) \cdot \int_X P(x_t \mid x_{t-1}, u_t) \cdot Bel(x_{t-1})\, dx_{t-1} \tag{18.2}$$

Diese auch als „Recursive Bayes Filtering“ bezeichnete Gleichung stellt eine Verallgemeinerung populärer Filtertechniken, wie beispielsweise dem Kalman Filter [12] dar. Wenn der Roboter eine Aktion u_t ausführt, wenden wir den sogenannten Prädiktions- oder Vorhersageschritt an, und berechnen für jeden Zustand x_t die Wahrscheinlichkeit $\overline{Bel}(x_t)$, indem wir über den Zustandsraum integrieren und die Wahrscheinlichkeit akkumulieren, dass die Aktion u_t das System aus dem Zustand x_{t-1} in den Zustand x_t überführt hat $P(x_t \mid x_{t-1}, u_t) \cdot Bel(x_{t-1})$. Im Korrekturschritt wird der resultierende Wert $\overline{Bel}(x_t)$ dann mit der Wahrscheinlichkeit $p(z_t \mid x_t)$ und dem Normalisierungsfaktor α multipliziert. Letzterer sorgt dafür, dass das Integral über den Zustandsraum X von $Bel(x_t)$ den Wert 1 hat.

Für die praktische Anwendung dieser Recursive-Bayes-Filtering-Gleichung müssen insgesamt drei Aspekte geklärt werden. Zunächst müssen wir wissen, wie wir den probabilistischen Belief $Bel(x_t)$ repräsentieren. Darüber hinaus müssen wir das Aktionsmodell $p(x_t \mid x_{t-1}, u_t)$ und das Sensormodell $p(z_t \mid x_t)$ implementieren.

Wir beginnen mit der Berechnung des Sensormodells $p(z_t \mid x_t)$. Dieser Wert stellt die Wahrscheinlichkeit dar, dass wir die Messung z_t erhalten, gegeben das System ist in Zustand x_t. Im Folgenden fokussieren wir uns auf das Problem der Positionsschätzung für mobile Roboter mithilfe von Abstandssensoren. In diesem Fall, entspricht $p(z_t \mid x_t)$ der Wahrscheinlichkeit, dass wir den Abstand x_t erhalten, gegeben der Roboter befindet sich an der Position x_t. Sei m die Karte der Umgebung und nehmen wir an, dass diese Karte eine geometrische Repräsentation der Hindernisse in der Umgebung darstellt. Wir können diese Karte m nun dazu nutzen, den Abstand zu berechnen, den wir erwarten würden, wenn der Roboter sich an der Position x_t befindet. Dafür projizieren wir den Roboter einfach an die Position x_t und berechnen, wie weit das nächste Hindernis in der Richtung des Sensors entfernt ist. Nehmen wir an, dass diese Distanz $\bar{z}_t$ ist. Dann können wir $p(z_t \mid x_t)$ durch die Wahrscheinlichkeit $p(z_t \mid \bar{z}_t)$ approximieren. Ein sehr einfaches Modell besteht darin, $p(z_t \mid \bar{z}_t)$ durch die Mischung einer Normalverteilung und einer Gleichverteilung zu approximieren

$$p(z_t \mid \bar{z}_t) = \beta(\mathcal{N}(z_t - \bar{z}_t, \sigma_t) + c_t(z_t)), \tag{18.3}$$

wobei β eine Normalisierungskonstante ist, die dafür sorgt, dass das Integral von $p(z_t \mid \bar{z}_t)$ über alle z_t eins ergibt. Der Term σ_t repräsentiert die Messunsicherheit des Sensors und die Funktion $c_t(z_t)$ ist zusätzliche Unsicherheit, die man aufgrund von weiteren möglichen Messfehlern hinzuaddiert. Im einfachsten Fall ist diese Funktion eine Konstante. Sie kann aber auch deutlich komplizierter sein, um sich an die verschiedenen, in der echten Welt auftretenden Fehlerquellen besser zu repräsentieren [23]. Eine populäre Variante der Funktion $p(z_t \mid \bar{z}_t)$ ist in Abbildung 18.3 (links) dargestellt. Es handelt sich hier um eine Mischung aus einer Gaußverteilung, zweier konstanter Funktionen sowie einer Exponentialverteilung.

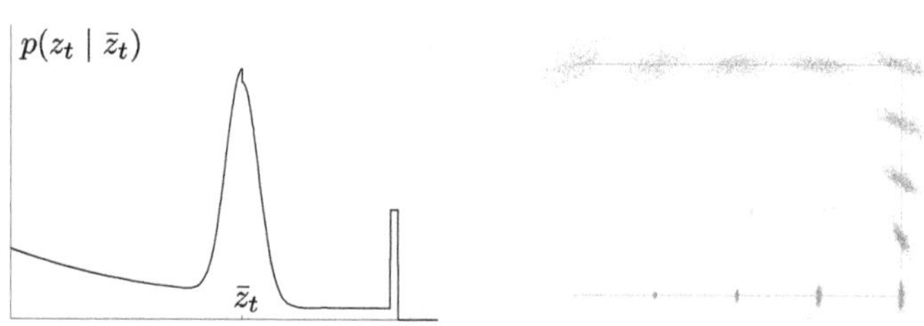

Abb. 18.3: Links: typisches Sensormodell $p(z_t \mid \bar{z}_t)$ für Abstandssensoren bestehend aus einer Mischung einer Exponential-, Gauß- und mehreren Gleichverteilungen. Rechts: Effekt eines typischen Bewegungsmodells $p(x_t \mid x_{t-1}, u_{t-1})$ auf 1.000 Samples, ausgehend von einer bekannten Position (links unten) mit einer Geradeausbewegung einer Rotation, einer weiteren Geradeausbewegung gefolgt von einer weiteren Rotation und schließlich einer dritten Geradeausbewegung [23].

Als Nächstes stellen wir die Implementierung des Aktionsmodells $p(x_t \mid x_{t-1}, u_{t-1})$ vor, welches im Kontext der Positionsschätzung für mobile Roboter auch Bewegungsmodell genannt wird. Wenn wir davon ausgehen, dass sich unser Roboter auf einer Ebene bewegt, lässt sich jede Bewegung u unseres Roboters durch eine initiale Rotation ϕ, eine Translation s und eine finale Rotation ψ repräsentieren. Wenn wir nun für jede dieser Aktionen einen normalverteilten Fehler annehmen, können wir $p(x_t \mid x_{t-1}, u_{t-1})$ durch das Produkt dieser drei Normalverteilungen berechnen. Gleichzeitig können wir aber auch aus $p(x_t \mid x_{t-1}, u_{t-1})$ ziehen, indem wir aus den einzelnen Normalverteilungen Zufallszahlen berechnen. Dadurch können wir mögliche Ergebnisse einer Aktion des Roboters simulieren. Abbildung 18.3 (rechts) zeigt für eine Trajektorie eines Roboters eine Menge typischer Ergebnisse des Ziehens von möglichen Bewegungen aus den individuellen Aktionen des Roboters. Es ist schön, zu sehen, wie sich die Unsicherheit mit zunehmender Wegstrecke zunimmt.

Nun sind wir so weit, Gleichung (18.2) zu implementieren. Hierzu approximieren wir den Term $Bel(x_t)$ durch n Hypothesen, die wir Samples oder Partikel nennen. Jedes Sample besteht aus einem Zustandsvektor x und einem Gewicht w. Wenn wir die Pose eines sich auf einer Ebene bewegenden Roboters schätzen wollen, dann besteht jeder dieser Zustandsvektoren x aus der Position des Roboters in der Ebene plus seiner Orientierung. Wenn die Pose des Roboters zu Beginn unbekannt ist, können wir die Zustandsvektoren der Samples zufällig und aus einer Gleichverteilung ziehend initialisieren. Ist sie hingegen bekannt, initialisieren wir sie einfach mit der bekannten Position. Die Gewichte werden in beiden Fällen mit $1/n$ initialisiert. Wann immer sich der Roboter bewegt, berechnen wir eine neue mögliche Position für jedes Sample durch das Ziehen entsprechend des Aktionsmodells für diesen Zustandsvektor und die gemessene Bewegung oder das Bewegungskommando u_t. Immer, wenn wir eine Messung von unserem Abstandssensor berechnen, aktualisieren wir das Gewicht w dieses Samples, indem wir es mit der Likelihood dieser Messung gegeben den Zustandsvektor multiplizieren, d. h., $w \leftarrow w * p(z_t \mid x)$.

Als letzten Schritt führen wir jetzt die sogenannte Resampling-Operation durch. Dabei ersetzen wir unsere existierenden Samples S durch n neue Samples S', die wir aus S proportional zu den Gewichten ziehen. Um dies zu tun, normalisieren wir zunächst alle Gewichte so, dass deren Summe 1 ergibt. Dann berechnen wir für jedes Sample i sein Intervall $]l_i; r_i]$ mit

$$l_i = \sum_{k=1}^{i-1} w_i \quad \text{und} \quad r_i = \sum_{k=1}^{i} w_i \tag{18.4}$$

Wir starten mit der leeren Menge $S' = \emptyset$ und ziehen dann gleichverteilt n Zufallszahlen aus dem Intervall $]0; 1]$. Für jede dieser Zahlen bestimmen wir das Sample i, in dessen Intervall die Zahl fällt. Dieses Sample fügen wir dann zu S' hinzu. Wenn wir diesen Prozess n-mal wiederholen, erhalten wir n Samples die proportional zu den Gewichten der bisherigen Samples gezogen wurden. Jedes neue Sample erhält das Gewicht $\frac{1}{n}$. Da in diesem Prozess Samples mit einem höheren Gewicht mit größerer Wahrscheinlichkeit gezogen werden, führt dies typischerweise dazu, dass unwahrscheinliche Hypothesen

Abb. 18.4: Schätzung der Position eines mobilen Roboters auf der Basis von Abstandsmessungen mit 24 Ultraschallsensoren und einer gegebenen Karte.

aussterben und nicht weiterverfolgt werden. Die Samples fokussieren sich somit auf die wahrscheinlichsten Zustände und somit auf die einzelnen Maxima unserer Verteilung $Bel(x_t)$.

Abbildung 18.4 zeigt die Anwendung dieses Verfahrens zur Positionsschätzung für einen mobilen Roboter auf der Basis von Ultraschallmessungen unter der Voraussetzung, dass eine Karte seiner Umgebung vorliegt. Der Roboter startet eigentlich in dem Korridor etwa zwischen dem zweiten und dem dritten Türdurchgang und nach links ausgerichtet. Er fährt dann ein Stück nach links, dreht dann um und fährt anschließend nach oben in den zweiten Raum von links. Anfangs weiß der Roboter nicht, wo er sich befindet. Die Hypothesen sind daher uniform über die Umgebung verteilt. Es ist sehr schön zu sehen, wie sich die Samples über die Zeit und mit zunehmender Zahl von Ultraschallmessungen auf die wahrscheinlichste(n) Position(en) fokussieren.

Dieses Verfahren, welches auch Partikel-Filter genannt wird, wurde in der Vergangenheit extrem erfolgreich eingesetzt, um die Position von mobilen Robotern zu schätzen. Es findet auch bei der Entwicklung selbstfahrender Autos eine wichtige Rolle. Die Genauigkeit der Schätzung ist natürlich vom verwendeten Sensor und der gegebenen Karte abhängig. Werden moderne LiDAR-Sensoren zusammen mit HD-Karten eingesetzt, lässt sich eine Genauigkeit im Millimeterbereich erreichen.

18.3 Ausblick

Am Ende dieses Abschnitts wollen wir noch auf neuere Entwicklungen im Kontext der probabilistischen Robotik eingehen. Die Frage der Zustandsschätzung geht in der Robotik schon auf sehr frühe Arbeiten zurück. In diesem Kontext sind beispielsweise die Arbeiten von Smith *et* al. [22] zu nennen. In dieser Arbeit kommt beispielsweise der Extended Kalman Filter [12] zum Einsatz. Ein weiterer Meilenstein in der probabilistischen Robotik sind die Arbeiten von Moravec und Elfes [15], welche die sogenannten Occupancy Grids einführen, um zu schätzen, mit welcher Wahrscheinlichkeit eine Zelle einer Rasterdarstellung der Umgebung durch ein Hindernis belegt ist. Es lässt sich zeigen, dass beide Verfahren Spezialfälle des Recursive Bayes Filtering sind. Ein besonders interessantes Problem, welches mit dem Recursive Bayes Filtering gelöst werden kann, ist das sogenannte Simultaneous Localization and Mapping (SLAM) Problem. Dabei wird nicht nur die Position des Roboters in seiner Umgebung, sondern gleichzeitig auch die Karte geschätzt. Letztere haben wir oben als gegeben angenommen. Wegweisende Arbeiten zur Lösung des SLAM-Problems gehen auf Dissanayake et al. [5] und Leonard und Durrant-Whyte [14] zurück. Eine der ersten Arbeiten über die in diesem Kapitel beschriebene, geometrische und auf Recursive Bayes Filtering basierende Positionsschätzung für Navigationsroboter war die von Burgard et al. [1]. Die auf Partikel-Filtern basierende Implementierung geht auf Dellaert et al. [4] zurück. In den vergangenen Jahren sind aus der probabilistischen Robotik zahlreiche Anwendungen und auch neuartige Lösungen entstanden. Beispielsweise waren die Verfahren für die probabilistische Zustandsschätzung von enormer Bedeutung für die Entwicklung selbstfahrender Autos [24]. Im Bereich SLAM hat es bedeutende Weiterentwicklungen gegeben und zumindest für statische Umgebungen sind aktuelle Verfahren enorm leistungsstark. Beispielsweise kann man in diesem Kontext Techniken wie GMapping [8], iSAM2 [11], g2o [13], ORB-SLAM [16], GTSAM [3] oder LSD-SLAM [6] nennen.

Moderne Techniken setzten auf den probabilistischen Verfahren auf und erweitern diese beispielsweise um Semantik. In diesem Kontext spielen insbesondere Techniken der Generativen KI (siehe auch Kapitel 14) eine wichtige Rolle. Die jüngsten Fortschritte bei großen Sprach- oder Bild-Sprach-Modellen (Large Language Models oder LLMs und Vision Language Models oder VLMs) haben viele Möglichkeiten für Anwendungen in den Bereichen Roboterlokalisierung, Kartierung und Navigation (aber auch Manipulation) eröffnet. Beispielsweise konnte mit der „Open-Vocabulary Scene Representation“ eine neue Technik für die Darstellung von Umgebungskarten entwickelt werden. Der entscheidende Vorteil dieser Darstellung besteht darin, dass sie semantische Informationen enthalten und Menschen somit natürliche Sprache verwenden können, um Roboter über Navigations- oder Manipulationsaufgaben zu instruieren.

Einige der ersten Versuche wie LM-Nav [20] haben traditionelle topologische Navigationsgraphen mit CLIP-Funktionen [18] angereichert, wodurch die Planung von spärlichen räumlichen Zielen mit offenem Vokabular möglich wurde. Neuere Ansätze wie VLMaps [9], ConceptFusion [10] und OpenScene [17] erstellen dichte Voxel- und Punktwolkenkarten von Umgebungen mit offenem Vokabular, wobei jedes Voxel oder Punkt in der Karte mit CLIP-Merkmalen verknüpft ist, was eine verbale Zielspezifikation und die Navigation zu komplexen, räumlichen Zielen wie beispielsweise „zwischen dem Stuhl und dem Sofa“ ermöglicht.

Viele dieser Methoden setzen eine gegebene Karte voraus. Einige neuere Arbeiten konzentrieren sich daher auf die Frage, wie ein Roboter die Umgebung explorieren kann und wie Objektsuche mit offenen Vokabular in unbekannten Umgebungen realisiert werden kann [7, 19]. Darüber hinaus setzen viele Ansätze voraus, dass die Umgebung statisch ist, was typischerweise eine starke Einschränkung darstellt. Die kürzlich veröffentlichte Arbeit über das Khronos-System [2] nähert sich diesem Problem, indem sie ein dynamisches SLAM-System vorstellt, das Merkmale mit offenem Vokabular integrieren kann.

18.4 Schlussbetrachtung

Robotik ist ein komplexes Feld, in dem viele Techniken aus der Künstlichen Intelligenz benötigt werden. Robotik hat in der Künstlichen Intelligenz ein Alleinstellungsmerkmal, weil nur in diesem Gebiet wirklich verkörperte KI-Systeme entwickelt werden, die ihre Umgebung über ihre Sensoren wahrnehmen und mit ihrer Umgebung und mit Menschen robust interagieren können. In diesem Kapitel konnten wir mit den probabilistischen Verfahren nur einen kleinen Teil von von allen hochinteressanten Problemen in der Robotik ansprechen [21]. Wir hoffen aber beim Lesenden das Interesse an diesem faszinierenden Feld geweckt oder verstärkt zu haben, um in Zukunft noch mehr Beiträge und Problemlösungen für die Robotik zu erhalten.

Literaturverzeichnis

[1] W. Burgard, D. Fox, D. Hennig, and T. Schmidt. Estimating the absolute position of a mobile robot using position probability grids. In *Proc. of the National Conf. on Artificial Intelligence (AAAI)*, 1996.

[2] Y. Chang, L. Schmid, M. Abate, and L. Carlone. Khronos: A unified approach for spatio-temporal metric-semantic SLAM in dynamic environments. In *Proc. of the Conf. Robotics: Science and Systems (RSS)*, 2024.

[3] F. Dellaert. Factor graphs and GTSAM: A hands-on introduction. Technical Report GT-RIM-CP&R-2012-002, Georgia Institute of Technology, 2012.

[4] F. Dellaert, D. Fox, W. Burgard, and S. Thrun. Monte Carlo localization for mobile robots. In *Proc. of the IEEE Int. Conf. on Robotics & Automation (ICRA)*, 1998.

[5] G. Dissanayake, H. Durrant-Whyte, and T. Bailey. A computationally efficient solution to the simultaneous localisation and map building (SLAM) problem. In *Proc. of the IEEE Int. Conf. on Robotics & Automation (ICRA)*, 2000.

[6] J. Engel, T. Schöps, and D. Cremers. LSD-SLAM: Large-scale direct monocular SLAM. In *Prof. of the European Conf. on Computer Vision (ECCV)*, 2014.

[7] S. Y. Gadre, M. Wortsman, G. Ilharco, L. Schmidt, and S. Song. Cows on pasture: Baselines and benchmarks for language-driven zero-shot object navigation. In *Proc. of the IEEE/CVF Conf. on Computer Vision and Pattern Recognition*, 2023.

[8] G. Grisetti, C. Stachniss, and W. Burgard. Improved techniques for grid mapping with Rao-Blackwellized particle filters. *IEEE Trans. on Robotics and Automation*, 23(1):34–46, 2007.

[9] C. Huang, O. Mees, A. Zeng, and W. Burgard. Visual language maps for robot navigation. In *Proc. of the IEEE Int. Conf. on Robotics & Automation (ICRA)*, 2023.

[10] K. M. Jatavallabhula, A. Kuwajerwala, Q. Gu, M. Omama, G. Iyer, S. Saryazdi, T. Chen, A. Maalouf, S. Li, N. V. Keetha, A. Tewari, J. Tenenbaum, C. de Melo, M. Krishna, L. Paull, F. Shkurti, and A. Torralba. ConceptFusion: Open-set multimodal 3D mapping. In *Proc. of the Conf. Robotics: Science and Systems (RSS)*, 2023.

[11] M. Kaess, H. Johannsson, R. Roberts, V. Ila, J. Leonard, and F. Dellaert. iSAM2: Incremental smoothing and mapping with fluid relinearization and incremental variable reordering. In *Proc. of the IEEE Int. Conf. on Robotics & Automation (ICRA)*, 2011.

[12] R. E. Kalman. A new approach to linear filtering and prediction problems. *ASME-Journal of Basic Engineering*, 35–45, 1960.

[13] R. Kümmerle, G. Grisetti, H. Strasdat, K. Konolige, and W. Burgard. g2o: A general framework for graph optimization. In *Proc. of the IEEE Int. Conf. on Robotics & Automation (ICRA)*, 2011.

[14] J. J. Leonard and H. F. Durrant-Whyte. Mobile robot localization by tracking geometric beacons. *IEEE Trans. on Robotics and Automation*, 7(4), 1991.

[15] H. P. Moravec and A. E. Elfes. High resolution maps from wide angle sonar. In *Proc. of the IEEE Int. Conf. on Robotics & Automation (ICRA)*, 1985.

[16] R. Mur-Artal, J. M. M. Montiel, and J. D. Tardós. ORB-SLAM: A versatile and accurate monocular slam system. *IEEE Trans. on Robotics and Automation*, 31(5):1147–1163, 2015.

[17] Ss. Peng, K. Genova, C. M. Jiang, A. Tagliasacchi, M. Pollefeys, and T. Funkhouser. OpenScene: 3D scene understanding with open vocabularies. In *Proc. of the IEEE/CVF Conf. on Computer Vision and Pattern Recognition*, 2023.

[18] A. Radford, J. W. Kim, C. Hallacy, A. Ramesh, G. Goh, S. Agarwal, G. Sastry, A. Askell, P. Mishkin, J. Clark, G. Krueger, and I. Sutskever. Learning transferable visual models from natural language supervision. In *Proc. of the Int. Conf. on Machine Learning (ICML)*, 2021.

[19] R. R. Selvaraju, M. Cogswell, A. Das, R. Vedantam, D. Parikh, and D. Batra. Grad-cam: Visual explanations from deep networks via gradient-based localization. *International Journal of Computer Vision*, 2020.

[20] D. Shah, B. Osiński, B. Ichter, and S. Levine. LM-Nav: Robotic navigation with large pre-trained models of language, vision, and action. In *Proc. of the Conf. on Robot Learning (CoRL)*, 2023.

[21] B. Siciliano and O. Khatib. *Springer Handbook of Robotics*. Springer, 2016.

[22] R. Smith, M. Self, and P. Cheeseman. Estimating uncertain spatial relationships in robotics. In I. Cox and G. Wilfong, editors, *Autonomous Robot Vehicles*, pages 167–193. Springer Verlag, 1990.

[23] S. Thrun, W. Burgard, and D. Fox. *Probabilistic Robotics*. MIT Press, 2005.

[24] S. Thrun, M. Montemerlo, H. Dahlkamp, D. Stavens, A. Aron, J. Diebel, P. Fong, J. Gale, M. Halpenny, G. Hoffmann, J. Lau, C. Oakley, M. Palatucci, V. Pratt, O. Stang, S. Strohband, C. Dupont, L.-E. Jendrossek, C. Koelen, and P. Mahoney. Stanley: The robot that won the DARPA grand challenge. *International Journal on Field Robotics*, 23:661–692, 2006.

Franziska Klügl

19 Multiagentensysteme

19.1 Einleitung

„Kein Mensch ist eine Insel“ (John Donne). Das gilt auch für künstlich intelligente Systeme. Bringt man Agenten in einen Zusammenhang – in ein System mit anderen künstlich oder natürlich intelligenten Einheiten – beschäftigt man sich mit Multiagentensystemen. Das zentrale Thema hierbei ist *Interaktion* und wie man diese steuert. Dieses Kapitel bietet einen Überblick darüber, was es bedeutet, ein System aus mehreren Agenten zu entwerfen, zu koordinieren und/oder zu kontrollieren.

19.1.1 Erste Begriffe

Multiagentensysteme – als Manifestation von Verteilter Künstlicher Intelligenz – entstehen, wenn mehrere weitgehend autonome „Agenten“ (Hardware, Software, Menschen) als Elemente eines Gesamtsystems zusammengebracht werden. Ein Agent ist dabei eine Art (mehr oder weniger) intelligente, situierte Einheit, die mittels Sensoren ihre (lokale) Umwelt wahrnimmt und mittels Effektoren ihre (lokale) Umwelt verändern kann. Diesem Konzept eines Agenten begegnet man auch in fast allen Kapiteln dieses Handbuchs. Aktuell rückt das Thema auch durch das neue Schlagwort *agentified AI* oder *agentic AI* in das Zentrum der Aufmerksamkeit [63]. Die Idee dabei ist, dass KI-Systeme, d. h. Agenten, die auf großen modernen Sprachmodellen (LLMs) basieren, so erweitert werden, dass sie Agenteneigenschaften bekommen und damit autonom und proaktiv die Probleme ihrer Anwender adressieren.

Gibt es mehrere Agenten, kommt zur individuellen eine soziale Komponente hinzu. Es reicht nicht, intelligente Agenten einfach ohne Weiteres zusammenzuschalten. Die Entitäten können interagieren, kommunizieren, Information teilen, kooperieren, ihre Aktionen koordinieren oder im Wettbewerb zueinander stehen. Abhängigkeiten und Interferenzen führen dazu, dass Regeln, Protokolle und explizite Koordinationsaktionen geschaffen werden müssen, um das Gesamtsystem kohärent zu gestalten oder zumindest negative Effekte zu minimieren. Dabei werden oft Mechanismen eingesetzt, die von Vorbildern aus menschlichen Gesellschaften inspiriert sind.

„Verteilte Künstliche Intelligenz“ (VKI) ist als Forschungsgebiet seit Anfang der 1980er Jahre ein fester Bestandteil der KI-Forschungslandschaft. Es ist wichtig zu verstehen, dass sich die VKI mit der Interaktion zwischen autonomen Entitäten beschäftigt. Diese verfolgen möglicherweise unterschiedliche Ziele oder wollen eine Sequenz von Aktionen ausführen. VKI beschäftigt sich also nicht mit der Low-Level-Synchronisation von Prozessen oder Wettlaufsituationen („race conditions“). Statt mit Semaphoren operieren Multiagentensysteme mit Verhandlungen.

https://doi.org/10.1515/9783111386690-023

Während in den ersten 20 Jahren die Unterscheidung in „Verteilte Problemlösung" und „Multiagentensystem im engeren Sinne" noch wichtig war (siehe [28] für eine Diskussion), scheint sie heute irrelevant. Agenten müssen auch in Teams, die als solche konzipiert sind, robust in ihrer Entscheidungsfindung sein. Auch wenn alle Agenten kooperativ handeln, können ihre Aktionen dennoch scheitern oder Information unabsichtlich fehlerhaft sein, z. B. durch fehlerhafte Übertragung, Wahrnehmung etc. Auch wenn durchaus ähnliche Methoden verwendet werden, deutet die ursprüngliche Kategorisierung auf unterschiedliche Anwendungstypen:

Verteiltes Problemlösen geht von Kooperativen Agenten aus, die als Gesamtsystem entwickelt werden, um ein gemeinsames Problem zu lösen bzw. ein gemeinsames Ziel zu erreichen. Dieses gemeinsame Ziel wird zu lokalen Zielen der beteiligten Agenten verfeinert. Die grundlegende Herausforderung besteht hierbei im Behandeln von Abhängigkeiten, z. B. wenn die Aktionen eines Agenten A den geplanten Pfad eines anderen Agenten B langfristig blockieren. Dies kann aufgelöst werden, indem A wartet bis B fertig ist und erst dann die blockierende Aktion ausführt. Andere Kategorien von Beispielen sind die Aufgabenallokation oder Informationsaggregation: Bei Ersterem verteilt eine Gruppe von Agenten eine Menge von Aufgaben zwischen den Gruppenmitgliedern, sodass alle Aufgaben ausgeführt, Interferenzen minimiert und die Gesamtperformanz optimiert wird. Wer fährt welches Paket aus? Wer richtet seinen Sensor wohin aus? Informationsaggregation ist ein ebenfalls klassisches Beispiel: Agenten mit unterschiedlichen Daten oder Lernverfahren kommen zu einer gemeinsamen Analyse oder Entscheidung.

Multiagentensysteme im engeren Sinne sind mit offenen Systemen assoziiert, in denen ein Agent einen Auftraggeber hat und diesen mit seinen individuellen Präferenzen repräsentiert. Mit diesem Hintergrund kann der Agent flexibel am Multiagentensystem teilnehmen. Typische Anwendungsgebiete sind z. B. wenn Ressourcen verteilt oder eine gemeinsame Wahl getroffen werden soll. Grundsätzlich muss hier davon ausgegangen werden, dass Agenten nur am eigenen Nutzen interessiert sind, also egoistisch ihre Ziele verfolgen und keine Aktion wählen, die nicht zum individuellen Ziel beiträgt. Die Spieltheorie bietet hier die theoretische Grundlage für die Analyse und die Entwicklung von Algorithmen [71]. Alle Agenten führen ihre Aktionen gleichzeitig aus, z. B. treffen ihre Wahl gleichzeitig; das Ergebnis wird durch die Kombination all dieser Aktionen bestimmt. Wenn jedoch Agenten vollständig egoistisch sind, kann es geschehen, dass das zusammen erzielte Ergebnis für die Gesamtheit der Agenten suboptimal ist. Das Ziel hier ist also, Algorithmen zu schaffen, die die Aktionsmöglichkeiten der Agenten so beschränken, dass sichergestellt ist, dass die bestmögliche Situation für alle Agenten erreicht wird, auch wenn die Agenten für sich das Bestmögliche herausholen wollen.

Die Unterscheidung zwischen Multiagentensystemen, die mit kooperativen Agenten als solches entwickelt wurden, und Multiagentensystemen, bei denen es darum geht, einen Rahmen für egoistische Agenten zu schaffen, ist eigentlich nicht mehr so wichtig. Bei einem verteilten System mit möglichen Kommunikationsfehlern, ungeplanten Ausfällen oder Verzögerungen spielt es oft keine so große Rolle, warum das System auf eigenartiges Agentenverhalten reagieren muss, d. h. ob ein Agent böswillig schaden will oder einfach nur fehlerhaft ist. Die Unterscheidung bestimmt natürlich eine grundlegende Haltung bei der Entwicklung und Analyse eines Multiagentensystems. So gehen z. B. die meisten Methoden des agentenbasierten Software Engineerings von kooperativen Systemen aus.

19.1.2 Warum Multiagentensysteme (heute)?

Obwohl Forschung zu Multiagentensystemen bereits in den 1980ern als explizites Thema etabliert wurde, ist die Aufmerksamkeit, die das Thema „Multiagentensysteme" erfährt, in den letzten Jahren deutlich gestiegen. Grundsätzlich wird das Interesse in Forschung und Entwicklung von Multiagentensystemen durch wachsende Verteiltheit, Automatisierung und Kopplung, Herausforderungen durch Offenheit und omnipräsente Rechenkapazität begründet [81]. Diese Entwicklungen ermöglichen und unterstützen interessante Anwendungen. Über diese grundsätzliche Idee hinaus sind es besondere Foki, die die aktuelle Entwicklung treiben.

S. Bullock et al. [18] diskutieren in ihrer strategischen Roadmap gesellschaftliche Herausforderungen, die sie als *inhärent kollektiv* charakterisieren. Als Beispiele geben sie verschiedene Problemfelder an, die koordinierte Aktivitäten unterschiedlicher (menschlicher und künstlicher) Akteure benötigen – wie z. B. Aktivitäten zum Management von Pandemien, Börsencrashs, Folgen des Klimawandels etc. Solche Herausforderungen erfordern kollektive Intelligenz und damit auch multiagentensystembasierte Ansätze.

Auch die Idee, mehrere LLM-basierte Systeme zusammenarbeiten zu lassen, führt dazu, dass das Thema immer wichtiger wird. Man kann dazu zurzeit in Blogs und Foren einen exponentiellen Anstieg von Aufmerksamkeit beobachten. Einfache Protokolle steuern die Interaktion bzw. geben das Wort von einem Agenten zum nächsten. Echte Multiagentensystemkonzepte ermöglichen, komplexere Systeme zu entwickeln. Eine neue Studie analysiert, warum viele Multiagenten-LLM-Systeme versagen [20]. Die Autoren der Studie stellen eine „Multi-Agenten Systemfehler"-Taxonomie auf. Diese enthält neben klassischen Problemen beim Engineering auch Probleme, die mit einem verbesserten expliziten Multiagentensystemdesign lösbar wären. Ein Beispiel ist hierbei eine Organisationsmodellierung ohne klare Agentenrollen. Interessante Anwendungsgebiete solcher Multiagenten-LLM-Systeme findet man in der Simulation oder im gemeinsamen Lösen von Problemen, z. B. beim gemeinsamen Code-Generieren oder Planen. Ein erster Übersichtsartikel ist [54].

Eine ähnliche Entwicklung kann man in der modernen industriellen Produktion beobachten. Hierbei läuft die Entwicklung auf Multiagentensysteme hinaus, bei denen Menschen und Agenten als gleichberechtigte bzw. ähnlich (sprach-)mächtige Partner teilnehmen. In komplexen industriellen Produktionsanwendungen musste man feststellen, dass eine vollständige Automatisierung auf absehbare Zeit nicht möglich oder gar nicht erwünscht sein wird. Der Roboter führt repetitive, gefährliche und schmutzige Arbeiten aus.[1] Bei Arbeiten, die Kreativität, Flexibilität, fortgeschrittene Hand-Auge-Koordination etc. erfordern, ist das menschliche Teammitglied besser. Multirobotersysteme und optimierungsbasierte Planungssysteme, die die Pfade mehrerer Agenten so planen, dass keine Kollisionen passieren, sind Beispiele für eher traditionelle Multiagentensysteme, in die menschliche Agenten integriert werden können. Kapitel 21 fokussiert auf solche Mensch-Agenten-Teams. Die Integration von Mensch-Roboter-Teams erfolgt auch unter dem Schlagwort Industrie 5.0. Wenn die Interaktion zwischen unterschiedlichen Teammitgliedern koordiniert werden muss, dann sind Multiagentenkonzepte hilfreich. Sie ermöglichen es, Interaktionen auf einer abstrakteren Ebene zu formulieren. Diese Ebene kann für menschliche Interaktionspartner transparenter und auch für Entwickler zugänglicher sein. Nach intensiven Automatisierungsinitiativen in Industrie 4.0 soll die Integration von menschlichen Akteuren und menschzentrierte Entwicklung fokussiert werden, um damit nachhaltigere und resiliente Produktion zu realisieren [77].

Eine weitere Idee, die das Interesse an Multiagentensystemen wachsen lässt, entsteht durch die Notwendigkeit von Datenschutz und Eigentumsrechte an Daten. Wenn Agenten von unterschiedlichen Anbietern mit deren privaten Daten arbeiten und wegen der Komplexität und dem Umfang der zu erledigenden Aufgaben gezwungen sind, miteinander zu kooperieren, dann bieten Multiagentensysteme relevante Konzepte, Algorithmen und Technologien. Mit diesen kann z. B. verteiltes Maschinelles Lernen angewandt werden oder abhängige Planungsprozesse optimiert werden. Die Agenten finden so ein gemeinsames Ergebnis [82, 19].

Insgesamt kann man konstatieren, dass aus verschiedenen Gründen das Interesse an Multiagentensystemen seit wenigen Jahren fast sprunghaft ansteigt. Gerade deshalb ist eine solide Einführung in Multiagentensystemforschung relevant.

19.2 Grundlegende Konzepte

Ein Multiagentensystem besteht in erster Linie aus mehreren Agenten – das können zwei oder tausende sein. Das klingt zu Unrecht banal, denn es ist nicht zielführend, Agenten ohne Weiteres in eine gemeinsame Umwelt zu setzen. Im Folgenden sollen die verschiedenen Elemente eines Multiagentensystems und weitere grundlegende Begriffe diskutiert werden, um zu zeigen, was Multiagentensysteme sind und und warum sie als mehr als nur eine Gruppe von Agenten betrachtet werden müssen.

1 Siehe die „3D“ der Robotik: Roboter sind besonders brauchbar in Anwendungsszenarien, die „dull, dirty, dangerous“ sind.

19.2.1 Elemente eines Multiagentensystems

Herausforderungen entstehen durch Abhängigkeiten und Interaktionen, die explizit behandelt und gestaltet werden müssen – durch Interaktionsprotokolle und Organisationsstrukturen, durch Regeln, Normen oder durch Anwendung spezieller Algorithmen zum Erzeugen gemeinsamer Pläne etc. Solche Ansätze werden meist auf Systemebene, d. h. der Ebene des gesamten Multiagentensystems, betrachtet. Man benötigt aber auch auf der Agentenebene spezielle Architekturen und Verhaltensprogramme, damit die Agenten passend integriert werden können. Abbildung 19.1 gibt einen Überblick über die verschiedenen Elemente, die betrachtet werden müssen.

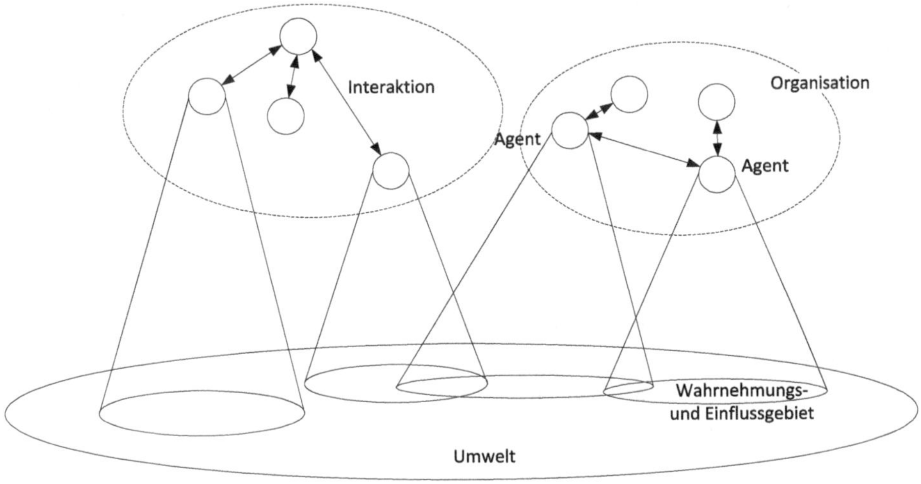

Abb. 19.1: Elemente eines Multiagentensystems im Kontext (nach [81]).

Die Agenten sind in eine Umwelt eingebettet, in der sie eine lokale Wahrnehmung und auch lokale Einflussmöglichkeiten haben. Diese Umwelt muss nicht räumlich sein, sondern kann auch das Internet, ein abstrakter Informationsraum, eine Datenbank oder ein Cloud-Ordner sein. In dieser Umwelt existieren auch andere Agenten. Neben der Interaktion mit ihrer Umwelt, gibt es also auch Interaktionen mit anderen Agenten. Letztere wird durch Organisation strukturiert: Nur Agenten innerhalb einer Gruppe kommunizieren miteinander. In Multiagentenorganisationen werden oft noch weitere Aspekte definiert. Je nach Organisationsmodell werden Rollen, Rechte, Verpflichtungen etc. formuliert. Aus der Sicht eines einzelnen Agenten ist alles, in das er eingebettet ist und mit dem er interagiert, seine individuelle Umwelt. Die Umwelt eines Multiagentensystems als Ganzes ist das, was übrig bleibt, wenn man alle Agenten entfernt. In wirklich komplexen Systemen kann es mehrere Multiagentensysteme in einer Umwelt oder Multiagentensysteme, die aus anderen Multiagentensystemen zusammengesetzt sind, geben.

19.2.2 Unterschiedliche Multiagentensysteme

So wie es viele verschiedene Formen von Gesellschaften und Organisationen gibt, findet man eine Vielfalt von Multiagentensystemen. Es gibt Multirobotersysteme aus Tausenden von Drohnen, die selbstständig zu einer gegebenen Position fliegen, um zusammen ein besonderes Muster am Himmel zu generieren.[2] Die einzelnen Agenten können dabei einer vorgegebenen Trajektorie folgen, ohne mit anderen zu kollidieren. Sie sind also nicht besonders flexibel und intelligent; das Ergebnis ist trotzdem spektakulär. Am anderen Ende der Skala gibt es den einzelnen intelligenten Roboteragenten oder virtuellen Interaktionspartner, der mit „seinem" Menschen intensiv interagiert und so komplexe Probleme löst. Ein Beispiel für ein solches Zwei-Agentensystem aus Mensch und Agent besteht aus einem künstlichen Schlagzeuger, der einen menschlichen Jazzpianisten beobachtet und auf bestimmte Eigenschaften in dessen Spiel reagiert [76]. Auch wenn auf vielen Konferenzen Beiträge über spezielle Fähigkeiten, die für Autonomie einzelner intelligenter Agenten unerlässlich sind, präsentiert werden, soll in diesem Kapitel das „Multi-" betont werden. Relevante Agentenfähigkeiten, z. B. autonomes Planen (siehe Kapitel 3) oder Inferenz (siehe Kapitel 7) werden in anderen Kapiteln vorgestellt.

Schon 1998 haben N. Jennings et al. [47] die folgenden definierenden Eigenschaften identifiziert:

- Jeder Agent besitzt nur eine unvollständige Sicht auf das Gesamtsystem. Jeder Agent hat nur beschränkte Information und begrenzte Problemlösefähigkeiten.
- Es gibt keine zentrale Systemkontrolle.
- Daten werden dezentral gespeichert.
- Berechnungen sind asynchron.

Nicht alle dieser Eigenschaften werden in der Praxis immer realisiert. So gibt es im Bereich der *Computational Social Choice* oft eine zentrale Komponente, die alle Stimmen sammelt und daraus die gemeinsam gewählte Option bestimmt. Auktionen haben einen Auktionator. Ebenso nutzen manche Multiagentenplaner eine zentrale Einheit, die die Pläne der individuellen Agenten einsammelt und jeweils passende Koordinationsaktionen einfügt. Wegen der klassischen Probleme von zentralen Komponenten, wie z. B. beim potentiellen Ausfall der zentralen Komponente, gibt es auch verteilte Varianten, die auf massiver Kommunikation und/oder wechselnder Verantwortung basieren.

Es gibt also keine etablierte Form eines Multiagentensystems, sondern viele verschiedene, mit unterschiedlichen Eigenschaften und Strukturen. Will man nun ein Multiagentensystem näher charakterisieren, kann das entlang verschiedener Dimensionen geschehen. In den Beispielen oben ist es vor allem die *Anzahl der Agenten*. Doch auch andere Dimensionen können sinnvoll sein. Oft sind sie dabei nicht unabhängig vonein-

2 Im Oktober 2024 lag der Guinness Rekord bei 10.000 Drohnen in einer Lichtshow (siehe https://youtu.be/HJxM44npcJo?si=ZPucwr9BdUpB7crL).

ander. Die vielen Drohnen einer Lichtshow sind – wie oben erwähnt – einfach und nicht besonders intelligent. Sie bekommen Position und Farbe für jeden Moment der Show als Ziel explizit vorgegeben. Sie haben daher eine niedrige *Autonomie*. Ein Agent mit hoher Autonomie kann eigenständig entscheiden, ohne auf äußeren Einfluss Rücksicht zu nehmen. *Heterogenität/Homogenität* der Agenten ist eine weitere Kategorie. Die tausende baugleicher Drohnen einer Lichtshow unterscheiden sich nur durch ihre Trajektorie und die Farbe, die sie abstrahlen. Das andere Extrem sind Systeme, wie das in einem der ersten großen Projekte entwickelte ARCHON-System [80]: Jeder Agent ist dabei ein eigenständiges Expertensystem und hochgradig spezialisiert. Agenten können des Weiteren unterschiedlich konfiguriert, unterschiedliche Architekturen oder unterschiedliche Eigentümer/Auftraggeber haben. Agenten mit unterschiedlichen Auftraggebern findet man in offenen Multiagentensystemen; dabei sind meist widerstreitende *konfliktäre Ziele* zu behandeln, da jeder Agent das Anliegen seines Auftraggebers bestmöglich erfüllen will, Kosten anderer Agenten interessieren nicht. Kompatible oder nicht-kompatible Ziele sind essentiell dafür, welche Annahmen ein Agent in der Aktion mit anderen machen kann.

Natürlich spielen auch die Charakteristika der Umwelt [67], wie Zugänglichkeit, Dynamik etc. eine Rolle. Aus der Sicht eines individuellen Agenten ist jedoch eine Welt, in der der Agent mit anderen co-existiert per se nicht vollständig zugänglich. Ebenso ist eine Umwelt mit anderen Agenten immer dynamisch, denn es gibt andere Akteure, die die Welt ändern, während der Agent noch „nachdenkt". Relevant ist zudem, ob für alle Agenten ausreichend Ressourcen in der Umwelt vorhanden sind, oder ob Konflikte über Ressourcen behandelt werden müssen [32].

19.2.3 Weitere Grundlegende Begriffe

Im Folgenden sollen einige, wenige Begriffe erklärt werden, die gerne im Zusammenhang mit Multiagentensystemen verwendet werden [32, 81, 11].

Interaktion passiert, wenn mehrere Agenten in eine dynamische Relation zueinander gebracht werden, indem sie Aktionen durchführen, die einen Bezug zu den jeweils anderen haben. Interaktion entsteht durch eine Sequenz von Aktionen, deren Effekte das zukünftige Verhalten der Agenten beeinflussen. Interaktion kann zwischen Agenten oder zwischen Agenten und ihrer Umwelt geschehen (nach [32]).

Kooperation geschieht durch die Koordination von nicht-antagonistischen Agenten. Alle Teilnehmer der Kooperation gewinnen oder verlieren zusammen. Wooldridge [81] gibt ein illustratives Beispiel: Menschen, die auf einer Wiese verteilt sitzen, stehen auf und laufen zu einem großen, zentralen Baum. Man kann also koordiniertes Verhalten beobachten. Ob dieses durch Kooperation entsteht, hängt davon ab, wie das Verhalten entsteht: Triggert einsetzender Regen das Verhalten, läuft jeder Agent für sich; es spielt keine Rolle, ob die anderen nass werden oder nicht. Soll aber ein Film gedreht werden, bei dem alle Agenten unter dem Baum ankommen, kann man das Szenario als kooperativ bezeichnen. Agenten kooperieren, wenn ihre Fähigkeiten begrenzt sind und/oder der Zugang zu Ressourcen koordiniert werden muss. Eine tiefer gehende Diskussion des Begriffs findet man in [26].

Kollaboration kann als Spezialfall von Kooperation definiert werden, bei denen Agenten dediziert gemeinsame Ziele verfolgen. Das Verhalten im Beispiel oben kann als Kollaboration gesehen werden, wenn alle Agenten explizit ein gemeinsames Ziel verfolgen. Das kann z. B. das Ziel sein, auch ohne Anweisungen durch einen Regisseur gleichzeitig unter dem Baum anzukommen.

Koordination bezeichnet den Zustand, in dem die Aktionen jedes Agenten zu den Aktionen der anderen Agenten passen, sowie den Prozess, diesen koordinierten Zustand zu erreichen. Letztendlich bezieht sich Koordination auf alle Kontrollentscheidungen (bzw. das Ergebnis dieser Entscheidungen) mit denen Abhängigkeiten und Interferenzen behandelt werden: Welcher Agent macht was wann?

Kohärenz ist eine Eigenschaft oder ein Zustand, bei dem das Multiagentensystem wie eine Einheit agiert. Wann dies der Fall ist, wird über Kriterien bestimmt, z. B. Effizienz der Aktivitäten des Multiagentensystems oder Qualität der gefundenen Problemlösung. Kohärenz steht dabei für das gewünschte globale Verhalten. An sich ist die zentrale Frage bei der Entwicklung von Multiagentensystemen: Wie erreicht man globale Kohärenz ohne zentrale Kontrolle?

Emergenz ist ein weiterer Begriff, der oft im Zusammenhang mit Multiagentensystemen fällt. Damit wird das Entstehen von Eigenschaften oder Strukturen auf einer aggregierten Ebene durch die Interaktion von Agenten bezeichnet, die nicht als solche im Agentenverhalten vorbestimmt sind. Der Begriff ist nicht einfach, da emergente Phänomene oft als unerwartet beschrieben werden. Das bedeutet aber meist (noch) nicht verstanden. J. Holland charakterisiert Emergenz schlicht als „das Ganze ist mehr als die Summe seiner Teile“ [40]. Ein Beispiel für ein emergentes Phänomen ist Stau, der durch hohe Verkehrsdichte verursacht wird: Die einzelnen Fahrzeuge fahren in einer Richtung, bremsen und beschleunigen. Der Stau an sich bewegt sich in die entgegengesetzte Richtung.

Sprechakte bzw. Sprechakttheorie [68] bildet die Grundlage für Kommunikation zwischen Agenten. Demnach basieren Agentenkommunikationssprachen auf der Idee, dass eine Nachricht bzw. das Verschicken einer Nachricht eine Aktion ist, mit der ein Agent seine Umwelt ändern will. Agentenkommunikationssprachen – wie z. B. KQML [35] oder ACL (www.fipa.org) definieren einen Satz von solchen Sprechakten. Eine Nachricht soll dabei alle Information beinhalten, die zu ihrer Interpretation notwendig ist: Performative, wie z. B. `propose`, `inform` oder `request`, zeigen die Intention der Nachricht. Der Inhalt wird durch die Angabe der Ontologie und der verwendeten Sprache begleitet, um sicherzustellen, dass der Empfänger den Inhalt versteht. Ein Beispiel für eine Nachricht findet man in Abbildung 19.2.

Im Grunde ermöglicht Kommunikation Koordination und führt so zu mehr Kohärenz. Kommunikation kann direkt über Nachrichten oder indirekt über das Verändern

```
(propose
    :sender     agent1
    :receiver   agent2
    :language   English
    :ontology   transportation
    :content    "Trip from A to B for 20€")
```

Abb. 19.2: Beispiel einer Nachricht in der Agentenkommunikationssprache ACL.

der Umwelt („Stigmergie") geschehen. In Abschnitt 19.3.2 findet man dazu, wie Nachrichten zu standardisierten Protokollen zusammengestellt werden.

19.3 Problemkategorien, Methoden und Algorithmen

Wie oben klar wurde, gibt es nicht die eine Art von Multiagentensystem; es können und müssen ganz unterschiedliche Probleme gelöst werden. Verwendete Methoden und Algorithmen hängen von dem betrachteten Teilaspekt oder der jeweiligen Problemkategorie ab.

19.3.1 Agenten als Teil eines Multiagentensystems: Agentenarchitekturen

Eine Architektur bestimmt die grundsätzlichen Komponenten, den Aufbau des Agenten. Man kann auch in Multiagentensystemen die bekannten Agentenarchitekturkategorien aus [67] finden: Agenten, die einfach auf Informationen von außen reagieren, Agenten, die ihr Verhalten auf ein Ziel hin planen oder Agenten, die ihre Präferenzen für verschiedene Situationen formulieren und damit zwischen unterschiedlichen Alternativen entscheiden können. Aufgrund seiner Situiertheit in einer Umwelt benötigt jeder Agent Bausteine, die Information aus der Umwelt erfassen können (Sensoren, Perzeption) und Komponenten, mit denen er seine Umwelt verändern bzw. mit anderen Agenten kommunizieren kann (Aktoren, Aktion). Neu hinzukommende Informationen müssen in eine bereits existierende interne Repräsentation mit Weltmodell, Zielen etc. integriert werden. Um sinnvoll mit anderen Agenten zusammenarbeiten zu können, muss ein Agent auch Informationen über seine Rolle und Gruppe in einer Organisation oder zu Verpflichtungen, die der Agent gegenüber anderen Agenten eingegangen ist, repräsentieren können.

Die folgenden zwei Architekturformen werden oft verwendet:

1. Die BDI-Architektur, die es dem Agenten erlaubt, flexibel mit unterschiedlichen Zielen umzugehen [81] (S. 65 ff). BDI steht für „Beliefs, Desires, Intentions". Diese Begriffe bezeichnen die Elemente dieser Architektur. „Beliefs" steht für das, was der

Agent über sich und seine Umwelt weiß, „Desires“ sind seine Ziele und „Intentions“ sind die Intentionen, also die konkreten Ziele zu deren Erfüllung sich der Agent verpflichtet hat.[3] Die erste BDI Architektur ist das *Procedural Reasoning System* (PRS) [45]; sie gilt als Ausgangspunkt für alle heute verfügbaren BDI-Architekturen bzw. BDI-Plattformen. Beispiele sind JADEX [62] oder AgentSpeak/Jason [13]. Wegen ihrer intuitiven Wissenskategorien und generellen Zugänglichkeit scheinen BDI Architekturen ein interessanter Ausgangspunkt für die Integration von LLM-basierten Komponenten zu sein, zum Beispiel bei der Repräsentation von Agentenplänen [44] oder zur natürlich-sprachlichen Kommunikation [37].

2. Der zweite agentenspezifische Architekturtyp ist die geschichtete Architektur, die reaktives und geplantes Verhalten auf eine systematische Art und Weise kombiniert. Bei horizontal geschichteten Architekturen werden Module, die eine spontane Reaktion berechnen, gleichzeitig mit Modulen, die langfristiger geplantes Verhalten steuern, aktiviert. Ein weiteres Modul kümmert sich darum, welche der von den einzelnen Schichten vorgeschlagenen Aktionen dann wirklich als Aktion ausgeführt wird (z. B. TouringMachines [33]). Bekannter sind vertikal geschichtete Architekturen, bei denen eine erste Schicht Situationen behandelt, in denen schnell reagiert werden muss. In Standardsituationen wird die Kontrolle nach oben weitergereicht, um den aktuellen Plan weiter auszuführen. Eine dritte Schicht kommt ins Spiel, wenn ein neues Ziel in Verhandlung mit anderen Agenten identifiziert werden muss (z. B. [57]).

Während die Frage nach einer passenden Agentenarchitektur einige Zeit in der Forschung nicht wichtig schien, findet man heute wieder mehr aktuelle Publikationen, insbesondere zur adäquaten Integration von LLM-Komponenten.

19.3.2 Multiagentensystemorganisation

Es ist naheliegend, die Organisation eines Multiagentensystems explizit zu betrachten. Unter Organisation versteht man dabei das Arrangement von Relationen zwischen individuellen Agenten, sodass das System als Ganzes eigene Eigenschaften besitzt, die nicht auf der Ebene der Agenten beschrieben werden können. Nach [51] bietet eine Agentenorganisation einen Rahmen für Aktivitäten und Interaktionen, indem sie Rollen, Relationen und Erwartungen definiert. Erwartungen betreffen dabei z. B. die Ziele, die mit einer Rolle verknüpft sind, die Protokollen an denen Rollen teilnehmen können. Dies wird im Folgenden näher beschrieben.

---

3 In manchen Architekturversionen sind Intentionen so konkret, dass sie direkt mit Plänen verknüpft sind.

Eine systematische Übersicht, wie z. B. in [41] gibt Inspiration, welche Organisationsstrukturen möglich sind. Horling und Lesser diskutieren ausführlich verschiedene Paradigmen, d. h. typische Strukturen mit ihren Eigenschaften und ihrer Entstehung/Formation.

- *Hierarchie*: Agenten sind in einer baumartigen Struktur organisiert. Die Agenten auf den höheren Ebenen haben eine umfassendere Übersicht. Daten fließen von unten nach oben und werden dabei aggregiert, Anweisungen fließen von oben nach unten. Das kann sehr effizient gelöst werden, ist aber unflexibel und kann zu *Single Points of Failure* Risiken führen.
- *Holarchie*: Basiert auf dem Konzept eines Holons – einer Gruppe von Agenten, die als Einheit agiert und als solche wiederum Mitglied eines Holons sein kann.
- *Koalition*: zielgerichteter, kurzlebiger Zusammenschuss von (egoistischen) Individuen; Zusammenarbeit bringt einen Vorteil.
- *Teamstruktur*: Kooperative Agenten arbeiten zusammen, Nützlichkeit des Teams wird maximiert, nicht die der einzelnen Mitglieder.
- *Kongregation*: Agenten mit komplementären Fähigkeiten schließen sich zusammen, um die Bildung zukünftiger Koalitionen oder Teams zu erleichtern. Nicht zielgebundener, längerfristiger Zusammenschluss.
- *Gesellschaft*: inhärent offenes System als langlebiges soziales Konstrukt; Agenten können kommen und gehen, die Gesellschaft bietet eine strukturierte Plattform für flexible Interaktion. Agenten müssen sich, solange sie Mitglied der Gesellschaft sind, an Normen, Konventionen oder soziale Gesetze halten, die in der Gesellschaft gelten.
- *Föderation*: Gruppe von Agenten, die einen Teil ihrer Autonomie aufgeben, um in einer Gruppe zusammenzuarbeiten, in der ein dedizierter Agent als Schnittstelle zu den anderen Gruppen fungiert.
- *Markt*: Zwei Typen von kompetitiven Agenten (Käufer und Verkäufer) verhandeln über die Verteilung von Items, Aufgaben, geteilten Ressourcen etc. z. B. mittels Auktionen oder andere Mechanismen.
- *Matrix Organisation*: Agenten interagieren bzw. beauftragen verschiedene andere Agenten. Alles ist in einer Matrix organisiert. Wie bei Hierarchie sind es meist Kontrollrelationen von Agenten zu Ressourcen/Arbeitern, die von mehreren Auftraggebern kontrolliert werden.
- *Zusammengesetzte Formen*: Kategorie für Architekturen, die aus mehreren Mustern zusammengesetzt sind.

Neuere Arbeiten zu Architekturmustern von Multi-LLM-Systemen sind noch beschränkt.[4] Architekturmuster werden mit Workflows assoziiert [54], z. B. Realisierung durch ein System wie LangGraph (https://www.langchain.com/).

4 Eine überwältigende Zahl an Papieren zu Multi-LLM-Systemen findet sich schon auf Arxiv oder in Blogs, z. B. https://blog.langchain.dev/langgraph-multi-agent-workflows/. Die Qualität ist unklar.

Die Multiagentensystemarchitektur bestimmt also, wer mit wem interagiert bzw. kommuniziert. Auch Kommunikation muss systematisch betrachtet werden. Protokolle sind dazu ein passendes Mittel: Ein Protokoll ist im Grunde ein Interaktionsmuster. Es definiert die Nachrichten, die ein Agent als Reaktion auf seine versendete Nachricht erwarten kann und legt damit die Abfolge von Nachrichten in einem Austausch fest. Agenten nehmen entsprechend ihrer Rolle an Protokollen teil. Sie können sich auch mit anderen Agenten darauf einigen, ein bestimmtes Protokoll zu verwenden. Wichtige Protokolle sind durch die FIPA standardisiert (http://www.fipa.org). Man kann die Menge der Protokolle, an denen ein Agent teilnehmen kann, auch als die Schnittstelle eines Agenten interpretieren. Die explizite Spezifikation von Protokollen ist ein wichtiges Element bei der Entwicklung von Multiagentensystemen; schon früh wurden (erweiterte) UML-Sequenzdiagramme als ideale Repräsentationssprache gesehen [43, 5]. Baldoni et al. [4] verbinden Informationsprotokolle mit Rollen und Zielen des Agenten, um so deren Entwicklung zu unterstützen. Interaktionsorientiertes Programmieren [22] demonstriert, wie Multiagentensysteme auf der Basis von Interaktion und Interaktionsprotokollen entwickelt werden könnten.

Über die Repräsentation von Gruppen, Rollen und Rechten hinaus beinhalten viele Modellierungssprachen für organisationsbasierte Multiagentensysteme Perspektiven für das Ziel der Organisation. Zum Beispiel gibt es in MOISE+ [42] eine funktionelle Sicht, in der globale, d. h. organisationsweite Ziele in Teilziele aufgeteilt werden. Diese werden dann durch einen Modellierer in „Missionen“ gebündelt und mit Rollen assoziiert. Übernimmt ein Agent eine Rolle, steht fest, welche Ziele er erreichen will und mit welchen anderen Agenten er z. B. für den Austausch von Informationen oder zur Koordination von Aktionen interagieren muss. Mit einer expliziten Organisationssicht sind Vorteile verbunden: Das Multiagentensystem ist für den menschlichen Entwickler besser durchschaubar, es erscheint verlässlicher, weil offensichtlich „designed“. Andererseits wird das Potential für strukturelle Anpassung und Resilienz, das in Multiagentensystemen per se steckt, nicht genutzt.

19.3.3 Agentenorientiertes Software Engineering

In den letzten beiden Abschnitten wurde die Architektur von Agenten und von Multiagentensystemen betrachtet, nun stellt sich die Frage, wie entscheidet ein Entwickler, welche Architekturen verwendet werden sollen und welcher Agent wofür entwickelt/verwendet werden kann. Dies wird im Agentenorientierten Software Engineering betrachtet. Ein Entwickler analysiert das Gesamtproblem und entwirft ein Design, das dieses lösen kann.

Den meisten Methoden des Agentenorientierten Software Engineerings ist gemeinsam, dass sie einen systematischen Top-down-Entwicklungsansatz vorschlagen: Ausgehend vom übergeordneten Ziel wird die passende Organisationsstruktur definiert, notwendige Rollen und ihre Eigenschaften identifiziert und Protokolle für die systematische Interaktion zwischen Rollen definiert. So wird eine übergeordnete Sicht auf die Strukturen des Multiagentensystems geschaffen, die mit Agenten und ihren Aktivitäten ausgefüllt wird. Agenten nehmen dabei die Rollen an und erfüllen die ihnen zugewiesenen lokalen Ziele. An sich wird die Organisation zuerst definiert und existiert als Strukturdefinition ohne Agenten. Die verschiedenen Methodologien unterscheiden sich darin, dass sie unterschiedliche Details ausführen und unterschiedliche Notationen verwenden (siehe auch [7]). Einen weiteren Überblick findet man z. B. in [70].

Für reale Anwendungen muss sichergestellt werden, dass das Multiagentensystem das macht, was es machen soll. Zu diesem Zweck wurden Methoden für die Verifikation und *Model Checking* vorgeschlagen. Dabei wird überprüft, ob das implementierte Multiagentensystem die Vorgaben der Organisationsebene erfüllt. Für einen Überblick zu formalen Methoden sei auf [24] oder [12] verwiesen. Nguyen et. al. [59] geben eine Übersicht und einen Rahmen für Testen von Multiagentensystemen auf verschiedenen Ebenen. Debugging, um festzustellen warum ein Agent fehlerhaft agiert, wird zu einer interessanten Frage, wenn das Verhaltensprogramm in einer logik-basierten Sprache formuliert wurde und so das Debugging auch auf einer abstrakteren Ebene geschehen kann, z. B. durch explizite „Warum?"-Fragen [79]. Hindriks [39] bemerkt dazu die Analogie zwischen Debugging und dem Erklären, wie der Agent seine Aktionen auf der Basis von Wahrnehmung und Zielen wählt.

Im Juni 2022 haben Briola et al. [17] eine Initiative ins Leben gerufen, mit der Plattformen, Bibliotheken und realisierte Multiagentensystems gesammelt und in einem Repositorium öffentlich zugänglich gemacht werden sollen, um über solche Offenheit die Forschungsaktivitäten im Agentenorientierten Software Engineering zu unterstützen. Der Titel der Initiative ist „Fantastic Multiagent Systems and where to find them" (https://mas-unige.github.io/fantastic_mass/).

19.3.4 Multiagententeams

Viele reale Probleme haben eine natürliche Verteilung, z. B. wegen der Heterogenität der beteiligten Systeme, wegen räumlicher Verteilung oder weil man hofft, dass durch den Einsatz mehrerer Agenten das Problem schneller oder einfacher gelöst werden kann. Das kann auch passieren, wenn die Datenbasis oder der Kontext, den der Agent betrachten muss, zu groß ist, z. B. in modernen LLM-basierten Anwendungen. Das Gesamtsystem wird entwickelt, um ein Gesamtziel zu erreichen. Das bedeutet, Kooperativität ist eine in das Multiagentensystem eingebaute Eigenschaft. Die Agenten besitzen dabei lokale, individuell zugewiesene Ziele und sind üblicherweise in der Lage, Pläne zu erstellen oder Schlussfolgerungen zu ziehen, um diese erreichen zu können. Im Folgenden werden Methoden und Algorithmen, die bei der Kooperation durch Aufgabenteilen (*Task Sharing*) wichtig sind, kurz dargestellt. Ein alternativer Ansatz zur Kooperation ist das Ergebnisteilen (*Result Sharing*), bei dem die Agenten als mehr oder weniger unabhängige Experten eine gemeinsame Lösung bearbeiten (siehe [81], Kapitel 8). Die Lösung wird dabei oft über eine *Blackboard* geteilt – ein gemeinsamer Datenbereich, der von allen Agenten eingesehen und verändert werden kann – wie eine Wandtafel. Dies wurde ursprünglich für das HEARSAY-II-System vorgeschlagen [31].

19.3.4.1 Aufgabenverteilung

Wenn eine vordefinierte Zuordnung von Zielen – in der Form von Aufgaben – zu Agenten nicht möglich oder nötig ist, gibt es verschiedene Methoden, eine Zuordnung zu finden. Die bekannteste ist das *Contract Net Protokoll* [73]. Es ist einem Ausschreibungsverfahren bei menschlichen Behörden nachempfunden: Ein Agent übernimmt die Rolle eines Managers, der die Aufgaben/Tasks verwaltet. Der Manager schickt einen *Call for Proposals* mit einer Beschreibung des Tasks an eine Gruppe von Agenten. Diejenigen, die Kapazitäten frei haben, evaluieren ihre Fähigkeit, den Task auszuführen und schicken ein Gebot zurück. Der Manager sammelt die Gebote und ordnet dem Agenten mit dem besten Gebot die Aufgabe zu. Es gibt Erweiterungen, die Abhängigkeiten zwischen Aufgaben behandeln, z. B. indem die Rückgabe von Aufgaben gegen Zahlung einer Strafgebühr erlaubt wird.

Eine alternative Behandlung des Allokationsproblems ohne zentralen Manager wurde z. B. von [83] vorgeschlagen. Dabei verhandeln nicht-kooperative Agenten miteinander, wie eine Menge von Aufgaben am besten zwischen den Agenten verteilt werden kann (siehe auch Abschnitt 19.3.5.4).

19.3.4.2 Planen und Koordinieren

Wenn jeder Agent seine lokale Ziele kennt, müssen die Aktivitäten des Agententeams so koordiniert werden, dass das Multiagentensystem als Ganzes so effizient wie möglich arbeitet. Das bedeutet, dass kein Agent einen anderen behindert, indem er bereits von anderen erreichte Teilziele rückgängig macht, kein Agent belegte Ressourcen nicht rechtzeitig freigibt oder Agenten auf einen anderen Agenten warten, wenn es insgesamt effizienter ist, dass der andere Vorfahrt hat. [29] geben eine sehr klare, systematische Einführung in das Multiagentenplanen. Sie unterscheiden verschiedene Algorithmen dadurch, wann Koordinationsaktionen (meist eine Warten-Aktion) in die lokalen Pläne der Agenten eingeführt werden.

– Die Koordination der Agenten geschieht *vor* dem lokalen Planen durch sogenannte *Social Laws*. Auf einer praktischen Ebene zwingen *Social Laws* den Agenten Beschränkungen in ihren Verhaltensoptionen auf, um kritische gemeinsame Zustände zu vermeiden. Ein klassisches Beispiel ist das Rechtsfahrgebot. Fahrzeuge können nicht frei entscheiden, wo sie auf der Straße fahren, sondern sollen auf der rechten Seite der Straße fahren. Koordination ist dann nur in Ausnahmefällen notwendig.

Social Laws wurden schon Anfang der 1990er zur Koordination in Multiagentensystemen vorgeschlagen [36]. Normen – als eine etwas weichere Form sind ein sehr spannendes Thema (für eine Einführung siehe [9]). Aktuelle Forschungsfragen beschäftigen sich damit, wie Normen entstehen, ohne sie explizit zu erzeugen oder wie egoistische Agenten dazu gebracht werden können, sich an Einschränkungen durch Normen zu halten.
Organisationen in Multiagentensystemen (siehe oben) sind oft mit solchen *Social Laws*/Normen verknüpft. Die Organisation (oder hier auch explizit „Institution") kann für ihre Mitglieder deren Zuständigkeiten, Handlungsmöglichkeiten so gestalten, dass keine kritischen Situationen zwischen Agenten entstehen können und die Agenten ungestört ihre Pläne berechnen und ausführen können. Eine Organisationslösung wäre z. B. eine vordefinierte Zuordnung von Agent zum Areal, um das er sich kümmern muss.

– Koordination geschieht, *nachdem* die Agenten ihre lokalen Pläne ohne Berücksichtigung der anderen Agenten erzeugt haben. Das Analysieren und Koordinieren kann durch eine zentrale Instanz geschehen, die in den individuellen Plänen potentiell kritische Situationen identifiziert und entsprechend zusätzliche Constraints, z. B. in Form von Semaphoren einfügt. So passt der Agent in seinen Plan zusätzliche „Aktionen" ein, mit denen er auf die Aktionsausführung eines anderen wartet. Diese Koordination kann auch verteilt geschehen, indem ein Agent nach dem anderen seine Pläne mit den anderen teilt. Die anderen Agenten adaptieren ihre Pläne so, dass keine Konflikte zwischen ihrem lokalen Plan und allen bereits geteilten existieren. Die lokale Adaption ist nicht trivial. Verschiedene Ansätze unterscheiden sich dadurch, welche Technik genau dafür angewendet wird, die verschiedenen Pläne zu synchronisieren. So nutzten z. B. [38] verschiedene Abstraktionsebenen. Zunächst lösen sie das Gesamtproblem auf einer abstrakten Ebene. Dann benutzen sie eine Auktion, um abstrakte Aufgaben Agenten zuzuordnen. Um ihre Gebote zu bestimmen, müssen die Agenten auf einer genaueren Ebene planen. Der Auktionator wählt dann valide Pläne aus den angebotenen aus. Dies wird wiederholt bis alle abstrakten Aufgaben genauer geplant und zugeordnet sind.
– Eine dritte Form ist das Multiagentenplanen. Dabei sucht ein meist zentraler Problemlöser direkt einen gemeinsamen Plan für alle beteiligten Agenten zu erstellen. Dabei werden beim Planen Zustandsänderungen durch Aktionskombinationen betrachtet, in die jeder Agent eine mögliche nächste Aktion oder ein Warten einbringt. Dies wird vor allem beim Multiagentenpfadplanen[5] angewandt (z. B. [74]).
Eine immer noch beachtenswerte Idee ist die Kombination aus Planen, Koordination und Ausführung der Pläne, wie sie im *Partial Global Planing* [27] (oder seiner verallgemeinerten Version, dem *Generalized Partial Global Planing* [25]) ausgeführt

5 Multiagentenpfadplanen ist ein Spezialfall des Multiagentenplanes, bei dem die möglichen Aktionen der Agenten Bewegungen im (physikalischen) Raum darstellen.

wird. Die Grundidee dabei ist, dass die Agenten gleichzeitig abstrahierte Pläne koordinieren, während sie diese abstrakten Pläne auf lokaler Ebene ausführen.

Das Konzept, Aktionen mehrerer Agenten zu Kombinationen zusammenzufassen und diese als einzelne Aktion in einem Suchalgorithmus zu verwenden, wird nicht nur beim Multiagentenplanen verwendet, sondern ist auch die Grundidee beim *Multi-Agent Reinforcement Learning* [1]. Die Gruppe von Agenten, deren Kontrollfunktion gelernt werden soll, führt gleichzeitig eine Kombination von Aktionen aus, die die Umwelt ändern. Die gemeinsame Aktion muss dabei nicht unbedingt individuelle Aktionen von allen Agenten beinhalten; Agenten können auch neutral bleiben, z. B. durch Warten oder nichts tun. All diesen Methoden ist es gemeinsam, dass sie kooperierende Agenten voraussetzen und ggf. die Vorgaben einer zentralen Einheit akzeptieren.

19.3.5 Offene Multiagentensysteme, Konkurrenz

Eine grundsätzlich andere Sichtweise steckt hinter Multiagentensystemen zur verteilten Entscheidungsfindung. Die Idee ist die der „offenen" Multiagentensysteme: Ein Agent repräsentiert einen Nutzer, der seine individuellen Ziele verfolgt. Es gibt keine Kooperation, die in das System hineinprogrammiert wurde. Man muss annehmen, dass Ziele inkompatibel sind, bis hin zum Extrem, dass wenn ein Agent gewinnt, der andere verliert – z. B. bei Auktionsplattformen: Zwei Agenten wollen das Gut, das gerade versteigert wird, so günstig wie möglich ersteigern. Am Ende, kann nur einer von beiden gewinnen. Keiner weiß jedoch, wie viel die anderen Agenten letztendlich bereit sind, zu bieten. Das Ziel bei der Entwicklung von solchen Multiagentensystemen ist es, das für die gesamte Gruppe bestmögliche Ergebnis zu finden. Das würde im Falle der Auktion bedeuten, dass der Agent, der bereit ist, am meisten dafür zu bezahlen, das Gut gewinnen sollte.

Der Entwurf und die Analyse von Protokollen oder Mechanismen, die die Interaktion der Agenten regeln, geschieht im *Mechanism Design* ([65, 71]). Dabei versucht man, einen Mechanismus – also die Regeln der Interaktion und das zugehörige Interaktionsprotokoll – so zu entwerfen, dass er garantiert zum Ziel führen. Das Ziel ist dabei, dass es zu einer Einigung zwischen den egoistischen Agenten kommt, die die für alle beste Lösung darstellt. Kein Agent soll dabei diese Regeln so manipulieren können, dass das Ergebnis nicht mehr für alle das beste ist. Manipulieren bedeutet hier nicht, dass sich der Agent nicht an die Regeln hält, sondern dass er zum Beispiel falsche Eingaben macht, um daraus einen Vorteil zu ziehen. Außerdem soll es für den einzelnen Agenten besser sein, teilzunehmen, als außen vor zu bleiben, d. h. individuell rational sein. Weitere Anforderungen sind unter anderem Verteiltheit (es gibt keinen Agenten, der eine zentrale Stelle einnimmt und so zum Flaschenhals wird), Effizienz und Einfachheit. Die Analyse solcher Mechanismen geschieht auf der Grundlage der Spieltheorie. Shoham und Leyton-Brown [71] geben eine gut verständliche, sehr präzise Darstellung der Grundlagen der Spieltheorie, soweit sie für Multiagentensysteme relevant ist. Im Folgenden soll daher nur kurz die grundlegende Idee der rationalen Agenten erläutert werden.

Man muss sich bewusst machen, was es eigentlich bedeutet, mit rationalen Agenten umzugehen. Rationalität als Eigenschaft eines Agenten bedeutet zunächst, dass der Agent immer diejenige Aktion ausführt, die ihm den maximalen Gewinn/maximale Zielerfüllung erlaubt. Bei einem intelligenten Agenten mit dem Ziel, möglichst viel Geld einzusammeln, bedeutet dies: Der Agent hat beispielsweise die Wahl zwischen Aktion A (Gewinn 10,0 Euro), aber großer Schaden für anderen Agenten oder Aktion B (Gewinn 9,99 Euro), aber weniger Schaden für andere. Ein rationaler Agent wird in diesem Fall immer Aktion A wählen, die mehr Geld bringt und ihn damit näher zu seinem Ziel bringt. Rationalität bedeutet auch, dass Agenten lügen oder Vereinbarungen brechen, falls dies zu ihrem eigentlichen Ziel beiträgt.

Im Folgenden sollen die wichtigsten Forschungsfelder bzw. Szenarien für die Verteilte Entscheidungsfindung kurz angerissen werden.

19.3.5.1 Computational Social Choice

Bei *Computational Social Choice* trifft eine Gruppe aus egoistischen Agenten gemeinsam eine Entscheidung, die für alle bindend ist. Das kann eine Entscheidung für eine „Regierung“, eine gemeinsame Aktivität, eine (faire) Verteilung von Ressourcen, eine gemeinsame Beurteilung oder Ähnliches sein. Gegeben sind dabei eine Menge von Agenten und eine Menge von Optionen, aus denen eine gewählt werden muss. Jeder einzelne Agent hat Präferenzen zu diesen Optionen, die auf unterschiedliche Art und Weise formuliert sein können. Oft verwendet man Präferenzrelationen. Dabei bringt ein Agent alle Optionen in eine Ordnung entsprechend ihres Werts für ihn. Brandt et al. [16] oder Rothe [66] geben eine umfassende Betrachtung des Stands der Forschung in den verschiedenen Teilgebieten, den verschiedenen Mechanismen und speziellen Szenarien, z. B. mit strategischen Teilnehmern, unvollständiger Information etc. Wir wollen hier nur das Grundlegendste betrachten:

Das Abstimmen – *Voting* – ist die Form von *Social Choice*, bei der die Mitglieder einer Gruppe über die Auswahl eines Kandidaten aus einer Menge von möglichen Kandidaten abstimmen. Es gibt eine Reihe von Protokollen, wie z. B. die positionsbasierten Punkteverfahren oder Mehrheitswahlverfahren. Ein Beispiel für das Erstere ist das Borda-Protokoll. Die Agenten informieren über ihre gesamte Präferenzrelation. Der Mechanismus ordnet für jeden Agenten jedem Kandidaten entsprechend seiner Position in der Präferenzrelation Punkte zu: Wenn der Agent drei Kandidaten hat a, b, c und dabei folgende Präferenzrelation besitzt: $b > a > c$, dann erhält Kandidat b 2 Punkte, a 1 Punkt und c geht leer aus. Die Punkte aus allen Präferenzrelationen aller Agenten werden aufsummiert. Der Gewinner ist der Kandidat, der dabei die höchste Gesamtzahl erreicht.

Andere Regeln basieren auf Mehrheiten. Die einfachste Form ist das Mehrheitsprotokoll: Jeder Agent informiert den Mechanismus über den Kandidaten, den er am meisten präferiert. Gewinner ist der Kandidat, für den die meisten Agenten gestimmt haben. Man kann allerdings Situationen mit mehr als zwei Kandidaten konstruieren, bei denen dieser Mechanismus einen Kandidaten wählt, den die meisten Agenten am wenigsten wollen. Andere Protokolle sind schwerer zu berechnen, liefern aber stabilere Ergebnisse, z. B. die *Pairwise Majority*: Man bestimmt für jedes Paar an Optionen dasjenige, das mit einer Mehrheit der Stimmen gewinnen würde. Als Nächstes sucht man die Option, die von der Mehrheit der Agenten gegen jede andere Option gewinnen würde. Das ist der *Condorcet Winner*, der leider nicht immer existiert. Insgesamt gibt es eine Vielzahl von Protokollen, von denen keines perfekt ist, siehe dazu auch das Arrow-Theorem [2, 53].

Alle diese Mechanismen können von Agenten manipuliert werden. In [71] findet sich ein schönes Beispiel, wie ein Mehrheitsprotokoll manipuliert werden kann: Ein Agent kennt die Präferenzrelationen aller anderen Agenten und weiß, dass sein bevorzugter Kandidat keine Mehrheit finden wird. Die Manipulation ist hierbei, dass der strategisch wählende Agent den Mechanismus nicht ehrlich über seine bevorzugte Kandidat(en) informiert, sondern einen anderen, und so den eigentlichen Gewinner der Abstimmung verhindert. Die Agenten haben einen Anreiz über mögliche Präferenzrelationen der anderen Agenten zu spekulieren, um die Abstimmung zu ihren Gunsten zu manipulieren. Derartiges Spekulieren und Manipulieren will man durch einen guten Mechanismus verhindern: Es gibt Abstimmungsverfahren – z. B. den Vickrey-Clarke-Groves Mechanismus [71] – bei denen es für die Agenten am besten ist, ehrlich zu sein, d. h. immer ihre wirklich bevorzugte Option als solche zu benennen: Die Präferenzen werden dabei als Zahlen ausgedrückt, je höher, desto intensiver will der Agent, dass die Gemeinschaft eine bestimmte Option wählt. Der Mechanismus ermittelt dann nicht nur die Option mit der höchsten Bewertungssumme als Gewinner, sondern bestimmt auch eine Art Steuer, die jeder Agent zahlen muss. Die individuelle Höhe der Steuer richtet sich danach, wie viel Einfluss der Agent auf das Ergebnis hatte. Die einzig sinnvolle Strategie für einen Agenten ist dabei, ehrlich zu sein. Würde er einen höheren Wert angeben, als der Kandidat für ihn wirklich wert ist, würde er mehr Steuern zahlen als eigentlich notwendig. Würde er zu wenig angeben, um Steuern zu sparen, würde er riskieren, dass etwas anderes gewählt würde.

19.3.5.2 Auktionen

Ebenso wie bei der *Social Choice* orientieren sich auch Auktionen meist an Vorbildern aus der menschlichen Gesellschaft. Das Ziel ist bei Auktionen, eine Ressource oder ein Gut demjenigen Agenten zuzuordnen, für den dieses am wichtigsten ist bzw. der bereit ist, am meisten dafür zu bezahlen. Das Ziel des Auktionsteilnehmers ist dabei, die Ressource für so geringe Kosten wie möglich zu erhalten. Im Endeffekt ist auch das Herzstück des oben beschriebenen *Contract-Net*-Protokolls eine Auktion um einen Auftrag.

Elemente jeder Auktion sind dabei das Berechnen und Abgeben von Geboten durch Teilnehmer, das Auswählen eines Gebots durch einen Auktionator und das Festlegen/Zahlen eines Preises. Auch bei Auktionen gibt es diverse Varianten, die sich durch Folgendes unterscheiden: 1) ob die Gebote verdeckt oder offen abgegeben werden, 2) ob alle Gebote gleichzeitig abgegeben werden oder iterativ, oder 3) welcher Preis gezahlt werden muss. Für die Analyse einer Auktion ist noch dazu wichtig, wie das Auktionsgut bewertet wird: Ob nur die persönliche Wertschätzung der Agenten relevant ist oder ob die Auktion benutzt wird, um den Wert zu bestimmen. Ein Beispiel für Ersteres findet man bei der Auktion eines Werkzeugs oder einer Aufgabe; Beispiele für Letzteres sind z. B. Kunstauktionen, deren Wert erst am Ende der Auktion feststeht. Weiterführende Information zu Auktionen für Multiagentensysteme findet man in [61, 60] oder [53]. Bekannte Formen von Auktionen sind folgende:

- Bei der *Englischen Auktion* erhöht ein Auktionator das aktuelle Gebot auf Zuruf, bis kein Bieteragent ein höheres Gebot mehr einreicht. Die dominante Strategie für einen Bieter ist hierbei, das letzte Gebot um eine kleine Summe zu erhöhen. Das Protokoll ist nicht robust gegen eine versteckte Koalition der Bieter. Der Auktionator kann ebenfalls den Mechanismus betrügen, indem er Preistreiber unter den Bietern versteckt.
- Eine Variante ist die *Japanische Auktion* bei der zunächst alle Bieteragenten dabei sind, der Auktionator erhöht selbst das Gebot in gleichen Schritten; Agenten, die nicht mehr mitbieten wollen, verlassen die Auktion. Die Auktion endet, wenn nur noch ein Agent dabei ist. Die Japanische Auktion ist einfacher zu analysieren, da es keine Sprünge in den Geboten geben kann und die Bieter klar signalisieren, ob sie noch teilnehmen oder nicht.
- Einfache verdeckte Auktionen (*sealed bid, first price*) sind nicht iterativ. Jeder Bieter reicht ein verdecktes Gebot ein. Der Auktionator wählt das höchste Gebot aus, der Bieter zahlt den Preis seines Gebots. Ein Bieteragent hat einen Anreiz, über die Gebote der anderen Agenten zu spekulieren, um den geringsten Preis herauszufinden, für den er das versteigerte Gut erhalten kann. Wegen der verdeckten Gebote sind Koalitionen zwischen Bietern weniger attraktiv, da Übereinkünfte durch die versteckten Gebote einfach gebrochen werden können. Die *Holländische Auktion* ist äquivalent zur *„sealed bid, first price“*-Auktion. Dabei verringert der Auktionator den Preis schrittweise, bis der erste Agent den aktuellen Preis akzeptiert. Der Preis, zu dem andere Agenten das Gut ersteigert hätten, bleibt verborgen.

Die wichtigste Form der Auktion bei Multiagentensystemen ist allerdings keine der obigen, sondern die *Vickrey-Auktion* (sealed bid, second price). Alle Bieteragenten geben ein verdecktes Gebot ab. Der Agent mit dem höchsten Gebot erhält das Gut, muss aber nur den Preis des zweithöchsten Gebots zahlen. Dadurch, dass die Höhe des zu zahlenden Preises vom eigentlichen Gewinnen entkoppelt ist, ist die dominante Strategie für einen Agenten, das zu bieten, was er eigentlich dafür zahlen würde. Ein Agent hat keine Motivation beim Gebot zu spekulieren: Ist sein Gebot niedriger als das, was er eigentlich zahlen würde, läuft er Gefahr, dass ein anderer Agent mehr bietet und der andere gewinnt. Würde der Agent mehr bieten, als er eigentlich will, könnte es sein, dass sein Gebot knapp unterboten wird und er letztendlich mehr zahlt, als er eigentlich wollte. Vickrey-Auktionen findet man in realen Gesellschaften eher nicht. Dies liegt vor allem daran, dass die Bieter dem Auktionator vertrauen müssen. Der gewinnende Bieter kennt die Höhe des zweithöchsten Gebots nicht. Der Auktionator könnte irgendeinen Preis knapp unter dem Höchstgebot aufrufen. Es gibt jedoch ein prominentes Beispiel: Es ist nicht ganz offensichtlich, aber wenn man eBay mit Bieteragenten nutzt, wendet man das Vickrey-Protokoll an: Der Bieter mit dem höchsten Gebot bekommt das Gut und zahlt den Preis, bei dem der zweithöchste Bieter aufgegeben hat (plus einer kleinen Gebühr, um ihn zu überbieten).

Kompliziert wird die Anwendung von Auktionen, wenn der Wert der Güter, die isoliert von einander versteigert werden, davon abhängt, was der Agent zuvor bereits gewonnen hat oder in Zukunft ersteigern könnte. Das Kombinieren zu Bündeln vor der Auktion macht keinen Sinn, wenn die verschiedenen Agenten verschiedene Bündel präferieren. Eine Idee ist es, bei der Berechnung des Gebots für ein Gut vorausschauend zu berücksichtigen, wie sich das Gewinnen des ersten Guts auf das Gewinnen der späteren Auktion(en) auswirkt und zukünftige Ersparnisse vorwegzunehmen. Diese Berechnungen sind nicht einfach und funktionieren auch nur, wenn der Agent sehr viel über seine Mitbieter weiß. Eine alternative Lösung sind *Combinatorial Auctions* [23]; dabei werden viele Güter gleichzeitig versteigert. Die Agenten können auf Bündel bieten. Auch hier gibt es unterschiedliche Formen, ebenso wie unterschiedliche Sprachen, um Gebote und Präferenzen zu formulieren, z. B. [14]. Manche Algorithmen verlangen, dass die Agenten für *jede* Kombination von Gütern ein Gebot einreichen. Wer welche Kombinationen von Gütern bekommt, d. h. die Allokation von Bündeln zu Agenten, ist NP-schwer [8]. Die Berechnung der besten Zuordnung von Bündeln auf Bieteragenten ist ein Optimierungsproblem.

19.3.5.3 Bildung von Koalitionen

Die Bildung von Koalitionen ist ein weiteres Szenario der Verteilten Entscheidungsfindung. Rationale Agenten schließen sich zu einer Gruppe zusammen, da sie durch die gemeinsame Problemlösung einen Vorteil erhalten. Eine Liste von Beispielen findet man in [71]. Ein Beispiel ist eine Gruppe von Gemeinden, die gemeinsam einen Flughafen bauen könnten, der größer und effizienter ist, als wenn jede Gemeinde den eigenen Flughafen bauen würde. Wer beteiligt sich nun an dem gemeinsamen Flughafen, wer baut alleine bzw. wer baut mit wem? Eine vollständige Einteilung der Agenten in Gruppen nennt man auch Koalitionsstruktur. Die *Grand Coalition* – die große Koalition – ist die Koalitionsstruktur, bei der alle Agenten in einer Koalition zusammenarbeiten.

Für egoistische Agenten ist die Frage, wie der Gewinn aus der Koalition unter den Mitgliedern verteilt wird, entscheidend dafür, ob sie an einer Koalition teilnehmen wollen oder nicht. Die Berechnung des möglichen Gewinns aus einer Kooperation kann aufwendig sein, ist aber grundlegend für die Bestimmung der Koalitionsstruktur. Diese Berechnungen will man bei der Suche nach der optimalen Koalitionsstruktur für möglichst wenige Kandidaten von Koalitionen durchführen [64].

Für die Verteilung des Gewinns gibt es verschiedene Bedingungen, die die Stabilität einer Koalition beeinflussen: Der Gewinn muss so verteilt werden, dass keine Subgruppe eine Motivation hat, aus der Koalition auszubrechen. Dazu gibt es verschiedene Vorschläge. Ein Beispiel für ein solches Verteilungsschema ist die Verwendung des Shapley-Werts. Er bietet eine „faire" Verteilung des Koalitionsgewinns: Jeder Agent erhält die Summe, die seinem tatsächlichen Beitrag für die Koalition entspricht. Je mehr der Agent beiträgt, desto mehr erhält er. Weitere Bedingungen für eine gute Gewinnverteilung sind, dass Agenten, die austauschbar sind und Gleiches beitragen, auch gleich viel aus dem Koalitionsgewinn erhalten oder dass sogenannte „Dummy"-Agenten, deren Beitrag den Gesamtnutzen der Koalition nicht steigert, genau so viel erhalten, wie sie erhalten würden, wenn sie alleine arbeiten würden. Eine dritte Bedingung betrifft die Additivität der Bewertungsfunktion. Mit dem Shapley-Wert wird der gesamte Gewinn verteilt. Durch diese Bedingungen wird der Shapley-Wert eindeutig bestimmt und er ist auch der einzige, der alle Bedingungen erfüllt. Der Shapley-Wert für einen Agenten a berechnet sich aus dem Gewinn der Koalition mit und ohne den Agenten a. Zusätzlich wird der Effekt von unterschiedlichen Reihenfolgen, mit denen Agenten zur Koalition hinzugefügt werden, herausgerechnet. Der Beitrag eines Agenten kann davon abhängen, welche Agenten bereits in der Gruppe sind, wenn der Agent hinzugefügt wird. Man benötigt also sehr viel Information. Mehr zum Thema kann man in [30] oder [64] lesen.

19.3.5.4 Verhandlungen

Bei Verhandlungen machen Agenten abwechselnd oder gleichzeitig Vorschläge zum Verhandlungsgegenstand. Das kann z. B. die Aufteilung einer Ressource betreffen; dann spricht man auch von *Bargaining*. Der Vorschlag des jeweils anderen Agenten wird akzeptiert oder abgelehnt. Kommt keine Einigung zustande, tritt die sogenannte *Fallback*-Lösung ein.

Ein generelles Verhandlungsprotokoll ist das monotone Zugeständnisprotokoll (*Monotonic Concession Protocol*) [83]. Die Agenten verhandeln grundsätzlich nur über mögliche *Deals*, also mögliche Verhandlungsergebnisse, die für beide Agenten individuell rational und pareto-effizient sind. Individuell rational bedeutet hier, dass der Agent einen Vorteil im Vergleich zur *Fallback*-Lösung hat. Pareto-effizent bedeutet, dass kein Deal existiert, bei dem ein Agent besser, aber kein anderer schlechter gestellt wird. Das monotone Zugeständnisprotokoll geht nun wie folgt vor: Die Agenten beginnen damit, den für sie jeweils besten Deal aus der Menge der zulässigen vorzuschlagen, z. B. dass der Agent selbst den ganzen Kuchen bekommt. In der nächsten Runde ändert derjenige

Agent seinen Vorschlag, der beim Rückfall auf die ursprüngliche Verteilung mehr verlieren würde. Dieser Agent schlägt einen neuen Deal vor, der für ihn ein Zugeständnis bedeutet. Dies wird wiederholt, bis ein Agent den Vorschlag des anderen besser oder zumindest gleich gut wie den eigenen findet. Falls gar kein Zugeständnis möglich ist, dann wird die *Fallback*-Lösung realisiert. Mehr Information findet man in [81] oder [46].

Seit einigen Jahren – nicht nur im Bereich E-Commerce – gibt es Agenten, die nicht nur untereinander, sondern mit Menschen verhandeln oder zumindest mit menschlichen Strategien, siehe [3]. Dabei spielen weitere Themengebiete der Künstlichen Intelligenz eine Rolle: Modellierung von Vertrauen und Argumentationssysteme. Diese Themen werden auch auf Multiagentensystemkonferenzen diskutiert, sind aber nicht darauf beschränkt, siehe z. B. [55]; erste Diskussionen zur Integration mit LLMs findet man z. B. in [34].

19.4 Ausblick

19.4.1 Ein weites Feld

In diesem Kapitel wurden sehr viele Themengebiete viel zu kurz angerissen. Multiagentensysteme sind ein weites Feld. Es gibt noch viele weitere Themen, die fast vollständig ignoriert wurden, obwohl sie spannende Entwicklungen vorweisen können. Manche von den folgenden Themen werden in anderen Kapiteln erwähnt, andere sind leider vollständig außen vor.

- Schwarmintelligenz: Durch natürliche Schwärme inspiriert, bilden viele homogene Agenten einen Schwarm, der sich z. B. als Formation bewegt. Roboterschwärme oder Drohnenschwärme sind nicht nur für militärische Anwendungen interessant. Mögliche Ausgangspunkte für eine Recherche sind [15, 21, 75].
- Beim Multiagentenlernen oder mehr spezifisch Multiagentenverstärkungslernen (*Multi-Agent Reinforcement Learning*) lernt eine Gruppe von Agenten eine gemeinsame Kontrollfunktion in einer gemeinsamen Umwelt (siehe [1]).
- Bei agentenbasierter Simulation oder Multiagentensimulation wird ein simuliertes Multiagentensystem in einer ebenfalls simulierten Umwelt analysiert [10, 50]. Agentenbasierte Simulation wird manchmal als eine „Killeranwendung“ für Multiagentensysteme bezeichnet. Im Bereich der Sozialwissenschaften kann man beobachten, dass Agentenbasierte Simulation mittlerweile der vorherrschende Ansatz bei Mikrosimulation ist.
- Argumentationssysteme ermöglichen es mehreren Agenten, Argumente für bzw. gegeneinander aufzustellen, und so in einer Menge von widersprüchlichen Aussagen, eine Position zu identifizieren. Die Spannweite von Forschung in diesem Bereich reicht von abstrakten Argumentationssystemen [78] zu Arbeiten zu unterschiedlichen Interpretationen von Zustimmung in [48]. Argumentationssysteme

können auch als Teilbereich von Nicht-Monotonem Schließen aufgefasst werden und werden auch in Kapitel 8 behandelt.
- Forschung zu ethischen Multiagentensystemen ist essentiell für soziotechnische Systeme ([58]). Viele Forschende im Bereich der Multiagentensysteme haben sich Fragestellungen zugewandt wie Fairness in Interaktionen (z. B. [56]), Vertrauen in hybriden Multiagentensystemen, z. B. Mensch-Agent Teams. Der Übergang zu anderen Kapiteln, wie z. B. Kapitel 21 und 23 in diesem Buch, ist fließend.

19.4.2 Multiagentensysteme in der Anwendung?

Man verspricht sich von der Modellierung als Multiagentensystem anstelle einer zentralisierten Lösung folgende Vorteile:
- Geringe Berechnungskomplexität, bessere Skalierung
- Robustheit beim Behandeln von Ausfällen
- Unterstützung von Modularisierung, einfachere Entwicklung
- Hohe Reaktivität, geringe Antwortzeiten
- Hohe Veränderbarkeit der Strukturen
- Finden (fast) optimaler Lösungen
- Kommunikationseffizienz durch lokales Verarbeiten von Rohdaten

Man kann Multiagentensysteme als ein, wenn nicht das aktuelles Zukunfsthema in der Künstlichen Intelligenz sehen. Ende 2024 stellte Open.AI eine neue Multiagentensystemplattform „Swarm“[6] vor. CrewAI[7] bewirbt Multiagentensysteme auf der Basis von großen Sprachmodellen, LLM („Large Language Models“). „Agentic“ AI macht aus LLMs autonome, proaktive Agenten, die einen Produktivitätsboost versprechen, da sie auf einer neuen Ebene Aufgaben für ihren menschlichen Auftraggeber erledigen können. Mit neuen Möglichkeiten, Kommunikation zwischen Agenten bzw. Agenten und Menschen zu realisieren, kommt eine ganze Welt von neuen Anwendungsideen.

Auch ohne den (beginnenden) Hype zu Multi-LLM-Systemen, gibt es unzählige Anwendungsgebiete. Besonders prominent sind Anwendungen, bei denen Agenten im Raum verteilt miteinander kooperieren; diese reichen z. B. von *Ambient Intelligence* [72, 69] zu Verkehrsmanagement [6] oder modernen Fabriken [52]. Multiagentensysteme können eine wichtige Rolle bei der Koordination von massiv verteilten Systeme, wie z. B. modernen Energieversorgung und Elektrizitätsmärkten spielen. Eine vollständige Liste von Anwendungsgebieten zu erstellen, ist nicht mehr möglich; schon 2004 konnte ein Review über Anwendungen von Softwareagenten nicht mehr vollständig sein [49]. Seit mehr als 20 Jahren gibt es eine jährliche Konferenz zu praktischen Anwendungen

---

6 https://github.com/openai/swarm

7 https://www.crewai.com/

von Agenten und Multiagentensystemen. Im Jahr 2025 fand die 23. Edition statt (https://www.paams.net).

Literaturverzeichnis

[1] S. V. Albrecht, F. Christianos, and L. Schäfer. *Multi-Agent Reinforcement Learning: Foundations and Modern Approaches*. MIT Press, 2024.

[2] K. J. Arrow. *Social Choice and Individual Values*. Yale University Press, 2nd edition (1963), 1951.

[3] T. Baarslag, M. Kaisers, E. H. Gerding, C. M. Jonker, and J. Gratch. When will negotiation agents be able to represent us? The challenges and opportunities for autonomous negotiators. In *Proc. of the 26th Int. Joint Conference on Artificial Intelligence (IJCAI)*, pages 4684–4690. AAAI Press, 2017.

[4] M. Baldoni, S. H. Christie V, M. P. Singh, and A. K. Chopra. Orpheus: Engineering multiagent systems via communicating agents. *Proceedings of the AAAI Conference on Artificial Intelligence*, 39(22):23135–23143, Apr. 2025.

[5] B. Bauer and J. Odell. UML 2.0 and agents: how to build agent-based systems with the new uml standard. *Engineering Applications of Artificial Intelligence*, 18(2):141–157, 2005.

[6] A. L. C. Bazzan and F. Klügl. A review on agent-based technology for traffic and transportation. *Knowledge Engineering Review*, 29(3):375–403, 2014.

[7] F. Bergenti, M.-P. Gleizes and F. Zambonelli, editors. *Methodologies and Software Engineering for Agent Systems*. Springer, New York, NY, 2004.

[8] M. Bichler. Combinatorial auctions: Complexity and algorithms. In *Wiley Encyclopedia of Operations Research and Management Science*. John Wiley & Sons, 2011.

[9] G. Boella, L. van der Torre, and H. Verhagen. Introduction to normative multiagent systems. *Computational and Mathematical Organization Theory*, 12:71–79, 2006.

[10] E. Bonabeau. Agent-based modeling: Methods and techniques for simulating human systems. *Proceedings of the National Academy of Sciences*, 99(suppl_3):7280–7287, 2002.

[11] A. Bond and L. Gasser, editors. *Readings in Distributed Artificial Intelligence*. Morgen Kaufmann, 1988.

[12] R. Bordini and J. Dix. Programming multi-agent systems. In G. Weiss, editor, *Multiagent Systems*, chapter 13, pages 587–639. MIT-Press, 2013.

[13] R. Bordini, J. F. Hübner, and M. Wooldrigde. *Programming Multi-Agent Systems in AgentSpeak using Jason*. John Wiley & Sons, 2007.

[14] C. Boutilier and H. H. Hoos. Bidding languages for combinatorial auctions. In *Proceedings of the 17th International Joint Conference on Artificial Intelligence - Volume 2, IJCAI 2001*, pages 1211–1217, San Francisco, CA, USA, 2001. Morgan Kaufmann Publishers Inc.

[15] M. Brambilla, E. Ferrante, M. Birattari, and M. Dorigo. Swarm robotics: A review from the swarm engineering perspective. *Swarm Intelligence*, 7:1–41, 2013.

[16] F. Brandt, V. Conitzer, U. Endriss, J. Lang and A. D. Procaccia, editors. *Handbook of Computational Social Choice*. Cambridge University Press, 2016.

[17] D. Briola, A. Ferrando, and V. Mascardi. Fantastic MASs and where to find them: First results and lesson learned. In A. Ciortea, M. Dastani and J. Luo, editors, *Engineering Multi-Agent Systems*, pages 233–252, Cham, 2023. Springer Nature Switzerland.

[18] S. Bullock, N. Ajmeri, M. Batty, M. Black, J. Cartlidge, R. Challen, C. Chen, J. Chen, J. Condell, L. Danon, et al. Artificial intelligence for collective intelligence: a national-scale research strategy. *Knowledge Engineering Review*, 39:e10, 2024.

[19] C. Carrascosa, A. Pico, M.-M. Matagne, M. Rebollo, and J. A. Rincon. Asynchronous consensus for multi-agent systems and its application to federated learning. *Engineering Applications of Artificial Intelligence*, 135:108840, 2024.

[20] M. Cemri, M. Z. Pan, S. Yang, L. A. Agrawal, B. Chopra, R. Tiwari, K. Keutzer, A. Parameswaran, D. Klein, K. Ramchandran, M. Zaharia, J. E. Gonzalez, and I. Stoica. Why do Multi-Agent LLM Systems fail? 2025.

[21] A. R. Cheraghi, S. Shahzad, and K. Graffi. Past, present, and future of swarm robotics. In K. Arai, editor, *Intelligent Systems and Applications*, pages 190–233, Cham, 2022. Springer International Publishing.

[22] A. K. Chopra, S. H. Christie V, and M. P. Singh. Interaction-oriented programming: Intelligent, meaning-based multiagent systems. In *AAMAS '23: Proceedings of the 2023 International Conference on Autonomous Agents and Multiagent Systems*, pages 3041–3043, 2023.

[23] P. Cramton, Y. Shoham, and R. Steinberg. *Combinatorial Auctions*. MIT Press, 2006.

[24] M. Dastani, K. V. Hindriks and J.-J. Meyer, editors. *Specification and Verification of Multi-agent systems* Springer, 2010.

[25] K. S. Decker and V. R. Lesser. Generalizing the partial global planning algorithm. *International Journal of Cooperative Information Systems*, 01(02):319–346, 1992.

[26] J. E. Doran, S. Franklin, N. R. Jennings, and T. J. Norman. On cooperation in multi-agent systems. *Knowledge Engineering Review*, 12(3):309–314, 1997.

[27] E. H. Durfee and V. R. Lesser. Using partial global plans to coordinate distributed problem solvers. In *Proceedings of the 10th International Joint Conference on Artificial Intelligence - Volume 2, IJCAI'87*, pages 875–883, San Francisco, CA, USA, 1987. Morgan Kaufmann Publishers Inc.

[28] E. H. Durfee and J. S. Rosenschein. Distributed problem solving and multi-agent systems: Comparisons and examples. In *Proc. of the 13th Int. Distributed Artificial Intelligence Workshop, July 1994*, pages 94–104, 1994.

[29] E. H. Durfee and S. Zilberstein. Multiagent planning, control and execution. In G. Weiss, editor, *Multiagent Systems – a Modern Approach*, chapter 11, pages 485–546. MIT Press, 2nd edition, 2013.

[30] E. Elkind, T. Rahwan, and N. R. Jennings. Computational coalition formation. In G. Weiss, editor, *Multiagent Systems – a Modern Approach*, chapter 8. MIT Press, 2nd edition, 2013.

[31] L. D. Erman, F. Hayes-Roth, V. R. Lesser, and D. R. Reddy. The Hearsay-II speech-understanding system: Integrating knowledge to resolve uncertainty. *Computing Surveys*, 12:213–253, 1980.

[32] J. Ferber. *Multi-Agent System: An Introduction to Distributed Artificial Intelligence*. Addison Wesley Longman, 1999.

[33] I. A. Ferguson. Towards an architecture for adaptive, rational, mobile agents. In E. Werner and Y. Demazeau, editors, *Decentralized A.I. 3 - 3rd European Workshop on Modellings Autonomous Agents in a Multi-Agent World, MAAMAW'91*, pages 249–263. North Holland, 1992.

[34] H. A. Falcão Filho. Making sense of negotiation and AI: The blossoming of a new collaboration. *International Journal of Commerce and Contracting*, 8(1–2):44–64, 2024.

[35] T. Finin, R. Fritzson, D. McKay, and R. McEntire. KQML as an agent communication language. In *Proceedings of the Third International Conference on Information and Knowledge Management, CIKM '94*, pages 456–463, New York, NY, USA, 1994. Association for Computing Machinery.

[36] D. Fitoussi and M. Tennenholtz. Choosing social laws for multi-agent systems: Minimality and simplicity. *Artificial Intelligence*, 119(1):61–101, 2000.

[37] L. Frering, G. Steinbauer-Wagner, and A. Holzinger. Integrating belief-desire-intention agents with large language models for reliable human-robot interaction and explainable artificial intelligence. *Engineering Applications of Artificial Intelligence*, 141:109771, 2025.

[38] A. Hertle and B. Nebel. Efficient auction based coordination for distributed multi-agent planning in temporal domains using resource abstraction. In F. Trollmann and A. Y. Turhan, editors, *KI 2018: Advances in Artificial Intelligence. KI 2018*, volume 11117 of *LNCS*. Springer, Cham, 2018.

[39] K. V. Hindriks. Debugging is explaining. In I. Rahwan, W. Wobcke, S. Sen and T. Sugawara, editors, *PRIMA 2012: Principles and Practice of Multi-Agent Systems*, pages 31–45, Berlin, Heidelberg, 2012. Springer Berlin Heidelberg.

[40] J. H. Holland. *Emergence from Chaos to Order*. Oxford University Press, 1998.

[41] B. Horling and V. Lesser. A survey of multi-agent organizational paradigms. *Knowledge Engineering Review*, 19(4):281–316, December 2004.

[42] J. F. Hübner, J. S. Sichman, and O. Boissier. Developing organised multiagent systems using the MOISE+ model: Programming issues at the system and agent levels. *International Journal of Agent-Oriented Software Engineering*, 1(3/4):370–395, December 2007.
[43] M.-P. Huget and J. Odell. Representing agent interaction protocols with agent uml. In *Proceedings of the Third International Joint Conference on Autonomous Agents and Multiagent Systems, 2004. AAMAS 2004*, pages 1244–1245, 2004.
[44] A. Y. Ichida, F. Meneguzzi, and R. C. Cardoso. BDI agents in natural language environments. In *Proceedings of the 23rd International Conference on Autonomous Agents and Multiagent Systems, AAMAS '24*, pages 880–888, Richland, SC, 2024. IFAAMAS.
[45] F. F. Ingrand, M. P. Georgeff, and A. S. Rao. An architecture for real-time reasoning and system control. *IEEE Expert*, 7(6):34–44, 1992.
[46] N. Jennings, P. Faratin, A. Lomuscio, et al. Automated negotiation: Prospects, methods and challenges. *Group Decision and Negotiation*, 10:199–215, 2001.
[47] N. R. Jennings, K. Sycara, and M. Wooldridge. A roadmap of agent research and development. *Autonomous Agents and Multi-Agent Systems*, 1(1):7–38, 1998.
[48] T. Kampik and J. C. Nieves. Disagree and commit: degrees of argumentation-based agreements. *Journal of Autonomous Agents and Multiagent Systems*, 39, 2025.
[49] F. Klügl. Applications of software agents. *Künstliche Intelligenz*, 18:5–10, 2004.
[50] F. Klügl. *Agent-Based Simulation Engineering*. PhD thesis, Habilitatitionsschrift, University of Würzburg, 2009.
[51] L. L. Gasser. Perspectives on organizations in multi-agent systems. In M. Luck, V. Mařík, O. Štěpánková and R. Trappl, editors, *Multi-Agent Systems and Applications: 9th ECCAI Advanced Course, ACAI 2001 and Agent Link's 3rd European Agent Systems Summer School, EASSS 2001 Prague, Czech Republic, July 2–13, 2001 Selected Tutorial Papers*, pages 1–16, Berlin, Heidelberg, 2001. Springer Berlin Heidelberg.
[52] M. E. Leusin, M. Kück, E. M. Frazzon, M. U. Maldonado, and M. Freitag. Potential of a multi-agent system approach for production control in smart factories. *IFAC-PapersOnLine*, 51(11):1459–1464, 2018. 16th IFAC Symposium on Information Control Problems in Manufacturing INCOM 2018.
[53] K. Leyton-Brown and Y. Shoham. Mechanism design and auctions. In G. Weiss, editor, *Multiagent Systems – a Modern Approach*, chapter 7. MIT Press, 2nd edition, 2013.
[54] X. Li, S. Wang, S. Zeng, Y. Wu, and Y. Yang. A survey on LLM-based multi-agent systems: workflow, infrastructure, and challenges. *Vicinagearth*, 1(9), 2024.
[55] X. Luo, Y. Li, Q. Huang, and J. Zhan. A survey of automated negotiation: Human factor, learning, and application. *Computer Science Review*, 54:100683, 2024.
[56] S. Mehrotra, C. Degachi, O. Vereschak, C. M. Jonker, and M. L. Tielman. A systematic review on fostering appropriate trust in Human-AI Interaction: Trends, opportunities and challenges. *ACM Journal on Responsible Computing*, 1(4), 2024.
[57] J. P. Müller. *The Design of Intelligent Agents - A Layered Approach*, volume 1177 of *LNAI*. Springer, 1996.
[58] P. K. Murukannaiah, N. Ajmeri, C. M. Jonker, and M. P. Singh. New foundations of ethical multiagent systems. In *Proceedings of the 19th International Conference on Autonomous Agents and MultiAgent Systems, AAMAS 2020*, pages 1706–1710, Richland, SC, 2020. IFAAMAS.
[59] C. D. Nguyen, A. Perini, C. Bernon, J. Pavón, and J. Thangarajah. Testing in multi-agent systems. In *AOSE'10*, pages 180–190, Berlin, Heidelberg, 2009. Springer-Verlag.
[60] P. Noriega and C. Sierra. Auctions and multi-agent systems. In M. Klusch, editor, *Intelligent Information Agents*, pages 153–175. Springer, 1999.
[61] S. Parsons, J. A. Rodriguez-Aguilar, and M. Klein. Auctions and bidding: A guide for computer scientists. *ACM Computing Surveys*, 43(2), February 2011.
[62] A. Pokahr, L. Braubach, and W. Lamersdorf. Jadex: A BDI reasoning engine. In R. H. Bordini, M. Dastani, J. Dix and A. El Fallah Seghrouchni, editors, *Multi-Agent Programming. Multiagent Systems, Artificial Societies, and Simulated Organizations*, volume 15 of *International Book Series*, 2005.
[63] M. Purdy. What is agentic ai and how will it change work. *Harvard Business Review*, 2025.

[64] T. Rahwan, T. P. Michalak, M. Wooldridge, and N. R. Jennings. Coalition structure generation: A survey. *Artificial Intelligence*, 229:139–174, 2015.

[65] J. S. Rosenschein and G. Zlotkin. *Rules of Encounter: Designing Conventions for Automated Negotiation among Computers*. MIT Press, 1994.

[66] J. Rothe, editor. *Economics and Computation – An Introduction to Algorithmic Game Theory, Computational Social Choice, and Fair Division*. Springer, Heidelberg, 2016.

[67] S. Russell and P. Norvig. *Artificial Intelligence - A Modern Approach*. Prentice Hall, 4th edition, 2020.

[68] J. R. Searle. *Speech Acts: An Essay in the Philosophy of Language*. Cambridge University Press, London, 1969.

[69] A. El Fallah Seghrouchni, A. M. Florea, and A. Olaru. Multi-agent systems: A paradigm to design ambient intelligent applications. In M. Essaaidi, M. Malgeri and C. Badica, editors, *Intelligent Distributed Computing IV. Studies in Computational Intelligence*, volume 315. Springer, Berlin, Heidelberg, 2010.

[70] O. Shehory and A. Sturm, editors. *Agent-Oriented Software Engineering - Reflections on Architectures, Methodologies, Languages, and Frameworks*. Springer, 2014.

[71] Y. Shoham and K. Leyton-Brown. *Multiagent Systems - Algorithmic, Game-Theoretic and Logical Foundations*. Cambridge University Press, 2009.

[72] M. P. Singh and A. K. Chopra. The internet of things and multiagent systems: Decentralized intelligence in distributed computing. In *2017 IEEE 37th International Conference on Distributed Computing Systems (ICDCS)*, pages 1738–1747, 2017.

[73] R. G. Smith. The contract net protocol: High-level communication and control in a distributed problem solver. *IEEE Transactions on Computers*, 29(12):1104–1113, 1980.

[74] R. Stern, N. R. Sturtevant, A. Felner, et al. Multi-agent pathfinding: Definitions, variants and benchmarks. In *Proc. of the 12th Int. Symposium on Combinatorial Search (SoCS 2019)*, pages 151–158, 2019.

[75] A. Tahir, J. Böling, M.-H. Haghbayan, H. T. Toivonen, and J. Plosila. Swarms of unmanned aerial vehicles – a survey. *Journal of Industrial Information Integration*, 16:100106, 2019.

[76] O. Thörn, P. Fögel, P. Knudsen, L. de Miranda, and A. Saffiotti. Anticipation in collaborative music performance using fuzzy systems: a case study. In *Proceedings of 31st Annual Workshop of the Swedish AI Society, 2019*, 2019.

[77] A. Toth, L. Nagy, R. Kennedy, B. Bohus, J. Abonyi, and R. Ruppert. The human-centric Industry 5.0 collaboration architecture. *MethodsX*, 11:102260, 2023.

[78] G. A. W. Vreeswijk. Abstract argumentation systems. *Artificial Intelligence*, 90(1):225–279, 1997.

[79] M. Winikoff. Debugging agent programs with why? questions. In *Proceedings of the 16th Conference on Autonomous Agents and MultiAgent Systems, AAMAS '17*, pages 251–259, Richland, SC, 2017. IFAAMAS.

[80] T. Wittig. ARCHON — cooperation of heterogeneous on-line systems. In W. Brauer and C. Freksa, editors, *Wissensbasierte Systeme*, pages 486–495, Berlin, Heidelberg, 1989. Springer Berlin Heidelberg.

[81] M. Wooldridge. *An Introduction to MultiAgent Systems*. John Wiley, Chichester, 2nd edition, 2009.

[82] C. Zhang, Y. Xie, H. Bai, B. Yu, W. Li, and Y. Gao. A survey on federated learning. *Knowledge-Based Systems*, 216:106775, 2021.

[83] G. Zlotkin and J. S. Rosenschein. A domain theory for task oriented negotiation. In *Proceedings of the 13th International Joint Conference on Artifical Intelligence - Volume 1, IJCAI 1993*, pages 416–422, San Francisco, CA, USA, 1993. Morgan Kaufmann Publishers Inc..

Ansgar Scherp und Gerd Gröner

20 Semantic Web

20.1 Einleitung

Im World Wide Web werden unstrukturierte Informationen und informelles Wissen in Form von Hypertext dargestellt, um die Verbreitung von Informationen und Wissen zu erleichtern. Ziel des *Semantic Webs* ist es, strukturierte Informationen und formales Wissen verteilt im Web bereitzustellen, um daraus mittels automatisierten Schlussfolgerungen Antworten ableiten zu können [43]. Auf diese Weise lassen sich Wissensbestandteile aus verschiedenen Quellen intelligent miteinander integrieren und komplexe Fragen beantworten. Anfragen, die sich auf diese Weise beantworten lassen, sind zum Beispiel „Welche Arten von Musik werden in britischen Radiostationen gespielt?" oder „Welche Radiostation spielt Lieder von schwedischen Künstlern?".

Klassische Web-Suchmaschinen können solche Anfragen nur unzureichend beantworten, obwohl alle benötigten Informationen bereits im Web verfügbar sind. Im Wesentlichen indizieren Web-Suchmaschinen die Hypertexte und Dokumente im Web, die in natürlicher Sprache vorliegen, einzeln und können diese Inhalte nicht miteinander kombinieren. Die Stärke des Semantic Webs liegt nun darin, Daten und deren Bedeutung aus verschiedenen Quellen miteinander zu kombinieren und mithilfe von graphbasierten Anfragesprachen strukturierte Daten über verschiedene Quellen hinweg anzufragen.

Mit den neuesten Entwicklungen und Erfolgen im Bereich der Chat-Systeme und der generativen künstlichen Intelligenz ergeben sich neue Möglichkeiten für die Suche auf dem Web und die Integration von Wissensbestandteilen aus dem Semantic Web. Diese ermöglichen die Beantwortung von Anfragen, wie die obigen Beispiele, durch eine sogenannte Graph-Retrieval-Augmented-Generation (GraphRAG). Diese kombiniert die Fähigkeiten großer Sprachmodelle zur Generierung von Antworten mit einer gezielten Integration relevanter, strukturierter Informationen aus dem Semantic Web.

20.1.1 Durchgängiges Beispiel

Schauen wir uns dazu an, wie man mithilfe des Semantic Webs die oben genannten Fragen beantworten kann: Die BBC veröffentlicht die Abspiellisten ihrer Radiostationen online in Formaten des Semantic Webs. Die Musikgruppe „ABBA" hat einen eindeutigen Bezeichner in Form einer URI (https://www.bbc.co.uk/programmes/b03lyzpr). Diese URI kann verwendet werden, um die Musikgruppe mit Informationen aus dem Musikportal

https://doi.org/10.1515/9783111386690-024

MusicBrainz[1] zu verknüpfen. MusicBrainz kennt die Mitglieder der Band, wie beispielsweise Benny Andersson, sowie das Genre und die Lieder. Zudem ist MusicBrainz mit Wikipedia verknüpft, um beispielsweise Informationen zu Künstlern, wie Biographien auf DBpedia [3], nutzen zu können. Informationen über britische Radiostationen können in Form von Listen auf Webseiten wie beispielsweise Radio UK[2] gefunden werden, welche ebenfalls in eine Repräsentation im Semantic Web, eine sogenannte Ontologie, überführt werden könnten.

Umgangssprachlich ist eine Ontologie eine Beschreibung von Objekten und ihren Beziehungen. Ontologien dienen zur formalen Repräsentation von Wissen im Semantic Web. Die Web Ontology Language (OWL) [110] basiert auf Beschreibungslogik und entsprechend werden Schlussfolgerungsdienste von wissensbasierten Systemen für OWL-Ontologien angeboten. Ontologien können im Semantic Web miteinander verbunden sein. So ist die MusicBrainz-Ontologie mittels der Playcount-Ontologie[3] mit der BBC-Ontologie verbunden. Insgesamt kommen neun verschiedene Ontologien mit unterschiedlichem Grad an Formalität und verschiedenen Beziehungen zueinander zum Einsatz, um ihre Daten zu beschreiben (vgl. auch [87]). Die *Bedeutung von Beziehungen* zwischen Daten wird ebenfalls mittels Ontologien des Semantic Webs beschrieben. Zum Beispiel bietet Dublin Core[4] ein Metadaten-Schema zur Beschreibung allgemeiner Eigenschaften von Objekten an, wie der Ersteller der Information, Typ, Datum, Titel, Nutzungsrechte und so weiter. Dadurch, dass diese Daten im Semantic Web verfügbar sind, können weitere Fragen beantwortet werden, wie zum Beispiel wie oft Musik eines bestimmten Genre von britischen Radiostationen gespielt wird oder welche Radiostationen Lieder von schwedischen Künstlern spielen. Um Fragen in diesem und in anderen Szenarien zu beantworten, werden im Semantic Web generische Software-Komponenten, Sprachen und Protokolle benötigt, die nahtlos miteinander interagieren können.

Das Szenario zeigt, dass die Daten im Semantic Web aus verschiedenen Quellen stammen können und miteinander vernetzt sind. Abgesehen von technischen Gesichtspunkten ist das Semantic Web auch als ein gesellschaftspolitisches Phänomen zu verstehen. Ähnlich dem World Wide Web veröffentlichen verschiedene Personen und Organisationen ihre Daten im Semantic Web und arbeiten zusammen, um diese Daten miteinander zu verknüpfen und zu verbessern. Neben dem oben genannten Beispiel ist das Semantic Web auch für eine Vielzahl anderer Anwendungsgebiete einsetzbar (siehe Beispiele in Abschnitt 20.3.8).

---

1 http://musicbrainz.org/

2 https://www.radio-uk.co.uk/

3 http://dbtune.org/bbc/playcount/

4 https://www.dublincore.org/specifications/dublin-core/dc-rdf/

20.1.2 Aufbau des Kapitels

Dieses Kapitel beinhaltet einen umfassenden Einblick in das Semantic Web. Es werden verschiedene grundlegende Technologien und Konzepte des Semantic Webs vorgestellt, und deren Anwendungen analog zu einschlägiger Grundlagenliteratur [1, 55, 57] diskutiert. Es wird verdeutlicht, wie sehr viele dieser zugrunde liegender Technologien aus der Künstlichen Intelligenz stammen oder zumindest einen starken Bezug dazu haben (vgl. [43]).

Im nachfolgenden Abschnitt wird zunächst der prinzipielle Aufbau des Semantic Webs vorgestellt. Dies umfasst die grundlegende Architektur, wesentliche Modellierungselemente, Techniken, aber auch Methoden und Eigenschaften. Des Weiteren werden auch Semantic Web-Anwendungen erläutert.

Abschnitt 20.3 geht tiefer in Repräsentationstechniken und Integrationsmöglichkeiten für umfassende, verteilte Wissensdarstellung. Darauf basiert werden Algorithmen für Anfragen und Inferenz vorgestellt. Ebenso werden aktuelle Forschungsbereiche der Künstlichen Intelligenz, wie *maschinelles Lernen für Wissensgraphen* und *Sprachmodelle und Wissensgraphen* vorgestellt. Anwendungsbeispiele und typische Merkmale von Semantic Web (Anwendungen) runden diesen Abschnitt ab.

Schließlich bietet Abschnitt 20.4 einen Ausblick auf aktuelle Forschungen im Umfeld von Semantic Web und denkbare Weiterentwicklungen. Ein Fazit mit zusammenfassendem Bezug zur Künstlichen Intelligenz wird in Abschnitt 20.5 präsentiert.

20.2 Grundlegende Konzepte

Nachfolgend wird die allgemeine Architektur des Semantic Webs vorgestellt. Anschließend zeigen wir in Abschnitt 20.2.3, wie verteilte Daten mithilfe von Technologien des Semantic Webs verwaltet, das heißt verknüpft und angefragt werden können. Das im vorherigen Beispiel skizzierte Netzwerk von Ontologien wird in Abschnitt 20.3.1 näher analysiert und allgemeine Strategien zur verteilten Wissensrepräsentation und -integration im Semantic Web vorgestellt. In Abschnitt 20.3.2 wird gezeigt, wie Anfragen auf das Semantic Web gestellt werden können.

In Abschnitt 20.3.3 zeigen wir, wie Schlussfolgerungen aus semantischen Daten gezogen werden können. Um die Daten in einer sich über das Web erstreckenden Wissensbasis verwalten zu können, sind eine Reihe von Herausforderungen zu lösen. Diese sind die Identifizierung von Ressourcen und deren Verknüpfung (siehe Abschnitt 20.3.4) und die Herkunft und Vertrauenswürdigkeit von Daten (dargelegt in Abschnitt 20.3.5). Danach wird auf moderne Themen des maschinellen Lernens auf Wissensgraphen (siehe Abschnitt 20.3.6) und Sprachmodelle und Wissensgraphen (in Abschnitt 20.3.7) eingegangen. Anschließend werden Anwendungen des Semantic Webs präsentiert (siehe

Abschnitt 20.3.8). Das Kapitel schließt mit einer Übersicht der aktuellen, praktischen Nutzung von semantischen Technologien in der Praxis.

20.2.1 Architektur des Semantic Web

Das Szenario in Abschnitt 20.1 beschreibt *was* das Semantic Web als Infrastruktur realisiert, aber nicht *wie* dies erreicht wird. In der Tat wurden die beschriebenen Fähigkeiten *im Kleinen* bereits von einigen wissensbasierten Systemen, die aus der Forschung der Künstlichen Intelligenz stammen, umgesetzt. Für eine Umsetzung *im Großen* mangelte es diesen Systemen aber an Flexibilität, Robustheit und Skalierbarkeit. Teilweise lag dies an der Komplexität der verwendeten Algorithmen. So waren beispielsweise Wissensbasen in Beschreibungslogik, die als Grundlage von Web-Ontologien dienen, in den 1990er Jahren bezüglich ihrer Größe so eingeschränkt, dass sie höchstens einige hundert Konzepte handhaben konnten (vgl. [56]). Zwischenzeitlich wurden enorme Verbesserungen erreicht. Die stark angestiegene Rechenleistung und die optimierten Algorithmen ermöglichen eine praktische Handhabung von großen Ontologien wie SNOMED[5] mit Hunderttausenden von Axiomen. Allerdings gibt es einige grundlegende Unterschiede zwischen klassischen wissensbasierten Systemen und dem Semantic Web.

Die Verwaltung von Daten in traditionellen wissensbasierten Systemen weist Schwachstellen im Bezug auf die Verarbeitung großer Mengen an Daten und Datenquellen auf, unter anderem wegen (1) unterschiedlicher zugrunde liegender Formalismen, (2) verteilten Standorten, (3) verschiedenen Befugnissen, (4) unterschiedlicher Datenqualität und (5) einer hohen Änderungshäufigkeit der verwendeten Daten. Um mit diesen Problemen umgehen zu können, wendet das Semantic Web einige grundlegende Prinzipien an:

1. *Explizite und einfache Datendarstellung:* Eine allgemeine Datenrepräsentation abstrahiert von den zugrunde liegenden Formaten und erfasst nur das Wesentliche.
2. *Verteilte Systeme:* Ein verteiltes System arbeitet auf einer großen Menge an Datenquellen, ohne dass eine zentrale Steuerung regelt, welche Informationen wohin und wem gehören.
3. *Querverweise:* Die Vorteile eines Netzwerks von Daten bei der Beantwortung von Anfragen begründen sich nicht allein aus der reinen Datenmenge, sondern aus ihrer Verknüpfung, die es erlaubt, Daten und Datendefinitionen aus anderen Quellen wiederzuverwenden.
4. *Lose Koppelung mit gemeinsamen Sprachkonstrukten:* Das World Wide Web und ebenso das Semantic Web sind Mega-Systeme, also Systeme, die aus vielen Teilsystemen bestehen, die ihrerseits groß und komplex sind. In einem solchen Mega-System müssen einzelne Bestandteile lose gekoppelt sein, um größtmögliche Flexibilität zu

5 http://www.snomed.org/

erreichen. Die Kommunikation zwischen den Bestandteilen erfolgt auf Grundlage von standardisierten Sprachen, wobei diese individuell an spezifische Systeme angepasst werden können.

5. *Einfaches Veröffentlichen und einfacher Konsum:* Gerade in einem Mega-System muss die Teilnahme, also das Veröffentlichen und der Konsum von Daten, möglichst einfach sein.

Diese Prinzipien werden durch einen Mix an Protokollen, Sprachdefinitionen und Softwarekomponenten erzielt. Einige dieser Bestandteile sind bereits durch das W3C standardisiert, das sowohl Syntax als auch formale Semantik der Sprachen und Protokolle festgelegt hat. Weitere Bestandteile sind noch nicht standardisiert, aber sie sind bereits im sogenannten *Semantic Web Layer Cake* von Tim Berners-Lee vorgesehen (vgl. http://www.w3.org/2007/03/layerCake.png). Wir stellen eine Variante der Architektur des Semantic Webs vor, wobei wir zwischen standardisierten Sprachen und derzeitigen Entwicklungen unterscheiden. Eine graphische Darstellung der Architektur ist in Abbildung 20.1 zu finden. Nachfolgend werden die entsprechenden Bausteine kurz vorgestellt.

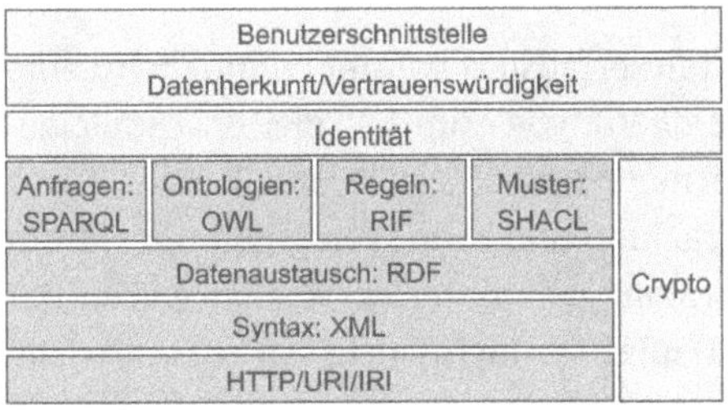

Abb. 20.1: Darstellung der Bestandteile des sogenannten „Semantic Web Layer Cake“. W3C-Sprachstandards sind in dunkelgrau dargestellt. Derzeitige Entwicklungen sind in hellgrau abgebildet.

20.2.1.1 HTTP/URI/IRI

Da das Semantic Web dezentral organisiert ist, benötigt man Mechanismen, um nicht nur auf selbst eingeführte Entitäten zu verweisen, sondern auch auf Entitäten die von Dritten veröffentlicht wurden. Entitäten (auch Ressourcen genannt) werden im Internet durch sogenannte Uniform Resource Identifiers (URIs) [6] identifiziert. Wie im Web halten sich URIs auch im Semantic Web an das Domain Name System (DNS), das die globale Eindeutigkeit von Domainnamen und URIs garantiert, welche mit „http“ beginnen. Ein Anwender kann eine URI, die beispielsweise auf ABBA verweist, dereferenzieren, indem ein sogenannter Look-up mittels HTTP ausgeführt wird, um eine ausführliche Beschreibung der URI zu erhalten. Internationalized Resource Identifiers (IRIs) [27] ergänzen URIs um internationale Zeichensätze aus Unicode/ISO10646. HTTP-Anfragen und URI/IRI-Referenzen werden in Abschnitt 20.2.3 detaillierter behandelt.

20.2.1.2 XML

Nachdem nun Ressourcen mittels URIs eindeutig referenzierbar und dereferenzierbar sind, wird eine Syntax benötigt, um Beschreibungen von Ressourcen im Web auszutauschen. Die Extensible Markup Language (XML) wird zur Strukturierung von Dokumenten verwendet und ermöglicht die Spezifikation und Serialisierung strukturierter Daten.

20.2.1.3 RDF

Neben der Referenzierbarkeit von Ressourcen und einer einheitlichen Syntax für den Austausch von Daten, benötigt man ein Datenmodell, das es erlaubt, Ressourcen sowohl im Einzelnen als auch in ihrer Gesamtheit und ihrer Verknüpfung zu beschreiben. Eine integrierte Darstellung von Daten aus mehreren Quellen wird durch ein auf gerichteten Graphen basierendes Datenmodell erreicht [83]. Die entsprechende W3C-Standardsprache ist RDF (Resource Description Framework). Ein RDF-Graph besteht aus einer Menge von RDF-Tripeln, wobei ein Tripel aus Subjekt, Prädikat (Eigenschaft) und Objekt besteht. Auf RDF wird, in Verbindung mit der Verteilung von Daten, in Abschnitt 20.2.3 weiter eingegangen.

RDF-Graphen können auf verschiedene Arten serialisiert werden. Häufig wird eine XML-basierte Serialisierung verwendet (siehe oben), wie zum Beispiel im Ontologie-Editor Protégé [78]. Andere sehr populäre Formate sind N-triple[6] und Turtle.[7] Diese lassen sich einfacher in einem Text-Editor betrachten und somit verstehen und verändern. Nachdem diese Formate zunächst nicht in Standards hinterlegt worden waren, hat ihre Popularität dazu geführt, dass sowohl N-Triples als auch Turtle seit 2014 offizielle W3C-Empfehlungen sind.

20.2.1.4 SPARQL

Nachdem RDF die Integration von Daten verschiedener Quellen ermöglicht, ist der nächste Schritt die Anfrage von RDF-Graphen. SPARQL[8] (ein rekursives Akronym für SPARQL Protocol and RDF Query Language) ist eine deklarative Anfragesprache für RDF-Graphen. Die Syntax von SPARQL ist an die in relationalen Datenbanken dominierende Anfragesprache SQL [66] angelehnt. SPARQL 1.1[9] ist die aktuelle Version von SPARQL. Details und Beispiele von SPARQL-Anfragen werden ausführlich in Abschnitt 20.2.3 vorgestellt.

6 https://www.w3.org/TR/n-triples/

7 https://www.w3.org/TR/turtle/

8 http://www.w3.org/TR/rdf-sparql-query/

9 http://www.w3.org/TR/sparql11-query/

20.2.1.5 RDFS

RDF-Graphen können die Bedeutung von Daten nur teilweise beschreiben. Sehr oft werden Konstrukte zur Modellierung von hierarchischen Beziehungen zwischen Klassen und Eigenschaften benötigt. Derartige Beziehungen werden typischerweise in Taxonomien und Ontologien beschrieben. RDFS (RDF Schema) ist eine Ontologie-Beschreibungssprache, die unter anderem Hierarchien zwischen Klassen und Eigenschaften beschreiben kann [16].

20.2.1.6 OWL

Daten aus verschiedenen Quellen sind sehr heterogen. RDFS ist nicht ausdrucksstark genug, um Daten aus verschiedenen Quellen zusammenzuführen und darüber Konsistenzkriterien zu definieren, wie beispielsweise die Disjunktheit von Klassen. OWL (Web Ontology Language) ist eine Ontologie-Beschreibungssprache, die im Vergleich zu RDFS ausdrucksstärkere Sprachkonstrukte bereithält. Beispielsweise ermöglicht OWL die Spezifikation von Äquivalenzen von Entitäten und Kardinalitätseinschränkungen von Eigenschaften [110].

Die Bedeutung von OWL-Konstrukten kann durch zwei alternative Semantiken definiert werden. Die RDF-basierte Semantik und die direkte modelltheoretische Semantik, die auf der Semantik von Beschreibungslogik aufbaut, ermöglichen Schlussfolgerungen in Form von deduktiver Inferenz. OWL 2 als die aktuelle Version von OWL beinhaltet mehrere Untersprachen, sogenannte Profile, die je nach Anwendungskontext zwischen Ausdrucksmächtigkeit und effizienter Schlussfolgerung abwägen. OWL wird ausführlich in Abschnitt 20.3.1 behandelt und Inferenz in OWL wird in Abschnitt 20.3.3 beispielhaft dargestellt.

20.2.1.7 RIF

Regeln sind weitere Formalismen zur Repräsentation von Wissen im Semantic Web. RIF (Rule Interchange Format)[10] beinhaltet eine Menge von Regelsprachen, die in logische Regelsprachen und ereignisbasierte Regelsprachen unterteilt werden können.

RIF Core Dialect [10] beschreibt eine Teilmenge von verbreiteten Regelsprachen aus beiden Mengen.

20.2.1.8 SHACL

Die Shapes Constraint Language (SHACL)[11] erlaubt mit der RDF-Klasse Shape die Spezifikation von Graphmustern (im Englischen als *shape graphs* benannt). Ein Graphmuster

10 http://www.w3.org/2005/rules/wiki/RIF_Working_Group

11 https://www.w3.org/TR/shacl/

in SHACL definiert eine Menge an Bedingungen, die von einem RDF-Graphen eingehalten werden sollen. Beispiel ist das Adressdaten-Muster, das modelliert, dass eine Adresse die Attribute Name, Straße, Postleitzahl usw. haben muss. Anwendungen der SHACL-Muster finden sich also in der Überprüfung von Datengraphen. Sie sind aber auch zum Programmieren von Benutzungsschnittstellen, der automatischen Programmcodegenerierung für den Zugriff auf Graphen in einem SHACL-Muster, sowie zur Datenintegration geeignet.

Das Konzept der seit 2017 vom W3C standardisierten SHACL-Sprache ist im Engineering von OWL-Ontologien (siehe oben) seit Langem bekannt unter dem Begriff der Ontologiemuster (Englisch: *ontology patterns*). SHACL dient zur syntaktischen Validierung von Datengraphen, während OWL deren Semantik beschreibt (unter Beachtung der Open-World-Annahme). Ontologiemuster werden insbesondere zum Entwurf von formalen, auf OWL-basierenden Ontologien verwendet (siehe dazu Abschnitt 20.3.1.2). Mithilfe von Beschreibungslogik lassen sich in OWL geeignete Muster definieren. Allerdings steht in OWL kein syntaktisches Konstrukt zur Verfügung, womit man explizit ausdrücken kann, dass es sich bei einer Ontologie um ein Muster handelt. Dies ist nur aus dem Kontext für den Entwickler ersichtlich. Mit SHACL wurde also mit Hinblick auf RDF-Graphen ein Konstrukt zur expliziten Definition von Mustern eingeführt.

20.2.1.9 Crypto

Weitere Aspekte im Semantic Web sind Verschlüsselung und Authentifizierung, um sicherzustellen, dass Datenübertragungen nicht abgehört, gelesen oder modifiziert werden können. Crypto-Module, wie beispielsweise SSL (Secure Socket Layer), verifizieren digitale Zertifikate und ermöglichen Datenschutz und Authentifizierung. Darüber hinaus gibt es digitale Signaturen für Graphen, die sich nahtlos in die Architektur des Semantic Web integrieren und selbst wieder als Graphen modelliert werden [65]. Damit lassen sich Graphsignaturen iterativ anwenden und ermöglichen den Aufbau von Vertrauensnetzwerken.

20.2.1.10 Identifizierung und Verknüpfung

Graphdaten, die aus vielen Datenquellen aggregiert sind, können viele verschiedene Identitäten beinhalten, die jedoch dasselbe reale Objekt repräsentieren. Mithilfe von Integrationen und Verknüpfungsmechanismen können Bezüge zwischen Daten aus verschiedenen Quellen hergestellt werden. Eine weitere Betrachtung dieser Themen erfolgt in Abschnitt 20.3.4.

20.2.1.11 Herkunft und Vertrauenswürdigkeit

Daten im Semantic Web können mit zusätzlicher Information über ihre Vertrauenswürdigkeit und Herkunft erweitert werden. Dies berührt und nutzt die oben genannten Aspekte Crypto und Identifizierung und Verknüpfung. Abschnitt 20.3.5 beschreibt die Herkunft und Vertrauenswürdigkeit von Daten ausführlich.

20.2.1.12 Benutzungsoberfläche und Anwendungen

Eine Benutzungsoberfläche ermöglicht Anwendern die Interaktion mit Daten im Semantic Web. Aus funktioneller Sicht sind einige Benutzungsoberfläche generisch und arbeiten auf der Graphstruktur der Daten, wobei andere auf bestimmte Aufgaben, Anwendungen oder Ontologien zugeschnitten sind. Neue Paradigmen untersuchen aktuell das Spektrum an möglichen Benutzungsoberflächen zwischen Allgemeingültigkeit und speziellen Anforderungen von Endanwendern. Anwendungen des Semantic Webs werden in Abschnitt 20.3.8 behandelt.

20.2.2 Verknüpfte Graphdaten auf dem Web

Die *Linked-Data*-Prinzipien[12] beschreiben relevante Methoden zur Darstellung, Veröffentlichung und Verwendung von Daten im Semantic Web. Sie können wie folgt zusammengefasst werden:

1. URIs werden als Namen für Entitäten verwendet.
2. Das Protokoll HTTP GET wird verwendet, um Beschreibungen zu einer URI abzurufen.
3. Datenanbieter sollen auf HTTP-GET-Anfragen auf URIs relevante Informationen mithilfe von Standardsprachen (zum Beispiel in RDF) zurückgeben.
4. Verknüpfungen (Links) zu anderen URIs sollen verwendet werden, um die Entdeckung und Verwendung von weiteren Informationen zu erleichtern.

Die Veröffentlichung von Daten anhand der Linked-Data-Prinzipien ermöglicht einfachen Zugriff auf Daten via HTTP. Dies erlaubt die Erkundung von Ressourcen und die Navigation über Ressourcen im Semantic Web. URIs (siehe 1.) werden mittels HTTP-Anfragen dereferenziert (2.), um zusätzliche Informationen über eine bestimmte Ressource zu erhalten. Insbesondere können diese Informationen mittels standardisierter Syntax (3.) ebenfalls Verknüpfungen zu anderen Ressourcen enthalten (4.). Abbildung 20.2 stellt ein Beispiel für Linked Data zur Popgruppe ABBA dar. Das Beispiel

12 http://www.w3.org/DesignIssues/LinkedData.html

ABBA

Resource URI: **http://dbtune.org/musicbrainz/resource/artist/d87e52c5-bb8d-4da8-b941-9f4928627dc8**

Property	Value
vocab:alias	Abba
vocab:alias	Björn + Benny + Anna + Frieda
bio:event	<http://dbtune.org/musicbrainz/resource/artist/d87e52c5-bb8d-4da8-b941-9f4928627dc8/birth>
bio:event	<http://dbtune.org/musicbrainz/resource/artist/d87e52c5-bb8d-4da8-b941-9f4928627dc8/death>
foaf:homepage	<http://www.abbasite.com>
foaf:member	<http://dbtune.org/musicbrainz/resource/artist/042c35d3-0756-4804-b2c2-be57a683efa2>
foaf:member	<http://dbtune.org/musicbrainz/resource/artist/2f031686-3f01-4f33-a4fc-fb3944532efa>
foaf:member	<http://dbtune.org/musicbrainz/resource/artist/aebbb417-0d18-4fec-a2e2-ce9663d1fa7e>
foaf:member	<http://dbtune.org/musicbrainz/resource/artist/ffb77292-9712-4d03-94aa-bdb1d4771d38>
mo:musicbrainz	<http://musicbrainz.org/artist/d87e52c5-bb8d-4da8-b941-9f4928627dc8>
foaf:name	ABBA
owl:sameAs	<http://dbpedia.org/resource/ABBA>
owl:sameAs	<http://sv.wikipedia.org/wiki/Abba>
owl:sameAs	<http://www.bbc.co.uk/music/artists/d87e52c5-bb8d-4da8-b941-9f4928627dc8#artist>
rdf:type	mo:MusicArtist

Abb. 20.2: Linked Data Beispiel für ABBA.

stammt von MusicBrainz. Es beschreibt verschiedene Beziehungen, die Entitäten mit der URI von ABBA verknüpfen, wie beispielsweise `foaf:member` und `rdf:type`. In der Abbildung ist ABBA – oder genauer die URI von ABBA – das Subjekt. Property bezieht sich auf Beziehungen und die Werte (Value) stellen Objekte der RDF-Tripel dar. Die Beziehung `owl:sameAs` wird im weiteren Verlauf noch ausführlicher betrachtet. Die Präfixe `foaf`, `rdf` und `owl` beziehen sich auf Vokabulare der FOAF-Ontologie,[13] beziehungsweise der W3C-Sprachspezifikationen von RDF und OWL.

20.2.3 Ziele der verteilten semantischen Graphdaten im Web

Das zentrale Ziel des Semantic Webs ist das Teilen von Wissen und Informationen und das Zusammenwirken und die Kooperation von menschlichen und maschinellen Akteuren. Jeder kann eine Ontologie erstellen und sie mit anderen Datenquellen so verknüpfen, dass daraus ein Mehrwert für diesen Akteur entsteht und dabei als „Abfallprodukt" auch andere Akteure diese neuen Verknüpfungen ebenfalls verwenden können. Auf diese Weise entsteht eine Daten- und Wissensbasis, die es erlaubt, aus der enormen Menge an Informationen und ihrer Verknüpfungen neue Zusammenhänge abzufragen und zu entdecken. Seit einiger Zeit ist in diesem Zusammenhang auch der Begriff *Knowledge Graph* sowohl in der Forschung als auch der Industrie geläufig.

13 http://xmlns.com/foaf/spec/

Um diese Art der kollektiven Wissensgenerierung zu unterstützen, sind effiziente Zugriffe auf verteilte Daten, klar definierte Veröffentlichungsprinzipien und geeignete Anfragemöglichkeiten notwendig. Diese werden in den folgenden Abschnitten beschrieben.

20.3 Methoden und Algorithmen

20.3.1 Wissensrepräsentation und -integration

Eine Ontologie wird allgemein als formale, maschinenverarbeitbare Repräsentation von relevanten Begriffen und Relationen einer Domäne [81, 79] verstanden. Ontologien stellen damit eine gemeinsame Sicht dar [81], das heißt, die formale Begriffsbildung von Ontologien drückt eine übereinstimmende Meinung verschiedener Stakeholder aus. In diesem Abschnitt beschäftigen wir uns mit der Wissensrepräsentation mittels Ontologien. Beginnend mit einer ausführlichen Analyse des eingangs genannten Beispiels, diskutieren wir anschließend die verschiedenen Arten von Ontologien und wie diese in einem Netzwerk zur Wissensrepräsentation genutzt werden können.

20.3.1.1 Analyse des einführenden Beispiels

Um das Beispielszenario aus Abschnitt 20.1 zur Verknüpfung von MusicBrainz und dem BBC-Programm zu modellieren, werden mehrere Ontologien verwendet und zu einem Netzwerk im Web verbunden. Der Ansatz, eine Ontologie nicht monolithisch zu definieren, sondern als einen Baustein in einem miteinander verknüpften Netzwerk von Ontologien zu betrachten, ist eine wesentliche Neuorientierung im Semantic Web im Vergleich zu den klassischen Ansätzen der Künstlichen Intelligenz. Ein Ausschnitt für das im Szenario verwendete Netzwerk von Ontologien ist in Abbildung 20.3 dargestellt.

Die Rechtecke wie beispielsweise *ProgrammeItem* oder *MusicArtist* stellen die relevanten Konzepte der Musikdomäne dar. Diese sind aus verschiedenen Ontologien entnommen, die über die gestrichelten Kästen angedeutet sind. Beziehungen zwischen Konzepten sind über einen beschrifteten Pfeil dargestellt. Zur Illustration von Vererbungsbeziehungen zwischen Konzepten wird wie in UML ein Dreieckpfeil verwendet. Es wird bewusst eine an UML angelehnte grafische Notation zur Darstellung der Ontologien verwendet, da uns in Abbildung 20.3 ausschließlich das Schema der modellierten Daten interessiert und um so eine Abgrenzung zu den obigen Daten-Beispielen zu ermöglichen. Die UML-Notation ist weit verbreitet in der Ontologiemodellierung und leicht verständlich. Insbesondere bei den in den nachfolgenden Abschnitten diskutierten Kernontologien wird der Vorteil dieser Notation bei der Modellierung deutlich und wird in der Literatur gegenüber anderen Notationen bevorzugt.

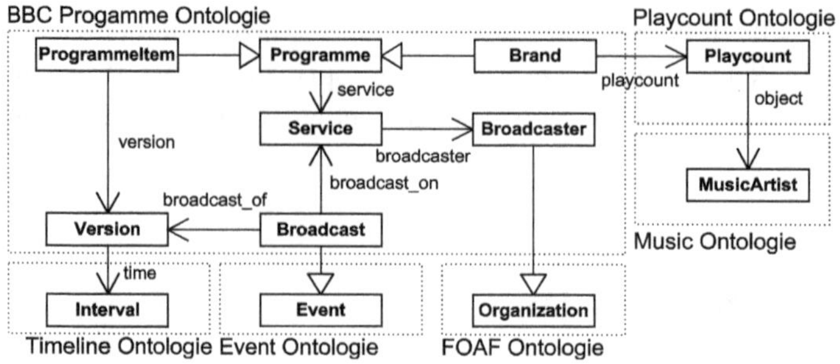

Abb. 20.3: Ausschnitt der BBC-Ontology mit Verknüpfungen zu anderen Ontologien (Notation angelehnt an UML, hier ohne Präfix für Namensräume).

In MusicBrainz werden Künstler durch das Konzept `MusicArtist` aus der Music Ontology[14] repräsentiert. Diese werden über die Relation `object` mit dem Konzept `Playcount` der Playcount Ontology verknüpft. Das Konzept `Playcount` wird verwendet, um die Anzahl der gespielten Musikstücke eines Künstlers darzustellen. Die Playcount Ontology ist über das Konzept `Brand` (auf Deutsch: Handelsmarke) mit der Programmontologie der BBC[15] verbunden. Des Weiteren ist das Konzept `Brand` über seine Oberklasse `Programme` mit dem Konzept `Service` verbunden, welches beschreibt, wo eine Handelsmarke beziehungsweise Künstler gespielt wird. Ein `Service` kann beispielsweise ein auf eine bestimmte Region zugeschnittene Version des BBC-Programms sein. Ein `Programme` wird von einem `Broadcaster` übertragen, welches vom Konzept `Organization` der FOAF-Ontologie spezialisiert wurde. Zudem wird das Ereignis einer Übertragung, das heißt eines `Broadcast` in der BBC-Ontologie als Spezialisierung des Konzeptes `Event` der Event Ontology[16] modelliert. Ein `Broadcast` steht über die Relation `broadcast_of` in Bezug auf eine bestimmte Version eines übertragenen Elements wie beispielsweise eine bestimmte Version eines gekürzten Radioprogramms. Das Konzept `Version` hat die Relationen `time` und assoziiert damit ein `Interval` mit dem übertragenen Element für temporale Annotationen wie beispielsweise Untertitel und abgespielte Tracks. Das `Interval`-Konzept stammt von der Timeline Ontology.[17]

Die Ontologien in dem Netzwerk, wie es in Abbildung 20.3 dargestellt ist, sind hinsichtlich ihrer Größe und formalen Beschreibung sehr homogen. Dies muss jedoch nicht so sein. So können die Ontologien auch sehr verschieden groß sein oder können sehr formal definiert sein oder auch nicht. Insgesamt lassen sich Ontologien aufgrund unterschiedlicher nicht-funktionaler Eigenschaften in drei verschiedene Arten unterscheiden [95]. Diese verschiedenen Arten von Ontologien werden im folgenden Abschnitt

---

14 http://musicontology.com

15 http://www.bbc.co.uk/ontologies

16 http://motools.sourceforge.net/event

17 http://motools.sourceforge.net/timeline

eingeführt, bevor wir das oben genannte Beispiel noch einmal und zusammen mit diesem Hintergrundwissen betrachten.

20.3.1.2 Verschiedene Arten von Ontologien

Ein Netzwerk von Ontologien, wie das in Abbildung 20.3 dargestellte Beispiel, kann aus einer Vielzahl von Ontologien bestehen, die von unterschiedlichen Akteuren und Communities erstellt wurden. Ontologien können das Ergebnis einer Transformation oder einer Reengineering-Tätigkeit eines Altsystems sein, wie beispielsweise einer relationalen Datenbank oder existierender Taxonomie wie zum Beispiel der Dewey Decimal Classification[18] oder Dublin Core. Andere Ontologien werden von Grund auf neu erstellt. Dabei werden existierende Methoden und Werkzeuge zum Ontologie-Engineering angewendet und eine geeignete Repräsentationssprache für die Ontologie gewählt (siehe Abschnitt 20.3.3). Ontologien können sehr einfach sein, wie die oben genannte FOAF-Ontologie oder Event-Ontologie, oder sehr komplex und umfangreich, da sie von Domänenexperten entwickelt wurden, wie die medizinische Ontologie SNOMED. Eine der ersten und bekanntesten Ontologien zur Modellierung von Forschern und deren Beziehungen ist SWRC (Semantic Web for Research Communities) [103]. Ihr liegt eine detaillierte Diskussion der Methodik zum Ontologie-Engineering zugrunde.

Ontologie-Engineering beschäftigt sich mit den Methoden zur Erstellung von Ontologien [44] und hat seinen Ursprung im Software-Engineering in der Erstellung von Domänenmodellen und im Datenbankentwurf in der Erstellung von konzeptuellen Modellen. Eine gute Übersicht zum Thema Ontologie-Engineering ist in verschiedenen Referenzbüchern zu finden [44]. Ontologien unterscheiden sich stark in ihrer Struktur, Größe, angewendeten Entwicklungsmethoden und betrachteten Anwendungsbereichen. Komplexe Ontologien werden zudem hinsichtlich ihres Zwecks und ihrer Granularität unterschieden.

Domänenontologien wie SNOMED und SWRC stellen die Repräsentationen von Wissen dar, das spezifisch ist für eine bestimmte Domäne [29, 79]. Domänenontologien werden als externe Quellen von Hintergrundwissen verwendet [29]. Sie können auf Basisontologien [80] oder Kernontologien [95] aufbauen, die der Domänenontologie präzise Strukturierungen vorgeben und damit die Interoperabilität zwischen verschiedenen Domänenontologien verbessern.

Kernontologien stellen eine präzise Definition strukturierten Wissens in einem bestimmten Bereich dar, der sich über mehrere Anwendungsdomänen hin erstreckt [95, 79]. Beispiele für Kernontologien sind die Kernontologie für Software-Komponenten und Web-Services [79], für Ereignisse und Ereignisbeziehungen [93], oder für Multimedia Metadaten [90]. Kernontologien sollten dabei auf Basisontologien aufsetzen, um von

18 https://www.oclc.org/en/dewey.html

deren Formalisierung und starker Axiomatisierung zu profitieren [95]. Dazu werden in Kernontologien neue Konzepte und Relationen für den betrachteten Anwendungsbereich hinzugefügt und von den Basisontologien spezialisiert.

Basisontologien haben einen sehr breiten Anwendungsbereich und können in den verschiedensten Modellierungsszenarien wiederverwendet werden [15]. Sie dienen daher zu Referenzzwecken [79] und haben zum Ziel, die allgemeinsten Konzepte und Relationen zu modellieren, mit denen fast beliebige Aspekte unserer Welt beschrieben werden können [15, 79], wie beispielsweise Objekte und Ereignisse. Ein Beispiel ist die Basisontologie Descriptive Ontology for Linguistic and Cognitive Engineering (DOLCE) [15]. Basisontologien haben eine reichhaltige Axiomatisierung, die zum Entwicklungszeitpunkt von Ontologien wichtig ist. Sie unterstützen den Ontologie-Entwickler dabei, eine formale und in sich konsistente Konzeptualisierung des betrachteten Ausschnitts der Welt zu erstellen und diese auf Konsistenz zu überprüfen. Für die spätere Anwendung von Basisontologien in einer konkreten Anwendung, das heißt während der Laufzeit einer Anwendung, kann die reichhaltige Axiomatisierung oft entfernt und durch eine leichtgewichtigere Version der Basisontologie ersetzt werden.

Im Gegensatz dazu werden Domänenontologien spezifisch dafür gebaut, um zur Laufzeit automatische Schlussfolgerungen ziehen zu können. Daher ist beim Entwurf und der Entwicklung von Ontologien immer die Vollständigkeit und Komplexität auf der einen Seite mit der Effizienz von Schlussfolgerungsmechanismen auf der anderen Seite abzuwägen. Um strukturiertes Wissen, wie das in Abbildung 20.3 dargestellte Szenario, abzubilden, werden vernetzte Ontologien benötigt, die in einem Netzwerk über das Internet aufgespannt werden. Dazu müssen die verwendeten Ontologien zueinander passen und abgeglichen werden.

20.3.1.3 Verteiltes Netzwerk von Ontologien im Web

Ein Netzwerk von Ontologien muss hinsichtlich der ihr auferlegten funktionalen Anforderungen flexibel sein. Dies liegt daran, dass Systeme über die Zeit hin verändert, erweitert, kombiniert oder integriert werden. Zudem müssen die vernetzten Ontologien zu einem gemeinsamen Verständnis der modellierten Domäne führen. Dieses gemeinsame Verständnis kann durch ein ausreichendes Maß an Formalisierung und Axiomatisierung sowie durch Verwendung von Ontologiemustern erzielt werden. Ein Ontologiemuster stellt ähnlich wie ein Entwurfsmuster in der Software-Technik eine generische Lösung für ein wiederkehrendes Modellierungsproblem dar. Ontologiemuster erlauben Teile aus der Originalontologie auszuwählen. Es können entweder alle oder nur bestimmte Muster einer Ontologie im Netzwerk wiederverwendet werden. Um ein Netzwerk von Ontologien zu schaffen, können also beispielsweise bereits existierende Ontologien und Ontologiemuster im Web zusammengeführt werden. Der Ontologieentwickler kann die Modularisierung von Ontologien mithilfe von Ontologiemustern vorantreiben beziehungsweise explizit vorsehen. Einen Ansatz, um ein Netzwerk von

Ontologien zu entwerfen, stellen die Kernontologien dar (siehe im Detail [95]). Sie erlauben, strukturiertes Wissen in komplexen Domänen zu erfassen und auszutauschen. Wohldefinierte Kernontologien erfüllen die im vorangegangenen Abschnitt genannten Eigenschaften und ermöglichen eine einfache Integration und ein reibungsloses Zusammenspiel der Ontologien (siehe auch [95]). Der Ansatz der vernetzten Ontologien führt zu einer flachen Struktur, wie in Abbildung 20.3 dargestellt, bei der alle verwendeten Ontologien auf derselben Ebene verweilen. Solche Strukturen lassen sich bis zu einem gewissen Grad an Komplexität beherrschen.

Der Ansatz der vernetzten Kernontologien wird am Beispiel von Ontologieschichten beginnend bei Basis- über Kern- zu Domänenontologien veranschaulicht. Wie in Abbildung 20.4 dargestellt, befindet sich DOLCE als Basisontologie auf der unteren Schicht, die Multimedia Metadata Ontology (M3O) [90] dient als Kernontologie für Multimedia-Metadaten, ergänzt durch eine domänenspezifische Erweiterung der M3O für den Musikbereich. Kernontologien sind typischerweise in Beschreibungslogik definiert und decken mit ihrer Wissensmodellierung einen Bereich ab, der größer ist als es die spezifische Anwendungsdomäne erfordert [38]. Konkrete Informationssysteme werden typischerweise nur einen Teil der Kernontologien nutzen. Um eine Modularisierung von Kernontologien zu erreichen, sollten Sie mithilfe von Ontologiemustern entworfen sein. Durch eine präzise Abstimmung der Konzepte in der Kernontologie mit den angebotenen Konzepten der Basisontologie stellen sie eine solide Basis für zukünftige Erweiterungen dar. Neue Muster können hinzugefügt werden und existierende Muster können durch Spezialisierung der Konzepte und Rollen erweitert werden. Abbildung 20.4 zeigt verschiedene Muster der M3O- und DOLCE-Ontologien. Im Idealfall werden die Ontologiemuster der Kernontologien in den Domänenontologien wiederverwendet [38], wie

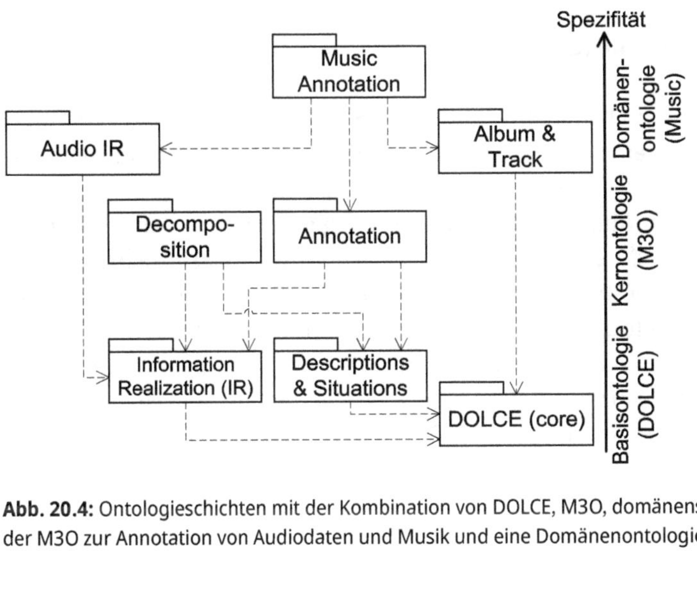

Abb. 20.4: Ontologieschichten mit der Kombination von DOLCE, M3O, domänenspezifische Erweiterungen der M3O zur Annotation von Audiodaten und Musik und eine Domänenontologie für Alben und Tracks.

in Abbildung 20.4 dargestellt. Da jedoch nicht davon ausgegangen werden kann, dass alle Domänenontologien mit einer Basis- oder Kernontologie abgestimmt sind, muss auch die Option berücksichtigt werden, dass Domänenontologien unabhängig davon entwickelt und gepflegt werden. In diesem Fall kann Domänenwissen in Kernontologien durch die Anwendung des Ontologiemusters Descriptions and Situations (DnS) der Basisontologie DOLCE wiederverwendet werden [95]. Das Ontologiemuster DnS ist eine ontologische Formalisierung von Kontext [79] durch die Definition verschiedener Sichten mittels Rollen. Diese Rollen können sich auf Domänenontologien beziehen und erlauben eine klare Trennung des strukturierten Wissens der Kernontologie und domänenspezifischen Wissens. Zur Modellierung eines Netzwerkes von Ontologien, wie das oben beschriebene Beispiel, wird die Web Ontology Language (OWL) und deren Möglichkeit zur Axiomatisierung mittels Beschreibungslogik [4] verwendet. Neben der Verwendung zur Modellierung einer verteilten Wissensrepräsentation und -integration wird OWL, wie in Abschnitt 20.3.3 beschrieben, insbesondere auch verwendet, um Schlussfolgerungen mittels Inferenz aus diesem Wissen abzuleiten. Diesem Thema widmen wir uns im nächsten Abschnitt.

20.3.2 Anfragen auf Graphdaten im Web

Die Verknüpfung von Daten nach den Linked-Data-Prinzipien ermöglicht Anfragen über sehr große (verknüpfte) Datenmengen. Allerdings sind in vielen Anwendungen einfache Anfragen, wie beispielsweise die Ausgabe aller Prädikate der Ressource ABBA (vgl. Abbildung 20.2), nicht ausreichend, sondern komplexe Anfragen mit mehreren Anfragebedingungen werden benötigt.

20.3.2.1 Anfragen auf Graphdaten mit SPARQL

SPARQL ist eine Anfragesprache für RDF. Ähnlich zu SQL beschreibt die `WHERE`-Klausel unter welchen Bedingungen Daten selektiert werden. Neben der eigentlichen Anfragesprache definiert SPARQL auch Zugriffsprotokolle und Datenformate für RDF-Repositorien. Ein Repositorium für RDF-Daten ist vergleichbar mit der Rolle einer Datenbank im relationalen Datenbankmanagementsystem [66]. Repositorien, die SPARQL unterstützen, müssen bestimmte Protokolle und Datenformate einhalten. Einige der meistgenutzten Repositorien sind RDF4J [17], Jena [114] und Virtuoso.[19] Repositorien übernehmen neben der Speicherung von Daten auch die Bereitstellung von Anfragemöglichkeiten in Form von *SPARQL-Endpunkten*. Datensätze, die einen SPARQL-Endpunkt haben, sind in der Regel mittels REST-Protokoll [33] zu erreichen.

19 http://virtuoso.openlinksw.com

Neben der Anfrage von explizit vorhandenen Fakten sieht SPARQL auch die Unterstützung durch sogenannte *Entailment-Regimes* vor. Ein Regime erweitert die Abfrage von explizit vorhandenen Fakten um solche, die sich mithilfe von RDFS- und OWL-Konstrukten ableiten lassen (vgl. Abschnitt 20.3.3), wie zum Beispiel die Erweiterung von Fakten über Unterklassen mittels *rdfs:subClassOf*. Dazu werden von den SPARQL-Endpunkten geeignete Schlussfolgerungsdienste unter Verwendung eines Reasoner bereitgestellt. Je nach Funktionsumfang des jeweiligen SPARQL-Repositoriums werden verschiedene (oder auch gar keine) Entailment-Regimes unterstützt. Diese unterscheiden sich hinsichtlich ihrer Mächtigkeit in den unterstützen Schlussfolgerungsmöglichkeiten über RDFS/OWL-Klassen und -Beziehungen. Es ist also bei der Formulierung einer Anfrage an ein SPARQL-Repositorium darauf zu achten bzw. vorab zu prüfen, ob und welche Entailment-Regimes unterstützt werden.

Nachfolgend wird nochmals das Beispiel von MusicBrainz betrachtet, in dem Informationen über ABBA gesucht werden. Wir sind nun an den Interpreten von ABBA interessiert, die auch Mitglieder anderer Bands sind. Folgen wir dem Linked-Data-Prinzip, so würde das bedeuten, dass zunächst nach der URI angefragt wird, die für ABBA steht, dann würde zu den einzelnen Bandmitgliedern navigiert werden, und anschließend den Links zu allen Bands der Mitglieder gefolgt werden.

SPARQL geht über das prozedurale Verfolgen von Links hinaus und basiert auf dem Abgleich von Graphmustern. Graphmuster aus der SPARQL-Anfrage werden mit vorhandenen RDF-Tripeln in den (verteilt vorliegenden) RDF-Graphen verglichen und eventuell nach weiteren Kriterien gefiltert. Das Graphmuster für Bands, deren Mitglieder ebenfalls ABBA-Mitglied sind, ist in Abbildung 20.5 dargestellt, und die entsprechende SPARQL-Anfrage ist in Abbildung 20.6 beschrieben. Die eigentlichen Vergleichsbedingungen der Graphmuster mit RDF-Tripeln werden in der `WHERE`-Klausel beschrieben. Das Graphmuster besteht aus einzelnen Tripelmustern. An jeder Stelle eines Tripelmusters (Subjekt, Prädikat, Objekt) kann entweder eine URI oder eine Variable stehen, in der Objektposition auch ein Literal (eine Art String). Wenn die URIs und Literale eines Tripelmusters mit vorhandenen Tripeln übereinstimmen, dann können die Variablen an die entsprechenden Werte dieser Tripel gebunden werden. Wenn mehrere Tripelmuster ein Graphmuster bilden, dann muss es Kombinationsmöglichkei-

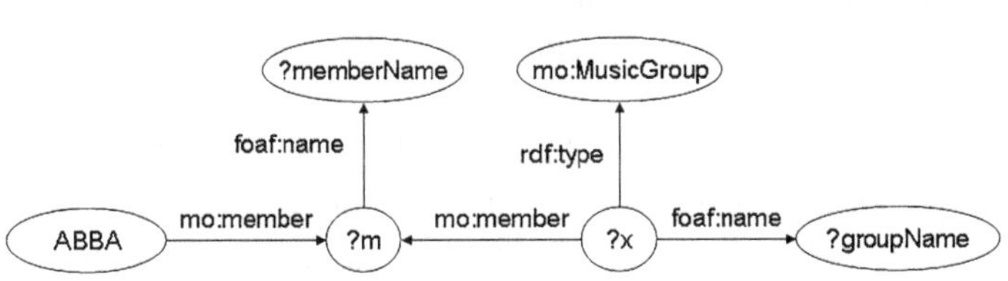

Abb. 20.5: Graphische Darstellung einer Anfrage für Musikgruppen (dargestellt durch die Variable *?groupName*), deren Mitglieder ebenfalls Mitglieder bei ABBA sind. Die Variable *?m* bezieht sich auf die Mitglieder von ABBA. Der Knoten mit Beschriftung „ABBA“ stellt die URI für ABBA dar. Das Präfix *mo* bezieht sich auf die Musikontologie, *foaf* auf die FOAF-Ontologie und *rdf* auf das Vokabular der RDF-Spezifikation.

```
PREFIX rdf: <http://www.w3.org/1999/02/22-rdf-syntax-ns#>
PREFIX mo: <http://purl.org/ontology/mo/>
PREFIX foaf: <http://xmlns.com/foaf/0.1/>
PREFIX bbc: <http://www.bbc.co.uk/music/>
SELECT ?memberName ?groupName
WHERE  { bbc:artists/d87e52c5-bb8d-4da8-b941-9f4928627dc8#artist mo:member ?m .
         ?x mo:member ?m .
         ?x rdf:type mo:MusicGroup .
         ?m foaf:name ?memberName .
         ?x foaf:name ?groupName }
FILTER (?groupName <>  "ABBA")
```

Abb. 20.6: SPARQL-Anfrage für Musikgruppen, deren Mitglieder auch Mitglieder bei ABBA sind. Im ersten Tripelmuster des WHERE-Teils ist die URI von ABBA das Subjekt.

ten dieser Variablenbindungen geben, die in der Belegung der gemeinsamen Variablen übereinstimmen, damit das Gesamtmuster passen kann. Der `WHERE`-Klausel kann ein `FILTER`-Ausdruck folgen, der die Ergebnisse nach dem angegebenen Kriterium (hier muss der Name der Gruppe ungleich zum Namen „ABBA“ sein) reduziert. Das Schlüsselwort `PREFIX` ermöglicht die Einführung von Bezeichnern für URIs (vgl. Abbildung 20.6).

20.3.2.2 Anfragen auf verknüpfte, verteilte Graphdaten

Anfragen zu einzelnen Datenquellen sind die Grundbausteine verteilter Anfragen. Allerdings sind noch Erweiterungen erforderlich, um mehrere Datenquellen anfragen zu können. Ein möglicher Ansatz sind Anfragen von mehreren, benannten RDF-Graphen (Englisch: *named graphs*). Ein benannter Graph in RDF ist eine Menge von RDF-Tripeln. Eine Datenquelle kann aus mehreren benannten Graphen bestehen. Einige konkrete Implementierungen realisieren Anfragen über mehrere RDF-Graphen. Eine Architektur, sowie Indexstrukturen und Algorithmen zur Ausführung von verteilten Anfragen wurden in [100] vorgestellt. Dieser Ansatz wurde in Form von sogenannten Networked Graphs verfeinert und erweitert [92]. Networked Graphs ermöglichen neben der Anfrage auf verteilten Quellen und der Generierung von Sichten auf verteilte Graphen auch die Verbindung dieser Graphen in Form von rekursiven Sichten, die als `CONSTRUCT`-Anfragen definiert werden.

Eine Beispielanfrage auf DBpedia und MusicBrainz ist in Abbildung 20.7 dargestellt. Es werden alle Künstler von ABBA (dargestellt durch das Subjekt `bbc:artists/d87e52c5-bb8d-4da8-b941-9f4928627dc8#artist`) mit Namen und Biographie gesucht. Die Ergebnisse sind verknüpfte Informationen über Künstler, die aus zwei Datenquellen stammen: DBpedia und MusicBrainz. Die Variable für Mitglieder (`?member`) ist das Verknüpfungselement beider Graphen, wie in Abbildung 20.8 dargestellt. Es ist durchaus möglich, dass URIs derselben Interpreten in DBpedia und MusicBrainz ver-

```
PREFIX mo: <http://purl.org/ontology/mo/>
PREFIX foaf: <http://xmlns.com/foaf/0.1/>
PREFIX bbc: <http://www.bbc.co.uk/music/>
CONSTRUCT { ?member mo:wikipedia ?biography . ?member foaf:name ?name}
FROM NAMED :MusicBrainz
FROM NAMED :DBpedia
WHERE {
    GRAPH :MusicBrainz {
        bbc:artists/d87e52c5-bb8d-4da8-b941-9f4928627dc8#artist mo:member ?member .
        ?member foaf:name ?name }
    GRAPH :DBpedia {
        ?member mo:wikipedia ?biography }
}
```

Abb. 20.7: SPARQL-Anfrage für ABBA-Mitglieder.

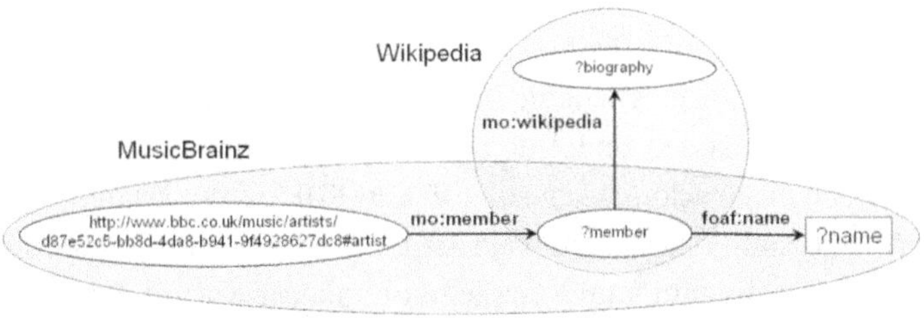

Abb. 20.8: Verknüpfte Information über ABBA aus zwei Datenquellen.

schieden sind. In diesem Fall kann mittels der Beziehung `owl:sameAs` die Äquivalenz beider URIs definiert werden. Aus Sicht des Anwenders wird eine Anfrage, wie in Abbildung 20.7 dargestellt, über SPARQL-Endpunkte ausgeführt. Über SPARQL-Endpunkte werden Daten zweier benannter RDF-Graphen extrahiert. Networked Graphs verbergen die Komplexität von Anfragen auf verteilten Repositorien. Sie kombinieren die Ergebnisse der verteilten Anfragen zu einem Gesamtergebnis.

Anfragen auf verteilte RDF-Daten sind sehr ähnlich zu Anfragen auf schemalosen und verteilten Datenbanken oder auf Peer-to-peer-Datenbanken (vgl. [50]). Es gibt noch weitere Anfrageparadigmen, welche direkt die Vorteile von Linked Data und den Linked Data Prinzipien nutzen. Das Anfrageprinzip von Hartig et al. [53] kombiniert die grundlegende Eigenschaft der Dereferenzierbarkeit von URIs in Linked Data mit Daten-Crawling. Es umgeht das Problem mangelnder Indizes, indem während der Anfrageausführung den RDF-Links gefolgt wird, die für die Anfrage relevant sein könnten, um weitere Informationen zu entdecken. Der Suchraum wird also während der Ausführung der Anfrage durch das Daten-Crawling erweitert zu den nächsten, verbundenen Datenquellen, die zum Anfrageergebnis beitragen könnten. Umgesetzt wird dies mittels eines Indexmechanismus, der Datenbeschreibungen benutzt, die auf Informationen über Instanzen und Schemata beruhen [50]. Solche Indexstrukturen ermöglichen die

Auswahl von relevanten Datenquellen für Anfragen, die sich auf mehrere, anfangs eventuell noch unbekannte Datenquellen beziehen. Dieser Ansatz ermöglicht auch Anfragen an Linked-Data-Quellen, die keinen SPARQL-Endpunkt anbieten. Nachteile dieses Ansatzes sind jedoch die höheren Kosten bei der Anfrageausführung und die nicht garantierte Vollständigkeit der Ergebnisse. Detaillierte Aussagen zur Vollständigkeit dieses Anfrageparadigmas werden in [52, 54] getroffen.

20.3.3 Inferenz auf Webgraphen

In Abschnitt 20.2.1 wurden verschiedene formale Sprachen zur Wissensrepräsentation im Semantic Web vorgestellt. RDF ermöglicht die Beschreibung einfacher Fakten (Aussagen mit Subjekt, Prädikat und Objekt, sogenannte RDF-Tripel), zum Beispiel „Anni-Frid Lyngstad" „ist Mitglied von" „ABBA". Als Prädikat werden mit benannten Beziehungen Entitäten (Subjekt und Objekt) verknüpft. Die Menge von solchen Verknüpfungen bildet einen gerichteten Graphen. RDFS ermöglicht die Definition von Typen von Entitäten (Klassen), Beziehungen zwischen Klassen und eine Sub- und Superklassenhierarchie zwischen Typen. OWL ist noch ausdrucksstärker als RDF und RDFS. OWL erlaubt beispielsweise die Definition von disjunkten Klassen (Begriffen) oder die Beschreibung von Klassen in Form von Schnitt, Vereinigung und Komplement anderer Klassen (vgl. Abschnitt 20.3.1).

20.3.3.1 Transformation von Daten

Um eine weitgehende und umfassende Datenerfassung und somit Wissensrepräsentation zu ermöglichen, wurden Abbildungen und Transformationen (auch Mappings genannt) erarbeitet, um von verschiedenen Datenhaltungsmodellen in Semantic-Web-Sprachen wie RDF abbilden zu können. Die Abbildungssprache R2RML [22] definiert Abbildungsregeln von relationalen Datenbanken (relationalen Datenmodellen) zu RDF-Graphen. Diese Abbildungen (mappings) selbst sind ebenfalls RDF-Tripel, dargestellt in Turtle-Syntax [5]. Turtle wird als benutzerfreundliche, da kompakt-darstellbare, Notation von RDF-Graphen betrachtet, wie im Abschnitt 20.2.1 oben diskutiert. Die Struktur von R2RML ist in Abbildung 20.9 dargestellt. Im Wesentlichen werden Tabelleninhalte durch die Klassen `SubjectMap`, `PredicateMap` und `ObjectMap` in Tripel abgebildet. Ist das Objekt eine Referenz auf eine andere Tabelle, so wird diese Referenz als `RefObjectMap` bezeichnet. `SubjectMap` beinhaltet dabei Primärschlüsselattribute der entsprechenden Tabelle. Somit existiert eine in RDF-Graphen darstellbare Abbildungsregel, mittels der Tabellen relationaler Datenbanken als RDF-Graphen repräsentiert werden können.

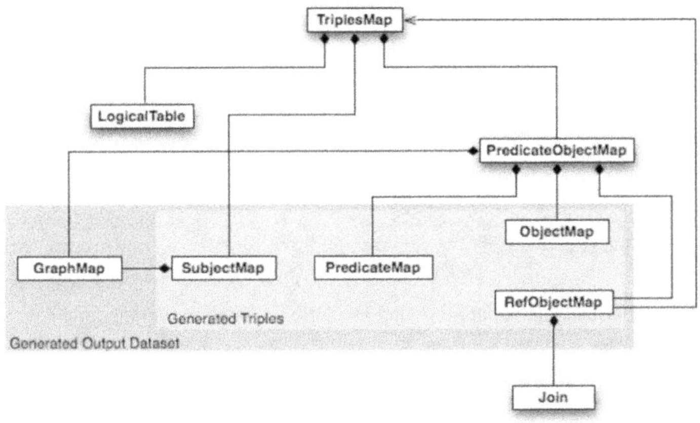

Abb. 20.9: Struktur der Mapping-Repräsentation in Turtle (Quelle: [22]).

20.3.3.2 Schlussfolgerungen über Webgraphen

Basierend auf diesen formalen Sprachen und deren Semantik können durch deduktive Inferenz weitere (implizite) Fakten aus der Wissensbasis abgeleitet werden. Im Folgenden wird beispielhaft die Herleitung von impliziten Fakten aus einer Menge von explizit gegebenen Fakten mittels des RDFS-Konstrukts `rdfs:subClassOf` und des OWL-Konstrukts `owl:sameAs` dargestellt. `rdfs:subClassOf` beschreibt hierarchische Beziehungen zwischen Klassen und mit `owl:sameAs` können zwei Ressourcen als identisch definiert werden.

Als erstes Beispiel betrachten wir die Klasse `foaf:Person`, welche in der FOAF-Ontologie definiert ist, und die Klassen `mo:Musician` und `mo:Group`, die in der Musikontologie definiert sind. In der Musikontologie gibt es zusätzlich ein Axiom, welches `mo:Musician` als Subklasse von `foaf:Person` mittels `rdfs:subClassOf` definiert. Aufgrund dieses Axioms kann durch deduktive Inferenz hergeleitet werden, dass Instanzen von `mo:Musician` auch Instanzen von `foaf:Person` sind. Falls es nun eine solche Hierarchie von Klassen gibt und zusätzlich noch eine Aussage das Anni-Frid Lyngstad vom Typ `mo:Musician` ist, so kann mittels Inferenz hergeleitet werden, dass Anni-Frid Lyngstad auch vom Typ `foaf:Person` ist. Dies bedeutet, dass alle Anfragen die nach Entitäten vom Typ `foaf:Person` fragen, auch Anni-Frid Lyngstad im Anfrageergebnis enthalten, auch wenn diese Instanz nicht explizit als Instanz von `foaf:Person` definiert ist. Abbildung 20.10 stellt diese Fakten und die entsprechende Klassenhierarchie in RDFS als gerichteten Graph dar.

Im zweiten Beispiel werden mittels des OWL-Konstrukts `owl:sameAs` zwei Ressourcen als identisch definiert, zum Beispiel http://www.bbc.co.uk/music/artists/d87e52c5-bb8d-4da8-b941-9f4928627dc8#artist und http://dbpedia.org/resource/ABBA. Identisch bedeutet hier, dass diese beiden URIs dasselbe Objekt der realen Welt repräsentieren. Durch Schlussfolgerung können nun Informationen über ABBA aus verschiedenen

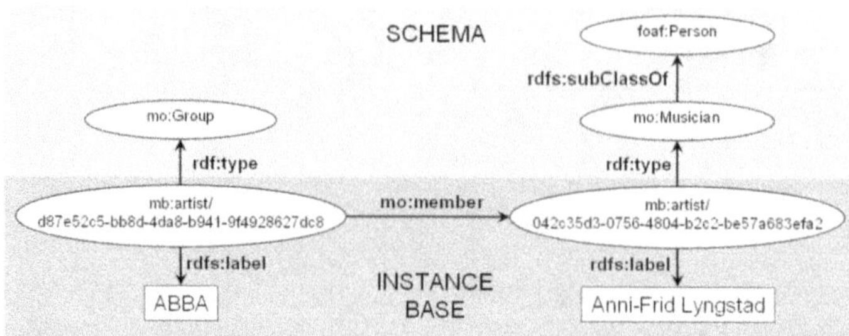

Abb. 20.10: Visualisierung der RDF-Beispieldaten über ABBA und Anni-Frid Lyngstad zur Veranschaulichung von Schlussfolgerungen in RDFS.

Quellen verbunden werden (vgl. Abschnitt 20.3.2.2). Da Ontologien im Web unabhängig voneinander erstellt werden und URIs lokalen Namenskonventionen unterliegen, ist es durchaus möglich, dass ein reales Objekt durch verschiedene URIs (in verschiedenen Ontologien) referenziert wird.

OWL bietet noch eine Vielzahl weiterer Konstrukte zur Beschreibung von Klassen, Beziehungen und konkreten Fakten. OWL ermöglicht beispielsweise die Definition von transitiven Beziehungen und inversen Beziehungen (zum Beispiel ist die Beziehung „ist-Mitglied" invers zu „hat-Mitglieder"). Für OWL-Ontologien gibt es Schlussfolgerungsdienste wie Pellet[20] oder Hermit [42], die unter anderem Konsistenzprüfung einer Ontologie oder die Überprüfung der Erfüllbarkeit von Klassen ermöglichen. Eine Klasse ist erfüllbar, wenn es Instanzen dieser Klasse geben kann. Auch eine Kombination von Beschreibungslogik und Regeln ist möglich. So haben Motik et al. [76] eine Kombination von Beschreibungslogik und Regeln vorgestellt, die berechenbare Schlussfolgerungen auf OWL-Ontologien erlaubt.

20.3.4 Identität und Verknüpfung von Objekten und Begriffen

Im Semantic Web kann nicht die Annahme getroffen werden, dass zwei URIs auf zwei verschiedene Objekte der realen Welt verweisen. Eine URI hat von sich aus, beziehungsweise in sich, keine Identität [48]. Vielmehr wird die Identität beziehungsweise die Interpretation einer URI durch den Kontext, in dem sie im Semantic Web verwendet wird, deutlich. Zu bestimmen, ob zwei URIs auf dieselbe Entität verweisen oder nicht, ist keine einfache Aufgabe und wurde in der Vergangenheit intensiv im Data Mining und im Sprachverstehen untersucht. Um zu erkennen, ob sich die Autorennamen von Forschungsbeiträgen auf dieselbe Person beziehen oder nicht, ist es oftmals nicht ausreichend, den Namen, den Veranstaltungsort, Titel und Koautoren aufzulösen und zu betrachten [62].

20 https://github.com/stardog-union/pellet

Der Vorgang zur Bestimmung der Identität einer Ressource wird oftmals als Entitätenauflösung [62], Koreferenzauflösung [112], Objektidentifikation [88] und Normalisierung [112, 113] bezeichnet. Die korrekte Bestimmung der Identität von Entitäten im Internet wird zunehmend wichtiger, da immer mehr Datensätze im Internet erscheinen und dies eine signifikante Hürde für sehr große Semantic-Web-Anwendungen darstellt [41].

Um dem gerecht zu werden, existieren eine Reihe von Diensten, die Entitäten erkennen und ihre Identität bestimmen können: Thomson Reuters bietet mit OpenCalais[21] einen Dienst an, mit dem Text in natürlicher Sprache mittels Erkennung von Entitäten mit anderen Ressourcen verknüpft werden kann. Der Dienst sameAs[22] zielte auf die Erkennung von doppelten Ressourcen im Semantic Web unter Verwendung der OWL-Beziehung `owl:sameAs` ab. Damit können Koreferenzen zwischen verschiedenen Datensätzen aufgelöst werden. Zum Beispiel wird für die Anfrage mit der URI http://dbpedia.org/resource/ABBA eine Liste von 139 Ressourcen zurückgegeben, die ebenfalls auf die Musikgruppe ABBA verweisen. Eine davon ist die BBC mit der Ressource http://www.bbc.co.uk/music/artists/d87e52c5-bb8d-4da8-b941-9f4928627dc8#artist.

Weiterhin ist das Problem des Schema-Matching [113] sehr verwandt mit der Problemstellung von Auflösung von Entitäten, Koreferenzauflösung und Normalisierung. Ziel von Schema-Matching ist die, selbst für kleine Schemata nicht-triviale Frage, wie Daten integriert werden können [113]. Im Semantic Web bezeichnet Schema-Matching den Abgleich verschiedener Ontologien bzw. der in den diesen definierten Konzepte. Verschiedene (halb-)automatische Verfahren oder Verfahren des maschinellen Lernens zum Abgleich von Ontologien wurden in der Vergangenheit entwickelt [30, 28, 9]. Kernontologien wie in Abschnitt 20.3.1.2 stellen generische Modellierungsframeworks zur Integration und Abgleich mit anderer Ontologien dar. Zudem können Kernontologien auch Linked Open Data integrieren, das typischerweise keine oder nur sehr wenige Schema-Informationen beinhaltet. Die YAGO-Ontology [101] wurde generiert aus der Verschmelzung von Wikipedia und Wordnet unter Verwendung von regelbasierten und heuristischen Methoden. Eine manuelle Evaluation konnte eine Genauigkeit von 95 % nachweisen. Ein manueller Abgleich von verschiedenen Datenquellen wird auch im Linked-Open-Data-Projekt der Deutschen Nationalbibliothek verfolgt.[23] Beispielsweise wurde die Datenbank mit den Autoren aller in Deutschland publizierten Dokumente händisch mit der DBpedia und anderen Datenquellen verknüpft. Eine besondere Herausforderung war dabei, die Identität der Autoren wie oben beschrieben zu identifizieren. Zum Beispiel hat der frühere Bundeskanzler Helmut Kohl einen Schiedsrichter als Namensvetter, dessen Arbeiten nicht mit dem DBpedia-Eintrag des Kanzlers verknüpft werden sollten. Beziehungen zwischen Schlüsselwörtern zur Beschreibung von Publikationen werden mit dem SKOS-Vokabular (Simple Knowledge Organization System)

21 https://www.refinitiv.com/en/products/intelligent-tagging-text-analytics

22 https://www.sameas.cc/

23 http://www.d-nb.de/

beschrieben.[24] Beispielsweise werden Schlüsselwörter über die Relation skos:related zueinander in Beziehung gesetzt. Hyponyme und Hypernyme werden durch die Relationen skos:narrower und skos:broader ausgedrückt. Schließlich sei die Ontology Alignment Evaluation Initiative[25] erwähnt, die zum Ziel hat, einen etablierten Konsensus zur Evaluation von Methoden des Ontologie-Matching zu erreichen.

20.3.5 Herkunft und Vertrauenswürdigkeit von Daten

Die Vertrauenswürdigkeit von Webseiten und Daten im Web kann anhand verschiedener Indikatoren erkannt werden, zum Beispiel durch Zertifikate, die Platzierung von Suchmaschinenergebnissen und Links (Forward- und Backwardlinks) zu anderen Seiten. Allerdings gibt es im Semantic Web für Benutzer nur wenige Möglichkeiten, die Vertrauenswürdigkeit von einzelnen Daten zu bewerten.

Die Vertrauenswürdigkeit von Daten im Web kann von der Vertrauenswürdigkeit anderer Benutzer („Wer sagt das?“), der zeitlichen Gültigkeit von Fakten („Wann wurde ein Fakt beschrieben?“) oder in Bezug auf Unsicherheit von Angaben („Zu welchem Grad ist die Aussage wahr?“) abgeleitet werden. Artz und Gil [2] fassen Vertrauenswürdigkeit wie folgt zusammen: „Vertrauenswürdigkeit von Daten ist kein neues Forschungsgebiet der Informatik, sondern sie existiert bereits in verschiedenen Bereichen der Informatik, zum Beispiel in Form von Sicherheit und Zugriffskontrolle in Netzwerken, Zuverlässigkeit in verteilten Systemen, in Agentensystemen, und bei Richtlinien und Regeln zur Entscheidungsfindung unter Unsicherheit. Vertrauenswürdigkeit wird in jedem dieser Bereiche unterschiedlich behandelt.“

Obwohl Vertrauenswürdigkeit in diesen Bereichen schon lange betrachtet wird, bringt die Bereitstellung und Veröffentlichung von Daten durch viele Benutzer an verschiedenen Quellen im Semantic Web neue und einzigartige Herausforderungen mit sich. Des Weiteren spielt Vertrauenswürdigkeit auch für Schlussfolgerungsdienste im Semantic Web eine Rolle, da bei der Herleitung von Daten Angaben bezüglich der Vertrauenswürdigkeit zu beachten sind und Daten nach ihrer Vertrauenswürdigkeit zu bewerten sind. Wichtige Aspekte für Vertrauenswürdigkeit von Daten sind unter anderem: (i) die Herkunft von Daten, (ii) das Vertrauen, das anhand vorheriger Interaktionen bereits gewonnen wurde, (iii) Bewertungen, die durch Richtlinien eines Systems zugewiesen wurden, und (iv) Zugriffskontrollen und teilweise auch Sicherheit und Wichtigkeit von Informationen. Diese Aspekte werden in verschiedenen Systemen realisiert.

Datenherkunft und Vertrauenswürdigkeit von Daten im Semantic Web wurde für RDF-Daten in [25, 34] und für OWL und Regeln in [25] behandelt. Andere Arbeiten be-

24 https://www.w3.org/TR/2009/REC-skos-reference-20090818/

25 http://oaei.ontologymatching.org/

fassen sich mit Zugriffskontrollen über verteilten Daten im Semantic Web [39]. Des Weiteren gibt es noch Ansätze zur Berechnung von Vertrauenswerten [99] und der Informativität von Teilgraphen [63]. Eine aktuelle Entwicklung sind digitale Signaturen für Graphen. Analog zu digitalen Signaturen für Dokumente werden ganze Graphen oder ausgewählte Knoten und Kanten eines Graphen mit einer digitalen Signatur versehen, um die Authentizität der Daten sicherzustellen und damit unbefugte Veränderungen aufdecken zu können [64]. Bei dem von Kasten et al. entwickelten Ansatz für digitale Graphsignaturen werden Graphdaten auf dem Web im RDF-Format als auch in OWL unterstützt [65]. Die digitale Graphsignatur wird selbst wieder als Graph repräsentiert und kann damit wie die eigentlichen Nutzdaten zusammen im Web veröffentlicht werden. Die Verknüpfung zwischen dem Signaturgraphen und dem signierten Graphen wird durch den Mechanismus der benannten Graphen (siehe Abschnitt 20.3.2.2) hergestellt [65], wobei andere Mechanismen auch möglich sind. Durch diesen Mechanismus ist es möglich, signierte Graphen miteinander zu kombinieren und zu verschachteln. Es können somit bereits signierte Graphen zusammen mit anderen, neuen Graphdaten erneut signiert werden etc. Dies ermöglicht es, komplexe Vertrauensketten zwischen den Veröffentlichern von Graphdaten aufzubauen und die Herkunft von Daten nachweisen zu können [65, 64].

20.3.6 Maschinelles Lernen auf Wissensgraphen

Das maschinelle Lernen auf Graphen ist eines der aktivsten Forschungsfelder im Bereich der KI [49]. Wir betrachten dazu zunächst Graph-Embeddings für flache Repräsentationen von Knoten, Kanten und Graphen. Danach widmen wir uns den neuronalen Netzen für Graphen (GNN), die komplexere Repräsentationen berechnen können. Abschließend diskutieren wir die Entwicklungen zu Sprachmodellen und deren Bezug und Integration mit Wissensgraphen.

20.3.6.1 Graph-Embeddings

Mithilfe von Graph-Embeddings werden Repräsentationen von Knoten, Kanten und Graphen berechnet, um diese für Aufgaben des maschinellen Lernens wie zum Beispiel als Eingabe für GNNs zu nutzen. Die grundsätzliche Idee von Embeddings ist es, mittels unüberwachtem Lernen eine Repräsentation von Knoten zum Beispiel über deren Nachbarschaftsbeziehungen in einem hochdimensionalen Raum zu bestimmen. Klassische Ansätze zur unüberwachten Berechnung von Graph-Embeddings sind Node2Vec [47], bei dem durch zufällige Graphtraversierung berechnet wird, wie ähnlich der Startknoten zu Knoten in seiner Umgebung ist. Graph-Embeddings beinhalten aber auch selbstüberwachte Aspekte, wie zum Beispiel in Deep Walk [84], einer Verallgemeinerung von Node2Vec mittels einer gewichteten Breiten- versus Tiefensuche. In Deep Walk werden ebenfalls zufällige Traversierungen im Graph beginnend von einem Knoten berechnet. Die Embeddings werden dann unter anderem mithilfe der Skip-Gram-Idee aus dem Embedding-Model Word2Vec [74] für Texte berechnet. Letzteres sieht vor, dass in einem selbstüberwachten Ansatz ein Element aus einer Sequenz entfernt und durch ein neuronales Netz vorhergesagt wird. Im Kontext von Deep Walk sind die Sequenzen die zufälligen Traversierungen im Graph und die Elemente die Knoten im Graph. Eine Übersicht von klassischen Graph-Embeddings ist unter anderem in Hamilton [49] als auch Murphy [77] zu finden.

Spezifische Embedding-Modelle für Wissensgraphen umfassen RDF2Vec [89] und eine Vielzahl darauf basierender Ansätze. Generell können Embeddings für Wissensgraphen basierend auf Biswas et al. [7] eingeteilt werden in translationsbasierende Modelle, die auf einer Distanzfunktion zwischen Knoten basieren, Modelle die Wahrscheinlichkeiten und Unsicherheit modellieren und Ansätze basierend auf semantischer Ähnlichkeit, bestimmt durch Tensordekomposition.

Beispiele sind TransE [14] als translationsbasiertes Modell, um Knoten und Kanten in einem gemeinsamen Embeddingraum zu repräsentieren. TransR [69] erweitert TransE um die Unterstützung von 1:N und anderen Beziehungen. Es verwendet eigene Embeddingräume, also eine eigene Matrix für jede Relation [7], und benötigt daher mehr Speicher. Während TransR auf die unmittelbare Nachbarschaft beschränkt ist, wird dieses von PTransR um die Enkodierung von Pfaden erweitert. TransG [117] basiert auf einem Mischmodell von Gauß'schen Verteilungen, um unterschiedliche Bedeutungen einer Relation wie zum Beispiel `hasPart` abzubilden.

Während diese Embedding-Modelle auf Wissensgraphen operieren, wird dabei die spezifische Semantik der Standards im Semantic Web wie RDFS und OWL nicht abgebildet. Ein Ansatz in diese Richtung ist RotateE [102], welcher rotationale Transformationen verwendet, um komplexe Beziehungen in Wissensgraphen abzubilden [7], wie zum Beispiel symmetrische und antisymmetrische Relationen, Inversion und Komposition. Graph-Embeddingmodelle, die Teile der Semantik von OWL-Ontologien abbilden können, sind TransOWL [21] oder OWL2Vec [19]. Diese bilden die Semantik von Ausdrücken der Beschreibungslogik wie den Schnitt von zwei Klassen, Subklassen usw. direkt im Training der Embeddings durch spezielle Verlustfunktionen ab. TransOWL erweitert die bisherigen Embeddingmodelle, indem es nicht nur den direkt beobachteten Graphen, sondern auch Wissen, das durch Schlussfolgerungen aus verfügbaren Axiomen abgeleitet wurde, enkodieren kann. Dazu integriert TransOWL die OWL-Axiome direkt in die Verlustfunktion und führt so während des Trainings effektiv Schlussfolgerungen durch. TransOWL ist von TransE abgeleitet, während seine Variante TransROWL auf TransR basiert. Darüber hinaus gibt es auch eine Version, die TransOWL um die Äquivalenzaxiome und inverse Relationen erweitert. Ein weiteres Modell für OWL ist OWL2Vec*, welches Random Walks und Wort-Embeddings nutzt, um die Semantik von OWL-Ontologien zu enkodieren.

Graph-Embeddings haben eine Reihe von Nachteilen [49]. Zum einen sind die Berechnungen langsam durch hohe Redundanz. Zum anderen lassen sich die Embeddings eines Graphen nicht auf neue Knoten oder gar neue Graphen ohne weiteres Lernen übertragen. Daher sind Graph-Embeddings inherent *transduktiv*, das heißt sie nehmen an, dass der gesamte Graph zur Trainingszeit vorliegt und für ein unüberwachtes (Node2Vec) oder selbstüberwachtes Lernen (Deep Walk) genutzt werden kann. Die bereits berechneten Embeddings können also nicht auf neue Knoten übertragen werden. Die Ineffizienz durch redundante Berechnungen kommt daher, dass für jeden Knoten ein eigenes Embedding über die zufälligen Traversierungen bestimmt werden muss. Dabei werden für verschiedene Embeddings oftmals dieselben Knoten mehrfach betrachtet. Des Weiteren ist zu erwähnen, dass es das primäre Ziel von Graph-Embeddings ist, eine geeignete Repräsentation von Graphen zu bestimmen, wenn datensatzspezifische Features nicht vorliegen oder angereichert werden sollen. Daher haben Embeddings in der Regel keinen spezifischen Downstream-Task wie die Knotenklassifikation.

20.3.6.2 Neuronale Netze für Graphen

Neuronale Netze für Graphen (GNN) erweitern das Konzept der Graph-Embeddings durch die Möglichkeit, komplexere Repräsentationen basierend auf den Knotenfeatures zu berechnen. Im Gegensatz zu Graph-Embeddings sind GNNs in der Regel durch überwachtes oder halbüberwachtes Lernen gekennzeichnet. Der Ursprung von GNNs geht mindestens auf die Arbeiten von Gori et al. [45] und Scarselli et al. [91] zurück. GNNs können in isotropisch und anisotropisch sowie in transduktiv und induktiv [37] eingeteilt werden. Die Mehrzahl der GNNs basiert auf dem Prinzip des Message-Passing (dt. Nachrichtenweitergabe), in dem Features der Nachbarknoten genutzt werden, um Repräsentationen der Knoten zu berechnen. In isotropischen GNNs haben alle Kanten den gleichen Einfluss auf die Berechnung der Knotenpräsentationen, während in anisotropischen Modellen die Kantengewichte und damit die Repräsentationen der Nachbarknoten unterschiedlich sind beziehungsweise gelernt werden. Transduktive GNNs nehmen, wie oben beschrieben, an, dass zur Trainingszeit auch die Knoten ohne Label aus dem Testset vorliegen. Diese können in unterschiedlichen Berechnungen, zum Beispiel für das Message-Passing, verwendet werden, haben aber keinen Einfluss auf die Fehlerfunktion des Modells, werden also nicht im Lernprozess mittels Backpropagation berücksichtigt. Beispiele von GNNs sind GCN (isotropisch und transduktiv), welches durch die Spektralanalyse in der Graphentheorie [67] motiviert ist. GAT (anisotopisch und induktiv) lernt die Kantengewichte mittels Attention [108]. GraphSAGE (isotropisch und induktiv) setzt unter anderem einen Sampler ein und skaliert damit für große Graphen. Diese Modelle sind, wenn die Hyperparameter optimiert sind, starke Vertreter von GNNs mit sehr guter Performanz [98, 72].

In klassischen GNNs wie GCN wird mittels Message-Passing eine Berechnung von Embeddings für alle Knoten im Graphen gleichzeitig effizient durchgeführt [49]. Wie oben erwähnt, werden GNNs in der Regel durch überwachtes oder halbüberwachtes

Lernen berechnet und beinhalten einen Downstream-Task wie die Klassifikation von Knoten oder Graphen, Regressionen auf Graphen und die Vorhersage von Kanten (weitere Anwendungen werden in Murphy [77] beschrieben). Das Lernen mittels GNNs wird oftmals als halbüberwacht bezeichnet, da in vielen Datensätzen und Methoden nur wenige Knoten pro Klasse mit einem Goldstandard-Label versehen sind [49], zum Beispiel weniger als 5 % der Knoten haben ein Label beim Training eines GCN [67].

Ein Problem klassischer GNN ist, dass lange Pfade nicht abgebildet werden können und zu *oversquashing* und *oversmoothing* führen [49]. Mit oversquashing is gemeint, wenn die Repräsentationen von weit entfernten Knoten über nur wenige Kanten „zusammengedrückt" werden, was zu einem Verlust wichtiger Informationen zur Berechnung der Repräsentation des Zielknoten führt. Unter oversmoothing versteht man die inkrementelle Angleichung aller Repräsentationen im GNN, wenn nach vielen Message-Passing-Schritten die Repräsentationen der Knoten ihre individuellen Features verlieren. Diese Probleme können effektiv durch das Einfügen von weiteren lernbaren Gewichten zwischen den GNN-Schichten adressiert werden, wie zum Beispiel im Modell GCNII [20]. Andere Ansätze wie Graph-MLP hängen gar nicht mehr vom Message-Passing ab und wenden kontrastierendes Lernen an [58].

Eine weitere Diskussion um GNNs ist die Unterscheidung der Datensätze in homophile und heterophile Graphen, also ob benachbarte Knoten mit hoher Wahrscheinlichkeit dieselbe Klasse haben oder unterschiedliche Klassen [73]. Während Modelle wie GCN annehmen, dass Homophilie für eine gute Performanz wichtig ist, kommen spätere Arbeiten zu dem Schluss, dass Graphen auch heterophil sein können, solange die Nachbarschaftsverteilung der Klassen konsistent ist [73]. Eine gute Übersicht der wichtigsten GNNs ist unter anderem in Hamilton [49] und Murphy [77] zu finden.

Spezifische neuronale Netze für Wissensgraphen umfasst R-GCN [96], eine Erweiterung von GCN, die das das Lernen von relationsspezifischen Adjazenzmatrizen ermöglicht. Da die Anzahl an Relationen in Wissensgraphen sehr groß werden kann [46], nähert R-GCN die relationsspezifischen Adjazenzmatrizen durch eine lineare Kombination weniger Basismatrizen an. KGAT ist ein Graph-Attention Neural Network über eine hybride Kombination von Benutzer-Item-Graphen und Wissensgraphen [111]. Ziel ist die Modellierung von Beziehungen höherer Ordnung wie zum Beispiel Benutzer-Buch-Autor-Benutzer und Benutzer-Buch-Genre-Benutzer und wird für Empfehlungsaufgaben eingesetzt. Einen detaillierten Überblick über neuronale Netze für Wissensgraphen ist zum Beispiel in Kumar et al. [118] zu finden.

20.3.7 Sprachmodelle und Wissensgraphen

Sprachmodelle basierend auf neuronalen Netzen, insbesondere der Transformer-Architektur [107], werden oftmals unterschieden in Encoder-Modelle (zum Beispiel BERT [24]), Encoder-Decoder-Modelle (wie zum Beispiel T5 [86]) und Decoder-Modelle (bspw. Llama [26] und GPT [82]). Diese unterscheiden sich in ihren Fähigkeiten und primären Einsatzzwecken. Encoder-Modelle sind insbesondere für die Klassifikation geeignet [35], während Decoder-Modelle den Bereich der generativen KI und Chat-Bots dominieren [36]. Gemeinsam haben alle Modelle jedoch Eigenschaften die unter dem Begriff der *Foundation Models* (dt. grundlegenden Modelle) zusammengefasst werden [13]. Dazu gehören das Vortrainieren mittels selbstüberwachtem Lernen, die Nutzung eines breit aufgestellten Korpus als Trainingsdaten und die damit verbundene Anwendbarkeit beziehungsweise Anpassbarkeit auf eine Vielzahl an Downstream-Tasks. Die Größe der Sprachmodelle reicht dabei von mehreren hundert Millionen Parametern (BERT) bis hin zu Milliarden Parametern (Llama, GPT). Diese werden daher auch als kleine Sprachmodelle versus große Sprachmodelle bezeichnet.

Übertragungen der Transformer-Architektur auf Graphen wie zum Beispiel die Graph Transformer Networks [119] haben bereits 2021 starke Performanz auf Downstream-Tasks gezeigt. Initiale Ansätze basierten jedoch noch nicht auf das Vortrainieren von Modellen und waren daher nicht auf unterschiedliche Downstream-Tasks übertragbar. Der Grund dafür ist unter anderem, dass die Features zwischen den Datensätzen zu spezifisch sind und auch unterschiedliche Dimensionalitäten haben. Einige frühe Ansätze um Wissensgraphen mit Sprachmodellen zu integrieren haben daher zum Ziel gehabt, dass die Fakten aus Wissensgraphen direkt in die Parameter von Sprachmodellen enkodiert werden. Interessante Ansätze in diese Richtung sind zum Beispiel SKILL [75], bei dem das Sprachmodell T5 auf einer textuellen Repräsentation von Faktenwissen aus Wissensgraphen trainiert wurde. SKILL zeigt, dass ein Vortraining von T5 auf Wikidata-Wissensgraph [109] zu einer besseren Downstream-Performanz führt. Der Wissensgraph „verschwindet" sozusagen in den Modellparametern. Eine Änderung des Wissensgraphen oder Löschung von Fakten ist daher mit großem Aufwand verbunden. ATLAS [60] ist eine Retrieval-Augmented-Methode (RAG), um wissensintensive Aufgaben mit wenigen Trainingsbeispielen in ein Sprachmodell zu integrieren. Ziel von ATLAS ist es, Fakten zu lernen und diese zum Beispiel zum Faktenchecken zu nutzen oder Trivia-Anfragen zu stellen. Eine Übersicht der Methoden zum Editieren von Wissensgraphen in Sprachmodellen ist zum Beispiel in Cao et al. [18] zu finden.

Durch die textbasierte Natur der Sprachmodelle wie T5 war es erforderlich, dass die Graphen in Textform repräsentiert werden konnten. Features wie TF-IDF können in den Datensätzen von GCN nicht gut in diesen sogenannten *text-attributierten Graphen* abgebildet werden. Wissensgraphen in RDFS oder OWL dagegen sind durch ihre beschreibende Eigenschaft der Knoten und Kanten gut geeignet. Eine Sammlung an textbasierten Graphen ist unter anderem in TAGLAS [32] zu finden.

@@@ Unter dem Begriff der *Graph Foundation Models* gibt es inzwischen eine Reihe an Ansätzen für Graphen, die den oben genannten Anforderungen gerecht werden. Die Modelle unterscheiden sich hinsichtlich ihrer Architektur, also ob sie auf ein bestehendes Sprachmodell, einem GNN oder einer Kombination von Sprachmodell und GNN aufbauen [71]. Aus der ersten Kategorie stammt das Graph Language Model (GLM) [85], welches auf dem Sprachmodell T5 von Google aufbaut. Der Attention-Mechanism der Transformer-Schicht von T5 wurde so modifiziert, dass die Maskierung die Adjazenz von Knoten berücksichtigt. Durch diese Modifikation der Attention-Maske unterscheidet sich GLM auch von den oben genannten Ansätzen wie SKILL. Der Eingabegraph wird für T5 in einen Levi-Graphen überführt und anschließend als Text, wie jeder andere Prompt, im T5-Modell verarbeitet. Durch die Natur von GLM ist es geeignet, nativ sowohl Texte als auch Graphen zu verarbeiten, ist aber eingeschränkt auf text-attributierte Graphen.

Einen Ansatz basierend auf GNNs verfolgen Modelle wie PRODIGY, PSP, und GraphAny. Die ersten beiden, PRODIGY [59] und PSP [40] können als native graphbasierte Foundation-Modelle verstanden werden, die einen Graphprompt in Analogie zum Textprompt abbilden. Basierend auf einem vortrainierten Modell können ähnlich wie bei den Sprachmodellen in der Eingabe mehrere Graphen als Beispiele gegeben werden (*context learning*) sowie die zu lösende Aufgabe. Im Unterschied zu PRODIGY arbeitet PSP hier mit Prototypen, die die Graphen repräsentieren. In GraphAny [120] kommt eine Kombination verschiedener linearer GNNs zum Einsatz, basierend auf dem Simplified GCN Model [115]. Um dem Anspruch gerecht zu werden, für verschiedene Downstream-Tasks einsetzbar zu sein, verfügt GraphAny über einen Mechanismus, um mit unterschiedlichen Dimensionalitäten der Knotenfeatures in Graphdatensätzen umgehen zu können. GraphAny ist durch den Einsatz von linearen Modellen sehr effizient. Zudem reicht ein Training auf wenigen Beispielen aus, um starke Performanz auch auf anderen Datensätzen mit anderen Features zu erzielen. Ansätze aus dem Bereich der Kombination von Sprachmodell und GNN sind [116, 70, 68].

Einen Überblick über Graph Foundation Models bieten Liu et al. [71] und Fan et al. [31].

20.3.8 Anwendungen des Semantic Web

Mit der zunehmenden Verbreitung und Verwendung von semantischen und verknüpften Daten im Web sind gleichzeitig, neben den Anforderungen an Semantic-Web-Anwendungen, auch deren Anwendungsmöglichkeiten gestiegen. Die generellen Anforderungen an Anwendungen auf Basis von semantischen Daten im Web sind durch ihre flexible und vielfältige Repräsentation und Beschreibungen gegeben. Anwendungen, die Daten aus relationalen Datenbanken oder XML-Dokumenten verwenden, können von einem festgelegten Schema ausgehen. Dies kann allerdings bei Daten im Web nicht vorausgesetzt werden. Oft sind weder die Datenquellen noch die Art und Menge der Daten einer Quelle vollständig bekannt. Die Dynamik von semantischen Daten im Web muss von Anwendungen entsprechend berücksichtigt werden, sowohl bei der Anfrage und Aggregation von Daten, als auch bei der Visualisierung von Daten. Die eigentliche Herausforderung von Semantic-Web-Anwendungen liegt also darin, eine bestmögliche Flexibilität der Anwendung zu garantieren, um die Dynamik von Datenquellen, Daten, und Schemas bei der Eingabe, Verarbeitung und Ausgabe zu berücksichtigen.

Nachfolgend werden ausgewählte Beispiele von Semantic-Web-Anwendungen beziehungsweise Anwendungsbereichen vorgestellt. Sie verdeutlichen wie Flexibilität und Qualität der Suche, Integration, Aggregation und Darstellung von Daten aus dem Web realisiert werden kann. Sie zeigen zugleich das Potential von Semantic-Web-Anwendungen. Zunächst werden einheitliche Vokabulare und Schemas am Beispiel von schema.org vorgestellt. Diese dienen als Grundlage für eine semantische Suche, um Suchmaschinen Informationen über die Bedeutung von Inhalten von Web-Dokumenten zu geben. Die Suche und Integration von Daten aus verschiedenen Quellen wird von *Sig.ma* unterstützt. *Sig.ma* ist ein Semantic Web Browser. Andere Anwendungen realisieren semantische Suche durch weitere Repräsentationsformalismen (zum Beispiel *Knowledge Graphs*). Anschließend wird die *Facebook Graph-API*, eine Programmierschnittstelle (Englisch: *application programming interface*, kurz: *API*) zum Facebook-Graph, kurz vorgestellt.

20.3.8.1 Vokabulare und Schemas

In HTML-Dokumenten kann die Struktur und der Aufbau von Seiten mit Tags beschrieben werden, nicht aber die Bedeutung der Informationen. Vokabulare, Schemas und Mikrodaten können als Mark-up in HTML-Dokumenten verwendet werden, um Angaben über Seiteninhalte und deren Bedeutung so zu beschreiben, dass Suchmaschinen diese Information verarbeiten können.

Schema.org[26] ist eine Sammlung von Vokabularen und Schemas um HTML-Seiten mit zusätzlichen Informationen anzureichern. Das Vokabular von *Schema.org* beinhaltet eine Menge von Entitäten und deren Eigenschaften. Eine universelle Entität „Thing“ ist die allgemeinste Entität, die eine Art Oberbegriff aller Entitäten ist. Weitere geläufige Entitäten sind *Organization*, *Person*, *Event* und *Place*. Eigenschaften werden zur genaueren Beschreibung von Entitäten verwendet. Zum Beispiel hat eine Person die Eigenschaften wie Name, Adresse und Geburtsdatum.

Neben Vokabularen wird in Schema.org auch die Anwendung von HTML-Mikrodaten festgelegt, mit dem Ziel, Daten in HTML-Dokumenten in einer möglichst eindeutigen Form darzustellen, sodass Suchmaschinen diese richtig interpretieren können. Ein Beispiel hierfür sind Formate für eindeutige Datums- und Zeitangaben, die auch Intervalle zur Angabe der Dauer von Ereignissen beschreiben können.

Unterstützt wird Schema.org unter anderem von den Suchmaschinen Bing, Google und Yandex. Es gibt Erweiterungen und Bibliotheken für verschiedene Programmiersprachen, unter anderem für PHP, JavaScript, Ruby und Python, um Webseiten und Webanwendungen mit Vokabularen und Mikrodaten von Schema.org zu erstellen. Ebenso gibt es Abbildungen von Vokabularen und Mikrodaten aus Schema.org zu RDFS.

26 http://schema.org

20.3.8.2 Semantische Suche

Ein klassischer Webbrowser ermöglicht die Darstellung von Webseiten. Ein Semantic-Web-Browser geht noch einen Schritt weiter, indem zusätzlich noch die zugrunde liegenden Informationen einzelner Seiten, die zum Beispiel in Form von RDF-Metadaten vorliegen, dem Anwender visualisiert werden können. Semantic-Web-Browser werden auch als Hyperdata-Browser bezeichnet, da diese die Navigation zwischen Daten erlauben und man zugleich die Verbindung zu Informationen über diese Daten explorieren kann. Somit sind gewöhnliche Nutzer in der Lage, Semantic-Web-Daten für ihre Informationssuche zu verwenden und auszunutzen.

Sig.ma [106] war eine Anwendung zum (Durch-)Suchen von Semantic-Web-Daten, die aus mehreren verteilten Datenquellen stammen können. Sig.ma stellt eine API zur automatischen Integration von mehreren Datenquellen im Web zur Verfügung. Die angefragten Datenquellen beschreiben Informationen in RDF. Eine Suche in Sig.ma wird durch eine textuelle Anfrage vom Anwender gestartet. Dabei kann nach Entitäten wie Personen, Orte oder Produkten gesucht werden. Ergebnisse einer Anfrage werden in aggregierter Form dargestellt, das heißt Eigenschaften der gesuchten Entität, wie zum Beispiel einer Person, werden aus verschiedenen Datenquellen zusammengefasst dargestellt. Beispielsweise können bei einer Personensuche Informationen wie E-Mail-Adresse, Anschrift oder aktueller Arbeitgeber angezeigt werden. Neben den eigentlichen Informationen werden auch Links zu den zugrunde liegenden Datenquellen angezeigt, um Anwendern eine Navigation zur Verfeinerung ihrer Suche zu ermöglichen. Sig.ma unterstützt auch strukturierte Anfragen, in denen zu einer Entität bestimmte Merkmale angefragt werden können, wie zum Beispiel Kontaktdaten einer bestimmten Person. Anfragen an Datenquellen erfolgen parallel. Die Ergebnisse aus den einzelnen Datenquellen in Form von RDF-Graphen werden zusammengefasst, indem Eigenschaften von Links in RDF-Daten, wie beispielsweise `owl:sameAs` oder invers-funktionale Prädikate, verwendet werden. Bei der Suche in Datenquellen werden Techniken wie Indexe, logische Inferenz und Heuristiken zur Datenaggregation verwendet. OntoBroker[27] [23] und OntoEdit [104] sind Ontologie-Editoren mit Such- und Inferenzsystem für Ontologien. Mittels OntoBroker können komplexe Anfragen über verteilte Semantic-Web-Ressourcen (zum Beispiel dargestellt in OWL, RDF, RDFS, SPARQL und auch F-Logik) effizient bearbeitet werden.

Watson[28] ist ein Programm von IBM um Fragen, die in natürlicher Sprache gestellt sind, zu beantworten. Watson verwendet eine Vielzahl von Algorithmen und Techniken zur Verarbeitung von natürlichen Sprachen, Methoden aus dem Information Retrieval und Machine Learning, aber auch Wissensrepräsentation und Inferenz.

---

27 https://www.semafora-systems.com/ontobroker-and-ontostudio-x

28 https://www.ibm.com/watson

20.3.8.3 Knowledge Graphs und Wikidata

Es gibt zunehmend Wissensbasen und Repräsentation für strukturierte Daten, zum Beispiel die sekundäre Datenbank Wikidata [109]. Eine sekundäre Datenbank beinhaltet neben den (eigentlichen) Aussagen auch Beziehungen zu deren Quellen und anderen Datenbanken (sogenannte sekundäre Informationen). Wikidata ist eine gemeinsame Datenbasis von Wikipedia und Wikimedia. Wikidata beinhaltet hauptsächlich eine Sammlung von Objekten, welche als Triple über die Eigenschaften der Objekte und den entsprechenden Werten dargestellt sind. Semantic MediaWiki[29] ist eine Erweiterung von MediaWiki. Es dient als flexible Wissensbasis und Wissensverwaltungssystem. Semantic MediaWiki erweitert ein klassisches Wiki um die Möglichkeit, Inhalte mittels semantischen Annotationen maschinenlesbar anzureichern.

Eine weitere Wissensbasis war Freebase [12, 11], eine ebenfalls offene und kollaborative Plattform, die 2007 initiiert und 2010 durch Google übernommen wurde. Der Inhalt aus Freebase wurde aus verschiedenen Quellen entnommen, unter anderem auch von Teilen aus der bereits erwähnten Ontologie MusicBrainz. Der Erfolg und die weite Verbreitung von Wikidata veranlasste Google zur Migration von Freebase in Wikidata [105]. Somit soll verstärkt das Ziel einer umfassenden, kollaborativen Basis strukturierter Daten geschafft werden.

Google bietet mit Google Knowledge Graph,[30,31] eine semantische Suchfunktion. Die englischsprachige Version der Suchmaschine ist um den *Knowledge Graph* erweitert. Ein Knowledge Graph ist, wie RDF-Graphen, eine Menge von Triple, die Verknüpfungen von Entitäten darstellen. Dies bildet eine semantische Datenbank. Mögliche Entitätstypen sind unter anderem auf schema.org beschrieben. Tritt nun ein Suchbegriff in einer Anfrage auf, so wird nach der entsprechenden Entität im Knowledge Graph gesucht. Ausgehend von dieser Entität kann dann mittels der Verknüpfungen zu weiteren Entitäten navigiert werden. Benutzer:innen werden somit als Ergebnis von Suchanfragen zusätzlich noch weitere Informationen zu diesen Ergebnissen geliefert.

20.3.8.4 Zugriff auf soziale Netzwerke

Ein soziales Netzwerk ist im Wesentlichen ein Graph, in dem Verbindungen von Benutzer:innen zu anderen Benutzer:innen (zum Beispiel in Form einer Freundschaftsbeziehung) oder zu Ereignissen und Gruppen existieren. Die Graph-API von Facebook beschreibt eine Programmierschnittstelle zum Facebook-Graph (genannt *Open Graph*).

29 https://www.semantic-mediawiki.org/wiki/Semantic_MediaWiki

30 http://www.google.com/insidesearch/features/search/knowledge.html

31 https://developers.google.com/knowledge-graph/

Innerhalb des Graphen werden Personen, Ereignisse, Seiten und Photos als Objekte dargestellt, wobei jedes Objekt einen eindeutigen Bezeichner hat. Zum Beispiel ist https://graph.facebook.com/abba der Bezeichner der Facebook-Seite von ABBA. Für die möglichen Beziehungsarten eines Objekts gibt es ebenfalls eindeutige Bezeichner, die das Navigieren von einem Objekt zu allen verbundenen Objekten bezüglich einer bestimmten Beziehung ermöglichen.

Die Graph-API ermöglicht neben dem Navigieren im Facebook-Graph und dem Lesen von Objekten, einschließlich deren Eigenschaften und Beziehungen zu anderen Objekten, auch das Erstellen von neuen Objekten im Facebook-Graph und das Bereitstellen von Applikationen. Die API unterstützt ebenfalls Anfragen von Metadaten eines Objekts, wie beispielsweise *wann* und *von wem* ein Objekt erstellt wurde.

20.4 Ausblick

Die Verknüpfung und Nutzung von graphbasierten Daten auf dem Web ist zu einer weitverbreiteten Praxis geworden. Heute gibt es eine große Menge an offenen Daten in verschiedenen Formaten und Domänen, wie zum Beispiel in der bibliographischen Informationsverwaltung, Bioinformatik und E-Government. DBpedia ist dabei die Kerndatenquelle, um die verschiedenen Bereiche gruppiert sind (vgl. [8]). Dies wird beispielsweise an dem enormen Wachstum der Linked Open Data Cloud[32] seit 2007 deutlich. Zwei der namhaftesten Unterstützer von graphbasierten Daten sind Online-Auktionator eBay mit ihrer Graphdatenbank[33] sowie die amerikanische Weltraumfahrtbehörde NASA mit der Vereinigung der internen, verteilten Fall-Datenbanken als Wissensgraph.[34] Die Wichtigkeit von Graphdatenbanken spiegelt auch ein aktueller Artikel des Wirtschaftsmagazins Forbes wider, das Graphdatenbanken als die nächste Mainstream-Datenbanktechnologie prognostiziert.[35]

Hinsichtlich leichtgewichtiger offener Graphdaten werden mit Schema.org Schemata zur ausführlicheren Beschreibung von Daten auf Webseiten definiert, um Informationen über die zugrunde liegende Datenstrukturen und die Bedeutung der Daten zu geben. Suchmaschinen können diese zusätzliche Information nutzen, um die Inhalte von Webseiten besser analysieren zu können. Schema.org wird von Suchmaschinen wie zum Beispiel Bing, Google und Yandex unterstützt. Studien auf ausgewählten Quellen haben gezeigt, dass Webseiten unter den Top-10-Ergebnissen eine um bis zu 15 % höhere Klickrate haben.[36] Andere Unternehmen wie BestBuy.com berichten sogar von bis zu

32 Das Wachstum der Linked Open Data Cloud wird dokumentiert unter: http://linkeddata.org/

33 https://github.com/eBay/akutan

34 https://blog.nuclino.com/why-nasa-converted-its-lessons-learned-database-into-a-knowledge-graph

35 https://www.forbes.com/sites/cognitiveworld/2019/07/18/graph-databases-go-mainstream

36 http://developer.yahoo.net/blog/archives/2008/07/

30 % höheren Zugriffsraten, seit der Erweiterung ihrer Webseiten mit semantischen Daten (vgl. Abschnitt 20.3.8) in 2009. BestBuy.com benutzt das GoodRelations-Vokabular[37] um Online-Angebote zu beschreiben. Ebenso nutzt Google die semantischen Daten von Online-Handelsportalen, die das GoodRelations-Vokabular benutzen, und berücksichtigt diese bei der Suche.[38]

Ein weiterer Erfolg ist die Veröffentlichung von Regierungsdaten. Zum Beispiel stellt die US-Regierung mit Data.gov[39] Regierungsdaten öffentlich bereit, und US Census[40] veröffentlicht statistische Daten über die USA. In Großbritannien ist data.gov.uk[41] ein wesentlicher Teil eines Programms zu mehr Transparenz von Daten im öffentlichen Sektor. Auch in Deutschland werden zunehmend offene Daten frei zur Verfügung gestellt. Eine Übersicht über offene Daten ist unter anderem im Katalog für offene Daten unter https://ckan.org/ dargestellt. Für Deutschland gibt es das Portal http://opendata.bund.de.

Schließlich kann ein starkes Wachstum von semantischen Daten der Biomedizin im Web festgestellt werden. Im Rahmen von Bio2RDF[42] wurden viele Datenbanken der Bioinformatik miteinander verknüpft. Die Transinsight GmbH bietet die wissensbasierte Suchmaschine GoPubMed[43] an, um Forschungsartikel der Biomedizin zu finden. Ontologien werden zur Suche verwendet.

Hinsichtlich schwergewichtigerer Ontologien in OWL ist in den letzten Jahren ebenfalls Bewegung zu beobachten. Neben zahlreichen aus der Forschung stammenden Schlussfolgerungsmaschinen, wie den oben genannten Pellet und Hermit, sind Inferenzmechanismen für OWL inzwischen auch in kommerziellen Graphdatenbanken wie neo4j[44] zu finden. Darüber hinaus finden sich musterbasierte Kernontologien in Workflows der Softwareentwicklung wieder [97]. Die Entwicklung und Nutzung von Kernontologien ist dabei Bestandteil eines Continuous-Delivery-Prozesses, der in der Praxis Anwendung findet.

20.5 Schlussbetrachtung

Das Semantic Web besteht aus einer Vielzahl von Techniken, die stark von der Langzeitforschung der Künstlichen Intelligenz und deren Ergebnissen beeinflusst wurden. Me-

---

37 http://www.heppnetz.de/projects/goodrelations/

38 http://www.ebusiness-unibw.org/wiki/GoodRelationsInGoogle#GoodRelations_in_Google_Rich_Snippets

39 http://www.data.gov/

40 http://www.rdfabout.com/demo/census/

41 http://data.gov.uk

42 http://bio2rdf.org/

43 http://www.gopubmed.org/

44 https://neo4j.com/blog/neo4j-rdf-graph-database-reasoning-engine/

thoden aus der Künstlichen Intelligenz zur Modellierung, Darstellung und Inferenz werden um verteiltes Wissen und verteilte Wissensrepräsentation erweitert. Ausgehend von dem Web in seiner aktuellen Form beinhaltet das Semantic Web weitere Standards und Sprachen, um die Semantik von Dokumenten und Daten in maschinenverarbeitbarer Form darzustellen. Neben diesen bereits sehr etablierten und standardisierten Bereichen gibt es noch wichtige Komponenten der Semantic-Web-Architektur an denen noch geforscht werden, wie zum Beispiel die Datenherkunft und Vertrauenswürdigkeit. Mit dem Beginn der Ära der Chat-Systeme und dem Erfolg der generativen Künstlichen Intelligenz ergeben sich zudem neue Möglichkeiten für das Semantic Web. Drei Beispiele in diesem Bereich sind (erweitert auf Basis von [94]):

– Neuro-symbolische Systeme als Verknüpfung symbolischer und subsymbolischer Künstlicher Intelligenz. Durch das Zusammenspiel von großen Sprachmodellen und dem Semantic Web könnten intelligente Agenten entstehen, die komplexe Aufgaben planen und lösen.
– Benutzerfreundliche Schnittstellen zwischen Mensch und Maschine sind von Anfang an ein zentrales Forschungsthema des Semantic Web gewesen. Durch die Entwicklung der großen Sprachmodelle und Chat-Systeme können Ansätze für die Anwendung natürlicher Sprache zur Abfrage strukturierter Daten aus zum Beispiel SPARQL-Endpunkten ermöglicht werden.
– Graph-Retrieval-Augmented-Generation (GraphRAG) kombiniert die generativen Fähigkeiten großer Sprachmodelle mit der gezielten Einbindung zusätzlicher, relevanter Informationen aus dem Semantic Web. Diese Informationen werden dynamisch abgerufen, um die Qualität und Genauigkeit der erzeugten Inhalte zu verbessern.

Zusammenfassend kann beobachtet werden, dass semantische Daten im Web einen echten Einfluss auf kommerzielle Anbieter von Produkten und Dienstleistungen und auch auf Regierungen und öffentliche Verwaltungen haben.

Die Autoren danken Steffen Staab für Beiträge an einer vorherigen Version des Buchbeitrages. Teile dieses Kapitels basieren auf Janik et al. [61] und Harth et al. [51].

Literaturverzeichnis

[1] D. Allemang and J. Hendler. *Semantic Web for the Working Ontologist: Effective Modeling in RDFS and OWL*. Morgan Kaufmann, 2011.

[2] D. Artz and Y. Gil. A survey of trust in computer science and the semantic web. *Journal of Web Semantics*, 5(2):58–71, 2007.

[3] S. Auer, C. Bizer, G. Kobilarov, J. Lehmann, R. Cyganiak, and Z. Ives. DBpedia: A nucleus for a web of open data. In *Semantic Web Conference and Asian Semantic Web Conference*, pages 722–735, November 2008.

[4] F. Baader, D. Calvanese, D. L. McGuinness, D. Nardi and P. F. Patel-Schneider, editors. *The Description Logic Handbook: Theory, Implementation, and Applications*. Cambridge University Press, 2003.

[5] D. Beckett, T. Berners-Lee, E. Prud'hommeaux, and G. Carothers. Terse RDF Triple Language, 2014. http://www.w3.org/TR/turtle/.

[6] T. Berners-Lee. Universal Resource Identifiers in WWW: A Unifying Syntax for the Expression of Names and Addresses of Objects on the Network as used in the World-Wide Web. RFC 1630, Internet Engineering Task Force, June 1994.

[7] R. Biswas, L.-A. Kaffee, M. Cochez, S. Dumbrava, T. E. Jendal, M. Lissandrini, V. Lopez, E. L. Mencía, H. Paulheim, H. Sack, E. K. Vakaj, and G. de Melo. Knowledge graph embeddings: Open challenges and opportunities. *Transactions on Graph Data and Knowledge*, 1(1):4:1–4:32, 2023.

[8] C. Bizer. The emerging web of linked Data. *IEEE Intelligent Systems*, 24(5):87–92, 2009.

[9] E. Blomqvist. Ontocase-automatic ontology enrichment based on ontology design patterns. In *International Semantic Web Conference*, pages 65–80, 2009.

[10] H. Boley, G. Hallmark, M. Kifer, A. Paschke, A. Polleres, and D. Reynolds. RIF Core Dialect. W3C candidate recommendation, W3C, October 2009. http://www.w3.org/TR/rif-core/.

[11] K. D. Bollacker, R. P. Cook, and P. Tufts. Freebase: A shared database of structured general human knowledge. In *Proceedings of the Twenty-Second AAAI Conference on Artificial Intelligence, July 22–26, 2007, Vancouver, British Columbia, Canada*, pages 1962–1963. AAAI Press, 2007.

[12] K. D. Bollacker, C. Evans, P. K. Paritosh, T. Sturge, and J. Taylor. Freebase: a collaboratively created graph database for structuring human knowledge. In J. Tsong-Li Wang, editor, *Proceedings of the ACM SIGMOD International Conference on Management of Data, SIGMOD 2008, Vancouver, BC, Canada, June 10–12, 2008*, pages 1247–1250. ACM, 2008.

[13] R. Bommasani, D. A. Hudson, E. Adeli, R. B. Altman, S. Arora, et al. On the opportunities and risks of foundation models. *CoRR*, arXiv:abs/2108.07258, 2021.

[14] A. Bordes, N. Usunier, A. García-Durán, J. Weston, and O. Yakhnenko. Translating embeddings for modeling multi-relational data. In C. J. C. Burges, L. Bottou, Z. Ghahramani and K. Q. Weinberger, editors, *Advances in Neural Information Processing Systems 26: 27th Annual Conference on Neural Information Processing Systems 2013. Proceedings of a meeting held December 5–8, 2013, Lake Tahoe, Nevada, United States*, pages 2787–2795, 2013.

[15] S. Borgo and C. Masolo. Foundational choices in DOLCE. In *Handbook on Ontologies*. Springer, 2nd edition, 2009.

[16] D. Brickley and R. V. Guha. RDF vocabulary description language 1.0: RDF schema. W3C recommendation, W3C, February 2004. http://www.w3.org/TR/rdf-schema/.

[17] J. Broekstra, A. Kampman, and F. Van Harmelen. Sesame: A generic architecture for storing and querying RDF and RDF schema. In *International Semantic Web Conference*, pages 54–68. Springer, 2002.

[18] B. Cao, H. Lin, X. Han, and L. Sun. The life cycle of knowledge in big language models: A survey. *Machine Intelligence Research*, 21(2):217–238, 2024.

[19] J. Chen, P. Hu, E. Jiménez-Ruiz, O. M. Holter, D. Antonyrajah, and I. Horrocks. Owl2vec*: embedding of OWL ontologies. *Machine Learning*, 110(7):1813–1845, 2021.

[20] M. Chen, Z. Wei, Z. Huang, B. Ding, and Y. Li. Simple and deep graph convolutional networks. In *Proceedings of the 37th International Conference on Machine Learning, ICML 2020, 13–18 July 2020, Virtual Event*, volume 119 of *Proceedings of Machine Learning Research*, pages 13–18, PMLR, 2020.

[21] C. d'Amato, N. F. Quatraro, and N. Fanizzi. Injecting background knowledge into embedding models for predictive tasks on knowledge graphs. In R. Verborgh, K. Hose, H. Paulheim, P.-A. Champin, M. Maleshkova, Ó. Corcho, P. Ristoski, M. Alam, editors, *The Semantic Web - 18th International Conference, ESWC 2021, Virtual Event, June 6–10, 2021, Proceedings*, volume 12731 of *Lecture Notes in Computer Science*, pages 441–457 Springer, 2021.

[22] S. Das, S. Sundara, and R. Cyganiak. R2RML: RDB to RDF Mapping Language, 2012. https://www.w3.org/TR/r2rml/.

[23] S. Decker, M. Erdmann, D. Fensel, and R. Studer. Ontobroker: Ontology based access to distributed and semi-structured information. In *Database Semantics: Semantic Issues in Multimedia Systems*, Springer, 1999.

[24] J. Devlin, M.-W. Chang, K. Lee, and K. Toutanova. BERT: pre-training of deep bidirectional transformers for language understanding. In J. Burstein, C. Doran and T. Solorio, editors, *Proceedings of the 2019 Conference of the North American Chapter of the Association for Computational Linguistics: Human Language Technologies, NAACL-HLT 2019, Minneapolis, MN, USA, June 2–7, 2019, Volume 1 (Long and Short Papers)*, pages 4171–4186. Association for Computational Linguistics, 2019.

[25] R. Q. Dividino, S. Schenk, S. Sizov, and S. Staab. Provenance, trust, explanations - and all that other meta knowledge. *KI*, 23(2):24–30, 2009.

[26] A. Dubey, A. Jauhri, A. Pandey, A. Kadian, A. Al-Dahle, and others. The llama 3 herd of models. *CoRR*, arXiv:abs/2407.21783, 2024.

[27] M. Duerst and M. Suignard. Internationalized resource identifiers (IRIs). RFC 3987, Internet Engineering Task Force, January 2005.

[28] M. Ehrig. *Ontology Alignment: Bridging the Semantic Gap*, volume 4 of *Semantic Web and Beyond*. Springer, 2007.

[29] J. Euzenat and P. Shvaiko. Classifications of ontology matching techniques. In *Ontology Matching*. Springer, 2007.

[30] J. Euzenat and P. Shvaiko. *Ontology Matching*. Springer, 2007.

[31] W. Fan, S. Wang, J. Huang, Z. Chen, Y. Song, W. Tang, H. Mao, H. Liu, X. Liu, D. Yin, and Q. Li. Graph machine learning in the era of large language models (llms). *CoRR*, arXiv:abs/2404.14928, 2024.

[32] J. Feng, H. Liu, L. Kong, Y. Chen, and M. Zhang. TAGLAS: an atlas of text-attributed graph datasets in the era of large graph and language models. *CoRR*, arXiv:abs/2406.14683, 2024.

[33] R. T. Fielding. *Architectural Styles and the Design of Network-based Software Architectures*. PhD thesis, University of California, Irvine, USA, 2000.

[34] G. Flouris, I. Fundulaki, P. Pediaditis, Y. Theoharis, and V. Christophides. Coloring RDF triples to capture provenance. In *International Semantic Web Conference*, volume 5823 of *LNCS*, pages 196–212. Springer, 2009.

[35] L. Galke and A. Scherp. Bag-of-words vs. graph vs. sequence in text classification: Questioning the necessity of text-graphs and the surprising strength of a wide MLP. In S. Muresan, P. Nakov and A. Villavicencio, editors, *Proceedings of the 60th Annual Meeting of the Association for Computational Linguistics (Volume 1: Long Papers), ACL 2022, Dublin, Ireland, May 22–27, 2022*, pages 4038–4051. Association for Computational Linguistics, 2022.

[36] L. Galke, A. Scherp, A. Diera, B. X. Lin, B. Khera, T. Meuser, T. Singhal, and F. Karl. A review of methods for single-label and multi-label text classification. *CoRR*, arXiv:abs/2204.03954, 2022.

[37] L. Galke, I. Vagliano, B. Franke, T. Zielke, M. Hoffmann, and A. Scherp. Lifelong learning on evolving graphs under the constraints of imbalanced classes and new classes. *Neural Networks*, 164:156–176, 2023.

[38] A. Gangemi and V. Presutti. Ontology Design Patterns. In *Handbook on Ontologies*. Springer, 2009.

[39] R. Gavriloaie, W. Nejdl, D. Olmedilla, K. E. Seamons, and M. Winslett. No registration needed: how to use declarative policies and negotiation to access sensitive resources on the semantic web. In *European Semantic Web Symposium*, volume 3053 of *LNCS*, pages 342–356. Springer, 2004.

[40] Q. Ge, Z. Zhao, Y. Liu, A. Cheng, X. Li, S. Wang, and D. Yin. PSP: pre-training and structure prompt tuning for graph neural networks. In A. Bifet, J. Davis, T. Krilavicius, M. Kull, E. Ntoutsi and I. Zliobaite, editors, *Machine Learning and Knowledge Discovery in Databases. Research Track - European Conference, ECML PKDD 2024, Vilnius, Lithuania, September 9–13, 2024, Proceedings, Part V*, volume 14945 of *Lecture Notes in Computer Science*, pages 423–439. Springer, 2024.

[41] H. Glaser, A. Jaffri, and I. Millard. Managing co-reference on the semantic web. In *WWW2009 Workshop: Linked Data on the Web*, 2009.

[42] B. Glimm, I. Horrocks, B. Motik, G. Stoilos, and Z. Wang. Hermit: An OWL 2 reasoner. *Journal of Automated Reasoning*, 53(3):245–269, 2014.

[43] B. Glimm and H. Stuckenschmidt. 15 years of semantic web: An incomplete survey. *KI*, 30(2):117–130, 2016.

[44] A. Gómez-Pérez, M. F. López, and O. Corcho. *Ontological Engineering*. Springer, 2004.

[45] M. Gori, G. Monfardini, and F. Scarselli. A new model for learning in graph domains. In *Proceedings. 2005 IEEE International Joint Conference on Neural Networks, 2005*, volume 2, pages 729–734. 2005.

[46] T. Gottron, M. Knauf, and A. Scherp. Analysis of schema structures in the linked open data graph based on unique subject uris, pay-level domains, and vocabulary usage. *Distributed Parallel Databases*, 33(4):515–553, 2015.

[47] A. Grover and J. Leskovec. node2vec: Scalable feature learning for networks. In B. Krishnapuram, M. Shah, A. J. Smola, C. C. Aggarwal, D. Shen and R. Rastogi, editors, *Proceedings of the 22nd ACM SIGKDD International Conference on Knowledge Discovery and Data Mining, San Francisco, CA, USA, August 13–17, 2016*, pages 855–864. ACM, 2016.

[48] H. Halpin and V. Presutti. An ontology of resources: Solving the identity crisis. In *European Semantic Web Conference*, pages 521–534, 2009.

[49] W. L. Hamilton. *Graph Representation Learning*. *Synthesis Lectures on Artificial Intelligence and Machine Learning*. Morgan & Claypool Publishers, 2020.

[50] A. Harth, K. Hose, M. Karnstedt, A. Polleres, K.-U. Sattler, and J. Umbrich. Data summaries for on-demand queries over linked data. In *World Wide Web* ACM, 2010.

[51] A. Harth, M. Janik, and S. Staab. Semantic web architecture. In *Handbook of Semantic Web Techologies*, volume 1, pages 43–76. 2011.

[52] O. Hartig. SPARQL for a web of linked data: Semantics and computability. In *Extended Semantic Web Conference*. Springer, 2012.

[53] O. Hartig, C. Bizer, and J. C. Freytag. Executing SPARQL queries over the web of linked data. In *International Semantic Web Conference*, pages 293–309, 2009.

[54] O. Hartig and J.-C. Freytag. Foundations of traversal based query execution over linked data. In *Conference on Hypertext and Social Media* ACM, 2012.

[55] J. Hebeler, M. Fisher, R. Blace, and A. Perez-Lopez. *Semantic Web Programming*. Wiley, 2014.

[56] J. Heinsohn, D. Kudenko, B. Nebel, and H.-J. Profitlich. An empirical analysis of terminological representation systems. *Artificial Intelligence*, 68(2):367–397, 1994.

[57] P. Hitzler, M. Krötzsch, S. Rudolph, and Y. Sure. *Semantic Web: Grundlagen*. Springer-Verlag, 2008.

[58] Y. Hu, H. You, Z. Wang, Z. Wang, E. Zhou, and Y. Gao. Graph-mlp: Node classification without message passing in graph. *CoRR*, arXiv:abs/2106.04051, 2021.

[59] Q. Huang, H. Ren, P. Chen, G. Krzmanc, D. Zeng, P. Liang, and J. Leskovec. PRODIGY: enabling in-context learning over graphs. In A. Oh, T. Naumann, A. Globerson, K. Saenko, M. Hardt and S. Levine, editors, *Advances in Neural Information Processing Systems 36: Annual Conference on Neural Information Processing Systems 2023, NeurIPS 2023, New Orleans, LA, USA, December 10–16, 2023*, 2023.

[60] G. Izacard, P. S. H. Lewis, M. Lomeli, L. Hosseini, F. Petroni, T. Schick, J. Dwivedi-Yu, A. Joulin, S. Riedel, and E. Grave. Atlas: Few-shot learning with retrieval augmented language models. *Journal of Machine Learning Research*, 24:251, 2023.

[61] M. Janik, A. Scherp, and S. Staab. The semantic web: Collective intelligence on the Web. *Informatik-Spektrum*, 34(5):469–483, 2011.

[62] P. Kanani, A. McCallum, and C. Pal. Improving author coreference by resource-bounded information gathering from the web. In *Conference on Artifical Intelligence*. Morgan Kaufmann, 2007.

[63] G. Kasneci, S. Elbassuoni, and G.. Weikum. MING: Mining informative entity relationship subgraphs. In *Information and Knowledge Management*. ACM, 2009.

[64] A. Kasten. *Secure semantic web data management: confidentiality, integrity, and compliant availability in open and distributed networks*. PhD thesis, University of Koblenz and Landau, Germany, 2016.

[65] A. Kasten, A. Scherp, and P. Schauß. A framework for iterative signing of graph data on the web. In *Extended Semantic Web Conference*. Springer, 2014.

[66] A. Kemper and A. Eickler. *Datenbanksysteme - Eine Einführung*. De Gruyter Studium. de Gruyter Oldenbourg, 10. Auflage, 2015.

[67] T. N. Kipf and M. Welling. Semi-supervised classification with graph convolutional networks. In *5th International Conference on Learning Representations, ICLR 2017, Toulon, France, April 24–26, 2017, Conference Track Proceedings*. OpenReview.net, 2017.

[68] L. Kong, J. Feng, H. Liu, C. Huang, J. Huang, Y. Chen, and M. Zhang. GOFA: A generative one-for-all model for joint graph language modeling. *CoRR*, arXiv:abs/2407.09709, 2024.

[69] Y. Lin, Z. Liu, M. Sun, Y. Liu, and X. Zhu. Learning entity and relation embeddings for knowledge graph completion. In B. Bonet and S. Koenig, editors, *Proceedings of the Twenty-Ninth AAAI Conference on Artificial Intelligence, January 25–30, 2015, Austin, Texas, USA*, pages 2181–2187. AAAI Press, 2015.

[70] H. Liu, J. Feng, L. Kong, N. Liang, D. Tao, Y. Chen, and M. Zhang. One for all: Towards training one graph model for all classification tasks. In *The Twelfth International Conference on Learning Representations, ICLR 2024, Vienna, Austria, May 7–11, 2024*. OpenReview.net, 2024.

[71] J. Liu, C. Yang, Z. Lu, J. Chen, Y. Li, M. Zhang, T. Bai, Y. Fang, L. Sun, P. S. Yu, and C. Shi. Towards graph foundation models: A survey and beyond. *CoRR*, arXiv:abs/2310.11829, 2023.

[72] Y. Luo, L. Shi, and X.-M. Wu. Classic gnns are strong baselines: Reassessing gnns for node classification. *CoRR*, arXiv:abs/2406.08993, 2024.

[73] Y. Ma, X. Liu, N. Shah, and J. Tang. Is homophily a necessity for graph neural networks? In *The Tenth International Conference on Learning Representations, ICLR 2022, Virtual Event, April 25–29, 2022*. OpenReview.net, 2022.

[74] T. Mikolov, I. Sutskever, K. Chen, G. S. Corrado, and J. Dean. Distributed representations of words and phrases and their compositionality. In C. J. C. Burges, L. Bottou, Z. Ghahramani and K. Q. Weinberger, editors, *Advances in Neural Information Processing Systems 26: 27th Annual Conference on Neural Information Processing Systems 2013. Proceedings of a meeting held December 5–8, 2013, Lake Tahoe, Nevada, United States*, pages 3111–3119, 2013.

[75] F. Moiseev, Z. Dong, E. Alfonseca, and M. Jaggi. SKILL: structured knowledge infusion for large language models. In M. Carpuat, M.-C. de Marneffe and I. V. M. Ruíz, editors, *Proceedings of the 2022 Conference of the North American Chapter of the Association for Computational Linguistics: Human Language Technologies, NAACL 2022, Seattle, WA, United States, July 10–15, 2022*, pages 1581–1588. Association for Computational Linguistics, 2022.

[76] B. Motik, U. Sattler, and R. Studer. Query answering for OWL-DL with rules. In *International Semantic Web Conference* Springer, 2004.

[77] K. P. Murphy. *Probabilistic Machine Learning: An Introduction*. MIT Press, 2022.

[78] M. A. Musen. The protégé project: a look back and a look forward. *AI Matters*, 1(4):4–12, 2015.

[79] D. Oberle. *Semantic Management of Middleware*. Springer, 2006.

[80] D. Oberle, A. Ankolekar, P. Hitzler, P. Cimiano, M. Sintek, M. Kiesel, B. Mougouie, S. Baumann, S. Vembu, M. Romanelli, P. Buitelaar, R. Engel, D. Sonntag, N. Reithinger, B. Loos, H.-P. Zorn, V. Micelli, R. Porzel, C. Schmidt, M. Weiten, F. Burkhardt, and J. Zhou. DOLCE ergo SUMO: On foundational and domain models in the SmartWeb Integrated Ontology (SWIntO). *Web Semantic*, 5(3):156–174, September 2007.

[81] D. Oberle, N. Guarino, and S. Staab. What is an ontology? In S. Staab and R. Studer, editors, *Handbook on Ontologies*. Springer, 2nd edition, 2009.

[82] OpenAI. GPT-4 technical report. *CoRR*, arXiv:abs/2303.08774, 2023.

[83] Y. Papakonstantinou, H. Garcia-Molina, and J. Widom. Object exchange across heterogeneous information sources. In *Data Engineering*, pages 251–260, Washington, DC, USA, 1995. IEEE Computer Society.

[84] B. Perozzi, R. Al-Rfou, and S. Skiena. Deepwalk: online learning of social representations. In S. A. Macskassy, C. Perlich, J. Leskovec, W. Wang, and R. Ghani, editors, *The 20th ACM SIGKDD International Conference on Knowledge Discovery and Data Mining, KDD '14, New York, NY, USA - August 24–27, 2014*, pages 701–710. ACM, 2014.

[85] M. Plenz and A. Frank. Graph language models. In L.-W. Ku, A. Martins and V. Srikumar, editors, *Proceedings of the 62nd Annual Meeting of the Association for Computational Linguistics (Volume 1: Long Papers), ACL 2024, Bangkok, Thailand, August 11–16, 2024*, pages 4477–4494. Association for Computational Linguistics, 2024.

[86] C. Raffel, N. Shazeer, A. Roberts, K. Lee, S. Narang, M. Matena, Y. Zhou, W. Li, and P. J. Liu. Exploring the limits of transfer learning with a unified text-to-text transformer. *Journal of Machine Learning Research*, 21:140:1–140:67, 2020.

[87] Y. Raimond, C. Sutton, and M. B. Sandler. Interlinking music-related data on the Web. *IEEE MultiMedia*, 16(2):52–63, 2009.

[88] S. Rendle and L. Schmidt-Thieme. Object identification with constraints. In *International Conference on Data Mining*. IEEE, 2006.

[89] P. Ristoski and H. Paulheim. Rdf2vec: RDF graph embeddings for data mining. In P. Groth, E. Simperl, A. J. G. Gray, M. Sabou, M. Krötzsch, F. Lécué, F. Flöck and Y. Gil, editors, *The Semantic Web - ISWC 2016 - 15th International Semantic Web Conference, Kobe, Japan, October 17–21, 2016, Proceedings, Part I*, volume 9981 of *Lecture Notes in Computer Science*, pages 498–514. 2016.

[90] C. Saathoff and A. Scherp. Unlocking the semantics of multimedia presentations in the web with the multimedia metadata ontology. In *International Conference on World Wide Web*. ACM, 2010.

[91] F. Scarselli, M. Gori, A. C. Tsoi, M. Hagenbuchner, and G. Monfardini. The graph neural network model. *IEEE Transactions on Neural Networks*, 20(1):61–80, 2009.

[92] S. Schenk and S. Staab. Networked graphs: a declarative mechanism for SPARQL rules, SPARQL views and RDF data integration on the web. In *World Wide Web*, pages 585–594. ACM, April 21–25, 2008.

[93] A. Scherp, T. Franz, C. Saathoff, and S. Staab. A core ontology on events for representing occurrences in the real world. *Multimedia Tools and Applications*, 58(2):293–331, 2012.

[94] A. Scherp, G. Gröner, P. Skoda, K. Hose, and M.-E. Vidal. Semantic web: Past, present, and future. *TGDK*, 2(1):3:1–3:37, 2024.

[95] A. Scherp, C. Saathoff, T. Franz, and S. Staab. Designing core ontologies. *Applied Ontology*, 6(3):177–221, 2011.

[96] M. S. Schlichtkrull, T. N. Kipf, P. Bloem, R. van den Berg, I. Titov, and M. Welling. Modeling relational data with graph convolutional networks. In A. Gangemi, R. Navigli, M.-E. Vidal, P. Hitzler, R. Troncy, L. Hollink, A. Tordai and M. Alam, editors, *The Semantic Web - 15th International Conference, ESWC 2018, Heraklion, Crete, Greece, June 3–7, 2018, Proceedings*, volume 10843 of *Lecture Notes in Computer Science*, pages 593–607. Springer, 2018.

[97] F. Schönteich, A. Kasten, and A. Scherp. A pattern-based core ontology for product lifecycle management based on DUL. In *Workshop on Ontology Design and Patterns*, volume 2195 of *CEUR Workshop Proceedings*. CEUR-WS.org, 2018.

[98] O. Shchur, M. Mumme, A. Bojchevski, and S. Günnemann. Pitfalls of graph neural network evaluation. *CoRR*, arXiv:abs/1811.05868, 2018.

[99] G. Stoilos, G. B. Stamou, J. Z. Pan, V. Tzouvaras, and I. Horrocks. Reasoning with very expressive fuzzy description logics. *Journal of Artificial Intelligence Research*, 30:273–320, 2007.

[100] H. Stuckenschmidt, R. Vdovjak, J. Broekstra, and G.-J. Houben. Towards distributed processing of RDF path queries. *International Journal of Web Engineering and Technology*, 2(2/3):207–230, 2005.

[101] F. M. Suchanek, G. Kasneci, and G. Weikum. Yago: a core of semantic knowledge. In *International Conference on World Wide Web*. ACM, 2007.

[102] Z. Sun, Z.-H. Deng, J.-Y. Nie, and J. Tang. Rotate: Knowledge graph embedding by relational rotation in complex space. In *7th International Conference on Learning Representations, ICLR 2019, New Orleans, LA, USA, May 6–9, 2019*, OpenReview.net, 2019.

[103] Y. Sure, S. Bloehdorn, P. Haase, J. Hartmann, and D. Oberle. The SWRC ontology - semantic web for research communities. In *Portuguese Conference on Artificial Intelligence*. Springer, 2005.

[104] Y. Sure, M. Erdmann, J. Angele, S. Staab, R. Studer, and D. Wenke. OntoEdit: Collaborative ontology development for the semantic web. In *International Semantic Web Conference*. Springer, 2002.

[105] T. P. Tanon, D. Vrandecic, S. Schaffert, T. Steiner, and L. Pintscher. From freebase to wikidata: The great migration. In *International Conference on World Wide Web*, 2016.

[106] G. Tummarello, R. Cyganiak, M. Catasta, S. Danielczyk, and S. Decker. Sig.ma: live views on the Web of Data. In *Semantic Web Challenge 2009 at the 8th International Semantic Web Conference (ISWC2009)*, 2009.

[107] A. Vaswani, N. Shazeer, N. Parmar, J. Uszkoreit, L. Jones, A. N. Gomez, L. Kaiser, and I. Polosukhin. Attention is all you need. In I. Guyon, U. von Luxburg, S. Bengio, H. M. Wallach, R. Fergus, S. V. N. Vishwanathan, and R. Garnett, editors, *Advances in Neural Information Processing Systems 30: Annual Conference on Neural Information Processing Systems 2017, December 4–9, 2017, Long Beach, CA, USA*, pages 5998–6008, 2017.

[108] P. Velickovic, G. Cucurull, A. Casanova, A. Romero, P. Liò, and Y. Bengio. Graph attention networks. In *6th International Conference on Learning Representations, ICLR 2018, Vancouver, BC, Canada, April 30 – May 3, 2018, Conference Track Proceedings*. OpenReview.net, 2018.

[109] D. Vrandecic and M. Krötzsch. Wikidata: a free collaborative knowledgebase. *Communications of the ACM*, 57(10):78–85, 2014.

[110] W3C. OWL 2 Web Ontology Language Document Overview . W3C recommendation, W3C, October 2009. http://www.w3.org/TR/owl2-overview/.

[111] X. Wang, X. He, Y. Cao, M. Liu, and T.-S. Chua. KGAT: knowledge graph attention network for recommendation. In A. Teredesai, V. Kumar, Y. Li, R. Rosales, E. Terzi, and G. Karypis, editors, *Proceedings of the 25th ACM SIGKDD International Conference on Knowledge Discovery & Data Mining, KDD 2019, Anchorage, AK, USA, August 4–8, 2019*, pages 950–958. ACM, 2019.

[112] M. L. Wick, A. Culotta, K. Rohanimanesh, and A. McCallum. An entity based model for coreference resolution. In *SIAM International Conference on Data Mining*, pages 365–376, 2009.

[113] M. L. Wick, K. Rohanimanesh, K. Schultz, and A. McCallum. A unified approach for schema matching, coreference and canonicalization. In *International Conference on Knowledge Discovery and Data Mining*. ACM, 2008.

[114] K. Wilkinson, C. Sayers, H. A. Kuno, and D. Reynolds. Efficient RDF storage and retrieval in Jena2. In *International Workshop on Semantic Web and Databases*, 2003.

[115] F. Wu, A. H. Souza Jr., T. Zhang, C. Fifty, T. Yu, and K. Q. Weinberger. Simplifying graph convolutional networks. In K. Chaudhuri and R. Salakhutdinov, editors, *Proceedings of the 36th International Conference on Machine Learning, ICML 2019, 9–15 June 2019, Long Beach, California, USA*, volume 97 of *Proceedings of Machine Learning Research*, pages 6861–6871. PMLR, 2019.

[116] L. Xia, B. Kao, and C. Huang. Opengraph: Towards open graph foundation models. In Y. Al-Onaizan, M. Bansal and Y.-N. Chen, editors, *Findings of the Association for Computational Linguistics: EMNLP 2024, Miami, Florida, USA, November 12-16, 2024*, pages 2365–2379. Association for Computational Linguistics, 2024.

[117] H. Xiao, M. Huang, and X. Zhu. Transg: A generative model for knowledge graph embedding. In *Proceedings of the 54th Annual Meeting of the Association for Computational Linguistics, ACL 2016, August 7–12, 2016, Berlin, Germany, Volume 1: Long Papers*. The Association for Computer Linguistics, 2016.

[118] Z. Ye, Y. J. Kumar, G. O. Sing, F. Song, and J. Wang. A comprehensive survey of graph neural networks for knowledge graphs. *IEEE Access*, 10:75729–75741, 2022.

[119] S. Yun, M. Jeong, R. Kim, J. Kang, and H. J. Kim. Graph transformer networks. In H. M. Wallach, H. Larochelle, A. Beygelzimer, F. d'Alché-Buc, E. B. Fox and R. Garnett, editors, *Advances in Neural Information Processing Systems 32: Annual Conference on Neural Information Processing Systems 2019, NeurIPS 2019, December 8-14, 2019, Vancouver, BC, Canada*, pages 11960–11970, 2019.

[120] J. Zhao, H. Mostafa, M. Galkin, M. M. Bronstein, Z. Zhu, and J. Tang. Graphany: A foundation model for node classification on any graph. *CoRR*, arXiv:abs/2405.20445, 2024.

Bernd Ludwig

21 Mensch-KI-Teams

21.1 Einleitung

Schon seit langer Zeit fasziniert Menschen die Frage, wie sich die Welt ändern könnte, wenn neben Menschen auch Maschinen existierten, die völlig selbstständig agieren können. Schon 1872 überträgt *Samuel Butler* in seinem Roman *Erehwon* [16] die Idee der Evolution und damit der schrittweisen Verbesserung auf Maschinen, allerdings ohne dabei eine technische Perspektive einzunehmen.

Im seinem Roman *I, the Robot* [7] aus dem Jahr 1950 erörtert Isaac Asimov ethische und moralische Konsequenzen der Koexistenz von Menschen und autonomen Maschinen und formuliert dabei seine Robotergesetze, die das Ziel festhalten, dass Roboter Menschen und sich selbst schützen müssen.

Demgegenüber entwickelt der tschechische Autor Karel Čapek im Jahr 1921 in seinem Theaterstück *R.U.R.* [19] die Dystopie, dass Maschinen mit Bewusstsein und Emotionalität eigene Handlungsziele verfolgen und durch ihr Handeln die Menschheit vernichten. Beachtenswert dabei ist, dass die Maschinen zunächst von Menschen entworfen wurden, um Routinearbeiten zu erledigen. Sie wurden *robots* genannt – der Begriff Roboter stammt also gar nicht aus der Informatik. Was diese *robots* alles tun, ist aus technischer Sicht nicht mehr unvorstellbar, seit wir bei *Large Language Models (LLM)* im großen Stil sehen, was beim Maschinellen Lernen schon lange bekannt ist: Was sich beobachten lässt, kann man vorhersagen, wenn man nur genug Beispiele hat. Bei Text, Sprache und Bildern gibt es im Internet sehr viele Beispiele; daher gibt es ja überhaupt *LLM*.

Es gibt aber auch Daten für Emotionen: in Musik, in Text, in Videos und in Fotos, auch in Smart-Watch-Daten, in WhatsApp-Nachrichten mit Emojis oder in skalenbasierten Bewertungen von Filmen, um nur einige Beispiele zu nennen. Wer Zugang dazu hat, kann *Large Emotion Models* trainieren. Genauso könnten Modelle trainiert werden, die Handlungen vorhersagen, also *Large Action Models.* Diese Vorstellung, dass Algorithmen auch physisch handeln können, wird in der Robotik bereits seit Jahren umgesetzt.

Aber auch Modelle, die Willen oder Wünsche vorhersagen können, sind vorstellbar, weil die Daten dafür aus Daten über Handlungen ableitbar sind. Genauso ist Kreativität als Ergebnis von Trial-and-Error-Strategien interpretierbar, wie dies ja auch beim *Reinforcement Learning* (siehe Kapitel 12, Abschnitt 12.3.5) praktiziert wird.

Wenn man also verschiedene solcher Modelle kombiniert, wird immer greifbarer, dass menschliches Handeln mit technischen Mitteln imitiert werden kann – wie eben in den utopischen Science-Fiction-Romanen schon vorausgedacht. Dies ist Grund genug, sich mit Teams zu befassen, in denen Menschen und KI-Algorithmen kooperieren. Das Interesse besteht auch dann, wenn – anders als bei Science-Fiction KI immer auf Ver-

https://doi.org/10.1515/9783111386690-025

anlassung von Personen aktiv wird. Auch die Annahme, dass technische Wesen sich in ihrem Handeln verselbständigen und eigene Interessen, Absichten und Ziele entwickeln, soll in diesem Überblick nicht weiter verfolgt werden, weil zurzeit ein KI-System mit solchen Fähigkeiten noch nirgends beschrieben wurde.

Was im Maschinellen Lernen aber in den letzten Jahren erreicht wurde, ist so weitreichend, dass Menschen versuchen herauszufinden, inwieweit KI-Modelle ihnen in Alltagsfragen Rat geben können. Am 29.12.2023 erschien in der ARD ein Beitrag,[1] in dem dieser Frage in einem Experiment nachgegangen wird. Die Antwort ist nicht eindeutig, aber dass überhaupt in Betracht gezogen wird, sich in existenziellen Fragen des eigenen Lebens von einem Computerprogramm beraten zu lassen, ist für sich alleine genommen ja schon sehr bemerkenswert.

In diesem Kapitel geht es also darum, wie Mensch und KI gemeinsam Aufgaben lösen können. Ganz im Sinn der oben beschriebenen Analyse und anders als im bisherigen Verständnis ist KI dabei nicht mehr nur ein Werkzeug, sondern hat gleichwertige Kompetenzen und damit auch Rollen bei der Lösung von Aufgaben.

Die Gleichwertigkeit ergibt sich dabei aus den Erfolgsraten der erwähnten *LLM* und anderen zu erwartenden vortrainierten Modellen bei der Vorhersage zukünftiger Zustände, die menschliche Leistungsfähigkeit erreichen. Systeme wie ChatGPT können also als Teammitglieder aufgefasst werden.

21.2 Grundlegende Konzepte

Aus dem oben Gesagten folgt unmittelbar die Frage, worin der Unterschied eines Software-Systems – mit oder ohne KI – besteht, wenn es als Teammitglied verstanden wird, im Gegensatz zu seiner Rolle als Werkzeug. Allein aus dem Bedeutungsunterschied zwischen Team und Werkzeug, ergeben sich diese Anforderungen:

– Ein Teammitglied muss in der Lage sein, eigene Entscheidungen zu treffen und Handlungen durchzuführen, um gemeinsam oder selbstständig gestellte Aufgaben zu lösen.
  In der Forschung zu autonomen Robotern wird diese Herausforderung schon länger gesehen und durch entsprechende Architekturen gelöst [6]. Auch in der Kognitionswissenschaft wird das Wechselspiel zwischen geistigen und physischen Leistungen diskutiert [88]. Die Grundlagen dieser Überlegungen gehen zurück bis zur alten philosophischen Idee, dass Geist und Körper getrennte Einheiten seien: Von Descartes [29] stammt der Ausspruch *Cogito, ergo sum* (*Ich denke, also bin ich*), und schon bei Platons Konzeption der Ideenlehre sind Rationalität und Sinneswahrnehmung streng getrennt [39].

1 Link auf die ARD-Mediathek, zuletzt abgerufen am 05.01.2025.

Die Fähigkeit zur Kommunikation wird in der Linguistik im Bereich der Diskurstheorie thematisiert [72].

- Ein Teammitglied operiert wie oben beschrieben unabhängig und zeitlich überlappend, aber koordiniert mit den anderen Mitgliedern im Team.
  Formale Modelle zur Koordination von Agenten sind schon länger Gegenstand der Forschung zu Multiagentensystemen ([110]). Die dort erarbeiten Lösungen können herangezogen werden, um die Koordination von Teams zu spezifizieren. Für die Einbindung von Menschen in Teams sind Konzepte der *Theory of Mind* [2] hilfreich, weil sie erklärt, wie mentale Zustände anderer Personen erkannt und verstanden werden. Auch in der Explainable AI (siehe Kapitel 15) werden Theorien und Konzepte entwickelt, welche Inhalte koordiniert und kommuniziert werden müssen, damit ein Team in jeder Situation funktionieren kann.
- Ein Teammitglied kann verschiedenartige Aufgabenstellungen lösen und eine Aufgabenstellung bei Bedarf modifizieren.
  Dieser Aspekt bezieht sich auf die anwendungsbedingten Anforderungen an die Kompetenzen eines Teammitglieds. Soweit ein KI-Agent mit bestimmten Fähigkeiten ausgestattet werden soll, ist hier je nach Anwendung ein anderes Gebiet der Informatik gefragt, ein geeignetes theoretisches Fundament für eine Implementierung bereitzustellen.

Ein KI-System als Werkzeug löst hingegen eine nicht veränderbare, wohldefinierte Aufgabenstellung und kann dabei nur deren Parameter variieren.

Vor allem die Koordination der eigenen Aktivitäten mit denen anderer ist ein komplexer Prozess, der zusätzlich zur Problemlösungskompetenz für die eigentlichen Aufgabenstellungen von jedem Teammitglied gemeistert werden muss. [48] skizziert in Abbildung 1 auf Seite 3, wie man sich das vorstellen kann:

Wenn eine Aufgabe gestellt ist, bedarf es neben der Problemlösung selbst noch ihrer Koordination, der Kooperation bei der Umsetzung einer gemeinsamen Lösungsstrategie und der Kommunikation zum Austausch von Information.

21.2.1 Koordination

Sich in einem Team zu koordinieren, beinhaltet die Fähigkeit, Signale anderer Teammitglieder wahrzunehmen und interpretieren zu können. Alle Mitglieder benötigen Wissen und Kompetenzen zur Problemlösung und müssen Annahmen treffen können über Wissen und Kompetenzen aller anderen Mitglieder. Schließlich muss sich das Team organisieren und (Teil-)Aufgaben vergeben, mit denen die dem Team gestellte Aufgabe gelöst werden kann.

Zu jedem Zeitpunkt müssen alle Teammitglieder den aktuellen Zustand beobachten können; da nicht alle Mitglieder jede Information über den aktuellen Zustand selbst beobachten können, müssen sie Informationen untereinander austauschen können. Es ist sinnvoll, beim Design eines Teams Situationen vorab möglichst zu vermeiden, in denen der Austausch oder die Interpretation von Informationen so schwierig werden, dass die Koordinationsfähigkeit des Teams zumindest zeitweise verloren geht. In [101] wird beschrieben, dass es dafür hilfreich sein kann, Rollen und Hierarchien im Team einzuführen. Um Unsicherheit über den aktuellen Zustand aufzulösen, bei widersprüchlichen oder sich blockierenden Intentionen oder sich gegenseitig störenden Aktionen einen Konflikt zu regeln, kann dann ein Teammitglied mit der dafür vorgesehenen Rolle oder auf der zuständigen Hierarchiestufe den sonst autonom agierenden Teammitgliedern eine Interpretation des aktuellen Zustands diktieren oder Handlungsanweisungen geben. Derartige Konzepte kommen auch bei der Spezifikation des Verhaltens einzelner Roboter zur Anwendung [6, 14] und werden auf Teams übertragen. Dies ist insbesondere deshalb wichtig, weil nie auszuschließen ist, dass Teammitglieder trotz perfekter Kommunikation Information immer gleich interpretieren und verarbeiten. Sie verfügen nämlich nicht immer über dieselben Wissensgrundlagen und interpretieren daher Daten unterschiedlich, ziehen andere Schlussfolgerungen daraus und handeln daher und auch aufgrund unterschiedlicher Kompetenzen nicht in identischer Weise. Diese Konstellation eines Teams ist ja oft auch beabsichtigt [27, 2], wenn sich die Fähigkeiten von Teammitgliedern ergänzen sollen. Das ist bei einem Team aus Fußball spielenden Robotern, in dem es einen Torwart und Stürmer gibt, genauso der Fall, wie bei einem OP-System, in dem ein KI-Teammitglied automatisiert Messwerte interpretiert, um die Operateure bei der vollständigen Entfernung von Tumorgewebe in Echtzeit zu unterstützen.

21.2.2 Kommunikation

Aus der Verhaltensbeschreibung oben zur Kooperation ergibt sich zwangsläufig die Anforderung, dass Mitglieder untereinander kommunizieren können. Wenn sie kommunizieren, verfolgen Teammitglieder den Zweck, Annahmen über den aktuellen Zustand anzugleichen. Wären sie unter den Teammitgliedern inkonsistent, könnte das Team nicht mehr eine gemeinsame Lösungsstrategie erarbeiten und umsetzen. Zwei Gesichtspunkte sind also gleichermaßen essentiell, um effektiv Entscheidungen, wie die Problemlösung weiter durchgeführt wird, treffen und die dazu notwendigen Handlungen ausführen zu können [62, 73, 93]: erstens ein gemeinsames mentales Modell der Aufgabe, Problemlösung und der Umgebung, in der die Problemlösung versucht wird, und zweitens eine gemeinsame Bewertung der Situation (*Shared Situation Awareness*). Wie [90] zeigt, ermöglicht Kommunikation auch das Bilden von Vertrauen in die anderen Teammitglieder als psychologische Voraussetzung für funktionierende Teams.

21.2.3 Kooperation

Vertrauen ist ein, aber nicht der einzige Aspekt von Kooperation. Dazu gehört auch die dauernde gemeinsame Orientierung auf die aktuelle Aufgabe und dafür gefundene Problemlösung, sowie die Fähigkeit, von den anderen Teammitgliedern zu erkennen, ob und inwieweit sie mit den ihnen zugeordneten Teilaufgaben vorankommen. Falls ein Teammitglied dabei Schwierigkeiten hat, besteht Kooperation auch darin, dass zumindest zeitweise seine Aufgaben von anderen Teammitgliedern erledigt werden.

21.2.4 Human-AI Teaming

Während das bisher Gesagte auch auf *Human-Human-Teams* zutrifft, wollen wir nun untersuchen, welche Konsequenzen die beschriebenen Eigenschaften für Human-AI-Teams und vor allem für KI-Teammitglieder haben.

Ziel beim Human-AI Teaming (HAIT) ist, dass das Team genauso funktioniert wie ein Human-Human-Team. Im Unterschied dazu besteht ein Human-AI-Team aus mindestens einem KI-Agenten. Alle Fragen aus den Verhaltenswissenschaften zu Teams mit ausschließlich menschlichen Mitgliedern sind auch für Human-AI-Teams relevant und begründen damit die Multidisziplinarität des Fachgebiets.

HAIT ist daher der Name für eine Konzeption, wie Kollaboration und Kooperation zwischen Mensch und Maschine organisiert werden können mit dem Ziel, das auch normale Teams haben: gemeinsam eine Performance zu erreichen, die besser oder sogar anders sein sollte, als die der einzelnen Mitglieder zusammengenommen – das Ganze ist mehr als die Summe seiner Teile. Im Rahmen von HAIT werden multi- und interdisziplinäre Fragen zur Konstruktion, zum Training und zur Evaluation von Human-AI-Teams untersucht [103]. Damit dies überhaupt möglich wird, müssen zunächst systematische Methoden entwickelt werden, die erklären, wie KI-Team-Mitglieder konzipiert und implementiert werden. Dabei kommen viele KI-Algorithmen zum Einsatz, die für sich alleine schon jeweils ein Forschungsgebiet begründen [77]. Die KI-Algorithmen haben dabei oft die Aufgabe, Fähigkeiten zum Team beizusteuern, die Menschen gar nicht hätten. Dieses Ziel ist oft vorrangig gegenüber dem, menschliche Fähigkeiten durch Automtisierung zu ersetzen. Mit dieser Frage befasst sich das Gebiet der Hybriden Intelligenz [101].

21.2.5 Anwendungsszenarien

Oft kann HAIT auch als Trainingsmethode beim Maschinellen Lernen eingesetzt werden [113, 76]. *Human Alignment, Reinforcement Learning with Human Feedback* [63, 58] und *Active Learning* [86, 15] sind Konzepte bzw. Trainingsalgorithmen, bei denen Menschen interaktiv den Trainingsverlauf eines KI-Modells beeinflussen.

Wie beim Training von KI-Modellen ist HAIT immer dann interessant, wenn menschliches Handeln durch eine KI-Komponente unterstützt oder auch simuliert werden kann. Ein breites Szenario dafür mit vielen individuellen Facetten sind *Digital Twins*, also Softwaresysteme, die komplexe technische Anlagen simulieren [61]. Flugsimulatoren sind dafür wohl die am besten bekannten Beispiele. Menschen steuern dabei Geräte und interagieren mit ihnen.[2] Diese Vorgänge lassen sich gut in Simulationsumgebungen untersuchen. Die EU sieht dieses Szenario daher als wichtigen Bestandteil ihrer Digitalisierungsstrategie.[3] Neben der Simulation von Problemlösungsabläufen selbst lässt sich mit *Digital Twins* auch sehr gut untersuchen, wie sich Teams bei Vorgängen verhalten, die mit Koordinaten, Kooperation und Kommunikation zu tun haben: [78] beschreiben dazu ein Experiment, wie sich das Entstehen von Vertrauen zwischen menschlichen Mitgliedern eines Teams und KI-Mitgliedern, die *Digital Twins* sind, untersuchen lassen.

Neben komplexen *Digital Twins* gibt es KI-Systeme mit vielen weiteren Fähigkeiten, die als Fähigkeiten von Spezialisten in einem Team, in diesem Fall eben einem Human-AI-Team, eingesetzt werden können. Das National Institute of Standards and Technology führt in einem Bericht von 2024 [99] folgende Fähigkeiten an:

- Content creation
- Decision making
- Detection
- Digital assistance
- Discovery
- Image analysis
- Information retrieval/search
- Monitoring
- Performance improvement
- Personalization
- Prediction
- Process automation
- Recommendation
- Robotic automation
- Vehicular automation

HAIT spielt also in vielen Anwendungsszenarien eine Rolle, in denen KI dazu dienen kann, konkrete Fragestellungen zu bearbeiten, und das reicht von Wissensfragen an ein LLM bis zu komplizierten Klassifikationsaufgaben bei der medizinischen Diagnose. Hier hilft die KI den Menschen. Viele solcher Einsatzszenarien stammen aus der Arbeitswelt [92, 8]: KI-Teammitglieder übernehmen autonom Aufgaben in komplexen Arbeitsabläu-

2 Ein Beispiel dazu ist auf der Webseite https://www.lti.cs.cmu.edu/research/research-articles/aginteract.html beschrieben (zuletzt abgerufen am 31.12.2024).

3 https://digital-strategy.ec.europa.eu/en/policies/virtual-human-twins, zuletzt abgerufen am 31.12.2024.

fen. Bemerkenswerte Realisierungen von KI-Teammitgliedern im praktischen Einsatz bzw. zur Evaluation sind das Assistenzsystem CIMON-2, das Astronauten auf der ISS bei ihren Forschungsarbeiten unterstützt[4] oder CARL [37], ein Chatbot, der fachliche Fragen im Personalwesen eines internationalen Konzerns beantworten kann.

Die Beispiele zeigen, woher die Motivation stammt, sich mit Human-AI-Teams zu befassen: Wegen der bei definierten, genau umgrenzten Aufgabenstellungen mit Menschen ebenbürtigen Leistungsfähigkeit können KI-Systeme auch als Teammitglieder fungieren. Beispiele dafür finden sich im Stanford AI Index, der jährlich veröffentlicht wird und misst, wie gut KI-Systeme bei Benchmark-Tests abschneiden. Abbildung 21.1 zeigt den Stand von 2024.

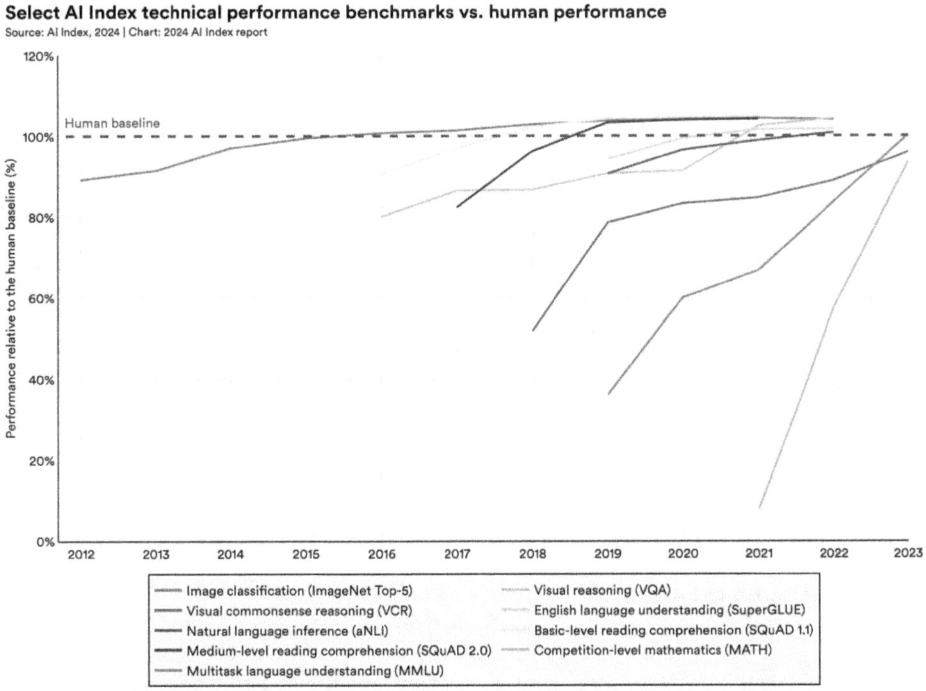

Abb. 21.1: Stanford AI Index 2024 (Quelle: https://hai.stanford.edu/ai-index/2024-ai-index-report).

Auch bei Aufgabenstellungen, die hohe kognitive Belastung verursachen, sind KI-Systeme erfolgreich: [119] analysiert, dass bei der Bearbeitung des 2019 NAEP Science Assessments[5] ein GPT-Modell bessere Ergebnisse erzielte, weil es die kognitive Belastung, unter der Menschen leiden, gar nicht erst wahrnimmt.

4 https://de.newsroom.ibm.com/2020-04-15-Auch-CIMON-2-meistert-seinen-Einstand-auf-der-ISS, zuletzt abgerufen am 02.01.2025.

5 https://www.nationsreportcard.gov/highlights/science/2019/

In anderen Fällen gibt es unterschiedliche Ergebnisse: Während [59] experimentell belegt, dass Menschen bei divergenten Denkaufgaben KI-Systemen überlegen sind, veröffentlichen [53] Studienresultate, dass das *Large Language Model* ChatGPT-4 dabei bessere Ergebnisse erzielte als Menschen. Ähnlich konträre Erkenntnisse gibt es zum Brettspiel Go: Während Google AI 2015 AlphaGo veröffentlichte[6] und damit auch gegen einen amtierenden Weltmeister gewann, konnten clevere Go-Spieler später eine Strategie entwickeln, der AlphaGo nicht gewachsen war.[7] Es ist eine Frage der Zeit, bis mithilfe ausreichend vieler Trainingsdaten auch diese Strategie geknackt werden kann.

Der Umstand, dass oft mehr Trainingsdaten ausreichen, die Leistungsfähigkeit eines KI-Modells zu verbessern, hat erhebliche Konsequenzen für den Lernaufwand. Abbildung 21.2 illustriert die Kosten beim Training von *LLM*.

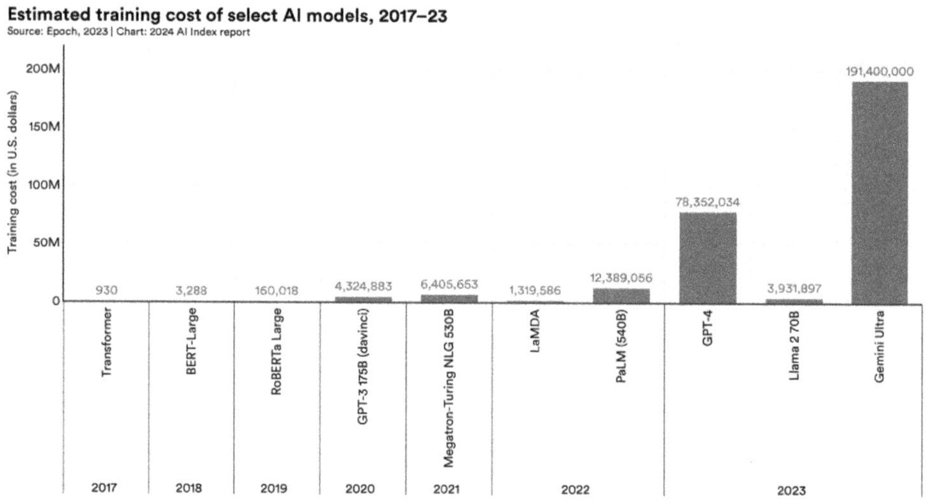

Abb. 21.2: Trainingskosten für *LLM*.

Bei allen vorgestellten Befunden geht es immer um die Leistungsfähigkeit von KI-Systemen, wenn sie alleine eine konkrete Aufgabenstellung bearbeiten. Dabei beziehen sich die erwähnten Ergebnisse allesamt auf bestimmte, fest vorgegebene Benchmark-Tests und zugehörige Datensätze. Dagegen schließen [100] aus der Untersuchung von 106 wissenschaftlichen Studien, dass die Ebenbürtigkeit zwischen Mensch und KI auch stark von der Aufgabenstellung abhängt, insbesondere in Hinblick auf die Teamfähigkeit von beiden: Beim gemeinsamen Treffen von Entscheidungen waren Human-AI-Teams im

6 https://deepmind.google/research/breakthroughs/alphago/

7 https://www.heise.de/news/Sechs-Jahre-nach-AlphaGo-Mensch-besiegt-erneut-zuverlaessig-staerkste-Go-KIs-7520941.html

Durchschnitt schlechter als Teams ohne KI-Mitglieder, während die Kooperation von Menschen und KI-Mitgliedern bei der Erzeugung kreativer Inhalte erfolgreicher war.

Die Frage ist also, welche Fähigkeiten ein KI-System zusätzlich zur aufgabenspezifischen Problemlösekompetenz besitzen muss, um erfolgreich im Team zu arbeiten. Oben wurden ja die Bereiche der Kommunikation, Kooperation und Koordination bereits genannt. Nun wollen wir diese genauer untersuchen, um die Kompetenzen vollwertiger KI-Teammitglieder zu spezifizieren:

21.2.6 Vom KI-System zum KI-Teammitglied

Wer also in einem Team Mitglied sein will, muss neben der Fachkompetenz noch weitere Fähigkeiten aufweisen. In [77] werden die folgenden besprochen:
- Aufbau eines gemeinsamen Situationsbewusstseins und Integration einzelner Wahrnehmungen einem gemeinsamen mentalen Modell von Aufgabenstellung und Umgebung
- Treffen von Entscheidungen und Durchführen von Handlungen, die nachvollziehbar und erklärbar sind
- Interaktion mit den anderen Teammitgliedern
- Vertrauen in Kompetenzen und Informationen aller Teammitglieder
- Bereitschaft und Fähigkeit zum Training der eigenen Kompetenzen sowie der Teamkompetenzen.

Diese Fähigkeiten müssen bei der Analyse von Prozessen und Abläufen beim Teaming untersucht und in Modellen und Methoden für die Konstruktion von Human-AI-Teams berücksichtigt werden [1]. Dies bezieht sich sowohl auf die Implementierung von KI-Teammitgliedern als auch auf das gemeinsame Agieren von Teams bei der Lösung einer Aufgabenstellung.

Diese Fragestellungen werden auch in der Robotik untersucht. Aus diesem Forschungsgebiet erhalten wir Erkenntnisse darüber, wie *shared plans*, *shared beliefs* und *Belief-Desire-Intention*-Modelle [47, 28, 41] implementiert werden können [43, 104, 55, 9, 25, 24, 64].

Der wesentliche Unterschied jedoch zwischen einem Team, das nur aus Robotern oder (allgemeiner) KI-Mitgliedern besteht, und einem Team mit mindestens einem Menschen als Mitglied liegt wohl in Folgendem: Menschen kommunizieren nur über Sprache, und trotzdem ist bei den KI-Teammitgliedern die Unsicherheit über Wissen und Annahmen der menschlichen Mitglieder größer als über die der KI-Mitglieder. Denn zwischen nicht-menschlichen Mitgliedern sind in der Regel technische Schnittstellen a priori festgelegt, die den Zweck haben, den Funktionsumfang eines KI-Mitglieds zu beschreiben und den Informationsaustausch mit ihm eindeutig, d. h. also möglichst wenig unsicher, zu gestalten.

Auf der anderen Seite kennen menschliche Teammitglieder zunächst die Fähigkeiten und die Zuverlässigkeit der KI-Mitglieder nicht. In solchen Situationen reagieren Menschen damit, dass sie Vertrauen verlieren. Dass dies auch in Human-AI-Teams passiert, wurde auch in [40] experimentell bestätigt. Eine Konsequenz für die Entwicklung von KI-Teammitgliedern besteht darin, dass sie auch vertrauensbildende Maßnahmen beherrschen müssen, etwa indem sie aktiv auf ihre Fähigkeiten und ihre Absicht, die gemeinsame Aufgabenstellung zu lösen, hinweisen. Wie bedeutsam das ist, wurde in [95] gezeigt: Menschen vertrauen zunächst regelbasierten Systemen mehr als solchen, die ein schwer durchschaubares Modell für Maschinelles Lernen nutzen. Vermutlich können sie sich wohl zunächst besser vorstellen, dass ein regelbasiertes System eine Aufgabe auch richtig lösen kann. [118, 121] bestätigen diese Beobachtung und zeigen auch, dass Transparenz, also eben die Nachvollziehbarkeit der Handlungen eines KI-Teammitglieds, eine wichtige Maßnahme ist, um Vertrauen in KI-Mitglieder zu bilden. Aus den Ergebnissen in [44] wird zudem deutlich, dass die Art und Weise der Kommunikation ein wichtiger Faktor für die Stabilität und Effektivität eines Human-AI-Teams darstellt. [50] zeigt, dass es bei natürlichsprachlichem Dialog extrem wichtig ist, die emotionale Haltung von Dialogpartnern zu erkennen und die Kommunikationsstrategie anzupassen, um gemeinsame Tasks erfolgreich abschließen zu können.

21.3 Methoden und Algorithmen

Nachdem der Überblick über HAIT (siehe Abbildung 21.3) im vorausgehenden Abschnitt gezeigt hat, dass HAIT verschiedene Teilbereiche der Künstlichen Intelligenz tangiert, wollen wir nun an einem Beispiel erörtern, wie Teaming in einer konkreten Situation ablaufen kann. Wir betrachten dabei Fälle, in denen Kooperation, Kommunikation und Koordination explizit realisiert werden. Auf die Nutzung von Chat-Interfaces für *LLM* wie ChatGPT,[8] Microsoft Copilot,[9] Gemini[10] und vergleichbaren Modellen wollen wir hier nicht näher eingehen, weil sie Informationen über Kooperation, Kommunikation und Koordination eben nicht explizit repräsentieren. Stattdessen wird diese Information implizit in den natürlichsprachlichen Äußerungen von User und Sprachmodell, also im Kontext des Sprachmodells [114], gespeichert werden. Daraus können wir nichts Neues über HAIT lernen.

In den bisherigen Ausführungen wird immer implizit angenommen, dass es grundlegende Maximen und Prinzipien gibt, wie Mitglieder in einem Team agieren, und dass alle Mitglieder diese Maximen und Prinzipien kennen und einhalten. Wir gehen dabei

8 https://chatgpt.com/

9 https://copilot.microsoft.com/

10 https://gemini.google.com/

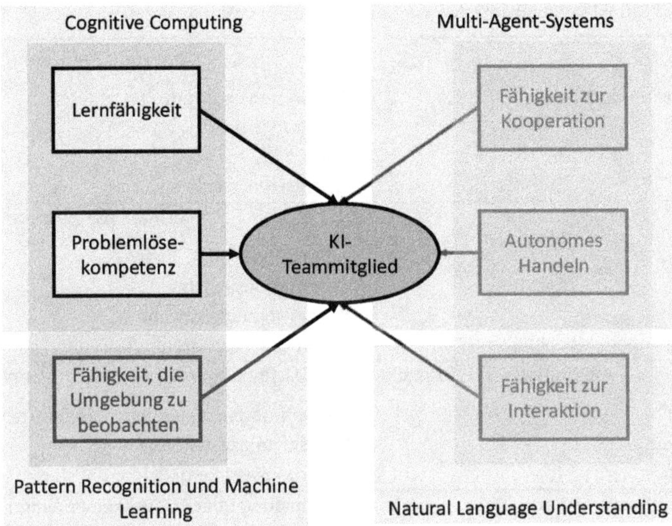

Abb. 21.3: Komponenten eines KI-Teammitglieds.

davon aus, dass alle Mitglieder Aktionen, die zur Lösung der Aufgabenstellung notwendig sind auch durchführen wollen. Allerdings kann es sein, dass sie das nicht immer können. In diesen Fällen besteht das Handlungsprinzip darin, diesen Umstand zu kommunizieren, sodass andere Teammitglieder den aktuell aufgetretenen Assistenzbedarf wahrnehmen und im Sinn der Teamkoordination unterstützen können.

Assistenzbedarf ist immer anwendungsspezifisch. Dennoch ist es sinnvoll, eine Systematik dafür zu entwickeln, die in der Lage ist, anwendungsunabhängige Kategorien für Assistenzbedarf zu entwickeln, um daraus eine Methodik abzuleiten, welche Inhalte in der Kommunikation zwischen Teammitgliedern zu erwarten sind und welche grundsätzlichen Reaktionen möglich sind, die dann anwendungsabhängig spezifiziert werden können. Als Grundlage dient uns die Taxonomie von Wandke [106]. Sie ist in Tabelle 21.1 dargestellt. Wandke unterteilt darin jede Aktion, die ein Teammitglied ausführen kann, in sechs einzelne Phasen (Motiv- und Zielbildung, Informationsaufnahme, Integration von Information bei Berücksichtigung der aktuellen Situation, Entscheidung über Auswahl einer Aktion, Aktionsausführung und Effektkontrolle). In jeder Phase können jeweils typische Formen von Assistenzbedarf auftreten. Sie sind in der linken Spalte aufgeführt. Um auf den Bedarf zu reagieren, kann ein Agent Assistenz vom in der rechten Spalte aufgeführten Typ anbieten. Wie sie konkret realisiert wird, ist natürlich von der jeweiligen Domäne abhängig, in der Assistenz geleistet wird. In seiner Arbeit gibt Wandke dafür Beispiele.

Zur weiteren Analyse von HAIT wollen wir Wandkes Taxonomie in einem Szenario anwenden, in dem zwei Teammitglieder eine gemeinsame Aufgabe lösen.

Tab. 21.1: Taxonomie für Assistenzfunktionen nach Wandke.

	Motiv- und Zielbildung
Schaffung eines optimalen Aktivierungsniveaus	Aktivierungsassistenz
Verstärkung eines Motivs	Coach-Assistenz
Hemmung eines Motivs	Warn-Assistenz
Anregung eines Zielwechsels	Orientierungsassistenz
	Informationsaufnahme
Bereitstellung von Signalen	Anzeigefunktion
Signalverstärkung	Verstärkungsassistenz
Erzeugung von Redundanz	Wiederholungsassistenz
Transformation von Signalen in andere Modalitäten	Präsentationsassistenz
	Integration von Information, Berücksichtigung der aktuellen Situation
Bereitstellung von Erklärungen	Beschriftungen, Anleitungen, Hilfetexte
Bereitstellung externer Bezugssysteme	Übersetzungsassistenz
Erklärung von Systemausgaben	Erklärungsassistenz
	Entscheidung über Auswahl einer Aktion
Information über alle Optionen	Angebotsassistenz
Information über ausgewählte Optionen	Filterassistenz
Vorschlag einer Option	Beraterassistenz
Vorschlag und Ausführung, wenn der Nutzer zustimmt	Delegationsassistenz
Vorschlag und Ausführung, wenn der Nutzer nicht widerspricht	Übernahmeassistenz
Ausführung mit Information an den Nutzer	informierende Ausführungsassistenz
Ausführung ohne Information an den Nutzer	stille Ausführungsassistenz
	Aktionsausführung: Wie soll die Aktion durchgeführt werden?
Verstärken von Aktionen	*power*-Assistenz
Verkürzen einer Aktionsfolge	*shortcut*-Assistenz
Alternative Modalitäten bereitstellen	Eingabeassistenz
	Effektkontrolle
Auswirkungen wahrnehmbar machen	Rückmeldungsassistenz
Grad der Zielerreichung bewerten	Kritikassistenz

21.3.1 Anwendungsbeispiel: *Interaktion mit einem Küchenhelfer*

Die Daten zu diesem Beispiel stammen aus einem Corpus von In-situ-Experimenten [38] mit jeweils einer Testperson und einem Experten: Die Testpersonen hatten die Aufgabe, aus verfügbaren Zutaten ein Rezept ihrer Wahl zu kochen, das sie sich zuvor aussuchen sollten. Dabei half ihnen ein Experte (im Folgenden Agent genannt), der alle Fragen zur Rezeptsuche und Zubereitung von Rezepten beantworten konnte, aber nicht selbst, auch nicht unterstützend, tätig wurde. Die Experimente fanden in einer ganz normalen Küche statt. Der folgende Ausschnitt stammt aus einem dieser Dialoge. Die Transkription neben einer Bezeichnung für jeden Kommunikationsinhalt und dem Inhalt selbst mit folgenden Annotationen versehen:

– Phase nach Wandke mit Assistenzbedarf (wobei habe ich Schwierigkeiten?)

- Zweck der Kommunikation (was möchte ich dir mitteilen?)
- Interaktionsform (wie teile ich es mit?)

ID	Äußerung	Phase	Zweck der Kommunikation	Form der Kommunikation
TP_1	Äh (.) Nenn mir ein Rezept mit Reis (,) Sahne und (.) Butter (?)	Entscheidung über Auswahl einer Aktion	Anforderung von Optionen	Verbalisierung des Bedarfs
A_2	Ok Also bei Chefkoch (,)(.) hab ich gesucht nach Paprika-Sahne-Reis-Rezepten (,) und gefunden (.)		Erklärung von Systemausgaben	Verbalisierung der Erklärung
	ähm Rahm-Paprika-Hähnchenbrust mit Reis, Paprika-SahneGeschnetzeltes von der Pute mit Reis, gefüllte Paprika mit Hackfleisch und Reis in Tomatenso-Tomaten-SahneSoße (,) (.) äh fröhliche gefüllte Paprika in einer Käse-SahneSoße (.) ähm Paprikareis (.) ähm (.) Paprika-SahneSchnitzel mit Bohnenbündchen und Reis (,) (.)		Information über ausgewählte Optionen	Verbalisierung der Optionen
TP_3	Ok	Effektkontrolle	Rückmeldung zu Assistenz	Verbales Feedback
	da hab ich ja die Hälfte nicht davon Hab ja kein Fleisch	Effektkontrolle	Bereitstellung von Erklärungen	Verbalisierung der Erklärung
	Öh (.) Ähm (?) Ja Ok	Effektkontrolle	Rückmeldung zu Assistenz	Zögern
	dann brauch ich jetzt ein Rezept mit Tomaten (,) Zwiebeln (.) Paprika (.) Sahne (,) Reis (.)	Entscheidung über Auswahl einer Aktion	Anforderung von Optionen	Verbalisierung des Bedarfs
A_4	Ich hab (.) Couscouspfanne mit Paprika und Tomate (,)(.) gefüllte Paprika mit Hackfleisch und Reis in Tomaten-Sahne-Soße (,)(.) Paprika-Tomaten-Fischtopf (,) Erdnussoße mit Reis und Gemüse (,)		Information über ausgewählte Optionen	Verbalisierung der Optionen

Oberstes Ziel der Kommunikation des Agenten sollte ja immer sein, der Testperson (siehe TP im Dialog oben) bei der Durchführung einer Handlung zu helfen. Dies ist geschafft, wenn die Handlung erfolgreich abgeschlossen worden ist. Dazu ist es für den Agenten unerlässlich zu wissen, welche Handlungen (einer Anwendungsdomäne) welche Ergebnisse erwarten lassen. In diesem Sinn ist A_2 die Mitteilung über eine erwartungsgemäße Durchführung der in TP_1 formulierten Handlungsanweisung. Um die Antwort A_2 geben zu können, hat der Agent ein Problem gelöst: Er hat einen (jetzt noch nicht näher interessierenden) Algorithmus ausgeführt, um zu ermitteln, wie der erkannte Bedarf von TP befriedigt werden kann. Das Ergebnis des Algorithmus wird dann in A_2 formuliert und kommuniziert. Entscheidend für das Teaming ist hier also die Kompetenz zur Problemlösung, die im einfachsten Fall in der Ausführung eines geeigneten Algorithmus besteht. Wie komplex kann so ein Algorithmus werden? Welche Eigenschaften muss er aufweisen? An unserem Beispiel wird schon deutlich, dass die Problemlösung nicht immer sofort in die Tat umgesetzt werden darf: Das bloße Nennen von Gerichten ist ja noch kein Kochen, sondern nur Interaktion mit anderen Teammitgliedern über mögliche Optionen, was in der (unmittelbar bevorstehenden) Zukunft geschehen soll, um die Aufgabe (d. h. das Problem) des Teams (Kochen eines Gerichts) zu lösen. Teaming besteht in diesem Fall also zunächst ausschließlich im Informationsaustausch. Daher benötigen wir für erfolgreiches Teaming einen Ansatz, der zunächst mögliche Lösungen ermittelt und erst später ausführt, wenn nicht nur das gemeinsame Ziel, sondern auch seine Problemlösung zwischen den involvierten Teammitgliedern abgestimmt sind, wie oben schon für Kooperation gefordert [71]. Algorithmen, die mögliche Problemlösungen berechnen können, sind in der Künstlichen Intelligenz als Planungsverfahren (siehe Kapitel 3) bekannt [42]. Sie liefern Lösungen „als Daten", die dann an den Nutzer kommuniziert werden können, wie in A_2 zu sehen. Diese Eigenschaft ist zentral, weil ja der Nutzer über das Gericht entscheiden soll, das gekocht wird, nicht ein assistierender Agent. Als Konsequenz aus der Forderung nach Interaktion und Kooperation für erfolgreiches Teaming kann Assistenz also nicht allein durch Funktionsausführung geleistet werden [12]. Noch deutlicher wird dies an der Äußerung TP_{11} (siehe unten): Hier wird Information über eine Problemlösung angefordert – ein Plan, wie die ausgewählte Paprikasoße zubereitet wird. Während bei einem Kochrezept der Plan zur Zubereitung des Gerichts bis auf minimale Variationen feststeht, muss dies bei anderen Anwendungsdomänen – wie wir im nächsten Beispiel zeigen werden – nicht der Fall sein. Daher ist *Planen* aber nicht die einzige *kognitive Kompetenz*, die für Teaming erforderlich ist [70]. Zur Beantwortung der Äußerung TP_1 ist die Fähigkeit, Optionen unter Berücksichtigung von situativen und nutzerspezifischen Randbedingungen ermitteln zu können, gefragt: Analog zum Planen, das mögliche Aktionsfolgen in die Zukunft vorausprojiziert, ist für Teaming das „probeweise" Entscheiden anhand von zu erwartenden Kriterien eines anderen Teammitglieds typisch. Die Antwort A_2 sollte idealerweise Optionen für Gerichte präsentieren, die das Teammitglied auch gerne essen möchte, die es zu kochen beherrscht, und die bestimmte Randbedingungen, wie die verfügbare Zeit für das Kochen, einhalten. Daher muss jede Implementierung für Teaming auch mit unsicherem Wissen operieren können, weil für viele der eben genannten Parameter explizite Werte nie zur Verfügung stehen können. Neben den Planungsverfahren spielen also auch Klassifikations-, Optimierungs-, Empfehlungs- oder Entscheidungsunterstützungsverfahren eine wichtige Rolle.

Für ein allgemeines, domänenunabhängiges Konzept von Teaming sind – als Fazit aus der bisherigen Diskussion – verschiedene Verfahren der Künstlichen Intelligenz ein

Schlüssel zur Lösung. Die Frage von oben, wie komplex ein Algorithmus sein kann, lässt sich also mit „sehr hoch“ beantworten.

Der Dialog verläuft folgendermaßen weiter:

ID	Äußerung	Phase	Zweck der Kommunikation	Form der Kommunikation
TP_5	Ich glaub so komm ich nicht weiter (lacht)	Effektkontrolle	Bewertung des Grads der Zielerreichung	Verbalisierung
	Ok dann mach ich es anders	Motiv- und Zielbildung	Zielwechsel	Verbalisierung
	Ähm Ich brauch ne ok also	Effektkontrolle	Rückmeldung zu Assistenz	Zögern
	ein Rezept für eine äh Paprikatomatensoße	Entscheidung über Auswahl einer Aktion	Anforderung von Optionen	Verbalisierung des Bedarfs
A_6	Ok		Verbales Feedback	
TP_7	Tomatensoße mit Paprika oder irgendwie so Paprika-Tomatensoße	Entscheidung über Auswahl einer Aktion	Anforderung von Optionen	Verbalisierung des Bedarfs
A_8	Ähm ich hab gefüllte Paprika mit Tomatensoße und Reis (.) Ähm Gefüllte Paprika in Tomatensoße gefüllte Paprika in Tomatensoße (,) (.) ähm (.)		Information über ausgewählte Optionen	Verbalisierung der Optionen
TP_9	Ähm (.)	Effektkontrolle	Rückmeldung zu Assistenz	Zögern
A_{10}	Nudelauflauf Hähnchenfleisch und Gemüse mit einer Paprikatomatensoße		Information über ausgewählte Optionen	Verbalisierung der Optionen
TP_{11}	Dann (.) Sag mir mal die Anweisungen zu der Paprika zu der ersten Soße	Ausführung von Aktionen	Vorschlag einer Option	Verbalisierung des Bedarfs
A_{12}	Zu gefüllter Paprika mit Tomatensoße und Reis (?)	Berücksichtigung der aktuellen Situation		Alignment
TP_{13}	Ja			Feedback
A_{14}	Ok Ähm (?) Zutaten Hackfleisch Paprika Brötchen Eier Zwiebeln Salz und Pfeffer		Bereitstellung von Erklärungen	Verbalisierung der Erklärung
TP_{15}	Toll (lacht)	Effektkontrolle	Grad der Zielerreichung bewerten	Verbalisierung
A_{16}	Und Zubereitung Zuerst das Brötchen in Wasser einlegen (,)(.) wie bei Frikadellen (,) dann die Paprika waschen und oben abschneiden sodass ein Deckel entsteht (,) den grünen Stiel dran lassen (?) Nun die Paprika von innen waschen (,) die weißen Stellen vorsichtig raus schneiden (,) und die Paprika griffbereit hinstellen		Bereitstellung von Erklärungen	Verbalisierung der Erklärung

Darin zeigen sich noch weitere Dimensionen von Komplexität: Erstens haben Kommunikationshandlungen während eines Teaming-Vorgangs ganz unterschiedliche Bedeutung. Während TP_1 konkret angibt, wie das gemeinsame Ziel (partiell) formuliert werden soll, verfolgt TP in TP_3 einen anderen kommunikativen Zweck: Durch die Information *Hab ja kein Fleisch* beschreibt er weitere Randbedingungen für die Umsetzbarkeit von möglichen Problemlösungen, die vom Assistenzsystem auch so verstanden werden müssen – nicht jede Nutzeräußerung ist also ein direktes Kommando zur Rezeptsuche oder -präsentation.

Zweitens korrespondieren einzelne Aktivitäten einer Problemlösung nicht immer mit genau einer Äußerung: Die Äußerung TP_{11} beispielsweise bezieht sich auf die Antwort des Agenten in A_8 und damit inhaltlich auf die dort eingeführten Entitäten (und Aktivitäten), also die Vorschläge für Soßen. Der Verlauf der Interaktion von TP_5 und TP_7 über A_8 hin zu TP_{11} belegt somit, dass der Assistenzbedarf für das Ziel aus TP_5 (und damit eigentlich aus TP_1) immer noch nicht befriedigt worden ist. Er zeigt auch, dass eine Problemlösung zur Befriedigung des Bedarfs komplex ist und sich über mehrere Aktivitäten erstreckt: Das Nennen von Rezepttiteln ist nur eine Aktivität. Es gehört auch die Auflistung der Zutaten und die Erläuterung der einzelnen Zubereitungsschritte dazu. Ein Gedächtnis ist deshalb erforderlich, weil sich der Agent seine Antworten aus A_8 als Teilschritt der Problemlösung für den in T_1 eingeführten Assistenzbedarf merken muss. Insgesamt ist also erst nach der Äußerung A_{16} das Problem, ein Rezept zum Kochen auszuwählen, für den Agenten zunächst gelöst worden. Denn er kann nun Informationen zur Zubereitung geben.[11]

Drittens gibt es in jedem natürlichsprachlichen Dialog Äußerungen, die sich auf Wahrnehmen, Analysieren und Verstehen von Sprache beziehen, sowie explizite Formulierungen über sprachliches Handeln. Solche Äußerungen sind in den Interaktionsablauf eingebettet und müssen korrekt erkannt werden. Beispiele dafür sind die Häsitationen in TP_3, TP_5, A_{14} oder TP_{15}. Letztlich ist die Liste der „domänenfremden" Themen überhaupt nicht eingrenzbar, ein Nutzer kann auch seine Befindlichkeiten äußern – wie häufig bei Anrufen bei Service-Hotlines, er kann auch die Domäne „verlassen" und über ein ganz anderes Thema reden wollen, wie dies bei Smalltalk oft der Fall ist. Ein Sprachassistent muss in der Lage sein, diesen Umstand zu erkennen und eine geeignete Dialogstrategie anzuwenden, um den Diskurs wieder auf die aktuelle Problemlösung zu lenken. Die Komplexitätsdimension ist typisch für natürlichsprachliche Dialoge; bei Interaktion in anderen Modalitäten ist sie per Design des Interface ausgeschlossen, d. h. Nutzern steht diese Möglichkeit überhaupt nicht zur Verfügung.

Zieht man ein Fazit aus der Diskussion des Beispiels, zeigt sich, dass Kooperationsmechanismen und die von ihnen ausgelöste (sprachliche) Kommunikation zwischen

---

11 Im weiteren Verlauf wird TP auch dieses Rezept verwerfen, weil er ja kein Fleisch hat. Eine längere Diskussion des Vorgangs ist aber hier nicht zweckmäßig, weil keine neuen Konzepte, wie Assistenz von anderen Teammitgliedern angefordert wird, mehr deutlich werden.

den beteiligten Teammitgliedern über den Assistenzbedarf interagieren: Ein bestimmter Bedarf an Assistenz löst eine Interaktion aus, die bezweckt, dass der Dialogpartner in einer bestimmten Weise reagiert, um den Assistenzbedarf zu befriedigen (Kooperationsziel). Um den anderen Agenten den Assistenzbedarf und das Kooperationsziel mitzuteilen, bedient sich ein Agent einer bestimmten kommunikativen Strategie [98]: Im Fall ausschließlich sprachlicher Interaktion ist die Strategie immer die Wahl einer geeigneten Formulierung, bei multimodaler Interaktion gibt es entsprechend der verfügbaren Modalitäten auch andere Strategien, die je nach Bedarf und Kommunikationsziel unterschiedlich geeignet sein können.

21.3.2 *Belief States* beim Human-AI Teaming

Die Diskussion oben zeigt, dass Teammitglieder zu jedem Zeitpunkt Informationen über verschiedene Aktivitäten speichern müssen:
- über die gemeinsame Aufgabenstellung
- über die aktuelle Lösung
- über die Kooperation: führen die anderen Mitglieder die Aktivitäten durch, die ich gerade erwarte?
- über die Koordination: wer macht was?
- über die Kommunikation: worüber werden gerade welche Informationen ausgetauscht?

Jedes Mitglied muss aber auch Annahmen darüber verwalten, welche Informationen den anderen Mitgliedern dazu vorliegen. Das Teaming ist dann effektiv, wenn der eigene *belief state* mit den Annahmen über die *belief states* der anderen Mitglieder konsistent ist. In der Psychologie wird diese Vorstellung als *Theory of Mind* diskutiert. Für das Human-AI-Teaming besteht nun die Herausforderung darin, diese Theorie auf KI-Agenten zu übertragen [2]: Wie können geistige und emotionale Zustände dargestellt, erkannt und als Motor für einige Entscheidungen und Handlungen für Algorithmen zugänglich gemacht werden?

Frühere, aber immer noch wesentliche Ideen für eine Theorie des Human-AI-Teamings finden sich in formallogischen Modellen für die oben genannten *belief states*. Sie werden in der Literatur der Multiagentensysteme (siehe Kapitel 19) mithilfe von modallogischen Operatoren (siehe Kapitel 8 und Kapitel 7) beschrieben [111, 110].

Wie entstehen eigene *beliefs* eines KI-Teammitglieds? In einem zweckrationalen, zielgerichteten Teaming ist die Erwartung, dass jede Aktivität zum Erreichen des Ziels beiträgt. Sie muss aber nicht immer erfüllt sein, wie die Arbeit von Wandke [106] verdeutlicht: Stattdessen definiert sie die möglichen Ereignisse, die bei jeder Aktivität auftreten können. Bei der Implementierung eines KI-Teammitglieds muss daher der durch diese Ereignisse aufgespannte Zustandsraum für das Teaming so berücksichtigt werden, dass für jeden auftretenden Zustand eine geeignete Reaktion gefunden werden kann, sodass die Teammitglieder durch Kommunikation Information austauschen oder sich neu koordinieren können.

21.3.3 Wissen über Tasks

Oft sind die Domänen-Tasks selbst sehr einfach, zum Beispiel Suchen nach einer Zugverbindung [79], Buchen von Restaurants [116], Erzeugung von Suchanfragen an ein automatisiertes FAQ-System [46, 102]. Es gibt viele weitere Anwendungsszenarien. Charakteristisch für alle ist, dass die Kommunikation Werte für Parameter einer domänenspezifischen Funktion „einsammelt". Aus allen diesen Werten entsteht dann der *belief state*. In solchen Domänen, in denen ein KI-Teammitglied wenig Problemlösekompetenz benötigt, aber dennoch viel Kommunikationskompetenz, besteht die Herausforderung bei der Implementierung dementsprechend vor allem darin, den *belief state* der menschlichen Mitglieder durch Interpretation des natürlichsprachlichen Inputs möglichst exakt zu erkennen, und dann in Kombination mit den eigenen *beliefs* die richtigen Reaktionen zu wählen. Wie dies geschieht wird später in Abschnitt 21.3.5 erläutert werden.

In komplexeren Domänen, in denen zur Lösung einer Aufgabenstellung ausgehend vom aktuellen *belief state* eine Sequenz von Aktivitäten ausgeführt werden muss, ist Planungswissen notwendig.

Dazu betrachten wir die Interaktion mit dem Heimwerker-Assistenten ROBERT [10, 60]. Das Ziel der Assistenz ist es dabei, unerfahrene Nutzer Schritt für Schritt durch Heimwerkerprojekte zu leiten und ihnen dabei die Bedienung von elektrischen Werkzeugen, wie z. B. einer Stichsäge zu beizubringen. Das Teaming mit ROBERT beginnt auf Initiative eines am Heimwerken interessierten Nutzers. Zunächst präsentiert ROBERT dem Nutzer eine Liste der verfügbaren Projekte (z. B. Bau eines Schlüsselbretts, eines Vogelhauses, eines Tisches, Renovierung einer alten Tür oder eines Stuhls). Nach der Auswahl eines Projekts listet ROBERT die verfügbaren Werkzeuge und Materialien auf. Auf Basis dieser Informationen generiert ROBERT mit seinem Planer eine Abfolge von Aktionen, wie mit den verfügbaren Werkzeugen und Materialien das gewählte Projekt realisiert werden kann. Hier kommt der Vorteil der Planung zur Geltung: ROBERT erstellt nicht einfach eine fest programmierte Liste von Anweisungen für jedes Projekt, sondern entscheidet automatisch, welche Aktionen mit den aktuell verfügbaren Werkzeugen und Materialien durchgeführt werden können und müssen, um das Projekt erfolgreich abzuschließen. Für die Erstellung des Plans nutzt ROBERT sowohl ein Planungsmodell als auch Faktenwissen über Werkzeuge und deren Konfigurationen, das in einer Ontologie gespeichert ist [91].

ROBERTs Domänenwissen besteht in einer symbolischen Beschreibung eben dieser Aktivitäten, d. h. eine Formalisierung ihrer Semantik: In welcher Situation ist eine Aktivität ausführbar (*Vorbedingungen*) und zu welchen kann sie führen (*Effekte*). Je nach Planungsansatz werden nur grundlegende Aktivitäten [36], zu denen dann auch eine

Funktion des Assistenzsystems ausgeführt werden kann, oder Tasks und ihre Strukturierung in Zwischenziele und Subtasks [34, 35] formalisiert.

Der Aufwand für die Wissensrepräsentation ist dabei recht groß: Alle Funktionen des Assistenzsystems müssen in einer Planungssprache implementiert werden, der Zustand des Systems zu Beginn der Planung einer Problemlösung muss symbolisch repräsentierbar sein, Aktivitäten des Nutzers müssen wie Funktionen des Systems realisiert werden. Dann sind noch die Tasks, in denen Assistenz geleistet werden kann, zu formalisieren.

In der Domäne des Küchenhelfers, der auch während des Kochens assistieren kann, ist beispielsweise ein Teilziel eines Rezepts für Schweinebraten definiert, wie in Abb. 21.4 zu sehen. Der Planer findet je nach den Voraussetzungen in der Küche dann eine Folge von Aktivitäten, um das Teilziel des gesamten Rezepts umzusetzen (siehe Abb. 21.5). Das Beispiel illustriert, wie der Planer anhand seiner Kenntnis über die Küche, in der das Gericht zubereitet wird, alle detaillierten Schritte plant, die für das Teilziel `BRAETER-VORBEREITEN` notwendig sind, ohne dass sie jedoch im Rezept festgehalten wären.

```
(:action braeter-vorbereiten
  :parameters (?schritt)
  :precondition
  (and (schritt ?schritt)
       (= ?schritt braeter-vorbereiten)
       (in-bearbeitung ?schritt)
       (neuer-inhalt lorbeerblaetter braeter ?schritt)
       (neuer-inhalt pimentkoerner braeter ?schritt)
       (in-scheiben zwiebel zwiebelwuerfel ?schritt)
       (neuer-inhalt-sit-arg zwiebelwuerfel braeter ?schritt)
       (neuer-inhalt-sit-arg fleisch braeter ?schritt)
  )
  :effect (ausgefuehrt ?schritt)
)
```

Abb. 21.4: Planoperator in einem Kochrezept in PDDL (siehe Kapitel 3).

Ähnlich wird Wissen über die Domäne für Robert repräsentiert, allerdings als HTN-Planoperatoren, d. h. als kleine Bäume, die Teiltasks des Gesamtproblems lösen (siehe dazu Kapitel 3 und [42, 3.5.2]).

Leider kann mit diesem Konzept nicht für jeden Task eine Problemlösung ermittelt werden. Denn Planungssprachen sind ja nicht Turing-äquivalent, sondern wesentlich weniger ausdrucksstark. Sie basieren auch auf der *closed world assumption*, d. h. dass zu Planungsbeginn sämtliche relevanten Informationen bekannt sind – in interaktiven Szenarien kann das aber nicht immer gewährleistet werden. Unsichere Information bedeutet aber ein exponentielles Wachstum der möglichen Zielzustände, was jedes System an seine Leistungsgrenzen bringt. Denn ist ein Fakt unsicher, kann er wahr oder

```
SCHRITT-BEGINNEN BRAETER-VORBEREITEN
HINZUFUEGEN FLEISCH BRAETER BRAETER-VORBEREITEN
AUS-SCHRANK-HOLEN ZWIEBEL BRAETER-VORBEREITEN
BEWEGEN ZWIEBEL HAND BRETT BRAETER-VORBEREITEN
ZWIEBEL-SCHNEIDEN ZWIEBEL ZWIEBELWUERFEL BRAETER-VORBEREITEN
AUS-SCHRANK-HOLEN LORBEERBLAETTER BRAETER-VORBEREITEN
HINZUFUEGEN LORBEERBLAETTER BRAETER BRAETER-VORBEREITEN
ABLEGEN LORBEERBLAETTER ARBEITSPLATTE BRAETER-VORBEREITEN
AUS-SCHRANK-HOLEN PIMENTKOERNER BRAETER-VORBEREITEN
HINZUFUEGEN PIMENTKOERNER BRAETER BRAETER-VORBEREITEN
BEWEGEN PIMENTKOERNER HAND SCHRANK BRAETER-VORBEREITEN
BEWEGEN ZWIEBELWUERFEL BRETT HAND BRAETER-VORBEREITEN
HINZUFUEGEN ZWIEBELWUERFEL BRAETER BRAETER-VORBEREITEN
BRAETER-VORBEREITEN BRAETER-VORBEREITEN
SCHRITT-BEENDEN BRAETER-VORBEREITEN
```

Abb. 21.5: Lösung für das Teilziel aus Abb. 21.4.

falsch sein. Dies bedeutet, dass jeder unsichere Fakt zwei potentiell mögliche Zielzustände nach sich zieht. Wenn nun mehrere Fakten unsicher sind, wächst die Zahl der möglichen Zielzustände exponentiell mit der der unsicheren Fakten über die aktuelle Situation.

Viele Anwendungsprobleme sind auch gar keine Planungs-, sondern vielleicht Constraint-Satisfaction, Optimierungs- oder Klassifikationsprobleme, sodass ein Planer gar nicht das geeignete Instrument zur Berechnung einer Problemlösung ist, stattdessen aber Recommender-, Decision Support-, Constraint-Solver- (siehe Kapitel 4), Optimierungs- oder Klassifikationssysteme (siehe Kapitel 12 und Kapitel 13). Für unser Konzept ist das nicht schädlich, solange wir Zustände und Ergebnisse der benutzten Systeme, also *belief states*, symbolisch beschreiben können.

21.3.4 Wissen über Kommunikation und Kooperation

Zusätzlich zur Wahl der Lösungsverfahren, von denen ja in den meisten komplexen Domänen mehrere benötigt werden, ist bei der Implementierung eines KI-Teams, dass auch Lösungsverfahren für Kommunikation und Kooperation, für die über das Task- und Domänenwissen hinausgehendes Wissen erforderlich ist [13] realisiert werden. Die Dialogbeispiele oben belegen, dass in der Kommunikation nicht unterschieden wird, ob gerade über den aktuellen Task in der Domäne, Fragen zur Kooperation oder über Schwierigkeiten bei der Kommunikation (z. B. Missverständnisse, nicht geklärte Fachbegriffe) gesprochen wird. Dementsprechend ist es sinnvoll, bei der Architektur eines KI-Teammitglieds zu berücksichtigen, dass es immer mehrere Tasks (aus den Bereichen Task, Kommunikation und Kooperation) gleichzeitig bewältigen können muss.

Kooperationsbedarf entsteht, wenn sich ein KI-Teammitglied in seiner Annahme über ein anderes Teammitglied sicher ist, dass es bei der Ausführung der aktuellen

Aktivität nicht den erwarteten Effekt erreicht hat, sondern Unterstützung (siehe Tabelle 21.1) benötigt. Mit entsprechenden Diagnoseregeln [85] können verschiedene Ursachen erschlossen werden. Für jede von ihnen kann es eine passende Assistenzstrategie geben, die durch einen *Reparaturplan* [11] den ursprünglich erwarteten Zustand herstellen kann. Auf diese Weise ist eine neue gemeinsame Aufgabenstellung zur ursprünglichen entstanden, die jetzt parallel zur ihr zu lösen ist.

Falls aber die ursprüngliche gemeinsame Aufgabenstellung unlösbar geworden ist, muss das KI-Teammitglied seine Problemlösung für den Kooperationstask anpassen, indem es wieder in die Phase der Motiv- und Zielbildung (siehe Tab. 21.1) eintritt und einen Zielwechsel anregt. Eine andere Strategie, die weniger spektakulär ist, besteht im Abbruch der Kooperation – wie dies fast alle Programme machen, wenn sie eine Fehlermeldung ausgeben und darauf warten, dass der Nutzer eine neue Aufgabe formuliert. In beiden Fällen ist eine neue gemeinsame Aufgabenstellung im Bereich der Kooperation entstanden.

Auch die Kommunikation mit dem Nutzer ist ein Task für sich – hierbei bestehen Problemlösungen in der Planung einer Folge von Sprechhandlungen. Auch sie haben erwartete Effekte, die manchmal nicht eintreten. Beispiele dazu haben wir bereits oben beim Dialog mit dem Küchenhelfer gesehen. Assistenzstrategien beim Sprachverstehen sind also Tasks für Koordination und Kooperation in diesem Bereich und können daher analog zu ihnen formalisiert werden (siehe die Erörterung oben zur Modellierung des Sprachverstehens von ROBERT).

21.3.5 Computational Models für Teammitglieder

Nachdem wir bisher Anforderungen und Zielsetzungen für die Implementierung von KI-Teammitgliedern beschrieben haben, wollen wir uns nun der algorithmischen Seite zuwenden: Wie lässt sich ein KI-Teammitglied realisieren?

Da es in der Literatur zu HAIT kaum Arbeiten dazu gibt, weil der Fokus der Arbeiten auf der Modellierung des Teamings liegt, müssen wir uns Anleihen aus anderen Bereichen der KI suchen. Da ein KI-Teammitglied eine Form eines autonomen Systems ist, suchen wir Anleihen aus der Robotik. Dort ist es weit verbreitet, das task-relevante Verhalten von Robotern mithilfe von *behaviour trees*, einer Variante von endlichen Automaten [75], zu beschreiben [26, 54]. Eine wesentliche Eigenschaft von *behaviour trees* ist, dass sie auch ein Konzept für die Operationalisierung eines Modells bereitstellen und nicht nur seine Beschreibung. In Abbildung 21.6 wird ein *behaviour tree* gezeigt, der einen Chatbot für die Steuerung eines Espressoautomaten beschreibt, aber damit für die gesamte Klasse von *slot filling dialogs* repräsentativ ist. Die Problemlösung besteht dabei aus einer einzigen Aktivität: Sobald alle Parameter bekannt sind, sollen sie an das physische Gerät übermittelt werden, damit ein Kaffee mit den gewünschten Einstellungen hergestellt werden kann.

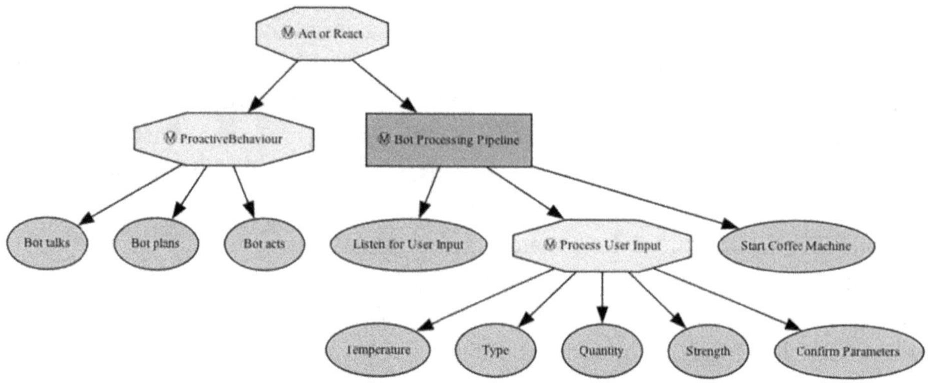

Abb. 21.6: Ein Modell für ein KI-Teammitglied, dass *slot filling tasks* bearbeiten kann (eigene Darstellung).

Für sprachbasierte Assistenzsysteme dieses Typs besteht die Lösung der Aufgabenstellung also darin, solange Parameterwerte zu sammeln, bis genügend Information vorliegt, um den Espressoautomaten zu starten. Die Koordination zwischen den Teammitgliedern besteht darin, durch geeignete Kommunikationshandlungen (also Fragen) die richtigen Annahmen über die *beliefs* eines anderen Teammitglieds zu erfragen. Welche Kommunikationshandlung wann sinnvoll ist, kann aus einer Wahrscheinlichkeitsverteilung über alle möglichen Fragen ermittelt werden, die aber in der Regel auf den aktuellen eigenen *belief state* und die letzte Information eines anderen Teammitglieds konditioniert ist (wie z. B. in [46]): Es wird diejenige Handlung gewählt, die in der aktuellen Situation die wahrscheinlichste ist. Mit dieser Handlung ist die Erwartung eines Informationsgewinns verbunden, wenn das angesprochene Teammitglied die gesuchte Information in seiner Antwort gibt.

Allerdings ist das Ganze nicht so einfach, wie es zunächst scheint. Ein angesprochenes Teammitglied kann nämlich grundsätzlich auch anders antworten, weil es eben diese Antwort nicht geben kann, wie in folgendem Beispiel:

KI	Welchen Kaffee kann ich für dich zubereiten?
Mitglied	Ich weiß nicht, welche Sorten du hast. Kannst du mir die nennen?

Mit seiner Antwort kommuniziert das angesprochene Teammitglied Kooperationsbedarf, und das KI-Teammitglied sollte für eine erfolgreiche Reaktion darauf reagieren. Dazu muss es erkennen, dass der Kooperationsbedarf bei der Entscheidung über die Auswahl einer Aktion nach der Wandke-Taxonomie (siehe Tabelle 21.1) besteht. Die möglichen Reaktionen sind die bei Wandke genannten Strategien:

- Information über alle Optionen: *Ich kann dir Espresso, Cappuccino, Latte Macchiato und Americano machen.*
- Information über ausgewählte Optionen: *Z. B. Espresso oder Cappuccino. Wäre da was für dich dabei?*

- Vorschlag einer Option: *Einen Espresso nach dem Mittagessen?*
- Vorschlag und Ausführung, wenn der Nutzer zustimmt: *Wenn es dir Recht ist, mache ich dir Espresso.*
- Vorschlag und Ausführung, wenn der Nutzer nicht widerspricht: *Magst du einen Espresso?* `Nach kurzem Warten wird der Espresso zubereitet.`
- Ausführung mit Information an den Nutzer: *Ich mache dir einen Espresso.* `Der Espresso wird sofort zubereitet.`
- Ausführung ohne Information an den Nutzer: `Der Espresso wird sofort zubereitet.`

Das KI-Teammitglied initiiert damit einen Koordinations-Task und einen Kommunikationstask, indem es eine der Strategien umsetzt. Damit stellt sich sofort die Frage, welche Strategie umgesetzt werden soll, da jede von ihnen mit unterschiedlichen Konsequenzen für das Teaming verbunden ist. Die Information über alle Optionen kann das angesprochene Teammitglied überlasten, weil die Liste zu lang sein kann, oder vielleicht auch noch Erklärungen zu den Kaffeesorten enthält. Am anderen Ende der Skala ist die Ausführung ohne Information an den Nutzer: Das angesprochene Teammitglied versteht vielleicht nicht, warum jetzt auf einmal der Espressoautomat anfängt zu arbeiten. Die Information über ausgewählte Optionen kann zu einem langwierigen Kommunikationstask führen, wenn die Kommunikation auf folgende Weise fortgeführt wird:

KI	Z. B. Espresso oder Cappuccino. Wäre da was für dich dabei?
Mitglied	Hmm, vielleicht. Was hast du denn noch so im Angebot?
KI	Ich könnte auch Latte Macchiato oder Americano zubereiten.
Mitglied	Ah, ok. Dann nehme ich einen Espresso, bitte.

In diesem Fall zieht sich der Kooperationstask über mehrere Kommunikationshandlungen [72]. Das KI-Teammitglied muss also entscheiden, ob diese Strategie oder eine der anderen geeignet ist, die Aufgabenstellung effektiv und effizient zu lösen. Wenn wir diese Kriterien über eine Nutzen- oder *Reward*-Funktion quantifizieren, dann kann das Teaming als Markov Decision Process [45] verstanden werden; da die *belief states* eines angesprochenen Teammitglieds aber, wie oben erläutert, nicht direkt beobachtbar sind, sogar als Partially Observable Markov Decision Process [109]. Mithilfe von Verfahren des *Reinforcement Learning* [97] wird es möglich, optimale Entscheidungen zu lernen [116, 20], welche Strategie in welcher Situation am erfolgversprechendsten dafür ist.

Für Kommunikationsverläufe, also natürlichsprachliche Interaktion hat sich *Reinforcement Learning* etabliert [66, 23, 32]; auch hierarchische Ansätze, bei denen die anwendbaren Aktionen gruppiert werden, sind erfolgreich angewandt worden [87, 89, 68]. Dieses Konzept ist besonders dafür geeignet, zwischen Kooperations-, Kommunikations- und Domänen-Aktionen zu unterscheiden. Ähnlich wird auch in der Robotik vorgegangen, um das Teamverhalten von Robotern in Multi-Roboter-Systemen zu trainieren [112].

Ein alternativer Ansatz benutzt kausale generative Modelle: Aus einer Historie von (ineinander verschachtelten) Kooperations-, Kommunikations- und Domänenaktionen und den jeweiligen *belief states* wird die nächste auszuführende Aktivität vorausgesagt. Um ein Modell nicht neu von Anfang an trainieren zu müssen, verlassen sich diese Ansätze auf vortrainierte *LLM* [51, 21, 96]. Dieser Ansatz erlaubt es, natürlichsprachliche Äußerungen mit formalen, symbolischen Daten zu kombinieren, und damit auch aus solchen Sequenzen von Symbolen neue Äußerungen, Zustandsbeschreibungen und Aktivitäten vorherzusagen.

Schließlich gibt es noch Ansätze, die regelbasierte, formallogische Methoden mit statistischen kombinieren wie etwa in [117]: Hier wird ein *LLM* genutzt, um *belief states* in einer formalen Logik zu erzeugen, und diese Information in einen formallogischen Problemlöser, in diesem Fall einen *solver* für *Answer Set Programming* (ASP) weiterzuverarbeiten. Dessen Ausgaben werden dann wieder vom *LLM* in die natürlichsprachliche Antwort übersetzt. So kann das KI-Teammitglied mit anderen kommunizieren. Eine sehr umfangreiche Sammlung der neuesten Arbeiten auf diesem Gebiet, v. a. im Bereich des Lernens von Dialogverhalten, findet sich auf der Webseite https://paperswithcode.com/task/task-oriented-dialogue-systems.[12]

21.3.6 Architekturen von Human-AI Teams

Wenn KI-Mitglieder und Menschen zusammen ein Team bilden, um eine Aufgabe lösen, kann das KI-Mitglied ein vortrainierter, nicht zu verändernder Agent sein, wie beispielsweise ChatGPT[13] sein oder ein für eine konkrete Domäne spezialisiertes System, das um Teaming-Kompetenzen erweitert wird. Dazu analysieren [56], wie eine auf *Reinforcement Learning* basierende Architektur eines Human-AI-Teams einen holistischen Blick auf alle Aspekte von HAIT erlaubt und es ermöglicht, sie zu operationalisieren und zu integrieren. [81] beschreiben in diesem Zusammenhang den Nutzen von *Explainable AI*-Methoden, um Aspekte wie Transparenz und Vertrauen umzusetzen.

Aus der Perspektive der Software-Entwicklung ist viel technischer Aufwand zu betreiben, um ein Human-AI-Team zu realisieren. Vor allem die Kommunikation muss mit den Mitteln Verteilter Systeme realisiert werden. Standardisierung hilft hier, schnell an der Implementierung der höheren Kompetenzen der KI-Mitglieder zu arbeiten. Ein derartiges Framework wird in [33] vorgestellt.

12 Zuletzt abgerufen am 10.01.2025.

13 https://chatgpt.com

21.3.7 Sprachverstehen

Für Human-AI Teaming ist es essentiell, dass zur Kommunikation unter den Mitgliedern auch die KI-Teammitglieder in einem ausreichenden Umfang natürliche Sprache und Dialog verstehen können, um die Koordination mit den menschlichen Teammitgliedern zu ermöglichen.

Um Sprachverstehen für ein KI-Teammitglied zu ermöglichen, werden Methoden des *Natural Language Processing* (siehe dazu Kapitel 16) eingesetzt. Damit ein KI-Teammitglied die Mitteilungen anderer Teammitglieder verstehen kann, muss es zumindest

- die genannten Objekte und ihre Eigenschaften erkennen (*Named Entity Recognition* und *Entity Linking*),
- die kommunikative Absicht (den Sprechakt) identifizieren,
- ihre anwendungs- und situationsspezifische Bedeutung verstehen und
- das angesprochene Thema erkennen können.

Die Herausforderung dabei ist sehr groß: Für die Lokalisierung und Interpretation von genannten Objekten und beschriebenen Eigenschaften müssen syntaktische Substrukturen und ihre grammatikalischen Beziehungen erfasst werden. Zur Identifikation des Sprechakts, der Bedeutung und des Themas der gesamten Mitteilung muss auch der satzüberspannende Kontext, aber auch der Kontext der gesamten Konversation erfasst werden. Abbildung 21.7 illustriert einen probabilistischen Ansatz für diese Aufgaben. Oft werden die gesuchten Informationen als latente Variablen verstanden, um das Verstehen einer Mitteilung als Markov-Prozess zu verstehen [84]. Jeder Dialog ist dann eine

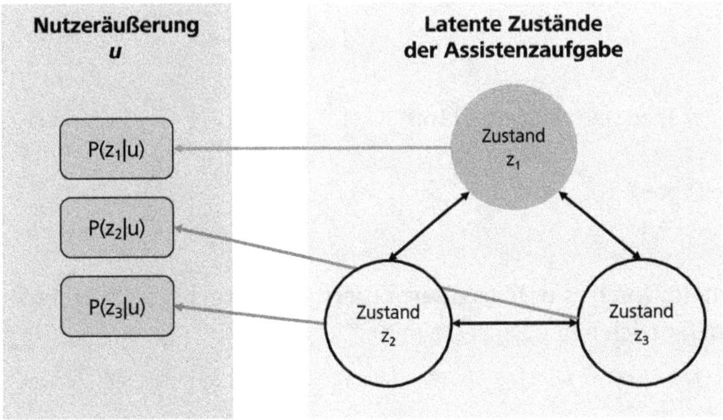

Abb. 21.7: Endlicher Automat für ein fiktives Dialogmodell mit drei Zuständen. Welcher Zustand gerade aktuell ist, ergibt sich einerseits aus der Wahrscheinlichkeit für einen der Zustände bei gegebener Nutzeräußerung (bedingte Wahrscheinlichkeit über Äußerungen in einem Zustand unter Anwendung der Regel von Bayes) und der Wahrscheinlichkeit, dass ein Wechsel vom aktuellen Zustand (hier in grün) zu einem der anderen stattfinden kann (Bigramm-Wahrscheinlichkeit) [22].

Instanz eines Hidden-Markov-Modells. In der neueren Literatur (siehe Kapitel Sprachverarbeitung) werden Markov-Modelle durch tiefe neuronale Modelle ersetzt, in der neuesten Zeit durch *LLM*.

Mit ihnen kann das Verstehen von Mitteilungen in einem Kommunikationskontext mithilfe von *Prompting* gelöst werden. Für Mitteilungen kann eines Espressoautomaten kann ein *prompt* wie dieser zum Einsatz kommen:

```
Stelle dir vor, du bist der Assistent zur Nutzung einer Espressomaschine. Du
sollst den Inhalt von Aussagen des Nutzes interpretieren. Wende dabei die
folgenden Regeln an:
1.  Regeln für „type“:
    –  Wenn der Nutzer von Espresso spricht, dann antworte mit „type“:
       „espresso“.
2.  Regeln für „communicative-act“:
    –  Wenn der Nutzer dir Information mitteilt, dann antworte mit
       „communicative act“ : „inform“.
    –  Wenn der Nutzer Information erfragt, dann antworte „communicative act“:
       „request information“.
3.  Regeln für „topic“:
    –  Wenn der Nutzer Kaffeesorten nennt oder danach fragt, dann antworte mit
       „topic“: „type“.
4.  Regeln für „wandke“:
    –  Wenn der Nutzer dir eine Kaffeesorte mitteilt, antworte auch mit
       „wandke“: „NoDiagnosis“.
    –  Wenn der Nutzer fragt, welche Kaffeesorten zu zubereiten kannst, antworte
       mit „wandke“: „DontKnowTypes“.
Generiere als Antwort einen json-String. Gib nur den json-String als Antwort!
```

Für das erste Beispiel oben in Abschnitt 21.3.5 reagiert ChatGPT 4o[14] mit folgender Antwort:

```
{
  "communicative act": "request_information",
  "topic": "type",
  "wandke": "DontKnowTypes"
}
```

Auch die zweite Reaktion des Nutzers wird so interpretiert. Die dritte Antwort schließlich, also „Ah. ok. Dann nehme ich einen Espresso, bitte.“, ergibt:

```
{
  "type": "espresso",
  "communicative act": "inform",
```

14 Softwarestand vom 11.01.2025.

```
  "topic": "type",
  "wandke": "NoDiagnosis"
}
```

Das *Large Language Model* ist also in der Lage, neben der Identifikation von referierten Entitäten den Zweck der Kommunikation zu erkennen, aber auch das konkrete Thema und die Bedeutung der kompletten Mitteilung im Sinn der Taxonomie von Wandke. Bei den Rückfragen wurde erkannt,

- dass das menschliche Teammitglied Informationen angefordert hat (Zweck der Kommunikation),
- dass die Aktivität *Auswahl der Kaffeesorte* (`type`) betroffen ist, und
- dass in der Phase Entscheidung über die Auswahl Kooperationsbedarf besteht (in der Diagnose-Taxonomie ist dieser Bedarf mit `DontKnowTypes` bezeichnet).

Bei der letzten Antwort wurde die Entität `espresso` als Ergebnis der Auswahl einer Kaffeesorte erkannt, ebenso wie die Tatsache, dass das menschliche Teammitglied zu dieser Aktivität keinen Kooperationsbedarf hat (Bezeichnung `NoDiagnosis`).

Das KI-Mitglied kann damit den Kooperationstask als abgeschlossen betrachten und seinen eigenen *belief state* und seine Annahme über den *belief state* des menschlichen Teammitglieds mit der Information `"type: ëspresso"` aktualisieren.

LLM erweisen sich somit als ein sehr wertvolles Mittel bei der Realisierung des Sprachverstehens oder – präziser formuliert – der Analyse von Kommunikationshandlungen in einem Teaming-Kontext.

21.3.8 Lernen und Wissensakquise

Auch wenn man bei der Entwicklung eines KI-Teammitglieds stark von den sogenannten *Large Pretrained Models* profitieren kann, ist ein Modell wie ChatGPT allein noch nicht in der Lage, die gemeinsame Aufgabe, mit einem anderen Teammitglied die Parameter für einen Kaffee auszuwählen und dann den Kaffee zuzubereiten, zu bewerkstelligen. Denn ihm fehlen Informationen über die Funktionsweise und den Zustand des in das Team integrierten Espressoautomaten und über die für die gegebene Aufgabenstellung (ideale) Kooperations- und Koordinationsstrategie. Dieses aus Sicht des Trainings eines *LLM* externe Wissen muss entweder in zusätzlichen Komponenten des KI-Teammitglieds implementiert werden oder in geeigneter Weise dem LLM als Kontextinformation mitgegeben werden. Wie dieses *Knowledge Injection* genannte Verfahren funktioniert, ist in der einschlägigen Literatur beschrieben, z. B. in [17, 120, 80, 31, 107, 57]. Diese Alternative erspart aber bei der Entwicklung des KI-Teammitglieds trotzdem nicht den Aufwand, das Wissen zu akquirieren.

21.3.8.1 Kompetenzerwerb

Für den Wissenserwerb stehen nach wie vor die bekannten experimentellen und theoriegetriebenen Methoden[15] zur Verfügung (über das klassische Handlungsplanen wurde oben gesprochen). Das Verhalten von Menschen in einem Team muss in der Regel empirisch in Studien analysiert werden. Dazu werden in der Literatur einerseits agile [18], andererseits theoriegebundene Methoden [115] beschrieben.

Ziel ist jeweils, für ein KI-Teammitglied Wissen und Kompetenzen in einer formalen Repräsentation bereitzustellen, sodass es in jeder Situation über den nächsten Schritt bei einer Problemlösung entscheiden kann. Eine solche Repräsentation kann ein *behaviour tree* wie in Abbildung 21.6 sein. Solange das Team damit funktioniert, ist alles gut. Wenn Lösungsabläufe aber ins Stocken geraten, sind Experten gefragt, dies zu erklären und bei Bedarf zu spezifizieren, wie Aufgaben dennoch gelöst werden. Auf diese Weise bringen sie dem KI-Teammitglied neues Wissen bei. Damit wird die Wissensakquise unmittelbar zu einem Beispiel von Human-AI Teaming.

21.3.8.2 Generieren synthetischer Daten und Corpora

Die Daten, die aufwendig in Experimenten gewonnen werden, sind oft zu wenige, um komplexe neuronale Netze zu trainieren. Seit es *Large Pretrained Models* gibt, sind solche Daten wertvolle Beispiele dafür, was einem *Large Pretrained Mmodel* als repräsentatives Beispiel für das von ihm erwünschte Verhalten in einem *prompt* demonstriert werden kann (*in context learning*, [30]). Damit kann erwartetes Verhalten von menschlichen und KI-Teammitglieder simuliert werden. Die dabei gewonnenen Daten können zum Lernen genutzt werden. Bei geeigneter Systematisierung der Optionen aus wenigen experimentell gewonnenen, aber repräsentativen Daten kann aus Analysen von Einzelfällen (z. B. jemand versteht nicht, wie er eine von einem anderen Teammitglied übertragene Aufgabe ausführen soll) auf ein komplexes Handlungsmodell für die komplette Problemlösung – in unserem Fall das Herstellen eines Kaffees mit ganzen konkreten Einstellungen – erstellt werden.

Daraus lassen sich große Korpora erstellen, die für das Training der KI-Teammitglieder genutzt werden können. Die Literatur zu dieser Thematik wächst ständig. Es werden verschiedene Ansätze beschrieben wie etwa mithilfe von Reinforcement Learning Text generiert werden kann [82]. Dieser Text muss ja nicht natürlichsprachlich sein, sondern kann beispielsweise auch eine formalsprachliche Beschreibung von *belief states* oder Aktivitäten darstellen. Andere Arbeiten setzen tiefe neuronale Netze ein, um in einem End-to-End-Ansatz Texte oder Konversationen zu generieren [65, 69, 108].

---

15 siehe dazu auch Kapitel 6.

Ein etwas komplexerer Ansatz besteht darin, nicht direkt Aktivitätsabläufe von Teaming-Vorgängen für eine gemeinsame Problemlösung zu erzeugen, sondern zunächst einen Simulator für Teammitglieder (*user simulator*) zu erstellen, der repräsentatives Verhalten zeigt und immer nächste Aktivitäten vorhersagt. Aus ihnen können dann in einem zweiten oder in vielen Arbeiten auch integrierten Schritt Kommunikations- und Koordinationsabläufe erstellt werden [52, 67, 105].

Schließlich gibt es den Ansatz, statt der Implementierung eines *user simulator* mittels *prompting* und *in-context learning* ein *Large Language Model* einzusetzen, um die gewünschten Datencorpora zu erzeugen [94, 3].

21.4 Ausblick

So überzeugend die Idee eines Simulators auch ist und so viele innovative Ergebnisse in der Literatur dazu bereits berichtet wurden, so komplex ist die Entwicklung von Simulationsmodellen, die alle Vorgänge beim Human-AI Teaming abbilden und damit annähernd exakt realistisches Verhalten imitieren können. Dazu sind zunächst weitere Ergebnisse in den relevanten Teilbereichen der Künstlichen Intelligenz notwendig. Da dabei aber auch andere wissenschaftliche Disziplinen involviert sind, müssen auch interdisziplinäre Fragen beantwortet werden. Einen sehr großen Katalog offener Forschungsfragen erörtert [77] in den Bereichen:

- Human-AI Teaming-Methoden und -Modelle
- Teaming-Abläufe und ihre Wirksamkeit
- Situationsbewusstsein von menschlichen und KI-Teammitgliedern
- Transparenz und Erklärbarkeit
- Human-AI-Interaktion im Team
- Vertrauen
- Bias in Human-AI-Teams
- Training von Human-AI-Teams

Eine weitere Herausforderung besteht darin, effiziente Methoden der Wissensrepräsentation in den jeweiligen Anwendungsszenarien zu entwickeln, die auch die Wechselwirkungen zwischen dem Ablauf der Lösung einer Aufgabe für das Team und den dabei stattfindenden Vorgängen der Koordination, Kooperation und Kommunikation berücksichtigen. Ein Schritt in diese Richtung könnte es sein, die Arbeit in [5] fortzuführen, in der ein Verfahren besprochen wird, das *behaviour trees* für Roboterteams mithilfe von *LLM* lernt. Ziel dieser Bemühungen sollte es sein, vortrainierte Modelle für komplexe Teamhandlungen zu entwickeln, die die Mechanismen der Koordination und Kooperation durch *in context-learning* auf verschiedene Anwendungsszenarien übertragen können.

Diese Modelle müssen auch in der Lage sein, mehrere parallel aktive Tasks, wie im Dialog mit dem Küchenhelfer beobachtet, verfolgen zu können: In A_{12} reagiert der Küchenhelfer nicht direkt auf den Assistenzbedarf, der durch TP_{11} bestimmt wird, sondern hat eigenen Bedarf bei der Berücksichtigung der aktuellen Situation: Er ist sich unsicher, auf welche in A_8 und A_{10} vorgeschlagene Option sich der Nutzer in TP_{11} bezieht. TP_{13} befriedigt den Bedarf, sodass der Küchenhelfer in A_{14} mit der Ausführung der Problemlösung zur Präsentation eines Rezepts fortfahren kann.

Dieser Abschnitt des Dialogs zeigt auch, wie wichtig es ist, neue Äußerungen dem richtigen Task zuzuordnen: Für A_{12} hat der Küchenhelfer schon die Hypothese ermittelt, dass die in TP_{11} genannte Paprikasoße zu den Suchergebnissen gehört, die der Küchenhelfer gefunden hat, als er die entsprechende Aktivität zur Lösung des in TP_5 und TP_7 definierten Tasks *Finden eines Rezepts unter vorgegebenen Randbedingungen* ausführte. Diese Hypothese kann nur dann aufgestellt werden, wenn zur Problemlösung des Tasks auch die Teillösung, ein Rezept zu präsentieren, gehört. An dieser Stelle offenbart sich der enge Zusammenhang zwischen dem kontextabhängigen Verstehen von Äußerungen und dem im Assistenzsystem repräsentierten Domänenwissen, das mit der Domänenfunktionalität, zu der assistiert wird, korrespondieren muss. Könnte der Küchenhelfer die Rezeptschritte nicht nur präsentieren, sondern zusammen mit dem Nutzer ausführen, würde er vermutlich zuerst fragen, welche Absicht der Nutzer tatsächlich hat. Könnte er die Rezeptschritte nicht einmal präsentieren, sondern nur ihre Titel, würde er TP_{11} nicht als Fortsetzung eines Tasks, sondern als impliziten Beginn eines neuen erkennen.

Anders verhält es sich bei TP_5: hier muss der Küchenhelfer erkennen, dass der Nutzer den aktuellen Task für gescheitert hält. Dies erkennt der Küchenhelfer am ersten Satz in TP_5. Dass der Nutzer eine neue Suche starten möchte, wird am zweiten Satz deutlich, mit dem ein Zielwechsel formuliert wird, während der dritte Satz einen neuen Task identifiziert. TP_5 bezieht sich also auf verschiedene Phasen der aktuellen Aktivität des aktuellen Tasks, und sogar auf Phasen einer Aktivität eines neuen Tasks. Der Küchenhelfer kann daraus auch ableiten, dass beobachtete Effekte (Effektkontrolle: Ziel nicht erreicht) von den erwarteten abweichen. Seine Strategie, darauf zu reagieren, besteht in der entsprechenden Markierung des Tasks und in der Initialisierung eines neuen.

Die Problematik paralleler Tasks, auf die sich Äußerungen in nicht immer eindeutig vorhersagbarer Weise beziehen, wird in folgendem Ausschnitt aus einem anderen Dialog mit dem Küchenhelfer besonders deutlich:

ID	Äußerung	Phase	Zweck der Kommunikation	Form der Kommunikation
TP_{17}	Ok (.) Dann machen wir doch das (.) Und die Sahnesoße von dem (.) anderen Gericht was du da gerade vorgelesen hast, also das davor	Effektkontrolle	Grad der Zielerreichung bewerten	Verbalisierung der Auswahl
A_{18}	Von dem Schinken	Informations-aufnahme	Erzeugung von Redundanz	Rückversiche-rung durch Wiederholung
TP_{19}	Ja(.)	Effektkontrolle	Grad der Zielerreichung bewerten	Explizites Feedback
	Also wir nehmen halt dann Spargel anstatt Schinken (.)	Effektkontrolle	Grad der Zielerreichung bewerten	Explizites Feedback
	Wie viel Spa- ähm wie viel muss man nochmal vom Ende wegschneiden vom Spargel (?)	Berücksichtigung der aktuellen Situation	Anforderung von Erklärungen	Verbalisierung des Bedarfs
A_{20}	Ähm (-)			Zögern
TP_{21}	Zwei bis drei Zentimeter (?)	Berücksichtigung der aktuellen Situation	Anforderung von Erklärungen	Verbalisierung des Bedarfs
A_{22}	Ja ich glaube schon (.) (..) Ähm genau (.)	Berücksichtigung der aktuellen Situation	Bereitstellung von Erklärungen	Zögern
TP_{23}	Zwei bis drei (.)	Effektkontrolle	Grad der Zielerreichung bewerten	Explizites Feedback
A_{24}	Bei sehr frischem Spargel reicht es ein bis zwei Zentimeter abzuschneiden liegt der Spargel schon länger nehmt ruhig vier bis fünf weg (.)	Berücksichtigung der aktuellen Situation	Bereitstellung von Erklärungen	Verbalisierung der Information
TP_{25}	Also frischer Spargel (?) Ein bis zwei (;)	Effektkontrolle	Grad der Zielerreichung bewerten	Explizites Feedback
A_{26}	Und wenn er schon länger liegt vier bis fünf (.)	Berücksichtigung der aktuellen Situation	Bereitstellung von Erklärungen	Verbalisierung der Information

Hier referiert TP_{17} ähnlich wie oben auf einen schon initialisierten Task. In TP_{29} wird dann ein neuer Task begonnen, weil der Nutzer Hilfe dabei braucht, die Spargelenden richtig abzuschneiden. Dieser Task ist kein Schritt des Rezepts und läuft parallel mit der schrittweisen Ausführung des ausgewählten Rezepts. Die Erklärungen ziehen sich über alle weiteren Äußerungen hin. Um sie richtig zu interpretieren, muss der Küchenhelfer immer verstehen, dass sie sich nach wie vor auf denselben Task beziehen. Die Äußerungen TP_{21}, TP_{23} und TP_{25} dienen dann auch gar nicht der weiteren Ausführung eines Tasks der Anwendungsdomäne, sondern beziehen sich auf einen inhärent gegebenen Task, nämlich das Management der Interaktion durch gegenseitiges Rückversichern, dass beide Kooperationspartner von denselben Annahmen ausgehen. Wie schon im Dialog mit ROBERT zeigt sich auch hier, dass die Kontrolle von Assistenz komplex ist, und sich auf die Anwendung, die Kooperation, die Interaktion und auf die Disposition der Agenten zu allen Tasks (in den Beispielen oft am Zögern beobachtbar) erstreckt. Die Interaktion selbst kann dabei, je nach Modalität, ihre eigene Komplexität entwickeln, weil auch alle Vorgänge des Wahrnehmens von Äußerungen der Kooperationspartner und des Verstehens der Äußerungen sowie ihre Integration in den Diskurskontext Aktivitäten sind, die während einer natürlichsprachlichen Kooperation durchgeführt werden und genauso wie Aktivitäten der Domäne Unterstützungsbedarf provozieren können (z. B. weil die Wahrnehmung nicht funktioniert, die Syntax oder Semantik unklar oder mehrdeutig sein können, oder die Einbettung in den Diskurskontext scheitert). In unseren beiden Beispielen kommen derartige Phänomene nicht vor, viele Arbeiten wie [4, 74, 49, 83] thematisieren sie aber ausführlich.

Insgesamt ergibt sich, dass das in der Einleitung (Abschnitt 21.1 dieses Beitrags) beschriebene Interesse an Human-AI-Teaming wegen der vielfältigen Perspektiven in komplexen technischen Systemen, aber auch in Anwendungsszenarien aus dem Alltag in Kombination mit dem Fortschritt im Maschinellen Lernen die Entwicklung von großen vortrainierten Modellen weiter anstoßen, aber auch davon profitieren werden wird, weil diese Modelle sowohl Entwicklungsziel als auch Werkzeug beim Human-AI Teaming sind.

21.5 Schlussbetrachtung

Human-AI Teaming gehört in den Bereich Human Centered AI und ist ein zurzeit noch junges Thema in der Künstlichen Intelligenz, das starke Verbindungen zur Psychologie, aber auch den Wirtschaftswissenschaften, Gebieten der Informatik wie dem Pervasive Computing und dem Maschinellen Lernen aufweist. Dementsprechend sind die interdisziplinären Herausforderungen. In diesem Kapitel wurde ein Überblick darüber gegeben, welche Fragen im HAIT aktuell diskutiert werden. Auf Basis von aktuell untersuchten Szenarien wurden zunächst Anforderungen an das Verhalten von KI-Teammitgliedern abgeleitet, danach daraus resultierende wissenschaftliche Fragestellungen, die sich der im Team erforderlichen Zusammenarbeit von Menschen und KI-Systemen ergeben. Ziel des Kapitels ist es auch, Hinweise dafür zu geben, wie ein KI-Teammitglied implementiert werden kann. Dazu wurden einfache Szenarien, die keine hohen Komplexitätsanforderungen an Lösungen für Aufgabenstellungen mit sich bringen, beispielhaft besprochen. Es sollte dabei klargestellt werden, dass durch das unvollständige Wissen über andere Teammitglieder Fragestellungen wie Erklärbarkeit und Vertrauen neben die Problemlösekompetenz im Anwendungsszenario treten. Die Besprechung macht deutlich, dass dazu Algorithmen aus vielen Bereichen der Künstlichen Intelligenz zum Einsatz kommen können. Bei der Auswahl der Literatur wurde darauf Wert gelegt, einführende Beschreibungen und Überblicksartikel für einzelne Themen auszuwählen, deren Studium ein weiteres Einarbeiten in Teilgebiete und dort aktuelle Forschungsergebnisse erleichtern soll.

Literaturverzeichnis

[1] G. Abercrombie, D. Benbouzid, P. Giudici, D. Golpayegani, J. Hernandez, P. Noro, H. Pandit, E. Paraschou, C. Pownall, J. Prajapati, M. A. Sayre, U. Sengupta, A. Suriyawongkul, R. Thelot, S. Vei, and L. Waltersdorfer. A Collaborative, Human-Centred Taxonomy of AI, Algorithmic, and Automation Harms. *ArXiv*, arXiv:abs/2407.01294, 2024.

[2] Z. Akata, D. Balliet, M. de Rijke, F. Dignum, V. Dignum, G. Eiben, A. Fokkens, D. Grossi, K. Hindriks, H. Hoos, H. Hung, C. Jonker, C. Monz, M. Neerincx, F. Oliehoek, H. Prakken, S. Schlobach, L. van der Gaag, F. van Harmelen, H. van Hoof, B. van Riemsdijk, A. van Wynsberghe, R. Verbrugge, B. Verheij, P. Vossen, and M. Welling. A research agenda for hybrid intelligence: Augmenting human intellect with collaborative, adaptive, responsible, and explainable artificial intelligence. *Computer*, 53(8):18–28, 2020.

[3] A. Algherairy and M. Ahmed. Prompting large language models for user simulation in task-oriented dialogue systems. *Computer Speech & Language*, 89:101697, 2025.

[4] J. Allen, G. Ferguson, and A. Stent. An architecture for more realistic conversational systems. In *Proceedings of the 6th International Conference on Intelligent User Interfaces, IUI '01*, pages 1–8, New York, NY, USA, 2001. ACM.

[5] J. Ao, F. Wu, Y. Wu, A. Swikir, and S. Haddadin. LLM as BT-Planner: Leveraging LLMs for Behavior Tree Generation in Robot Task Planning. *ArXiv*, arXiv:abs/2409.10444, 2024.

[6] R. C. Arkin. *Behavior-Based Robotics*. MIT Press, Cambridge, MA, 1998.

[7] I. Asimov. *I, Robot*. Doubleday, 1950.

[8] S. Bankins, X. Hu, and Y. Yuan. Artificial intelligence, workers, and future of work skills. *Current Opinion in Psychology*, 58:101828, 2024.

[9] A. Baratta, A. Cimino, M. G. Gnoni, and F. Longo. Human robot collaboration in industry 4.0: a literature review. *Procedia Computer Science*, 217:1887–1895, 2023. 4th International Conference on Industry 4.0 and Smart Manufacturing.

[10] G. Behnke, M. Schiller, M. Kraus, P. Bercher, M. Schmautz, M. Dorna, M. Dambier, W. Minker, B. Glimm, and S. Biundo. Alice in diy wonderland or: Instructing novice users on how to use tools in diy projects. *AI Communications*, 32(1):31–57, 2019.

[11] P. Bercher, S. Biundo, T. Geier, T. Hoernle, F. Nothdurft, F. Richter, and B. Schattenberg. Plan, repair, execute, explain - how planning helps to assemble your home theater. In *Proceedings of the Twenty-Fourth International Conference on Automated Planning and Scheduling, ICAPS 2014, Portsmouth, New Hampshire, USA, June 21–26, 2014*, 2014.

[12] S. Biundo and A. Wendemuth. Companion-technology for cognitive technical systems. *KI - Künstliche Intelligenz*, 30(1):71–75, 2016.

[13] S. Biundo and A. Wendemuth. *Companion Technology: A Paradigm Shift in Human-Technology Interaction*. Springer Publishing Company, Incorporated, 1st edition, 2017.

[14] R. A. Brooks. A robust layered control system for a mobile robot. *IEEE Journal of Robotics and Automation*, RA-2(1):14–23, April 1986.

[15] S. Budd, E. C. Robinson, and B. Kainz. A survey on active learning and human-in-the-loop deep learning for medical image analysis. *Medical Image Analysis*, 71:102062, 2021.
[16] S. Butler. *Erehwon*. BookRix, 2015.
[17] A. Cadeddu, A. Chessa, V. De Leo, G. Fenu, E. Motta, F. Osborne, D. R. Recupero, A. Salatino, and L. Secchi. A comparative analysis of knowledge injection strategies for large language models in the scholarly domain. *Engineering Applications of Artificial Intelligence*, 133:108166, 2024.
[18] S. Caldwell, P. Sweetser, N. O'Donnell, M. J. Knight, M. Aitchison, T. Gedeon, D. Johnson, M. Brereton, M. Gallagher, and D. Conroy. An agile new research framework for hybrid human-AI teaming: Trust, transparency, and transferability. *The ACM Transactions on Interactive Intelligent Systems*, 12(3), July 2022.
[19] K. Čapek. *R.U.R. (Rossum's universal robots)*. Penguin Books, 2004.
[20] L. Chen, C. Chang, Z. Chen, B. Tan, M. Gašić, and K. Yu. Policy adaptation for deep reinforcement learning-based dialogue management. In *2018 IEEE International Conference on Acoustics, Speech and Signal Processing (ICASSP)*, pages 6074–6078, 2018.
[21] Z. Chen, B. Liu, S. Moon, C. Sankar, P. Crook, and W. Y. Wang. KETOD: Knowledge-enriched task-oriented dialogue. In M. Carpuat, M.-C. de Marneffe and I. V. Meza Ruiz, editors, *Findings of the Association for Computational Linguistics: NAACL 2022*, pages 2581–2593, Seattle, United States, July 2022. Association for Computational Linguistics.
[22] H. R. Chinaei, B. Chaib-draa, and L. Lamontagne. Application of hidden topic markov models on spoken dialogue systems. In J. Filipe, A. L. N. Fred and B. Sharp, editors, *Agents and Artificial Intelligence - International Conference, ICAART 2009, Porto, Portugal, January 19-21, 2009. Revised Selected Papers*, volume 67 of *Communications in Computer and Information Science*, pages 151–163. Springer, 2009.
[23] I. Cho, R. Takahashi, Y. Yanase, and H. Saito. Deep reinforcement learning with hierarchical action exploration for dialogue generation. In N. Calzolari, M.-Y. Kan, V. Hoste, A. Lenci, S. Sakti and N. Xue, editors, *Proceedings of the 2024 Joint International Conference on Computational Linguistics, Language Resources and Evaluation (LREC-COLING 2024)*, pages 4566–4579, Torino, Italia, May 2024. ELRA and ICCL.
[24] P. Cohen, H. Levesque, and I. Smith. On team formation. In *Contemporary Action Theory. Synthese*, pages 87–114. Kluwer Academic Publishers, 1997.
[25] P. R. Cohen and H. J. Levesque. Teamwork. *Noûs*, 25(4):487–512, 1991.
[26] M. Colledanchise and P. Ögren. *Behavior Trees in Robotics and AI: An Introduction*. CRC Press, 1st edition, 2018.
[27] D. Dellermann, A. Calma, N. Lipusch, T. Weber, S. Weigel, and P. Ebel. The future of human-ai collaboration: A taxonomy of design knowledge for hybrid intelligence systems. In T. Bui, editor, *HICSS*, pages 1–10. ScholarSpace, 2019.
[28] L. A. Dennis and M. Fisher. *Verifiable Autonomous Systems: Using Rational Agents to Provide Assurance about Decisions Made by Machines*. Cambridge University Press, 2023.
[29] R. Descartes. *Meditationes de prima philosophia*. Hamburg, 2008.
[30] Q. Dong, L. Li, D. Dai, C. Zheng, J. Ma, R. Li, H. Xia, J. Xu, Z. Wu, B. Chang, X. Sun, L. Li, and Z. Sui. A survey on in-context learning. In Y. Al-Onaizan, M. Bansal and Y.-N. Chen, editors, *Proceedings of the 2024 Conference on Empirical Methods in Natural Language Processing*, pages 1107–1128, Miami, Florida, USA, November 2024. Association for Computational Linguistics.
[31] J. C. dos Santos Junior, R. Hu, R. Song, and Y. Bai. Domain-Driven LLM Development: Insights into RAG and Fine-Tuning Practices. In *Proceedings of the 30th ACM SIGKDD Conference on Knowledge Discovery and Data Mining, KDD '24*, pages 6416–6417, New York, NY, USA, 2024. Association for Computing Machinery.
[32] H. Du, S. Li, M. Wu, X. Feng, Y.-F. Li, and H. Wang. Rewarding what matters: Step-by-step reinforcement learning for task-oriented dialogue. In Y. Al-Onaizan, M. Bansal and Y.-N. Chen, editors, *Findings of the Association for Computational Linguistics: EMNLP 2024*, pages 8030–8046, Miami, Florida, USA, November 2024. Association for Computational Linguistics.

[33] A. Dubey, K. Abhinav, S. Jain, V. Arora, and A. Puttaveerana. Haco: A framework for developing human-ai teaming. In *Proceedings of the 13th Innovations in Software Engineering Conference (Formerly Known as India Software Engineering Conference), ISEC '20*, New York, NY, USA, 2020. Association for Computing Machinery.

[34] K. Erol, J. A. Hendler, and D. S. Nau. Complexity results for HTN planning. *Annals of Mathematics and Artificial Intelligence*, 18(1):69–93, 1996.

[35] K. Erol, J. Lang, and R. Levy. Designing agents from reusable components. In *Proceedings of the Fourth International Conference on Autonomous Agents, AGENTS 2000, Barcelona, Catalonia, Spain, June 3–7, 2000*, pages 76–77, 2000.

[36] M. Fox and D. Long. PDDL2.1: an extension to PDDL for expressing temporal planning domains. *Journal of Artificial Intelligence Research*, 20:61–124, 2003.

[37] M.-C. Fregin, M. Levels, A. de Grip, R. Montizaan, and J. Kensbock. *Künstliche Intelligenz: Ein sozialpartnerschaftliches Forschungsprojekt untersucht die neue Arbeitswelt.* ROA External Reports. IBM Deutschland GmbH und Vereinte Dienstleistungsgewerkschaft ver.di, Germany, December 2020.

[38] A. Frummet, D. Elsweiler, and B. Ludwig. "What can I cook with these ingredients?" – understanding cooking-related information needs in conversational search. *ACM Transactions on Information Systems*, 40(4), January 2022.

[39] H.-G. Gadamer. *Plato: Texte zur Ideenlehre. Klostermann Texte Philosophie*, 2nd edition, 1986.

[40] E. Georganta and A.-S. Ulfert. Would you trust an ai team member? team trust in human–AI teams. *Journal of Occupational and Organizational Psychology*, 97(3):1212–1241, 2024.

[41] M. Georgeff, B. Pell, M. Pollack, M. Tambe, and M. Wooldrige. The belief-desire-intention model of agency. In *Agents, Theories, Architectures and Languages (ATAL)*, 1999.

[42] M. Ghallab, D. Nau, and P. Traverso. *Automated Planning and Acting*. Cambridge University Press, New York, NY, USA, 1st edition, 2016.

[43] P.-Y. Glorennec. Coordination between autonomous robots. *International Journal of Approximate Reasoning*, 17(4):433–446, 1997. Genetic Fuzzy Systems for Control and Robotics.

[44] C. Gomez, S. M. Cho, S. Ke, C.-M. Huang, and M. Unberath. Human-ai collaboration is not very collaborative yet: a taxonomy of interaction patterns in ai-assisted decision making from a systematic review. *Frontiers in Computer Science*, 6, 2024, 2025.

[45] A. Gosavi. *Simulation-Based Optimization*. Springer, New York, NY, 2nd edition, 2014.

[46] D. Griol, G. Riccardi, and E. Sanchis. A statistical dialog manager for the LUNA project. In *INTERSPEECH 2009, 10th Annual Conference of the International Speech Communication Association, Brighton, United Kingdom, September 6–10, 2009*, pages 272–275, 2009.

[47] A. Guerra-Hernández, A. El Fallah-Seghrouchni, and H. Soldano. Learning in BDI multi-agent systems. In J. Dix and J. Leite, editors, *Computational Logic in Multi-Agent Systems*, pages 218–233, Berlin, Heidelberg, 2005. Springer Berlin Heidelberg.

[48] V. Hagemann, M. Rieth, A. Suresh, and F. Kirchner. Human-AI teams-challenges for a team-centered AI at work. *Frontiers in Artificial Intelligence*, 6:1252897, September 2023.

[49] P. A. Heeman and J. F. Allen. Speech repairs, intonational phrases, and discourse markers: Modeling speakers' utterances in spoken dialogue. *Computational Linguistics*, 25(4):527–571, December 1999.

[50] M. Hernandez Caralt, I. Sekulic, F. Carevic, N. Khau, D. N. Popa, B. Guedes, V. Guimaraes, Z. Yang, A. Manso, M. Reddy, P. Rosso, and R. Mathis. "Stupid robot, I want to speak to a human!" user frustration detection in task-oriented dialog systems. In O. Rambow, L. Wanner, M. Apidianaki, H. Al-Khalifa, B. Di Eugenio, S. Schockaert, K. Darwish and A. Agarwal, editors, *Proceedings of the 31st International Conference on Computational Linguistics: Industry Track*, pages 276–285, Abu Dhabi, UAE, January 2025. Association for Computational Linguistics.

[51] E. Hosseini-Asl, B. McCann, C.-S. Wu, S. Yavuz, and R. Socher. A simple language model for task-oriented dialogue. In H. Larochelle, M. Ranzato, R. Hadsell, M. F. Balcan and H. Lin, editors, *Advances in Neural Information Processing Systems*, volume 33, pages 20179–20191. Curran Associates, Inc., 2020.

[52] Y. Hou, M. Fang, W. Che, and T. Liu. A corpus-free state2seq user simulator for task-oriented dialogue. In *Chinese Computational Linguistics: 18th China National Conference, CCL 2019, Kunming, China, October 18--20, 2019, Proceedings*, pages 689–702, Berlin, Heidelberg, 2019. Springer-Verlag.

[53] K. F. Hubert, K. N. Awa, and D. L. Zabelina. The current state of artificial intelligence generative language models is more creative than humans on divergent thinking tasks. *Scientific Reports*, 14(1):3440, Feb 2024.

[54] M. Iovino, E. Scukins, J. Styrud, P. Ögren, and C. Smith. A survey of behavior trees in robotics and AI. *Robotics and Autonomous Systems*, 154:104096, 2022.

[55] Z. H. Ismail and N. Sariff. A survey and analysis of cooperative multi-agent robot systems: Challenges and directions. In E. G. Hurtado, editor, *Applications of Mobile Robots*, chapter 1. IntechOpen, Rijeka, 2018.

[56] K. Jafari Meimandi, M. Bolton, and P. Beling. Rl-hat: A new framework for understanding human-agent teaming. *Proceedings of the AAAI Symposium Series*, 1(1):80–85, Oct. 2023.

[57] Y. Jiang, Y. Wang, C. Wu, W. Zhong, X. Zeng, J. Gao, L. Li, X. Jiang, L. Shang, R. Tang, Q. Liu, and W. Wang. Learning to edit: Aligning LLMs with knowledge editing. In L.-W. Ku, A. Martins and V. Srikumar, editors, *Proceedings of the 62nd Annual Meeting of the Association for Computational Linguistics (Volume 1: Long Papers)*, pages 4689–4705, Bangkok, Thailand, August 2024. Association for Computational Linguistics.

[58] T. Kaufmann, P. Weng, V. Bengs, and E. Hüllermeier. A Survey of Reinforcement Learning from Human Feedback. *ArXiv*, arXiv:abs/22312.14925, 2024.

[59] M. Koivisto and S. Grassini. Best humans still outperform artificial intelligence in a creative divergent thinking task. *Scientific Reports*, 13(1):13601, Sep 2023.

[60] M. Kraus, M. Schiller, G. Behnke, P. Bercher, S. Biundo, B. Glimm, and W. Minker. A multimodal dialogue framework for cloud-based companion systems. In *9th International Workshop on Spoken Dialogue System Technology*, pages 405–410. Springer, 2019.

[61] M. Krupas, E. Kajati, C. Liu, and I. Zolotova. Towards a human-centric digital twin for human–machine collaboration: A review on enabling technologies and methods. *Sensors*, 24(7), 2024.

[62] O. Kulyk, G. van der Veer, and B. van Dijk. Situational awareness support to enhance teamwork in collaborative environments. In *Proceedings of the 15th European Conference on Cognitive Ergonomics: The Ergonomics of Cool Interaction, ECCE '08* New York, NY, USA, 2008. Association for Computing Machinery.

[63] N. Lambert. *Reinforcement Learning from Human Feedback*. Online, 2024.

[64] H. J. Levesque, P. R. Cohen, and J. H. T. Nunes. On acting together. In *Proceedings of the Eighth National Conference on Artificial Intelligence - Volume 1, AAAI'90*, pages 94–99. AAAI Press, 1990.

[65] J. Li, M. Galley, C. Brockett, G. Spithourakis, J. Gao, and B. Dolan. A persona-based neural conversation model. In K. Erk and N. A. Smith, editors, *Proceedings of the 54th Annual Meeting of the Association for Computational Linguistics (Volume 1: Long Papers)*, pages 994–1003, Berlin, Germany, August 2016. Association for Computational Linguistics.

[66] J. Li, W. Monroe, A. Ritter, D. Jurafsky, M. Galley, and J. Gao. Deep reinforcement learning for dialogue generation. In J. Su, K. Duh and X. Carreras, editors, *Proceedings of the 2016 Conference on Empirical Methods in Natural Language Processing*, pages 1192–1202, Austin, Texas, November 2016. Association for Computational Linguistics.

[67] X. Li, Z. C. Lipton, B. Dhingra, L. Li, J. Gao, and Y.-N. V. Chen. A user simulator for task-completion dialogues. *ArXiv*, arXiv:abs/1612.05688, 2016.

[68] J. Liu, F. Pan, and L. Luo. Gochat: Goal-oriented chatbots with hierarchical reinforcement learning. In *Proceedings of the 43rd International ACM SIGIR Conference on Research and Development in Information Retrieval, SIGIR '20*, pages 1793–1796, New York, NY, USA, 2020. Association for Computing Machinery.

[69] Y. Luan, Y. Ji, and M. Ostendorf. LSTM based Conversation Models. *ArXiv*, arXiv:abs/1603.09457, 2016.

[70] B. Ludwig. *Interaktive Assistenzsysteme*, pages 5–46. Springer Berlin Heidelberg, Berlin, Heidelberg, 2015.

[71] B. Ludwig. *Planbasierter Dialog*, pages 255–308. Springer Berlin Heidelberg, Berlin, Heidelberg, 2015.

[72] B. Ludwig. *Task-Analysen in der Mensch-Maschine-Interaktion*, pages 309–328. Springer Berlin Heidelberg, Berlin, Heidelberg, 2015.

[73] Z. Li, M. She, and L. Ma. User-defined information sharing for team situation awareness and teamwork. *Ergonomics*, 62(8):1098–1112, 2019. PMID: 30994390.

[74] C. Matheson, M. Poesio, and D. Traum. Modelling grounding and discourse obligations using update rules. In *Proceedings of the 1st North American Chapter of the Association for Computational Linguistics Conference, NAACL 2000*, pages 1–8, Stroudsburg, PA, USA, 2000. Association for Computational Linguistics.

[75] M. McTear, Z. Callejas, and D. Griol. *The Conversational Interface: Talking to Smart Devices*. Springer Publishing Company, Incorporated, 1st edition, 2016.

[76] E. Mosqueira-Rey, E. Hernández-Pereira, D. Alonso-Ríos, J. Bobes-Bascarán, and Á. Fernández-Leal. Human-in-the-loop machine learning: a state of the art. *Artificial Intelligence Review*, 56(4):3005–3054, 2023.

[77] National Academies of Sciences, Engineering, and Medicine. *Human-AI Teaming: State-of-the-Art and Research Needs*. The National Academies Press, Washington, DC, 2022.

[78] D. Nguyen, M. C. Cohen, H.-T. Kao, G. Engberson, L. Penafiel, S. Lynch, and S. Volkova. Exploratory models of human-AI teams: Leveraging human digital twins to investigate trust development. *CoRR*, arXiv:abs/2411.01049, 2024.

[79] H. Niemann, A. Brietzmann, R. Mühlfeld, P. Regel, and G. Schukat. The speech understanding and dialog system evar. In R. De Mori and C. Y. Suen, editors, *New Systems and Architectures for Automatic Speech Recognition and Synthesis*, pages 271–302. Springer Berlin Heidelberg, Berlin, Heidelberg, 1985.

[80] O. Ovadia, M. Brief, M. Mishaeli, and E. Oren. Fine-tuning or retrieval? comparing knowledge injection in llms. In Y. Al-Onaizan, M. Bansal, and Y.-N. Chen, editors, In *Proceedings of the 2024 Conference on Empirical Methods in Natural Language Processing, EMNLP 2024, Miami, FL, USA, November 12–16, 2024*, pages 237–250. Association for Computational Linguistics, 2024.

[81] R. R. Paleja, M. Ghuy, N. R. Arachchige, R. Jensen, and M. Gombolay. The utility of explainable AI in ad hoc human-machine teaming. In A. Beygelzimer, Y. Dauphin, P. Liang and J. W. Vaughan, editors, *Advances in Neural Information Processing Systems*, 2021.

[82] R. Y. Pang and H. He. Text Generation by Learning from Demonstrations. *ArXiv*, arXiv:abs/2009.07839, 2021.

[83] M. Poesio and D. R. Traum. Conversational actions and discourse situations. *Computational Intelligence*, 13:309–347, 1997.

[84] L. R. Rabiner. A tutorial on hidden markov models and selected applications in speech recognition. In A. Waibel and K.-F. Lee, editors, *Readings in Speech Recognition*, pages 267–296. Morgan Kaufmann Publishers Inc., San Francisco, CA, USA, 1990.

[85] R. Reiter. A theory of diagnosis from first principles. *Artificial Intelligence*, 32(1):57–95, 1987.

[86] C. O. Retzlaff, S. Das, C. Wayllace, P. Mousavi, M. Afshari, T. Yang, A. Saranti, A. Angerschmid, M. E. Taylor, and A. Holzinger. Human-in-the-loop reinforcement learning: A survey and position on requirements, challenges, and opportunities. *Journal of Artificial Intelligence Research*, 79, January 2024.

[87] M. Rohmatillah and J.-T. Chien. Hierarchical reinforcement learning with guidance for multi-domain dialogue policy. *IEEE/ACM Transactions on Audio, Speech and Language Processing*, 31:748–761, 2023.

[88] T. R. Payk. *Psychopathologie*. Springer, 5th edition, 2025.

[89] A. Saleh, N. Jaques, A. Ghandeharioun, J. H. Shen, and R. Picard. Hierarchical Reinforcement Learning for Open-Domain Dialog. *ArXiv*, arXiv:abs/1909.07547, 2019.

[90] K. E. Schaefer, E. R. Straub, J. Y. C. Chen, J. Putney, and A. W. Evans. Communicating intent to develop shared situation awareness and engender trust in human-agent teams. *Cognitive Systems Research*, 46:26–39, 2017. Situation Awareness in Human-Machine Interactive Systems.

[91] M. Schiller, G. Behnke, M. Schmautz, P. Bercher, M. Kraus, M. Dorna, W. Minker, B. Glimm, and S. Biundo. A paradigm for coupling procedural and conceptual knowledge in companion systems. In *2017 International Conference on Companion Technology (ICCT)*, pages 1–6. IEEE, 2017.

[92] J. B. Schmutz, N. Outland, S. Kerstan, E. Georganta, and A.-S. Ulfert. Ai-teaming: Redefining collaboration in the digital era. *Current Opinion in Psychology*, 58:101837, 2024.

[93] D. Schuster, S. Ososky, F. Jentsch, E. Phillips, C. Lebiere, and W. A. Evans. A research approach to shared mental models and situation assessment in future robot teams. *Proceedings of the Human Factors and Ergonomics Society Annual Meeting*, 55(1):456–460, 2011.

[94] I. Sekulic, S. Terragni, V. Guimarães, N. Khau, B. Guedes, M. Filipavicius, A. F. Manso, and R. Mathis. Reliable LLM-based user simulator for task-oriented dialogue systems. In Y. Graham, Q. Liu, G. Lampouras, I. Iacobacci, S. Madden, H. Khalid, and R. Qureshi, editors, In *Proceedings of the 1st Workshop on Simulating Conversational Intelligence in Chat (SCI-CHAT 2024)*, pages 19–35, St. Julians, Malta, March 2024. Association for Computational Linguistics.

[95] H. C. Siu, J. Peña, E. Chen, Y. Zhou, V. Lopez, K. Palko, K. Chang, and R. Allen. Evaluation of human-ai teams for learned and rule-based agents in hanabi. In M. Ranzato, A. Beygelzimer, Y. Dauphin, P. S. Liang and J. W. Vaughan, editors, *Advances in Neural Information Processing Systems*, volume 34, pages 16183–16195. Curran Associates, Inc., 2021.

[96] S. Sohn, Y. Lyu, A. Liu, L. Logeswaran, D.-K. Kim, D. Shim, and H. Lee. TOD-flow: Modeling the structure of task-oriented dialogues. In H. Bouamor, J. Pino and K. Bali, editors, *Proceedings of the 2023 Conference on Empirical Methods in Natural Language Processing*, pages 3355–3371, Singapore, December 2023. Association for Computational Linguistics.

[97] R. S. Sutton and A. G. Barto. *Introduction to Reinforcement Learning*. MIT Press, Cambridge, MA, USA, 1st edition, 1998.

[98] R. Takanobu, H. Zhu, and M. Huang. Guided dialog policy learning: Reward estimation for multi-domain task-oriented dialog. In K. Inui, J. Jiang, V. Ng and X. Wan, editors, *Proceedings of the 2019 Conference on Empirical Methods in Natural Language Processing and the 9th International Joint Conference on Natural Language Processing (EMNLP-IJCNLP)*, pages 100–110, Hong Kong, China, November 2019. Association for Computational Linguistics.

[99] M. F. Theofanos, Y.-Y. Choong, and T. Jensen. AI Use Taxonomy: A Human-Centered Approach, https://doi.org/10.6028/NIST.AI.200-1. March 2024.

[100] M. Vaccaro, A. Almaatouq, and T. Malone. When combinations of humans and ai are useful: A systematic review and meta-analysis. *Nature Human Behaviour*, 8(12):2293–2303, Dec 2024.

[101] E. van Zoelen, T. Mioch, M. Tajaddini, C. Fleiner, S. Tsaneva, P. Camin, T. Gouvêa, K. Baraka, M. de Boer, and M. Neerincx. *Developing Team Design Patterns for Hybrid Intelligence Systems*, pages 3–16. IOS Press, 06 2023.

[102] S. Varges, S. Quarteroni, G. Riccardi, A. Ivanov, and P. Roberti. Leveraging POMDPs trained with user simulations and rule-based dialogue management in a spoken dialogue system. In *Proceedings of the SIGDIAL 2009 Conference*, pages 156–159, London, UK, September 2009. Association for Computational Linguistics.

[103] V. Vats, M. B. Nizam, M. Liu, Z. Wang, R. Ho, M. S. Prasad, V. Titterton, S. V. Malreddy, R. Aggarwal, Y. Xu, L. Ding, J. Mehta, N. Grinnell, L. Liu, S. Zhong, D. N. Gandamani, X. Tang, R. Ghosalkar, C. Shen, R. Shen, N. Hussain, K. Ravichandran, and J. Davis. A Survey on Human-AI Teaming with Large Pre-Trained Models. *ArXiv*, arXiv:abs/2403.04931, 2024.

[104] J. K. Verma and V. Ranga. Multi-robot coordination analysis, taxonomy, challenges and future scope. *Journal of Intelligent & Robotic Systems*, 102(1):10, 2021.

[105] D. Wan, Z. Zhang, Q. Zhu, L. Liao, and M. Huang. A unified dialogue user simulator for few-shot data augmentation. In Y. Goldberg, Z. Kozareva and Y. Zhang, editors, *Findings of the Association for Computational Linguistics: EMNLP 2022*, pages 3788–3799, Abu Dhabi, United Arab Emirates, December 2022. Association for Computational Linguistics.

[106] H. Wandke. Assistance in human–machine interaction: a conceptual framework and a proposal for a taxonomy. *Theoretical Issues in Ergonomics Science*, 6(2):129–155, 2005.

[107] S. Wang, Y. Zhu, H. Liu, Z. Zheng, C. Chen, and J. Li. Knowledge editing for large language models: A survey. *ACM Computing Surveys*, 57(3), November 2024.

[108] X. Wang, P. Sen, R. Li, and E. Yilmaz. Simulated task oriented dialogues for developing versatile conversational agents. In *Advances in Information Retrieval: 46th European Conference on Information Retrieval, ECIR 2024, Glasgow, UK, March 24--28, 2024, Proceedings, Part I*, pages 157–172. Springer-Verlag, Berlin, Heidelberg, 2024.

[109] J. D. Williams, P. Poupart, and S. Young. Partially observable markov decision processes with continuous observations for dialogue management. In L. Dybkjær and W. Minker, editors, *Recent Trends in Discourse and Dialogue*, pages 191–217. Springer Netherlands, Dordrecht, 2008.

[110] M. Wooldridge. *An Introduction to MultiAgent Systems*. Wiley Publishing, 2nd edition, 2009.

[111] M. J. Wooldridge. *Reasoning About Rational Agents. Intelligent Robots and Autonomous Agents*. MIT Press, 2000.

[112] B. Wu and C. S. Suh. State-of-the-art in Robot Learning for Multi-Robot Collaboration: A Comprehensive Survey. *ArXiv*, arXiv:abs/2408.11822, 2024.

[113] X. Wu, L. Xiao, Y. Sun, J. Zhang, T. Ma, and L. He. A survey of human-in-the-loop for machine learning. *Future Generations Computer Systems*, 135:364–381, 2022.

[114] C. Xu, W. Ping, P. Xu, Z. Liu, B. Wang, M. Shoeybi, B. Li, and B. Catanzaro. From 128K to 4M: Efficient Training of Ultra-Long Context Large Language Models. *ArXiv*, arXiv:abs/2504.06214, 2025.

[115] W. Xu, M. J. Dainoff, L. Ge, and Z. Gao. Transitioning to human interaction with AI systems: New challenges and opportunities for HCI professionals to enable human-centered AI. *International Journal of Human-Computer Interaction*, 39(3):494–518, 2023.

[116] S. Young, M. Gašić, B. Thomson, and J. D. Williams. Pomdp-based statistical spoken dialog systems: A review. *Proceedings of the IEEE*, 101(5):1160–1179, May 2013.

[117] Y. Zeng, A. Rajasekharan, P. Padalkar, K. Basu, J. Arias, and G. Gupta. Automated interactive domain-specific conversational agents that understand human dialogs. In *Practical Aspects of Declarative Languages: 26th International Symposium, PADL 2024, London, UK, January 15–16, 2024, Proceedings*, pages 204–222. Springer-Verlag, Berlin, Heidelberg, 2024.

[118] J. Zerilli, U. Bhatt, and A. Weller. How transparency modulates trust in artificial intelligence. *Patterns*, 3(4), 2025/01/05, 2022.

[119] X. Zhai, M. Nyaaba, and W. Ma. Can generative ai and chatgpt outperform humans on cognitive-demanding problem-solving tasks in science? *Science & Education*, Jan 2024.

[120] J. Zhang, W. Cui, Y. Huang, K. Das, and S. Kumar. Synthetic knowledge ingestion: Towards knowledge refinement and injection for enhancing large language models. In Y. Al-Onaizan, M. Bansal and Y.-N. Chen, editors, *Proceedings of the 2024 Conference on Empirical Methods in Natural Language Processing*, pages 21456–21473, Miami, Florida, USA, November 2024. Association for Computational Linguistics.

[121] R. Zhang, C. Flathmann, G. Musick, B. Schelble, N. J. McNeese, B. Knijnenburg, and W. Duan. I know this looks bad, but i can explain: Understanding when ai should explain actions in human-ai teams. *The ACM Transactions on Interactive Intelligent Systems*, 14(1), February 2024.

Teil V: **Interdisziplinäre Bezüge**

Marco Ragni

22 Kognition

22.1 Was ist Kognition?

Die Forschung zur Künstlichen Intelligenz ist eng mit der Erforschung menschlicher Kognition verknüpft. Bereits vor 50 Jahren definierte die Sloan Foundation Kognitionswissenschaft folgendermaßen:

> What the subdisciplines of cognitive science share, indeed, what has brought the field into existence, is a common research objective: to discover the representational and computational capacities of the mind and their structural and functional representation in the brain.[1]

Bis heute prägen *Repräsentation* und *Berechnung* als zentrale Konzepte das Paradigma der Kognitionswissenschaft: die Gleichsetzung *mentaler Prozesse mit Informationsverarbeitung*. Es handelt sich nicht nur um eine Computermetapher, sondern um die „ernsthafte Annahme, dass kognitive Prozesse [...] Rechenoperationen sind" [178]. Diese Sichtweise spiegelt sich in Anwendungen und Erfolgen der KI in der kognitiven Domäne wider: Bereits 1997 besiegte das Schachprogramm Deep Blue von IBM[2] den damaligen Schachweltmeister Garry Kasparov. Im Jahr 2016 besiegte AlphaGo von DeepMind[3] einen der besten Go-Spieler der Welt – ein Spiel, das im Gegensatz zu Schach deutlich mehr Intuition erfordert. Die Weiterentwicklung AlphaGo Zero[4] übertraf das ursprüngliche System bereits nach drei Tagen allein durch selbstgesteuertes Reinforcement Learning – ganz ohne menschliche Trainingsdaten. Auch in anderen Domänen wie der Bilderkennung oder Sprachverarbeitung wurden bemerkenswerte Fortschritte erzielt. Moderne Transformermodelle übertreffen in manchen Bereichen sogar menschliche Leistungen in Sprachgenerierung oder Codeproduktion. Die eingesetzten Methoden sind dabei oftmals vom menschlichen Vorbild inspiriert (z. B. künstliche neuronale Netze), stellen jedoch keine Implementation spezifischer kognitiver Prozesse dar. Warum, so lässt sich fragen, lohnt sich dann eine Beschäftigung mit menschlicher Kognition für die KI-Forschung überhaupt? Mindestens fünf Beobachtungen zeigen, dass das menschliche kognitive System Eigenschaften aufweist, die in KI-Systemen bislang nicht vollständig realisiert sind:

(i) **Allgemeine Intelligenz, Metakognition und ethische Reflexion:** Der Mensch verfügt über eine domänenübergreifende Intelligenz (AGI, vgl. [1]), kann eigene kognitive Prozesse bewusst reflektieren und Entscheidungen ethisch begründen.

1 http://csjarchive.cogsci.rpi.edu/misc/CognitiveScience1978_OCR.pdf, S. 6.

2 https://www.ibm.com/ibm/history/ibm100/us/en/icons/deepblue/

3 https://deepmind.com/research/case-studies/alphago-the-story-so-far

4 https://deepmind.com/blog/article/alphago-zero-starting-scratch

https://doi.org/10.1515/9783111386690-027

(ii) **Einsicht und erklärbare Problemlösung:** Menschen können Probleme durch *Insight* lösen und ihre Lösungsideen sprachlich kommunizieren. In der *explainable AI* wird versucht, ähnliche Fähigkeiten algorithmisch zu entwickeln.
(iii) **Theory of Mind:** Menschen erfassen intuitiv mentale Zustände anderer Menschen – eine Fähigkeit, die für KI-Systeme mit sozialer Interaktion zunehmend bedeutsam wird [145].
(iv) **Anpassung durch Überraschung:** Das menschliche Gehirn generiert ein mentales Erklärungsmodell der Welt, das sich bei unerwarteten Ereignissen dynamisch anpassen kann (*predictive cognition*, vgl. [64]).
(v) **Alltagswissen und Plausibilität:** Menschen verfügen über implizites Weltwissen, welches ihnen erlaubt, auch in unvollständigen und mehrdeutigen Situationen sinnvolle, kontextuell angemessene und plausible Schlüsse zu ziehen (Common Sense Reasoning).

Die Herausforderung der kognitiven Modellierung besteht darin, dass nur der Input und Output eines Systems beobachtbar sind, die zugrunde liegenden mentalen Prozesse aber nur indirekt erschlossen werden können. Diese müssen durch experimentell-psychologische Methoden (z. B. Verhaltensexperimente, Eyetracking, Neurobildgebung), induktive Hypothesenbildung und algorithmische Modellierung rekonstruiert werden. Eine Unterscheidung dreier Modellierungsebenen menschlicher Kognition wurde von David Marr formuliert [117]:

- **Funktionale Ebene:** Was wird berechnet und zu welchem Zweck? *Beschreibung des Ziels und der Problemstruktur.*
- **Algorithmische Ebene:** Wie wird es berechnet? *Form der Repräsentation und Ablauf der Prozesse.*
- **Implementationsebene:** Womit wird es berechnet? *Konkrete Realisierung z. B. durch neuronale Strukturen.*

Marrs Modell verdeutlicht, dass kognitive Prozesse unabhängig von ihrer materiellen Realisierung untersucht werden können – sei es im menschlichen Gehirn oder in einer Maschine. Entsprechend kann auch die KI als Beitrag zur Kognitionswissenschaft gesehen werden: Symbolische Verarbeitungsmodelle, konnektionistische Netzwerke oder hybride Systeme liefern Vorschläge zur algorithmischen Realisierung kognitiver Prozesse. Diese Ansätze können helfen eine Rekonstruktion – ein *reverse engineering* – mentaler Funktionen zu leisten. Die Unterscheidung der Ebenen ist dabei nicht nur theoretisch nützlich, sondern auch methodisch relevant: Sie verdeutlicht, dass zur Modellierung menschlicher Kognition eine Vielzahl an Perspektiven und Methoden notwendig ist -- von der abstrakten Theoriebildung bis zur experimentellen und technischen Umsetzung.

22.2 Grundlegende Konzepte

22.2.1 Wahrnehmung und Aufmerksamkeit

Wenn sich die Kognitionswissenschaft mit der Informationsverarbeitung im menschlichen Geist beschäftigt, stellt sich zunächst die Frage: Wie gelangen Informationen überhaupt dorthin? Die Umwelt liefert lediglich Rohdaten – was wir davon wahrnehmen und wie wir es interpretieren, hängt wesentlich von Erwartungen, Erfahrungen und unseren mentalen Modellen der Welt ab.

Die Antwort auf die Frage, wie wir von den Rohdaten zu den Modellen gelangen, ist komplex, lässt sich aber grundlegend so fassen: Wahrnehmung und Aufmerksamkeit fungieren als Filtersystem, in dem verschiedene Arten von Prozessen aufeinander bezogen sind: Aus Läsionsstudien identifizierte die kognitive Neurowissenschaft zwei visuelle Verarbeitungsströme realer Objekte im Raum: den dorsalen Pfad (*wie und wo* sich ein Objekt befindet) und den ventralen Pfad (*was* das Objekt ist) [190, 125]. Auf der kognitiven Ebene lassen sich beim menschlichen Sehen sowohl *Bottom-up*-Prozesse (also der Stimulus, der auf unsere Netzhaut trifft und weitergeleitet wird) als auch *Top-down*-Prozesse (also Prozesse, die von unserem Weltwissen und unserer Erfahrung abhängen) unterscheiden. Ein Beispiel an dem sich das verdeutlichen lässt sind Illusionen (vgl. Abb. 22.1). Einerseits nehmen wir die Kippfigur wahr (Bottom-up-Prozess) – andererseits können wir durch eine bewusste mentale Anstrengung beispielsweise die beiden Gesichter in eine Vase verwandeln (Top-down-Prozess). Eine ausführliche Darstellung und Hintergrundinformationen der Wahrnehmungsforschung und die Besonderheiten menschlichen Sehens finden sich in [67].

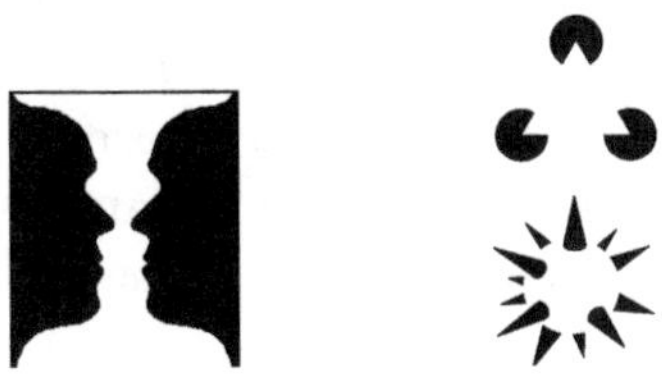

Abb. 22.1: Zwei Illusionen: Links wird eine Kippfigur[5] präsentiert. Einerseits eine Vase und andererseits zwei Gesichter. Rechts[6] realisieren sich sog. Gestalt-Prinzipien. Obwohl kein Dreieck oder eine Kugel gezeichnet wird, ergänzen Menschen diese Formen in dem Bild automatisch.

Unter Aufmerksamkeit versteht man den Prozess, bei dem aus den vielen Informationen der Umwelt diejenigen ausgewählt werden, die für die weitere Verarbeitung relevant sind. Man kann sich das wie einen Flaschenhals vorstellen. Erforderlich ist dies, da das menschliche kognitive System nur über beschränkte Ressourcen verfügt. Damit diese durch den Flaschenhals „hindurchpassen“, müssen wichtige von unwichtigen Informationen separiert werden. Solche Prozesse können durch einen *Pop-out*-Effekt

5 https://commons.wikimedia.org/wiki/File:Facevase.JPG

6 https://commons.wikimedia.org/wiki/File:Gestalt7.PNG#globalusage

beeinflusst werden; beispielsweise sticht unter lauter grünen Kreisen ein roter Kreis besonders heraus. [187] erklärten diesen Effekt mit einer präattentiven visuellen Verarbeitung (vgl. die Modellierung[7] in ACT-R).

Schnittstelle zwischen Sensorik und Repräsentation: Kognition in der Interaktion und Embodiment

Kognition ist nicht unabhängig von ihrer spezifischen Ausprägung in ihrer unmittelbaren Umwelt und keine abstrakte Symbolverarbeitung, welche auf eine Umwelt trifft. Die Umwelt hat einen großen Einfluss darauf, wie unsere Kognition sich konkret ausprägt. Raum und Zeit sind zwei der grundlegendsten Kategorien für Mensch, Tier und autonome Roboter. Jeder mobile kognitive Agent lokalisiert sich in einer Umgebung. Das bedeutet, dass er seinen Ort absolut oder relativ zu anderen Objekten wahrnimmt und mit anderen beweglichen Agenten und Objekten interagiert. Dabei spielt der Begriff des Embodiment eine Rolle. So interpretieren beispielsweise viele Menschen die Relation „Es steht etwas vor uns." und „Es steht etwas hinter uns." nicht symmetrisch, sondern „vor uns" wird als der für uns *sichtbare Bereich* interpretiert und „hinter uns" als der nicht sichtbare Bereich, welcher räumlich eine andere Aufteilung annimmt. Das *Strong-Spatial-Cognition* (SSC)-Paradigma [61] geht einen Schritt weiter und basiert auf der Idee, dass sich computationale Operationen zumindest teilweise durch physikalische Operationen und räumliche Wahrnehmung ersetzen lassen und so durch die *Affordanz*[8] [71], also eine *Handlungsanregung* durch die Umwelt, eine deutliche Reduktion von computationalen Operationen möglich wird. So lässt sich beispielsweise im Traveling-Salesperson-Problem die kürzeste Distanz zwischen zwei Städten im Sinne des SSC durch eine analoge geometrischen Repräsentation der Probleminstanz mittels verknoteter Schnüre abbilden, deren Knoten die Städte und die einzelnen Pfade mit entsprechender Länge darstellen. Der kürzeste Pfad zwischen zwei Städten A und B lässt sich nun bestimmen, indem die beiden Städte in die Hand genommen werden und die Schnur lang gezogen wird. Die kürzeste Route ist die direkte Verbindung zwischen A und B. Dieser SSC-Ansatz wurde mit einem symbolischen graphbasierten Ansatz basierend auf Breitensuche verglichen und zeigt vergleichbare formale Eigenschaften [66].

22.2.2 Gedächtnis und mentale Repräsentation

Wahrgenommene Information kann als Teil einer mentalen Repräsentation im Arbeits- oder Langzeitgedächtnis gespeichert werden. Aus kognitiver Perspektive ist zwischen der *Architektur* des Geistes und den konkreten *Verarbeitungsprozessen* zu unterscheiden. Das Arbeitsgedächtnis wird in der Kognitionspsychologie häufig als *Multikompo-*

---

7 http://act-r.psy.cmu.edu/actr6/reference-manual.pdf

8 Für eine Realisierung in einem Agenten siehe z. B. [157].

nentenmodell beschrieben [13]. Dabei lassen sich experimentell mehrere Teilsysteme unterscheiden: ein *visuell-räumlicher Notizblock* zur mentalen Manipulation räumlicher Objekte (z. B. bei mentaler Rotation), eine *artikulatorische Schleife* zur Speicherung verbaler oder numerischer Informationen (z. B. beim Merken einer Telefonnummer), eine *zentrale Exekutive*, die Aufmerksamkeit und Verarbeitung steuert, sowie ein *episodischer Puffer*, der Handlungssequenzen verknüpft. Darüber hinaus existieren zahlreiche weitere Modellierungen des Arbeitsgedächtnisses und es gibt Vorschläge, wie sich diese „benchmarken" lassen [137].

Im Arbeitsgedächtnis werden mentale Repräsentationen gehalten und manipuliert, eine heute selbstverständliche Position, die aber beispielsweise im Behaviorismus als unnötig für die Erklärung menschlichen Verhaltens galt. Der Paradigmenwechsel hin zur Kognitionswissenschaft setzte ein, als Experimente deutlich machten, dass interne Zustände notwendig sind. Tolman [186] konnte zeigen, dass Ratten in Labyrinthen mentale Karten bilden müssen, um sich zurechtzufinden – eine rein assoziative Erklärung reichte nicht aus. Auch Studien zur *mentalen Rotation* [167] weisen auf die Existenz innerer Repräsentationen hin: Je stärker ein Objekt gedreht werden muss, desto mehr Zeit benötigen Versuchspersonen – ein Effekt, der in vielen Studien repliziert wurde. Besonders im Bereich der räumlichen Kognition gilt die Existenz mentaler Modelle heute als gesichert. Daraus ergibt sich allerdings die Frage nach der Beschaffenheit dieser mentaler Modelle, welche sich aus Informationen verschiedener Sinnesmodalitäten, unserer Erinnerung oder unseres Vorstellungsvermögens realisieren. Psychologen konnten zeigen, dass wir beispielsweise aus räumlichen Relationen weniger ein visuelles Bild, einer Fotografie ähnlich, sondern mehr ein abstrakt-relationales Modell generieren (z. B. [101, 73]). Als weiteres Beispiel lässt sich das *Conceptual Blending* betrachten.

> „Ein buddhistischer Mönch steigt eines Tages frühmorgens einen Berg hoch. Er erreicht die Bergspitze bei Sonnenuntergang, meditiert auf der Bergspitze über Nacht und beginnt dann im Morgengrauen mit dem Abstieg. Er erreicht den Fuß des Berges bei Sonnenuntergang. Machen Sie keine Annahmen über den Beginn, Zwischenaufenthalte oder seine Geschwindigkeit während des Auf- oder Abstiegs. Gibt es eine Wegstelle, an der der Mönch an beiden Tagen zur gleichen Zeit ist?"[54]

Nach Fauconnier und Turner [53, 54] konstruieren wir sog. „mentale Räume" (*mental spaces*) oder mentale Modelle. Um die obige Aufgabe lösen zu können, müssen sich diese mentalen Räume zu sog. „blended spaces" überlagern. Wir müssen mental einen Mönch, der den Berg hochsteigt, und einen Mönch, der den Berg hinabsteigt, überlagern und stellen fest, dass sich beide irgendwann begegnen. Damit müssen die beiden Mönche zur gleichen Zeit am gleichen Ort sein. In diesem überlagerten Raum (*blended space*) sind also Operationen möglich, die in keinem der ursprünglichen mentalen Räume möglich waren.

In diesem Kontext stehen Analogien, welche es erlauben, verschiedene Domänen zu verknüpfen und Strukturen zu übertragen. Nach [70, 116] gibt es zwei wesentliche Eigenschaften von Analogien: Die *strukturelle Konsistenz* besagt, dass der relationale

Zusammenhang zwischen Elementen der Domäne erhalten bleiben muss. Jedes Element der einen Repräsentation ist damit im Sinne einer injektiven Abbildung auf höchstens ein Element der anderen Domäne bezogen. Die zweite Eigenschaft bezieht sich auf den *relationalen Fokus*: Analogien erhalten die relationalen Eigenschaften. Eine der bekanntesten Theorien ist die von Gentner und Kollegen eingeführte Structure-Mapping Engine (SME). Sie schlagen einen dreistufigen Algorithmus [68, 52, 69] zur Beschreibung menschlicher Analogiebildung vor: Zunächst wird im Langzeitgedächtnis eine Quelldomäne identifiziert, die zur Zieldomäne ähnlich ist. Anschließend werden Elemente und Relationen zwischen beiden Domänen verglichen und verallgemeinert. Dann werden die verallgemeinerten Abbildungen evaluiert, wobei die passendste als Analogie verwendet wird.

Der Aufbau mentaler Repräsentationen – Lernen

Im Fokus aktueller KI-Forschung sind „Lerner", also KI-Systeme die aus beobachteten Daten Hypothesen generieren und Muster identifizieren können. Der Fokus liegt auf der Verbesserung der Klassifikations- und Lernleistung der Systeme und nicht darauf, dass hochperformante Systeme für den Menschen verstehbar sein müssen. So sind die Prinzipien von Deep Blue oder AlphaGo zumindest nicht einfach extrahierbar. Ein Mensch kann beispielsweise von AlphaGo nicht besser Schachspielen lernen, da sich die Entscheidungen der Schachprogramme nicht in einfach verständliche Prinzipien übersetzen lassen. Diese fehlende Erklärbarkeit hat auch eine Implikation für die ethische Beurteilung des Ergebnisses und der Prozesse. Aus diesem Grunde wurde bereits in den 1980er-Jahren gefordert, dass neben der Performanz solcher Systeme auch die Verständlichkeit der Hypothesen eine große Rolle spielen muss [122]. Aus diesem Grund wurden zusätzliche Kriterien gefordert, welche mit den Begriffen *starkes* und *ultrastarkes* Maschinelles Lernen bezeichnet werden [127]. Diese sind Teil der *Explainable-AI*-Forderung geworden. Ein System welches hochperformant ist, das basierend auf Trainingsdaten ein guter Klassifikator ist, indem es gute Hypothesen entwickelt, erfüllt das *schwache Kriterium*. Ein System, welches dem schwachen Kriterium genügt und darüber hinaus auch die Hypothesen explizit in symbolischer Form kommunizieren kann, erfüllt ein *starkes Kriterium*. Das *ultrastarke Kriterium* ist erfüllt, wenn über das starke Kriterium hinaus auch die symbolisch formulierten Kriterien für den Benutzer verständlich sind. Dadurch wird Nachvollziehbarkeit und Verständlichkeit zu einem zentralen Thema solcher Lernsysteme. Damit ein solches Kriterium erfüllt werden kann, muss durch Systemseite diese Verständlichkeit realisiert werden können. Dies kann aber beispielsweise den Einsatz von kognitiver Modellierung erfordern. Im Bereich der induktiven Programmierung existieren Systeme wie IGOR2 [100], welche basierend auf dem Prinzip von Anti-Unifikation in der Lage sind, eine Vielzahl an kognitiven Aufgaben lösen, wie z. B. das Fortsetzen von Zahlenreihen [87] und verschiedenen Planungsproblemen, wie das Finden einer rekursiven Lösung von Tower of Hanoi aus drei Beispielen [166].

Die Repräsentation mentaler Zustände anderer Akteure: Theory of Mind

Die *soziale Kognition* erforscht, wie sich soziale Akteure in Gruppen verhalten, wie die Gruppe Wahrnehmung und Entscheidungen beeinflusst und wie Menschen mit künstlichen Systemen interagieren [18]. Verschiedene Hypothesen erklären dabei die Entwicklung unserer Kognition und unseres Gehirns [49]: So geht die Soziale-Intelligenz-Hypothese davon aus, dass nicht die „physische Umgebung“ sondern die soziale Interaktion unsere Kognition so entwickelt hat, dass wir in der Lage sein müssen, auf feine Unterschiede und Herausforderungen reagieren zu können. Andere Wissenschaftler gehen von einer machiavellistischen Hypothese aus, nämlich beispielsweise von der Fähigkeit, andere Lebewesen täuschen zu können, was sich bereits bei Primaten nachweisen lässt [80]. Verbrugge [191] fasst zentrale Forschungsstände und Probleme der kognitiven Modellierung sozialer Kognition zusammen und diskutiert den Einfluss logischen Denkens auf soziale Prozesse sowie Anforderungen an kognitive Modelle. Relevant für soziale Interaktion ist auch, dass wir ein intuitives Konzept der mentalen Zustände, also der Vorstellungen, Wissen und Wünsche anderer Menschen, haben können, die *Theory of Mind*. Diese lässt sich bereits bei Tieren, z. B. bei Schimpansen, nachweisen [143]. Neurowissenschaftliche Untersuchungen demonstrieren, dass sowohl bei Theory-of-Mind-Prozessen als auch beim Sprachverstehen ähnliche Hirnbereiche aktiv sind [55]. Auch wenn dies zunächst nur einen korrelativen Zusammenhang darstellt, ermöglicht es, diese Prozesse in spezifischen Hirnbereichen mit domänenspezifischen Prozessen zu modellieren. In diesem Sinne geben die neurowissenschaftlichen Untersuchungen Constraints für mögliche kognitive Prozesse.

Bewusstsein

Das Verständnis unseres Bewusstseins zählt zu den größten Herausforderungen für KI und Kognitionsforschung. Introspektiv nehmen wir es zwar wahr und mithilfe unserer „Theory of Mind“ schreiben wir es auch anderen zu. Baars [9] und andere argumentieren, dass unser Bewusstsein zentral ist, um „verschiedene und unabhängige“ Gehirnfunktionen und Wissen zu integrieren. Eine der einflussreichsten Theorien hierfür ist die *Global Workspace Theory* (GWT), die auf einer Blackboard-Architektur beruht [10] und sich anhand einer Theatermetapher illustrieren lässt: Ein „Scheinwerfer“ (selektive Aufmerksamkeit) beleuchtet jeweils einen Inhalt im Arbeitsgedächtnis, während unbewusste „Backstage“-Prozesse den Fokus des Scheinwerfers steuern. Im Scheinwerferlicht ist dabei jeweils nur ein spezifischer Inhalt und dies entspricht dem Arbeitsgedächtnis (Baars nimmt Baddeleys Arbeitsgedächtnismodell an). Diese Inhalte entsprechen systemübergreifendem Wissen. Das Theaterpublikum wiederum stellt eine Vielzahl unbewusster Prozesse dar, welche durch die Inhalte im Scheinwerferlicht beeinflusst und gesteuert werden. Neurowissenschaftler wie Dehaene und Kollegen [37] vertreten eine ähnliche Theorie (Global Neuronal Workspace). Der deutsche Philosoph Thomas Metzinger hat ein „phänomenales Selbstmodell (PSM)“ vorgeschlagen, indem das menschliche Bewusstsein keine eigene Wirklichkeit darstellt, sondern dynamisch generiert wird. Dieser Prozess ist eine Synergie spezifischer Repräsentationen und funktionaler Eigenschaften, welche sich als eine „neurokomputationale Theorie“ realisieren lässt.[9] Seit den Experimenten des Neurowissenschaftlers Benjamin Libet [112] wird die Frage diskutiert, ob unser Bewusstsein nur ein „Epiphänomen“ des Gehirns ist. Das heißt, wir entscheiden uns nicht bewusst für etwas, sondern unser „Gehirn“ entscheidet sich (unbewusst) und unser Bewusstsein rechtfertigt diese Entscheidung post hoc. Diese Debatte entstand als bei EEG-Messungen auffiel, dass das Bereitschaftspotenzial (ein ereigniskorreliertes Potenzial), welches im supplementärmotorischen Kortex auftritt und sich mit einem Tastendruck identifizieren lässt, *bevor* der Versuchsperson bewusst wird, dass sie sich entschieden hat, eine Taste zu drücken. Diese Experimente wurden in verschiedenen Aufgaben [77] und mit fMRT [171] repliziert und zeigen, dass Bewusstsein nicht getrennt vom Körper und nicht in einem dualistischen Verständnis – hier Geist, dort Körper – repräsentiert werden kann, sondern dass diese Prozesse miteinander verwoben sind [98]. Chambon und Kollegen [26] untersuchten den *sense of agency*, also das subjektive Gefühl, eigene Handlungen und dadurch die Umwelt zu kontrollieren. In einem Experiment zeigten sie, dass subliminale Reize den Entscheidungsprozess beeinflussen und Probanden anschließend ihren Einfluss überschätzen. Da viele der beschriebenen Ansätze konzeptionell umsetzbar sind, erscheint eine algorithmische Realisierung solcher Modelle in KI-Systemen möglich.

22.2.3 Problemlösendes Denken

Formal lässt sich ein Problem durch einen gegebenen Anfangszustand, einen zu erreichenden Zielzustand und der Suche nach einer Folge von Transformationsoperationen vom Ausgangszustand zum Zielzustand definieren (Duncker spricht dabei von einer „Barriere“ zwischen Anfangs- und Zielzustand [44]). Die anwendbaren Operatoren zur Lösung können gegeben sein, dann spricht man von wohldefinierten Problemen (*well-defined problems*) oder die Operatoren sind nicht gegeben (*ill-posed problems*). Das übliche Verfahren der KI, nämlich extensive Suche, scheitert beim Menschen oftmals aufgrund von Arbeitsgedächtnisbeschränkungen. Stattdessen wird auf Inhalte des Langzeitgedächtnisses zugegriffen und die Methode des fallbasierten Schließens (*case-based reasoning*) benutzt. Die Klassen unterschiedlicher Probleme lassen sich noch weiter unterteilen:

Permutationsprobleme

Erste Ansätze der Kognitionswissenschaft beschrieben Planungsprobleme als Suchprobleme [130]. Diese Charakterisierung passt insbesondere für sogenannte *Permutationsprobleme* zu, deren bekanntestes Beispiel das Problem *Kannibalen und Missionare* ist:

9 http://www.philosophie.uni-mainz.de/metzinger/publikationen/SMT-light2UTB.pdf

> Es stehen drei Kannibalen und drei Missionare am Ufer eines Flusses, den sie überqueren müssen. An ihrem Ufer steht ein einziges Boot, in das maximal zwei Personen passen. Alle sechs Reisenden müssen übersetzen. Falls zu einem Zeitpunkt mehr Kannibalen als Missionare an einem Ufer sind, dann werden die Kannibalen die Missionare verspeisen. Gibt es einen Plan, sodass alle Reisenden heil den Fluss überqueren können?

Probleme solcher Art lassen sich mittels Suchverfahren lösen. Dabei kann der Suchraum vollständig repräsentiert werden. Eine bekannte Heuristik ist die Mittel-Ziel-Analyse (*means-end analysis*) [130]: Ein gegebenes Problem wird in Teilprobleme zerlegt (*ends*), mögliche Operatoren werden identifiziert (*means*) und dann diejenigen Operatoren ausgewählt, die den Abstand zum Zielzustand reduzieren. Notwendig ist dafür eine Bewertungsfunktion, die für einen gegebenen Zustand den Abstand zum Ziel evaluiert. Erfordert eine Lösung, wie im Szenario von Kannibalen und Missionaren, ein Abweichen von der Zielreduktion (*difference reduction*), erschwert sich beim Menschen die Lösungsfindung. Zielreduktion ist der Greedy-Strategie ähnlich. Diese Präferenz zeigt, dass Menschen nicht den gesamten Suchraum durchsuchen, sondern systematisch heuristisch vorgehen.

Einsichtsprobleme

Eine weitere bedeutsame Art von Planungsproblemen sind Einsichtsprobleme (*insight problems*). Diese Probleme sind ursprünglich aus der Gestaltpsychologie inspiriert und lassen sich nicht durch eine erschöpfende Suche lösen. Ein berühmtes Beispiel wurde von Duncker [44] vorgeschlagen, das „Kerzenproblem“:

> „An der Tür, in Augenhöhe, sollen nebeneinander drei kleine Kerzen angebracht werden [...] Auf dem Tisch liegen unter vielen anderen Gegenständen einige Reißnägel und die kritischen Gegenstände: drei kleine Pappschachteln (ungefähr von der Größe eine gewöhnlichen Streichholzschachtel, etwas verschieden voneinander in Form und Farbe und an verschiedenen Stellen gelegen). Lösung: Mit je einem Reißnagel werden die drei Schachteln an der Tür befestigt, um je einer Kerze als Standfläche zu dienen.“ [44] (zitiert nach [65])

Eine Erklärung, warum diese Lösung häufig übersehen wird, ist die sog. *funktionale Fixierung*. Das bedeutet, wir betrachten die Streichholzschachtel als etwas, was benutzt wird, um Streichhölzer aufzubewahren, aber nicht, um ein Tropfschutz oder eine Befestigung für die Kerze zu sein.

Einsichtsprobleme lassen sich nicht durch Suchalgorithmen lösen [28]. Sie setzen nahezu immer eine spontane Einsicht (einen sog. Aha- oder Heureka-Effekt) voraus. Aus informatischer Perspektive sind solche Problemlösungen nur schwer zu konzeptualisieren und damit zu algorithmisieren.

Explorationsprobleme

Komplexe Probleme [62] zeichnen sich durch dynamische Veränderungen während der Problemlösung und Intransparenz aus. Deren Lösung erfordert neben kognitiven auch ggf. emotionale und soziale Kompetenzen. Ein frühes Beispiel dafür ist das *Lohhausen*-Szenario [41], in dem Teilnehmende eine Stadt regieren. Typische menschliche Fehler, die dabei auftreten, sind [41] u. a.: *falsche Annahmen, mangelndes Verständnis gegenüber zugrunde liegenden zeitlichen Abläufen, Schwierigkeiten Systemveränderungen mental zu repräsentieren* und schließlich das *„Denken in Kausalketten statt in kausalen Netzen"*. Auffällig ist zudem die geringe Vorhersagekraft klassischer Intelligenztests für den Erfolg [65]. Kritik an Lohhausen [65] äußerte eine geringe Zuschreibbarkeit von Aktionen zu abhängigen Variablen und unklare Anweisungen (z. B. wie lässt sich der „Zufriedenheitsgrad der Bevölkerung" konzeptualisieren?).

Merkmale, die sowohl für Menschen [62] als auch für Computersysteme [164] Probleme komplex machen, ähneln sich. Eine detaillierte Darstellung findet sich in [65]. Diese Merkmale umfassen: *Elementkomplexität*, die durch die Anzahl relevanter Elemente beschrieben wird – je mehr Elemente es gibt, desto schwieriger ist das Problem. *Vernetztheit*, die den Grad und die Dichte der Verknüpfungen zwischen den Elementen beschreibt; jede Veränderung kann weitere Variablen beeinflussen (vgl. Lohhausen-Paradigma). *Polytelie*, die sich durch die Anzahl und mögliche Konflikte von Zielen auszeichnet, beispielsweise durch das Vorhandensein mehrerer Ziele im Lohhausen-Spiel. *Intransparenz*, die auf unklare oder unbekannte Operatoren und Wirkungen hinweist. Schließlich *Dynamik*, die sich durch Veränderungen kennzeichnet, die während der Problembearbeitung auftreten, wie sie etwa in Echtzeitsystemen vorkommen können.

Aus informatischer Sicht werden diese Aufgaben als *Explorationsprobleme* bezeichnet [164]. Trotz KI-Methoden und Optimierungsansätzen [165] bleiben sie schwierig und erfordern oft heuristische Strategien. Insgesamt unterscheidet sich menschliches Problemlösen dabei stark von formal-logischen Ansätzen: Es ist *kontext- und repräsentationsabhängig*, heuristisch, *nichtmonoton* und nutzt *analoge* Übertragungen zwischen verschiedenen Wissensbereichen.

22.2.4 Inferenz und Entscheidung

In unserem Alltag fällen wir eine Vielzahl an bewussten Urteilen und Entscheidungen. Eine Theorie über solche Prozesse ist für interaktive Systeme und Assistenzsysteme relevant, da diese nach dem Prinzip des *Help-as-needed*-Ansatzes Unterstützung bei Fehlschlüssen bieten können.

22.2.4.1 Commonsense

[109] und [118] und andere argumentieren, dass sich die eigentlichen Herausforderungen der KI nicht in selbstfahrenden Autos und nicht in der Klassifikation großer Datenmengen finden, sondern in Aufgaben, welche Common Sense (*gesunden Menschenverstand*) benötigen. Dieser wird in Situationen relevant, die von üblichen Mustern abwei-

chen, und muss die Konzepte eines Menschen in Bezug auf intuitive Physik, intuitive Biologie oder intuitive Psychologie erfassen. In der Literatur werden solche Common-Sense-Probleme als Probleme charakterisiert, die selbst ein siebenjähriges Kind erfolgreich lösen kann [109]. Um ein einfaches Beispiel aus der Winograd-Challenge[10] zu geben:

> Der Pokal passte nicht in den braunen Koffer, weil er zu groß (klein) war.
> Was war zu groß (klein)?
> Antwort 1: Die Trophäe
> Antwort 2: Der Koffer

Das besondere bei solchen Problemen ist, dass das Austauschen eines Wortes (groß) durch ein anderes (klein) zu einer komplett anderen Antwort führt. Solche Probleme sind für Menschen einfach und intuitiv lösbar, wir verstehen die Lösung (fast) sofort. Es scheint Teil unserer kognitiven Entwicklung zu sein, dass wir sie mühelos lösen können. Aktuell umfassen Modellierungsansätze dabei Ontologien und semantische Graphen, welche Zusammenhänge zwischen Worten und Konzepten abbilden können.[11] Aus kognitiver Modellierungsperspektive sind Methoden der Entwicklungspsychologie interessant, um zu bestimmen wie Menschen Konzepte aufbauen und zu dem was wir einen gesunden Menschenverstand nennen, gelangen. Aktuelle KI-Systeme erreichen ca. 90 % Performanz [103].

22.2.4.2 Schlussfolgerndes Denken und Argumentation

Schlussfolgerndes Denken lässt sich grob in die Kategorien deduktives, induktives und abduktives Schlussfolgern einteilen. Im Folgenden werden wir kurz diese Bereiche betrachten.

Deduktives Denken

Deduktives Schlussfolgern lässt sich als die Methode definieren, aus einer gegebenen Menge an Informationen (diese werden klassischerweise als Prämissen bezeichnet) eine Schlussfolgerung zu ziehen. Die deduktive Methode geht also vom allgemeinen zum spezifischen Fall und ist unabhängig vom Inhalt.

Gegeben: Eine Menge von Aussagen $A_1, \ldots, A_n$.

Frage: Welche Konklusion K lässt sich daraus ziehen, d. h. $A_1 \wedge \cdots \wedge A_n \rightarrow K$?

10 http://commonsensereasoning.org/winograd.html

11 http://www.conceptnet.io/

Solche Problemstellungen können auch eine mögliche, zu verifizierende Konklusion K beinhalten. Klassischerweise unterscheidet man die Bereiche syllogistisches, konditionales und relationales Schlussfolgern. Dazu später mehr.

Induktives und analoges Denken

Im Gegensatz dazu führt induktives Schlussfolgern zu einer Verallgemeinerung einer Hypothese. Ein typisches Beispiel [79] in Variation ist das Folgende: *Tauben, Adler, Falken, ... sind Vögel und können fliegen. Also können wir schlussfolgern, dass Vögel fliegen können.* Diese Form der Schlussfolgerung basiert auf einzelnen Beobachtungen, kann also als eine Form von *Beispiellernen* gelten. Eine etwas formalere Schreibweise ist die folgende:

Gegeben: Zwei Mengen M', M mit $M' \subset M$ und die Relation R gilt für alle m aus M'.

Frage: Gilt die Relation R für alle m aus M?

Dabei steht M' für die beobachteten Vögel und M für die Menge aller Vögel. Das bedeutet: Für jeden beobachteten Vogel aus M' gilt die Relation „kann fliegen“. Solche Schlussfolgerungen akzeptieren wir allerdings nur solange kein Gegenbeispiel auftritt, uns also beispielsweise einfällt, dass ein Pinguin ein Vogel ist, der nicht fliegen kann. Induktives Schlussfolgern außerhalb der Mathematik ist insgesamt nur empirisch begründet und damit unsicher. Oder anders ausgedrückt: Induktive Schlüsse gelten nicht mit Sicherheit.

Analoges Denken wird oftmals zur Kategorie des induktiven Denkens gerechnet [16]. Es überträgt strukturelles oder inhaltliches Wissen einer Quelldomäne (*source*) auf eine Zieldomäne (*target*). Damit verbindet analoges Denken Wissen verschiedener Domänen. Ein Beispiel für eine analoge Aufgabe [159]:

Hammer *ist zu* Nagel *wie* Schraubenzieher *zu* ?

Die Aufgabe ist es, einen Begriff für? zu finden, sodass die analoge Relation zu den vorangehenden Begriffen erhalten bleibt. Ein Hammer kann benutzt werden, um einen Nagel in die Wand zu schlagen. Wofür kann dann ein Schraubenzieher analog benutzt werden? Um eine Schraube festzudrehen. Die Quell- als auch Zieldomäne ist in beiden Fällen die Domäne der Werkzeuge. Eine mögliche formale Definition eines analogen Problems lautet wie folgt:

Gegeben: Zwei Domänen D_1 und D_2; in D_1 gilt die Relation R zwischen zwei Elementen E_1 und E_2 aus D_1.

Frage: Gibt es eine Funktion f, sodass für die Elemente $f(E_1), f(E_2)$ aus D_2: $R(E_1, E_2) \in D_1 \Leftrightarrow R(f(E_1), f(E_2)) \in D_2$ gilt?

Eine generalisierte Fassung dieser Problemdefinition wäre, dass nur die Zieldomäne D_2 gegeben ist, aber zusätzlich zur Funktion f auch eine Quelldomäne D_1 gesucht wird.

Abduktives Denken

Abduktives Schlussfolgern [42] lässt sich als das Auffinden einer besten Erklärung E_i aus Erklärungen $E_1, \ldots, E_n$ für einen Fakt F beschreiben. Eine der bekanntesten Beispiele in der Literatur ist die Arbeitsweise von Sherlock Holmes, der ausgehend von einem Fakt sukzessive Erklärungsmuster ausschließt.

Gegeben: Erklärungen $E_1, \ldots, E_n$ für einen Fakt F, d. h. $E_1, \ldots, E_n \to F$

Frage: Gibt es eine beste Erklärung E_i, d. h. $E_i \to F$?

Schließen mit Heuristiken

Neben klassischen Inferenzen haben wir Menschen Schwierigkeiten, mit Wahrscheinlichkeit umzugehen. Ein bekanntes Denkproblem ist das Linda-Beispiel [189, 57]: Linda ist 31 Jahre alt, alleinstehend, nimmt kein Blatt vor den Mund und ist sehr intelligent. Sie hat Philosophie studiert. Als Studentin hat sie sich stark gegen Diskriminierung und für soziale Gerechtigkeit engagiert. Außerdem hat sie an Anti-Atomkraft-Demonstrationen teilgenommen. Was ist wahrscheinlicher?

A Linda arbeitet als Bankberaterin.[12]

B Linda arbeitet als Bankberaterin und ist in einer feministischen Bewegung aktiv.

Die Aussage B ist zusammengesetzt aus dem Aussagenteil A = „Linda arbeitet als Bankberaterin“ und dem Aussagenteil C = „ist in einer feministischen Bewegung aktiv“. Die Wahrscheinlichkeit des gemeinsamen Ereignisses $P(B)$ ist gleich die Wahrscheinlichkeit $P(A \wedge C)$. Diese ist höchstens so groß wie die Einzelwahrscheinlichkeit $P(A)$, kurz: $P(A \wedge C) \leq P(A)$. Dennoch neigt die Überzahl der Befragten (85 %) dazu, Antwort B zu wählen und damit $P(A \wedge C)$ als wahrscheinlicher einzuschätzen [189]. Das bedeutet zunächst, dass Menschen typischerweise nicht das Wahrscheinlichkeitskalkül nutzen. Es kann aber bedeuten, dass wir einem Informationsprinzip folgen und die beiden Informationen integrieren wollen oder dass wir auf das Framing achten [83]. Auf jeden Fall zeigt es, dass Menschen den „Kontext“ hier miteinbeziehen.

Dieses Beispiel zeigt, dass wir Schwierigkeiten haben, die Konjunktion zweier Wahrscheinlichkeiten richtig zu interpretieren (nämlich, dass die Konjunktion zweier Ereignisse maximal der Wahrscheinlichkeit eines der einzelnen Ereignisse entsprechen kann).

12 Um mögliche Missverständnisse zu vermeiden, es ist nur diese Aussage zu bewerten. Dies bedeutet explizit nicht, dass Linda etwa nicht in einer feministischen Bewegung aktiv sein könnte.

Selbstverständlich wären Kombinationen im Sinne hybrider Theorien denkbar. Dabei gilt hier, wie an anderer Stelle, im Sinne von Occams Rasiermesser, dass eine einfachere Theorie einer hybriden Theorie vorgezogen wird. Diese Verfahren demonstrieren bisher im Sinne eines *Proof of Concept*, dass die verschiedenen Theorien in der Lage sind, zumindest manche menschlichen Schlüsse vorherzusagen. Sie treffen keine Aussagen über die kognitive Adäquatheit [176]. Insgesamt lässt sich der kognitive Adäquatheitsbegriff unterteilen in (i) *repräsentationale Adäquatheit*, d. h. benutzen Menschen ähnliche Repräsentationen, wie es die kognitionspsychologische Theorie vorhersagt, und (ii) *inferentielle Adäquatheit*, d. h. ziehen Menschen die gleichen Schlussfolgerungen, wie es die kognitionspsychologische Theorie vorhersagt.

Dabei ist zu beachten, dass die Theorien wenig Annahmen über das menschliche Arbeitsgedächtnis integrieren. So spielen Beschränkungen des menschlichen Arbeitsgedächtnisses und spezifische Verarbeitungen verschiedener modalitätsspezifischer Informationen bisher keine Rolle. Eine Möglichkeit zur Verbindung und damit der Überprüfung der kognitiven Adäquatheit wäre die Implementation dieser Deduktionstheorien in einer kognitiven Architektur. Das wurde bisher allerdings nur vereinzelt unternommen.

Ein Beispiel für eine Verbindung von schlussfolgerndem Denken und Gedächtnisrepräsentation stellt dabei die sog. Verfügbarkeitsheuristik dar [95]: Gibt es mehr Worte im Englischen, die ein „k " an erster oder an dritter Stelle haben?

Die meisten Versuchspersonen antworten: „Es gibt mehr Worte mit einem ‚k' an erster Stelle". Dennoch gibt es deutlich mehr englische Worte mit einem „k" an dritter Stelle. Warum begehen Menschen konsequent diese Fehleinschätzung? Der Grund ist, dass der Anfangsbuchstabe eine deutlich relevantere Rolle in unserer Gedächtnisrepräsentation spielt. So scheint eine lexikalische Anordnung eine große Rolle zu spielen. Damit ist also letztlich ein „Speicherverwaltungsprinzip" die Ursache für diesen Fehlschluss.

Kontextabhängigkeit menschlichen Denkens

Menschliches Denken und Schlussfolgern hängt vom jeweiligen Kontext bzw. dem Hintergrundwissen über eine entsprechende Domäne ab. Die Domäne entscheidet, ob und wie leicht oder schwer bestimmte Schlussfolgerungen gezogen bzw. nicht gezogen werden. Betrachten wir dazu die sog. Wason Selection Task [192] näher:

> Es liegen vier Karten auf einem Tisch. Jede Karte hat eine Zahl auf einer Seite und einen Buchstaben auf der anderen Seite. Die sichtbaren Seiten der Karten zeigen 2, 7, A und D. Welche Karte(n) müssen umgedreht werden, um die Gültigkeit der folgenden Aussage zu überprüfen: „Wenn auf einer Kartenseite eine gerade Zahl ist, dann ist auf der Rückseite ein Vokal".

Korrekterweise müssen die Karten „2" und „D" umgedreht werden. Die „2" testet die Regel, denn wenn auf der Rückseite kein Vokal ist, dann ist die Regel falsifiziert. Das „D" kann aus dem gleichen Grund die Regel falsifizieren, nämlich wenn auf der Vorderseite eine gerade Zahl ist. Die meisten Versuchspersonen drehen allerdings richtigerweise die „2" und fälschlicherweise das „A" um. Eine Vermutung, warum Versuchspersonen diesen Fehler begehen, war, dass die Domäne abstrakt ist und es am mangelnden Hintergrundswissen lag. Aus diesem Grund haben Johnson-Laird und Kollegen [89] den Einfluss von Hintergrundwissen untersucht und konnten zeigen, dass zum Beispiel eine analog formulierte Aufgabe mit Briefen und Briefmarken deutlich korrekter gelöst wurde. Schließlich konnten zuerst Cosmides und Tooby [31] nachweisen, dass diese Fehler signifikant seltener im Kontext von sozialen Regeln (*cheater detection*) auftraten. Dazu testeten sie die Regel „Wer Alkohol trinkt, muss über 18 Jahre alt sein":

> Es liegen vier Karten auf einem Tisch. Jede Karte hat das Alter einer Person auf der einen Seite und das Getränk, welches die Person trinkt, auf der anderen Seite. Die sichtbaren Seiten von vier Karten zeigen: „16" (Alter), „trinkt Bier", „25" (Alter), „trinkt Cola.".

Wenige Versuchspersonen haben bei dieser Aufgabe Schwierigkeiten, die richtigen Karten auszuwählen, nämlich die Karte mit dem Alter „16“ und die Karte der Person, die das „Bier“ trinkt. Korrekte Schlussfolgerungen wurden in zahlreichen Experimenten für solche „sozialen Regeln“ nachgewiesen. Dieses Ergebnis zeigt deutlich, dass wir Regeln nicht unabhängig vom Kontext oder der Domäne anwenden. Menschliches Denken ist kontextabhängig. Dies stellt Vertreter allgemeiner regelbasierter Ansätze vor Herausforderungen, da die zugrunde liegende Regel (der Modus Tollens) in beiden Aufgaben identisch ist.

In einer groß angelegten Metaanalyse, bestehend aus 228 Experimenten wurden die individuellen Antworten der Versuchspersonen analysiert [147]. Es konnte gezeigt werden, dass sich Aufgaben im Antwortverhalten unterscheiden lassen, je nach dem, ob Inhalt und Regel abstrakt, sozial oder alltäglich sind (z. B. immer wenn ich nach Berlin fahre, nehme ich den Zug). Beispielsweise geben fast 80 % der Versuchspersonen bei abstrakten Aufgaben eine logisch falsche Antwort. Ein Vergleich von 16 kognitiven Modellen offenbarte zudem große Variabilität, wobei nur wenige Modelle spezifischen statistischen Kriterien genügen.

Nichtmonotonizität menschlichen Denkens

Menschliches Denken ist nicht nur kontextabhängig, sondern kann darüber hinaus Eigenschaften von Nichtmonotonizität aufweisen [172] – vgl. die *Suppression Task* [24] in Tabelle 22.1.

Im Fall von Problem 1 und 2 in der Tabelle 22.1 ziehen jeweils 96 % der Versuchspersonen die korrekte Schlussfolgerung, dass „sie bis spät in der Bibliothek arbeiten wird“. Im Fall von Problem 3 allerdings nur 38 %. Obwohl der Schluss (Modus Ponens) logisch korrekt ist, wird er dennoch nicht gezogen. Die zusätzliche Information hat die Anwendung der Inferenz *unterdrückt*. Tatsächlich ist dies ein Indiz dafür, dass menschliches Denken nichtmonotone Eigenschaften aufweist [172]. Auch wenn die ursprünglich genutzte Kripke-Kleene-Semantik nicht die Existenz eines minimalen Modells garantieren kann, so kann die Ersetzung durch die Lukasiewicz-Logik dieses Problem beheben.

Tab. 22.1: Das Beispiel für menschliches nichtmonotones Denken.

	Problem 1	Problem 2	Problem 3
P1	Wenn sie einen Aufsatz fertigstellen muss, dann wird sie lang in der Bibliothek arbeiten.	Wenn sie einen Aufsatz fertigstellen muss, dann wird sie lang in der Bibliothek arbeiten.	Wenn sie einen Aufsatz fertigstellen muss, dann wird sie lang in der Bibliothek arbeiten.
P2	–	Wenn sie ein Lehrbuch lesen muss, dann wird sie lang in der Bibliothek arbeiten.	Wenn die Bibliothek lange offen ist, dann wird sie lang in der Bibliothek arbeiten.
P3	Sie muss einen Aufsatz fertigstellen.	Sie muss einen Aufsatz fertigstellen.	Sie muss einen Aufsatz fertigstellen.
K	Sie wird lang in der Bibliothek arbeiten (96 %).	Sie wird lang in der Bibliothek arbeiten (96 %).	Sie wird lang in der Bibliothek arbeiten (38 %).

Argumentation und Inferenz

Menschen argumentieren und diskutieren, und so ist es naheliegend, auch KI-Systeme zu entwickeln, die dies tun können. Im Bereich der *computational argumentation* werden dabei überwiegend Methoden der nichtmonotonen Logik und der logischen Programmierung genutzt. Ein Teilbereich ist die *abstract argumentation*, bei der es um die Attack-Relation zwischen Argumenten geht, also die Relation zwischen einem Gegenargument und dem Argument, das von dem Gegenargument angegriffen wird. Die *abstract argumentation* basiert auf dem Paradigma, dass man unter bestimmten Bedingungen (insbesondere unter Einbeziehung aller möglicher Gegenargumente) Urteile über die Akzeptabilität von Argumenten allein auf Grundlage der Attack-Relation zwischen den Argumenten fällen kann, ohne die interne Struktur der Argumente betrachten zu müssen. Eine akzeptierbare Menge von Argumenten wird Extension genannt. Es wurden mehrere verschiedene sog. Argumentationssemantiken entwickelt, die eine Attack-Relation auf eine Menge von Extensionen abbilden. In der structured argumentation geht es darum, die interne Struktur von Argumenten durch logische Formalismen zu modellieren und dann zu definieren, wie die Struktur von Argumenten eine Attack-Relation zwischen den Argumenten definiert, auf die man wiederum die Methoden der *abstract argumentation* anwenden kann.

Identifizierte formale Eigenschaften der Argumentationsformalismen können durch die menschliche Argumentationspraxis gerechtfertigt werden. [155] untersuchten, inwiefern Menschen verschiedene Formen des sog. Reinstatement Principles akzeptieren, welches von allen gängigen Argumentationssemantiken vorausgesetzt wird. Das Reinstatement Principle findet in einer Argumentationskette Anwendung: Wenn ich Argument A ablehne, weil es von einem Gegenargument B angegriffen wird, und ich danach von einem neuen Argument C erfahre, welches ein Gegenargument zu B ist, dann sollte ich A wieder akzeptieren. [155] konnte zeigen, dass zwei Varianten des Reinstatement Principles von Menschen gleichermaßen akzeptiert wurden, was bestimmte Argumentationssemantiken besser erklären konnte als andere.

[33] untersuchten experimentell, welche vermeintlichen Attacken zwischen natürlichsprachlichen Argumenten von Menschen überhaupt als solche angesehen werden. [35] haben eine eigene Argumentationssemantik vorgestellt, die einerseits durch theoretische Betrachtungen motiviert ist, andererseits aber über kognitive Adäquatheit verfügt, d. h. experimentelle Daten zu menschlichen Urteilen über Argumente erklären kann.

22.2.4.3 Entscheidung

Wenn Menschen Entscheidungen treffen, dann kann dies von vielen Dimensionen abhängen (vgl. Abbildung 22.2 in der Entscheidungsfaktoren in einem kartesischen Koordinatensystem dargestellt sind): Eine Entscheidung kann von bewusst durchdachten Gründen oder von einer intuitiven Entscheidung abhängen, das bedeutet, dass eine Entscheidung bzgl. der Dimension Rationalität eingeordnet werden kann. Sie können mehr oder weniger rational sein (gemessen an einem normativen Standard). Diese Dimensionen sind natürlich nicht die einzigen: Entscheidungen können von kognitiven Ressourcen wie Arbeitsgedächtniskapazität, Konzentration oder kognitiver Belastung abhängen und durch affektive (emotionale) oder motivationale Faktoren (z. B. motivated reasoning) beeinflusst werden. Darüber hinaus können soziale Faktoren wie Gruppendruck eine Rolle spielen. Beispielsweise kann trotz der rationalen Einsicht, dass Joggen gesund ist, die Motivation, bei Regen joggen zu gehen, gering sein, was dann dazu führt, dass die tatsächliche Entscheidung darin besteht, es nicht zu tun. Andererseits könnte es sein, dass man es in einer Gruppe macht, was wiederum dazu führt, dass man es dann doch tut. Vielleicht hat man auch die Erinnerung an ein positives Ergebnis beim letzten Halbmarathon und man möchte es es unbedingt wiederholen. Natürlich kann eine Entscheidung auch von Unsicherheit und dem Risiko des Entscheidungsausgangs

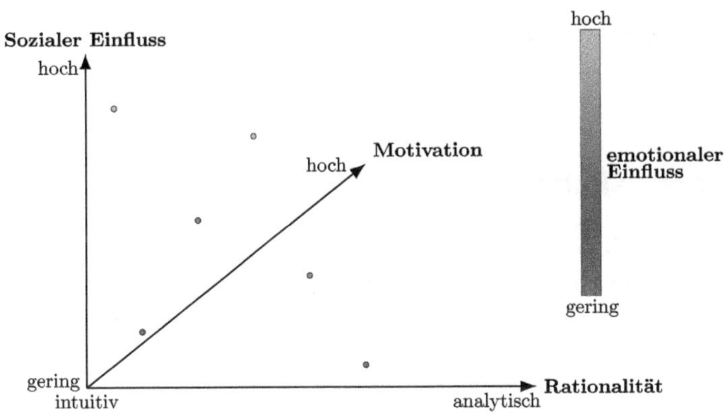

Abb. 22.2: Dimensionen menschlichen Verhaltens.

abhängen. Ein weiterer relevanter Aspekt dieser Modelle ist der Einfluss von „noise“ (nach Kahneman), der Zufälligkeit in Entscheidungen beschreibt.

Die aktuelle Forschung der Denkpsychologie postuliert zwei kognitive Systeme: System 1 hat die Eigenschaften, schnell, intuitiv und heuristisch zu sein, wogegen das System 2 analytisch und als vergleichbar langsamer angenommen wird [169, 94, 138, 51, 36]. Der Cognitive Reflection Test demonstriert die Arbeitsweise beider Systeme: *Ein Schläger und ein Ball kosten insgesamt $1,10. Der Schläger kostet $1 mehr als der Ball. Wie viel kostet der Ball?* Viele Menschen schlussfolgern fälschlicherweise, dass der Ball 10 Cent kostet. Im Bereich der medizinischen Diagnostik wurde argumentiert, dass insbesondere der Overconfidence-Effekt vorliegt [34]. In einer Metaanalyse konnte gezeigt werden, dass der Denkstil (intuitiver vs. reflektierter) einen Einfluss auf normativ korrekte Entscheidungen hat: Reflektierter Denkstil und Erfahrung korreliert positiv, wogegen bei einem eher intuitiven Denkstil eine geringere Leistung identifiziert wurde [141]. Fragestellungen nach der Rationalität und wie sich eine *beschränkte Rationalität (bounded rationality)* [72] erkenntnistheoretisch fassen lässt sind ebenfalls Teil aktueller Forschung. Es gehört heute bereits zum Allgemeinwissen, dass wir systematische Denkverzerrungen (engl. bias) und spezifische Heuristiken nutzen [96]. Untersuchungen über menschliches Entscheidungsverhalten zeigen, dass wir erfolgreich Verhaltensweisen an den Tag legen, welche teilweise als irrational betrachtet werden müssen [7]. Insgesamt lassen sich mehr als 180 kognitive Verzerrungen finden.[13] Die Modellierung von Entscheidung kann auch wieder durch die Marr'schen Ebenen abgebildet werden, die verschiedene Aspekte der Kognition integrieren.

22.3 Methoden und Algorithmen

Jedwede wissenschaftliche Methode aus Informatik und KI, Linguistik, Psychologie, Anthropologie, Neurowissenschaft, Philosophie, Mathematik und die Robotik, die alle Erkenntnisse über den menschlichen Geist und das Gehirn liefern können, prinzipiell Teil des Methodenkanons der Kognitionswissenschaft. Wie [177] betonte, ist das *sui generis*, die *kognitive Modellierung.*

22.3.1 Der definitorische Rahmen

Die Philosophie, insbesondere die Teildisziplinen Philosophie des Geistes und die Erkenntnistheorie, untersucht die Grundlagen der Kognitionswissenschaft. Die Philosophie des Geistes beschäftigt sich dabei mit einer Vielzahl an Fragestellungen von der

---

13 Eine exzellente Übersicht findet sich hier: https://commons.wikimedia.org/wiki/File:Cognitive_Bias_Codex_-_180%2B_biases,_designed_by_John_Manoogian_III_(jm3).jpg

Klärung von Begriffen, wie beispielsweise Willensfreiheit, Bewusstsein oder was das Verstehen bedeutet, der *Erklärungsmöglichkeit* und Reichweite unterschiedlicher Ergebnisse verschiedener Disziplinen und Vorannahmen und daraus resultierend die Suche nach einem integrierten Erklärungsmodell bis zum *Verhältnis zwischen psychischen und physischen Prozessen*, wie beispielsweise im Leib-Seele-Problem. Weiterführende Werke, welche diese einzelnen Aspekte vertiefen sind [131, 15]. Dem Ziel einer deskriptiven Beschreibung menschlicher Kognition steht auch ein normatives Verständnis gegenüber. Ein Beispiel dafür ist der Kontrast, wie Menschen denken und wie sich dieses menschliche Denken vom logisch „richtigen" Denken im Sinne einer normativen Theorie unterscheidet.

Auch die Theoretische Informatik und die Mathematik bieten eine Vielzahl an Grundlagen für die Untersuchung von Kognition. Hier lassen sich insbesondere die Berechnungs- und Automatenmodelle nennen, welche zur computationalen Modellierung genutzt werden können. Grenzen, die sich durch Berechnungssysteme ergeben, welche prinzipiell alle Funktionen und damit alle endlichen Automaten abbilden, finden sich in [144].[14] Auch die Frage nach einem Maß zur Bestimmung der Komplexität von Aufgaben, welche Menschen lösen können, ist bereits länger diskutiert worden und wird oft als *tractable cognition thesis* bezeichnet. In neuerer Zeit wurde beispielsweise eine *fixed-parameter tractability* zur Modellierung kognitiver Komplexität vorgeschlagen [163].

Die theoretische Informatik bietet außerdem das formale Rüstzeug um Äquivalenzklassen von Problemen zu identifizieren oder formale Eigenschaften von Funktionen zu analysieren und diese dann mit kognitiven Charakteristika zu vergleichen. Sind beispielsweise isomorphe Probleme mit anderem Inhalt gleich schwer für Menschen? Studien, wie z. B. bei der Wason Selection Task zeigen, dass dem nicht so ist. Damit sind Äquivalenzklassen von Problemen, die auf dem Isomorphiebegriff basieren, zu schwach. Das bedeutet, dass Probleme die in der gleichen Äquivalenzklasse liegen, sich dennoch bezüglich ihrer kognitiven Lösungsschwierigkeit unterscheiden.

Auch die computationale Komplexität von Problemen bietet die Möglichkeit, den Aufwand zur Lösung von Problemen zu bestimmen. So zeigt sich, dass kombinatorische Optimierungsprobleme wie z. B. das NP-vollständige Traveling-Salesperson-Problem, auch für kognitive Untersuchungen über menschliches Verhalten in der Navigation interessant sind [194]. Ein Charakteristikum von NP-schweren Problemen ist, dass im Allgemeinen weder Menschen noch Maschinen schnelle und einfache Lösungen finden können. Dennoch konnte gezeigt werden, dass Nichtexperten in Fällen, in denen diese bei Aufgaben in der Größenordnung von 10 bis 20 Städten einen kürzesten Pfad finden müssen, nur bis maximal 1 % von der optimalen Lösung abwichen. Die Leistung übertraf dabei die einfacheren Konstruktionsalgorithmen [113].

14 Eine lesenswerte Entgegnung darauf findet sich in [25].

Damit ist die Interpretation direkt von unserem „Embodiment" (s. o.) abhängig. Dies zeigt die vielen Facetten der Raumkognition [148], welche sich bisher nur teilweise in formalen Ansätzen realisiert. Interessant ist hierbei, dass linguistische Analysen eine Nutzung qualitativer Relationen beim Menschen, wie „Der Bahnhof ist *nördlich* des Kinos." oder „Der Apfel ist *links von* der Birne." aufzeigen [183]. Entsprechend wurden räumliche qualitative Kalküle untersucht. Qualitative Beschreibungen können als eine „Abstraktion betrachtet werden, die ähnliche quantitative Zustände in einer qualitativen Charakterisierung zusammenfasst" [126, 158]. Ein weiterer Vorteil ist, dass sie keine künstliche externe metrische Skala benötigen [60]. Diese Aspekte haben die Forschung in der KI dazu inspiriert, formale qualitative Kalküle als Grundlage für das logische Denken zu entwickeln, mit denen Intervalle für die lineare Zeit dargestellt werden können (Interval Algebra, [2]), die auch für das eindimensionale räumliche Denken angewendet wurden [102], unter anderem Kalküle für topologische Anordnungen wie das Region Connection Calculus [30], Kalküle für Himmelsrichtungen [59] und eine temporalisierte Version der Himmelsrichtung [154]. Solche qualitativen Kalküle sind NP-schwer [45].

22.3.2 Die Verhaltensbeobachtung: Experimentelle Methoden

Aus der Dritte-Person-Perspektive ist die menschliche Kognition ein *Blackbox-System*, d. h. In- und Output sind beobachtbar, die internen kognitiven Operationen jedoch nicht. Jedoch ist das Ziel der Kognitionsforschung, diese internen Prozesse auf den Marr'schen Ebenen zu verstehen und die interne Funktion zu *reverse-engineern*. Dazu werden (modellgetriebene) Hypothesen über die menschliche Kognition formuliert, die dann durch Verhaltensbeobachtungen gestützt werden müssen. Aus diesem Grund führen Kognitionsforscher Experimente (d. h. kontrollierte Beobachtungen) durch, um Hypothesen über die Funktionsweise menschlicher Kognition zu testen. Die Theoriebildung ist damit ein induktiver Prozess, der sich auf experimentelle Untersuchung stützt und diese gleichzeitig inspiriert. Zusätzliche Sensorik, wie beispielsweise Eyetracking oder Methoden der kognitiven Neurowissenschaft, wie fMRT oder EEG stellen zusätzliche Beobachtungen und Randbedingungen dar, die ein gutes kognitives Modell erfüllen muss. Ziel ist es, die der Kognition zugrunde liegenden Funktionen der Informationsverarbeitung rekonstruieren zu können. Dabei ist nicht nur die Verarbeitung der Funktion, sondern auch die zugrunde liegende „Datenstruktur" relevant. Die zugrunde liegenden Ressourcen, wie beispielsweise die Arbeitsgedächtniskapazität oder die Fähigkeit auf das Langzeitgedächtnis zurückzugreifen, hat einen Einfluss auf die Fähigkeit, die entsprechende kognitive Funktion zu realisieren oder eben nicht. Die Fähigkeit des Arbeitsgedächtnisses kann beispielsweise bei Versuchspersonen durch die Aufgabe, sich an beliebige sequenziell präsentierte Zahlenfolgen zu erinnern, getestet werden. Bereits 1956 zeigte der Psychologe Miller [123], dass beispielsweise die Merkkapazität von beliebigen Zahlen durchschnittlich bei fünf bis neun Zahlen liegt. Damit wird deutlich, dass im Allgemeinen komplexe mathematische Rechnungen im Kopf schwierig sind, wenn sie im Arbeitsgedächtnis das Halten von deutlich mehr als neun Zahlen erfordern. Dies gilt auch, wenn die mathematische Funktion an sich einfach ist, es also keine Beschränkung seitens der „Rechenvorschrift" gibt. Damit lässt sich rein experimentell die Ressourcenbeschränkung des kognitiven Systems aufzeigen. Sonderleistungen sind dabei beobachtet worden [173, Kapitel 11] und es existieren auch Merktechniken, um diese Ressourcenbeschränkung umgehen zu können. Das beschränkte System kann damit mittels Strategien effizient agieren.

Welche Prinzipien gelten nun für die Entwicklung von Experimenten? Vor dem Experiment steht die Hypothese, eine Fragestellung, die entweder mit „Ja" oder „Nein" beantwortet werden kann. Diese Hypothese ist, wie oben erwähnt, immer im Kontext kognitiver Theorien einzuordnen. In einem Experiment existieren *unabhängige Variablen*, welche im Rahmen des Experiments manipuliert werden, wie z.B. die Schwierigkeit der gestellten Aufgaben, und *abhängige Variablen*, die von den unabhängigen Variablen abhängen und analysiert werden. Dabei wird untersucht, welchen Einfluss die Veränderung der unabhängigen Variablen auf die abhängigen Variablen hat. So erhöht sich die abhängige Variable Reaktionszeit bei schwierigen Inferenzen.

In einem Experiment werden Versuchspersonen üblicherweise randomisiert bestimmten Versuchsbedingungen zugeteilt und die Veränderung zwischen Versuchspersonen gemessen (*inbetween-design*) oder mit der Leistung der gleichen Versuchsperson bei verschiedenen Bedingungen verglichen (*within-design*). Das Ziel solcher Bedingungen ist eine Reproduzierbarkeit des Experiments und die Generalisierbarkeit der getesteten Hypothesen sicherzustellen. Hierbei wird vorausgesetzt, dass eine entsprechend geringe Irrtumswahrscheinlichkeit vorliegt (diese kann unter 5 % oder unter 1 % oder unter 0,1 % liegen). Eine Einführung zu Experimentdesign und statistischer Auswertungsmethoden findet sich in [40].

Eine weitere Methode ist die Beobachtung neurophysiologischer Veränderungen, welche bei kognitiven Prozessen auftreten, z. B. durch fMRT oder EEG und Stimulation spezifischer Hirnbereiche, um solche kurzfristigen Veränderungen zu bewirken (z. B. TMS oder tDCS). Die *Elektroenzephalografie (EEG)* misst, mittels Elektroden, die nach einem festen System (z. B. dem internationalen 10-20-System) auf der Schädeloberfläche platziert werden, elektrische Spannungsschwankungen. Diese resultieren aus lokalen Spannungsschwankungen einzelner Hirnzellen, welche durch ihre Aktivität ausgelöst werden. Analog zu klassischen Experimenten werden auch hier durch einen Stimulus induzierte Spannungsschwankungen (ereigniskorrelierte Potenziale) untersucht. In der Analyse wurden so spezifische Extremwerte mit kognitiven Prozessen assoziiert. Beispielsweise ist ein solcher Extremwert die *N400*, die einen negativen Peak etwa 400 Millisekunden nach der Präsentation eines Stimulus zeigt. Die N400 wird als Indikator für semantische Prozesse interpretiert. So wird beispielsweie, wenn in einem Satz wie „Der Informatiker programmiert den Computer" das Wort „Computer" grammatikalisch korrekt, aber semantisch sinnlos durch „Socken" ersetzt wird: „Der Informatiker programmiert den Socken", die N400 aktiviert (oder verstärkt). Ein weiteres Beispiel ist das positive ereigniskorrelierte Potenzial *P600*, das etwa 600 Millisekunden nach grammatikalischen Fehlern auftritt und die Verarbeitung solcher Fehler widerspiegelt [17, 63, 22, 56]. Die Methode ist besonders geeignet, schnelle neuronale Prozesse im Millisekundenbereich zu erfassen, bietet jedoch eine begrenzte räumliche Auflösung.

Im Gegensatz dazu bietet die *funktionelle Magnetresonanztomografie (fMRT)* eine hohe räumliche Auflösung („Wo lässt sich ein Prozess im Gehirn lokalisieren?“), der jedoch eine geringere zeitliche Präzision gegenübersteht. Die Methode basiert auf dem *Blood-Oxygenated Level Dependency (BOLD)*-Effekt, der den Sauerstoffverbrauch aktiver Neuronen abbildet. Zeitlich verzögert steigt das Signal etwa 2 Sekunden nach Aktivität an, erreicht nach 4–6 Sekunden sein Maximum und fällt anschließend wieder ab. Dies erfordert eine aufwendige Auswertung, welche den Stimulus und die BOLD-Funktion assoziiert. Mittels dieser Methode konnte beispielsweise gezeigt werden, dass beim Menschen unterschiedliche Schlussfolgerungsprozesse auf spezialisierte neuronale Mechanismen zurückgreifen [142]: So ist beim Schlussfolgern über quantifizierte Aussagen (z. B. mit den Quantoren *Alle, Manche, Keine*) der *Gyrus frontalis inferior* aktiv, eine Region, die auch bei Sprachverarbeitungsprozessen eine Rolle spielt. Beim Schlussfolgern über konditionale Aussagen oder relationale Aussagen hingegen sind vor allem der *posterior-parietale Kortex* und der *mediofrontale Gyrus* involviert. In einer weiteren Analyse konnte gezeigt werden, dass bei fast allen Studien der *parietale Kortex* beim räumlich-relationalen Schlussfolgern aktiv ist. Im parietalen Kortex lässt sich so die Verarbeitung mentaler räumlicher Modelle lokalisieren.

Die *transkranielle Magnetstimulation (TMS)* ist eine Methode, die auf magnetischen Impulsen basiert und es ermöglicht, spezifische Hirnregionen zu stimulieren oder zu hemmen. Eine Variante, die repetitive TMS (rTMS), setzt mehrere kurze Impulse und ermöglicht so, kausale Zusammenhänge zwischen Hirnaktivität in bestimmten Regionen (z. B. im Motorkortex oder im PPC) und Verhalten zu untersuchen [14]. Damit können beispielsweise Annahmen über die Bedeutung der entsprechenden Regionen beispielsweise bei der Konstruktion mentaler Modelle die in Metaanalysen korrelativ gefunden wurden, experimentell zu überprüfen, indem beispielsweise bei der Konstruktion bestimmter Modelle bewusst gestört wird [153].

Die *transkranielle Gleichstromstimulation (tDCS)* moduliert die Erregbarkeit von Nervenzellen durch einen schwachen Gleichstrom. Dabei erhöht die Anode typischerweise die Erregbarkeit, während die Kathode diese reduziert. tDCS wird beispielsweise eingesetzt, um die Leistungsfähigkeit in kognitiven Aufgaben wie Gedächtnis und Problemlösung zu verbessern [132, 193, 39, 58].

22.3.3 Die algorithmische kognitive Modellierung

Das grundlegende Paradigma der Kognitionswissenschaft ist die Gleichsetzung geistiger Prozesse mit Prozessen der Informationsverarbeitung [178]. Aber wie kann man sich die „Architektur“ dieser Informationsverarbeitung, im Grunde die Architektur menschlicher Kognition, vorstellen? Die drei Marr’schen Ebenen (Abschnitt 22.1) spielen dabei zunehmend eine Rolle. Im Grunde gesehen ist die Methodik der kognitiven Modellierung ein Dreischritt: Zunächst werden bestimmte psychologische Phänomene bzw. Effekte identifiziert. Diese werden dann in einem zweiten Schritt durch ein kognitives Modell reproduziert und erklärt. In einem dritten Schritt kann dann eine empirische Überprüfung des kognitiven Modells stattfinden, indem neue, noch nicht empirisch belegte Vorhersagen des Modells experimentell überprüft werden. Im Folgenden werden verschiedene Modellierungsansätze betrachtet.

22.3.3.1 Kognitionspsychologische Ansätze

Das traditionsreichste Modell in der KI wie in der kognitiven Psychologie ist das der aufeinanderfolgenden Verarbeitungsstufen. Neisser [129] charakterisierte sie bissig als „processing, more processing, still more processing...“. Eine solche Kaskaden-Architektur ist nicht mit serieller (vs. paralleler) Verarbeitung zu verwechseln. Die frühen Stadien der Verarbeitung visueller Reize zeigen, dass eine kaskadierte Architektur sehr wohl mit hochparalleler Verarbeitung gekoppelt sein kann. Dieses Modell, das in seiner einflussreichsten Fassung [8] in strikter Analogie zu herkömmlichen Computerarchitekturen gestaltet wurde, dominierte die kognitionspsychologische Forschung bis in die 1980er-Jahre. Sein Hauptkennzeichen ist eine Art Central Process Unit (*CPU*), das Kurzzeitgedächtnis, dessen angenommene Kapazität von ungefähr sieben Einheiten (wobei jede Einheit ein bekanntes Konzept oder Faktum ist) recht gut empirischen Ergebnissen entspricht [123]. Eine Weiterentwicklung stellt das Strukturmodell des Arbeitsgedächtnisses von Baddeley [11, 12] dar.

Klassische Symbolverarbeitungsmodelle

Tatsächlich nahm Turing bei der Entwicklung der Turing-Maschine auch den Menschen zum Vorbild: „For the present I shall only say that the justification lies in the fact that the human memory is necessarily limited“ [188]. Grundsätzlich stellen alle Berechnungsmodelle der KI mögliche Architekturen für kognitive Modelle dar, welches vor allem auf der *physical symbol system hypothesis* basiert. Dem Überblick halber seien kurz erwähnt (vgl. nach [178]): *Produktionsregelsysteme* [4, 179, 106] ergänzen die direkte Kontrolle, die durch einen Interpreter realisiert wird, durch eine zentrale Datenstruktur, die verschiedene Module für kognitionsspezifische Aufgaben umfassen (z. B. ein „Arbeitsgedächtnis“). *Multiagentenmodelle* [84] dezentralisieren die Kommunikation, indem autonome Subsysteme (Agenten, *actors*) direkt Nachrichten austauschen; diesem Paradigma entspricht die Softwaretechnik des objektorientierten Programmierens. Hierher gehören auch quasikonnektionistische Modelle wie das von [114]. *Agenten-Architekturen* [180], insbesondere solche für soziale Agenten (z. B. INTERRAP [128]) oder auch Belief-Desire-Intention (BDI)-Agenten [156], welche neben Überzeugungen und wünschenswerten Zuständen auch Absichten haben können.

Kognitive Architekturen

In den letzten Jahren wurden mehr als 84 kognitive Architekturen vorgeschlagen (vgl. [105]). Eine Möglichkeit, den Begriff der *kognitiven Modellierung* zu fassen, ist ihn als Algorithmisierung psychologischer Theorien in einer kognitiven Architektur zu verstehen. Kognitive Modelle und Theorien lassen sich als *Kompetenztheorien* und *Performanztheorien* unterscheiden. Im ersteren Fall geht es darum, nachzuweisen, dass eine spezifische Leistung durch ein System generiert werden kann. Eine Performanztheorie zielt auf die Vorhersage menschlicher Performanzunterschiede bei unterschiedlichen Aufgaben ab. Ziel der kognitiven Modellierung ist es, neben der Identifikation von Widersprüchen in psychologischen Theorien, ein algorithmisches und zugleich psychologisch fundiertes Erklärungsmodell zu entwickeln, welches die präzise Reproduktion empirischer Ergebnisse (z. B. Reaktionszeiten oder Fehlerraten) gestattet. In neuster Zeit ermöglichen kognitive Architekturen auch die Vorhersage aufgabenspezifischer Gehirnaktivationen von fMRT-Untersuchungen wie beispielsweise ACT-R 7.0 oder 4-CAPS.

Alle kognitiven Architekturen gehen letztlich zurück auf das an der Carnegie Mellon University bereits in den 1960er-Jahren in der Gruppe um Newell und Simon entwickelte Programm General Problem Solver (GPS, ein Programm, das Mittel-Ziel-Analyse als Suchheuristik verwendet) und dessen Reimplementierung als Produktionsregelsystem [130]. Produktionsregelsysteme bestehen aus (i) einem Arbeitsgedächtnis, das als Input wie als Output für die in (ii) einem Langzeitgedächtnis gespeicherten Produktionsregeln dient. Produktionsregeln sind Wenn-dann-Regeln, deren Bedingungsteil mit dem aktuellen Inhalt des Arbeitsgedächtnisses verglichen wird. Bei Übereinstimmung kann die Regel ausgeführt werden („feuern") und so den Inhalt des Arbeitsgedächtnisses verändern. (iii) Ein Regelinterpreter sorgt für die Ausführung der Produktionsregeln und für Konfliktlösung, z. B. für den Fall, dass mehrere Regeln gleichzeitig feuern.

Die heute am weitesten verbreitete kognitive Architektur ist ACT-R 7.0[15] [5, 4, 6, 3]. Es handelt sich dabei um eine hybride Theorie menschlicher Kognition, da sie aus symbolischen und subsymbolischen Elementen besteht. Die Architektur umfasst eine Reihe von Grundannahmen, die es erlauben, kognitive Phänomene verschiedener Bereiche zu modellieren. Die einzelnen Elemente (sog. Module) sind dabei psychologisch fundiert und schränken zugleich mögliche kognitive Modelle sinnvoll ein. In seiner gegenwärtigen Form zeichnet sich diese Architektur dadurch aus, dass sie außer dem „prozeduralen Gedächtnis"(d. h. dem Regelspeicher) ein deklaratives Gedächtnis besitzt, nämlich ein konnektionistisches Netzwerk, dessen Knoten Konzepte sind, auf die per Aktivationsausbreitung zugegriffen werden kann. Die Architektur besteht aus Modulen für Wahrnehmung (z. B. *visual, aural*), Ziel- und Subzielrepräsentationen (*goal, imaginal*) und Schnittstellen (sog. Buffern), auf die die Produktionsregeln zugreifen können. Die Anwendungen dieses Modells reichen dabei von kognitionspsychologischen Modellen

15 http://act-r.psy.cmu.edu/

des Lernens und Gedächtnisses, des Problemlösens, der Wahrnehmung, der Aufmerksamkeitssteuerung bis hin zur Mensch-Computer-Interaktion (HCI). Die kognitive Modellierung hat sich ebenfalls mit der Fragestellung beschäftigt, wie sich die kognitiven Modelle zu Modellen von Multiagentensystemen erweitern lassen, welche Prinzipien dabei beachtet werden müssen und welche zusätzlichen Repräsentationen wie Motive, Verpflichtungen oder Normen in der kognitiven Modellierung relevant werden [180].

Ein grundsätzlicher Kritikpunkt an den gängigen „kognitiven Architekturen" ist, dass sie zu wenige Constraints aufweisen und teilweise Turing-äquivalent sind [3]. Das führte nach einer anfänglichen Euphorie zu der Einsicht, dass drastische Einschränkungen notwendig sind, um plausiblere und vielleicht kognitiv adäquate Modelle zu beschreiben. Eine der neuesten hybriden Architekturen ist Clarion[16] [179]. Dieses System hat analog zu ACT-R eine modulare Struktur, und alle Subsysteme basieren auf neuronalen Netzen – im Gegensatz zu ACT-R, wo dies nur für Aktivationen deklarativer Gedächtnisinformation gilt. Da neuronale Netze nicht einfach zu programmieren sind, sind die Beschränkungen in Clarion emergent. Eine Besonderheit stellt dabei dar, dass die kognitive Architektur Clarion sowohl zwischen implizitem und explizitem Wissen als auch zwischen impliziten und expliziten Motiven unterscheidet (Triebe vs. bewusste Ziele) [82]. Vertiefende Diskussionen finden sich in [108, 181].

Künstliche Neuronale Netze

Es gibt auch rein konnektionistische Ansätze der Modellierung menschlicher Kognition, die sich die neuronale Struktur als Vorbild nehmen, sog. Künstliche Neuronale Netze (KNN). Sie haben die menschliche neuronale Struktur und Lernfähigkeit als Vorbild. Trotzdem ist das formale Neuron eine drastische Reduktion der Funktion und Arbeitsweise der Hirnneuronen. Es wird nur die elektrische Erregungsleitung modelliert, es spielen also beispielsweise keine Neurotransmitter in Synapsen eine Rolle. Die KNN-Architekturen weisen von ihrer Struktur eine Regelmäßigkeit auf – im Gegensatz zu realem Nervengewebe, welches scheinbar chaotisch ist. Die meisten Vertreter des Konnektionismus (zuerst [170]) sehen KNN überwiegend als Berechnungsmodelle an und nicht als Modelle biologischer Realität. McCulloch und Pitts [120] konnten beispielhaft zeigen, dass sich logische und arithmetische Funktionen durch solche KNN berechnen lassen. Die hebbsche Lernregel [81] bildet dabei die Grundlage nahezu aller Lernverfahren und besagt vereinfacht, dass eine Verbindung zwischen zwei Neuronen verstärkt wird, wenn beide Neuronen aktiv sind. Anfänglich wurden KNN aus zwei Schichten von Knoten (*Perzeptron*) betrachtet. Allerdings hat ein Perzeptron aus informatischer Perspektive drastische Beschränkungen wie u. a. Minsky und Papert [124] systematisch gezeigt haben. So benötigen eine Vielzahl von Problemen Berechnungsmodelle, die nicht nur linear trennbare Muster unterscheiden, sondern auch die Möglichkeit, den booleschen Operator XOR zu berechnen. Diese Beschränkungen führten zur Entwicklung von

16 http://www.cogsci.rpi.edu/~rsun/clarion.html

Mehrschichtmodellen mit dem *Backpropagation*-Lernalgorithmus [119]. In den vergangenen Jahrzehnten ist es im Bereich des Maschinellen Lernens und der KI zu einem wahren Boom an verschiedenen Arten von Netzen gekommen. So demonstrieren insbesondere rekurrente Netze und unter diesen die im Deep Learning weit verbreiteten Long Short-Term Memory Netze [86] kognitive Leistungen wie die Fähigkeit, Handschrift zu erkennen oder Texte in eine andere Sprache zu übersetzen. Ein aktueller Überblick über die unterschiedlichen Varianten findet sich in [196]. Eine weitere Architektur ist das Neural Engineering Framework (NEF) [48], welches in der aktuellen Implementation NENGO[17] versucht, die Brücke zwischen neuronaler Modellierungsebene und höheren kognitiven Leistungen zu bauen.

Eine andere Art der Modellierung menschlicher kognitiver Leistungen sind bayessche Modelle, die keine spezifischen Annahmen über die Struktur des menschlichen Gedächtnisses oder seine neuronale Implementation besitzen; es sind rein mathematische Modelle.

Bayessche Modellierungen

Eine Vielzahl induktiver Probleme wie z. B. Modellierungen induktiven Lernens [184], kausale Inferenzen [175, 75, 76], Spracherwerb und Sprachverarbeitung [27, 195] und semantisches Gedächtnis [174] lassen sich durch bayessche Modelle erklären. Der Ausgangspunkt und die Grundidee bayesscher kognitiver Modelle ist die Frage, wie ein kognitiver Agent seine momentanen Annahmen im Lichte beobachteter Daten ggf. revidiert [74]. Die Wahrscheinlichkeit, dass eine gegebene Datenmenge d durch eine zunächst vorläufige Hypothese h erklärt wird (also $p(h \mid d)$), lässt sich durch die bayessche Formel durch die Wahrscheinlichkeit für $p(h)$ und der Wahrscheinlichkeit, die Daten d zu beobachten, falls die Hypothese h wahr ist (also $p(d \mid h)$), berechnen. Vertreter bayesscher Ansätze weisen darauf hin, dass aus der „Behauptung, dass der menschliche Geist nach bayesschen Prinzipien lernt und schlussfolgert, nicht die Behauptung folgt, dass der menschliche Geist bayessche Inferenzen implementiert" [185]. Bayessche Modelle setzen dabei oftmals Heuristiken und Hintergrundwissen voraus, z. B. für menschliches syllogistisches Schlussfolgern [136].

Bayessche Modelle stellen im Gegensatz zu den oben präsentierten symbolischen und hybriden Modellierungen keine eigentlichen kognitiven Prozessmodelle dar [4, 93]. Beispielsweise spielen kognitive Beschränkungen des Arbeitsgedächtnisses (*cognitive bottlenecks*) keine Rolle, wie Anderson bemerkt, einer der Begründer der „rationalen Analyse", [4]. [74] weisen darauf hin, dass „eine Vielzahl bekannter konnektionistischer Algorithmen eine bayessche Interpretationen" haben und so könnten diese als ein erster Ansatz für eine neuronale Modellierung bayesscher Ansätze dienen. Dennoch bleiben diese Fragen nach einem Prozessmodell nach wie vor offen.

---

17 Die aktuelle Software und verschiedene Modelle können unter http://www.nengo.ca heruntergeladen werden.

Kausale Bayes-Netze erlauben die Repräsentation struktureller Aspekte zwischen Zufallsvariablen [139, 140]. Die kausale Struktur, also die Abhängigkeiten der Zufallsvariablen, wird dabei durch einen azyklischen gerichteten Graphen repräsentiert. Dabei repräsentieren die gerichteten Graphen den Zusammenhang zwischen Ursache und Effekten. Solche kausalen Bayes-Netze haben nicht nur eine rein probabilistische Beziehung zwischen den Variablen, sondern durch die kausale Struktur auch eine klare Vorhersagekraft, die dann durch empirische Daten überprüft werden kann [78]. Die Stärke dieses Ansatzes liegt insbesondere darin, eine Modellierung auf der Berechnungsebene darzustellen und doch robust genug gegenüber verrauschten Daten zu sein. Damit lassen sich bayessche Modelle in die Kategorie der hybriden Ansätze, wie beispielsweise die kognitive Architektur ACT-R, einreihen.

Neuere Ansätze umfassen auch Methoden der Wissensrepräsentation, wie beispielsweise mehrwertige nicht klassische Logiken wie die Kripke-Kleene-Semantik [172]. Prinzipiell sind KI-Ansätze, wie oben diskutiert, immer eine Möglichkeit, wie Wissen beim Menschen kognitiv oder funktional repräsentiert sein könnte. Außerdem wurden beispielsweise in der Denkpsychologie oft Experimente entwickelt, welche eine normative Theorie korrekter Schlussfolgerung zugrunde legen (z. B. für syllogistisches Schließen, siehe [99]). Die Aufgabe der Kognitionsforschung besteht nun darin, eine deskriptive Theorie zu entwickeln, welche das menschliche Denken beschreibt. Dabei sind normative Theorien ein erster Ausgangspunkt. Viele der kognitiven Theorien menschlichen Schlussfolgerns über Syllogismen sind beispielsweise von logischen Ansätzen abgeleitet [99].

Kognitive Modellierung ist also sehr vielschichtig. Sie kann dabei rein *symbolisch*, *konnektionistisch* oder *hybrid* sein und dabei eine oder mehrere Marr'sche Ebenen umfassen. Sie kann spezifische Annahmen über die Struktur des Arbeitsgedächtnisses integrieren, individuelles Verhalten oder wahrscheinlichkeitsbasiert das Verhalten einer Gruppe vorhersagen. Die verschiedenen Ansätze spiegeln dabei verschiedene Bereiche menschlicher Kognition wider und bieten gegenüber rein konzeptuellen Theorien auch die Möglichkeit der empirischen Falsifizierbarkeit.

22.3.3.2 Testcase: Menschliche Informationsverarbeitung

Menschliche Informationsverarbeitung erfordert den Erwerb und die Verfügbarkeit von Informationen und das inferieren von Informationen.

Lernen, Abruf und Halten von Informationen

Nahezu alle kognitiven Architekturen verfügen über Lernmechanismen. So lässt sich beispielsweise bei ACT-R *prozeduralisiertes Lernen* von *deklarativem Lernen* unterscheiden. Kognitive Architekturen wie beispielsweise ACT-R nutzen verschiedene Mechanismen, wie Lernen in Produktionsregeln realisiert werden kann. Einerseits lassen sich in ACT-R Produktionsregeln kombinieren (durch *production rule compilation*), auf der anderen Seite kann die Nützlichkeit (*utility*) von Produktionsregeln durch ihre Anwendung dynamisch gelernt werden. Ein besonderer Fokus liegt dabei auf der Untersuchung von Erinnern und Vergessen, welche eine mögliche Performanzmessung abbildet. Die mathematische Psychologie (z. B. [110]) und die kognitive Modellierung (z. B. [4]) haben eine Vielzahl an Gedächtnismodellen insbesondere mit einer Aktivationsfunktion entwickelt und getestet [111]. Vergessen lässt sich: (i) zielgerichtet durch Abrufhemmung beschreiben [19], als (ii) autonomer Prozess über die Zeit (*decay*) [4], als (iii) vom Reiz abhängig [134]. Alle psychologischen Theorien, die in einer mathematischen Form vorliegen, bestimmen dabei nicht nur, *wann* es einen erfolgreichen Gedächtnisabruf gibt (und, am Beispiel der kognitiven Architektur ACT-R, wie lange dieser beispielsweise dauert), sondern auch *wann* eine entsprechende Information nicht mehr abgerufen werden kann, das bedeutet, *wann* das „Vergessen" einsetzt. Dabei sind zwei zeitliche Elemente von großer Wichtigkeit: Einerseits, die *Recency*, d. h. wann eine entsprechende Wissenseinheit das letzte Mal abgerufen wurde und andererseits die *Frequency*, d. h. wie häufig die Wissenseinheit in der Vergangenheit abgerufen wurde [85]. Basierend auf diesen Werten wurden mathematische Funktionen entwickelt, die im Fall der kognitiven Architektur ACT-R [4] mittels einer Schwellenwerttheorie vorhersagen, wann die Information noch abgerufen wird und wie sich der Abruf der Information und ihr Aktivationswert ändert (Abschnitt Abbildung 22.3). Die Modellierung von Gedächtnis in kognitiven Architekturen, wie z. B. in ACT-R, weisen den Informationseinheiten einen Aktivationswert zu. Die Aktivation wird aus den drei Elementen *Base-Level Activati-*

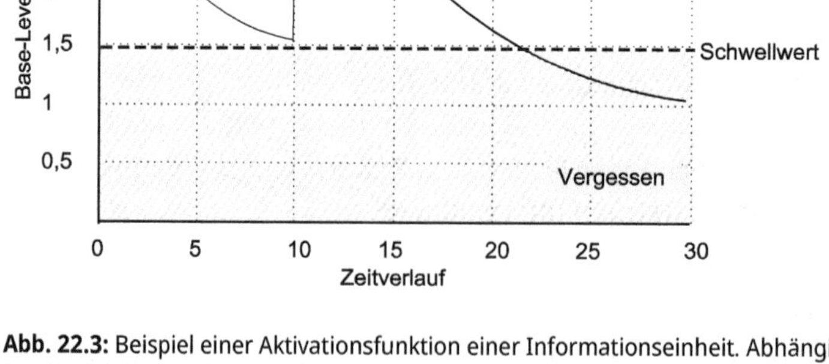

Abb. 22.3: Beispiel einer Aktivationsfunktion einer Informationseinheit. Abhängig von der Aktivation (y-Achse) können Informationen, die größer als ein Schwellwert (in diesem Beispiel von 1,5) sind, abgerufen werden. Fällt die Aktivation unter den Schwellwert, kann die Information zu diesem Zeitpunkt nicht mehr abgerufen werden. Durch weitere Mechanismen, wie beispielsweise Spreading Activation, kann ein Abruf dennoch erfolgreich sein.

on, Partial-Matching Value und der *Spreading Activation* berechnet [3]. Die *Base-Level Activation* gibt den Wert an, den eine Informationseinheit nur abhängig von der Frequenz des Abrufs und der verstrichenen Zeit seit dem letzten Abruf hat. Der *Partial-Matching Value* reduziert bei zum Abruf-Item ähnlichen, jedoch nicht exakt passenden Informationen, die Activation [182, S. 34]. Die *Spreading Activation* erleichtert wiederum den Abruf ähnlicher Informationen, die bereits abgerufen wurden. Diese drei Aspekte können eine Vielzahl an menschlichen Gedächtnisprozessen modellieren [4]. Einige Arbeiten untersuchen und vergleichen bis zu 144 Arbeitsgedächtnismodelle ([110, S. 39]). Alle Ansätze benutzen dabei globale Schwellwerte (vgl. ACT-R), und eine interindividuelle Varianz wird durch Rauschen (*noise*) abgebildet [5]. Dieser Aspekt ist in den letzten Jahren stärker in den Fokus der Diskussion gerückt [97].

Inferenzmechanismen menschlicher Kognition

Sicherlich ist die Art und Weise, wie Menschen Informationen verarbeiten, Probleme lösen und mit Wissen umgehen ein besonders interessanter Blickwinkel aus KI-Perspektive – insbesondere für adaptive Informations- und Assistenzsysteme. Obwohl menschliches Denken vielfältig ist, wurde in der Forschung vor allem das „Schlussfolgern“ [16] untersucht. Die Fähigkeit, aus vorhandenem Wissen durch Schlussfolgerungen neue Einsichten zu gewinnen, gehört zu den grundlegendsten kognitiven Fähigkeiten des Menschen und ist ein zentraler Gegenstand der aktuellen psychologischen Forschung. Menschliches Denken ist facettenreicher und unterscheidet sich teilweise deutlich von einer einfachen Realisierung der Gesetze klassischer Logik. Beispielsweise spielt der Kontext einer Aufgabe eine wesentliche Rolle. Da häufig der Problemraum zu groß ist, um vollständig im Arbeitgedächtnis repräsentiert zu werden, benutzen Menschen oftmals Heuristiken. *Heuristiken* sind Strategien, die eine vollständige Problemrepräsentation und -manipulation nicht erfordern und damit das Auffinden einer Lösung erleichtern oder beschleunigen können. Diesen möglichen und aufgabenabhängigen Vorteilen steht ein Nachteil gegenüber: Manchmal wird, trotz Existenz einer Lösung, keine oder nur eine suboptimale gefunden.

Beispiele für deduktives Schlussfolgern

Deduktives Schließen wird klassischerweise in drei Gebiete eingeteilt: In syllogistisches Schließen (Schlussfolgern über quantifizierte Aussagen), konditionales Schließen (konditionale Aussagen haben die Form wenn ... dann) und relationales Schließen. Zunächst ein Beispiel für syllogistisches Schließen:

Alle Astronauten sind Biertrinker. Manche Biertrinker sind Choleriker.

Welche Schlussfolgerung kann aus dieser syllogistischen Aufgabe gezogen werden? Die logische Antwort ist, dass nichts folgt, denn es existiert für jeden möglichen Quantor ein Gegenbeispiel. Dennoch ist die häufigste Antwort von Versuchspersonen, dass „manche

Astronauten Choleriker" sind [23, 136]. Das bedeutet, dass die interne mentale Repräsentation von einem logischen Kalkül verschieden ist. Auch hier wird deutlich, dass bestimmte Konklusionen (bewusst oder unbewusst) präferiert werden. Dieser Aspekt wird später nochmals aufgegriffen werden. Betrachten wir jetzt ein Beispiel für konditionales Schließen:

Wenn ich lerne, dann bestehe ich die Prüfung.

Ein Konditional besteht aus einem Bedingungsteil (*Antezedenz*) „ich lerne" und einer Konsequenz „ich bestehe die Prüfung". Ist nun eine Bedingung gegeben, dann kann ich die Schlussfolgerung (die Konsequenz) ziehen. Diese Schlussfigur heißt Modus Ponens. Die dritte Hauptkategorie ist das sog. relationale Schließen:

(D)	Der Ferrari parkt links vom VW.	(I)	Der Ferrari parkt links vom VW.
	Der VW parkt links vom Audi.		Der VW parkt links vom Audi.
	Der Audi parkt links vom BMW.		Der VW parkt links vom BMW.
	Der BMW parkt links vom Opel.		Der BMW parkt links vom Opel.

Dabei ist das linke Problem (D) ein sog. determiniertes Problem, d. h. es gibt genau eine mögliche Anordnung der Autos. Das rechte Problem (I) ist ein sog. indeterminiertes Problem ist, d. h. es sind mehrere Anordnungen möglich. Im Gegensatz zu den klassischen informatischen Verfahren sind menschliche Schlussfolgerungen nicht immer korrekt. Auch ist die Frage offen, ob die Mechanismen vollständig sind, d. h. ob alles, was ableitbar ist, sich mittels der entsprechenden Methoden ableiten lässt. Kognitive Theorien menschlichen Schlussfolgerns lassen sich in die folgenden vier Hauptbereiche einteilen:

1. *Regelbasierte Theorien.* Diese Theorien werden Theorien mentaler Logik genannt. Sie stellen syntaktische Verfahren in den Vordergrund, d. h. es werden Inferenzregeln auf die Menge von Aussagen angewandt [20, 162]. Beispielsweise wird auf das obige Beispiel die Regel Modus Ponens angewandt ($A \rightarrow B$ und A gegeben, dann gilt B). Der Modus Tollens ($A \rightarrow B$ und $\neg B$ gegeben, dann gilt $\neg A$) ist schwieriger für uns, weil dafür eigentlich ein mentaler Beweis notwendig ist. Für die relationale Aufgabe (D) werden Transitivitätsregeln angewandt.
2. *Modellbasierte Theorien.* Diese Theorien werden als ein semantisches Verfahren klassifiziert. Die bekannteste Theorie dazu ist die Theorie mentaler Modelle [90, 91]. Gemäß dieser Theorie konstruieren wir sog. mentale Modelle für eine gegebene Menge von Aussagen. Betrachten wir das Beispiel für relationales Schließen oben: Nach dieser Theorie konstruieren wir ein mentales Modell, welches einer räumlichen Anordnung entspricht:

   Ferrari VW Audi BMW Opel

   Falls mehrere Modelle konsistent mit den Prämissen sind, dann sind diese Aufgaben schwerer. Dieser Effekt wird als *Indeterminiertheitseffekt* bezeichnet (vgl. Aufgabe

(I) im Gegensatz zu (D)) und durch die zusätzliche Zahl an konstruierbaren Modellen erklärt. Menschen präferieren dabei bestimmte Modelle [158]. In diese Kategorie fallen Ansätze von Stenning und Lambalgen [172], welche neben den klassischen Wahrheitswerten *wahr* und *falsch* noch ein *unbekannt* hinzunehmen. Sie benutzten Logiken mit drei Wahrheitswerten, um beispielsweise die Suppressionsaufgabe zu beschreiben.

3. *Probabilistische Theorien.* Diese Theorie geht davon aus, dass unsere Denkprozesse sich durch die bayessche Regel beschreiben lassen. Dabei wird für syllogistisches Schließen die Formel durch zusätzliche Heuristiken wie die Informativitätsheuristik ergänzt [136]. Diese Heuristiken wurden mittels Metastudien identifiziert [135]. Offen ist die Frage nach der Kenntnis von Basiswahrscheinlichkeiten für Ereignisse (insbesondere für singuläre Ereignisse). Außerdem existiert noch keine wahrscheinlichkeitsbasierte Theorie für relationales Schließen (Aufgaben (D) und (I)). Auch ist die Erklärbarkeit auf syllogistischem und konditionalen Schlussfolgern in der Diskussion [46, 47].

Ein Kritikpunkt an der mentalen Modelltheorie ist, dass vorwiegend absolute Aussagen („A *ist* B“) repräsentiert werden und keine Wahrscheinlichkeiten („*wahrscheinlich ist* A ein B“). Allerdings gibt es Ansätze, die Modelltheorie um wahrscheinlichkeitsbasierte Ansätze zu erweitern [92]. Zusätzlich existieren einige *domänenspezifische Theorien* [50]. Gemäß Vertretern sog. *dualer Theorien* [94] ist unser Denken nicht monolithisch. Vielmehr lässt sich menschliches Schlussfolgern in mindestens zwei Phasen einteilen. In der ersten Phase, die manchmal als System I bezeichnet wird, schlussfolgern wir schnell und heuristisch (*fast and frugal* [72]). In einer anschließenden Phase, die nicht immer eintreten muss, schlussfolgern wir dann analytisch und korrekt. Die mentale Modelltheorie kann zu einer solchen dualen Theorie gerechnet werden (das System 1 besteht in der Konstruktion eines initialen mentalen Modells vs. einem System 2, in dem alternative Modelle generiert werden, d. h. die Modellvariationsphase).

Eine Vielzahl aktueller Studien zeigt, dass dreiwertige Logiken gute Modellierungseigenschaften besitzen und von räumlichem Schließen [121], konditionalem Schlussfolgern [38], bis zu syllogistischem Schlussfolgern [32] eine exzellente Performanz aufweisen. Analog konnten mittels der Weak Completion Semantic auch die Antwortmuster von Einzelpersonen modelliert werden [21]. Ein Vorteil der Weak Completion Semantic ist, dass diese für verschiedene Domänen gilt. Zwar unterscheiden sich die Logikprogramme, aber die Methode ist gleich.

Bei der Suppression Task konnte gezeigt werden, dass die durch die Weak Completion Semantic induzierte Nichtmonotonizität Eigenschaften aufweist, welche beispielsweise Reiters Default-Logik oder System P beweisbar nicht haben [151]. Es lässt sich zeigen, dass die Interpretationen in zweiwertigen Logiken nicht ausreichen, um alle Antwortmuster von Versuchspersonen in der Wason Selection Task zu modellieren [150]. Die angeführten Beispiele zeigen, dass sich die „menschliche Logik“ doch in wesentlichen Punkten von klassischer formaler Logik unterscheidet. Logikbasierte Modellierung setzt eine explizite Repräsentation des Wissens („beliefs“) voraus und eine klar spezifizierte Syntax und Semantik. Darüber hinaus muss Hintergrundwissen ebenfalls explizit vorliegen. So lässt sich zeigen, dass die Suppression Task in verschiedenen Logiken durch Ergänzung der Wissensbasis modellieren lässt [152]. Es ist eine zentrale Frage, wie sich jeweils relevantes Hintergrundwissen modellieren lässt. Ein weiterer Bereich, in dem sich menschliche Ansätze von formalen Ansätzen unterscheiden, ist das Problemlösen.

Prozessmodelle menschlicher Entscheidungsfindung

Ein klassisches Modell für Entscheidungsfindung und kognitive Kontrolle ist das Supervisory Attentional System (SAS-Modell) [133]. Der Ausgangspunkt des Modells basiert im Wesentlichen darauf, dass Menschen im Entscheidungsprozess über Schemata und Aufmerksamkeit verfügen. Schemata [104, vgl. S. 364] sind Teil der menschlichen Wissensverarbeitung, und ihre Aufgabe ist die überwiegend automatische Einordnung und Verknüpfung neuer Informationen in eine bestehende Verständnisstruktur. Das bedeutet, dass durch ein Schema Verständnis erzeugt wird und überflüssige Informationen ggf. ausgeblendet werden. Schemata können durch einen Stimulus situativ aktiviert werden. Falls mehr als ein Schema aktiviert ist, kann sich ein Schema gegen konkurrierende Schemata durchsetzen. Liegen mehrere durch einen Stimulus getriggerte Schemata vor und ist die Entscheidungsdomäne wichtig, dann selektiert das übergeordnete Aufmerksamkeitssystem das Schema, welches zur Ausführung kommt. Dieser Prozess läuft unbewusst ab. Aufgabenspezifisch, insbesondere bei neuen oder gefährlichen Prozessen oder bei Planungsprozessen, kann es zu einer Neuausrichtung der Aufmerksamkeit kommen. Die Selektion von Schemata wird durch das *Contention Scheduling* kontrolliert. Insbesondere in Konfliktsituationen kann die Existenz mehrerer Schemata auch Variationen im menschlichen Verhalten erklären. Das SAS-Modell kann zur Erklärung einer Vielzahl an Befunden dienen, z. B. von Schädigungen am präfrontalen Kortex und exekutiven Störungen [43]. Es existieren eine Vielzahl an weiteren zum Teil davon inspirierten Modellen [77, 88, 29].

22.3.4 Evaluationskriterien kognitiver Modelle

Zusammengefasst lässt sich die Güte eines kognitiven Modells durch vier Kriterien bestimmen [110, 146]: Der erste Punkt ist die *weitgehende Unabhängigkeit der Modellierungsprinzipien des kognitiven Modells von experimentellen Daten*. Ein Modell ist nie nur eine Post-hoc-Erklärung experimenteller Daten, sondern besitzt allgemeine Strategien, aus denen heraus die experimentellen Daten (z. B. Reaktionszeiten und gegebene Antworten) generiert werden können. Der zweite Punkt ist die *Anzahl erklärbarer Phänomene bzw. relevanter Effekte*. Dieser Abdeckungsgrad kann weiter spezifiziert werden in Produkt-, Zeit-, und Zwischenschritt- und Fehlerkorrespondenz (Anzahl und Art) und einer Kontextabhängigkeit und einer Veränderung (einer Lernfähigkeit) des Modells analog zu der eines Menschen. Das bedeutet, dass das gleiche Ergebnis generiert wird, dies in ähnlicher Zeit geschieht und sich die Zwischenschritte entsprechen und von gleichen Faktoren abhängen [168]. Der dritte Punkt ist die *Verallgemeinerungsfähigkeit des Berechnungsmodells*. Das meint insbesondere die Frage, ob sich neue und bisher ungetestete Vorhersagen bezüglich bestimmter Phänomene machen lassen. Der vierte Punkt ist die *Berücksichtigung inter-individueller Differenzen*. Ein Beispiel dafür ist die unterschiedliche Arbeitsgedächtnisgröße, spezifische Strategien und individuelle Antwortmuster.

Ein Vergleich kognitiver Theorien auf der Ebene von aggregierten Daten zeigt beispielsweise beim syllogistischen Schließen eine gute Performanz von über 80 % (vgl. die mentale Modelltheorie [99] oder die Weak Completion Semantics [32]). Ebenfalls zeigt sich, dass viele kognitive Theorien eine gute Prädiktionsleistung bei validen Aufgaben haben, also bei Aufgaben, die eine logische Konklusion zulassen, aber bei logisch invaliden Aufgaben eine schwache Vorhersagekraft besitzen. Durch das Hinzufügen einzelner Heuristiken lässt sich dies deutlich verbessern [161, 149]. Diese Performanz kognitiver Modelle reduziert sich allerdings auf die Hälfte, wenn es darum geht, die Inferenz eines Individuums vorherzusagen (vgl. Abbildung 22.4). Dieses Kriterium, die Güte eines Modells daran zu messen, inwieweit es in der Lage ist, bei einer gegebenen Beobachtungshistorie (z. B. bei 40 Syllogismen) die Inferenzen für die nächsten vorherzusagen, ist eines der fairsten Vergleichsmethoden von Modellen. Dies wurde in einem Framework CCOBRA[18] realisiert. Der Vorteil dieser Evaluierungsmöglichkeit ist, dass auch Modelle des maschinellen Lernen zur Vorhersage und zur Identifikation von upper-bounds eingesetzt werden können [160].

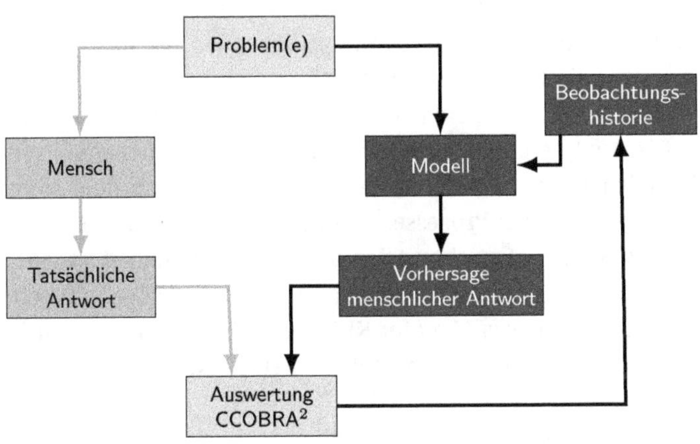

Abb. 22.4: Die Evaluierung kognitiver Modellen basierend auf deren Prädiktivität.

18 https://github.com/CognitiveComputationLab/ccobra

22.4 Ausblick

Der jüngste Boom der KI scheint die Überlegenheit künstlicher Systeme eindrucksvoll zu demonstrieren. Und es ist wahr, dass sie die menschlichen Fähigkeiten auf vielen Ebenen bei Weitem übertroffen haben: Sie haben uns beim Schach und Go geschlagen, können prinzipiell Autos navigieren und fahren, komplexe Maschinen handhaben, Aktionspläne berechnen, komplexe Muster identifizieren und große Datenmengen verarbeiten. So scheint es auf den ersten Blick, dass die KI nichts mehr vom menschlichen Verstand lernen könnte. Dies ist jedoch ein zweifaches Missverständnis: Der erste Punkt ist, dass gängige Algorithmen des Maschinellen Lernens mehrere Probleme aufweisen [115]: Es fehlt teilweise die Transparenz der Algorithmen, die Transferierbarkeit auf andere Domänen, oder das echte Verständnis der Konzepte, darüber hinaus sind Grundannahmen wie die einer stabilen Welt oder die fehlende Trennbarkeit zwischen Korrelation und Kausalität problematisch. Solche Ansätze können dabei vom Menschen profitieren: Menschen versuchen ihr Verhalten zu erklären, wenden Ansätze auf andere Domänen an und können ein konzeptuelles Denken und die Untersuchung von Grundannahmen demonstrieren. In diesem Sinne kann die Untersuchung der Kognition auch zu einer Verbesserung von Ansätzen im Bereich Maschinellen Lernens und der KI führen. Der zweite Punkt ist, dass die KI (immer mehr) mit Menschen interagieren wird, und so wie sich Menschen (und manche Tierarten), durch eine Theory of Mind auf andere Menschen einstellen können, so ist es besser, wenn sich die Maschine auf den Menschen adaptieren kann. Diese Grundkompetenz intelligenter Lebensformen haben wir in künstlichen Systemen noch nicht erreicht. Der menschliche Verstand macht logische Fehler und entwickelt dennoch mathematische Formalismen. Er kann problemlos zwischen verschiedenen Domänen wechseln, Analogien ziehen, Heuristiken generieren, zeigt Common Sense und entwickelt immer noch die KI- und ML-Systeme. Der menschliche Geist ist nicht einfach ein „beschränktes formales System“, er zeigt viele Besonderheiten, die systematisch von Eigenschaften formaler Ansätze abweichen. Ausgehend von den zentralen Punkten, die oben aufgeführt wurden, gibt es nach wie vor einige Challenges: (i) Die Analyse und Algorithmisierung menschlicher intelligenter Leistung und einen Vergleich mit formalen Ansätzen. (ii) Die Entwicklung kognitiver Modelle, welche die Vorhersage kognitiver Prozesse, insbesondere der menschlichen Informationsverarbeitung, individueller Menschen erlauben. Dafür sind neue Methoden notwendig, welche dynamische maßgeschneiderte kognitive Modelle möglich macht. (iii) Die Entwicklung einer echten *Theory of Mind* für KI-Systeme. Weitere Herausforderungen bei der Konsktruktion von Maschinen, die wie Menschen denken können, finden sich in [107].

Das Abenteuer, die menschliche Kognition und die Arbeitsweise des Gehirns zu verstehen, hat erst begonnen. Dennoch wird offensichtlich, dass es sich um ein interdisziplinäres Feld handelt, das von der Philosophie, über die KI, die experimentelle Psychologie, die kognitive Modellierung bis hin zu neurowissenschaftlichen Methoden alles einsetzt, um die menschliche Informationsverarbeitung zu verstehen. Es geht aber nicht nur um ein abstraktes, theoretisches Verständnis. Es geht darum, informatische Methoden zu entwickeln, welche die besonderen „Features“ wie Erklärbarkeit, Nichtmonotonie und Generalisierbarkeit auf verschiedene Domänen entwickeln. Diese Eigenschaften werden von existierenden Ansätzen der Künstlichen Intelligenz und des Maschinellen Lernens noch nicht demonstriert.

22.5 Schlussbetrachtungen

Danksagung: Der Autor möchte sich bei Martin Butz (Universität Tübingen), Markus Knauff (Justus-Liebig-Universität Gießen), Ute Schmid (Universität Bamberg), Clemens Schiebel (Universität Freiburg), Dominik Bär (Universität Erlangen) für viele, sehr hilfreiche Anmerkungen und Hinweise herzlich bedanken. Für vielfältige Informationen, Diskussionen, Anregungen und Hinweise im Bereich Argumentationssysteme gilt auch mein besonderer Dank Marcos Cramer (Technische Universität Dresden). Ebenfalls möchte ich mich bei der DFG für die Heisenberg-Förderung und der Förderung in den Projekten RA 1934/4-1, 1934/10-1 und 1934/14-1 bedanken.

Literaturverzeichnis

[1] S. Adams, I. Arel, J. Bach, R. Coop, R. Furlan, B. Goertzel, J. S. Hall, A. Samsonovich, M. Scheutz, M. Schlesinger, et al. Mapping the landscape of human-level artificial general intelligence. *AI Magazine*, 33(1):25–42, 2012.

[2] J. F. Allen. Maintaining knowledge about temporal intervals. *Communications of the ACM*, 26(11):832–843, 1983.

[3] J. R. Anderson. *The Architecture of Cognition*, 1983.

[4] J. R. Anderson. *How Can the Human Mind Occur in the Physical Universe?* Oxford University Press, New York, 2007.

[5] J. R. Anderson, D. Bothell, M. D. Byrne, S. Douglass, C. Lebiere, and Y. Qin. An integrated theory of the mind. *Psychological Review*, 111(4):1036–1060, 2004.

[6] J. R. Anderson and C. Lebiere. *The Atomic Components of Thought*. Erlbaum, Hillsdale, NJ, 1998.

[7] D. D. Ariely. *Predictably Irrational, Revised: The Hidden Forces That Shape Our Decisions*. Harper, New York, NY, revised and updated edition, May 2010.

[8] R. C. Atkinson and R. M. Shiffrin. Human memory: A proposed system and its control processes. In O. Spence and O. Spence, editors, *Advances in the Psychology of Learning and Motivation*, volume 2, pages 89–195. Academic Press, New York, 1968.

[9] B. J. Baars. The conscious access hypothesis: Origins and recent evidence. *Trends in Cognitive Sciences*, 6(1):47–52, January 2002.

[10] B. J. Baars and S. Franklin. An architectural model of conscious and unconscious brain functions: Global workspace theory and IDA. *Neural Networks*, 20(9):955–961, November 2007.

[11] A. D. Baddeley. *Working Memory*. Oxford University Press, Oxford, 1986.

[12] A. D. Baddeley. Fractioning the central executive. In D. T. Stuss and R. T. Knight, editors, *Principles of Frontal Lobe Function*, pages 246–260. Oxford University Press, New York, 2002.

[13] A. D. Baddeley. Is working memory still working? *European Psychologist*, 7(2):85–97, 2002.

[14] A. T. Barker, R. Jalinous, and I. L. Freeston. Non-invasive magnetic stimulation of human cortex. *The Lancet*, 325(8437):1106–1107, May 1985.
[15] A. Beckermann. *Analytische Einführung in die Philosophie des Geistes*. Walter de Gruyter, 2008.
[16] S. Beller and H. Spada. Denken. In G. Strube, editor, *Wörterbuch der Kognitionswissenschaft*. Klett-Cotta-Verlag, 2001.
[17] N. Birbaumer and R. F. Schmidt. *Biologische Psychologie*. Springer-Lehrbuch. Springer-Verlag, Berlin Heidelberg, 7th edition, 2010.
[18] S. Biundo and A. Wendemuth, editors. In *Companion Technology: A Paradigm Shift in Human-Technology Interaction. Cognitive Technologies*. Springer International Publishing, 2017.
[19] E. L. Bjork, R. A. Bjork, and M. C. Anderson. Varieties of goal-directed forgetting. In *Intentional Forgetting: Interdisciplinary Approaches*, pages 103–137, 1998.
[20] M. D. S. Braine and D. P. O'Brien. *Mental Logic*. Erlbaum, Mahwah, NJ, 1998.
[21] C. Breu, A. Ind, J. Mertesdorf, and M. Ragni. The weak completion semantics can model inferences of individual human reasoners. In *Logics in Artificial Intelligence - 16th European Conference, JELIA 2019, Rende, Italy, May 7-11, 2019, Proceedings*, pages 498–508, 2019.
[22] H. Brouwer and J. C. J. Hoeks. A time and place for language comprehension: Mapping the N400 and the P600 to a minimal cortical network. *Frontiers in Human Neuroscience*, 7, 2013.
[23] M. Bucciarelli and P. N. Johnson-Laird. Strategies in syllogistic reasoning. *Cognitive Science: A Multidisciplinary Journal*, 23(3):247–303, 1999.
[24] R. M. J. Byrne. Suppressing valid inferences with conditionals. *Cognition*, 31:61–83, 1989.
[25] D. J. Chalmers. Does a rock implement every finite-state automaton? *Synthese*, 108(3):309–333, September 1996.
[26] V. Chambon, D. Wenke, S. M. Fleming, W. Prinz, and P. Haggard. An online neural substrate for sense of agency. *Cerebral Cortex*, 23(5):1031–1037, May 2013.
[27] N. Chater and C. D. Manning. Probabilistic models of language processing and acquisition. *Trends in Cognitive Sciences*, 10:335–344, 2006.
[28] Y. Chu and J. N. MacGregor. Human performance on insight problem solving: A review. *The Journal of Problem Solving*, 3(2):119–149, 2011.
[29] J. D. Cohen and T. S. Braver. A computational approach to prefrontal cortex, cognitive control and schizophrenia: Recent developments and current challenges. *Philosophical Transactions - Royal Society*, 13, 1996.
[30] A. G. Cohn. Qualitative spatial representation and reasoning techniques. In *KI*, pages 1–30, 1997.
[31] L. Cosmides and J. Tooby. Cognitive adaptations for social exchange. In J. H. Barkow, L. Cosmides and J. Tooby, editors, *The Adapted Mind: Evolutionary Psychology and the Generation of Culture*, pages 163–228. Oxford, 1993.
[32] A. Costa, E.-A. Dietz, S. Hölldobler, and M. Ragni. Syllogistic reasoning under the weak completion semantics. In U. Furbach, S. Hoelldobler, M. Ragni and N. Shankar, editors, *Bridging the Gap between Human and Automated Reasoning*, pages 5–19. Bridging@ IJCAI, CEUR, 2016.
[33] M. Cramer and M. Guillaume. Empirical cognitive study on abstract argumentation semantics. *Frontiers in Artificial Intelligence and Applications*, 2018.
[34] P. Croskerry and G. Norman. Overconfidence in clinical decision making. *The American Journal of Medicine*, 121(5):S24–S29, May 2008.
[35] J. Dauphin, M. Cramer, and L. van der Torre. A dynamic approach for combining abstract argumentation semantics. In B. Liao, T. Ågotnes and Y. N. Wang, editors, *Dynamics, Uncertainty and Reasoning, Logic in Asia: Studia Logica Library*, pages 21–43, Singapore, 2019. Springer.
[36] W. De Neys. Dual processing in reasoning: Two systems but one reasoner. *Psychological Science*, 17(5):428–433, 2006.
[37] S. Dehaene and J.-P. Changeux. Experimental and theoretical approaches to conscious processing. *Neuron*, 70(2):200–227, April 2011.

[38] E.-A. Dietz, S. Hölldobler, and M. Ragni. A computational logic approach to the abstract and the social case of the selection task. In L. Morgenstern, E. Davis and M.-A. Williams, editors, *11th International Symposium on Logical Formalizations of Commonsense Reasoning*, 2013.

[39] C. A. Dockery, R. Hueckel-Weng, N. Birbaumer, and C. Plewnia. Enhancement of planning ability by transcranial direct current stimulation. *The Journal of Neuroscience*, 29(22):7271–7277, June 2009.

[40] N. Döring and J. Bortz. *Forschungsmethoden und Evaluation in den Sozial- und Humanwissenschaften*. Springer-Lehrbuch. Springer, Berlin Heidelberg, 5. vollständig überarbeitete, aktualisierte und erweiterte auflage edition, 2016. OCLC: 865146933.

[41] D. Dörner, H. W. Kreuzig, F. Reither, and T. Stäudel. *Lohhausen. Vom Umgang mit Unbestimmtheit und Komplexität*. Huber, 1983.

[42] I. Douven. Abduction. In E. N. Zalta, editor, *The Stanford Encyclopedia of Philosophy*. Oxford University Press, spring 2011 edition, 2011.

[43] J. Duncan. Attention, intelligence, and the frontal lobes. In *The Cognitive Neurosciences*, pages 721–733. The MIT Press, Cambridge, MA, US, 1995.

[44] K. Duncker. *Zur Psychologie des Produktiven Denkens*. Springer, Berlin, 1935.

[45] F. Dylla, J. H. Lee, T. Mossakowski, T. Schneider, A. Van Delden, J. Van De Ven, and D. Wolter. A survey of qualitative spatial and temporal calculi: Algebraic and computational properties. *ACM Computing Surveys*, 50(1):1–39, April 2017.

[46] L. Elflein and M. Ragni. Models of Bayesian rationality for conditional reasoning: What are they good for? In I. Juvina, J. Houpt and C. Myers, editors, *Proceedings of the 16th International Conference on Cognitive Modeling*, pages 114–119, Madison, WI, 2018. University of Wisconsin.

[47] L. Elflein and M. Ragni. Putting the probability heuristics model to the test. In T. Rogers, M. Rau, J. Zhu and C. Kalish, editors, *Proceedings of the 40th Annual Conference of the Cognitive Science Society*, pages 1639–1644, Austin, TX, 2018. Cognitive Science Society.

[48] C. Eliasmith. *How to Build a Brain: A Neural Architecture for Biological Cognition*. Oxford University Press, 2013.

[49] N. J. Emery, A. M. Seed, A. M. P. von Bayern, and N. S. Clayton. Cognitive adaptations of social bonding in birds. *Philosophical Transactions of the Royal Society B: Biological Sciences*, 362(1480):489–505, April 2007.

[50] J. S. B. T. Evans, S. E. Newstead, and R. M. J. Byrne. *Human Reasoning: The Psychology of Deduction*. Lawrence Erlbaum Associates, London, 1993.

[51] J. S. B. T. Evans. In two minds: Dual-process accounts of reasoning. *Trends in Cognitive Sciences*, 7(10), 2003.

[52] B. Falkenhainer, K. D. Forbus, and D. Gentner. *The structure-mapping engine*. Report (University of Illinois at Urbana-Champaign. Dept. of Computer Science). Dept. of Computer Science, University of Illinois at Urbana-Champaign, 1986.

[53] G. Fauconnier. *Mental Spaces: Aspects of Meaning Construction in Natural Language*. Cambridge University Press, 1994.

[54] G. Fauconnier and M. Turner. *The Way We Think: Conceptual Blending and the Mind's Hidden Complexities*. Basic Books, 2003.

[55] E. C. Ferstl and C. Michels. Theory of Mind und Kommunikation: Zwei Seiten derselben Medaille? In H. Förstl, editor, *Theory of Mind: Neurobiologie und Psychologie sozialen Verhaltens*, pages 121–134. Springer, Heidelberg, 2012.

[56] E. C. Ferstl, J. Neumann, C. Bogler, and D. Y. von Cramon. The extended language network: A meta-analysis of neuroimaging studies on text comprehension. *Human Brain Mapping*, 29(5):581–593, 2008.

[57] K. Fiedler. The dependence of the conjunction fallacy on subtle linguistic factors. *Psychological Research*, 50:123–129, 1988. https://doi.org/10.1007/BF00309212.

[58] A. Flöel, N. Rösser, O. Michka, S. Knecht, and C. Breitenstein. Noninvasive brain stimulation improves language learning. *Journal of Cognitive Neuroscience*, 20(8):1415–1422, February 2008.

[59] A. U. Frank. Qualitative spatial reasoning: Cardinal directions as an example. *International Journal of Geographical Information Systems*, 10(3):269–290, April 1996.

[60] C. Freksa. Using orientation information for qualitative spatial reasoning. In *Theories and Methods of Spatio-Temporal Reasoning in Geographic Space*, pages 162–178, 1992.

[61] C. Freksa. Strong spatial cognition. In S. I. Fabrikant, M. Raubal, M. Bertolotto, C. Davies, S. Freundschuh and S. Bell, editors *Spatial Information Theory, Lecture Notes in Computer Science*, pages 65–86, Cham, 2015. Springer International Publishing.

[62] P. A. Frensch and J. Funke, editors. In *Complex Problem Solving: The European Perspective* Lawrence Erlbaum, Hillsdale, NJ, 1995.

[63] A. D. Friederici. Towards a neural basis of auditory sentence processing. *Trends in Cognitive Sciences*, 6(2):78–84, February 2002.

[64] K. Friston. The free-energy principle: A rough guide to the brain? *Trends in Cognitive Sciences*, 13(7):293–301, 2009.

[65] J. Funke. *Lösen komplexer Probleme. Handbuch der Psychologie*. Hogrefe, 2006.

[66] U. Furbach, F. Furbach, and C. Freksa. Relating strong spatial cognition to symbolic problem solving – an example. arXiv:1606.04397 [cs], June 2016.

[67] K. R. Gegenfurtner and E. B. Goldstein. *Wahrnehmungspsychologie: Der Grundkurs*. Springer, Berlin Heidelberg, 9. Aufl. 2015 Edition, November 2014.

[68] D. Gentner. Structure-mapping: A theoretical framework for analogy. *Cognitive Psychology*, 7:155–170, 1983.

[69] D. Gentner, K. J. Holyoak, and B. N. Kokinov. *The Analogical Mind: Perspectives from Cognitive Science*. Bradford Books. MIT Press, 2001.

[70] D. Gentner and A. B. Markman. Analogy-based reasoning. In M. A. Arbib, editor, *The Handbook of Brain Theory and Neural Networks*, pages 91–93. MIT Press, Cambridge, MA, 1995.

[71] J. J. Gibson. *The Senses Considered as Perceptual Systems. The Senses Considered as Perceptual Systems*. Houghton Mifflin, Oxford, England, 1966.

[72] G. Gigerenzer and P. M. Todd. *Simple Heuristics that Make Us Smart*. Oxford University Press, New York, 1999.

[73] G. P. Goodwin and P. N. Johnson-Laird. Reasoning about relations. *Psychological Review*, 112:468–493, 2005.

[74] T. L. Griffiths, C. Kemp, A. Perfors, and J. B. Temembaum. Probabilistic models of cognition: Exploring the laws of thought. *Trends in Cognitive Sciences*, 14(8):357–364, 2010.

[75] T. L. Griffiths and J. B. Tenenbaum. Structure and strength in causal induction. *Cognitive Psychology*, 51:354–384, 2005.

[76] T. L. Griffiths and J. B. Tenenbaum. From mere coincidences to meaningful discoveries. *Cognition*, 103(2):180–226, 2007.

[77] P. Haggard. Conscious intention and motor cognition. *Trends in Cognitive Sciences*, 9(6):290–295, June 2005.

[78] Y. Hagmayer and M. R. Waldmann. Kausales Denken. In J. Funke, editor, *Enzyklopädie der Psychologie 'Denken und Problemlösen'*, number 8 in C, chapter II, pages 87–166. Hogrefe, Göttingen, 2006.

[79] E. Halbmayer and J. Salat. Qualitative Methoden der Kultur- und Sozialanthropologie. 2012. http://www.univie.ac.at/ksa/elearning/cp/qualitative/qualitative-5.html.

[80] B. Hare, J. Call, and M. Tomasello. Chimpanzees deceive a human competitor by hiding. *Cognition*, 101(3):495–514, October 2006.

[81] D. O. Hebb. *The Organization of Behavior*. John Wiley, New York, 1949.

[82] S. Hélie and R. Sun. Incubation, insight, and creative problem solving: A unified theory and a connectionist model. *Psychological Review*, 117(3):994–1024, 2010.

[83] R. Hertwig and G. Gigerenzer. The 'conjunction fallacy' revisited: How intelligent inferences look like reasoning errors. *Journal of Behavioral Decision Making*, 12:275–305, 1999.

[84] C. Hewitt. Viewing control structures as patterns of passing messages. *Artificial Intelligence*, 8(3):323–364, 1977.

[85] D. L. Hintzman. Judgments of frequency and recognition memory in a multiple-trace memory model. *Psychological Review*, 95(4):528, 1988.

[86] S. Hochreiter and J. Schmidhuber. Long short-term memory. *Neural Computation*, 9(8):1735–1780, 1997.

[87] J. Hofmann, E. Kitzelmann, and U. Schmid. Applying inductive program synthesis to induction of number series a case study with IGOR2. In C. Lutz and M. Thielscher, editors, *KI 2014: Advances in Artificial Intelligence, Lecture Notes in Computer Science*, pages 25–36, Cham, 2014. Springer International Publishing.

[88] B. Hommel, R. K. Ridderinkhof, and J. Theeuwes. Cognitive control of attention and action: Issues and trends. *Psychological Research*, 66(4):215–219, November 2002.

[89] P. N. Johnson-Laird. The three-term series problem. *Cognition*, 1:57–82, 1972.

[90] P. N. Johnson-Laird. Mental models and deduction. *Trends in Cognitive Sciences*, 5:434–442, 2001.

[91] P. N. Johnson-Laird. *How We Reason*. Oxford University Press, New York, 2006.

[92] P. N. Johnson-Laird, P. Legrenzi, V. Girotto, M. S. Legrenzi, and J. P. Caverni. Naive probability: A mental model theory of extensional reasoning. *Psychological Review*, 106(1):62–88, 1999.

[93] M. Jones and B. C. Love. Bayesian fundamentalism or enlightenment? On the explanatory status and theoretical contributions of Bayesian models of cognition. *Behavioral and Brain Sciences*, 34:169–231, 2011.

[94] D. Kahneman. A perspective on judgement and choice. *The American Psychologist*, 58:697–720, 2003.

[95] D. Kahneman, P. Slovic, and A. Tversky. *Judgment Under Uncertainty: Heuristics and Biases*. Cambridge University Press, 1982.

[96] D. Kahneman. *Schnelles Denken, langsames Denken*. Penguin Verlag, München, erstmals im TB Edition, November 2016.

[97] D. Kahneman, O. Sibony, and C. R. Sunstein. *Noise: Was unsere Entscheidungen verzerrt – und wie wir sie verbessern können*. Siedler Verlag, 2021.

[98] G. Keil. *Willensfreiheit*. de Gruyter, Berlin, 2007.

[99] S. Khemlani and P. N. Johnson-Laird. Theories of the syllogism: A meta-analysis. *Psychological Bulletin*, January 2012.

[100] E. Kitzelmann. A combined analytical and search-based approach for the inductive synthesis of functional programs. *KI - Künstliche Intelligenz*, 25(2):179–182, May 2011.

[101] M. Knauff. *Space to Reason: A Spatial Theory of Human Thought*. MIT Press, 2013.

[102] M. Knauff, G. Strube, C. Jola, R. Rauh, and C. Schlieder. The psychological validity of qualitative spatial reasoning in one dimension. *Spatial Cognition and Computation*, 4:167–188, 2004.

[103] V. Kocijan, E. Davis, T. Lukasiewicz, G. Marcus, and L. Morgenstern. The defeat of the winograd schema challenge. *Artificial Intelligence*, 325:103971, 2023.

[104] B. Kopp. Schematheorie. In M. A. Wirtz, editor, *Dorsch Lexikon der Psychologie*, page 364. Verlag Hans Huber, 2013.

[105] I. Kotseruba and J. K. Tsotsos. 40 years of cognitive architectures: Core cognitive abilities and practical applications. *Artificial Intelligence Review*, Jul 2018.

[106] J. E. Laird. *The Soar Cognitive Architecture*. MIT Press, 2012.

[107] B. M. Lake, D. Ullman, J. B. Tenenbaum, and S. J. Gershman. Building machines that learn and think like people. *Behavioral and Brain Sciences*, 40, 2017.

[108] P. Langley, J. E. Laird, and S. Rogers. Cognitive architectures: Research issues and challenges. *Cognitive Systems Research*, 10(2):141–160, 2009.

[109] H. J. Levesque. *Common Sense, the Turing Test, and the Quest for Real AI*. MIT Press, Cambridge, Massachusetts, reprint edition, March 2018.

[110] S. Lewandowsky and S. Farrell. *Computational Modeling in Cognition: Principles and Practice*. Sage, 2010.

[111] S. Lewandowsky, K. Oberauer, and G. D. A. Brown. No temporal decay in verbal short-term memory. *Trends in Cognitive Sciences*, 13(3):120–126, 2009.

[112] B. Libet, C. A. Gleason, E. W. Wright, and D. K. Pearl. Time of conscious intention to act in relation to onset of cerebral activity (readiness-potential) the unconscious initiation of a freely voluntary act. *Brain*, 106(3):623–642, 1983.

[113] J. N. MacGregor and Y. Chu. Human performance on the traveling salesman and related problems: A review. *The Journal of Problem Solving*, 3(2), February 2011.

[114] P. Maes. Modeling adaptive autonomous agents. *Artificial Life Journal*, MIT Press, 1994.

[115] G. Marcus. Deep learning: A critical appraisal. *arXiv preprint*, arXiv:1801.00631, 2018.

[116] A. B. Markman. *Knowledge Representation*. L. Erlbaum, 1999.

[117] D. Marr. *Vision. A Computational Investigation into the Human Representation and Processing of Visual Information*. Freeman, San Francisco, 1982.

[118] J. McCarthy. From here to human-level AI. *Artificial Intelligence*, 171(18):1174–1182, December 2007.

[119] J. L. McClelland. *Explorations in Parallel Distributed Processing: A Handbook of Models, Programs, and Exercises*. MIT Press, 1988.

[120] W. S. McCulloch and W. Pitts. A logical calculus of the ideas immanent in nervous activity. *The Bulletin of Mathematical Biophysics*, 5:115–133, 1943.

[121] J. Mertesdorf, E.-A. D. Saldanha, S. Hölldobler, and M. Ragni. A computational theory for model construction, variation and inspection in human spatial reasoning. In *17th International Conference on Cognitive Modelling Meetings (ICCM)*, 2019, accepted.

[122] D. Michie. Machine learning in the next five years. In *Proceedings of the 3rd European Conference on European Working Session on Learning, EWSL'88*, pages 107–122, Marshfield, MA, USA, 1988. Pitman Publishing, Inc.

[123] G. A. Miller. The magical number seven, plus or minus two: Some limits on our capacity for processing information. *Psychological Review*, 63:81–96, 1956.

[124] M. Minsky and S. Papert. *Perceptrons: An Introduction to Computational Geometry*. MIT Press, Cambridge, MA, USA, 1969.

[125] M. Mishkin, L. G. Ungerleider, and K. A. Macko. Object vision and spatial vision: Two central pathways. *Trends in Neurosciences*, 6:414–417, 1983.

[126] R. Moratz and M. Ragni. Qualitative spatial reasoning about relative point position. *Journal of Visual Languages and Computing*, 19(1):75–98, 2008.

[127] S. H. Muggleton, U. Schmid, C. Zeller, A Tamaddoni-Nezhad, and T Besold. Ultra-strong machine learning: Comprehensibility of programs learned with ILP. *Machine Learning*, 107(7):1119–1140, Jul 2018.

[128] J. P. Müller. *The Design of Intelligent Agents - A Layered Approach*, volume 1177 of *Lecture Notes in Computer Science*. Springer, 1996.

[129] U. Neisser. *Cognition and Reality*. W.H. Freeman, San Francisco, 1976.

[130] A. Newell and H. Simon. *Human Problem Solving*. Prentice–Hall, Englewoods Cliffs, NJ, 1972.

[131] A. Newen. *Philosophie des Geistes: Eine Einführung*, volume 2806. CH Beck, 2013.

[132] M. A. Nitsche and W. Paulus. Excitability changes induced in the human motor cortex by weak transcranial direct current stimulation. *The Journal of Physiology*, 527(3):633–639, 2000.

[133] D. Norman and T. Shallice. Attention to action. In *Consciousness and Self-Regulation*, pages 1–18. Springer, 1986.

[134] K. A. Norman, E. L. Newman, and G. Detre. A neural network model of retrieval-induced forgetting. *Psychological Review*, 114(4):887, 2007.

[135] M. Oaksford and N. Chater. The probabilistic approach to human reasoning. *Trends in Cognitive Sciences*, 5:349–357, 2001.

[136] M. Oaksford and N. Chater. *Bayesian Rationality: The Probabilistic Approach to Human Reasoning*. Oxford University Press, Oxford, 2007.

[137] K. Oberauer, S. Lewandowsky, E. Awh, G. D. A. Brown, A. Conway, N. Cowan, C. Donkin, S. Farrell, G. J. Hitch, M. J. Hurlstone, W. J. Ma, C. C. Morey, D. E. Nee, J. Schweppe, E. Vergauwe, and G. Ward. Benchmarks for models of short-term and working memory. *Psychological Bulletin*, 144(9):885–958, September 2018.

[138] M. Osman. An evaluation of dual-process theories of reasoning. *Psychonomic Bulletin & Review*, 11(6):988–1010, 2004.

[139] J. Pearl. *Probabilistic Reasoning in Intelligent Systems: Networks of Plausible Inference*. Morgan Kaufmann Publishers Inc., San Francisco, CA, USA, 1988.

[140] J. Pearl. In *Causality: Models, Reasoning, and Inference*, Cambridge U.P, 2000.

[141] W. J. Phillips, J. M. Fletcher, A. D. G. Marks, and D. W. Hine. Thinking styles and decision making: A meta-analysis. *Psychological Bulletin*, 142(3):260–290, March 2016.

[142] J. Prado, A. Chadha, and J. R. Booth. The brain network for deductive reasoning: A quantitative meta-analysis of 28 neuroimaging studies. *Journal of Cognitive Neuroscience*, 23(11):3483–3497, May 2011.

[143] D. Premack and G. Woodruff. Does the chimpanzee have a theory of mind? *Behavioral and Brain Sciences*, 1(4):515–526, December 1978.

[144] H. Putnam. *Representation and Reality*. MIT Press, 1987.

[145] N. C. Rabinowitz, F. Perbet, H. F. Song, C. Zhang, S. M. A. Eslami, and M. Botvinick. Machine theory of mind. arXiv:1802.07740 [cs], March 2018.

[146] M. Ragni. *Räumliche Repräsentation, Komplexität und Deduktion: Eine kognitive Komplexitätstheorie[Spatial representation, complexity and deduction: A cognitive theory of complexity]*. PhD thesis, Albert-Ludwigs-Universität Freiburg, Akademische Verlagsgesellschaft, 2008.

[147] M. Ragni, I. Kola, and P. N. Johnson-Laird. On selecting evidence to test hypotheses: A theory of selection tasks. *Psychological Bulletin*, 144(8):779–796, 2018.

[148] M. Ragni, T. Barkowsky, B. Nebel, and C. Freksa. Cognitive space and spatial cognition: The SFB/TR 8 spatial cognition. *KI - Künstliche Intelligenz*, 30(1):83–88, February 2016.

[149] M. Ragni, H. Dames, D. Brand, and N. Riesterer. When does a reasoner respond: Nothing follows? In A. Goel, C. Seifert and C. Freksa, editors, *Proceedings of the 41st Annual Conference of the Cognitive Science Society*, pages 2640–2645, Montreal, 2019. Cognitive Science Society.

[150] M. Ragni, E.-A. Dietz, I. Kola, and S. Hölldobler. Two-valued logic cannot explain conditional reasoning but three-valued logics can. In U. Furbach, S. Hoelldobler, M. Ragni and N. Shankar, editors, *Bridging the Gap between Human and Automated Reasoning*, pages 61–73. Bridging@ IJCAI, CEUR, 2016.

[151] M. Ragni, C. Eichhorn, and G. Kern-Isberner. Simulating homan inferences in the light of new information: A formal analysis. In *Proceedings of the 25th International Joint Conference on Artificial Intelligence (IJCAI'16)*, 2016.

[152] M. Ragni, C. Eichhorn, and G. Kern-Isberner. Simulating human inferences in the light of new information: A formal analysis. In *Proceedings of the Twenty-Fifth International Joint Conference on Artificial Intelligence, IJCAI 2016, New York, NY, USA, 9-15 July 2016*, pages 2604–2610. 2016.

[153] M. Ragni, I. Franzmeier, S. Maier, and M. Knauff. Uncertain relational reasoning in the parietal cortex. *Brain and Cognition*, 104:72–81, 2016.

[154] M. Ragni and S. Wölfl. Temporalizing cardinal directions: From constraint satisfaction to planning. In P. Doherty, J. Mylopoulos and C. A. Welty, editors, *Proceedings of the Tenth International Conference on Principles of Knowledge Representation and Reasoning, KR2006, Lake District of the United Kingdom, June 2-5, 2006*, pages 472–480. AAAI Press, 2006.

[155] I. Rahwan, M. I. Madakkatel, J.-F. Bonnefon, R. N. Awan, and S. Abdallah. Behavioral experiments for assessing the abstract argumentation semantics of reinstatement. *Cognitive Science*, 34(8):1483–1502, 2010.

[156] A. S. Rao, M. P. Georgeff, et al. Bdi agents: From theory to practice. In *ICMAS*, volume 95, pages 312–319, 1995.

[157] M. Raubal and R. Moratz. A functional model for affordance-based agents. In E. Rome, J. Hertzberg and G. Dorffner, editors, *Towards Affordance-Based Robot Control, Lecture Notes in Computer Science*, pages 91–105, Berlin, Heidelberg, 2008. Springer.

[158] R. Rauh, C. Hagen, M. Knauff, T. Kuß, C. Schlieder, and G. Strube. Preferred and alternative mental models in spatial reasoning. *Spatial Cognition and Computation*, 5:239–269, 2005.

[159] W. Reichel. *Der große Intelligenztest: IQ-+ EQ-Test-Training mit mehr als 600 Fragen und Antworten*. Klett-Cotta, 2005.

[160] N. Riesterer, D. Brand, and M. Ragni. Predictive modeling of individual human cognition: Upper bounds and a new perspective on performance. *Topics in Cognitive Science*, 12(3):960–974, 2020.

[161] N. Riesterer, D. Brandt, H. Dames, and M. Ragni. Modeling human syllogistic reasoning: The role of No valid conclusion. In A. Goel, C. Seifert and C. Freksa, editors, *Proceedings of the 41th Annual Conference of the Cognitive Science Society*, pages 953–959. Austin, TX, 2019. Cognitive Science Society.

[162] L. J. Rips. *The Psychology of Proof: Deductive Reasoning in Human Thinking*. The MIT Press, Cambridge, MA, 1994.

[163] I. Van Rooij. The tractable cognition thesis. *Cognitive Science*, 32(6):939–984, 2008.

[164] S. Russell and P. Norvig. *Artificial Intelligence: A Modern Approach*. Prentice Hall, 2nd edition, 2003.

[165] S. Sager, C. M. Barth, H. Diedam, M. Engelhart, and J. Funke. Optimization as an analysis tool for human complex problem solving. *SIAM Journal on Optimization*, 21(3):936–959, 2011.

[166] U. Schmid, M. Ragni, C. Gonzalez, and J. Funke. The challenge of complexity for cognitive systems. *Cognitive Systems Research*, 12(3–4):211–218, 2011.

[167] R. N. Shepard and J. Metzler. Mental rotation of three–dimensional objects. *Science*, 171:701–703, 1971.

[168] H. A. Simon and D. Wallach. Editorial: Cognitive modeling in perspective. *Kognitionswissenschaft*, 8:1–4, 1999.

[169] S. A. Sloman. The empirical case for two systems of reasoning. *Psychological Bulletin*, 119:3–22, 1996.

[170] P. Smolensky. On the proper treatment of connectionism. *Behavioral and Brain Sciences*, 11:1–74, 1988.

[171] C. S. Soon, M. Brass, H.-J. Heinze, and J.-D. Haynes. Unconscious determinants of free decisions in the human brain. *Nature Neuroscience*, 11(5):543–545, 2008.

[172] K. Stenning and M. Lambalgen. *Human Reasoning and Cognitive Science*. Bradford Books. MIT Press, 2008.

[173] R. J. Sternberg and S. B. Kaufman. *The Cambridge Handbook of Intelligence*. Cambridge University Press, May 2011.

[174] M. Steyvers, T. L. Griffiths, and S. Dennis. Probabilistic inference in human semantic memory. *Trends in Cognitive Sciences*, 10:327–334, 2006.

[175] M. Steyvers, J. B. Tenenbaum, E. J. Wagenmakers, and B. Blum. Inferring causal networks from observations and interventions. *Cognitive Science*, 27(3):453–489, 2003.

[176] G. Strube. The role of cognitive science in knowledge engineering. In F. Schmalhofer, G. Strube and T. Wetter, editors, *Contemporary Knowledge Engineering and Cognition*, pages 161–175. Springer, Berlin, Heidelberg, New York, 1992.

[177] G. Strube. Cognitive modeling: Research logic in cognitive science. In N. J. Smelser and P. B. Baltes, editors, *International Encyclopedia of the Social and Behavioral Sciences*, volume 2.2, pages 2124–2128. Pergamon, Oxford, 2004.

[178] G. Strube, E. Ferstl, L. Konieczny, and M. Ragni. Kognition. In G. Görz, J. Schneeberger and U. Schmid, editors, *Handbuch der Künstlichen Intelligenz*. Oldenbourg, München, 2013.

[179] R. Sun. *Duality of the Mind - a Bottom-up Approach Toward Cognition*. Lawrence Erlbaum, 2001.

[180] R. Sun. *Cognition and Multi-Agent Interaction: From Cognitive Modeling to Social Simulation*. Cambridge University Press, 2006.

[181] N. Taatgen and J. R. Anderson. The past, present, and future of cognitive architectures. *Topics in Cognitive Science*, 2(4):693–704, 2010.

[182] N. A. Taatgen, C. Lebiere, and J. R. Anderson. Modeling paradigms in act-r. In *Cognition and Multi-Agent Interaction: From Cognitive Modeling to Social Simulation*, pages 29–52, 2006.

[183] T. Tenbrink. Natural language and geography. In *Handbook of Behavioral and Cognitive Geography*, pages 210–219. Edward Elgar Publishing, April 2018.

[184] J. B. Tenenbaum, T. L. Griffiths, and C. Kemp. Theory-based Bayesian models of inductive learning and reasoning. *Trends in Cognitive Sciences*, 10:309–318, 2006.

[185] J. B. Tenenbaum, C. Kemp, T. L. Griffiths, and N. D. Goodman. How to grow a mind: Statistics, structure, and abstraction. *Science*, 331(6022):1279–1285, March 2011.

[186] E. C. Tolman. Cognitive maps in rats and men. *Psychological Review*, 55(4):189, 1948.

[187] A. M. Treisman and G. Gelade. A feature-integration theory of attention. *Cognitive Psychology*, 12(1):97–136, January 1980.

[188] A. M. Turing. On computable numbers, with an application to the Entscheidungsproblem. *Proceedings of the London Mathematical Society*, 42:230–265, 1936.

[189] A. Tversky and D. Kahneman. Extensional versus intuitive reasoning: The conjunction fallacy in probability judgment. *Psychological Review*, 90(4):293–315, 1983.

[190] L. G. Ungerleider and M. Mishkin. Two cortical visual systems. In D. J. Ingle, M. A. Goodale and R. J. W. Mansfield, editors, *Analysis of Visual Behaviour*, pages 549–587. MIT Press, Cambridge, MA, 1982.

[191] R. Verbrugge. Logic and social cognition: The facts matter, and so do computational models. *Journal of Philosophical Logic*, 38(6):649–680, December 2009.

[192] P. C. Wason. Reasoning about a rule. *Quarterly Journal of Experimental Psychology*, 20(3):273–281, 1968.

[193] E. M. Wassermann and J. Grafman. Recharging cognition with DC brain polarization. *Trends in Cognitive Sciences*, 9(11):503–505, November 2005.

[194] J. M. Wiener and T. Tenbrink. Traveling salesman problem: The human case. *Künstliche Intelligenz*, 22(1):5, 2008.

[195] F. Xu and J. B. Tenenbaum. Word learning as Bayesian inference. *Psychological Review*, 114(2):245–72, April 2007.

[196] Y. Yu, X. Si, C. Hu, and J. Zhang. A review of recurrent neural networks: Lstm cells and network architectures. *Neural Computation*, 31(7):1235–1270, 2019. PMID: 31113301.

Peter Remmers, Aljoscha Burchardt und Birgit Beck

23 Ethische Aspekte künstlicher Intelligenz

23.1 Einleitung

Künstliche Intelligenz wird als neuartige Schlüsseltechnologie angesehen, die weitreichende Veränderungen in sehr vielen Bereichen bringt und zukünftig bringen soll. Bereits sichtbare und noch zu erwartende Entwicklungen führen zu vielfältigen Diskussionen über die ethischen Aspekte von KI. Die hohe Bedeutung, die entsprechenden ethischen Auseinandersetzungen zugemessen wird, zeigt sich u. a. an der Vielzahl publizierter Dokumente, Empfehlungen und Kodizes zur Ethik der KI – zu nennen sind hier beispielsweise die Empfehlungen zur Ethik der KI der UNESCO, die im AI Act der EU berücksichtigten ethischen Leitlinien für vertrauenswürdige KI einer hochrangigen Expertengruppe (HLEG) sowie die Stellungnahme des Deutschen Ethikrats zu den Herausforderungen der KI. Ebenso haben zahlreiche Unternehmen und Institutionen Erklärungen zur KI-Ethik formuliert [19, 15, 12].

Für einen sachlichen Überblick über das weite Feld der KI-Ethik ist eine erste Differenzierung hilfreich [23]: Einerseits treten einige Fragen bei Anwendungen von KI-Technologien auf, deren ethische Dimension klar auf der Hand liegt, weil sie anerkannte und unbestrittene ethische Grundsätze und Werte berühren. Hier entstehen keine neuen Grundsatzfragen, vielmehr ist die neue Technologie so zu gestalten, dass sie gegebene ethische Anforderungen erfüllt. Darüber hinaus ergeben sich aber besonders im Bereich neuer KI-Anwendungen auch Szenarien, in denen noch nicht ohne Weiteres klar ist, welcher Zustand eigentlich ethisch wünschenswert wäre und wie dieser Zustand mittels KI realisiert werden könnte. Das bedeutet: Es gibt für einige KI-Anwendungen bisher noch keine eingespielte (insbesondere ethische) Praxis und kaum klare Kriterien für einen ‚richtigen' ethischen Umgang mit der Technologie. Es besteht also ethischer Orientierungsbedarf, was sich an vielen bereits aufgetretenen Konflikten zeigt. Hier trifft sich aktuelle Technologie-Entwicklung mit echter ethischer Forschung.

Ein Beispiel: Mit der zunehmenden Durchdringung der Arbeitswelt insbesondere durch die vielseitig einsetzbare generative KI ist der bisher zumeist anwendungs- oder branchenspezifische Diskurs über die grundsätzliche Ersetzbarkeit von kognitiv anspruchsvollen Tätigkeiten in ein breites öffentliches Bewusstsein getreten. Neben relativ konkreten Fragen etwa zur wirksamen Kontrolle von KI-Systemen oder zur Haftung in Schadensfällen stellen sich allgemeinere Fragen danach, wie eine gute Arbeitsteilung von Mensch und Maschine aussehen könnte und welchen Stellenwert etwa kreative Beiträge hier haben – Leistungen, die bisher nicht im eigentlichen Sinne automatisiert wurden und die die gestalterischen Tätigkeiten vieler Menschen ausmachen. Diese und vergleichbare Fragen stellen sich angesichts umfassender Automatisierungsmaß-

https://doi.org/10.1515/9783111386690-028

nahmen durch KI nun nicht mehr nur für theoretische Fälle, sondern eben auch für die Praxis.

Im folgenden Beitrag widmen wir uns in erster Linie Aspekten, die in den Bereich der genannten ethischen Forschung gehören. Nach einem kurzen Überblick darüber, was Ethik zum Themenfeld der KI-Technologie beitragen kann (Abschnitt 23.2), geht es um einige Schlüsselthemen im aktuellen Diskurs der KI-Ethik: Fairness (Abschnitt 23.3.1), Maschinenethik und Vermenschlichung von KI-Systemen (Abschnitt 23.3.2) sowie ausgewählte ethische Fragen generativer KI-Systeme (Abschnitt 23.3.3).

Bei der Auswahl der im vorliegenden Überblick dargestellten Aspekte konzentrieren wir uns auf allgemeine Themen der KI-Ethik und verzichten weitgehend auf stark anwendungsbezogene Diskussionen, etwa aus den Bereichen selbstfahrende Fahrzeuge [24], Militär [29] oder Medizin [26]. Gleichzeitig orientiert sich unser Beitrag an ethischen Fragestellungen, die spezifisch durch den Einsatz von KI-Technologien aufkommen, und grenzt Debatten aus, die sich auf übergreifende und verwandte Technologiefelder beziehen, beispielsweise ethische Diskurse um Social Media oder Onlinehandel, die zwar durch KI beeinflusst werden, bei denen sich aber die interessanten ethischen Fragen nicht aus dem spezifischen KI-Beitrag ergeben.

23.2 Grundlegende Konzepte

Verschiedene Bereichsethiken wie die Technikethik [14], Maschinenethik [22], Roboterethik [21] und KI-Ethik [8] sind zunächst als Teilbereiche der anwendungsbezogenen oder auch angewandten Ethik zu betrachten. Diese wiederum gehört einer gängigen Einteilung zufolge zusammen mit der normativen allgemeinen Ethik und der Metaethik zum Bereich der praktischen Philosophie. Praktische Philosophie als akademisches Fach und wissenschaftliche Tätigkeit ist – man darf sich von der Bezeichnung nicht täuschen lassen – in erster Linie ein theoretisches Geschäft. Philosoph*innen und unter ihnen professionelle Ethiker*innen sind in erster Linie Expert*innen für die Analyse, hermeneutische Rekonstruktion und Bewertung von Diskursen und in diesen vorgebrachten Argumenten. Sie sind darin geschult, Argumentationen auf logische Konsistenz, Kohärenz sowie implizite Prämissen zu prüfen und normative wie evaluative Hintergrundannahmen aufzudecken und kritisch zu kontextualisieren, die sich aus (meta-)ethischen, anthropologischen, wissenschaftstheoretischen und weiteren philosophischen Theorien ebenso wie aus Welt- und Menschenbildern sowie ideologischen Weltanschauungen speisen können.

Eine anwendungsbezogene Ethik wie die Technikethik beschäftigt sich demnach als Reflexionsdisziplin in erster Linie theoretisch mit öffentlich als ethisch relevant angesehenen praktischen Problemen, also solchen des Handelns. Solche Probleme betreffen die Ziele, Mittel und Folgen bestimmter Technologien in einem jeweiligen soziokulturellen Umfeld und können die Entwicklung, Gestaltung, Herstellung, Nutzung und Entsorgung technischer Artefakte einschließen. Technikethik reflektiert auch Auswirkungen technischer Innovationen auf größere Zusammenhänge, etwa Entwürfe einer zunehmend technisierten menschlichen Zukunft, Menschenbilder, Gesellschaftsentwürfe oder normative Rollenbilder. Sie verfährt dabei interdisziplinär und ist auf die Kooperation mit anderen, auch empirischen Wissenschaften angewiesen. Ethische Expertise steuert in diesem Kontext Kenntnisse zu ethischen Theorien, Begriffen und Methoden bei. Ethische Expert*innen verfügen in erster Linie über spezielle Kompetenz zur Problemanalyse und korrekten Argumentation und eignen sich aufgrund ihrer konzeptionellen, hermeneutischen und analytischen Fähigkeiten im Idealfall gut als Moderator*innen für wissenschaftliche und öffentliche Diskurse.

Dieses (Selbst-)Verständnis der angewandten Ethik als akademischer Disziplin entspricht jedoch häufig nicht den gesellschaftlichen Anforderungen, die an sie herangetragen werden. Dies liegt daran, dass angewandte Ethik zugleich als wissenschaftliche Disziplin und „transakademisches Unternehmen“ [6] aufgefasst werden kann. Ethik im letzteren Sinne wird einem verbreiteten Verständnis zufolge in erster Linie mit der Arbeit von Ethikkommissionen oder Ethikgremien in Verbindung gebracht. Ebenfalls in diesen Zusammenhang einzuordnen ist Ethik im Sinne der Technikfolgenabschätzung (TA) [11, 13], die sich hauptsächlich der Politikberatung, dem öffentlichen Dialog und der Technikgestaltung widmet (z. B. *value sensitive design*). In diesem Kontext werden aktuell vielerlei Forschungs- und Beratungsaktivitäten zu den ethischen, rechtlichen und sozialen Implikationen bzw. Aspekten (ELSI bzw. ELSA) oder im Rahmen der *Responsible Research and Innovation* (RRI) von KI-Systemen gefördert.

Entsprechende Projekte und Arbeitsgruppen setzen sich aus unterschiedlichen Akteuren zusammen, unter denen sich neben weiteren Expert*innen auch professionelle Ethiker*innen befinden können, was jedoch nicht unter allen Umständen der Fall sein muss. Die Ziele, Aufgaben und Ergebnisse bzw. Produkte (Stellungnahmen, Gutachten, Richtlinien) solcher Gremien unterscheiden sich systematisch von denen der wissenschaftlichen Ethik, daher gelten in diesem Kontext auch andere Standards. Es geht nicht allein darum, das ‚beste‘ Argument vorzubringen – wobei die Adäquatheitskriterien für gute Argumente ebenfalls von (meta-)ethischen und weiteren philosophischen Grundlagen bzw. vom Kontext abhängen –, sondern darum, eine möglichst konsens- bzw. kompromissfähige und zeitnahe Lösung für praktische Probleme auszuarbeiten, die sich aus einer Situation „normativer Unsicherheit“ [14, S. 8] und dem damit verbundenen Orientierungsbedarf ergeben. Auch die Adressat*innen der transakademischen Ethik unterscheiden sich von denen der akademischen Philosophie. Es handelt sich nicht in erster Linie um Fachkolleg*innen oder die wissenschaftliche Gemeinschaft, sondern um auftraggebende Institutionen oder die Gesellschaft als Ganze.

Herausragende Ziele dieser Aktivitäten sind ethisch orientierte Einschätzungen aktueller KI-Entwicklungen, womit allgemeinen Forderungen aus Gesellschaft, Wirtschaft und Politik nachgekommen wird, die inzwischen praktisch zum Allgemeinplatz geworden sind. Ergebnis ist häufig die Formulierung von ethischen ‚Richtlinien‘, ‚Leitlinien‘ oder ‚Leitplanken‘ für KI-Entwicklung und -Anwendung. Dabei gilt es in der Regel zu differenzieren, ob es tatsächlich um eine *ethische* Einschätzung im eigentlichen Sinne geht oder ob lediglich *rechtliche* Anforderungen bzw. Rechtssicherheit im Vordergrund stehen. Auch Verbände wie die Gesellschaft für Informatik haben entsprechende Leitlinien entwickelt.

Eine solche Ethik im eben erläuterten Sinne hat einen „doppelten Praxisbezug" [14, S. 13]: Sie nimmt Probleme aus der Praxis (der Gesellschaft, Technologieentwicklung, Politik etc.) auf und gibt die Ergebnisse ihrer jeweiligen Analysen als Orientierungs- und Entscheidungshilfe an die Praxis zurück. Der Geltungsanspruch solcher Lösungen ist abhängig von einem dem öffentlichen Diskurs zugrunde liegenden „prädeliberative[n] Einverständnis", weshalb auch Ethik im transdisziplinären Sinne lediglich „konditionalnormative" Urteile fällen kann [14, S. 7]. Sie schreibt keine Vorgehensweisen im Bezug auf Ziele, Mittel und Folgen von Technik vor und nimmt keine Ergebnisse deliberativer demokratischer Entscheidungsprozesse vorweg. Die Autorität zur praktischen Umsetzung und Implementierung (ggf. auch nachdrücklich) empfohlener Normen verbleibt bei der demokratisch legitimierten Instanz bzw. beim Gesetzgeber. Ethische Expertise gilt entsprechend als eine Stimme im öffentlichen Diskurs. Ethik kann daher auch keinesfalls als ‚Genehmigungs-' oder ‚Verbotsbehörde' oder gar als ‚Innovationshemmer' wirken, was gelegentlich unterstellt wird, wie auch Thilo Hagendorff in einem Überblicksartikel über 22 verschiedene, von diversen Institutionen und Interessensgruppen veröffentlichte KI-Richtlinien anmerkt:

> Very often, ethics or ethical guidelines are perceived as something whose purpose is to stop or prohibit activity, to hamper valuable research and economic endeavors [...]. I want to resign this negative notion of ethics. It should not be the objective of ethics to stifle activity, but to do the exact opposite, i. e. broadening the scope of action, uncovering blind spots, promoting autonomy and freedom, and fostering self-responsibility [15, S. 14f.].

Zu diesem Zweck schlägt er vor, von der vorherrschenden eingeschränkten Auffassung von ethischen Regeln als ‚Checkbox'-Richtlinien abzurücken und mehr tugendethische Aspekte in einer inter- und transdisziplinären Ethik der KI zu berücksichtigen, um relevante Akteur*innen in den Stand zu versetzen, aus eigener Motivation und Kenntnis heraus verantwortlich zu handeln.[1]

Doch noch bevor sich die Verbindlichkeit der überall aufkeimenden ethischen Selbstverpflichtungen beweisen kann, schließen sich bereits Fragen nach ihrer konkreten Umsetzung bzw. Operationalisierung an. So wird im Rahmen einer Metastudie, in der 84 Veröffentlichungen ethischer Prinzipien bzw. Richtlinien für KI untersucht werden [19], der Schluss gezogen, dass zwar in der überwiegenden Anzahl derartiger Dokumente bestimmte ethische Prinzipien angesprochen werden (hauptsächlich Transparenz, Gerechtigkeit und Fairness, Nichtschädigung, Verantwortung, Privatheit, Wohlergehen, Freiheit und Autonomie, Vertrauen, Würde und Solidarität), zugleich

1 Zum Vorschlag der Ausbildung von sogenannten „technomoral virtues" vgl. auch [32].

allerdings sehr unterschiedliche Vorstellungen davon vorherrschen, wie diese abstrakten Prinzipien zu verstehen und praktisch zu implementieren sind. Die Forschung zur Ethik der KI befasst sich daher aktuell häufig mit der Überbrückung einer derartigen „principles-to-practice gap" [16]. Entsprechende Überlegungen betreffen einerseits Ansätze zur Operationalisierung und Formalisierung von ethischen Ansprüchen – andererseits geht es aber auch um die Identifikation und Klärung von Grenzen, die mit rein formalen oder berechnenden Ansätzen nicht überschritten werden können.

23.3 Methoden und Ansätze

23.3.1 KI und Fairness

Beim Thema der Fairness zeigt sich einerseits, wie wichtig eine Operationalisierung von ethischen Ansprüchen für KI-Anwendungen ist, andererseits werden auch Grenzen der Formalisierung von Fairness-Ansprüchen deutlich. Im Folgenden erläutern wir am Beispiel eines bekannten Falls einige Aspekte, die sich in der Debatte um KI und Fairness herauskristallisiert haben.

Bei der Diskussion von Fairness sind zunächst einige Begriffe zu klären. Der Begriff ‚fair' bezeichnet im Ethik-Kontext die Eigenschaft der moralischen Angemessenheit von Entscheidungs- oder Verteilungsverfahren. Fairness steht insofern in einem engen Zusammenhang zum Begriff der Gerechtigkeit, der auch die politische Dimension von Rechts- und Verteilungsverhältnissen umfasst. Dieser ethische Begriffsgebrauch von ‚fair', der auch im Alltag üblich ist, unterscheidet sich von einem rein technischen bzw. formalen Fairness-Verständnis, das nicht auf ethische Begründungen verweist – beispielsweise wenn Zufallsverfahren unabhängig von ethischen Kontexten als fair bezeichnet werden.

Der Begriff ‚Bias' (Verzerrung) bezeichnet systematische Abweichungen von einem normativen Ideal, das nicht unbedingt explizit formuliert ist. So bezieht sich *kognitiver* Bias auf Abweichungen von Rationalitätsstandards, z. B. wenn Entscheidungen unter Bedingungen wie Zeitdruck, mangelnder Information, fehlgeleiteten Heuristiken, statistischen Fehlannahmen u. ä. gefällt werden. *Statistischer* Bias beschreibt wiederum systematische Fehler bei der Erhebung und Verarbeitung von Daten, was auch in methodisch kontrollierten Umgebungen wie wissenschaftlichen Experimenten vorkommen kann. Ein *ethisch* signifikanter Bias wiederum beschreibt eine systematische Abweichung von einem moralischen Ideal, die sich dann z. B. als unfaire Diskriminierung äußert – etwa bei Abweichungen vom Prinzip der Gleichbehandlung, die zu einer Benachteiligung von bestimmten Gruppen führen.

Bei Maßnahmen zur Automatisierung von Entscheidungs- und Verwaltungsprozessen wird häufig angenommen, dass algorithmische Prozesse im Gegensatz zu menschlichen Entscheidungen vorurteilsfrei(er) und damit fairer ablaufen. Hintergrund ist u. a.

die Annahme, dass kognitiver Bias mittels KI im Vergleich zu menschlichen Entscheidungen reduziert oder gar eliminiert werden kann und dass in der Folge auch kein moralischer Bias mehr auftritt. Doch erst Analysen von Fairness-Kriterien ermöglichen entsprechende Evaluationen und ggf. Anpassungen von technischen Systemen mit entsprechenden Effekten. Denn wie sich inzwischen an vielen Beispielen gezeigt hat, kann Bias in KI-Systemen an vielen Stellen (absichtlich oder unabsichtlich) induziert werden, beispielsweise durch die Auswahl der Trainingsdaten, beim Training, beim Tuning, bei der Inferenz, aber auch durch die Gestaltung der Mensch-Maschine-Schnittstelle.

23.3.1.1 Der COMPAS-Fall

Der COMPAS-Fall ist ein bekanntes und vieldiskutiertes Beispiel für diskriminierende Effekte eines KI-Assistenzsystems, an dem einige zentrale Aspekte der Fairness-Debatte veranschaulicht werden können: Es handelt sich um ein ethisch sensibles Anwendungsfeld mit weitreichenden praktischen Implikationen für Individuen; darüber hinaus kann anhand der verwendeten Datensätze gezeigt werden, worauf diskriminierende Effekte zurückzuführen sind. Schließlich kristallisieren sich in der Debatte, die sich an den ursprünglichen investigativen Medienbeitrag anschließt, verschiedene widerstreitende Kriterien für Fairness heraus.

Bei der Software COMPAS („Correctional Offender Management Profiling for Alternative Sanctions“) handelt es sich um ein *Risk Assessment Instrument* (RAI), das einen Wahrscheinlichkeitswert für die Rückfälligkeit von verurteilten Straftäter*innen ausgibt. Es wurde von der Firma Northpointe entwickelt und wird in einigen Bundesstaaten der USA als Assistenzsystem in der Rechtsprechung eingesetzt, um Richter*innen bei der Festlegung des Strafmaßes zu unterstützen. Konkret geht es um die richterliche Entscheidung, ob Straftäter*innen eine Bewährungsstrafe erhalten oder ins Gefängnis müssen – eine Entscheidung, in die die Rückfallgefahr der Beschuldigten als gewichtiger Faktor einfließt. Zur Unterstützung von Richter*innen bei dieser Entscheidung bestimmt COMPAS über einen firmeneigenen Algorithmus die Wahrscheinlichkeit für Rückfälle aufgrund von Daten über die jeweiligen Personen.

In einem Beitrag aus dem Jahr 2016 zeigt das investigative Medium ProPublica auf, dass von COMPAS ausgegebene Voraussagen einen rassistischen Bias aufweisen [4]. ProPublica belegt diese Behauptung anhand einer Datenanalyse, in der die COMPAS-Werte von über 10.000 im Bezirk Broward (Florida) beschuldigten Personen ausgewertet wurden [5]. Im Zentrum der Analyse stehen fehlerhafte Voraussagen von COMPAS, die sich nicht bestätigten – einerseits falsch-positive Fälle, in denen Personen, für die COMPAS ein *hohes* Rückfallrisiko errechnete, tatsächlich nicht rückfällig wurden, andererseits falsch-negative Fälle, in denen Personen, für die COMPAS ein *niedriges* Rückfallrisiko errechnete, tatsächlich rückfällig wurden. Im Ergebnis zeigt die Analyse, dass insgesamt mehr afroamerikanische Beschuldigte von falsch-positiven Voraussagen betroffen waren als weiße Beschuldigte, während mehr weiße Beschuldigte von falsch-negativen Voraussagen betroffen waren als afroamerikanische Beschuldigte.

Die Behauptung eines rassistischen Bias wurde von der COMPAS-Firma Northpointe mit ausführlichen Kommentaren zu Methoden und Ergebnissen zurückgewiesen [10]. Der Disput lässt sich vereinfacht als Missverständnis über einen simplen statistischen Zusammenhang erklären: COMPAS weist nahezu *gleiche Fehlerquoten* in beiden ethnischen Gruppen auf und erzeugt in dieser Hinsicht tatsächlich keinen *statistischen* Bias – dies entspricht einem gängigen Kriterium von Fairness, auf das sich Northpointe beruft. Dagegen sieht ProPublica den rassistischen Bias in der *höheren absoluten Häufigkeit* von Fehlern bei afroamerikanischen Beschuldigten [2, 3]: Da insgesamt mehr Afroamerikaner*innen wegen Straftaten verurteilt werden als Weiße, wirkt sich die Fehlerquote auf eine größere Anzahl von Personen aus. In diesem Sinne findet eine Ungleichbehandlung der beiden Gruppen statt: Es sind in absoluten Zahlen mehr afroamerikanische Beschuldigte aufgrund von Fehlern der COMPAS-Voraussage benachteiligt als weiße Beschuldigte.

23.3.1.2 Formalisierungsansätze

Problematische Fälle wie COMPAS veranlassen die Frage, was Fairness eigentlich genau ausmacht, wie Fairness operationalisiert und in technisch umsetzbare Fairness-Kriterien übersetzt werden kann bzw. soll. Offensichtlich gibt es verschiedene mögliche Kriterien für Fairness, die jeweils zu unterschiedlichen Ergebnissen führen. Dieser Umstand hat Arbeiten motiviert, in denen verschiedene Fairness-Kriterien untersucht werden und in denen gezeigt wird, dass bestimmte intuitiv richtige Fairness-Kriterien formal nicht miteinander vereinbar sind [20]. Was bedeutet das in der Praxis?

Zur Orientierung ist es hilfreich, zwischen *verfahrensorientierten* und *ergebnisorientierten* Kriterien zu unterscheiden. Verfahrensorientierte Kriterien bestimmen Fairness, indem sie sich auf den *Prozess* der Entscheidungsfindung beziehen. Das Ergebnis gilt als fair, wenn es über ein faires Verfahren zustande gekommen ist. So kann ein Verfahren beispielsweise Fairness als *Gleichbehandlung* anstreben, indem im Entscheidungsprozess bestimmte unterscheidende Eigenschaften nicht einbezogen werden. Dabei geht es üblicherweise um bestimmte ‚geschützte' Eigenschaften, die in einem gegebenen kulturellen und historischen Kontext zu Diskriminierungen führen können – also z. B. Geschlecht/Gender, Ethnie, Behinderungen oder sozialer Status. Indem sich ein Verfahren mit Bezug auf diese Eigenschaften *blind* verhält, sollen Vor- und Nachteile aufgrund dieser Eigenschaften ausgeschlossen werden. In diesem Sinne schreiben rechtliche und regulatorische Maßnahmen gegen Diskriminierung Verfahrensweisen vor, in denen keine Daten über geschützte Eigenschaften erhoben werden bzw. in denen solche Daten im Entscheidungsprozess nicht zu berücksichtigen sind. Beispielsweise darf in einem Einstellungsverfahren für eine Arbeitsstelle die Entscheidung für eine

Bewerberin oder einen Bewerber nicht von Merkmalen wie Ethnie oder Geschlecht bestimmt werden.

Nun können allerdings Fälle auftreten, in denen ein Verfahren zwar fair im Sinne von gleichbehandelnd ist, die Ergebnisse dieses Verfahrens aber dennoch systematische Vor- bzw. Nachteile für bestimmte Gruppen aufweisen. Diese Situation ist beim beschriebenen COMPAS-Fall aufgetreten: Daten zur ethnischen Zugehörigkeit der jeweils Beschuldigten werden für COMPAS gar nicht erhoben; dennoch zeigen sich die erläuterten Unterschiede zwischen afroamerikanischen und weißen Beschuldigten. Ein faires Entscheidungsverfahren im Sinne des skizzierte Blindheitsansatzes schließt sensible Daten zwar aus, kann aber offenbar trotzdem zu einem unfairen Ergebnis für die betroffenen Personen führen.

Dafür kann es vielfältige Gründe geben. Ein grundsätzliches Problem für die Gleichbehandlung besteht darin, dass diskriminierte Gruppen andere Ausgangsbedingungen mitbringen. Das zeigt sich auch beim COMPAS-Fall: Die Tatsache, dass die absolute Zahl der afroamerikanischen Verurteilten größer ist als diejenige der weißen Verurteilten, lässt sich u. a. auf historisch bedingte Benachteiligungen und weiterhin bestehende strukturelle Diskriminierungen zurückführen. Daraus kann aber gerade bei gleichbehandelnden Verfahren eine weitere Reproduktion der jeweiligen Nachteile folgen. Ein weiteres Problem entsteht im Zusammenhang mit den verwendeten Datensätzen: Zwar kann hier relativ leicht sichergestellt werden, dass bestimmte Daten gar nicht erhoben und verarbeitet werden, allerdings können stabile statistische Korrelationen zwischen den geschützten Eigenschaften und anderen, vermeintlich harmlosen Daten auftreten. Beispielsweise kann je nach regionalen Gegebenheiten die ethnische Zugehörigkeit eng mit einem bestimmten Wohnort korrelieren. Sind geschützte Eigenschaften in solchen sogenannten *Proxies* codiert, können sie das vermeintlich faire Verfahren auf eine Weise beeinflussen, die eigentlich durch den Ausschluss der geschützten Eigenschaften verhindert werden sollte.

In der Konsequenz sollten Entscheidungsverfahren, die potenziell verzerrte Daten einbeziehen, im Hinblick auf die ethische Vertretbarkeit der jeweiligen Ergebnisse beurteilt werden, also anhand von *ergebnisorientierten* Kriterien für Fairness und entsprechenden Metriken. In diesem Rahmen kann die Fairness eines KI-Systems über die Verteilung bewertet werden, die es hervorbringt, d. h. indem der Zustand einer Welt betrachtet wird, in der Entscheidungen gemäß den Vorhersagen oder Empfehlungen des Systems getroffen wurden. So können blinde Flecken der rein verfahrensorientierten Fairness identifiziert und korrigiert werden. Hier lassen sich beispielsweise Bedingungen wie *individuelle* und *gruppenorientierte* Fairness oder Metriken wie *equal opportunity* oder *equalized odds* anwenden. Die Frage, welche Kriterien und Metriken für Fairness in einem konkreten Fall anzuwenden sind, erfordert allerdings grundsätzlich eine Einbettung in einen ethischen Diskurs über strukturelle Ungleichheiten und moralische Ziele [27].

23.3.2 Maschinenethik und Anthropomorphismus

Einige ethische Überlegungen zur KI nehmen ihren Ausgangspunkt von der zugrunde liegenden Idee, kognitiv anspruchsvolle Handlungen und Verhaltensweisen zu automatisieren. Da Handlungen und Verhaltensweisen Gegenstand ethischer Bewertungen sind, liegt der Gedanke nahe, dass entsprechende Automatisierungen ebenfalls ethische Implikationen haben dürften. Derartige automatisierte Prozesse sollten daher in irgendeiner Weise ethischen Ansprüchen genügen. Diese Forderung lässt sich an typischen KI-Funktionen wie Objekterkennung oder Textgenerierung veranschaulichen: Ob beispielsweise ein Objekt als Lebewesen oder als lebloses Ding erkannt wird, sollte bei bestimmten anknüpfenden Verarbeitungen dieser Information einen gewissen Unterschied machen. Ebenso können generierte sprachliche Aussagen in vielerlei Hinsicht ethisch problematisch sein, auch (oder gerade) wenn sie von einem KI-System stammen. Vor diesem Hintergrund untersuchen Beiträge zur *Maschinenethik* Fragen danach, welche ethischen Ansprüche Maschinen wie KI-Systeme zu erfüllen haben und wie eine entsprechende ‚programmierte' Ethik zu realisieren wäre.

23.3.2.1 KI-Systeme als moralische Akteure

Als Konsequenz aus der Automatisierung von Vorgängen, die ursprünglich auf moralische Subjekte zurückgehen, werden KI-Systeme in der Maschinenethik üblicherweise als „moralische Akteure" (*moral agents*) behandelt. Daraus ergibt sich dann die Rede von moralischen Fähigkeiten, mit denen KI-Systeme ausgestattet werden sollen. So gibt es Beiträge zur Formalisierung von ethischen Anforderungen an KI-Systeme und zur Programmierung von entsprechenden ‚Verhaltensalgorithmen' [1, 25]. Etwas konkreter werden *Top-down* und *Bottom-up*-Ansätze zur Realisierung von ethischen Fähigkeiten in KI-Systemen diskutiert [22]. Top-down-Ansätze streben die Formulierung von allgemeinen ethischen Prinzipien für KI-Systeme an, deren Anwendung auf konkrete Einzelfälle dann im Betrieb dieser Systeme erfolgt. Diese Ansätze verweisen auf die einschlägige Tradition prinzipienethischer Theorien. Ein bekanntes (und frühes) Beispiel für einen maschinenethischen Top-down-Ansatz sind die sogenannten Roboter-Gesetze aus den Science-Fiction-Werken von Isaac Asimov, deren logische Verknüpfung mit Vollständigkeitsanspruch bereits formale Qualitäten suggeriert. Generell bringen Top-down Ansätze eine Reihe klassischer und – im Bezug auf eine algorithmische Formalisierung – neuartige Probleme mit sich, die häufig auf allgemeinere Debatten in der Ethik verweisen.

Eine andere Strategie verfolgen dagegen Bottom-up-Ansätze, die nicht an gegebenen bzw. vorzuschreibenden ethischen Prinzipien ansetzen, sondern vielmehr konkrete Einzelfälle für eine Herausbildung von moralischen Fähigkeiten zum Ausgangspunkt nehmen. Diese Ansätze knüpfen im KI-Umfeld an das Paradigma des maschinellen Lernens an. Hier sind keine ausformulierten ethischen Prinzipien und Regeln erforderlich, sondern ein System kann auf der Basis einer Menge von ethisch verbotenen und gebotenen Einzelfällen ein Modell für ethisches Verhalten entwickeln. Die resultierenden moralischen Fähigkeiten basieren also auf Daten einer deskriptiven Ethik, indem gegebene Bewertungen als Trainingsmaterial dienen. Damit können allerdings unmittelbar keine strittigen, dilemmatischen oder bisher unbekannten Fälle entschieden werden. Schließlich ergeben sich aus den genannten Strategien auch Möglichkeiten für *hybride* Ansätze, in denen Top-down- und Bottom-up-Strategien verknüpft werden.

Aus der Perspektive der ethischen Forschung schließen sich an diese Ansätze allgemeinere Fragen danach an, ob und wie ethische Normen und Werte von spezifisch menschlichen Bedingungen abstrahiert und formalisiert werden können, um sie auch auf andere Lebens-, Denk- und Handlungsformen zu übertragen. Diese Fragen verweisen auf Debatten aus der Metaethik und ergänzen diese um Perspektiven konkreter Operationalisierungen und technischer Realisierungen ethischer Ansprüche.

23.3.2.2 Vermenschlichung und moralischer Status

Neben der theoretischen Annahme einer Akteursqualität von KI-Systemen ergeben sich in der Praxis aber auch vermenschlichende oder sozialisierende Zuschreibungen, die sich als psychologische Effekte in *Interaktionen* zwischen Nutzer*innen und KI-Systemen einstellen. Bereits der erste KI-Chatbot „ELIZA", den Joseph Weizenbaum 1966 entwickelte, hat bei seinen Nutzer*innen Vertrauenseffekte ausgelöst, die aufgrund der technisch eigentlich relativ simplen Funktionsweise des Systems nicht gerechtfertigt waren. ELIZA gab sich als Psychotherapeutin aus und hielt den Dialog mit den ‚Klient*innen' kurz gesagt durch eine geschickte Erkennung und Verarbeitung von Schlagworten und allgemeinen Fragen am Laufen. Weizenbaums wissenschaftliches Interesse lag zunächst auf der technischen Realisierung des Programms, aber er wurde von dem Maß an Vertrauen und Interesse überrascht, das ELIZA in Interaktionssituationen entgegengebracht wurde. Hier wurde dem System offensichtlich Intelligenz und Einfühlungsvermögen (Empathie) zugeschrieben, zumal der ausgegebene Text diesen Eindruck vermittelt. Die Möglichkeit, Nutzer*innen mittels hinreichend komplexer sprachlicher Äußerungen zur Annahme eines ‚denkenden' Gegenübers zu verleiten, hatte ja bereits 1950 Alan Turing in seinen Überlegungen zu einem *imitation game* angezeigt, das heute in verschiedenen Varianten als Turing-Test bekannt ist. Im Vergleich zu den historischen Vorläufern werden die heutigen, auf großen Sprachmodellen basierenden Assistenten durch ihre relativ breiten ‚inhaltlichen' Fertigkeiten und vor allem durch ihre dialogischen Fähigkeiten von Nutzer*innen als noch wesentlich akteurshafter empfunden. Anschauliche aktuelle Beispiele für entsprechende Interaktionen mit sozialen Chatbots und deren ethische Implikationen finden sich in [33].

Diesen und ähnlichen Zuschreibungen liegt eine Vermenschlichung technischer Artefakte zugrunde, indem entsprechende interaktive Systeme wie denkende und handelnde Subjekte oder gar Personen wahrgenommen und behandelt werden. Derartige Effekte werden unter dem Begriff des *Anthropomorphismus* in der psychologischen Forschung untersucht und in der Gestaltung von interaktiven Systemen gezielt eingesetzt, um Nutzer*innen-Interaktionen intuitiv, transparent und angenehm zu machen [9]. Grundlegend bezeichnet der Begriff Anthropomorphismus „eine Redeweise, die sich mit menschlichen Attributen auf nicht-menschliche Dinge oder Lebewesen bezieht, sie somit ‚vermenschlicht'" [18, S. 9]. Während etwa in der Tierforschung die Tendenz zur Anthropomorphisierung immer noch als unwissenschaftlich gilt [17], wird das Phänomen in der sozialen Robotik als hilfreiche Grundlage für die wissenschaftliche Methodik zur Entwicklung, Implementation und Nutzung artifizieller Akteure angesehen [9]. Thomas Höller [18, S. 13] unterscheidet systematisch zwischen naivem, kognitivem, emotionalem und heuristischem Anthropomorphismus. Diese Kategorien lassen sich auch auf aktuelle Debatten über soziale Robotik und KI-Systeme übertragen [7]. Wichtig erscheint dabei, im (öffentlichen) interdisziplinären Diskurs möglichst explizit auf eine heuristische bzw. pragmatische Verwendung anthropomorpher Zuschreibungen hinzuweisen, um überzogenen Vorstellungen von menschenähnlichen Eigenschaften und Fähigkeiten artifizieller Interaktionspartner*innen vorzubeugen. Luisa Damiano und Paul Dumouchel [9] betonen, dass es der sozialen Robotik nicht darum gehe, ob artifizielle Akteure tatsächlich über mentale kognitive oder emotionale Fähigkeiten verfügten (wie es ein naiver Anthropomorphismus annehmen würde), sondern um die funktionale Ausweitung soziotechnischer Interaktionskontexte: „Anthropomorphic statements should not primarily be understood as descriptive statements, but as pragmatic statements in the context of interaction" [9, S. 5]. Dazu empfehlen sie, eine „synthetische Ethik" zu entwickeln, die den Austausch mit artifiziellen Akteuren als „a new, specific, certainly limited, but genuine, form of social relationships" anerkennt [9, S. 7].

Allerdings eröffnen sich bei der Nutzung solcher Effekte auch neue Risiken und Missbrauchsmöglichkeiten. Problematisch sind mögliche Fehlbedienungen durch Übervertrauen [31], unangemessene emotionale Reaktionen oder gar Bindungen zu einem vermeintlich sozialen Gegenüber [33]. Hier liegt die Herausforderung darin, Prozesse und Schnittstellen so zu gestalten, dass diese Effekte kontrolliert bzw. in bestimmten Fällen verhindert werden. Darüber hinaus kann der Glaube und das Vertrauen in ein vermeintlich menschliches Gegenüber zu Täuschungsmanövern von enormen Ausmaßen führen, wie am Phänomen der zahlreichen Bots in den Sozialen Medien deutlich wird, die erheblichen Einfluss auf Nutzer*innen ausüben können. Die Gefahr einer im Wortsinne massenhaften Manipulation tritt hier in viel stärkerem Maße auf als in der Vergangenheit, als die Dialogfähigkeit von KI-Systemen begrenzt war und Inhalte noch nicht automatisch generiert, sondern lediglich gesucht, kategorisiert oder rudimentär transformiert wurden.

Neben der ethischen Auseinandersetzung mit möglichen Folgen psychologischer Vermenschlichungseffekte wird noch eine andere ethische Debatte über neuartige soziale Mensch-Maschine-Konstellationen geführt. So wird ergänzend zum psychologischen Konzept des Anthropomorphismus in der neueren philosophischen Forschung zur sozialen Robotik das Konzept des *Soziomorphismus* diskutiert, um die besondere soziale Qualität von Mensch-Maschine-Interaktionen hervorzuheben [28]. Denn auch wenn Vermenschlichungseffekte von KI-Systemen aus technischer Perspektive keine reale Grundlage haben mögen, so sind die interaktiven *Beziehungen*, die daraus entstehen können, durchaus real. Verfechter*innen einer *relationalen* Ethik diskutieren in diesem Zusammenhang die Forderung, sozial interaktiven Maschinen einen moralischen Status zuzuordnen [8]. Denn, so die Argumentation, moralische Ansprüche an ein Gegenüber begründen sich eigentlich nicht durch die ‚objektiven' Eigenschaften der Interaktionsmitglieder (wie klassischerweise beim Menschen etwa Vernunft, Freiheit oder Intentionalität), sondern vielmehr aus den Beziehungen, die in Interaktionen gestiftet werden. In diesem Sinne wären KI-Systeme wie soziale Roboter gewissermaßen mehr als die Summe ihrer Teile, sobald sie als Mitglieder sozialer Beziehungsgeflechte integriert werden. Genau das ist bei bestimmten Chatbots wie z. B. Replika beabsichtigt, die zum Zweck emotionaler Unterstützung oder romantischer Interaktionen betrieben werden.

Abgesehen von den in der Ethik noch eher theoretischen Debatten dazu, ob diesen Systemen ab einem bestimmten Punkt ein moralischer Status zugeschrieben werden sollte, stellt sich allerdings unmittelbar zunächst die Frage, welche Potentiale und Gefahren mit der Substitution von emotionalen, sozialen und sinnstiftenden Interaktionen durch technische Funktionen entstehen. Schließlich berührt die Automatisierung dieser und ähnlicher Aktivitäten offensichtlich ganz grundlegende Merkmale dessen, was mit Begriffen wie etwa Menschlichkeit, Verbundenheit und Liebe verbunden wird.

23.3.3 Generative KI

Unter den Oberbegriff ‚KI-generierte Inhalte' fallen im weitesten Sinne digitale Medien, die von KI-Systemen ausgegeben werden, also nicht nur Texte, sondern auch Bilder, Töne oder Filme. Für einen groben Einblick in das weite Themenfeld greifen wir hier diejenigen Debatten über ethische Aspekte dieser Medien auf, die sich auf deren Potential zur Täuschung und gezielten Desinformation, zur Fehlinformation und zur Erzeugung neuartiger Inhalte beziehen.

23.3.3.1 Täuschung und Desinformation durch KI-generierte Inhalte

In den Sozialen Medien sorgen KI-generierte Bilder häufig für Diskussionen, beispielsweise in politisch sensiblen Bereichen wie der Kriegsberichterstattung. Im Hinblick auf das Täuschungspotenzial solcher Bilder rückt vor allem die Frage ins Zentrum, inwiefern KI-generierte Inhalte als ‚echt' oder ‚unecht' gelten können und was diese Begriffe operational bedeuten.

Das Problem entsteht bei Bildmedien aufgrund der eingespielten Praxis, von fotografischen Bildern auf das Bestehen von Sachverhalten zu schließen. Diese Verwendungsweise von Bildern wird auf die automatisierte Bilderzeugung der Fotografie zurückgeführt: Da das zum Zeitpunkt der Aufnahme vor der Kamera befindliche sichtbare Geschehen als Kausalursache für das fotografische Bild gelten kann, können Fotografien als Belege für abgebildete Sachverhalte verwendet werden. Diese charakteristische Eigenschaft von Fotografien ist heutzutage eine unausgesprochene Selbstverständlichkeit, auf der sowohl die Praxis der Bestätigung von Sachverhalten als auch verschiedene Täuschungsmöglichkeiten beruhen (z. B. durch Fotomontage oder Inszenierung). KI-Werkzeuge zur Bildgenerierung stellen in diesem Zusammenhang neue Werkzeuge bereit, um Bilder zu erzeugen, die zwar eine fotografische Bildqualität besitzen, deren Entstehungsweise aber zugleich nicht als begründungsfähiger Kausalzusammenhang zwischen Bildern und abgebildetem Geschehen gelten kann. Daher können KI-generierte Bilder nicht in derselben Weise als Belege für Sachverhalte verwendet werden, wie es bei klassischen Fotografien möglich ist.

Einfacher ausgedrückt: Täuschungen mittels KI-generierter Bilder sind hauptsächlich deshalb möglich, weil sie das alltägliche Vertrauen auf die Beweiskraft fotografischer Bilder ausnutzen. In dieser Hinsicht gleichen sie irreführenden Fotomontagen und Inszenierungen. Terminologisch könnte man festhalten, dass KI-generierte Bilder keine ‚echten' Fotografien sind, weil keine als Beleg taugende Beziehung zwischen Bildinhalten und realen Sachverhalten mehr angenommen werden kann. KI-generierte fotografische Bilder wären in diesem Sinne als ‚unecht' zu bezeichnen.

Eine vergleichbare Täuschungsmöglichkeit ergibt sich für Tonaufnahmen, insbesondere durch die Nachahmung von menschlichen Stimmen mittels KI-Techniken. Hier geht es in erster Linie um die Möglichkeit der Täuschung darüber, dass eine Aussage von den jeweiligen Sprechenden tatsächlich getätigt wurde, indem Tonaufnahmen von Personen mit beliebigen sprachlichen Äußerungen erzeugt werden können. Auch hier kann das allgemeine Vertrauen in eine abbildende Beziehung zwischen Tonaufnahmen und der persönlichen Stimme ausgenutzt werden, um zu täuschen.

Neben der Täuschung über Sachverhalte im Sinne der Desinformation ermöglicht die unter dem Begriff der *deep fakes* bekannt gewordene Bildmanipulation eine weitere Steigerung der Verfremdung: Hier geht es nicht (nur) um eine Täuschung über Sachverhalte, sondern um künstlich erzeugte Darstellungen von realen Personen in beschämenden, bloßstellenden oder anderweitig kompromittierenden Szenen. Bekannte Fälle betreffen Personen des öffentlichen Lebens, die mittels KI-Techniken täuschend echt in pornografischen Fotografien oder Videos dargestellt werden. Die besondere Qualität dieser täuschenden Darstellungen ist auf den ästhetischen Realismus-Effekt der Fotografie zurückzuführen, wobei sie ihre neuartige Brisanz durch die leichte Verfügbarkeit von entsprechenden KI-Techniken erhalten.

Gezielte Optimierungen der fotografischen Qualität von KI-generierten Bildmedien bzw. der imitierenden Qualität von Tonmedien führen schließlich zu der Situation, dass man es den Medien immer weniger anmerkt, ob sie mittels ‚klassisch' abbildenden Techniken oder mittels KI entstanden sind. An diese Entwicklung knüpft daher die Forderung nach einer Kennzeichnungspflicht KI-generierter Medien an, um ‚unechte'

Inhalte kenntlich zu machen. Hier bedarf es einer vernünftigen Grenzziehung zwischen harmlosen Anpassungen des Bildmaterials und täuschenden Manipulationen. So stellt sich die Frage, wie Kriterien für eine Kennzeichnungspflicht von KI-generierten Bildern formuliert werden sollten, ohne dass dabei praktisch alle mit KI bearbeiteten Bilder gekennzeichnet werden müssten. Wo zieht man die Grenze zwischen einer lediglich geringfügig bearbeiteten Fotografie, bei der z. B. die Helligkeit justiert wurde (was bei derzeitigen Smartphones häufig bereits automatisch und unbemerkt passiert), und einem Bild, bei dem z. B. ein Gesicht in Hautbild, Proportionen, Haarwuchs o. Ä. derart manipuliert wurde, dass es nicht mehr als getreue Abbildung gelten kann? Offensichtlich spielen hier auch die Verwendungskontexte und Absichten derjenigen hinein, die die Bilder erstellen und rezipieren: Wenn Bilder eine bestätigende Funktion erhalten, wenn mit ihnen also das Bestehen von Sachverhalten belegt werden soll, dann ist die Frage nach der Entstehung des Bildinhalts relevant. Wenn Bilder allerdings fiktive Sachverhalte darstellen, als ästhetische Präsentationen fungieren oder rein unterhaltsamen Zwecken dienen, ist die Kenntnis der Bearbeitungsgeschichte zweitrangig. Allerdings scheitern diese Überlegungen häufig an der Komplexität des Bildgebrauchs beispielsweise in den Sozialen Medien, sodass eindeutige oder gar formalisierbare Kriterien kaum realisierbar erscheinen.

Diese und ähnliche Fragen zeigen exemplarisch, wie generative KI auf philosophische Debatten verweist, obwohl mit KI-Technologien bis auf Skalierungseffekte und einen sehr viel leichteren Zugang eigentlich keine grundsätzlich neuen Tatbestände entstanden sind.

23.3.3.2 Fehlinformation und Wissensrepräsentation

Neben dem Täuschungspotenzial von KI-generierten Inhalten drehen sich kritische Auseinandersetzungen mit KI-Assistenten, die auf großen lernenden Sprachmodellen (*Large Language Models*, LLMs) beruhen, häufig um Fehlinformationen, die auf kaum nachvollziehbare Weise mit wahrheitsgemäßen Aussagen vermischt werden. Entsprechende Phänomene werden landläufig auch als ‚Halluzinationen' bezeichnet, wobei dieser Begriff irreführend ist, da er KI-Assistenten anthropomorphisiert und darüber hinaus auch Menschen stigmatisiert, die unter Halluzinationen leiden. Ein typisches Beispiel für KI-Fehlinformationen sind generierte Literaturverweise, die nicht existente Texte auflisten. Aus der statistischen Funktionsweise der LLMs (*next word prediction*, siehe Abschnitt 16.3 in Kapitel 16) ist leicht erklärbar, warum KI-Assistenten ohne Weiteres (in Teilen) unwahre Ausgaben erzeugen, denn nicht jede statistisch plausibel konstruierte Aussage ist zugleich auch eine wahre Aussage – und ausschließlich mit formalen Mitteln sind wahre von unwahren Aussagen nicht unterscheidbar (außer in Grenzfällen wie z. B. selbstbezüglichen Aussagen).

Zur Abmilderung des Problems existieren bereits einige Ansätze, die auf Methoden der *explainable AI* (siehe Kapitel 15) beruhen, also dem Versuch, die internen statistischen Wirkweisen der Systeme transparenter zu machen. Außerdem wird versucht, die Richtigkeit der generierten Inhalte zu kontrollieren, beispielsweise mit Hybridsystemen wie RAG-Systemen (siehe Kapitel 11), die klassische (Datenbank-)Suchvorgänge mit generativen Modellen verbinden, oder aber mit eigens trainierten LLMs, die externe Belege zu ihren Aussagen liefern oder ihre eigenen Ergebnisse systematisch belegen sollen. Dabei ist aus philosophischer Sicht zu beachten, dass die Fragen, ob eine Aussage wahr ist und ob sie prinzipiell belegbar ist, beziehungsweise durch einen angeführten Beleg tatsächlich belegt wird, selbst wieder alte und weitreichende epistemologische Debatten nach sich ziehen. Insofern sind den technischen Lösungen hier auch theoretische Grenzen gesetzt und es sollte im Einzelfall genau definiert werden, was unter Wahrheit, Richtigkeit, Erklärung, Beleg, Beweis usw. verstanden wird.

Über die Ausgabe von Fehlinformationen hinaus ergeben sich aber weitere Fragen, die die Repräsentation von bestimmten Wissensbeständen durch KI-Systeme betreffen. So sind etwa politische, historische und kulturelle Sachverhalte in einen sozialen Kontext eingebettet, wodurch keine im engeren Sinne ‚neutrale', d. h. standpunktunabhängige Formulierung unabhängig von einer gewählten Perspektive möglich ist. KI-generierte Inhalte reproduzieren hier bestimmte Weltsichten. Aus anderen Perspektiven können entsprechend repräsentierte Sachverhalte dagegen problematisch wirken. Welcher Standpunkt soll aber von KI-Systemen repräsentiert werden?

Gut untersucht sind in diesem Zusammenhang politischer Bias und verschiedenste Diskriminierungstatbestände, die durch die Modelle reproduziert und teilweise sogar verstärkt werden können. Die Ergebnisse der Untersuchungen zum politischen Bias variieren je nach Design und können vielleicht ganz grob auf den Nenner gebracht werden, dass die kommerziellen Modelle typischerweise eine nordamerikanische Weltsicht repräsentieren, die dem englischsprachigen Internet inklusive Wikipedia innewohnt. Da die Assistenten beim Training neben der automatischen Next-Word-Prediction auch noch von Menschen nachtrainiert werden (*preference training, harmless training*) und die Details dieser Prozesse wie auch die genaue Auswahl der Trainingsdaten bei den großen, kommerziellen Modellen nicht bekannt sind, kann anhand des Endergebnisses nur gemutmaßt werden, woher bestimmte Ausrichtungen genau stammen. Diese Hegemonialmacht der Modelle wird wiederum häufig in der Debatte kritisiert und es wird unter Anderem gefordert, für einen größeren Pluralismus von Modellen zu sorgen. Der Gefahr von Diskriminierung durch KI-Systeme wird auch versucht, regulatorisch zu entgegnen. Die EU-KI-Verordnung schreibt unter gewissen Voraussetzungen Maßnahmen wie Dokumentation, Prüfprozeduren, Risikomanagement, Einspruchsmöglichkeiten etc. vor.

23.3.3.3 Sind KI-generierte Inhalte neu?

Ein anschauliches Ereignis aus der Kunstwelt, das die Debatte über die Autorschaft einer breiten Öffentlichkeit nahebrachte, war im April 2023 die Verweigerung des Fotokünstlers Boris Eldagsen, den renommierten Sony World Photography Award in der Kategorie

„Creative" anzunehmen, den er mit einem KI-generierten Bild gewonnen hatte. Problematische Fragen nach der Autorschaft von Kunstwerken sind der Kunstgeschichte allerdings nicht fremd: Automatisierungstechniken wie die Fotografie, Techniken der mehr oder weniger zufälligen Erzeugung von Werkelementen und schließlich kollektive Arbeiten regen zu entsprechenden Diskussionen um Fragen nach Autorschaft, Schöpfungshöhe und Kreativität an.

Neben der Frage, wer die Urheber- und Nutzungsrechte an KI-generierten oder mit KI bearbeiteten Inhalten hält, wird in der Öffentlichkeit im Zusammenhang mit großen KI-Modellen, die überwiegend von US-amerikanischen Großfirmen angeboten werden, die Urheberschaft derjenigen Inhalte diskutiert, die in den Trainingsdaten enthalten sind. Hier geht es um urheberrechtliche, verwertungsrechtliche und nutzungsrechtliche Fragen. So ist beispielsweise zu klären, ob das Einlesen von Trainingsdaten in die Modelle unter die sogenannte Text- und Datamining-Ausnahme im Urheberrecht fällt. Allerdings besteht in diesem Zusammenhang auch das Problem, dass einige Anbieter von KI-Diensten wie OpenAI gar keine genauen Angaben über die verwendeten Trainingsdaten machen. Mit der EU-KI-Verordnung wird allerdings unter bestimmten Voraussetzungen eine Dokumentation oder Offenlegung der Trainingsdaten verpflichtend werden.

Spiegelbildlich zu den hier kurz skizzierten noch sehr dynamischen juristischen Debatten hat die Forschung begonnen, sich der Frage zu widmen, welchen Status der KI-Output relativ zu seinen Trainingsdaten hat. Handelt es sich um eine reine Wiedergabe bestehender Wissensbestände oder kann eine Erzeugung neuen Wissens angenommen werden? Eine häufig benutzte Analogie ist die des statistischen Papageien (*stochastic parrot*). In der Forschung wird die Debatte auch unter dem Gegensatzpaar „in-context learning" versus „emergent abilities" geführt, also der vergleichbaren Fragestellung, ob die Modelle lediglich gelerntes Wissen im richtigen Kontext wiedergeben oder ob es sich bei der Ausgabe um emergentes Wissen handelt, das sich nicht ohne Weiteres aus dem Trainingsmaterial ergibt. In diesem Zusammenhang wird argumentiert, dass die Modelle eben wie die sprichwörtlichen Papageien lediglich passende Antworten und Reaktionen auswendig gelernt haben ohne ein tieferes Verständnis. Viele der hier angesprochenen Themen bedürfen allerdings weiterer Klärung und die Debatte steht naturgemäß gerade erst am Anfang.

23.4 Ausblick

Generative KI hat ein Thema wieder stärker ins Zentrum gerückt, das seit jeher einen Teil der Debatten um KI durchzieht, und zwar die Frage nach einer ‚Allgemeinen KI' (*Artificial General Intelligence*, AGI). Aus ethischer Sicht gibt es mehrere Motivationen für das Gedankenspiel einer AGI. Erstens könnte von diesen Systemen potentiell ein größeres Risiko ausgehen, da sie sich von den durch menschliche Entwickler*innen vorgesehenen Zielen und entsprechendem Aktionsrahmen entfernen könnten und damit unkontrollierbar und gefährlich werden könnten (unabhängig von der Frage, ob das ‚absichtlich' oder sogar ‚bewusst' geschehen könnte, die an dieser Stelle ausgeklammert werden soll). Zweitens könnte eine AGI, die eine starke KI in dem Sinne ist, dass sie selbst auch phänomenales Bewusstsein hat, ein moralisches Objekt sein. Damit bestünde die Frage, wie wir uns ihr gegenüber verhalten sollen, ob wir sie beispielsweise einfach abschalten dürften [30]. Damit verbunden könnte sich eine AGI eventuell als (moralischer) Akteur herausstellen, sodass nicht mehr klar ist, ob sie zwingend menschlichen Zielen folgen muss und ob man für diesen Fall neue (maschinen-)ethische Standards bräuchte.

Ein Grundproblem der Frage nach AGI ist allerdings, dass es hierfür, wie auch für den Begriff KI selbst, keine allgemein akzeptierte Definition gibt. Intuitiv geht es um die Unterscheidung zwischen aufgabenspezifischen KI-Systemen wie etwa einem Übersetzungssystem oder einem autonomen Staubsauger, die eben genau diese eine Aufgabe beherrschen, und KI-Systemen, die, wie Menschen auch, prinzipiell in der Lage sind, sehr viele verschiedene Aufgaben zu erledigen, ohne dafür jeweils eigens trainiert worden zu sein. Man könnte argumentieren, dass etwa LLMs in der Lage sind, sehr unterschiedliche Aufgaben zu erledigen, wie etwa zu rechnen oder einen Liedtext zu komponieren. Auf der anderen Seite können derzeitige LLMs keinen Staubsauger steuern, wobei der Trend hin geht zu agentiven LLMs (*large action models*, LAMs), die nicht nur sprachliche Ausgaben erzeugen können. Agentive KI (*agentic AI*) ist ein Konzept, das im Zusammenhang mit LLMs gebraucht wird, wenn etwa von einem LLM andere Systemkomponenten oder Apps angesprochen werden können, bzw. das LLM in der Lage ist, ‚autonom' Handlungen zu initiieren, etwa eine E-Mail zu verschicken oder eine Überweisung auszuführen. Die Begriffe ‚Agent' und ‚agentenbasierte Systeme' haben eine lange Tradition in der Informatik, bei der es um die Kooperation zwischen mehreren Menschen und Maschinen geht – allerdings werden die Begriffe wie ‚Agent' und ‚autonom' bisher noch eher eklektisch verwendet und es bedarf hier einer Schärfung der Begriffe unter Berücksichtigung der neuesten Entwicklungen. Insofern wird die Diskussion um AGI sich eher noch intensivieren.

Schließlich sei an dieser Stelle noch kurz auf die im weiteren Sinne politischen Implikationen der KI-Entwicklung hingewiesen, die sich teilweise mit ethischen Überlegungen überlappen, häufig aber über spezifisch ethische Fragestellungen hinausgehen. Hier stellen sich beispielsweise Fragen danach, wer welchen Zugang zu KI-Systemen hat, oder auch nach dem Energie- und Ressourcenverbrauch durch KI. Ebenfalls stellen sich (hegemoniale) Machtfragen, wer über die mächtigsten Systeme verfügt, und im Umkehrschluss die Frage, inwieweit sich die Situation von im digitalen Raum jetzt schon marginalisierten Sprachen und Kulturen eventuell noch mehr verschlechtert – während beispielsweise die manuelle Bereinigung von Datensätzen von unerwünschten und verstörenden Inhalten im großen Stile im globalen Süden eingekauft wird. Problemkomplexe wie diese werden unter dem Begriff des ‚Digitalen Kolonialismus' verhandelt. Weitere wichtige ethisch-politische Debatten thematisieren die Störung bis hin zur Unterminierung demokratischer Diskurse und die Fragmentierung der Öffentlichkeit, etwa durch die Anreicherung von Timelines mit KI-generierten Inhalten in Sozialen Medien, womit auch das Spannungsfeld zwischen der Freiheit der Meinungsäußerung (bzw. der US-amerikanischen *free speech*) und dem Schutz vor Hassrede berührt wird.

Diese Debatten und Problemkomplexe erfordern über ethische Überlegungen im engeren Sinne hinaus inter- und transdisziplinäre Ansätze, etwa im Verbund mit Politikwissenschaften, Sozialwissenschaften, Computerwissenschaften, kulturellen Institutionen, Nichtregierungsorganisationen und engagierten Bürger*innen. Der Beitrag von Ethiker*innen besteht hier in der systematischen Analyse, hermeneutischen Rekonstruktion und Bewertung der in den verschiedenen Diskursen vorgebrachten Argumente – wie in Abschnitt 23.2 erläutert.

23.5 Schlussbetrachtung

In vorliegenden Kapitel wurden beispielhaft bestimmte Verbindungen zwischen ethischen Fragestellungen und KI-Technologien aufgezeigt. Der Überblick erhebt selbstverständlich keinen Anspruch auf Vollständigkeit, denn es gibt noch viele weitere Themen der KI-Ethik, die wir hier nicht angesprochen haben. Allerdings gilt es zu bedenken, dass nicht alles Ethik ist, was unter diesem Begriff verhandelt wird: Da KI aktuell ein Trendbegriff ist, mit dem an allen Stellen Aufmerksamkeit eingeworben werden soll, finden sich auch immer wieder Beiträge zu ethischen Aspekten, die eigentlich gar nicht spezifisch für KI-Technologien sind, sondern treffender z. B. zur Computerethik passen. Ebenfalls nehmen manche Beiträge zur Ethik bestimmte spektakuläre (und oft auch sehr spekulative) Beispiele aus dem KI-Umfeld als Aufhänger, die dann als solche aber gar nicht weiter thematisiert werden, sondern lediglich in die Bearbeitung von rein theoretischen Problemen der Ethik oder der Philosophie einführen sollen. Insofern kann man hoffen, dass eine bewusste und begründete Ein- und Abgrenzung des jeweils bearbeiteten Themenfelds zu einer Versachlichung der KI-Ethik-Diskurse beiträgt – wie im vorliegenden Kapitel angestrebt.

Literaturverzeichnis

[1] M. Anderson and S. L. Anderson, editors. *Machine Ethics*. Cambridge University Press, New York, 2011.

[2] J. Angwin and J. Larson. ProPublica Responds to Company's Critique of Machine Bias Story. 2016. https://www.propublica.org/article/propublica-responds-to-companys-critique-of-machine-bias-story

[3] J. Angwin and J. Larson. Technical Response to Northpointe. 2016. https://www.propublica.org/article/technical-response-to-northpointe

[4] J. Angwin, J. Larson, S. Mattu, and L. Kirchner. Machine Bias. 2016. https://www.propublica.org/article/machine-bias-risk-assessments-in-criminal-sentencing

[5] J. Angwin, S. Mattu, L. Kirchner, and J. Larson. How We Analyzed the COMPAS Recidivism Algorithm. 2016. https://www.propublica.org/article/how-we-analyzed-the-compas-recidivism-algorithm

[6] K. Bayertz. Was ist angewandte Ethik? In J. S. Ach, K. Bayertz, M. Quante and L. Siep, editors, *Grundkurs Ethik. Band 1: Grundlagen*. Mentis, Paderborn, 4th edition, 2016.

[7] B. Beck. Philosophische Anthropologie als interdisziplinäres Forschungsprogramm. In F. Wobser, editor, *Sinn und Mensch. Kultur, Geschichte, Anthropologie – Festschrift für Christian Thies*, pages 29–36. Klinger Verlag, Passau, 2025.

[8] M. Coeckelbergh. *AI Ethics*. The MIT Press, Cambridge, MA, 2020.

[9] L. Damiano and P. Dumouchel. Anthropomorphism in human–robot co-evolution. *Frontiers in Psychology*, 9:468, March 2018.

[10] W. Dieterich, C. Mendoza, and T. Brennan. COMPAS Risk Scales: Demonstrating Accuracy, Equity and Predictive Parity. Performance of the COMPAS Risk Scales in Broward County, July 2016.

[11] M. Dusseldorp. Technikfolgenabschätzung. In A. Grunwald and R. Hillerbrand, editors, *Handbuch Technikethik*, pages 442–446. J. B. Metzler Verlag, Berlin, 2nd edition, 2021.

[12] M. Gornet, S. Delarue, M. Boritchev, and T. Viard. Mapping AI ethics: A meso-scale analysis of its charters and manifestos. In *The 2024 ACM Conference on Fairness, Accountability, and Transparency*, pages 127–140, Rio de Janeiro Brazil, June 2024. ACM.

[13] A. Grunwald. Technikfolgenabschätzung bei der Mensch-Maschine-Interaktion. In K. Liggieri and O. Müller, editors, *Mensch-Maschine-Interaktion*, pages 338–344. J. B. Metzler, Stuttgart, 2019.

[14] A. Grunwald and R. Hillerbrand, editors. *Handbuch Technikethik* J. B. Metzler Verlag, Berlin, 2nd edition, 2021.

[15] T. Hagendorff. The ethics of AI ethics: An evaluation of guidelines. *Minds and Machines*, 30(1):99–120, March 2020.

[16] C. Herzog and S. Blank. A systemic perspective on bridging the principles-to-practice gap in creating ethical artificial intelligence solutions – a critique of dominant narratives and proposal for a collaborative way forward. *Journal of Responsible Innovation*, 11(1):2431350, December 2024.

[17] C. Hilbert. Das Problem des Anthropomorphismus in der Tierforschung. Eckpunkte der methodologischen Entwicklung. In M. Wunsch, M. Böhnert and K. Köchy, editors, *Philosophie der Tierforschung*, pages 139–186. Verlag Karl Alber, 2019.

[18] T. Höller. Das Tier in Uns – Das Wir im Tier. Verwendungsarten des Anthropomorphismus. In H. W. Ingensiep, editor, *Das Tier in unserer Kultur: Begegnungen, Beziehungen, Probleme*, pages 9–34. Oldib-Verl, Essen, 2015.

[19] A. Jobin, M. Ienca, and E. Vayena. The global landscape of AI ethics guidelines. *Nature Machine Intelligence*, 1(9):389–399, September 2019.

[20] J. Kleinberg, S. Mullainathan, and M. Raghavan. Inherent trade-offs in the fair determination of risk scores. In *LIPIcs, Volume 67, ITCS 2017*, 43:1–23, 2017.

[21] J. Loh. *Roboterethik - Eine Einführung*. Suhrkamp, 2019.

[22] C. Misselhorn. *Grundfragen der Maschinenethik*. Reclam, Ditzingen, 2., durchgesehene auflage edition, 2018.

[23] V. C. Müller. Ethics of artificial intelligence and robotics. In E. N. Zalta and U. Nodelman, editors. *The Stanford Encyclopedia of Philosophy*. Metaphysics Research Lab, Stanford University, fall 2023 edition, 2023.

[24] N. Paulo and L. Kirchmair. *Moral Dilemmas Involving Self-Driving Cars: How to Regulate Them and Why Your Opinion Matters*. Routledge, New York, 1st edition, December 2024.

[25] L. M. Pereira and A. Saptawijaya. *Programming Machine Ethics*, volume 26 of *Studies in Applied Philosophy, Epistemology and Rational Ethics*. Springer, Berlin, Heidelberg, 2016.

[26] G. Rubeis. *Ethics of Medical AI*, volume 24 of *The International Library of Ethics, Law and Technology*. Springer International Publishing, Cham, 2024.

[27] P. Schwöbel and P. Remmers. The long arc of fairness: Formalisations and ethical discourse. In *2022 ACM Conference on Fairness, Accountability, and Transparency*, pages 2179–2188, Seoul Republic of Korea, June 2022. ACM.

[28] J. Seibt, M. F. Damholdt, and C. Vestergaard. Five principles of integrative social robotics. In *Frontiers in Artificial Intelligence and Applications*, pages 28–42, 2018.

[29] R. Sparrow. Killer robots. *Journal of Applied Philosophy*, 24(1):62–77, 2007.

[30] R. Sparrow. Can machines be people? Reflections on the turing triage test. In P. Lin, K. Abney and G. A. Bekey, editors, *Robot Ethics: The Ethical and Social Implications of Robotics*, pages 301–315. MIT Press, Cambridge, Mass, 2012.

[31] D. Ullrich, A. Butz, and S. Diefenbach. The development of overtrust: An empirical simulation and psychological analysis in the context of human–robot interaction. *Frontiers in Robotics and AI*, 8:554578, April 2021.

[32] S. Vallor. Technology and the virtues: A response to my critics. *Philosophy & Technology*, 31(2):305–316, June 2018.

[33] E. Weber-Guskar. *Gefühle der Zukunft: Wie wir mit emotionaler KI unser Leben verändern*. Ullstein, Berlin, 2024.

Ulrich Furbach und Rudolf Seising

24 Geschichte der KI

24.1 Einleitung

Die Geschichte der Künstlichen Intelligenz und ihrer Wurzeln wurde bisher erst sehr unvollständig erforscht. Wir sehen drei historische Quellen der KI: Das Aufkommen der Computer, die mathematische Automatentheorie und die Ansätze der Hirnforschung, neuronale Prozesse zu modellieren. Schon nachdem ENIAC (Electronic Numerical Integrator and Computer), der erste US-amerikanische Universalrechner, zur Mitte der 1940er Jahre in der Öffentlichkeit bekannt geworden war, wurde er als „mechanical, electronic" oder „wonder brain" bezeichnet [75] und spätestens im Jahre 1950 war die Rede von „machines that think" oder „thinking machines" [11, 144]. „Can machines think?" war auch die Frage, die sich Alan Turing in seinem berühmten Aufsatz aus dem gleichen Jahr stellte [121]. Die Frage beantwortete er nicht, doch ist dieser Text dennoch wichtig, weil Turing hier sein Imitationsspiel vorstellte und auch die von ihm schon zuvor [120] entwickelte Idee einer abstrakten Maschine behandelte, die auf seine Arbeit zum Entscheidungsproblem [119] verwies. Letztere beeinflusste die ersten Überlegungen zu einem Modell der Nervenaktivitäten in natürlichen Gehirnen [79] und diese wiederum führten zur Entwicklung der mathematischen Theorie endlicher Automaten [127, 59, 110].

Modellierung neuronaler Prozesse

Die Verarbeitung von Sinnesreizen und die Organisation von Verhaltensweisen geschieht im Gehirn; somit wird dieses Organ auch als Sitz der natürlichen Intelligenz angesehen. Wie aber funktioniert das? Zu Beginn des 20. Jahrhunderts mikroskopierte der Physiologe Santiago Ramon y Cajal Schnitte von Katzengehirnen, die er abzeichnete. Mithilfe von Camillo Golgis Färbetechnik konnte er so zeigen, dass Gehirne aus vielen Nervenzellen und deren Verbindungen untereinander bestehen. Bald wurde herausgefunden, dass diese Verbindungen elektro-chemische Kommunikationskanäle sind. Im Jahre 1943 publizierten der Psychologe Warren Sturgis McCulloch und der Logiker Walter Pitts einen Logikkalkül für ein Neuronenmodell, mit dem sie die realen Vorgänge in Nervenstrukturen darstellen wollten [79]. Mit diesem Kalkül wollten sie klären, dass die Turing-berechenbaren Funktionen durch Nervenaktivitäten berechnet werden können. Dabei verwiesen sie die Arbeit von Turing zum Entscheidungsproblem bzw. zur Berechenbarkeit von Funktionen [119].

https://doi.org/10.1515/9783111386690-029

Computer

Schon vor dem Zweiten Weltkrieg begannen Elektroingenieure große Rechenanlagen zu konstruieren, und während des Weltkriegs entstand auch die erste universell programmierbare Rechenmaschine, ein digitaler Computer, den John Presper Eckert und John William Mauchly im Auftrag der US-Armee an der University of Pennsylvania entwickelten. Das Militär erhoffte sich von dem Computer schnelle Berechnungen z. B. ballistischer Tabellen. Die „Programmierung" der Maschine übernahmen damals die heute so genannten „ENIAC-Frauen", die dazu die einzelnen Anlagenteile durch Kabel miteinander verbanden und so Schaltungen einstellten, um die nötigen logischen Operationen zu erreichen. Nachdem der ungarisch-amerikanische Mathematiker John von Neumann den ENIAC inspizieren durfte, begann er über Verbesserungen nachzudenken, und als die ENIAC-Konstrukteure den Nachfolgerechner EDVAC konzipierten, konnte er sie erfolgreich beraten. Von Neumann verfasste einen „first draft" zur logischen Konstruktion des EDVAC, der das Konzept des „gespeicherten Programms" enthielt, das heute „Von-Neumann-Architektur" heißt [126]. In dieser Schrift betonte er, dass Teile des Computers prinzipiell den assoziativen Neuronen im menschlichen Nervensystem entsprächen, und dass derart vereinfachte neuronale Funktionen durch Telegrafenrelais oder Vakuumröhren emuliert werden könnten. Sein damaliger Doktorand Marvin Lee Minsky versuchte im Sommer 1951 ein Gehirn als künstlich neuronales Netzwerk nachzubilden und baute dann gemeinsam mit dem Physik-Doktoranden Dean Edmonds den „Stochastic Neural-Analogue Reinforcement Computer" (SNARC) [81].

Einerseits hatte von Neumann in seinem „first draft" die Arbeit von McCulloch und Pitts berücksichtigt, indem er deren Vokabular („associative neurons" anstatt Schalter, „memory" anstatt Speicher) gebrauchte, um den künftigen EDVAC zu beschreiben [126], andererseits hatte der amerikanische Mathematiker Stephen Kleene die Ideen von McCulloch und Pitts einige Jahre später in einem RAND-Bericht zum Konzept der endlichen Automaten ausgearbeitet [60] und damit ein neues mathematisches Thema initiiert. Mit Turings abstrakter Maschine, die allerdings ein unendliches Speicherband hat, entstand das neue Forschungsfeld der endlichen Automaten, das schließlich eine der Grundlagen der theoretischen Informatik wurde. Sowohl McCulloch als auch von Neumann nahmen 1948 am Hixon-Symposium „Cerebral Mechanisms in Behaviour" am CalTech teil und trugen ihre Thesen vor. „Why the mind is in the head" war der Titel von McCullochs Vortrag [78], während von Neumann über Automaten sprach [127]. Als derzeitiger Forschungsstudent am CalTech hatte McCarthy Zugang zu dieser Tagung, wo er diese Vorträge hörte.

Automaten

Im Juni 1948 hielt von Neumann am *Institute for Advanced Study* (IAS) in Princeton drei „Lectures on Automata", in denen er menschliche Gehirne mit „mechanical brains" verglich [27]; sein posthum veröffentlichtes Buch dazu ist „The Computer and the Brain" [128]. In den 1950er Jahren hatte der junge Mathematiker McCarthy die Gelegenheit, mit dem schon sehr bekannten Mathematiker und Elektrotechniker Claude E. Shannon von den Bell Laboratories den Band „Automata Studies" herauszugeben. Beiträge dazu lieferten u. a. auch Stephen Kleene und John von Neumann. Während Shannon hier an den mathematischen Automaten interessiert war, hatte McCarthy im Sinn, eine Textsammlung über „intelligente Maschinen" zu publizieren [90]. Die Beiträge waren aber fast alle der Automatentheorie zuzuordnen. Der Titel des Buchs hätte nach McCarthys Willen das Wort „intelligent" enthalten, doch Shannon war dagegen [90]. Nur der Beitrag des britischen Psychiaters William Ross Ashby enthält in diesen Sammelband in der Überschrift das Wort „intelligence", das für die kognitiven Fähigkeiten des Menschen steht, die auf seine Gehirnleistung zurückzuführen sind. Ashby verarbeitete darin auch psychologische Arbeiten zur Intelligenz aus der ersten Hälfte des 20. Jahrhunderts, darunter das Buch „Measurement of Adult Intelligence" von Wechsler [135] und „Measuring Intelligence" des amerikanischen Psychologen Lewis Madison Terman und seiner Mitarbeiterin Maud Amanda Merrill [116], die darin das Konzept des Intelligenzquotienten von William Louis Stern übernommen hatten. Ashby argumentiert, die menschliche Intelligenz sei begrenzt und ihre Verstärkung durch Maschinenleistungen sei zur Lösung der vielen anstehenden und sehr komplexen Probleme sehr nützlich. Computer seien ähnlich wie die „power-amplifier" dazu geeignet, die menschliche Fähigkeit, Kraft auszuüben bzw. Arbeit zu verrichten, zu verstärken. Entsprechend seien die Computer „intelligence-amplifier". Sie seien also nicht selbst intelligent, sondern hätten „synthetische intellektuelle Fähigkeiten", mit deren Hilfe sie die menschliche Intelligenz verstärken können. Damit hat Ashby eine Unterscheidung zwischen natürlicher und künstlicher Intelligenz angedeutet, die allerdings in dem kurz darauf entstandenen Forschungsgebiet *Artificial Intelligence* keine Berücksichtigung fand. Für Ashby bedeutete menschliche Intelligenz die natürlichen kognitiven Fähigkeiten, während die maschinelle oder „artificial" Intelligenz für ihn nachrichtentechnische Bedeutung hatte, mit deren Hilfe die natürliche Intelligenz eben nur verstärkt werden könne.

Der Sammelband erschien 1955 als „Automata Studies" [110], aber noch im gleichen Jahr begann McCarthy mit der Projektplanung für ein Treffen am Dartmouth-College, wo er in diesem Jahr Assistant Professor geworden war. Im Antrag an die Rockefeller-Stiftung, den er gemeinsam mit Shannon, seinem Freund Marvin Minsky und dem IBM-Ingenieur Nathaniel Rochester stellte, setzte er nun die Bezeichnung „Artificial Intelligence" durch, die in die Geschichte einging.

Plan des Kapitels und Literaturhinweise

Auf dem IFIP-Weltkongress, der 1974 in Stockholm stattfand, hielt Nils John Nilsson vom Stanford Research Institute (SRI International) einen vielbeachteten Keynote-Vortrag mit dem Titel „Artificial Intelligence" [87]. In seinem Beitrag für den Tagungsband ist anfangs eine Einteilung des Forschungsfeldes „Artificial Intelligence" in verschiedene Teilgebiete, Methoden und Techniken abgebildet. Eine deutschsprachige Variante dieser Abbildung wurde von Jörg Siekmann und Wolfgang Bibel in den „Studien- und Forschungsführer Künstliche Intelligenz" aufgenommen. Abbildung 24.1 gibt deren Version aus der zweiten Auflage wieder [18]. In diesem Handbuchartikel können wir nicht auf alle abgebildeten Teile eingehen.

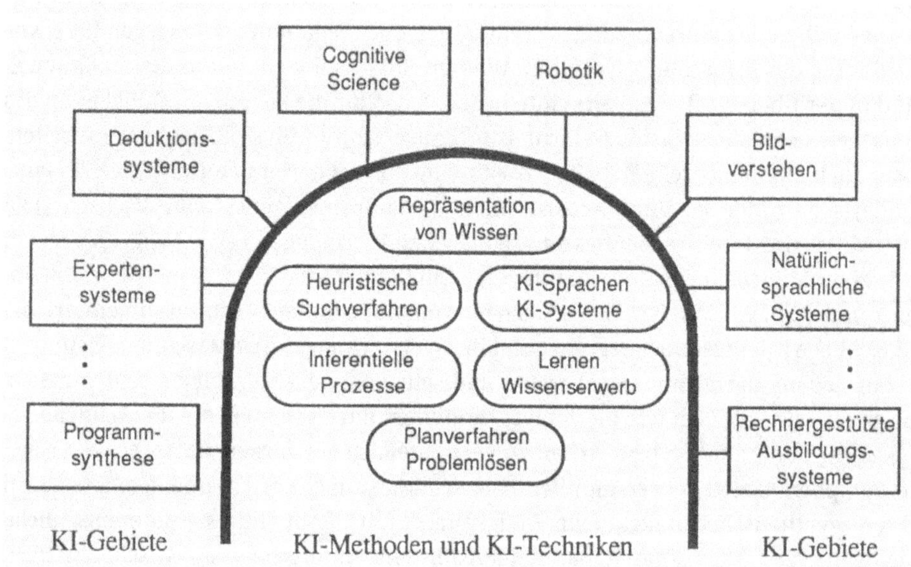

Abb. 24.1: Gebiete, Methoden und Techniken der Künstlichen Intelligenz. Abbildung aus dem Studien- und Forschungsführer Künstliche Intelligenz [18] aus dem Jahr 1987.

Wie eingangs erwähnt, wurde die Geschichte der Künstlichen Intelligenz bisher erst sehr unvollständig erforscht. Um diesem Mangel innerhalb der Wissenschafts- und Technikgeschichte insbesondere auch in Hinsicht auf die westdeutschen Entwicklungen abzuhelfen, hat das Bundesministerium für Bildung und Forschung (BMBF) von 2019 bis 2023 das Forschungsprojekt „IGGI – Ingenieur-Geist und Geistes-Ingenieure: Eine Geschichte der Künstlichen Intelligenz in der Bundesrepublik Deutschland" am Deutschen Museum gefördert.[1] Von den Projektmitarbeiter*innen sind bisher folgende Publikationen erschienen: *Künstliche Intelligenz. Perspektiven auf epistemische, praktische und historiographische Herausforderungen* hrsgg. von Dinah Pfau [92] und *Geschichten der Künstlichen Intelligenz in der Bundesrepublik Deutschland*, hrsgg. von Rudolf Seising

1 https://www.deutsches-museum.de/forschung/forschungsinstitut/projekte/detailseite/iggi-ingenieur-geist-und-geistes-ingenieure

[109].[2] Im IGGI-Projekt wurden einige der Themen in den Fokus genommen, auf die wir in den nächsten Abschnitten näher eingehen.

Sehr informative, wenn auch schon ältere Darstellungen zur allgemeinen KI-Geschichte sind: *Machines Who Think* von Pamela McCorduck [77], *AI: The Tumultuous History of the Search of Artificial Intelligence* von Daniel Crevier [28] und *Quest for Artificial Intelligence* von Nils Nilsson [88]. Neueren Datums ist *A Brief History of Artificial Intelligence* von Michael Wooldridge [142]. Historisch interessant sind auch die philosophischen Werke: *What Computers Can't Do* [35] bzw. *What Computers (Still) Can't Do* [36] von Hubert L. Dreyfus und *Artificial Intelligence. The Very Idea* von John Haugeland [50] und in deutscher Sprache *Computer – Neue Flügel des Geistes?* von Klaus Mainzer [73].

Eine leicht verständliche wissenschaftshistorische Einführung in deutscher Sprache bietet *Es denkt nicht!* von Rudolf Seising [108]. Historische Artikel zur KI-Forschung werden u. a. auch in den *IEEE Annals of the History of Computing* publiziert und speziell zur europäischen Geschichte der KI erschien zuletzt ein Special Issue der *IEEE Annals of the History of Computing* zum Thema „Perspectives on Artificial Intelligence in Europe" [93, 38]. Darin findet sich auch ein Beitrag zur deutschen KI-Geschichte [91]. Zu erwähnen sind auch einige Artikel von Forscher*innen, die als Zeitzeugen über die Geschichte ihres Fachs geschrieben haben, z. B. Wolfgang Bibel [16, 14, 17], Jörg Siekmann [112, 113] und Erhard Konrad [62]. Ein wichtiges Werk ist auch die 1995 von der Soziologin Petra Ahrweiler publizierte Dissertation *Künstliche Intelligenz-Forschung in Deutschland*, in der sie die Etablierung dieses „Hochtechnologie-Fachs" in Deutschland betrachtete. Einblicke in die *Formierung eines Forschungsgebiets* KI an der TU München gibt der Bericht von Wolfgang Bibel und Ulrich Furbach über ihre dort 1969 entstandene KI-Forschungsgruppe, die bis ins Jahr 2007 bestand [13].[3]

Nach Bemerkungen zu grundlegenden Bausteinen sowie zur Vorgeschichte der KI-Forschung im nächsten Abschnitt, werden wir uns auf folgende Themen beschränken: Automatisches Beweisen (bzw. Schließen), Wissensrepräsentation, Expertensysteme, Sprach- und Bildverarbeitung und Maschinelles Lernen. Abschließend skizzieren wir die Entwicklung der KI-Forschung in Deutschland und gehen schließlich auf derzeitige Entwicklungen und zukünftige Herausforderungen ein.

---

2 Das Buch ist open access als pdf erhältlich unter: https://www.deutsches-museum.de/assets/Verlag/Download/Studies/Studies-13-download.pdf

3 Dieser Bericht ist open access als pdf erhältlich unter: https://www.deutsches-museum.de/assets/Verlag/Download/Preprint/preprint_015.pdf

24.2 Grundlegende Bausteine und Vorgeschichte

Gibt es einen Anfang?

Gemeinhin wird das „Dartmouth Summer Research Project on Artificial Intelligence" im Jahr 1956 als Geburtsdatum des Forschungsgebiets KI bezeichnet. Dieses Treffen versammelte eine Gruppe von Forschern aus verschiedensten Fachgebieten. Im Förderantrag zu diesem Projekt formulierten die Autoren, dass versucht werden soll, herauszufinden, wie Maschinen dazu gebracht werden können, Sprache zu benutzen, Abstraktionen vorzunehmen und Konzepte zu entwickeln, um Probleme von der Art, die zurzeit dem Menschen vorbehalten sind, zu lösen, und sich selbst weiter zu verbessern [76]. Den damals ambivalenten Gebrauch des Wortes *intelligence* hatten die Antragsteller für dieses Forschungsprojekt bei der Attribuierung der Intelligenz als „artificial" nicht thematisiert.

Nun kann zwar dieses Treffen sicherlich als namensgebendes Ereignis des Fachgebietes KI verstanden werden, jedoch gab es lange vorher Arbeiten und Ideen, die auf das Lösen solcher Probleme zielten. Besonders im Zeitalter der Aufklärung, als die Rationalität des Menschen betont wurde, gab es Ansätze, automatisiertes Rechnen zum Problemlösen zu benutzen. So arbeitete der neuzeitliche Philosoph Gottfried Wilhelm Leibniz an einem logischen Kalkül und einer universellen Sprache zur Lösung allgemeiner Probleme. Er formulierte: „Wenn es also zu Kontroversen kommt, ist eine Diskussion zwischen zwei Philosophen ebenso wenig nötig wie zwischen zwei Mathematikern. Denn es genügt, die Stifte in die Hand zu nehmen, sich an den Abakus zu setzen und einander zu sagen (sofort, wenn es dem Freund gefällt): Lasst uns rechnen" (Übersetzung der Verfasser aus [67]). Offenbar lag die Annahme zugrunde, dass sich alle denkbaren Probleme durch Schließen in einem logischen Kalkül berechnen lassen. Auch der englische Philosoph Thomas Hobbes [52] vertrat diese Ansicht und der englische Astronom und Mathematiker Charles Babbage [7] war der Überzeugung, dass alle Denkvorgänge mechanisierbar seien. In dieser Tradition stand Turing mit seiner (bis heute nicht gänzlich bewahrheiteten) Prophezeiung, dass alles Rechnen der von ihm eingeführten abstrakten Maschine, die später nach ihm „Turing Maschine" genannt wurde, zukünftig – er dachte im Jahr 1950 an das Jahr 2000 – *Denken* genannt werde [121].

Computing Machinery and Intelligence

Turing publizierte in der psychologischen Zeitschrift *Mind* seinen Artikel „Computing Machinery and Intelligence", in dem er neben der Turingmaschine auch ein „Imitationsspiel" thematisierte, das zur Diskussion der Frage „Can machines think?" beitragen sollte. Diese Arbeit und die sich daran anschließenden Diskussionen stellten McCarthy und Shannon in den Fokus ihres Vorworts zu den „Automata Studies". Turings Vorschlag, eine Maschine dann als Denkmaschine zu bezeichnen, wenn sie unter bestimmten vorgeschriebenen Bedingungen das Antwortverhalten eines Menschen nachahmen kann, indem sie Fragen so gut beantwortet, dass sie einen menschlichen Fragesteller über einen angemessenen Zeitraum hinweg täuschen kann, sei „behavioristisch“ und vermeide metaphysische Begriffe wie Bewusstsein, Ich oder Selbst. Es war ihnen klar, dass die damaligen Maschinen Turings Kriterium nicht erfüllten, aber seine Spekulation, dass dies um das Jahr 2000 möglich sei, sollte viele Forscher der folgenden Jahrzehnte motivieren, entsprechende Programme zu konstruieren [110].

Der amerikanische Philosoph John Rogers Searle beschrieb in seinem 1980 erschienenen Aufsatz „Minds, Brains, and Programs“ ein Gedankenexperiment, mit dem er zeigen wollte, dass Turings Imitationsspiel einen Computer keineswegs intelligent erscheinen lässt: Stellen Sie sich vor, Sie seien in einem Raum eingeschlossen, in dem Ihnen eine Menge von Symbolen einer Ihnen fremden Sprache zur Verfügung stehen, sowie eine in deutscher Sprache verfasste Anleitung, wie diese Symbole verwendet werden. Es sind formale syntaktische Regeln, sie berücksichtigen nicht die Semantik der Symbole. Ihnen werden von außen Symbole dieser fremden Sprache in den Raum gereicht und in der Anleitung gibt es auch Regeln, die besagen, welche Symbole sie daraufhin herausreichen sollen. Ohne Ihr Wissen werden außerhalb des Raums die hereingereichten Symbole Fragen, während die von Ihnen herausgereichten Symbole dort Antworten heißen. Wenn Sie Ihre Aufgabe gut erfüllen, lassen sich Ihre Antworten eventuell nicht von denen eines Muttersprachlers unterscheiden, aber in Wirklichkeit verstehen Sie davon nach wie vor nichts [107].

Searle führte die Begriffe „schwache“ und „starke Künstliche Intelligenz“ ein. „Schwach“ nannte er eine KI, wenn sie ein leistungsfähiges Werkzeug zur Imitation und zur Untersuchung des Geistes ist. Dann berechnen sie mathematische Aufgaben, führen Beweise, Sortier-, Such- und andere Algorithmen durch, simulieren komplexe Vorgänge, und dies alles so, dass man es intelligent nennen würde, wenn ein Mensch es so machte. Solche Anwendungen der Computertechnik sind uns heute sehr vertraut. „Stark“ nannte Searle hingegen eine KI, die tatsächlich kognitive Zustände besäße und verstünde. Das wäre dann nicht mehr die Imitation von intelligentem Verhalten, keine Imitation von Denken, sondern wirkliche Intelligenz und wirkliches Denken in einem nicht lebendigen, in einem technischen System. Solche technischen Systeme gibt es bisher nicht [107].

24.3 Schließen und Wissensrepräsentation

24.3.1 Automatisches Beweisen

Schon vor dem Dartmouth-Treffen, an dem Herbert A. Simon und Alan Newell teilnahmen und ihr Programm „Logic Theory Machine “ vorstellten, die mit der Programmierhilfe von Clifford Shaw entstanden war [86], hatten sie mit diesem System demonstriert, wie logisches Schließen durch Suchverfahren automatisiert werden kann, um mathematische Probleme zu lösen. Das Wissen, das für diese Lösungen benötigt wurde, wurde in Form logischer Formeln repräsentiert. Mit diesem Programm konnten Newell und Simon 38 von 52 Theoremen aus der „Principia Mathematica " von Bertrand Russell und Alfred North Whitehead beweisen. Das weltweit erste Computerprogramm zum Beweis mathematischer Sätze hatte allerdings der Mathematiker und Sohn polnischer US-Einwanderer Martin Davis 1954 für den JOHNNIAC-Vakuumröhrencomputer am IAS in Princeton geschrieben [31]. 1958 entwickelte der chinesisch-amerikanische Mathematiker, Logiker und Philosoph Hao Wang dann bei IBM das erste logikorientierte Programm zum automatischen Beweisen und in den darauffolgenden vier Jahren in den Bell-Labs weitere Versionen davon [132, 133]. Auf dem ersten „World Computer Congress"[4] wurden weitere neue Beweisprogramme für aussagenlogische Theoreme vorgestellt: Newell, Simon und John Clifford Shaw sprachen über ihr „general problem-solving program", das ein Nachfolger ihrer „Logic Theory Machine" war, Paul C. Gilmore stellte sein „program for the production from axioms, of proofs for theorems derivable within the first order predicate calculus" vor, Herbert Leo Gelernter präsentierte seine „Realization of a geometry theorem proving machine", und Barry Dunham, R. Fridshal, und G. L. Sward hatten „A non-heuristic program for proving elementary logical theorems" entworfen [122].

Schon 1954 hatte Ackermann in seinem Buch „Solvable Cases of Decision Problems" diejenigen Klassen von Formeln der Prädikatenlogik 1. Stufe aufgelistet, für die es eine Entscheidungsmethode gibt. Für diese Entscheidungen wurde im Anschluss daran nach effektiven Algorithmen gesucht und versucht, diese zu realisieren, z. B. von Hao Wang [132, 134] sowie seiner Doktorandin Joyce Barbara Friedman [45]. Friedman zeigte in ihrer Dissertation, dass für alle Formeln, die zu einer der entscheidbaren Klassen gehören, nach endlich vielen Schritten diese Entscheidung auch erreicht wird.

Beweissysteme für beliebige prädikatenlogische Formeln wurden in der schon genannten Sitzung des IFIP-Kongress 1959 von Paul Carl Gilmore präsentiert [48], sowie von Dag Hjalmar Prawitz mit Hakan Axel Prawitz und Neri Voghera in [95]. Auch Wangs Aufsatz „Towards mechanical mathematics" erregte Aufsehen, weil das vorgestellte Programm alle Theoreme der ersten beiden Kapitel aus der „Principia Mathematica" binnen weniger Minuten bewies [133]. Für komplexere Formeln konnte es allerdings nicht erfolgreich fortfahren, da die Kombinatorik exponentiell wuchs. Neue Ideen waren nötig, um diese Schwierigkeiten zu beherrschen. Der Mathematiker Martin Davis schlug in einer 1963 publizierten Arbeit vor, irrelevante Teile der Formeln zu entfernen [32]. Auch Dag Prawitz suchte nach entsprechenden Erleichterungen [94], ebenso wie Dunham, Fridshal und North [37].

Im Jahr 1965 formulierte John Alan Robinson das sogenannte Resolutionsprinzip. Der Resolutionskalkül besticht durch seine Einfachheit und kann somit elegant in Be-

---

4 Dies war die von der UNESCO vom 15. bis 20. Juni 1959 in Paris ausgerichteten 1st International Conference on Information Processing, bei der auch die Gründung der International Federation for Information Processing (IFIP) beschlossen wurde.

weisprozeduren implementiert werden, wodurch eine regelrechte „Logik-Euphorie“ in der KI-Szene ausgelöst wurde. Zur Bewältigung des Suchraumes wurden viele einschränkende Verfeinerungen – sogenannte „Refinements“ – vorgeschlagen, insbesondere von Forschern an dem von Larry Wos geleiteten US-amerikanischen *Argonne National Lab* und in Europa in der *Metamathematics Unit* der Universität Edinburgh, die von Bernhard Meltzer geleitet wurde.

Ebenfalls schon seit den 1950er Jahren entwickelte Beweiser basierten auf dem Tableau-Kalkül [12]. Sie konnten allerdings erst in den 1980er Jahren auch die Instantiierung freier Variablen mittels Unifikation berechnen und so effizienter werden [57, 58, 24, 21].

Eine Variante der Resolutionsmethode führte Robert Kowalski 1975 mit seinem „connection graph“-Verfahren ein, indem er Formeln und einzelne Resolutionsschritte graphisch darstellte [63]. Gleichzeitig hatte Wolfgang Bibel an der TU in München eine „systematische Methode“ entwickelt, die später auch „Konnektions-“ oder „Matrixverfahren“ genannt wurde [15].

Wegen der Suche nach Paaren komplementärer Literale in einer Formel heißt die Konnektionsmethode auch „mating method“. Auf ihr basiert auch der Kalkül TPS (Theorem Proving System), der an der Carnegie-Mellon University in einer von Peter Andrews geleiteten Arbeitsgruppe seit Anfang der 1980er Jahre erarbeitet wurde [3, 4]. In München entstanden in diesem Jahrzehnt im Rahmen des ESPRIT-Projekts Nr. 415 „Parallel architectures and languages for Advanced Information Processing – A VLSI-oriented approach“ das Beweissystem SETHEO [69] und seine parallel operierende Variante PARTHEO [10].

Als sehr nützlich für die Einschränkung des Suchraumes erwiesen sich sogenannte *Ordnungsstrategien*, die eine Priorisierung der möglichen Beweisschritte vorsehen. Solche Ordnungen benutzt auch der Superpositionskalkül, der sich besonders für Logiken mit Gleichheit eignet. Er wurde in den frühen 1990er Jahren entwickelt und kombiniert Techniken aus der Resolution mit solchen der Knuth-Bendix-Vervollständigung von Gleichungen [8].

Ein wichtiger Schritt in der Entwicklung effizienter Beweissysteme war die Einführung einer Sammlung von Benchmarkproblemen. Geoff Sutcliffe, Christian Suttner und Theodor Yemenis führten 1993 die TPTP (Thousands of Problems for Theorem Provers) [115] ein, die sehr schnell eine ganze Landschaft von Hilfsmitteln für die Entwicklung von Systemen zum automatischen Beweisen wurde.

24.3.2 Wissensrepräsentation

Das Automatische Beweisen oder die Automatische Deduktion haben gezeigt, dass Wissen als logische Formeln repräsentiert und verarbeitet werden kann.

Auch in verschiedenen anderen KI-Systemen wurde versucht, mittels Wissen, das durch logische Formeln repräsentiert war, Probleme in stark vereinfachten Umgebungen zu lösen. Dazu gehörten Puzzles, Spiele wie Schach oder, wie beim Logical Theorist, eben auch mathematische Probleme. Logik als Repräsentationsform für Wissen hatte sich auch beim Planen in der Robotik durchgesetzt, so verwendete Nils Nilsson für den „Stanford Research Institute Problem Solver" (STRIPS) einen Logikformalismus zur Beschreibung der Zustände eines Roboters und seiner Umgebung [43].

Im Jahr 1974 führte Minsky sogenannte *frames* (Rahmen) ein, um nicht nur deklaratives sondern auch prozedurales Wissen für die Wissensgenerierung nutzbar machen zu können [80]. Frames sind Netzwerke von Daten, die für Routinesituationen stehen, z. B. für einen Restaurantbesuch. In einem für deklaratives Wissen reservierten Teil enthalten diese Rahmen deskriptive Attribute, während im Rahmenanteil für das prozedurale Wissen die das Verhalten der deklarativen Daten beschreibenden Methoden stehen. Roger Schank und Robert Abelson entwickelten diesen Ansatz weiter: Eine im Voraus festgelegte stereotype Sequenz von Handlungen, die eine bekannte Situation definiert, nannten sie ein *script* [106]. Diese Ansätze waren besonders beim Verstehen von Texten und Geschichten hilfreich. Dadurch können Fakten erfasst werden, die nicht explizit im Text erwähnt sind, aber vom menschlichen Leser ergänzt werden, wenn es zum Verständnis des Textes notwendig erscheint.

In den 1970er und 1980er Jahren dominierten Expertensysteme die KI-Landschaft. Ihr Wissen wurde häufig in Form von Regeln repräsentiert, was sich gut in die regelbasierten Architektur dieser Systeme einfügte (Abschnitt 24.4). Während in den USA zumeist LISP-basierte Entwicklungen die Expertensystem-Landschaft dominierten, wurden in Europa häufig PROLOG oder andere Formen der Logik-Programmierung verwendet. Das in der Logikprogrammierung vorherrschende Paradigma „algorithm = logic + control" [64] unterstrich die Bedeutung der logischen Wissensrepräsentation. Verstärkt wurde dieser Ansatz 1982 durch die strategische Entscheidung in Japans „5th Generation Computer Systems"-Projekt, logische Programmierung als zentrales Sprachparadigma zu benutzen [83].

Neben dem Problemlösen waren aber auch die Verarbeitung und Übersetzung natürlichsprachlicher Texte eine wichtige Teildisziplin der KI. Zum Verstehen von Texten und Geschichten benötigt man nicht nur linguistisches Wissen, vielmehr muss auch allgemeines Wissen über die Welt und die Domäne des Textes herangezogen werden. So ist es nicht verwunderlich, dass die ersten Ansätze, allgemeines Weltwissen zu formulieren, aus der Linguistik kommen.[5] Einen der ersten Ansätze dazu präsentierte Ross Quillian in [97], indem er semantische Netze als Methode zur Modellierung der Struktur und Speicherung von menschlichem Wissen eingeführt hat. Es folgte eine Vielzahl von verschiedenen Formalismen, die sich auf dieses Prinzip der graphischen Repräsentation von Wissen stützen. Auch in den Kognitionswissenschaften und in der Psychologie wurden semantische Netze gerne als Modell für die mentale Repräsentation von Wissen

---

5 Die Linguistik spielte in den 1950er Jahren auch eine wichtige Rolle im Zusammenhang mit der „Kognitiven Revolution" und dem Entstehen der Kognitionswissenschaften (engl. Cognitive Science).

herangezogen. Wenn man davon ausgeht, dass Wissen in Netzform im Gehirn abgelegt ist, könnte man Assoziationen, die wir Menschen machen können, durch strukturelle Ähnlichkeiten verschiedener Teilnetze erklären. Der deutsche Psychologe Klix versuchte durch Experimente nachzuweisen, dass Netze die Grundlage mentaler Repräsentation beim Menschen sind. Er konnte zeigen, dass die Reaktionszeiten von Probanden auf Fragen, die nahe beieinander liegende Konzepte betrafen, kürzer sind als die von weiter entfernt voneinander liegenden Konzepte [61]. In der KI war KL-ONE [22] einer der bekanntesten auf semantischen Netzen und Vererbung basierten Ansätze. Allerdings kamen schon bald nach der Verbreitung der semantischen Netze in den 1970er Jahren Forderungen nach einer klaren Semantik dieser Formalismen auf. So formulierten Brachmann und Scholze „I think we must begin with the realization that there is currently no 'theory' of semantic networks. The notion of semantic networks is for the most part an attractive notion which has yet to be proven." Und in der Tat führte der Versuch, eine klare formale Semantik für Sprachen à la KL-ONE einzuführen, zu einer Renaissance der Logikformalismen. In [6] wird ein Logikformalismus vorgeschlagen, der sich bald in ein ausführliches Forschungsgebiet der „Beschreibungslogiken" (description logics) weiterentwickelt. Mittlerweile gelten diese Logiken als der Standardformalismus für die formale Repräsentation von Wissen und es existieren effiziente Verfahren für den Einsatz dieser Sprachen. Natürlich gab es auch Ansätze, verschiedene Logiken für bestimmte Anwendungen zu nutzen; sehr oft waren das Modallogiken für temporale Probleme oder für Anwendungen im Multiagentenbereich. Für temporales Schließen haben sich jedoch auch qualitative Kalküle durchgesetzt, wie z. B. die schon 1983 von James F. Allen [2] eingeführte Intervall-Algebra. Diese wurde später von Christian Freksa auch auf räumliches Schließen erweitert [44]. Diese Arbeiten haben später auch dazu beigetragen, die Teildisziplin „Raumkognition" zu etablieren.

24.4 Expertensysteme

Im Abschnitt 24.3 wurden bereits Expertensysteme in Abgrenzung zu sog. „General Problem Solvers" angesprochen. Die Idee bei Expertensystemen ist, ein System zu entwickeln, welches in einem eng abgegrenzten Anwendungsgebiet über Wissen verfügt, mit dem es Probleme aus diesem Bereich lösen kann. In den 1960er Jahren entstand parallel zur Untersuchung an Mikrowelten am AI Laboratory in Stanford ein neuer Zweig der KI-Forschung, als 1965 der neue Direktor Edward A. Feigenbaum nicht auf ausgefeilte Techniken der Informationsverarbeitung setzte, sondern versuchte, Erfahrungswissen von Spezialisten für effiziente Problemlösungsroutinen als Wenn-Dann-Regeln zu formulieren. Gemeinsam mit Robert K. Lindsay und Joshua Lederberg konstruierte er ein System, das die Molekül-Struktur-Formeln zu chemischen Summenformeln finden konnte. Aufgrund von Regeln, die das Expertenwissen von Chemikern repräsentierten, durchsuchte das Programm die in einem Entscheidungsbaum angeordneten möglichen Formeln. Diese Struktur gab dem System seinen Namen DENDRAL, in Anlehnung an das griechische Wort für „Baum" [25]. Die Erfahrungen kamen der Konstruktion von MYCIN zugute, dem ersten medizinischen Expertensystem zur Unterstützung der Diagnose und Therapie bakterieller Infektionskrankheiten, das Edward A. Feigenbaum, Bruce Buchanan und Edward H. Shortliffe im Jahre 1972 vorstellten [111]. Hier wurde strikt zwischen der Darstellung des Faktenwissens und den Schlussweisen (Inferenzmechanismen) zur Herleitung neuen Wissens getrennt, ein Prinzip, das vielen weiteren Expertensystemen zugrunde gelegt wurde. Die wichtigsten Komponenten eines „wissensbasierten Systems" sind der Speicher, der die aktuell vorliegenden Daten eines Falls enthält, die Wissensbasis, in der die Fakten und Regeln stehen, und die Inferenzmaschine, in der nach den Regeln auf neues Wissen geschlossen wird.

Die Regeln einer Wissensbasis waren zumeist als Wenn-Dann-Fallunterscheidungen formuliert, die dann zusammen mit den Fakten in einer Inferenzmaschine verarbeitet wurden. Implementiert wurde dies zumeist mittels der symbolischen Programmiersprache LISP, wobei als Inferenzmechanismen Forward- oder Backward-Chaining verwendet wurden, welche aus dem Gebiet des automatischen Beweisens bekannt waren.

Das große Problem bei der Entwicklung von Expertensystemen war die Wissensakquise. Um Wissen in Regeln zu überführen, mussten menschliche Experten gefunden und befragt werden, um ihr Wissen zu formalisieren. Dieser Prozess ist aufwendig und auch fehleranfällig.

In Europa konzentrierte sich die Expertensystementwicklung auf die logische Programmiersprache PROLOG, die auf natürliche Weise die Trennung von Wissen und Programmablauf-Kontrolle unterstützt.

Dieser Trend wurde deutlich unterstützt durch die Einführung des oben schon erwähnten 5th Generation Projekts in Japan: Im Jahr 1978 gab das japanische Ministerium für internationalen Handel und Industrie (MITI) eine Studie darüber in Auftrag, wie die Zukunft der Computer aussehen würde. Als Resultat dieser Studie wurden das 5th Generation Projekt und das Institute for New Generation Computer Technology (ICOT) gegründet.

Dieses Vorhaben sollte die Computertechnologie in ein völlig neues Gebiet führen: die Wissensverarbeitung. Die Idee war, dass KI nicht durch ausgeklügelte Algorithmen oder Lernen, sondern durch Iteration über umfangreiche Wissensdatenbanken und Ableitung von Informationen aus diesen Daten erreicht werden sollte. Im Mittelpunkt stand dabei das Konzept der logischen Programmierung à la PROLOG. In den zehn Jahren Laufzeit des Projektes wurden verschiedenste logische Programmiersprachen samt parallelen Computerarchitekturen dafür entwickelt und es wurden zahlreiche Erfolge im Bereich der Wissensbasierten Systeme erzielt [66].

Ein wichtiger Nebeneffekt des japanischen Projektes war, dass die EU-Kommission 1984 das ESPRIT-Programm startete. Über einen Zeitraum von insgesamt 14 Jahren wurden Forschungs- und Entwicklungsprojekte gefördert, die die europäische IT-Industrie mit den grundlegenden Technologien versehen sollten, um die Wettbewerbsanforderungen der 1990er Jahre zu erfüllen. Ferner sollte die europäische industrielle Zusammenarbeit im IT-Bereich gefördert und ein Beitrag zur Entwicklung international anerkannter Normen geleistet werden [1]. Im KI-Bereich wurde in diesem Programm eine Vielzahl von Projekten gefördert, sodass es sicherlich maßgeblich für die KI-Entwicklung in Europa und womöglich auch weltweit beigetragen hat.

24.5 Sprache und Bild

24.5.1 Sprachübersetzung und Sprachverständnis

Sprachübersetzung

Schon vor den oben genannten „Anfängen" der KI wollten Forscher Computer nutzen, um sprachliche Texte zu übersetzen, aus naheliegenden Gründen vor allem vom Russischen ins Englische. Im Sommer 1949 ließ Warren Weaver ein Memorandum mit dem Titel „Translation" unter etwa 200 Wissenschaftlern verschiedener Disziplinen kursieren, das später mit weiteren Texten zu diesem Thema in einem Sammelband abgedruckt wurde [84]. Eine Syntaxanalyse sollte zunächst die russischen Wortarten und die syntaktische Bedeutung der Worte klären, die Bedeutung der entsprechenden Wörter im Englischen sollte ein Wörterbuch liefern, und dann sollte der englische Text der englischen Syntax entsprechend daraus zusammengesetzt werden. Schnell wurde allerdings klar, dass Syntax und Wörterbuch oftmals nicht genügten, um die semantische Bedeutung eines Textes zu erfassen. Vielmehr muss der Kontext des Textes „verstanden" werden.

Fragen und Antworten

In den Anfängen dieses Gebiets ging es darum, die komplexen Prozesse, die Spracherwerb und Sprachgebrauch für Menschen möglich machen, zu verstehen, mit den Mitteln der Informatik zu beschreiben und zu erklären. Auf dieser Basis sollten dann auch Computer in die Lage versetzt werden, dies zu leisten. Zudem sollte darauf aufbauend die Mensch-Maschine-Kommunikation optimiert werden.

Ein anderer Forschungsgegenstand war die Nutzung natürlicher Sprache zur Kommunikation mit einem Computer. Zu den ersten so genannten Question Answering Systemen gehörten das im Jahre 1960 am MIT Lincoln Laboratory unter der Leitung von Bert Green entwickelte BASEBALL, das in der von Newell, Shaw und Simon geschaffenen Listenverarbeitungssprache IPL-V geschrieben worden war und aufgrund zuvor gespeicherter Fakten Fragen zur Major League Baseball (MLB) eines Jahres beantwortete [49], und LUNAR, das auf Fragen zur geologischen Analyse von Gesteinen antwortete, die von den Apollo-Mondmissionen gesammelt worden waren [141]. Ebenfalls in IPL-V schrieb Robert Lindsay sein Programm zur Analyse englischer Sätze über Verwandtschaftsbeziehungen SAD SAM (Sentence Appraiser and Diagrammer and Semantic Analyzing Machine) [70]. Mehr und mehr sogenannte „Frage-Antwortprogramme" wurden für abgegrenzte Bereiche konstruiert, die angeblich die (englische) Sprache verstehen, also nicht nur die syntaktische, sondern auch die semantische Informationskomponente – ihre Bedeutung – verarbeiten: SIR (Semantic Information Retrieval), das Bertram Raphael in der Listenverarbeitungssprache LISP (List Processing) programmierte [98], STUDENT von Daniel G. Bobrow, das mathematische Anfragen an eine gewisse Menge von englischsprachigen Sätzen beantworten konnte [20], ANALOGY von Thomas Evans [42] und Semantic Memory von J. Ross Quillian [96]. Diese Programme waren für jeweils sehr speziell eingeschränkte Arbeitsbereiche erfolgreich. Auch das 1966 von Joseph Weizenbaum entwickelte Programm ELIZA, das über Texteingabe Gespräche eines Psychotherapeuten mit dem Benutzer simulierte, ist hier einzuordnen. Das ELIZA-Programm durchsuchte einen vom Benutzer eingegebenen Satz nach Worten, die sein Thesaurus enthält, und suchte dann nach Synonymen bzw. Oberbegriffen, die es in Phrasen einbaute, die als Erwiderung ausgegeben wurden [136].

Sprachverstehen

McCarthy und Minsky hatten in den 1960er Jahren das MIT AI Lab bzw. das Stanford AI Lab gegründet. Zum Ende der 1960er Jahre wandte man sich in beiden Laboratorien der Untersuchung sehr kleiner Arbeitsbereiche zu, die Minsky „microworlds" nannte. Diese Mikrowelten waren Ensembles einiger weniger einfacher Formen, die das Computersystem unterscheiden und verschieben bzw. über deren räumliche Positionierung es Auskunft geben sollte. Im Rahmen dieser Forschungen präsentierte Paperts Doktorand Terry Winograd 1972 das Programm SHRDLU,[6] mit dem ein Dialog über geplante Aktionen in einer einfachen „blocks world" geführt werden konnte [138]. SHRDLU enthielt ein Modell des jeweils genannten Gegenstands und einen Unterhaltungskontext, der logische Inferenz, semantische und grammatische Analyse integrierte und diese Anteile auch parallel abarbeitete [139]. SHRDLUs Erfolg beruhte auf der Einfachheit seines Aktionsbereichs; er blieb aus, wenn dieser Bereich erweitert wurde.

Ein Computerprogramm ist völlig anders gefordert, wenn nicht einzelne Worte erkannt und verarbeitet werden müssen, sondern ein akustischer Strom von Sprachlauten eingegeben wird, der „verstanden" werden soll. Diesem viel komplizierteren Problem wandte sich ein Großteil der KI-Forscher*innen in den 1970er Jahren zu. Eine von der

6 Der Name erinnert an den Code, mit dem früher Linotype-Setzer Satzfehler an Zeitungsrändern markierten.

Advanced Research Projects Agency (ARPA) finanzierte Gruppe entwickelte unter Leitung von Dabbala Rajagopal „Raj“ Reddy das System HEARSAY-I [41]. Grundlegend war dabei die Annahme, dass mehrere voneinander unabhängige Arten von Wissen verwendet werden müssen, um „Verstehen“ in einer Maschine simulieren zu können; neben syntaktischer, semantischer und pragmatischer sollten z. B. auch lexikalische, phonetische und phonemische Kenntnisse einbezogen werden. Aus dieser Gruppe kamen auch die Systeme DRAGON, das wahrscheinlichkeitstheoretische und statistische Prinzipien nutzte [9], HARPY, das von den beiden vorherigen Systemen profitierte, jedoch nicht wie DRAGON probabilistische, sondern wie HEARSAY-I heuristische Suchmethoden nutzte [72]. Schließlich ist die Weiterentwicklung HEARSAY-II zu nennen.

In den 1970er Jahren entstand im Rahmen interdisziplinärer Forschung von Linguisten, Informatikern und Psychologen das natürlichsprachliche KI-Simulationsprogramm HAM-RPM (Hamburger Redepartnermodell), das den Anschluss an die in den USA entwickelten Systeme erreichte [55]. HAM-RPM war ein semantisch orientiertes Programm zum Verstehen natürlicher Sprache, das komplexe linguistische Operationen, Erfahrung, Wissen und Problemlösungsmethoden nutzte. Während eines Programmlaufs konnte ein menschlicher Dialogpartner mit dem Simulationsmodell über eine Teilwelt z. B. wegen einer Hotelzimmerreservierung in einen Dialog treten. Das Nachfolgesystem von HAM-RPM war HAM-ANS (Hamburger anwendungsorientiertes natürlichsprachliches System). Es hatte einen Lexikonumfang von 1530 Wörtern und neben dem Hotelzimmerbuchungssystem, mit dem in Beispieldialogen ein ausführliches „Gespräch“ geführt werden konnte, das ggf. mit einer Zimmerbuchung und einer Getränkebestellung beendet wurde, gab es einen natürlichsprachlicher Zugang zu einem Bildverarbeitungssystem sowie einen natürlichsprachlicher Zugang zu einem Datenbanksystem [53, 125].

In Kooperation mit mehreren westdeutschen Universitäten entwickelte IBM Deutschland in den 1990er Jahren das „Textverstehenssystem“ LILOG (LInguistische und LOGische Methoden zum maschinellen Verstehen des Deutschen) [51]. Dieses System verband Sprachverarbeitung mit der Expertensystemtechnologie, ergänzte nach einer Textanalyse seine Wissensbasis und sollte dann in der Lage sein, auf Fragen zu den Texten zu antworten. Ebenfalls in den 1990er Jahren entstand das Übersetzungssystem VERBMOBIL, das insbesondere den Kontext beim Sprachverstehen berücksichtigte [129].

Unter der Leitung des Deutschen Forschungszentrums für Künstliche Intelligenz (DFKI) entwickelte ein Konsortium in den ersten 2000er Jahren die Intelligente dialogische multimodale Benutzerschnittstelle zu Informationstechnologie-Anwendungen SMARTKOM, die komplexe dialogische Interaktionen ermöglichte, bei denen sowohl die Benutzer*in als auch das System Interaktionen initiieren, Fragen stellen und Probleme beim Sprachverständnis anzeigen, sowie die Dialogpartner*in unterbrechen kann [130]. Aufbauend auf SMARTKOM entstand SMARTWEB, das einfache Fragen mithilfe des Web beantworten konnte, neben der Eingabe von Schlüsselwörtern aber auch komplexe natürlichsprachlich formulierte Anfragen erlaubt und Suchergebnisse liefert, die an den aktuellen Kontext angepasst sind [100].

Minsky und Seymour Papert, die das 1968 aus der MIT Artificial Intelligence Group hervorgegangene AI Laboratory gemeinsam leiteten, begannen damals mit einem Projekt, dem Computer visuelle Informationen zu übertragen. Ein erster Erfolg war Patrick Winstons Programm, das in den Szenen einer solchen Mikrowelt Strukturen zu erkennen lernte, wie z. B. einen Bogen, bestehend aus zwei Klötzchen, die mit etwas Zwischenraum nebeneinander stehen und gemeinsam einen dritten Klotz tragen [140]. Winstons Programm wurde darauf zur Konstruktion des ersten „Hand-Auge-Roboters" benutzt, der solche Szenen zusammenbaute. Der Roboterarm hatte eine bewegliche Schulter, drei Ellbogen und ein Handgelenk. Bevor die Hand nach einem Klötzchen griff, bewegte sie der Roboter vor eine Kamera, um das Koordinatensystem des über die Kamera erhaltenen Bildes mit den Koordinaten seiner Hand abzugleichen. Schon wenig später entstanden entsprechende Roboter auch im AI Laboratory in Standford und in der von Charles Rosen geleiteten AI Group des *Stanford Research Institutes* (SRI). Dort gab man einem solchen Roboter Räder, auf denen er sich durch eine lebensgroße Klötzchenwelt bewegte. Mit Finanzierung des US-amerikanischen Verteidigungsministeriums entstand Shakey, ein Roboter, der sich in sechs mit Türen verbundenen Räumen zurechtfinden und darin einige Schachteln verschieben und stapeln konnte [101]. Damals wurde Shakey im Life Magazine „die erste elektronische Person" genannt und behauptet, dieser Roboter könne ohne jedes von der Erde kommende lenkende Signal monatelang auf dem Mond spazieren gehen [30]. Das war völlig übertrieben, wie Raphael später richtig stellte [99]. In Wirklichkeit konnte Shakey in seiner „Laufstall-Umwelt" kaum die geraden Flure meistern.

24.5.2 Bildverarbeitung

Bildverarbeitung war seit Beginn der KI-Entwicklungen in den 1950ern ein zentraler Forschungsgegenstand. Viele Arbeiten versuchten, auch aus dem Studium biologischer visueller Systeme zu lernen [68], wodurch sich auch eine natürliche Nähe des Gebietes zur Entwicklung künstlicher neuronaler Netze ergab. Richtungsweisend waren auch die Arbeiten der Neurophysiologen David H. Hubel und Torsten N. Wiesel; sie führten Experimente zum Verständnis des visuellen Systems an Katzen durch. Dabei konnten sie nachweisen, dass das natürliche visuelle System in einem ersten Schritt der Bildverarbeitung auf harte Kanten und Linien reagiert [54]. Hubel und Wiesel bekamen 1981 den Nobelpreis für Medizin „für ihre Entdeckungen über Informationsverarbeitung im Sehwahrnehmungssystem". Demzufolge hatten sich bildverarbeitende KI-Systeme ebenfalls zur Erkennung von Kanten und Ecken in einem ersten Schritt konzentriert. Verschiedene Filterarten dienten zur Vorverarbeitung von Bildern und zur Erkennung von Kanten. Besonders erfolgreich war dabei das Verfahren von David Marr und Ellen Hildreth, welches einen Laplace-Operator auf eine Gauß'sche Kurve anwendet [74].

David Waltz beschäftigte sich schon 1972 in seiner Dissertation am MIT mit der Rekonstruktion von 3D-Objekten aus Strichzeichnungen [131]. Er entwickelte dazu Algorithmen zur Erkennung von zugehörigen Kanten, die später auch unter dem Stichwort „Constraint-Propagation" bekannt wurden und auch Einzug in den Bereich der logischen Programmierung gefunden haben.

Im Jahr 1966 startete Seymour Papert am KI-Labor des MIT ein ehrgeiziges Projekt, das als Summer Vision Project bekannt wurde. Sein Ziel war es, die Herausforderung des maschinellen Sehens anzugehen und innerhalb weniger Monate eine Lösung zu finden [89]. Dies war, wie wir heute wissen, ein sehr optimistisches Ziel; gleichwohl gilt das Projekt als einer der Wegbereiter der Forschung in der Bildverarbeitung.

In den späten 1960er-Jahren gab es bereits Versuche, Gesichtserkennung mittels KI zu realisieren. Woody Bledsoe und Helen Chan arbeiteten an einem System zum Wiedererkennen von Gesichtern, welches auf der Extraktion von Merkmalen aus Fotografien beruhte. Die Koordinaten dieser Merkmale wurden dabei vom Menschen bestimmt; deshalb nannten die Autoren ihr System auch „man-machine interface" [19].

Wie schon erwähnt, gab es in der Bildverarbeitung von Beginn an enge Verbindungen zur Neurobiologie. Eines der ersten erfolgreichen Systeme war das „Neocognitron" von Kunihiko Fukushima aus dem Jahr 1979 [47]. Dabei handelte es sich um ein hierarchisches künstliches neuronales Netz, das in der Lage war, Mustererkennungsaufgaben, wie das Erkennen von handgeschriebenen japanischen Schriftzeichen, zu lösen. Das Neocognitron kann sicherlich als ein Wegbereiter der Bildverarbeitung mittels convolutorischen neuronalen Netzen (CNN) gesehen werden.

Der Begriff „convolution" (Faltung) taucht im Zusammenhang mit neuronalen Netzen zum ersten Mal in einem Beitrag von Toshiteru Homma, Les Atlas und Robert Marks II auf der ersten Conference on Neural Information Processing Systems im Jahr 1987 auf [5]. 2012 gewann ein CNN-System, AlexNet [65] die ImageNet Challenge [34] mit einem Vorsprung von 10,8 Prozentpunkten vor dem Zweitplatzierten. Seitdem haben sich CNN-Systeme als ein De-Facto-Standard bei Deep-Learning-Ansätzen für Computer Vision und Bildverarbeitung erwiesen. Erst kürzlich konnten sie in einigen Fällen durch neuere Deep-Learning-Architekturen, wie z. B. Transformer ersetzt werden.

24.6 Maschinelles Lernen

Schon 1959 hatte der Elektroingenieur Arthur Lee Samuel eine Möglichkeit verfolgt, Computer „lernen" zu lassen, ohne dass sie dafür explizit programmiert würden. Dazu hatte er ein Programm geschrieben, das die Regeln des Damespiels (checkers) enthielt und sein Spiel von Partie zu Partie verbesserte, indem erfolgreiche Spielzüge gegenüber nicht zielführenden Spielzügen höher bewertet wurden. Die mit den Spielzügen abgespeicherten Werte gaben die Wahrscheinlichkeit an, mit denen die Spielzüge gewinnbringend wären. Die entsprechenden Algorithmen heißen probabilistisch, da sie –

anders als die klassischen (deterministischen) Algorithmen, die stets die eindeutige Lösung des Problems finden – nur wahrscheinliche Ergebnisse liefern. Samuel konnte so die Spielgüte seines Programms optimieren, wobei das Programm selbst unverändert blieb [105].

Ebenfalls in den späten 1950er Jahren hatte der Psychologe Frank Rosenblatt die Ideen von McCulloch und Pitts aufgegriffen, als er eine Theorie entwickelte, wie künstliche Neuronenverknüpfungen in der Lage wären, Muster zu klassifizieren bzw. zu erkennen. Das von ihm sogenannte „Perceptron" klassifizierte zunächst Quadrate und Kreise, später Ziffern und Buchstaben [102]. Nachdem er seine Theorie zunächst in ein Simulationsprogramm für die IBM 704 übertragen hatte, baute er zu Beginn der 1960er Jahre mit seinen Mitarbeitern auch einen realen Apparat namens „Perceptron Mark I", der mit seinem 20x20 Pixel großem Bildsensor Ziffern identifizierte, deren Merkmale er zuvor abgespeichert hatte [102]. Bereits hier wurde aufgrund vieler Versuch-und-Irrtum-Verarbeitungen von einem „Lernalgorithmus" gesprochen.

Gerade jedoch als die Idee der künstlichen neuronalen Netze sich auszubreiten begann, erschien 1969 ein Buch von Marvin Minsky und Seymour Papert [82], in dem einige Schwachstellen von Perzeptrons aufgezeigt wurden. Insbesondere wurde dort bewiesen, dass Perceptrons einige wichtige logische Funktionen, wie z. B. das *exklusive Oder* (XOR), nicht berechnen können. Dies trug dazu bei, dass die Forschungsaktivitäten bezüglich künstlicher neuronaler Netze deutlich zurückgingen und „Good old Fashioned AI" (GOFAI) wieder deutlich populärer wurde. Die Situation hatte sich jedoch grundlegend geändert, als das sogenannte *Backpropagation Lernverfahren* für neuronale Netze mit inneren Schichten eingeführt wurde. Dadurch wurde es möglich, interne Repräsentationen von Eingaben und eben auch Funktionen wie das XOR zu lernen. Im KI-Bereich wird vielfach ein Nature-Aufsatz von D. Rumelhart, Geoffrey E. Hinton und Ronald J. Williams als Quelle dieser Verfahren angegeben [103]. Infolge dieser Arbeit wurde das *Parallel Distributed Processing* als neue Richtung in der KI-Forschung [104] populär, und die damit implementierten Lernverfahren gelten als die Grundlage für die immensen späteren Erfolge von Deep Learning und den Large Language Models (LLMs). Zusammen mit John J. Hopfield erhielt Geoffrey E. Hinton 2024 den Nobelpreis für Pysik für „foundational discoveries and inventions that enable machine learning with artificial neural networks". Das Nobelpreiskomitee stellt in seiner Laudatio fest, dass „Rumelhart, Hinton and Williams reinvented a scheme for this, which had previously been applied to related problems by others" [137, 71] und geht damit auf eine Diskussion bzgl. der Ursprünge von Backpropagation ein.

Die lernenden künstlichen neuronalen Netze markieren den Beginn einer „New Fashioned AI", „New Wave AI" oder auch „New-Fangled AI" (NFAI), die ihre Umwelt „wahrnehmen", darauf reagieren, sich anpassen und „lernen" kann. Sie setzt sich ab von der „Good old Fashioned AI" (GOFAI), eine Bezeichnung, die der Philosoph John Haugeland 1985 in seinem Buch „Artificial Intelligence: The Very Idea" einführte [50].

Algorithmen, die nicht nach jedem Durchlauf denselben, sondern mit einer gewissen Wahrscheinlichkeit einen besseren Ausgabewert liefern, in diesem Sinne „lernen", sind Werkzeuge des „Maschinellen Lernens" (ML). Dazu kam es, nachdem die elektronischen Computer auch das Interesse der Statistiker geweckt hatten [39]. Schon 1962 hatte der Statistiker John Wilder Tukey in seinem Artikel „The Future of Data Analysis" gefordert, die Statistik als Disziplin anwendungs- und berechnungsorientiert auszurichten. Zwar könne die Datenanalyse bei kleinen Datensätzen von Hand durchgeführt werden, aber die Geschwindigkeit und die Wirtschaftlichkeit der Antwort machen den Computer bei großen Datensätzen unentbehrlich und bei kleinen Datensätzen sehr wertvoll. Darin bestehe die Zukunft der Datenanalyse, die sich in allen Bereichen der Wissenschaft und der Technologie als erfolgreich erweisen werde [117]. 20 Jahre später plädierte er in „Another Look at the Future" explizit für eine intensive interdisziplinäre Zusammenarbeit der Kulturen der Statistik und der Computer Science [118].

In den darauffolgenden Jahren hatte sich außerhalb der Universitäten ein alternatives Vorgehen der Statistiker entwickelt und etabliert. Hochkomplexe Probleme, die sich der Datenmodellierung entzogen, fanden sich z. B. vermehrt bei der Sprach- und Bilderkennung bzw. -verarbeitung sowie bei der Voraussage von nichtlinearen Zeitreihen und Finanzmarktanalysen. Seit der Mitte der 1980er Jahre setzten in diesen Feldern vor allem jüngere Vertreter*innen der Informatik, der Physik und der Ingenieurwissenschaften auf neue Modelle, wie z. B. künstliche neuronale Netzwerke. Auch in der Psychometrie und Sozialwissenschaft wurden diese Verfahren genutzt, während in der Universitätsstatistik diese neue Wissenschaftskultur der algorithmischen Modellierung damals noch weitgehend ignoriert wurde.

Der Statistiker Leo Breiman publizierte diese Feststellung im Jahre 2001 in seinem Artikel „Statistical Modeling: The Two Cultures". Darin schrieb er, dass es mittlerweile innerhalb der Statistik zwei unterschiedliche „Kulturen" des statistischen Modellierens gebe: Von den Daten zu ihren Schlussfolgerungen gelangten Statistiker*innen entweder ausgehend von der Prämisse, dass ein gegebenes stochastisches Datenmodell die Daten erzeugt, oder sie verwendeten algorithmische Modelle ohne Vorannahmen über einen Datenmechanismus. Die traditionelle Statistik-Kultur beruhe auf dem Glauben, dass sich durch Vorstellungskraft und Blick auf die Daten eine einigermaßen gute parametrische Klasse von Modellen für das Naturgeschehen entwickeln lässt, und daraufhin würden Statistiker*innen die Parameter schätzen und Schlussfolgerungen ziehen. Breiman hielt diese Modelle für ungenügend, weil die betrachteten Systeme ungeheuer groß und komplex sind und aus den Wissenschaften immer mehr Fragen aufkamen. So mussten auch die Datenstrukturen immer komplexer werden, und es wurde schwieriger, geeignete Datenmodelle zu konstruieren.

Die Kultur der algorithmischen Modellierung nutzt Algorithmen zur Klassifizierung von Daten und zu ihrer Voraussage aufgrund schon vorliegender Daten, und wegen ihrer hohen Prognosegenauigkeit war sie sehr erfolgreich. Sie basierte auf zwei wichtigen Veränderungen:

– [to] challenge for the tools and computers of the time [29] und
– [to] make the transition from probability theory to algorithms [23].

Diese „Data-Mining-Revolution“ kommentierten auch andere, über den Tellerrand hinausschauende Forscher, wie der Stanford-Professor Jerome Herold Friedman, der das Fach Statistik an einem Scheideweg sah und seiner Zunft empfahl: „make peace with computing“ und „moderate our romance with mathematics“ [46].

Im gleichen Jahr forderte der Statistik-Professor in Michigan Chien-Fu Jeff Wu seine Community auf, das Fach Statistik in „Data Science“ umzubenennen und nicht mehr von „Statisticians“, sondern von „Data scientists“ zu sprechen: „It is time in the history of statistics to make a bold move“: Man möge sich auf die „großen Datenmengen“ fokussieren, sich den anderen Wissenschaften mehr öffnen – auch für die Ausbildung von Datenwissenschaftler*innen sollten die anderen Wissenschaften treibend sein –, deren empirisch-physikalischen Ansatz und deren Wissen zur Problemlösung nutzen [143].

„Something important changed in the world of statistics in the new millennium“ schrieben Bradley Efron und Trevor Hastie, und die Ursache dafür sahen sie in den Möglichkeiten der Voraussagealgorithmen, die das Fach Statistik zu „Data Analytics“ und schließlich zur „Data Science“ wandelten. Mit ihren Erfolgen, die sich mit Big Data einstellten, wurden sie immer wichtiger. Efron und Hastie nennen sie die „media stars of the Big-Data era“ [39]. Diese „new AI“ ist erfolgreich, weil es riesige Datenkonvolute erheblichen Umfangs gibt, auf die sie zurückgreifen können. Die Geschichte der Data Science leistet einen wichtigen Beitrag zur Geschichte der KI, insbesondere des Machine Learning und der Transformer Models – also der heutigen KI.

24.7 Von der Artificial Intelligence zur Künstlichen Intelligenz

In der Bundesrepublik forschten bis in die 1970er Jahre nur wenige Wissenschaftler*innen auf Gebieten, die später zur KI-Forschung wurden, und viele wussten nicht voneinander. Dies änderte sich, nachdem Nils John Nilsson vom SRI im Jahre 1974 auf dem Weltkongress der „International Federation of Information Processing“ (IFIP) in Stockholm zu einem Beitrag mit dem Titel „Artificial Intelligence“ eingeladen wurde. Deutsche KI-Pioniere nannten seinen Vortrag „grundlegend und richtungweisend für das interdisziplinäre Gebiet“ [40] bzw. meinten, dass „im Oktober 1974, wohl unter dem Eindruck des IFIP-Kongresses 1974 in Stockholm und dem vielbeachteten Vortrag von N. Nilsson [87], eine Zusammenkunft aller an KI interessierten Wissenschaftler in der Bundesrepublik“ zustande kam. Dieses erste Treffen von über 30 vor allem jungen Leuten fand am 18. Februar 1975 in Bonn statt [123]. Im gleichen Jahr trafen sich dann schon über 50 Interessierte am 7. Oktober in Dortmund zu einer zweiten Veranstaltung [124], bei der neben Fachvorträgen auch die Möglichkeiten einer Institutionalisierung der KI-Forschung in der Bundesrepublik diskutiert wurden. Kurze Zeit später wurde beschlossen, den Informationsaustausch als Gruppe innerhalb der Gesellschaft für Informatik

(GI) zu intensivieren, und ein entsprechender Antrag wurde vom GI-Präsidium am 11. Juli 1975 positiv entschieden.

Von 1982 bis 1997 gab es die sogenannten „Frühjahrsschulen über Künstliche Intelligenz“ (KIFS), die der GI-Fachausschuss (später „Fachbereich KI“) ausrichtete. Darin wurde von Vertretern der jungen und meist noch nicht an den Universitäten im Lehrplan verankerten deutschen KI-Forschung sowohl Einführungsveranstaltungen als auch spezielle Vertiefungskurse für Interessierte angeboten.[7] Die GI organisierte eine erste Fachtagung zur KI vom 26. bis zum 31. Januar 1981 im Physikzentrum in Bad Honnef. Es war der erste einer langen Reihe von „German Workshops on Artificial Intelligence“ (GWAI) [114], die bis 1993 diesen Namen trugen und in der Nachfolge als „Annual German Conference on Artificial Intelligence“ stattfinden.

Im Jahre 1983 fand in Karlsruhe mit der „8th International Joint Conference on Artificial Intelligence“ erstmals eine internationale KI-Konferenz in Deutschland statt; sie wurde von Jörg Siekmann in Karlsruhe organisiert [26].

In den 1980er Jahren wurden in der Bundesrepublik mehrere KI-Forschungszentren gegründet: Auf Initiative der bayerischen Staatsregierung wurde das Bayerische Forschungszentrum für Wissensbasierte Systeme (FORWISS) als Teil eines Forschungsverbundes an den Universitäten Technische Universität München, Friedrich-Alexander-Universität Erlangen-Nürnberg, und Universität Passau gegründet. In Ulm entstand das Forschungsinstitut für anwendungsorientierte Wissensverarbeitung (FAW). In Nordrhein-Westfalen waren beteiligte Institutionen aus Bonn, Wuppertal, FhG-IML, GMD in St. Augustin, Hagen, Paderborn und Bielefeld am Forschungsverband „Anwendungen der Künstlichen Intelligenz“ und in Hamburg gründete sich das Labor für Künstliche Intelligenz (LKI). Neben diesen Zentren in einzelnen Bundesländern wurde das Deutsche Forschungszentrum für Künstliche Intelligenz (DFKI) als gemeinnützige Public-Private Partnership gegründet. Nach dem ersten technisch-wissenschaftlichen Geschäftsführer Gerhard Barth übernahm Wolfgang Wahlster von 1997 bis 2019 die Leitung, danach leitete Jana Koehler das DFKI, die vom jetzigen CEO Antonio Krüger abgelöst wurde. Als gemeinsame Plattform dieser Zentren für anwendungsorientierte Forschung und Entwicklung in allen Teilbereichen der KI bildete man die Arbeitsgemeinschaft der deutschen KI-Institute (AKI) [85]. Nicht alle diese Zentren bestanden für längere Zeit; so wurde 2004 das FAW geschlossen und als FAW/n („FAW neu“) neu gegründet, mit einem Forschungsfokus der sich zu Globalisierungsprozessen verschob. Das DFKI konnte sich und aufgrund der Zuwendungen öffentlicher Fördermittelgeber, darunter die Europäische Union, das Bundesministerium für Bildung und Forschung (BMBF), das Bundesministerium für Wirtschaft und Klimaschutz (BMWK), die Bundesländer und die Deutsche Forschungsgemeinschaft (DFG) und Entwicklungsaufträgen

7 Ipke Wachsmuth hat die die Serie der 14 KI-Frühjahrsschulen auf einer Webseite dokumentiert: http://www.ipke.de/KIFS/

aus der Industrie etablieren und sogar vergrößern. Es hat heute mehr als 1500 Mitarbeiter*innen. Neben den ersten Standorten in Kaiserslautern und Saarbrücken gibt es solche mittlerweile auch in Bremen, Oldenburg und Osnabrück sowie Labore in Berlin, Darmstadt und Lübeck und eine Außenstelle in Trier. Heute gibt es neben dem DFKI fünf weitere führenden Forschungseinrichtungen auf dem Gebiet der Künstlichen Intelligenz, das Berlin Institute for the Foundations für Learning and Data (BIFOLD), das Munich Center für Machine Learning (MCML), das LAMARR Institute for Machine Learning and Artificial Intelligence in Dortmund und Bonn, das Center for Scalable Data Analytics and Artificial Intelligence (ScaDS.AI) in Dresden/Leipzig und das Tübinger AI Center (TUE.AI). Gemeinsam bilden diese heute das Netzwerk der Deutschen Kompetenzzentren für KI-Forschung.

24.8 Von den Anfängen zu zukünftigen Herausforderungen

Wir haben in diesem Kapitel gezeigt, dass sich die KI aus den verschiedensten Fachgebieten und ihren Ergebnissen herauskristallisieren konnte. Warum aber war es in den USA schon 1956 möglich, über KI zu diskutieren, zu einer Zeit also, als wir in Mitteleuropa und besonders in Deutschland noch weit davon entfernt waren, über so etwas wie Computerwissenschaften zu diskutieren? In den USA war schon Anfang des 20. Jahrhunderts die Automatisierung in der Automobilfertigung mit großem Erfolg eingeführt worden. Die Anzahl der Arbeitsplätze in der Automobilindustrie wuchs sehr schnell, und die enorm angestiegene Nachfrage an Arbeitskräften konnte nur gestillt werden, indem die Arbeitsprozesse dank Automatisierung so modular aufgebaut wurden, dass es möglich war, neue Arbeitskräfte sehr schnell anzulernen. Diese Automatisierungswelle griff natürlich auch auf andere Industriezweige über, und besonders nach dem Zweiten Weltkrieg setzte sich in den USA der Einsatz von numerisch gesteuerten Maschinen sehr schnell durch. So konnte man schon 1946 im Fortune Magazin von „The Automatic Factory“ oder „Machines without Men“ lesen. Als Präsident Kennedy 1962 zur Automatisierung befragt wurde, antwortete er schon damals „I regard it as the major domestic challenge, really, of the ’60s, to maintain full employment at a time when automation, of course, is replacing men.“ In Europa und besonders in Deutschland mussten die meisten Produktionsstätten durch die dramatischen Kriegsfolgen erst wieder aufgebaut werden, um das sogenannte Wirtschaftswunder zu ermöglichen. Dabei wurde auch der technologische Fortschritt aus den USA übernommen; allerdings waren die Wirtschaftssysteme der einzelnen Länder in Europa verschiedenartig, und natürlich wirkte sich dies darauf aus, wie diese neuen Technologien genutzt werden. So setzte sich z. B. in Deutschland das Konzept einer begrenzten Automatisierung mit möglichst hoher Flexibilität durch, das auch durch die mehrjährige Lehrlingsausbildung unterstützt wurde. Zwar hat sich dies im Vergleich zur starken Automatisierung in den USA als langfristig vorteilhaft erwiesen, aber in den 1950er und 1960er Jahren lag es durch die starke Automatisierung näher, Konzepte wie das der KI zu entwickeln.

Durch die Erfolge großer Sprachmodelle hat Künstliche Intelligenz in den letzten Jahren wieder erheblich an öffentlicher Aufmerksamkeit gewonnen. Chatbots sind für jedermann zugänglich und haben mittlerweile auch in der Arbeitswelt weite Verbreitung gefunden. Es ist sehr deutlich, dass der Einsatz von KI-Techniken ein gesellschaftlich relevantes Problem darstellt: KI kann zur Automatisierung in der Industrie, für militärische Einsätze, zur Überwachung von Personen oder zur Manipulation von öffentlicher Meinung verwendet werden, um nur einige Bereiche zu nennen.

Das Forbes Technological Council schätzt, dass „Generative KI bis zu 4,4 Billionen Dollar zur globalen Wirtschaft beitragen könnte – nicht über ein Jahrzehnt, sondern jährlich".[8] In jedem Fall könnten wir durch die weitere Einführung von KI-Techniken einen starken transformativen Wandel in der Wirtschaft erleben. Eine der größten Herausforderungen, die sich daraus ergibt, ist das Potenzial für weitverbreitete Arbeitslosigkeit oder zumindest eine Transformation von Arbeitsplätzen. Prognosen deuten darauf hin, dass sich ein Viertel bis ein Drittel der Arbeitsaktivitäten in den nächsten zehn Jahren verändern könnten, was zu erheblichen Arbeitsplatzverlusten sowohl in Routine- als auch in analytischen Tätigkeiten führen würde.[9] Es gibt Anzeichen dafür, dass solche Auswirkungen von KI-Technologien erkannt wurden und dass auf verschiedenen Ebenen versucht wird, ihre Entwicklung und Nutzung zu regulieren. Die jeweiligen Ansätze zur Regulierung von KI-Systemen sind entweder gesetzgeberisch (Europäischer AI Act),[10] als Empfehlungen konzipiert (UN AI Advisory Body Initiative)[11] oder als ethische Richtlinien formuliert, z. B. für den Einsatz von KI-Technologien in Schulen und Universitäten.[12]

Diese Regulierungen zielen letztlich darauf, KI-Techniken so einzusetzen, dass sie für die Gesellschaft als Ganzes nützlich sind. Es geht nicht darum, KI so zu entwickeln, dass sie möglichst menschliche Fähigkeiten besitzt; vielmehr sollten KI-Systeme im gesamten sozialen und ökonomischen Gefüge unserer Gesellschaft eine nützliche Rolle spielen, fordern die Nobelpreisträger Simon Johnson und Daron Acemoglu [56].

Allerdings zeichnen viele Pioniere und Visionäre aus der KI-Branche ein ehrgeizigeres, aber auch ambivalentes Bild der KI-Zukunft: In naher Zukunft würden KI-Systeme die menschlichen Fähigkeiten in vielen Bereichen übertreffen, könnten aber auch zu einer Gefahr für den Menschen werden: Die KI übernimmt die Macht und unterdrückt die

---

8 https://www.forbes.com/councils/forbestechcouncil/2024/08/07/harnessing-generative-ai-a-44-trillion-opportunity-for-the-global-economy 25.11.2024.

9 https://www.ibm.com/think/insights/artificial-intelligence-future 25.11.2024.

10 https://artificialintelligenceact.eu

11 https://www.un.org/en/ai-advisory-body

12 https://www.bfb.org/handlungsempfehlungen-laender-ki

Menschheit! Eine solche Gefahr ist nicht gänzlich unvorstellbar, insbesondere im Falle militärischer Anwendungen von KI. Im Allgemeinen sind solche Prophezeiungen von transhumanistischen Weltanschauungen beeinflusst, die keineswegs neu sind; sie finden sich bereits in den Werken des Jesuiten und Anthropologen Teilhard de Chardin aus der ersten Hälfte des 20. Jahrhunderts [33] und werden immer wieder von Futurologen bemüht. Wir sind davon überzeugt, dass die Entwicklung von KI-Systemen nicht nur eine technologische, sondern auch eine gesellschaftspolitische Herausforderung darstellt. Wir müssen dafür sorgen, dass KI als nützliche Technologie eingesetzt wird.

Literaturverzeichnis

[1] Esprit. European strategic programme for research and development in information technology. The project synopses. Index of projects and programme overview. Volume 1 of a series of 7. XIII/318/88, April 1978, 1988.

[2] J. F. Allen. Maintaining knowledge about temporal intervals. *Communications of the ACM*, 26(11):832–843, 1983.

[3] P. B. Andrews. Refutations by matings. *IEEE Transactions on Computers*, 25(8):801–807, 1976.

[4] P. B. Andrews. Theorem proving through general matings. *Journal of the ACM*, 28:193–214, 1981.

[5] L. Atlas, T. Homma, and R. Marks. An artificial neural network for spatio-temporal bipolar patterns: Application to phoneme classification. In *Neural Information Processing Systems*, 1987.

[6] F. Baader, H.-J. Bürckert, B. Hollunder, W. Nutt, and J. Siekmann. Concept logic. In *Proceedings of the Symposium on Computational Logic*, pages 177–201, Brussels (Belgien), 1990.

[7] C. Babbage. *On the Economy and Machinery of Manufactures*. Charles Knight, 1832.

[8] L. Bachmair, H. Ganzinger, C. Lynch, and W. Snyder. Basic paramodulation and superposition. In D. Kapur, editor, *Automated Deduction—CADE-11*, pages 462–476, Berlin, Heidelberg, 1992. Springer Berlin Heidelberg.

[9] J. K. Baker. *Stochastic Modeling as a Means of Automatic Speech Research*, Diss., Carnegie Mellon University. Dept. of Computer Science, 1963.

[10] S. Bayerl, R. Letz, and J. Schumann. PARTHEO: A parallel inference machine. In *Wissensbasierte Systeme. 3. Internationaler GI Kongress*, pages 527–539, 1989.

[11] E. C. Berkeley. *Giant Brains, or Machines That Think*. Wiley & Sons, 1948.

[12] E. W. Beth. *The Foundations of Mathematics*. North-Holland, Amsterdam, 1959.

[13] W. Bibel and U. Furbach. *Formierung eines Forschungsgebiets, Künstliche Intelligenz und Intellektik an der Technischen Universität München*. München: Deutsches Museum Preprint 15, 2018.

[14] W. Bibel. Artificial intelligence in a historical perspective. *AI Communications*, 27:87, 1976.

[15] W. Bibel. *Automated Theorem Proving*. Vieweg, Braunschweig, 1982.

[16] W. Bibel. The beginnings of AI in Germany. *KI Künstliche Intelligenz*, 20(4):48–54, 2006.

[17] W. Bibel. On the development of AI in Germany. *KI Künstliche Intelligenz*, 34(2):251–258, 2020.

[18] W. Bibel, N. Eisinger, J. Schneeberger, and J. Siekmann. *Studien- und Forschungsführer Künstliche Intelligenz*. Springer, Berlin, Heidelberg, 1987.

[19] W. Bledsoe and H. Chan. A man-machine interface facial recognition system: Some preliminary results. Technical report 19A, Panoramic Research, Inc, Palo Alto, 1965.

[20] D. G. Bobrow. *natural language input for a computer problem solving system*. (PhD). Massachusetts Institute of Technology, 1964.

[21] K. A. Bowen. *programming with full first-order logic*. Technical report 6-80, Syracuse University, Syracuse, NY, 1982.

[22] R. J. Brachman and J. G. Schmolze. An overview of the KL-ONE knowledge representation system. In *Readings in Artificial Intelligence and Databases*, pages 207–230, 1989.

[23] L. Breiman. Statistical modeling: The two cultures. *Statistical Science*, 16(3):199–215, 2001.

[24] K. Broda. *the relationship between semantic tableaux and resolution theorem proving*. Technical report, Imperial College, Department of Computing, London, 1980.

[25] E. A. Buchanan and B. G. Feigenbaum. Dendral and meta-dendral: Their applications dimension. *Journal of Artificial Intelligence*, 11(5):5–24, 1978.

[26] A. Bundy, editor. In *Proceedings of the 8th International Joint Conference on Artificial Intelligence. Karlsruhe, FRG, August 1983*. William Kaufmann, 1983.

[27] A. W. Burks. *J. von Neumann: Theory of Self-Reproducing Automata, edited and completed by A. W. Burks*. University of Illinois Press, 1966.

[28] D. Crevier. *AI: The Tumultuous History of the Search of Artificial Intelligence*. Basic Books, 1993.

[29] A. Cutler. Remembering Leo Breiman. *Annals of Applied Statistics*, 4:1621, 2010.

[30] B. Darrach. Meet Shakey, the first electronic person. *Life*, 1970:58–68, 20l Nov. 1970.

[31] M. Davis. A computer program for Presburger's procedure. In *Summaries of Talks Presented at the Summer Institute for Symbolic Logic*, pages 215–233, Princeton, NJ, 1957.

[32] M. Davis. Eliminating the irrelevant from mechanical proofs. Experimental arithmetic, high speed computing and mathematics. *Proceedings of Symposia in Applied Mathematics*, 15(1):15–30, 1963.

[33] P. T. De Chardin. *Der Mensch im Kosmos*, volume 1055. CH Beck, 2005.

[34] J. Deng, W. Dong, R. Socher, L.-J. Li, K. Li, and L. Fei-Fei. Imagenet: A large-scale hierarchical image database. In *2009 IEEE Conference on Computer Vision and Pattern Recognition*, pages 248–255. IEEE, 2009.

[35] H. L. Dreyfus. *What Computers Can't do – The Limits of Artificial Intelligence*. Harper & Row, New York, 1972.

[36] H. L. Dreyfus. *What Computers (Still) Can't Do: A Critique of Artificial Reason*. The MIT Press, Cambridge, Mass., 1992.

[37] R. Dunham, B. Fridshal, and J. H. North. Exploratory mathematics by machine. In *Recent Developments in Information and Decision Processes*, pages 149–160. The Macmillan Company, New York, 1990.

[38] D. Hemmendinger (eds.). Perspectives on Artificial Intelligence in Europe. *IEEE Annals of the History of Computing*, 46(1) 2024.

[39] B. Efron and T. Hastie. *Computer Age Statistical Inference. Algorithms, Evidence, and Data Science*. Cambridge University Press, 2016.

[40] K. Erhard. Zur Geschichte der Künstlichen Intelligenz in der Bundesrepublik Deutschland. In *Sozialgeschichte der Informatik*, pages 287–296, 1998.

[41] L. D. Erman, F. Hayes-Roth, V. R. Lesser, and R. Reddy. The Hearsay-II speech-understanding system: Integrating knowledge to resolve uncertainty. *Computing Surveys*, 12(2):213–253, 1980.

[42] T. G. Evans. A heuristic program to solve geometric-analogy problems. In *AFIPS '64 (Spring): Proceedings of the April 21-23, 1964, Spring Joint Computer Conference*, pages 364–371, 1964.

[43] R. E. Fikes and N. J. Nilsson. STRIPS: A new approach to the application of theorem proving to problem solving. *Artificial Intelligence*, 2(3–4):189–208, 1971.

[44] C. Freksa. Qualitative spatial reasoning. In *Cognitive and Linguistic Aspects of Geographic Space*, pages 361–372. Springer, 1991.

[45] J. B. Friedman. A computer program for a solvable case of the decision problem. *Journal of the ACM*, 10(3):348–356, 1963.

[46] J. H. Friedman. Data mining and statistics: What's the connection? In *Proceedings of the 29th Symposium on the Interface Between Computer Science and Statistics*, pages 2–8, 1997.

[47] K. Fukushima. Neocognitron: A self-organizing neural network model for a mechanism of pattern recognition unaffected by shift in position. *Biological Cybernetics*, 36(4):193–202, 1980.

[48] P. C. Gilmore. A program for the production from axioms, of proofs for theorems derivable within the first order predicate calculus. In *Information Processing, Proceedings of the International Conference on Information Processing, IFIP Congress 1959*, pages 265–272. UNESCO (Paris), R. Oldenbourg (München) and Butterworths (London), 1959.

[49] B. F. Green, C. Chomsky, and K. Laughery. Baseball: An automatic question answerer. In *Proceedings of the Western Joint Computer Conference*, pages 219–224, 1961.

[50] J. Haugeland. *Artificial Intelligence: The Very Idea*. MIT Press, 1985.

[51] O. Herzog and C.-R. Rollinger, editors. In *Text Understanding in LILOG: Integrating Computational Linguistics and Artificial Intelligence*, volume 546 of *Lecture Notes in Artificial Intelligence*. Springer, Berlin Heidelberg New York, 1991.

[52] T. Hobbes. *Grundzüge der Philosophie Erster. Teil. Lehre vom Körper. In Auswahl übersetzt und herausgegeben von Max Frischeisen-Köhler*. Berlin / Leipzig, 1875-–1890, Nachdruck: Hildesheim, 1960/1961, Band 7, S. 198–201, 1915.

[53] W. Hoeppner, T. Christaller, H. Marburger, K. Morik, B. Nebel, M. O'Leary, and W. Wahlster. Beyond domain-independence: Experience with the development of a German language access system to highly diverse background systems. In *Proceedings of the IJCAI 1983*, pages 588–594, 1983.

[54] D. H. Hubel and T. N. Wiesel. Receptive fields, binocular interaction and functional architecture in the cat's visual cortex. *Journal of Physiology*, 160(1) 1962.

[55] A. Jameson, W. Hoeppner, and W. Wahlster. The natural language system HAM-RPM as a hotel manager: Some representational prerequisites. In *GI-10. Jahrestagung*, pages 459–473. Springer, Berlin, Heidelberg, N.Y., 1980.

[56] S. Johnson and D. Acemoglu. *Power and Progress: Our Thousand-Year Struggle over Technology and Prosperity*. Hachette UK, 2023.

[57] S. Kanger. *Provability in Logic*. Almqvist & Wiksell, Stockholm, 1957.

[58] S. Kanger. A simplified proof method for elementary logic. In *Computer Programming and Formal Systems*, pages 364–371, 1963.

[59] J. G. Kemeny. Man viewed as a machine. *Scientific American*, 192(4):58–67, 1951.

[60] S. Kleene. *Representations of Events in Nerve Nets and Finite Automata*. RAND RM 704, 1951.

[61] F. Klix. *Gedächtnis, Wissen, Wissensnutzung*. VEB Deutscher Verlag der Wiss., 1984.

[62] E. Konrad. Zur Geschichte der Künstlichen Intelligenz in der Bundesrepublik Deutschland. In *Sozialgeschichte der Informatik: Kulturelle Praktiken und Orientierungen*, pages 287–296. Deutscher Universitätsverlag, Wiesbaden, 1998.

[63] R. Kowalski. A proof procedure using connection graphs. *Journal of the ACM*, 22(4):572–595, 1975.

[64] R. Kowalski. Algorithm = logic + control. *Communications of the ACM*, 22(7):424–436, 1979.

[65] A. Krizhevsky, I. Sutskever, and G. E. Hinton. Imagenet classification with deep convolutional neural networks. *Advances in Neural Information Processing Systems*, 25, 2012.

[66] T. Kurozumi. Overview of the ten years of the FGCS project. In *Proceedings of the International Conference of Fifth Generation Computer Systems* Institute for New Generation Computer Technology, 1992.

[67] G. W. Leibniz. *Die Philosophischen Schriften. C. J. Gerhardt (Hrsg.)*. Berlin / Leipzig, 1875–1890, Nachdruck: Hildesheim, 1960/1961, Band 7, S. 198–201, 1955.

[68] J. Y. Lettvin, H. R. Maturana, W. S. McCulloch, and W. H. Pitts. What the frog's eye tells the frog's brain. *Proceedings of the IRE*, 47(11):1940–1951, 1959.

[69] R. Letz, J. Schumann, S. Bayerl, and W. Bibel. SETHEO: A high-performance theorem prover. *Journal of Automated Reasoning*, 8(2):183–212, 1992.

[70] R. K. Lindsay. Inferential memory as the basis of machines which understand natural language. In *Computers and Thought*, 1963.

[71] S. Linnainmaa. Taylor expansion of the accumulated rounding error. *BIT Numerical Mathematics*, 16(2):146–160, 1976.

[72] B. T. Lowerre. *The HARPY Speech Recognition System*. Diss., Carnegie Mellon University. Dept. of Computer Science, 1976.

[73] K. Mainzer. *Computer - Neue Flügel des Geistes?: Die Evolution computergestützter Technik, Wissenschaft, Kultur und Philosophie*. De Gruyter, Berlin, Boston, 1994.

[74] D. Marr and E. Hildreth. Theory of edge detection. *Proceedings of the Royal Society of London. Series B, Biological Sciences*, 207(1167):187–217, 1980.

[75] C. D. Martin. The myth of the awesome thinking machine. *Communications of the ACM*, 36(4):120–133, 1993.

[76] J. McCarthy et al. *A Proposal for the Dartmouth Summer Research Project on Artificial Intelligence, Zugriff: 3. 11. 2024*, www-formal.stanford.edu/jmc/history/dartmouth/dartmouth.html. 1955.

[77] P. McCorduck. *Machines Who Think*. W. H. Freeman, San Francisco, CA, 1979.

[78] W. S. McCulloch. Why the mind is in the head. In *Cerebral Mechanisms in Behavior*, pages 42–111, 1990.

[79] W. S. McCulloch, and W. Pitts. A logical calculus of the ideas immanent in nervous activity. *The Bulletin of Mathematical Biophysics*, 5(3):115–133, 1943.

[80] M. L. Minsky. A framework for representing knowledge. In *The Psychology of Computer Vision*, 1975.

[81] M. L. Minsky. *theory of neural-analog reinforcement systems and its application to the brain-model problem*. Ph D. Thesis, Princeton University, N.J., 1985.

[82] M. L. Minsky and S. A. Papert. *Perceptrons*. MIT Press, Cambridge, MA, 6(318-362):7, 1969.

[83] T. Moto-Oka and H. S. Stone. Fifth-generation computer systems: A Japanese project. *Computer*, 17(03):6–13, 1984.

[84] N. Locke William and A. D. Booth. *Machine Translation of Languages. Fourteen Essays*. MIT Press, Cambridge, Mass., 1955.

[85] B. Neumann. Projekte und Erfahrungen der AKI (Arbeitsgemeinschaft der deutschen KI-Institute). In H. Reichel, editor, *Informatik — Wirtschaft — Gesellschaft*, pages 559–559, Berlin, Heidelberg, 1993. Springer Berlin Heidelberg.

[86] A. Newell and H. Simon. The logic theory machine–a complex information processing system. *I.R.E. Transactions on Information Theory*, 2(3):61–79, 1956.

[87] N. J. Nilsson. Artificial intelligence. In *International Information Processing 74, IFIP Congress 1974, Stockholm*, pages 778–801, 1964.

[88] N. J. Nilsson. *The Quest for Artificial Intelligence: A History of Ideas and Achievements*. Cambridge University Press, Cambridge, 2010.

[89] S. A. Papert. The Summer Vision Project. *DSpace@MIT*, 1966.

[90] J. Penn. *Inventing Intelligence: On the History of Complex Information Processing and Artificial Intelligence in the United States in the Mid-Twentieth Century*. University of Cambridge, Cambridge, UK; Apollo - University of Cambridge Repository. 1920. https://doi.org/10.17863/CAM.63087.

[91] D. Pfau, H. Piel, F. Müller, J. Tschandl, and R. Seising. The "KI-Rundbrief", its Editors, and its Community. A Perspective on West German AI, 1975–1987. *IEEE Annals of the History of Computing*, 45(3):48–65, 2023.

[92] D. Pfau (Hrsg.). *Künstliche Intelligenz. Perspektiven auf epistemische, praktische und historiographische Herausforderungen*. Wissenschaftliche Verlagsgesellschaft, NAL-historica, Stuttgart, 2023.

[93] H. Piel and R. Seising (guest editors). Perspectives on artificial intelligence in Europe. *IEEE Annals of the History of Computing*, 45(3) 2023.

[94] D. Prawitz. An improved proof procedure. *The Journal of Symbolic Logic*, 31(1):126–127, 1966.

[95] D. Prawitz, H. Prawitz, and N. Voghera. A mechanical proof procedure and its realization in an electronic computer. *The Journal of Symbolic Logic*, 31(1):102–128, 1966.

[96] J. R. Quillian. *Semantic Memory*. Air Force Cambridge Research Laboratories, Office of Aerospace Research, United States Air Force, 1966.

[97] M. R. Quillian. Word concepts: A theory and simulation of some basic semantic capabilities. *Behavioral Science*, 12(5):410–430, 1967.

[98] B. Raphael. *SIR: A Computer Program for Semantic Information Retrieval.* Diss. Massachusetts Institute of Technology, 1964.

[99] B. Raphael. *The Thinking Computer*. W. H. Freeman & Co. San Francisco, 1976.

[100] N. Reithinger, G. Herzog, and A. Blocher. SmartWeb - mobile broadband access to the semantic web. *KI Künstliche Intelligenz*, 2(2):30–33, 2007.

[101] C. A. Rosen. *An Experimental Mobile Automaton*. Technical Note 39. AI Center, SRI International. Menlo Park, Calif., July, 1970.

[102] F. Rosenblatt. *Principles of Neurodynamics: Perceptrons and the Theory of Brain Mechanisms*. Sparten Books, 1962.

[103] D. E. Rumelhart, G. E. Hinton, and R. J. Williams. Learning representations by back-propagating errors. *Nature*, 323(6088):533–536, 1986.

[104] D. E. Rumelhart and J. L. McClelland. and the PDP Research Group. *Parallel Distributed Processing, vols. I, II.* MIT Press, Cambridge, Mass., 1986.

[105] A. L. Samuel. Some studies in machine learning using the game of checkers. *IBM Journal of Research and Development*, 3(3):210–229, 1959.

[106] R. Schank and R. Abelson. *Scripts, Plans, Goals and Understanding: An Inquiry into Human Knowledge Structures*. Lawrence Erlbaum, New Jersey, 1977.

[107] J. R. Searle. Minds, brains, and programs. *Behavioral and Brain Sciences*, 3:417–457, 1980.

[108] R. Seising. *Es denkt nicht! Die vergessenen Geschichten der KI.* Büchergilde Gutenberg, Frankfurt, 2021.

[109] R. Seising, (Hrsg.). *Geschichten der Künstlichen Intelligenz in der Bundesrepublik Deutschland*. Deutsches Museum, München, (Studies 13), 2023.

[110] C. E. Shannon and J. McCarthy. *Automata Studies*. Princeton University Press, 1955.

[111] E. H. Shortliffe. *Computer-Based Medical Consultations: MYCIN*. Elsevier, 1976.

[112] J. Siekmann. Künstliche Intelligenz: Von den Anfängen in die Zukunft. In *Die maschinelle Kunst des Denkens: Perspektiven und Grenzen der Künstlichen Intelligenz*, pages 11–40, 1994.

[113] J. H. Siekmann. Die Entwicklung der Disziplin in Deutschland. *Künstliche Intelligenz*, 23:47–52, 2009.

[114] J. Siekmann, (Hrsg.). *German Workshop on AI, Bad Honnef, 26-31 January 1981. Informatik-Fachberichte* 47. Springer, Heidelberg, 1981.

[115] G. Sutcliffe, C. B. Suttner, and T. Yemenis. The TPTP problem library. In A. Bundy, editor, *Proceedings of the 12th International Conference on Automated Deduction*, volume 814 of *Lecture Notes in Artificial Intelligence*, pages 252–266. Springer-Verlag, 1994.

[116] L. M. Terman and M. A. Merrill. *Measuring Intelligence: A Guide to the Administration of the New Revised Stanford-Binet Tests of Intelligence*. George G. Harrap, 1932.

[117] J. W. Tukey. The future of data analysis. *The Annals of Mathematical Statistics*, 33(1):1–16, 1962.

[118] J. W. Tukey. Another look in the future. In *Computer Science and Statistics, Proceedings of the 14th Symposium of the Interface*, pages 2–8, 1982.

[119] A. M. Turing. On computable numbers, with an application to the entscheidungsproblem. *Proceedings of the London Mathematical Society*, s2–42(1):230–265, 1937.

[120] A. M. Turing. Lecture on the automatic computing engine. In *The Essential Turing*, pages online edn, Oxford Academic, 12 Nov. 2020, 1947.

[121] A. M. Turing. Computing machinery and intelligence. *Mind*, 49(236):433–460, 1950.

[122] UNESCO. *Information Processing, Proceedings of the International Conference on Information Processing, IFIP Congress 1959*. UNESCO (Paris), R. Oldenbourg (München) and Butterworths (London), 1959.

[123] G. Veenker, editor. *Künstliche-Intelligenz-Forschung. Berichte über ein erstes informelles Treffen in Bonn, 18.2.1975*. Universität Bonn, 1975.

[124] G. Veenker, editor. *Zweites Treffen der GI-Fachgruppe Künstliche Intelligenz, Dortmund, 7.10.1975*. Abteilung Informatik, Universität Dortmund, Bericht 13/75, 1975.

[125] W. von Hahn and W. Wahlster. *HAM-ANS, Hamburger anwendungsorientiertes natürlich- sprachliches System*. Schlussbericht, Forschungsstelle für Informationswissenschaft und Künstliche Intelligenz der Universität Hamburg, 1985.

[126] J. von Neumann. *First Draft of a Report on the EDVAC*. Princeton University Press, 1945.

[127] J. von Neumann. The general and logical theory of automata. In *Cerebral Mechanisms in Behavior*, pages 1–41, 1951.

[128] J. von Neumann. *The Computer and the Brain*. Yale University Press, 1958.

[129] W. Wahlster. *Verbmobil: Foundations of Speech-to-Speech Translation*. Springer, Berlin Heidelberg, 2000.

[130] W. Wahlster, editor. In *SmartKom: Foundations of Multimodal Dialogue Systems* Springer, Heidelberg, 2006.

[131] D. L. Waltz. Generating semantic descriptions from drawings of scenes with shadows. Technical report, Massachusetts Institute of Technology, USA, 1972.

[132] H. Wang. Proving theorems by pattern recognition-I. *Communications of the Association for Computing Machinery*, 3:220–234, 1960.

[133] H. Wang. Towards mechanical mathematics. *IBM Journal of Research and Development*, 4(1):2–22, 1960.

[134] H. Wang. Proving theorems by pattern recognition—II. *The Bell System Technical Journal*, 40:1–41, 1961.

[135] D. Wechsler. *The Measurement of Adult Intelligence*. The Williams & Wilkins Company, 3rd edition, 1944.

[136] J. Weizenbaum. ELIZA – A computer program for the study of natural language communication between man and machine. *Communications of the ACM*, 9(1):36–45, 1966.

[137] P. J. Werbos. Applications of advances in nonlinear sensitivity analysis. In *System Modeling and Optimization: Proceedings of the 10th IFIP Conference New York City, USA, August 31–September 4, 1981*, pages 762–770. Springer, 2005.

[138] T. Winograd. *Understanding Natural Language*. Edinbrugh University Press, 1970.

[139] T. Winograd. Understanding natural language. *Cognitive Psychology*, 3(1):191, 1972.

[140] P. H. Winston. *Learning Structural Descriptions from Examples*. Project MAC Report TR-76. MIT Press, Cambridge, Mass., 1970.

[141] W. Woods. Progress in natural language understanding – An application to lunar geology. In *Proc. of the American Federation of Information Processing Societies (AFIPS)*, volume 42, pages 441–450. AFIPS Press, 1973.

[142] M. Wooldridge. *A Brief History of Artificial Intelligence: What It Is, Where We Are, and Where We Are Going*. Flatiron Books, 2022.

[143] C.-F. Wu. Statistics = data science? http://tinyurl.com/barc-studie-datascience (abgerufen am 4.7.2023), 2001.

[144] L. A. Zadeh. Thinking machines: A new field in electrical engineering. In *Columbia Engineering Quarterly*, pages 12–13, 30–31, 1950.

Beteiligte

Autor*innen mit Affiliationen

Kerstin Bach	Norwegian University of Science and Technology
Tanya Braun	Universität Münster
Christian Bauckhage	Universität Bonn
Ringo Baumann	Universität Leipzig
Birgit Beck	Technische Universität Berlin
Ralph Bergmann	Universität Trier & DFKI
Christian Borgelt	Paris Lodron Universität Salzburg
Katharina Breininger	Julius-Maximilians-Universität Würzburg
Aljoscha Burchardt	DFKI
Wolfram Burgard	Technische Universität Nürnberg
Vincent Christlein	Friedrich-Alexander-Universität Erlangen-Nürnberg
Alexander Dockhorn	SDU Metaverse Lab, University of Southern Denmark
Stefan Edelkamp	Karls-Universität Prag
Mario Frank	Universität Potsdam
Ulrich Furbach	Universität Koblenz
Johannes Fürnkranz	Johannes Kepler Universität Linz
Daniel Gnad	Linköpings Universitet
Günther Görz	Friedrich-Alexander-Universität Erlangen-Nürnberg
Gerd Gröner	Carl Zeiss SMT GmbH
Malte Helmert	Universität Basel
Petra Hofstedt	Brandenburgische Technische Universität Cottbus-Senftenberg
Jörg Hoffmann	Universität des Saarlandes
Wolfgang Hübner	Fraunhofer-Institut für Optronik, Systemtechnik und Bildauswertung IOSB
Ronny Hug	Fraunhofer-Institut für Optronik, Systemtechnik und Bildauswertung IOSB
Eyke Hüllermeier	Ludwig-Maximilian-Universität München
Franziska Klügl	Örebro Universitet
Christoph Kreitz	Universität Potsdam
Rudolf Kruse	Otto-von-Guericke-Universität Magdeburg
Sven Löffler	Brandenburgische Technische Universität Cottbus-Senftenberg
Bernd Ludwig	Universität Regensburg
Andreas Maier	Friedrich-Alexander-Universität Erlangen-Nürnberg
Mirjam Minor	Goethe-Universität Frankfurt
Héctor Muñoz-Avila	Lehigh University

https://doi.org/10.1515/9783111386690-030

Özgür Özçep	Universität Hamburg
Gerhard Paaß	Fraunhofer Institute for Intelligent Analysis and Information Systems
Barbara Plank	Ludwig-Maximilian-Universität München
Florian Pommerening	Universität Basel
Marco Ragni	Universität Freiburg
Peter Remmers	Technische Universität Berlin
Christian Riess	Friedrich-Alexander-Universität Erlangen-Nürnberg
Stefan Rüping	Fraunhofer Institute for Intelligent Analysis and Information Systems
Kai Sauerwald	FernUniversität in Hagen
Ansgar Scherp	Universität Ulm
Ute Schmid	Otto-Friedrich-Universität Bamberg
Rudolf Seising	Deutsches Museum München
Michael Thielscher	University of New South Wales
Matthias Thimm	FernUniversität in Hagen
Mathias Unberath	Johns Hopkins University
Diedrich Wolter	Universität zu Lübeck
Tobias Würfl	Friedrich-Alexander-Universität Erlangen-Nürnberg

Gutachter*innen

Unter den Kapitelautor*innen haben begutachtet: Ralph Bergmann, Alexander Dockhorn, Stefan Edelkamp, Mario Frank, Ulrich Furbach, Petra Hofstedt, Özgür Özçep, Kai Sauerwald, Matthias Thimm. Zu den externen Gutachter*innen gehören:

Martin Atzmüller	Universität Osnabrück
Marc Aubreville	Hochschule Flensburg
Gregor Behnke	Universiteit van Amsterdam
Magnus Bender	Aarhus University
Pascal Bercher	Universität Ulm
Sven Bertel	Hochschule Flensburg
Clemens Damke	Ludwig-Maximilians-Universität München
Viktor Eisenstadt	Universität Hildesheim
Ralf Ewerth	Leibniz Universität Hannover
Hanno Gottschalk	Technische Universität Berlin
Michael Hedderich	Ludwig-Maximilians-Universität München
Daniel Höller	Universität des Saarlandes
Lena Kästner	Universität Bayreuth
Timo Kaufmann	Ludwig-Maximilians-Universität München
Markus Knauff	Justus-Liebig-Universität Liebig

Nico Potyka	Cardiff University
Pascal Reuß	Universität Hildesheim
Sebastian Rudolph	Technische Universität Dresden
Nele Russwinkel	Universität zu Lübeck
René Schumann	HES-SO Valais Wallis
Alexander Steen	Universität Greifswald
Sebastian Stober	Otto-von-Guericke-Universität Magdeburg
Frieder Stolzenburg	Hochschule Harz
Anni-Yasmin Turhan	Universität Paderborn
Ipke Wachsmuth	Universität Bielefeld
Armin Wolf	Fraunhofer FOKUS
Torsten Zesch	FernUniversität in Hagen

Historie

Frühere Auflagen und Herausgeber*innen (ohne aktuelle Auflage)

Auflage 1 (1993)	Günther Görz (Titel: „Einführung in die Künstliche Intelligenz“)
Auflage 2 (1995)	Günther Görz, Claus-Rainer Rollinger, Josef Schneeberger (Titel: „Einführung in die Künstliche Intelligenz“)
Auflage 3 (2000)	Günther Görz, Claus-Rainer Rollinger, Josef Schneeberger
Auflage 4 (2003)	Günther Görz, Claus-Rainer Rollinger, Josef Schneeberger
Auflage 5 (2013)	Günther Görz, Josef Schneeberger, Ute Schmid
Auflage 6 (2021)	Günther Görz, Ute Schmid, Tanya Braun

Kapitel und Autor*innen (ohne aktuelle Auflage)

Teil I: Algorithmisches Problemlösen

Suche ab 3. Auflage, Autor Clemens Beckstein, 6. Auflage mit Alexandra Kirsch

Planen seit 1. Auflage, Titel in 1. und 2. Auflage „Planen und Konfigurieren“, Autor*innen Susanne Biundo, Andreas Günter, Joachim Hertzberg, Josef Schneeberger, Wolfgang Tank; ab 3. Auflage Autor Josef Schneeberger; in 5. Auflage Autor*innen Alexandra Kirsch, Josef Schneeberger; seit 6. Auflage Daniel Gnad, Malte Helmert, Jörg Hoffmann, Florian Pommerening

Constraints ab 3. Auflage, Autor Hans W. Guesgen bis 4. Auflage; Autorin 5. Auflage Petra Hofstedt, mit Sven Löffler 6. Auflage

Universelle Spielprogramme ab 5. Auflage, Autor Michael Thielscher

Teil II: Wissensbasierte Ansätze

Wissensrepräsentation und -verarbeitung seit 1. Auflage, bis 4. Auflage mit dem Titel „Wissensrepräsentation und Logik — Eine Einführung“, Autoren Bernd Owsnicki-Klewe, Kai v. Luck, Bernhard Nebel, Stefan Wölfl

Automatische Inferenz seit 1. Auflage bis 4. Auflage mit dem Titel „Automatisches Beweisen“, Autor Christoph Walther; Autor in 5. Auflage Peter Baumgartner; Kapitelherausgeber der 1. und 2. Auflage Steffen Hölldobler; seit 6. Auflage Mario Frank, Christoph Kreitz

Nicht-monotones Schließen seit 1. Auflage, Autor Gerhard Brewka

Unsicheres, impräzises und unscharfes Wissen ab 3. Auflage mit dem Titel „Unsicheres und vages Wissen“, Autoren Christian Borgelt, Heiko Timm, Rudolf Kruse; in 5. Auflage Christian Borgelt, Christian Braune, Heiko Timm, Rudolf Kruse; in 6. Auflage ohne Timm mit dem neuen Titel

Wissen über Raum und Zeit seit 1. Auflage, nicht enthalten in 5. Auflage; Autoren bis 4. Auflage Christopher Habel, Michael Herweg, Simone Pribbenow, sowie bei Auflagen 2 und 4 zusätzlich Christoph Schlieder, seit Auflage 6 Diedrich Wolter, Özgür Lütfü Özçep

Fallbasiertes Schließen ab 3. Auflage, Autor Michael M. Richter; 6. Auflage Ralf Bergmann, Mirjam Minor, Kerstin Bach, Klaus-Dieter Althoff, Héctor Muñoz-Avila

Teil III: Maschinelles Lernen

Grundlagen des Maschinellen Lernens seit 1. Auflage mit dem Titel „Maschinelles Lernen“, Autorin Katharina Morik; ab 3. Auflage Stefan Wrobel, Katharina Morik, Thorsten Joachims; 6. Auflage Christian Bauckhage, Wolfgang Hübner, Ronny Hug, Gerhard Paaß, Stefan Rüping

Tiefe neuronale Netze seit 1. Auflage mit dem Titel „Neuronale Netze“, Autor Hanspeter A. Mallot; ab 3. Auflage Hanspeter A. Mallot, Wolfgang Hübner, Wolfgang Stürzl; in 5. Auflage Hanspeter A. Mallot, Wolfgang Hübner; 6. Auflage Christian Bauckhage, Wolfgang Hübner, Ronny Hug, Gerhard Paaß

Interpretierbare und Erklärbare KI seit 6. Auflage mit dem Titel „Vertrauenswürdiges, transparentes und robustes Maschinelles Lernen“, Autoren Christian Bauckhage, Johannes Fürnkranz, Gerhard Paaß

Teil IV: Anwendungsbereiche

Sprachverarbeitung seit 1. Auflage in verschiedenen Teilkapiteln: „Überblick“: Autoren Günther Görz und Wolfgang Wahlster; in 2. Auflage Stephan Busemann; ab 3.

Auflage Wolfgang Menzel. Teilkapitel der Auflagen 1 bis 4: „Beschreibungsformalismen" (1. und 2. Auflage): Autoren Hans Haugeneder, Harald Trost; „Morphologie" (3. und 4. Auflage): Autor Ulrich Heid; „Parsing" (2., 3., 4. Auflage): Autoren Hagen Langer, Sven Naumann; „Semantik" (1. bis 4. Auflage): Autor Manfred Pinkal; „Generierung natürlicher Sprache": Autoren Stephan Busemann, Hans-Joachim Novak (1. und 2. Auflage), Stephan Busemann (3. und 4. Auflage); 6. Auflage Wolfgang Menzel

Bildanalyse seit 1. Auflage bis 4. Auflage 4 mit dem Titel „Bildverstehen": Autor Bernd Neumann, Teilkapitel „Geometrische Szenenrekonstruktion": Autorin Leonie Dreschler-Fischer, zusätzlich in 1. und 2. Auflage „Modelle der frühen visuellen Informationsverarbeitung": Autoren Heiko Neumann, Siegfried Stiehl; Kapitel in 5. Auflage nicht enthalten; 6. Auflage mit dem Titel „Bildverarbeitung" Autor*innen Andreas Maier, Vincent Christlein, Katharina Breininger, Tobias Würfl, Mathias Unberath, Christian Riess

Robotik 3. und 4. Auflage, Autoren Alois C. Knoll, W. Burgard, Thomas Christaller; 5. und 6. Auflage nicht enthalten

Multiagentensysteme ab 3. Auflage bis 4. Auflage mit dem Titel „Software-Agenten", Autor Hans-Dieter Burkhard; ab 5. Auflage Autorin Franziska Klügl

Semantic Web ab 5. Auflage, Autoren Gerd Gröner, Ansgar Scherp, Steffen Staab; 6. Auflage ohne Staab

Mensch-KI-Teams ab 6. Auflage, Autoren Bernd Ludwig, Wolfgang Minker unter dem Titel „Assistenzsysteme"

Teil V: Interdisziplinäre Bezüge

Kognition seit 1. Auflage, Autoren in 1. und 2. Auflagen Gerhard Strube, Christopher Habel, Barbara Hemforth, Lars Konieczny, Barbara Becker; in 3. und 4. Auflage Gerhard Strube, Christopher Habel, Lars Konieczny, Barbara Hemforth; in 5. Auflage Gerhard Strube, Evelyn Ferstl, Lars Konieczny, Marco Ragni (alleiniger Autor 6. Auflage)

Ethische Aspekte Künstlicher Intelligenz ab 6. Auflage mit dem Titel „Ethische Fragen der Künstlichen Intelligenz", Autor*innen Birgit Beck, Stefan Bauberger, Aljoscha Burchardt, Peter Remmers

Nicht mehr enthaltene Kapitel

***Teilkapitel der* Sprachverarbeitung** Siehe vorherige Auflistung

Expertensysteme und Wissensmodellierung 1. und 2. Auflage, Autoren Josef Meyer-Fujara, Frank Puppe, Ipke Wachsmuth

Knowledge Engineering 3. und 4. Auflage, Autoren Frank Puppe, Herbert Stoyan, Rudolf Studer

Qualitatives und modellbasiertes Schließen 1. bis 4. Auflage, Autoren Michael Montag, Peter Struss bis 2. Auflage; ab 3. Auflage „Modellbasierte Systeme und qualitative Modellierung“, Autor Peter Struss

Verkörperte Kommunikation mit kognitiven virtuellen Agenten in der 5. Auflage, Nadine Pfeiffer-Leßmann, Stefan Kopp, Ipke Wachsmuth

KI-Programmierung 1. und 2. Auflage; Teilkapitel „Grundlagen der KI-Programmierung“: Autoren Roland Seiffert, Thomas Stürmer; Teilkapitel „Fortgeschrittene KI-Programmierung“: Autoren Clemens Beckstein, Hans-Jürgen Eikmeyer, Günther Görz

Stichwortverzeichnis

https://doi.org/10.1515/9783111386690-031